一般公共预算收入：338.72 亿元

一般公共预算支出：511.15 亿元

全社会固定资产投资：2490.82 亿元

社会消费品零售总额：881.91 亿元

出口总值：152.70 亿元

进口总值：179.94 亿元

实际利用外资：80207 万美元

全市货物运输量：10384 万吨

全市旅客运输量：3064 万人

卫生机构床位：20456 张

卫生技术人员：23493 人

全社会用电量：262.36 亿千瓦时

城市建成区绿化覆盖率：45.97%

城市道路面积：987.38 万平方米

人民币存款余额：6130 亿元

人民币贷款余额：4832.97 亿元

城镇居民人均可支配收入：34633 元

农村居民人均可支配收入：14286 元

城镇居民人均消费性支出：22944 元

农村居民人均消费性支出：11235 元

廊坊市人民公园

廊坊年鉴

LANGFANG NIANJIAN

廊坊市地方志编纂委员会 编

2017

方志出版社
Publishing House of Local Records

图书在版编目(CIP)数据
廊坊年鉴. 2017 / 廊坊市地方志编纂委员会. —
北京：方志出版社，2018.1
ISBN 978-7-5144-2959-6
Ⅰ. ①廊··· Ⅱ. ①廊··· Ⅲ. ①廊坊—2017—年鉴
Ⅳ. ①Z522.23
中国版本图书馆CIP数据核字(2018)第027358号

廊坊年鉴（2017）

编　　者：廊坊市地方志编纂委员会
责任编辑：丛　珺

出 版 人：冀祥德
出 版 者：方志出版社
　　地址　北京市朝阳区潘家园东里9号（国家方志馆4层）
　　邮编　100021
　　网址　http://www.fzph.org
发　　行：方志出版社图书经销中心
　　电话（010）67110500
经　　销：各地新华书店
印　　刷：廊坊市瑞德印刷有限公司

开　　本：889×1194　1/16
印　　张：43.5
字　　数：1039 千字
版　　次：2018年1月第1版　2018年1月第1次印刷
印　　数：0001~1000册

ISBN 978-7-5144-2959-6　**定价：**198.00元

廊坊市地方志编纂委员会

《廊坊年鉴（2017）》编辑人员

主　　编：王福民

特邀编审：缴世忠　黄志强

编　　辑：姚自愚　张宏胜　李王娜　陈　娜　康景云
杨宝军　高景全　张　冲　王　军　郭宝明
赵军涛　王志刚　唐国生　吕文杰

摄　　影：刘建春　谢永刚　卢　锋　金志超　李建国
刘　向　陈　童　任晓燕　孙　研　孙玉珍

校　　对：霍民起

编 辑 说 明

一、《廊坊年鉴》是全面、系统记述廊坊市行政区域自然、政治、经济、文化、社会、生态建设等方面基本情况的地方综合年鉴，客观反映2016年廊坊市社会经济发展的新变化、新成就，为社会各界人士了解和研究廊坊市提供信息，为编史修志积累资料。

二、《廊坊年鉴》编纂出版以马克思列宁主义、毛泽东思想、邓小平理论、“三个代表”重要思想、科学发展观和习近平新时代中国特色社会主义思想为指导，坚持辩证唯物主义和历史唯物主义的立场、观点、方法，坚持实事求是的原则，客观翔实记事。

三、《廊坊年鉴》于2002年创刊，其后每两年编辑出版一卷，连续编辑出版四卷；自2009年起改为逐年编辑出版一卷。第一卷至第十二卷以所记事年份为卷号。自2017年起，依据《地方综合年鉴编纂出版规定》，年鉴卷号以出版年份标识，《廊坊年鉴（2017）》为第十三卷。

四、《廊坊年鉴（2017）》采用分类编辑法、条目式记事体，个别相关或相近部类合并立目。主体框架设类目、分目、条目三个层次，条目为年鉴内容的基本记述单元。

五、《廊坊年鉴（2017）》依据年度特点和事物变化情况对部分类目作适当调整，增设专文、交通·邮政类目；析环保·旅游类目为环境保护和旅游业2个类目；析文化·科技类目为文化和科学2个类目；调整园区建设类目为开发区建设类目。

六、《廊坊年鉴（2017）》文稿均由各撰稿单位专人撰写，并经单位领导严格审核。数据采用法定计量单位，以廊坊市统计局提供的数据为准。

京津冀协同发展

2016年3月28日京津冀协同发展廊坊投资推介会在北京举行

华为技术有限公司廊坊生产基地

2016年建设中的北京新机场

京津冀大数据创新应用中心

河北廊坊龙河高新技术产业开发区科技成果孵化园

廊坊经济开发区润泽国际信息港

三河市燕达国际医院

北京八中固安分校

生态环境建设

廊坊市文化艺术中心

2016 年廊坊市区道路清扫机械化作业率 76%　图为环卫洒水车正在作业

廊坊市人民公园一角

2016年廊坊市城区施工建设热电联产集中供热管网工程

特色小镇

香河机器人产业园

大城县古玩街

大厂影视小镇

安次第什里风筝小镇

魅力廊坊

香河文化艺术中心

廊坊市自然公园西区荷花池

廊坊老天桥公园

廊坊热气球节

大厂民族宫

目　录

特　载

在市委五届十一次全会第一次全体会议上的讲话 …………………冯韶慧（1）
廊坊市第六届人民代表大会常务委员会工作报告 ………………………刘智广（13）
政府工作报告 ……………………陈　平（17）
中国人民政治协商会议廊坊市第六届委员会常务委员会工作报告 ……………………………郑广富（34）
关于廊坊市 2016 年国民经济和社会发展计划执行情况与 2017 年国民经济和社会发展计划（草案）的报告 ……………………………朱建强（39）
关于廊坊市 2016 年市本级预算及全市总预算执行情况和 2017 年市本级预算及全市总预算（草案）的报告 …………………………………左德江（47）

专　文

2016 年廊坊市农村经济形势分析 ……（57）
2016 年廊坊市规模以上工业运行情况分析 ……………………………（58）
2016 年廊坊市经济金融运行情况分析 ……………………………………（60）
2016 年廊坊市重要商品和服务价格监测分析 ………………………………（66）
关于推进“多规合一”工作的建议 ………（68）
广阳区农村养老产业发展情况的调查报告 ……………………………………（70）

大事记

2016 年大事记 …………………………（73）
1 月 ……………………………………（73）
2 月 ……………………………………（74）
3 月 ……………………………………（75）
4 月 ……………………………………（77）
5 月 ……………………………………（77）
6 月 ……………………………………（79）
7 月 ……………………………………（80）
8 月 ……………………………………（80）
9 月 ……………………………………（81）
10 月 …………………………………（82）
11 月 …………………………………（83）
12 月 …………………………………（84）

市情概览

地理位置 ………………………………（86）
地形地貌 ………………………………（86）

行政区划 …………………………………（86）
　2016年廊坊市行政区划一览表 ……（87）
历史沿革 …………………………………（88）
气候 ………………………………………（92）
　概况 ……………………………………（92）
　降水 ……………………………………（93）
　2016年廊坊市各县（市、区）降水量合计值和距平百分率比较表 ……………………………………（93）
　气温 ……………………………………（93）
　日照 ……………………………………（94）
　2016年廊坊市各县（市、区）平均气温和极端气温统计表 …………（94）
　气候事件及影响 ………………………（95）
　2016年廊坊市各县（市、区）雾日和霾日统计表 ………………（96）
自然资源 …………………………………（96）
　水资源 …………………………………（96）
　矿产资源 ………………………………（97）
　植物资源 ………………………………（97）
人口 ………………………………………（97）
民族　宗教 ………………………………（98）
　民族 ……………………………………（98）
　宗教 ……………………………………（98）
经济和社会发展 …………………………（98）
　概况 ……………………………………（98）
　农业 ……………………………………（99）
　工业　建筑业 …………………………（99）
　2016年廊坊市规模以上工业主要产品产量统计表 …………………（100）
　固定资产投资 ………………………（100）
　国内贸易 ……………………………（100）
　对外经济 ……………………………（101）
　交通　邮电　旅游 …………………（101）
　财政　金融 …………………………（101）
　教育　科学技术 ……………………（102）
　文化　卫生　体育 …………………（102）
　人民生活　社会保障 ………………（102）
　城市建设　环境保护 ………………（102）
京津冀协同发展 …………………………（103）
　概况 …………………………………（103）
　互联互通交通体系构建 ……………（103）
　京台高速公路廊坊段京冀主线收费站通车 ……………………………（103）
　北京轨道交通22号线（河北三河段）开工 ……………………………（104）
　京津冀项目对接 ……………………（104）
　哈工大京津冀创新产业园落户香河 ……………………………………（104）
　京津冀生态共建 ……………………（105）
　京津冀科技成果孵化转化 …………（105）
　京津冀教育领域合作 ………………（105）
　京津冀医疗卫生合作 ………………（105）
　京津冀协同发展廊坊投资推介会 ……………………………………（106）
　农业产业协同发展 …………………（106）
全面深化改革 ……………………………（106）
　概况 …………………………………（106）
　供给侧结构性改革 …………………（107）
　配套推进需求侧改革 ………………（107）
　促进京津冀协同发展改革 …………（107）
　财税金融改革 ………………………（108）
　农村经济组织改革 …………………（108）
　政治体制改革 ………………………（108）
　社会管理体制改革 …………………（108）
　社会事业改革 ………………………（108）
　科技创新改革 ………………………（109）
　生态文明体制改革 …………………（109）
　党的建设制度改革 …………………（109）
　党的纪律检查体制改革 ……………（109）

精神文明建设 …………………………（110）
概况 ……………………………………（110）
廊坊市文明城市创建工作指挥部成立 ……………………………………（110）
第二届“最美廊坊人”评选活动 ……（110）
学雷锋志愿服务活动 ………………（111）
农村精神文明建设“十个一”创建活动 ……………………………………（111）
党政机关、直属事业单位、党派团体和部分中省直属单位及其领导名单 ……………………………………（112）

中国共产党廊坊市委员会

市委重要会议 …………………………（133）
市委常委会会议 ………………………（140）
市委办公室 ……………………………（145）
概况 ……………………………………（145）
办文办会 ………………………………（145）
文稿信息 ………………………………（145）
综合协调 ………………………………（145）
督查落实 ………………………………（146）
纪检　监察 ……………………………（146）
概况 ……………………………………（146）
中共廊坊市第五届纪律检查委员会第六次全体会议 …………………（146）
霸州市成为全市监督执纪“四种形态”试点 ………………………………（147）
集中开展“一问责八清理”专项行动 ……………………………………（147）
查办腐败案件 …………………………（147）
廉政宣传 ………………………………（147）
组织建设 ………………………………（148）
概况 ……………………………………（148）
干部选拔任用 …………………………（148）
干部培训 ………………………………（148）
干部考核 ………………………………（149）
拓宽基层党建覆盖面 …………………（149）
农村基层党建 …………………………（149）
党员队伍建设 …………………………（149）
“两学一做”学习教育…………………（150）
农村党员干部现代远程教育 ………（150）
人才队伍建设 …………………………（150）
宣传思想文化 …………………………（151）
概况 ……………………………………（151）
《宣传思想文化工作战略合作框架协议书》签署 …………………………（151）
全市宣传部长会议 ……………………（152）
“北京媒体廊坊行”活动………………（152）
田向利到廊坊调研 ……………………（152）
“北三县”文化创意产业发展座谈会 ……………………………………（152）
在廊坊市召开全省新闻舆论工作座谈会 ………………………………（153）
国家级新闻媒体集中宣传廊坊 ……（153）
2016 年廊坊市在国家媒体刊登稿件一览表 ………………………………（153）
统一战线 ………………………………（155）
概况 ……………………………………（155）
维护民族宗教领域和谐稳定 ………（155）
服务非公有制经济 ……………………（156）
党外人士管理 …………………………（156）
对台交流 ………………………………（156）
农村工作 ………………………………（157）
概况 ……………………………………（157）
农村改革 ………………………………（157）
新民居（中心村）建设 ………………（157）
政策研究 ………………………………（157）
概况 ……………………………………（157）

调查研究 ……………………………… (158)
综合服务 ……………………………… (158)
信访 ……………………………………… (158)
概况 ……………………………………… (158)
工作制度建设 ………………………… (158)
规范信访业务 ………………………… (158)
拓宽信访渠道 ………………………… (159)
市直工委 ……………………………… (159)
概况 ……………………………………… (159)
星级机关星级窗口创建 …………… (160)
万名党员培训 ………………………… (160)
老干部服务 …………………………… (161)
概况 ……………………………………… (161)
老干部政治待遇 ……………………… (161)
市老年大学 …………………………… (162)
老干部文化活动 ……………………… (162)
老干部生活待遇 ……………………… (162)
讲师团 ………………………………… (162)
概况 ……………………………………… (162)
廊坊大讲堂 …………………………… (163)
政策理论宣讲 ………………………… (163)
理论宣讲站建设 ……………………… (164)
市委党校 ……………………………… (164)
概况 ……………………………………… (164)
“两学一做”专题教育 ……………… (164)
中共廊坊市委五届九次全会精神解读理论文章一览表 ………………… (165)
党校干部培训 ………………………… (165)
党史研究 ……………………………… (165)
概况 ……………………………………… (165)
制作动画片《尽忠尽孝魏大光》 ……………………………………… (166)
编纂《抗日战争时期廊坊人口伤亡和财产损失调研资料汇编》 ……………………………………… (166)
开辟《党史故事》专栏 …………… (166)
编辑《老一辈革命家廉政故事选编》 ……………………………………… (166)

廊坊市人民代表大会常务委员会

市人民代表大会会议 ……………… (167)
市人大常委会会议 ………………… (167)
市人大常委会履行职责 …………… (170)
概况 ……………………………………… (170)
地方立法 ……………………………… (171)
人事任免 ……………………………… (171)
人大代表建议及办理结果 ………… (172)
概况 ……………………………………… (172)
“关于治理城市雾霾关键在农村”的建议 ……………………………… (172)
“关于规范医疗垃圾处理”的建议 ……………………………………… (172)
“关于将龙河纳入廊坊城市内河”的建议 ……………………………… (172)

廊坊市人民政府

市政府常务会议 …………………… (174)
市政府办公室 ……………………… (176)
概况 ……………………………………… (176)
督导检查 ……………………………… (177)
建议提案办理 ………………………… (178)
政务信息 ……………………………… (179)
应急管理 ……………………………… (180)
政府服务热线 ………………………… (180)
社会信用体系建设 ………………… (181)
概况 ……………………………………… (181)
市级信用体系建设规划 …………… (181)

"双公示"全省领先 …………………（181）
信用红黑名单管理和公示 …………（182）
信用联合奖惩机制建设 ……………（182）
政务公开 ……………………………（182）
概况 ………………………………（182）
政务公开制度机制建设 ……………（183）
政府信息依申请公开 ………………（183）
地方志工作 …………………………（183）
概况 ………………………………（183）
《廊坊市地方志事业"十三五"
发展规划》实施 …………………（184）
修志编鉴 …………………………（184）
旧志整理 …………………………（184）
村镇志编写 ………………………（184）
政府服务 ……………………………（185）
概况 ………………………………（185）
审批流程规范化 …………………（185）
公共服务事项进厅 ………………（185）
综合服务窗口设立 ………………（185）
服务水平提升 ……………………（185）
《政策汇编》公示 …………………（185）
实体政务大厅向网上办事大厅延伸
……………………………………（186）
市级公共资源交易平台整合 ………（186）
县级公共资源交易平台验收 ………（186）
招投标不规范专项清理 ……………（187）
外事　侨务 …………………………（187）
概况 ………………………………（187）
因公出国境管理 …………………（187）
侨务 ………………………………（188）

中国人民政治协商会议廊坊市委员会

综述 …………………………………（189）
重要会议 ……………………………（191）
政协廊坊市第六届委员会第四次会议
……………………………………（191）
政协廊坊市第六届委员会第十一次
常委会议 …………………………（191）
政协廊坊市第六届委员会第十二次
常委会议 …………………………（191）
政协廊坊市第六届委员会第十三次
常委会议 …………………………（192）
政协廊坊市第六届委员会第十四次
常委会议 …………………………（192）
提案办理　建议选载 ………………（192）
概况 ………………………………（192）
关于廊坊市学前教育发展的建议
……………………………………（193）
关于合理配置医疗卫生资源大力提升
廊坊城区卫生水平的建议 ………（193）
关于推进养老服务体系建设的
思考与建议 ………………………（193）
关于大力推进廊坊市"互联网+现代农业"
发展步伐的建议 …………………（194）
关于系统推进依法治市全面建设
法治廊坊的建议 …………………（194）

民主党派

中国国民党革命委员会廊坊市委员会
……………………………………（196）
概况 ………………………………（196）
参政议政 …………………………（196）
中国民主同盟廊坊市委员会 …………（196）
概况 ………………………………（196）
民盟廊坊市委第七次代表大会
……………………………………（197）
基层组织换届 ……………………（198）

魅力名师首期特训营在霸州举办 ……………………（198）
盟员之家建设 ……………………（198）
中国民主建国会廊坊市委员会 ……（198）
概况 ……………………（198）
组织建设 ……………………（199）
参政议政 ……………………（199）
社会服务 ……………………（199）
推进京津冀协同发展 ……………………（199）
全国政协副主席马培华到三河市考察调研 ……………………（200）
民建廊坊市委第七次代表大会 ……（200）
中国民主促进会廊坊市委员会 ……（201）
概况 ……………………（201）
民进廊坊市委第七次代表大会 ……（203）
民进中央常务副主席罗富和到廊坊调研 ……………………（203）
中国农工民主党廊坊市委员会 ……（203）
概况 ……………………（203）
农工党廊坊市委第七次代表大会 ……………………（204）
“京津冀协同发展联合共建基地”揭牌 ……………………（205）
九三学社廊坊市委员会 ……………（205）
概况 ……………………（205）
九三学社廊坊市委第七次代表大会 ……………………（206）
调研工作 ……………………（207）
理论研究 ……………………（207）

社会团体

廊坊市总工会 ……………………（208）
概况 ……………………（208）
农民工入会 ……………………（208）
“建功立业”工程 ……………………（208）
劳动关系和谐发展 ……………………（209）
工会会员卡普惠化服务 ……………（209）
精准帮扶专项行动 ……………………（209）
打造“培训+创业就业”新模式 ……（210）
工会改革创新 ……………………（210）
共青团廊坊市委员会 ……………（210）
概况 ……………………（210）
青年创新创业 ……………………（211）
“青年之声”平台建设 ……………（211）
“青年中心”平台建设 ……………（211）
“助力京津冀协同发展”系列活动 ……………………（212）
治污减霾增绿专项行动 ……………（212）
廊坊市少先队员与杨利伟互动交流 ……………………（212）
廊坊市妇女联合会 ……………（212）
概况 ……………………（212）
干部作风建设 ……………………（212）
智慧妇联建设 ……………………（213）
妇联整体改革 ……………………（213）
巾帼创业创新行动 ……………………（213）
创业典型 ……………………（213）
最美家庭 ……………………（213）
科学家教活动 ……………………（213）
维护妇女权益 ……………………（214）
妇女儿童关爱活动 ……………………（214）
廊坊市工商业联合会 ……………（214）
概况 ……………………（214）
会员服务 ……………………（214）
经济联络 ……………………（215）
商会建设 ……………………（215）
宣传培训 ……………………（215）
市工商联（总商会）第六次会员代表大会 ……………………（216）
廊坊市科学技术协会 ……………（216）

概况 …………………………………（216）
助力河北（廊坊）创新发展活动对接大会 ……………………………（216）
帮扶创建科技型中小企业 …………（217）
基层科普行动计划 …………………（217）
2016年“基层科普行动计划”获奖一览表 …………………………（217）
廊坊市文学艺术界联合会 ……………（217）
概况 …………………………………（217）
第九届“廊坊文艺繁荣奖”评选表彰 ………………………………………（218）
助力京津冀协同发展 ………………（218）
廊坊市归国华侨联合会 ………………（218）
概况 …………………………………（218）
服务经济建设 ………………………（218）
海内外联谊 …………………………（219）
承办海外侨商投资合作项目洽谈会 ………………………………………（219）
廊坊市残疾人联合会 …………………（219）
概况 …………………………………（219）
残疾儿童康复救助 …………………（220）
基本保障 ……………………………（220）
就业扶贫 ……………………………（220）
农村残疾人精准扶贫项目 …………（221）
廊坊市工业经济联合会 ………………（221）
概况 …………………………………（221）
企业评选 ……………………………（221）
廊坊市工业产品展示中心 …………（221）
中国国际贸易促进委员会廊坊市委员会 ………………………………（222）
概况 …………………………………（222）
推进“一带一路”建设 ……………（222）
会展行业交流合作 …………………（223）
涉外法律服务 ………………………（223）
自办展会简介 ………………………（223）
外联招商 ……………………………（224）
廊坊市社会科学界联合会 ……………（224）
概况 …………………………………（224）
廊坊市第十届社会科学成果评奖 ………………………………………（224）
社科普及基地建设和管理 …………（225）
学会、协会活动 ……………………（225）
廊坊市红十字会 ………………………（225）
概况 …………………………………（225）
“六个核桃·读书慧”书库项目 ………（225）
“博爱燕赵火热青春”活动 …………（226）

法治　军事

综述 …………………………………（227）
政法委　综治办 ………………………（227）
概况 …………………………………（227）
金融安全风险防控 …………………（227）
网络安全风险防控 …………………（227）
重点人群服务管理 …………………（228）
公共安全视频监控联网应用 ………（228）
综治信息化建设 ……………………（228）
法治廊坊建设督导 …………………（228）
法治政府建设 …………………………（228）
概况 …………………………………（228）
完善政府立法机制 …………………（229）
全国完善规范性文件合法性审查机制试点创建 ……………………………（229）
加强规范性文件监督管理 …………（229）
健全行政决策机制 …………………（229）
完善政府法律顾问制度 ……………（230）
规范行政执法行为 …………………（230）
发挥行政复议和行政应诉功效 ……（230）
法制教育和宣传 ……………………（230）

公安 …………………………………… （231）
概况 …………………………………… （231）
治安防控 ……………………………… （232）
惩治刑事违法犯罪 …………………… （232）
惩治经济违法犯罪 …………………… （232）
惩治环境违法犯罪 …………………… （233）
交通安全管理 ………………………… （233）
出入境管理 …………………………… （233）
检察 …………………………………… （233）
概况 …………………………………… （233）
犯罪预防 ……………………………… （234）
检察监督 ……………………………… （234）
司法体制改革 ………………………… （234）
服务京津冀协同发展 ………………… （234）
检务公开 ……………………………… （234）
审查起诉省内外大案要案 …………… （234）
法院 …………………………………… （235）
概况 …………………………………… （235）
服务发展 ……………………………… （235）
构建阳光司法 ………………………… （235）
依法保障社会民生 …………………… （235）
乡镇人民法庭全覆盖 ………………… （236）
完善诉讼服务中心功能 ……………… （236）
推进司法改革 ………………………… （236）
破解执行难 …………………………… （236）
法官队伍建设 ………………………… （236）
司法行政 ……………………………… （237）
概况 …………………………………… （237）
调解组织建设 ………………………… （237）
市社区矫正监控中心启用 …………… （237）
法治宣传 ……………………………… （238）
法律服务中心建设 …………………… （238）
强制隔离戒毒 ………………………… （238）
廊坊军分区 …………………………… （238）
概况 …………………………………… （238）
双拥共建 ……………………………… （239）
军事训练 ……………………………… （239）
在廊坊市召开全省军民融合推进大会 ……………………………… （239）
第三届中国·河北(廊坊)军民融合暨国防工业协同创新成果展洽会 ……………………………… （239）
第一届军民融合创新创业大赛 ……… （240）
武警廊坊市支队 ……………………… （240）
概况 …………………………………… （240）
基层建设 ……………………………… （240）
军事能力建设 ………………………… （240）
后勤保障 ……………………………… （241）
郭声琨视察固安检查站 ……………… （241）
廊坊市消防支队 ……………………… （241）
概况 …………………………………… （241）
消防安全检查 ………………………… （241）
备战执勤 ……………………………… （242）
全市消防工作会议 …………………… （242）
消防安全巡查管理系统获奖 ………… （242）
消防宣传教育 ………………………… （242）
人民防空 ……………………………… （243）
概况 …………………………………… （243）
防空演习　防空警报试鸣 …………… （243）

城乡建设

综述 …………………………………… （245）
规划编制 ……………………………… （245）
概况 …………………………………… （245）
重点道路景观整治规划 ……………… （246）
廊坊市主城区停车场近期建设规划 ……………………………… （246）
海绵城市专项规划 …………………… （246）

廊坊市中心城区地下综合管廊
专项规划 …………………………（246）
廊坊市美丽乡村总体规划
（2016—2030） ………………（246）
规划管理 ………………………………（247）
概况 ………………………………（247）
规划审批 …………………………（247）
市、县一体化“城建云”平台建设
………………………………（247）
城市地下管线信息化管理 ………（247）
市政建设 ………………………………（248）
概况 ………………………………（248）
城区防汛 …………………………（248）
城市公用事业 …………………………（248）
概况 ………………………………（248）
热电联产配套管网工程 …………（249）
公用行业资质审批检查 …………（249）
燃气行业安全管理 ………………（249）
城区供水维修 ……………………（249）
城区水质检测 ……………………（249）
城市园林绿化 …………………………（249）
概况 ………………………………（249）
世界月季洲际大赛 ………………（250）
绿化项目验收 ……………………（250）
园林县城创建 ……………………（250）
城市环境卫生 …………………………（250）
概况 ………………………………（250）
推广“以克论净”作业模式 ………（250）
环境卫生治理 ……………………（251）
生活垃圾上门收集 ………………（251）
环卫基础设施提升改造 …………（251）
建筑业管理 ……………………………（251）
概况 ………………………………（251）
建设工程招投标 …………………（251）
建筑市场监察 ……………………（251）
建筑工地扬尘治理 ………………（251）
工程安全管理 ……………………（252）
建筑领域农民工工资保障 ………（252）
建筑造价信息管理 ………………（252）
建筑科技成果 ……………………（252）
居住建筑节能 ……………………（252）
城建档案管理 ……………………（252）
工程质量检测 ……………………（253）
农村危房改造 ……………………（253）
城市综合管理 …………………………（253）
概况 ………………………………（253）
城市网格管理 ……………………（253）
市容环境优化 ……………………（253）
文明城市创建 ……………………（253）
违法建设治理 ……………………（254）
露天烧烤取缔 ……………………（254）
渣土运输治理 ……………………（254）
户外广告整治 ……………………（254）
数字城管提升 ……………………（254）
房产管理 ………………………………（255）
概况 ………………………………（255）
房地产开发管理 …………………（255）
物业管理 …………………………（255）
房屋交易管理 ……………………（255）
2016 年廊坊市新建商品住房价格
统计表 ……………………………（256）
步行街管理 ……………………………（256）
概况 ………………………………（256）
社会稳定维护 ……………………（256）
城市文明街创建 …………………（256）
美丽乡村建设 …………………………（257）
概况 ………………………………（257）
2016 年廊坊市建成省级美丽乡村
一览表 ……………………………（257）
美丽乡村建设长效管护机制 ……（258）

LANGFANG YEARBOOK

启动“两改一清一拆”行动 ………… (258)
霸州省级片区建设 ………………… (258)

交通　邮政

综述 ………………………………… (259)
公路建设 …………………………… (260)
概况 ……………………………… (260)
高速公路 ………………………… (260)
国省干线公路 …………………… (261)
农村公路 ………………………… (261)
公路桥梁 ………………………… (261)
密涿高速公路河北段建成通车 ……………………………… (261)
公路养护 …………………………… (261)
概况 ……………………………… (261)
桥梁维修加固工程 ……………… (262)
公路养护示范工程 ……………… (262)
运输管理 …………………………… (262)
概况 ……………………………… (262)
路政管理 ………………………… (262)
廊坊市河北公交一卡通 ………… (262)
出租车市场整治 ………………… (262)
重要节假日运输保障 …………… (263)
运输公司简介 ……………………… (263)
廊坊交通运输集团有限公司 …… (263)
廊坊市公共交通运输集团有限公司 ……………………………… (263)
2016 年廊坊市交通工具统计表 …… (264)
北京新机场及临空经济区建设 …… (265)
概况 ……………………………… (265)
北京新机场临空经济区规划 …… (265)
北京新机场建设时间节点 ……… (265)
北京新机场涉水工程建设 ……… (265)
天堂河改道通水 ………………… (265)
北京新机场建设用地征迁 ……… (265)
邮政 ………………………………… (266)
概况 ……………………………… (266)
廊坊市国家一级快递枢纽建设 …… (266)
邮政业“十三五”规划 ………… (266)
起草《促进快递业发展的实施意见》 ……………………………… (267)
邮政普遍服务保障执法监督 …… (267)
末端网点备案　标准化网点创建 ……………………………… (267)
市场监管信息化建设 …………… (267)

农林　水利

综述 ………………………………… (268)
农业管理 …………………………… (269)
概况 ……………………………… (269)
农业生态环境保护 ……………… (269)
农业实用技术培训 ……………… (269)
农产品质量安全监管 …………… (270)
农业安全生产 …………………… (270)
农业信息化建设 ………………… (270)
参加京津冀首届蔬菜产销对接大会 ……………………………… (270)
农作物种植业 ……………………… (270)
概况 ……………………………… (270)
现代农业园区建设 ……………… (271)
休闲农业培育发展 ……………… (271)
农业机械化建设 ………………… (271)
市农业局获国家两项专利证书 …… (271)
畜牧水产业 ………………………… (272)
概况 ……………………………… (272)
动物疫病防控 …………………… (272)

养殖场粪污处理 …………………… (272)
奶牛生产信息管理系统推广应用 …………………… (272)
猪冷冻精液生产技术专利 ………… (272)
农林科研 …………………… (272)
概况 …………………… (272)
甘薯新品种栽培技术科研成果 …………………… (273)
鲜食大豆品种栽培技术科研成果 …………………… (273)
中心实验室 …………………… (273)
科研试验基地 …………………… (274)
科技成果示范基地 …………………… (274)
农业开发 …………………… (274)
概况 …………………… (274)
土地治理项目 …………………… (274)
产业化经营项目 …………………… (275)
农业产业化 …………………… (275)
概况 …………………… (275)
工商资本投资农业产业化项目 …………………… (275)
农业产业化重点项目督导 ………… (275)
农业产业化龙头企业推广培训 …………………… (275)
农业产业化政策扶持 ……………… (276)
2016年廊坊市省级农业产业化重点龙头企业一览表 ………… (276)
林果业 …………………… (278)
概况 …………………… (278)
森林病虫害防治 …………………… (278)
惩治涉林违法犯罪 ………………… (278)
林业科技推广 …………………… (278)
水务 …………………… (278)
概况 …………………… (278)
生态水系总体规划 ………………… (279)
域内南水北调配套工程 …………… (279)
永定河郊野公园项目续建 ………… (279)
冯家务地表水厂建设 ……………… (279)

工业　信息业

综述 …………………… (280)
工业 …………………… (281)
概况 …………………… (281)
规模以上工业先升后降发展态势 …………………… (281)
工业投资增速加快 ………………… (281)
四行业拉动工业利润增长 ………… (282)
装备制造业 …………………… (282)
家具制造及木材加工业 …………… (282)
金属冶炼及压延业 ………………… (283)
食品加工业 …………………… (283)
电力供应 …………………… (283)
概况 …………………… (283)
安全生产 …………………… (284)
电网建设 …………………… (284)
信息产业 …………………… (284)
概况 …………………… (284)
电子信息制造业 …………………… (284)
软件及信息服务业 ………………… (284)
大智移云产业加速壮大 …………… (285)
大智移云产业推进记要 …………… (285)
电子信息制造企业选介 ………… (286)
华为技术服务有限公司 …………… (286)
富智康精密电子（廊坊）有限公司 …………………… (286)
京东方（河北）移动显示技术有限公司 …………………… (286)
润泽科技发展有限公司 …………… (287)

通信公司 …………………………… (287)
中国移动通信集团河北有限公司
廊坊分公司 …………………… (287)
中国联合网络通信有限公司
廊坊市分公司 ………………… (288)
中国电信集团公司廊坊市分公司
…………………………… (288)
无线电管理 ………………………… (289)
概况 ……………………………… (289)
无线电监测执法 ………………… (289)
无线电频谱使用评估 …………… (289)
无线电安全保障 ………………… (289)

环境保护

综述 ……………………………… (290)
2016 年廊坊市区空气质量环比表
…………………………… (290)
大气污染防治 ……………………… (291)
概况 ……………………………… (291)
空气质量监测 …………………… (292)
燃煤污染源治理 ………………… (292)
建筑施工扬尘污染治理 ………… (292)
机动车尾气污染治理 …………… (292)
工业企业污染治理 ……………… (293)
水污染防治 ………………………… (293)
概况 ……………………………… (293)
污水处理厂建设 ………………… (293)
水污染防治“百日会战” ……… (293)
污染减排工程 …………………… (294)
环境综合执法 ……………………… (294)
概况 ……………………………… (294)
“两法一条例”宣传 …………… (294)
环评审批 ………………………… (294)
危险废物管理 …………………… (295)

旅 游 业

综述 ……………………………… (296)
廊坊市旅游局更名 ……………… (297)
旅游市场开发 ……………………… (297)
概况 ……………………………… (297)
河北航空旅游联盟在廊坊成立 …… (297)
2016 乡村旅游发展峰会 ………… (297)
安次区发展乡村旅游业 ………… (298)
第九届中国（廊坊）国际热气球节
暨第什里金秋风筝节 ………… (298)
乡村旅游创客大赛 ……………… (298)
旅游产品策划创新大赛 ………… (299)
旅游产品推介 …………………… (299)
旅游项目建设 ……………………… (299)
概况 ……………………………… (299)
盛世福地现代农业园 …………… (300)
燕南春酒文化产业园 …………… (300)
林栖谷森林温泉度假村 ………… (300)
第什里风筝小镇 ………………… (300)
广阳区长征现代农业创意产业园
…………………………… (301)
文安富祥温泉生态农庄 ………… (301)
大厂回族自治县紫图生态庄园
…………………………… (301)
固安盛世农业生态园 …………… (301)
大厂回族自治县沁心农业园 …… (301)
2016 年廊坊市旅行社一览表 …… (302)
2016 年廊坊市星级饭店一览表
…………………………… (305)
2016 年廊坊市旅游景区（点）一览表
…………………………… (306)

商贸流通

综述 …………………………………… (308)
贸易进出口 ……………………………… (309)
概况 ………………………………… (309)
2016年廊坊市外贸总值在河北省各设区市中位次统计表 ………………………………… (309)
主要贸易进出口商品 ……………… (310)
2016年廊坊市进出口前10名国家或地区统计表 ……………… (310)
高新技术产品进出口 ……………… (311)
高新技术产品进出口主要国家和地区 ………………………………… (311)
高新技术产品进出口贸易代表企业 ………………………………… (311)
2016年廊坊市与河北省各设区市高新技术产品进出口总值对比表 ………………………………… (312)
“一带一路”引领对外贸易 ………… (312)
对外及对港澳台经济合作 …………… (312)
概况 ………………………………… (312)
服务外包企业 ……………………… (313)
招商引资 …………………………… (313)
廊坊域内企业对外承包工程 ……… (313)
廊坊域内企业对外投资 …………… (313)
会展业 ………………………………… (314)
概况 ………………………………… (314)
2016年廊坊市展会一览表 ………… (314)
中国·廊坊国际经济贸易洽谈会简介 ………………………………… (318)
第33届中国·廊坊国际经济贸易洽谈会 ………………………… (318)
第20届中国（廊坊）农产品交易会 ………………………………… (319)
中国（廊坊）春（秋）季渔具展销订货会 ………………………… (320)
第九届中国国际管道大会 ………… (320)
2016河北·廊坊国际绿色产业博览会 ………………………………… (320)
环渤海汽车后市场服务节 ………… (321)
中国（廊坊）国际有机食品展览会 ………………………………… (321)
河北·廊坊装备制造业博览会 ……… (321)
廊坊国际会展中心 ………………… (321)
供销合作业 …………………………… (322)
概况 ………………………………… (322)
农资供应 …………………………… (322)
食盐专营 …………………………… (322)
盐业市场联查整治 ………………… (322)
廊坊市农村产权交易中心成立 …… (322)
粮油业 ………………………………… (323)
概况 ………………………………… (323)
粮食执法检查 ……………………… (323)
石油燃气营销业 ……………………… (323)
概况 ………………………………… (323)
中石油廊坊分公司 ………………… (323)
中石化廊坊石油公司 ……………… (324)
新奥燃气有限公司 ………………… (324)
廊坊市铭顺石油天然气销售有限公司 ………………………………… (324)
烟草专卖业 …………………………… (325)
概况 ………………………………… (325)
卷烟零售终端体系建设 …………… (325)
卷烟流通市场整治 ………………… (325)

民营经济

综述 …………………………………… (326)
个体私营企业注册登记 ……………… (327)

概况 ……………………………… (327)
2016 年廊坊市个体工商户和私营企业行业统计表 ……………………… (327)
外资企业注册登记 ……………………… (328)
概况 ……………………………… (328)
外商投资服务 ……………………… (328)
2016 年廊坊市外资企业行业统计表 ……………………………… (328)

财政　税务

综述 ……………………………… (329)
2016 年廊坊市财政收入统计表 …… (330)
财政 ……………………………… (330)
概况 ……………………………… (330)
财政管理改革 ……………………… (332)
税制改革 ……………………………… (332)
财政监督检查 ……………………… (332)
债务风险防控 ……………………… (332)
国家税务 ……………………………… (333)
概况 ……………………………… (333)
2016 年廊坊市政府口径税收统计表 ……………………………… (333)
2016 年廊坊市国税收入统计表 …… (334)
非居民企业税收管理与服务 ……… (335)
主体税种管理 ……………………… (335)
大企业税收管理 ……………………… (335)
第三方涉税信息交换机制 ………… (335)
京津冀税收合作 ……………………… (335)
绩效管理 ……………………………… (336)
依法治税 ……………………………… (336)
税收宣传 ……………………………… (336)
地方税务 ……………………………… (336)
概况 ……………………………… (336)
2016 年廊坊市地税收入统计表 ……………………………… (337)
2016 年廊坊市地税非税收入统计表 ……………………………… (337)
数据应用智能系统研发 ……………… (338)
纳税服务 ……………………………… (338)
税源监控“网络爬虫软件”开发…… (338)
依法治税 ……………………………… (339)
税务稽查 ……………………………… (339)
京津冀税收协同共建 ……………… (339)
税收优惠政策落实 ………………… (339)
水资源税征收 ……………………… (339)

金融业

综述 ……………………………… (340)
银行业 ……………………………… (341)
概况 ……………………………… (341)
中国人民银行廊坊市中心支行 …… (341)
银行业监管 ……………………………… (342)
中国农业发展银行廊坊分行 ……… (343)
中国农业银行股份有限公司廊坊分行 ……………………………… (343)
中国工商银行股份有限公司廊坊分行 ……………………………… (344)
中国建设银行股份有限公司廊坊分行 ……………………………… (345)
中国银行股份有限公司廊坊分行 ……………………………… (345)
廊坊银行股份有限公司 …………… (346)
河北银行股份有限公司廊坊分行 ……………………………… (346)
沧州银行股份有限公司廊坊分行 ……………………………… (347)

中国光大银行股份有限公司廊坊分行 …… (347)
兴业银行股份有限公司廊坊分行 …… (347)
河北省农村信用社联合社廊坊审计中心 …… (348)
上海浦东发展银行股份有限公司廊坊分行 …… (349)
中国邮政储蓄银行股份有限公司廊坊市分行 …… (349)
张家口银行股份有限公司廊坊分行 …… (349)
交通银行股份有限公司廊坊分行 …… (350)
保险业 …… (350)
概况 …… (350)
廊坊市保险行业协会 …… (350)
中国人寿保险股份有限公司廊坊分公司 …… (351)
中国人民财产保险股份有限公司廊坊市分公司 …… (351)
中国太平洋人寿保险股份有限公司廊坊中心支公司 …… (352)
中国太平洋财产保险股份有限公司廊坊中心支公司 …… (352)
中国平安人寿保险股份有限公司廊坊中心支公司 …… (352)
中国平安财产保险股份有限公司廊坊中心支公司 …… (353)
太平人寿保险有限公司廊坊中心支公司 …… (353)
新华人寿保险股份有限公司廊坊中心支公司 …… (353)
中华联合财产保险股份有限公司廊坊中心支公司 …… (354)
证券业 …… (354)
概况 …… (354)
财达证券廊坊新华路证券营业部 …… (354)
中国银河证券廊坊银河路营业部 …… (354)
西藏东方财富证券廊坊营业部 …… (355)
西部证券廊坊金光道证券营业部 …… (355)
国泰君安证券廊坊广阳道证券营业部 …… (355)

综合行政管理

综述 …… (356)
宏观经济管理 …… (357)
概况 …… (357)
中长期发展规划编制 …… (357)
新兴产业 …… (357)
现代服务业 …… (357)
节能降耗管理 …… (358)
去产能　降成本 …… (358)
节能环保产业 …… (358)
经济体制改革 …… (358)
招商引资 …… (358)
项目管理及选介 …… (359)
概况 …… (359)
中粮可口可乐华北饮料基地 …… (359)
京津冀国际商贸城一期起步区 …… (360)
年产 7263 万片触控一体化显示模组项目 …… (360)
廊坊精雕数控机床制造基地 …… (360)
中国智能骨干网项目落户廊坊 …… (360)
统计 …… (360)

概况 …………………………………（360）
统计改革创新 ……………………………（361）
廊坊市第三次全国农业普查 ………（361）
统计法治建设活动 …………………（362）
统计业务培训 ………………………（362）
审计 ……………………………………（363）
概况 …………………………………（363）
政策落实审计 ………………………（363）
专项资金绩效审计 …………………（363）
预算执行审计 ………………………（364）
领导干部经济责任审计 ……………（364）
保障性安居工程审计 ………………（364）
固定资产投资审计 …………………（364）
信息化建设 …………………………（364）
人力资源管理 …………………………（365）
概况 …………………………………（365）
事业单位人事制度改革 ……………（365）
公务员队伍管理 ……………………（365）
工资收入分配制度改革 ……………（366）
军转干部及随军家属安置 …………（366）
“通武廊”区域人才合作座谈会 ……（366）
中国（河北）博士后成果转化基地建设 ……………………………（366）
中国（河北）博士后成果转化基地管理办法 ………………………（366）
廊坊市第一家河北省引智工作站 ……………………………………（367）
机构编制 ………………………………（367）
概况 …………………………………（367）
市级公共资源交易机构和职责整合 ……………………………………（368）
城乡居民医疗保险职责整合 ………（368）
城中村旧城棚户区改造职责整合 ……………………………………（368）
国有资产监督管理 ……………………（368）
概况 …………………………………（368）
2016年廊坊市列统监管企业国有资产统计表 ……………………………（368）
2016年廊坊市列统监管16个企业统计表 ……………………………（369）
国资监督管理体系 …………………（369）
国有企业审计监督 …………………（369）
国有企业改革发展 …………………（370）
国有企业转型升级 …………………（370）
国资工程项目建设 …………………（370）
国有企业党建和党风廉政建设 ……（370）
国土资源管理 …………………………（371）
概况 …………………………………（371）
计划用地指标争取 …………………（371）
土地节约集约利用 …………………（371）
国有建设用地储备及拍卖出让 ……（371）
耕地保护 ……………………………（371）
建设用地报批 ………………………（371）
矿政管理 ……………………………（372）
测绘管理 ……………………………（372）
地理信息系统建设 …………………（372）
土地整治 ……………………………（372）
土地执法监察 ………………………（372）
地籍管理 ……………………………（373）
不动产统一登记 ……………………（373）
工商行政管理 …………………………（373）
概况 …………………………………（373）
首批11个商标品牌指导站挂牌成立 ……………………………………（373）
“双告知” ……………………………（374）
“双随机、一公开”监管 ……………（374）
市场主体年报公示工作 ……………（374）
市场秩序整顿 ………………………（374）
消费者权益保护 ……………………（375）
物价管理 ………………………………（375）

概况 …………………………………（375）
行政服务违规收费专项清理 ………（375）
价格改革 ……………………………（375）
价格简政放权 ………………………（376）
推行收费目录清单制度 ……………（376）
质量技术监督 ……………………（376）
概况 …………………………………（376）
特种设备网格化安全监管 …………（377）
工业产品监管 ………………………（377）
煤炭检验检测 ………………………（377）
食品药品监督管理 ………………（377）
概况 …………………………………（377）
食品药品监管机制创新 ……………（378）
食品监管 ……………………………（378）
食品药品网格化监管体系建设 ……（378）
药品监管 ……………………………（379）
医疗器械监管 ………………………（379）
保健食品监管 ………………………（379）
化妆品监管 …………………………（379）
食品药品安全示范创建 ……………（379）
安全生产监督管理 ………………（379）
概况 …………………………………（379）
安全生产百日攻坚 …………………（380）
“气代煤”工程安全生产 …………（380）
隐患排查治理体系建设 ……………（380）
重点行业领域专项整治 ……………（380）
安全风险辨识管控模式 ……………（381）
应急救援体系建设 …………………（381）
廊坊海关 …………………………（381）
概况 …………………………………（381）
海关监管创新 ………………………（382）
海关缉私 ……………………………（382）
海关税收征管 ………………………（382）
海关外贸统计分析和监测预警研究
…………………………………（382）
出入境检验检疫 …………………（382）
概况 …………………………………（382）
疫情截获 ……………………………（382）
示范区建设 …………………………（383）
服务地方经济 ………………………（383）
京津冀一体化通关模式改革 ………（383）
实验室建设 …………………………（383）

教 育

综述 ………………………………（384）
2016年廊坊市普通高中学校、教师、
学生统计表 ………………………（385）
2016年廊坊市普通初中学校、教师、
学生统计表 ………………………（386）
2016年廊坊市小学学校、教师、
学生统计表 ………………………（386）
2016年廊坊市中等职业技术学校、
教师、学生统计表 ………………（386）
2016年廊坊市幼儿园、入园儿童
统计表 ……………………………（386）
基础教育 …………………………（387）
概况 …………………………………（387）
廊坊市第一中学 ……………………（387）
廊坊市第二中学 ……………………（388）
廊坊市第七中学 ……………………（388）
廊坊市第八高级中学 ………………（389）
中国石油天然气管道局中学 ………（389）
职业与成人教育 …………………（390）
概况 …………………………………（390）
廊坊市高级技工学校 ………………（390）
廊坊市食品工程学校 ………………（391）
廊坊市电子信息工程学校 …………（391）
廊坊市体育运动学校 ………………（392）

高等教育 …………………………… (393)
概况 …………………………… (393)
北华航天工业学院 …………………… (393)
河北工业大学廊坊分校 ……………… (394)
廊坊师范学院 ……………………… (394)
廊坊卫生职业学院 ………………… (395)
廊坊市广播电视大学 ……………… (396)
廊坊职业技术学院 ………………… (397)
民办教育 …………………………… (398)
概况 …………………………… (398)
廊坊市第十五中学 ………………… (398)

文　化

综述 …………………………… (399)
文化事业 …………………………… (399)
概况 …………………………… (399)
文化市场管理 ……………………… (400)
国家公共文化服务体系示范区创建 …………………………… (400)
《廊坊市文化志》等5部书籍首发 …………………………… (401)
廊坊市图书馆 ……………………… (401)
文化产业 …………………………… (401)
概况 …………………………… (401)
第四届廊坊特色文化博览会 ……… (402)
首届京津冀运河书香节 …………… (402)
参展第八届西部文化产业博览会 …………………………… (402)
省新闻出版广电局设立驻"北三县"办事处 …………………… (403)
非物质文化遗产 …………………… (403)
概况 …………………………… (403)
2016年廊坊市第五批市级非物质文化遗产代表性项目一览表 ….. (403)
2016年廊坊市第五批市级非物质文化遗产代表性项目扩展项目一览表 …………………………… (405)
2016年廊坊市第四批市级非物质文化遗产代表性项目代表性传承人一览表 ……………… (406)
文物保护 …………………………… (409)
文艺团体 …………………………… (409)
概况 …………………………… (409)
文化艺术活动 ……………………… (410)
书法艺术作品（廊坊）邀请展 ….. (410)
2016年第九届"廊坊文艺繁荣奖"突出贡献奖获奖一览表 ………… (410)
文艺作品 …………………………… (411)
概况 …………………………… (411)
新编反腐题材现代京剧《脚印》 …………………………… (411)
2016年第九届"廊坊文艺繁荣奖"获特等作品奖一览表 ………… (411)
2016年第九届"廊坊文艺繁荣奖"获优秀作品奖一览表 ………… (412)
报纸 …………………………… (413)
概况 …………………………… (413)
《廊坊日报》 ……………………… (413)
《廊坊都市报》 …………………… (413)
廊坊市"三个十"评选活动………… (414)
2016年廊坊十大新闻……………… (414)
2016年廊坊十大新闻人物………… (414)
2016年感动廊坊十大人物………… (414)
广播电视 …………………………… (414)
概况 …………………………… (414)
电视 …………………………… (415)
广播 …………………………… (415)
电视直播 …………………………… (416)
推进媒体融合 ……………………… (416)

第十五届品味车苑汽车文化博览会 ……………………（416）
2015—2016年廊坊市广播电视事业统计表 ……………………（416）
档案管理 ……………………（417）
概况 ……………………（417）
档案行政执法 ……………………（418）
档案信息化建设 ……………………（418）

科　学

综述 ……………………（419）
自然科学 ……………………（420）
概况 ……………………（420）
2016年廊坊市科学技术省级奖励项目一览表 ……………………（421）
2016年廊坊市认定众创空间一览表 ……………………（421）
2016年廊坊市认定科技企业孵化器一览表 ……………………（422）
科技投融资体系建设 ……………………（423）
科技合作 ……………………（423）
科技创新团队表彰 ……………………（423）
2016年廊坊市获奖科技创新团队一览表 ……………………（423）
知识产权与专利 ……………………（424）
"1+4+N"科技创新政策体系 ……………………（424）
国家级众创空间 ……………………（424）
京津廊创客与创意空间展 ……………………（425）
"创新中国"创业大赛 ……………………（425）
"双创"与金融对接洽谈会 ……………………（425）
在廊坊市举办2016中国设计节 ……（425）
中加新兴科技产业城入驻廊坊高新区 ……………………（425）
中关村软件园人才培养与创新创业平台 ……………………（426）
京津冀食用菌技术联盟学术交流活动 ……………………（426）
第31届青少年科技创新大赛 ……（426）
2016年廊坊市在第31届全国青少年科技创新大赛中获奖一览表 ……（426）
第四届廊坊市青少年科技创新大赛市长奖 ……………………（427）
2016年第四届廊坊市青少年科技创新大赛市长奖获奖人员一览表 ……（427）
气象测报 ……………………（428）
防震减灾 ……………………（429）
社会科学 ……………………（431）
概况 ……………………（431）
社科活动 ……………………（431）
社科研究成果 ……………………（431）
2016年廊坊市第十届社会科学成果奖一览表 ……………………（432）

卫生　体育

综述 ……………………（445）
医疗卫生 ……………………（446）
概况 ……………………（446）
2016年廊坊市医疗机构、床位、人员统计表 ……………………（446）
农村基层卫生 ……………………（447）
卫生防疫 ……………………（447）
卫生监督 ……………………（448）
卫生保健宣传 ……………………（449）
鼓励发展中医药 ……………………（449）
卫生计生人员继续教育 ……………………（449）
医学科研奖项 ……………………（449）
医疗学术活动 ……………………（450）
医院管理 ……………………（450）

京津冀区域医疗合作 ……………… (450)
疾病应急救助申请联合审议 ……… (450)
药品采购 ……………………………… (451)
霸州市、大城县、三河市人感染
H7N9 禽流感病例 ……………… (451)
爱国卫生 ……………………………… (451)
概况 …………………………………… (451)
城乡环境卫生整洁行动 …………… (451)
病媒生物防治 ……………………… (452)
省级卫生城市（县城）复审验收
…………………………………… (452)
创建无烟党政机关 ………………… (452)
医疗卫生机构选介 ………………… (452)
廊坊市人民医院 …………………… (452)
廊坊市中医医院 …………………… (453)
中国石油天然气集团公司中心医院
…………………………………… (454)
体育 …………………………………… (454)
概况 …………………………………… (454)
2016 年廊坊市体育事业统计表 …… (455)
群众体育 ……………………………… (455)
竞技体育 ……………………………… (455)
体育产业 ……………………………… (455)
廊坊市第七届全民运动会 ………… (456)
廊坊市成立国际健身气功·七修学院
…………………………………… (456)
第二届永定河国际马拉松比赛 …… (456)
全国风筝精英赛 …………………… (457)
“新奥杯”世界围棋公开赛
…………………………………… (457)

社会生活

综述 …………………………………… (458)
劳动就业 ……………………………… (458)
概况 …………………………………… (458)
就业创业政策落实 ………………… (458)
“春风行动”专场招聘 ……………… (458)
去产能企业职工安置 ……………… (459)
农民工工资支付管理 ……………… (459)
和谐劳动关系创建 ………………… (459)
人力资源市场清理整顿 …………… (459)
社会保障 ……………………………… (459)
概况 …………………………………… (459)
机关事业单位养老保险制度改革
…………………………………… (459)
城乡居民医疗保险整合 …………… (461)
省内异地就医即时结算平台投入
使用 ………………………………… (461)
工伤失业保险 ……………………… (461)
社保卡发放 ………………………… (461)
廊坊智慧医保平台上线运行 ……… (461)
新农合政策调整 …………………… (462)
住房保障 ……………………………… (462)
概况 …………………………………… (462)
2016 年廊坊市保障性安居工程项目
一览表 ……………………………… (463)
2016 年廊坊市保障性安居工程
申请条件一览表 ………………… (463)
住房公积金管理 …………………… (464)
概况 …………………………………… (464)
住房公积金归集管理 ……………… (465)
住房公积金贷款管理 ……………… (465)
实施住房公积金贷款放款轮候制
…………………………………… (465)
生活物价 ……………………………… (465)
概况 …………………………………… (465)
计划生育 ……………………………… (467)
概况 …………………………………… (467)
计生奖励扶助政策 ………………… (467)

“新家庭计划”项目试点 …………… (467)
“两非”管理 ………………………… (467)
民政事务 ……………………………… (467)
概况 …………………………………… (467)
优抚安置 ……………………………… (468)
养老福利事业 ………………………… (468)
婚姻登记 ……………………………… (468)
殡仪服务 ……………………………… (469)
社会组织管理 ………………………… (469)
地名管理 ……………………………… (469)
民族宗教事务 ………………………… (469)
概况 …………………………………… (469)
民族村街基础设施建设 ……………… (470)
少数民族社会事业 …………………… (470)
宗教事务管理 ………………………… (470)
《廊坊市重点寺观教堂图集》编印 ……………………………………… (470)

县(市、区)

安次区 ……………………………… (472)
概况 …………………………………… (472)
人居环境 ……………………………… (472)
项目建设 ……………………………… (472)
拓展发展空间 ………………………… (473)
民生事业 ……………………………… (474)
广阳区 ……………………………… (474)
概况 …………………………………… (474)
产业结构 ……………………………… (474)
项目成果 ……………………………… (475)
征迁改造 ……………………………… (475)
民生事业 ……………………………… (475)
环境治理 ……………………………… (475)
广阳区首届民俗文化旅游节 ……… (475)
三河市 ……………………………… (475)
概况 …………………………………… (475)
产业转型 ……………………………… (476)
对接京津 ……………………………… (476)
推进改革 ……………………………… (476)
治理污染 ……………………………… (476)
城市建设 ……………………………… (476)
改善民生 ……………………………… (477)
大厂回族自治县 ……………………… (477)
概况 …………………………………… (477)
招商引资 ……………………………… (477)
美丽乡村建设 ………………………… (477)
惠民实事 ……………………………… (478)
改善生态环境 ………………………… (478)
城乡建设 ……………………………… (478)
香河县 ……………………………… (479)
概况 …………………………………… (479)
项目建设 ……………………………… (479)
“三农”工作 ………………………… (480)
生态环境 ……………………………… (480)
社会事业 ……………………………… (480)
特色经济 ……………………………… (481)
香河县城乡总体规划（2016—2030） ……………………………………… (481)
市政工程 ……………………………… (481)
建筑业管理 …………………………… (482)
城市园林绿化 ………………………… (482)
环境卫生管理 ………………………… (482)
城市综合管理 ………………………… (482)
房地产管理 …………………………… (483)
香河家具城 …………………………… (483)
永清县 ……………………………… (484)
概况 …………………………………… (484)
京津冀协同发展 ……………………… (484)
项目建设 ……………………………… (484)
园区建设 ……………………………… (484)
科技创新 ……………………………… (484)

城乡建设 …………………………… (485)
环境建设 …………………………… (485)
现代农业 …………………………… (485)
社会事业 …………………………… (486)
固安县 ……………………………… (486)
概况 ………………………………… (486)
产业发展 …………………………… (486)
城乡建设 …………………………… (486)
环境保护 …………………………… (487)
民生改善 …………………………… (487)
霸州市 ……………………………… (487)
概况 ………………………………… (487)
项目建设 …………………………… (488)
园区建设 …………………………… (488)
转型升级 …………………………… (488)
城乡建设 …………………………… (488)
生态环境 …………………………… (488)
民生事业 …………………………… (488)
市区建设 …………………………… (489)
文安县 ……………………………… (489)
概况 ………………………………… (489)
县城建设 …………………………… (490)
科技创新 …………………………… (490)
环境治理 …………………………… (490)
民生改善 …………………………… (490)
大城县 ……………………………… (491)
概况 ………………………………… (491)
特色产业 …………………………… (491)
园区建设 …………………………… (492)
创新发展 …………………………… (492)
环境治理 …………………………… (492)
美丽乡村建设 ……………………… (493)
民生实事 …………………………… (493)
县城建设 …………………………… (493)

开发区建设

综述 ………………………………… (494)
廊坊经济技术开发区 ……………… (496)
河北廊坊龙河高新技术产业开发区
…………………………………… (497)
河北廊坊高新技术产业开发区 …… (500)
燕郊高新技术产业开发区 ………… (501)
河北三河国家农业科技园区 ……… (502)
河北三河泃阳经济开发区 ………… (502)
河北三河经济开发区 ……………… (503)
大厂回族自治县工业园区 ………… (504)
河北大厂潮白河经济开发区 ……… (505)
河北香河开发区 …………………… (506)
河北香河新兴产业示范区 ………… (507)
香河环保产业园区 ………………… (509)
香河县农业高新技术园区 ………… (510)
河北永清工业园区 ………………… (511)
永清经济开发区 …………………… (512)
河北霸州经济开发区 ……………… (513)
河北霸州津霸经济开发区 ………… (514)
河北霸州胜芳经济开发区 ………… (515)
文安工业园区 ……………………… (516)
文安经济开发区 …………………… (517)
新桥工业区 ………………………… (518)
大城工业园区 ……………………… (519)

驻廊中、省直属单位

中国石油天然气管道局 …………… (521)
中国石油天然气股份有限公司
管道分公司（管道销售分公司）
…………………………………… (522)

中国地质科学院勘探技术研究所 ……………………………… （523）
中国地质科学院地球物理地球化学勘查研究所 ……………… （524）
中国建筑科学研究院建筑机械化研究分院 ……………………… （525）
河北省区域地质矿产调查研究所 …… （526）
河北省地质测绘院 …………………… （527）
河北省地球物理勘查院 ……………… （528）
国家统计局廊坊调查队 ……………… （529）

人　物

新任中共廊坊市委书记、副书记、常委 ……………………………………… （530）
冯韶慧 ……………………………… （530）
陈　平 ……………………………… （530）
胡晓军 ……………………………… （531）
魏国东 ……………………………… （531）
王　曦 ……………………………… （532）
刘　健 ……………………………… （532）
新任廊坊市人民政府市长、副市长 ……………………………………… （533）
陈　平 ……………………………… （533）
胡晓军 ……………………………… （533）
刘　健 ……………………………… （533）
王帅文 ……………………………… （533）
新任廊坊市政协副主席 ……………… （534）
吕爱英 ……………………………… （534）
陈洪波 ……………………………… （534）
全国五一劳动奖章获得者 …………… （534）
王明耀 ……………………………… （534）
马希军 ……………………………… （535）
宋玲珍 ……………………………… （536）
逝世人物 …………………………… （536）
张树辉 ……………………………… （536）
曹　洗 ……………………………… （537）
任联飞 ……………………………… （537）

附　录

廊坊市国民经济和社会发展第十三个五年规划纲要 …………………… （538）
2016 年廊坊市人民政府规范性文件选辑 ……………………………………… （595）
2016 年统计资料 ……………………… （614）

LANGFANG YEARBOOK

特　载

在市委五届十一次全会第一次全体会议上的讲话

中共廊坊市委书记　冯韶慧

（2016年12月6日）

这次市委全会的主要任务是，坚持以习近平总书记系列重要讲话精神为指导，深入学习贯彻省第九次党代会精神，认真总结今年以来市委常委会工作，动员全市上下更加紧密地团结在以习近平同志为核心的党中央周围，在省委的正确领导下，扎实推进中央和省委各项部署要求在我市落地生根，为推动廊坊发展走在全省前列而努力奋斗。

下面，我代表市委常委会报告今年以来的主要工作，并就学习贯彻落实省第九次党代会精神讲些意见。

一、认真落实以习近平同志为核心的党中央的决策部署和省委的各项要求，推动廊坊改革发展各项工作迈上新水平

今年以来，市委常委会深入学习贯彻习近平总书记系列重要讲话精神，坚决落实中央和省委各项决策部署，认真践行新发展理念，积极抢抓新机遇，主动适应新常态，深入实施协同发展、科技领引、开放带动、生态支撑主战略，团结带领广大干部群众，推动全市各项事业发展取得新成绩。前三季度，全市GDP增长8.2%，增速继续保持全省首位。1—10月份，规模以上工业增加值增长6.8%，增速居全省第2位。全社会固定资产投资增长15.9%，增速居全省第1位。社会消费品零售总额增长10.2%，增速居全省第3位。1—11月，全部财政收入完成562.1亿元，居全省第2位；同比增长26.1%，居全省第1位。一般公共预算收入完成318亿元，居全省第3位；同比增长14%，居全省第2位，可比增长29%，居全省第1位。预计全年主要经济指标均能较好完成。

（一）始终坚持以习近平总书记系列重要讲话精神为引领，切实加强思想政治建设

市委常委会认为，做好廊坊的工作，最根本的是以习近平总书记系列重要讲话精神武装头脑、指导实践、推动工作。按照中央和省委部署，精心组织“两学一做”学习教育，带头学党章党规、学系列讲话，带头讲党课，引导党员干部不忘初心、继续前进。市委常委会带头加强学习，先后召开四十一次常委会议，及时传达学习习近平总书记重要讲话、重要指示精神和省委决策部署。组织26次市委中心组集中学习，真正把党的思想政治建设抓在日常、严在经常。引导全市各级党组织和广大党员干部切实增强政治意识、大局意识、核心意识、看齐意识，在思想上政治上行动上与以习近平同志为核心的党中央保持高度一致，与省

委同心同德。认真学习贯彻党的十八届六中全会和省委八届十五次全会精神，坚决贯彻落实全面从严治党战略部署，把维护、看齐、捍卫核心作为首要政治纪律，加强和规范党内政治生活，落实党内监督责任，深入推进党风廉政建设和反腐败斗争。围绕深入贯彻习近平总书记视察唐山重要讲话精神，召开市委五届九次全会，加强对发展路径、发展战略、发展举措的研究谋划，进一步明确“经济发展、转型升级、生态建设、维护稳定走在全省前列”的目标，提出了“抢抓新机遇，坚持主战略，率先走新路，着力补短板，强力促创新，做强大平台”的工作要求，推进我市在创新、协调、绿色、开放、共享的发展轨道上加快前进。

全面推进决策科学化民主化，认真落实民主集中制，对“三重一大”问题坚持充分酝酿、深入讨论、集体议定。充分发挥市委常委会领导核心作用，积极支持人大及其常委会全面履行职能，支持政府放手开展工作，支持政协强化政治协商、民主监督、参政议政职能，支持法检“两院”和市公安局依法办案。巩固发展最广泛的爱国统一战线，召开市委统一战线工作领导小组会议，组织大厂回族自治县建县60周年活动，顺利完成民主党派和工商联换届工作。注重发挥工会、共青团、妇联等群众团体的桥梁纽带作用。认真抓好国防动员和后备力量建设，积极推动军民深度融合发展。

（二）主动适应经济发展新常态，转型升级迈出新步伐

市委常委会深入贯彻新发展理念，积极应对宏观经济下行压力，以重大项目建设为抓手，加快推进产业转型升级，推动经济发展质量提升、后劲增强。

狠抓重点项目工作调度、观摩，深入实施入企帮扶，组织两次重点项目集中开工活动，推动项目工作迈上新水平。1—11月份，全市实施建设投资亿元以上项目840项，其中10亿元以上项目178项，同比增加15项。争列省重点项目33项，居全省第1位，项目开工率100%、投资完成率128.1%。京东电子商务系列项目、京东方、华夏AMOLED、菜鸟、中鼎云等一批立市立县项目加快建设，富士康千亿级液晶显示、万库标杆、掌网科技、中关村软件园、超星数字图书馆等一批大项目好项目深入接洽、加快落地。成功举办“5·18”“9·26”、军民融合展洽会等大型经贸活动。

认真研究构建现代新兴产业体系问题，推动战略性新兴产业和现代服务业加快发展，明确把“大智移云”作为首位产业发展。1—10月份，全市新上亿元以上产业项目中，新兴产业和现代服务业项目占比超过60%。“大智移云”产业实现利税和工业增加值均居全省第1位。电子信息产业实现主营业务收入273.2亿元，同比增长8.9%，总量占到全省近1/3。服务业增加值达到895.8亿元，同比增长11.9%，总量和增速持续超过工业，对经济增长的贡献率达到65%。加快发展现代旅游业，组织召开全市旅游发展大会，成立市旅游委，乡村旅游发展势头良好。加快传统产业改造提升，工业投资完成1071.2亿元，同比增长18.3%，其中技改投资完成660.6亿元，同比增长6.8%，比全省平均增速高2.2个百分点。制定钢铁产业2019年年底前退出规划，全面完成全年省下达钢铁去产能任务。

（三）服从服务京津冀协同发展大局，推动重点领域工作实现突破

市委常委会把京津冀协同发展作为廊坊发展最大、最现实的机遇，深入领会习近平总书记这一重大战略思想，认真落实中央和省委决策部署，围绕规划、产业、交通、生态等领

域集中发力、重点突破，在对接京津、服务京津中加快推动廊坊发展。

在规划制定上，全面贯彻省委关于做好集中承载地和战略平台建设的重大部署，研究制定贯彻落实省推进京津冀协同发展规划及“三区一基地”四个功能定位专项规划的意见并印发实施。多次专题研究北京城市副中心和北京新机场临空经济区建设问题，新机场拆迁工作圆满完成，各项工作取得积极进展。严格规划管控邻近北京的县（市、区）房地产业发展，出台促进房地产业健康发展的具体措施，稳控房地产市场。

在产业对接上，加强与园区、知名商会协会、高层次园区运营商等对接合作，推进亦庄·永清高新区、京冀通航产业园、中关村生物医药基地固安合作园等园区合作共建，其中亦庄·永清高新区获批省级高新区。组织北京民企入廊系列招商活动，中国核电工程有限公司研发中心等一批重大项目落户。今年以来，全市从京津引进资金370.6亿元，引进项目159项。

在交通互联上，京台高速（北京段）、密涿高速（廊坊段）建成通车。京秦高速京津接线段全面开工，明年年底前与北京同步通车。潮白河大桥主体工程基本完成，明年7月份竣工通车。与北京规划委积极对接，正在进行平谷线前期工作。京霸城际计划年底开工，京唐城际、廊涿固保城际正在开展地勘工作。市区公交车全部实现京津冀交通“一卡通”，目前市区设立“一卡通”充值网点30个，向市民售卡2.5万余张。

在生态共建上，推动与大兴、通州、武清等建立生态环境区域信息共享、空气质量预警会商、水环境治理应急联动等工作机制，初步实现了生态环境治理联防联控。与北京市园林局共同开展京台高速两侧绿化工程。北三县与北京平谷、天津蓟州共同创建京津冀国家生态文明先行示范区。

在功能承接上，启动京廊中医药协同发展8方面80个合作项目，与北京市中医管理局签署了中医药协同发展框架协议，引入北京6家三甲中医院10个重点专科到廊坊。与北京方面共同推动燕达医院实现异地就医直接结算。与大兴区、北辰区建立了三区市教育发展联盟。与东城区、朝阳区、河西区等建立文化发展联盟，推动京津廊教育、文化资源共享、全面合作、深度交流。

（四）全面深化改革、崇尚创新，加快转换发展动能

市委常委会坚决落实全面深化改革各项任务，深入贯彻国家和省科技创新大会精神，明确把改革创新作为推动发展的根本动力，以改革促创新、以创新促发展。

今年以来，召开7次市委全面深化改革领导小组会议，研究部署53项改革任务。推动全国中小城市综合改革试点取得实质性进展，28项重点改革任务已经完成。石保廊全面创新改革试验积极开展，规划正在编制中。全面取消非行政许可审批事项，编制发布权力清单、责任清单、负面清单，全面实行“多证合一”“一照一码”。大力推进金融改革，积极帮助企业融资，建立市政府与域内金融机构联席会议制度，实现廊坊优秀企业与全国创投机构、上市公司的常态化对接。召开全市民营经济发展大会，出台支持民营企业发展的政策措施，新增规模以上工业企业46家。全面整合各类开发区园区，32个省级以上园区整合为8个经开区、6个高新区，开发区改革工作扎实推进。加快全省县级纪检监察机关内设机构改革试点工作，实现了县直部门派驻监督全覆盖，得

到中纪委领导同志批示肯定。

召开全市科技创新大会，出台了鼓励创新创业的“1+4+N”政策体系。今年以来，新认定市级科技企业孵化器11家，新增孵化场地30万平方米，全市各级各类孵化场地面积达到130万平方米，居全省第1位，在孵企业和创新团队1500多家，实现了孵化器和众创空间的县（市、区）全覆盖。全市新增科技小巨人企业83家，总数居全省第2位；新增科技型中小企业1751家，超额完成全年任务；新增高新技术企业38家。1—10月份，全市规模以上高新技术产业增加值170亿元，同比增长15%，占规模以上工业增加值26.4%。

（五）强力推进生态环境治理，促进环境质量明显改善

市委常委会把生态环境建设作为重大的政治任务和最基本的民生工程，坚守生态和发展两条底线，严格落实环境保护党政同责、一岗双责，坚持科学施治、综合施治、联防联治，推动廊坊走出一条生态优先、绿色发展之路。

在大气污染治理上，推行市县主要领导周调度制度，聘请专家分析污染源和污染形成机理，强化重污染天气“削峰减频”，对燃煤、扬尘、机动车、烟气和工业污染等进行重点管控。强力推动气代煤、电代煤和热电联产工程，目前，市县两级建成区散煤清零已全部完成，市区33.76千米集中供热管线完成铺设，主管网已运行供热。针对进入供暖期后的不利天气，进一步明确十条严控措施，以超常举措全力推进大气污染治理。截至11月底，市区达标天数198天，同比增加22天，达标率为59.1%；重污染天数16天，比去年同期减少22天。空气质量综合排名居全国倒排第13位。

在水生态修复上，持续加大工作力度，重点河流水质明显好转，顺利通过了2015年度重点流域考核，环保部正式解除了对我市的涉水项目限批。推动编制完成市区环城水系规划方案。加快香河国家湿地公园、文安赵王新河省级湿地公园等建设，全市恢复湿地1.7万亩。继续实施“两年大提升，创建森林城”活动，完成造林24万亩。

（六）着力改善社会民生，努力让群众有更多获得感、幸福感

市委常委会坚持以人民为中心的发展思想，最大限度地促进各种资源向民生倾斜，尽最大努力解决群众各类现实问题。1—11月份，全市民生支出占一般公共预算支出的81.7%。前三季度，城乡居民人均可支配收入分别为26635元和11075元，保持全省第1和第2位。全力办好民生实事，城镇登记失业率控制在1.9%，继续保持全省最低；城镇、农村低保标准全省最高，五保集中供养率保持全省领先，在全省率先实施重特大疾病医疗救助制度。召开卫生与健康大会，对健康廊坊作出部署。加强公共文化建设，以综合评比中部第一的成绩获得国家公共文化服务体系示范区称号。举办新奥杯世界围棋公开赛和第什里风筝节等重大文体活动，成功举办廊坊市第七届全民运动会。

加快推进美丽乡村建设，扎实开展“十二个专项行动”，强力推动“两改一清一拆”，建设了霸州南孟省级重点片区、9个市级片区和265个省级重点村。创新实施了企业主导的建设机制、垃圾处理市场化运作机制、融资平台机制等。全面推进美丽乡村建设与乡村旅游发展、特色小镇建设、现代农业园区建设有机结合，全市各类农业园区发展到67家，其中国家级3家、省级以上14家。

着力推进社会治理创新，坚持以群众工作统揽信访工作，在全省率先建立市县乡村四级

群众工作网络，市县乡村全部建成群众工作中心（站、室）。认真落实领导干部接访下访和包案督访，开展集中化解信访积案等专项行动，市级领导分包的108件信访疑难案件已办结105件。今年中省交办和我市自行梳理的860件信访积案已全部办结，其中息诉息访806件，息诉率93%。非正常进京上访同比下降81.1%。深入开展“打黑除恶灭霸扫痞”“夏季亮剑”等专项行动，全市共侦破刑事案件3580件，侦破率同比上升11%。强力开展安全生产、卫生防疫、消防安全、食品药品安全百日攻坚行动，安全生产形势平稳。圆满完成全国“两会”、暑期安保、党的十八届六中全会等重要节点和重大活动安保任务。

（七）牢牢把握意识形态领域主动权，弘扬主旋律、凝聚正能量

市委常委会坚决落实意识形态工作责任制，专题研究意识形态领域工作，出台落实“三办法两清单”的具体措施，扎实推进思想教育、舆论引导、文明创建等工作，巩固和发展了全市人民团结奋斗的共同思想基础。

坚持思想教育向纵深推进、理论宣传向普及发展，今年以来组织开展党的十八届六中全会、省第九次党代会等会议精神宣讲300余场，“经济强省·美丽河北”主题宣讲暨“送理论下基层”活动100余场，邀请各界专家学者围绕“一带一路”“大智移云”作专题报告，形成了领导讲政策、专家讲形势、企业讲创新、干部讲服务、百姓讲故事的廊坊宣教新特色。

注重培育和践行社会主义核心价值观，深入开展文明城市创建，推动实施环境卫生治理、污染综合防治、城市园林绿化等“五大战役”，开展“十大不文明行为”评议、“善美家庭”表彰、“最美廊坊人”投票评选、“学习李保国、争做新愚公”等主题活动，引导全市干部群众把握核心价值观的道德本质，激励人们崇德向善。省级文明城市创建工作顺利推进。

牢牢把握正确的舆论导向，充分发挥市级主流媒体的主导作用，大力开展主题宣传、成就宣传、典型宣传，对廊坊的新机遇、新发展进行深度报道，营造了良好的舆论氛围。进一步完善市县两级互联网管理机构，推动开展违规登载新闻专项整治及网上低俗信息清理行动，网络舆论生态得到净化。

（八）坚决落实全面从严治党新要求，着力营造风清气正的政治生态

市委常委会坚持把抓好党建作为最大的政绩，认真贯彻落实党的十八届六中全会精神，切实履行管党治党责任，把全面从严治党不断引向深入。树立正确用人导向，坚决按照好干部“五条标准”和“五个重用、五个不用、五个调整”原则选人用人，刚性推进干部提拔“两报告一筛查”，今年共提拔调整干部7批114人次，各方面反映良好。精心组织实施换届工作，严明纪律、严格程序、严把关口，把加强换届风气监督与换届工作同步安排、同步检查，确保换届工作健康有序推进。大规模培训干部，举办理论进修及党性教育、专题培训、专题选学等各类培训班45期，培训5045人次。组织开展市直机关作风整顿，创新开展“局长工作讲坛”，出台市级机关内设机构和工作人员目标绩效管理办法，推进市直机关干部作风转变、效能提升。认真落实“两个责任”，率先在全省制定出台《关于运用监督执纪“四种形态”的指导意见》，推进“四种形态”具体化、常态化。深入开展学习宣传“两项法规”活动，在整治“四风”上力度不减、尺度不松，在查办案件上保持高压、持续用力，今年以来全市立案938件，给予党政纪处分838人，涉及县处级干部23人。

在总结今年以来的工作中，各方面普遍反映，市委常委会团结一心、协调配合、坚强有力，把方向、管全局、抓大事，在应对艰巨任务和复杂局面中经受住了考验。特别应该指出的是，晓东同志主持市委常委会工作期间，做了大量卓有成效的工作，为廊坊又好又快发展奠定了坚实基础。市人大常委会站位全局，服务大局，履职尽责，为经济社会发展提供了法治保障；市政府坚决贯彻中央、省委省政府和市委的决策部署，抓重点、破难题，工作有思路、有重点、有力度，展现出很强的责任心和执行力；市政协充分发挥自身优势，凝聚起方方面面的智慧和力量，为做好全市中心工作出谋划策、献计出力；市纪委认真履行监督责任，严格监督执纪问责，狠抓党风廉政建设和反腐败斗争，保证了中央和省、市委决策的实施；军分区牢记使命、有效协调，加强国防动员和后备力量建设，推进军民深度融合发展，完成了一系列抢险等重大任务。市委全委会的同志们在各自的岗位上，认真履职、扎实工作，为推动廊坊改革发展作出了积极贡献。廊坊工作的一切成绩，是在习近平总书记系列重要讲话精神指导下，在省委省政府的坚强领导下取得的，是全市各级党组织和广大党员干部群众共同努力的结果。成绩来之不易，需要倍加珍惜。

市委常委会也清醒地认识到，我市发展中仍存在一些问题，主要体现在：新旧动能转换还不快，改革创新能力还不足，新兴产业支撑力还不强；资源环境制约突出，大气和水污染防治形势严峻，生态建设任务艰巨；民生领域仍有很多欠账，教育、医疗、社保等与京津差距较大；社会矛盾和潜在风险还不少，建设平安廊坊的任务还很重；一些干部能力素质还不能很好地适应发展的新要求，思想不够解放、精神不够振奋、落实不够有力问题仍不同程度存在，等等。这些都需要我们采取有力措施切实加以解决。希望各位委员和同志们对市委常委会的工作提出意见和建议，帮助我们不断改进和做好工作。

二、深入学习贯彻省第九次党代会精神，努力推动廊坊发展走在全省前列

省第九次党代会，是在河北改革发展的关键时刻召开的一次承前启后、开拓奋进的重要会议。这次大会对于团结激励全省上下继续解放思想、奋发进取，全面建成小康社会，加快建设经济强省、美丽河北，具有十分重要的意义，也为我市今后一个时期的发展指明了方向。省党代会闭幕后，市委立即印发《通知》，第一时间召开常委（扩大）会议和宣讲报告会进行传达学习。这次市委全会，我们将审议通过关于学习贯彻省第九次党代会精神的决议。全市各级党组织要把学习贯彻省第九次党代会精神作为当前和今后一个时期的重大政治任务，与深入学习贯彻习近平总书记系列重要讲话精神和对河北工作的重要指示要求、党的十八届六中全会精神紧密结合起来，带着感情学、带着责任学、带着问题学，努力学深吃透、入脑入心，务求取得扎实成效。

（一）准确把握省第九次党代会精神实质

克志书记在省第九次党代会上的报告，全面贯彻习近平总书记治国理政的新理念新思想新战略，描绘了今后五年河北发展的宏伟蓝图，明确了加快建设经济强省、美丽河北的路径选择和战略举措。学深学透省第九次党代会精神，重点是把握“六个一”：一个鲜明主题，即“紧密团结在以习近平同志为核心的党中央周围，继续解放思想、奋发进取，努力夺取全面建成小康社会的新胜利，为建设经济强省、美丽河北而奋斗”。要充分认识到，这一主题是省委集中全省上下的智慧、经过认真研究郑重提出的，充分贯彻了党中央的决策部署，符合河北实际和时代要求，体现了全省人民的共同愿望。深刻领会报告主题，对于我们认清历史方位，把握发展大势，牢记重大使命，更加紧密地团结在以习近平同志为核心的党中央周围，继往开来、奋勇前进，全力开创河北改革发展的崭新局面具有十分重大的意义。一个坚实基础，即“过去五年的主要工作”。要充分认识到，过去的五年特别是近一年多来，省委牢牢把握正确政治方向，保持定力，攻坚克难，积极作为，有力促进了全省社会、政治的稳定，有力推动了党中央决策部署的落实，有力实现了改革发展形势的向好。五年的发展历程极不平凡，成绩来之不易，为我们开启新的征程奠定了坚实基础。一个根本引领，即“以习近平总书记系列重要讲话精神引领航向”。要充分认识到，坚持以习近平总书记系列重要讲话精神引领航向，是我们党推进具有许多新的历史特点伟大斗争的根本之道，是引领我们胜利前进的行动指南。必须在不断强化“四个意识”、坚定“四个自信”、统筹推进“五位一体”总体布局、协调推进“四个全面”战略布局、认真贯彻“五大发展理念”、深入落实“四个加快”“六个扎实”总体要求上统一思想行动。一条发展新路，即“坚定走加快转型、绿色发展、跨越提升新路”。要充分认识到，这条新路是省委综合研判河北历史方位，科学确定的一条具有时代特征、中国特色、河北特点的发展新路，是紧密联系、相辅相成、相互作用的统一整体，是繁荣河北、造福人民、开创伟业的希望之路。走好这条新路，就能够实现两大奋斗目标、强化四大发展功能、做到五个明显提升。一系列重大部署，即“深入推进京津冀协同发展、加快经济转型升级步伐、提升环境保护和生态建设水平、坚决打赢精准扶贫脱贫攻坚战、扎实推进民主法治建设、加强宣传思想文化工作”等重点举措。要充分认识到，这些重大部署着眼于解决河北改革发展面临的重大实际问题，体现了强烈的问题导向和担当精神，具有很强的针对性、战略性、指导性，为加快补齐河北发展短板打出了一套精准、科学、有效的组合拳。一大重要保障，即“坚决落实全面从严治党战略部署”。要充分认识到，实现省第九次党代会描绘的宏伟蓝图，关键是坚持党要管党、从严治党，努力营造良好的政治生态。

（二）深刻认识省委对廊坊工作新要求

省第九次党代会报告明确提出“支持廊坊发挥毗邻京津的优势，加快建设创新驱动经济强市”，克志书记在看望廊坊代表团时、庆伟省长在参加廊坊代表团讨论时，都充分肯定了廊坊的发展成绩，并对廊坊提出了新的要求，这是激励我们向更高目标迈进的强大精神动力。理解和把握省委对廊坊工作的新要求，要在三个方面深化认识：一要深刻认识新机遇。要积极抢抓北京城市副中心建设、北京新机场临空经济区建设等对廊坊发展具有现实性、历史性的重大机遇。在北京城市副中心建设上，要围绕加快打造河北新的经济增长点，坚持“服从服务、合作共赢”原则，更加主动地加强同国家部委、北京市政府和省直相关厅局的联系，零距离掌握最新信息动态，对国家和省作出的部署要求，要第一时间、不折不扣落实到位。北三县要站位协同发展大局，对功能定位、产业布局、生态建设、新型城镇化、民生事业等各项工作都要提升标准，对标北京城市副中心建设要求，率先迈出与北京同城融合步伐。在北京新机场临空经济区建设上，要按照《北京新机场临空经济区规划》确定的区域功能定位，加紧完成我市相关规划编制，积极推进临空经济区的城市设计相关工作，加快启动基础配套设施建设。要着力抓好高端临空产业集聚，借鉴国内外先进经验，在产业布局上瞄准国际前沿，在项目引进上突出世界领先，全力把临空经济区打造成京津冀产业发展新高地。二要深刻认识新定位。省第九次党代会确定的廊坊要加快建设“创新驱动经济强市”的发展定位，体现了省委对廊坊发展的新要求，也是我们加快转变发展方式、增强核心竞争力的主攻方向。要把创新摆在发展全局的核心位置，贯穿于一切工作之中，加快形成以创新为引领的经济体系和发展模式，为建设经济强市提供根本动力。要深入实施科技领引主战略，在产业发展、城市管理、社会治理等各方面强化创新意识，加快建设“科技之城、创新之城”。围绕“京津研发、廊坊孵化”，全力推进京南国家科技成果转移转化示范区建设。要深入落实中央和省委关于全面深化改革的战略部署，以推进全国中小城市综合改革试点、石保廊全面创新改革试验区等重大改革为抓手，深化体制机制改革，持续激发市场经济活力，不断破解创新发展难题。三要深刻认识新任务。要主动担当起省委对廊坊提出的在经济发展、转型升级、生态建设、民生工作、维护稳定上走在前、建强市的新任务。克志书记在看望廊坊代表团时强调指出，廊坊应该在经济上、民生上、环境上成为强市、走在前列。其中民生工作走在前列，是克志书记对廊坊提出的又一项新的重要任务，是对廊坊寄予的更高期许、提出的更高要求、压上的更重担子。我们一定要把这些新要求记在心上、扛在肩上、落到实处，进一步强化争先意识、责任意识和担当精神，加快推进廊坊发展走在全省前列。

（三）全面分析廊坊发展短板

我们要清醒认识到，虽然廊坊近年来发展较快，但有些工作还不平衡、不协调，还有很多明显的短板和弱项，必须努力改进补长。一是生态环境短板。生态环境不优发展就不可持续，生态环境短板已经成为制约廊坊发展的突出瓶颈。要以大气、水、土壤污染防治为重点，全域修复生态环境。要坚决打好大气污染治理攻坚战，加强重点地区、重点领域、重点行业的排放和污染治理，加强京津冀联防联控，提高科技治污能力。今年要确保实现退出“倒排前十”目标，今后五年力争实现大气质量的根本好转。要统筹推进流域水污染防治和地表水、地下水的综合治理，突出加大工业园区和主城区、县城污水处理厂建设力度，尽快弥补工业和生活污水处理缺口，确保达标排放。加大湿地恢复力度，抓好地下水超采综合治理，破解廊坊长远发展的制约瓶颈。要建立土壤分类分级管理制度，集中治理受污染农用地，严格控制工业污染物排放和农村面源污染。要继续实施植树造林工程，力争今后五年达到国家森林城市标准，创建一批环首都森林公园。二是社会事业短板。我市社会事业领域历史欠账问题突出，特别是教育、医疗等整体水平不高，与所处区位和我们的经济发展水平很不相称，与省委、省政府和人民群众的要求不相符，必须以更大的决心和力度改进提升。要实施更加积极的就业创业政策，鼓励多渠道多形式创业就业，推动全民创业增收。继续强力实施社保扩面提标工程，兜住民生底线，解决好因病因灾返贫问题，提高贫困人口社会保障水平。着力缩小收入分配差距，支持有条件的县（市）对标京津大胆改革、先行先试，在体制和政策上拉平梯度差。要加快教育事业发展，促进基础教育均衡发展，大力发展应用型、技能型现代职业教育，积极引进京津教育资源，鼓励开展民办教育。要推进健康廊坊建设，着力提高医疗卫生服务能力，不断提升公共卫生工作水平，深入推进医药卫生体制改革，加快构建共建共享的大健康体系。特别要把引进北京优质教育、文化、医疗等资源作为工作重点，加大对接引进合作力度，加快提升全市社会事业发展水平。三是城镇化建设短板。城镇化水平是衡量一个地方发展的重要标志。相对而言，廊坊的新型城镇化建设水平与所处区位和经济发展水平仍存在较大落差。我们要站在建设世界级城市群和新型城镇化与城乡统筹示范区的高度，加快推进新型城镇化建设。要进一步修编完善全域空间布局和城镇总体规划，实施一批城市面貌提升、功能提升工程，进一步提高产业承载力、要素聚合力，壮大城市产业，形成城市经济新的增长点。要积极推进"智慧廊坊"建设，把智能理念和信息技术高度融入城市建设、管理、运行的每一个环节，努力实现市政管理、公共服务、机关运行和市民日常生活的智能化。要力促县域经济增比进位，按照产业向园区集中、人口向县城集中、土地经营权向现代农业园区集中的思路，大力实施县城建设攻坚行动，制定县域产业转型升级工作方案，推动产业园区向新城镇、新城区转型，不断壮大县域经济实力。要加快推进美丽乡村建设，建好省级重点片区，规划建设一批市级精品示范片，不断提升美丽乡村建设水平。四是产业结构短板。近年来，虽然我们引进了一大批电子信息、高端装备制造等战略性新兴产业项目，但整体来看，战略性新兴产业还不够强，对经济增长的支撑作用还不大。要大力发展战略性新兴产业，特别要全力打造"大智移云"产业高地。要坚决淘汰落后产能，加快钢铁产能退出步伐。要通过"互联网+"、设备换代、科技研发等手段，大力推进保温建材、钢木家具等传统产业转型升级。同时，房地产业占比过高问题在一些地方也很突出。要密切关注房地产市场，加快解决房地产业占比过高问题，引导房地产业持续健康发展。五是创新能力短板。虽然我市创新平台发展迅速，但总体上看科技型企业发展还不够快，自主创新能力还比较弱，科技研发投入明显偏低，专利拥有量不够多，科技成果转化的产业配套能力还不够强。我们要建设"创新驱动经济强市"，必须把创新作为发展的战略基点，全面提升创新能力和水平。要突出解决好科技研发经费投入强度过低的问题，加大财政资金投入力度，鼓励企业自主建立研发机构，引进和建设一批国家级和省级重点实验室。要积极对接京津创新资源，共建一批科技园区、产业技术创新联盟，吸引海内外高端人才、创新团队和高技能人才向廊坊汇聚。要加强信息基础建设，把信息化贯穿到经济社会发展的各个方面。要深化科教体制改革，赋予高校、科研院所充分的自主权，激发各类科研人员的创新创业热情。

（四）率先走好加快转型、绿色发展、跨越提升新路

省委明确要求，廊坊要发挥优势、抢抓机遇，在全省率先走新路、加快走新路。克志书记强调，无论是谋划发展还是推动工作，都坚持以这条新路为基本依据和遵循。这就要求我们必须彻底突破惯性思维和路径依赖，树立起强烈的创新驱动、创新发展意识；必须全力推动绿色、循环、低碳发展，形成资源节约、生态良好的现代产业体系和生产生活方式；必须具有"杀出血路"的意志和"敢为人先"的气魄，加快实现发展阶段、发展层次的整体跨越和提升。一要牢牢抓住项目建设这个"牛鼻子"。要完善领导分包重点项目机制，市级领导带头分

包省重点项目，做到既挂帅又出征，带动各级干部形成围绕中心、狠抓项目的浓厚氛围。要抓好项目谋划，主动加强与国内外科研和咨询机构、与国家相关部委和省厅局联系对接，高质量谋划一批能列入省重点盘子的大项目好项目。要加快建设实施，重点围绕进展缓慢的项目，逐一排查原因，拿出解决办法，争取完成更多的实物工作量。要全面强化要素保障，特别是逐项目核实土地缺口，加强与省相关部门衔接沟通，确保签约项目尽快落地、在建项目加快推进。特别要加快京东、京东方、华夏AMOLED等重点项目建设，全力推进富士康千亿级液晶显示项目落地。要组织开展企业帮扶和银企对接等活动，大力支持实体经济发展壮大。二要大力发展战略性新兴产业。加快培育壮大新一代电子信息、高端装备制造、生物医药、新材料和节能环保、现代服务五大产业集群，使战略性新兴产业尽快挑起廊坊发展的大梁。特别是要加快发展“大智移云”首位产业，努力建设具有国际影响力的新型显示和智能终端产业集聚区、全国领先的大数据应用先行区、以智慧物流为重点的京津冀“互联网+”创新示范区、以优质政务服务为特征的河北智慧城市引领区。要大力发展现代物流、信息服务等现代服务业，加快旅游与产业融合发展，推动现代服务业和文化旅游、康体休闲成为新的支柱产业。三要着力提升科技创新能力。要强力推进“1+4+N”科技创新政策体系落实，形成以市场为导向、企业为主体、产学研紧密结合的科技创新体系。要围绕壮大主体，深入实施科技型中小企业成长计划，加速形成科技型中小企业铺天盖地、小巨人企业顶天立地的发展局面。要用足用好国家和省支持科技成果转移转化的政策措施，再建成一批省级孵化器和众创空间等孵化转化平台。要支持鼓励各级各类研发机构、高等院校、科技企业攻克科研难题，推出国内外领先的科技成果，并加快实现成果的孵化转化产业化。

（五）扎实做好当前各项工作

现在距年底还有不到一个月时间，我们既要抓好省第九次党代会精神的学习贯彻，又要确保圆满完成年初目标，还要部署研究明年工作，必须做到统筹兼顾、科学摆布、扎实推进。一要集中精力抓好经济工作。加强运行调度，坚持目标导向，突出解决问题，强强项、补弱项，确保高质量、高标准实现既定目标，力争在重点领域和关键指标上取得突破、增比进位，力争各县（市、区）在年度考核上取得突破、增比进位。二要坚决退出全国空气质量“倒排前十”。退出“倒排前十”是今年必须完成的政治任务，要严格按照中央和省对我市的工作要求，落实好大气污染防治十条严控措施和最近出台的一系列严控措施，突出抓好重点领域、重点行业、重点企业污染治理，继续实施气代煤以及扬尘、机动车尾气污染治理等专项行动，积极有效应对重污染天气，抓好应急管控，严厉惩治各类违法违规排污行为。要加大力度，持续发力，连续作战，不达目的誓不罢休。三要做好保障和改善民生工作。抓好民生工程落实，坚决兑现年初各项民生承诺。“双节”将近，要组织开展好走访慰问、送温暖献爱心等活动，确保群众衣食无忧。四要切实抓好维稳工作。密切关注黄金佳、转业志愿兵（士官）、农民工等特殊群体和重点人群信访动向，发现苗头性问题及时妥善化解，巩固和扩大进京“非访”大幅下降的好势头。要积极防范、依法惩治各类刑事犯罪，保障人民群众生命财产安全。要强化安全生产和食品药品安全，加强危爆物品和交通运输管控，坚决防止重特大安全事故。五要认真谋划好明年和未来五年工作。要以省第九次党代会的战略部署和对廊坊提出的新要求为指针，认真贯彻五大发展理念，找准廊坊发展所处历史方位，高起点、高定位、高标准谋划好推动廊坊未来发展的总体思路、目标任务和实现路径。同时，要精心做好市第六次党代会筹备工作。

（六）坚决落实全面从严治党战略部署

省第九次党代会强调要深入贯彻党的十八届六中全会精神，在推进全面从严治党中不断优化河北政治生态。我们要不折不扣地把中央和省委关于全面从严治党的新部署新要求落到实处，坚持严字当头，采取有力措施，解决突出问题，务求取得实效。一要把思想政治建设放在首位。坚决维护习近平总书记在全党的领导核心地位，切实增强"四个意识"，特别是把核心意识和看齐意识落实到各项工作中，做到思想上认同核心，政治上维护核心，行动上紧跟核心，更加自觉地同以习近平同志为核心的党中央保持高度一致，更加坚定地维护以习近平同志为核心的党中央权威，坚决把中央和省委的各项决策部署落到实处。深化"两学一做"学习教育，坚持用习近平总书记系列重要讲话精神武装头脑，坚定中国特色社会主义的道路自信、理论自信、制度自信、文化自信。注重党内政治文化建设，倡导和弘扬忠诚老实、光明坦荡、公道正派、实事求是、艰苦奋斗、清正廉洁等价值观。二要全面加强和规范党内政治生活。认真执行新形势下党内政治生活若干准则，严肃落实"三会一课"、民主生活会、领导干部双重组织生活、民主评议党员、谈心谈话等制度，着力增强党内政治生活的政治性、时代性、原则性、战斗性。认真落实民主集中制，凡属重大问题，必须发扬民主、善于集中、敢于担责，探索实行党内重大决策论证评估和征求意见等制度。认真执行党内监督条例，全面落实党内监督责任，突出监督重点，织密监督之网，促进党内监督同有关国家机关监督、民主党派监督、群众监督、舆论监督相结合，形成监督合力，增强监督实效。抓好领导干部这个"关键少数"，突出县处级以上领导干部这个重点，坚持首当其责、以身作则、以上率下，为各级党组织和党员干部作出示范。三要坚持正确的选人用人导向。结合换届工作，全面贯彻好干部"五条标准"和"五个重用、五个不用、五个调整"要求，真正把那些对党绝对忠诚、勇于担当实干、具有丰富基层经历、愿做善做群众工作的干部选出来用起来，形成能者上、庸者下、劣者汰的选人用人导向。严把干部的政治关、品行关、作风关、廉洁关，坚决防止干部带病提拔。严肃换届纪律，坚决抵制和纠正各种歪风邪气。四要大力营造担当实干的浓厚氛围。各级党员干部要切实强化责任意识和担当精神，敢于面对矛盾、解决问题，做到守土有责、守土负责、守土尽责，顶起自己该顶的那片天。对那些在重大任务面前懈怠乏力的人，在复杂矛盾面前畏首畏尾的人，在事关群众利益面前无所作为的人，在一个地方和单位工作迟迟打不开局面的人，必须批评教育，进行组织调整。对敢于担当、破解难题的实干家，要按照"三个区分开来"的要求，注重约束与激励并重，旗帜鲜明支持干事者、保护改革者、鼓励担当者。要完善干部考核评价体系，健全容错纠错机制，充分调动各级干部干事创业的积极性。五要深入开展党风廉政建设和反腐败斗争。强力抓好"两个责任"落实，各级党组织书记要全面担负起本地本单位落实党风廉政建设第一责任人的责任，带头落实主体责任，做到重要任务亲自部署、重大问题亲自过问、重点环节亲自协调、重要案件亲自督办。要强化"永远在路上"的警觉和韧劲，严格执行中央八项规定精神，抓常、抓细、抓长，坚决防止“四风”反弹回潮。要坚持以“零容忍”的态度惩治腐败，对腐败行为发现一起、查处一起，最大限度铲除腐败土壤。要充分运用好监督执纪“四种形态”，抓早抓小抓苗头，加快构建起不敢腐、不能腐、不想腐的长效机制。

同志们，深入贯彻落实省第九次党代会精神，踏上实现美好蓝图新征程，责任重大、使命光荣。让我们更加紧密地团结在以习近平同志为核心的党中央周围，在省委的坚强领导下，进一步解放思想、奋发进取，干字为先、狠抓落实，确保省第九次党代会精神在廊坊落地生根、结出硕果，为加快建设经济强省、美丽河北，推动廊坊发展走在全省前列作出新的更大贡献，以优异成绩迎接党的十九大胜利召开！

廊坊市第六届人民代表大会常务委员会工作报告

——2017年4月12日在廊坊市第七届人民代表大会第一次会议上

廊坊市第六届人民代表大会常务委员会主任　刘智广

市六届人大一次会议以来，在市委的坚强领导下，在市五届及历届人大常委会工作的基础上，市人大常委会深入学习贯彻习近平总书记系列重要讲话精神，坚持党的领导、人民当家作主、依法治国有机统一，围绕中心、尽职尽责，圆满完成了任期目标，为推动我市经济社会发展和民主法治建设做出了积极贡献。主要工作如下：

一、坚定政治立场，接受党的绝对领导

常委会始终把工作置于党的绝对领导之下。思想上坚定忠诚。牢固树立政治意识、大局意识、核心意识、看齐意识，坚定政治立场，自觉在思想上政治上行动上同以习近平同志为核心的党中央保持一致，与省、市委同心同德。对习近平总书记系列重要讲话精神，中央和省、市委一系列重要部署认真学习、深入落实。行为上遵规守矩。坚持请示报告制度，重大事项决策前向市委请示，重要工作结束后向市委报告。坚决落实党风廉政建设“两个责任”，严格遵守中央八项规定和市委“八条禁令”，令行禁止，不打折扣。工作上服务大局。围绕市委工作中心，自觉在全局中定位，在大局下行动，紧紧抓住京津冀协同发展、生态环境治理、人民群众利益诉求等关乎全局的重大问题，充分运用法律授予的权力，积极开展工作，有效地促进了经济发展和社会稳定。

二、维护法律权威，严格依法履职

常委会尊崇法律，严肃用权，有效地维护了法律权威。地方立法争得获权。全国人大常委会依据中央决定授予设区市人大及其常委会地方立法权。但要获得授权不是轻而易举，是有严格条件和程序的。对此，常委会统一思想，争获首批赋权志在必得。在市委支持下，超前谋划超前运作，主动作为一丝不苟。经过努力，顺利通过了省人大常委会的考核验收，争取到了首批立法赋权。获得授权后，毫不懈怠，紧锣密鼓，及时出台了立法办法，确定了首部立法项目。自此，我们真正实现了“四权齐备”，进而开启了廊坊民主法治建设的新篇章。依法监督严格精准。法律的权威在于实施。常委会突出问题导向，对“一府两院”依法实施严格监督。创新监督方法，坚持直接监督与委托监督相结合，联合市政协开展视察督导，扩大监督覆盖面，把问题找准、把症结查清。认真审议“一府两院”相关报告，结合审议开展询问，“一府两院”负责同志到会听取意见、回答询问。审议结束后，及时将审议意见呈报市委，同时送交“一府两院”研究落实，使之成为解决问题、改进工作的重要依据。4年来，审议“一府两院”工作报告36项，检查20部法律法规实施情况，开展专题调研和视察38项，累计提出审议意见200余条。重大事项决定严谨科学。按照法律规定，我们对“一府两院”提请审议的重大事项，及时组织市人大代表和专家开展专题调研，对其合法性、可行性以及潜在风险进行充分评估论证，作出决议、决定12项。人事任免严密细致。常委会坚持党管干部和依法任免相统一，坚持任免前同组织部门、“一府两院”沟通，全面了解拟任免人员情况；坚持由提请人向常委会就拟任免干部的基本情况、推荐考察情况和任免职理由作出说明；坚持拟任职人员同常委会组成人员见面，实行票决，常委会组成人员一人一票，当场宣布票决结果，依法进行宪法宣誓仪式，保证了任免工作的依法、有序、庄严、周密。4年来共任免国家机关工作人员511人次，保证了省、市委人事意图的圆满实现。

三、强化公仆意识，尊重代表的主体地位

常委会由代表选举产生，对全体代表负责。自觉接受代表监督。每次召开常委会邀请驻各县（市、区）市人大代表列席，及时把会议审议情况向代表通报，确保代表的知情权。联合市政府深入到各县（市、区）走访代表，汇报工作，征求意见。努力为代表行使权力创造条件。以服务为导向，划分活动小组，完善代表之家，提升履职平台，邀请代表参与立法、监督、视察等活动，推荐代表参加“一府两院”召开的座谈会、听证会、评估会，全力支持代表们行使管理地方国家事务的权力。为代表更好履职提供服务。把培训活动贯穿代表履职的全过程，每年举办专题培训班，累计培训市人大代表800余人次。广大代表认真履职，累计提出意见和建议616条，常委会建立台帐，及时转交督办，一批热点问题得到有效解决。同时，创制性地设立了驻廊省人大代表工作站，经常组织驻廊省人大代表开展会前培训、视察调研等活动。在每年省人代会召开之前，超前准备议案。经过努力，我市在省人代会上实现了议案零的突破，所提13件议案全部入选，两次列入大会1号议案。

四、强化担当意识，高质量完成各项工作任务

除常规工作外，我们还承担着大量临时性任务。做好这些工作，我们责无旁贷。全力承担重要接待。先后接待全国人大常委会副委员长及专委会领导视察3人次，全国人大代表调研3次；接待省人大常委会副主任率队调研19批次，各专委组织的活动30次；接待兄弟省、市人大考察17批次；接待澳门特区立法会议员参访，承办了2015年省人大代表小组长培训班。在这些活动中，我们抓住机遇积极推介廊坊，收到了良好效果。认真组织筹备人代会。提早入手、协调联动、精益求精，保证了市六届人大二、三、四、五次会议圆满成功，及时把市委的主张转化为全市人民的共同意志。认真做好提前换届选举工作。坚决贯彻省委统筹市县乡换届选举时间，设区市人大提前一年换届选举的决定。与市委组织部一起，在规定时间内逐个征求代表意见，依法作出调整换届选举时间决定。制定换届选举实施意见，加强对县、乡人大换届指导，依法有序推进，为顺利召开市七届人大一次会议做好了充分准备。

五、强化自律意识，加强常委会及机关建设

常委会主动适应新常态，坚持问题导向，突出抓好领导班子、常委会及机关自身建设，充分激发和调动人大工作的生命力、凝聚力和创造力。思想建设更加严实。牢固树立“四个意识”，扎实开展党的群众路线教育实践活动、“三严三实”专题教育、“两学一做”学习教育，认真贯彻党的十八大、十八届三中、四中、五中、六中全会精神和习近平总书记系列重要讲话，增强常委会组成人员思想素质，坚定理想信念。作风建设渐臻加强。大力弘扬求真务实、理论联系实际的作风，始终保持同人民群众的联系，常委会领导带头深入实际、深入企业、深入基层、深入群众调查研究，通过各种方式和渠道倾听民声、了解民情、集中民智，在求真中较真，在查实中务实，不搞花架子，不作表面文章，使工作更加贴近民生、民意、民心，以务实的作风求得工作的实效。制度建设渐成体系。建立了工作台账，编纂了常委会大事记。制定、修改和完善了常委会议事规则、组成人员守则等15项制度，建立了“一会一普法”机制，健全了主任会议、常委会会议流程，实行常委会请假委员补会，常委会工作日趋制度化、规范化。常委会组成人员认真履职，提出了很多好的意见和建议。特别是不驻会的各位常委，克服了工作和生活上的各种困难，按要求参加常委会组织的各项活动，本届召开的三十四次常委会会议出席率达到90%以上，有不少同志保持了全勤的记录。大家用实际行动，保障了常委会的正常运转。纪律建设更加严细。常委会严格落实中央省、市委要求，认真执行党风廉政建设责任制，切实担负主体责任，坚持把纪律和规矩挺在前面，廉洁自律、恪守底线。多次组织观看《镜鉴》、《警钟》，狠抓换届纪律教育，确保换届风清气正。

在抓好常委会自身建设的同时，我们抓班子、带队伍，机关建设也取得了长足进步。机关全体同志积极适应新形势，解决新问题，在人员少、任务重的情况下，打破委办界限，团结协作、合力攻坚，各项工作全部如期优质办结，在市级机关目标考核中连续4年评为优秀。特别是在2016年5月，明确提前换届的情况下，领导班子成员率先垂范，讲党性、重人格；机关全体同志紧紧跟上，讲责任、勇担当。大家上下同欲，尽心竭力，在做好日常工作的同时，加班加点、夜以继日，全力投入市七届一次人代会的筹备工作之中，用实际行动彰显了“在岗一分钟、尽责六十秒”的职业道德，受到了市委领导和社会各界的高度肯定。

各位代表，四年的人大工作实践，我们深受启迪，感悟颇多，主要是：

——党的领导是根本。市委对人大思想上重视、工作上倚重、保障上到位，召开了全市人大工作会议，出台了《关于改进和加强人大工作的实施意见》，在工作上、干部上、机构上予以全力支持。市委书记认真批复常委会党组的请示报告，每年到常委会机关征求意见，为常委会依法履职提供了坚实的政治保障。实践使我们深深体会到，党的领导是根本，只有自觉置身于党的领导之下，人大工作才能不断取得进步。

——依法办事是关键。人大权力是宪法和法律赋予的。常委会作出的每一项决议、决定，开展的每一项活动，履行的每一项职责都要严格以宪法和法律为依据、为准绳，不能出任何偏差。实践使我们深深体会到，只有牢固树立法治思维，在法的框架内履职用权，才能推动民主法治建设不断向前迈进。

——同心同向是前提。人大与“一府两院”分工不同，但目标一致。市长每年带队到常委会机关通报工作、征求意见，市政府常务会议专题研究落实人大常委会审议意见。市政府副市长，法、检“两长”按要求列席会议，报告工作，有力地支持了常委会工作。市政府和法检“两院”认真办理代表建议、批评，承办质量逐年提高，得到了代表的充分肯定。实践使我们深深体会到，只有“一府两院”自觉接受人大及其常委会监督，才能形成合力，促进工作开展。

——强化主体是基础。尊重代表的权力就是尊重人民的权利，保障代表依法履职就是保证人民当家作主。常委会在落实代表的知情权、参与权、选举权、监督权方面做了大量的工作，充分调动了代表履职积极性。实践使我们深深体会到，只有保障和提升代表的主体地位，为代表执行职务提供良好服务，才能确保代表主体作用有效发挥。

——创新发展是动力。常委会坚持立足实际，大胆创新，在强化监督、服务代表、规范行权、平台建设等方面实现了新突破。实践使我们深深体会到，只有与时俱进、开拓创新，才能创造出体现人大特点、发挥人大优势的新举措，才能为人大依法履职提供新的动能。

——自身建设是保障。打铁还需自身硬。人大工作政治性、法律性和程序性很强，稍有不慎就会犯错。为此，常委会不断强化学习，加强对人大工作和“一府两院”业务的研究，开阔视野、拓宽思路，使工作得以紧贴形势发展的需要。实践使我们深深体会到，只有不断加强自身建设，把握人大工作规律和特点，才能创造出更加优异的成绩。

各位代表，本届人大常委会逢天时、享地利、遇人和，工作有成绩，社会很认可。对此，我们既深感自豪，也不贪功自傲。这些成绩的取得，得益于市委的正确领导，得益于市六届人大代表和常委会组成人员、机关工作人员的辛勤劳动，得益于市政府、市政协、市法院、市检察院、驻廊解放军武警各单位的大力支持，得益于市各民主党派、工商联、市直各部门、各县（市、区）人大常委会的密切配合，得益于社会各界和广大人民群众的真诚帮助。在此，我代表市六届人大常委会向大家表示衷心感谢和崇高敬意！

回首过去，我们清醒认识到工作中存在的不足和差距：地方立法进展不快；监督力度失之偏软、效果不够明显；重大事项的界定尚不明确；代表主体作用发挥不够充分；常委会建设还有薄弱环节；有些工作应该做得更好而不如人意。对此，我们深表歉意。

各位代表：刚刚闭幕的市第六次党代会向全市人民发出了“率先走新路、奋力走前列，为加快建设创新驱动经济强市而不懈奋斗”的总目标、总要求，为推进我市经济社会发展和民主法治建设指明了方向，同时也对加强和改进人大工作提出了新的更高要求。我们要深入学习贯彻落实好市六次党代会精神，把全市人民的智慧和力量凝聚到落实市六次党代会提出的各项任务上来，增强责任感、使命感，以更加奋发作为的精神状态做好人大工作。为此，我们的人大工作要着力抓好以下几点：

一、坚持党的领导，切实保证人大工作正确的政治方向；

二、坚持服务大局，积极推动经济社会科学发展；

三、坚持履职为民，自觉维护人民群众的根本利益；

四、坚持依法办事，不断提高科学化、民主化、规范化水平；

五、坚持依靠代表，充分发挥代表的主体作用；

六、坚持开拓创新，努力促进人大工作与时俱进。

我们相信，第七届市人大及其常委会一定能够不负重托，继续奋进，全面履行宪法和法律赋予的权力，努力开创全市人大工作的新局面。

各位代表：人生能有几回搏，建功立业正当时！让我们更加紧密团结在以习近平同志为核心的党中央周围，高举中国特色社会主义伟大旗帜，在中共廊坊市委的坚强领导下，以习近平总书记系列重要讲话为指导，认真贯彻党的十八大、十八届三中四中五中六中全会和省、市党代会精神，干字为先、狠抓落实，率先走新路、奋力走前列，为加快建设创新驱动经济强市做出新的更大贡献！

政府工作报告

——2017 年 4 月 11 日在廊坊市第七届人民代表大会第一次会议上

廊坊市人民政府市长　陈　平

一、过去四年主要工作总结

2013 年市六届人大一次会议以来，在省委、省政府和市委坚强领导下，在市人大、市政协监督支持下，市政府坚持以习近平总书记系列重要讲话精神为指引，主动适应经济发展新常态，深入贯彻新发展理念，全力抢抓京津冀协同发展重大机遇，积极推进供给侧结构性改革，与全市人民一道，脚踏实地，真抓实干，较好完成各项目标任务，为全面建成小康社会奠定了坚实基础。

（一）牢固坚持稳中求进总基调，主要经济指标进一步向好。四年来，地区生产总值由 1794.3 亿元增加到 2706.3 亿元，年均增长 8.5%，增速居全省第 1 位；全部财政收入由 306.6 亿元增加到 595.5 亿元，年均增长 18.1%，增速居全省第 1 位；一般公共预算收入由 172.1 亿元增加到 338.7 亿元，年均增长 18.4%，增速居全省第 2 位；全社会固定资产投资由 1314.1 亿元增加到 2490.8 亿元，年均增长 18.2%，增速居全省第 1 位；规模以上工业增加值由 673 亿元增加到 776.5 亿元，年均增长 7.5%，增速居全省第 3 位；社会消费品零售总额由 562.1 亿元增加到 881.9 亿元，年均增长 11.6%，增速居全省第 4 位；存款余额由 2714.4 亿元增加到 6179.9 亿元，年均增长 31.6%，贷款余额由 1875.3 亿元增加到 4905.2 亿元，年均增长 27.2%，增量、增速均居全省第 1 位。特别是全部财政收入总量，由全省第 6 位跃居第 3 位；一般公共预算收入总量，由第 4 位升至第 3 位。全部财政收入占 GDP 比重达到 22%，一般公共预算收入占 GDP 比重达到 12.5%，税收占 GDP 比重达到 19.7%，均居全省第 1 位。

（二）加快产业转型升级，产业结构进一步优化。四年来，三次产业结构由 11∶54∶35 调整到 7.3∶44.1∶48.6，实现了从“二三一”到“三二一”的历史性转变。战略性新兴产业加快发展。累计实施亿元以上战略性新兴产业项目 642 个，完成投资 1914 亿元，分别占亿元以上产业项目的 31%和 28.7%；实施的省重点项目中战略性新兴产业项目数量占到 85%、投资额占到 68.9%。润泽信息港、华为云计算、华夏 AMOLED、京东电子商务产业集群、联通华北基地、新奥泛能网等“大智移云”标志性产业项目聚集发展；香河机器人产业港、泉恩管材等高端装备制造业规模发展；中安信碳纤维、康得复合材料、碳纤维宝马车体等新材料产业壮大发展；科达装备、航天振邦等军民融合产业加快发展。服务业增势强劲。服务业增加值由 627.8 亿元增加到 1315.3 亿元，对经济增长的贡献率由 32.4%提高到 70.4%。现代服务业发展加快，大厂影视创意产业园、微软游戏创新中心等文化产业项目建成投运，燕达国际健康城、爱晚养老基地等健康养老产业项目初具规模，鲁能生态区等旅游业项目加快建设。金融服务业不断壮大，2016 年实现增加值 229.4 亿元，占服务业增加值比重达到17.4%。传统产业改造升级步伐加快。累计实施技改项目2585项，技改投资达到2495.1亿元，年均增长20.1%，居全省第1位。河北钢木家具技术研究院、河北绝热保温建材产业研究院等省级产业研发平台建成投用，企业创新能力增强，传统产业的信息化、智能化水平逐步提升。现代农业发展水平不断提高。省级以上农业科技园区、现代农业园区达到19家，省级以上农业产业化龙头企业达到49家。全市域被纳入京津冀都市现代农业区，6个县（市、区）被列入环首都现代农业科技示范带。

（三）加快对接京津，协同发展进一步推进。交通、产业、生态三大重点领域协同实现突破。津保铁路、京台高速、密涿高速（廊坊段）建成通车，京廊通勤高铁开通运行；平谷线（三河段）开工奠基，京霸、京唐、廊涿固保、城际铁路联络线四条轨道交通项目前期工作基本完成。京东华北订单中心、京东方二期等产业转移项目建成投产，中核研发中心、中粮可口可乐等重点项目落地建设，四年累计引进京津项目830个、资金1590亿元。与京津实施大气污染防治联防联控，和大兴、武清建立区域联动水污染防治机制，“平三蓟”京津冀国家生态文明先行示范区获国家批复。重要承接平台加快布局。顺利完成北京新机场土地征迁、河流改道等相关工作，确保了国家重点工程按时开工建设。主动配合国家和省推进临空经济区规划建设。积极配合北京编制通州与北三县整合规划。北京亦庄·永清高新区、京冀通航产业园等合作共建园区顺利推进，“通武廊”战略合作框架协议正式签订。协同创新共同体加快建设。按照“北京研发、廊坊转化”思路，建立了清华大学中试孵化基地、北京大学科技成果展示交易中心等15个科技成果孵化转化基地和全国第一家博士后成果转化基地。制定出台科技创新“1+4+N”系列文件。全市新认定科技型中小企业4303家、科技小巨人企业276家、高新技术企业192家；省级以上高新区、孵化器分别达到6家和11家，均居全省第1位。科技进步贡献率达到48%，我市被评为全国科技进步先进市。

（四）加大污染防治力度，环境质量进一步改善。打响蓝天保卫战。坚持专家引路科学治霾、每周集中调度督导、春夏秋冬分类施策、污染天气超前应对、市县乡村四级联防联控。深入开展“蓝天行动”“利剑斩污”“月清百污”等系列专项整治，强力减煤、抑尘、限车、治企、控烟。完成25.9万户“散煤替代”工程设备安装，淘汰市县建成区5110台10蒸吨及以下燃煤锅炉，取缔126座实心黏土砖瓦窑，取缔关停1700余家非法排污企业，完成183家涉VOCs企业治理。强化机动车管控，主城区实施公交车免费，淘汰15.9万辆黄标车。主城区机械化清扫率达到76%，工地扬尘治理、餐饮油烟整治、秸秆垃圾禁烧、烟花爆竹禁限放成效明显。与2013年相比，达标天数增加76天，达到208天，重污染天数减少55天，对公众身体健康影响最大的污染物PM2.5浓度下降40%，2016年较2015年下降22.4%，下降率在京津冀13个国控城市中居第1位，空气质量综合指数在74个国控城市中倒排第12位，成功退出“倒排前十”，为河北在全国争了光，受到国家环保部和省委、省政府肯定。全域实施生态修复。四年累计造林167.7万亩，森林覆盖率达到28.91%，提高14.2个百分点。三河矿山修复全面展开，香河潮白河大运河湿地公园列入国家试点。强力治理水环境污染。国家环保部于2016年10月正式解除我市涉水项目限批。

（五）深入推进改革开放，发展活力进一步增强。纵深推进“放管服”改革。全部取消130项市本级非行政许可审批事项，衔接取消下放行政审批事项316项，“多证合一、一照一码”全面实施，电子营业执照全行业试行，工商前置许可审批事项减少82.9%，市场主体由14.4万户增加到26.9万户。稳步实施财税金融改革。“营改增”全面推开，绩效预算制度逐步健全，全市挂牌上市企业由8家增加到65家。扎实推进医药卫生体制改革。全市8个县（市）、19家二级医院纳入公立医院改革试点，实行药品零差率销售。强力推动开发区改革。省级以上开发区由32个优化整合为14个；廊坊开发区体制机制改革经验在全省推广；固安工业园PPP模式获国务院办公厅通报表扬。成功争列第一批全国中小城市综合改革试点，全面完成市县政府机构改革、党政机关公车改革，农业农村、供销社、国企、教育、文化等领域改革迈出新步伐。着力提高开放水平。累计实际利用外资29.6亿美元，63家企业实现“走出去”；连续成功举办“5·18”经洽会、“9·26”农交会等国家级展会，被评为中国十佳优秀会展城市。

（六）加快推进新型城镇化建设，城乡面貌进一步改善。全市常住人口城镇化率达到56.8%，居全省第3位。中心城市功能日趋完善。高铁站南广场、金光道地下通道等基础设施投入使用，浙商广场、香港新世界等商业设施建成运营，建设提升一批城市道路和公共服务设施。国电热电联产一期提前投入运行，新增供热面积900万平方米，对去年大气环境质量有效改善举足轻重。中电投燃气热电联产项目正式获批。垃圾发电厂建成投用。在全省率先实施市县两级数字城管，主城区重点场所热点区域免费Wi-Fi全覆盖，我市被列为国家智慧城市试点。县域发展水平快速提升。所有县（市、区）全部财政收入均迈上10亿元台阶，6个县（市）进入全省民营经济十强。开展县城和重点镇提升行动，城镇功能不断完善。南水北调三大干渠通水运行，8座地表水厂在全省率先建成。美丽乡村建设扎实推进。投资68.5亿元，连续实施“十二项专项行动”，建设了北三县和固安、霸州三大省级重点片区，完成了1116个村街改造提升，全省美丽乡村建设现场会连续两年在我市召开。安次第什里被评为中国美丽休闲乡村，大厂威武屯等6个村街被评为省级乡村旅游示范村。

（七）着力改善民生，人民群众获得感进一步提升。四年财政民生支出累计达到1284.3亿元，占一般公共预算支出的81%。民生保障得到加强。城镇累计新增就业岗位23.5万人，城镇登记失业率连续保持全省最低，城乡居民人均可支配收入分别达到34633元和14286元，居全省第1和第2位。城乡居民基本医疗保险整合全面完成；城乡低保标准分别达到每人每月532元和354元，居全省第2和第1位。在全省率先实施重特大疾病救助制度，累计支出救助基金1.13亿元。开工建设保障性住房5.2万套，改善老旧小区108个，改造农村危房1.2万户。建设农村集中供水水厂138座，在全省率先解决农村饮水安全问题。社会事业全面进步。新改扩建主城区中小学和幼儿园16所、农村幼儿园107所，改善义务教育薄弱学校504所，标准化学校创建率达到75%。燕达医院与北京4家医院实现共建共管，率先建立医保异地就医结算机制；实施健康京畿·中医药先行“8·10”工程。成功举办“新奥杯”世界围棋公开赛、市七运会、第什里风筝节、京津冀运河书香节等文体活动，我市被授予全国公共文化服务体系示范区。社会大局和谐稳定。持续加大安全生产、食药安全工作力度，有效防范重大安全事故；扎实推进法治廊坊、平安廊坊建设，社会治安综合治理能力不断提升，在全省率先建成四级群众工作中心（站、室），信访形势趋稳向好；圆满完成APEC、纪念抗战胜利 70 周年大阅兵等重大活动安保任务。民族宗教、新闻出版广电、外事侨务、人民防空、史志档案、气象地震、地理信息、援藏援疆、妇女儿童、老龄、残疾人等各项工作都取得了新成就。

四年来，按照市委统一部署，全市政府系统深入开展党的群众路线教育实践活动、“三严三实”专题教育、“两学一做”学习教育，严格履行全面从严治党主体责任，认真贯彻执行中央“八项规定”精神，坚决纠正“四风”问题，从严惩治违纪违法行为，全面增强政府系统的凝聚力和战斗力。坚持依法行政，不断强化合法性审查机制，圆满完成全国完善规范性文件合法性审查机制试点创建工作，连续四年被省政府评为依法行政工作优秀单位。自觉接受人大法律监督、政协民主监督、社会舆论监督，健全向人大报告和向政协通报工作的常态机制，办理人大代表建议和政协提案 1851 件，办复率 100%，政府公信力和执行力进一步提高。

各位代表，成绩的取得，是我们认真贯彻中央和省决策部署的结果，是市委坚强领导的结果，是人大、政协加强监督和社会各界鼎力支持的结果，是历届老领导、老同志接续努力的结果，是全市人民齐心协力、奋力拼搏的结果。在此，我代表市人民政府，向全市人民，向人大代表、政协委员，向各民主党派、工商联、无党派人士和人民团体，向驻廊解放军、武警官兵、政法干警和中省直驻廊单位，向所有关心支持廊坊发展的同志们、朋友们，致以衷心的感谢和崇高的敬意！

各位代表，我们也深知，我市经济社会发展中仍存在一些问题。一是传统产业占比依然较高，战略性新兴产业和现代服务业尚未形成主导性支撑；二是生态环境改善压力很大，从治本上常态化防治大气污染任务还任重道远；三是城乡基础设施建设和管理水平，与经济发展和社会期待相比还有不小差距；四是民生短板比较突出，特别是文化教育、医疗卫生等公共服务保障能力亟待提高；五是干部队伍作风建设和行政服务能力还需进一步加强，与新形势新任务新要求不相适应。对这些问题，我们一定高度重视，认真解决。

二、今后五年工作总体要求和主要目标任务

市第六次党代会明确提出了今后五年全市工作的指导思想：深入贯彻党的十八大和十八届三中、四中、五中、六中全会精神，坚持以习近平总书记系列重要讲话精神引领航向，全面落实省第九次党代会决策部署，认真践行创新、协调、绿色、开放、共享的发展理念，积极适应和引领经济发展新常态，大力推进供给侧结构性改革，抢抓新机遇，率先走新路，着力补短板，强力促创新，做强大平台，继续解放思想、奋发进取，坚持干字为先、狠抓落实，打造科技研发创新成果转化引领区、战略性新兴产业和现代服务业聚集区、京津冀全面创新改革试验区、北京非首都功能重要承载地，奋力推动经济发展、转型升级、生态建设、民生保障、维护稳定走在全省前列，为提前全面建成小康社会、加快建设创新驱动经济强市而奋斗。市第六次党代会为做好政府工作指明了方向，我们要坚决按照市委的部署要求，狠抓推进落实，确保如期完成。

未来五年，主要战略任务是提前全面建成小康社会和加快建设创新驱动经济强市。2016

年底，全市市级监测的全面建成小康社会31项指标中，已达到或超过标准的有18项，还有人均GDP、环境质量指数、卫生发展指数、人均公共文化财政支出等13项指标未达到标准。加快建设创新驱动经济强市，还必须在科技进步贡献率、研发机构数量、万人发明专利拥有量、规模以上高新技术产业增加值占规模以上工业增加值比重等指标上实现大幅提升。

未来五年，主要经济社会发展目标是全面落实市第六次党代会要求：地区生产总值年均增长8%以上，人均生产总值力争达到1.4万美元，位居全省前列；一般公共预算收入年均增长8%，达到550亿元；固定资产投资年均增长15%左右。规模以上高新技术产业增加值占规模以上工业增加值的比重达到35%以上。战略性新兴产业对经济增长的贡献率超过传统产业；“大智移云”产业年均增长20%以上，产业规模突破3000亿元，保持全省首位；服务业增加值占GDP比重达到58%左右，位居全省前列。空气质量稳定退出全国“倒排前十”，PM2.5平均浓度降至55微克/立方米以下，在京津冀13个国控城市中下降率位居前列，全市优良天数比例达到72%以上，实现空气质量持续改善；水环境治理达到国家和省考核要求的较好水平，全市森林覆盖率稳定在30%以上。城乡居民人均可支配收入年均增长8%以上，总量保持全省领先，增速快于经济增长，多数县（市、区）收入水平看齐京津。城乡居民社会保障水平全省领先，城镇登记失业率保持全省最低，城乡低保标准保持全省最高，教育、医疗等基本公共服务水平大幅提升，与京津差距明显缩小。新型城镇化建设全面提速，城乡面貌、承载能力和公共服务均等化水平显著提升，美丽乡村建设在全省率先实现全覆盖，全市常住人口城镇化率达到62%以上。公共安全和社会治安综合防控体系及群众工作体系更加健全，信访工作在全省领先，安全生产、食品药品安全各项控制指标保持全省先进水平。

做好政府今后五年的工作，最根本的是始终坚持与以习近平同志为核心的党中央保持高度一致，坚定不移以习近平总书记系列重要讲话精神和对河北的指示要求引领航向，坚持稳中求进工作总基调，用新发展理念指导实践推进工作，以实际行动体现对党绝对忠诚。最要紧的是始终坚持以人民为中心的根本立场，坚定不移走群众路线，把人民群众满意不满意、高兴不高兴、答应不答应作为想问题、做决策、办事情的出发点和落脚点，真正做到权为民所用、情为民所系、利为民所谋，以实际效果证明人民政府就是为人民服务的。最基础的是始终坚持把实现协同发展作为战略基点，坚定不移贯穿到创新发展、协调发展、绿色发展、开放发展、共享发展的各个领域，在对接京津、服务京津中加快发展自己，以实际成果加快与京津一体化、同城化步伐。最迫切的是始终坚持落实省委、省政府对廊坊发展做出的新要求新决策毫不含糊，坚定不移发挥自身优势，抢抓历史机遇，在全省率先走出“加快转型、绿色发展、跨越提升”的新路，以实际成效让省委省政府放心、让全市人民满意。最关键的是始终坚持市委的坚强领导，坚定不移贯彻市第六次党代会精神，完成好市委提出的各项目标任务，以实际成就凸显廊坊发展走在全省前列。最实际的是始终坚持事业是实干出来的工作理念，坚定不移践行实字当头、干字为先，定了就干、干就干好、干就干成，以实打实、硬碰硬的作风展示新一届政府新形象。

三、2017年目标任务和重点工作

五年看头年，开局最关键。今年是实施“十

三五”规划的重要一年，是供给侧结构性改革的深化之年，也是全面落实省市党代会精神的开局之年，特别是将迎来党的十九大胜利召开。做好今年工作，完成今年任务，责任重大、意义深远。

今年全市经济社会发展的主要目标是：地区生产总值增长8%以上，一般公共预算收入增长8.5%左右，固定资产投资增长15%左右，服务业增加值增长13%左右，规模以上高新技术产业增加值增长15%左右，社会消费品零售总额增长10%以上，实际利用外资增长4.7%，城乡居民人均可支配收入均增长8%左右，单位GDP能耗、主要污染物减排、空气质量改善绩效指标完成省下达目标任务。

实现今年目标任务，必须以强烈的历史责任感，抢抓京津冀协同发展一系列交汇叠加的重大机遇，必须以新发展理念引领经济社会发展全局，坚决做好以下方面工作：

（一）更加注重协调，着力深入推进和融入协同发展。在深入推进京津冀协同发展重大国家战略的大背景下，党中央决定设立河北雄安新区，意义重大而深远。就我市而言，北三县正在借力北京城市副中心建设打造区域一体化发展新高地，中部四县区正在借力北京新机场和临空经济区建设打造现代经济发展新引擎，南三县也将借力雄安新区的规划建设实现生态优先绿色发展新崛起。可以说，廊坊北中南三大板块都有了重大国家战略支撑，全域借势发展的强劲势能正在形成。同时，也必须清醒看到，实施协同发展战略既是机遇又有挑战。我们一定要在坚持服从和服务大局中，找准定位，顺势而为，重塑规划加快衔接大战略，补齐短板加速对接大目标，发挥优势加力融入大格局。

一是强化与京津区域规划对接协调。加强全域规划精准衔接。立足国家和省协同发展规划中对我市的基本定位，支持北三县主动服务和融入北京城市副中心建设，积极配合北京做好《通州及廊坊北三县地区整合规划》，抓紧调整提升功能定位，严格控制房地产业发展规模和开发强度，在环境治理、设施配套、互联互通等方面和通州做好主动对接、统一标准，努力打造文创与高端服务业大区；支持主城区和永清、固安依托北京新机场和临空经济区建设，加快组团发展，强化与临空经济区总体规划及各专项规划的对接，做大做强城市经济和临空产业，打造科技成果转移转化与高端临空产业大区；支持南三县积极对标、主动服务雄安新区，对现有城镇、产业、生态等各项规划，进行重新审视、重新定位、重新再造，构建和新区规划衔接、功能匹配、协同发展新格局，在对接和服务中加快打造全市新的经济增长极。严格执行各项管控措施。坚决服务服从协同发展大局，全力抓好京廊交界地区和雄安新区周边管控，对相关区域内的产业发展、城镇建设、生态环保进行清单管理，坚决防止房地产“围城式”发展，严厉惩治房地产市场恶意炒作、虚假广告宣传、黑中介等违法违规行为，妥善处置问题楼盘，确保房地产市场平稳健康发展。

二是强化与京津交通基础设施对接协调。积极做好京霸、京唐、廊涿固保、城际铁路联络线等轨道交通项目开工前的相关工作，做好平谷线（三河段）建设配合工作，启动环北京城际廊坊至香河段、霸州至衡水段建设前期工作，着力建设“轨道上的京津廊”。积极推进北京新机场配套交通路网建设，力促机场北线高速、105国道京冀界至永清段年内开工，做好机场南出口高速前期工作。配合推进京秦高速京津连接线建设和津石、唐廊高速前期工作，确保密涿高速万庄连接线建成通车。实现潮白河大桥竣工通车。

三是强化与京津城市基础功能对接协调。着眼建设京津冀世界级城市群重要节点城市，对标承接非首都功能疏解和产业转移，加快提升城镇建设管理水平，促进城镇建设与京津同城化一体化发展。做大做强中心城市。开展主城区改造提升三年行动，进一步拉大城市框架，完善基础功能，提升形象品位，增强承载力和竞争力。实施棚户区改造工程。对125个城中村和危陋住宅区全面征迁改造，年内完成28个城中村和11个危陋住宅区近2万户的征迁，5月1日前重点区域全部征迁到位。改造提升要注重统筹考虑生产、生活、生态空间布局，更加优化配置公共服务资源，突出健全菜市场、停车场、学校、医院、文体场馆等公共服务设施，建设智能化、人性化、便民化的新型社区和现代化、科技化、低碳化的新型经济区。实施交通疏堵保畅工程。要全力贯通“大动脉”，加快启动外环路西、南环线开工建设，年内实现大外环彻底合拢；提升第三南通道建设水平，打通主城区到胜芳高铁站的快速路；全线贯通艺术大道并西延至西环路，使艺术大道真正成为“大道艺术”。要加力打通“中梗阻”，彻底打通总长54.7千米的17条沉睡已久的“断头路”，年内要高标准完成11个段区、18.5千米。要努力畅通“微循环”，年内全面实施胜利街等99条小街巷改造。实施功能提升工程。加快朝阳公园、瑞丰公园建设，填补市区东部、南部没有综合性公园的空白。鼓励使用电动新能源汽车，完善配置充电网络，新建快充站22座。大力解决停车难问题，新建立体停车场12个，开放机关事业单位停车场43个，整合社会机构停车场76个，新增停车位16300个。优化提升排水设施，新建改造9座排水泵站，从根本上解决城区“内涝”问题，年内确保完成4座。加快海绵城市建设，完成20平方千米海绵城市试点和10千米综合管廊建设。加快完成市殡仪馆迁建。实施精细化管理工程。提升城市绿净亮美水平，投资18.6亿元，实施一批道路绿化、重要节点绿化、公园游园建设提升项目，推行立体绿化，打造花海景观，增加城市绿量；按照城市主干道标准提标改造廊涿引线，建成标志性精品景观大道；打造广阳道、北凤道、新华路、银河路4条精品夜景示范街，营造190个单体建筑夜景，扮靓动静相宜的城市夜空；优化城市环卫管理，将环卫清扫职能下放广阳、安次两区。强化智能化管理，建立城市管理综合指挥中心，对城市管理实施全方位动态监控、调度、指挥，建立全覆盖的城管指挥联动体系。加大综合执法力度，整合住房、城建领域和环保、工商、交通、水务、食药监部分行政处罚权集中行使，实现一支队伍管执法；强力拆除违章建筑，重点整治占道停车、店外经营、乱贴乱画等行为。着力打造城市特色，开展城市符号设计，规范城市建筑风格，对城市色彩、建筑、街道、绿化、照明等进行规划控制，塑造主城区整体形象，彰显城市文化内涵和魅力特质。推进县城建设上档升级。围绕提升综合承载能力，坚持“小县大县城”战略，实施县城建设攻坚，加快完善基础设施，增强公共服务能力，推进县城建设与京津功能互补、联动发展。完善城乡规划体系，优化县域空间布局，积极推进“多规合一”。加强基础设施建设，启动实施160项重点城建项目，建设一批供水供热供气、医疗教育文体、垃圾污水处理等功能设施，每个县城都要建成1个海绵城市示范项目，5月底前都要完成医疗废物处置中心建设，县城重点地区热点区域实现免费Wi-Fi全覆盖。提升县城环境容貌，开展“洁净城市”创建，综合整治县城环境，每个县新建或改造提升1个以上特色风貌街区、2个以上精品建筑，提升县城品质品位。调整优化功能定位，支持三河、大厂、香河、固安、永清建设特色鲜明、设施完善、生态宜居的环首都卫星城；支持三河、霸州打造50万人以上的中等城市，建设京津冀城市群特色节点城市；支持霸州、文安、大城构建与白洋淀水脉相接、森林一体的区域生态体系，打造生态环境优美、文化底蕴深厚、产业支撑有力的新增长极。加快特色小镇建设。运用政府主导、市场化运作、多元化投资运作模式，鼓励有实力的企业，依托自然资源，发掘文化资源，嫁接科技资源，优化生态资源，打造旅游资源。重点推进香河运河文化创客小镇、安次北田曼城国际小镇、广阳西部金融小镇等10个省级特色小镇建设。

四是强化与京津收入分配、基本公共服务政策对接协调。与京津相比，居民收入、公共服务和社会保障是我市的明显短板，已经成为实现协同发展的隐形壁垒。搞好调查研究。重点针对个人收入、义务教育、公共卫生和基本医疗、社会保障、公共就业服务等群众最关心最直接的现实问题，摸清底、对好标、算好账。坚持整体推进重点突破。整体推进就是统筹兼顾考虑到面，保持公共服务的普惠性和平衡性；重点突破就是实力强的县先行，条件成熟的县快行，率先试点提供借鉴，不搞一刀切、简单化。以国家级改革试验区为抓手，鼓励尝试“一市两制”“一县两制”，直接对标看齐京津，在引资引智、要素供给、管理服务等相关政策方面实现与京津均等化、均质化，加快区域市场要素一体化进程。

五是强化与京津合作共建项目对接协调。在对接京津中积极行动、主动作为，全力抓好各项对接工作的组织领导、沟通协调和推进落实。以临空经济区建设、北三县统筹发展两大历史性工程，以及北京亦庄·永清高新区等合作共建平台为重点，进一步健全与京津的沟通对接机制，不断完善和加强定期互访、重点事项会商、互派干部交流等工作制度，努力形成政府间常态沟通、对口部门紧密衔接、专项工作协同推进的良好态势，加快推动合作共建重大项目取得实质性进展，为承接非首都功能和产业转移疏解提供载体和平台。

（二）更加崇尚创新，着力加快产业转型跨越提升。创新是发展的动力，科技创新是全面创新的核心。必须依靠科技创新驱动和科技创新引领，充分发挥企业的创新主体作用，以及企业、高校、科研院所和政府的创新联盟作用，推动与京津在创新链、产业链、资金链、政策链的深度融合，努力打造科技成果转化引领区、战略性新兴产业和现代服务业聚集区、京津冀全面深化改革试验区。

一是大力增强产业创新“动能”。加大去产能力度。钢铁去产能是严肃的政治任务，必须坚决去、主动调、加快转，9月底前确保成建制退出1家，力争年底前再退出1家，加快推进“无钢市”步伐。要坚持政府支持、企业主导、市场运作，稳妥做好职工安置、资产处置、债务化解等工作。要运用PPP模式对企业所在区域生态进行整体修复，对相关产业实施关停并转和升级改造，努力走出一条以企业转型再造，促产业升级、带区域转型的新路。同时，全面对接落实协同发展规划和生态环保要求，提升行业和区域准入门槛，运用市场化法治化手段，倒逼落后低端产业加快退出市场，严格限制承接和布局一般性制造业。持续壮大战略性新兴产业。大力发展“大智移云”产业，加强润泽信息港、华为云计算等已有大数据产业的开发应用，确保京津冀大数据应用感知体验中心“5·18”前建成投用，打造全国领先的大数据应用先行区。力促华夏AMOLED项目完成主体工程，京东电子商务产业集群5个项目加快建设，菜鸟智能骨干物流、中鼎云等重点项目早日开工，推动“大智移云”产业加快集聚规模发展。大力发展新材料和环保产业，推动中安信碳纤维二期、康得复合材料、恒盛水处理设备等项目建成投产，提高新型纤维材料、新型纳米材料、节能环保等产业的核心竞争力。大力发展航天航空产业，力促“河北一号”小卫星群项目尽快开工，推动郎创航天项目加快建设，全力争取中科院遥感所在我市设立产业研究院，支持航天军民融合成果转化基地提高孵化转化能力。大力发展高端装备制造、新能源等战略性新兴产业。加快发展现代服务业。推动金融业发展，积极争取京津新型金融业态在我市设立分支机构，壮大融资租赁、资产管理、股权投资基金等新兴业态，金融业增加值达到250亿元，同比增长10%。推动文化产业发展，依托大厂影视创意产业园、大城红木文化新区等重点项目，做大做强动漫游戏、影视制作等文创产业，文化产业增加值达到115亿元，同比增长20%。大力发展会展经济，加快国际会展中心改造提升和会展新区谋划建设，积极对接北京会展资源，引进举办一批市场化、专业化、国际化的品牌展会，全年举办各类展会40个以上。推动健康养老产业发展，立足服务京津养老需求，重点发展健康养老与医疗服务相结合的中高端健康养老产业，支持燕达国际健康城、爱晚养老基地等龙头企业发展壮大。推动智慧物流、科技服务、信息服务等现代服务业加快发展。现代服务业增加值同比增长15%左右，占服务业增加值的比重达到70%以上。升级改造传统优势产业。实施技改项目500项，新增1-2家省级以上新型工业化产业示范基地。加快“互联网+传统产业”改造提升步伐，完善“企业云”平台功能，提升传统产业智能化、信息化水平。深入实施质量强市战略，开展增品种、提品质、创品牌“三品”行动，积极创建全国质量强市示范城市。不断提升农业发展质量效益。以农业供给侧结构性改革为主线，以满足京津市场消费需求为导向，以都市现代农业为定位，推动一、二、三产深度融合，大力发展高端设施农业、生态高效农业、休闲观光农业和农产品加工物流业，重点培育和扶持“互联网+农业”龙头企业，新增市级农业产业化龙头企业40家。依托环首都现代农业科技示范带建设，力争共建京廊农业科技协同创新平台和成果转化基地9个，培育农业科技小巨人企业40家。

二是大力增强产业创新“势能”。加快提升科技创新能力。实施人才兴廊工程，积极引进高端人才和创新团队，新建院士工作站3家，引进培育高层次创新团队12个以上。加强创新平台建设，新增孵化器和众创空间20家以上、孵化面积20万平方米，新建市级以上研发中心100家、技术创新战略联盟10家。加大创新投入力度，全市规模以上工业企业研发投入增长20%。专利申请量力争突破5000件，万人发明专利拥有量达到3.4件，科技进步贡献率提高到50%以上。加快提升企业创新能力。大力培育创新型企业，继续实施苗圃、小壮大、小升高、企业上市四大工程，新增科技型中小企业1300家、科技小巨人企业85家、高新技术企业60家、挂牌上市企业25家。鼓励企业开展技术创新，支持华为、中兴、京东方等行业领军企业进行关键技术研发，努力打造能够在廊坊落地生根的产业品牌；支持新奥、华夏、荣盛、宏泰等本土优势企业并购、引进域外高新技术企业和研发机构，开发一批战略产品，形成一批创新型产业集群。全市规模以上高新技术产业增加值占规模以上工业增加值比重提高到32%左右。加快提升协同创新能力。依托京南国家科技成果转移转化示范区、京津冀大数据综合试验区，加快清华大学中试孵化基地、廊坊·中关村软件园人才与产业创新基地等协同创新基地建设，新建各类协同创新基地 20 家；加强与京津高校院所和创新团队的对接合作，全年转化北京先进科技成果 50 项以上。

三是大力增强产业创新“效能”。深入落实“1+4+N”系列文件，进一步释放“双创”活力。加强知识产权保护，完善科技成果市场定价、收益分配、转移转化评价机制，进一步增强创新动力。持续增加财政科技投入，扩大科技基金规模，市级设立 2～3 支不低于 20 亿元的子基金，每个县（市、区）建立不低于 1 亿元的创业创新投资基金，为科技企业和创新人才提供低成本、便利化的融资服务。

（三）更加倡导绿色，着力加强环境保护和污染治理。实现绿色发展，不仅是生态问题、民生问题，更是政治问题。紧紧围绕构筑京津冀生态涵养保护支撑区，把加强环境保护和污染治理作为一项长期任务、系统工程，全社会上下联动、整体上齐抓共管，持续用力、久久为功，让廊坊绿水常流、蓝天永驻、净土常在。

一是打好大气污染防治治本攻坚战。严格落实省“1+18”大气污染防治系列文件要求，坚持和强化依法治霾、协同治霾、科学治霾、铁腕治霾，把优化产业结构、能源结构、交通结构作为重点，推动大气污染治理由治标为主向治本为主转变，确保 PM2.5 浓度降到 62 微克/立方米左右，稳定退出全国“倒排前十”。强力推进散煤综合治理。继续实施“煤替代”工程，确保9月底前完成荣乌高速以北禁煤区农村地区 40 余万户的替代任务；同时，力争完成荣乌高速以南霸州、文安、大城农村地区 30 余万户的替代任务，实现全市域散煤“清零”，并严格取缔散煤销售网点。加强燃煤锅炉治理，9 月底前实现全市域 10 蒸吨及以下和市建成区 35 蒸吨及以下燃煤锅炉“清零”；扩大城市主热网覆盖面，年内新增集中供热面积 300 万平方米以上；高标准改造提升现有供热站点，加快启动中电投燃气热电联产项目建设，确保2018 年建成投用。强力推进工业污染治理。坚持工程减排、结构减排、管理减排多措并举，对重点行业实施深度治理和错峰生产，加强污染物传输通道高架源企业治理。坚持改造提升和退城并重，有序推进园区、县城建成区污染企业退出。开展工业污染源全面达标排放行动，实施大气污染特别排放限值，所有排放企业强制统一安装在线监测系统，重点污染源实现稳定达标排放。强力推进车辆油品治理。大力发展公共交通，在市区广阳道、和平路、银河路设置公交专用道，新增新能源公交车 100 部，采取公交免费措施，鼓励市民多乘公交车、少开私家车；所有加油站（点）9 月底前全部供应符合国六标准的车用燃油；科学实施外埠大型货车远端分流和近程管控。强力推进烟尘综合治理。开展扬尘综合整治百日专项行动，全面落实建筑工地扬尘防治“七个 100%”，道路机械化清扫率达到85%以上，市区实现“以克论净”全覆盖；规模以上土石方建筑工地开工前必须实现在线监测，城市建成区全面禁止露天烧烤；严格落实烟花爆竹禁限放、垃圾秸秆禁烧等措施；倡导移风易俗、文明祭祀，主城区禁烧祭祀用品。同时，积极落实京津冀区域生态环保协作机制，强化跨区域联防联控，推进区域环境信息共享，持续强化应急联动机制和削峰减频措施。

二是打好生态修复持久战。加大水污染治理力度。深入贯彻国家“水 10 条”和省“水 50 条”，全面落实市县乡河长制，加强 6 条国省控和 13 条市控河流综合治理。强力开展主城区环城水系、城市黑臭水体综合整治，真正让环城水系活起来、动起来、美起来。加快主城区污水处理设施建设，以市建设局和广阳区、安次区政府为责任主体，年内力争高标准建成铁路北、万庄、凯发新泉二期三座污水处理厂，新增日处理能力15万吨。全面取缔涉水“十小”企业，强力开展十大重点行业用水清洁化改造。以各县（市、区）政府为责任主体，年内完成省级以上园区 19 个污水处理厂建设，实现省级以上园区污水处理厂全覆盖。加大水资源优化配置力度。加快南水北调水源切换，已引入长江水的县（市）要确保稳定运行，未完成水源切换的确保4月底前完成切换并通过省验收；市建设局要积极做好主城区水源切换试水工作，确保6月底前主城区全部用上长江水，并通过提高城市配套费和财政补贴等方式，降低企业和群众用水成本。坚持居安思危、未雨绸缪，加快实质推进南水北调调蓄工程广阳水库建设，改变全省唯独廊坊没有地表水库的局面，从根本上改善长期严重超采地下水形成的全国最大漏斗区。加快推进燕郊应急调水相关工作。加大土壤污染治理力度。开展土壤污染调查、风险评估和治理修复，实施危险废物治理、涉重金属企业清理整顿等专项整治；加强农业面源污染防治，实施化肥、农药零增长行动，保障土壤环境安全。加大杨税务垃圾处理场清理力度，彻底清除十几年形成的垃圾山，并及时进行生态修复。加大造林绿化力度。积极推进环首都生态保护绿带建设，高标准实施天堂河“一河两岸”绿廊工程，全市植树造林 25 万亩，争创国家森林城市。对三河 87 个责任主体灭失矿山进行深度整治，加快香河潮白河大运河国家湿地公园、文安赵王新河省级湿地公园建设，恢复、改造提升湿地 1.3 万亩。借势白洋淀开发建设，加大廊南湿地的保护治理力度，重现东淀水乡风貌。运用产业化方法抓生态建设，依托湿地资源加快推进鲁能生态区等项目建设，打造特色休闲旅游功能区。

三是打好“法治生态”速胜战。加强与京津在生态环境立法、司法领域合作，持续开展跨区域环境保护联动执法。严格落实新环保法及省大气污染防治条例等法律法规，保持环境违法严打高压态势，依法治理“小散乱污”企业，6 月底前完成整治 4600 家以上；全面实施重点行业 VOCs 达标治理，建立重点行业排放清单信息库，6 月底前全面完成对标管理和深度治理，对排放不达标企业一律依法关停整治，从根本上减少工业污染。实施污染治理风险抵押金制度，严格落实责任制和奖罚措施，严防卷土重来、死灰复燃。加快生态环境立法，对环境准入、环保职责等进行明确界定。充分调动和发挥广大群众监督作用、参与作用，对举报环境违法行为进行鼓励奖励，在全市形成群防群治的强大合力。

（四）更加厚植开放，着力优化市场营商环境。开放是一个地方的综合展示，反映的是政府变革，彰显的是社会进步，蕴含的是地方文明，体现的是经济活跃度。要始终坚持以改革促开放、以开放促改革，借势协同发展，拓展开放空间，打造战略平台，提高开放水平。

一是不断优化行政服务。进一步深化“放管服”改革。及时衔接国家和省取消下放行政审批事项，清理规范行政审批中介服务事项，最大程度下放市本级行政权力事项。完善清单管理制度，编制公开市级行政许可事项目录清单，推动行政权力依法公开规范运行。加快覆盖全市的便民服务体系建设，积极推进“互联网+政务服务”，开展网上行政审批试点。持续推进商事制度改革。积极实行“六证合一”，探索实施“证照联办”，推进工商注册便利化，开展个体工商户简易注销试点；加强事中事后监管，实现“双随机、一公开”监管方式全覆盖。全年新增市场主体4.8万家。加快组建行政审批局。4月底前，市县两级全部挂牌试运行，市级207项行政审批事项全部划转至行政审批局，加快行政审批和服务流程再造，实现“一个单位牵头、一个大厅办事、一支队伍服务、一个平台保障、一枚印章审批”，让企业和群众明显感觉到办事更方便、更快捷、更满意。

二是扎实做好重点领域改革。加快省级以上改革试点建设，重点推进石保廊全面创新改革试验，力争形成1-2项在全省可复制、可推广的经验；深入推进国家中小城市综合改革试点，力争园区管理运营模式、投融资平台建设等工作在全省、全国形成典型经验。深化财税体制改革，推进地方财政事权与支出责任划分，完善预算科学管理；创新融资平台，成立市级政府投资基金，引导社会资本共同组建“子基金”，放大财政资金“乘数”效应；推动县级信用联社改制农村商业银行；建立重大项目融资咨询机制，搭建项目建设融资服务平台。强化经营性国有资产集中统一监管。加强信用联动奖惩，构建新型市场监管机制。尽快推开市级机关内设机构改革，推进事业单位和国有企业公车改革，加快农业农村、供销社、科教文卫等领域改革。

三是提升对外开放水平。做大做强开发区平台。充分发挥廊坊经开区的示范引领作用，支持通过托管和扩区方式拓展发展空间，放大国家级开发区品牌效应。落实国家和省促进开发区改革的政策措施，推广廊坊经开区改革经验，所有开发区4月底前完成人事薪酬制度改革、投融资平台建设等改革任务；加强开发区配套建设，加快由水、电、气等“九通一平”向信息通、市场通、法规通等“新九通一平”提升；进一步强化节约集约用地措施，提高单位面积的投资强度和产出贡献；建立完善开发区考核体系，促进开发区提高建设发展水平，加快把开发区的开发优势转变为开放优势。力争廊坊出口加工区升级为综合保税区，新陆港铁路口岸列入省陆路口岸发展规划。大力开展招商引资活动。以各县（市、区）、开发区为主体，坚持招商引资与招才引智并举，把京津作为主攻方向，引进符合我市产业定位的新项目、大项目和创新要素，完善重点产业链条、培育新的产业集群，今年实施亿元以上项目不低于1000个。全力以赴办好“5·18”经洽会，高水准举办专题论坛、成果展示、项目签约等重点活动，努力在组织形式和招商实效上实现革命性变化。继续办好“9·26”农交会、军民融合展洽会等重大会展活动。加快推动优势富余产能“走出去”。鼓励企业以对外投资、承包工程为重点，积极开展国际产能合作，帮助钢铁企业省外国外建厂；支持大型民营企业建设境外产业新城、产业园区，带动关联企业“抱团出海”。

四是着力推动民营经济加快发展。民营经济是我市经济发展的压舱石，民营企业家是我市社会进步的生力军。民营经济贡献了全市80%的税收，吸纳了超过80%的就业。新奥、华夏、荣盛、宏泰、燕达、汇福、梅花等一批全省乃至全国品牌企业，为廊坊发展争得了荣光；一批有资本实力、有战略眼光、有社会责任心的优秀企业家，为廊坊发展做出了贡献。我们分享的发展成果中就有他们的辛勤付出，今天在座的代表、委员就有他们中的优秀分子，让我们向他们表示由衷的敬意和衷心的感谢！政府一定要像家人爱护自己的家产一样爱护民营经济，一定要像家人支持自己的亲人一样支持民营企业家，让优质的民营经济活力更加迸发、实力更加强大、潜力更加广阔，让优秀的民营企业家地位更加荣耀、身份更加辉煌、干劲更加十足。积极为品牌企业拓宽投资领域。深入落实国家、省促进民间投资的各项政策，鼓励民营资本以股权合作、PPP 等方式，积极参与铁路公路交通、污水垃圾处理、医疗教育卫生等城乡重大基础设施和社会公用事业建设。支持企业参与重点园区开发，加快建成一批一、二、三产有机融合的新型经济业态和产城教融合发展的现代产业示范园区。积极为成长性好的中小型企业加油助力。围绕改造提升县域传统优势产业集群，鼓励地方龙头企业对当地同类企业进行有效整合、提升改造，或引进战略投资者以多种形式对本土企业进行战略重组，带动相关企业不断提升经营管理水平，完善法人治理结构，建立现代企业制度，积极上市融资，培育壮大一批集团化、股份合作化、管理现代化的行业领军企业集团，带动产业链上下游企业提升专业分工、联合协作水平，推动食品、家具等优势传统产业上档升级、转型发展。加强民营企业家队伍建设。实施中小企业家素质提升工程，分批次组织到清华、北大等知名院校进行学习培训，到广东、江浙等民营经济发达地区进行学习研修，帮助他们增长知识、开阔视野、提高素质。充分发挥工商联、各类行业协会商会的作用，定期举办企业家沙龙、企业家讲堂，搭建企业家沟通交流平台。

五是打造先进的营商文化。先进的营商文化，能够塑造优良的企业精神，营造优质的商业环境，传承优秀的商道精神，激发民营经济发展的内生活力。营造遵纪守法、“亲”“清”新型的政商文化。加快法治政府和服务型政府、法治社会和诚信社会建设，构建政府与企业良性互动的政商机制和环境，坚决消除各种“潜规则”，坚决拒绝各种“黑交易”，努力建设“亲”“清”新型政商关系。营造情系家乡、回报社会的企业家文化。企业家是社会财富的创造者，更应该是精神文明的传播者、道德风尚的引领者、社会责任的担当者。强化企业家富而思源、建设家乡的责任担当，鼓励企业家投资家乡，带动老乡共同富裕，为家乡建设增砖添瓦；培树企业家富而思善、回报社会的道义情怀，支持企业家多办慈善事业、多做爱心工程，为社会传递正能量。营造精诚团结、加强协作的竞合文化。随着经济活动分工越来越细致、协作越来越紧密，企业家群体共存共荣、良性互动越来越重要、越来越必要。要积极倡导企业家互相尊重、互相学习，沟通合作、抱团发展，坚决避免互相贬低、恶性竞争、“使绊子”“窝里斗”，努力在竞合中共面难题、共享机遇、共同发展。营造包容亲和、海纳百川的亲商文化。对外来投资者，既要坚守公道公平公正的营商之道，又要胸怀“有朋自远方来不亦乐乎”的宽宏气度，坚决克服“自耕一亩三分地”“肥水不流外人田”的狭隘地域观念，不能“小心眼”“红眼病”欺生排外，也不能“武大郎开店”个高的不要，更不能“坏心眼子”故弄是非，暗算别人。政府要引领社会，对外来企业高看一眼、厚爱一层、多帮一把，让外商乐于来廊坊投资，安于在廊坊兴业。营造善假于物、巧借东风的开放文化。登高而招，臂非加长而见者远；顺风而呼，声非加疾而闻者彰。要做足“借”字文章，积极引进战略合作伙伴、高端人才团队，广取他山之石，实现借船出海、借梯上楼；要下足“攀”的功夫，善于和行业实力强的合作，敢于和企业规模大的“联姻”，善于与巨人同行、与名人为伍，靠大求大、联强成强。在“借”和“攀”中，要明白“舍得”，弄清小舍小得、大舍大得、先舍后得、不舍不得的道理，开阔“今日借君一滴水明日还君一桶油”的胸怀；还要坚守前人栽树后人乘凉，不能吃祖宗饭断子孙路，注重追求更大更可持续的发展。

*（五）更加推进共享，着力提高人民群众安居乐业的幸福感和获得感。*共享既是一种普惠，也是一种公平。让广大群众共享改革发展成果既是政府责任，也是发展之本，必须通过加强公共服务共享，使病有所医、老有所养、学有所教、贫有所济的美好愿景与普通百姓离得更近、贴得更实。今年安排民生财政支出514.8亿元，同比增加22.4%，占一般公共预算支出的82.8%。同时，全力争取上级专项资金，最大限度满足民生需求。

一是促进创业就业。加快市级示范性众创空间和各类创业孵化基地建设，积极搭建创业就业服务平台。落实好创业税费减免、社会保险补贴、创业担保贷款等扶持政策。开展就业困难人员帮扶，对全市1700名以上就业困难人员，建立实名制台账，实现“一对一”帮扶；做好高校毕业生、农村转移劳动力就业工作，高校毕业生就业率保持在90%以上，转移农村劳动力2.8万人。做好援企稳岗工作，及时发放稳岗补贴资金，帮助企业稳定就业。全市新增城镇就业岗位5.35万个，城镇登记失业率控制在4%以内，城镇零就业家庭保持动态清零。

二是全力做好民生保障工作。要从最弱势、最困难、最需要关怀的群众做起，积极对标京津，加大投入力度，努力提高民生保障水平。城乡低保标准由每人每月532元和354元均提高到600元，标准全省最高，率先实现城乡一体化，提前三年达到省2020年目标；农村集中供养、分散供养特困人员和城市“三无”人员基本生活补助由每人每年5750元、5000元、6384元均提高到11520元，标准全省最高；加大贫困生救助力度，为低保家庭高中生发放学费住宿费每人每年1200元、生活补助每人每年2000元，标准全省最高，达到京津水平；调整困难残疾人生活补助标准，由每人每月55元提高到255元，标准全省最高；提高孤儿救助标准，机构和散居供养标准分别由每人每月1150元、700元均提高到1440元，标准全省最高，达到京津水平；城乡居民基本养老保险基础养老金人均提高到123元，标准全省最高。下一步，将建立健全与经济发展速度和水平相一致的社会公共福利常态化增长机制，并鼓励有实力的县（市、区）步子迈得更大一些、标准定得更高一些。同时，今年还要加快收入分配制度改革，有力提高机关事业单位人员综合收入水平，早日实现与京津一体化、同城化效应。

三是办好人民满意的教育。孩子不仅是每个家庭的希望，也是整个廊坊的希望。让孩子们从小受到良好的基础教育，不仅是每个家长的热切期盼，也是政府义不容辞的责任。我们必须以超常的举措、超常的投入、超常的工作，真正向全市人民兑现“穷谁不能穷教育，苦谁不能苦孩子”的承诺。要增建校所。全市新建初中9所、小学31所、公办幼儿园22所。其中，市主城区投资8.24亿元，续建高中1所、初中2所，新建续建小学9所、公办幼儿园6所。市教育局加快廊坊一中迁建工程，年内完成四栋教学楼、两栋宿舍楼主体工程，确保2018年秋季投入使用，续建管道二小、新中家园幼儿园、瑞河兰乔小学和幼儿园；安次区续建龙河高新区第一小学、银河学校、安次三幼和第一实验小学扩建工程；广阳区新建市二十六小和二十七小，续建广阳四幼、五幼和市十六中；廊坊开发区新建开发区八小、九小、十二小和二幼。要提质攻坚。完善住宅区教育设施配建机制，出台新建住宅区配套中小学幼儿园建设管理办法，建设项目必须与教育设施同步设计、同步建设，并与一期同步验收、同步交付使用。市主城区启动教育扩容提质攻坚行动计划，三年投资35.8亿元，新增学位5.9万个，基本解决主城区“大班额、入园难”问题。要优化布局。引导县域内分散办学的农村小学适度向中心村和乡（镇）政府所在地集中，推动初中向重点镇集中、高中向县城集中；支持大厂县教育综合改革试验区建设；市主城区新建中小学重点向资源比较匮乏的北部新区和龙河园区倾斜。要配足师资。用足用好统一城乡教职工编制标准、统筹调配政策和规模适当的教师补充机制，逐步补足教师缺口，今年全市补充教师3215人，其中，市城区补充教师805人，加快缓解师资紧张问题。要打造名校。探索建立高端人才引进机制，在全国范围内遴选一批特级教师、省级以上优秀教师、骨干教师、学科带头人，充实到我市教师队伍，带动提升学校管理水平和教育理念创新。着力提升高中阶段教学质量，支持廊坊一中打造省内一流高中。要促进均衡。投资1.88亿元改善义务教育薄弱学校252所，努力缩小校际差距。创建标准化学校120所，标准化学校比例达到80%。实施中职学校质量提升工程，支持东方大学城建设职教园区。要保障校安。重点开展“黑幼儿园、黑小餐桌、黑校车”专项整治，让可爱的孩子们有一个和谐平安欢乐健康的校园环境，让所有的父母都放心舒心。

四是全面推进健康廊坊建设。健全完善医疗服务体系。加快市中心医院重新选址和建设，抓紧启动市人民医院、市中医院改扩建工程；加强与北京医疗卫生资源的有效对接，积极推进和北京世纪坛、首都儿研所等医院的深度合作，填补我市儿科、肿瘤、精神卫生等专科空白；积极落实上级政策，尽快实现在京津冀区域异地就医住院费用直接结算，让廊坊人民更便捷地享受到北京优质医疗资源。深化医药卫生体制改革。全面启动主城区13家公立医院综合改革，药价平均降低15%；完善分级诊疗模式，建设城市医联体、县域医共体、京津专科联盟三级诊疗平台，推进医师多点执业，开展群众满意的乡镇卫生院创建和社区卫生服务提升工程；实施家庭医生签约服务，签约覆盖率达到30%以上，努力实现小病不出村、大病不出县。完善智慧卫生体系。依托创建国家医疗大数据中心，推进廊坊区域人口健康云平台建设，实现全市常住人口居民健康卡全覆盖和区域就医“一卡通”。深入实施全面两孩政策，加强生育医疗保健服务。积极开展全民健身运动。加快推进市体育场改造提升和市滑冰馆建设，城乡健身设施覆盖面分别达到95%和80%以上；举办好永定河国际马拉松赛、全国风筝锦标赛等系列赛事活动，带动增强健身意识、开展全民健身运动，让广大群众拥有健康的体魄。

五是着力改善农村生产生活条件。大力提升农村基础设施。新改建农村公路300千米以上，路网密度保持全省第一；投资10亿元实施农村电力配网建设，提高农村供电可靠性，为“电代煤”工程提供电力保障。扎实推进美丽乡村建设。继续开展民居改造、街道硬化等“十二个专项行动”，重点推进香河30个村街连片打造省级重点片区，启动建设9个市级片区，加快建设218个省级重点村和161个市级重点村，打造一批记得住乡愁的“高颜值”美丽乡村。推进农村垃圾治理。在全省率先实现农村垃圾处理PPP模式全覆盖，所有农村垃圾全部推行无害化处理，为“煤替代”工程提供安全保障。

六是发展更加惠民的文化事业。巩固提升国家公共文化服务体系示范区创建成果，持续实施“一十百千万”文化惠民工程，组织开展百场特色品牌文化活动，建设提升2000个以上基层综合文化服务中心，推动“十大文化体验小镇”建设。健全公共文化设施，加快推进市县两级图书馆达标建设，力争全部达到国家三级馆以上标准；规划建设市级非物质文化遗产展示馆和美术馆。办好第27届全国图书交易博览会、中国图书馆年会等文化活动，积极创建国家文化消费试点城市，不断繁荣文化事业，增加文化供给，满足人民群众日益增长的精神文化需求。

七是着力提升群众安全感。深化平安廊坊建设，强化社会治安综合治理，推进公共安全视频监控“雪亮工程”，严厉惩治“两抢一盗”等各类违法犯罪，积极构建“京畿平安示范区”。深入开展安全生产、食药安全专项整治，坚决遏制各类重大事故发生，切实保护好人民群众的身体健康和生命财产安全。发挥四级群众工作平台作用，开展信访突出问题化解百日攻坚行动，妥善处置各类信访问题，有效保障群众合法权益。全力做好党的十九大、建军90周年、“一带一路”高峰论坛等重大活动安保维稳工作，为经济社会发展和人民群众安居乐业创造安定和谐的社会环境。

推进全国文明城市创建，促进市民整体素质、城市管理水平、社会文明程度全面提升。加强国防动员和国防后备力量建设，做好各项拥军工作。充分发挥工会、共青团、妇联等人民团体桥梁纽带作用，做好新闻出版广电、民族宗教、外事侨务、人民防空、气象地震、防灾减灾、史志档案、援疆援藏等工作。

四、全面加强政府自身建设

打铁还需自身硬，过河需要桥和船。为人民服务不是一句空话，不是一个口号，需要行动，需要落实。政府工作人员必须有党性原则、有为民情怀、有法治观念、有觉悟担当、有良好形象。

牢固坚持立党为公，始终保持对党绝对忠诚。坚持深入学习贯彻习近平总书记系列重要讲话精神，以马克思主义理论中国化的最新成果武装头脑，不断强化“四个意识”特别是核心意识和看齐意识。坚持以党的旗帜为旗帜、以党的意志为意志、以党的使命为使命。坚持以治国理政新思想新理念新要求，指导工作、推动工作、落实工作，坚决在思想上、政治上、行动上与以习近平同志为核心的党中央保持高度一致。

牢固坚持执政为民，始终坚持全心全意为人民服务。坚持以人民为中心的原则立场，带着责任、感情、追求，干事、创业、为民，想群众之所想，急群众之所急。既要锦上添花，更要雪中送炭；既要照顾群众眼前利益，又要保障人民长远需求；既要考虑多数人的普遍愿望，又要想到少数人的实际问题，尽最大努力实现整体利益最大化和各方面诉求最大公约数。坚持脚踏实地、真心为民，反对做表面文章、玩形式主义，力戒急功近利、搞一锤子买卖。凡是涉及百姓关心的民生事情，都要盯住盯紧，马上就办、办就办好；凡是对人民作出的承诺，都要言必行、行必果、果必真。切实把人民群众所盼的，变成政府真干的；切实把政府所干的，变成人民群众真盼的；切实以广大群众最根本利益为最大利益，以广大群众的最根本追求为最大追求；切实把为民情怀镌刻在普通群众的记忆中、心头上，把政声民意回荡在人去后、闲谈中。

牢固坚持依法行政，始终确保权力规范阳光运行。弘扬法治精神，驰而不息建设法治政府。坚持依法全面履行政府职能，做到法无授权不可为，法定职责必须为。推进依法行政制度建设，完善行政决策公众参与、专家论证、风险评估、合法性审查、集体讨论等制度。健全行政权力监督制约机制，自觉接受人大法律监督、政协民主监督、社会和舆论监督，学会在约束中工作，习惯在监督下干事；认真办理人大代表建议和政协提案，坚持重大事项向人大报告、向政协通报、向社会公布，使政府工作更加科学化、民主化、法治化。

牢固坚持实干实政，始终保持干事创业过硬作风。作风问题说到底是个党性问题。一定把坚强的党性落实到过硬的作风上，高调叫响要想过得去必须过得硬、只有过得硬才能过得去。以抓铁有痕、踏石留印的过硬作风，确保中央和省委、省政府以及市委的重大政策部署及时落地生根。一定把坚强的党性落实到从严的作风上，强力深化政府系统机关作风整顿，坚决提高行政效能，严厉治理不作为、乱作为、假作为。一定把坚强的党性落实到真抓实干的作风上，坚持夙兴夜寐、激情工作，事争一流、唯旗是夺，追求卓越、精益求精。一定把坚强的党性落实到深入实际的作风上，做到一竿子插到底，真实体察民意，全面了解实情，掌握工作主动权。一定把坚强的党性落实到敢于担当的作风上，始终有那么一股勇往直前的精气神，不回避矛盾，不躲闪困难，顶起自己该顶的那片天。

牢固坚持廉洁持政，始终注重营造风清气正政治生态。严格落实全面从严治党要求，坚决把纪律和规矩挺在前面，认真执行党内政治生活准则和党内监督条例，推动政府系统全面从严治政不断深化。严格落实中央“八项规定”精神，坚决防止“四风”反弹回潮。认真落实“两个责任”“一岗双责”，严格执行审计、监察、财政等各项制度，以“零容忍”的态度坚决查处违规、违纪、违法行为，努力建设一支政治上靠得住、工作上有本事、作风上过得硬、人民群众信得过的公务员队伍。

各位代表！潮平两岸阔，风正一帆悬。人民对美好生活的向往就是我们奋斗的目标。让我们紧密团结在以习近平同志为核心的党中央周围，在省委、省政府和市委的坚强领导下，抢抓新机遇，率先走新路，努力推动廊坊发展走在全省前列，以优异的成绩迎接党的十九大胜利召开！

中国人民政治协商会议
廊坊市第六届委员会常务委员会
工作报告

——2017年4月10日在政协廊坊市第七届委员会第一次会议上

廊坊市政协主席　郑广富

一、2016年工作回顾

政协廊坊市第六届委员会在中共廊坊市委的正确领导下，在市政府及有关部门的大力支持下，高举爱国主义和社会主义旗帜，牢牢把握团结和民主两大主题，紧紧围绕全市改革发展稳定大局，认真履行职能，积极建言献策。

（一）切实筑牢思想基础。四年来，我们坚持把强化理论武装、增强政治定力放在首要位置，不断强化政治自觉。

在思想建设中凝聚共识。通过组织集中学习、举办专题培训班、印发学习资料，引导、推动广大政协委员认真学习贯彻中共十八大、十八届三中、四中、五中、六中全会和习近平总书记系列重要讲话精神，切实增强政治意识、大局意识、核心意识、看齐意识，为六届市政协工作的顺利开展奠定了坚实的思想基础；通过组织专题座谈会、研讨会，认真学习贯彻中央和省、市委关于政协工作的新论断、新部署、新要求，增强做好新时期政协工作的使命感；通过集中收听收看时事政治、组织听取市情通报，认真学习贯彻省、市委会议精神，使广大政协委员进一步明确了履职方向和重点，增强了履职建言的针对性、实效性。

在谋划工作中明确思路。根据政协特点，聚焦市委、市政府决策部署，确定了"围绕中心、实干履职、服务大局、建言献策"的总体工作思路。按照这一思路，我们提出了符合国家法律法规，符合党的路线、方针、政策，符合市委全局工作，符合廊坊发展实际，符合群众切身利益，并且通过努力可以做到的政协委员建言献策范围；明确了每位政协委员要秉持不沉默、不消极、不浮躁、不激进的履职态度；确立了用客观现实的标准分清是非，用战略长远的目标权衡利弊的工作理念；实现了工作方式由外在有形为主向外在有形与内在有实并重转变，由超前性工作为主向超前性与基础性工作并重转变，由机关工作为主向机关工作与发挥委员作用并重转变，从而确保了市政协各项工作有序开展。

（二）扎实推进民主协商。会议协商广泛深入。组织好全体会议总体协商，每年全会召开前都动员委员开展调研、视察等集中履职活动；会议期间，采取委员分组讨论、大会发言等形式与市委、市政府和市"两院"领导同志，就政府工作报告、预算决算草案以及经济社会发展和群众关切的问题直接交换意见。对涉及全市性的重大议题，组织常委会议专题协商，形成了年初征求意见、制定计划，会前深入调研、充分酝酿，会中听取通报、广泛讨论，会后反馈建议、跟踪督导的协商机制。本届市政协先后组织7次专题议政性常委会议，并将空港新区建设和中心城市规划、建设、管理等“重头戏”做成“连续剧”，通过多种形式持续建言。

对口协商及时有效。针对社会关注、内容具体、责任部门明确的协商议题，以专委会为主体，通过专题调查、专题座谈、专题讨论等形式，搭建相关界别委员与党政工作部门交流协商的平台。本届政协共组织专题对口协商活动 57 次，增加了协商密度，增强了协商效果，提高了建言水平。通过有效协商，使加强园区规范化管理、防控民间融资风险、做大做强体育品牌赛事等许多工作得到改进和加强。

提案办理协商规范有序。坚持把“提案办理协商”作为完善协商民主制度的重要内容，不断提高提案工作科学化、制度化水平。通过狠抓委员培训、搭建知情明政平台、指导委员选题调研、“打捆”整合办理、健全激励机制、量化考核等方式，完善和规范提案征集、审查立案、交付办理、领办督办、反馈落实等各个环节工作，力促提案质量和办理质量双提升。四年来，共立案 1469 件，由于市委、市政府高度重视，各相关部门认真办理，政协有力督导，所有提案全部如期办复，使推进养老服务体系建设、发展城市公共交通、新世纪步行街环境改造等一大批提案得到落实。

（三）实干履职助推发展。我们把调研、调查、视察作为履职建言的重要途径，届内共开展重点调研 19 项、专题调查 16 项、委员视察 23 次，召开专题议政会 7 次、专题座谈会 51 次，1100 多名省、市、县政协委员直接参加活动，形成报告 39 篇，全部得到市领导批示，许多意见建议被采纳，进入市委、市政府决策程序。

围绕超前性工作开展重点调研。在京津冀协同发展方面，提出要用自然区域而不要用行政区划的思维来谋划京津冀协同发展。在空港新区建设方面，提出空港新区是廊坊经济发展的新起点、城市建设的新空间。在中心城市规划、建设、管理方面，提出要把廊坊当作一线城市的功能区、不要当作一个三线城市的地级市来建设，要坚持超前规划、高端建设、精细管理，重新谋划城市定位，重新确定城市中心，重新树立城市门户。在科技创新方面，提出科技创新的出路是统筹、核心是人才、主体是企业、关键是政策、重点是环境。在传统产业转型升级方面，提出要调整结构、创新驱动、政策支持、打造环境。在依法治市方面，提出树立依法治市理念、科学立法、严格执法、强化监督、加强执法队伍建设。在打造文化体验城市和在城市建设中体现文化内涵方面，提出城市文化是一个城市的“精、气、神”，要坚持有形与无形、传统与时代、独特与多元并重，通过全局规划、挖掘整合、体现特色、提供保障，推进城市文化资源有形化，打造文化体验高地，加快形成文化体验城市名片。此外，我们还就文物资源保护利用、职业教育发展和做大做强旅游、会展经济等课题组织了调研。

围绕基础性工作开展专题调查。先后就扶持民营经济发展、创新文化产业、改善水环境状况、科学保护开发利用京杭大运河（廊坊段）、加强城市精细化管理、城区基础教育发展、解决群众就医难、创新社会治理体系、加强社区管理、推进基层法制机构建设等基础性工作开展专题调查，了解基本情况，剖析突出问题，提出改进措施，很多建言成果转化为市委、市政府的相关政策，或在党政部门推动工作中得到落实。

围绕群众关切的问题开展委员视察。组织委员就教育、文化、卫生、体育基础设施建设、安全生产、维稳安保、湿地保护、植树造林、食品安全、畅通出行、文明城市创建等工作开展视察，及时反馈委员意见建议，并加强督导协调。市第23小学门前道路破损影响师生出行、部分老小区缺少健身器材等一些群众关心的热点、难点问题得到有效解决。

（四）加大民主监督力度。重大活动评议监督。按照市委统一部署和市直部门需要，推荐政协委员参加相关单位党的群众路线教育实践、“三严三实”专题教育、“两学一做”学习教育、深化机关作风整顿等活动评议，同时，近百名政协委员参与了公共交通、医疗卫生、供水供热、物业管理等行业的听证评议活动。

重点部门驻点监督。制定了《市政协特邀民主监督员工作简则》，并由市委、市政府“两办”转发。选派155位政协委员到公共事业、政法机关、行政监察、行政执法等30多个单位担任民主监督员，进一步强化了民主监督力度，对提高部门办事效率、公平行政执法和行风好转，起到了促进作用。

重要案件旁听监督。加强与市中级人民法院的联系沟通，每年都组织委员参加法院系统的旁听庭审和座谈交流活动，逐步形成政协委员对重要案件旁听庭审常态化，保障政协委员对司法活动的知情权，对推动司法公正和阳光司法起到了一定的作用。

汇集舆情常态监督。制定《社情民意信息工作规范》，通过印发征集重点、召开座谈会、组织培训、健全报送网络等措施，拓宽征集渠道，提高信息质量，增强反馈实效，基层群众的许多意见建议通过这一“直通车”快速进入决策视野。四年来，收集信息536篇，梳理并向省、市及有关部门报送《社情民意》227篇，其中《把北京新机场空港新区打造成全省经济增长极重要支撑点》被省政协采用并报省委、省政府，原省长张庆伟等省领导分别作出重要批示。

（五）全面加强自身建设。以党的群众路线教育实践活动、“三严三实”专题教育、“两学一做”学习教育、解放思想大讨论、机关作风整顿活动为契机和动力，以加强思想作风、组织作风、工作作风和党风廉政建设为重点，以提升政协队伍综合素质为保障，以提高履职成效为目标，全面推进市政协常委会、委员队伍和政协机关建设。

发挥常委表率作用，加强政协常委会建设。首先，加强制度建设，完善和落实《加强常委会自身建设的意见》《常委会议事规则》《常委会组成人员守则》，不断推进常委会工作制度化、程序化、规范化。其次，加强作风建设，常委会带头落实学习制度，建设学习型领导集体；带头深入基层、联系群众，开展调查研究；带头守纪律讲规矩，自觉维护常委会自身形象。再者，加强履职能力建设，坚持重大事项、重要工作向市委请示报告，重大问题集体协商、民主决策，重要课题常委会高层协商。本届常委会向全体会议报告工作4次，召开常委会议15次，在7次专题议政常委会议上，提交发言材料362篇，口头发言62人次，确保了协商议政质量。

发挥委员主体作用，强化政协委员队伍建设。首先，狠抓委员培训。邀请国家和省、市专家就依法治国、政协业务知识进行专题辅导，1500多名省、市、县政协委员参加各种集中培训和学习考察。其次，创新委员管理。制定委员守则，建立联系委员制度，将市政协委员全部纳入专委会管理，通过走访慰问、座谈交流、寻计问策等多种形式密切联系委员，增强委员归属感，调动委员履职热情。再者，引导委员履职实践。扩大履职活动委员参与面，组织委员听取市情通报，参加调研、调查、视察和征求意见、协商论证等活动，开展建言“十三五”规划和“我为京津冀协同发展献一计”活动，征集建议700多条。整合委员资源，探索实践政协文史资料有形化新思路，挖掘整理《廊坊根治海河实录》《城市记忆——廊坊历史图片集》等文史专辑和张华、董海川等多部历史人物传记，体现了文史资料“存史、资政、团结、育人”的功能。注重发挥委员的桥梁纽带作用，协助党委、政府做好协调关系、化解矛盾、理顺情绪、凝心聚力工作。另外，健全评价激励机制。将委员参加会议和活动、撰写提案、提交大会发言、反映社情民意等情况作为评先选优和推荐留任依据，市政协对80件优秀提案、30篇优秀大会发言和10件优秀社情民意信息进行了通报表彰。

发挥服务保障作用，强化政协机关建设。首先，建立机关管理长效机制。按照中央“八项规定”和相关纪律要求，制定完善机关财务管理、公务接待、工作纪律等18项制度规定，使各项工作有章可循、规范运行。其次，提升综合素质。每年开展“读一本好书”活动，组织机关干部赴全国政协培训中心、省委党校、井冈山干部教育学院等地参加培训。全面规范党内政治生活，开好民主生活会和组织生活会，坚持问题导向，立行立改解决问题。落实《准则》和《条例》等党内法规，开展警示教育，加强党风廉政建设。再者，注重宣传引导。办好政协网站和《廊坊政协》杂志。加大新闻报道力度，在市级以上媒体登载宣传稿件2500多篇次，通讯《把握“廊坊机遇”建言“临空经济”》在《人民政协报》头版刊发。市政协分别被《中国政协》杂志社、省政协办公厅和《乡音》杂志社评为政协宣传工作先进单位。在服务展会、对标先进和接待来廊坊考察调研团组过程中，交流工作，宣传推介廊坊。另外，开展服务活动。定点联系民营企业20家，走访知名专家21位，征求意见建议，帮助解决实际困难。深入基层指导教育实践活动、农村面貌改造提升、后进支部转化工作。开展驻村帮扶，帮助村街修路、办电、绿化、亮化、新建村民活动中心和排水设施。组织送医送药服务活动4次，发放常用药品和健康宣传资料，义诊服务群众1300多人。通过扎实有效的机关建设实践，进一步提高了政协机关干部的政治素质、业务素质、心理素质、身体素质，打造了生动活泼的政治环境、规范有序的工作环境、健康愉快的生活环境、诚信敬业的机关环境。

各位委员，六届市政协所作的工作，是市委正确领导、市政府大力支持的结果，是社会各界热情帮助的结果，是各级政协组织、政协各参加单位和广大政协委员团结协作、努力奋斗的结果。在这里，我代表六届市政协常委会对大家表示崇高的敬意和衷心的感谢！

四年的丰富实践赋予我们深刻的启示：一是坚持党的领导，是推动政协事业发展的根本保证。市委把政协工作纳入重要议事日程，出台了《关于加强社会主义协商民主建设的实施意见》，从制度层面强化党对政协工作的领导。市委高度重视政协组织建设，配强政协领导班子，加大政协干部选拔交流力度，增强政协队伍活力。充分发挥市政协党组在政协工作中的政治核心作用，加强思想政治建设，形成共识，凝聚合力，保证党的路线、方针、政策在政协贯彻执行。二是坚持围绕中心，是政协工作必须遵循的重要原则。政协组织始终聚焦全市发展中心大局，围绕推进京津冀协同发展、打造创新驱动经济强市、助推廊坊走在全省前列等事关全市改革发展稳定的重大课题，实干履职，建言献策，使政协工作有所作为，政协组织和政协委员体现价值、发挥作用。三是坚持改革创新，是政协工作永葆生机的动力源泉。适应新形势、新常态，在推进协商民主、加大民主监督力度、拓宽参政议政渠道、做好政协特色工作等多领域，探索新思路、新举措、新方法，取得了丰富的工作成果，市政协在省委政协工作会议上作为市级政协的唯一代表作典型发言。四是坚持合力推进，是做好政协工作的关键所在。始终坚持团结和民主两大主题，切实发挥民主党派、工商联和无党派人士在政协工作中的作用，强化统一战线的凝聚力和向心力，加强市、县两级政协协调配合，注重发挥委员主体作用、专委会基础作用和政协机关服务保障作用，从而进一步夯实了履职基础，形成了履职合力，增强了履职实效。

二、2017年工作建议

未来五年，是我市全面实施“十三五”规划、落实省第九次党代会、市第六次党代会精神的五年，是抢抓历史机遇、推动廊坊发展走在全省前列、加快建设创新驱动经济强市的五年。新形势、新目标、新任务对政协工作提出了更高的要求。在此，对七届市政协工作提出如下建议：

（一）强化理论学习，增进思想政治共识。把学习中共十八大、十八届三中、四中、五中、六中全会、即将召开的十九大和习近平总书记系列重要讲话精神作为首要政治任务，牢固树立“四个意识”，坚决同以习近平同志为核心的党中央保持高度一致。学习贯彻中央和省、市委关于政协工作的新要求，全面落实市第六次党代会精神，把广大委员的思想行动和社会各界的智慧力量凝聚到实现党委、政府的决策部署上来。

（二）围绕中心大局，切实履行政协职能。发挥政协优势，把各党派团体和各族各界人士的积极性调动起来，把方方面面的力量汇集起来，共同为实现市第六次党代会确定的宏伟目标献计出力。紧紧围绕率先走新路，奋力走前列，加快建设创新驱动经济强市这一主题，组织政协委员开展调研，积极为推动廊坊经济发展、转型升级、生态建设、民生保障、维护稳定走在全省前列建言献策。

（三）坚持团结民主，营造良好社会环境。坚持和巩固中国共产党领导的多党合作和政治协商制度，促进政党关系、民族关系、宗教关系、阶层关系、海内外同胞关系的和谐。加强与各方面人士的联系沟通，团结一切可以团结的力量，调动一切积极因素，汇聚起推动发展的强大合力。引导和动员广大政协委员密切联系群众，及时反映各界群众的呼声和诉求，协助党委、政府做好协调关系、化解矛盾、理顺情绪、增进团结工作，巩固和谐稳定的政治局面。

（四）加强自身建设，夯实政协事业发展基础。按照习近平总书记提出的“懂政协、会协商、善议政”的要求，结合政协工作实际，全面加强政协自身建设。充分发挥常委会的领导作用，强化委员管理，加强机关建设，打造政治坚定、作风优良、学识丰富、业务熟练的高素质政协队伍。

各位委员，七届市政协承前启后、继往开来、任重道远。让我们紧密团结在以习近平同志为核心的党中央周围，在中共廊坊市委的坚强领导下，在市政府和社会各界的大力支持下，解放思想，同心同德，奋发进取，开拓创新，为推动廊坊发展走在全省前列、加快建设创新驱动经济强市作出新的更大贡献！

关于廊坊市2016年国民经济和社会发展计划执行情况与2017年国民经济和社会发展计划（草案）的报告

——2017年4月11日在廊坊市第七届人民代表大会第一次会议上

廊坊市发展和改革委员会主任　朱建强

一、2016年计划执行情况

过去一年，在市委的坚强领导下，全市各级各部门认真学习贯彻习近平总书记系列重要讲话精神，主动适应经济发展新常态，紧紧围绕市六届人大四次会议确定的目标任务，狠抓各项决策部署贯彻落实。围绕稳增长，强力推进省、市重点项目建设，着力扩大消费需求，千方百计扩大出口规模，以旬保月、以月保季、以季保年，经济发展呈现实力提升、活力增强、转型加快、民生改善的良好态势；围绕调结构，扎实推进供给侧结构性改革，坚定不移推进钢铁去产能，加快改造提升传统优势产业，着力培育壮大战略性新兴产业和现代服务业，新旧动能加速转换；围绕促协同，抢抓北京城市副中心建设、北京新机场临空经济区建设、“微中心”集中承载地谋划等重大机遇，积极对接顶层设计，全面深化与京津合作，交通、生态、产业三大重点领域实现新突破；围绕优环境，强化大气污染和水污染治理，深入实施压煤、减排、增绿等各项工程，强力推进气代煤、电代煤实施，生态环境持续改善；围绕增活力，全面推进“放管服”改革、国家中小城市综合改革、石保廊全面创新改革等重点领域改革，不断扩大对内对外开放，经济社会发展活力进一步提升；围绕惠民生，强化稳就业、增收入，大力推进医疗、教育、体育、安居等民生基础设施建设，人民群众获得感不断增强。在各级各部门共同努力下，市六届人大四次会议确定的年度计划执行情况总体较好，实现了“十三五”良好开局。

创新发展取得新突破。全市生产总值完成2706.3亿元，增长8%。规模以上工业增加值完成776.5亿元，增长6%。规模以上高新技术产业增加值完成202.4亿元，增长15.1%。服务业增加值完成1315.3亿元，增长12%。研发经费支出占GDP比重达到1.1%左右。每万人发明专利拥有量达到2.78件。固定资产投资完成2458.5亿元，增长15.2%。社会消费品零售总额完成881.9亿元，增长10.7%。一般公共预算收入完成338.7亿元，增长11.6%。

协调发展取得新提高。城镇居民人均可支配收入完成34633元，增长8.5%。农村居民人均可支配收入完成14286元，增长8.6%。常住人口城镇化率达到56.8%。户籍人口城镇化率达到40.09%。

开放发展取得新进展。出口总值完成152.7亿元，增长5%。实际利用外资完成8.02亿美元，增长6.1%。

绿色发展取得新突破。每万元生产总值能耗下降5.52%。PM2.5浓度下降22.4%。森林覆盖率达到28.91%。每万元生产总值二氧化碳排放量、每万元工业增加值用水量、化学需氧量、二氧化硫、氨氮和氮氧化物排放量，均达到或超额完成全年目标任务。

共享发展取得新成效。城镇新增就业 6.4 万人。城镇登记失业率 2%以内。城镇保障性安居工程住房开工量 1.11 万套。城镇职工参加养老保险 93 万人。居民消费价格指数为 101.5。

总的看，在国内外经济形势错综复杂的情况下，全市经济社会发展面临的困难比预想的大，取得的成效比预期的好，主要指标位居全省前列。29 项年度计划指标中，有 28 项完成或超额完成年度计划，仅服务业增加值增速低于计划目标 1 个百分点，但仍高于全省 2.5 个百分点，居各设区市第 2 位，主要原因是列统规模以上服务业企业和限额以上商贸企业偏少等。

同时，经济运行中仍然面临一些困难和挑战，需要我们在今后工作中着力加以解决。一是经济下行压力依然较大，国内外市场需求不振，企业综合成本上升，部分行业企业生产经营仍较困难。二是产业结构矛盾仍较突出，转型升级任务艰巨，传统产业占比较大，房地产市场调控任务较重，战略性新兴产业和现代服务业仍需加快培育。三是生态环境改善任务艰巨，大气、水等环境质量亟待改善，环境综合治理仍需持续加力。四是要素制约依然突出，建设用地指标缺口较大，落实用地占补平衡指标难度越来越大，企业用工难、融资成本高等情况尚未得到有效缓解，水、电等要素保障压力越来越大。

二、2017 年主要发展目标

全面落实市第六次党代会和全市经济工作会议精神，2017 年全市国民经济和社会发展计划设置综合实力、加快转型、对外开放、绿色发展、改善民生五大类 32 项指标。其中，预期性指标 20 项、约束性指标 12 项。

——综合实力持续提升。生产总值增长 8%以上，其中规模以上工业增加值增长 6%左右。固定资产投资增长 15%左右。社会消费品零售总额增长 10%以上。一般公共预算收入增长 8.5%左右。

——经济结构加速转型。服务业增加值增长 13%左右，其中旅游业总收入增长 25%以上。装备制造业增加值占规模以上工业比重达到 30%左右。规模以上高新技术产业增加值增长 15%左右。研发经费支出占 GDP 比重达到 1.59%。每万人发明专利拥有量达到 3.4 件。

——改革开放平稳推进。出口总值达到 152.7 亿元。实际利用外资达到 8.4 亿美元。

——生态环境继续改善。每万元生产总值用水量下降到 42.7 立方米。PM2.5 浓度下降到 62 微克/立方米左右。森林覆盖率达到 30%以上。每万元生产总值能耗、每万元生产总值二氧化碳排放量、化学需氧量排放量、二氧化硫排放量、氨氮排放量、氮氧化物排放量完成省下达目标任务。

——社会民生稳步提高。常住人口城镇化率达到 58.3%左右。全市居民人均可支配收入增长 8%，其中城镇和农村居民人均可支配收入均增长 8%左右。城市和农村居民最低生活保障标准均提高 10%以上。城镇新增就业 5.35 万人，城镇登记失业率控制在 4%以内。城镇保障性安居工程开工 0.81 万套。居民消费价格涨幅控制在 3%以内。

紧紧围绕市六次党代会提出的“两大奋斗目标、四大发展定位、五个走在全省前列”要求，推进全市经济社会平稳健康发展，需切实把握好以下五个方面：一是坚持稳中求进、进中提质。落实“率先走新路、努力走前列，加快建设创新驱动经济强市”要求，坚持走加快转型、绿色发展、跨越提升新路，在“稳”的前提下力求关键领域有进取、有突破，在“进”的基础上提质增效，努力推动全市经济发展、转型升级、生态建设、民生保障、维护稳定走在全省前列。二是坚持协同发展、重点突破。牢牢把握协同发展、北京城市副中心建设、新机场及临空经济区建设、雄安新区设立等重大历史机遇，围绕“三区一地”功能定位，积极承接非首都功能疏解，加速构建协同创新共同体；深化与京津合作，加快补齐区域发展短板，力促交通、生态、产业领域率先实现突破。三是坚持转型升级、绿色发展。以推进供给侧结构性改革为主线，强化钢铁去产能，着力改善提升传统产业，积极培育新兴产业，着力做强“大智移云”首位产业，加快构建节约资源和保护环境的现代产业体系，力促发展动能加速转换，生态环境持续改善。四是坚持改革开放、创新驱动。深化改革创新理念，加快转变政府职能，以经济体制改革为引领，坚定不移推进各项改革向纵深发展、实现重点突破，进一步解放和发展生产力；实施更加积极的开放战略，推动外贸优化升级，务实开展区域合作，努力为经济社会发展注入活力动力。五是坚持民生改善、共享红利。实施更加积极的就业创业政策，多渠道增加居民财产性收入；更加注重增进人民福祉，对标京津找不足，全力推进医疗、教育、文化、体育等各项工作，着力提升公共服务水平，逐步缩小与京津落差，努力扩大人民群众获得感。

三、工作重点和主要措施

为实现 2017 年全市经济社会发展目标，重点抓好七个方面工作。

（一）着力促投资、扩消费、稳出口，努力保持经济平稳增长

1.加强重大项目建设。开展“重大项目建设转型升级年”活动，确保投资增长对经济发展拉动不减弱。实施项目建设“十百百千”工程，重点推进 33 项省重点项目建设，其中计划新开工项目 18 项，续建保投产项目 8 项，重大前期项目 7 项；全力推进 2 项列入省重点推进的重大产业项目建设；着力推进 146 项集中开工重点项目建设；安排新开工市重点产业项目 100 项；谋划实施亿元以上项目 1000 项，其中建设项目 700 项。强化项目督导推进，继续实行月通报、季督查、年终考核等行之有效的项目推进机制，深入开展集中签约、集中开工、集中拉练活动，对省重点项目和部分市级重大产业项目实行市级领导分包，力促项目早开工、快建设、早达效，形成更多实物工作量。全面落实中央和省促进民间投资健康发展的各项政策措施，适时研究推出新的鼓励社会投资项目，不断激发民间投资活力。

2.打造消费新增长点。实施扩消费专项行动，积极落实国家和省扩大消费政策措施，着力扩大服务消费，特别是拓展绿色消费、信息消费、夜间消费等新兴服务消费。全面推动旅游产业转型升级，大力发展乡村旅游和文化旅游，打造以乡村休闲、影视文创、温泉养生、骑行竞技为主的京津冀休闲目的地，不断提高廊坊旅游的影响力和竞争力。切实抓好限上商贸企业培育，力促社会消费较快增长。

3.力促出口稳定向好。全面落实稳定外贸政策措施，加快培育外贸竞争新优势，支持开展跨境电子商务、工程带动等方式扩大出口。深入落实国家支持外贸发展政策以及出口信保等政策，开展精准帮扶，推动政企、银企对接，促进全市外贸增长。扶持外贸主体做大做强，注重提升外贸企业的研发和创新能力，鼓励外贸企业打造自主品牌，培育一批具有较强国际竞争力的大型外贸企业集团。

（二）加大产业结构调整力度，着力推动发展动能转换

1.坚定不移推进钢铁去产能。切实把退出全部钢铁产能作为贯彻中央和省钢铁去产能决策部署和实现我市产业转型升级的重要突破口。9月底前确保退出1家钢铁企业全部产能，年底前力争再退出1家。积极探索“市场化去产能”新路径，引进战略投资者作为主体，通过PPP合作模式，实施钢铁产能退出，同时加大对保留“吃钢”企业的升级改造创新力度，通过引进建立高新技术产业孵化器，实现升级100家，达到新旧动能有机转换，创造廊坊以企业转型再造促产业转型升级，带动区域转型发展的新模式。

2.大力培育发展新动能。大力推动以“大智移云”为首位的新兴产业和现代服务业集群式发展，着力打造五大千亿级产业集群。新型显示和智能终端产业集群，以华夏第6代AMOLED和京东方二期为龙头，推动核心材料、关键设备、玻璃基板、VR等上下游产业加速聚集。大数据产业集群，以华为云计算、联通华北基地、润泽大数据、中鼎云等为基础，推动东华软件、掌网科技、科大讯飞等数据利用和数据开发企业向基地集中。电子商务产业集群，以京东电子商务集群、阿里巴巴菜鸟智慧物流、新陆港物流产业基地、鑫海陆地港等为核心，推动现代物流业企业形成产业集群。新材料及装备制造业集群，以固安无人机产业园、霸州应急救援装备生产基地等为依托，以中安信碳纤维、精雕数控机床、维特根筑路机械、航天振邦为核心，推动相关项目加速落地建设。现代服务业集群，深入实施服务业重点行业三年行动计划，着力推进以国际冷链商贸物流中心、安邦保险后援中心、超星图书馆、君晖数字产业园等为代表的生产性服务业发展，加快培育以燕达国际健康城二期、颐康智能化养老实验基地、央视传媒高科技拍摄及制作工场、华夏文化影视产业园等为代表的生活性服务业，全年新增规模以上服务业企业76家。

3.改造提升传统优势产业。推动食品加工、木材加工及家具制造等传统优势产业向智能化、自动化、精细化、电商化方向发展，不断提升产业层次，打造“廊坊制造”知名品牌，推动传统产业发展迈向中高端。实施新一轮技术改造计划，推进“机器换人”工程和数字化车间改造，推广应用智能数控设备、传感识别技术、制造执行系统等先进装备与管控技术，全年实施工业技改项目500项。推动“互联网+传统产业”融合发展，积极推动大城红木家具、绿色保温建材和文安胶合板等传统优势产业改造升级，推进传统企业从营销互联网化和渠道互联网化逐步向产品互联网化转变，加快培育一批“两化”深度融合示范企业和公共服务示范平台。

4.深入实施创新驱动战略。全面落实我市科技创新“1+4+N”系列政策措施，实施“苗圃”“小壮大”“小升高”“上市”等工程，支持科技型中小企业加速发展，全年新增科技型中小企业1300家、科技小巨人企业85家、高新技术企业60家、挂牌上市企业25家。做大做强一批创新创业平台，重点推进华航e创空间、润泽大数据应用众创空间、浪潮大数据孵化器等平台建设，全年新增众创空间和孵化器20家以上，新增孵化面积20万平方米。实施人才兴廊工程，推动和深化院士科技合作，重点引进和培育一批中青年科技创新领军人才、科技创新创业人才、国家“千人计划”和省“百人计划”等高端人才，建设廊坊智库，全年争取新建院士工作站3家，培育市级以上创新创业团

队12家。实施发明专利提升工程，推动专利技术的转化和产业化。

（三）紧紧把握协同发展机遇，推动重点领域率先实现突破

1.打造区域发展新高地。借势北京城市副中心建设，积极落实通武廊战略合作发展框架协议，推动北三县一体化发展，打通与京津的“断头路”、“瓶颈路”，实施大气污染和水污染联防联控，积极开展教育交流合作，大力提升城乡居民收入、公共服务和社会保障水平，努力缩小与京津梯度差。抢抓北京新机场建设机遇，推进新机场临空经济区规划建设，加快构建一体化的交通运输、综合保税、口岸物流体系，引进、布局世界级的高端临空产业，使临空经济区成为我市经济发展新的增长极。积极开展承接北京非首都功能转移“微中心”战略布局及功能定位研究，筛选提出3～4个备选地规划选址，明确功能定位和产业方向，争取政策主动，力争国家更多“微中心”布局我市。

2.推动交通互联互通。加快廊坊与京津轨道交通连接，积极协调项目单位、有关县（市、区）及相关部门，力争京霸铁路、京唐铁路、城际铁路联络线、廊涿固保城际铁路、平谷线三河段等轨道交通项目尽快开工建设，加快推进霸衡铁路、环北京城际廊坊至香河段前期工作。加快公路交通项目建设，推进新机场北线高速、机场南出口高速、唐廊高速、津石高速、105国道廊坊段、密涿高速万庄连接线等加快实施。

3.推动产业深度融合。认真研究京津产业结构特色和发展方向，积极开展与京津产业精准对接合作，落实京津冀产业转移指南，建立产业转移对接常态机制。推动北京亦庄·永清高新技术产业开发区、中关村（大兴）生物医药产业基地固安合作园、廊坊·中关村软件园人才与产业创新基地等合作共建园区加快发展。着力推进100项协同发展重点项目，加快第6代AMOLED、京东集团电子商务产业集群、中国核电工程有限公司研发中心、稻香村（霸州）食品生产基地等承接京津产业转移项目建设。

4.推动生态共建共管。强化重大生态工程建设，落实京津冀大气污染防治协议，加强与周边区域联防联控。推进京津冀国家生态文明先行示范区建设，推动北三县加紧与北京平谷、天津蓟州协调对接，创新区域联动机制，探索协同共建模式，设立绿色发展基金，探索跨区域生态保护补偿机制，稳步推进国土空间优化与生态环境保护、产业结构调整与绿色经济发展、生态宜居城市建设、资源能源高效利用和信息化平台等5大类28项生态重点工程建设。

5.积极承接北京非首都功能疏解。深化医疗卫生协作，加强与北京市卫计委沟通对接，积极构建京廊区域医疗联合体，强化与北京佑安医院、首都儿研所、北京回龙观医院合作，谋划推进北京佑安医院廊坊国际传染病治疗中心、儿童发展中心等重点合作项目。加强区域教育对接合作，借助京津冀三区市（大兴区、北辰区、廊坊市）教育联盟平台，围绕增量提质、资源共享、学校共建、研讨培训等6方面16项重点工作开展合作交流；借助通武廊教育协同发展共同体，成立10个基础教育协同发展共同体，1个职业教育联盟，1个幼儿园联盟，开展校长、教研员、骨干教育教育信息化等方面的培训和交流合作；加快推进北师大附中落地建设，加强与北京四中、中央民族大学附中等名牌学校沟通联系，力争取得突破。有序承接北京部分专业市场，紧紧抓住北京专业

市场集中疏解的有利时机，有针对性地强化与万通小商品城、雅宝路服装市场等北京专业市场的对接合作，加快香河国际建材交易中心、永清国际商贸城、京津冀国际商贸城一期（固安）等项目建设进度，推进万通商贸城、北京二商城市生活保障基地尽快落地。

（四）强化生态建设和环境保护，着力推动全市绿色发展

1.加强大气污染治理。加快推进“气代煤”和“电代煤”工程建设，按照国家和省要求，确保10月底前完成全市禁煤区内（荣乌高速以北）散煤清洁化替代；同时进一步扩大区域，完成荣乌高速以南霸州、文安、大城农村区域散煤清洁化替代，实现全市域散煤“清零”。加快配套电力设施建设，新建110千伏变电站5座、扩建1座。利用好国际金融组织贷款，谋划设立大气污染防治专项基金，主要投向“气代煤”、“电代煤”等大气污染防治项目。开展散煤污染治理、扬尘污染治理、燃煤锅炉淘汰治理、重污染天气应急响应、关停淘汰小散乱污企业等专项治理，实施“月清百污”专项攻坚行动，淘汰全市10蒸吨及以下燃煤锅炉和市建成区35蒸吨及以下燃煤锅炉，确保空气质量持续改善。

2.加强水污染治理。完善水污染防治体制机制，深入落实水环境综合整治河长、段长、点长责任制，充分利用社会资本，采用PPP模式推动水污染第三方治理。积极推动城镇和园区污水处理厂建设，进一步提升污水处理能力。深化重点流域综合整治工作，实施流域内产业结构调整与布局优化，落实污染源负荷削减措施，提升流域水环境治理水平。完成县级以上饮用水水源地保护区划定工作，开展饮用水源地保护专项执法检查行动，切实保障饮用水水源安全。

3.加强生态环境修复。大力推进环城水系提升工程，加快“三坝一闸”建设。加快推进香河潮白河大运河国家湿地公园、文安赵王新河、胜芳、龙河等湿地公园和鲁能生态区建设。认真做好永定河（廊坊段）生态修复及综合治理工程前期工作，力促尽早开工。全面推进绿色生态走廊建设，加快天堂河“一河两岸”绿廊工程等建设。深入推进地下水超采治理，以生活垃圾和污水治理为重点抓好重点区域农村环境整治。着力做好国家森林城市创建，全力实施三北防护林、退耕还林等重点任务，强化廊道绿化、重要交节点绿化、经济林建设、村庄绿化、农田林网营造等工程建设，全年造林25万亩。

4.加强资源节约集约利用。严格落实节约优先战略，强化清理处置闲置用地工作力度，内涵挖潜、盘活存量、拓展空间，全面提升节约用地水平。同时，积极争列全国节约集约模范县（市），争取用地指标奖励。推进节能低碳循环发展，强化能源消费强度和总量“双控”，推进重点产业、工业园区、大型企业循环化改造，深化碳交易试点，促进节能环保产业发展。加强宣传引导，巩固和提升生活垃圾分类实效。

（五）持续深化重点领域改革，不断激发经济发展活力

1.不断深化“放管服”改革。及时衔接落实国家和省取消下放行政审批事项，开展简政放权评估问效，不断完善事中事后监管，积极探索智能监管、信用监管等新模式。继续加大“两集中、两到位”推进力度，推动设立行政审批局，对审批职能相对集中的部门成立综合审批科，以清单管理推进减权放权。加快推进“互联网+政务服务”，实现行政审批事项和公共服务事项网上办理，积极构建市、县、乡、村一

体化的审批服务网络平台。

2.全面落实改革攻坚任务。深入推进石保廊全面创新改革试验区建设，重点推进行政审批制度、收入分配制度、探索去钢铁产能新路径、破解发展难题、管理运营模式、打造文化创意产业带等方面改革。着力推动国家中小城市综合改革试点，在创新产业和城市融合发展机制、创新城市基础设施投融资机制、创新公共服务供给机制、探索土地节约集约利用机制、健全土地开发激励约束机制等方面明确改革任务，形成具体措施，确保按期完成。着力推进京南科技成果转化试验区建设，加快推进清华大学（固安）中试孵化基地、中科院中试基地、中关村软件园人才培养与创新创业平台等协同创新平台建设，全年力争新建各类协同创新基地 20 家，新增市级以上产业技术创新战略联盟 10 家。积极推进开发区改革，推广廊坊经济开发区改革经验，加快推进全市各开发区机构编制管理、人事薪酬制度、行政审批制度、投融资平台建设等改革。

3.切实加大招商引资力度。落实国家、省关于扩大开放、改善营商环境的政策措施，围绕我市产业定位，突出“大智移云”首位产业，紧盯北京中关村和珠三角、长三角高端产业，有针对性地开展投资合作对接。充分发挥“5·18”“9·8”“9·26”等重大展会平台作用，及时筛选和发布招商项目，实施委托招商、科技招商、产业链招商，着力引进一批大项目好项目。推动国际产能合作，支持本地优秀企业、优势产能“走出去”，在“一带一路”沿线国家和地区，建设国际产能合作示范产业区。

（六）深入推进城乡统筹发展，不断缩小城乡发展差距

1.提高新型城镇化水平。围绕建设新型城镇化与城乡统筹示范区，深入落实京津冀协同发展规划纲要和全市“十三五”规划纲要，全面完善城乡发展总体规划，落实推进“多规合一”。加强城市基础设施建设，主城区重点推进实施路网交通、市政设施、园林绿化、环境卫生、公用事业等 97 个子工程建设。加强特色小镇建设，抓好第什里风筝、鲁能生态健康等 10 个省级重点创建和培育特色小镇建设，推动产业、城镇、人口、文化四位一体和生产生活生态融合发展。

2.扎实推进美丽乡村建设。大力实施民居改造、污水治理等 12 个专项行动，统筹抓好香河县省级重点片区建设，规划建设一批市级精品示范片、精品村，推进产业、文化、旅游“三位一体”发展，努力打造一批特色小镇和特色乡村。进一步加大财政支持力度，引导和撬动社会资本投入，推动基础设施和公共服务向农村延伸，加速推进城乡客运一体化，促进农村人居环境和发展动力双提升。

3.深入推进农业供给侧结构性改革。加快推进都市型现代农业建设，积极构建规划布局合理、产加销游一体、产业链完整的现代农业园区体系，加强农产品标准化生产、品牌创建、质量安全监管，切实抓好“菜篮子”工程，增加绿色优质农产品供给。大力发展生态循环农业、休闲观光农业、高端设施农业和农产品物流业，积极培育新型农业经营主体，推进一二三次产业融合发展。深化农村综合改革，强化农村产权交易中心建设，做好农村土地承包经营权确权登记颁证工作，有序推进土地经营权流转。

（七）扎实推进社会民生改善，提升人民群众获得感

1.努力扩大创业就业。实施更加积极的创业就业政策，不断完善创业就业服务体系，推动以创业促进就业，促进高校毕业生、失业青

年、离土农民等重点群体就业，继续做好钢铁去产能过程中的职工分流安置工作，全年新增就业岗位 5.35 万个。加强职业技能培训，建立全市全民终身教育管理体制、运行机制和公共支持服务体系。

2.不断提升社会保障水平。继续实施社保扩面提质工程，深入推进机关事业单位工作人员养老保险制度改革、城乡居民基本医疗保险一体化改革，持续提高城乡居民基础养老金、城乡低保补助水平。落实好社会救助各项政策，防止困难群众因病因灾返贫。加大棚户区改造力度，全年开工 0.81 万套，同时提高货币化安置比例，做好保障房分配管理工作。

3.推进社会事业稳步发展。加强基础教育标准化学校建设，扎实推进 252 所义务教育薄弱学校改造工程，积极吸引京津优质教育资源落户我市。深化医药卫生体制改革，加快公立医院综合改革，积极推进基本公共卫生服务均等化。加快智慧廊坊建设，积极发展智慧交通、智慧管网、智慧建筑等。巩固提升国家公共文化服务体系建设示范区创建成果，积极推进基层综合性文化服务中心建设，加快市文化产业规划馆建设，推进国家文化消费试点城市创建工作。

各位代表！做好 2017 年全市经济社会发展工作任务十分繁重、责任重大。我们要更加紧密地团结在以习近平同志为核心的党中央周围，在市委的正确领导下，自觉接受人大的指导和监督，虚心听取政协的意见和建议，努力促进全市经济平稳健康发展和社会和谐稳定，加快建设创新驱动经济强市，以优异成绩迎接党的十九大胜利召开！

关于廊坊市2016年市本级预算及全市总预算执行情况和2017年市本级预算及全市总预算（草案）的报告

——2017年4月11日在廊坊市第七届人民代表大会第一次会议上

廊坊市财政局局长　左德江

一、关于2016年市本级和全市总预算执行情况

2016年，在市委的坚强领导和市人大及其常委会的监督支持下，各级政府和财税部门认真贯彻落实党的十八大及十八届三中、四中、五中、六中全会和习近平总书记系列重要讲话精神，坚决贯彻中央和省、市委重大决策部署，始终把五大发展理念作为推动改革发展的根本引领，主动适应经济发展新常态，扎实做好稳增长、调结构、促改革、防风险、惠民生各项工作，圆满地完成了市六届人大四次会议批准的财政收支预算。

（一）市本级和全市总预算执行情况

1.一般公共预算收支完成情况。2016年1月，市六届人大四次会议批准通过的当年全市一般公共预算收入预算为3370000万元，当年安排的支出预算为4301794万元；批准通过的市本级一般公共预算收入预算为528100万元，当年安排的支出预算为768391万元；批准通过的廊坊开发区一般公共预算收入预算为179600万元，当年安排的支出预算为220592万元。在预算执行过程中，由于上级下达转移支付、地方政府债券转贷资金等因素影响，全市财政支出预算调整为5178832万元，市本级支出预算调整为794249万元，廊坊开发区支出预算调整为214361万元。

据快报统计（下同），2016年全市一般公共预算收入完成3387244万元，占预算的100.5%，增长11.6%，增速居全省第2位、总量居全省第3位；一般公共预算支出5089037万元，占调整预算的98.3%，增长5.6%。市本级一般公共预算收入完成581778万元，增长15.4%；一般公共预算支出779385万元，占调整预算的98.1%，增长7.3%。廊坊开发区一般公共预算收入完成197263万元，增长18.6%；一般公共预算支出212734万元，占调整预算的99.2%，增长26.1%。

按照上述收入情况和当年财政体制计算，2016年全市财政可用资金为6610934万元，减去财政支出5089037万元，减去安排预算稳定调节基金、债券还本、援助其他地区等支出1432102万元，减去结转下年的专款支出等89795万元，实现了收支平衡。市本级可用资金为1128194万元，减去财政支出779385万元，减去安排预算稳定调节基金、债券还本、援助其他地区等支出333945万元，减去结转下年的专款支出等14864万元，实现了收支平衡。廊坊开发区可用资金为262416万元，减去财政支出212734万元，减去安排预算稳定调节基金、援助其他地区等支出48055万元，减去结转下年的专款支出等1627万元，实现了收支平衡。

2.政府性基金预算收支完成情况。全市政府性基金收入完成2006895万元，全市政府性基金支出1982962万元。市本级政府性基金收入完成250887万元，市本级政府性基金支出263152万元。廊坊开发区政府性基金收入完成36853万元，廊坊开发区政府性基金支出25733万元。

3.国有资本经营预算收支完成情况。市级国有资本经营收入完成3000万元，市级国有资本经营支出2400万元，调入一般公共预算统筹使用600万元。

4.社会保险基金预算收支完成情况。市级社会保险基金收入完成819147万元，市级社会保险基金支出707217万元，结余111930万元。

上述预算收支情况为快报统计数，最终执行结果待决算完成后，再向市人大常委会报告。

（二）落实市人大预算决议情况及2016年预算执行效果

按照市六届人大四次会议及其常委会有关决议，全市各级财政部门顽强拼搏、攻坚克难，增收节支保平衡，集中财力保重点，推动了全市经济平稳健康发展和社会全面进步。

1.充分发挥调控职能，全力以赴促转型稳增长。坚持以“调结构、稳增长”为目标，强化财政宏观调控职能，发挥财政资金带动作用，为经济健康发展注入动力。一是助推产业升级。全市投入资金34256万元，重点支持钢铁去产能、工业企业技术改造、技术引进对接、现代服务业发展等，着力加快产业升级步伐，全市三次产业比达到7.3:44.1:48.6，产业结构实现了由“二三一”到“三二一”的历史性转变。二是支持创新创业。全市科学技术支出76455万元，重点支持创新平台建设，强化企业创新主体地位，全市新增科技型中小企业1442家、科技型小巨人企业106家、高新技术企业38家，科技型企业数量和质量均实现新突破。运用市场思维和市场方式，设立廊坊市“创新创业投资基金”，资金规模达到2亿元，有效促进了重大科技成果转化。三是做优发展环境。全市投入招商引资资金7076万元，充分保障招商平台建设资金需求，全年累计引入京津资金596.8亿元、项目139个，进一步增强了全市经济发展后劲。以北京新机场建设为契机，积极争取上级资金758430万元，有效破解了新机场征地拆迁的资金短缺“瓶颈”，进一步加快了北京新机场建设步伐。

2.加大投入防治污染，重塑廊坊环保生态优势。坚持标本兼治、综合施策工作理念，着力加大治理环境污染力度，切实增强全市可持续发展能力。一是支持大气污染防治。全市投入资金463361万元，重点支持“气代煤”和“电代煤”工程、工业污染治理、扬尘污染治理等，圆满完成燃煤锅炉淘汰改造任务，全市PM2.5下降22.4%，PM10下降18.2%，空气质量综合指数退出全国74个重点城市“倒排前十”。二是支持开展水污染防治。全市投入资金49145万元，重点支持水污染防治“百日会战”，取缔“十小”污染项目195个，关停禁养区内畜禽养殖企业17家，全市重点河流水质明显好转。三是支持生态环境修复。全市投入资金133000万元，统筹推进京台高速两侧绿化、造林绿化、退耕还林等工程，大力支持京南森林湿地生态走廊建设，全年植树造林29.48万亩，累计恢复湿地2.51万亩，有效改善了全市生态环境。

3.全面落实惠民政策，切实保障和改善民生。坚持保基本、补短板、兜底线的工作思路，加大社会事业投入，重点解决群众最关心的民生问题。全市民生支出4205198万元，占一般公共预算支出的82.6%，比上年提高1.4个百分点。一是支持教育发展。全市教育支出789061万元，重点支持中小学校舍安全工程，改造义务教育阶段薄弱学校240所，创建标准化学校146所，全面落实城乡义务教育“两免一补”政策，受益学生达到54.8万人，促进了全市教育事业发展。二是支持社保就业。全市社会保障和就业支出452621万元，积极推进就业创业，实现“零就业家庭”保持动态归零，进一步提高城乡低保财政补贴标准，城乡低保补差标准居全省首位。三是支持医疗卫生。全市医疗卫生支出385614万元，大力推进县级公立医院综合改革，支持全市38家县级以上医院和90个乡镇卫生院、2950个村卫生室全部通过省药采平台采购药品，药品网采金额达15.46亿元，保障开展城乡居民健康档案等12类46项基本公共卫生服务，居民电子健康档案规范建档率达到83.12%，着力改善了人民群众就医条件。四是支持文体惠民。全市文化体育与传媒支出67204万元，支持实施“一十百千万”文化惠民工程，城市社区和农村体育设施覆盖率分别达到90%和75%，助推我市顺利通过国家公共文化服务体系示范区验收。五是支持住房保障。全市住房保障支出92278万元，重点支持开发区堤口村、香河县潮白新村、固安县小西湖村等棚户区改造项目，全年完成棚户区改造11147套，累计改造农村危房1095户，全市发放公共租赁住房补贴1655万元，有效解决了5774户低收入群众的住房难题。

4.支持美丽乡村建设，加快推动“三农”发展。全市农林水事务支出655857万元，全面落实各项强农惠农富农政策，打好财政政策和资金“组合拳”，为实现全市农村美、农业强、农民富贡献力量。一是支持美丽乡村建设。全市投入资金91000万元，支持265个美丽乡村省级重点村建设，建成北三县、固安、霸州三个省级重点片区和一批市级精品片区，农村村容村貌得到显著提升。全市投入资金16983万元，专项用于村级一事一议财政奖补，支持799个项目建设，实现村街道路硬化363千米，安装路灯5105盏，修建村民活动广场64452平方米，有效改善了农村生产生活环境。二是服务现代农业发展。全市投入资金15794万元，支持建设高标准农田和生态治理项目12.7万亩，进一步加快了9个省级现代农业园区、23个市级现代农业园区建设，科学推进农村土地确权工作，顺利完成省政府规定的二次公示无异议面积占耕地总面积90%的目标任务，为农业发展打牢了基础。三是提高农民收入水平。各级财政投入资金18074万元，支持80余家农民合作社和企业加快发展，进一步提高了农业科技服务及科技成果转化水平，为农民增收打牢了基础。积极推进涉农补贴改革，全面落实农业支持保护、农机购置、退耕还林等补贴政策，全市共发放补贴资金48915万元，受益农民达到260万人。

5.紧紧围绕关键领域，提高财政管理改革水平。结合我市财政经济运行实际，严格落细落实各项改革要求，“营改增”改革、公务用车制度改革、PPP等多项工作走在全省前列。一是稳妥推进税制改革。全面推开“营改增”改革，积极协调国税、地税部门，严格按照程序推进改革，累计为相关企业减税11亿元，进一步激活了企业发展活力。积极推进水资源税改革，印发了《关于市以下政府间水资源税收入划分比例的通知》，登记全市水资源纳税人605户，申报税款3616万元，顺利完成水资源“税改费”改革任务，在全省税制改革综合考核中我市被评为优秀。二是扎实推进财政改革。制定出台全市《深化财政改革实施方案》，重点围绕政府预算体系、市对下财政体制等十个领域，统一安排部署全市财政改革任务。科学推进党政机关公务用车制度改革，高标准完成公车喷标、补贴发放、车辆拍卖等各项工作，全市公务用车总体节支率达到 8.7%。积极推广政府和社会资本合作模式，全市 16 个 PPP 项目入选财政部项目库，总投资规模达到 384 亿元。市县两级顺利完成政府采购“管采分离”工作，有效提高了政府采购行为的规范程度，进一步完善了全市市场经济体制。三是做好债务风险防控。2016 年，省政府批准我市一般债务限额为 1755885.9 万元、专项债务限额为 1253300 万元，市本级一般债务限额为 983532 万元、专项债务限额为 734529 万元。截至 2016 年底，全市一般债务余额 1406652.2 万元、专项债务余额 921337.4 万元；市本级一般债务余额 865798.9 万元、专项债务余额 526262 万元。全市政府债务率为 25.1%，市本级政府债务率为 70.9%，政府债务始终处于绿色安全区，债务风险总体可控。

在总结 2016 年成绩的同时，我们也清醒地看到，当前财政面临的困难和挑战依然较多。受经济下行压力 10 较大等多种因素影响，财政收入增长动力不足，财政支出刚性增长，收支矛盾日益尖锐；财政改革涉及多领域、深层次利益调整，全面深化改革任重道远；财政资金效益需要进一步提高，资金撬动和引导作用发挥还不够充分，等等。这些问题既是各界关注的热点，也是财政工作的难点，我们将高度重视，进一步深化财政改革，加强预算管理，认真加以解决。同时，恳请各位代表、委员一如既往地加强对财政工作的监督并提出宝贵意见和建议。

二、关于 2017 年市本级和全市财政预算安排草案

2017 年是实施“十三五”规划的重要一年，也是推动廊坊发展走在全省前列、加快建设创新驱动经济强市的关键之年，编制执行好 2017 年预算，做好各项财政工作，对推动全市经济社会又好又快发展意义重大。

2017 年全市财政预算安排的指导思想是：全面贯彻落实党的十八大和十八届三中、四中、五中、六中全会精神，坚持以习近平总书记系列重要讲话精神引领航向，认真落实市第六次党代会、全市经济工作会议提出的目标任务，牢固树立创新、协调、绿色、开放、共享的发展理念，紧紧围绕市委、市政府决策部署，积极适应经济发展新常态，深化供给侧结构性改革；继续落实积极财政政策，充分发挥财政资源配置与调控作用，精准投入提升公共服务水平；抓住京津冀协同发展重大机遇，加速转型升级，推动科技创新；坚持依法理财，统筹使用财政资金，全力保障改善民生；深化财税体制改革，创新财政投入方式，提高财政资金绩效，率先走财政改革新路，做强大财政保障平台，为加快建设创新驱动经济强市提供有力支撑。

按照上述指导思想，预算编制遵循以下原则：

一是改革统领。着眼有利于增添发展新动力，积极推行股权引导基金、政府与社会资本合作、政府购买社会服务等创新财政投入方式改革，优化财政资源配置，推进供给侧结构性改革。

二是依法理财。全面落实预算法等法律法规，继续完善政府预算体系，改进预算管理与控制方式，加强财政收支管理，硬化预算刚性约束，规范政府性债务管理，积极推进预算公开。

三是绩效导向。继续全面推进绩效预算管理改革，不断强化支出责任和效率意识，规范编制部门绩效预算，按照绩效高低、轻重缓急安排项目资金，提高资金配置效率。

四是统筹兼顾。按政策统筹各类财政资金，清理挂钩事项，消除基数概念，集中支持保民生、保重点、稳增长、促改革等各项政策落实。同时，坚持厉行节约，严控机关运行、“三公”经费等一般性支出和楼堂馆所等基本建设支出规模。

五是收支平衡。积极稳妥编制收入预算，既考虑税制改革等重大减收因素，又考虑财政支出增长需求；量入为出编制支出预算，坚持零基预算编制方法，大力调整优化支出结构，合理安排重点支出，确保预算收支平衡。

（一）一般公共预算草案

按照财政收入与经济增长相适应原则，充分考虑全市经济发展形势，综合分析各种政策性减收因素，2017 年全市一般公共预算收入安排 3676000 万元，增长 8.5%；按现行财政体制计算，2017 年全市可用资金 5614928 万元，支出预算安排 5614928 万元；上级提前下达 2017 年转移支付资金 601845 万元，支出预算安排 601845 万元。民生投入力度继续加大，全市安排财政民生支出 514.8 亿元，同比增长 22.4%，占一般公共预算支出的 82.8%。

市本级一般公共预算收入安排 613800 万元，增长 5.5%。全年可用资金 1000000 万元，支出预算安排 1000000 万元；上级提前下达 2017 年转移支付资金 132636 万元，支出预算安排 132636 万元。

廊坊开发区一般公共预算收入安排 222900 万元，全年可用资金 270997 万元，支出预算安排 270997 万元；上级提前下达 2017 年转移支付资金 8678 万元，支出预算安排 8678 万元。

（二）政府性基金预算草案

2017 年全市政府性基金收入预算安排 3592636 万元，支出预算安排 3592636 万元；上级提前下达 2017 年转移支付资金 33435 万元，支出预算安排 33435 万元。市本级政府性基金收入预算安排 624041 万元，支出预算安排 624041 万元；上级提前下达 2017 年转移支付资金 30165 万元，支出预算安排 30165 万元。廊坊开发区政府性基金收入预算安排 595431 万元，支出预算安排 595431 万元。

（三）国有资本经营预算草案

2017 年市级国有资本经营预算收入安排 3000 万元。市级国有资本经营预算支出安排 2400 万元，用于注入国有企业注册资本金 2400 万元；落实国务院关于国有资本经营预算调入一般公共预算资金不低于 19%的要求，按照 20%调入一般公共预算统筹使用 600 万元。

（四）社会保险基金预算草案

2017 年市级社会保险基金 6 项基金预算收入 816665 万元，其中：企业职工基本养老保险基金收入 289511 万元，城镇职工基本医疗保险基金收入 264243 万元，城乡居民基本医疗保险基金收入 212391 万元，工伤保险基金收入 25635 万元，失业保险基金收入 21770 万元，生育保险基金收入 3115 万元。

2017 年市级社会保险基金 6 项基金预算支出 683516 万元，其中：企业职工基本养老保险基金支出 281948 万元，城镇职工基本医疗保险基金支出 158133 万元，城乡居民基本医疗保险基金支出 202532 万元，工伤保险基金支出 23923 万元，失业保险基金支出 13865 万元，生育保险基金支出 3115 万元。

上述收支相抵，市级社会保险基金预算当

年收支结余133149万元，其中：企业职工基本养老保险基金结余7563万元，城镇职工基本医疗保险基金结余106110万元，城乡居民基本医疗保险基金结余9859万元，工伤保险基金结余1712万元，失业保险基金结余7905万元。

（五）2017年市本级支出预算草案安排的重点

2017年市本级预算安排，紧紧围绕中央和省市委决策部署，坚持“四个全面”战略布局和“五大发展”理念，在保障人员和基本运转支出的基础上，重点支持促进经济转型，保障生态治理，补齐民生短板，加快推动全市经济社会又好又快发展。

1.支持产业升级。一是着力促进科技创新。安排资金29771万元，落实科技创新奖补政策，支持科技创新转型升级新兴产业协同发展，加快中关村软件园人才培养与创新创业平台建设，推进科技型中小企业创新产业园建设，优化全市创新创业环境。二是加快推进转型升级。安排资金10000万元，集中支持“大智移云”产业发展、工业企业技术改造、政务云及企业云平台建设、融资性担保机构风险补偿等事项；安排资金6600万元，支持现代旅游业、文化产业、服务业发展。三是助力提升双向开放。安排资金5466万元，大力开展招商引资活动，支持重点项目建设和政府投资项目评估论证，保障中国·廊坊国际经济贸易洽谈会等展会资金需求，进一步提高全市招商引资水平，打造良好的营商环境。四是构筑产业发展平台。安排资金35800万元，设立市政府投资基金，加快推进北京亦庄·永清高新区、省级开发区（园区）建设，做强市级融资性担保平台。

2.助推协同发展。一是加快交通一体化。安排资金41000万元，支持北京新机场配套交通路网建设，加快机场北线高速建设，推动轨道交通建设，参股河北省城际铁路发展基金，冠名“廊坊号”旅游列车，在协同发展中打造我市腾飞的交通之翼。二是加快教育一体化。安排资金555万元，继续推进与京津的教育交流与合作，引入京津优质教育资源。三是加快文化一体化。安排资金1100万元，开展文化精品巡演交流活动，实施“廊坊文化走出去”工程，唱响廊坊文化品牌。四是加快医疗卫生一体化。安排资金1500万元，积极引入北京先进医疗资源，建立与京津大医院医教科研及健康保健合作机制，提高京津廊突发卫生公共事件应急处置水平，借力京津提升我市医疗服务水平。

3.支持生态治理。一是支持“蓝天行动”。安排资金85967万元，聚焦保障“京60”，落实“电代煤”、“气代煤”补贴，支持大气污染防治行动，强力推进散煤综合治理、工业污染治理、车辆油品治理、烟尘综合治理，进一步提升全市空气质量。二是支持“碧水行动”。安排资金5528万元，支持推进重点河流环境治理，保障环城水系三坝一闸等工程建设资金需求，推进地下水超采综合治理，加快实现优化水资源和净化水环境双重目标。三是支持“净土行动”。安排资金200万元，推进畜禽养殖污染防治规划及土壤污染防治规划编制，为全市土壤保护做好规划。

4.推进城乡统筹。一是支持新型城镇化建设。安排资金16905万元，支持城市规划编制，保障市区道路养护、垃圾处理、城区亮化等工作资金需求，落实造林绿化奖补政策，积极争创国家级森林城市。二是支持城市建设。安排资金221347万元，支持城市基础设施建设，推进永兴路南延、金光道东延等交通工程，加快瑞丰公园、朝阳体育文化公园建设，做好市区重要节点绿化美化工作，改善全市环境卫生条件，进一步加强城市维护，全面提升城市建设和管理水平。三是支持美丽乡村建设。安排资金31471万元，加快推进环京津美丽乡村和宜居乡村示范区建设，全力做好农村一事一议财政奖补工作，支持开展农村基层干部“素质工程”，实现农村“布局美、产业美、环境美、生活美、风尚美”。四是支持农业供给侧改革。安排资金8225万元，围绕都市型现代农业发展定位，支持现代农业园区建设，积极承办第二十一届农交会，进一步提高全市农业产业化水平。

5.保障改善民生。一是支持社保扩面提标。安排资金10923万元，支持提高社会保障标准，实现城乡居民医疗保险补助标准由年人均420元提高到450元，城乡居民养老保险补助标准由月人均90元提高到100元以上。安排资金5353万元，支持社区服务、社区信息化、双拥工作、老年大学建设等重点事项，进一步促进社会和谐。二是支持精准帮扶。安排资金6632万元，重点保障城乡医疗救助、重特大疾病医疗救助、城乡困难群众临时救助等工作，提升城乡低保、贫困学生及孤儿救助、残疾人生活及护理补贴等标准。三是支持创业就业。安排资金3126万元，全面落实创业就业扶持政策，推动军转干部、下岗再就业人员、农民工、残疾人等不同群体就业创业。四是支持教育增量提质。安排资金34387万元，支持城区教育扩容提升建设，推进十六中、四中附属小学、龙河高新区第一小学建设，进一步扩大学前教育资源，落实城乡义务教育保障机制，改善职技学院、卫生职业学院、高级技工学校教学条件，全面提升我市教育水平。五是支持健康廊坊建设。安排资金51365万元，支持市医院南扩项目建设，完善市医院、市中医院、市三院医疗设备配置，加快城区医疗卫生服务体系建设，加大基层卫生投入，推进基本公共卫生服务均等化，进一步改善人民群众就医条件。六是支持设施便民工程。安排资金16754万元，坚持“公交优先”战略，落实市区公交运营、重污染天气公交免费乘车、特惠群体公交免费乘车等补贴资金，支持廊泊线中修罩面工程、路产修复及路域环境治理，进一步加强城乡路网建设。七是支持文体惠民。安排资金16670万元，支持文明城市创建，保障宣传工作资金需求，积极承办27届全国图书交易博览会等国家级文化活动，实施城乡体育健身惠民工程，促进公共文化事业发展。八是支持安居提升。安排资金41063万元，支持保障性住房建设，进一步提高人民群众居住水平和居住质量。九是支持食药安全建设。安排资金4638万元，深入开展食药安全专项整治，支持食品检验实验室改造、电子信息产品质量监督检验中心等项目建设，保障人民群众食药安全。十是支持平安廊坊建设。安排资金19825万元，支持平安廊坊工程、“三无”小区立体防控、消防车购置等工作，推进天网覆盖工程升级改造，打造京畿平安示范区。

6.防范债务风险。严格按照政府债务分类标准，安排债务偿还资金81404万元，其中，一般债务偿还资金22185万元，专项债务偿还资金59219万元。债务偿还资金主要用于支持城市基础设施建设，促进教育、医疗事业发展，在保障财政经济平稳运行的前提下，严控政府债务风险。

7.控制行政成本。严格执行中央“八项规定”和国务院“约法三章”要求，在保障基本公共服务合理需求的前提下，严格控制“三公”经费以及会议费、培训费等一般性支出。一是严格审核人员经费。安排资金 334792 万元，足额保障公教人员工资及离退休人员待遇，确保各项改革政策落实。二是严格控制一般性支出。安排公用经费 77091 万元，保持正常公用经费定额标准零增长，限额控制专项公用经费。三是保障重要公务活动开展。安排资金 2532 万元，对人大政协两会、民主党派工作等给予大力支持，确保重要公务活动的正常开展。

三、关于完成 2017 年预算任务的措施

2017 年，我们将在市委的正确领导下，认真执行市七届人大一次会议及其常委会关于财政工作的决议，主动接受人大监督，及时办理好人大代表建议和政协委员提案，虚心听取各方面的意见和建议，全面深化财税改革，进一步提升财政管理水平，努力完成各项工作任务。

（一）加快构建现代产业体系，促进全市经济稳定增长

围绕我市发展定位，科学研判财政经济运行形势，多措并举推进产业结构优化升级，实现新旧动能转换。坚持去字为先、钢铁为重的原则，加快推进化解过剩产能，支持做好职工分流安置工作。积极运用 PPP 模式修复钢铁企业所在区域生态环境，实现产能压减、产城融合、产业升级、区域整体提升四位一体。支持开展“重大项目建设转型升级年”活动，保障项目建设“十百百千”工程资金需求，充分发挥项目稳增长、调结构、增后劲的作用。全面落实科技创新“1+4+N”政策，积极培育知识产权试点示范企业，持续增加财政科技投入，壮大科技基金规模，为科技企业和创新人才提供低成本、便利化的融资服务，进一步提高规模以上工业企业研发投入占全社会研发投入比重。用足用好战略性新兴产业资金，抢抓京津冀大数据走廊建设契机，深入落实省“大智移云”引领计划，着力提升“大智移云”产业首位度。支持实施新一轮技术改造三年专项行动计划，助推“机器换人”工程和数字化车间改造，加快食品加工、保温建材、家具制造等传统优势产业改造提升步伐，推动传统产业发展迈向中高端。研究支持园区发展的相关财政体制政策，支持全市重点园区建设，充分发挥园区经济的示范带动作用，进一步提升全市经济发展质量。

（二）助推京津冀协同发展，加快打造新经济增长极

牢牢把握京津冀协同发展机遇，结合我市实际研究相关财税政策，支持协同发展重大工程项目建设，借助京津冀协同发展培育全市经济增长新动力。支持新机场临空经济区建设，构建一体化的交通运输、综合保税、口岸物流体系，规划布局世界级高端临空产业。加快推进“通武廊”产业合作示范区、北京亦庄·永清高新区建设，积极引进一批科技含量高、税收贡献大的优质企业，构建“北京研发、廊坊转化”协同创新格局，在对接京津中为我市创造发展新优势。支持开展与京津产业精准对接行动，借助北京创新资源和项目资源，大力引进科技创新型企业，建立产业转移对接常态机制，积极推进第六代 AMOLED、京东集团电子商务产业集群等项目建设，深入推进京津冀产业协同发展。深化与京津公共服务对接，推进北京佑安医院廊坊国际传染病治疗中心、首都儿研所附属廊坊基地等医疗机构建设，填补我市儿科、肿瘤、传染病、精神卫生等专科空白，让人民群众切身感受到协同发展带来的成果。

（三）坚守绿色发展理念，大力支持生态综合治理

发挥财政政策和资金导向作用，科学处理好经济发展与生态环境保护的关系，进一步改

善全市生态环境质量。支持打好蓝天保卫战，落实减排、控车、抑尘、控烟等各项工作举措，加快推进“气代煤”和“电代煤”工程，确保完成70万户改造任务，实现全市域散煤“清零”，持续改善全市空气质量。支持水环境治理，落实国家“水10条”和省“水50条”，推动南水北调广阳水库建设，实施市县乡河长制，大力推进城镇和园区污水处理厂建设，坚决完成省地下水超采综合治理试点任务，保障农林节水、水利工程节水等项目建设资金需求，加快建设节水型城市。支持推进生态修复，全面推进绿色生态走廊建设，保障天堂河“一河两岸”绿廊工程建设资金需求，实施“绿化大提升、创建森林城市”行动，完成全年造林25万亩目标。支持农村面源污染治理，推进土壤污染调查、风险评估和治理修复，集中治理受污染土壤，切实改善全市生态环境。

（四）积极推进城乡统筹发展，着力改善生产生活条件

加大城市基础设施投入，加快补齐城市建设“短板”，支持社会主义新农村建设，逐步缩小城乡差距，进一步提高城市现代文明程度。支持棚户区改造，加快推进棚户区改造货币化安置工作，努力改善人居环境。积极打造智能化新型社区和新型经济功能区，完善城市菜市场、便民店、停车场等便民惠民设施建设，大力解决停车难问题，实施疏堵保畅工程，打通交通“大动脉”，畅通道路“微循环”，加快海绵城市建设，进一步优化提升排水管网，有效解决城市“内涝”问题，全面提升市民生活质量。大力推进农村基础设施建设，进一步增加农村公路里程，保持农村路网密度全省第一，实施农村电网建设，更好地满足农村生产生活用电需求。扎实推进美丽乡村建设，加快省级重点村和市级重点村建设，进一步改善全市农村面貌。支持开展民居改造、街道硬化等“十二个专项行动”，推行农村垃圾无害化处理，实现垃圾处理村收集、乡运输、县处理，打造清洁舒适、宜业宜居的美丽乡村。

（五）切实保障和改善民生，努力提高人民幸福指数

坚持公共服务事业先行发展思路，优先保障民生投入，优先支持民生项目建设，全力做好社保提标、医疗提升、教育提质等各项民生工作。支持社保提标，在城乡低保标准、农村特困人员基本生活补助全省最高的基础上，积极推动低保学生生活补助、困难残疾人生活补助等对标京津，进一步织密织牢全市民生保障网。支持创业就业，促进高校毕业生、城镇就业困难人员、农村转移劳动力等重点群体就业，加强对灵活就业、新就业形态的支持，千方百计扩大就业。支持教育发展，新建一批中小学和幼儿园，启动实施主城区义务教育扩容提质三年行动计划，加快补足缺编教师，着力解决主城区“大班额、入园难”问题，积极推进城乡义务教育一体化发展，改善义务教育薄弱学校，加快创建标准化学校，促进教育资源公平配置。支持健康廊坊建设，加快市中心医院选址和建设，实施市级医院改扩建工程，推进公立医院综合改革，努力争取华北区域医疗健康大数据中心落户我市，依托区域人口健康信息云平台，实现全市常住人口居民健康卡全覆盖和区域就医“一卡通”，改善人民群众就医条件。支持文体事业发展，继续支持实施“一十百千万”文化惠民工程，积极承办中国图书馆年会、永定河国际马拉松赛、“新奥杯”世界围棋公开赛等文体活动，推动“十大文化体验小镇”建设，创建国家文化消费试点城市，巩固提升国家公共文化体系建设示范区创建成果，不断满足人民群众日益增长的精神文化需求。

（六）深入推进财政重点改革，全面提升财政管理水平

严格按照事权与支出责任相适应的原则，推进市级与县级政府间事权和支出责任划分，努力提高公共服务供给效率和质量。加快农业转移人口市民化步伐，完善建立资金动态调整机制，进一步破解城乡二元结构。探索建立金融生态环境监测系统，加强政府债券项目中期规划管理，精准对接存量债务项目，科学防控和化解政府债务风险。推进国库支付责任管理改革，加快乡镇推广国库集中支付电子化管理进程，启动会计集中核算平台试点应用，全面推广自主柜面系统，稳步提高财政资金的安全性和时效性。创新财政资金投入方式，积极推进市级产业引导基金运作，充分发挥财政资金的引导和撬动作用，实现提高资金使用效益和推动产业优化升级的双赢。科学做好推广应用PPP工作，规范项目前期识别论证，完善项目回报和退出机制，加快推进项目落地实施，努力形成一批可复制、能推广的项目范例。

各位代表，2017年全市财政工作艰巨而繁重。我们将在市委的正确领导和市人大的监督支持下，以党的十八大和十八届三中、四中、五中、六中全会精神为指引，牢固树立政治意识、大局意识、核心意识、看齐意识，群策群力、同心同德，扎实工作、攻坚克难，努力完成全年财政预算和各项工作任务，为加快建设创新驱动经济强市做出新的更大的贡献。

专 文

2016年廊坊市农村经济形势分析

2016年，廊坊市农村经济平稳运行。全年实现农林牧渔总产值379.1亿元，同比下降0.8%。实现农林牧渔业增加值207.5亿元，同比下降0.1%。

从内部结构看，农业实现产值239.3亿元，同比增长3.2%；林业实现产值7.4亿元，同比下降31.5%；牧业实现产值119.2亿元，同比下降5.5%；渔业实现产值5.7亿元，同比下降1.6%；农林牧渔服务业实现产值7.5亿元，同比增长0.5%。

一、农业生产情况和特点

（一）种植业三大行业普遍下降

1.粮食产量稳中稍降。粮食总产量159.5万吨，下降0.8%。其中，夏粮产量39.1万吨，下降8.2%；秋粮产量120.3万吨，增长1.9%。

2.蔬菜播面产量双双下降。今年全市蔬菜播种面积102211公顷，同比下降4.8%；总产量638.9万吨，同比下降6.0%。

3.园林水果总产量有所下降。今年园林水果总产量691527吨，同比下降3.4%

（二）林业生产大幅下降

2016年全市实现林业产值7.4亿元，同比下降31.5%。人工造林面积20333公顷，同比下降44.7%；新增育种育苗2490公顷，同比下降31.3%；四旁零星植树681万株，同比增长35.7%；森林抚育面积45274公顷，同比下降40.9%；商品材产量40768立方米，同比增长52.2%。

（三）畜牧业各项指标全面下滑

在当前加强生态环境建设的大背景下，受价格波动和节能减排等因素影响，全市畜禽存栏、畜禽出栏、畜禽产品产量各项指标均有不同程度下降，养殖规模呈萎缩态势。2016年全市实现牧业产值119.2亿元，同比下降5.5%。猪、牛、羊、禽存栏分别为103.8万头、24.0万头、130.9万头、2007.4万只，分别下降13.4%、22.8%、14.6%、5.8%；从出栏情况看：猪、牛、羊、禽出栏分别为202.7万头、32万头、185.1万头、3166.8万只，分别下降9.7%、17.3%、17.4%、4.2%。

（四）渔业生产稳中稍降

2016年，全市实现渔业产值5.7亿元，同比下降1.6%。全市水产品总产量3.5万吨，与上年持平。其中，海水产品产量0.5万吨，同比增长1%；淡水产品产量3.0万吨，同比下降0.3%。

（五）农林牧渔服务业平稳增长

2016年全市农林牧渔业整体运行平稳，实现农林牧渔服务业产值7.5亿元，同比增长0.5%；实现农林牧渔服务业增加值3.4亿元，同比增长0.6%。

二、存在的主要问题

（一）农业劳动力短缺现象明显

随着经济社会快速发展，农村绝大多数青壮年外出打工，老人、妇女和儿童在家留守，农村劳动力年龄结构老化，农作物种植结构倾向于管理简单的品种，粗放的生产方式导致生产效益低下，进而加剧了撂荒现象的发生。

（二）农业发展空间缩小

在全市二、三产业的快速发展和城镇化建设迅速推进的背景下，加之受新机场建设搬迁、京津冀一体化、各类园区等基本建设规模投入加大的影响，基本农田、设施蔬菜大棚地明显减少，农业生产发展空间被进一步挤压。同时环境污染治理、南水北调沿线禁养等因素也严重制约了畜牧业的发展。

（三）种植业结构单一

廊坊市种植结构较为单一，以种植小麦、玉米等粮食作物为主。玉米大多使用机播机收、易于管理被农民所接受，而以棉花、油料为主的经济作物受种植成本高、技术性强、费时费力等因素影响占比较低，且呈逐年下降的趋势。蔬菜品种多以大白菜、黄瓜、西红柿等低端蔬菜为主，缺乏品牌，市场竞争力不强。

三、几点建议

（一）激发农村活力，创新农业人才队伍

一是在稳定土地承包关系的基础上，完善农业补贴政策和农业生产奖补制度，增强农民的生产积极性。二是通过政策引导、信息服务、资金扶持和技术支持等手段，培养一批从事规模化、专业化生产的经营大户和农民企业家。三是引导返乡农民参与农业资源深度开发和新农村建设，实现输出一人、致富一家的加法向一人创业、致富一方的乘法转变。

（二）拓展农业发展空间，积极培育农业知名品牌

对接京津，发挥廊坊市区位优势，全力打造京津“菜篮子”工程；通过龙头企业带动、科技水平提升、劳动者素质提高，实现农业功能拓展、产业链条延伸和种植模式的改变；要抢抓“互联网+”发展机遇，引导农业合作社和农户增强品牌意识开发一批特色种植资源品牌，创建一批国家级、省级“名牌产品”、“驰名商标”；完善农村生产生活设施，加快建设宜居环境。不断整合旅游资源，谋划一批旅游项目，如林果采摘、大棚蔬菜采摘等，通过发展乡村旅游，增加农民就业渠道，为农民增收提供条件。

（三）优化种植结构，发展特色产业

以京津冀协同发展为契机，依托区位优势，进一步优化种植结构和农业区域布局，适时扩大高效经济作物的种植面积，突出区域特色，合理布局农产品生产基地，形成跨区域跨行业产业带。积极打造名特优级产品，实施名牌战略，满足京津高端市场需求，增加农产品附加值，增强市场竞争力，确保农业增产增收。

（廊坊市统计局　张莹莹）

2016年廊坊市规模以上工业运行情况分析

2016年，面对雾霾治理、化解过剩产能等诸多不利因素，廊坊市规模以上工业（以下简称规模以上工业）企业积极应对各种困难和问题，工业生产平稳增长，结构不断优化，并以“6.0%”的增速顺利完成全年必保目标。

一、基本情况

2016年，全市规模以上工业实现增加值776.5亿元，同比增长6.0%，比上年同期回落0.1个百分点，比1—11月份回落0.4个百分点，呈现全年累计增速最低点。

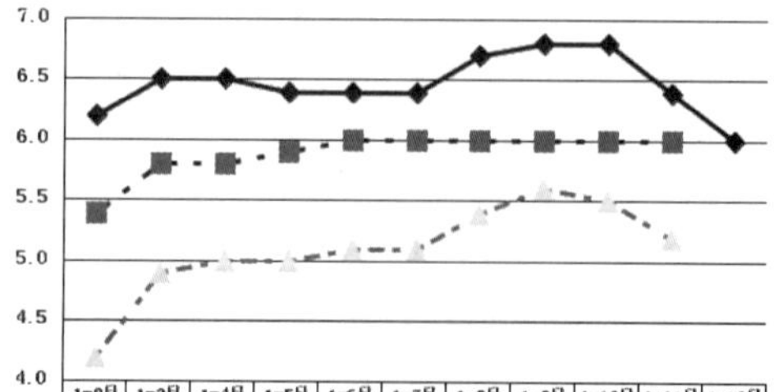

	1-2月	1-3月	1-4月	1-5月	1-6月	1-7月	1-8月	1-9月	1-10月	1-11月	1-12月
廊坊市（%）	6.2	6.5	6.5	6.4	6.4	6.4	6.7	6.8	6.8	6.4	6.0
全国（%）	5.4	5.8	5.8	5.9	6.0	6.0	6.0	6.0	6.0	6.0	
河北省（%）	4.2	4.9	5.0	5.0	5.1	5.1	5.4	5.6	5.5	5.2	

图1　2016年廊坊市规模以上工业增加值同比走势图

从各设区市排位看，比第一位、第二位的沧州市、保定市分别低 1.0 和 0.8 个百分点，居全省第三位（详见附表 1）。

二、运行特点

（一）三大行业拉动作用明显

2016 年，全市规模以上工业 32 行业大类中，24 个行业增加值同比实现增长，占 75.0%。增加值总量排位前十的行业中，8 个行业呈现增长。其中金属制品业、食品制造业、汽车制造业三大行业拉动作用明显，金属制品业实现增加值 57.8 亿元，同比增长 24.2%，拉动全市上涨 1.6 个百分点；食品制造业实现增加值 31.0 亿元，同比增长 19.5%，拉动全市上涨 0.7 个百分点；汽车制造业实现增加值 62.2 亿元，同比增长 8.5%，拉动全市上涨 0.7 个百分点。三个行业共拉动全市规模以上工业增速提高 3.0 个百分点。

（二）行业结构持续优化

1.装备制造业发展良好。受汽车制造业、计算机通信其他电子设备制造业带动，2016 年全市装备制造业保持了良好的增长趋势，实现增加值 285.5 亿元，同比增长 8.0%，比全市平均水平高 2.0 个百分点，比上年同期提高 0.3 个百分点，占全部规模以上工业的比重为 36.8%，比上年同期提高 0.6 个百分点。

2.高耗能行业占比下降。随着化解过剩产能、雾霾治理等一系列政策的实施，高耗能行业占比逐渐下降，2016 年实现增加值 249.6 亿元，占全部规模以上工业的比重为 32.1%，比上年同期下降 0.4 个百分点。

（三）股份制企业贡献突出

2016 年，全市规模以上股份制企业实现增加值 569.8 亿元，同比增长 6.9%，比上年同期提高 1.8 个百分点，高于全市平均水平 0.9 个百分点；拉动全市规模以上工业增长 5.1 个百分点，比上年同期提高 1.5 个百分点；对全市规模以上工业的贡献率达 85.0%，比上年同期提高 25.7 个百分点。

三、存在问题

（一）减停产企业占比高

2016 年，全市 1204 家规模以上工业企业中，减停产企业达 418 家，占全部规模以上工业企业的 34.7%。从县（市、区）减停产企业占比情况看，固安县占比最高，达 50.6%。大厂县第二，47.5%。安次区第三，43.6%。

（二）大中型企业优势减弱

2016 年，全市 154 家大中型企业实现增加值 436.8 亿元，同比增长 6.8%，比上年同期下降 2.0 个百分点；拉动全市增加值增速提高 3.8 个百分点，比上年同期下降 1.2 个百分点；对全市规模以上工业贡献率达 63.3%，比上年同期下降 19.5 个百分点。

（三）工业发展后劲不足

截至 12 月底，全市新增入统工业企业 109 家，比上年同期减少 28 家。其中 7 家为新建新投产企业，比上年同期减少 5 家。新增企业数量较少，后续力量不足，成为制约全市工业经济发展的重要原因之一。

四、发展建议

（一）“量身定制”促发展

随着化解过剩产能政策的实施，相关政策不断出台，2016 年 12 月 16 日，中国银监会、发展改革委、工业和信息化部联合发布《关于钢铁煤炭行业化解过剩产能金融债权债务问题的若干意见》，针对新增钢铁煤炭产能的信贷投放，行业发展情况、产业规划和钢铁煤炭企业开展并购重组提出了一系列相关建议，希望相关部门结合廊坊自身发展特点，“量身定制”更加适合我市经济运行的相关政策，不断促进全市更快更好的发展。

（二）“新鲜血液”增动力

从 2016 年新增企业入统情况看，全市新增新投产企业仅有 7 家，使得全市规模以上工业经济运行处于“贫血”状态。急需联合相关部门，加强对投产企业生产经营情况重点监测，切实做到新投产够规模工业企业及时入库入统，及时为工业经济运行注入“新鲜血液”。

（三）“对症下药”解难题

受化解过剩产能、雾霾治理等不利因素影响，2016 年全市各县（市、区）规模以上工业减停产企业占比不断提高，相关部门应认真贯彻落实各项扶持政策，确保一企一策，对症下药。对于潜力较好、暂时困难的成长性企业，及时协调解决生产经营中的各类困难，帮助企业走出困境、增产增效；对于势头良好、实力较强的优势企业，帮其深化战略、补链配套。切实帮助企业摆脱解决现有困难和问题。

（廊坊市统计局　姚　晔）

2016 年廊坊市经济金融运行情况分析

2016年，廊坊市经济总量保持较快增长，存款、贷款各项指标居全省前列，金融对实体经济支撑加强。但经济回稳基础尚不牢固，面临风险因素较多，受实体经济去产能、民间投资活力不足等影响，出现资金“脱实向虚”、企业信贷增长乏力、按揭贷款增长过快等问题，区域发展失衡、信贷资产质量潜存劣变趋势、企业生存面临困境等问题依然存在。

一、经济运行情况

2016年，廊坊市经济平稳向好，下行压力有所缓解。企业家信心指数小幅回升，四季度企业家信心指数为70.6%，较三季度提高14.7个百分点；企业资金周转状况景气指数为73.5%，较三季度提高2.9个百分点；企业盈利指数为61.8%，与三季度持平。全市经济整体呈现“三稳三进”特征。“三稳”：经济总量平稳提升。2016年，全市地方生产总值2700亿元，增速为8%；工业生产保持稳步增长态势，1月—12月，工业增加值完成760亿元，增速为6.2%，同比提高0.1个百分点；价格指数平稳运行，1月—12月，居民消费价格总指数为101.5%，同比提高1.2个百分点，工业生产者出厂价格指数为100.9%，同比提高7.2个百分点。“三进”：固定资产投资筑底回升，1月—12月，固定资产投资2465亿元，增速15.5%，同比提高0.4个百分点；市场消费增速加快，1月—12月，社会消费品零售总额880亿元，增速为10.5%，同比提高0.9个百分点；财政收入增速显著提升。1月—12月，全部财政收入595.5亿元，同比提高23.7%。

二、金融运行情况

（一）存款总量持续平稳增长。截至12月末，全市金融机构本外币各项存款余额6179.9亿元，位于全省第四位，比年初增加1168.8亿元，同比多增91.4亿元，增速为23.3%，位于全省第一位，但增速同比下降4.1个百分点，人均住户存款6.4万元，位于全省第一位。受存款利率水平下行影响，居民寻求表外理财、互联网金融等高息理财形式，对存款造成分流，存款增势稍显乏力，存款活期化、理财化、脱媒化趋势渐现。

住户存款平稳增加，非金融企业存款大幅减少。截至12月末，住户存款余额2860.3亿元，比年初增加474.9亿元，同比多增186.7亿元。非金融企业存款余额2182.9亿元，比年初增加343.5亿元，同比少增369.6亿元。住户和非金融企业活期存款分别同比多增112.4亿元、17.8亿元。6月—12月，企业活期存款增速加快，

12月末增速为36.9%，比6月末提高23.9个百分点。企业定期及其他存款增速放缓，12月末增速为3.6%，比6月末下降23个百分点。三季度国内各项经济指标回暖，活期存款增速加快、定期存款增速放缓一定程度上说明居民、企业对未来经济走势判断乐观，生产交易活动加速，下半年经济景气回升。

存款地区分布不均，环京地区仍发挥较大存款吸收力。12月末，环京四县市（三河市、大厂县、香河县、固安县）各项存款余额2391.1亿元，比年初增加564.2亿元，占年内存款增量的48.3%，同比提高15.3个百分点；市辖区各项存款余额2469.6亿元，比年初增加367.2亿元，占年内存款增量的31.4%；非环京县市各项存款余额1319.3亿元，比年初增加237.5亿元，占年内存款增量的20.3%，同比仅小幅提高2.5个百分点。

国有四大银行（工、农、中、建）仍是存款吸收主力军，其他机构存款增势乏力。12月末，国有四大银行各项存款余额2949.7亿元，占全部存款余额的48.9%，比年初增加494亿元，占全部存款增量的59.9%，同比提高25.4个百分点，同比多增111.9亿元；股份制银行、城商行均同比少增，分别比年初增加33亿元、460.9亿元，分别同比少增29.2亿元、29.4亿元。此外，农合机构比年初增加126.2亿元，同比仅多增21.4亿元，村镇银行比年初增加19.4亿元，同比仅多增3.6亿元。

（二）贷款总量大幅较快增长。截至12月末，全市金融机构本外币各项贷款余额4905.2亿元，位于全省第三位，比年初增加1484.4亿元，增量是2015年同期的1.9倍，增速为43.4%，同比提高12.8个百分点，存贷比79.37%，增量、增速、存贷比均位于全省第一位。京津冀协同发展等新增长空间不断拓宽，银行信贷增长机遇明显，基建设施等大项目、消费及住房贷款大幅增长推动贷款总量较快增长，随着企业经营状况好转，贷款需求也有所回升。

贷款增长结构冷热不均，非金融企业信贷增长乏力。受房地产市场升温而实体经济持续去产能等影响，贷款增长冷热不均。一方面，住房抵押贷款增长较快。12月末，住户贷款余额3246.4亿元，比年初增加1270.6亿元，同比多增634.9亿元。其中，住户中长期消费贷款余额2797.9亿元，比年初增加1171.6亿元，同比多增642.3亿元，增量占新增贷款比重达78.9%，同比提高12.9个百分点。另一方面，非金融企业信贷增长乏力，12月末，非金融企业及机关团体贷款余额1657.7亿元，比年初增加214.1亿元，同比多增47.6亿元，增量占新增贷款比重仅为14.4%，同比下降6.4个百分点，比重逐年下降。

环京地区贷款加快增长，南部四县市贷款增势向好。12月末，包括市辖区、三河市、大厂县、香河县、固安县在内的环京地区贷款余额4061亿元，比年初增加1264.2亿元，同比多增541.6亿元，比年初增长45.2%，同比提高10.4个百分点；南部四县市（永清县、霸州市、文安县、大城县）贷款余额844.2亿元，比年初增加220.1亿元，同比多增141亿元，比年初增长35.3%，同比大幅提高20.7个百分点，贷款增量占全部贷款增量比重为14.8%，同比提高5个百分点。

制造业贷款增量回暖，房地产业景气带动三产贷款大幅增加。12月末，全市金融机构第一产业贷款余额23.9亿元，比年初减少4.2亿元；第二产业贷款余额829.1亿元，比年初增加91.4亿元，同比多增40.3亿元。其中，制造业贷款比年初增加29.9亿元，同比多增23.1亿元，12月同比上涨5.5%，创5年内新高；第三产业贷款余额758.9亿元，比年初增加152.1亿元，同比大幅多增101.4亿元。其中，房地产业贷款比年初增加90.8亿元，占三产贷款增量的59.7%，同比大幅多增83.5亿元。年内，房地产业景气度提升，带动房地产业及相关行业贷款回暖。其中，建筑业贷款比年初增加44.3亿元，同比多增32.9亿元。

（三）贷款利率水平下行，企业融资贵有所缓解。12月，廊坊辖内法人机构廊坊银行人民币贷款加权平均利率为7.67%，比年初下降0.84个百分点，基准利率上浮2倍以上的比例也由年初38.8%下降至5.0%。微型、小型企业人民币贷款加权平均利率分别为8.12%、7.74%，分别比年初下降1.24个、0.45个百分点。

（四）经济薄弱领域信贷投入稳步增加。12月末，全市金融机构涉农贷款余额1876.6亿元，比年初增加457.2亿元，其中，农户贷款余额915.1亿元，比年初增加312亿元；小微企业贷款余额835亿元，比年初增加212.6亿元；下岗失业人员小额贷款余额8599万元，比年初增加2249.2万元。

（五）企业开户数持续增长，资金流动加快，经济活跃度提高。1月—12月，新开立账户3.6万个，同比增长31%；期末账户存量13.8万户，净增2.2万户，增长19%；银行卡累计发卡1904万张，比年初增长18%，全市人均持卡4.18张，累计交易3.9亿笔、3.9万亿元；POS渠道跨行交易2809万笔、2160亿元，分别占全省的7%和14%，交易额居全省第二位。全年账户资金结算量21.5万亿元，同比增长32%。其中，单位账户结算总量14.1万亿元，个人账户结算总量7.4万亿元。现金供应充足，累计现金收入4302亿元，现金支出4429亿元，净投放127亿元。

（六）国库收支平稳增长，财政实力增强。1月—12月，全市办理国库业务322万笔，国库收入1087.3亿元，同比增长15.4%；支出856.8亿元，同比增长4.1%。库存余额141.4亿元，同比下降8%。全辖承销国债14期，金额5.5亿元。

（七）外汇业务总体平稳，扩流入控流出效果明显。1月—12月，国际收支总额77.7亿美元，居全省第三位，同比下降1%。进出口收支总额59.28亿美元，同比下降3%。累计办理跨境人民币业务120亿元，居全省第二位。

三、经济金融运行中关注问题

企业对经济形势判断利好，银行对中小企业贷款仍持审慎态度。四季度工业景气调查、银行家问卷调查显示，企业家信心指数较三季度提高14.7个百分点，达到近几年的次高值，而银行家对当前宏观经济形势的总体判断较三季度有所回落，四季度宏观经济热度指数较三季度下降7.14个百分点，企业和银行对经济形势的判断有偏差。四季度，大、中型企业贷款审批条件均有所放松，审批指数分别同比上升7.14个百分点、14.29个百分点，而小型企业审批并未明显放松，四季度审批指数与三季度和2015年同期一致。一方面，企业经营回暖时间尚短，向好迹象向银行传导还需要时间，致使企业经营状况改善还未通过信贷需求体现出来；另一方面，前期不良贷款爆发主要集中在中小企业，银行对中小企业经营风险较大的固有认识很难轻易改变，在实体企业贷款投放上商业银行仍持谨慎观望态度。因此，调研企业普遍反映贷款难、贷款贵。在订单量增多、资金需求量增大情况下，企业资金紧张的感受更深，影响企业扩大投资意愿。

存款活期化、财富地产化趋势显著，资金“脱实向虚”压力加大。2016年，企业存款活期化及居民财富地产化导致出现M1增速明显快于M2的“剪刀差”现象，从廊坊市情况看，部分企业投资信心不足，将长期资金转变为持有大量活期存款，金融资产总量不断膨胀，投资效率不升反降。四季度企业家调查问卷调查显示，企业固定资产投资支出景气指数为52.9%，与三季度持平。据调查，受经济环境低迷影响，中小企业投资意愿明显降低，企业持有现金类资产大幅增加。2016年，住户存款和非金融企业存款增量中，活期占比为47.5%，同比提高8.1个百分点。房地产价格较快上涨，部分资金以各种形式流入楼市，资产价格过快上涨，而商品价格较低甚至负增长。廊坊市房价在2年内增长一倍，而2015年、2016年CPI分别仅上涨0.3%、2%，2015年PPI下降6.3%，2016年PPI仅上涨0.9%。2016年，住户中长期消费贷款增量占全部贷款增量的78.9%，同比提高12.9个百分点，信贷资源向楼市集中。相比之下，企业难以形成有效信贷需求，企业信贷增速乏力凸显。四季度，个人购房贷款需求指数为83.33%，比固定资产贷款需求指数高11.9个百分点，房地产业贷款需求指数一直位于高位，三季度高于制造业7.14个百分点，四季度持平。

“去杠杆”成果不明显，加杠杆下的“去库存”潜存风险。在“去产能，去库存”方面，相关行政措施的出台，收效立竿见影，但是在“去杠杆”方面，成果并不明显。从金融数据看，12月末，全市人民币贷款年内增长45.3%，委托贷款年内增长23.8%，主要杠杆品种都跑赢GDP；未贴现的银行承兑汇票在三季度前依然保持较快增长，一至三季度分别比年初增长9.9%、35.5%、20.1%，四季度才有所放慢。此外，住户部门加杠杆下的“去库存”也潜存一定风险。多数金融机构反映目前个贷逾期现象普遍，某银行指出，在首付比例下调背景下，购房者按揭购买多套房，按揭贷款体量不断增加，房价一旦下跌，不仅将对房地产开发贷款产生影响，也可能引发区域金融风险。据调查，购房者工薪收入或工作稳定性下降也成为住房贷款质量下行主要因素。以工行为例，个人住房不良贷款涉及因家庭收入下降原因形成的不良占其住房贷款不良余额的83%。在经济不景气、企业经营难背景下，就业流动性加大，存在裁员、降低职工收入行为，给借款人住房贷款形成风险。根据国际对个人住房贷款偿还风险判定，风险在购房后5至8年才逐渐爆发出来，随着个人住房商业贷款进入风险暴露期，银行的潜在风险不断加大。

银行资金系统内流转渐现，实体经济获得资金依然较难。2016年，中国经济处于流动性充裕，但M2与GDP比值却不断扩大，货币投放对经济增长推动作用不断减弱，也从侧面反映出，大量社会融资并没有进入实体经济的有效循环，银行资金在金融机构间流转。同业业务品种多样化，银行资金沉积于同业业务中，存放同业、拆出资金、买入返售金融资产、理财产品等同业资产规模呈扩张趋势。12月末，全市银行业金融机构存放同业款项比年初增长89.7%，同比增加48.7个百分点。资金流向实体经济过程中，融通链条被拉长，资金在中间环节循环往复。例如，传统工业企业经营困难，资金链条紧张，企业“倒贷”或借新还旧现象较为普遍，从金融业到制造业的信贷业务循环，在通过一系列加杠杆的金融运作之后，变为从金融业到金融业的资金业务循环，形成表面繁荣，不利于实体经济发展，新增信贷资金未被真正运用到企业生产营运中，资金在银行间滚动空转，也不断积聚风险。一些容易获得贷款的大企业，可能将银行贷出的资金转向信托市场以追求更高回报，而信托资金在层层杠杆后可能会大量进入地方融资平台和房地产市场，资金价格越来越高，制造业领域融资越来越难。并且，银行也将相当一部分资金用于股权投资等，如资金信托、投资基金等。12月末，全市金融机构股权及其他投资年内大幅增加365.1亿元，资金逐利性愈发凸显，资金信托占股权投资比重高达51.7%。据辖内部分银行提出，尽管企业资金需求仍然较旺盛，但贷款发放成功率普遍较低，上下游客户间欠款严重，应收账款帐期较长，还款来源无法保证，大部分企业不能提供充足抵押物，加剧资金空转的可能，加重实体经济资金紧缺的困境。

逾期贷款与不良贷款“剪刀差”扩大，后期资产质量下行压力仍大。2016 年，廊坊市整体信贷资产质量潜存劣变趋势，不良贷款反弹迹象明显。逾期贷款与不良贷款“剪刀差”急剧扩大。例如，12 月末，廊坊银行逾期贷款与不良贷款剪刀差为 11.3 亿元，较 2015 年末增长101.8%，表明银行逾期贷款里事实不良贷款不断增加，逾期贷款向不良贷款转化的空间也将大幅增加。关注类贷款大幅增长。例如，12 月末，廊坊银行关注类贷款余额 18.9 亿元，比 2015 年末增长 32.2%。展期贷款显著增加。企业应收账款回收不及时，导致资金紧张，影响到期及时还款。例如，11 月末，安次惠民村镇银行展期贷款 30 笔，金额 3385 万元，比 2015 年末增长 9.5%。尚未计入不良的贷款质量存较大下迁风险。停产、半停产企业贷款但尚未计入不良中，大部分面临资产质量下迁风险。银行面临较大企业客户还本付息压力。按照贷款客户的经营情况和预计财务状况考量，兴业银行预计不能按时还本的存量贷款比例高达约 43%，不能按时还本及付息的存量贷款比例约为 6%。辖内银行年内核销的不良贷款呈行业、规模、地区集中，即集中于批发零售和制造业、集中于小型企业、集中于传统制造业行业为主导的地区。多家银行预计未来贷款回收困难，造成实质损失可能性较大。

部分企业诚信状况恶化，存在恶意逃废银行债务行为。企业高息民间融资、非法集资案及担保公司老板跑路对社会整体信用环境造成恶劣影响，突出表现是逃贷、骗贷和抽贷引发的资金链断裂、信用风险暴露、并沿担保链蔓延问题。部分企业诚信状况还存在恶化趋势，尤其是一些受去产能政策影响的民营钢铁企业，不愿主动偿还银行债务，见部分企业无力还款，自己有能力或有部分偿债能力的企业，也不愿意偿还银行贷款，或不配合银行不良处置工作，恶意逃废银行债务，严重破坏区域信用环境。此外，受银行压贷、抽贷影响，部分企业特别是有联保关系的企业，产生抱团抵制银行压贷、抽贷情绪，并以到期不能归还贷款相要挟，迫使银行提前为其做好倒贷、续贷手续，这在一定程度上助长部分企业的失信情绪，同时对守信企业也产生消极影响。

银行拆解担保链风险效果欠佳，持续授信可能增加信用风险。廊坊辖内银行联保贷款运作模式多为生意圈（商圈）联保模式，主要对象为胜芳经济协作区。随着经济下行，担保圈风险隐患日渐突出，“一荣俱荣，一损俱损”极易形成“多米诺骨牌”效应。2016 年，减持计划未能继续推进，部分集合担保客户出现欠息和逾期情况，为避免区域性风险，只得向上级行争取对集合担保客户进行借新还旧，在更换担保方式或追加抵押物的前提下，甚至可以增加授信额度，这进一步加大银行未来面临的信用风险；中国银行也在拆解担保链风险方面做尝试，对新增授信的担保不再用现有授信客户进行担保，对现有涉及担保链授信企业追加抵押及保证，但效果不明显。

抽贷、限贷等易引发区域性风险，关注域外银行抽贷行为。按照钢铁去产能政策要求，金融机构普遍对钢铁行业采取限制、压减或退出政策，一些域外银行缺乏担当意识，强行收贷，甚至采用欺骗手段抽贷，企业为保住信用，被迫借用高利贷。在企业互保联保情况突出的前提下，域外银行抽贷、断贷会导致风险从个体向担保圈企业蔓延从而形成“黑洞效应”，重创廊坊市整体金融生态环境。

受政策限制、需求不足、资金紧张等多重问题夹击，传统工业企业仍举步维艰。宏观政策限制发展传统制造加工型企业，河北省钢铁及化工制造业关停减产，相关行业也相应减产，影响金融机构对企业的信贷支持，新开办企业大幅度减少，有贷款的企业多维持现状，减少投资规模。此外，据对廊坊市汇德保温材料有限公司等三家企业调查，困扰工业企业经营的瓶颈制约主要表现在：需求不足。全球经济持续低迷，企业订单数量下降，订单减少导致利润下降，产能难以发挥，导致企业生产动力、产能利用率下降。据工业企业景气指数调查，四季度企业产品市场需求景气指数为44.1%，处于近8年来的低位。资金紧缺，且资金占用严重，流动性不足是制约企业稳健运营的重要因素，资金风险加剧。据工业企业景气指数调查，四季度销货款回笼景气指数为64.7%，处于近8年来的最低位。一方面，金融机构为防范行业风险，惜贷、压贷、抽贷行为时有发生，企业流动资金减少，可能面临资金链断裂风险，另一方面，企业经营状况出现问题时才开始申请贷款，难以弥补缺口，滋生“短贷长用”“转贷”等问题，增加企业融资成本和经营压力。

四、工作措施及建议

强化信贷政策对推进供给侧结构性改革的作用。完善信贷政策，坚持贯彻“区别对待、有保有压”信贷原则，优化信贷资源配置支持地方产业转型升级。加大对重点领域和薄弱环节的信贷支持，引导商业银行和社会资金加大对传统装备制造业升级、高端制造业及其配套产业链、现代服务业、中小微企业的支持力度，支持经济提质增效和转型升级。有效引导金融支持民营经济发展，构建和维护良好的金融生态环境。继续落实差别化的房地产信贷和利率政策，配合房地产行业分城施策和消化库存。

推动改善金融服务，提升金融服务实体经济效率。鼓励商业银行加快推进知识产权、股权及应收账款质押、企业分流人员创业贷款等金融产品创新和应用，满足供给侧改革、经济结构调整过程中各领域的金融需求。明确信贷支持产业方向，重点是科技型、环保型、成长型等战略新兴产业，支持企业完善法人治理结构，真正建立现代企业制度，提高决策水平和抗风险能力。政府应制定出台相关政策，在担保、贴息、奖励、风险补偿等方面加大扶持力度。

加强重点领域金融风险监测和防范。严厉惩治恶意逃废债企业，在建立逃废债黑名单的基础上，对逃废债企业主从市场准入等方面严格限制加强对企业债务风险、银行资产质量、互联网金融、民间融资等领域的风险监测分析，完善应对预案，提高风险处置能力，加强社会金融风险管控工作，推进互联网金融整顿，防止乱集资等突发性、社会性金融风险发生，加强重点区域、重点行业、重点企业信贷风险监测，尤其是产能过剩行业、房地产等领域风险。健全银行不良资产处置机制，推动简化司法诉讼程序，发展不良贷款交易市场，简化不良贷款核销程序，推动放宽税前列支条件，扩大银行处置自主权。

完善企业信息公示平台，设立区域性企业互保基金。建立健全企业信息公示平台，公示企业互保联保情况，便于银行掌握相关企业涉及担保圈的数量、贷款金额等情况，防范化解互保联保风险。设立由人民银行、银监局、地方金融办以及人民法院等相关部门参与的协调机制，共同处置解决互保联保不良贷款引发的连锁反应，采取差别化措施分类处理，实现银行业机构对担保企业的诉讼与追索。改善企业之间的无限连带担保现状，鼓励区域性企业、地区行业设立互保基金，企业在各自出资或者承诺的额度内，承担有限担保责任，同时银行等金融机构可将该类担保基金纳入担保体系。

（中国人民银行廊坊市中心支行　孙　月）

2016年廊坊市重要商品和服务价格监测分析

2016年，廊坊市重要商品和服务价格总体运行平稳。从监测的五大类176种商品和服务价格走势看：食品、工业生产资料和涉农产品价格涨跌互现；日用工业品、城镇居民服务和涉农收费价格基本稳定。具体情况如下：

一、重要商品价格走势分析

（一）食品类

1.成品粮价格运行平稳。面粉、粳米价格全年基本保持平稳运行，玉米粉价格四季度小幅下跌，面粉平均价格为每斤1.92元，同比下跌0.52%；粳米平均价格为每斤2.75元，同比上涨0.36%；玉米粉平均价格为每斤2.15元，同比下跌0.92%。

2.食用油价格基本稳定。从全市监测的三种食用油价格走势看，花生油价格仅在二季度出现短暂小幅上涨，其余时间运行平稳，平均价格为每桶128.06元，同比上涨1.41%。大豆调和油价格全年维持稳定，平均价格为每桶54.67元，同比下跌5.15%。大豆油一至三季度维持较低价位，四季度价格出现逐步上涨。平均价格为每桶34.78元，同比下跌2.50%。

3.受供求关系影响，肉、蛋、蔬菜类价格涨跌互现。鲜猪肉价格全年高位运行，年中价格创新高。年初以来，鲜猪肉价格上涨，且春节后消费淡季并没有像往年一样出现明显回调，5月达到今年最高点价格为每斤16.17元，6月份价格开始回落，6月—8月环比分别回落2.10%、4.17%、1.12%。而后几个月价格小幅回升至12月份的每斤15.33元。鲜猪肉全年平均价格为每斤15.17元，同比上涨18.89%。

鲜牛肉、鲜羊肉价格基本平稳。鲜牛肉、鲜羊肉价格仅在5月份出现小幅下跌后，一直保持平稳运行。全年平均价格分别为每斤26.66元、27.22元，同比分别下跌3.55%、8.41%。牛、羊肉价格小幅下跌的主要原因是：一是国外进口牛羊肉抑制了国内的市场价格；二是近几年牛羊肉价格居高不下，市场出现供大于求的局面。

鸡蛋价格总体低位运行。1月—2月份受节日因素影响，鸡蛋价格在较高位4.40元左右运行，3月—8月份价格在低位震荡，9月份受中秋节临近的影响，市场需求量加大，鸡蛋价格上涨至每斤4.57元，随后其价格震荡下行至每斤3.73元。鸡蛋全年平均价格为每斤4.04元，同比下跌5.83%。鸡蛋价格走低的原因主要有：产区鸡蛋产量增加，市场供应充足；各种肉类价格较低，替代性作用加强，抑制了鸡蛋价格上涨。

蔬菜价格季节性波动明显。年初以来天气异常情况明显增多，影响蔬菜的生产供应，价格波动较大。其中，春节前发生大范围雨雪冰冻天气，蔬菜生产遭受冻害，春节前及春节期间蔬菜价格大幅上涨。1月—3月份蔬菜价格保持高位运行，16种蔬菜平均价格在每斤3.21至3.94元。4月—6月份天气转暖，蔬菜生长加快，本地蔬菜上市量增加，大部分蔬菜价格季节性回落，平均价格最低为每斤2.01元。8月—9月份天气逐渐炎热不利于蔬菜的储存和运输，价格小幅上涨。随着天气转冷，外调蔬菜逐渐增多，人工成本、运输成本上升，蔬菜价格季节性上涨。10月—12月份价格震荡上行。全年蔬菜平均价格为每斤2.71元，同比下跌 0.36%，价格略低于上年。

（二）日用工业品

2016 年廊坊市日用工业品价格运行平稳，从监测情况看，烟、酒、家电、衣着类商品价格受市场调节充分，且货源充足，价格保持基本稳定，部分商品因技术更新淘汰、停产或缺货。

（三）工业生产资料

1.钢材全线上涨，同比涨幅较大。以热轧普碳圆钢为例，由 1 月份的每吨 2080.00 元开始震荡上行，4 月份到达每吨 3000.00 元，5 月—6 月份价格略有回落，7 月份开始价格逐月走高，12 月份到达全年最高价格每吨 3800.00 元，全年平均价格为每吨 2680.00 元，同比上涨 7.56%。监测数据显示：螺纹钢、普碳线材、普碳热轧中厚板、普碳冷轧卷板、镀锌板全年平均价格分别为每吨 2415.83 元、2492.50 元、2712.50 元、4083.33 元、3613.33 元，同比涨幅在 1%～9%之间。角钢全年平均价格为每吨 2430.00 元，同比下跌 0.44%。

钢材价格上涨的主要原因：一是受房地产销售过热影响，钢材需求增加；二是原料价格钢坯价格持续上涨；三是受雾霾影响，很多小企业停工停产，钢材产量骤减；四是用钢企业库存亦处于低位，且多数看好明年市场，有冬储意愿。诸多因素为钢材价格升高提供了有力支撑。

2.成品油价格波动明显。受国际原油价格变动影响，2016 年国家先后 16 次调整了成品油价格。从监测情况看，0 号柴油、-10 号柴油全年平均价格分别为每吨 5867.92 元、6219.92 元，同比分别下跌 8.41%、7.48%。

3.水泥价格下跌。水泥全年平均价格为每吨 398.75 元，同比下跌 13.32%。

4.浮法平板玻璃价格下跌。浮法平板玻璃全年平均价格为每平方米 24.00 元，同比下跌 4.00%。

（四）城镇居民服务

全市医疗、教育、通讯、公交等收费，均严格按国家规定的收费项目和收费标准收取，价格保持稳定。

（五）涉农产品和涉农收费价格

1.农产品收购价格涨跌互现原粮收购价格震荡走高，低于2015年同期水平。小麦价格1月—3月份保持稳定，维持在每斤1.09元，5月—12月份，价格持续震荡走高，12月份涨至全年最高价格每斤1.31元。全年平均价格为每斤1.18元，同比下跌1.67%。

2 月—5 月，受库存高企、替代品进口猛增及市场预期等因素影响，玉米收购价格一度下跌。6 月—7 月份出现短暂性上涨。进入 8 月份以来，价格转升为降，12 月份降至每斤 0.80 元。全年平均价格为每斤 0.86 元，同比下跌 21.10%。

2.生猪、仔猪价格波动幅度较大，整体呈上涨走势。2016 年，生猪价格呈“低高低”走势，总体涨幅较大。1 月—5 月份生猪价格整体呈上涨走势，由年初的每斤 8.80 元涨至 5 月份的每斤 10.75 元。6 月份，猪价高位回落，降至每斤 9.80 元。之后，“中秋”“国庆”节日效应并不明显，猪价继续缓慢回落，12 月份降至每斤 9.11 元。生猪全年平均价格为每斤 9.11 元，同比上涨 20.18%。仔猪价格运行趋势和生猪相同幅度更大，全年平均价格为每斤 19.95 元，同比上涨 56.72%。

3.化肥价格略有下跌。受国际市场行情、供求关系等因素影响，廊坊市化肥价格呈现不同幅度的下跌。尿素、氯化钾、三元复合肥全年平均价格分别为每千克 1.5 元、2.78 元、2.75 元，同比分别下跌 12.07%、5.17%和 6.14%。

4.农膜价格微幅下跌。受市场供求关系影

响，农膜价格小幅下跌。高压聚乙烯棚膜、地膜全年平均价格分别为每千克12.50元、12.25元，同比分别下跌4.73%、1.84%。

5.农用柴油价格明显下跌。受成品油价格下跌影响，农用柴油价格明显下跌，全年平均价格每千克5.19元，同比下跌31.70%。

6.涉农收费稳定。据监测，我市农村居民用电、农村居民生活用水以及注射费和住院费价格保持稳定，未发现明显价格波动。

二、重要商品价格走势预测

（一）食品类价格总体稳定，部分商品价格周期性波动

成品粮价格基本稳定。2016年成品粮价格一直稳定，且市场供应充足，预计2017年成品粮价格不会出现较大波动，将基本保持稳定。

食用油价格继续低位运行。2016年全球大豆总体供需情况较为宽松，预计2017年食用油价格将保持低位运行。

肉禽蛋价格小幅波动。2017年的猪肉价格或将重复2016年模式，三季度开始震荡上行，四季度在消费增加等因素提振下，猪肉价格将进入上行通道。鸡蛋价格受节日、天气以及养殖规模变化等因素影响，价格将呈现小幅震荡走势。其它价格保持基本稳定。

蔬菜价格基本稳定。蔬菜价格受季节因素影响较大，将随季节变化价格略有波动，但总体运行将保持基本稳定。

（二）工业生产资料价格低位运行

钢材价格在现有价格基础上，将保持稳定。2016年钢材全线上涨，同比涨幅较大，在不出现新的政策下，2017年钢材价格在现有价格基础上将保持稳定。

（三）城镇居民服务价格基本稳定

全市医疗、教育、通讯、公交等收费，均严格按国家规定的收费项目和收费标准收取，价格将保持稳定。

（四）农产品收购价格、农资价格将稳中略涨

农产品收购价格小幅波动。2017年，在国家扶持政策不变的前提下，农产品价格将保持小幅波动态势。

农资价格稳中略涨。在中央和地方一系列惠农政策的影响下，农民种粮的积极性提高，将引发对农资的“强势需求”，预计农资价格将呈稳中略涨态势。

（市物价局　张　琨）

关于推进“多规合一”工作的建议

2016年，省委、省政府要求各市选择1至2个县（市）开展“多规合一”试点，标志着河北省“多规合一”工作进入实质推进阶段。在此之前，廊坊市就已经认识到推进“多规合一”的重要性，市委、市政府在各种全市型重要会议、各类重要发展规划和文件中，都要求积极探索、大力推进“多规合一”，并将“多规合一”作为强化顶层设计的重要任务列入2016年《政府工作报告》。各级各部门也都引起了高度关注，全市上下形成了广泛的共识。但从现实情况看，这项工作仍然停留在探索起步阶段，还没有形成可以指导发展实践的有效成果，廊坊市各类专项规划还存在自成体系、交叉重复、布局冲突、管控缺失等问题。突出表现为：一是规划期限没有统一。国民经济规划为五年规划，城乡规划到2030年，对于远景规划缺少统一研究，难以形成共同目标。二是缺少基础研究。对全市资源承载能力、全市空间现状的底数不清，无法科学地指导各项规划编制。三是体制机制相互冲突。国民经济规划由市人大

批准，国土规划和城乡规划等由上一级政府批准，且每一个部门规划后面都有国家部委文件或者法律法规作为支撑，开展“多规合一”工作需突破现有体制障碍。从更深层次看，廊坊市规划体系内的矛盾问题，对经济社会发展的制约已经非常突出，2030版城乡规划迟迟批不下来，“三条红线”约束趋紧，如果廊坊市不能在同一轨道内、同一语境下，编制完善各类专项规划，项目落地将更加困难，生态环境制约将日益加剧，协同发展带来的机遇和红利将难以很好把握，最终将会阻碍和制约廊坊的长远发展。因此，廊坊市必须把“多规合一”工作摆上重要日程，加紧谋划、加快推进、以更加完备的规划体系引领廊坊发展升级。

1.认真做好前期工作。“多规合一”是一项庞大的系统工程，启动推进前必须充分准备，做好基础性工作。一是主要领导亲自挂帅。参照先进地区做法，成立由市委、市政府主要领导亲自挂帅的领导小组，负责“多规合一”工作的统筹指挥、总体调度。二是建立机制。紧密结合廊坊市发展实际，借鉴试点市县先进经验，研究确定适合实情实际的牵头部门，加快建立多部门间并联工作机制，最大限度整合各部门资源力量，实现“多规合一”工作效率最大化、效果最优化。三是摸清底数。将底数调查作为“多规合一”的基础性工作，以第二次全国土地调查及连续变更的最新土地利用现状为基础，开展差异性图斑标涂、资源环境承载力调查、发展需求空间基础研究等工作，实现各项基础信息、数据等实时更新。

2.扎实开展专题研究。搞好调查、做好研究、定好调子、选好路子是推进“多规合一”的科学方法和有效途径。廊坊市“多规合一”工作不能上来就干、武断推进，应在充分调查研究的基础之上，全面有序予以推进。一是做好基本路径研究。综合分析全国“多规合一”试点市县的经验做法，在充分论证、反复咨询的基础之上，选择适合廊坊市推进“多规合一”工作的基本路径。路径研究应包括选择最适合廊坊市的成功经验，“总图”范围、“总规”属性以及平台建设模板等问题，搭建一个整体框架，为廊坊市开展“多规合一”工作提供重要指导和理论支撑。二是做好规划期限研究。统筹考虑法律法规要求和各类规划的特点，探索确定统一协调的规划期限，作为各类规划衔接任务的时间节点，科学确立中期年限和目标年限两个时间节点。三是做好发展目标研究。以国民经济和社会发展第十三五年规划为基础，深入研究廊坊市发展战略，结合环境资源承载能力，确定远期（2025或2030）发展目标，合理确定指标体系，为“多规合一”总规编制提供依据。四是做好发展红线研究。探索研究整合相关规划的控制管制分区，划定城市开发边界、永久基本农田和生态保护红线，形成合理的城镇农业和生态空间布局，并进一步研究控制管控措施。

3.科学确立重点工作。从试点市县经验来看，在“多规合一”工作实际操作层面，有三项工作非常重要。一是绘制“一张蓝图”。统筹各部门力量资源，认真收集相关资料，对比分析各类规划差异，为绘制“总图”做好准备。二是编制“一本总规”。“总规”要突出发展战略确定的发展目标，以发展规划、城市规划和国土规划“三规合一”为基础，注重产业、文化、教育、体育、卫生、绿化、交通、环卫、旅游、水利、市政等多项专业规划的相互协调。三是建立“一个平台”。筛选高端研究机构作为合作伙伴，研究平台搭建方案，充分借鉴试点市县平台建设经验，汲取百家之长，做好平台建设各项基础性工作，高标准、大手笔打造全国一流的“多规合一”平台。

4.切实强化保障支撑。加大对“多规合一”的支持保障力度，千方百计创造良好条件、提供强力支撑。一是政策支撑。研究制定、适时出台推进“多规合一”的系列政策文件，包括实施方案、工作机制、管理条例等等，为“多规合一”提供政策依据。二是法制支撑。设立“多规合一”法律咨询机构，加强“多规合一”工作法律依据研究，理清各类规划之间的法律关系，并与市人大协商，在授权范围内积极开展规划条例的立法研究工作。三是改革支撑。把“多规合一”作为深化改革的重要内容，树立改革的思维、利用改革的方法、营造改革的氛围，努力打破老框框、趟出新路子。四是人财物支撑。足额拨付“多规合一”工作经费，强化人才队伍建设，更多地吸纳规划专业技术人才参与，为“多规合一”顺利推进提供强力的保障支撑。

（节选自市政府研究室联合调研组《关于到重庆江津区、四川绵竹市调研“多规合一”工作的专题报告》）

广阳区农村养老产业发展情况的调查报告

根据联合国定义，当一个国家或地区60岁及以上人口占总人口的比重超过10%，或65岁及以上人口占总人口的比重超过7%时，通常认为这个国家进入老龄化。农村老龄化问题更应受到社会的高度重视。广阳区农村老年人口是个什么状况，养老产业发展如何？带着这个问题，中共广阳区委农村工作部组织人员做了专题调查。

一、总体情况

广阳区农村共有5个乡镇（办事处）、149个村街。通过调研统计，农村人口141448人，其中60周岁以上老年人有22332人，占农村人口的15.8%。按老年人居住地划分，农村养老主要分为居家养老和入住敬老院两种形式，前者占老年人口的九成以上。按养老的投入方式划分，可分为四种：

普惠式。这是国家的一项惠民政策，即由国家为老年人发放养老补贴。发放标准是：60周岁以上老年人每人每月可享受115元的补贴，其中基础养老补贴70元，政府补贴45元。对80周岁以上的高龄老人，民政部门还专门设立了老年人专项补助。其中80—84周岁每人每月50元；85—89周岁每人每月100元；90—94岁每人每月200元；95—99岁每人每月300元；100周岁以上每人每月500元。除了国家和民政部门补贴补助外，各村街根据集体经济有无、实力大小等情况，对村中老年人给予不同的补贴。例如，北旺乡李桑园村，紧邻城区，位置优越，村集体经济实力较强，村委会除了为村民代缴养老保险外，每人每年可享受4900元的福利。男性满60周岁、女性满55周岁以上的村民每月另有120元的补助。同样是北旺乡，西官地村经济实力较差，除了为村民代缴各种费用外，到年底给60周岁以上人员一次性补助200元。而大部分村街集体收入少，甚至没有集体收入，因此也没有能力为村民甚至老年人发放福利，粗略统计，能够每年给村民发放福利的村街占20%左右。

供养式。主要是指民政部门对农村“三无”人员（无生活来源、无劳动能力、无法定赡养或抚养义务人的公民）实行“五保”（保吃、保穿、保医、保住、保葬）供养。这部分人员广阳区共有158人，其中在敬老院集中供养的70人，每人每年享受财政补助6000元；在村街中分散供养的88人，每人每年享受财政补助5000元。

互助式。即由省、市补贴，村街兴建互助

幸福院为老年人提供部分养老服务。自 2011 年农村互助幸福院建设工程在全省推广以来，到 2014 年年底，广阳区共建设农村互助幸福院 106 个，村街覆盖率达到 70.6%。为确保省级养老服务体系奖补资金落实到位，在建设互助幸福院时，采取由村街先垫付建设资金，省、市两级验收合格后再将奖补资金拨付给村街的办法。农村互助幸福院是农村养老方式的一种补充，只有休闲娱乐场所，没有居住场所。它主要针对的是能够生活自理的老年人，白天集体活动，有管理人员为老年人提供管理服务，老年人之间可以彼此关照，夜晚老年人需要回家居住。在广阳区，由于大部分村街离市区较近，务工人员都是白天出去打工晚上回家，因此基本不存在空巢老年人问题。

民间式。一些有识之人率先建起了民间养老院。在广阳区南尖塔镇大马房村就有一家萍心养老院，养老院于 2005 年由私人筹资建成，可容纳 25 个床位，属私人经营，没有国家补贴。养老院已入住 5 位老年人（均不是本地户籍，可见在养老方面仍受传统观念约束），每位老年人每月缴纳 1000 元左右的费用。从发展趋势看，这种养老方式适应了农村养老产业的发展需要，具有广阔的发展空间，应在政策方面给予鼓励支持。

二、存在问题

总起来看，农村养老问题已经引起了社会各界的广泛关注，初步形成了国家、集体、个人、民间的多元投入格局。但投入不平衡，服务少而单一，资源需要整合，观念需要转变。可以概括为“二少一重”：

补贴少。虽然 60 岁以上人员实现了补贴的全覆盖，但总体上看仍然偏低，只解决了老年人的“零花钱”问题，或者说起到了尊老爱老敬老的社会导向作用。虽然我们国家从总体上进入了老龄社会，但农村老年人的状况尤为堪忧。同样是老年人，与城镇居民相比，城乡之间不但在养老待遇方面存在较大差距，而且农村老年人的身体素质普遍低于城市居民，农村老年人的患病率，较城市老年人高出许多。据统计，农村老年人健康状况差的占 27.2%，患慢性病的占 65.5%，长年患病吃药的比率高达 70%～80%，因此，100 多元的补贴根本不够吃药的费用。从经济方面看，农民的收入在扣除了必要的生活消费和农业生产费用外，还要支付子女教育和人情往来的支出。因此，绝大部分家庭可支配收入所剩无几，用于养老的资金更是无从谈起。

服务设施少。农村互助幸福院解决了部分老年人的休闲活动、互助方面的问题，也丰富了农村老年人的文化生活，但对失去自理能力的老年人来说却无济于事。而最需要关注的也正是这部分人。老年人从身体状况来划分无非两种：即身体健康和失去生活自理能力。对老年人的需求也应从这两个方面来考虑。身体健康的人，应为他们的娱乐生活提供场地设施，使他们老有所为，老有所乐。实际上，老年人对生活方面的要求并无过高企求，即使年事已高，只要身体健康就不会给儿女添麻烦，甚至尽力多为儿女做些力所能及的事情（比如照看孙辈，接送孩子上学入托），而不是把时间用在休闲娱乐上。只要得到晚辈的孝敬和四世同堂或五世同堂的团圆和睦，老年人就知足了。而当老年人失去生活自理能力后，老年人最需要的是心理上的安慰和精神上的寄托，需要与人沟通、排遣寂寞，往往亲人为了工作和生活，没有精力为老年人提供这些需求，甚至有的晚辈久而生厌，引发家庭矛盾。随着人口老龄化的加剧，将会有越来越多的老年人需要社会提供关怀服务，而互助幸福院满足不了这方面的要求。

总体上看，农村互助幸福院虽然覆盖面不小，但只是便民服务的载体，在农村养老方面既没有专门吃、住方面的硬件设施，更缺乏失去自理能力的老年人所需要的医疗保健、心理咨询等即时关护性的服务。广阳区现有60岁以上农村人口22332人，即便按20%保守计算，也有4466人，约占农村人口的3%，这部分人大体相当于高龄或多病群体，适宜入住养老院，但享受“五保”供养的仅有70人，从设施看还远远不能满足需求。

传统观念重。中国人“家”的观念比较重，农村尤甚。在国人的传统观念中，老年人就如同一棵大树，庇荫着子孙，儿孙满堂就是一个幸福的家。老年人有凝聚力，老年人在哪里，儿女们的心就向往哪里，也是回家的奔头所在。“常回家看看”代表了中国人对家的眷恋的深厚情怀。如果儿女较多，老年人就以“轮拨”的方式被奉养；子女少的，就和子女一起生活。除非无儿无女，极少有老年人入住福利院之类的地方。在人们的传统观念中，敬老院之类的场所是没有人管的人才去的地方。老年人无论好歹，都愿意守在家里。家有老年人，上下和睦，在乡下这是受人尊重和羡慕的事情，这也是中国人传统的“孝”的体现。在新时期，这样的观念虽然有所改变，但仍然根深蒂固，一定程度上影响着农村养老产业的形成发展。

三、几点建议

农村养老产业的发展，需要以国家宏观政策为指导，以农村经济发展为基础，以促进传统养老观念转变为动力，以城乡公共资源均等化为保障，顺应社会发展大势，将其作为社会化分工的重要组成部分，作为和谐社会建设的公益福利事业统筹谋划，科学发展。针对农村养老产业发展现状，提出以下几点建议：

一是加大投入力度。在当前国家财力有限的情况下，应采取计划与市场相结合的方式，鼓励民间资本向农村养老产业投入。医疗保健等公共服务资源也要进一步向农村转移，为养老事业发展提供保障。要把农村养老院、托老所办成老年人之家，使“老有所养、居有其屋、乐有其所、病有所医”。切实加强农村养老产业发展的管理与服务，增加投入，完善设施，在将农村所有“三无”老年人全部纳入五保供养范围的同时，提高五保供养标准，增加对失去生活自理能力老年人的特殊补助，尽力减少老年人为农村家庭带来的负担。

二是强化农村养老服务。有计划地培养为农村老年人服务的专业队伍。建设日间照料中心、托老所、老年活动站等互助性养老服务设施。充分发挥农村党建活动室、卫生室、农家书屋、学校等现有设施功能，支持农村养老服务工作，组织与老年人相关的活动。

三是加强宣传教育工作。发挥村“两委”和村民自治组织作用，弘扬中华民族的传统美德，督促家庭成员承担赡养责任，组织开展邻里互助、志愿服务，解决周围老年人实际生活困难。

四是转变农村养老观念。在健全完善农村养老设施建设的基础上，也要使传统孝的观念与时俱进。对生活不能自理而子女又因工作或其他原因难以长期脱身的老年人，要动员老年人与家属安排老年人入住养老院或托老所，使子女从照料老年人的事务中解放出来，以更加饱满的精力投入到工作中去，从而为社会创造更多财富。

（中共广阳区委农村工作部　张洪印　周　辉）

大 事 记

1月

1日

是日起，廊坊市调整城镇职工医疗保险门诊特殊疾病病种范围，特殊疾病病种由12大类25种增加到17大类39种。增加可报销药品及诊疗项目，设立病种报销封顶线。新增慢性肾脏病、慢性心功能不全、心脏瓣膜置换后需抗凝治疗、支气管哮喘、重性精神病等5类病种。

4日

廊坊市组织收听收看中央环境保护督察组督察河北省工作动员会议。市委书记王晓东强调，要确保环保各项任务和工作不折不扣落实到位。市委副书记、市长冯韶慧主持会议并讲话。

5日

市委召开落实党风廉政建设主体责任工作汇报会。市委书记王晓东作讲话并与各县（市、区）委书记、廊坊开发区工委书记分别签订《2016年度落实党风廉政建设主体责任承诺书》。市委副书记、市长冯韶慧主持会议。

8日—13日

以市委书记王晓东为团长，市委副书记、市长冯韶慧，市人大常委会主任刘智广为副团长的廊坊市代表团出席河北省十二届人民代表大会第四次会议。廊坊市42名省人大代表出席开幕大会，驻廊坊市省政协委员列席会议。会议期间，廊坊代表团代表审议关于河北省人民政府工作报告、关于河北省国民经济和社会发展第十三个五年规划纲要、关于河北省2015年国民经济和社会发展计划执行情况与2016年国民经济和社会发展计划、关于河北省2015年预算执行情况和2016年预算、《河北省大气污染防治条例》、关于河北省人民代表大会常务委员会工作报告议、关于河北省高级人民法院工作报告、关于河北省人民检察院工作报告等各项报告和决议，为全省经济社会发展大局建言献策。其间省委书记赵克志参加廊坊代表团审议并希望廊坊在全省率先走出一条生态优先绿色发展的新路。

14日

廊坊市人民政府与中国建设银行股份有限公司河北省分行、建信信托有限责任公司共同签署《支持京津冀协同发展合作协议》。

15日

廊坊市广阳区全面启动北京新机场建设三期房屋征收工作。

石家庄股权交易所2015年廊坊企业专场挂牌仪式在廊坊国际饭店举行，廊坊市9家主板企业在石交所集中鸣锣挂牌，32家孵化板企业成功登陆石交所。

18日

市委书记王晓东到万庄污水处理厂、大皮营引渠和龙茂华污水处理厂等地检查水污染治理情况时强调，各级各部门要形成强化责任、发动群众、全域治理的长效机制，加强水污染治理，全力以赴推进河流水质改善。

中国国民党革命委员会廊坊市委员会成立暨第一次党员大会召开。会议审议并通过相关工作报告和决议，民主选举产生民革廊坊市第一届委员会主任委员、副主任委员、委员。

李艳军当选为主任委员，陈新海、于士温当选为副主任委员。

22日

市老区建设促进会召开第二届第一次理事大会。会议通过《廊坊市老区建设促进会章程》，选举产生新一届领导班子。市委常委、宣传部部长辛绍杰出席会议。

24日—26日

政协廊坊市第六届委员会第四次会议在廊坊举行。会议应出席委员375名，实际出席353名。

25日—27日

廊坊市第六届人民代表大会第四次会议在廊坊举行。市人大常委会主任刘智广主持会议。市委书记王晓东出席会议并作讲话。会议应出席代表353人，实到349人。

28日

市委书记王晓东会见艾普国际公司总裁兼首席执行官罗伯特·尼格伦、中科遥感集团执行总裁兼首席执行官任伏虎、万信国际董事长鞠莉、润锦投资总经理张杰一行，双方就进一步拓展合作领域，在廊坊市投资建设中加新兴产业城项目进行深入交流磋商。市委常委、副市长贾永清参加会见。

市长冯韶慧赴霸州市参加“两法一条例”（《中华人民共和国环境保护法》《中华人民共和国大气污染防治法》《河北省大气污染防治条例》）集中宣传贯彻活动。

北京市大兴区、天津市北辰区、河北省廊坊市在北京签署京（大兴）津（北辰）冀（廊坊）三区市教育联盟合作协议。

29日

京津冀文化协同发展调度会在廊坊市召开。省文化厅党组成员、副厅长李新平主持会议，北京市文化局副局长关宇出席会议并讲话，副市长刘文萍到会致辞。

是月

全市月平均降水量0.4毫米，比常年（2.7毫米）偏少85.2%，属于历史同期降水显著偏少时段。其中，最大降水量1.2毫米，出现在大城县，固安县未出现降水。全市平均气温-5.7℃，较常年（-4.3℃）偏低1.4℃，属于历史同期气温偏低时段。上旬全市平均气温较历史同期偏高1.2℃，中旬和下旬分别偏低1.4℃和3.7℃。全市平均日照时数174.8小时，与常年同期（177.3小时）相比，偏少2.5小时，属于历史同期日照正常时段。

2月

1日

中国共产党廊坊市第五届纪律检查委员会第六次全体会议召开。出席会议的市纪委委员32人，列席88人。

3日

廊坊市收到《关于严肃查处群众举报环境污染问题的通知》（冀环督保发〔2016〕77号、冀环督保发〔2016〕78号）后，市委、市政府迅速组织环保、公安等部门，在第一时间赶到问题涉及的县（市、区），督促整改群众举报的环境污染问题。

5日

市长冯韶慧到明珠超市永兴店、鑫达顺石油化工仓储公司和艾禾丰农贸市场现场检查工作。

13日

由中粮可口可乐饮料有限公司和天津渤海轻工投资集团共同组建的中粮可口可乐华北饮料项目开工仪式在香河环保产业园区举行。

17日—19日

由省公安厅副巡视员吴吉祥带队的省大气污染防治考核组到廊坊市考核2015年度大气污染防治工作。

22日

中共廊坊市委决定，自2月起至6月底在全市开展“一问责八清理”专项行动。

23日

廊坊市召开市级机关作风整顿推进会议。市委书记王晓东出席会议并讲话。他强调，要下大力整治为官不为，着力解决好机关干部“不能为”“不想为”“不敢为”的问题。市委副书记、市长冯韶慧主持会议。市委副书记蒋洪江讲具体意见。市委常委、常务副市长李波，市委常委、宣传部部长辛绍杰，市委秘书长张金波出席会议。

24日

廊坊市第一中学迁建项目开工。

25日

廊坊市召开全市政法工作会议、全市农村电子商务全覆盖工作会议、全市招商引资集中行动动员会议。

29日

省委、省政府召开全省重点项目集中开工现场会。廊坊市81个重点项目参加集中开工，总投资769.3亿元，年计划投资145.8亿元。按项目层次分，省重点项目11项，总投资409.9亿元，当年计划投资38.6亿元；其他亿元以上项目70个，总投资359.4亿元，当年计划投资107.2亿元。按行业分，战略性新兴产业项目33项，总投资209.3亿元，当年计划投资55.7亿元；传统产业转型升级项目33项，总投资142.3亿元，当年计划投资50.6亿元；现代服务业项目11项，总投资387亿元，当年计划投资29.4亿元；基础设施项目4项，总投资30.8亿元，当年计划投资10.1亿元。

3月

1日

廊坊市“为人民服务网”正式上线并开通运行。

3日

北京市大兴区区委书记、区长、北京经济技术开发区工委书记谈绪祥一行到廊坊市实地考察北京亦庄·永清高新技术产业开发区建设情况。

北京市大兴区、天津市武清区、河北省廊坊市三地及北京光华设计发展基金会在廊坊市共同签署共建京津冀绿色设计走廊等系列合作协议。

8日

廊坊市举行解放思想大讨论暨“廊坊大讲堂”专题报告会，邀请全国政协常委、上海市政协副主席周汉民作题为《“一带一路”战略与前景》专题讲座。470余人聆听讲座。市委书记王晓东主持报告会并讲话。

11日

市委书记王晓东会见澳洲嘉民集团华北区总经理钟志伟、铁汉生态环保股份有限公司副总裁张丽华、中山证券公司投资银行部董事总经理陈建男一行，双方就加强交流合作和投资项目等问题进行了探讨交流。市委常委、副市长贾永清参加会见。

14日

全市安全生产警示会议召开。市委书记王晓东就安全生产工作作出批示。市委副书记、市长冯韶慧出席会议并讲话。副市长王曦安排全市安全生产工作。省安委办督导组副组长王军讲工作意见。

16日

《廊坊日报》刊登《“一问责八清理”专项行动问责工作实施方案》，将各项具体工作方案具体内容向社会公开发布。

河北航空旅游合作发展暨河北航空旅游联盟成立大会在廊坊市举行。联盟由河北省旅游发展委员会和河北机场管理集团有限公司共同发起，首批成员包括省内各设区市旅游局、省内各机场、航空公司、相关旅行社、景区、旅游酒店、地面交通运输公司等88家单位。民航华北地区管理局党委书记王瑞萍、首都机场集团公司副总经理韩志亮、河北省交通运输厅副巡视员王志强、河北省旅游局副局长张胜利、河北机场管理集团有限公司总经理张彦杰出席会议。市长冯韶慧出席并致辞，市政府党组成员张春生出席会议。会上，河北省旅游局与河北机场集团、廊坊市政府与河北机场集团、河北省旅游局与河北航空公司分别签署战略合作协议，通航城市旅游局与本地机场签署合作协议，联盟成员航空公司与相关旅行社签署合作意向书；河北省各机场和主要航空公司发布航线航班、航空产品、服务信息及优惠政策，通航城市发布旅游产品及优惠政策，中国铁道旅行社发布空铁合作、铁旅合作发展思路及相关产品优惠信息。

17日

全市学习贯彻党的十八届五中全会、省委八届十二次全会和全国“两会”精神专题研讨班开班。市委书记王晓东作专题报告。市委副书记、市长冯韶慧主持并讲话。

20日—22日

美国艾奥瓦州友好人士卢卡·贝隆率美国艾奥瓦州友好代表团到廊坊市参观访问，市长冯韶慧会见代表团一行，市委常委、副市长贾永清等陪同会见。

24日

市委书记王晓东会见一带一路投资基金管理有限公司董事长解滨一行，双方就科技谷建设“一带一路互联互通产业创新基地项目”进行座谈。市委常委、副市长贾永清，副市长布泽文，市委秘书长张金波参加会见并座谈。

25日

省国防科工局局长徐振川带领中核建集团、中国兵器工业集团代表一行到廊坊市对接座谈。市长冯韶慧会见徐振川一行，副市长王曦陪同会见并出席座谈会。双方围绕中核工业集团核供热项目、中国兵器集团军民融合交通物联网公共服务平台项目、第三届中国河北军民融合展洽会前期工作等内容探讨交流。

28日

京津冀协同发展廊坊投资推介会在北京举行，廊坊市集中签约重点项目12个，协议总投资额122亿元。

29日

全市“营改增”正式启动。涉及建筑业、房地产业、金融业和生活服务业四个行业共计23967户纳税人将由营业税改征增值税。

是月

河北省委宣传部于3月5日全国学雷锋活动日前夕，命名公布第二批30个学雷锋活动示范点和30名岗位学雷锋标兵，廊坊市3个集体2名个人榜上有名，获评数量在全省11个市中名列第四。广阳区国家税务局办税服务厅、廊坊市公安交通警察支队二大队和京台高速公路廊坊建设管理处永清收费站被中共河北省委宣传部命名为第二批“河北省学雷锋活动示范点”，姚玉峰、乔华被中共河北省委命名为第二批“河北省岗位学雷锋标兵”。

香河县获全国绿化模范单位称号。

4月

6日

市长冯韶慧会见北京市工商联党组成员、副巡视员、秘书长林为民一行，双方就抢抓京津冀协同发展机遇、推进“北京民营企业廊坊行”活动相关事宜进行深入交流。

8日

广阳区白家务办事处卜营、义和场、杨马房、刘家场4个村街房屋启动拆迁。

12日

廊坊市第七届全民运动会开赛。该届全民运动会比赛全程170天，比赛分为县（市、区）和中省市直两个组别。县（市、区）群体组以各县（市、区）、廊坊开发区为单位设置足球、门球、台球、乒乓球、象棋、羽毛球、自行车、围棋、健身气功、中国式摔跤、武术、钓鱼、体育舞蹈、健身腰鼓、健身秧歌、无极健身球、柔力球、轮滑、太极拳19个项目；中省市直群体组以市直、驻廊中省直单位设置足球、门球、台球、乒乓球、象棋、羽毛球、自行车、围棋、健身气功、桥牌10个项目。群体组共计20个大项30次比赛，参赛运动员、教练员、裁判员及相关工作人员总数6000余人。

14日

廊坊市人民政府与北京市工商联签署《友好合作协议书》。根据协议，双方将鼓励和引导北京、廊坊民营企业推进北京非首都功能疏解和产业转移。

廊坊市有1222座微型消防站建成并投入使用。

15日

廊坊市投资环境说明会在廊坊开发区举行。说明会吸引河北、广东、浙江、山西、福建五大商会的相关负责人和120余家会员企业参加会议。

20日

2016河北·廊坊国际绿色产业博览会在廊坊国际会展中心开幕。

20日—21日

廊坊市举行2016年第一次项目拉练观摩活动。重点观摩2015年、2016年新开工的25个省市重点工业项目和三产项目。王晓东、冯韶慧、胡晓军、刘智广等市领导参加项目拉练观摩活动。

22日

中共廊坊市委召开全市“两学一做”学习教育动员会。

23日

“绿美廊坊 文化共享”创建国家公共文化服务体系示范区成果巡演在市明珠影剧院上演。14个文艺精品节目集中展示了廊坊市创建公共文化示范区的各项成果。

25日

廊坊市第一张增值税发票在安次区地税局开出。

26日

廊坊市民营企业百川能源股份有限公司在上海证券交易所上市。

5月

5日

市长冯韶慧会见华为技术有限公司副总裁陶景文一行，双方沟通交流加强信息产业发展、大数据应用等领域的合作事宜。市委常委、副市长贯永清参加会见。

7日

第二届中国廊坊·第什里风筝节暨全国风筝精英赛在安次区调河头乡第什里村举办。

国家体育总局社会体育指导中心主任冀运希，文化部非物质文化遗产司副司长王晨阳；省体育局局长何江海，省旅游发展委员会主任那书晨；市长冯韶慧，市人大常委会主任刘智广，市人大常委会副主任王世强，副市长刘文萍，市政协副主席张纬东、张卫东等出席开幕式。

10日

廊坊市地震流动科普馆揭牌。廊坊市地震流动科普馆运用现代科学的传播方式和表现手段，通过互动、体验参与，让公众了解地震以及地震次生灾害的知识和必备的自救技能。

12日

联合国教科文组织全球尺度地球化学国际研究中心在廊坊中国地质科学院地球物理地球化学勘查研究所揭牌。市长冯韶慧，副市长布泽文，市政协副主席王学求出席成立仪式。

12日—16日

廊坊市6家文化企业40余件特色产品在第十二届中国（深圳）国际文化产业博览交易会在深圳会展中心参展。三河市梦东方·未来世界二期项目、香河中信国安第一城运河生态文化项目、大厂农业嘉年华3个重点项目集中签约，签约额151.45亿元。

13日

在第七次全国人民防空会议上，廊坊市获“全国人民防空先进城市”称号。

17日

“2016创新中国峰会”在固安创业大厦举行。副省长许宁出席并致辞，省科技厅副厅长郭玉明，市委副书记、副市长胡晓军，副市长刘文萍出席。

2016中国·廊坊国际经济贸易洽谈会在廊坊开发区开幕。

18日

京津冀产业创新协同发展高端会议在廊坊国际饭店举行。

“5·18”经洽会举行重点合作项目签约仪式，廊坊市集中签约重点合作项目40个。

2016京津冀大数据产业发展高端会议在国际饭店举行。

首届京津廊“创客与创意空间展”在廊坊开发区会展中心举行。国内37家孵化器和众创空间参展，涉及160家企业（团队）的400余件产品。

21日

廊坊市召开信访稳定工作会议，集中调度部署全市信访稳定、安全生产、消防安全等工作。市委副书记、市长冯韶慧等市领导出席会议。

25日

由廊坊市人民政府与北京市大兴区人民政府、北京光华设计发展基金会共同主办的“2016中国设计节”在廊坊开发区举行。开幕式上，“京津冀绿色设计走廊”正式启动，“设计瑰谷园区”和“绿色设计（廊坊）研究院”落户廊坊。中联部原副部长、十一届全国人大常委会外事委员会副主任委员马文普，河北省政协副主席段惠军，市委副书记、市长冯韶慧，北京经济技术开发区管委会副主任绳立成致辞。

31日

廊坊首届军民融合项目对接会在安次龙河高新区京津冀协同创新创业基地创培院举行。市委常委、廊坊军分区司令员焦加根，副市长王曦出席会议并致辞。航天科工集团有关负责人参加会议。

“北京交警”APP上线试运行，廊坊市民可在网上办理进京证。

6月

1日

市委副书记、市长冯韶慧到安次区码头镇孙披庄村和甄庄村看望慰问孤困留守儿童。

7日

以北京市社会科学院副院长赵弘为组长的“京津冀协同发展重大问题研究”课题组一行14人到廊坊，调研了解廊坊市在京津冀协同发展中承接非首都功能、产业转移对接等重点领域工作情况和政策诉求。

8日—12日

首届京津冀非遗精品联展暨第四届廊坊特色文化博览会在廊坊国际展览中心举行。

10日

廊坊市出现强对流天气过程。市区、三河、大厂和香河自西北向东南出现雷阵雨天气，雨量分布不均，其中香河中南部和市区出现短时强降水（1小时雨量≥时雨毫米），雨量在10毫米～35毫米，其它地区普遍为0.1毫米～10毫米，广阳区25.6毫米，安次区19.8毫米。三河燕郊镇、大厂祁各庄镇、香河中南部，以及廊坊市区出现2次冰雹，最大直径为15毫米。17时35分极大风速达到19米/秒。风雹导致部分县（区）农作物受灾严重。据市农业部门调查统计，安次区玉米受灾840公顷，小麦受灾200公顷，西瓜受灾33.33公顷。香河县刘宋镇小麦受灾300公顷，荷花受灾66.67公顷。广阳区农作物受灾425.57公顷。

13日

廊坊市召开“一问责八清理”专项行动工作调度会。会议传达河北省“一问责八清理”专项行动领导小组会议精神，安排部署下一阶段工作。廊坊市“一问责八清理”工作进入冲刺阶段。

14日

市政府召开全市争取资金暨加快预算支出进度工作电视电话会议，市委副书记、市长冯韶慧出席会议并讲话。

16日

廊坊市召开中小企业贷款网上对接平台推广会议，为中小企业融资和银行业金融机构拓展金融服务搭建对接服务平台。

17日

市委副书记、市长冯韶慧带领有关部门负责人，到安次区调研防汛抗旱、夏收及美丽乡村建设等工作。冯韶慧强调，各地各部门要全力以赴做好安全度汛各项准备，确保夏粮丰产丰收。

24日

市委召开全市领导干部会议，省委组织部常务副部长回建宣布省委决定：冯韶慧任中共廊坊市委书记；免去王晓东中共廊坊市委书记、常委、委员职务。

25日

廊坊市热电联产集中供热工程破土动工。

26日

廊坊市远山行爱心助学公益联盟成立。

28日

第6代AMOLED面板生产线项目和AMOLED显示模组项目落户固安县和霸州市。

30日

市区儒苑二期公共住房实物配租公开摇号。摇号房源3000套，市场平均租金为建筑面积9元/月·平方米，4110户符合条件家庭被纳入摇号范围。

是月

由国家发改委城市中心交通院负责编制的《廊坊市空港新区综合交通体系规划》完成初步设计。规划研究范围为北京新机场东部空港核心区、南部副中心区约220平方千米用地，重点研究空港核心区和空港新区永清、固安组团。研究年限近期至2020年，远期至2030年。

7月

1日

廊坊市全面开征水资源税，水资源首度被纳入资源税征收范围。

廊坊市调整工伤保险费率，平均费率由1.22%降至0.9%，降低0.32个百分点。

7日

10：00—10：30分，廊坊市在主城区、廊坊开发区、各县（市）城区、广阳区万庄镇、三河市燕郊镇、霸州市胜芳镇实施第十六次防空警报试鸣。

8日

市委书记冯韶慧任廊坊军分区党委第一书记。

9日

霸州市拆除450立方米炼铁高炉1座，压减炼铁产能52万吨。

15日

全省园区非公企业党建工作座谈会在廊坊市召开。市委书记、市长冯韶慧出席会议并致辞。

廊坊市国税、地税微信预审核平台启动运行。平台具有涉税业务预约、预审核、最新（热点）政策发布、税企互动、点对点和点对面通知等实用功能。

23日

市直公车改革首场拍卖会在市公共资源交易中心举行。拍卖会拍卖公车60辆，涉及帕萨特、现代、大众、本田等车型，成交率100%，总成交价264.35万元，溢价160.10万元，溢价率153.57%。

29日

在北京举行的全国双拥模范城（县）命名暨双拥模范单位和个人表彰大会上，廊坊市再次获得“全国双拥模范城”，实现全国双拥模范城创建“六连冠”。

30日

市委书记冯韶慧，市委副书记、市政府党组书记陈平会见到廊坊洽谈金属富勒醇抗肿瘤纳米材料科研成果转移转化项目的中科普惠生物科技有限公司总裁宋建军一行。双方座谈交流项目落地具体事宜。

是月

廊坊市执行河北省新的最低工资标准。按照标准，廊坊市各县（市、区）分1650元、1590元、1480元三档。其中市区由每月1480元上调至1650元，小时最低工资由15元上调至17元。

全市5个农业综合开发产业化经营设施蔬菜项目获省级批复，项目涉及永清、霸州、文安等5个环京津县（市、区），项目总投资2325万元，其中财政资金1120万元。

8月

1日

廊坊市召开大气污染防治强化措施动员大会。市委书记冯韶慧强调，要以持之以恒的耐力、坚决到位的执行力，聚焦重点、精准发力，横下一条心，啃下硬骨头，坚决打赢打好大气污染防治这场硬仗。

《廊坊市公共住房管理办法》发布，将外来务工人员纳入公共住房保障范围。

2日

廊坊市召开夏秋季爱国卫生运动暨疾病防控工作电视电话会议，安排部署全市夏秋季及汛期爱国卫生和疾病防控工作。

4日

廊坊市第六届人民代表大会常务委员会第二十九次会议决定：接受冯韶慧辞去廊坊市人民政府市长职务的请求，任命陈平为廊坊市人民政府副市长，代理市长。

6日

市委书记冯韶慧，市委副书记、代市长陈平率廊坊市党政代表团到石家庄市慰问受灾群众，向受灾地区捐款1亿元。

8日

廊坊市召开市、县建成区散烧煤清洁化替代工作推进会，安排部署散烧煤清洁化替代工作。

9日

国家电投大城县200兆瓦河渠风电项目落户大城县。

11日

在廊坊市举行的"健康京畿·中医药先行"京廊中医药协同发展大会上，廊坊市与北京市签署中医药协同发展框架协议。

"河北交通一卡通"在廊坊市试运行。持"一卡通"廊坊市民可在全国41个互联互通城市乘坐公共交通工具，并享受当地刷卡乘车优惠。廊坊市成为全国首批互联互通试点城市之一。

15日

市政务服务中心开始受理市自来水公司、市热力公司、新奥燃气、市电力公司、市有线电视等收费和咨询业务。

16日

市委副书记、代市长陈平调研北京新机场相关建设情况时强调，要加大协调沟通力度、采取强有力的措施，确保工程高标准、高质量如期完工。

19日

廊坊龙河高新技术产业开发区举行重点项目集中签约仪式，航天科工军民融合成果产业化基地、中钢研集团新冶电气智能制造产业基地等18个重点项目集中签约，总投资45.09亿元。

24日

廊坊市"重点污染源'一企一案'全价开发咨询服务项目"通过专家评审。项目是2014年9月经市委、市政府确定的大气污染防治"蓝天行动"重点项目之一。项目中标单位为廊坊新奥节能服务有限公司，监理单位为北京中百信工程咨询有限公司。

31日

在宁夏银川召开的国家公共文化服务体系示范区创建工作会议上，廊坊市获国家公共文化服务体系示范区称号。

廊坊市不动产登记网开通。

新编大型现代京剧《脚印》在市明珠影剧院首演。

9月

1日

国家质检总局授予霸州市为"全国金属玻璃家具知名品牌创建示范区"。

2日

廊坊市召开大气污染防治和重点河流污染治理电视电话调度会议。市委书记冯韶慧，市委副书记、代市长陈平强调，要用心用情用力抓好大气污染防治和重点河流污染治理工作。

7日

全国政协副主席、民建中央常务副主席马培华率调研组到廊坊市专题调研京津冀养老服务业协同发展情况。

10日

廊坊市第七届全民运动会在市体育馆开幕。

“手艺·廊坊”非物质文化遗产展在市博物馆举行，展出百宝嵌、传统风车、虎头鞋、牙雕、葫芦烙画、錾刻等50个传统手工艺品。

14日

中国共产党廊坊市第五届委员会第九次全体会议召开。市委书记冯韶慧代表市委常委会作讲话。出席会议的市委委员32人，候补委员6人。

20日

陈平当选廊坊市人民政府市长。

廊坊市启动第二次引调生态水，引调生态水2000万立方米，流量为2.1立方米/秒。生态水经位于广阳区万庄镇大伍龙四村的廊涿干渠生态分水口门流入龙河，进入市区环城水系。

21日

廊坊市旅游局更名为廊坊市旅游发展委员会。

25日

省长张庆伟在廊坊会见出席“9·26”农交会的中华全国供销合作总社副主任邹天敬、农业部市场司司长唐珂等国家部委、外省领导和国内外重要客商。省人大常委会副主任王刚，副省长沈小平，省政协副主席葛会波，省长助理、省金融办主任江波，省政府秘书长朱浩文，市委书记冯韶慧，市委副书记、市长陈平等参加会见。

26日

第二十届中国（廊坊）农产品交易会在廊坊国际会展中心开幕。

26日—28日

2016中国·永清“嘉捷杯”首届核雕艺术大赛在永清举办。120多名选手、275件作品参赛，评出金奖18件、银奖36件、铜奖40件、优秀奖19件。

是月

廊坊银行与世界银行集团国际金融公司（IFC）签署合作协议，双方共同探索适合京津冀周边县域特色的农村普惠金融创新模式。

香河县被省卫计委确定为全省深化县级公立医院综合改革示范县。

10月

5日

廊坊市首次“煤改气”正式点火通气。标志着平房区居民结束多年使用散烧煤取暖的历史。

11日

廊坊市2016年秋季补植工程启动，补植范围包括市区主次干道、外环、廊涿引线、铁路沿线、云鹏道、文化公园和街头游园。种植乔木及常绿树8000余株。

12日

廊坊市召开惩治违法用地专项行动调度会。市长陈平出席并讲话，副市长布泽文主持会议。

14日

廊坊市召开创建国家公共文化服务体系示范区总结暨后续建设推进动员大会，动员全市上下全力以赴推进示范区后续建设工作。市委书记冯韶慧出席会议并讲话；市委副书记、市长陈平主持会议；省文化厅副巡视员梁扉；市政协主席郑广富，市委常委、宣传部部长王曦，副市长刘文萍出席会议。

15日

市委书记冯韶慧到霸州市南孟镇田各庄村专题调研“两学一做”学习教育开展情况。

市区调整取暖收费政策，取消二次加压费、采暖暂不用热收费以及新建房屋首次供热费等费用。

16 日

固安县大韩寨村、廊坊开发区南营村、大厂回族自治县南王庄村3个民族村进入第二批中国少数民族特色村寨命名挂牌名录。

17 日

2016 廊坊大众创业万众创新活动周在安次区龙河高新区京津冀（廊坊）协同创新创业基地举行。活动的主题是发展新经济、培育新动能、建设新廊坊。

21 日

中国农工民主党廊坊市第七次代表大会召开。

23 日

廊坊市出台《廊坊市主城区禁止露天焚烧祭祀用品实施办法》，严防严控严罚在主城区禁烧区域内各类祭祀物品焚烧行为。

26 日

2016 年全市重大自然灾害卫生应急综合实战演练在安次区杨税务民兵训练基地举行。

27 日

市委书记冯韶慧调研市区热电联产集中供热管网工程和“气代煤”工程进展情况时强调，要强化责任分工，提高工作标准，推进各项工程保质保量，确保按期稳定安全供热，保证全市人民温暖过冬。

28 日

第三届中国·河北（廊坊）军民融合暨国防工业协同创新成果展洽会在廊坊开发区国际会展中心开幕。展洽会 3 天，展示推介军民两用科技成果 2500 多项，签署合作项目 352 个，总投资 1103 亿元。

29 日

北方防务智库成立大会在廊坊市召开，河北、天津、黑龙江、山东、安徽、云南等省（市）国防工办负责人及专家代表 120 余人参加会议。会议表决通过北方防务智库主任委员、副主任委员、秘书长、副秘书长以及章程（草案），并向参会的专家代表颁发聘用证书。

廊坊市空气质量预报预警系统通过专家评审，项目属于河北省空气质量预报预警系统建设体系之一。

31 日

廊坊市召开人大换届选举工作会议，部署市、县、乡人大换届选举。

是月

廊坊市工伤保险业务全面实现网上申报。

廊坊市文安鼎泰园区建设发展有限公司、香河华北致冷设备有限公司、三河方元绿洲节能科技有限公司、中国地质科学院地球物理地球化学勘查研究所4家单位被中共河北省委组织部、河北省科学技术厅和河北省科学技术协会认定为 2016 年省级院士工作站。

廊坊市“九州星创天地”等 22 家机构获河北省首批“星创天地”称号。

11 月

3 日

中国共产党廊坊市代表会议选举产生廊坊市出席省第九次党代表大会代表 35 人。

4 日

“2016 廊坊精品景区”评选活动颁奖典礼在九天休闲谷举办。第什里风筝小镇、梦东方·未来世界、金丰农科园、中信国安第一城、天圆山庄、九天休闲谷、河北建投温泉旅游度假区、华夏民间收藏馆、燕南春酒文化博览园、林栖谷森林温泉度假区等 10 家景区获评“2016 廊坊精品景区”。

7 日

廊坊市首期“局长工作讲坛”开讲。“局长

工作讲坛"是市委、市政府用以推动任务落实的工作机制、推动作风转变的重要抓手、推动干事创业的重大举措。

8日

"2016年中国（廊坊）国际有机食品展览会"在廊坊市举办。展览会由中国国际贸易促进委员会主办，廊坊市人民政府、中国国际展览中心集团承办。北京、天津、河北、山东、浙江等10多个省市110家企业参会参展。

2016河北·廊坊装备制造业博览会在廊坊国际会展中心开幕。博览会由市政府、河北省贸促会、河北工信厅主办，市贸促会、市工信局、市会展有限公司承办。国内130多家装备制造业知名企业参展。

15日

市长陈平会见中国燃气集团执行主席、总裁刘明辉一行，双方座谈交流清洁能源、环境治理等领域合作事宜。

太库固安新材料孵化器在固安高新区清华大学重大科技项目（固安）中试孵化基地开业，美国硅谷4个创业项目签约落户。

17日

市长陈平代表市政府与中实集团签署合作意向书。

20日

第77期全国健康发展暨第4期精准健康扶贫论坛在廊坊召开。论坛由中国初级卫生保健基金会、北京健康扶贫基金会、廊坊市卫计委主办。论坛旨在减少因病致贫、因病返贫，带动提升廊坊市医疗卫生及健康产业发展。

22日

廊坊市召开知识产权中介机构与企业服务对接会，4家北京驻廊坊知识产权中介机构与15家发明专利大户企业代表座谈交流。

30日

廊坊市召开安全生产电视电话会议。会议调度部署全市安全生产工作，市长陈平出席会议并讲话。省安监局副局长刘春增，市委常委、副市长贾永清，副市长、市公安局局长王金水出席会议。

是月

"三河市农星之家"等3家机构被省科技厅批准为全省首批"星创天地"，其中三河市犇犇联创园"星创天地"在科技部备案。

新奥光伏能源有限公司、新苑阳光农业有限公司被省科技厅认定为省级国际科技合作基地。

北京新机场天堂河改道工程(廊坊段)通水。

12月

1日

廊坊市第三次全国农业普查宣传月活动启动仪式在安次区调河头乡举行。

6日

中国共产党廊坊市第五届委员会第十一次全体会议召开，出席全会的有市委委员32人、市委候补委员5人。市委书记冯韶慧作讲话，全会审议通过《中共廊坊市委关于学习贯彻河北省第九次党代会精神的决议》。

密涿高速公路河北段建成通车。

9日

京台高速廊坊段京冀主线收费站正式通车营运。

12日

河北省冀财产业引导股权投资基金有限公司、大厂回族自治县富民基金公司、华夏幸福基业股份有限公司共同出资的"京津冀华夏冀财大厂影视产业发展基金"在大厂设立，基金规模10亿元。

14日

京津冀知识产权协同发展高层论坛在廊

坊举行。论坛由北京市知识产权局、天津市知识产权局、河北省知识产权局、廊坊市人民政府主办。

16日

大城县红木文化新区 PPP 项目合作协议正式签约。项目位于县城东侧，占地面积约11.6平方千米，属于新型城镇化项目，主要提供规划设计咨询、土地投资整理、基础设施及公共配套设施建设、新型城镇化发展、区域运营管理等方面的公共产品和服务。项目计划投资98.2亿元，合作期限30年，采用BOT（建设—运营—移交）的PPP模式运作。

17日

中国信息科技创新成果转化大会在固安产业新城举行。大会主题为"推进信息科技成果转化，服务京津冀协同发展"。国内知名学者、企业领袖、科技专家、创客代表等共同研讨京津冀协同发展大背景下如何加速信息科技创新成果转化，助力中国经济转型升级。工业和信息化部党组成员、办公厅主任莫玮，工业和信息化部信息化和软件服务业司司长谢少锋；河北省工业和信息化厅厅长龚晓峰；廊坊市市长陈平；中国电子学会总部党委书记张宏图等出席会议。

18日

在廊坊市召开的大气污染防治电视电话会议上，市委书记冯韶慧强调，各级各有关部门要进一步认清大气污染防治严峻形势，层层传导压力，强化督查问责，以硬举措、硬作风应对当前的硬挑战，坚决完成各项既定目标任务。

19日

全市文明城市创建工作推进会议召开，部署调度文明城市创建工作。市委常委、宣传部部长、市创城指挥部副指挥长兼指挥部办公室主任王曦出席会议并讲话。

21日

《廊坊市地方志事业"十三五"发展规划》出台。到2018年，全面完成第二轮修志规划任务，实现市、县两级综合年鉴全覆盖。

第九届"廊坊文艺繁荣奖"颁奖典礼在管道局影剧院举行，评选出书法作品《行书册页》等8件特等奖和国画作品《苗岭春歌》等25件优秀作品奖。

22日

京津冀大数据综合试验区应用感知体验中心项目落户廊坊开发区大数据产业园。项目建筑面积33万平方米，总投资15亿元。

23日

北京轨道交通22号线（河北三河段）开工仪式在三河燕郊举行。北京轨道交通22号线工程西接北京东四环，横跨京冀两地，其中三河境内全长约22.6千米。

26日

全市首届京津冀文化体验展在文安县开幕。文化部文化产业司有关负责人出席开幕式并宣布首届京津冀文化体验展开幕。省文化厅副厅长李建华，市委常委、宣传部部长王曦及北京、天津相关负责人出席开幕式。

31日

大厂影视小镇获"2016中国最具文化价值特色小镇"称号。

是月

廊坊市申报的完善规范性文件合法性审查机制项目获第四届"中国法治政府奖"提名奖。廊坊市作为全国"完善规范性文件合法性审查机制"试点城市，通过自我改革、创新机制，大力完善规范性文件合法性审查工作，对先行示范经验成果及时确认和固化，结合实际制定出接地气、可执行、易操作、有特色的政策措施，对加快廊坊的法治政府建设发挥重要作用，也为全国治理"红头文件"积累宝贵经验。

市情概览

地理位置

廊坊市位于华北平原中东部，河北省中部。地处北纬38°28′至40°15′、东经116°7′至117°14′之间。廊坊境域北起燕山南麓丘陵地区，南抵黑龙港流域。北部与北京市为邻；西部与保定市的涿州、雄县、高碑店接壤；南部与沧州市的任丘、河间、青县相连；东部与天津市的武清、宝坻、蓟县交界。由于1974年的行政区划变动，北京市与天津市地域相交，使廊坊市形成北部3县（市）与境域主体不相连接的版图。廊坊市城区拱卫于北京市东南，与北京、天津两大城市成一条直线位于中间。廊坊市距北京市、天津市各60千米，距省会石家庄280千米，距首都机场和天津机场各70千米，距天津港100千米，距京唐港、黄骅港各200千米。全市总面积6429平方千米。

（市方志办）

地形地貌

廊坊市大部处于凹陷地区，随着地壳下沉，地面逐渐被第四纪沉积物填平，致使新生界地层沉降厚度较大，全市地貌比较平缓单调，以平原为主，一般高程在2.5米—30米之间，平均海拔13米。由于洪积、冲积作用和河流多次决口改道淤积，沉积物交错分布，加上风力及人为活动的影响，境内地貌差异性较大，缓岗、洼地、沙丘、小型冲积堆等遍布，全市地貌呈现大平小不平状态。

北部地区地势较高，北高南低，地貌类型较多，三河市东北隅有小面积低山丘陵，为燕山南侧余脉，面积76平方千米，一般山高海拔200米—300米，大岭后山海拔高度521米，为全市最高山峰；其次是龙门山，海拔459米；在山地丘陵西部和南部，沿燕山南麓，呈东西带状分布着山麓平原，面积773平方千米，地势由北向南倾斜，高程在海拔10米—30米之间，平均海拔18米；往南沿香河县中部和南部为冲积平原区，地势从西北向东南倾斜，坡度1/3000，海拔5米—16米，平均海拔11米。

廊坊市中、南部地区全部为冲积平原区，地貌类型平缓单一，总面积5179平方千米，占全市总面积的80%以上。高程在海拔2.5米—25米之间，坡度为1/2500—1/10000。大清河以北地势由西北向东南低平，大清河以南地势由西向东北低平。文安洼和东淀分别处在大清河南北，洼淀总面积7.9万公顷，占全市总面积的12.3%。其中文安洼面积5.9万公顷，平均海拔不到4米，马武营村北一带海拔2米，为全市最低点；东淀面积2万公顷，平均海拔5米，最低处2.5米。

（市方志办）

行政区划

廊坊市下辖安次区、广阳区2个市辖区，三河市、霸州市2个县级市，香河县、永清县、固安县、文安县、大城县和大厂回族自治县6个县，68个建制镇，22个乡，17个街道办事处。其中，2015年经河北省民政厅批准，新增大厂县北辰街道办事处、霸州市裕华街道办事处。廊坊市主城区包括广阳区全部范围，以及安次区大部分范围，占地面积 488.7 平方千米。2016 年，廊坊市主城区有社区 100 个。其中，自 2012 年起安次区新增新视界、君兰苑、龙河盛都、长安 4 个社区，达到 26 个社区；广阳区新增新春、万都、河苑、西务、幸福城、馨宝华、华油采四、华油北勘西、华油北勘东、恒庆 10 个社区，达到 74 个社区。新视界、君兰苑社区属于光明西道街道办事处，龙河盛都社区属于银河南路街道办事处，长安社区属于永华道街道办事处，新春社区属于解放道街道办事处，万都、河苑、西务社区属于爱民东道街道办事处，幸福城、馨宝华社区属于南尖塔镇，华油采四、华油北勘西、华油北勘东社区属于万庄镇，恒庆社区属于北旺乡。

（刘　钘）

2016 年廊坊市行政区划一览表

表 1

县（市、区）	镇	乡	街道
安次区	东沽港镇、葛渔城镇、码头镇、落垡镇	杨税务乡、调河头乡、北史家务乡、仇庄乡	光明西道街道办事处、银河南路街道办事处、永华道街道办事处
广阳区	万庄镇、南尖塔镇、九州镇	北旺乡	新开路街道办事处、解放道街道办事处、爱民东道街道办事处、银河北路街道办事处、新源道街道办事处、白家务办事处、云鹏道街道办事处、耀华街道办事处
三河市	泃阳镇、燕郊镇、高楼镇、皇庄镇、新集镇、段甲岭镇、李旗庄镇、杨庄镇、齐心庄镇、黄土庄镇		鼎盛东大街街道办事处、泃阳西大街街道办事处、行宫东大街街道办事处、迎宾北路街道办事处、科技路街道办事处
大厂县	大厂镇、夏垫镇、祁各庄镇、陈府镇、邵府镇		北辰街道办事处
香河县	淑阳镇、五百户镇、渠口镇、安平镇、刘宋镇、将辛屯镇、安头屯镇、钳屯镇、钱旺镇		
固安县	固安镇、牛驼镇、马庄镇、柳泉镇、宫村镇	彭村乡、礼让店乡、东湾乡、渠沟乡	
永清县	永清镇、别古庄镇、后奕镇、韩村镇、里澜城镇	龙虎庄乡、三圣口乡、曹家务乡、刘街乡、管家务回族乡	
霸州市	霸州镇、南孟镇、信安镇、胜芳镇、堂二里镇、煎茶铺镇、扬芬港镇	王庄子乡、康仙庄乡、岔河集乡、东杨庄乡、东段乡	裕华街道办事处
文安县	文安镇、左各庄镇、孙氏镇、苏桥镇、新镇镇、大留镇镇、兴隆宫镇、滩里镇、史各庄镇、德归镇、大柳河镇、赵各庄镇	大围河回族满族乡	
大城县	平舒镇、南赵扶镇、权村镇、里坦镇、大尚屯镇、旺村镇、留各庄镇、广安镇	北魏乡、臧屯乡	

历史沿革

廊坊历史悠久。“黄帝制天下以立万国始经安墟（今安次常道村附近），合符釜山，遂隶涿鹿之阿，安次即古安墟地。”商代盘庚迁都殷后，境域位于殷正北，燕京戎（今太原附近）之东陲。西周时是北戎燕地。春秋时是北燕都蓟的近畿。

战国时期，属燕国，广阳郡、渔阳郡、巨鹿郡分辖。

秦，北部属渔阳郡（今三河市，大厂、香河县），中部（今安次区、广阳区、霸州市、永清县、固安县）属广阳郡，南部（今文安县、大城县）属巨鹿郡。

西汉高帝年间，属幽州刺史部。始置安次县、文安县（治今大柳河镇东）、东平舒县（今大城县，为区别于并州刺史部代郡的平舒县，加东字），属幽州渤海郡；置方成县（今固安县）属燕国。高帝六年（前 201 年），置益昌县（治今霸州市策城村），属涿郡地；置潞县（辖今三河市）、雍奴县（辖今天津市武清区、香河县），属渔阳郡。元凤元年（前 80 年），方成县改属广阳郡，本始元年（前 73 年），改属广阳国。初元五年（前 44 年），封广阳王子云为临乡侯、容为西乡侯（侯景嗣免）、发为阳乡侯；永光三年（前 41 年），封广阳王子婴为益昌侯，各侯国均属幽州刺史部涿郡。

王莽改制后，复古十二州，州郡交错，疆域紊乱。

东汉建武二年（26 年），方成县改为方城县，属幽州广阳国，建武十三年（37 年），改属上谷郡。永元二年（90 年），文安县、东平舒县改属冀州刺史部河间国。建安末年，改属章武郡。永元八年（96 年），废阳乡侯国、临乡侯国、新昌侯国（燕刺王子封地，今高碑店境内），入方城县（辖今固安县、永清县、霸州市）属幽州刺史部涿郡；废益昌侯国（原益昌县）入安次县，安次县由渤海郡改属幽州刺史部广阳郡；潞县（辖今三河市、大厂回族自治县）、雍奴县（辖今天津市武清区、香河县），属幽州刺史部渔阳郡。

三国，属魏国。文安县、东平舒县属冀州河间郡；方城县属幽州范阳郡；安次县属幽州燕国；潞县、雍奴县属幽州渔阳郡。

西晋泰始元年（265 年），置章武国，为国治东平舒，文安县、东平舒县属之。置长乡县（辖今固安一部），方城县、长乡县属幽州范阳国；安次县、潞县、雍奴县属幽州燕国。

东晋十六国，属后赵、前燕、前秦、后燕辖地。

南北朝北魏时，属幽州。改长乡县为苌乡县。方城县、苌乡县属幽州范阳郡地；东平舒县改为平舒县。文安县、平舒县属瀛州章武郡地；潞县、雍奴县属渔阳郡地。北齐天保七年（556 年），方城县、苌乡县入涿县。安次县属燕郡地，其余不变。

隋开皇三年（583 年），废渔阳郡、燕郡、章武郡。安次县、雍奴县、潞县属幽州；文安县、平舒县属瀛州。开皇九年（589 年），析涿县，废方城县置固安县（县治今固安镇）属幽州。大业三年（607 年），安次县、雍奴县、潞县、固安县属涿郡；文安县、平舒县属河间郡。大业七年（611 年），析安次、固安 2 县地置通泽县，属涿郡。同年，析文安、平舒 2 县地，置丰利县（县治今文安镇），属河间郡。

唐，属河北道蓟、幽、莫、瀛四州。武德元年（618 年），安次县、固安县、雍奴县、潞县属幽州。武德二年（619 年），析潞县置临沟县（县治今三河市城区），属玄州。武德四年（621 年），固安县属北义州，平舒县属景州。贞观元年（627 年），废玄州并入幽州，撤临沟复入潞县，属幽州；省丰利县入文安县，属瀛州；废北义州，固安县改属幽州；废景州，平舒县改属瀛州。如意元年（692 年），析安次、固安 2 县地，置武隆县（辖今永清县、霸州市）。景云元年（710 年），改名会昌县。景云二年（711 年），文安属鄚州。开元四年（716 年），析幽州潞县东部置三河县，属幽州。开元十八年（730 年），改属蓟州。天宝元年（742 年），罢州改郡。取“边境永清”之意，将会昌县更名永清县（辖今永清县、霸州市），雍奴县改名为武清县。永清县、固安县、安次县、武清县改属范阳郡；三河县属渔阳郡；大城县属河间郡；文安县属文安郡。至德二年（757 年），罢郡复改州，三河县属蓟州；安次县、武清县、永清县、固安县属幽州；平舒县属瀛州；文安县复属鄚州。大历四年（769 年），固安县改属涿州。

五代十国，三河县属蓟州；武清县、安次县、永清县属幽州；固安县属涿州；文安县属鄚州；平舒县改名大城县，属瀛州。后晋天福元年（936 年），石敬瑭割燕云十六州赂契丹，境域入契丹，属辽。后周显德六年（959 年），周世宗收复益津关（今霸州市）、瓦桥关（今雄县）、淤口寨（今霸州信安镇），于原永清县益津关另置永清县（今霸州市，县治在今霸州镇）。置霸州，领大城县、文安县、永清县。自是，两永清县南北并立，南属宋，北属辽，辽、宋分治。此时以拒马河为界，北仍属辽。

辽，境域北部属南京道析津府。会同元年（938 年），置香河县（治武清孙村，即今淑阳镇。辖今香河县和天津市宝坻区、宁河县）。三河县、香河县、安次县、固安县、永清县属南京道幽都府。开泰元年（1012 年），改幽都府为析津府。

北宋，境域南部属河北东路，霸州、信安军、保定军属之。霸州领文安、大城、永清 3 县。太平兴国六年（981 年），淤口寨改破虏军（军制与州同），割霸州之永清、文安、大城 3 县 317 户属之；于涿州新镇（今文安县新镇）建平戎军，析霸州之文安县、大城县 500 户属之。景德元年（1004 年），改破虏军为信安军；次年，改平戎军为保定军。景祐二年（1035 年），废永清县入文安县，徙文安县治于永清城（今霸州镇）。皇祐元年（1049 年），迁回原治（今文安县文安镇）。政和三年（1113 年），赐霸州名永清郡，领文安、大城 2 县。宣和五年（1123 年），收复香河县，赐名清化县。宣和七年（1125 年），降保定军为保定县；清化县复入金。

金天会三年（1125 年），清化县复名香河县。境域属燕京路析津府。天会七年（1129 年），改属河北东路析津府。天德三年（1151 年），三河属通州（原潞县）。贞元元年（1153 年），境域改属中都路大兴府。大定二十七年（1187 年），降信安军为信安县。大定二十九年（1189 年），于益津关置益津县（县治今霸州镇），属霸州。此时，中都路领通州（辖通州、三河）、大兴府（辖香河、安次、永清、武清等县）、涿州（辖固安等县）、霸州（辖信安、益津、文安、大城县）、平州、蓟州、顺州、易州、遂州、安肃州、保州、安州、雄州、滦州。元光元年（1222 年），信安县升级为镇安府。

元初，废镇安府为信安镇，入霸州。成吉思汗十年（1215 年），境域属燕京路总管大兴府。中统四年（1263 年），升安次县为东安州、固安县为固安州，隶属不变。至元元年（1264 年），属大都大兴府。至元二十一年（1284 年），属中书省大都路总管府。

明洪武元年（1368年），降东安州为东安县、固安州为固安县，省益津县入霸州。三河县（属通州）、香河县（属漷州）、东安县、永清县、固安县、霸州（辖文安、大城、保定3县），属北平府。洪武二年（1369年），改属北平行省北平府。洪武九年（1376年），属北平承宣布政使司北平府。洪武十年（1377年），省香河县入漷州。洪武十三年（1380年），香河县复置，属北平府。永乐元年（1403年），三河县、香河县（属通州）、东安县、永清县、固安县、霸州（辖文安县、大城县、保定县）属北平行省顺天府。永乐十九年（1421年），改属京师（北直隶）顺天府，治宛平。

清，境域属京师顺天府，治宛平。康熙二十七年（1688年），设四路同知，三河县、香河县属西路厅；霸州（辖文安县、大城县）、固安县、永清县、东安县属南路厅。雍正六年（1728年），霸州由直隶州降为散州（县级），属顺天府。时境域属直隶省顺天府，治宛平，三河、香河、安次、永清、固安、霸州、文安、大城等县均属之。

民国2年（1913年），改霸州为霸县。民国3年（1914年），东安县改为安次县。民国4年（1915年），保定县改称新镇县，境域属直隶省京兆特别区（治宛平，辖三河、香河、安次、永清、霸县、固安、大兴、宛平、武清等20县）及直隶省津海道（驻天津，辖文安、大城、新镇等32县）。

民国17年（1928年），直隶省改为河北省，境域直属河北省。

民国25年（1936年），日本侵略军强占热河察北，华北危急，河北省实行行政督察专员区。次年，廊坊多数县属河北省冀中第五、第六行政督察署。抗日战争爆发后，廊坊境域被日本军队占领，中国共产党在敌后开展游击战争。民国27年（1938年）后，中共冀中区委员会成立，时境域各县相继建立了敌后抗日民主政权。此后，境域各县隶属不一，且多变。中共抗日民主政权、日伪政权、国民党政权并立，相互交错，变化频繁。

境域各县中共领导的民主政权隶属建置变化。民国28年（1939年），文安县、新镇县合并，组成文新县，属冀中第五分区。民国30年（1941年），大城县属冀中第九分区；文新县、第一联合县、第二联合县、第三联合县四县属第十一分区。民国31年（1942年），改属冀中第十分区。蓟（县）宝（坻）三（河）、平（谷）三（河）密（云）联合县及香（河）武（清）宝（坻）和通（县）三（河）香（河）联合县隶属晋察冀边区第十三行政督察署，次年底，属冀热辽区行署第一专署；民国34年（1945年）1月，属冀热辽区行署第十四专署；民国35年（1946年）1月，属冀东区行署第十四专署，9月属河北省通县专署。民国34年，大城县、文安县、新镇县、胜芳市属冀中第九专区，固安县、永清县、安次县、霸县等属冀中第十专区。民国35年，大城县、文安县、新镇县、胜芳市、青县、任邱县等15县（市）属冀中区第八专区；霸县、固安、永清、安次、大兴、宛平等12县属冀中区第十专区；三河、香河二县隶属未更。民国36年（1947年），文安县、新镇县合并为文新县，胜芳市和霸县合并为胜霸县，新城县与固安县合并为新固县，隶属不变。民国37年（1948年）11月，新固县分开，恢复新城、固安二县建制。12月，胜霸县分开，恢复胜芳市和霸县建制。时冀中行政公署属华北人民政府，下设四个专区。1949年3月，新雄县归并文新县，复名文安县，仍属冀中区第八专区。安次县、永清县、固安县、霸县、武清县、容城县、雄县、大兴县、新城县、胜芳市属冀中第十专区。

1949 年 8 月 7 日，河北省天津区行政督察专员公署建立，辖安次县、永清县、霸县、文安县、大城县、武清县、宁河县、宝坻县、静海县、天津县及胜芳镇、汉沽镇、杨柳青镇。专署机关驻杨柳青镇。三河、香河二县属河北省通县专区；固安县属河北省保定专区。

1950 年 11 月，河北省天津区行政督察专员公署改名为河北省人民政府天津区专员公署。

1951 年 1 月，内务部批准，胜芳镇划归霸县。6 月，河北省人民政府决定胜芳与霸县分设，由天津专署直接领导。

1952 年，天津专署辖 11 县 3 镇，分别为宁河县、宝坻县、武清县、静海县、安次县、永清县、霸县、文安县、大城县、青县、任邱县及胜芳镇、杨柳青镇、汉沽镇。

1953 年 11 月，政务院批准，将胜芳镇划归霸县，为县辖镇。1954 年 5 月 6 日，胜芳镇正式对外公布归属霸县。时天津专署机关地址设在静海县杨柳青镇，辖 1 市 11 县，分别为汉沽市、宁河县、宝坻县、武清县、静海县、安次县、永清县、霸县、文安县、大城县、青县、任邱县。

1954 年 4 月，政务院批准，将保定专区的固安县划归通县专区。

1955 年 3 月，国务院全体会议第六次会议批准，设立大厂回族自治县（12 月 2 日成立），属通县专区。4 月 5 日，河北省人民政府天津区专员公署改为河北省天津专区专员公署，隶属未更。各县人民政府改称县人民委员会。

1958 年 4 月 28 日，国务院决定，将三河县、大厂回族自治县、香河县由通县专区划归唐山专区；固安县由通县专区划归天津专区。6 月，天津专区与沧县专区合并，称天津专区，机关驻沧镇，时辖静海、河间、任邱、沧县、献县、交河、阜城、景县、宁津、盐山、黄骅、东光、南皮、吴桥、故城、肃宁、武强、庆云、饶阳、孟村、青县、大城、文安、霸县、永清、安次、武清、固安、沧镇、泊头市 30 个县（镇、市）。12 月 20 日，国务院第八十三次会议通过，撤销庆云县和孟村回族自治县，划归盐山县；撤销青县，划归静海县；撤销大城、文安 2 县，划归任邱县；撤销安次县，划归武清县；撤销固安、永清 2 县，划归霸县；撤销肃宁县，划归河间县；撤销泊头市和阜城县，划归交河县；撤销东光县、南皮县，划归交河县；撤销武强、饶阳 2 县，划归献县；撤销景县、故城县，划归吴桥县；撤销沧州市，划归沧县。12 月 22 日，国务院批准，撤销天津专区，划归天津市，天津专区所辖各县改属天津市，机关驻天津市。天津市辖和平区、红桥区、河东区、河西区、河北区、南开区、塘沽区、汉沽区及沧县、河间县、献县、交河县、吴桥县、盐山县、黄骅县、霸县、任邱县、静海县、武清县、宁津县。三河县、大厂回族自治县并入蓟县，香河县并入宝坻县，属唐山专区。

1960 年 4 月 21 日，河北省人民委员会批准，将唐山市所属蓟县（包括三河县、大厂县）、宝坻县（包括香河县）划归天津市。天津市辖 7 区 14 县。

1961 年，国务院批准，恢复天津专区建制，受天津市、河北省双重领导，机关驻天津市区。7 月 9 日，国务院第 111 次全体会议决定，恢复安次、永清（含固安）、文安（含大城）三县建制，时辖蓟县、宝坻、武清、安次、永清、霸县、文安、静海及胜芳镇。

1962 年 3 月 27 日，国务院第 115 次全体会议决定，恢复固安县、大城县建制；6 月 1 日，国务院第 116 次全体会议决定，恢复三河县、大厂回族自治县、香河县建制，隶属天津专区。

1963 年，胜芳镇降为县辖镇，归属霸县。天津专区辖三河县、大厂回族自治县、香河县、安次县、武清县、宝坻县、蓟县、静海县、宁河县、永清县、固安县、霸县、文安县、大城县，以及芦台农场、汉沽农场。

1967 年 11 月，天津专区更名为天津地区，河北省天津地区革命委员会建立，隶属河北省革命委员会，机关驻天津市区。此后至 1968 年，地区所辖各县陆续建立革命委员会。

1969 年 3 月，天津地区机关驻地由天津市迁至安次县廊坊镇。隶属、辖区未变。

1973 年 7 月，国务院批准，将天津地区的蓟县、宝坻县、武清县、宁河县、静海县划归天津市。12 月，国务院批准，天津地区更名为廊坊地区，驻地仍在廊坊镇。

1974 年 1 月，正式启用廊坊地区名称。河北省天津地区革命委员会改为河北省廊坊地区革命委员会。时辖三河县、大厂回族自治县、香河县、安次县、永清县、固安县、霸县、文安县、大城县，以及芦台农场、汉沽农场。

1978 年，河北省廊坊地区行政公署建立，隶属河北省人民政府。河北省廊坊地区革命委员会同时撤销，辖县未变。所辖各县革命委员会同时撤销，恢复各县人民政府建制。

1979 年 3 月，芦台农场、汉沽农场划归唐山市。廊坊地区辖三河县、大厂回族自治县、香河县、安次县、固安县、永清县、霸县、文安县、大城县。

1981 年 12 月 7 日，国务院批准，撤销廊坊镇，设立廊坊市（县级），以安次县的廊坊镇及南尖塔、桐柏、北旺 3 个公社为廊坊市的行政区域，隶属廊坊地区行政公署。

1982 年 3 月 1 日，廊坊市（县级）正式建立。廊坊地区辖廊坊市、三河县、大厂回族自治县、香河县、安次县、永清县、固安县、霸县、文安县、大城县。

1983 年 3 月，国务院批准，撤销安次县，并入廊坊市（县级）。廊坊地区辖廊坊市（县级）、三河县、大厂回族自治县、香河县、永清县、固安县、霸县、文安县、大城县。

1988 年 9 月 13 日，国务院批准，撤销廊坊地区和廊坊市（县级），廊坊地区更名为廊坊市（地级）。廊坊市（县级）更名为安次区。

1989 年 4 月 1 日，廊坊市正式建立，党政机关驻地廊坊，辖安次区、三河县、大厂回族自治县、香河县、永清县、固安县、霸县、文安县、大城县。

1990 年 2 月 20 日，撤销霸县建制，建霸州市（县级），辖域不变。廊坊市辖安次区、霸州市、三河县、大厂回族自治县、香河县、永清县、固安县、文安县、大城县。

1993 年 4 月 28 日，撤消三河县建制，建三河市（县级），辖域不变。时廊坊市辖安次区、三河市、霸州市、大厂回族自治县、香河县、永清县、固安县、文安县、大城县。

2000 年 3 月 7 日，国务院批准设立广阳区。是年 10 月，从安次区划出南尖塔镇、万庄镇、旧州乡、北旺乡、白家务办事处及小廊坊、北大街、北门外、新开路 4 个街道办事处和北史家务乡的 7 个村街，建立广阳区。廊坊市辖安次区、广阳区、三河市、霸州市、大厂回族自治县、香河县、永清县、固安县、文安县、大城县。至 2016 年年底无变化。

（市方志办）

气　候

【概况】 2016 年，全市平均降水量为 555.1 毫米，比常年（519.0 毫米）偏多 6.9%，属于历史上降水正常年份。全市平均气温为

12.9℃，较常年（12.2℃）偏高 0.7℃，属于历史上气温偏高年份。平均日照时数 2483.0 小时，比常年（2483.8 小时）偏少 0.8 小时，属于历史上日照正常年份。2016 年廊坊市气象灾害发生频率接近 20 世纪 90 年代后平均水平，属于"中等"年份；气候年景属于"一般"年份。

【降水】 2016 年全市平均降水量为 555.1 毫米，比常年（519.0 毫米）偏多 6.9%，属于历史上降水正常年份。7 月降水量达到 251.1 毫米，较常年（159.6 毫米）偏多 57.3%。3 月全市无降水天气出现。从各月全市平均降水量与同期气候平均值比较看，2 月、5 月、6 月、7 月和 10 月降水较常年同期偏多 8%～151%不等，其中 2 月偏多 151.2%；其余各月较常年同期偏少 5%～85%不等。

在地域分布上，各县（市、区）降水量存在差异，其中三河降水量最多，达到 709.3 毫米，较常年偏多 22.3%；廊坊市区、固安、永清、霸州和文安偏多 2.3%～20.3%不等，大厂、香河和大城偏少 2.3%～4.2%不等。

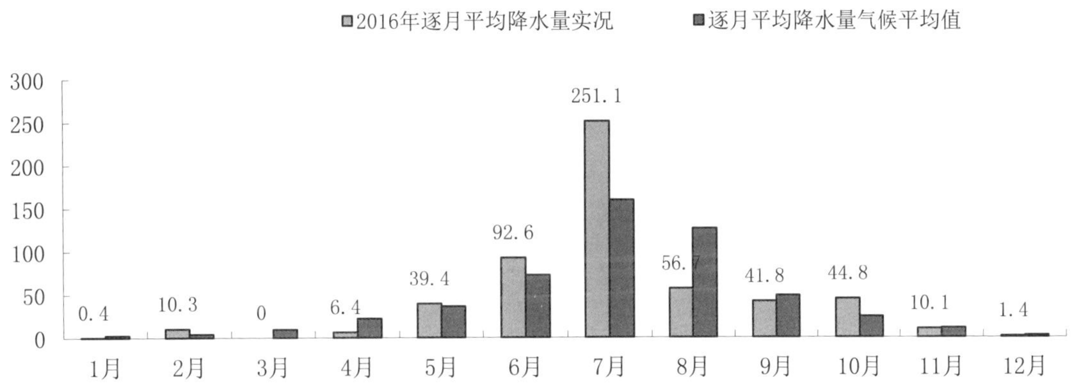

图 2 2016 年廊坊市逐月平均降水量与常年平均值对比图（单位：毫米）

2016 年廊坊市各县（市、区）降水量合计值和距平百分率比较表

表 2 单位：毫米、%

	三河	大厂	香河	廊坊	固安	永清	霸州	文安	大城	平均
2016 年	709.3	538.5	523.0	551.9	580.4	586.6	507.3	518.3	480.5	555.1
气候值	580.0	555.4	545.9	513.5	508.3	487.7	482.1	506.8	491.7	519.0
距平百分率	22.3	-3.0	-4.2	7.5	14.2	20.3	5.2	2.3	-2.3	6.9

说明：距平是指某一系列数值中的某一个数值与平均值的差，分正距平和负距平

【气温】 2016 年全市平均气温为 12.9℃，较常年（12.2℃）偏高 0.7℃，属于历史上气温偏高年份，各县（市、区）除霸州与常年持平外，其他高于常年 0.4℃～1.1℃不等；全市年极端最高气温为 37.4℃，6 月 21 日出现在大城，年极端最低气温为-20.8℃，1 月 24 日出现在固安。市区年极端最高气温为 37.2℃，出现在 6 月 25 日，年极端最低气温为-15.2℃，出现在 1 月 23 日。

2016年廊坊市各县（市、区）平均气温和极端气温统计表

表3 单位：℃

	三河	大厂	香河	廊坊	固安	永清	霸州	文安	大城
2016年实况值	12.7	12.5	12.5	13.4	12.6	13.0	12.7	13.1	13.6
气候平均值	11.8	11.9	12.1	12.3	12.1	12.0	12.7	12.8	12.5
距平	0.9	0.6	0.4	1.1	0.5	1.0	0	0.3	1.1
年极端最高	36.1	36.4	36.2	37.2	37.0	36.9	37.3	37.0	37.4
出现日期	26/6	26/6	26/6	25/6	25/6	25/6	25/6	25/6	21/6
年极端最低	-17.0	-17.7	-17.6	-15.2	-20.8	-19.1	-19.9	-19.2	-19.3
出现日期	24/1	23/1	23/1	23/1	24/1	24/1	24/1	24/1	24/1

从旬平均气温变化看，1月中旬和下旬、2月下旬、7月中旬、10月上旬和下旬、11月上旬和下旬气温较常年同期普遍偏低0.2℃～2.2℃，其中1月下旬偏低3.5℃，其他时段气温除5月中旬与常年同期持平外，均高于常年，其中3月下旬偏高4.0℃，为全年偏高最多时段。

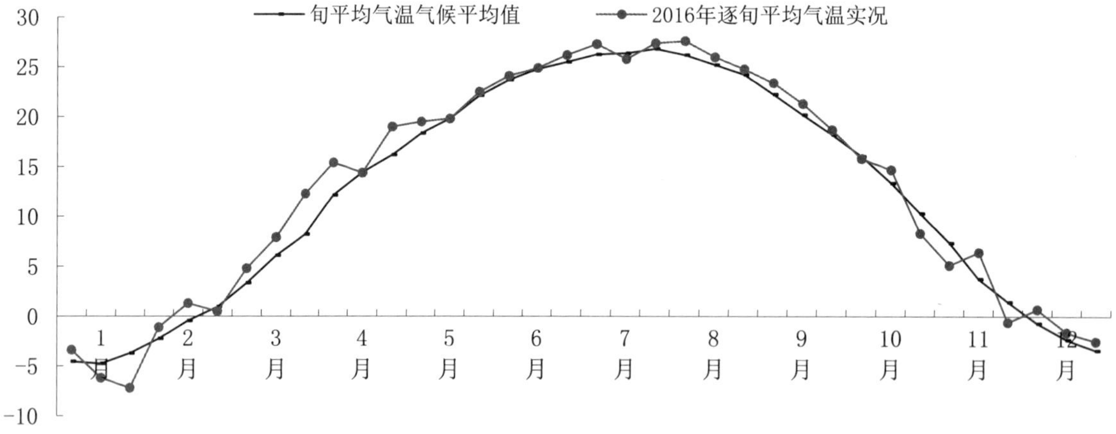

图3 2016年廊坊市逐旬平均气温值与气候平均值（单位：℃）

【日照】 2016年全市平均日照时数为2483.0小时，比常年（2483.8小时）偏少0.8小时，属于历史上日照正常年份。大厂偏多375小时，属于历史同期异常偏多时段，文安和大城分别偏多207.3小时和244.4小时，为日照显著偏多时段；永清偏少436.2小时，为异常偏少时段，固安和霸州分别偏少170.6小时和214.9小时，属于历史同期偏少和显著偏少时期。

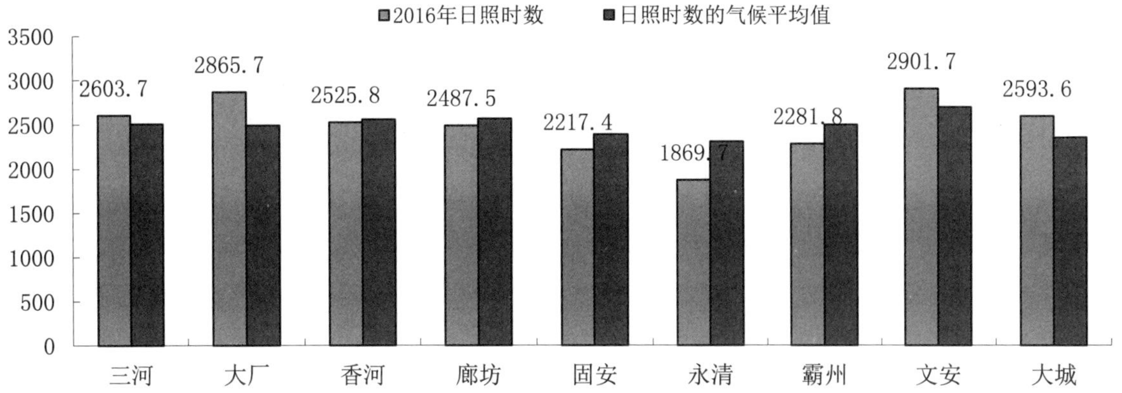

图 4　2016 年廊坊市各县（市）日照时数与气候平均值（单位：小时）

【气候事件及影响】　2016 年廊坊市遭受寒潮、暴雨、冰雹、大风、雷电，以及雾和霾等多种灾害性天气，给人民生产生活和身体健康造成不同程度影响。

寒潮大风。1 月 21 日—24 日，全市经历降雪、大风和强降温天气。其中固安、永清、霸州、文安、大城 5 座观测站观测日最低气温 48 小时降温幅度＞10℃，达到寒潮标准，属于区域寒潮。23 日全市各县（市、区）最高气温均低于-10℃，23 日—24 日各县（市、区）最低气温降至-20℃至-15℃，达到全年气温最低值。该寒潮过程中，全市 9 个气象观测站观测风力均达到 6 级以上，其中市区最大瞬时风速为 16.1 米/秒，香河站 23 日最大瞬时风速为 17.2 米/秒，24 日为 18.7 米/秒，均达到灾害性大风级别。

11 月 20 日—23 日，廊坊市出现大范围寒潮天气。20 日傍晚至 21 日上午，全市自北向南出现雨转雪（或雨夹雪）天气，雨量分布不均，平均降水量 8.3 毫米，最大降水量 18.1 毫米，出现在香河县气象站，市区 9.8 毫米。48 小时最低气温和最高气温平均下降均为 9.1℃，最低气温和最高气温降温幅度分别达到 10.9℃和 10.5℃，均出现在大城。21 日至 22 日极大风速普遍达到 12～15 米/秒，最大瞬时风速 15.5 米/秒，出现在文安。该次降雨对净化空气、增加土壤墒情有利，但降水过后气温下降明显，风力较大，对蔬菜大棚等有一定不利影响。

2.风雹天气。6 月 10 日，香河中南部、廊坊广阳区和安次区出现冰雹天气，市区观测站观测冰雹最大直径约为 15 毫米；香河出现瞬时风速 22.4 米/秒（9 级风）短时大风，市区和大城瞬时风速分别达到 19.0 米/秒（8 级风）。据市民政局统计，该次强对流天气造成香河县、安次区和广阳区 3.52 万人口不同程度受灾，农作物受灾面积 3515.23 公顷，成灾面积 2315.75 公顷，直接经济损失 3126 万元，受灾作物以玉米、小麦、蔬菜、水果等为主。

6 月 21 日夜间、27 日夜间和 29 日夜间，三河市、文安县和廊坊市区分别出现冰雹，由于持续时间较短，强度较弱，未造成严重灾害。

3.区域性大暴雨。7 月 19 日至 21 日，廊坊市出现区域性大暴雨天气，全市 9 个气象观测站观测平均降水量为 182.1 毫米，其中固安县和永清县分别达到 221.4 毫米和 252.9 毫米，其它县（市、区）普遍在 151～196 毫米之间。

该次降雨缓解旱情，利于玉米等农作物生长，但持续时间较长，强降水造成大范围城乡积涝，部分路段积水严重，对交通和市民出行产生较大影响。

4.持续性雾和霾。2016 年全市平均出现大雾天气 44.4 天，较常年（22 天）偏多 22.4 天，较 2015 年（21 天）偏多 23.4 天；全市平均霾日为 58.1 天，较 2015 年（49.7 天）增加 8.4 天。区域性雾和霾天气主要集中出现在 11 月至 12 月，影响比较严重的过程有：11 月 2 日至 5 日、11 月 17 日至 19 日、11 月 24 日下午至 26 日；12 月 16 日至 21 日和 12 月 30 日至 2017 年 1 月 8 日，全市出现 2 次严重雾和霾天气，部分时段能见度不足 50 米。

2016 年廊坊市各县（市、区）雾日和霾日统计表

表 4　　　　单位：天

	三河	大厂	香河	廊坊	固安	永清	霸州	文安	大城	平均
雾	35	37	69	23	60	46	17	64	49	44.4
霾	67	27	46	56	70	94	34	44	85	58.1

说明：霾的气象观测标准为能见度小于 10 千米，相对湿度小于 65%，即为霾；一天中连续 6 个时次达到上述标准，即记为一个霾日。

（马启河）

自然资源

【水资源】　廊坊市地处海河流域中下游，素有“九河下梢”之称。境内河道、洼淀较多。主要水系有潮白蓟运河水系、北运河水系、永定河水系、大清河水系、子牙河水系。海河流域主要行洪河道除南运河不流经廊坊市外，其他河流均流经廊坊市。全市主要有沟河、引沟入潮、北运河、潮白河、青龙湾减河、永定河、白沟河、大清河、子牙河、子牙新河 10 条行洪河道，还有鲍丘河、龙河、凤河、牤牛河、中亭河、赵王河、天堂河、雄固霸新河、任文干、任河大、排干三、港河西支等排沥河道。另外，廊坊市境内还有文安洼、东淀、永定河泛区、贾口洼 4 个国家防总直接调度的蓄滞洪区。由于廊坊市地处海河流域下游地区，每到汛期，上游暴雨容易形成洪涝灾害。

廊坊市地处海河流域，属温带大陆性季风气候，四季分明。具有春季干旱多风，夏季炎热多雨，秋季晴朗凉爽，冬季严寒少雪特征。多年平均降水量为 554.2 毫米，降水年内分配不均，一般降水主要集中在汛期(6 月至 9 月)。

2016 年，廊坊市平均降水量 557.7 毫米，比 2016 年偏多 2.9%，比多年平均值偏少 0.4%，属平水年份。

2016 年，廊坊市地表水资源量 0.7821 亿立方米，地下水资源量 5.8871 亿立方米，水资源总量 6.3511 亿立方米。水资源总量 63511 万立方米。水资源总量比 2015 年偏多 7.0%，比多年平均减少 21.0%。

2016 年，廊坊市河道径流总量 14.322 亿立方米，河道入境水量 14.12 亿立方米，河道出境水量 12.87 亿立方米，全市河道出入境水量之比为 0.91。年内全市河道引提水总量 1.8699 亿立方米，年底利用河、渠、坑、塘蓄水 1.1216 亿立方米。

2016年，廊坊市供水量10.2313亿立方米，其中地表水工程供水量2.7031亿立方米，地下水开采量6.5452亿立方米，其他水源供水量0.9830亿立方米。全市用水量10.2313亿立方米，其中，农田灌溉用水量5.1149亿立方米，林牧渔畜用水量1.106亿立方米，工业用水量1.2202亿立方米，城镇公共用水量0.5075亿立方米，居民生活用水量1.9025亿立方米，生态与环境补水量0.3802亿立方米。

（畅金元）

【矿产资源】 廊坊市位于燕山山脉的南侧，有着较为丰富的矿产资源，主要有石油、天然气、煤、熔剂白云岩、水泥用灰岩、紫砂陶瓷用黏土、海泡石，以及地下热水、矿泉水等矿产资源。煤炭主要分布在北部三河市康家湾到段甲岭一带和南部大城县境内。其中，三河市煤田煤系厚度497米，含煤13层，煤层厚度13.63米，以无烟煤为主，无烟煤占三河市煤田储量的93%；大城县境内煤炭储量190.1亿吨，总含煤面积1040平方千米。石油和天然气主要分布在安次区、永清县、固安县、霸州市和文安县，已探明石油储量2亿吨，天然气储量186亿立方米。熔剂白云岩分布在三河市段甲岭、尚庄子等地，水泥石灰岩分布在三河市孤山。地下热水分布主要在安次区、永清县、固安县、霸州市、文安县和大城县，总面积1007.9平方千米，出水口最高温度93摄氏度，极具开发价值。

【植物资源】 廊坊市南北狭长，地形复杂，植被种类繁多。全市植物资源有127科，400余属，920种。栽培植物有粮食作物、豆类、薯类、油料、棉麻、烟草、药材、蔬菜、瓜类、林果、牧草11大类共100多种。

丘陵地区以旱生灌丛草本植物为主，树少且多为人工栽培。阴坡植被茂密而阳坡植被稀疏。野生植被有酸枣、荆条、胡枝子、白草、阿尔泰紫菀等。栽培植被有枣树、核桃树、柿子树等。在谷地、山间盆地种植玉米、谷子、小麦等栽培作物。

山麓平原上部坎沟多为酸枣、毛地黄等野生耐旱植被。平原农田中一般为禾本科杂草，栽培作物为谷子、玉米等。

冲积平原野生植被主要生长在田际隙地、路边，田间稀少。主要有有节节草、画眉草、芦苇草、三菱草、马齿苋、沙蓬、茅草、虎尾草、狗尾草、茶棵子、车前草、马绊草、枸杞等；栽培作物有小麦、玉米、大豆、谷子、水稻、棉花、花生、向日葵等，树木有桃树、梨树、苹果树、杏树、杨树、柳树等。

（市方志办）

人　口

据户籍统计，2016年年末廊坊市户籍总人口4699215人，比2015年末增加97917人。出生人口79568人，出生率1.7%。其中，男性41680人，女性37888人。死亡人口18059人，死亡率0.4%。其中，男10554人，女性7505人。迁入人口77554人，迁出人口41146人。人口自然增长率1.3%。

在全市总人口中，男性人口2370133人，占总人口的50.4%；女性人口2329082人，占总人口的49.6%；男女性别比为101.76。汉族人口4585557人，占总人口的97.6%；少数民族人口113658人，占总人口的2.4%。农村户籍人口2815446人，占总人口的59.9%；城镇户籍人口1883769人，占总人口的40.1%。在人口年龄结构中，0岁至17岁人口1063932

人，占总人口的22.6%；18至59岁人口2842721人，占总人口的60.5%；60岁以上792562人，占总人口的16.9%。

（刘　静）

民族　宗教

【民族】　2016年，全市有52个少数民族，152745人，占全市人口的3.3%。人口数最多的前3个民族分别是回族（78811人）、满族（50679人）、蒙古族（10774人）。全市有1个民族自治县（大厂回族自治县），2个民族乡（永清县管家务回族乡、文安县大围河回族满族乡），86个民族村（其中广阳5个，三河18个，大厂23个，香河4个，永清6个，固安4个，霸州8个，文安13个，大城2个，开发区2个）。全市有民族学校27所。

【宗教】　廊坊市有天主教、基督教、伊斯兰教、佛教、道教五大宗教，信教人数达18万人，主要分布在全市10个县（市、区）和廊坊开发区的44个乡镇、267个村街。其中天主教1.7万人、基督教3万人（受洗2.2万人，慕道友0.8万人）、佛教5万人（其中皈依2万人）、道教3000人、伊斯兰教8万人。百人以上的教徒聚居村99个，其中天主教40个、伊斯兰教59个。全市有宗教活动场所145处（寺观教堂84处、固定处所61处），其中天主教35处（教堂24处、固定处所11处）、基督教16处（教堂4处、固定处所12处）、佛教37处（寺院9处、固定处所28处）、道教11处（固定处所10处）、伊斯兰教46处（清真寺）。宗教教职人员218人，其中天主教16人、基督教10人、佛教70人、道教46人、伊斯兰教76人。有4个全市性宗教团体，即市天主教爱国会、市佛教协会、市道教协会、市伊斯兰教协会。

（刘　萍）

经济和社会发展

【概况】　2016年，全市生产总值实现2706.3亿元，同比增长8.0%。其中，第一产业增加值198.3亿元，下降0.1%；第二产业增加值1192.7亿元，增长5.3%；第三产业增加值1315.3亿元，增长12.0%。第一产业增加值占全市生产总值的比重为7.3%，第二产业增加值比重为44.1%，第三产业增加值比重为48.6%，比上年提高1.5个百分点。

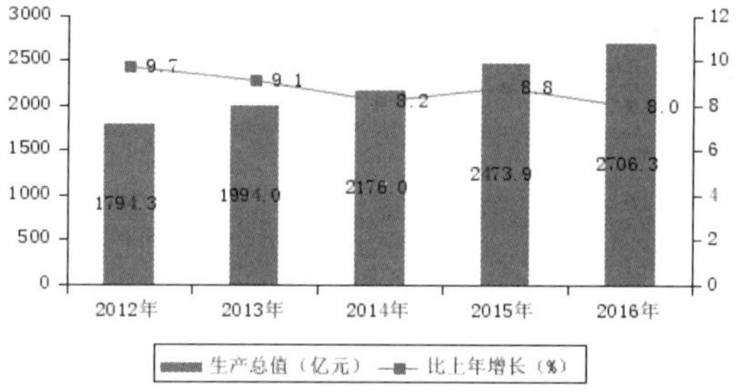

图5　2012年—2016年廊坊市生产总值及增速对比图

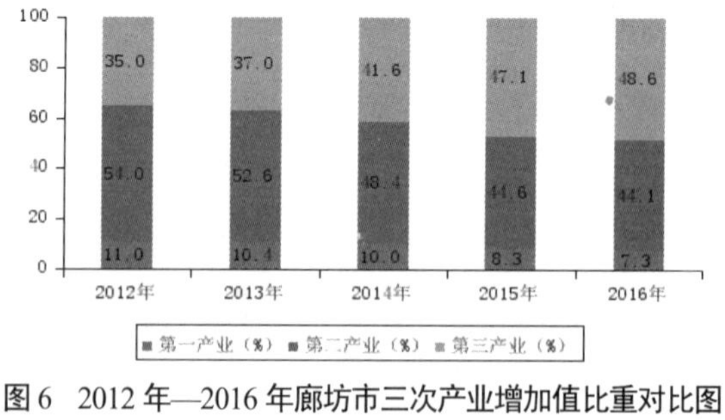

图6　2012年—2016年廊坊市三次产业增加值比重对比图

居民消费价格上涨1.5%，同比提高1.2个百分点。其中，城市上涨1.6%，农村上涨1.5%。分类别看，食品价格上涨2.4%，烟酒上涨2.9%，服饰上涨1.8%，家庭设备用品及维修服务上涨0.8%，医疗保健和个人用品下降

1.2%，交通和通信上涨1.3%，娱乐教育文化用品及服务上涨1.2%，居住上涨2.7%。商品零售价格上涨1.1%，提高1.5个百分点；农业生产资料价格下降4.1%，回落3.8个百分点；工业生产者出厂价格上涨0.9%，提高7.2个百分点。

下岗再就业人数0.83万人。年末城镇登记失业率2.0%。

【农业】 全年粮食播种面积450.4万亩(30.03万公顷)，同比下降2.7%；粮食总产量159.5万吨，下降0.8%。其中，夏粮产量39.1万吨，下降8.2%；秋粮产量120.3万吨，增长1.9%。

棉花播种面积20.2万亩（1.35万公顷），同比下降31.6%；棉花总产量1.5万吨，下降29.9%。油料播种面积23.1万亩(1.54万公顷)，同比持平；总产量4.0万吨，增长2.9%。

蔬菜播种面积153.3万亩（10.22万公顷），同比下降4.8%；蔬菜总产量638.9万吨，下降6.0%。其中，设施蔬菜播种面积61.4万亩（4.1万公顷)，增长6.3%；产量244.8万吨，增长5.3%。

肉类总产量27.6万吨，同比下降12.0%。其中，猪肉产量15.2万吨，下降9.9%；牛肉产量5.0万吨，下降18.6%；羊肉产量2.5万吨，下降17.8%；牛奶总产量17.0万吨，下降24.9%。禽蛋产量15.7万吨，增长0.7%。

水产品产量3.5万吨，同比持平。

农用机械总动力393.0万千瓦，同比下降43.7%。机耕面积444.6万亩（29.64万公顷），增长0.1%；机播面积491.4万亩（32.76万公顷），下降2.4%；机收面积378.9万亩（25.26万公顷），增长2.5%。农村用电量81.0亿千瓦小时，下降12.5%。

【工业　建筑业】 全部工业增加值1010.2亿元，同比增长5.4%。其中，规模以上工业增加值776.5亿元，增长6.0%。在规模以上工业中，分经济类型看，国有企业增加值增长15.2%，集体企业增长4.9%，股份制企业增长6.9%，外商及港澳台企业增长2.2%；分轻重工看，轻工业增长5.6%，重工业增长6.1%。

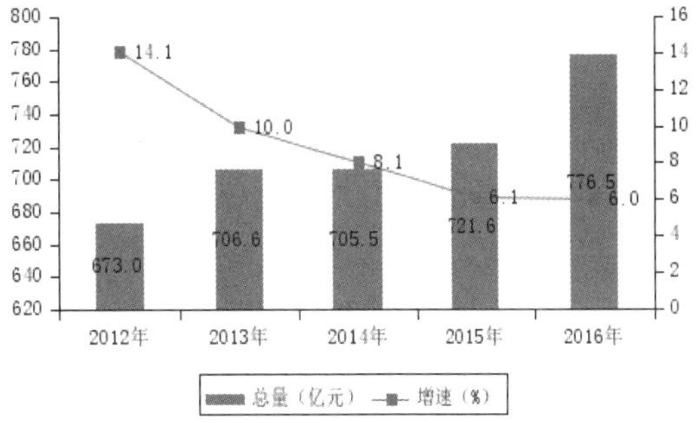

图7　2012年—2016年规模以上工业增加值及增速图

规模以上工业行业中，金属制品业、食品制造业和汽车制造业三大行业支撑作用较强，拉动全市规模以上工业增长3.0个百分点；五大高耗能行业（注4）实现增加值249.6亿元，增长3.6%，占全市规模以上工业的比重为32.1%，下降0.4个百分点；装备制造业增加值285.5亿元，增长8.0%，占全市规模以上工业的比重为36.8%，提高0.6个百分点；规模以上工业高新技术产业增加值202.4亿元，增长15.1%。其中，高端技术装备制造和电子信息两个领域增加值分别增长17.6%和9.1%，两大领域占规模以上工业高新技术产业增加值的比重达84.9%。

规模以上工业企业实现利润总额183.0亿元，增长12.1%。分经济类型看，国有及国有控股企业实现利润-0.5亿元，同比增长1.9倍；集体企业3.6亿元，下降3.2%；股份制企业126.4亿元，增长16.4%；外商及港澳台商投资企业49.6亿元，增长5.0%；其他企业3.9亿元，增长1.3%。

建筑业实现增加值182.7亿元，增长5.0%。资质等级以上建筑业企业房屋施工面积3428.1万平方米，下降5.6%；房屋竣工面积1013.6万平方米，下降3.4%。

2016年廊坊市规模以上工业主要产品产量统计表

表5

产品名称	单位	产量	比上年增长（%）
精炼食用植物油	万吨	72.2	8.0
服装	万件	788.1	5.0
家具	万件	704.6	-6.3
纸制品	万吨	77.0	2.0
初级形态塑料制品	万吨	11.7	19.6
水泥	万吨	271.6	26.2
平板玻璃	万重量箱	571.8	21.1
钢材	万吨	2765.5	7.4
发电量	亿千瓦小时	66.3	-2.6

【固定资产投资】 全社会固定资产投资完成2490.8亿元，增长15.0%。其中，固定资产投资（不含农户）2458.5亿元，增长15.2%；农户投资32.3亿元，下降2.1%。

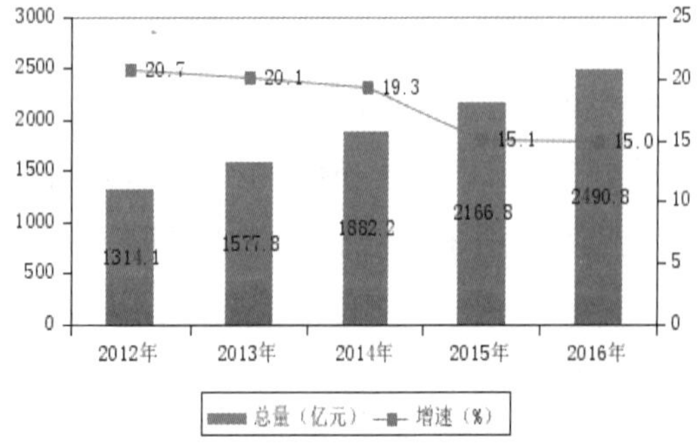

图8　2012年—2016年全社会固定资产投资及增速图

在固定资产投资（不含农户）中，第一产业投资35.2亿元，同比增长26.9%；第二产业投资1291.5亿元，增长21.9%；第三产业投资1131.8亿元，增长8.1%。在第二产业投资中，工业投资1291.0亿元，增长21.9%，高于固定资产投资6.7个百分点。其中，工业技改投资794.3亿元，增长16.2%，占工业投资的61.5%。

全市施工项目1611个，同比增长34.9%，完成投资1754.9亿元，增长20.0%。其中，新开工建设项目1284个，增长49.7%，完成投资1120.9亿元，增长30.4%，拉动全市固定资产投资增长12.2个百分点。

房地产开发投资703.6亿元，同比增长4.9%。其中，商品住宅投资562.8亿元，增长0.8%；办公楼投资29.8亿元，增长2.0倍；商业营业用房投资67.7亿元，增长54.8%。

【国内贸易】 社会消费品零售总额881.9亿元，增长10.7%。其中，限额以上企业（单位）消费品零售额268.5亿元，增长10.8%。按经营地统计，城镇消费品零售额完成471.1亿元，增长11.0%；乡村消费品零售额完成410.8亿元，增长10.5%。

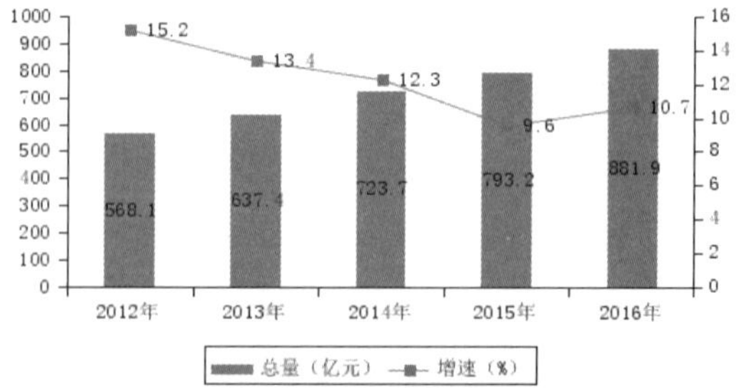

图9　2012年—2016年社会消费品零售总额及增速图

在限额以上批发和零售企业商品零售额中，占比前十的类别有汽车类增长15.6%，石油及制品类增长 10.1%，粮油、食品类增长 8.7%，服装、鞋帽、针纺织品类增长 6.3%，中西药品类增长 23.6%，金银珠宝类增长 3.3%，书报杂志类增长 5.8%，通信器材类增长 9.5%。家用电器音像器材类与日用品类呈负增长，分别下降 0.3%和 4.0%。

【对外经济】 实际利用外资 80207 万美元，增长 6.1%。其中，外商直接投资 78291 万美元，增长 17.3%。在外商直接投资中，投向一、二、三产业的外资分别为 226 万美元、68160 万美元和 9905 万美元。汽车制造业、食品制造业、化学原料和化学制品制造业居前，分别为 16231 万美元、13581 万美元和 10169 万美元。

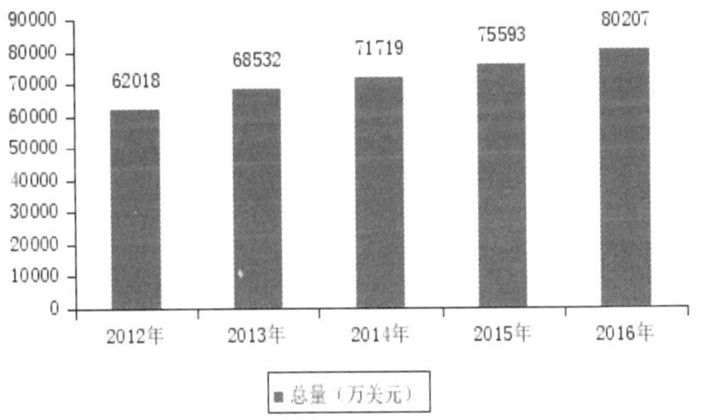

图 10　2012 年—2016 年全市实际利用外资对比图

从批准、注册情况看，年内新批项目 28 个，同比持平；总投资（含增资）124348 万美元，下降 15.3%。其中合同外资额（含增资）46099 万美元，下降 34.5%；年内新注册项目 24 个，注册资本 30567 万美元，下降 30.7%。其中外方注册资本 28774 万美元，下降 34.6%。至年末，全市实有三资企业 517 家。

据海关统计，全市进出口总值 332.6 亿元，增长 10.4%。其中出口总值 152.7 亿元，增长 5.0%；进口总值 179.9 亿，增长 15.3%。

【交通　邮电　旅游】 全年公路货物运输总量 10383.6 万吨，增长 1.0 倍；货物运输周转量 245.7 亿吨千米，增长 1.1 倍。旅客运输总量 3063.6 万人，增长 79.9%；旅客运输周转量 9.2 亿人千米，增长 78.0%。公路通车里程 10684 千米，其中，国道 703.5 千米，省道 412.7 千米，县道 749.2 千米，乡公路 1710.5 千米，专用公路 276.2 千米，村级公路 6832 千米；按等级分，高速公路通车路程 341.8 千米，一级路 561.6 千米，二级路 1056 千米，三级路 989.2 千米，四级路 7735.6 千米。全市有公路桥梁 2050 座、180342 米。干线公路大中修项目 16 项、里程 259 千米，投资 22061 万元。危桥改造 7 座、4413 米，投资 627 万元。

邮政业务收入 3.1 亿元，同比下降 6.1%。邮电业务收入 61.1 亿元，增长 31.9%。至年末，全市固定电话用户 61.6 万户，移动电话用户 547.6 万户，互联网宽带接入用户数 108.8 万户，互联网宽带接入端口 260.2 万个。

全年接待游客 2695.7 万人次，同比增长 33.0%，实现旅游收入 279.9 亿元，增长 38.6%。其中，接待国际游客 15.5 万人次，增长 13.4%，创汇 4882.9 万美元，下降 10.8%；接待国内游客 2680.2 万人次，增长 33.2%，创收 276.6 亿元，增长 39.3%。

【财政　金融】 全部财政收入 595.5 亿元，同比增长 23.7%。其中，一般公共预算收入 338.7 亿元，增长 11.6%。一般公共预算支出 511.1 亿元，增长 6.1%。

年末全部金融机构各项存款余额 6179.9 亿元，比年初增加 1168.8 亿元。其中住户存款余额 2860.3 亿元，比年初增加 474.9 亿元。各项贷款余额 4905.2 亿元，比年初增加 1484.4 亿元。

【教育　科学技术】 各类中等职业教育学校招生1.1万人，在校生2.9万人；普通高中招生2.4万人，在校生7.2万人；高中阶段教育毛入学率为92.5%，同比提高0.2个百分点；初中学校招生5.2万人，在校生14.6万人；普通小学招生8.5万人，在校生43.8万人；全市各类幼儿园在园幼儿14.4万人；特教学校在校生1052人；小学附设学前班在校生4.7万人。2016年高考报名考生1.9万人，其中本一上线人数3023人、本二上线人数7283人；体育、艺术本科提前批上线2075人。

经省科技厅认定的全市高新技术企业192家。争取省以上科技项目209项，获得扶持资金2.02亿元，其中国家级科技项目97项，资金1.61亿元。登记科技成果77项，其中国际先进2项，国内领先44项，国内先进23项，14项科技成果荣获省科学技术奖，其中技术发明奖1项，自然科学奖1项，科学技术进步奖12项。全市科学技术进步奖73项。专利申请4980项，其中发明专利1010项；专利授权3057项，其中发明专利338项。

【文化　卫生　体育】 全市有公有制艺术表演团体9个，艺术表演场所（公有制）6个，群众艺术馆2个，文化馆10个，公共图书馆12个，博物馆4个。

年末全市医疗卫生机构5989个，其中医院137个，疾病预防控制中心11个，妇幼保健院（所、站）10个。医疗卫生机构（医院、卫生院）共有床位20456张，其中医院拥有15451张，卫生院拥有3934张。全市拥有卫生技术人员23493人，其中执业医师8079人，执业助理医师2129人。乡镇卫生院90个，乡镇卫生院卫生技术人员2532人。

农村和城市社区健身设施覆盖率分别达到75%和90%以上。至年底，全市登记注册各类体育社会组织130个，街道乡镇级体育组织90个，全民健身点2000个；拥有各级社会体育指导员4800人，体育人口159万人，占总人口的35.3%。竞技体育队伍建设全面加强，面向全国引进高水平教练员35人，向省级以上专业队伍输送优秀运动员39人。

【人民生活　社会保障】 全市城镇居民人均可支配收入为34633元，同比增长8.5%；农村居民人均可支配收入为14286元，增长8.6%。城镇居民人均消费性支出22944元，增长3.6%；农村居民人均消费性支出11235元，增长5.5%。

各类企业参加养老保险人数（含省直管县数据）73.4万人，其中在岗职工64.4万人，离退休人员9.0万人。机关事业单位基本养老保险参保人数19.3万人，其中在岗职工14.3万人，离退休人员5.0万人。企业和机关事业单位养老保险金社会发放率和足额发放率均为100%。医疗保险参保人数（含新农合）396.1万人，新增1.6万人。职工失业保险参保人数29.7万人，新增1.9万人。城乡居民养老保险参保人数216.2万人，参保率达到99.2%。全市5.8万人享受居民最低生活保障，减少0.3万人。其中，城镇居民0.7万人，农村居民5.1万人。

【城市建设　环境保护】 全市建成区绿化覆盖率45.97%，绿地率42.65%，人均公共绿地面积14.0平方米。城市道路总长度504.0千米，道路总面积987.4万平方米。排水管道长度624.8千米。天然气管道总长度1328千米。供热管道总长度1021千米，城市集中供热面积2568.1万平方米。有水厂5座，日产水能力16.9万立方米，管线总长度320.6千米，5座水厂全年供水量为4426.9万立方米。市区公交线路36条，运营里程830千米，运营车辆639辆。

全年市区空气质量综合指数7.11，空气质量二级以上天数208天，城市空气质量达标率为56.8%，比上年提高6.1个百分点。

说明：

1.2016年部分数据为快报数。

2.农业生产条件为初步数据。

3.全市生产总值、各产业增加值绝对值按现行价格计算，增长速度按不变价计算。

4.全市规模以上工业企业五大高耗能行业分别为非金属矿物制品业、化学原料和化学制品制造业、黑色金属冶炼和压延加工业、石油加工炼焦和核燃料加工业、电力热力生产和供应业。

5.财政、金融、外贸、旅游、物价、交通、邮电、教育、科技、文化、卫生、体育、社保、城建及环保等指标均依据相关部门所提供数据。

（苏文侠）

京津冀协同发展

【概况】 2016年，廊坊市把京津冀协同发展作为廊坊发展面临的千载难逢的重大机遇，推进与京津在交通基础设施方面的对接，主动承接北京的产业、科技、人才等非首都功能要素外溢。廊坊市明确坚持绿色发展、高端发展、率先发展、和谐发展的理念，努力将廊坊建设成北京非首都功能集中承载地、科技研发创新成果转化引领区、战略性新兴产业和现代服务业聚集区、京津冀全面创新改革试验区。围绕“三区一地”功能定位，廊坊市编制《廊坊市科技研发创新成果转化引领区建设规划》《廊坊市现代服务业聚集区发展规划》《廊坊市战略性新兴产业聚集区发展规划》《廊坊市全面创新改革试验区发展规划》。在空间布局上，廊坊市提出打造三大功能区、三大经济带：北部文创与高端服务大区、中部科创与教育大区、南部先进制造大区；通州—香河—武清方向的运河文化创意产业带、沿张家口—中关村—廊坊—天津方向的大数据产业带、沿G45高速公路北京中关村—固安—霸州—保定方向的科技成果孵化转化产业带。在工作部署上，廊坊市率先在产业、生态、交通三个重点领域实现突破，加快创新驱动、承接教育、医疗等非首都功能产业疏解。

【互联互通交通体系构建】 2016年，廊坊市打通“断头路”，加快京津廊交通一体化进程，构筑“三枢纽四纵五横”为框架的综合交通体系。即建设“北三县”潮白新城枢纽中心、北京新机场廊坊枢纽中心、廊南霸州枢纽中心三大枢纽，构建大广高速公路、京台—廊沧高速公路、北京新机场南出口高速公路、密涿—廊涿高速公路4条纵向通道，推动京秦高速公路、京哈高速公路、唐廊高速公路、荣乌高速公路、津石高速公路5条横向通道。年内廊坊市与北京市就京廊交通规划一体化和北京新机场交通集疏运体系建设与北京达成共识，京廊通勤高铁“廊坊号”开通运行。京台高速公路廊坊段建成通车。津保高铁建成通车。密涿高速公路（廊坊段）建成通车。京秦高速公路京津连接线开工建设。潮白河大桥主体工程基本建成。廊涿固保城际铁路获河北省发改委核准，城际铁路联络线项目申请报告通过国家发改委委托评审。平谷线可行性研究报告进入编制阶段。津石高速（廊坊段）勘察设计完毕。北京新机场北线高速公路、105国道签订京冀接线协议。

【京台高速公路廊坊段京冀主线收费站通车】 12月9日，随着京台高速公路北京段建成通车，京台高速公路廊坊段京冀主线收费站同步通车营运。京台高速公路北京段通车使廊坊又增加了一条进京快速通道，进一步拉近廊坊与北京的时空距离。廊坊市区、永清县、霸州市、文安县、大城县的车辆，可就近驶入京台高速公路，向北进入北京市区。京台高速公路廊坊段全长 53 千米，穿越廊坊中部广阳、永清、安次 3 个县（区），串连廊坊空港经济区、永清·亦庄高新区、廊坊高新技术产业开发区等 6 个重点工业园区，沿线惠及 84 万人口。京台高速公路向北直达北京南三环刘家窑桥，向东连接京沪、滨保高速公路，通达天津港、唐山港、曹妃甸港、黄骅港，是廊坊市进京出海的高速通道。京台高速公路连接建设中的北京新机场，是廊坊市中南部地区通达北京新机场的高速通道。京台高速公路与密涿高速公路"北三县"段和廊沧高速互联互通，形成纵贯廊坊市南北的高速通道，在主动对接京津形成京津廊交通一体化的同时，连接全市北部、中部、南部 3 个板块，实现市域交通一体化。

【北京轨道交通 22 号线（河北三河段）开工】 12 月 23 日，北京轨道交通 22 号线（河北三河段）开工仪式在三河燕郊举行。轨道交通 22 号线即平谷线，是北京市首条跨区域城市轨道交通线路。工程西接北京东四环，横跨京冀两地，是京津冀三地首条区域快线。线路全长 74 千米。其中三河境内长约 22.6 千米，全部为高架敷设。全线设车站 12 座，其中三河境内设置车站 3 座，分别为燕顺路站、燕郊北站和齐心庄站。

【京津冀项目对接】 2016 年，廊坊市在与京津错位发展的过程中，引进战略性新兴产业和现代服务业项目，注重借势促进传统优势产业上档升级，优化产业结构。亦庄永清高新区获批省级高新区，机构设置获省批复，7 个项目进场施工；永清国际服装城商贸中心开工建设；中关村固安园、京冀通航产业园与清华大学共建中试孵化基地，与北京大学共建京津冀（廊坊）协同创新创业基地，与中关村合作实施"慧谷中国"项目。组织开展"全国工商联民企入冀"系列招商活动，签约合作项目 91 个，项目总投资 2158.37 亿元。京东集团电子商务产业集群、第 6 代 AMOLED 新型显示面板及模组等一批重大项目落户廊坊。中国核电工程有限公司研发中心、香河机器人产业港等在建项目进展顺利。以"大智移云"为特征的信息经济成为廊坊市加快经济增长的重要支撑和引领转型升级的新动能。承接北京专业市场搬迁转移项目进展顺利，香河国际建材交易中心一期工程开业运营，二期交易中心主体工程进入施工阶段；北京大红门鑫海宏都鞋城落户永清光彩商业中心；京津冀汽车零部件交易物流中心一期工程竣工；永清国际商贸城一期工程封顶。

【哈工大京津冀创新产业园落户香河】 11 月 27 日，哈工大京津冀创新产业园项目签约落户香河。市委书记冯韶慧出席签约仪式并致辞。该项目充分发挥香河县区位优势，利用哈尔滨工业大学（简称哈工大）的创新资源集聚、产业创新优势，共同打造科技创新和产业示范集聚区。该项目计划总投资 200 亿元，共建哈工大京津冀创新产业园，推动科技创新与成果转化，开展人才交流合作。创新产业园设立产业聚集板块和金融服务板块。产业聚集板块重点发展以航空航天、机器人为代表的高端装备制造以及环保等战略新兴产业和军民融合产业；金融服务板块吸引国有银行、天使投资基金、风险投资基金、产业投资基金、战略投资基金等金融业在创新产业园设立分支机构，为创业孵化、产业项目建设、基础建设提供资金支持。

【京津冀生态共建】 2016年，廊坊市推进大气污染防治及主要河流水污染治理，实施燃煤锅炉淘汰、扬尘、各类烟气、机动车、工业企业等污染治理。研究制定《全市气代煤和电代煤工程实施意见》，推进气代煤和电代煤改造；开展沟河、潮白河和子牙河综合整治，与大兴区政府、武清区政府建立区域联动水污染防治机制，共同推进凤河西支、龙河水环境治理。廊坊市与北京市园林局共同开展京台高速公路两侧绿化工程，全年造林29.97万亩（19980公顷）。推进生态共建共享，加快京津冀协同共建地区（北京平谷、天津蓟州、廊坊“北三县”）国家生态文明先行示范区建设。

【京津冀科技成果孵化转化】 2016年，廊坊市提出以“京津研发、廊坊孵化”为主攻方向，推动京津科技成果在廊坊就近孵化转化。支持宏泰集团与北京大学、中国技术交易所对接合作，共同建设廊坊龙河众创中心，将北京大学的最新技术成果和中国技术交易所全球化的推介平台有机结合，共同建设华北最大的技术成果孵化转化和科技成果展示交易中心。支持华夏幸福基业股份有限公司继在美国硅谷设立2家高科技孵化器之后，在德国、以色列、韩国、日本等国家设立科技孵化器，打造全球技术商业化中心，搭建起廊坊零距离吸附世界最新科技成果、对接尖端未来产业的桥梁。实施“一十百千万”科技创新行动，即制定一个科技创新整体规划，搭建“园区承载、创业孵化、成果转化、科技金融、产学研合作、企业研发、创新服务、产权交易、科技招商、政策支撑”十大服务平台，形成百家产业集群，新增千家科技型中小企业，引入培育万名科技型企业家和科技工作者。至年底，廊坊市有孵化器和众创空间40家，其中省级以上孵化器11家，居全省第一位。全市各级各类孵化场地面积100万平方米，集聚科技企业和创客团队1000多个。

【京津冀教育领域合作】 2016年，廊坊市与京津高校沟通对接，通过建立分校、分院和合作共建的方式，实现办学增量或整体存量向廊坊市转移。协调增加京津高校在廊坊市的本科招生规模，与京津建立职业教育订单培养模式，建设面向京津的劳动力输出与技能培训一体化的培训教育基地。北京八中固安分校、北京五中大厂分校建成使用，北京印刷学院、北大附属廊坊益田实验学校等教育机构转移或合作项目正在推进中。1月28日，北京市大兴区、天津市北辰区、河北省廊坊市在国家教育行政学院举行京（大兴）津（北辰）冀（廊坊）三区市教育联盟合作协议签约仪式。廊坊市与北京市大兴区和天津市北辰区签署三区市教育联盟合作协议，建立京津冀三区市（大兴、北辰、廊坊）教育联盟，在资源共享、学校共建、研讨培训等方面加强交流合作。

【京津冀医疗卫生合作】 2016年，廊坊市争取京津知名三级综合医院和特色专科医院到廊坊市建设附属医院；吸引京津知名医学院校、医疗集团及大型医院等到廊坊开设教学基地和实习基地；推动与京津医院技术协作、建立双向转诊和疑难重症会诊制度，开通京津知名医院对廊坊预约挂号诊疗直通车；探索医疗定点医保衔接，在对方定点机构刷卡就医、即时结报。签署京津冀毗邻地区疾病预防控制、卫生监督协同发展等协议，与北京朝阳医院、北京市中医管理局、解放军总医院、中科院肿瘤医院等知名医疗机构确定合作项目。燕达医院与北京天坛医院共建天坛燕达脑科中心，北京市将其列入新农合定点医院。8月11日，"健康京畿·中医药先行'8·10'工程"启动大会在廊坊市召开。会上北京市中医管理局和廊坊市人民政府签署"健康京畿·中医药先行"项目合作意向书，标志着"8·10"工程项目正式落地。

【京津冀协同发展廊坊投资推介会】 3月28日，京津冀协同发展廊坊投资推介会在北京举行。会上，廊坊市集中签约重点项目12个，全部为北京市重点企业，协议总投资额122亿元。12个重点项目分别为：京投银泰股份有限公司在三河市建设区域轨道科技研发中心及M-TOD一体化成果展示中心项目；北京市热力集团有限责任公司在三河市建设中国现代化供热绿色产业园项目；北京世纪汉唐影视策划有限公司在大厂回族自治县建设影视高清演播厅项目；北京市二商集团在香河县建设生活保障基地项目；北京科技园建设（集团）股份有限公司在广阳区建设北科建（廊坊）创新服务示范区项目；航天科工集团310所在安次区建设中国航天科工知识产权成果转化基地项目；北京纽威纳生物技术股份有限公司在固安县建设生物医药产业化基地项目；北京安德盛威科技发展有限公司在固安县建设激光医疗仪器生产项目；方仕国际投资集团有限公司在永清县建设方仕大都商贸广场项目；北京兴泉昊达医疗用品服务有限公司在霸州市建设公用纺织品生产服务项目；北京世纪百强家具有限责任公司在文安县建设高档家具生产项目；北京海淀留学人员创业园在廊坊经济技术开发区建设创新创业创客廊坊基地项目。

（李宏伟）

【农业产业协同发展】 2016年，廊坊市农业产业化经营在项目、科技、市场三个层次上与京津对接合作。项目对接合作：全市引进加州原野（北京）食品有限公司投资10亿元的干果加工项目等京津产业化重点项目24个，总投资近48.3亿元，全部开工建设。技术对接合作：全市引进酶转化、无抗饲料、绿色农药、智能化温室等30多项国家专利、40多项高新技术。廊坊市京南食品有限公司与北京美添前景科技有限公司开展技术合作，应用酶技术生产熟肉制品，可以减少化学添加剂的使用，降低能耗，提高产品品质。中伟生物无抗饲料推广项目是廊坊市农业产业化重点推广的项目之一。该项技术以各种农作物废弃物为原料，通过生物发酵，提高饲料营养转化率，节粮、安全，并使养殖环境无臭味，减少环境污染，达到生物资源循环利用。广阳、安次、永清等地的养殖企业广泛推广应用该项技术。市场对接合作。全市农产品有60多家企业的200多种产品进入北京超市，26家企业的近百种产品进入北京400多个社区，55家市级龙头企业与北京京客隆、物美、沃尔玛等18家大型超市建立长期供应合同，实现廊坊"小农户"与北京"大市场"的有效对接。华夏畜牧、海泽田、新苑阳光、欧华畜牧10多家企业通过会员制和B2C（企业对个人的电子商务）等形式，直接面向高端消费者，年供高档农产品1万多吨，注册会员6000多人。农超对接蔬菜年销售量60多万吨。

（郎之鉴）

全面深化改革

【概况】 2016年，中共廊坊市委全面深化改革领导小组召开会议8次，研究讨论改革事项54项。推动市县两级全部成立改革办正式机构，各专项改革小组均成立由处级干部牵头的办公室。出台《中共廊坊市委全面深化改革领导小组议事决策规则（试行）》《廊坊市全面深化改革工作市直单位考核办法（试行）》《廊坊市全面深化改革工作各县（市、区）、廊坊开发区考核办法（试行）》《廊坊市全面深化改革督察办法（试行）》等改革文件。制定《中共廊坊市委全面深化改革领导小组 2016 年工作要点》，提出全年需要强力推进的 146 项改革任务，确定 20 项重点改革任务。其中完成或完成阶段性任务改革 135 项。

【供给侧结构性改革】 2016 年，廊坊市研究制定《关于钢铁行业化解过剩产能若干政策》，制定“十三五”末钢铁全部退出的工作计划。完成压减炼铁产能 156 万吨、炼钢产能 72 万吨。出台《关于完善住房保障体系促进房地产市场平稳健康发展的若干意见》（即“廊九条”）和《关于进一步规范廊坊市区房产市场秩序的通告》（即“廊七条”），推动环京县（市）实行限购，房地产市场整体平稳有序。制定《廊坊市政府债务风险化解规划》《廊坊市政府债务风险处置预案》，引导各县（市、区）落实偿债主体责任，主动防范债务风险。推动石交所、深交所中小企业融资网络路演对接会定址廊坊，实现廊坊优秀企业与全国创投机构、上市公司的常态化对接。出台《廊坊市人民政府关于降低实体经济企业成本若干政策的通知》，研究制定降低实体经济企业成本的 8 方面 28 条具体政策措施。全面实施营业税改征增值税的税制转换。取消非行政许可审批事项，前置许可审批事项由 216 项减少到 34 项。推行“先照后证”改革，全面实行“多证合一”“一照一码”。以霸州市胜芳镇为试点推进经济发达镇行政管理体制改革，将 60 项行政审批事项下放至胜芳镇。组建大数据产业发展专家咨询委员会，编制大数据产业发展规划。推动成立京津冀大数据联盟，联盟秘书处落户廊坊市。市区和各县（市）建成区实现免费 Wi-Fi 热点地区全覆盖。以“互联网+”理念推进传统产业转型升级，文安胶合板和大城保温建材电商平台上线交易。农村电子商务基本实现县域全覆盖。

【配套推进需求侧改革】 2016 年，廊坊市确定首批交通能源市政公共服务等领域鼓励社会投资项目清单，涉及城际铁路、高速公路、城市供热、教育、医疗等方面共 24 项，总投资 243.2 亿元。在公共服务领域推广政府与社会资本合作（PPP）模式，制定《廊坊市政府和社会资本合作（PPP）项目储备库管理办法（试行）》，建立廊坊市 PPP 项目储备库。固安县固安高新区综合开发 PPP 项目入选财政部第三批政府和社会资本合作示范项目名单。固安县探索园区建设 PPP 模式的经验，被《人民日报》《光明日报》等媒体刊载。

【促进京津冀协同发展改革】 2016 年，廊坊市整合各类开发区园区，32 个省级以上园区整合为 8 个经开区、6 个高新区，其他园区实施“一区多园”管理。北京亦庄·永清高新区正式运营，北京亦庄开发区 10 名干部在管委会任职，主持工作的常务副主任由亦庄开发区选派。启动“通武廊人才一体化发展示范区”建设，与通州、武清合作实施“人才绿卡”机制、高端人才柔性引进政策等 11 项先行先试政策。参与编制的《北京新机场临空经济区规划（2015—2020 年）》在京津冀协同发展第六次领导小组会议上通过。燕达医院与北京医保实行直接结算。

【财税金融改革】 2016年，廊坊市深化农村信用社体制改革。省农村信用社联合社廊坊办事处改制组建为省农村信用社联合社廊坊审计中心，辖内县级联社改制组建农商行工作取得阶段性进展。鼓励优秀民营企业参与民营银行，新奥集团、荣盛集团参加民营银行发起企业省级遴选。引导村镇银行下延网点，村镇银行乡镇网点数量26家。

【农村经济组织改革】 2016年，廊坊市出台《廊坊市深化供销合作社综合改革的实施意见》，供销社系统在组织体系、经营体系、服务体系、金融体系和管理体制等“五项创新”方面形成具有廊坊特色的经验模式。廊坊市农民合作社联合社成立运营，注册县级农民合作社联合社9家，成立乡镇级农民合作社联合社47家。农村股份合作制经济组织918家，带动农民20余万人，年经营收入17.9亿元；确定10个农村集体经济组织股份合作制改革试点村。

【政治体制改革】 2016年，廊坊市出台《廊坊市法治政府建设实施意见》，建立法治政府建设情况报告制度。第四届“中国法治政府奖”初评评审会上，廊坊市申报的完善规范性文件合法性审查机制项目，成为全省唯一入围项目。出台《关于全面推进法治国企建设的意见》《关于加强监管企业法律顾问制度建设的实施意见》，健全和完善监管企业法律风险防范机制。制定《廊坊市重大行政决策合法性审查规定》，健全重大行政决策合法性审查机制。

【社会管理体制改革】 2016年，廊坊市升级改造人口信息管理系统并投入使用；研究制定《健全和完善信访工作长效机制的意见》；市、县、乡全部建立群众工作中心、群众工作站，完善中心三级调处和市、县、乡三级信访视频系统。广阳区北京新机场征迁工作经验被省委书记赵克志批示为“非常好，可总结推广”。

【社会事业改革】 2016年，廊坊市开展教师选聘制试点工作，通过政府购买服务，着力解决基层师资力量不足问题。实施中小学教师职称制度改革，建立与事业单位聘用制度和岗位管理制度相衔接、符合教师职业特点、统一的中小学教师职称（职务）制度。医疗卫生改革：廊坊市、县级公立医院改革试点全部推行政府、医保、医院三方共担的药品补偿机制，全部调整医疗收费标准，实行药品零差率销售。三河燕达医院与北京市医保中心对接，京冀两地首次实现医保异地就医直接结算。全市37家县级以上医疗卫生机构和129个基层医疗卫生机构、2950个村卫生室全部通过河北省药品集中采购平台采购药品。探索“医养结合”养老模式，建成燕达健康城、福源老年公寓等6家医养结合型养老机构。社会保障改革：制定《廊坊市整合城乡居民医疗保险制度实施方案》，新型农村合作医疗行政和经办管理服务职能移交到同级人力资源社会保障部门，居民医疗保险制度城乡统一。推进机关事业单位养老保险制度改革，制定《廊坊市机关事业单位养老保险制度改革工作推进方案》。文化改革：创建国家公共文化服务体系示范区，完善城乡公共文化服务体系。图书馆总分馆制被省文化厅确定为全省图书馆总分馆制建设的试点和典型。为促进文化企业履行社会文化责任及国有文化资产保值增值，廊坊市制定《廊坊市市级国有文化企业负责人双效考核暂行办法》。推进环京津新闻网和廊坊广播电视报改制，成立环京津网信息科技有限公司。

【科技创新改革】 2016年，廊坊市制定出台“1+4+N”科技创新政策体系，激发全市创新创业的积极性和主动性。加快培育新一代信息产业集群，研究制定《加快发展“大智移云”引领产业升级行动计划（2016—2018年）》。着眼于解决廊坊市科技创新企业的落地问题，重点推进廊坊科技型中小企业创新创业园、固安肽谷生物医药产业孵化港等20家科技企业孵化器建设。拥有省级以上孵化器11家，居全省第一位。开展市级众创空间认定工作，国家级和省级众创空间数量均居全省第二位。市、县两级财政主导，设立10支、17亿元的科技金融专项基金。由科技部支持、京津冀三地出资组建的“国投京津冀科技成果转化创业投资基金”落户廊坊。

【生态文明体制改革】 2016年，廊坊市与中组部“千人计划”海创智库PM2.5特别防治小组合作，聘请国内大气污染防治权威专家定期把脉会诊廊坊市大气污染防治工作，利用实时源解析管控平台和大数据计算为大气污染防治提供科学性参考。探索大气污染防治联防联控的合作机制，廊坊市与北京市签订大气污染防治合作协议。年内，北京市继续给予廊坊市大气污染防治专项资金约2.5亿元支持。水环境治理，委托环保部环境规划院编制廊坊市水污染防治工作实施方案及重点河流水质达标方案，实施水环境综合整治河长、段长、点长工作制，与北京市大兴区、天津市武清区在政府层面和环保执法监察层面建立联防联治合作机制，重点河流水质得到明显好转。打破“一亩三分地”惯性思维积极培育京津之间水生态环境新优势的做法得到省政府主要领导批示肯定。

【党的建设制度改革】 2016年，廊坊市实施以“三网管理、三个清单、三项治理、三个下沉”为统领的“四个三”党的建设制度改革工作机制，推动全市党建基层基础工作质量和水平全面提升。“三网管理”即推进网格化管理、“天网”工程和网络化服务；“三个清单”即建立党组织书记抓党建责任清单、小微权力清单和帮扶对象清单；“三项治理”即开展侵害群众利益专项治理、开展打黑除恶专项治理、开展信访案件化解专项治理；“三个下沉”即推动党组织设置下沉、推动机关干部下沉、推动资源配置下沉。出台关于进一步加强乡镇党委书记、村党组织书记、农村致富带头人“三支队伍”建设的若干措施；出台《关于扶持高层次创新团队实施细则（试行）》等文件；建立能上能下的用人机制。

【党的纪律检查体制改革】 2016年，廊坊市发挥市纪委委员作用，制定《关于充分发挥廊坊市纪委委员作用的意见（试行）》《关于加强廊坊市纪委委员自身建设的规定（试行）》和《廊坊市纪委委员开展“五个一”活动实施方案》。3月，廊坊市发挥市纪委委员作用经验做法被新华社《内参选编》和《国内动态清样》刊发。8月1日，省纪委专题调研廊坊市发挥纪委委员作用情况并给予肯定。贯彻落实省委办公厅《关于在查办党员和国家工作人员涉嫌违法违纪犯罪案件中加强协作配合的实施意见》，年内廊坊市纪委与市级司法机关相互移送移交案件40余件，正风反腐工作合力形成。成立廊坊市、县纪检监察机构改革领导小组和办公室，明确市县纪检监察机构改革和党委巡察机构建设的具体要求和时间表。

（刘 政）

精神文明建设

【概况】 2016年，廊坊市精神文明建设以文明城市创建为统揽，开展“善行河北·最美廊坊人”主题道德实践活动、学雷锋志愿服务活动、农村精神文明建设“十个一”创建活动、文明校园创建活动、文明家庭创建活动、文明单位创建活动、“我们的节日”主题活动、精神文明创建主阵地建设8项创建活动，推进“两改一清一拆”、城市广告整治、环境卫生管理、文明交通治理、污染综合防治、城市园林绿化等“六大战役”。组建由市委书记任政委、市长任指挥长的文明城市创建工作指挥部，建立指挥部定期调度制度，召开指挥部主要领导参加的会议13次。开展第二届“最美廊坊人”评选活动；开展“与文明同行，志愿者在行动”等主题志愿服务活动，全市参与活动的志愿者60万人次，志愿服务累计约200万小时。在265个重点村街开展文明村镇创建提升行动，绘制文化墙2万余平方米，整治建筑立面和标语广告1万余处，新建改建文化广场89个。组织8个巡演团在全市主城区内41所学校开展文明校园创建暨戏曲进校巡演活动，学生现场感受传统文化魅力。宣扬社会主义核心价值观和讲文明树新风，刊登公益广告1.5万余幅（块），编印发放《廊坊市民文明手册》等宣传资料22万份。《廊坊日报》《廊坊都市报》，以及廊坊文明网开设《创建文明城市，建设美好家园》专栏，刊发各类稿件700余篇，刊登公益广告90个整版。传播网络文明，服务文明创建，服务市民生活，开设文明廊坊微信公众号，每日发布全市精神文明建设工作信息七八条。

【廊坊市文明城市创建工作指挥部成立】 11月17日，廊坊市文明城市创建工作指挥部（简称创城指挥部）成立。创城指挥部由市委书记冯韶慧任政委，市委副市记、市长陈平任指挥长，其他市级领导任副指挥长。创城指挥部设诚信建设、市场整治提升、市民素质宣传教育、环保对标创建、农村创建提升、公共秩序整治提升、市容环境整治提升、社区环境治理提升、社区文明创建提升、未成年人等10个创建工作部，市委、市政府主管领导分别担任创建工作部部长，对所分管创建工作总体协调、督促落实。创城指挥部下设办公室，抽调15名处级干部，40名科级以下人员组成5个工作组，全面落实创城各项工作，形成强有力的组织保障体系。建立创城指挥部定期调度制度，指挥部主要领导参加相关推进会、动员会、调度会13次，通报情况，研究问题，推进工作，研究部署创建工作，亲临一线检查调度，推动创建工作落实。

【第二届“最美廊坊人”评选活动】 2016年，廊坊市组织第二届“最美廊坊人”投票评选活动。经群众推荐、组织审核、公众投票、评委会评审、媒体公示、市文明委审定等程序，推荐评选出10名第二届“最美廊坊人”和30名第二届“最美廊坊人”提名奖获得者。通过这项活动，在全市营造出崇德向善、甘于奉献、团结友善的浓厚氛围，形成“弘扬最美、追求最美、争当最美”的社会新风尚。在公众投票、向社会广泛征求意见过程中，群众参与超过260万人次。何川、陈玉、黄运然、常喜平、刘浩、李金来、马贺年、刘伯华、侯桂森、王元顺10人获评第二届“最美廊坊人”。李有刚、王明耀、刘六良等26名个人和北华航天工业学院材料工程学院青年志愿者大队、廊坊市公路工程质量监督处试验室等4个集体获得第二届“最美廊坊人”提名奖。

【学雷锋志愿服务活动】 2016年，廊坊市在全市大力推行“燕赵志愿云”注册系统，累计注册志愿服务组织800余个，注册志愿者8万余名。开展“与文明同行 志愿者在行动”“邻里守望”“党员干部进社区”“公共场所不文明行为劝导”等主题志愿服务活动，全市参与活动的志愿者达60万人次，志愿服务累计约200万小时，推出“爱心接力”、微公益118志愿者协会等62个省级优秀志愿服务项目、志愿服务组织和个人。

【农村精神文明建设“十个一”创建活动】 2016年，廊坊市按照“环境新面貌、中心新功能、道德新风尚”的工作思路，在全市265个重点村街开展文明村镇创建提升行动。绘制文化墙2万余平方米，整治建筑立面和标语广告1万余处，新建改建文化广场89个。指导乡村规范红白理事会、道德评议会等村民自治组织，成立志愿服务、基层文艺等各类队伍800多支。

（刘础楠）

党政机关、直属事业单位、党派团体和部分中省直属单位及其领导名单

中国共产党廊坊市委员会

书　　记　王晓东（任至6月）
　　　　　冯韶慧（6月任）
副 书 记　冯韶慧（任至6月）
　　　　　陈　平（7月任）
　　　　　蒋洪江（任至12月）
　　　　　李　龙（12月任）
　　　　　胡晓军（挂职，1月任）
常　　委　焦加根
　　　　　李　波（任至12月）
　　　　　辛绍杰（任至3月）
　　　　　刘书强（任至12月）
　　　　　魏国东（12月任）
　　　　　贾永清
　　　　　王　曦（9月任）
　　　　　饶贵华
　　　　　韩占山
　　　　　喻华锋（挂职，任至8月）
　　　　　刘　健（挂职，8月任）
秘 书 长　张金波
副秘书长　胡仁彩
　　　　　温九州
　　　　　薛　宏（任至6月）
　　　　　石铁柱
　　　　　陈玉亮
　　　　　曹明月
　　　　　李海坡

办公室

主　任　胡仁彩
副主任　温九州
　　　　曹明月
　　　　李海坡

市委组织部

部　　长　李　龙
常务副部长　陈洪波
副 部 长　郭振一（9月任）
　　　　　李　澎
　　　　　赵振海
　　　　　刘　燕

市委宣传部

部　　长　辛绍杰（任至3月）
　　　　　王　曦（9月任）
常务副部长　曹希恩
副 部 长　梁雪梅
　　　　　贺曙光
　　　　　杨启荣
　　　　　齐　凯（挂职，任至9月）

市委外宣局

局　　长　汪国会
副 局 长　张殿峰
　　　　　马　壮

市精神文明建设委员会办公室

主　　任　梁雪梅
专职副主任　牛海建

市委政法委

书　　记　饶贵华
副 书 记　王金水（任至11月）
　　　　　段上禾
　　　　　刘加臣
　　　　　詹洪超
　　　　　岳林山
　　　　　徐　刚（挂职，任至7月）

市委统战部

部　　长　孙宝水（任至7月）
　　　　　李　龙（7月任）
常务副部长　张万刚

副 部 长 刘 玫
段振中
王国友（任至 12 月）

市台办

主 任 段振中
副 主 任 王继寅

市委农工部

部 长 马江水
副 部 长 张光山
刘 润
王龙江

市委研究室

主 任 陶春来
副 主 任 郝渭东
许运良

市群众工作中心

主 任 张金波（兼）
常务副主任 陈玉亮
专职副主任 刘 清
副 主 任 马瑞生
张克让
马胜利

市信访局

局 长 陈玉亮
副 局 长 马瑞生
张克让
王俊杰（任至 1 月）
马胜利（1 月任）

市直机关工委

书 记 万福森
副 书 记 刘小平
朱宪涛

市委老干部局

局 长 郭振一
副 局 长 张炳智
李明军
柴书君

市委讲师团

主 任 张明贤
副 主 任 刘玉梅
李海桐

市委党校

校 长 蒋洪江
副 校 长 吴公剑
付云良
杨东升
杨万民
李志杰

市委党史研究室

主 任 韩志宽
副 主 任 李凤友
李恩来

市委全面深化改革领导小组办公室

主 任 张金波
常务副主任 贾益来
副 主 任 张晓东

市机构编制委员会办公室

主 任 高留勇
副 主 任 魏斌远
王宏民
蔡永盾

市美丽乡村建设领导小组办公室

主 任 宋九胜
副 主 任 纪诚然
胡全党

中国共产党
廊坊市纪律检查委员会

书 记 刘书强（任至 12 月）
魏国东（12 月任）

常务副书记　米怀安
副　书　记　刘文洪
　　　　　　李晓鹏
常　　　委　李爱民（任至1月）
　　　　　　杜希杰
　　　　　　马云友
　　　　　　武援军
　　　　　　张连军
　　　　　　李长海（1月任）

廊坊市人民代表大会常务委员会

主　　　任　刘智广
副　主　任　杨　杰
　　　　　　杨文华
　　　　　　王世强
　　　　　　毕晓明（任至12月）
　　　　　　王相仁
　　　　　　李春山
　　　　　　李凤霞
秘　书　长　郭绍会（任至1月）
　　　　　　毕忠庆（1月任）
副秘书长　高福源（4月任）
　　　　　　梁洪涛
　　　　　　关景波（任至1月）
　　　　　　周冠华
　　　　　　李　楠（1月任）
　　　　　　孙彦龙（挂职，任至8月）

办公室

主　　任　毕忠庆（任至4月）
　　　　　高福源（4月任）

研究室

主　　任　刘增禾

行政处

处　　长　关景波（任至1月）

选举代表人事工作委员会

主　　任　高福源（任至3月）
　　　　　魏红梅（3月任）

法制工作委员会

主　　任　李福贵
副 主 任　尹绍旺

财政经济工作委员会

主　　任　吴德明
副 主 任　李　楠（任至3月）
　　　　　关景波（3月任）

教育科学文化卫生工作委员会

主　　任　冯俊国
副 主 任　荣印祥（任至1月）
　　　　　吕树山（3月任）

城乡建设环境保护工作委员会

主　　任　罗　进
副 主 任　单克锋

农村经济工作委员会

主　　任　董春田
副 主 任　娄小田

廊坊市人民政府

市　　长　冯韶慧（任至7月）
　　　　　陈　平（7月提名，9月当选）
副 市 长　李　波（任至12月）
　　　　　贾永清
　　　　　胡晓军（挂职，1月任）
　　　　　喻华锋（挂职，任至8月）
　　　　　刘　健（挂职，8月任）
　　　　　王　曦（任至9月）
　　　　　王金水（任至12月）
　　　　　布泽文

王俊臣
刘文萍（任至12月）
王彦涛（挂职，任至9月）
王帅文（挂职，9月任）
秘书长 张矛
副秘书长 邢华金
李清涛
闫万营
胡志福
王振宇
汪俊岭
李宏疆
李春
冯学军
葛胜利（挂职，任至12月）
李士宗（挂职，任至9月）
张立新（挂职，任至9月）
杨守征（挂职，任至4月）
周安柱（挂职，9月任）

市政府工作部门、省垂直管理部门、直属机构

市发展和改革委员会
主任 朱建强
副主任 王振生（任至5月）
苏志胜
张建军（任至2015年12月）
隋志文
李健
谭福华
王大进
靳璐（挂职，任至6月）

市教育局
局长 李柏林（任至11月）
副局长 孙仲才
杨东生
陈宝刚
綦艳波（7月任）

市科技局
局长 杨中秋
副局长 赵敏学
董立峰
韩学东
纪永奎

市民族宗教事务局
局长 杨毅
副局长 凌晨
张永军
刘忠社

市监察局
副局长 王保生
金贵婷
邱峰

市民政局
局长 于宝华
副局长 李延庆
杨建光
李明旺
韩会庭
廖键（挂职，9月任）
刘洪村（任至2015年12月）

市财政局
局长 左德江
副局长 孙广喜
刘树发
陈宏信
姚振辉
郑德禄（挂职，任至9月）

市人力资源和社会保障局
局长 张维真
副局长 刘运才

李振华
唐　红
张志忠
孙桂文
就业服务局局长
王东升
公务员局局长
李振华
外专局局长
徐　刚

市国土资源局

局　　长　李营华
副 局 长　林培如
褚宝松
李永成
杨振武
肖景生

市建设局

局　　长　王　海（任至12月）
副 局 长　谷建海
徐国清
郝克耕（3月任）
园林局局长
李德春
环卫局局长
武　威

市综合执法局

局　　长　张志超
副 局 长　周铁训
杨国民
李德学
高中利

市城乡规划局

局　　长　许　伯
副 局 长　要根明（任至10月）
谈伟平
李光军

市住房保障和房产管理局

局　　长　赵　普
副 局 长　刘广营
李金龙
邓克永
张志良

市住房公积金管理中心

主　　任　宋振友
副 主 任　李连生
贾健拢
刘举义
于景会（任至2015年4月）

市交通运输局

局　　长　邳振一
副 局 长　郝栓柱
孙明军
郝艳军
孟广文

市工业和信息化局

局　　长　徐静华（任至12月）
副 局 长　杨德山
孙士民（挂职，10月任）
刘金梁
曹焕义
刘怀涛
黄武备（任至10月）
于宝军
王国兴

市邮政管理局

局　　长　弓耀宗（任至6月）
副 局 长　李向鸿
胡建宇（挂职，10月任）

市水务局

局　　长　王秀富
副 局 长　昝思胜
　　　　　张英勃
　　　　　陈金良
　　　　　宗万明

市农业局

局　　长　刘桂龙
副 局 长　张长江
　　　　　史玉星
　　　　　李双进
　　　　　刘恩义
　　　　　张爱国
　　　　　苑铁华

市林业局

局　　长　张振芳
副 局 长　及景路
　　　　　常树元
　　　　　康天佑

市商务局

局　　长　范增英
副 局 长　王明峰
　　　　　胡兆伟
　　　　　赵文奎
　　　　　张占更
　　　　　闫　杰
　　　　　刘国胜

市文化广电新闻出版局

局　　长　邵二玲
副 局 长　秦　冬
　　　　　李永生
　　　　　赵　新
　　　　　陈定学（挂职，任至8月）

市卫生和计划生育委员会

主　　任　杨庆华
副 主 任　邢瑞安
　　　　　王文仓
　　　　　王　茂（2015年9月任）
　　　　　李庚申
　　　　　张留栓
　　　　　王玉虎
　　　　　董继彬
　　　　　刘建民
　　　　　程洪柱
　　　　　陈学武
　　　　　强金德（挂职，2015年9月任，任至2016年10月）

市审计局

局　　长　韩少奇
副 局 长　薛　冬
　　　　　万茂才
　　　　　赵志生

市政府国资委

主　　任　张化志
副 主 任　赵建文
　　　　　张宝明
　　　　　刘景鸿
　　　　　肖志才
　　　　　郝艳芬
　　　　　李文阁
　　　　　朱家求（挂职，任至9月）
　　　　　刘　飞（挂职，10月任）

市国税局

局　　长　刘海燕
副 局 长　王万卿
　　　　　李柏林
　　　　　张振江
　　　　　陈玉维

市地税局

局　　长　叶晓菊（任至2月）
　　　　　徐国民（2月任）

副　局　长　江　燕
　　　　　　周永利
　　　　　　王长凌

市工商局

局　　　长　李万鹏
副　局　长　马晓林
　　　　　　李　杰
　　　　　　李暗柳

市环保局

局　　　长　张贵金
副　局　长　车凤祥
　　　　　　赵尔仓
　　　　　　李春元

市体育局

局　　　长　王洪生
副　局　长　赵庆春
　　　　　　王彦庆

市统计局

局　　　长　张建明
副　局　长　王振宽
　　　　　　潘　辉
　　　　　　张四喜
　　　　　　姜　艳

市质量技术监督局

局　　　长　符永胜
副　局　长　李宝方
　　　　　　解其胜
　　　　　　晏　斌

市食品药品监督管理局

局　　　长　霍希武（5月逝世）
副　局　长　凌少奎
　　　　　　舒国卿
　　　　　　张继良
　　　　　　苗振国
　　　　　　刘旭杰
　　　　　　张存良

市安监局

局　　　长　张显强
副　局　长　张月发
　　　　　　张　欣
　　　　　　韩克学
　　　　　　韩悦红
　　　　　　张振来
　　　　　　周志海

市粮食局

局　　　长　刘　石
副　局　长　张春明
　　　　　　黄伯华
　　　　　　张永凯
　　　　　　李　嘉

市旅游发展委员会

主　　　任　邹冠通
副　主　任　田克智
　　　　　　孙丰年
　　　　　　董成军

市档案局（市档案馆）

局　长（馆长）
　　　　　　吕建成
副局长（副馆长）
　　　　　　王　珺（任至1月）
　　　　　　张超君

市物价局

局　　　长　黄建新
副　局　长　田克慧
　　　　　　王观礼

市气象局

局　　　长　展　芳
副　局　长　杜海涛
　　　　　　贾贵陆（7月任）

市地震局

局　　　长　郑俊义

副　局　长　张留起
　　　　　　宋中东
　　　　　　赵万宝

市供销社

主　　　任　单克用
副　主　任　杨继宗
　　　　　　刘济海
　　　　　　闫贵贤
　　　　　　陈中喜

市农业开发办公室

主　　　任　刘洪彬
副　主　任　邱海增
　　　　　　夏俊松

市农业产业化办公室

主　　　任　闫万营（1月任）
副　主　任　邢惠敏
　　　　　　张和平

市外事侨务办公室

主　　　任　马海程
副　主　任　苏秉武
　　　　　　都进清
　　　　　　王安民

市政府研究室

主　　　任　高慧聪
副　主　任　倪海之
　　　　　　许建军

市法制办公室

主　　　任　万惠兰

市金融工作办公室

主　　　任　纪连永

市政务服务管理办公室

主　　　任　刘鸿儒
副　主　任　赵　强
　　　　　　王进忠
　　　　　　孙联华
　　　　　　马宝宗

市北京新机场工作办公室

主　　　任　郝合瑞
副　主　任　魏向阳
　　　　　　张洪刚

市步行街管委会

主　　　任　陈新建
副　主　任　刘玉清
　　　　　　吕奎亮

市烟草专卖局

局　　　长　马宝平
副　局　长　马　军

市出入境检验检疫局

局　　　长　王铁林
副　局　长　谷　青（任至2月）
　　　　　　陈　勇（2月任）
　　　　　　李朝阳

市无线电管理局

局　　　长　吕俊杰
副　局　长　郝　刚
　　　　　　施明德

中国人民政治协商会议
廊坊市委员会

主　　　席　郑广富
副　主　席　孙宝水（任至6月）
　　　　　　王玉锁
　　　　　　吕爱英（1月当选）
　　　　　　魏向东（2月逝世）
　　　　　　王学求
　　　　　　张纬东
　　　　　　徐光泰
　　　　　　张卫东
　　　　　　高树民
　　　　　　陈洪波（1月当选）
秘　书　长　徐长茂

副秘书长　宁鸣飞
　　　　　陈宏伟
　　　　　冉伟标
　　　　　张　颖

办公室

主　　任　宁鸣飞（兼）

研究室

主　　任　黄建伟

行政事务管理处

处　　长　王宝良

提案委员会

主　　任　梁彦殊（8月逝世）
副 主 任　牛　海

学习文史委员会

主　　任　张俊生
副 主 任　刘凤明
　　　　　王金艳

文史资料征编室

主　　任　倪和平

财政经济委员会

主　　任　刘中立
副 主 任　李立红
　　　　　齐　华

教科文卫体委员会

主　　任　刘连侠
副 主 任　张加得

社会法制民族宗教委员会

主　　任　王凌云
副 主 任　马惠坤

民主党派

中国国民党革命委员会廊坊市委员会

主任委员　李艳军（1月任）
副主任委员　陈新海（1月任）
　　　　　于士温（1月任）

中国民主同盟廊坊市委员会

主任委员　张纬东
副主任委员　孙大军（任至10月）
　　　　　郭淑凤
　　　　　王景硕
　　　　　周旭光
　　　　　李景玉（10月任）

中国民主建国会廊坊市委员会

主任委员　徐光泰（任至10月）
　　　　　邵二玲（10月任）
副主任委员　石永庆（任至10月）
　　　　　侯海东
　　　　　纪志金
　　　　　邵二玲（任至10月）
　　　　　董铁刚（10月任）
　　　　　王爱芳（10月任）

中国民主促进会廊坊市委员会

主任委员　王世强
副主任委员　闫国芬（任至10月）
　　　　　郑立果（任至10月）
　　　　　李海波
　　　　　刘秋娥
　　　　　张玉华（10月任）
　　　　　董　玮（10月任）

中国农工民主党廊坊市委员会

主任委员　王伟刚（10月任）
　　　　　魏向东（2月逝世）
副主任委员　韩　民（任至2015年5月）
　　　　　刘善忠
　　　　　滕宇航（10月任）
　　　　　李素红（10月任）
　　　　　马晓衡（10月任）

九三学社廊坊市委员会

主任委员　王学求
副主任委员　李　志

李志芳
李雪竹
张领山（10月任）
要根明（任至10月）

社会团体

廊坊市总工会
主　　席　毕晓明
常务副主席　刘志宏
副 主 席　王泰山
　　　　　田会兰
　　　　　王忠亮

共青团廊坊市委员会
书　　记　庞大鹏
副 书 记　王媛媛
　　　　　王永民

廊坊市妇女联合会
主　　席　李新洪
副 主 席　吴学红
　　　　　爱新觉罗·闾娜

廊坊市科学技术协会
主　　席　李艳军
副 主 席　时晨光
　　　　　王　光
　　　　　王银山

廊坊市工商业联合会
主　　席　王玉锁（任至12月）
　　　　　耿建明（12月任）
副 主 席　刘　玫（任至12月）
　　　　　王文涛（任至1月）
　　　　　王国友（12月任）
　　　　　陈　燕
　　　　　王成文

廊坊市文学艺术界联合会
主　　席　董春霖
副 主 席　李秋生
　　　　　孙卫东

廊坊市归国华侨联合会
主　　席　王　华
副 主 席　杜　文（兼）
　　　　　蒋文珠（兼）
　　　　　徐会霞（兼）

廊坊市残疾人联合会
理 事 长　马百队
副理事长　王法会
　　　　　董美辰

廊坊市社会科学界联合会
主　　席　张明贤
副 主 席　刘玉梅
　　　　　李海桐

廊坊市工业经济联合会
常务副会长　崔万友
秘 书 长　张彦清

中国国际贸易促进委员会廊坊市委员会
会　　长　李庆水
副 会 长　刘　忠
　　　　　董贺成
　　　　　张建明

廊坊市红十字会
会　　长　寇德松
副 会 长　班志清

市爱卫会
主　　任　陈利民
副 主 任　赵振和
　　　　　邵　平
　　　　　王爱军

法治　军事

市公安局
局　　长　王金水

常务副局长　侯树青
副　局　长　孙卫克
　　　　　　许保东
　　　　　　张学军
　　　　　　穆保民

市中级人民法院

院　　　长　苑三国
副　院　长　赵建亮
　　　　　　王振合
　　　　　　封合年
　　　　　　赵桂忠

市人民检察院

检　察　长　冀运福（任至12月）
代检察长　王胜喜（12月任）
副检察长　赵凤山
　　　　　　王金国
　　　　　　庞建军
　　　　　　李雪强

市司法局

局　　　长　宋书英
副　局　长　李银增
　　　　　　韩景路
　　　　　　崔铁强
　　　　　　段福强

廊坊军分区

司　令　员　焦加根
政治委员　吕双平
参　谋　长　臧志伟
政治部主任　史雅杰
后勤部部长　宋树才

武警廊坊支队

支　队　长　吴京蔚
第一政委　王金水
政治委员　侯爱华

市公安消防支队

支　队　长　王　伟
政治委员　赵兴荣

市人防办

主　　　任　赵定国
副　主　任　祖广友
　　　　　　崔子路
　　　　　　李　群

企事业单位

廊坊日报社

社　　　长　张宝富
总　编　辑　孟繁彪
副总编辑　尚秋霞
　　　　　　王长青
　　　　　　时启贵
　　　　　　任淑静
副　社　长　康连存

廊坊市广播电视台

台　　　长　王建久
总　编　辑　周洪涛
副　台　长　韩洪恩
　　　　　　纪洪强
　　　　　　张荣启
　　　　　　程建民
副总编辑　李欣凤

廊坊市农科院

院　　　长　高继祥
副　院　长　梅仕能
　　　　　　杜德玉
　　　　　　朱自平
　　　　　　石彩华

廊坊市人民医院

院　　　长　张宝东
副　院　长　魏向东（2月逝世）
　　　　　　高登鹏
　　　　　　陈　光

安巨会
胡建忠

廊坊市中医医院

院　　长　王建国
副 院 长　杨淑莲
樊荣亮
王国明
王更书

管道局总医院

院　　长　王伟刚
副 院 长　马德库
郭文有
刘奋学
袁世民
关　铁
孟令权
王增立

廊坊市第一中学

校　　长　何志强
副 校 长　刘文俊
何绍青
王金钟
许长虹
李永金

廊坊市第二中学

校　　长　张　晖
副 校 长　商霄燕
衡　侃

廊坊市第七中学

校　　长　崔玉忠
副 校 长　王学军
张彦清
张守启
徐凤杰

廊坊市第八中学

校　　长　徐永辉
副 校 长　葛志强
臧乃东
苗淑贤

廊坊市管道局中学

校　　长　仝庆根
副 校 长　孙英杰
陈功利
李晓娣

廊坊市第十五中学

董 事 长　张太庄
校　　长　赵宝钧

廊坊卫生职业学院

院　　长　刘更新
副 院 长　安　艳（任至1月）
彭丽红
孙爱国

廊坊市高级技工学校

校　　长　张建华
副 校 长　黄贵新
王学军
邢玉珍
何丽辉

廊坊市食品工程学校

校　　长　刘振海
副 校 长　王建国
孙新花
龚瑞桥
夏　宇

廊坊市电子信息工程学校

校　　长　薛树林
副 校 长　周世平
宁久长
陈显龙

于　涛
艾全江

廊坊市体育运动学校

校　　长　马常永
副 校 长　董大明
郭爱民（任至2015年12月）
程国辉
薛宗军

廊坊市广播电视大学

校　　长　李河均
副 校 长　徐海龙
李　琥
姚东升

廊坊职业技术学院

院　　长　王建强
副 院 长　金桂兰
周春祥
李彦明

廊坊供电公司

总 经 理　刘晓辉
副总经理　周维丽
王绍武
赵　新
李　钢
杨振琦
陈致平（8月任）

廊坊新奥燃气有限公司

总 经 理　王秀桥（任至1月）
赵淑霞（1月任）
副总经理　马德华
张少增

廊坊市铭顺石油天然气销售有限公司

总 经 理　方秋满
副总经理　高　岩

中国电信集团公司廊坊市分公司

总 经 理　孙玉胜（任至12月）
王继军（12月任）
副总经理　郝立杰
李学庆（任至5月）
梁博文
杨文涛
李东洋（12月任）

中国移动通信集团廊坊分公司

总 经 理　张　动（任至5月）
吴秋来（5月任）
副总经理　刘志杰（任至7月）
郑福清
王志祥
马锦素（任至6月）
齐　辉
石泰岩（6月任）

中国联合网络通信有限公司廊坊市分公司

总 经 理　常连清
副总经理　胡　军
张　浦
徐伟栋
商　义
张　涛
王　杰（4月任）

金 融 业

中国人民银行廊坊市中心支行

行　　长　曹建强
副 行 长　卜燕华
沈桂民
郭　宁（10月—12月）

中国银行业监督管理委员会廊坊监管分局

局　　长　王东升

副　局　长　孙洪磊（6月任）
　　　　　　李加恒
　　　　　　尹铁山（任至6月）
　　　　　　王宝华

中国农业发展银行廊坊分行

行　　　长　张春生
副　行　长　张进先（任至2015年1月）
　　　　　　刘学森
　　　　　　李天栋
　　　　　　李华设

中国农业银行股份有限公司廊坊分行

行　　　长　杨　和（任至1月）
　　　　　　吴春风（2月任）
副　行　长　马　健
　　　　　　张根全
　　　　　　张荣欣（6月任）
　　　　　　刘文明
　　　　　　杨朝华（任至4月）

中国工商银行股份有限公司廊坊分行

行　　　长　郭会科
副　行　长　李克宽
　　　　　　任海燕（2015年12月任）
　　　　　　裴少斐
　　　　　　段自平
　　　　　　马为国
　　　　　　张建平（任至10月）
　　　　　　刘金路
　　　　　　陈　静（11月任）

中国建设银行股份有限公司廊坊分行

行　　　长　王　泉
副　行　长　焦凤川（5月任）
　　　　　　张国柱
　　　　　　梁宝龙（任至4月）
　　　　　　陈宝军
　　　　　　刘中喜
　　　　　　刘少飞（5月任）

中国银行股份有限公司廊坊分行

行　　　长　于　松（任至2月）
　　　　　　沈　光（2月任）
副　行　长　靳宝申（任至11月）
　　　　　　张秀伟
　　　　　　王　炼
　　　　　　刘　扬
　　　　　　李明桥（12月任）

廊坊银行股份有限公司

董　事　长　李德华
监　事　长　王明宽
行　　　长　邵丽萍
副　行　长　陈宇涛（12月任）

河北银行股份有限公司廊坊分行

行　　　长　范福阳
副　行　长　王万强
　　　　　　张　岩

沧州银行股份有限公司廊坊分行

行　　　长　焦成敏
副　行　长　赵　立
　　　　　　刘兴文
　　　　　　刘　娜

中国光大银行股份有限公司廊坊分行

行　　　长　李永锋
副　行　长　周　毅
　　　　　　赵锡群
　　　　　　李东虹（11月任）
　　　　　　刘文杰（11月任）

兴业银行股份有限公司廊坊分行

行　　　长　杨旭东
副　行　长　崔伯尉
　　　　　　王　伟

河北省农村信用社联合社廊坊审计中心

主　　　任　兰成民
副　主　任　张　东
　　　　　　姜义全

中国人寿保险股份有限公司廊坊分公司

总 经 理　武丽英（任至8月）
　　　　　刘永波（8月任）
副总经理　梁　兵
　　　　　王卫华
　　　　　张大平

中国人民财产保险股份有限公司廊坊市分公司

总 经 理　张根群
副总经理　高　利
　　　　　尹东起
　　　　　陈丽萍

中国太平洋人寿保险股份有限公司廊坊中心支公司

总 经 理　骆宝忠（任至4月）
　　　　　李宝华（4月任）
副总经理　马惠兰
　　　　　张宝权（3月任）

中国太平洋财产保险股份有限公司廊坊中心支公司

总 经 理　王连海
副总经理　王亚平
　　　　　焦黎明（任至4月）
　　　　　王　丽（4月任）

中国平安人寿保险股份有限公司廊坊中心支公司

总 经 理　薛　洁
副总经理　武梦宇

中国平安财产保险股份有限公司廊坊中心支公司

总 经 理　刘晓明
副总经理　刘永良
　　　　　谭海云（任至2015年12月）
　　　　　闵雅丽（任至11月）
　　　　　张春青（11月任）
　　　　　杜　然（2015年12月任）

中央、省直属驻廊单位

中国石油天然气管道局

局　　长　赵玉建
副 局 长　孙全军
　　　　　陈庆勋
　　　　　王卫国
　　　　　高建国
　　　　　白克林（任至10月）
　　　　　沈庚民（任至10月）
　　　　　葛书义（任至6月）
　　　　　张志宏（10月任）
　　　　　薛　枫（10月任）

中国石油天然气股份有限公司管道分公司

总 经 理　丁建林
副总经理　汤亚利（任至3月）
　　　　　崔　涛（12月任）
　　　　　刘增江
　　　　　王惠智
　　　　　张　琦
　　　　　潘殿军
　　　　　张欣佳
　　　　　王振声
　　　　　张忠东

中国地质科学院勘探技术研究所

所　　长　张金昌
副 所 长　徐刚峰
　　　　　高　鹏
　　　　　冉恒谦
　　　　　刘开江（任至7月）
　　　　　颜世强（7月任）

中国地质科学院地球物理地球化学勘查研究所

所　　长　彭轩明
副 所 长　甘行平
　　　　　史长义

吕庆田
刘开江（8月任）
郝国杰（8月任）

中国建筑科学研究院建筑机械化研究分院

院　　长　李守林
副 院 长　刘子金
　　　　　王东红

河北省区域地质矿产调查研究所

所　　长　赵永平
副 所 长　范永贵
　　　　　宋朝辉
　　　　　张计东

河北省地质测绘院

院　　长　郭有平
副 院 长　高自强
　　　　　陈青山
　　　　　张玉领
　　　　　贾乃娟
　　　　　黄静新

河北省地球物理勘查院

院　　长　李卫东
副 院 长　楚福录
　　　　　孙卫东
　　　　　徐　康

国家统计局廊坊调查队

队　　长　崔振敏
副 队 长　胡建波
　　　　　刘伯谦

河北广电网络集团公司廊坊分公司

总 经 理　邵荣旺
副总经理　李红宇
　　　　　龚志峰
　　　　　许东营
　　　　　马新建

北华航天工业学院

院　　长　郝玉龙
副 院 长　韩文仲
　　　　　李国洪
　　　　　郭立稳
　　　　　陈　刚

河北工业大学廊坊分校

校　　长　张成德（任至4月）
　　　　　路景山（4月任）
副 校 长　路景山（任至4月）
　　　　　郝志功（4月任）
　　　　　张继县
　　　　　刘国丽

廊坊师范学院

校　　长　李士杰
副 校 长　季福坤
　　　　　刘向东
　　　　　赵学良

廊坊海关

关　　长　郑良保（任至8月）
副 关 长　李德山
　　　　　刘长宏
　　　　　张永庶
　　　　　白　镭（挂职，4月任）

中国石化销售有限公司河北廊坊石油分公司

经　　理　郭忠强
副 经 理　高凤良
　　　　　郭庆功
　　　　　程　杰（8月任）

中国石油天然气股份有限公司河北廊坊销售分公司

经　　理　陶　荣（任至8月）
　　　　　金　涛（8月任）
副经理　杨宗芳
　　　　王　欣

县（市、区）机构

安次区

中共安次区委员会

书　　记　王永威（任至12月）
　　　　　张　平（12月任）
副 书 记　张　平（任至12月）
　　　　　薛振泽（12月任）
　　　　　李　军

安次区人大常委会

主　　任　刘承永
副 主 任　蒙永红
　　　　　李福奇
　　　　　刘仲祥
　　　　　宛亚利

安次区人民政府

区　　长　张　平（任至12月）
　　　　　薛振泽（代区长，12月任）
副 区 长　姚运涛（任至12月）
　　　　　李焕金
　　　　　綦艳波（任至6月）
　　　　　马崇浩
　　　　　王铁桥
　　　　　寇　东
　　　　　马今爆（任至6月）
　　　　　常　辉
　　　　　韩凤朝（挂职，任至4月）
　　　　　梁国周（挂职）
　　　　　张延政（挂职，9月任）

政协安次区委员会

主　　席　杨广恒
副 主 席　王泽芬
　　　　　徐文刚
　　　　　张志荣
　　　　　杜春意

广阳区

中共广阳区委员会

书　　记　尹广泰（任至10月）
　　　　　周春生（10月任）
副 书 记　周春生（任至10月）
　　　　　徐静华（12月任）
　　　　　徐济山

广阳区人大常委会

主　　任　王春明
副 主 任　田秀峰
　　　　　毛志刚
　　　　　王洪舫
　　　　　李进福（任至2月）
　　　　　谷金泽（2月任）

广阳区人民政府

区　　长　周春生（任至12月）
　　　　　徐静华（代区长，12月任）
副 区 长　曹文龙
　　　　　娄玉新
　　　　　赵　玉
　　　　　陈文通
　　　　　阎尔贵
　　　　　孙廷华
　　　　　潘分生（兼，任至8月）
　　　　　冯彦春（兼，任至4月）
　　　　　张洪刚(挂职,2015年10月任)
　　　　　刘一泓(挂职,2015年10月任)
　　　　　王　晔（挂职，11月任）
　　　　　韩　静（挂职，11月任）

政协广阳区委员会

主　　席　张宝兴
副 主 席　李雪竹
　　　　　常东风
　　　　　孟庆发
　　　　　张学良

三河市

中共三河市委员会

书　　记　韩占山

副 书 记　谷正海（任至 12 月）

　　　　　刘连杰（12 月任）

　　　　　孟建政（任至 3 月）

　　　　　王凤海（3 月任）

三河市人大常委会

主　　任　何长江（任至 3 月）

　　　　　孟建政（3 月任）

副 主 任　王少华

　　　　　李振江

　　　　　郝仲武

　　　　　关占明

三河市人民政府

市　　长　谷正海（任至 12 月）

　　　　　刘连杰（12 月任）

副 市 长　刘连杰（任至 12 月）

　　　　　张晓明

　　　　　张凤伶

　　　　　卢金力

　　　　　刘力军

　　　　　刘增禄（2015 年 12 月任）

　　　　　付春华（挂职，任至 7 月）

　　　　　林广连（挂职，任至 7 月）

　　　　　刘军杰（挂职，任至 9 月）

　　　　　王　田（挂职，任至 9 月）

　　　　　冯　云（挂职，4 月任）

　　　　　陈晓丽（挂职，9 月任）

政协三河市委员会

主　　席　李连营

副 主 席　李长松

　　　　　刘　炜

　　　　　夏凤英

大厂回族自治县

中共大厂回族自治县委员会

书　　记　张秉舜（任至 12 月）

　　　　　谷正海（12 月任）

副 书 记　吴文凯（任至 12 月）

　　　　　刘宝旺（2013 年 1 月任）

　　　　　刘士良（任至 4 月）

　　　　　杨振新　（4 月任）

大厂回族自治县人大常委会

主　　任　李守山（任至 4 月）

　　　　　刘士良（4 月任）

副 主 任　丁　然

　　　　　陈宝春

　　　　　张少杰（2 月任）

　　　　　刘华军

大厂回族自治县人民政府

县　　长　吴文凯（任至 12 月）

　　　　　刘宝旺（代县长，12 月任）

副 县 长　王建民

　　　　　康建军

　　　　　任建国

　　　　　崔东虎

　　　　　刘　娟

　　　　　严　冬

政协大厂回族自治县委员会

主　　席　冯　幸

副 主 席　高宝成

　　　　　张瑞山

　　　　　孟宪明

　　　　　张春秋

香河县

中共香河县委员会

书　　记　王凯军（任至 12 月）

　　　　　李桂强（12 月任）

副 书 记　李桂强（任至 12 月）

王文强（12月任）
闫再兴

香河县人大常委会

主　　任　张学义
副 主 任　刘建华
宋品仲
佟永平
张浩波

香河县人民政府

县　　长　李桂强（任至12月）
王文强（代县长，12月任）
副 县 长　陈　刚
张玉林
杨建军
郭建永
刘凤顺
李艳霞
刘洪涛

政协香河县委员会

主　　席　马文龙
副 主 席　盛泽良
李一超
李相印

永清县

中共永清县委员会

书　　记　李玉宝（任至12月）
邢华金（12月任）
副 书 记　张　兵
任红霞

永清县人大常委会

主　　任　袁志奇（任至2月）
胡国永（3月任）
副 主 任　范玉芳
王成刚
李柱良
孙凤武

永清县人民政府

县　　长　张　兵
副 县 长　胡国永（任至2月）
彭建辉
谷海晨（2月任）
罗　东（挂职，任至7月）
韩　启
辛　瑾（任至2月）
王俊杰（2月任）
张小军
范振军（任至2月）
白　毅（挂职，任至6月）
李凯山（挂职）
杨华斌（2月任）

政协永清县委员会

主　　席　王玉柱
副 主 席　刘均占
段洪甫
王东海
赵书江（任至2月）
黄继亮（2月任）

固安县

中共固安县委员会

书　　记　杨培苏
副 书 记　肖建忠（任至1月）
王文强（1月任，任至12月）
王辉云（任至12月）
王　海（12月任）

固安县人大常委会

主　　任　赵光安（任至2月）
肖建忠（2月任）
副 主 任　李文学
赵国安
袁恩水
杨建华
牛国强（2月任）

固安县人民政府

县　　长　王辉云（12 月免）

　　　　　王　海（12 月任）

副 县 长　马志永

　　　　　李庆辉

　　　　　白金雁

　　　　　贾　川

　　　　　李玉革

　　　　　王兴瑞

　　　　　白光明

政协固安县委员会

主　　席　王　敏

副 主 席　安书良

　　　　　李印增

　　　　　曹文芳

　　　　　郭志刚

霸州市

中共霸州市委员会

书　　记　王一平（任至 12 月）

　　　　　房　欣（12 月任）

副 书记　房　欣（任至 12 月）

　　　　　刘志亮（12 月任）

　　　　　郭德清（任至 1 月）

　　　　　齐德旺（1 月任，任至 12 月）

　　　　　王志亮（兼，任至 12 月）

霸州市人大常委会

主　　任　马春起

副 主 任　郭德清（2 月任）

　　　　　张长海

　　　　　王丽英

　　　　　柴立新（任至 2 月）

　　　　　王亚利

霸州市人民政府

市　　长　房　欣（任至 11 月）

　　　　　刘志亮（代市长，12 月任）

副 市 长　齐德旺（任至 1 月）

　　　　　刘志亮（任至 11 月）

　　　　　王志亮（挂职，任至 12 月）

　　　　　张纬东

　　　　　王子川（任至 2015 年 12 月）

　　　　　杨志远（1 月任）

　　　　　韩清华

　　　　　宴　斌（任至 2015 年 12 月）

　　　　　王艳霞

　　　　　宋品升（兼，任至 2015 年 12 月）

　　　　　吴全通（兼，任至 2015 年 12 月）

　　　　　柴立新（1 月任）

　　　　　孙宏远（挂职，任至 3 月）

　　　　　孙　炜（挂职，任至 9 月）

政协霸州市委员会

主　　席　牛岳峰

副 主 席　程　亮

　　　　　李新军

　　　　　郑永强

　　　　　王文淼（2 月任）

文安县

中共文安县委员会

书　　记　李克良（任至 12 月）

　　　　　刘雪松（12 月任）

副 书 记　刘雪松（任至 11 月）

　　　　　杨文奎

文安县人大常委会

主　　任　王洪光（任至 12 月）

　　　　　杨文奎（12 月任）

副 主 任　高柏成

　　　　　王俊生

　　　　　李景霞

　　　　　王广华

文安县人民政府

县　　长　刘雪松（任至 12 月）
　　　　　姚运涛（12 月任）
副 县 长　姜建辉
　　　　　张华维
　　　　　柳成林
　　　　　马启良
　　　　　扈文波
　　　　　杨建波
　　　　　靳晓钟

政协文安县委员会

主　　席　赵明路（任至 12 月）
　　　　　张国校（12 月任）
副 主 席　梁国华
　　　　　王慧芬
　　　　　井山岭
　　　　　安淑苓

大城县

中共大城县委员会

书　　记　许春声（任至 12 月）
　　　　　侯贵松（12 月任）
副 书 记　侯贵松（任至 12 月）
　　　　　薛振泽（任至 12 月）

大城县人大常委会

主　　任　张万所
副 主 任　李煌熙
　　　　　戴秀云
　　　　　戴占柱
　　　　　马玉峰

大城县人民政府

县　　长　侯贵松（任至 12 月）
　　　　　齐德旺（代县长，12 月任）
副 县 长　陈中华
　　　　　王书华
　　　　　郭淑凤
　　　　　王润库
　　　　　刘增禄（任至 1 月）
　　　　　刘国旺
　　　　　贾建朝（挂职，任至 9 月）
　　　　　荣印祥（1 月任）
　　　　　郭　军（挂职，5 月任）

政协大城县委员会

主　　席　张宝华
副 主 席　胡苓子
　　　　　赵瑞青
　　　　　李锡铭（1 月任）

中国共产党廊坊市委员会

市委重要会议

【市委落实党风廉政建设主体责任工作汇报会】 1月5日，市委召开落实党风廉政建设主体责任工作汇报会。会议听取各级各有关部门党委（党组）情况汇报，研究分析全市党风廉政建设面临的新形势、新任务，安排部署2016年相关工作，推动全市党风廉政建设主体责任全面落实。市委书记王晓东出席会议并讲话。市委副书记、市长冯韶慧主持会议。市委副书记蒋洪江，市人大常委会主任刘智广，市政协主席郑广富，市领导焦加根、李波、辛绍杰、刘书强、饶贵华、韩占山，市委秘书长张金波出席会议。

会议要求，各级各部门党委（党组）要进一步履行好党风廉政建设主体责任。要切实落实“一个清单”，严格按照《廊坊市党风廉政建设主体责任清单》内容，把自己的责任认准把牢，按照责任清单的任务、措施、标准、时限开展工作。要严格执行“两项法规”，把《关于新形势下党内政治生活的若干准则》和《中国共产党党内监督条例》纳入党委中心组学习、党校教学课程和党员教育培训内容，从严监督管理干部，坚定不移纠正“四风”、惩治腐败。要扎实开展“三项谈话”，充分发挥“廉政谈话、核实谈话、诫勉谈话”的警示教育作用，该提醒的及时提醒，该批评的严肃批评，坚定不移把党风廉政建设和反腐败斗争向纵深推进。要把握用好“四种形态”，让“咬耳扯袖”“红脸出汗”成为常态，让纪在法前、纪严于法成为常态，让全面执纪、从严执纪成为常态，让失责必问、问责必严成为常态。

【“一问责八清理”专项行动动员部署会议】 2月22日，市委召开“一问责八清理”专项行动动员部署会议。会议贯彻落实全省会议精神，着力解决党的领导弱化、主体责任缺失、纪律松弛、懒政怠政、侵害群众利益等突出问题，推动“两个责任”落地生根，坚定不移推进全面从严治党，为加快廊坊“四个发展”营造风清气正、激情创业的政治生态。市委决定自2月起至6月底，在全市开展“一问责八清理”专项行动。“一问责”，是对党的领导弱化、主体责任缺失，管党治党不力、发生严重违纪违法问题的，抓住典型，严肃问责，公开处理；“八清理”，是对超职数配备干部、违规进人问题，违规公费出国（境）、公款旅游问题，乱收费、乱摊派问题，领导干部经商办企业及其亲属利用其职务影响谋取不正当利益问题，滞留截留套取挪用财政专项资金特别是涉农资金问题，市属企业违规配车、用车问题，招标投标不规范、违规出让土地、违反规划调整容积率等问题，懒政怠政、不作为、不在状态问题进行清理。市委副书记、市长冯韶慧主持会议。市委书记王晓东出席会议并讲话。市委副书记蒋洪江，市委常委、常务副市长李波，市委常委、纪委书记刘书强，市委秘书长张金波出席会议。会上，蒋洪江宣读《廊坊市“一问责八清理”专项行动实施方案》。会议以电视电话会议的形式召开。

【市级机关作风整顿推进会议】 2月23日，市委召开市级机关作风整顿推进会议。会议深入贯彻省级机关作风整顿动员会议精神，对全市工作进行全面动员和安排部署，促使机关干部切实强化政治意识、大局意识、核心意识、看齐意识，进一步促进思想解放，下大力整治为官不为，更广泛、更有效地调动干部队伍积极性，以实干实政推动“十三五”强势开局。市委书记王晓东出席会议并讲话。市委副书记、市长冯韶慧主持会议。市委副书记蒋洪江讲具体意见。市委常委、常务副市长李波，市委常委、宣传部部长辛绍杰，市委秘书长张金波出席会议。

会议强调，要重点整治为官不为，努力搞好统筹结合，有效促进机关作风转变。各市级机关一定要抓住关键、精准发力，下大力气解决好机关干部“不能为”“不想为”“不敢为”的问题。要克服本领恐慌，着力解决能力不足“不能为”的问题，注重向基层和实践学习，切实提高把握机遇、防范风险、推动发展的能力；要增强党性观念，着力解决动力不足“不想为”的问题，引导广大党员干部事事敢为人先、处处走在前列，对不想为的党员干部采取多种措施予以教育和惩戒；要强化履职责任，着力解决担当不足“不敢为”的问题，在推动改革发展上、面对矛盾和问题上、服务基层和群众上、抓作风带队伍上敢于担当、敢于负责。

【全市农村工作暨美丽乡村建设电视电话会议】 3月24日，市委召开全市农村工作暨美丽乡村建设电视电话会议。会议贯彻落实中央、省委农村工作会议和中央、省委一号文件精神，对全市“十三五”及2016年农业农村工作进行安排部署。市委书记王晓东作批示。市委副书记、市长冯韶慧出席会议并讲话。会议由市委常委、宣传部部长辛绍杰主持。市委副书记蒋洪江，市政协副主席高树民出席会议。

会议要求，做好农业农村工作，要稳下心神、保持定力，强化组织保障，形成稳步推进、持续发展的良好态势。重点要在5个方面下功夫：1.在强化组织领导上下功夫。切实强化组织领导，发挥好农村工作领导小组统筹协调作用。2.在形成合力上下功夫。进一步建立和完善“三农”发展咨询机制，形成齐抓共管、共同推进的新局面。3.在加强投入上下功夫。进一步建立和完善“三农”投入持续增长机制，优先保障财政对“三农”的投入，做到力度不减弱、总量有增加。4.在创新农村治理上下功夫。加快构建村党组织、村民代表会议、村民委员会、经济合作组织“四位一体”的新型村级治理机制。5.在强化队伍建设上下功夫。深入推进乡镇党委书记、村党组织书记、农村发展致富带头人“三支队伍”建设。

【全市“两学一做”学习教育动员会议】 4月22日，市委召开全市“两学一做”学习教育动员会议。市委书记王晓东出席会议并讲话。会议要求，各级党委（党组）要把抓好“两学一做”学习教育作为一项重大政治任务，准确把握关键重点，有针对性地解决问题，确保党的思想政治建设抓在日常、严在经常。市委副书记、市长冯韶慧主持会议。蒋洪江、胡晓军、刘智广、焦加根、李波、饶贵华、韩占山等市四套班子领导，市委秘书长张金波出席会议。

会议强调，要准确把握“两学一做”学习教育关键重点，突出“两个重点两个层级”，明确学党章党规、学系列讲话的学习重点，区分普通党员和县处级以上党员领导干部的不同内容和要求，讲求有效方法，丰富学习形式，在学习中提升政治素养、锤炼坚强党性。聚焦“四讲四有”要求，深刻领会内涵，把合格的标尺立起来，经常衡量自己、检视自己、改造自己，在工作生活中身体力行，在政治上当明白人，争做合格共产党员。做到“五坚持五突出”，坚持正面教育为主，突出用科学理念武装头脑；坚持学用结合，突出知行合一、以学带做；坚持问题导向，突出整体提高；坚持领导带头，突出以上率下；坚持从实际出发，突出分类指导，从而更好地落实各项任务要求，引领整个学习教育扎实有效展开，让身边群众感受到党员新变化。

【全市环境保护大会】 5月6日，市委召开全市环境保护大会。会议贯彻落实中央环保督察组反馈意见和省环保大会会议精神，总结“十二五”后特别是2015年全市环保工作，分析研究形势和存在问题，安排部署2016年工作任务。市委书记王晓东出席会议并讲话。市委副书记、市长冯韶慧主持会议。副市长王曦，市委秘书长张金波，市政府党组成员张春生出席会议。

会议强调，要坚决打赢2016年环境保护这场硬仗。在大气污染治理方面，要加大扬尘整治力度，强力做好控煤工作，严控机动车尾气污染，坚决退出全国“倒排前十”；在治理河流污染方面，要科学制定措施，加快污水处理设施建设，狠抓重点河流整治，确保解除流域限批；对于中央环保督察组反馈的问题，要逐条细化分解，明确责任分工，落实整改时限和任务要求，按时保质完成整改工作；要坚决推进生态修复，大规模开展植树造林，扎实推进美丽乡村建设，强力实施湿地恢复工程，着力打造京津冀生态环境支撑区；要坚决抓好执法监管，开展专项惩治行动，健全监测和执法监察体系，探索完善网格化监管机制，持续提升科学监管能力和水平。

会议要求，各级各部门要加强组织领导，砸实党政同责、一岗双责责任，以责任的清晰明确，促进工作的有力落实；要形成工作合力，充分调动相关部门的积极性、主动性，共同参与生态环境建设；要健全长效机制，严格责任追究，坚决把各项工作落实到位。

【全市领导干部会议】 6月24日，市委召开全市领导干部会议。宣布省委关于廊坊市委主要负责人职务调整决定。省委组织部常务副部长回建宣布省委决定：冯韶慧任廊坊市委书记；免去王晓东廊坊市委书记、常委、委员职务。冯韶慧在会上讲话。市委副书记蒋洪江主持会议。省委组织部干部一处处长张效春，干部二处处长马怀群出席会议。市四套班子成员，市法检“两长”和其他在职市级领导干部，部分市级老同志；各县（市、区）党政正职，市纪委常务副书记，市委、市政府工作部门和人民团体主要负责人，市人大常委会、市政协工作委员会、专门委员会和工作机构主要负责人，市直属正县级事业单位主要负责人，市管企业、市属院校党委书记；驻廊坊中省直单位主要负责人；以及不在上述范围内的市委委员、候补委员参加会议。

【全市民营经济发展大会】 7月4日，市委召开全市民营经济发展大会。会议认真落实全省民营经济工作会议精神，对当前及以后一个时期民营经济发展作出部署。市委书记、市长冯韶慧出席会议并讲话。市委副书记蒋洪江主持会议。市委副书记、副市长胡晓军，市人大常委会主任刘智广，市政协主席郑广富，副市长王曦，市政协副主席王玉锁，市委秘书长张金波出席会议。

会议强调，要开创民营经济发展新局面。坚定不移化解过剩产能，做到态度坚决、措施有力、积极稳妥。持续加力发展新兴产业。要明确路径，引导民营企业在发展新兴产业上加快步伐、抢占先机；要发挥优势，支持民营企业积极探索、大胆创新，催生更多新业态、新模式、新技术；要建好园区，为民营经济发展提供功能更完善、服务更高效、承载能力更强的发展平台。强力推进科技创新。要下好创新这个先手棋，壮大创新主体，激发创新活力，抓好成果转化。更加注重高效清洁发展。引导企业注重集约发展、抓好清洁生产，强化监督管理，努力推动经济效益、社会效益、生态效益有机统一。着力提升对外开放水平。加大对民营企业的招商力度，鼓励有实力的企业大胆走出去，用好国际国内两个市场、两种资源。

会议要求，要优化要素供给，打造民营经济发展的良好环境。要优化政策环境，让民营企业真正从政策中增强获得感。要优化服务环境，加快简政放权、推进减税降费、开展企业帮扶培训。要优化金融环境，加强针对民营经济的“供血”“造血”功能。要优化法治环境，确保民营企业合法经营不受干扰。

【市委中心组学习暨“廊坊大讲堂”专题报告会】 8月10日，市委召开市委中心组学习暨“廊坊大讲堂”专题报告会。会议邀请中国工程院院士、中国互联网协会理事长邬贺铨，工信部信息化和软件服务业司副司长安筱鹏，分别作题为《智慧城市新机遇、产业发展新动能》和《智能制造重构全球竞争新格局——关于新一轮产业革命的思考》的专题报告，旨在通过学习探讨，进一步统一全市上下思想行动，明确全市产业发展方向和着力点，推动形成以“大智移云”为引领的现代产业发展体系。市委书记冯韶慧主持会议并讲话。市委副书记、代市长陈平，市委副书记蒋洪江，市人大常委会主任刘智广，市政协主席郑广富等市四套班子领导，市委秘书长张金波出席会议并听报告。

会议强调，要紧紧围绕抢抓京津冀协同发展重大机遇，将廊坊市努力建成具有国际影响力的新型显示和智能终端产业集聚区、全国领先的大数据应用先行区、以智慧物流为重点的京津冀“互联网+”创新示范区、以优质政务服务为特征的河北智慧城市引领区。在推进中，需要重点把握好“统筹、融合、创新、引领”四个关键，勇于探索、敢为人先，加快推进全市“大智移云”产业发展，努力走在全省前列。

【市委五届九次全会】 9月14日，市委召开五届九次全会。市委书记冯韶慧讲话，对深入贯彻落实习近平总书记视察唐山重要讲话和省委八届十四次全会精神作安排部署。全会审议通过《中国共产党廊坊市第五届委员会第九次全体会议决议》。市委副书记、代市长陈平就做好2016年后几个月工作进行安排部署。

全会明确，当前和以后一个时期，廊坊发展的目标定位是：经济发展走在全省前列，转型升级走在全省前列，生态建设走在全省前列，维护稳定走在全省前列。工作要求是：抢抓新机遇，坚持主战略，率先走新路，着力补短板，强力促创新，做强大平台。

全会强调，要坚持以新发展理念引领发展全局，推动廊坊经济社会又好又快发展。突出要在推进协同发展、推进新旧动能转换、推进改革创新、推进生态环境建设、推进社会民生改善、推进美丽乡村建设 6 个方面下功夫、见实效。

全会要求，要全面加强党的建设，着力营造风清气正的政治生态，引领和促进全市改革发展。要强化思想引领，切实增强“四个意识”，不断增强奋发进取做好各项工作的责任感和使命感。要抓好班子换届，切实选出好干部、配出好班子、换出好风气，换出心齐、气顺、劲足的好面貌。要推进作风建设，强化担当意识、拼抢意识、落实意识，推动各项工作取得突破性进展和实质性成效。要做好群众工作，把解决群众反映强烈的突出问题作为工作着力点，努力凝聚起推动发展的强大合力。要全面从严治党，始终保持惩治腐败的高压态势。

全会就做好 2016 年后 4 个月经济社会发展工作进行安排部署。

【全市科技创新大会】 9 月 28 日，市委召开全市科技创新大会。会议深入贯彻落实国家和省科技创新大会精神，安排部署全市科技创新工作。市委书记冯韶慧出席会议并讲话。市委副书记、市长陈平主持会议。市委副书记蒋洪江，市人大常委会主任刘智广，市政协主席郑广富等市四套班子领导，市委秘书长张金波，市法检“两长”出席会议。市科技进步突出贡献奖、国家“千人计划”专家代表应邀出席会议。

会议明确，以后一个时期，全市科技创新工作总体思路是：准确把握廊坊在京津冀协同发展中的功能定位，充分发挥廊坊市紧邻京津得天独厚的区位优势，用足用活北京作为全国科技创新中心的巨大资源优势，把引进北京先进技术成果产业化、培育经济发展新动能作为根本出发点和落脚点，加快实现与京津在创新链、产业链、资金链、政策链的深度融合，把廊坊建设成为与京津协同创新最为紧密的共同体，全面形成“北京研发、廊坊转化”的创新格局。主要奋斗目标是：实现“一个率先、两个突破、四个提升”。“一个率先”，就是在全省率先建成国家创新型城市。“两个突破”，就是协同创新战略性平台建设实现突破，科技成果转化生态体系建设实现突破。“四个提升”，就是科技创新投入大幅提升，企业创新能力大幅提升，产业创新能力大幅提升，区域创新能力大幅提升。

会议强调，围绕“一个率先、两个突破、四个提升”目标，要着力在引领带动产业转型升级、聚焦聚力“大智移云”首位产业、着力打造协同创新共同体、不断强化企业创新主体地位、大力提升科技创新平台、培育壮大科技人才队伍、构筑夯实科技创新支撑体系 7 个方面下功夫。

【全市旅游工作推进大会暨乡村旅游动员大会】 9 月 30 日，市委召开全市旅游工作推进大会暨乡村旅游动员大会。会议贯彻落实全省旅游发展大会精神，安排部署新形势下全市旅游业发展工作。市委书记冯韶慧出席会议并讲话。市委副书记、市长陈平主持会议。市政协主席郑广富，市委常委、宣传部部长王曦，市委常委、三河市委书记韩占山，市委秘书长张金波，市政府党组成员张春生出席会议。

会议明确，当前和以后一个时期，全市旅游业发展的思路目标是：牢固树立创新、协调、绿色、开放、共享的发展理念，以供给侧结构性改革为主线，以发展全域旅游为方向，以乡村旅游为重点，以融合发展为手段，以重大重点项目建设为突破口，紧紧抓住京津冀协同发展历史机遇，立足京津冀、面向环渤海、对接国际化，全面推动旅游产业转型升级，不断提高廊坊旅游的影响力和竞争力，力争到 2020 年把旅游业培育成为廊坊转型升级的战略性支柱产业和人民群众满意的现代服务业，把廊坊市建设成为以乡村休闲、影视文创、温泉养生、骑行竞技为主的京津冀休闲目的地。

会议强调，实现全市旅游业发展的目标，

要深入实施“创新驱动，跨界融合；精准供给，错位发展；区域协作，转型升级；全域推进，重点突破”四大战略，全力攻坚“优化空间布局、聚焦产业聚集、创新旅游供给、强化旅游形象、夯实产业基础”五大重点任务，强力推进“旅游公共服务提升、旅游营销推广、产业融合发展、智慧旅游建设”四大重点工程，特别是要紧紧围绕乡村旅游这个最大特色，努力打造一批全域旅游片区、一批旅游新业态项目、一批知名景区，促进旅游产业跨越发展。

【市委五届十次全会】 10月26日，市委召开五届十次全会。市委书记冯韶慧就推荐提名廊坊市出席省第九次党代会代表候选人初步人选情况和《关于召开中国共产党廊坊市代表会议的决议（草案）》作说明。依照会议程序，与会市委委员圈选确定廊坊市出席省第九次党代会代表候选人预备人选名单。表决通过《中国共产党廊坊市第五届委员会第十次全体会议关于召开中国共产党廊坊市代表会议的决议》和《不是廊坊市五次党代会代表的市党代表会议代表名单》。

【中国共产党廊坊市代表会议】 11月3日，市委召开中国共产党廊坊市代表会议。会议选举产生35名党员代表出席中国共产党河北省第九次代表大会。市委书记冯韶慧主持会议。

【全市卫生与健康大会】 11月7日，市委召开全市卫生与健康大会。会议深入贯彻落实全国、全省卫生与健康大会精神，作出大力推进健康廊坊建设的具体部署。市委书记冯韶慧、市委副书记、市长陈平出席会议并讲话。会议由市委常委、宣传部部长、副市长王曦主持。市人大常委会主任刘智广，市委常委、市政府党组成员刘健，市人大常委会副主任杨文华、王世强、李春山、李凤霞，副市长王金水，市政协副主席张卫东，市委秘书长张金波，市政府党组成员张春生出席会议。

会议要求，要着力提升以基层为重点的医疗卫生服务能力。根据统筹城乡区域发展和城镇化建设需要，把以农村为重点扩展到城乡整个基层，切实增强基层防病治病能力。要不断提升预防为主的公共卫生工作水平。健全完善公共卫生服务体系，坚持防治结合、联防联控、群防群控，努力为人民群众提供全生命周期的卫生与健康服务。要坚决落实医药卫生体制改革重点任务。全面深化公立医院综合改革，全面推进医保制度改革，完善药品供应保障机制，建立综合监管制度。要加快构建“共建共享”大健康体系。加强全民健康促进工作，打造绿色安全的生活环境，加快形成有利于健康的生活方式和经济社会发展模式。

【全市文明城市创建工作推进会议】 11月17日，市委召开全市文明城市创建工作推进会议。市委书记、市创城指挥部政委冯韶慧出席会议并讲话。省委宣传部部务会成员、省文明办专职副主任李秀存作专题辅导。市长、市创城指挥部指挥长陈平主持会议。市委副书记、市创城指挥部常务副指挥长蒋洪江，市委常委、常务副市长、市创城指挥部副指挥长李波，市委常委、宣传部部长、市创城指挥部副指挥长王曦，副市长、市创城指挥部副指挥长王金水，副市长、市创城指挥部副指挥长布泽文，市委秘书长、市创城指挥部副指挥长张金波出席会议。会上，市委书记、市创城指挥部政委冯韶慧强调，要进一步坚定信心、振奋精神，聚焦问题、主动作为，以创建全国文明城市为契机，切实提高人民群众的获得感和幸福感。李秀存对廊坊市文明城市创建工作给予肯定，并从文明城市创建的内容标准到创建举措、从近期治标到长效治本等角度，对廊坊市文明城市创建工作提出具体要求，为廊坊市全国文明城市创建工作提供详细指导。会议印发《市委、市政府关于成立廊坊市文明城市创建工作指挥部的通知》。

【市委五届十一次全会】 12月6日，市委召开五届十一次全会。市委书记冯韶慧代表市委常委会报告2016年主要工作，并就学习贯彻落实省第九次党代会精神讲意见。市委副书记、市长陈平就《中共廊坊市委关于学习贯彻省第九次党代会精神的决议（草案）》向全会作说明。

全会要求，要准确把握省第九次党代会精神实质。学深学透省第九次党代会精神，重点是把握一个鲜明主题、一个坚实基础、一个根本引领、一条发展新路、一系列重大部署、一大重要保障“六个一”。

全会要求，要深刻认识省委对廊坊工作的新要求，重点在三个方面深化认识：深刻认识新机遇，积极抢抓北京城市副中心建设、北京新机场临空经济区建设等对廊坊发展具有现实性、历史性的重大机遇；深刻认识新定位，省第九次党代会确定的廊坊要加快建设“创新驱动经济强市”的发展定位，体现了省委对廊坊发展的新要求，也是廊坊加快转变发展方式、增强核心竞争力的主攻方向；深刻认识新任务，主动担当起省委对廊坊提出的在经济发展、转型升级、生态建设、民生工作、维护稳定上走在前、建强市的新任务。

全会要求，要全面分析廊坊发展短板，努力改进补长生态环境短板、社会事业短板、城镇化建设短板、产业结构短板和创新能力短板。

全会要求，要率先走好加快转型、绿色发展、跨越提升新路。要牢牢抓住项目建设这个“牛鼻子”，大力支持实体经济发展壮大。要大力发展战略性新兴产业，推动现代服务业和文化旅游、康体休闲成为新的支柱产业。要着力提升科技创新能力，强力推进“1+4+N”科技创新政策体系落实，加快实现成果的孵化转化产业化。

【全市经济工作会议】 12月30日，廊坊市召开全市经济工作会议。会议认真学习贯彻中央和全省经济工作会议精神，研究分析时下经济发展形势，总结2016年经济工作，安排部署2017年经济工作。市委书记冯韶慧，市委副书记、市长陈平出席会议并讲话。市委副书记、组织部部长、统战部部长李龙，市人大常委会主任刘智广，市政协主席郑广富等市四套班子领导，市委秘书长出席会议。

会议明确，2017年全市经济工作的指导思想是：全面贯彻党的十八大和十八届三中、四中、五中、六中全会精神，坚持以习近平总书记系列重要讲话精神引领航向，认真落实中央经济工作会议、省第九次党代会和全省经济工作会议提出的目标任务，坚持稳中求进工作总基调，牢固树立和贯彻落实新发展理念，适应把握引领经济发展新常态，以提高发展质量和效益为中心，以推进供给侧结构性改革为主线，抢抓协同发展新机遇，实施创新驱动发展战略，大力发展战略性新兴产业和现代服务业，率先走加快转型、绿色发展、跨越提升新路，全面做好稳增长、促改革、调结构、惠民生、防风险各项工作，继续解放思想、奋发进取，努力推动经济发展、转型升级、生态建设、民生保障、维护稳定走在全省前列，加快建设创新驱动经济强市，以优异成绩迎接党的十九大胜利召开。

（葛春涛　张　旭）

市委常委会会议

【五届市委 2016 年第一次常委会（扩大）会议】 1 月 13 日，五届市委 2016 年第一次常委会（扩大）会议召开。市委书记王晓东主持。会议传达学习省十二届人大四次会议和省委书记赵克志在参加廊坊代表团审议时的讲话精神、省政协十一届四次会议精神，听取《关于全面贯彻落实中央和省委统战工作会议精神抓紧抓好当前重点工作的意见》汇报，研究讨论《廊坊市委常委班子对照检查材料》。

【五届市委 2016 年第二次常委会会议】 1 月 21 日，五届市委 2016 年第二次常委会会议召开。市委书记王晓东主持。会议学习习近平总书记在中央政治局“三严三实”专题民主生活会上的重要讲话精神，研究讨论市政府党组拟提交市六届人大四次会议审议的《政府工作报告》等相关文件。

【五届市委 2016 年第三次常委会会议】 1 月 29 日，五届市委 2016 年第三次常委会会议召开。市委书记王晓东主持。会议听取《关于省纪委八届六次全会主要精神及我市贯彻落实意见》《关于挺纪在前、护航协同发展的指导意见》《关于运用监督执纪“四种形态”的指导意见》《关于全国宣传部长会议、全省宣传文化工作会议精神及我市贯彻落实意见》《关于全省农村工作会议精神及我市贯彻落实意见》《关于精减文件会议的措施》的汇报，学习中央办公厅、国务院办公厅《关于三年来中央政治局贯彻执行中央八项规定、落实加强作风建设措施情况的报告》，对全市下一步相关工作进行安排部署。

【五届市委 2016 年第六次常委会会议】 3 月 22 日，五届市委 2016 年第六次常委会会议召开。市委书记王晓东主持。会议学习《国家创新驱动发展战略纲要》《河北省深化科技体制改革实施方案》、中共中央办公厅《关于认真做好市县乡领导班子换届工作的通知》、省委书记赵克志在河北代表团第六次全体会议上的讲话精神、《落实赵克志同志近期重要讲话精神责任分工方案》《中共河北省人大常委会党组关于加强县乡人大工作和建设的实施意见》、省委巡视工作领导小组《关于被巡视地区（单位）配合省委巡视组开展巡视工作的规定》，听取关于《全省组织部长会议精神及我市贯彻落实意见》《关于省委省政府〈加快推进美丽乡村建设的意见〉的传达提纲及我市贯彻落实意见》的汇报，对全市下一步相关工作进行安排部署。

【五届市委 2016 年第七次常委会会议】 4 月 5 日，五届市委 2016 年第七次常委会会议召开。市委书记王晓东主持。会议传达河北省党政代表团赴浙江、北京、天津学习考察精神，学习《赵克志、张庆伟同志在省会城市规划建设管理工作会议上的讲话》、省委《关于深入贯彻落实习近平总书记对河北工作重要指示精神的意见》、省委办公厅省政府办公厅《关于加强改进党中央国务院和省委省政府重要文件讲话传达学习工作的通知》，对全市下一步相关工作进行安排部署。

【五届市委 2016 年第九次常委会会议】 4 月 21 日，五届市委 2016 年第九次常委会会议召开。市委书记王晓东主持。会议传达习近平总书记在中央政治局常委会议审议“两学一做”学习教育方案时的重要讲话和刘云山、赵乐际在“两学一做”学习教育工作座谈会上的讲话精神，听取市委组织部关于《〈河北省“两学一做”学习教育动员会议精神〉及〈关于在全市党员中开展“学党章党规、学系列讲话、做合格党员”学习教育实施方案〉》的汇报，对全市下一步相关工作进行安排部署。

【五届市委 2016 年第十次常委会会议】 4月26日，五届市委2016年第十次常委会会议召开。市委书记王晓东主持。会议传达学习《河北省生态环境保护责任追究暂行办法》，听取《关于确定2016年地方立法项目的请示》《关于向省委推荐拟受中央表彰先进基层党组织、优秀共产党员、优秀党务工作者的意见》、《关于党的新闻舆论工作座谈会精神及我市贯彻落实意见》、《关于全国政法队伍建设工作电视电话会议精神及我市贯彻落实意见》、《关于河北省文明城市创建推进会议精神及我市贯彻落实情况》的汇报，对全市下一步相关工作进行安排部署。

【五届市委2016年第十二次常委会会议】 6月12日，五届市委2016年第十二次常委会会议召开。市委副书记、市长冯韶慧主持。会议听取关于《全省市县乡领导班子换届工作会议精神及贯彻落实意见》和《关于成立廊坊市换届工作领导小组及办公室的建议》汇报、关于《全省“两学一做”学习教育座谈会精神及我市贯彻落实意见》汇报、《〈关于对改进暑期服务工作情况开展监督检查工作方案〉的贯彻落实建议》汇报，对全市相关工作进行安排部署。

【五届市委2016年第十五次常委会会议】 6月27日，五届市委2016年第十五次常委会会议召开。市委书记、市长冯韶慧主持。学习《赵克志同志在省委常委会深入学习习近平总书记重要批示传达李保国同志先进事迹报告会精神时的讲话》《赵克志同志在省委常委（扩大）会议传达学习全国科技创新大会精神时的讲话》及省委办公厅《关于学习贯彻全国科技创新大会精神的通知》精神，听取市政府党组关于《廊坊市水污染防治工作实施方案》、市文明办关于《河北省文明城市创建工作现场观摩交流会议精神及我市贯彻落实意见》的汇报，对全市下一步相关工作进行安排部署。

【五届市委 2016 年第十七次常委会（扩大）会议】 7月14日，五届市委2016年第十七次常委会（扩大）会议召开。市委书记、市长冯韶慧主持。会议宣读《严肃换届纪律提醒函》并签订《严肃换届纪律承诺书》，传达学习河北省委中心组学习会、河北省科技创新大会、赵勇在廊坊市检查防汛工作时的讲话、赵勇在市群众工作中心调研指导工作时的讲话、邵亨在宣布冯韶慧任廊坊军分区党委第一书记时的讲话、田向利在廊坊市调研文化产业时的讲话精神，听取市政府党组关于《全市上半年安全生产工作总结及下半年重点工作》、市委统战部《关于协助各民主党派做好换届工作的意见》的汇报，对全市下一步相关工作进行安排部署。

【五届市委2016年第二十次常委会会议】 7月26日，五届市委2016年第二十次常委会会议召开。市委书记、市长冯韶慧主持。会议传达学习省委八届十三次全体会议精神，通报全市防汛工作形势，对全市下一步相关工作进行安排部署。

【五届市委 2016 年第二十一次常委会会议】 8 月 2 日，五届市委 2016 年第二十一次常委会会议召开。市委书记冯韶慧主持。会议传达学习《赵克志同志在全省第二次县（市、区）委书记工作交流会上的讲话》《赵克志同志在省委常委扩大会议上的讲话》和省委办公厅《关于落实省委两项决定的紧急通知》精神，研究廊坊市贯彻落实意见，听取市政府党组关于《上半年全市经济运行情况及下半年工作重点》的汇报，对全市下一步相关工作进行安排部署。

【五届市委 2016 年第二十二次常委会（扩大）会议】 8 月 10 日，五届市委 2016 年第二十二次常委会（扩大）会议召开。市委书记冯韶慧主持。会议传达学习习近平总书记视察唐山时重要讲话和省委书记赵克志在全省领导干部会议上的讲话精神，对全市下一步相关工作进行安排部署。

【五届市委 2016 年第二十四次常委会会议】 8 月 22 日，五届市委 2016 年第二十四次常委会会议召开。市委书记冯韶慧主持。会议学习贯彻《中国共产党问责条例》，传达学习省委书省委书记赵克志在省纪委呈报的《学思践悟》栏目文章《“四种形态”主责在党委》上的批示精神、赵克志关于做好当前安全保障和社会治理工作的批示精神、陈超英在八届省委第十二轮巡视工作动员部署会上的讲话精神、全省县乡领导班子换届督导调研座谈会议精神，研究廊坊市贯彻落实意见，听取市政府党组《关于今年以来环境保护工作情况及省环境保护督察组来廊坊督察有关情况》的汇报、市委办公室关于《中国共产党廊坊市委员会工作规则》的汇报，对全市下一步相关工作进行安排部署。

【五届市委 2016 年第二十七次常委会会议】 9 月 1 日，五届市委 2016 年第二十七次常委会会议召开。市委书记冯韶慧主持。会议传达学习中央“两学一做”学习教育工作座谈会精神，传达学习中央政治局委员、中央书记处书记，中央组织部部长赵乐际到围场县调研讲话精神，传达学习中共河北省委常委、组织部部长梁田庚在全省“两学一做”学习教育推进会上的讲话精神，研究廊坊市贯彻落实意见，对全市下一步相关工作进行安排部署。

【五届市委 2016 年第二十八次常委会会议】 9 月 8 日，五届市委 2016 年第二十八次常委会会议召开。市委书记冯韶慧主持。会议传达学习省委八届十四次全会精神，研究廊坊市贯彻落实意见，对下一步相关工作进行安排部署。

【五届市委 2016 年第二十九次常委会会议】 9 月 13 日，五届市委 2016 年第二十九次常委会会议召开。市委书记冯韶慧主持。会议决定，中国共产党廊坊市第五届委员会第九次全体会议于 9 月 14 日上午召开，会期半天。全会议题是认真学习贯彻习近平总书记视察唐山重要讲话精神和省委八届十四次全会精神；审议通过《中国共产党廊坊市第五届委员会第九次全体会议决议（草案）》；部署 2016 年后 4 个月工作，以优异成绩迎接省九次党代会胜利召开，确保圆满完成全年目标任务。

【五届市委 2016 年第三十二次常委会会议】 10 月 17 日，五届市委 2016 年第三十二次常委会会议召开。市委书记冯韶慧主持。会议学习《习近平、李克强、刘延东同志在全国卫生与健康大会上的讲话精神和全省卫生与健康大会精神》《中共河北省委关于认真学习〈胡锦涛文选〉的通知》精神，《赵克志同志在省直新闻单位调研时的讲话精神》，听取市政府党组关于《廊坊市深化供销合作社综合改革的实施意见》、市委宣传部关于《全省文化产业发展现场交流会精神》、市委办公室关于《全省党委政府秘书长会议精神》、市纪委关于《全市“一问责八清理”工作情况总结及全省“一问责八清理”专项行动总结大会精神传达提纲》的汇报，对全市下一步相关工作进行安排部署。

【五届市委 2016 年第三十四次常委会会议】

10 月 24 日，五届市委 2016 年第三十四次常委会会议召开。市委书记冯韶慧主持。会议决定，中国共产党廊坊市第五届委员会第十次全体会议于 10 月 26 日召开。会议传达学习全国社会治安综合治理创新工作会议精神、全省落实基层党建工作重点任务推进会议精神、省委书记赵克志在全省设区市和省直管县党委书记会议上的讲话精神，研究廊坊市贯彻落实意见，听取市政府党组关于《全市经济运行情况及下一步工作建议》的汇报，对全市下一步相关工作进行安排部署。

【五届市委 2016 年第三十六次常委会会议】

10 月 31 日，五届市委 2016 年第三十六次常委会会议召开。市委书记冯韶慧主持。会议传达学习党的十八届六中全会、省委常委（扩大）会议和省委办公厅《关于认真学习宣传党的十八届六中全会精神的通知》精神；习近平、刘云山在全国国有企业党的建设工作会议上的讲话精神；省人大常委会党组《关于贯彻落实十二届全国人大常委会第二十三次会议精神的意见》、省人大常委会党组《关于市县乡三级人民代表大会换届选举工作的意见》，研究廊坊市贯彻落实意见。

【五届市委 2016 年第三十七次常委会会议】

11 月 3 日，五届市委 2016 年第三十七次常委会会议召开。市委书记冯韶慧主持。会议决定，中国共产党廊坊市代表会议于 11 月 3 日召开。会议传达学习习近平总书记对全国安全生产工作的重要指示精神和《省委组织部转发中组部〈关于赵海燕等 7 起违反换届纪律问题的通报〉的通知》精神，研究廊坊市贯彻落实意见，对下一步工作进行安排部署。

【五届市委 2016 年第三十九次常委会会议】

11 月 17 日，五届市委 2016 年第三十九次常委会会议召开。市委书记冯韶慧主持。会议学习《关于新形势下党内政治生活若干准则》和《中国共产党党内监督条例》，传达学习中纪委机关、中组部《关于对河北省等 16 省（区、市）换届风气督查情况的通报》精神，对全市相关工作进行安排部署。

【五届市委 2016 年第四十一次常委会会议】

12 月 5 日，五届市委 2016 年第四十一次常委会会议召开。市委书记冯韶慧主持。会议决定，中国共产党廊坊市第五届委员会第十一次全体会议于 12 月 6 日召开。会议传达学习习近平总书记在会见中国记协第九届理事会代表时的讲话精神、全国全省安全生产视频会议精神，研究廊坊市贯彻落实意见，对下一步工作进行安排部署。

【五届市委 2016 年第四十二次常委会会议】

12 月 8 日，五届市委 2016 年第四十二次常委会会议召开。市委书记冯韶慧主持。会议传达学习《省委办公厅省政府办公厅关于加强对各级新闻媒体财政支持的通知》精神，传达学习12月7日全省领导干部会议精神，对全市相关工作进行安排部署。

【五届市委 2016 年第四十三次常委会会议】 12月16日，五届市委2016年第四十三次常委会会议召开。市委书记冯韶慧主持。会议传达学习习近平总书记在全国高校思想政治工作会议和中国文联十大、中国作协九大开幕式上重要讲话精神、全省省级党员领导干部会议精神、省委省政府《关于对河北安丰钢铁有限公司违法违规建设钢铁项目相关责任人给予纪律处分的通报》和《关于昌黎县委县政府对安丰公司违法违规建设钢铁项目失察等问题的通报》精神、张杰辉在廊坊调研指导工作主要精神，研究廊坊市贯彻落实意见，审议通过市委《关于开展"加快建设创新驱动经济强市"解放思想大讨论的实施方案》，对下一步相关工作进行安排部署。

【五届市委 2016 年第四十七次常委会会议】 12月27日，五届市委2016年第四十七次常委会会议召开。市委书记冯韶慧主持。会议传达学习河北省出席党的十九大代表选举工作部署会议精神，研究廊坊市贯彻落实意见，对下一步工作进行安排部署。

【五届市委 2016 年第四十八次常委会会议】 12月29日，五届市委2016年第四十八次常委会会议召开。市委书记冯韶慧主持。会议决定，全市经济工作会议于12月30日上午召开，会期半天，并确定全市经济工作会议的主题：认真学习贯彻中央和全省经济工作会议精神，研究分析经济发展形势，总结2016年经济工作，安排部署2017年经济工作，动员全市广大干部群众，坚决贯彻落实中央和省委2017年经济工作决策部署，推动廊坊发展走在全省前列，以优异成绩迎接党的十九大胜利召开。

【五届市委 2016 年常委会（扩大）会议】 9月30日，五届市委2016年常委会（扩大）会议召开。市委书记冯韶慧主持会议并讲话。会议传达学习全省设区市和省直管县党委书记会议精神，对全市下步换届工作进行安排部署。

11月14日，五届市委2016年常委会(扩大）会议召开。市委书记冯韶慧主持会议并讲话。市委副书记、市长陈平传达省委八届十五次全会精神。会议学习传达贯彻省委八届十五次全会精神，以党的十八届六中全会和省委全会精神为指导，安排部署做好廊坊市各项工作。

11月28日，五届市委2016年常委会（扩大）会议召开。市委书记冯韶慧主持会议并讲话。市委副书记、市长陈平，市委副书记蒋洪江，市委副书记、副市长胡晓军，市人大常委会主任刘智广，市政协主席郑广富等市四套班子领导，市委秘书长张金波出席会议。会上，陈平传达八届省委向省第九次党代会的工作报告精神；蒋洪江传达省第八届纪律检查委员会向省第九次党代会的工作报告精神。会议强调，要以省第九次党代会对廊坊的新要求为指导，进一步解放思想、奋发进取，干字为先、狠抓落实，在全省率先走加快转型、绿色发展、跨越提升的新路，以良好的精神状态和一流的工作业绩，向省委、省政府和全市人民交上一份优异的答卷。

12月23日，五届市委2016年常委会（扩大）会议召开。市委书记冯韶慧主持会议并讲话。会议学习传达贯彻全省经济工作会议精神，研究谋划2017年全市经济工作。会议强调，要深入学习传达贯彻中央和全省经济工作会议精神，继续解放思想、奋发进取，率先走新路、努力走前列，加快建设创新驱动经济强市。市委副书记、市长陈平传达全省经济工作会议精神。市委副书记蒋洪江，市委副书记、副市长胡晓军，市人大常委会主任刘智广，市政协主席郑广富等市四套班子领导出席会议。

（葛春涛　张　旭）

市委办公室

【概况】　中共廊坊市委办公室是市委的综合部门，负责推动市委决策部署的落实，按照市委要求协调有关方面开展工作，承担市委运行保障具体事务。2016年，市委办公室设19个科室和市委机关事务管理局，人员编制132人，干部职工102人。设3个党支部，17个党小组，党员123人。

【办文办会】　2016年，市委办公室规范和优化公文办理流程，完善和健全公文承接流程，严格落实公文签收、登记、承办、催办制度，各类公文运转安全、有序。全年接收办理文件1731件，流转文件6419件，审核各类公文516件。组织开展保密专题教育培训，全年未发生失密泄密事件。制发市委规范性文件按时向省委办公厅报备，备案率和省委办公厅审核通过率100%。坚持精简节约办会，严格控制各类会议活动数量。全年组织各类重要会议56次，组织各类领导重要公务活动39次。牵头召开市委全面深化改革领导小组会议13次，审议改革事项44次，听取各类汇报49项，强力推进146项改革任务。截至2016年年底，全市完成134项改革任务，其余12项改革任务待省出台文件后落实，全年完成年度阶段性改革任务。

【文稿信息】　2016年，市委办公室深入基层实际，搞好调查研究，为领导决策当好参谋助手。全年配合省委办公厅围绕省第九次党代会报告起草等课题，组织开展重要调研活动3次，推动廊坊工作、经验、建议等纳入省委视野。做好市级领导围绕贯彻落实省第九次党代会精神廊坊怎么办、走新路廊坊怎么干调研活动的谋划督促工作，制定整体工作方案，明确30个重点调研专题和具体牵头市领导、牵头责任部门，按照时间节点要求督促推进，保障调研活动顺利开展。起草《中国共产党廊坊市委员会工作规则》《关于改进公文处理和公务活动的若干实施意见》以及工作报告、领导讲话、会议材料等既贴近市委中心工作又体现领导意图的各类综合文稿570余篇，文字总量220多万字。发挥收集选编各类信息主渠道作用，全年编发信息内刊600余期，上报中央、省委各类信息5500多条（篇），多篇稿件获王岐山、赵乐际、赵洪祝、赵克志等中央和省领导肯定性批示。编辑《网民留言呈阅卡》《网络社情专报》512期，市领导批示315人次；报送《各地市委书记主要活动》19期，市领导批示9人次。组织全市党委系统信息工作培训2次。

【综合协调】　2016年，市委办公室畅通市四套班子办公室工作沟通渠道，促进各大班子围绕市委中心工作形成合力。抓好与市直部门的协调，统一认识，明确分工，落实责任，及时把市委工作要求传达到基层。加强同省委办公厅和各地工作联系，争取业务指导、工作支持，及时做好上传下达工作。10月24日—25日，协助省委办公厅在廊坊举办党政机关公文案例巡展，全市党政机关干部观展1800余人次，省委办公厅给予高度评价，各级党政办公室系统反响强烈。组织成立全市紧急突发事件信息报送工作领导小组，制定工作方案，细化责任分工，加强对互联网紧急突发事件信息的收集报送、应急处置工作。全年处置紧急重大事件65起，按规定上报省委办公厅9起。

【督查落实】 2016年，市委办公室推动市委、市政府重大决策部署落到实处。全年组织开展决策督查活动75次，按期办结率100%。加强批办督查规范化管理，建立健全各项登记制度，严明批办督查的办理程序和时限。对中央和省、市委领导关注和容易反弹、反复的批办事项，组成专门督查组复查回访，认真调查并重新审核，做到领导批办事项办结后不复发、不反弹。全年承办省、市委领导批办事项230余件，按期办结率100%。完成2015年度落实党风廉政建设主体责任考核工作，制定下发市委党风廉政建设主体责任领导小组2016年工作要点。继续开展主体责任"签字背书"，完成全市机关作风整顿和"一问责八清理"专项行动的各项任务，做好省委巡视组反馈意见的整改落实工作，促进各级党委（党组）党风廉政建设主体责任落实。

（葛春涛　张　旭）

纪检　监察

【概况】 2016年，廊坊市纪检监察系统贯彻落实中央和省纪委以及市委、市政府正风反腐系列部署要求，按照全面从严治党要求，坚持挺纪在前，聚焦监督执纪问责，创新体制机制，实践"四种形态"：1.党内关系要正常化，批评和自我批评要经常开展，让咬耳扯袖、红脸出汗成为常态；2.党纪轻处分和组织处理要成为大多数；3.对严重违纪的重处分、作出重大职务调整应当是少数；4.严重违纪涉嫌违法立案审查的只能是极少数。坚定不移惩治腐败。开展"两学一做"学习教育和深化机关作风整顿活动，提升干部素质，改进工作作风。加强对换届纪律执行情况的监督检查，对符合换届条件的干部进行廉政审查，核查问题线索103件。加强环境保护、安全生产、食品安全等重点领域监督检查，有效维护政令畅通。着力整治懒政怠政、不作为、不在状态等方面突出问题，重点查处违规发放津贴补贴、公款旅游、配备使用公车、婚丧喜庆事宜大操大办等"四风"突出问题17件，给予党政纪处分25人。加大对省委巡视组交办问题线索的查办督办力度，确保各类问题线索按时办结。2016年，全市立案1036件，结案975件，处分962人。涉及县处级干部立案29人、处分28人；涉及乡科级干部立案208人，处分197人。其中，市纪委机关立案83人，处分84人。

【中共廊坊市第五届纪律检查委员会第六次全体会议】 2月1日，中共廊坊市第五届纪律检查委员会第六次全体会议召开。会议学习贯彻十八届中央纪委六次全会、省纪委八届六次全会和市委五届八次全会精神，回顾总结2015年党风廉政建设和反腐败工作，部署2016年任务。市委书记王晓东出席全会并作讲话。会议审议通过市委常委、市纪委书记刘书强代表市纪委常委会所作的《保持政治定力，踩着不变步伐，把党风廉政建设和反腐败斗争进行到底》的工作报告。全会报告明确六个方面工作：严明党的纪律，营造良好的政治生态；把握“四种形态”，推动主体责任落地生根；保持高压态势，坚决遏制腐败蔓延势头；深化专项整治，持之以恒纠正“四风”；坚持执纪为民，把正风反腐向基层延伸；深化“三转”，打造一支反腐铁军，开创全市党风廉政建设和反腐败斗争新局面。

【霸州市成为全市监督执纪“四种形态”试点】 2016 年，霸州市结合地域特点，有针对性地启动村级卫生室建设专项资金、农村危房补助专项资金、职能科室和基层所站“中梗阻”三项治理活动，对发现的问题，依据问题情形、严重后果、责任大小，精准运用监督执纪“四种形态”分类处置。5 月 20 日，市纪委在霸州市召开廊坊市把握运用监督执纪“四种形态”现场会。会上，各县（市、区）之间互相交流、借鉴经验，推动“四种形态”在全市落地生根。

【集中开展“一问责八清理”专项行动】 2016 年，市纪委在全市范围内开展“一问责八清理”专项行动。成立由市委书记任组长，相关市委班子成员任副组长，各牵头单位和责任单位主要负责人为成员的领导小组，加强对专项行动的组织领导，在全市形成党委主责主抓，纪委协调推动的工作格局。在制定印发 1 个总方案的基础上，增加集体土地管理混乱问题专项清理“自选动作”，并分项制定 12 个细化方案，形成“1+12”方案体系，使清理工作更有针对性和实效性。抽调财政、物价、发改、国土、建设、交通等部门专业人员组成 4 个督导组，约谈 65 个相关单位负责人，抽查复查相关问题 420 多项，促进问题的清理与整改。落实周报告、半月例会、月调度等 10 项制度，建立“问题清单、整改清单、问责清单”三个清单，实现环环紧扣、步步深入。设立举报邮箱，公布举报电话，畅通群众举报“绿色通道”，并在市“一报两台”和廊坊纪检监察网开辟专栏，强化正面引导和反面警示，营造激先策后、比学赶超氛围。全市清理发现问题 8371 件（不包含清理超职数配备干部、违规进人问题数，领导干部经商办企业及亲属利用其职务影响谋取不正当利益问题数），查处问题 4516 个，批评教育 3070 人，组织处理 146 人，纪律处分 424 人，移送司法 25 人，建章立制 689 项。

【查办腐败案件】 2016 年，廊坊市搭建“信、访、网、电”四位一体举报平台，受理群众信访举报 4137 件，接待群众来访 688 批 2244 人次，其中 5 人以上集体访 102 批 1149 人次。在全市范围内集中开展线索“清仓”行动，对各级受理的仍在调查或暂存搁置未处理的问题线索进行起底。清理排查问题线索 3425 件，涉及 3477 人，市县两级起底线索办结率均超过 90%，在全省位居前位。加强与公检法等部门沟通协调，开展涉刑党员、国家工作人员专项清理，给予党纪政纪处分人员 238 名。深入开展“2016 天网行动”，加大追逃追赃力度，1 名外逃人员主动投案，1 名外逃人员被抓获归案。以开展“小官贪腐”专项治理和侵害群众利益突出问题专项治理为重点，集中查处中纪委交办的三河市 11 件问题线索案件，涉案 36 人，移送司法机关 14 人，给予党政纪处分 23 人。审理市本级直查案件 85 件，未发生一起申诉复查案件。

【廉政宣传】 2016 年，廊坊市开发廊坊纪检监察网移动客户端（APP）、廊坊纪检监察网微信公众号，提升要文转载、廉洁廊坊、廉政图说、“廉政大家说”论坛、在线访谈等栏目质量，增设“民生在线”链接，开通网上举报，着力打造权威发布、举报监督、宣传教育、网络学习、互动交流“五位一体”开门反腐新阵地。创作的反腐题材现代京剧《脚印》成功首演，《人民日报》《中国纪检监察报》《光明日报》、中国戏剧网、凤凰网等20多家国家级报刊和知名网站给予关注和报道。围绕打造“全国同级地市一级刊物”目标定位，《廊坊纪检监察》版面，编发6期，面向全国累计免费发放1.5万余册。开展以“忠诚履行职责、践行‘四种形态’”为主题的有奖征文活动，收到投稿1500余篇。

（贾岩波）

组织建设

【概况】 2016年，廊坊市加强各级领导班子思想政治建设，推进干部人事制度改革，加强干部队伍宏观管理、培训、考核和监督，全年提拔调整县处级领导干部97人次，科级干部55人次。创新年轻干部培养锻炼方式，培养与储备优秀党政后备人才，继续选派453名市直科级以下基层经历不满2年的机关干部到基层锻炼。加强基层党组织和党员队伍建设，深入开展基层党组织创星争先活动，扎实开展后进基层党组织治理整顿。抓好乡镇党委书记、村党组织书记、农村致富带头人“三支队伍”建设，逐步改善队伍结构，调整工作状态。继续深入实施“四个三”工作机制，扎实开展基层党建示范区创建活动，规范完善乡镇党委书记“任前沟通、任后备案”制度。在全市推行“社区党支部（党委、总支）—楼院党支部—楼栋党小组—单元党员中心户”党组织设置模式。开展非公企业党组织组建“百日攻坚”活动，对全市非公经济和社会组织拉网式排查，实现党的组织和党的工作在非公企业全覆盖。严格发展党员程序，强化党员管理，加大党员培训和党内关怀帮扶力度，做好党员电教和远程教育工作。发挥组织部门牵头抓总作用，以高端人才引领高端发展，全市人才资源总量65.4万人。

【干部选拔任用】 2016年，廊坊市根据《党政领导干部选拔任用工作条例》把德才兼备、群众公认的优秀干部选拔到领导岗位。按照市委“两报告一筛查”工作法要求，对拟提拔重用干部进行“廉政体检”，全面构建有效分析、研判干部廉政风险工作机制，防止干部带病提拔、带病重用。开展市直单位党组（党委）清理规范。完成六届五次人代会选举市长工作。做好出席省九次党代会代表推选、考察、公示及选举工作，选举产生廊坊市出席省九次党代会代表35名。开展“一问责八清理”专项整治，对超职数配备干部、领导干部违规经商办企业问题进行清理。严格实行科级干部预审备案制。核实领导干部个人有关事项报告，组织1400余名副处级以上领导干部集中填报《领导干部个人有关事项报告表》。加强对领导干部出国（境）管理，将全市所有国家工作人员、国有企事业单位管理人员纳入登记备案范围。做好市级和县级班子换届考察工作，加强换届风气监督，建立换届期间信访举报快速查核机制，编制全市县乡领导班子换届工作流程图，指导乡镇领导班子换届工作，编印《党委换届选举资料汇编》。

【干部培训】 2016年，廊坊市以党政干部、开发区负责人、民营企业家三支队伍为重点，举办培训班51期，培训干部5264人次，完成中、省党校和行政学院等15所院校53个班次217人调训任务。组织4批次200名开发区园区干部赴上海、深圳等多地开发区、高新区学习，提升领导干部推进开发区园区建设的能力水平。组织3批次150名民营企业董事长或总经理赴浙江、深圳等地学习。依托市委党校及井冈山、延安、遵义等党性教育基地，举办12期理论进修及党性教育培训班，培训干部720名。举办“十三五”规划解读、民营企业转型升级促发展、互联网+等专题培训班19期，培训干部1100人次。选派重点岗位干部插班参加北京市举办的培训班10期60人次，举办8期干部专题选学班，全市县处级领导干部及市、县组织部门全体干部1600余人参训。邀请国家部委或首都高校、党校专家教授就“一带一路”战略、“十三五”规划、供给侧结构性改革等专题举办6次高端讲座，培训干部1200人次。以“大智移云”为主题，举办“局长工作讲坛”，150余人参加活动。《全国干部教育通讯》《中国组织人事报》《河北日报》等新闻媒体多次报道廊坊在高校、党校培训干部工作中取得的成效，与市委研究室合作课题“探索新时期干部素质提升的有效途径”获市社科联“优秀奖”。

【干部考核】 2016年，廊坊市对市委管理干部实行以“定职责、定目标、绩效考核”为主要内容的考评机制，明确各级领导干部工作职责和目标任务，破解“为官不为”困局，改变以往重班子轻干部局面。启用县处级领导班子和领导干部考核信息平台，进一步拓宽考核评价的层次和渠道。印发《廊坊市市直机关及其内设机构和工作人员目标绩效管理考核办法（试行）》，强化对科级以下干部考核力度。

【拓宽基层党建覆盖面】 2016年，廊坊市推行“社区党支部（党委、总支）-楼院党支部-楼栋党小组-单元党员中心户”党组织设置模式。按照“一社区一品牌”思路，着力打造文化型、志愿服务型、绿色环保型等贴近实际、内容丰富的社区党建服务品牌。开展非公企业党组织组建“百日攻坚”活动，实现党的组织和党的工作在非公企业全覆盖，推出华夏幸福、富智康和新奥集团等全国全省先进典型，非公党建工作在全省保持领先。结合开展“两学一做”学习教育，在全市非公经济和社会组织党员中开展“四有四无”活动（重要岗位有党员、紧急任务有党员、重大创新有党员、创新大奖有党员，党员无违纪、党员无次品、党员无浪费、党员无事故）和“三亮三比”活动（亮身份、亮职责、亮承诺，比贡献、比业绩、比创新），让党员在平常看得出来、关键时刻站得出来，在推动企业发展中发挥先锋模范作用。全省园区非公企业党建工作座谈会在廊坊召开，市委组织部做典型发言。

【农村基层党建】 2016年，廊坊市建设乡镇党委书记、村党组织书记、农村致富带头人“三支队伍”，逐步改善队伍结构，调整工作状态。继续深入实施“四个三”工作机制，着力实现强党建、保稳定、促发展、惠民生共融共进。开展基层党建示范区创建活动，建立县乡村三级党组织书记抓基层党建责任清单，建立健全县乡党委书记抓基层党建追责问责机制。规范完善乡镇党委书记“任前沟通、任后备案”制度，乡镇党委书记调整职务前，对其履行基层党建工作责任情况进行专项审核，督促乡镇党委书记树牢基层党建主业主责意识。

【党员队伍建设】 2016年，中共廊坊市委印发《2016年发展党员工作计划》，指导各地各部门做好发展党员工作。建立完善农村发展党员电子信息台账，对多年不发展党员村街挂账督办。进一步严格党内组织生活，制定出台《〈党支部工作手册〉使用管理办法》，将处置不合格党员、组织关系排查、党费收缴等记入“支部手册”，做到支部重点工作“过程留痕”。组织开展基层党支部书记全员培训，全市累计开展培训班131期，8628名支部书记全部参训。落实《2015—2018年党员教育培训工作规划》，指导各地开展主体培训班，扎实做好党员党性教育和技能培育。截至年底，全市累计开展各类主体培训276期，培训党员5.36万余名。

【“两学一做”学习教育】 2016年，廊坊市开展“两学一做”（学党章党规、学系列讲话，做合格党员）学习教育活动。推进基层学习教育常态化、规范化，建立学习计划报备、学习教育“五有标准”和定期送学三项督学促学机制。强化领导带头，多种形式促学，实行领导干部带头学，关键节点专题学，对标典型引领学和紧扣中心任务学，确保将内容学透。强化问题导向，解决党建突出问题，将党员组织关系集中排查等7项重点任务纳入“两学一做”学习教育内容。强化督导宣传，确保学习教育成效，印发3轮督导工作方案，建立半月一调度、每月一督导制度，开展巡回督导检查200余次，提出合理性意见建议1270多条。通过各种形式宣传“两学一做”学习教育好经验、好做法、好典型。廊坊市“一报两台”刊播稿件400余篇；在省级主要媒体刊发新闻稿件40多篇；中央电视台、《人民日报》《光明日报》、新华社、《共产党员手机报》刊登廊坊市多篇经验做法。

【农村党员干部现代远程教育】 2016年，中共廊坊市委印发《远程教育终端站点学习手册》和《远程教育终端站点管理员业务图解手册》，张贴“明白纸”，方便基层党员群众使用。分批培训全市远程教育终端站点管理员和课件制作人员，实现站点管理员参训全覆盖。中组部党员教育和干部测评中心副主任李其森一行5人到廊坊市调研，对市电教远教工作给予肯定，并在《共产党员手机报》上刊发2篇反映市远程教育工作经验的信息。廊坊作为河北省唯一代表在全国党员干部现代远程教育创新发展研讨会上作主题发言。《逐梦》《弹壳》《“疯子”支书》等17部专题片在省级以上评比中获奖。

【人才队伍建设】 2016年，中共廊坊市委制定出台《关于扶持高层次创新团队实施细则（试行）》《关于加快引进培育高端人才和创新团队行动计划（2016—2018年）》等一系列推进人才发展体制机制改革、支持鼓励人才创新创业的政策措施。加大对各类人才培训力度，组织实施民营经济组织“重点人才培养”“实用人才聚集”“全员素质提升”三项工程。推荐市6名高层次人才参加国家“千人计划”和省“百人计划”评选，组织申报“3·20”省人才资源开发专项资金重点支持项目评选，开展“千人计划”专家基层行活动，推动高端人才到基层创新创业和成果转化。鼓励扶持青年人才创新创业，举办第二届廊坊市青年创新创业大赛活动。拓宽与京津人才交流渠道，2016年继续选派3名干部到中科院挂职学习，引进国家部委和国家金融机构挂职干部10名，京冀互派挂职干部27名。3月，在全省选派到北京挂职干部人才轮换交接暨集体谈话会上，廊坊市作典型发言。落实市领导联系专家制度，实行专家名单动态调整机制。开展市管优秀专家体检，为全市高端人才建立健康档案。开展人才资源调查活动，健全完善全市高层次人才信息库。利用人才工作宣传月，谋划实施“十项人才重点工作”，借助“一报两台”和“环京津新闻网”等主要载体和微信公众号、手机客户端、城市LED电子屏等新兴媒体优势，将人才的先进理念、先进事迹、新思路在全市推广。

（陈明明）

宣传思想文化

【概况】 2016年，廊坊市宣传思想文化战线推进意识形态、理论武装、舆论引导、对外宣传、文化改革、队伍建设等6项重点工作。抓好意识形态工作，组织召开全市党委（党组）意识形态工作责任制座谈会、意识形态工作情况通报会，印发《关于认真贯彻落实〈河北省党委（党组）意识形态工作责任制实施细则〉的通知》《关于认真贯彻落实〈河北省党委（党组）意识形态工作责任制“三办法两清单”〉的通知》，对意识形态工作责任进行规范。抓好思想引领，围绕习近平总书记系列重要讲话精神、意识形态责任制等内容，组织市委中心组专题学习30次、“知之深、爱之切”等主题笔谈3次；围绕学习宣传贯彻十八届六中全会、省第九次党代会和市委全会精神，组织5轮520场集中宣讲；组织开展“经济强省·美丽河北”主题宣讲暨“送理论下基层”活动100场。加强舆论宣传，组织市属媒体策划开展“深入学习贯彻十八届六中全会精神，全面推进从严治党”“深入学习贯彻省第九次党代会精神，加快建设创新驱动经济强市”“精彩‘十二五’，幸福新廊坊”“两学一做”学习教育、机关作风整顿、文明城市创建、美丽乡村建设、大气污染治理等主题宣传活动，为推动廊坊“四个发展”营造舆论氛围。加强对外宣传，策划组织推进经济稳健增长、转型发展、科技创新、生态建设等10个主题外宣活动，组织举办“创新驱动经济强市”系列主题采访80次，在中央、省级主流媒体刊播稿件4700余篇，其中中央主流媒体刊稿2000余篇。加强互联网宣传，邀请人民网、新华网等50多家中央重点新闻网站、知名商业网站开展“全国重点网络媒体廊坊行”等活动，发稿9600余篇，其中首页首屏发稿344篇。组织开展群众文化活动，举办第十届“幸福廊坊”文化艺术节、“梦想如歌·幸福廊坊”第四届合唱艺术节暨“彩色周末”广场文化活动、首届京津冀运河书香节暨廊坊金秋书展。启动“中国元素、本土题材、廊坊故事”精品创作工程，创作以“最美廊坊人”为主题的文艺作品20余部。纪录片《赵德平》获省资金扶持，10幅书画作品获国家级奖项，3人分获省民族声乐大赛金银铜奖。设立市级文化产业发展引导资金1000万元，实施项目带动战略，推动文化与科技、旅游、现代农业深度融合，全市规模以上文化产业项目182个，产业园区8个，已建项目62个，在建项目76个，新谋划项目36个，其中谋划实施投资亿元以上重点项目40个，总投资1100多亿元。加强文化人才培养，2人纳入全省高层次人才培养计划，3人入选“燕赵文化英才”，6人入选全省宣传文化系统“四个一批”人才，30人被评为“燕赵文化之星”。

【《宣传思想文化工作战略合作框架协议书》签署】 1月8日，市委宣传部与北京市大兴区委宣传部、北京经济技术开发区工委宣传部签署《宣传思想文化工作战略合作框架协议书》。《宣传思想文化工作战略合作框架协议》签署后，三方将本着优势互补、分工协作的原则，积极推进北京大兴区与廊坊市之间宣传思想文化工作的交流和融合，推动两地文化繁荣发展。建立沟通协调机制；开展跨区交流活动；创新交流合作模式。两地的宣传、文化、报纸、广电、文艺等方面负责人就合作交流进行座谈研究，在各自领域提出具体对接意见。

【全市宣传部长会议】 2月2日，全市宣传部长会议召开。会议学习贯彻习近平总书记系列重要讲话精神，传达贯彻全国宣传部长会议、全省宣传文化工作会议精神，总结2015年工作，分析形势，安排部署2016年全市宣传文化工作。会议指出，2016年全市宣传文化工作重点实施五项工程：实施科学理论引领工程，统一思想凝聚共识；实施宣传舆论提升工程，内聚合力，外树形象；实施文化惠民工程，建设文化体验城市；实施核心价值观培育工程，传播新风尚，弘扬正能量；实施干部素质提升工程，夯实基层基础工作。

【"北京媒体廊坊行"活动】 7月1日，市委宣传部举办聚焦京津冀协同发展"北京媒体廊坊行"活动，邀请《北京日报》、北京电视台、北京电台、《北京晚报》等北京主要媒体，以及《人民日报》、新华社、《光明日报》《经济日报》等中央重点新闻媒体记者20余人参加。活动期间，采访团一行先后到廊坊开发区润泽科技发展有限公司、精雕数控机床分公司、北京新机场建设现场、固安县规划馆、河北航天振邦精密机械有限公司、固安卫星导航产业园、固安工业园区孔雀湖等地参观采访，深入了解廊坊市紧紧抓住京津冀协同发展重大机遇，在产业、生态、交通等重点领域与京津对接，使区域生态环境稳步改善、科技合作强力推进的做法成效。

【田向利到廊坊调研】 7月7日，省委常委、宣传部部长田向利就加快文化产业发展到廊坊调研。田向利先后到大厂回族自治县民族宫、微软游戏创新中心、影视创意产业园和香河县国华影视基地，详细了解对接京津、发展新兴文化产业情况，对廊坊抢抓机遇、强力推进重点文化产业项目建设，着力培育打造文化产业新业态给予肯定。田向利强调，要全面贯彻创新、协调、绿色、开放、共享发展理念，紧紧抓住京津冀协同发展战略机遇，主动对接京津，借势借力助推全省文化产业又好又快发展，为建设经济强省、美丽河北作出新的更大贡献。要充分利用京津人才、技术、资本等优势，大力发展文化创意、影视演艺、网络视听、动漫网游等新兴产业；要注重运用科技手段、"互联网+"等，力促全省传统文化产业提档升级。同时，要不断加大新产品、新技术研发力度，实现文化产业由主要依靠资源和投入拉动增长，向主要依靠技术革新带动发展的战略性转变，努力提升全省文化产业的活力、实力和竞争力，确保到"十三五"末把文化产业打造成国民经济支柱性产业。

【"北三县"文化创意产业发展座谈会】 10月19日，"北三县"文化创意产业发展座谈会在大厂民族宫召开。会上，三河市、大厂回族自治县、香河县、市文广新局、国华影视基地、中信国安创客、微软游戏创新中心、汉王制造、乐聪科技等单位负责人就全市文化创意产业发展形势、思路及举措进行交流发言。会议研究贯彻落实措施：把文化资源优势转化为产业优势、产品优势和竞争优势，培育一批名企、名品、名牌、名园，逐步形成重点突出、特点鲜明、链条完整、布局科学、效益显著的文创产业发展格局；研究制定针对文化企业切实需要的帮扶优惠政策，在土地利用、搭建平台、引进技术、企业管理、开拓市场、资金支持等方面为文化企业解决实际问题，激发文化产业发展活力；坚持目标导向和问题导向的统一，大力推动全市文化产业加快发展，实现到“十三五”末成为国民经济支柱性产业，文化产业增加值比重占当期GDP达到或超过5%以上；同时针对企业发展过程中遇到的实际困难，研究新机制，推出新举措，定期召开问题解决会，帮助文化企业做大做强。

【在廊坊市召开全省新闻舆论工作座谈会】 12月8日，全省新闻舆论工作座谈会在廊坊市召开。省委常委、宣传部部长田向利出席并讲话。要求全省新闻工作者要认真学习贯彻习近平总书记关于新闻舆论工作的重要讲话精神，强化四个意识，巩固舆论阵地，更好地发挥新闻媒体舆论引导作用；要进一步加强对中央决策部署和省委、省政府贯彻落实举措的宣传报道；要强化政治责任，坚定政治方向，坚持党媒姓党，把党性原则内化为新闻舆论工作的内在要求和实际行动；要强化引导责任，主动围绕中心大局，聚焦重点工作，坚持同频共振，齐心协力营造浓厚氛围；要强化阵地责任，推进改革创新，用好发展政策，走好改革新路，建强建好新闻舆论主阵地，不断推进新闻媒体快发展、大发展；要强化工作责任、坚持严格管理，严肃纪律规矩，健全落实制度，严格督查考核，全面提高执行力，以更加饱满的热情、过硬的作风、有力的举措，做好省第九次党代会精神宣传等各项工作，全面提高新闻舆论引导能力。

【国家级新闻媒体集中宣传廊坊】 8月10日至11月10日，廊坊市在国家级主要新闻媒体集中刊载廊坊发展经验和成就新闻。围绕全市经济优质稳速发展、推进京津冀协同发展、推动产业转型升级、加快科技创新等经济发展工作集中宣传；围绕学习贯彻中央、省、市委重大部署和重要会议精神、推进干部作风建设、“两学一做”学习教育等加强党建工作集中宣传；围绕大气污染防治综合管控、推进热电联产集中供热管网工程、优化水生态环境等生态建设集中宣传；围绕美丽乡村建设、发展现代农业、“美丽庭院”创建等城乡统筹工作集中宣传；围绕推进社保扩面提标工程、推进教育提质工程、推进医疗惠民工程、推进文化惠民工程、加强住房保障等改善民生工作集中宣传；围绕法治廊坊建设、推进司法改革、“平安廊坊”建设等社会稳定工作集中宣传；围绕创建文明城市、推进税收征管体制改革、打造旅游特色品牌、大力弘扬劳模精神等典型工作经验集中宣传。

2016年廊坊市在国家媒体刊登稿件一览表

表6

序号	稿件题目	刊登媒体	刊登版面	刊登时间	作者
1	河北廊坊梯次推进生态农庄　为村里人打造新家园	《人民日报》	9版	1月24日	常　钦 李　宓
2	河北固安县门铁营村“果蔬销北京，日子倍舒心”	《人民日报》	头版头条	2月13日	史自强
3	高立军：百姓称道的城市美容师	《人民日报》	17版	2月23日	梁　静
4	廊坊“唤醒”乡镇文化站	《人民日报》	12版	4月5日	史自强

续表 6-1

序号	稿件题目	刊登媒体	刊登版面	刊登时间	作者
5	廊坊建设京津绿色生态走廊	《人民日报》	13 版	5 月 17 日	汪国会 马珉璐
6	河北廊坊主动融入京津冀协同发展	《人民日报》	13 版	5 月 17 日	孙亚安 王文珩
7	小村庄变身“人人分红”的合作社——下坊村分红记	《人民日报》	10 版	7 月 31 日	常　钦
8	“平安廊坊”织密安全网	《人民日报》	19 版	8 月 17 日	汪国会 张　迪
9	河北廊坊围着园区做强农业，丝瓜茄子有了“新生活”	《人民日报》	10 版	10 月 9 日	张　迪 孙亚安
10	缕缕金丝味甘甜	《人民日报》	9 版	11 月 13 日	史自强
11	建设三大板块 打造五个基地，廊坊飘起一朵“大智移云”	《人民日报》	13 版	12 月 13 日	郭京泉 刘　玉
12	廊坊全面提升信息化水平，城市变智慧　市民得实惠	《人民日报》	13 版	12 月 19 日	王文珩 张　迪
13	升级信息产业 抢占发展高地，廊坊升起“大智移云”	《人民日报》	14 版	12 月 23 日	汪国会 孙亚安 王文珩
14	河北廊坊：借力借智“第三方”防治大气污染	新华社		8 月 12 日	齐雷杰
15	京津冀携手共建休闲农业“廊道”	新华社		11 月 4 日	齐雷杰
16	廊坊：窗口单位改“面对面”为“键对键”　让群众少跑腿少排队	新华社		12 月 19 日	齐雷杰
17	廊坊：打造京津冀高技能人才库	《光明日报》	16 版	2 月 16 日	罗　旭
18	河北廊坊：打通公共文化服务“最后一公里”	《光明日报》	1 版	4 月 8 日	耿建扩
19	河北廊坊：家门口享受京津优质医疗服务	《光明日报》	4 版	5 月 6 日	耿建扩 汪国会 张　迪
20	河北廊坊：承接京津高端产业转移	《光明日报》	4 版	7 月 12 日	王清彬
21	河北廊坊为创新驱动打牢人才基础	《光明日报》	6 版	12 月 23 日	耿建扩 娄冠华
22	河北廊坊：产业扶贫瞄准“当家”鹅	《经济日报》	11 版	2 月 29 日	张　雪 刘　玉
23	河北廊坊：单体转向集群 实现产业对接	《经济日报》	8 版	7 月 5 日	朱轶琳
24	“大智移云”构筑现代产业体系 河北廊坊抢占互联网产业制高点	《经济日报》	头版头条	9 月 15 日	孙世芳 欧阳梦 林　紫
25	河北廊坊：孤老、孤儿 100%集中供养供读	《经济日报》	13 版	12 月 7 日	王满凤
26	河北廊坊：区位优势推动乡村旅游	《经济日报》	14 版	12 月 27 日	刘　慧

（屈卫芳）

统一战线

【概况】 2016年，廊坊市完善“大统战”格局。中共廊坊市委先后4次召开常委会研究统战工作，市、县两级党委成立统一战线工作领导小组，加强对统一战线工作的谋划和组织推动。9月9日，市委统一战线工作领导小组召开第一次会议，审议通过《中共廊坊市委统一战线工作领导小组议事规则（试行）》。组织、统战两部门完善合作机制，推进党外代表人士队伍建设，新任两名党外行政正职（正处级）；宣传、新闻部门刊发党的统一战线理论和方针政策稿件300余篇；市、县两级统战部长均由党委常委担任或兼任。中共廊坊市委就经济社会发展重大事项召开通报座谈会、民主协商会、意见征求会10次，各民主党派、党外人士通过民主协商、议案提案、专题调研反映问题、提出意见81项，交由相关部门办理。为民主党派履职提供保障。为民主党派新增预算内经费20万元，民主党派机关新任科级干部3名。各民主党派市委围绕国家重大战略和中共廊坊市委、市政府中心工作开展调研活动，确定京津冀协同发展、供给侧结构性改革、经济转型升级、改善生态环境、维护社会和谐稳定等12个调研题目。市“两会”期间，组织民主党派成员提交各类提案、议案和意见、建议135项，其中116项被采纳。

中共廊坊市委统战部在民主党派和无党派人士中推进“坚持和发展中国特色社会主义教育实践活动”。组织举办由47名民主党派中青年干部参加的培训班。选调骨干成员200余人次参加省社院、市委组织部组织的培训班。开展“非公经济人士理想信念教育活动”。以“守法诚信”为主题，动员广大非公经济人士积极参与，把解决思想困惑与解决实际困难相结合，进一步增强非公经济人士走中国特色社会主义道路的信念、对党和政府的信任、对企业发展的信心、对社会的信誉。组织全市非公经济代表人士专题学习习近平总书记在全国政协十二届四次会议民建、工商联界委员联组会上重要讲话，引导全市非公企业准确领会总书记重要讲话精神。召开会议学习党的十八届六中全会和省第九次党代会精神，要求工商联领导班子要引领全市非公经济人士不断增进政治共识，增强“四个意识”。全年组织学习培训21次、沙龙4期，会员企业近2000人参加活动。编印《廊坊市统战工作学习资料》，发放500余册；组织专家学者、市县统战部长、有影响的党外代表人士，以多种形式轮流授课；组织统战成员结合自身工作实际讲统战，全年组织开展专题培训活动11次，43名专家学者、6名市县统战部长辅导授课，36名统战基层干部、党外代表人士交流座谈，618名宗教界、民主党派成员、党外知识分子、非公经济人士等统战成员参加活动。

【维护民族宗教领域和谐稳定】 2016年，全市8个少数民族特色村寨创建村争取社会资金2000多万元，实施项目22个。大厂县南王庄、固安县大韩寨、廊坊开发区南营进入《中国少数民族特色村寨名录》。为46座清真寺制作“民族团结是各族人民的生命线”宣传展板；分赴大厂县南王庄、廊坊开发区南营开展义诊和文艺演出活动；投资120余万元，改善市区第二幼儿园民族班教学条件；市、县民宗部门筹措资金148万元，维修25处宗教场所；举办民宗干部、宗教人士法律法规政策培训班3期。开展“民族团结进步宣传月活动”和“宗教政策法规学习月”，多形式组织民族宗教政策和法律法规宣传咨询活动，教育部门把统一战线知识纳入国民教育内容，在廊坊电视台黄金时段连续一个月滚动播放党和国家民族宗教政策和法律法规宣传标语。提高宗教工作法治化水平，及时有效防范和处置涉及宗教因素、影响社会稳定事件。以“坚持中国化、共筑中国梦”为主题，举办宗教政策法规学习活动，发放宣传资料1.4 万份，张贴标语 130 条，开展政策咨询49 次。

【服务非公有制经济】 2016 年，市委统战部组织市工商联、市台办、市侨联等部门，与京津客商进行资金、技术、人才、项目对接，邀请 161 名京津客商到廊坊投资考察，签订合作意向协议 16 项，协议金额 1.1 亿元。市工商联与北京市朝阳区、大兴区签订友好商会协议。4 月 15 日，组织举办以“京津冀协同发展下的廊坊商机”为主题的廊坊市投资环境说明会，即五大商会进廊坊活动，河北、广东、浙江、山西、福建 5 个商会负责人和 120 余家会员企业参加活动。会上，河北省资本运营协会与京南·固安高新技术产业开发区、北京广东商会与北京亦庄·永清高新技术开发区、北京佛山商会与河北香河开发区、广东省酒店用品行业协会与廊坊高新技术开发区、江苏省浙江商会与安次经济开发区、青海山西商会与河北大厂潮白河经济开发区、河北省福建商会与河北廊坊龙河经济开发区签订“友好合作协议书”。组织举办“浙商进廊坊”“晋商进廊坊”“闽商进廊坊”等系列招商活动，参与举办“北京民营企业廊坊行投资合作对接会”，为实现项目精准对接奠定基础。组织赴外地实地考察，开展民营企业家提升领导力心智系列培训，帮助企业家开阔视野、增强信心。依托新奥等本地企业，组织开展学习先进经验、加快创新转型活动。开展民企帮扶专项行动，协调解决企业发展中遇到的用地、融资、社保等问题，为民营企业解决贷款 2.1 亿元，解决维权案件 79 起，组织民营企业举办招聘活动 6 次，为民企引进技术人才 1562 人。11 月 30 日至 12 月 1 日，市工商联召开第六次会员代表大会，会议审议通过五届执委会工作报告，选举产生市工商联新一届领导班子。

【党外人士管理】 2016 年，市委统战部调整《全市党外后备干部名单》，全市党外后备干部 195 名，其中正处级党外干部 6 名，副处级党外干部 63 名，正科级实职党外干部 126 名。协同组织部门，完成 5 名党外干部的实职安排，增补 4 名党外政协委员。采取专题辅导、学习考察等形式，组织举办民主党派中青年干部培训班，选调骨干成员 200 余人次参加省社院、市委组织部组织的培训班，提升统战队伍凝聚力和战斗力。依托海外联谊会组织开展活动，促进海内外企业交流合作。筹建党外知识分子联谊会、社会主义学院等统战成员组织和阵地，扩大党外朋友圈。注重做好留学人员、新媒体中的代表人士、年轻一代非公经济人士的联系引导，搭建更加巩固、广泛、包容的统一战线平台。

【对台交流】 2016 年，市委统战部接待 13 个团组的 223 名台湾地区企业界人士到廊坊市考察洽谈。“5·18”经贸洽谈会期间，市台办邀请 4 个台商团组 77 人参会，促成 3 个项目达成意向协议，总投资 18.05 亿元。在“5·18”经洽会邀请客商和“9·8”厦门国际投资贸易洽谈会期间，走访对接台企 82 家，召开推介会 7 场。推进“中华齐心台湾少数民族创业园”建设，协助邀请台商到园区考察交流，并帮助园区解决实际困难。开展“结对子、办实事、服务台胞台商”活动，提供政策咨询32次，帮助企业解决实际困难20件，妥善处理台胞购房、土地纠纷等各类矛盾7起。

年内，市委统战部增加对台政策、市情市策、产业定位的报道。与国台办组织策划“台湾媒体走进廊坊”系列宣传报道活动。台湾中天电视台等媒体，先后赴安次、永清、固安等地采访拍摄，专题片于12月在台湾中天亚洲台等岛内主流媒体播出。组织廊坊市仲裁委员会等23个团组71人赴台交流，涉及文化教育、医疗卫生等领域。

（张永泉）

农村工作

【概况】 2016年，廊坊市级产权交易中心注册成立并运营。确定大厂威武屯、香河庆功台、固安马庆、安次第什里4个农宅合作社为省级农宅合作社示范社。启动文安县省级中心村示范县建设以及文安县大郭庄村、永清县冰窖社区、霸州市平曲花园小区等15个省级中心村（新型社区）示范点建设。

【农村改革】 2016年，廊坊市建设农村产权交易市场。文安县和固安县农村产权交易市场完成工商注册；永清县、大城县、广阳区农村产权交易市场组建方案经市政府常务会议审议通过。

发展农村股份合作制经济。廊坊市农村股份合作制经济组织997家，其中农民带头人领办916家，注册资金在1000万以上122家，带动农户20余万人，年经营收入18.1亿元，广阳润宝、文安富祥共10余个省级农村股份合作制经济发展示范组织，文安县被确定为省级农村股份合作制经济发展示范县。

建设省级农宅合作社示范社，改造65户，经营收入380万元。

其他涉农领域改革。开展确权登记工作2990个村街，完成外业调查2915个村街，完成外业调查面积511.12万亩（34.07万公顷），占全市耕地总面积93.65%；完成二次公示无异议2859个村街，完成二次公示无异议面积501.96万亩，占全市耕地总面积91.97%，全省排名第四。

【新民居（中心村）建设】 2016年，廊坊市15个省级中心村（新型社区）建设示范点交付使用2个：安次区高圈村、大厂县邵府社区，交付建筑面积32.6万平方米；文安县大郭庄村、香河县香武新村等6个示范点主体完工。新建村民广场2720平方米、村民中心4250平方米；投资47.1亿元。省财政奖补香河县香城荣韵、霸州市北柳村、文安县苏桥镇等10个省级中心村建设示范点资金6300万元；市财政奖补文安县、香河县、永清县3个市级中心村建设示范县及大厂邵府社区、广阳区李桑园村、霸州市平口村等12个市级建设示范点资金1000万元。

（杨洪艳）

政策研究

【概况】 2016年，中共廊坊市委研究室（简称市委研究室）围绕市委中心工作，服务市委决策，发挥参谋助手作用，研究谋划全市经济、社会、党建等方面的工作思路、目标任务。提出经济发展、转型升级、生态建设、维护稳定“四个走在全省前列”的目标定位；明确加快建设创新驱动经济强市的发展定位；提出要在全省率先走好加快转型、绿色发展、跨越提升新路；阐释“抢抓新机遇，坚持主战略，率先走新路，着力补短板，强力促创新，做强大平台”的工作要求；提出在推进“协同发展、新旧动能转换、改革创新、生态环境建设、民生改善、美丽乡村建设”六个方面下功夫、见实效。站位全市大局，起草市委五届九次全会报告和市委五届十一次全会报告等重要文件和市委主要领导在各类重大会议上的讲话稿400余篇。其中，《在全市经济工作会上的讲话》《在市委中心组学习暨“廊坊大讲堂”专题会议的讲话》等文稿得到市委领导高度认可。

【调查研究】 2016年，市委研究室围绕经济社会发展中的难点问题、群众关心关注的热点问题，多种方式和途径开展调查研究。深入研究新形势下群众工作，解剖总结调河头等乡镇基层群众工作典型做法专报省委研究室，调河头乡群众工作经验在全省获推广；深入广阳区、安次区企业、社区调研，掌握企业发展、社会民生等方面第一手材料。全年编发调查研究19期，7期得到市委主要领导批示肯定，《群众工作的乡镇样本——对廊坊市安次区调河头乡强化源头治理的调查》《廊坊市强化干部培训开展“素质提升年”活动的调查》被省委政研室《决策与研究》等刊物刊发。

【综合服务】 2016年，市委研究室参与“5·18”经洽会、“9·26”农交会、军民融合展洽会会务筹备；配合全市“三严三实”专题教育和机关作风整顿活动，承担市委主要领导在活动中的讲话、参与机关作风整顿综合组工作。整理编印《市委重要文稿汇编》《冯韶慧同志主要文稿汇编》《廊坊各县（市、区）、廊坊开发区工作汇报汇编》《创新发展调研汇编》《大数据产业调研汇编》等资料120万字。

（张　越）

信　访

【概况】 2016年，廊坊市受理群众到访51829人次，同比上升34%；办理群众信件8972件次，同比上升31%；办理群众网上投诉10257件次，同比上升28%。信访重点问题主要集中在城乡建设、农村农业、特殊利益群体诉求方面。特别是城乡建设中涉及的“问题楼盘”、特殊利益群体中的军队退役人员分别占全市年内信访总量的20%和13%。信访问题总体呈现反映问题集中、集体访数量增加、越级访数量增加的特点。

【工作制度建设】 2016年，廊坊市群众工作委员会办公室（以下简称市群工办）完善工作制度，畅通市、县、乡、村四级群众工作网络，探索建立“1+N”制度体系，出台19项制度。各县（市、区）群众工作中心创新工作机制。固安县群众工作中心构建“四个三”（事前防范“三道关口”：评估关、征集关、排查关；事中调处“三项突破”：打造三级调处平台、建立三级调处制度、实施三个治防策略；事后要账“三项举措”严格信访通报制度、严格目标考核制度、严格责任追究制度；事要解决“三条底线”：坚守思想底线、守住法律底线、夯实民生底线）信访工作体系，在拆迁任务重、稳定风险高、临京维稳压力大的情况下，打造阳光和谐信访，为县域经济快速发展提供社会保障，为维护首都和谐稳定做出贡献。

【规范信访业务】 8月，河北省信访系统制定下发责任目标考核办法。考核办法改变以越级访发生量为主的工作考核标准，突出信访基础业务的规范化，特别是信访事项办理“三率”指标（信访事项及时受理率、按期答复率、群众满意度评价）占总体考核的 70%。将处理进京、赴省越级的信访维稳工作作为重中之重，与新出台的考核办法脱轨，也给 2016 年信访工作考核带来压力。从 9 月开始，全市开展信访事项办理“三率”情况攻坚行动，要求信访信息登录及时、全面、准确，信访事项受理办理依法、规范、高效。但由于上半年欠账较多，年底全省信访系统考核中廊坊市整体排名仍处于落后位次。

【拓宽信访渠道】 2016 年，廊坊市推动阳光信访建设，一方面以河北省信访信息系统为基础，重视群众信件、网上投诉，把群众信件反映的合理诉求及时就地解决；另一方面创新“互联网+信访”工作模式，利用廊坊市为人民服务网，完善民生热线、在线访谈、微信答疑等做法，拓宽群众反映诉求渠道，创造为群众解释政策的有效途径。通过录制在线访谈节目，相关部门县处级领导直面群众，有问必答，得到网友一致好评。建立市、县、乡三级视频接访系统，让群众“足不出户”反映问题、咨询问题、解决问题。

（赵隽平）

市直工委

【概况】 2016 年，中共廊坊市直属机关工作委员会（简称市直工委）开展“万名党员大培训”活动，推进学习型党组织建设；组织开展“星级机关星级窗口创建”活动，推进服务型党组织建设；着眼于发挥党建工作的政治优势，努力恢复和发扬党的优良传统，加强机关党建基础性工作；着眼于打造“为民、务实、清廉”机关，创新教育形式，加强监督指导，推动市直机关党风廉政建设迈上新台阶，形成机关党建主体责任的新常态。

思想建设。开展“两学一做”学习教育活动，编发专题学习资料 4 期，引导机关党组织和广大党员干部牢固树立马克思主义的世界观、人生观、价值观，做到对党忠诚、个人干净、敢于担当。利用《廊坊机关建设》《机关党建工作简报》、星级机关和星级窗口创建网络平台等载体及时总结交流新经验新做法，促进机关党建工作思路创新、方法创新。全年编印杂志 5 期。

组织建设。建设学习型党组织，建立中心组学习制度、集中学习日制度和学习交流制度落实，规定中心组学习每年度不少于 6 次，全员学习每月不少于 2 次，集中交流每季度不少于 1 次。明确每月的第一个星期五为“党员活动日”，坚持“月月有活动、次次有主题”。采取定期检查、每月通报和班子成员联系基层党组织等方式，加大组织指导、跟踪问效力度，解决基层党组织生活吸引力不强、规范性不够、随意性较大以及部分党组织履行责任不到位、个别党员参与意识不强等问题。推动落实发展党员、组织建设、制度建设、党员教育、党员管理、党费管理、档案管理等项工作，严格入党程序、规范党员档案、加强党费管理、处置不合格党员，加强市直党员的党员意识、党性修养和组织观念。搭建党员先锋模范作用发挥的平台，建立完整的市直属党组织和党支部电子信息库，每周梳理、汇总、更新信息库内容。指导市直机关各级党组织按期换届，提升基层党组织凝聚力、战斗力和创造力。用改革的方法落实“两个责任”，推进机关纪委建设。在学习借鉴外省市改革经验基础上，与市纪委、市编办联合制发《关于加强市直单位机关纪委建设的意见》，推动纪检体制改革向基层党组织延伸，形成党委（组）统筹规划，派驻纪检组（委）实施监督，机关纪委抓落实的工作体系。

作风建设。开展市级机关作风整顿，对照“为官不为”的种种表现和“五种作风”（思想作风、学习作风、工作作风、领导作风和生活作风）的具体要求，从基层和群众反映强烈的问题、制约经济社会发展的问题、本部门本单位突出问题入手，每月聚焦一次问题，列出问题清单。实行开门整风，在廊坊政府网、廊坊纪检监察网、廊坊机关党建网分别设立投诉举报平台，在市纪委和各部门纪检组、主体办设立投诉接待处，在市区人口密集地段设立与监督台合建的意见箱，开通廊坊机关党建微信公众号，公布监督电话，使广大干部职工和社会公众深度参与、全程监督。落实整改，针对查找出的问题，坚持每月梳理一次整改措施，明确责任主体和整改时限，并通过电子台账对各单位问题整改进度实时监控。以星级机关星级窗口创建为载体，对市级机关和窗口单位在精神状态、工作作风、任务落实等方面评议和日常监管。全年开展机关作风公开评议 2 次。指导市直单位开展目标绩效管理，把绩效考核结果与面子、票子、位子、板子直接挂钩，使目标绩效管理成为市直机关解决作风顽疾、激发内生动力的有效抓手。

精神文明建设。围绕创建文明城市，开展精神文明创建系列活动。依托市直各级党组织，组建“共产党员志愿服务队”，指导市直各单位结合职能特点和党员个人专长开展美化环境、法律援助、政策宣传、医疗帮扶、心理咨询、便民服务等志愿服务活动，发挥共产党员志愿服务引领作用，凝聚文明向上的正能量。坚持将提高人文素质作为创建文明城市的有利支撑，开展“文明机关、文明单位、文明科室、文明大院”创建活动、文明讲堂系列培训活动、环境综合整治等一系列贴近实际、贴近生活、贴近群众的主题实践活动，带动精神文明创建工作整体进步。组织市直机关开展重温入党誓词、参观爱国主义教育基地、市直篮球比赛、向灾区奉献爱心等一系列载体活动。各项活动发挥基层党组织的战斗堡垒作用，群策群力，吸引干部群众广泛参与，党员在简朴的活动中接受教育。

【星级机关星级窗口创建】 2016 年，市直工委开展星级机关星级窗口创建活动。活动采用评星奖星方式开展，把机关和服务窗口各项任务目标分别凝练成“学习星、堡垒星、绩效星、文明星、清廉星”和“为民星、诚信星、效能星、规范星、廉洁星”各 5 颗星，变软任务为硬指标，并应用专用网络管理软件系统实时监管、问效、指导，及时公布创建进度，实现动态管理、全程跟踪；采取市直工委日常考评、相关部门专项考评和依靠群众社会评价的考评方法，定期汇总反馈，整改提高。连续 2 年，市直工委在中央国家机关工委组织的全国机关党建经验交流会上做经验交流，受到中央国家机关工委领导和全国党建研究会专家肯定。

【万名党员培训】 2016 年，市直工委以党的政治理论和业务技能为主要内容，组织、指导市直对 1.8 万余名党员开展集中培训活动。活动紧贴中央要求和省、市委中心任务，明确各阶段的学习重点和内容，根据不同类型、层次、岗位党员的实际需求，结合中心工作，开办主题培训班。指导市直单位以基层党组织为责任主体，完善基层党校建设，聘请骨干教师、领导干部、先进模范和科技人员、技能专家等，组建专兼职培训师资库，开展特色培训。全年培训党员十几万人次。

（潘跃腾）

老干部服务

【概况】 2016年，市委老干部局全面落实中央办公厅《关于进一步加强和改进离退休干部工作的意见》，以开展"两学一做"学习教育和机关作风整顿为契机，探索新形势下的老干部工作转型发展、科学发展。春节前夕，在全市各界人士新春情况通报会上，市委书记王晓东作讲话，市长冯韶慧通报全市经济社会发展情况，市委副书记蒋洪江主持会议，44名离退休老干部参加通报会。5月，市委老干部局与市委组织部联合印发《关于在全市离退休干部党员中开展"两学一做"学习教育的意见》，市委老干部局印发《关于在全市老干部党员中进一步推进"两学一做"学习教育的通知》。《意见》和《通知》对在全市老干部中开展"两学一做"学习教育既提出总体要求又部署具体任务，成为在全市离退休干部党员中开展学习教育的重要指导性文件。7月7日召开全市老干部工作暨情况通报会，市委书记、市长冯韶慧通报廊坊市上半年经济和社会发展情况，征求与会人员意见建议，并就做好当前和以后一个时期的老干部工作提出明确要求。12月14日召开省九次党代会精神情况通报会，市委书记冯韶慧传达省第九次党代会精神，通报市委五届十一次全会精神和2016年全市经济社会发展的整体情况。

截至年底，廊坊市有离退休干部27386人（离休干部884人，退休26502人），比2015年增加39人，其中离休干部减少101人，退休干部增加140人。年内有3名副地市级以上老干部逝世：4月29日，原中共廊坊地委副书记、地区行署副专员曹洗逝世，终年90岁。9月9日，原中共廊坊地委常委、宣传部部长张树辉逝世，终年93岁。11月11日，廊坊市人大常委会原主任任联飞逝世，终年81岁。

年内市关工委投入近30万元，建立50个符合"六有"（有以"五老"人员为主体的创建或志愿管理服务队伍，有固定的活动场所，有规范的活动计划，有规范的管理制度，有适当的活动经费和必要的活动器材，有显著的活动效果）标准的基层"五老"青少年服务中心。9月，市关工委获得全省关心下一代工作先进单位荣誉称号，受到省关工委表彰。

市干休所七一期间举办"送党徽、党章，重温入党誓词"活动，活动中平均年龄达92.5岁的5名老党员（最大101岁）现场交纳全年党费。6月8日在《廊坊日报》头版刊登《永做合格党员》，报道离休干部、百岁抗战老战士吕硕的典型事迹。11月，市委老干部局有关负责人赴山东、甘肃、辽宁三省回访老干部原单位，协商解决老干部工资、医药费报销、住房等问题，帮助易地安置的离休老干部解决实际困难。

【老干部政治待遇】 9月1日—2日，在固安县委党校举办市直老干部党支部书记（委员）"两学一做"专题培训班。培训班采取专家授课与参观考察相结合的方式，收到很好的培训效果。9月14日《中国老年报》第二版以《河北廊坊市"两学一做"专题培训提高党性修养》为题进行报道。10月20日，组织市级老领导薛伯昌、连树臣、彭庆彬、张清海、马维芳、王德恭、杨悦、张振海、范国发等参观大城县红木文化产业园项目，老领导们对廊坊市县域经济社会发展取得的成就给予肯定。各县（市、区）、市直各单位也采取不同形式落实老干部参观考察制度，其中广阳区组织300多名副科级以上离退休党员干部参观北京新机场建设情况。

【市老年大学】 市老年大学开设8个系、48个教学班，在校生1640人。抓教学管理，科学设置老年人喜爱的学科内容，实行工作人员分包教学班制度。年内组织书画作品展览6期。完善服务措施，安装视频观察系统，创办医务室，聘请一名副主任医师担任校医。购置急救医疗器械和急救药品，免费为学员提供诊疗和救治，全年抢救7名突发心脑血管疾病学员，为260名学员做常规检查。出资6万元，为全校师生缴纳意外伤害保险。

【老干部文化活动】 6月24日，市老干部局在管道影剧院举办全市庆祝建党95周年暨红军长征胜利80周年老同志文艺调演颁奖活动。市老年书画研究会推荐30幅书画作品参加扬州大运河沿岸城市书画交流活动；邀请新疆生产建设兵团二师老研会到廊坊书画交流；举办廊坊市第三个老年书画——金华湖度假村基地等大型书画交流活动。市老年艺术团编排舞蹈作品《忆·刀》获第七届河北省舞蹈大赛一等奖和第八届华北五省市舞蹈比赛创作一等奖、表演二等奖。11月3日，市老年艺术团获全省第三届健康之星荣誉称号。

【老干部生活待遇】 2016年春节前，廊坊市分级分层慰问离退休干部27347名。1月2日至2月2日，市四套班子领导带队，分9组慰问79名市级老领导及其遗属。7月3日，市委书记冯韶慧走访慰问9名地专级实职老干部。继续落实生日祝贺和住院看望制度，年内看望住院市级老领导8名，为17名老领导祝贺生日。各县（市、区）在重要节庆日普遍开展走访慰问老干部工作，把党和政府的关怀及时送达老干部。安次区在国庆节期间印发《关于做好国庆、中秋节慰问离退休干部工作的通知》，并慰问全区离退休干部90名。

提高涉老工作经费。2016年1月，与市财政局联合制发《关于提高离退休干部公用经费和特需费标准的通知》，规定从1月1日起，将市直离休干部公用经费分别提高到地厅级每人每年1400元、县处级及以下每人每年1000元；退休干部的特需费由原来每人每年100元提高到每人每年400元。

组织参观疗养。7月30日至8月4日，组织担任过副市级以上老领导到承德参观考察。市委老干部局对年老体弱的同志实行“一对一”跟踪服务，保障参观疗养活动安全顺利。

特困帮扶。根据河北省委老干部局《关于建立特困帮扶制度的意见》精神及廊坊市特困帮扶具体办法，廊坊市确定47名特困离退休干部为帮扶对象，20万元帮扶资金于12月23日全部发放到位。此外，为落实好困难企业离休干部生活待遇，与市财政局联系协调，帮助市供销社、市政府国资委等10个单位的69名困难企业离休干部发放2015年度生活补贴189389.36元。

（刘正昌）

讲师团

【概况】 2016年，中共廊坊市委讲师团（以下简称市委讲师团）重点围绕廊坊经济社会发展的重点问题、干部群众关心的热点问题，组织全市理论社科专家开展省、市级课题研究。

推出有一定理论深度和创新价值的研究成果80余项，多项成果获省市领导的肯定性批示。其中《积极应对“四风”问题新变种》获省纪委副书记、省监察厅厅长董云鹏肯定性批示，并在《纪检监察信息摘报》刊登，《做强做大廊坊会展经济的调研报告》得到市委书记王晓东、市长冯韶慧等市领导批示。《廊坊房地产业发展的思考》《廊坊美丽乡村建设探讨》十余项课题在《廊坊日报》发表。研究成果实现转化，在全部研究成果中选取50项优秀研究成果汇编成册，印制《2016年度社会科学新型智库建设优秀成果集萃》和《2016年度廊坊市哲学社会科学研究课题优秀成果选编》，供有关部门和社会各界参考借鉴。

【廊坊大讲堂】 2016年，市委讲师团配合市委宣传部打造“廊坊大讲堂”宣讲品牌，结合廊坊自身特点和地缘优势，聚焦推动发展的重大主题，先后邀请全国政协常委、上海市政协副主席周汉民，中国工程院院士、中国互联网协会理事长邬贺铨，工信部信息化和软件服务业司副司长安筱鹏，分别作题为《“一带一路”战略与前景》《智慧城市新机遇、产业发展新动能》和《智能制造重构全球竞争新格局——关于新一轮产业革命的思考》的专题报告。

【政策理论宣讲】 2016年，市委讲师团围绕党的十八届六中全会，省委九次党代会，中央、省市“两会”精神等主题深入各县（市、区）和市直单位，先后开展7轮巡回宣讲，共宣讲100余场，受众1万余人次。

按照市委统一部署，邀请部分市直单位具有理论功底和宣讲经验的领导担任宣讲员，组成市委五届八次全会精神宣讲团，分赴各县（市、区）和部分优秀企业单位开展巡回宣讲，通过集中报告、座谈交流、实地走访三种形式为干部群众宣讲市委全会精神。

以学习宣传贯彻全国和省、市“两会”精神为主题，组织“廊坊大讲堂”特邀宣讲员组成宣讲团，开展送理论下基层活动。宣讲团分4个小组，深入各县（市、区）基层理论宣讲工作站，针对不同受众群体，运用通俗语言、鲜活实例、精准数字，深入浅出地讲解全国和省、市“两会”精神、“十三五”规划纲要等内容。

按照省委讲师团《关于开展“回顾光辉历程，讲好河北故事”集中宣讲月活动的通知》要求，结合廊坊实际，在全市开展“回顾光辉历程，讲好廊坊故事”集中宣讲月活动。活动邀请市内部分理论社科专家组成专家宣讲团开展巡回宣讲，并与书画作品展、主题征文和演讲比赛等宣讲方式相配合，并同步推进网络宣讲。

组织开展深入宣讲省委八届十四次全会和市委五届九次全会精神活动，围绕省市全会精神、《胡锦涛文选》精神、长征精神等内容在市直单位和各县（市、区）开展宣讲。

围绕宣传贯彻党的十八届六中全会精神开展走基层微宣讲。走访宣讲站所辖社区、村街，与宣讲站负责人、社区工作人员、党员代表、基层群众等围绕十八届六中全会精神座谈交流，共同探讨如何在基层更好地开展理论宣讲工作。

参照中宣部和省委宣传部做法，结合廊坊实际，与市委宣传部共同选调部分市直部门领导干部，组建党的十八届六中全会宣讲团，赴各县（市、区）和廊坊开发区集中宣讲。

年内，培训全市理论宣讲工作站负责人、宣讲员、理论社科专家2次。聘请北京大学知名教授李茂春等专家围绕党的十八届六中全会和省委九次党代会精神作辅导报告，组织参训人员赴京参观“英雄史诗，不朽丰碑——纪念中国工农红军长征胜利八十周年主题展览”。利用“廊坊大讲堂”网站和廊坊干部理论教育网开展网络宣讲，全年开办京津冀协同发展、“两学一做”、筑梦路上、永远的长征等10余个学习专题，登载理论观点时评千余篇，上传专家讲座视频百余场，报道全市各地各单位理论学习开展情况的信息数百条。此外，还组织全市理论骨干参加省委宣传部和省委讲师团组织的理论骨干培训班。

【理论宣讲站建设】 2016年，全市有省级理论宣讲站6个，市级理论宣讲站10个，“廊坊大讲堂”示范点40个，各县（市、区）自建理论宣讲站点50余个。中共安次区委宣传部和永华街道办事处被确立为省级理论宣讲工作站。

（耿明明）

市委党校

【概况】 2016年，中共廊坊市委党校（以下简称市委党校）聚焦市委市政府重大决策部署，坚持科研与咨政相结合，把服务好市委市政府中心工作作为党校科研聚焦点和落脚点。市委五届八次、九次全会召开后，组织全校教师深入学习研讨会议精神，围绕全会提出的一系列新观点、新思路和重大决策部署，分解科研课题，深入调查研究，分别取得16项和12项理论成果，为市委推进廊坊发展走在全省前列提供有针对性和实效性的理论服务。围绕京津冀协同发展系列战略问题开展协同攻关。市委党校发挥科研统筹作用，将资源和政策向党校重点课题研究中心和京津冀协同发展研究中心聚集，支持和鼓励党校教师围绕廊坊在京津冀协同发展中的系列战略问题加强学习、深入调研，完成《以创新助力探索廊坊在京津冀协同发展中的跨界治理难题》《京津冀协同发展中廊坊的战略支撑作用》等10余项课题，为市委市政府开展决策部署提供有价值理论参考。推进科研工作机制改革创新。市委党校与河北省行政学院沟通合作，共同完成《京津冀协同视角下的廊坊城镇化方向》重点课题。组织教研人员与市委农工部联合调研，完成课题《廊坊市环首都现代农业科技示范带建设现状及对策研究》，进一步提升党校科研工作水平和影响力。

【“两学一做”专题教育】 2月，市委党校深入开展“两学一做”专题教育活动。1.将“两学一做”落实到干部教育培训中。在2016年干部教育培训中，进一步突出党的理论教育和党性教育主体地位，把党章党规和习近平总书记系列重要讲话精神作为一项重要教育培训内容纳入每期培训班教学计划。2.将“两学一做”落实到理论研究和运用中。带领党校教师进一步调整科研工作着力点，将党章党规和习近平总书记系列重要讲话精神列入学校科研工作重点，精心选定研究课题，深入研究“两学一做”理论和实践问题，推出一批有深度、有分量研究成果。发挥《党校论坛》阵地作用，开辟专栏，刊发理论文章，为全市各级干部提供交流探讨平台。3.将“两学一做”落实到宣讲辅导中。市委党校将党章党规和习近平总书记系列重要讲话精神列入年度宣讲重要内容，以参加市委宣讲团和领导干部讲党课等形式，深入基层党组织，面向各级党员干部群众开展宣讲活动，做好理论阐释引导和服务。全年赴基层宣讲辅导40余场，其中“两学一做”专题20多场。

中共廊坊市委五届九次全会精神解读
理论文章一览表

表 7

文 章 题 目	作 者
乘势聚力 推动廊坊经济社会又好又快发展	贾祥桐
明确目标定位 凝心聚力 开拓进取	冉伟严
深刻领会全会精神 努力落实工作要求	邵伯忠
在推进协同发展上下功夫见实效	郑 云
在推进新旧动能转换上下功夫见实效	李书青
在推进改革创新上下功夫见实效	刘 菲
在推进生态环境建设上下功夫见实效	孟宏利
在推进社会民生改善上下功夫见实效	刘翠芹
在推进美丽乡村建设上下功夫见实效	贾祥桐
强化思想引领 保障各项工作顺利推进	李立群
切实加强作风建设 确保各项工作落实到位	张作颖
坚持“六个要”全面从严治党	张恩龙

【党校干部培训】 2016 年，市委党校坚持把党的理论教育和党性教育作为主课，聚集各种优质资源，安排充分的教学内容和时间。在培训中，将党的十八届五中、六中全会及市委五届九次全会精神纳入主体班教学，特别是把深入学习习近平总书记系列重要讲话精神作为重中之重，引导全市党员干部始终在政治上思想上行动上与以习近平为核心的党中央保持高度一致，更好地用讲话精神武装头脑、指导实践、推动工作。推进教学方式方法改革创新。通过课堂、问卷、走访等方式加强干部需求调研，科学设计教学单元，使教学紧密联系干部的思想和工作实际。综合运用现场式、案例式、体验式等教学方法，调动学员积极性，增强培训感染力和吸引力。除挖掘本校培训资源外，整合利用北华航天工业学院等域内资源及浙大、井冈山等域外优质教育教学资源，设立培训基地或教学点，学习借鉴先进教学模式和管理经验，取得较好培训效果。加强与培训服务机构合作，聘请中央党校、省委党校和京津地区知名专家学者到市委党校专题授课，进一步提升党校干部培训整体质量和影响力。全年举办主体班 5 期，选学班 8 期，培训各级干部 2000 人次。

（刘 婧）

党史研究

【概况】 2016 年，全市党史研究围绕“以史鉴今、资政育人”根本任务和“一突出、两跟进”（突出开创和发展中国特色社会主义时间段历史研究，及时跟进十八大以来党中央的决策部署，及时跟进以习近平同志为核心的党中央的理论发展）总体要求，提高党史工作科学化水平，征、编、研、宣工作取得一定成果。在全省党史优秀成果奖评选活动中，《中国共产党廊坊历史》（第二卷）获著作类特别奖，《天天读史》文集获资政成果类一等奖，电教片《抗日烽火——廊坊英雄录》获影视音像作品类三等奖；党史动画片《尽忠尽孝魏大光》开创河北省党史宣教工作先河。市县两级党史研究室以中国共产党成立 95 周年和纪念红军长征胜利 80 周年为主题，开展一系列党史宣教活动。市委党史研究室与廊坊日报社联合举办“学党史感党恩跟党走”党史知识问答活动；以“信仰与坚持”为主题，开展宣讲 12 次，受众 3000 余人；在廊坊纪检监察网《每月一讲》栏目讲党史 1 次，向党员群众赠送各类党史书籍 2000 余册。大厂县编写《党史上的今天》10 期，并与县直工委联合对入党积极分子进行党史教育，广阳区撰写《广阳为什么能够率先建成小康社会》等多篇资政文章，安次区编辑《领导参阅资料》6期，永清县举办“学党史、知党情”党史知识竞赛和纪念红军长征胜利80周年主题图片展等。年内，市委党史研究室编写的《中共廊坊市委大事记（2015）》《中共廊坊年鉴（2016）》《抗日战争时期廊坊人口伤亡和财产损失调研资料汇编》《老一辈革命家廉政故事选编》等书籍出版发行，编辑《天天读史》周刊47期，编制《中共廊坊市委党史研究室2016—2020年工作规划》，起草《中国共产党廊坊历史》（第三卷）编写大纲。

【制作动画片《尽忠尽孝魏大光》】 2016年，市委党史研究室与大厂星任动画制作有限公司合作，于2016年10月，制作完成动画片《尽忠尽孝魏大光》。用动画艺术形式，再现廊坊籍最高级别八路军将领魏大光，从一名热血青年成长为威震敌胆的八路军将领，在抗击日寇战斗中壮烈牺牲的动人故事。中央党史网以《廊坊市委党史研究室推出红色主题动画片〈尽忠尽孝魏大光〉》为题，介绍廊坊党史宣教工作的创新做法，并收录播放。河北党史网在《历史影像》栏目收录播放。廊坊电视台、廊坊新闻网、廊坊官方微博同步播出。

【编纂《抗日战争时期廊坊人口伤亡和财产损失调研资料汇编》】 2016年，市委党史研究室在2006年、2007年普查抗日战争时期廊坊人口伤亡、财产损失情况和多年研究基础上，经省委党史研究室相关人员指导，重新核实整理抗日战争时期廊坊人口伤亡和财产损失情况，形成35万余字的《抗日战争时期廊坊人口伤亡和财产损失调研资料汇编》，用这段血泪历史警示后人牢记历史、珍爱和平。

【开辟《党史故事》专栏】 2016年，市委党史研究室与市纪委合作，由市委党史研究室提供资料在《廊坊纪检监察网》开辟《党史故事》专栏，连续刊登党史上的廉政故事，弘扬廉政精神，用正能量树立正风正气，用典型事例传导优良作风。全年刊登20余期，为推动廊坊市党风廉政教育深入开展，营造良好政治环境发挥作用。

【编辑《老一辈革命家廉政故事选编》】 为纪念建党95周年和配合“两学一做”学习教育活动，市委党史研究室搜集整理106位老一辈革命家廉洁从政小故事，辑印成书，共计10多万字。该书展现老一辈革命家的坚强党性、高尚情操、优秀品德和良好作风，用历史作镜子，用传统正思想，用先辈做榜样，促进“两学一做”学习教育深入开展。

（牛秀华）

廊坊市人民代表大会常务委员会

市人民代表大会会议

【市第六届人民代表大会第四次会议】 1月24日—27日，市第六届人民代表大会第四次会议召开。会议听取和审查《廊坊市人民政府工作报告》；审查市人民政府《关于廊坊市国民经济和社会发展"十三五"规划纲要草案》，批准《廊坊市国民经济和社会发展第十三个五年规划纲要》；审查市发展和改革委员会《关于廊坊市2015年国民经济和社会发展计划执行情况与2016年国民经济和社会发展计划草案的报告》，审查和批准《廊坊市2015年国民经济和社会发展计划执行情况的报告与2016年国民经济和社会发展计划》；审查市财政局《关于廊坊市2015年市本级预算及全市总预算执行情况的报告和2016年市本级预算及全市总预算草案》，批准2015年市本级预算执行情况的报告和2016年市本级预算；听取和审查《廊坊市人大常委会工作报告》《廊坊市中级人民法院工作报告》《廊坊市人民检察院工作报告》，对相关报告作出决议。会议邀请不是市六届人大代表的部分市四套班子原正职领导，市委、市政府、市政协领导，市五届人大常委会领导，驻军和武警部队首长，中省直驻廊单位和高等院校领导出席第一、第二、第四次全体会议。不是市六届人大代表的驻廊省十二届人大代表，市政府所属部门和其他有关单位负责人，市人大常委会机关处级干部列席大会。不是市六届人大代表的廊坊开发区和各县（市、区）人民法院院长、人民检察院检察长旁听大会。出席市政协六届四次会议的委员列席第一次全体会议。

【市第六届人民代表大会第五次会议】 9月19日至20日，市第六届人民代表大会第五次会议召开。会议应到代表374名，实到336名，符合法定人数。主席团常务主席、执行主席刘智广主持开幕大会。按照会议议程，与会代表以举手表决的方式，通过市六届人大五次会议选举办法。根据大会选举办法的规定，主席团第四次会议听取计票结果情况的汇报，确定选举结果有效。会议选举陈平为廊坊市人民政府市长。

市人大常委会会议

【市六届人大常委会第二十四次会议】 1月16日，市六届人大常委会第二十四次会议召开。市人大常委会主任刘智广，副主任杨杰、杨文华、王世强、毕晓明、王相仁、李春山、李凤霞，市人大常委会委员出席会议。市政府常务副市长李波，市中级人民法院院长苑三国，市人民检察院检察长冀运福列席会议，市委组织部负责人到会指导。会议由市人大常委会副主任王相仁主持。会议审议通过《廊坊市人民代表大会常务委员会代表资格审查委员会关于个别代表的代表资格的审查报告》《廊坊市第六届人民代表大会第四次会议新当选人员向宪法宣誓仪式方案（草案）》，接受市人大常委会主任会议《关于市六届人大四次会议有关文件（草案）修改情况的备案报告》和《关于〈市人民政府关于提请将2015年市本级预算调整及地方政府债务限额进行备案的报告〉的报告》，表决通过有关人事辞职和免职事项。

【市六届人大常委会第二十五次会议】 3月9日，市六届人大常委会第二十五次会议召开。市人大常委会主任刘智广，副主任杨杰、杨文华、王世强、毕晓明、王相仁、李春山、李凤霞，秘书长毕忠庆，市人大常委会委员出席会议。市政府副市长王曦，市中级人民法院院长苑三国，市人民检察院副检察长王金国列席会议，市委组织部负责人到会指导。会议由市人大常委会副主任李春山主持。会议审议通过《廊坊市人民政府关于全市农业园区发展情况的报告》，表决通过有关人事任免职事项。刘智广为新任命人员颁发任命书。新任命的市政府副市长胡晓军和市人大常委会人员分别举行宪法宣誓仪式。胡晓军作任职表态发言，其他新任命人员作书面表态。

【市六届人大常委会第二十六次会议】 5月16日，市六届人大常委会第二十六次会议召开。市人大常委会主任刘智广，副主任杨杰、杨文华、王世强、毕晓明、王相仁、李春山、李凤霞，秘书长毕忠庆，市人大常委会委员出席会议。市政府常务副市长李波，市中级人民法院院长苑三国，市人民检察院副检察长王金国列席会议。会议由市人大常委会副主任李凤霞主持。会议听取市财政局局长左德江作的《关于2016年市本级预算调整方案（草案）的说明》、市卫生和计划生育委员会主任杨庆华作的《关于全市新型农村合作医疗工作情况的报告》、市公安局常务副局长侯树青作的《关于开展打黑除恶灭霸扫痞工作的报告》、市人民检察院副检察长王金国作的《关于2015年度惩治和预防职务犯罪工作报告》；书面听取市六届人大法制委员会《关于消防法律法规贯彻实施情况的执法检查报告》。市人大常委会副主任杨文华、市中级人民法院院长苑三国、市人民检察院副检察长王金国分别作提请任免人员有关情况的说明，会议书面听取各项人事任免职议案。会议原则通过上述各项报告。会议表决通过《廊坊市人民代表大会常务委员会关于批准2016年市本级预算调整方案（草案）的决定》和各项人事任免职事项。刘智广为新任命人员颁发任命书。新任命的市人大常委会人员举行宪法宣誓仪式。新任命人员作书面表态。

【市六届人大常委会第二十七次会议】 6月30日，市六届人大常委会第二十七次会议召开。市人大常委会主任刘智广主持会议并讲话，市人大常委会副主任杨杰、杨文华、王世强、毕晓明、王相仁、李凤霞，秘书长毕忠庆，市人大常委会委员出席会议。市政府副市长王金水，市中级人民法院院长苑三国，市人民检察院检察长冀运福列席会议。会议学习传达全省换届工作会议精神和市委贯彻落实意见，观看专题警示教育片《镜鉴》，听取市人大常委会代表资格审查委员会主任委员杨文华作的《关于个别代表的代表资格的审查报告》、市人大常委会秘书长毕忠庆作的《关于调整市人大换届选举时间征求市人大代表意见情况的报告》和《关于提请审议〈调整市人大换届选举时间的决定（草案）〉的议案》，会议原则通过上述各项报告、议案。表决通过廊坊市人民代表大会常务委员会《关于调整廊坊市人民代表大会换届选举时间的决定》。

【市六届人大常委会第二十八次会议】 7月21日，市六届人大常委会第二十八次会议召开。市人大常委会主任刘智广，副主任杨杰、杨文华、王世强、毕晓明、王相仁、李春山、李凤霞，秘书长毕忠庆，市人大常委会委员出席会议。市政府副市长贾永清，市中级人民法院院长苑三国，市人民检察院副检察长赵建亮列席会议。会议听取市人大常委会副主任杨文华作的《关于〈提请罢免石永庆的河北省十二届人民代表大会代表职务的议案〉的说明》，原则通过《廊坊市人民代表大会常务委员会主任会议关于提请罢免石永庆的河北省十二届人民代表大会代表职务的议案》，表决通过《廊坊市人民代表大会常务委员会关于罢免石永庆的河北省十二届人民代表大会代表职务的决议（草案）》。

【市六届人大常委会第二十九次会议】 8月4日，市六届人大常委会第二十九次会议召开。市人大常委会主任刘智广，副主任杨杰、杨文华、王世强、毕晓明、王相仁、李春山、李凤霞，市人大常委会委员出席会议。市政府常务副市长李波，市中级人民法院院长苑三国，市人民检察院检察长冀运福列席会议。会议听取市发展和改革委员会主任朱建强作的《关于廊坊市2016年上半年国民经济和社会发展计划执行情况的报告》、市财政局局长左德江作的《关于廊坊市2016年上半年市本级预算和全市总预算执行情况的报告》；书面听取市六届人大环境与资源保护委员会《关于检查水污染防治“一法一条例”贯彻实施情况的报告》。市人大常委会副主任杨文华、市人民检察院副检察长王金国分别作提请任免人员有关情况的说明，书面听取各项人事任免职议案和决定草案。会议原则通过上述相关报告。表决通过《廊坊市人民代表大会常务委员会关于接受冯韶慧同志辞去廊坊市人民政府市长职务的决定》和各项人事任免职事项。刘智广向新任命的市政府副市长、代理市长陈平颁发任命书。陈平作《宪法》宣誓和就职发言。

【市六届人大常委会第三十次会议】 9月13日，市六届人大常委会第三十次会议召开。市人大常委会主任刘智广，副主任杨杰、杨文华、王世强、毕晓明、王相仁、李春山、李凤霞，秘书长毕忠庆，市人大常委会委员出席会议。市政府副市长刘文萍，市中级人民法院副院长赵建亮，市人民检察院副检察长王金国依法列席会议。会议听取市人大常委会代表资格审查委员会副主任委员高福源作的《廊坊市第六届人民代表大会常务委员会代表资格审查委员会关于个别代表的代表资格的审查报告》，书面听取《廊坊市人民代表大会常务委员会关于召开廊坊市第六届人民代表大会第五次会议的决定（草案）》和《市人大常委会主任会议关于提请市六届人大常委会第三十次会议授权市人大常委会主任会议对市六届人大五次会议有关文件（草案）进行修改的议案》。市政府副市长刘文萍、市中级人民法院副院长赵建亮分别作提请任免人员有关情况的说明。会议原则通过相关议案，通过《廊坊市第六届人民代表大会常务委员会代表资格审查委员会关于个别代表的代表资格的审查报告》，表决通过《廊坊市人民代表大会常务委员会关于召开廊坊市第六届人民代表大会第五次会议的决定》和《廊坊市六届人大常委会第三十次会议关于授权市人大常委会主任会议对市六届人大五次会议有关文件（草案）进行修改的决定》，表决通过人事任免职事项，刘智广向新任命人员颁发任命书。新任命的廊坊市旅游发展委员会主任邹冠通作《宪法》宣誓，并作书面表态。

【市六届人大常委会第三十一次会议】 11月11日，市六届人大常委会第三十一次会议召开。市人大常委会主任刘智广，副主任杨杰、杨文华、王世强、毕晓明、王相仁、李春山、李凤霞，秘书长毕忠庆，市人大常委会委员出席会议。市政府常务副市长李波，市中级人民法院院长苑三国，市人民检察院检察长冀运福依法列席会议。会议传达学习《中国共产党第十八届中央委员会第六次全体会议公报》，听取市财政局局长左德江作的《关于廊坊市2015年市本级决算和全市总决算情况的报告》、市审计局局长韩少奇作的《关于廊坊市2015年度市本级预算执行及其他财政收支情况的审计工作报告》、市政府副秘书长邢华金作的《关于市六届人大四次会议代表建议、批评和意见办理情况的报告》，听取市人大常委会选举代表人事工作委员会主任魏红梅作的关于确认许可对个别市人大代表采取强制措施的报告，书面听取市六届人大民族宗教侨务外事旅游委员会《关于检查〈中华人民共和国旅游法〉和〈河北省旅游条例〉贯彻实施情况的报告》、市人大常委会城环工委《关于全市集中供热情况的调研报告》、市六届人大常委会教科文卫委员会《关于检查〈中华人民共和国文物保护法〉贯彻实施情况的报告》、市六届人大常委会农业农村委员会《关于检查〈中华人民共和国森林法〉贯彻实施情况的报告》。市政府常务副市长李波、市人大常委会副主任杨文华分别作提请任免人员有关情况的说明。会议原则通过相关议案和报告，表决通过市人大常委会《关于批准廊坊市2015年市本级决算的决议》以及关于确认许可对个别市人大代表采取强制措施的决定。刘智广向新任命人员颁发任命书。新任命的市政府副市长刘健、王帅文作《宪法》宣誓，并作表态发言。

市人大常委会履行职责

【概况】 2016年，市人大常委会围绕市委工作中心、全市改革发展大局和人民群众普遍关心的重大问题选择监督课题，完善监督方式，加大监督力度，增强监督工作的前瞻性、针对性和实效性，以监督成效助推全市重点工作开展。

搞好会议审议。年内，市人大常委会共召开主任会议9次，常委会会议8次，听取和审议市“一府两院”工作报告11项，提出审议意见40余条。对常委会审议情况，市委、市政府领导高度重视，多次作出批示，责成有关部门对审议意见研究落实。

服务全市大局。助力大气污染防治工作，根据市委、市政府安排，联合市政协，由各位副主任、政协各位副主席分别带领省市县三级人大代表、政协委员，大气、水污染防治专家和有关部门负责人，分赴10个县（市、区）联合开展大气污染、水污染防治工作监督活动，并在此基础上完成对水污染防治“一法一条例”的执法检查。助推重大民生项目顺利推进，及时调整工作计划，在刘智广主任带领下，在市政府分管领导和相关部门领导陪同下，组织部分委员和代表，集中视察了全市热电联产项目现场，召开座谈会听取相关情况汇报，并进一步深入调研全市集中供热情况，确保相关项目顺利完工、按期供暖。围绕推进京津冀协同发展战略的深入实施，市人大常委会各位副主任和相关工委负责人专赴市机场办调研了解新机场廊坊域内路网规划情况，听取进展情况，分析困难、提出要求。

持续做好工作监督。关注经济运行，对全市上半年计划、财政执行和上年度决算情况开展调研并进行审议，配合省人大常委会对循环经济立法和营商环境开展调研，对开发区建设发展情况进行摸底。聚焦社会热点，对全市打黑除恶灭霸扫痞工作情况开展专题调研，对安全生产法、消防法律法规、食品安全法贯彻实施情况进行检查。助推三农事业，对全市农业园区发展情况、新型农村合作医疗情况开展调研，配合省人大常委会做好《河北省农村扶贫开发条例（草案）》意见征求工作。关注深化改革，对“众创空间”发展情况开展调研，调研了解全市教育、医疗卫生、科技、文化体育改革情况。推进法治廊坊建设，调研全市依法行政工作情况、对检察院惩治和预防职务犯罪工作情况开展调研并专题审议。配合省人大常委会对《河北省节约用水条例（草案征求意见稿）》《河北省湿地保护条例（草案）》开展立法调研。

【地方立法】 自2015年8月1日首获地方立法赋权后，市人大常委会全面启动地方立法工作，从立法基础准备、配齐配强立法队伍到制定地方立法条例，一环扣一环，有条不紊，循序推进。为制定好廊坊市历史上第一部地方性法规，市人大常委会分两次向市“一府两院”、各县（市、区）人大常委会、市人大常委会各专门委员会和市人大代表征集市本级地方立法建议，通过《廊坊日报》、廊坊人大网向社会公开征求立法建议，经过广泛征集、认真筛选，建立地方立法项目储备库。在此基础上，经过与省内其他有立法权的省辖市沟通交流，并向省人大常委会法工委征求意见，从征集到的33项立法建议项目中筛选出11项，初步拟定廊坊市2016年立法备选项目。4月26日，市委2016年第十次常委会议审议通过市人大常委会党组《关于确定我市2016年市本级立法项目的请示》，确定《廊坊市城市市容和环境卫生管理条例》为2016年市本级立法项目。市地方立法工作正式进入实质性实施阶段。按照《中华人民共和国立法法》《河北省地方立法条例》和《廊坊市制定地方性法规办法》的规定，参照省人大常委会地方性法规制定工作流程，市人大常委会制定《廊坊市城市市容和环境卫生管理条例》立法工作方案，会同有关部门稳步推进立法起草工作。

【人事任免】 1月16日市六届人大常委会第二十四次会议表决通过：决定免去赵清超的市监察局局长职务。

3月9日市六届人大常委会第二十五次会议表决通过：决定任命胡晓军为廊坊市人民政府副市长（挂职，时间二年）。

8月4日市六届人大常委会第二十九次会议表决通过：决定任命陈平为廊坊市人民政府副市长，代理市长。

9月13日市六届人大常委会第三十次会议表决通过：决定任命邹冠通为廊坊市旅游发展委员会主任。

9月20日市第六届人民代表大会第五次会议选举陈平为廊坊市人民政府市长。

11月11日市六届人大常委会第三十一次会议表决通过：决定任命刘健为廊坊市人民政府副市长（挂职，时间一年）；决定任命王帅文为廊坊市人民政府副市长（挂职，时间一年）。决定免去王曦的廊坊市人民政府副市长职务；决定免去王志明的廊坊市人民政府副市长职务（挂职）；决定免去喻华锋的廊坊市人民政府副市长职务（挂职）；决定免去王彦涛的廊坊市人民政府副市长职务（挂职）。

人大代表建议及办理结果

【概况】 2016年，市人大常委会整理、归纳和交办市六届人大四次会议以来代表建议156件，督办代表建议全部按时办结，代表满意率100%。

【“关于治理城市雾霾关键在农村”的建议】 建议由市人大代表董春田提出。主要内容：现阶段广大农村（包括城中村）的生活方式还基本停留在家家点火，处处冒烟，而且农村取暖所用的燃煤大多都是劣质燃煤，排放大量的二氧化硫等有害气体，因为廊坊市的广大农村密度大且大都紧邻城市（包括县城），造成农村包围城市的态势，城市再怎么治理也只能收效甚微。建议：结合推进城镇化建设和美丽乡村建设，加大政府投入，逐步改农村燃煤为清洁能源。在有条件的农村实行集中供暖，可以先行试点，逐步推开。要切实加强对农村环境卫生的整治。

办理结果：市委、市政府高度重视雾霾治理工作，以提升农村面貌、改善空气质量为目标，开展农村能源清洁开发利用工程，逐步实现农村能源利用清洁化，推进美丽乡村建设、农村环境卫生整治、燃煤工业锅炉改造、雾霾综合治理工作，为推进大气污染防治和美丽乡村建设打下良好基础。

【“关于规范医疗垃圾处理”的建议】 建议由市人大代表咎朝霞提出。主要内容是医疗垃圾处理存在如下问题：处理点少。廊坊地区只有一家有资质的医疗垃圾处理公司，导致长途运送除成本高，运输风险增加，包括垃圾运送不及时、中途丢失、发生感染等情况。一家公司还存在缺乏竞争、价格垄断等现象，致使医疗垃圾处理费用逐年增高；医疗垃圾处理方法单一。处理公司采取的是填埋和焚烧的处理方法，对环境保护存在一定的安全隐患。建议：市政府要统筹考虑，合理布点，确保医疗垃圾的及时处理。更新医疗垃圾的处理方法，使医疗垃圾妥善处理，避免对环境的污染。

办理结果：市卫计委针对医疗机构的医疗废物规范处置一直在依法加大监管力度，规范医疗机构对医疗废物的管控行为，严防因医疗废物在医疗机构内处置不当造成疾病传播。对医疗废物集中处置机构除人员的接害体检、个人防护等与疾病控制有关的监督外，对该类机构的许可、价格、医疗废物运出医疗机构后的环境污染及集中处置等有关事项监督管理的职责，由环境保护等行政部门依据法律法规的授权负责管辖。市卫计委争取市政府的支持，市环保局批准，由政府投资或引用民营资本，再建一所医疗废物集中处置公司，通过引用竞争机制解决目前医疗废物处置能力不足、价格偏高、服务欠周到的问题。

【“关于将龙河纳入廊坊城市内河”的建议】 建议由市人大代表房恩慈提出。主要内容：近年来，廊坊经济社会的高速发展，城市建设突飞猛进，特别是市委、市政府实施城区“西拓南扩”，使得龙河超一半流域已在城区范围，另一半处于城郊接合区域，龙河对城市的景观美化、人民的日常生活影响越来越大。龙河水质不容乐观，不能与城市发展相匹配。国内外因水而建、因水而兴的城市有很多范例，加快龙河水系景观开发改造，打造廊坊城市之魂，对于提升城市品位、带动城区发展、改善生态环境具有重大意义。建议：将龙河纳入城区内河管理建设，加大规划、资金、用地等方面的投入，进行龙河水系改造提升，建设龙河景观带，加快建设宜居宜业生态城市。

办理结果：2012年，安次区投资2900余万元对安次段长18.5千米龙河河道进行清淤治理，使龙河达到20年一遇行洪标准。2014年建成小王务橡胶坝，提高龙河蓄水能力。市政府谋划环城水系建设，其中包含龙河8千米长河道，环城水系建成后将极大改善龙河水体质量及龙河周边整体环境。安次区按照市政府及市级相关部门安排部署，加快推进对龙河的生态环境治理工程，建设一条水清、生态环境优雅的精品龙河。

（刘青芳　甄志强）

廊坊市人民政府

市政府常务会议

【市政府六届第四十六次常务会议】 1月20日，市政府六届第四十六次常务会议召开。市长冯韶慧主持会议。会议审议并原则通过《政府工作报告》，审议并原则通过《廊坊市国民经济和社会发展第十三个五年规划纲要（草案）》、审议并原则通过《关于廊坊市2015年国民经济和社会发展计划执行情况与2016年国民经济和社会发展计划(草案)的报告》，会议传达学习京津冀及周边地区大气污染防治工作座谈会会议精神，研究《廊坊市整合建立统一的公共资源交易平台实施方案》，传达《国务院安委会办公室关于河南省开封市通许县通安烟花爆竹有限公司“1·14”重大爆炸事故情况的通报》，部署安排春节期间有关工作。

【市政府六届第四十七次常务会议】 2月3日，市政府六届第四十七次常务会议召开，市长冯韶慧主持会议。会议审议《〈政府工作报告〉2016年重点工作目标任务分解》，学习研究省政府办公厅《关于做好当前经济工作确保实现首季开门红的通知》精神，研究《关于我市开展全国完善规范性文件合法性审查机制试点工作情况的汇报》《廊坊市机关事业单位养老保险制度改革工作推进方案》《廊坊市乡村教师支持计划(2015—2020年)实施办法》，安排部署“两节”期间各项工作。

【市政府六届第四十八次常务会议】 3月11日，市政府六届第四十八次常务会议召开，市长冯韶慧主持会议。会议专题学习《河北省生态环境保护责任追究暂行办法》，传达省长张庆伟来廊坊调研讲话精神，省、市“一问责八清理”动员会议和省、市机关作风整顿会议精神，省两办《关于扎实做好当前各项重点工作的通知》精神，省安委办《关于认真贯彻落实党中央、国务院通知和省委省政府领导批示精神进一步加强和改进安全生产工作的通知》精神，会议研究《关于2016年人大代表建议、政协提案办理工作情况的报告》《关于加强安全生产监管执法的意见》《廊坊市限价商品房管理暂行办法》《关于加快构建现代公共文化服务体系的实施意见》。

【市政府六届第四十九次常务会议】 4月11日，市政府六届第四十九次常务会议召开，市长冯韶慧主持会议。会议学习《中华人民共和国促进科技成果转化法》，传达《赵克志同志在河北代表团第六次全体会议上的讲话》精神、中共河北省委《关于深入贯彻落实习近平总书记对河北工作重要指示精神的意见》《河北省党政代表团赴浙江、北京、天津学习考察精神传达提纲》《赵克志、张庆伟同志在省会城市规划建设管理工作会议上的讲话》及五届市委2016年第七次常委会议精神，会议研究《廊坊市固定资产投资项目市级网上并联审批管理暂行办法》《关于加快推进工业和服务业产业协会建设的意见》《关于加快推进〈中国制造2025〉的实施意见》。

【市政府六届第五十次常务会议】 5月5日，市政府六届第五十次常务会议召开，市长冯韶慧主持会议。会议传达学习《河北省党政代表团赴京津浙学习考察报告》精神、省两办《关于严禁违规新建钢铁产能和已封停钢铁设备复产的通知》精神、省两办《关于印发〈开展领导干部自然资源资产审计试点工作方案〉的通知》精神、省两办《关于印发〈河北省环境保护督察反馈意见〉和赵克志同志在中央环境保护督察组督察河北省情况反馈会上表态讲话的通知》精神，会议研究《廊坊市大气污染防治党政同责、一岗双责工作和奖惩制度》《廊坊市大数据产业发展规划纲要》《廊坊市电子信息产业发展规划（2016—2020 年）》。

【市政府六届第五十一次常务会议】 5 月 31 日，市政府六届第五十一次常务会议召开，市长冯韶慧主持会议。会议传达学习全省钢铁煤炭去产能攻坚战动员会会议精神，市发改委对《河北省推进京津冀协同发展规划》进行解读学习，会议研究《廊坊市政府规章制定程序规定（草案）》《廊坊市政府规章制定技术规范（试行）》《关于省级机关内设机构改革和精简人员编制工作会议精神及我市贯彻落实意见的报告》《关于全市 1—4 月份经济运行情况及下一步经济工作的建议》《关于大力推进大众创业万众创新的实施意见》《关于加快我市自治县和民族乡村发展的实施意见》《关于大力改善营商环境的实施方案》《关于全面加强农村低保对象精准帮扶工作的实施意见》《关于推进与拉美国家互利合作的意见》《关于加强节能标准化工作的实施意见》《贯彻实施〈廊坊市深化标准化工作改革实施方案〉2016 年度行动计划》《廊坊市深化标准化工作改革实施方案》《关于解决无户口人员登记户口问题的实施意见》《廊坊市建筑垃圾（渣土）运输车辆改造、新车购置及资金补助实施方案》。

【市政府六届第五十二次常务会议】 6 月 15 日，市政府六届第五十二次常务会议召开，市长冯韶慧主持会议。会议传达研究省两办《关于全省贯彻落实中央八项规定精神督查情况的报告》主要精神及廊坊市贯彻落实意见，传达学习全国科技创新大会精神、省委书记赵克志在省委常委会学习全国科技创新大会精神的讲话及省委办《关于学习贯彻全国科技创新大会精神的通知》精神，《赵克志同志在中央财经工作领导小组第十三次会议上的汇报发言》及《赵克志、张庆伟同志在全省钢铁煤炭去产能攻坚战动员会上的讲话》精神，会议研究《廊坊市社会信用体系建设规划（2016—2020 年）》《关于积极发挥新消费引领作用加快培育形成新供给新动力的实施意见》《廊坊市水污染防治工作实施方案》《廊坊市气象事业发展“十三五”规划》《廊坊市整合城乡居民基本医疗保险工作实施方案》。

【市政府六届第五十三次常务会议】 7 月 8 日，市政府六届第五十三次常务会议召开，市长冯韶慧主持会议。会议研究《廊坊市法治政府建设实施意见》《廊坊市 2016 年简政放权放管结合转变政府职能工作要点》《关于推进“互联网+”行动的实施方案》《关于推进国内贸易流通现代化建设法治化营商环境的实施意见》《关于加快融资租赁业发展的实施意见》《关于钢铁行业去产能若干政策的通知》《关于加快知识产权强市建设的实施意见》《廊坊市深化供销合作社综合改革的实施意见》《廊坊市简化优化公共服务流程方便基层群众办事创业工作方案》。

【市政府六届第五十四次常务会议】 7 月 29 日，市政府六届第五十四次常务会议召开，市委副书记、市政府党组书记陈平主持会议。会议研究了《廊坊市大气污染防治强化措施实施方案》《关于支持农民工等人员返乡创业的实施意见》《关于加快新型城镇化与城乡统筹示范区建设的实施意见》《关于促进跨境电子商务健康快速发展的实施意见》《廊坊市人民政府国网冀北电力有限公司关于促进能源结构调整共同推进大气污染防治的战略合作协议》。

【市政府六届第五十五次常务会议】 9月13日，市政府六届第五十五次常务会议召开，代市长陈平主持会议。会议研究《廊坊市规范性文件制定管理规定》等六个文件，同时研究《关于创建第二批国家公共文化服务体系示范区的情况报告》《关于主动融入国家自由贸易区战略进一步提高开放水平的意见》《廊坊市社会救助实施办法》《关于推进廊坊市融入环渤海地区合作发展的实施意见》《廊坊市贯彻〈中医药发展战略规划纲要（2016—2030年）〉实施方案》《关于全市国有企业发展混合所有制经济的实施意见》《关于做好化解钢铁等行业过剩产能职工安置工作的实施意见》《廊坊市科技创新“1+4”政策文件》。

【市政府六届第五十六次常务会议】 10月9日，市政府六届第五十六次常务会议召开，市长陈平主持会议。会议研究《关于加快农产品加工业发展的意见》《廊坊市突发环境事件应急预案》《关于进一步促进旅游投资和消费的实施意见》《关于加强农业对外开放工作的意见》《廊坊市2016年深化医药卫生体制改革重点工作任务》《关于进一步深化公立医院综合改革的实施意见》《关于推进海绵城市建设的实施意见》《关于贯彻落实河北省建设京津冀生态环境支撑区规划（2016—2020年）的实施意见》《廊坊市气代煤和电代煤工程实施方案》。

【市政府六届第五十七次常务会议】 12月14日，市政府六届第五十七次常务会议召开，市长陈平主持会议。会议学习《基础设施和公用事业特许经营管理办法》，传达《全国全省安全生产视频会议精神、习近平总书记李克强总理关于全国安全生产工作的批示和马凯副总理在全国安全生产监管监察系统先进集体和先进工作者表彰大会上的讲话精神》，会议研究《关于印发推广“双随机、一公开”联合抽查规范事中事后监管工作实施方案的通知》《关于“先照后证”改革后加强事中事后监管的实施意见》《关于建立完善守信联合激励和失信联合惩戒制度加快推进社会诚信建设的实施方案》《关于加强税收征管保障工作的实施意见》《廊坊市深化财政改革实施方案》《廊坊市全民健身实施计划（2016—2020年）》《廊坊市重点河流水质达标方案》《廊坊市国家森林城市建设总体规划》《廊坊市旅游业“十三五”发展规划》。

市政府办公室

【概况】 2016年，市政府办公室增强谋策参政能力，把握不同阶段工作重点，会同有关部门研究提出有针对性、实效性的政策举措。先后制定《廊坊市大气污染防治十条严控措施》《廊坊市法治政府建设实施意见》《廊坊市整合建立统一的公共资源交易平台实施方案》等110多个规范性文件，并组织出台相关配套措施。以文辅政，规范公文流程，承办公文4578件，办结率100%。围绕牵动全局关键点、政府领导关注点、群众意见集中点，有针对性开展调研，撰写《关于廊坊市"北三县"公共服务与社会保障对标通州的调研报告》等30多篇调研报告。起草各类领导讲话、情况汇报、政策文件2200多篇。发挥信息服务职能作用，上报国务院办公厅、省政府办公厅各类信息820篇，被国务院办公厅和省政府办公厅采用208篇，信息上报工作继续位居全省前列。推进重点工作落实，完成《政府工作报告》中所承担的融资扶持行动、营商环境优化行动、优化发展生产性服务业、推进依法行政、完善金融监管体制5项重点工作。协调组织"5·18"经洽会、"9·26"农交会、河北（廊坊）军民融合展洽会等大型经贸活动；承办G20峰会、全国"两会"、暑期安保等重大活动和重要节点相关工作，组织协调国家和省在廊坊召开的各类会议和重要活动工作。"961890"群众服务热线和"12345"市长专线受理群众诉求18万余件，办结率98%，收到群众来信来电表扬210件，群众满意度显著提高。对《政府工作报告》目标任务9大方面235项重点工作、《季度工作要点》8个方面121项重点工作、《2016年全市重点民生项目清单》8个方面43项重点工作全面建立督查台账，实行周总结、月报告、季通报制度，督办各项任务有效落实。承办各级代表建议和委员提案434件，其中，承办全国、省级代表建议和政协提案18件，市级代表建议和政协提案416件，均按照质量、时限要求办结完毕，代表、委员回复满意率99%。落实政府重大行政决策合法性审查制度，共审查决策事项、规范性文件、行政合同等各类事项300余件次。受理行政复议案件120件、应诉案件518件。组织常务会议学法6次、法治讲座2次，与中国政法大学联合举办领导干部法治教育专题培训班3期。指导和服务金融业，防范系统性区域性金融风险。全市新增上市企业23家，新增融资额位居全省第一位。不断完善社会信用体系，在全省率先完成与省级平台联网对接，向省平台报送数据26万条。社会信用监管平台升级改造工作验收，"信用廊坊"网站正式上线。提高服务保障水平，应急值守在岗率达到100%，督导检查全市节假日和重点时期应急值守工作8次，举办各类应急演练160多次，发布重污染天气、雨雪恶劣天气、管网改造交通临时限行等预警提示信息22次。地方志、信息公开、驻津办、机关党委、人事、工会、妇联和老干部等各项工作取得富有成效的成果。

（郎之鉴）

【督导检查】 2016年，市政府督查室以政府经济工作、深化改革、生态环境治理、民生工程、会议议定事项落实、社会安全稳定等工作为督查重点，抓《政府工作报告》中各项工作任务的落实；以人民群众反映强烈的热点、难点问题为突破口，开展有针对性督查工作。创新督查机制，健全完善"上下对接、任务共担、责任相连、全方位覆盖"的全市督查落实工作体系。全年配合开展国家级督查工作2项、省级督查事项6项；开展市级专题、专项督查110余件（次），跟踪盯办市长批示件、市政府常务会议及市长办公会议议定事项230余件（次），编发呈送《政务督查专报》《督查通报》20余期，整理形成文件报告280余篇；各县（市、区）督查系统开展各类专项督查活动570余项（次）。

决策督查。建立"两账、两单"等多项督查工作台账。"两账"即《政府工作报告目标任务台账》9大方面235项重点目标任务、《季度重点工作台账》8个方面121项重点工作；"两单"即《廊坊市承担省政府工作报告任务清单》17 项重点任务、《2016 年全市重点民生项目清单》8 大项 11 小项等多项系统性工作。坚持"市领导分工负责、职能部门具体落实、督查部门跟踪督办"的落实机制，对每一项工作确定具体目标任务、完成时限、牵头市领导、责任部门和责任人，实行周总结、月报告、季通报制度，分析整理各阶段每一项工作任务的进度、存在问题和意见建议报市政府领导阅示。建立市、县两级《政府工作报告》督查台账，形成一套完整的工作责任体系，全面跟踪督导各项工作的开展落实。跟踪督查重要会议议定事项及市长批示件落实工作。督办市政府常务会议 7 次、市长办公会议 13 次、市长批示件 212 件次。梳理汇总 2016 年上级政策文件配套政策制定情况，制定《上级政策文件配套政策措施制定落实情况台账》，定期通报落实完成情况。年内收到国务院出台的政策文件 85 件，按规定全部转发至各县（市、区）；收到需出台配套文件的省政府文件 134 件，按要求印发执行或履行报批手续。

专项督查。督办大型专项事项 30 余项，涉及重点项目建设、农村土地承包经营权确权登记颁证、农村电商全覆盖、美丽乡村建设、财政支出管理、惩治和处置非法集资行为、区域水环境治理、热电联产项目及管网建设、污水处理厂建设等专项工作。专项督导检查环北京 4 县（市）房地产市场稳控、露天烧烤整治、渣土运输车整治、新增公交化农村客运班线、鲍邱河治理、农民工工资支付、农村危房改造共 30 余项热点难点工作，及时跟踪，找准影响决策落实的症结所在，研究出有针对性的解决问题的措施和办法，及时呈报市领导，促进问题解决。跟进督导推进难度较大的工作，在全市范围内开展实地督查近 200 余次。

完善督查机制。确立对全市重点工作全面跟踪督导的工作机制，建立工作台账，实行月报告制度。研究起草《政府系统督查联络员工作职责和工作制度》以及《督查联络员目标考核办法》，建立完善重大决策督查、重大事项专报、领导批交办事项督办、督查情况报送、督查人员配置、督查工作考核等多项工作制度，明确督查工作思路、任务、程序、原则，使督查工作有章可循。县级督查部门出台具体工作制度和要求。文安县印发《文安县政务工作督导落实工作办法》，大厂县建立每天部署，每周梳理，每月分类汇总的"日部署、周提醒、月总结"日常工作机制。规范督查结果及时反馈机制，采取通报、专报等形式，及时向市政府领导、责任单位反馈情况。建立定期研判机制，对各单位上报的材料及时收集整理，每周召开督查室例会，研究督查工作重点以及工作中发现的不足和问题。

丰富督查手段。建立联合督查机制，针对全局性的重大决策和领导重要批示、指示以及涉及面广、专业性强的工作，市政府督查室主动加强与市委督查室及市政府各职能部门之间的信息沟通、对接和联系。协调有关部门组成联合督导组，将督查工作手段与各职能部门的实践经验、业务能力有机结合，形成督查工作强大合力。发挥媒体监督的重要作用，将《政府工作报告》中的重点工作任务，通过《廊坊日报》和廊坊电视台等向社会做出公开承诺，接受社会监督。对个别进展缓慢、存在问题的工作，联合监察部门开展"问责"督导检查，把"督事"与"督人"相结合，形成"大督查"工作格局。

（武麟方）

【建议提案办理】 2016 年，廊坊市政府部门人大代表、政协委员建议提案办理各承办单位落实主要负责人负总责、分管负责人直接抓、承办处室和承办人员具体办、办公室总协调的“3+1”承办工作责任机制，重点解决群众普遍关心关注的热点难点问题。市政府各承办单位在建议提案办理过程中，紧紧抓住代表委员反映的热点难点问题，深入调查研究，寻找解决问题的突破口。对能够解决的问题尽快予以解决；暂时难以解决的问题列入工作计划，创造条件解决；对前瞻性较强的建议开展调研论证，及时转化为工作部署和决策。

拓宽承办渠道。市政府办公室印发《关于认真开展人大代表建议政协提案复查走访工作的通知》，要求复查走访工作目的明确、重点突出、准备充分、方式正确、实效保证、报告及时。建立完善办理工作定期通报、不定期督办等制度，实行分类指导，分层次督办，采取电话催办、现场抽查、上门督办、联合督导等方式，督导承办单位严格按照办理时限、要求开展工作。坚持办前、办中、办后“三沟通”“三走访”“三见面”的协商制度，拓宽承办渠道，主动与代表委员面对面交流、座谈协商、共同调研、上门走访，听取代表委员的意见和建议，共同协商解决问题的措施和办法，变“文来文往”为“人来人往”，赢得代表委员的支持、理解和满意。

年内，廊坊市政府部门承办全国、省人大代表建议政协提案 18 件。其中，全国人大代表建议 1 件（会办件），全国政协提案 1 件（会办件）；省人大代表建议 15 件（8 件主办、7 件会办），省政协提案 1 件（会办件）。通过走访座谈，代表对 8 个主办答复件表示满意。全市政府系统办理代表建议政协提案 415 件。数量方面，市人大代表建议 144 件（其中，闭会件 9 件），市政协提案 271 件。内容方面，涉及经济发展 52 件，占总数 12.5%；涉及社会事业 103 件，占总数 24.8%；涉及城建交通 128 件，占总数 30.8%；涉及科教文卫 108 件，占 26.1%；涉及农林水利 17 件，占 4.1%；其它 7 件，占总数 1.7%。所有建议提案均在规定时限内办复，按时办复率 100%，答复函规范化率 100%。办理结果方面，所提问题解决和基本解决的 262 件，占总数 63.2%；列入规划逐步解决的 144 件，占总数 34.6%；因法律、政策或客观条件限制，短时间内无法解决而向代表、委员作出说明的 9 件，占总数 2.2%。建议提案涉及 56 个承办单位。反馈满意率 99%。

（李晋冀）

【政务信息】 2016 年，全市政务信息部门发挥信息以文辅政和参谋助手作用。加强与县（市、区）和部门间联络，定期召开信息座谈会、调度会、培训会，畅通信息反馈渠道，保障刊物内容质量。创新工作方法，采取与有关部门开展“联合调研”方式，实现信息调研“常态化”。围绕国家、省、市领导关注热点和社会焦点问题，与有关部门共同选题，开展联合调研活动，收集、捕捉一手材料，挖掘深层次的调研文章和问题建议类信息。采取“走出去”方式，赴信息工作先进地区学习考察。年内开展各类信息调研 26 次。市本级出刊各类信息刊物 700 余期，获市领导批示 80 期。上报省政府办公厅和国务院办公厅各类信息 820 篇，被省政府办公厅刊物采用 201 篇，被国务院办公厅采用 7 篇。市政府办公室被省政府办公厅评为 2016 年度信息上报工作优胜单位，综合得分排名位居全省第二名。

（刘伟伟）

【应急管理】 2016年，廊坊市应急管理工作依据《廊坊市突发事件预警信息发布管理办法》，发布雨雪恶劣天气、重污染天气、热力管网改造临时交通限行等预警提示信息22次（其中发布重污染天气预警信息13次）；协调处置津保高速（霸州段）汽油罐车侧翻、人感染猪链球菌病、京东（固安）仓储基地火灾等较大级别以上突发事件12起；协调水务、建设、气象等部门超前预警、及时部署、协同应对处置"7·19"特大暴雨防范工作。市政府应急办公室组织市民政局、市地震局等市应急委各成员单位开展水旱灾害、气象灾害、地震灾害、地质灾害、森林草原火灾、安全事故防范、卫生防疫7大类12项（高温天气、大风、沙尘暴、暴雨、寒潮、洪灾、地震、旅游安全、食物中毒、登革热、森林火灾、恐怖袭击等）宣传教育活动。活动期间，发放宣传资料6万余份，宣传短信5万余条，发表信息40余条，受益群众超15万人。组织市环保局、市工信局、市卫计委等部门修订《廊坊市核应急预案》《廊坊市重污染天气应急预案》(2016修编版)《廊坊市寨卡病毒病疫情防控卫生应急预案》《廊坊市交通运输局普通干线公路突发事件应急预案》《廊坊市水上运输突发事件应急预案》等各类（自然灾害、事故灾难、公共卫生、社会安全）应急预案41个。举办各类应急演练160余次。其中，市级专项演练9次，县级规模以上应急演练32次。5月13日开展廊坊市重大突发事件医疗救援暨"5·18"应急救治保障实战大型拉练活动；6月15日，组织蓝天救援队和市直地震等10余部门观摩武警学院2016届消防专业毕业综合演练，落实市政府与武警学院签订《廊坊市防灾减灾和应急救援工作合作框架协议》；12月15日，组织卫生、消防、高速交警等相关应急队伍参加京津冀冰雪灾害天气交通保障应急联动综合演练；12月22日—27日，参加国家行政学院组织的河北省整建制指挥部应急能力提升培训班，廊坊市突发公共卫生事件指挥部成员单位全员参加培训。京津冀应急管理协作，落实《北京市、天津市、河北省应急管理工作合作协议》。8月10日至12日，廊坊市与北京市通州区、顺义区、平谷区和天津市蓟县、宝坻区、静海区签署《应急管理工作合作协议》；组织参加北京市大兴区"5·12"宣传日启动仪式及大兴区2016年第一期应急管理实务培训班；7月11日—15日，组织参加北京市应急办举办的北京市局级干部应急研讨班；7月17日—22日，组织参加在北京凤凰岭地震培训基地举办的防灾减灾培训班；9月19日—28日，组织参加省政府举办的中欧应急管理专题培训班；10月28日，组织参加京冀相邻区（市）应急管理合作座谈会。

（付　强）

【政府服务热线】 2016年，市长专线电话办公室重新修订《廊坊市人民政府服务热线工作手册》，健全工作制度、工作规范和工作标准，增加工作技巧和工作模板两部分内容，完善值班、会商、保密等9项制度，形成较为完整的热线工作规范体系。在接听和办理群众来电过程中，为缩短接听时间，提高解答精准度，梳理群众关注度较高的常见问题100余个，编写整理《廊坊市人民政府服务热线常见问题解答》。探索建立京津冀相关城市政府服务热线协同发展机制。在建立协调联动、信息共享、诉求转办、应急处置4项机制方面，研究通过《关于建立京津冀相关城市政府服务热线协同发展机制的工作方案》，签订《推动京津冀相关城市政府服务热线协同发展框架协议》。

市长专线电话办公室以解决群众实际困难为重点，推行“快、优、实”工作方法。“快”，即坚持急事急办、特事特办，最大限度缩短办理时间，做到一般咨询类现场答复，事实要素明确的突发问题当即联系相关部门处置。年内直接解释答复147849件，约占全部诉求的81.03%。“优”，即坚持24小时受理群众来电，变被动问答为主动服务，针对水、电、暖等与群众生活息息相关的问题，利用媒体和热线服务网站等途径第一时间公布便民信息，方便群众查询。“实”，即对权属不明、责任不清等难以界定的问题，及时协调相关部门，召开协调会议共同商讨办法，解决市民实际困难，年内向三河市政府、市房管局、市环保局等12家单位发出督办通知25件。“12345”市长专线和“961890”群众服务热线受理群众来电（含邮件）182462个，较上年增长7.19%。除当场答复的来电外，转交承办单位办理39179件，较上年增加79.89%。至2017年1月15日，收到回复38443件，办结率98.12%。有41家承办单位的按时办结率一直保持在100%，较上年增加27家。除个别诉求外，绝大部分市民对办理结果表示认可。年内收到市民表扬来电210个，同比增加23.53%；抽查回访2700余人次，群众满意率98.03%。

（王春花）

社会信用体系建设

【概况】 2016年，廊坊市社会信用体系着力构建以信用为核心的新型市场监管机制，从加强信用基础设施建设、构建信用联合奖惩机制、加快培育信用服务市场、促进中小企业信用体系建设等方面精准发力，着力促进全市经济社会健康有序发展。推进信用评级市场化改革和协会脱钩改制，实现信用工作体制机制改革目标，信用办、信用协会、信用服务机构三位一体的新型管理框架初步建成。6月，廊坊市社会信用监管平台与省级平台联网，向省平台报送数据26万余条。推进廊坊社会信用监管平台升级改造工作，并于年底前完成项目验收。“信用廊坊”新版网站和“廊坊市公共信用信息共享平台”于12月15日上线运行。至年底，全市登记注册信用服务机构24家，业务范围涵盖征信、评级、信用管理与咨询多个领域。

【市级信用体系建设规划】 《廊坊市社会信用体系建设规划（2016—2020年）》（以下简称规划）经六届市政府第52次常务会议审议通过，于2016年6月底印发。规划分为主要目标、建设任务、保障措施3部分，从加强重点领域信用建设、培育和规范信用服务市场、健全守信激励和失信惩戒机制、开展创新示范工程建设等6个方面明确提出2018年、2020年两个时间节点的主要建设目标。《规划》的出台，标志着全市社会信用体系建设，进入系统有序的实施阶段。

【“双公示”全省领先】 七天“双公示”指各县（市、区）政府部门和具有行政许可和行政处罚职权的市政府部门要在作出行政许可、行政处罚决定之日起7个工作日内通过本部门门户网站及本级政府门户网站进行公示，并将信息报送至“信用廊坊”网站。2016年廊坊市归集上报行政许可和行政处罚“双公示”信用记录72668条，涵盖42个部门和10个县（市、区）及廊坊开发区，归集报送总量列全省第一名。“信用廊坊”网站开辟“双公示”专栏，面向社会提供信息查询服务。公众通过“信用廊坊”查询全市企业、个体工商户、机关事业单位、社会团体和重点行业从业人员的信用记录。

【信用红黑名单管理和公示】 信用红黑名单建设是实现信用分类监管，优化营商环境的基础性工作。2016年，廊坊市在安全生产、环境保护、食药安全、劳动保障等重点领域出台信用红黑名单管理办法，加快推进信用分类监管，优化营商环境。红黑名单在“信用廊坊”网站公布，截至年底，公示“红名单”信息13项1136条，“黑名单”信息5项814条。

【信用联合奖惩机制建设】 2016年，廊坊市构建信用联合奖惩机制，出台《廊坊市人民政府关于建立完善守信联合激励和失信联合惩戒制度加快推进社会诚信建设的实施方案》，在招投标领域实行信用加分奖励和严重失信行为禁入机制，规范市场环境。年内，全市在政府采购和建设工程招投标领域共应用信用报告1410份。按照国家发改委等28个部委《关于对财政性资金管理使用领域相关失信责任主体实施联合惩戒的合作备忘录》要求，廊坊市全年对90家存在严重失信记录的域内外企业采取信用联合惩戒措施，维护了公平有序的市场竞争秩序，确保了财政资金使用安全和项目建设安全。探索将信用记录转化为价值，释放信用红利。发挥信用评级在金融服务中的增信作用，由市政府信用办牵头，联合市建设局、市政府采购中心及相关金融机构，推动工程保函和政府采购订单融资业务，对信用良好的中标企业，以优惠费率提供相关服务。至年底，向相关机构推出信用A级以上备选企业120家。

（梁　辰）

政务公开

【概况】 2016年，廊坊市政务公开坚持以公开为常态、不公开为例外，推进行政决策公开、执行公开、管理公开、服务公开和结果公开（简称“五公开”），推动简政放权、放管结合、优化服务改革，推行“互联网＋政务服务”，激发市场活力和社会创造力，提高政府公信力和透明度，为全市经济平稳健康发展、民生持续改善服务。对涉及面广、社会关注度高、与群众生产生活密切相关的政策文件，与政策解读同步研究、同步部署、同步推进，在“中国廊坊”政府门户网站“政策解读”专栏及时发布政策解读材料。利用新闻发布、接受访谈、发表文章等形式，开展政策解读宣讲。在政务公开中健全相关体制机制，严格落实政务舆情，及时有效回应群众诉求，提高舆论引导能力。

政府信息公开查阅点设在市档案馆、市政务服务管理办公室和市图书馆，配备专供群众方便查阅资料的触摸屏、台式机、纸质信息检索目录、电子公告栏、复印机等载体。此外，还通过报纸、电台、电视台、户外大屏幕等渠道主动发布政府信息，满足公民、法人或者其他组织生产、生活、科研需要。全年通过“中国·廊坊”政府门户网站政府信息公开平台和其他形式主动发布各类政府信息50576条，其中，通过政府信息公开平台发布信息23740条，其他形式公开信息26834条，全市发布规范性政府信息616条。“廊坊发布”政务微博和微信平台，累计发布各领域信息22961条。编辑出版《廊坊市人民政府公报》2期，刊载市政府及市政府办公室文件132件。

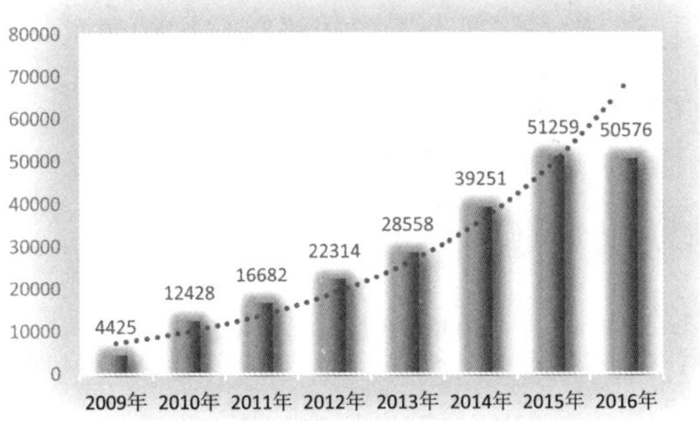

图 11　2009 年—2016 年主动公开政府信息数量对比图

【政务公开制度机制建设】　2016 年，廊坊市按照国家、省全面推进政务公开工作新要求，梳理政务公开工作中存在的问题、重点和难点，在政务公开工作制度机制建设上取得新进展：1.制定《中共廊坊市委办公室廊坊市人民政府办公室印发〈关于全面推进政务公开工作的实施意见〉的通知》《廊坊市人民政府办公室关于印发〈廊坊市 2016 年政务公开工作要点〉的通知》，指导全市政务公开工作全面推进和落实；2.规范政府信息主动公开源头工作机制，制定廊坊市人民政府办公室《政府信息主动公开工作规程》，政府信息是否公开要从源头科室拟出公开的属性，保障行政机关政府信息应公开的全部公开工作职责；3.建立主动公开信息发布保密审查机制和目录，做到应公开纸质文件及电子信息在对外发布之前进行保密审查，并按月为单位对纸质文件及电子信息目录独立建档存档；4.举办信息公开业务培训班，围绕国务院、省、市政府对全面推进政务公开的各项具体要求和新形势下如何做好政府信息公开工作，市政府法制办、市中级人民法院、北华航天工业学院专家讲授“政府信息公开行政诉讼应对”“政务公开实施意见解读及面临的新情况新要求”“政府信息公开中存在的问题及应对措施”等课程，通过理论讲授、案例分析和互动讨论相结合的方式，增强教学效果，提高培训实效，提升队伍专业化理论化能力和水平。

【政府信息依申请公开】　政府信息依申请公开是政府信息主动公开的重要补充，廊坊市政府信息依申请公开按照政府信息公开工作高效便民原则，树立为民服务意识，畅通受理途径，完善工作机制，注重对政府信息依申请公开中热点问题和敏感信息的调查研究，建立依申请公开资料归档机制，各个环节有章可循。建立与申请人的沟通机制，开展解疑释惑工作，引导公众正确行使申请权和救济权。2016 年，全市受理政府信息公开申请 463 件，均按《中华人民共和国政府信息公开条例》等有关规定予以答复和处理，并无任何收费事项，办理数量比 2015 年增加 106%，全市因政府信息公开发生的行政复议 32 件，行政诉讼 12 起。

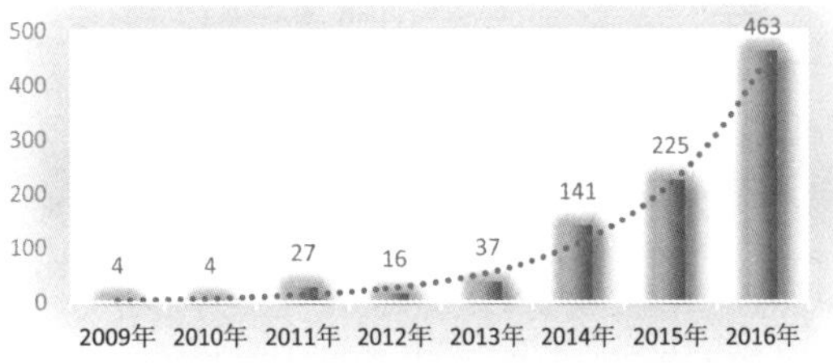

图 12　2009 年—2016 年依申请公开政府信息对比图

（蒋　翠）

地方志工作

【概况】　2016 年，廊坊市地方志工作按照“一纳入、八到位”要求，修志编鉴、建设方志网、整理旧志、编写村镇志、谋划推动方志馆（室）建设。市政府地方志办公室发挥职能作用，加强地情研究，开发地方志资源，指导市县两级有关部门编辑出版地情资料。市文广新局结合全国公共文化示范区创建，编辑出版

《廊坊市文化志》《廊坊市文化志（市直卷）》《廊坊文化名人》；九三学社编纂《九三学社志》初稿；廊坊市旅游委编辑出版《京津乐道·乡愁》《京津乐道》。香河县编辑出版《溯说香河》；大厂县整理出版《当代大厂》和《大厂年轮》，启动《大厂回族史》编修工作；固安县编辑出版《美丽的固安——我的家乡》。霸州市启动《信安文化振兴工程丛书》第三辑整理工作，并启动信安镇历史景观微缩沙盘工程，翻印信安镇老地图，标注庙宇、商业、地标性建筑。开展地方志理论研究，市政府地方志办公室组织参加皖冀地方志理论研讨会，交流《把握志书记事三要点》《谈志书规范》《再谈消失事物的归类与记述》《第二轮志书突出地方特色方法探讨》《浅谈在地方志编纂中增加学术性历史内容资料的必要性》5 篇论文；《弘扬工匠精神，打造精品志书》在《河北地方志》上发表；《河北省地方志理论文集（缴世忠）》送方志出版社。8 月，市委书记、市长冯韶慧在市政府办公室内部通报上批示："地方志工作十分重要，各级政府要切实重视起来。市地方志办公室做了大量工作，所提的下半年工作建议很实在，要支持他们抓好落实。"

【《廊坊市地方志事业"十三五"发展规划》实施】 12 月，市政府第五十七次常务会议审议通过《廊坊市地方志事业"十三五"发展规划》（以下简称《地方志规划》）并印发实施。《地方志规划》围绕全市经济社会发展大局，坚持"一纳入、八到位"工作机制，以记录历史、传承文明、服务发展为主线，发挥地方志"存史、育人、资政"功能，为促进全市经济社会发展提供服务。《地方志规划》包括指导思想、总体目标、工作任务和保障措施 4 部分，提出到 2018 年，全面完成第二轮修志规划任务，实现市、县两级综合年鉴全覆盖以及稳步推动信息化和方志馆建设，启动第三轮修志工作准备等任务。《地方志规划》成为廊坊市地方志事业 5 年发展的根本遵循。

【修志编鉴】 廊坊市二轮志书编纂：《固安县志》送方志出版社准备印刷；《香河县志》《文安县志》通过省方志办审核，修改完善后送出版社印刷。全市年鉴编修：自 2002 年开始至 2016 年年底，市级连续出版《廊坊年鉴》12 卷，实现一年一鉴、公开出版；三河市、大厂县、霸州市达到一年一鉴、公开出版要求；香河县启动年鉴编修工作；安次区编写的《安次年鉴（2004—2011 年）》出版；永清县启动年鉴编写工作，成立编纂工作机构，撰写编纂方案；大城县启动年鉴编纂撰写工作，编辑初稿；固安县、文安县制定工作方案，提出聘请人员、经费保障方案，并报县政府。

【旧志整理】 截至 2016 年年底，廊坊市市级及香河县、永清县、固安县、霸州市、大城县启动实施旧志整理工作。其中：市级缩印民国《安次县志》、康熙《霸州志》、光绪《大城县志》等 11 部志书；香河县影印万历、康熙、民国版《香河县志》；永清县印刷民国时期重刊的《永清县志》；固安县汇集整理明、清、民国时期旧志 9 部；霸州市整理旧志 5 部；大城县影印整理康熙、光绪版《大城县志》。

【村镇志编写】 2016 年，廊坊市有 7 个县（市、区）启动编写村镇志 20 部，其中印刷出版 10 部。香河县出版《石虎辛村志》，启动《刘宋村志》编纂工作；安次区启动编写《东张务村志》；永清县编写《前店村志》《双营村传奇故事》初稿，出版《龙虎庄村史》；固安县编写《林城村志》《礼让店村志》《北罗垡村志》《无为庄村志》4 部村志，出版《蒲落垡村志》《北关村志》《东小屯村志》3 部村志；霸州市出版《渔津洼村志》《下坊村志》《辛章史志》3 部村志，《胜芳镇志》初稿形成，并申报《中国名镇志》文化工程；文安县启动编写《大叩皂村志》《滩里镇安里屯村志》；大城县启动编写《东阜村志》《八方村志》，其中《东阜村志》印刷出版，《八方村志》初稿形成。

（张宏胜）

政府服务

【概况】 2016 年，廊坊市政务服务管理办公室（以下简称市政务办）按照市委、市政府的总体工作部署和全省深入推进“放管服”改革暨行政审批规范化标准化现场会精神，对照 2016 年《政府工作报告》和《市委全面深化改革领导小组 2016 年工作要点》明确的工作任务，推进政务服务工作深入开展。全年市政务服务中心办理各类事项 145621 件，按时办结率 99%以上；市公共资源交易中心交易项目 1589 宗，总交易金额 72.94 亿元。

【审批流程规范化】 市政务办专门下发通知要求相关部门对进驻政务服务中心的审批事项最大限度精简办事程序，减少办事环节，缩短办理时限，改进服务质量。对照进驻事项，逐项编印《服务指南》和《填报模版》，签订《授权委托书》，明确事项名称、审批依据、审批流程、提交材料、收费依据、收费标准、法律责任、承诺时限等，理清内部审批环节和工作时限，规范审批流程。

【公共服务事项进厅】 2016 年，市政务办方便基层群众办事创业，对纳入政务服务中心集中办理的公安户籍、交警、工商局、国税局、地税局等相关业务，重新梳理简化服务流程，提高即办事项的效率。在此基础上，将水、电、气、暖、有线电视缴费及不动产登记等为群众提供生产生活服务的事项纳入中心办理，其他公共服务事项逐步推行网上办理。

【综合服务窗口设立】 9 月 1 日，市政务服务中心新设的 2 个综合服务窗口正式对外办理业务。按照“应进必进”的原则，市政务服务中心组织各进驻单位梳理行政许可审批事项，组织综合服务窗口进驻人员业务培训，将市粮食局、市司法局、市旅游委、市教育局、市科技局等 12 个部门的 27 项年均办件量较少、办理事项时间相对集中或服务对象为机关单位的行政许可事项纳入中心综合服务窗口办理，实行一个窗口对外，相关部门轮流值守。

【服务水平提升】 2016 年，市政务服务中心按照服务受理零推诿、服务方式零距离、服务质量零差错、服务结果零投诉的“四零”承诺要求，严格执行首问首办、限时办结等项制度，并根据企业和群众需要，开展延时服务、预约服务和委托代办服务；沟通协调，建议各部门主要领导年内不少于 2 次、分管领导每季度到政务服务中心办事窗口现场办公，协调解决业务开展过程中的实际问题。

【《政策汇编》公示】 2 月 19 日，市政务办印发《关于报送便民利企政策汇编的通知》，要求各部门将编印的关系群众和市场主体办事的政策汇编在市政务服务中心办事大厅集中摆放，供广大群众和办事企业取阅。截至 12

月底，发放政策汇编6000余册。将各部门编写的《政策汇编》录入政务服务网络平台系统，方便群众和企业通过政务服务中心办事大厅内的触摸屏和电子查询系统实时查询，为公众提供服务渠道。截至12月底，群众和企业累计查询8000余人（次）。

【实体政务大厅向网上办事大厅延伸】 2016年，市政务办发挥“市政务服务网”作用，打造政务服务“一张网”，实现数据信息互联互通和资源共享。全市政务服务网向上实现与省政务外网对接，向下与三河市、大厂县、香河县、固安县、永清县、广阳区、安次区政务平台对接，横向与市中级人民法院、市信用办、市食药局对接，并具备与其它县（市）实现系统对接的能力。市政府印发《廊坊市人民政府办公室关于加强全市政务服务网络平台建设的通知》，将行政审批事项办理环节、审批人员、审批时限等内容录入政务服务网络平台系统。廊坊市政务服务网络平台系统实现行政审批事项在线审批。“廊坊政务服务网”、手机客户端和微信平台等公众服务渠道，为企业和群众提供办事指南查询、在线申报、在线咨询、在线评价、在线投诉、在线预约、进度查询等服务，实现“数据多跑路、群众少跑腿”。

【市级公共资源交易平台整合】 2016年，市政务办根据《国务院办公厅关于印发整合建立统一的公共资源交易平台工作方案的通知》和《河北省人民政府办公厅关于印发河北省整合建立统一的公共资源交易平台实施方案的通知》精神，起草《廊坊市整合建立统一的公共资源交易平台的实施方案》（以下简称《交易平台实施方案》）。《交易平台实施方案》分别于1月20日市政府第四十六次常务会议和3月21日市委全面深化改革领导小组第六次会议讨论通过，4月14日印发《廊坊市人民政府办公室关于印发廊坊市整合建立统一的公共资源交易平台实施方案的通知》。市政务办会同市编办研究起草整合方案，在征求各部门意见的基础上，6月30日印发《廊坊市机构编制委员会关于加强市级公共资源交易平台建设的通知》（以下简称《通知》）。《通知》明确市公共资源交易中心的机构设置、工作职责、人员划转等相关情况。年内，市级公共资源交易中心工作职能及人员划转完毕，并挂牌运行。市级各类工程建设项目（含建设工程及交通、水利工程）招标投标、土地使用权和矿业权出让、国有产权交易、政府采购、医疗设备采购、排污权交易6大类公共资源交易事项全部整合，实现进场交易。

【县级公共资源交易平台验收】 2016年，市政务办按照《河北省拟保留的县（市）级公共资源交易平台验收实施方案》要求，起草《廊坊市拟保留的县（市）公共资源交易平台验收实施方案》的通知，印发至各县（市）人民政府。要求拟保留公共资源交易平台的县（市）人民政府按照省下发的验收标准，查漏补缺，完善软硬件设施。自查认为符合验收标准的，向市审核工作小组申请审核。明确验收内容和方法。验收后，市政务办起草《廊坊市拟保留的县级公共资源交易平台市级验收审核报告》，以市政府名义向省公共资源交易监督办公室提出《关于对我市拟保留的8个县（市）公共资源交易平台进行省级验收的申请》。根据廊坊市申请，9月中旬，省验收组对全市拟保留的县级公共资源交易平台验收。

【招投标不规范专项清理】 2016年，市政务办按照《廊坊市"一问责八清理"专项行动实施方案》要求，配合市发改委开展招投标不规范专项清理工作。4月11日至18日组成市级联合督导组，利用4天时间采取听汇报、讲政策、看现场、抽项目等方式，对全市10个县（市、区）进行第一轮督导。5月26日至27日，针对各地各部门整改落实情况，组织开展第二轮督导检查。针对清理工作中招投标不规范事项数量少、自查自纠不到位、情况上报不及时等情况，印发通报3期。5月26日，针对清理工作存在的招投标不规范事项零报告、近似零报告、整改进度慢的落后地区和部门，采取督导谈话形式，对相关部门主管负责人集体谈话。至6月，全市清理出招投标不规范事项2310件，其中自查自纠招投标不规范事项2307件、省巡视交办招投标不规范事项3件。至年底，整改招投标不规范事项2310件。

（冯莹惠）

外事　侨务

【概况】 2016年，廊坊市人民政府外事侨务办公室（简称市外侨办）邀请接待外宾参加大型经贸活动。"5·18"经洽会、"9·26"农交会期间，市外侨办邀请接待德国勃兰登堡州代表团，安排外宾参加重点园区招商项目对接洽谈会、参观贸展，为廊坊的项目推介招商引资牵线搭桥。及时准确完成文字和现场翻译任务，保证大会期间涉外活动顺利开展，受到领导一致好评。"9·8"厦门贸易洽谈会期间，市外侨办与厦门外办联系，争取到菲律宾、马来西亚、中国香港3名客商参会，与会客商对廊坊的区位优势及产业结构极为赞赏，表示到廊坊考察。

年内，市外侨办接待美国、德国、俄罗斯、荷兰、意大利、波黑、马来西亚7个国家和地区的外宾团组8批60人。6月16日，波黑萨拉热窝州家具产业代表团默罕默德·皮拉维总经理一行2人到廊坊市访问，并与华日家具公司洽谈木材出口事宜。9月26日，荷兰南荷兰省副省长安德瑞率领25人组成的农业企业代表团赴三河市参加朗亿成国际投资有限公司、荷兰Delphy公司三河温室园艺中心温室落成典礼并参观三河汇福粮油公司。11月2日，马来西亚总理纳吉布赴固安县访问，参观固安产业新城规划馆及园区。

3月20日至22日，美国艾奥瓦州友好代表团一行8人，访问三河市汇福粮油、福成集团奶牛养殖场、欧华林畜产品有限公司。4月7日，俄罗斯圣彼得堡华人华侨协会会长张戎军一行2人到廊坊就推荐友城事宜与市外侨办及侨联座谈交流。5月17日至19日，德国勃兰登堡州泰尔托市市长代表阿斯特丽德·朱迪斯女士率5人组成的代表团到廊坊参加"5·18"经洽会，并探讨双方在房地产开发、文化、教育、培训、医疗领域合作事宜。

【因公出国境管理】 3月，全市开展"一问责八清理"专项行动，市外侨办作为牵头部门之一，组织召开廊坊市"一问责八清理"专项行动会议，对清理违规公款出国（境）旅游问题进行动员部署。在清理过程中联合市委组织部、市财政局、市审计局成立专项行动领导小组和办公室，制定专项清理工作实施方案。主要清理2015年以后的全市因公出国（境）团组。经核查，发现10批出访团组存在超期出访、出访经费未纳入年度预算、未按规定批汇换汇核销等问题。联查小组召开现场办公会，向有关责任单位下发问题整改通知单，督促责任单位积极整改、建章立制。年内，全市因公派出出国及赴港澳台团组30批62人。

【侨务】 2016年，市外侨办开展为侨"送温暖"活动。元旦、春节期间，市外侨办成立慰问工作小组到归侨侨眷家中，送去党和政府的关心和温暖。走访慰问全市82户贫困归侨侨眷，发放慰问金慰问品6.1万元。帮扶贫困归侨侨眷，建立贫困归侨侨眷档案卡，向河北省外侨办报送帮扶对象10户、大病扶贫对象1户，发放帮扶资金13万元。调研全市126家侨资企业情况，为成立河北省侨资企业协会做好准备工作。安次区龙河工业园设立"侨之家"。

（章铭石）

中国人民政治协商会议廊坊市委员会

综　述

2016年，中国人民政治协商会议廊坊市第六届委员会（简称政协廊坊市第六届委员会）按照“围绕中心，实干履职，服务大局，建言献策”总体工作思路，团结带领全市政协委员和市政协各参加单位，组织开展多种形式的政治协商、民主监督、参政议政活动，组织开展调研3项、调查4项、视察8项。

围绕加快推进传统产业转型升级课题，组织相关界别政协委员开展重点调研，形成《关于推进我市传统产业转型升级调研情况的报告》，作为政协廊坊市第六届委员会常委会建议案报送中共廊坊市委、廊坊市人民政府，得到市委、市政府领导肯定。市委书记冯韶慧，市长陈平，市委常委、常务副市长李波分别对建议案作出批示，并责成有关部门认真梳理吸纳。

围绕在城市建设中体现文化内涵课题，向市各民主党派、工商联、有关人民团体、各县（市、区）政协和全体市政协委员广泛征求意见建议，发放征求意见函400多份，组织各级各类调研座谈会、议政会、协调会9次，形成《关于在城市建设中体现文化内涵调研情况的报告》，作为政协廊坊市第六届委员会常委会建议案报送中共廊坊市委、廊坊市人民政府，得到市委、市政府领导批示。

围绕推进廊坊市职业教育课题，通过走访相关部门、参加职业教育专题协商会、赴学校实地考察、研讨论证等形式，深入调研，广泛征求意见，认为加快推进职业教育是提高城市竞争力、全面完成“十三五”规划、推进产业转型升级、解决民生就业的迫切要求，形成《关于推进我市职业教育发展调研情况的报告》。市委书记冯韶慧批示：“在京津冀协同发展背景下，北京的职业教育资源要外溢，廊坊市发展职业教育有机遇、有条件，也有基础。要围绕廊坊市主导产业特别是大智移云产业发展，兴办职业教育，要与盘活东方大学城紧密结合，要与承接北京职业教育资源疏解一并考虑。”市长陈平批示：“拟请文萍市长并教育局认真调研，要在认真调研基础上加强顶层设计，做好科学规划，注重与京津协同对接及全市重点优势产业的对接。”

围绕加强城市精细化管理开展调查，采取深入街道、小区实地视察，走访各阶层群众，组织市直相关职能部门、政协委员代表召开专题座谈会等方式深入分析城市建设管理中存在的问题。结合委员提出的意见建议，形成《关于加强城市精细化管理的调查报告》，报送市委、市政府，为加强城市管理、改善城市面貌、提升城市品位建言献策。

围绕做大做强体育品牌赛事课题，通过走访市体育局、亲历七运会、世界围棋赛等品牌赛事、召开专题调研座谈会等形式，掌握实际情况，形成《关于做大做强我市体育品牌赛事调查情况的报告》，提出制定体育产业发展规划、创新体育产业新型投融资渠道、构建科学合理工作体系、充分发挥赛事带动作用、打造一批品牌体育赛事、吸引体育明星参加、动员社会各界参与等意见建议。

围绕畅通市民出行课题，联合市各民主党派，组织部分市政协委员就城市管理情况开展专题调查，发现人行道被占用较为严重、部分道路交口红绿灯设置不合理、存在私搭乱建、公交运营管理不规范、部分街道脏乱差等方面的主要问题，并从开展清障行动、拆除违法建筑、清理街道卫生、设置公交专用车道等 8 个方面提出意见建议，形成关于《关于畅通市民出行的建议》，报送市政府供领导参阅。

围绕政府法制机构建设情况，与市政府法制办等相关部门沟通，征集相关部门掌握的资料，整理汇总，针对全市政府法制机构建设基本情况、存在问题以及产生原因，从完善机构设置、充实人员配置、加大经费投入等方面提出意见和建议，形成《关于我市政府法制机构建设调查情况的报告》，报送市委供决策参考，市委书记冯韶慧、市长陈平、常务副市长李波对报告作出批示。

围绕农村土地流转情况，组织委员考察固安县农业产业园、固安县万相朝元农业发展有限公司、新农合和顺斋设施蔬菜种植项目，听取市农业局和固安县人民政府农村土地流转情况介绍。委员们从做好宣传引导、加快确权登记、健全管理机构和保障体系等方面提出意见建议。

围绕重点项目建设情况，组织委员赴香河县视察 2016 年重点项目建设情况，听取市发改委有关重点项目建设情况的汇报。委员们对廊坊市及香河县项目建设给予充分肯定，并从项目引进、项目建设、城镇基础设施建设、生态环境建设、产业链延伸和加大科技研发创新力度等方面提出意见建议。

与市人大常委会联合开展“大气污染防治、水污染防治”视察。视察监督廊坊开发区和广阳区贯彻落实大气水污染治理集中行动、环境执法监管大会战和“两法一条例”百日集中宣传教育三项集中行动开展情况。

围绕春季植树集中行动督导视察。市政协领导率队赴各县（市、区）视察督导春季造林绿化工作，实地查看植树情况，听取情况介绍，提出意见建议。

围绕医疗卫生基础设施建设情况，组织委员到市医院、解放道社区卫生服务中心、市卫计委“12320”卫生热线中心、卫生急救中心和市中医院视察，与一线医务人员和管理人员座谈，提出加快基层医疗卫生机构建设、推进全市医院机构改革、加强医护人员队伍建设、提升服务和管理水平、统筹安排医疗计生资源、深化医疗卫生资源布局、保障医疗需求、提高全市卫生计生工作整体水平等意见建议。

围绕科技创新课题，组织委员视察京津冀（廊坊）协同创新基地、廊坊市科技创新创业园、壹佰文创基地和志晟互联网+创客中心，提出准确把握廊坊在京津冀协同发展中的功能定位、用足用活京津的科技创新资源和形成北京研发、廊坊转化创新格局等意见建议。

围绕少数民族特色村镇建设，组织委员视察大厂县小厂村村容村貌、民建幸福公园和在建清真寺以及大厂县南王庄村森林公园、清真寺和工贸小区，并召开座谈会，听取市民族宗教事务局关于全市少数民族特色村镇建设工作的情况汇报，就进一步做好少数民族特色村镇建设工作提出意见建议。

围绕龙河治理和湿地保护，组织委员实地查看龙河治理和东张务湿地水质、植被等情况，从规划、管理、资金投入、龙河两岸的开发等方面提出龙河治理和湿地保护意见建议，形成《关于龙河治理与湿地保护的建议》报送市政府。

重要会议

【政协廊坊市第六届委员会第四次会议】 1月24日—26日，政协廊坊市第六届委员会第四次会议召开。应出席会议的政协委员375名，实际出席366名，符合规定人数。会议听取和讨论市委书记王晓东所作的讲话；听取并审议郑广富代表政协廊坊市第六届委员会常务委员会所作的工作报告和高树民代表政协廊坊市第六届委员会常务委员会所作的提案工作情况的报告。出席会议的政协委员列席廊坊市第六届人民代表大会第四次会议，听取并讨论市长冯韶慧代表市政府所作的政府工作报告。会议期间，委员们围绕推进京津冀协同发展、传统产业改造提升、科技创新、城市规划建设管理、基础设施建设、教育文化卫生事业发展、生态环境治理、现代农业体系建设、依法治市等重大问题和人民群众关心的问题，通过撰写提案、大会发言、分组讨论等形式，广泛开展协商，积极建言献策，提出建设性的意见建议。会议拥护王晓东代表中共廊坊市委在开幕会上所作的重要讲话，赞同冯韶慧代表廊坊市人民政府所作的政府工作报告，同意郑广富所作的政协廊坊市第六届委员会常务委员会工作报告和高树民所作的提案工作情况的报告。

【政协廊坊市第六届委员会第十一次常委会议】 1月4日，政协廊坊市第六届委员会第十一次常委会议召开。政协廊坊市第六届委员会主席郑广富主持会议并讲话，副主席孙宝水、王学求、张纬东、徐光泰、张卫东，秘书长徐长茂出席会议。市委统战部、市各民主党派、市工商联驻会负责人，各人民团体负责人，政协廊坊市第六届委员会各副秘书长和相关部门负责人列席会议。会议审议通过政协廊坊市六届四次会议有关事项，审议通过《关于召开中国人民政治协商会议廊坊市第六届委员会第四次会议的决定（草案）》，审议通过《中国人民政治协商会议廊坊市第六届委员会常务委员会工作报告（草案）》并推举报告人，审议通过《中国人民政治协商会议廊坊市第六届委员会常务委员会关于六届三次会议以来提案工作情况的报告（草案）》并推举报告人，审议通过市政协六届四次会议议程、日程（草案），以及市政协六届四次会议秘书长和副秘书长名单、委员编组办法、各组召集人名单、委员编组名单和列席单位名单（草案）；审议人事事项；审议通过政协廊坊市第六届委员会各专门委员会和宣传信息办公室2015年工作报告（书面）。

【政协廊坊市第六届委员会第十二次常委会议】 1月25日，政协廊坊市第六届委员会第十二次常委会议召开。市委副书记蒋洪江，市政协主席郑广富，市委常委、常务副市长李波，市委常委、组织部部长李龙，市政协副主席、市委统战部部长孙宝水，市政协副主席王学求、张纬东、徐光泰、张卫东、高树民，市政协秘书长徐长茂出席会议。市中级人民法院、市人民检察院以及市发改委、市财政局负责人到会听取意见和建议。会议由张卫东主持。会议听取政协廊坊市第六届委员会第四次会议大会秘书处关于各组讨论中共廊坊市委书记讲话和政协廊坊市委员会两个报告、廊坊市人民政府工作报告及其他报告、廊坊市“十三五”规划纲要（草案）、市中级人民法院工作报告、市人民检察院工作报告情况的汇报；听取各组召集人讨论大会政治决议（草案）和提案委员会关于政协廊坊市第六届委员会第四次会议提案审查情况的报告（草案）情况的汇报；听取人事事项说明并审议政协廊坊市第六届委员会补选副主席、常委候选人名单（草案）；审议大会选举办法（草案）；审议总监票人、监票人建议名单；审议大会政治决议（草案）；审议提案委员会关于政协廊坊市第六届委员会第四次会议提案审查情况的报告（草案）。

【政协廊坊市第六届委员会第十三次常委会议】 7月19日，政协廊坊市第六届委员会第十三次常委会议召开。会议围绕“传统产业转型升级”主题进行协商议政、建言献策。政协廊坊市第六届委员会主席郑广富出席会议并讲话，市委常委、常务副市长李波应邀出席会议并通报全市传统产业转型升级情况。政协廊坊市第六届委员会副主席吕爱英、王学求、张纬东、徐光泰、张卫东、高树民、陈洪波，秘书长徐长茂出席会议。高树民主持会议。与会委员围绕完善落实转型升级政策、健全转型升级体制机制、加大人才培养引进力度等方面发表真知灼见。刘秋娥等7名政协廊坊市第六届委员会常委、委员作大会发言，政协廊坊市第六届委员会46名常委、委员作书面发言。会议学习习近平总书记在庆祝中国共产党成立95周年大会上的重要讲话精神，传达中共河北省委政协工作会议精神；审议通过有关人事事项。

【政协廊坊市第六届委员会第十四次常委会议】 10月27日，政协廊坊市第六届委员会第十四次常委会议召开。会议听取提案工作和提案办理情况的报告，围绕“城市建设中体现文化内涵”主题协商议政、建言献策。政协廊坊市第六届委员会主席郑广富出席会议并讲话，市政府副市长布泽文应邀到会听取意见建议。政协廊坊市第六届委员会副主席吕爱英、王学求、张纬东、张卫东、高树民，秘书长徐长茂出席会议。吕爱英主持会议。会议听取廊坊市人民政府《关于政协廊坊市第六届委员会第四次会议提案工作办理情况的通报》《关于我市城市建设中体现文化内涵情况的通报》；审议并通过《关于政协廊坊市第六届委员会第四次会议以来提案工作的说明》（书面）。4名市政协常委、委员围绕“城市建设中体现文化内涵”主题作大会发言，26名常委、委员作书面发言。会议进行分组讨论，与会人员围绕提高提案质量效果、加强提案督办力度、强化提案责任落实等内容对提案工作提出意见建议；围绕挖掘廊坊文化资源、构建城市景观文化、培育地域文化特色等内容对城市建设中体现文化内涵发表真知灼见，彰显政协委员推动廊坊发展建设的主人翁责任感及参政议政水平。

提案办理　建议选载

【概况】 2016年，市政协收到政协委员提案302件，其中集体提案45件，政协委员个人提案257件。经审查立案交有关单位办理的290件，占提案总数的96.1%，其中涉及经济建设和“三农”工作提案办理115件，城市建设和管理方面的64件，民生方面的61件，社会事业发展方面的50件。未予立案作为意见建议处理的12件，占提案总数的3.9%。政协廊坊市第六届委员会提案委员会对提案逐一进行编辑，电子文本存录，复审登记归档，实行“打捆”整合，集中办理，明确具体步骤和办理要求，提案送交80个承办单位办理。截至11月，所有政协委员提案全部办理答复，按时办理答复率 100%，答复函规范化率 100%，政协委员对办理结果的满意率 99.5%。

【关于廊坊市学前教育发展的建议】 建议由民进廊坊市委提出，主要内容：1.进一步扩大优质教育资源。加快已经列入计划的幼儿园建设，解决教师缺编问题；切实建设好城镇小区幼儿园；重点建设城市示范幼儿园；鼓励民资办园，推进办学多元化。2.努力提升农村幼儿园水平。不断加大投入，改善办园条件；加强示范园建设，带动幼教发展；多措并举稳定师资队伍，提高教师素质；加强对幼儿园的管理，明确办学职责。3.加大幼教师资的培训力度。实行资格准入制度；加强对转岗教师的培训；建立健全教师继续教育制度；加强跟踪指导。4.多措并举，有效杜绝幼儿教育小学化倾向。各级政府和教育部门要正确引导，加强监管；必须转变教育观念；加强对教师的专业引领和培训。

【关于合理配置医疗卫生资源大力提升廊坊城区卫生水平的建议】 建议由市政协委员王建国提出，主要内容：1.科学制定城区医疗卫生资源布局规划，着力提升城区医疗卫生资源总量。一方面，对现有存量资源合理优化布局，重点加大现有医院的新建项目、改扩建项目，积极拓展发展空间，尽快增加床位数量，改善就医条件；另一方面，做好增量，集中财力，高起点、高标准建好能够代表廊坊整个区域医疗中心，辐射京津的廊坊中心医院。2.大力提升城区卫生资源人均水平，推进基本公共卫生服务均等化。政府及相关部门应针对城区医疗卫生资源配置现状和未来发展需求，按照推进基本公共服务均等化的要求，从提升每千人口拥有床位数、每千人口拥有医生数和每千人口注册护士数着手，制定出符合全市发展目标的分步实施卫生规划，争取用 3—5 年的时间，使市区卫生资源人均水平有比较大的提升。3.调整医疗资源结构布局，提升优质医疗资源水平，实现医疗资源均衡配置。一是把相关医疗资源转移到相对薄弱的地区，如城区南部，可将市医院或中医院迁址新建，确保城南居民就近享受优质医疗服务。二是积极探索 PPP 模式，鼓励社会资本办医。在财力有限前提下，积极寻求有实力、有管理经验的企业，与公立医院合作，建立康复医院、养老院等公益性医院，帮助政府缓解老龄化社会带来的压力。4.加大投入，着力提升城区医疗机构基础设施水平。加大对现有医院改造升级的扶持力度，政府在建设规模和资金上要敢于大手笔投入，并确保这些医院改扩建时高起点规划、高标准建设，符合现代化医院发展要求。5.加快人才引进培养，大力提升医疗机构服务水平。一是制定切合实际的人才引进政策。二是加大人才培养培训力度。三是着力营造适宜人才发展的良好环境。

【关于推进养老服务体系建设的思考与建议】 建议由李连营委员提出，主要内容：1.提高思想认识，切实加强领导，完善养老服务体系政策。养老事业必须在政府的扶持下纳入社会发展的总体规划，走产业化道路，实现社会养老服务健康、有序、持久发展。2.坚持政府主导，鼓励多方参与，发展社区（村居）养老。社区（村居）养老具有成本较低、覆盖面较广、服务方式灵活等优点。此项事业发展初期，关键要发挥好政府的主导作用。一是建立社区（村居）养老服务信息库。二是完善社区（村居）养老服务功能。三是鼓励多方参与社区养老服务站建设。3.整合现有资源，加强规划指导，稳步推进机构养老。发挥廊坊市环京津区位优势，抓住京津冀协同发展机遇，统筹考虑不同收入群体的养老需求，分类推进高端品质型、经济微利型、政府公益型机构养老建设。4.强化队伍建设，提高服务水平，促进养老服务健康发展。一是建设专业的服务队伍。二是建设公益性服务队伍。三是建立固定的志愿服务队伍。4.健全管理机制，规范行业管理，保障养老服务持续发展。一是健全管理制度。二是规范定价机制。三是建立督查制度。

【关于大力推进廊坊市“互联网+现代农业”发展步伐的建议】 建议由九三学社廊坊市委提出，主要内容：1.政府相关部门要加强对于“互联网+现代农业”发展趋势的认识。相关部门要统一认识，互相协调配合，加大对农村“互联网+现代农业”配套设施的建设和完善工作，在道路建设、光纤网络铺设、信息终端安置、基本常识普及等方面增加投入，提供完备的硬件平台条件。2.做好全市都市型农业生态功能区的科技定位和产业布局。利用“互联网+”这个平台和抓手，围绕全市北中南三个方面的布局，在北部有序推进休闲、观光、旅游、健康都市农业发展综合示范区；在中部围绕空港区域，利用“互联网+”农业的方式打造农业电子商务、现代物流产业园，稳步提升农村电子商务核心区的示范作用；在南部积极建设绿色园林生态产业示范区以及现代农业产业园区，将“互联网＋”融入到农业生产种植过程中。3.发挥“互联网+”对新型农业生产主体的促进作用。充分发挥农林部门综合服务三农等平台作用，强化农业综合信息服务能力，提升农业生产要素、资源环境、供给需求、成本收益等监测预警水平，推进农业大数据应用，完善农业信息发布制度。4.建立“互联网+现代农业”试点，通过示范作用带动推广。建议选择基础设施较好的自然村建立“互联网+现代农业”试点，在农业既有的基础上实现生产、商务、金融、信息服务四个方面的提升，实现农业的现代化和集约化。5.重视培养新型农民。加强新型农民培育体系建设，培育生产经营型、职业技能型、社会服务型的新型农民。加快培育扶持一批既懂互联网又懂农业的新农民，帮助他们成为农业产业的主力军，带领农民增收致富。

【关于系统推进依法治市全面建设法治廊坊的建议】 建议由政协委员张宝富提出，主要内容：1.确立一个核心，就是坚持党的领导。党的领导和法治建设的关系是依法治市、建设法治廊坊的核心问题，必须旗帜鲜明坚持党的领导，无论是科学立法、严格执法，还是公正司法、全民守法都要发挥党的领导核心作用，也就是全市各级党委必须加强党对法治廊坊建设工作的统一领导、部署、协调，人大、政府、政协、司法行政机关各司其职、统一推进。同时，各级党委要切实履行建设法治廊坊的第一责任，把法治建设工作纳入重要日程和干部考核体系。2.建立一个机制，确保科学立法。在立法原则上，应更多地围绕京津冀协同发展战略，按照法制统一原则，以宪法为根本，与上位法相衔接，构建符合廊坊实际、体现廊坊特色、接轨国际规则的城市发展规章制度体系，解决“有法可依”的问题。3.抓好一个关键，坚持严格执法。制定政府权力清单、责任清单，严格按照法定权限程序行使职权、履行职责、严格执法、依法行政、依法治市。要规范执法自由裁量权，恰当行使自由裁量权，正确使用相关行政措施和手段。要优化政府组织结构，把工作重心转移到为社会公众提供优质服务上来，着力推进教育、卫生、文化等社会事业的协调快速发展，完善“三级平台、两个代办”制度，提高办事效率，提供优质服务。4.强化一个保障，严格公正司法。要完善检察建议制度，督促行政执法机关及时纠正违法行为及不作为。要完善人民陪审员制度，保障公民依法参加审判活动，促进司法公正。坚持司法公正，还要严格以事实为依据，以法律为准绳，同时理性权衡、处理案件涉及的社会关系及利益，对案件作出正确处理，有效化解案件隐藏的矛盾。5.筑牢一个防线，持续开展权力监督。根据廊坊市实际，以及“权力制约权力、权利制约权力、道德制约权力”的一系列监督体系和制度，应编织一张由人大及其常委、政协、市纪委、市委组织部、法院、检察院、行政机关、媒体、公民等元素构成的权力制约监督网，特别是扩大人民群众对政府及社会事务管理的参与，强化人民群众对政府及其工作人员行使权力的监督。同时，要依法规范各种监督的权限及程序，形成有效监督的长效机制。6.营造一个环境，守法光荣，违法可耻。要创新法治宣传教育的载体、手段和形式，寓法治教育于新闻事件、典型案例、群众生活、文化娱乐之中，真正使法律知识深入人心，用法律思维处理问题。

（刘　薇）

民主党派

中国国民党革命委员会廊坊市委员会

【概况】 2016年1月18日，中国国民党革命委员会廊坊市委员会（以下简称民革廊坊市委）成立并召开第一次党员大会。省政协副主席、民革河北省委主委卢晓光，中共河北省委统战部副部长、省社会主义学院党组书记李文杰，中共廊坊市委书记王晓东，市委副书记、市长冯韶慧，市人大常委会主任刘智广，市政协主席郑广富等出席会议。中共河北省委统战部、民革河北省委有关人员，廊坊市各民主党派市委、市工商联及其他团体负责人，市直各部门及民革党员所在单位、对口联系部门等相关单位主管人员也应邀出席会议。民革廊坊市委全体党员参加会议。会议听取并审议《民革廊坊市委筹委会工作报告》，通过《民革廊坊市第一次党员大会决议》，民主选举产生了民革廊坊市第一届委员会主任委员、副主任委员、委员。李艳军当选为主任委员，陈新海、于士温当选为副主任委员。会议还任命于士温为民革廊坊市第一届委员会秘书长。卢晓光、王晓东分别讲话。李文杰代表中共河北省委统战部向民革廊坊市委员会成立表示祝贺。徐光泰代表各民主党派市委、市工商联致贺词。李艳军代表民革廊坊市委作表态发言。

【参政议政】 全市“两会”期间，民革廊坊市委共向大会提交《关于强化乡镇村街集体土地管控的建议》《强化婚前教育机制，促进社会和谐稳定的建议》《坚决打击售仿人民币冥币和滥用伟人形象行为的建议》《关于推行机动车礼让行人的建议》等16篇个人和集体的提案及建议。其中大会发言分别是《充分发挥科技创新在转变经济社会发展方式中的支撑引领作用的建议》和《协同利用京津冀科技创新人才，促进廊坊科技型中小企业快速发展的建议》。按市委统战部的工作安排，完成《廊坊市新能源汽车装备行业发展情况》和《互联网+背景下的京津冀商务信用体系建设的建议》的调研报告。参加市委、市人大常委会、市政府、市政协、市委统战部及有关部门举行的协商会、座谈会、情况通报会、各种调研活动，以及列席市委、市人大常委会、市政府、市政协的有关会议，围绕廊坊市经济建设、重大决策、社会民生等问题提出意见和建议。据统计，民革廊坊市委累计参加会议、活动4次，提出意见、建议5条，政治协商效果明显，提出的许多意见、建议均被采纳。

（于士温）

中国民主同盟廊坊市委员会

【概况】 2016年，中国民主同盟廊坊市委员会（以下简称民盟廊坊市委）有盟员523人，在职盟员417人，大学以上文化程度占95.8%，高级职称196人。盟员中有省政协委员1人，市政协副主席1人，市人大常委会委员1人，市政协常委1人，市政协委员14人，市人大代表4人，县（市、区）人大代表、政协委员12人。市本级和基层组织换届后，民盟廊坊市委领导班子有市委委员17人，其中主委1人，副主委4人。民盟廊坊市委有8个委员会，25个支部和1个小组。民盟联合委员会，辖联合一支部、联合二支部、农业局支部、安次区支部、广阳区支部、开发区支部、金融支部；民盟廊坊师范学院委员会，辖师院一支部、师院二支部、师院老年支部；管道局委员会，辖管道局退休支部和管道局在职支部；南区委员会，辖霸州支部和大城支部；北区委员会，辖三河燕郊支部和华北科技学院支部；高等教育委员会，辖河工大廊坊分校支部、廊坊职业技术学院支部和北华航天工业学院小组；中等教育委员会，辖一中支部、二中支部、三中支部和电子信息工程学校支部；医卫委员会，辖医卫一支部、医卫二支部和医卫三支部。

年内，民盟廊坊市委圆满完成市本级和基层组织换届任务，同时，被民盟中央授予“坚持和发展中国特色社会主义学习实践活动先进集体”。盟员李京梅被评为民盟中央社会服务先进个人。

自身建设。认真学习中共十八大以来的历次重要会议精神和习近平总书记系列重要讲话精神，稳步推进“盟员之家”建设，新发展盟员43人，基层组织活动丰富多彩，医卫委员会开展安全用药咨询活动，医卫和中教委员会联合开展高考家长心理讲座活动，安次区支部考察风筝小镇，金融支部学习十八届六中全会精神，联合委员会在盟员之家收看盟史纪录片，南区委员会召开联谊会。

参政议政。廊坊市“两会”期间，提交大会书面发言7件，集体提案7件，个人提案近30件。向市政协常委会议提供发言材料3篇。报送中共廊坊市委《关于我市职业教育发展的调查建议》《加强廊坊市水生态保护，促进京津冀水生态文明建设》2篇调研文章，得到市委领导的重要批示。完成一项省政协的调研课题《关于霸州市金属玻璃家具产业园区的调查报告》和一项民盟河北省委重点调研课题《关于我省农村教学点发展存在的问题及建议》。

社会服务。启动“烛光行动·百校计划”教育项目，赴大厂回族自治县南王庄村举办义诊活动，继续开办“民盟东方书画课堂”，春节期间，组织盟员书法家为社区群众现场书写春联，迎春送福。

理论宣传。编辑出版《廊坊民盟》报、维护更新廊坊民盟网、及时发布廊坊民盟微信公众平台，一篇理论研究课题被评为民盟河北省委理论研究课题二等奖。

【民盟廊坊市委第七次代表大会】 民盟廊坊市第七次代表大会10月20日在廊坊召开。民盟河北省委秘书长张朝军到会祝贺。中共廊坊市委副书记蒋洪江，市委常委、组织部部长、统战部部长李龙，市人大常委会副主任杨文华，市人大常委会副主任、民进廊坊市委主委王世强，副市长布泽文，市政协副主席张卫东出席会议。会议学习中共廊坊市委和民盟河北省委致大会的贺词，听取审议民盟廊坊市委第六届委员会工作报告，选举产生民盟廊坊市第七届委员会和出席民盟河北省第十一次代表大会代表，审议通过民盟廊坊市第七次代表大会决议。17位德才兼备、年富力强的同志进入新一届市委会，平均年龄48.2岁，均为大学以上学历，其中博士2人，硕士4人，界别涵盖高教、中教、法律、医卫、经济、金融、政府部门、政协党派机关等。民盟廊坊市委七届一次会议选举张纬东为新一届民盟廊坊市委主委，选举郭淑凤、王景硕、周旭光、李景玉为副主委，任命王景硕为秘书长。

【基层组织换届】 6月至8月，民盟廊坊市委各基层组织集中进行换届选举。根据便于组织活动等原则，组织架构有较大的变化，由原来的3个总支、19个支部，调整为8个基层委员会，各委员会下辖25个基层支部和1个民盟小组，基层支部负责人达到90人。在换届过程中，综合考虑人选的年龄、领导能力、专业特长、个性特点等因素，形成班子成员团结协作和优势互补的局面。除老年支部外，每个支部班子都配备了“75后”甚至“80后”年轻盟员，在职基层组织负责人平均年龄43.9岁。

【魅力名师首期特训营在霸州举办】 民盟中央在全国广泛开展民盟“互联网+教育”大型助教、助学活动，依托北京四中优质教育资源，充分发挥网络优势，大力实施“烛光行动·千校计划”，计划从2016年开始，帮扶全国学校1000所，捐赠教学资源平台，促进优质教育资源共享。8月15日至18日，由民盟廊坊市委、廊坊市教育局主办的民盟“烛光行动·千校计划”魅力名师首期特训营在霸州举办。廊坊市50多位骨干教师参训，民盟廊坊市委副主委王景硕出席开营仪式并致辞。本次特训模拟北京四中网校龙门爱学课堂的真实课堂情境，所有参训教师都以学生的身份全程参与，完成为期四天每天十二小时的课程学习，理解和掌握了北京四中先进的教学理念。

【盟员之家建设】 民盟廊坊市委参加民盟河北省委盟员之家建设交流会。先期在霸州支部、三河燕郊支部、农业支部、联合二支部建设了4家“盟员之家”，基本做到场地有保障，人员有保障，门口有牌匾，墙上有制度，活动有图文资料。通过盟员之家，将盟务活动和盟组织教育引导有机结合，以“家”的氛围，将盟史、盟务、履职成果、核心价值观等潜移默化到基层组织生活，提升盟员的归属感和基层的凝聚力。

（王晓峰）

中国民主建国会廊坊市委员会

【概况】 2016年，中国民主建国会廊坊市委员会（以下简称民建廊坊市委）有会员330人，其中公有经济界57人，新的社会阶层界81人，科技界43人，教育界62人，文艺界3人，卫生界16人，政府机关界36人，司法机关界4人，党派机关界2人，社会团体界3人，人大政协机关界1人。民建会员中具有高级职称的199人，占全市会员总数的60.3%。省、市人大代表、政协委员30人，其中全国政协委员1人，省人大代表2人、省政协常委1人、省政协委员1人，市政协副主席2人、市人大常委会委员2人、市政协常委6人、市人大代表4人、市政协委员12人。民建廊坊市委有主任委员和副主任委员5人，市委委员17人，下设4个部（组织部、宣传部、参政议政部、社会服务部），13个基层组织（市直支部、三河总支部、机关支部、综合一支部、综合二支部、综合三支部、物探所支部、勘探所支部、廊坊师范学院支部、廊坊职业技术学院支部、省物勘院支部、老年支部、直属小组），6个专门委员会（经济委员会、妇女委员会、企业委员会、法律委员会、人资环委员会、科教文委员会）。

民建廊坊市委继续深入开展树立和践行社会主义核心价值体系教育活动，以社会主义价值体系引领会员的价值取向和道德风尚。认真学习贯彻中共十八大及历次全会精神、习近平总书记系列讲话精神，不断深化思想建设。

先后举办3次知识讲座，为广大会员讲授了会章会史、英国传统文化、习近平总书记讲话精神，开阔了会员视野，增长了统一战线知识。通过坚持不懈的自我教育，引导广大会员不断增强对中国特色社会主义的自信，巩固全面深化改革的共识，凝聚促进改革的力量，在实现中国梦的伟大实践中做出积极贡献。会员的思想素质、政治素质得到进一步加强。

针对廊坊市工业发展、环境保护、整体规划中存在的突出问题，民建廊坊市委成立6个课题小组，开展调查研究，先后召开相关座谈会16次，走访相关单位部门60家，已向中共廊坊市委提交了《关于优化我市创新创业环境的建议》《新型城镇化进程中推进我市生态文明建设的建议》等调研报告。同时，民建廊坊市委还配合民建省委的重点调研，完成《关于京津冀养老服务协同发展的几点建议》《关于京津冀金融一体化实际操作的几点建议》等5篇调研报告提交民建河北省委和河北省政协。民建廊坊市委共向民建中央、民建省委、市政协、市委统战部反映社情民意信息26件，17件被采用。

组织会员为"京津冀正定论坛"投稿，共有5篇调研被论坛收录，徐善法撰写的《京津冀协同发展中的水资源利用与保护》一义在天津分论坛作典型发言。

年内，民建廊坊市委被民建省委授予参政议政先进单位荣誉称号；纪志金被民建中央授予"社会服务先进个人"称号；孟庆强、徐善法被民建省委授予"参政议政先进个人"。

【组织建设】 全年发展会员25名，平均年龄36.2岁，全部为大专以上学历。选派1人参加由民建中央主办的全国基层组织主任委员培训班，5人参加全省民建基层组织负责人培训班，9人参加市委统战部举办的党外干部培训班（大连），7人参加市委统战部组织的各民主党派新任市委委员培训班（井冈山）。

【参政议政】 民建廊坊市委向政协六届四次会议提交大会发言1件；提交《关于围绕"互联网+"，打造人民满意政府的建议》《关于优化社区居委会人员结构，强化社区居委会建设的建议》等6件集体提案；联名提案1件；政协委员提交个人提案25件，并全部立案，占大会立案提案总数286件的11.2%。人大代表提交个人建议3篇，邵二玲副主委代表民建廊坊市委所作的《关于加快推进我市科技成果创新环境建设的建议》的政协大会发言，引起与会的市委、市政府领导的高度重视。

《创新思路，化解我省工业过剩产能》的建议被民建河北省委采用，在省政协十一届五次全会上作为口头发言得到与会领导的重视，并在《河北日报》上刊登。

【社会服务】 民建廊坊市委法制委员会同"廊坊市中小企业服务平台"组建的"廊坊市中小企业法律服务中心"，在2016年为会内外中小企业提供32次免费法律咨询等服务，帮助企业解决发展中遇到的法律难题。

奉献爱心。物探所支部到牧羊地国际儿童村奉献爱心，送去价值3000余元的生活学习用品。廊坊职业技术学院支部组织会员带领爱心社学生到廊坊复聪学校，开展以"走进复聪，奉献爱心"为主题的活动。7月18日—20日，河北发生特大洪涝灾害，民建廊坊市委下发通知，号召会员积极捐款捐物，帮助灾区人民渡过难关，共计捐款1.6万元整。

【推进京津冀协同发展】 加强与民建北京市委、民建天津市委合作共建。3月28日，民建河北省廊坊市委与民建天津市南开区委“加强两地企业家会员交流合作框架协议”签约仪式在南开区举行。民建河北省驻会副主委郭士刚、民建天津市委副主委孙太利，中共南开区委常委、宣传部部长、统战部部长朱树江，廊坊市政协副主席、民建廊坊市委主委徐光泰，民建南开区委主委贾瑞辉，中共廊坊市委统战部副部长王国友，中共南开区委统战部副部长岳利，民建廊坊市委副主委邵二玲出席仪式。双方签订民建南开区委与民建廊坊市委两地企业家会员交流合作框架协议。民建南开区委企管一支部与民建廊坊市委市直支部签订“促进民建支部交流、协同发展建立友好支部”的合作协议。

5月14日，民建廊坊市三河总支与海淀区中关村支部在燕郊华隆工业园举行创建友好基层组织签约仪式，并开展考察交流活动。市政协副主席、民建廊坊市委主委徐光泰，民建廊坊市委副主委、廊坊市明达中小企业担保有限公司董事长纪志金，民建海淀区委副主委邱建国、王颖出席签字仪式。双方企业会员就未来资源合作进行了初步沟通，并表达了合作的意愿。

7月2日，民建北京市海淀区专业一支部、民建天津市河西区经贸支部、民建河北廊坊市综合二支部举办“首届民建京津冀协同发展健康产业论坛暨京津冀友好支部签约仪式”，在北京市海淀区政府第二办公区会议室召开。京津冀三地民建会员70多人参加论坛。三方签署《京津冀民建友好支部协议书》。“首届民建京津冀协同发展健康产业论坛”上，天津民建河西区委副主委李玉杰以《携手京津冀，共同打造“大健康”完整产业链》、民建廊坊市直属支部主委杨洪渭以《健康住宅引领健康生活》、北京民建海淀区委副主委王颖以《协同京津冀，共谋大健康》为主题进行了演讲。

【全国政协副主席马培华到三河市考察调研】 9月7日，全国政协副主席、民建中央常务副主席马培华率民建中央调研组就“京津冀养老服务协同发展”到河北三河市考察调研。全国人大常委会委员、财经委副主任委员、民建中央副主席辜胜阻，国家审计署副审计长、民建河北省委主委秦博勇参加调研。调研组一行实地考察了位于三河燕郊的燕达国际健康城，了解“医养结合”运营实况，详细询问了老人们的生活和医疗情况，随后与廊坊市、三河市政府召开座谈会，中共廊坊市委副书记蒋洪江、廊坊市政府副市长刘文萍分别介绍养老服务业发展的相关情况。

【民建廊坊市委第七次代表大会】 根据民建河北省委关于2016年市级组织换届要求，成立了换届领导小组，制订换届方案，换届各项工作有序推进。10月24日，中国民主建国会廊坊市第七次代表大会召开。民建河北省委副主委郭士刚，中共廊坊市委副书记蒋洪江，市人大常委会副主任李春山，副市长王俊臣，市政协副主席徐光泰、张卫东出席会议。市政协副主席、九三学社廊坊市委主委王学求代表全市各民主党派、工商联致辞祝贺。会议听取和审议了中国民主建国会廊坊市第六届委员会工作报告；选举了中国民主建国会廊坊市第七届委员会；选举了出席民建河北省第九次代表大会的代表；审议并通过了中国民主建国会廊坊市第七次代表大会决议。会议选举邵二玲为中国民主建国会廊坊市第七届委员会主任委员，侯海东、纪志金、董铁刚、王爱芳为副主任委员，任命董铁刚为第七届委员会秘书长。

（董铁刚）

中国民主促进会廊坊市委员会

【概况】 2016年，中国民主促进会廊坊市委员会（以下简称民进廊坊市委）有会员231人，其中男会员95人，女会员136人；大学及以上学历172人；教育界148人，科技界8人，医卫界16人，文化艺术界18人，公有制经济4人，其他界别37人；中高级职称176人，占全市会员总数的76.2%；省、市人大代表、政协委员13人。民进廊坊市委有主委1人，副主委4人，市委委员14人，下设9个基层支部。全年组织召开市委会4次，支部工作会议6次，组织外出培训学习30余人次，开展调研及座谈活动5次，形成调研报告20篇，提交“两会”建议、提案30件。圆满完成组织换届工作，选举产生民进廊坊市第七届委员会，全年共发展新会员14名。荣获民进全国参政议政工作先进集体称号，民进河北省委2016年度参政议政工作特等奖。

思想建设。通过会员座谈会、支部会议、市委扩大会等多种形式组织会员学习全国“两会”精神、中共十八大和十八届四中、五中、六中全会精神、习近平总书记系列重要讲话精神以及中央统战工作会议和《中国共产党统一战线工作条例（试行）》精神。领导班子成员带头学习，刊发署名文章、心得体会。选派领导班子成员及骨干会员30余人次参加民进中央、省委统战部、民进省委、中共廊坊市委统战部、市政协等组织的在中央社院、成都、延安、大连、井冈山举办的民主党派干部培训班。召开六届二十次市委扩大会议，下发《民进廊坊市委2016年学习实践活动工作计划》的通知及坚持和发展中国特色社会主义实践活动第三批学习资料。民进廊坊市委加强对支部活动的指导，各支部分别召开了会议，总结支部学习实践活动的经验及支部工作特色和亮点，并开展支部间交流活动，互相取长补短，把坚持和发展中国特色社会主义学习实践活动引向深入。发挥网站宣传阵地的作用，在网站上开辟学习实践活动专栏，刊发民进中央领导的有关文章，交流各地市开展学习实践活动的情况，加强与新闻媒体的联系，主动向媒体推荐调研成果，推荐会内人大代表、政协委员参加媒体访谈。全年在民进中央网站、民进河北省委、廊坊政协网等各级网站刊登文章20篇，在《河北日报》《河北民进》杂志、《廊坊日报》共刊登文章5篇。为庆祝廊坊民主党派成立30周年，组织拍摄会史专题片《紧跟时代步伐，彰显参政党本色——中国民主促进会廊坊市委员会》。

组织建设。全年发展会员14人，发展率为6.4%，年度净增率为5.9%。其中文化艺术界4人，教育界3人，医卫界1人，行政机关4人，新社会阶层1人，国企1人；博士学历1人，硕士学历1人，本科学历6人，大专学历4人，中专学历2人；男7人，女7人；20～30岁2人，31～40岁7人，41～50岁4人，51～60岁1人，平均年龄37.4岁；高级职称4人，中级职称2人。在充分沟通，民主推荐的基础上，对文化支部、廊坊师范学院支部的班子成员进行调整，1月11日，廊坊师范学院支部召开会议，孙春艳当选廊坊师范学院支部主任。1月17日，文化支部召开支部会议，增选马文秀为文化支部副主任。3月20日，民进六届二十次市委扩大会议上，补选孙春艳为市委委员，六届市委会委员人数由13人增至14人。圆满完成换届工作，选举产生七届市委会。

参政议政。市“两会”期间，民进廊坊市委共提交提案30件，占大会立案总数的10.5%。

其中集体提案7件，占集体提案立案总数的15.6%，委员个人提案23件，占个人提案立案总数的10%，民进廊坊市委提交的6篇大会发言入选六届四次政协会议书面发言。省政协大会上，《以医师多点执业为突破，推进京津冀医疗协同发展》《财政"穿针引线"，释放金融活水，为稳增长调结构促改革提供强力支撑》2篇调研被作为民进省委集体提案采纳。上报市委统战部的《关于"十三五"规划中文化产业目标的建议》《廊坊市农村学前教育存在的问题及建议》2篇调研分别得到市委书记王晓东的批示。修改上报民进省委、市政协、市委统战部社情民意信息15篇，4篇被民进河北省委采用。民进中央把2016年确定为参政议政工作主题年，主要任务是加强参政议政能力建设，为了进一步提升参政议政能力，民进廊坊市委各基层支部分别召开会议，以多种形式组织学习培训。3月19日，教育第一支部召开会议，围绕加强参政议政能力建设对2016年重点调研工作进行安排部署；3月25日，廊坊市人民医院支部召开支部会议，邀请专职副主委刘秋娥讲授如何写好社情民意信息；3月29日，教育第二支部召开新会员参政议政培训工作会议，邀请刘秋娥副主委讲授参政议政的方法和技巧；5月13日，廊坊民进教育第三支部召开了社情民意信息知识培训暨学习实践活动安排会议，以《民主党派成员如何反映社情民意》为题，重点培训社情民意信息知识。围绕党委政府的中心工作，参加市委、市政府、市委统战部、市政协以及相关部门的座谈、调研、学习、征求意见活动。3月20日，参加市政协组织的全市城市管理情况联合视察活动，民进廊坊市委提出《畅通市民出行》的建议。5月8日，由驻会副主委带队，组织会内骨干会员组成调研组，深入大厂县对县级文化建设进行调研。按照市委统战部开展大调研的活动精神，市委会开展以文化产业发展为题的调研活动，7月份提交调研报告《从供给侧改革看廊坊文化产业发展新思路》。11月15日至16日，民进河北省委秘书长李建强一行3人到廊坊就京津冀协同发展进行调研座谈。民进廊坊市委积极谋划，组织会员在提升农村精神面貌、科学规划园区污水处理厂建设、急诊费用纳入医保系统、京津冀文化产业融合发展基础性及政策性建议、完善教师配置及补充机制推动教育均衡发展等多个方面展开调研，形成调研成果及调研线索16件（条）。

社会服务。继续推广基于物联网技术的生态农业管理平台。在山东潍坊和河北廊坊、承德建立基于农民专业合作社的生态农业示范基地，成立了山东沂山现代农业发展有限公司、承德安农生态农业科技有限公司、廊坊市合弘农业科技有限公司等，分别负责当地项目的运作。在河北廊坊依托合弘农业公司与廊坊市营养学会合作，推动安全食品进社区活动，在廊坊运通家园等社区建立了食品营养安全体验中心。1月17日下午，组织会内书画界会员，联合廊坊广播电视台公共频道，在九天休闲谷开展了"春联万家"新春送福活动，现场共送出170多幅春联作品，廊坊民进30多名会员现场助力，用实际行动践行"服务就在身边，人人可参与"的社会服务理念。会员多次参与"书香读书会"文化公益讲座活动，3月12日，市委委员、文化支部主任李铮结合多年的考证和自己创作的长篇小说《董海川传奇》，在书香读书会首期文化沙龙活动上为大家讲述"桩上飞——八卦掌掌术创始人董海川"的传奇人生。7月，廊坊民进教育第二支部一行20人，到张家口晨光幼儿园进行学前教育调研。双方就学前教育现状、教学管理、教学活动、民办学前教育开展状况等方面进行了交流座谈，大家一致认为好的活动就要不断的向社会各界延伸，初步酝酿在成功帮扶身边国办园的基础上，把帮学助教工作扩大到民办园，逐步辐射到外地。开展义诊活动，与廊坊市民宗局、市委统战部、市其他民主党派联合到大厂回族自治县南王庄村举办义诊活动。现场接受义务诊治和健康咨询的少数民族群众100余名，送出价值3000余元的药品。

【民进廊坊市委第七次代表大会】 10月23日，民进廊坊市第七次代表大会在廊坊召开。民进河北省委副主委解观安到会祝贺并致贺词。市委常委、组织部部长、统战部部长李龙代表中共廊坊市委致贺词，市人大常委会副主任王相仁，市政协副主席陈洪波出席会议，市政协副主席、九三学社廊坊市委主委王学求代表全市各民主党派、工商联致贺词。会议听取和审议中国民主促进会廊坊市第六届委员会工作报告；选举产生由14人组成的中国民主促进会廊坊市第七届委员会，王世强当选主任委员，李海波、刘秋娥、张玉华、董玮当选副主任委员。同时任命刘秋娥为秘书长。大会还选举刘秋娥、董玮、柴东升、赵金龙、薛增明5人为出席民进河北省第九次代表大会的代表，王世强为民进河北省委提名的省九大代表。

【民进中央常务副主席罗富和到廊坊调研】 9月22日—23日，全国政协副主席、民进中央常务副主席罗富和一行到廊坊，就京津冀协同创新共同体建设进行调研并召开座谈会。他强调，要打破地区间的行政壁垒和政策鸿沟，促进创新要素在京津冀顺畅流动。全国政协副秘书长、民进中央副主席朱永新，省人大常委会副主任、民进河北省委主委王刚陪同调研。

市委书记冯韶慧，市委副书记、市长陈平，市委副书记蒋洪江，市政协主席郑广富，市委常委、副市长贾永清，市委常委、组织部部长、统战部部长李龙，市人大常委会副主任、民进廊坊市委主委王世强，市委秘书长张金波陪同调研或参加座谈会。调研期间，罗富和一行视察了京津冀（廊坊）协同创新创业基地，走进新奥科技发展有限公司进行调研。调研组听取京津冀三地政府有关部门及科技部门情况介绍，并与科技创新企业座谈交流。

（赵　阳）

中国农工民主党廊坊市委员会

【概况】 2016年，中国农工民主党廊坊市委员会（以下简称农工党廊坊市委）有农工党员249人，其中医药卫生界164人，占全市农工党员总数的67%；具有高级职称的154人，占全市农工党员总数的63%；有省、市、县（市、区）人大代表、政协委员13人，其中市政协常委1人。农工党廊坊市委有主委1人，副主委4人，市委委员16人，内设机构为一室三委：办公室、社会服务委员会、参政议政委员会、组织宣传委员会。下设基层组织11个，分别为市人民医院支委会，机关支委会，管道局总医院支委会，市疾控中心、健康教育所支委会，管道局科技中心支委会，万庄支委会，管道局设计院支委会，安次区医院支委会，中医院支委会，卫院支部，区防疫站支部。年内，共发展新党员10名。农工党廊坊市委被农工党河北省委授予“2016法制宣传周先进集体”“第二十八届中国‘国际科学与和平周’活动先进集体”。

思想建设。农工党廊坊市委组织市委委员、基层组织负责人集中学习了十八届六中全会精神、全国及河北省“两会”精神、农工党河北省委历次会议精神及市委统战部组织的学习会。由农工党河北省委部署，按照《开展坚持和发展中国特色社会主义学习实践活动2013-2017年工作规划》，农工党廊坊市委组织党员到保定参加“走进基层、贴近党员，培育和践行社会主义核心价值观”宣讲活动。联系《廊坊都市报》对先进党员进行了专题采访。

参政议政。安排党员参与廊坊市政协组织开展的加强城市管理专题调研活动，走访了市区多个调研点，针对存在的问题提出了意见、建议。完成《关于加快构建京津冀医疗协同创新共同体的几点建议》《合理配置医疗卫生资源，大力提升廊坊城区卫生水平》两篇调研报告。在廊坊市六届四次政协会议期间，提交大会发言 2 件，并作口头发言 1 件，集体提案4件，个人提案19件。在廊坊市六届四次人大会议期间，提交个人建议案 1 件。年内共提交社情民意信息 12 篇。滕宇航撰写的题为《关于二十三小门前道路急待修整》的社情民意，得到了市委及市政协有关领导的高度重视，经过多方努力，为市二十三小修建门前道路400米，工程总投资300余万元，5月完工并交付使用。5月31日，市第二十三小为市政协及市建设局分别赠送锦旗。《廊坊日报》对此进行专题报道。参加、列席市委、市人大常委会、市政府、市政协、市委统战部及有关部门举行的协商会、座谈会、情况通报会、各种调研活动等，全年累计 24 次，提出意见、建议 8 条。10 名党员被聘为市、区特约监督员、监察员、审计员、教育督导员、人民陪审员和行风监督员，参加相关单位组织的座谈、暗访、视察等，发挥参政党民主监督作用。

社会服务。5月13日，农工党河北省委和农工党廊坊市委在廊坊市安次区东沽港镇淘河村联合举办主题为“弘扬宪法精神，服务科学发展”的“2016 年法制宣传周活动”。为村民关心的法律问题进行详细解释和耐心解答，并为淘河中心小学的学生举办题为《预防犯罪，健康成长》的法律讲座。市人民医院、市中医医院的专家 21 人为淘河村民义诊，发放法律、健康宣传材料 500 余份，发放药品 5000 余元，受益群众 400 余人。9 月 14 日，农工党廊坊市委联合市委统战部组织市人民医院、市中医医院、管道局总医院的 19 名医疗专家到大厂县南王庄村开展“民族团结进步月”义诊活动。专家们为每一位前来应诊患者分析病情、开方送药，并就高血压、心脑血管、消化系统等常见病的预防和治疗进行耐心讲解。半天时间，现场接受义务诊治和健康咨询的少数民族群众 100 余名，无偿提供价值 3000 余元的药品。11 月 10 日，农工党廊坊市委联合市委统战部组织医疗专家到固安西大营村开展“第二十八届国际科学与和平周”活动，来自管道局总医院、安次区医院的专家 12 人，为患者诊治、免费送药、解答咨询。活动还邀请健康教育所的专家为群众宣传健康知识、发送健康教育资料等宣传用品 2000 余份。活动共接待就诊咨询村民 200 多人，免费做心电图近 60 份，检测血糖 60 余人，赠送药品价值近 6000 元。

【农工党廊坊市委第七次代表大会】 10 月21日，中国农工民主党廊坊市第七次代表大会在天都大酒店召开。会议听取和审议中国农工民主党廊坊市第六届委员会工作报告；选举中国农工民主党廊坊市第七届委员会；选举出席中国农工民主党河北省第八次代表大会的代表；审议并通过中国农工民主党廊坊市第七次代表大会决议。七届一次会议选举王伟刚为中国农工民主党廊坊市第七届委员会主任委员，刘善忠、滕宇航、李素红、马晓衡为副主任委员，任命滕宇航为秘书长。

【“京津冀协同发展联合共建基地”揭牌】 12月23日，农工党北京市委、河北省委、海淀区委、廊坊市委在廊坊市中医医院联合举行坚持和发展中国特色社会主义学习实践活动暨京津冀协同发展联合共建基地揭牌仪式，将廊坊市中医医院确定为“京津冀协同发展联合共建基地”。揭牌仪式后，与会人员就结对帮扶合作项目召开结对帮扶座谈会，充分交流意见，并提出今后对接帮扶工作的设想。同时，农工党北京市海淀区委党员与市中医院相关科室医护人员开展学术对接座谈。

（冯　丽）

九三学社廊坊市委员会

【概况】 2016年，九三学社廊坊市委员会（以下简称社市委）有社员344人，其中，科学技术界140人，医药卫生界76人，高等教育界60人，其他界别68人。高级职称211人，硕士研究生以上学历69人，平均年龄53.3岁。社市委换届后有市委委员17人，其中主任委员1人，副主任委员4人。设3个基层委员会（高校基层委员会、医卫基层委员会、中油管道基层委员会）；15个支社（地学支社、医卫支社、中医支社、卫生职业学院支社、中油管道支社、中油医卫一支社、中油医卫二支社、燕郊支社、师范学院支社、航天学院支社、职业技术学院支社、农林支社、市直一支社、市直二支社、中直支社）。社员中，王学求担任全国人大代表、九三学社河北省委副主委、市政协副主席，李志担任省政协委员、市人大常委会委员，李志芳、要根明担任市政协常委。另有市政协委员9人，区政协副主席1人，区（市、县）政协委员7人，县人大常委会委员1人。年内，社市委被评为九三学社河北省委2015年度宣传工作先进单位三等奖、参政议政先进集体三等奖。

自身建设。全国“两会”召开后，社市委组织各基层组织负责人、社员深入学习领会“两会”精神，结合自身工作，积极贯彻落实会议精神；结合学习贯彻中共中央十八届五中、六中会议精神、习近平系列讲话精神和社中央十三届四次全会精神，开展坚持和发展中国特色社会主义学习实践活动，组织社市委委员、中青年及骨干社员参加社省委、中共河北省委统战部和市政协、市委统战部组织的学习培训活动；上报社中央摄影评选作品3组、社省委书画作品2件，报送社省委第一届青年论坛征文4篇。集中精力编纂校对《九三学社廊坊市志》；坚持民主集中制原则，实行集体领导和分工负责制，进一步加强班子建设。结合社市委换届工作，社市委分别召开全委会、全委扩大会及基层组织会议，学习换届文件、会议精神，统一思想，深入细致地做好换届前的各项准备工作，顺利召开了社市委第七次代表大会，完成换届工作，选举产生九三学社廊坊市第七届委员会和出席九三学社河北省第八次代表大会代表。全年发展社员32人，具有高级职称的15人，其中正高级职称4人，中级职称17人；博士研究生5人，硕士研究生13人，本科学历13人，大专学历1人；平均年龄38.4岁。

参政议政。社市委主委、全国人大代表王学求向十二届四次全国人大会议提交《建议在北京新机场附近规划建立新型城市，打造京津冀区域“微中心”》《实现京津冀医保目录接轨，助推京津冀协同发展》2件建议，会议期间就“在北京新机场附近打造京津冀‘微中心’”“经济发展离不开创新精神”“中国经济新引擎”等内容接受河北电视台、《天津日报》、中国经济网、《光明日报》、国际在线等媒体采访。副主委、省政协委员李志向省政协十一届三次会议提交《借首都疏解非功能之机，加快河北项目投资力度》提案。社市委上报全国“两会”信息8件，提交市政协会议《以历史的责任感塑造特色城市的建议》大会发言1件，提交《以建设京津冀区域“微中心”为重点，打造我市特色化专业化发展园区》等集体提案8件，社内政协委员提交个人提案23件；完成社省委关于社区养老调研报告7篇；报送市政协调研报告及市政协常委会专题调研报告4篇；报送市委统战部调研报告2篇。其中《九三论坛》采用3篇，省政协常委会采用2篇，省政协集体提案1篇、大会发言1篇；向社省委、市政协、市委统战部提交社情民意信息13条；参加政府工作报告征求意见会、工作情况通报会、廊坊市“十三五”规划等征求意见会10余次。

社会服务。为配合“民族团结进步月”活动，9月13日，社市委组织社内医疗专家参加各民主党派市委和市委统战部联合义诊，开展为大厂县小厂村群众送医送药活动。11月18日，组织社内农业、医疗、法律专家到广阳区南务村开展下乡服务活动，义务为群众检查身体，接诊患者100多人，免费赠送治疗高血压、冠心病、皮肤病等常用药品价值2000余元，赠送安全用药宣传材料100余套。

社员成绩。年内，李志芳、要根明、赵可新被九三学社中央评为九三学社创建70周年全国优秀社员，高建宏被评为2016年度先进组工干部；李志、要根明、李晓双等12人分别荣获2014、2015年度社省委参政议政先进个人；王春雨荣获社省委2015年度优秀宣传工作者；施兴、张克俭、李晓双个人提案被评为政协廊坊市六届委员会优秀提案；张克俭、李晓双荣获市政协六届一次会议以来提案工作先进个人；主委王学求被授予2016年度廊坊市科学技术突出贡献奖，并被评为2015年度廊坊“十大新闻人物”。九三学社廊坊市委原副主委郭友钊创作的大型报告文学《国家大宝藏》在首届“浩然文学奖”评选中荣获报告文学类二等奖。社员苗庆华创作的写意人物画《万丈高楼平地起》和《查干湖》，在中国美术家协会主办的全国中国画展中获得最高奖，被河北省委宣传部授予“燕赵文化之星”称号，香港凤凰新闻《关注名家》栏目以《苗庆华国画艺术》为题作了专题报道。在社省委纪念中国共产党成立95周年书画艺术展活动中，苗庆华的国画作品《黄河曲》荣获一等奖、刘晓艳国画作品《红缨枪》荣获二等奖、谷继峰摄影作品《甜蜜生活》荣获三等奖。赵可新荣获中国药学会2016年优秀药师；陈玉荣获“最美廊坊人”荣誉称号。武振明科研成果“恩度两盒肝动脉化疗栓塞治疗中晚期肝癌”获2016年廊坊市科技进步二等奖。

【九三学社廊坊市委第七次代表大会】 10月22日，九三学社廊坊市第七次代表大会在天都大酒店天香阁报告厅召开。九三学社河北省委驻会副主委刘林平到会祝贺并代表社省委致贺词；市委常委、组织部部长、统战部部长李龙，市人大常委会副主任杨杰，市政协副主席陈洪波出席会议。李龙代表中共廊坊市委致贺词，中国农工民主党廊坊市委主委王伟刚代表全市各民主党派、工商联致辞。

会议听取并审议了王学求代表九三学社廊坊市第六届委员会所作的工作报告，选举产生九三学社廊坊市第七届委员会，选举产生出席九三学社河北省第八次代表大会代表，审议通过了九三学社廊坊市第七次代表大会决议。七届一次全委会议选举王学求为社市委第七届委员会主任委员，李志、李志芳、李雪竹、张领山为副主任委员，任命李志芳为第七届委员会秘书长。

【调研工作】 组织社员参加京冀联合调研组到三河燕达金色年华养护中心和安次区龙河爱心家园就廊坊市养老机构发展情况开展调研；参与山东省潍坊市政协到廊坊调研活动；组织社员参加社省委开展“大众创业、万众创新”重点课题和市政协“关于廊坊交通状况”等课题调研活动。完成社省委关于社区养老调研报告 7 篇。

【理论研究】 年内，九三学社完成中央 2015 年度思想建设与理论研究课题 2 篇、完成“第三届九三学社中央坚持和发展中国特色社会主义论坛”论文 2 篇、统一战线理论研究课题 2 篇，其中 2 篇在社中央论坛上作交流发言材料，1 篇中标社中央招标课题。

（黄文珍）

社会团体

廊坊市总工会

【概况】 2016年，廊坊市总工会（以下简称市总工会）以“会员实名制普查、县级工会规范化建设、模范劳动关系和谐企业创建”为工作载体，完善体制、健全机制、提升素质，发挥工会组织职工、引导职工、服务职工、维护职工合法权益的作用。全年各类法人建会率和职工入会率达85%以上，25人以上的企业建会率达93%以上。开展乡镇（街道）、开发区（园区）工会达标创优活动，选树大城县留各庄镇总工会等一批示范典型。落实《机关工会工作暂行条例》，加强机关工会工作规范指导。完善模范职工之家创建、申报、考核、表彰、复查工作，加强模范职工之家的管理，坚持基层工会自身建设、服务职工阵地建设和职工之家建设统筹推进，评选表彰一批市级模范职工之家、模范职工小家、优秀工会工作者。推进全市所有机关企事业单位工会会员实名制普查，实现“两清”（符合入会条件的职工总数清楚、已入会的会员总数清楚）目标。年内，全市“职工互助一日捐”募集资金708.69万元，救助职工878人。“金秋助学”活动救助困难学生147人，发放救助金34.05万元。市疾控中心被省总工会授予“河北省职工道德建设标兵单位”，市中医医院急诊科刘强被授予“河北省职工道德模范”荣誉称号。廊坊供电公司、固安深思集团职工书屋被全国总工会命名为“全国职工书屋示范单位”。荣盛建设集团被全国总工会命名为“全国职工教育培训优秀示范点”。

【农民工入会】 2016年，市总工会继续将开发区（园区）、乡镇（街道）、村（社区）等重点区域农民工、劳务派遣人员作为入会重点。开展“农民工入会集中行动”，制定农民工入会工作实施方案，召开会议进行部署。要求各县（市、区）总工会、廊坊开发区总工会要切实把农民工入会工作纳入到年度任务重点，制定工作方案，定期研究工作进展，形成主要领导亲自抓、分管领导具体抓、职能部门共同抓、一级抓一级、层层抓落实的工作格局，做到有部署、有研究、有督导、有落实。争取地方党委和政府对农民工入会工作的重视，积极争取民政、建设、农业和人社等政府部门的支持配合，多方联动、齐推共建，加大人力、物力投入，保障集中行动顺利开展。坚持“哪里有农民工，哪里就有工会组织，哪里就有工会组织的服务”，最大限度地把农民工组织到党领导下的工会中来。继续依托行业、依托项目部、依托市场推进农民工入会，简化农民工入会手续，增强农民工入会积极性。推进劳务派遣公司建立工会组织，推进劳务派遣工加入工会，推进机关、事业单位临时工作人员入会，扩大农民工入会范围。截至2016年年底，农民工会员422315人。

【“建功立业”工程】 2016年，全市开展劳动竞赛民营企业4106家，提出合理化建议1.5万条，实施技术改造7947项。举办职工培训600期，受训职工达15万人次，有2.8万名职工晋升技术等级。组织开展京津冀环保节能“绿色能源工程”劳动竞赛、首届京津冀精密模具技能比武竞赛，联合市卫计委、市教育局等部门开展“名院名科名医名护”评选活动、全市基层卫生岗位练兵和技能竞赛、幼儿教师基本功大赛，全面提升职工技能水平和创新能力。弘扬劳模精神、劳动精神、工匠精神，推荐和表彰一批全国（省）五一劳动奖章、奖状、工人先锋号先进集体和先进个人。结合工人先锋号的培育，推广企业班组标准化、精细化管理先进经验，促使更多职工通过班组建设强素质、学技能，涌现更多基层团队先进典型。做好劳模服务工作，组织123名劳动模范外出疗休养、520名劳模参加健康体检，将劳模体检标准提至每人800元。落实困难劳模救助工作，发放救助金23万元。

【劳动关系和谐发展】 2016年，市总工会构建和谐创建、工资协商、民主管理、法律援助4个平台，促进职工权益实现和企业健康发展。开展劳动关系和谐单位创建活动，建立健全创建培养机制，有计划的重点培养劳动关系和谐单位，扩大创建活动在非公企业和中小企业的覆盖面，推动创建活动向乡镇（街道）、村（社区）拓展，评选表彰第六批廊坊市AA级劳动关系和谐单位14家。推进集体协商提质增效，以非公企业为重点，签订各类企业工资专项集体合同4057份，覆盖职工60万人，工资集体协商建制率达85%，达到A级质量标准企业1241家。持续推进企事业单位民主管理工作，在全市规模以上建会企业开展“民主管理进私企活动”，通过省市县三级工会干部结对指导、宣讲《条例》、现场观摩交流、指导企业完善规章制度等多种形式，推动试点企业实现“一知、三建、四规范”（一知：让单位负责人和职工知道民主管理制度，三建：指导企业建立职代会、厂务公开、职工董事职工监事三项制度，四规范：职代会程序规范化、职代会内容规范化、职代会职权规范化、职代会提案规范化）工作目标。强化职工法律援助服务，举办工会法律宣传月活动，深入基层工会开展普法讲座23场，覆盖民营企业300家，职工5万人。年内，市总工会与张克锋律师事务所签约，成立由23位律师组成的职业律师团，办理法律援助案件3件，代写法律文书32件，提供法律咨询230人次。开展“木兰有约”法制宣讲活动12场，聘请专家现场讲解《反家庭暴力法》《婚姻法》等法律法规，以案释法，以法论事。

【工会会员卡普惠化服务】 2016年，市总工会按照“全方位、广覆盖、高密度、多形式”的理念，联合廊坊银行发放工会会员卡21.6万张，会员卡除具有银行储蓄功能外，还加载“非工伤意外伤害”及“家庭财产（火灾）损失”2项免费保险，在公共交通、医疗医药、商业零售、金融保险、运动健身、文化娱乐、旅游餐饮等消费网点可刷卡提供特惠服务。联合市人民医院向持卡会员提供免交诊疗费、挂号费服务，市区内持卡会员可享受市医院120免费接诊服务，困难职工和劳模还能享受就医绿色通道服务；在市、县两级职工服务中心可享受免费法律援助、职业介绍、创业帮扶等多项服务；联合市公交公司将公交卡功能加载到会员卡上；联合明珠集团、联华超市、万达影城、市健康管理医院等企业机构，为会员提供各类优惠服务。截至年底，全市“河北工会会员卡特约服务单位”达294家。

【精准帮扶专项行动】 年内，市总工会按照《“春雨行动—精准帮扶”活动方案》中“四个一”（一年解决一两件实际困难，帮助帮扶对象找到一个增收致富项目或就业岗位，一年制订一个改善生活的计划，一年入户走访不少于一次）的具体要求，筹集帮扶资金50多万元，由领导干部带队，对市直困难职工走访慰问，每户送去慰问金1000元。各县（市、区）及廊坊开发区总工会对全市春雨行动帮扶的500名困难职工建立帮扶台账，为每个帮扶对象建档立卡，针对在档管理的困难职工、下岗失业人员、非农产业工作1年以上，家庭人均收入不高于当地最低生活保障标准3倍，生活困难的农民工会员等三类重点人群，通过小额贷款贴息、无息借款、物资支持等形式助其自主创业、解困脱困，完成创业项目59个，拨付生产资料投入资金18万元，银行放款230万元，工会小额借款100万元，帮扶受助者70人。“春雨行动—精准帮扶”活动为全市500名特困职工发放帮扶款50万元。

【打造“培训+创业就业”新模式】 年内，市总工会结合廊坊实际，从受助职工所需出发，委托廊坊市长征集团和北京爱贝佳公司为有创业意愿的受助者提供三种培训：政府出学费，工会出助学金为期3年期的农业种植专业、计算机应用与维修专业、汽车维修专业学习（全日制）；工会全额出资资助的餐饮制作、园林绿化、家政服务、月嫂催乳师、美容美发、文秘速录等内容的3个月以内短期技能培训；受助者在长征驾校学习驾驶技术市工会补助50%学费。受委托的廊坊市长征集团以培训需求为导向，加强硬件建设，整合教学资源，择优选调各专业教师32人，根据培训实际重新编制教学大纲，投资2000万元新建5000平方米教学楼，专项提供就业岗位。与工商、税务等部门联合出台困难职工就业创业优惠政策，为困难职工和下岗失业职工创业提供免费办理营业执照、减免税款等优惠服务。

【工会改革创新】 2016年，廊坊市制定《县级工会上解市总经费回拨补助及考核暂行办法》，以项目化方式，把更多经费向基层工会倾斜，更多用于维权、帮扶、培训和基层开展活动。加强经费和资产管理，加大审计监督检查力度。探索网上工会新模式，联合晴天科技公司开发廊坊掌上工会手机APP，突出服务功能和互动性功能，力求下载方便、使用快捷、易于掌握。廊坊掌上工会设立工会动态、爱心帮扶、权益保障、教育培训等8个板块，涵盖普惠、宣教、维权等基本职能，形成线上线下融合互动的新模式。依托微信平台优势，开设“我的工会”和“廊坊互助一日捐”2个微信公众号，及时发布工会工作动态。手机APP及微信公众号上线，累计访问量达20万人次。

（崔　钰）

共青团廊坊市委员会

【概况】 2016年，共青团廊坊市委员会（以下简称团市委）围绕理想信念与青年成长、旗帜道路与青年使命、深化改革与青年担当、京津冀协同发展与青年创业等课题，组织学习习近平总书记系列重要讲话青春读书班、学习贯彻党的十八届六中全会和省九次党代会、市五届十一次全会精神宣讲培训活动，将党的声音传达、贯彻到各级团组织和广大青少年之中，影响覆盖基层团员青年4000余人。以“建强基础抓规范·拓展覆盖增活力”为核心，团市委在传统领域上做强学校、市直属团组织工作的同时，活跃组织、农村、社区团工作。在学校开展少先队活动课案评选活动，激发学校团队组织的创新活力；在市直单位创建“一团一品”工作品牌，推动基层共青团工作全面发展；建设和发展廊坊市青年中心，完善社区团组织体系；130家新建非公企业团组织成为服务青年创新的重要力量；探索青年社会组织服务联盟建设，鼓励支持青年社会组织承办共青团和青年工作项目，长期合作社会组织达22个。在团队伍建设上，通过举办“青年讲吧”、星级机关创建、“破题攻坚”调研大赛等活动，增强团干部综合素质；举办少先队辅导员技能大赛，通过以赛代训形式全面提升少先队辅导员专业素质；改进团员发展和教育管理工作，制定团员发展规划，用3年左右时间将初、高中阶段毕业生团员与青年比例分别控制在30%、60%以内；严格入团程序，加强团员意识教育，推动全体团员成为注册志愿者；把团干部培养输送工作纳入对干部的日常调配管理之中，通过改革健全团干部专兼挂职工作机制，让团干部队伍“活”起来。以“强作风·重实干·促发展”为主题，实施直接联系青年、团干部常态化下沉基层、向基层服务对象报到等工作机制，举办“学讲话、话改革、谋发展——机关专题开放日”活动，制度化深入基层、融入青年，通过抓作风建设把工作氛围营造得更加浓厚、把工作任务推进得更加深入、把干部士气提振得更加高昂。在团的阵地建设上，整合公益资源，建立市级首家青少年公益服务中心，使其成为关爱留守儿童，青年志愿服务等项目的重要承载平台；青少年宫实现功能升级，道德讲堂、公益讲堂的开辟使青少年宫成为提高青少年综合素质的重要阵地。社会青少年服务阵地不断拓展，依托青少年禁吸戒毒警示教育基地、青少年维权岗单位，拓宽青少年安全自护、普法教育阵地，廊坊市规划馆、航天博物馆、永定河自行车公园等一批场馆被确定为青少年教育基地，成为团组织服务、引领青少年的重要阵地。截至2016年年底，廊坊市有共青团组织8143个，共青团员24万人，团干部9173人，其中专职团干部1122人。

【青年创新创业】 2016年，团市委举办第二届廊坊市青年创新创业大赛，115个具有廊坊产业特点的创新创业项目参加比赛，21个项目获57万元基金鼓励支持；建立廊坊市青年创享中心，开展创享汇系列活动，搭建培训、实践、融资、项目、政策五位一体的服务青年创新创业工作平台，营造“大众创业、万众创新”的良好环境；开展科技型中小企业服务工作，丰富创新型企业孵化器等已有园区和孵化基地资源。

【“青年之声”平台建设】 2016年，团市委全面推进“青年之声”平台建设。加强全市共青团微博和微信公共平台等团属阵地建设，促进传统媒体与新媒体有效融合；全面提升“青年之声”服务联盟专家团队的综合运用能力和实际操作能力，将“青年之声”平台延伸至市直机关、企业、高校和基层团组织，实现双网互动，切实提升共青团舆论引导能力。“青年之声·廊坊”互动社交平台有登记在册专家2500余人，设置议题59个，累计发布互动提问4万余条，把团的各类工作和活动逐步纳入网络化工作链条，实现对青少年网上服务引领的“键对键”。

【“青年中心”平台建设】 2016年，团市委规范“青年中心”线下平台建设。通过盘活闲置场地解决阵地问题、公益岗位招募解决人员问题、共青团特色项目进青年中心解决工作载体问题，整合优势资源，打造服务青年新平台。全市新建市级青年中心1家（廊坊市青年中心），累计建成县级青年中心12家，乡镇（街道）级青年中心44家，构建以“青年中心”为主阵地的市、县、乡三级青少年综合服务平台体系。市、县、乡三级联动，合力推进青年中心的建设、运行，提升共青团服务青年的能力，推动线上平台与线下服务阵地深度对接。

【“助力京津冀协同发展”系列活动】 4月27日，团市委举办“廊坊使命·青年作为”各界青年“助力京津冀协同发展”座谈会，邀请各界优秀青年代表对全市京津冀协同发展建言献策。建立与京津高校团组织的联络，与北京邮电大学、首都经贸大学等6所北京高校团组织建立交流合作机制，与南开大学生命科学学院建立校企对接合作机制。联合大兴团区委开展“永定河青少年生态体验活动”，成立“青年交流活动基地”。组织优秀青年代表参加“携手京津冀·青年话发展”“通武廊”青年人才交流活动、启动“携手三地青年·打造生态运河”项目、联手举办“平蓟三兴”青创企业展示交流活动，为“京津冀协同发展”注入青春活力。承办“2016国际青年组织论坛暨北京友好城市青年交流营”河北行活动，向来自32个国家35座城市的135名外国青年展示廊坊市协同发展成果。

【治污减霾增绿专项行动】 2016年，为进一步推动美丽河北、绿色廊坊建设，团市委开展“同呼吸·共行动”治污减霾增绿专项行动。在“京津冀晋蒙青少年增绿减霾共同行动百县统一植树活动”中，全市9000多名青少年植树11万余株；开展“天使之梦，环保之梦”绿色主题动漫展，举行“绿色廊坊”2016城市定向跑活动，持续倡导“3581行动”（3千米步行，5千米骑行，8千米公交出行，每周少开1天车），实现健康步行、环保骑行、公交出行常态化；开展“争办环保婚礼·争做文明时尚新人”活动，650对新人签订承诺书，展现全市广大青年关心环保、支持环保、参与环保的新风尚。

【廊坊市少先队员与杨利伟互动交流】 10月29日，团市委组织开展“弘扬航天精神、从小立志报国——航天英雄与少先队员在一起”面对面交流活动，航天英雄杨利伟与廊坊少先队员互动交流；在全市中小学中开展“中国梦·航天梦·我的梦”主题团队日活动，全市435个团队开展“关注科技·走进航天”、与梦想对话等主题团队活动1200余次，促进青少年一代创新梦、航天梦、中国梦的心灵构建。

（祖　峥）

廊坊市妇女联合会

【概况】 2016年，廊坊市妇女联合会以保持和增强妇联组织的政治性、先进性、群众性为目标，聚焦妇女群众实际需求，在全市广泛开展“创家业、绘家园、塑家风、育家和”巾帼四“家”行动，不断探索创新，努力夯实基础，全市妇联工作实现新发展。被河北省妇女联合会授予河北省“三八”红旗集体、被省实施“文明交通行动计划”工作推进委员会授予2016年度全省实施“文明交通行动计划”工作“先进单位”荣誉称号。

【干部作风建设】 2016年，廊坊市妇女联合会落实“素质提升年”要求，借助各类教育培训资源优势，广泛开展妇联干部培训。召开三八妇女节各界妇女座谈会，举办公文写作、柔性领导力等各类女性素质提升培训班，引导全市广大妇女不断增强内修、内涵、内功。挖掘推荐优秀女性典型，全年在各类媒体宣传妇女典型30多个，向全国妇联推荐先进典型 12 个，向省妇联推荐先进典型 31 个。

【智慧妇联建设】 2016 年，廊坊市妇女联合会重视发挥网络新媒体的主导、组织、宣传作用，加大网上妇联建设，市妇联开通了微信、微博公众号，扩大了网上工作阵地。按照打造一个、推广一个的工作思路，集中建设示范妇女之家。全市已建成省级示范妇女之家 11 个，市级示范妇女之家 2 个。安次区第什里村妇女之家风筝博物馆成为展示妇女创业成果的重要窗口。

【妇联整体改革】 2016 年，廊坊市妇女联合会按照中央和省委党的群团工作会议精神，制定《廊坊市妇联改革工作实施方案（草案）》，成立市妇联改革办，明确责任部室、任务目标、时间节点，开展妇联系统改革工作。推进乡镇（街道）妇联改革，深化“三有两突出”（有人干事、有阵地做事、有钱办事，服务基层妇女作用突出、参与和谐社会建设能力突出），按阶段召开工作会议，先后组织现场观摩、拉练、培训等活动，23 个乡镇换届工作如期完成。

【巾帼创业创新行动】 2016 年，廊坊市妇女联合会以“互联网＋”思维整合现有资源，制定并启动“巾帼创业创新”行动计划，成立女性创业创新联盟，培育巾帼众创空间、广泛开展创业就业培训、深入宣传创业就业政策、解决创业就业难题。全市创建巾帼众创空间 3 家；组织召开家政、互联网+电商、巾帼乡村游、创业政策等各类创业能力培训（观摩）活动 76 次；“春风行动”专场招聘会现场达成就业意向 1500 人；为 273 名创业妇女发放贴息贷款 2163 万元；动员组织 5600 人参加创业就业培训，实现创业就业妇女 1500 人，印制发放“双创”巾帼行动集锦 1600 册，在全市范围内凝聚和传递女性创业创新正能量。

【创业典型】 2016 年，廊坊市妇女联合会引导、支持广大妇女积极创建各类基地，全年培育妇女领办、创办科技型中小企业 10 家，创建省级各类巾帼示范基地 24 个；创建市级各类巾帼示范基地 24 个。为助推廊坊市城乡妇女手工业发展，引导手工业企业（村）发挥龙头示范带动作用，帮扶更多妇女增收致富，对 85 个（名）岗位建功突出的个人和集体、32 家示范基地（企业）进行表彰，激发典型示范、带动辐射效应。

【最美家庭】 2016 年，廊坊市妇女联合会对培树的首届 100 户十佳最美家庭予以表彰，集结 30 个典型家庭编印《最美家庭风采录》，联合廊坊环京津新闻网、廊坊广播电视报开办《寻找最美家庭、传承良好家风》栏目。廊坊市姜文云、陈凤华、任素云 3 个家庭被全国妇联命名为全国五好文明家庭，姜文云家庭同时被命名为全国最美家庭。第二届寻找十佳“最美家庭”活动共收到推荐家庭 121 个。

【科学家教活动】 2016 年，廊坊市妇女联合会培树家庭教育示范（先进）集体 55 个、先进个人 50 名。面向社会招收吸纳高素质家庭教育工作的文化讲师 13 名，组织文化讲师进社区、进村街、进学校讲座，累计举办家庭教育培训活动 11 场、培训 1400 人次。启动“心系妇儿——家庭教育空中课堂”项目，利用微信公众平台向“孕产妇家庭”和“儿童家庭”传播道德情操、心理素养等家庭教育的先进理念和科学方法，圆满完成了《廊坊市家庭教育工作

“十二五”规划》省级评估工作，规划终期目标基本实现。

【维护妇女权益】 2016年，廊坊市妇女联合会对20个先进集体、1万个“平安家庭”示范户予以表彰。全市1980个妇女之家、维权站累计开展普法服务活动场次2101场，受益妇女群众约12万人次，参与活动的法官、检察官、律师及专家学者达350人次。开展普法讲座、普法宣传文艺演出进社区等各类主题活动，“木兰有约”法治宣讲活动深入到县、乡、村、企，进行法治宣讲33场，受益妇女6000多人。

【妇女儿童关爱活动】 2016年，廊坊市妇女联合会开展贫困儿童关爱行动、危难困境儿童救急活动、贫困先心病儿童爱心救助工程、贫困妇儿慰问、“爱心代理妈妈”巾帼志愿品牌服务等活动，累计帮扶救助困境儿童180人（次）、慰问帮扶贫困妇女132名；持续开展城乡妇女“两癌”免费筛查活动，共为8623名适龄女性免费“两癌”筛查。

（郝莹莹）

廊坊市工商业联合会

【概况】 2016年，廊坊市工商业联合会（简称市工商联）主动服务全市工作大局，开展非公经济人士理想信念教育实践活动，推进“两学一做”学习教育和机关作风整顿，各项工作取得明显成效。通过召开学习贯彻习近平总书记在全国政协民建、工商联界委员联组会上重要讲话精神座谈会，向全市民营企业家传达习近平总书记的重要讲话精神。参与举办北京民营企业廊坊行投资合作对接会和廊坊市重点园区招商项目对接洽谈会。以“京津冀协同发展下的廊坊商机”为主题，开展河北商会、广东商会、浙江商会、山西商会、福建商会（简称五大商会）进廊坊活动，吸引五大商会投入廊坊经济社会建设。加快燕赵融资担保有限公司运营，实现业务收入40万元。与廊坊市人社局联合开展“2016年民营企业招聘周”活动，38家民营企业提供1500个就业岗位，900余人达成初步就业意向。与京津冀及周边工商联开展“携手行动”，签订友好商会协议。相继完成女企业家商会和汽车服务业商会的换届工作，组织成立廊坊市工商联直属会员商会和廊坊市山西商会。2016年，市工商联分别以民营企业创新发展、宏观经济形势及政策、企业“营改增”和劳动合同为主题，举办企业家沙龙5期，培训人次660人，分别与武汉大学、中山大学联合举办“国学与管理”和企业融资专题研修班。

【会员服务】 2016年，市工商联加快燕赵融资担保有限公司运营。2016年，紧张有序的开展营业执照领取、人员招聘等公司运营前期准备工作，并领取营业执照和成立业务发展部、风险管理部、法律事务部、计划财务部、综合管理部等运营部门，与张家口银行、沧州银行签署战略合作协议，与建设银行、中国银行、农业银行、华夏银行等10家金融机构达成合作意向，完成收单业务实现业务收入40万元。

与廊坊市人社局联合开展“2016年民营企业招聘周”活动，重点针对大中专院校、技校毕业生，各类技能人才以及农村进城务工人员、失业人员、就业困难人员。在廊坊市人力资源市场举办“民营企业招聘周”活动专场招聘会，建筑、机械、电子、化工、商贸等行业38家民营企业进场招聘，提供就业岗位1500个，涉及企业营销、策划、财会、文员、建筑工程技术、机械工程技术等多个工种，3000余人进场求职，900余人达成初步就业意向。

与京津冀及周边地区工商联建立合作机制。在京津冀一体化发展的大背景下，与京津冀及周边工商联开展“携手行动”，与北京市朝阳区、大兴区，山东省德州市沟通联络，并邀请来廊坊考察，签订友好商会协议，建立相互沟通合作机制和信息资源共享平台。

【经济联络】 2016年，市工商联参与举办“北京民营企业廊坊行投资合作对接会”。吸引北京市10个行业商协会、110家民营企业和廊坊市20家重点园区、15家重点民营企业，260余人参会。北京市6个行业协会与廊坊市重点产业园区和企业建立友好合作关系。

参与举办廊坊市重点园区招商项目对接洽谈会。廊坊市各县（市、区）38家商务局、重点园区的负责人参加会议，其中廊坊高新技术产业开发区、北京亦庄·永清高新技术产业开发区、固安工业园区3家重点园区就园区投资环境及未来发展规划进行推介。洽谈会邀请200多名有对口合作洽谈意向的企业代表、境内外重要客商参加，企业代表与园区负责人进行“一对一”的对接洽谈。

以“京津冀协同发展下的廊坊商机”为主题，邀请五大商会齐聚廊坊，共商共赢发展大计，五大商会的相关负责人和120余家会员企业参加会议。河北省资本运营协会与京南·固安高新技术产业开发区、北京广东商会与北京亦庄·永清高新技术开发区、北京佛山商会与河北香河开发区、广东省酒店用品行业协会与廊坊高新技术开发区、江苏省浙江商会与安次经济开发区、青海山西商会与河北大厂潮白河经济开发区、河北省福建商会与河北廊坊龙河经济开发区签订了“友好合作协议书”。市工商联相继举办“浙商进廊坊”“晋商进廊坊”“闽商进廊坊”系列招商活动，为实现项目精准对接打下良好基础。

【商会建设】 2016年，市工商联完成女企业家商会和汽车服务业商会的换届工作，选举产生两个商会新的领导班子，根据商会实际，确定商会工作思路，为使商会建设良性发展提供组织保证。组织成立廊坊市工商联直属会员商会和廊坊市山西商会，为工商联会员搭建互通信息、共谋发展、合作共赢的平台。市工商联各直属商（协）会不断创新服务会员举措，进一步增强商会凝聚力。廊坊市汽车服务业商会成功举办“2016河北廊坊汽车博览会”，参展企业60余家，涵盖汽车主流品牌，展出整车400余辆，进场观众6万余人，销售成交339台。

【宣传培训】 2016年，市工商联出版《廊坊商会》杂志6期，整理出版《廊坊市工商联第六次会员代表大会专刊》，发行范围包括各级领导和广大民营企业家，为会员企业推荐最新经济政策、各界专家学者的分析、先进的管理经验，给会员企业提供信息、资源、形象等展示的平台。市工商联分别以民营企业创新发展、宏观经济形势及政策、企业“营改增”和劳动合同为主题，举办5期企业家沙龙，培训人次660多人。4月，市工商联与武汉大学政治与公共管理学院联合举办民营企业家“国学与管理”专题研修班，就国学智慧与人文修养、企业管理者心理素质提升、《孙子兵法》与现代管理、“一带一路”与“亚投行”中国当前社会热点分析、企业融资与股权激励等课程进行培训，并到北斗导航、东风本田汽车公司进行现场学习交流。11月，市工商联与中山大学联合举办优秀企业家战略管理提升班，就企业投资决策与投资管理、互联网时代下中小企业的出路进行学习研修，并到华为集团总部和简一瓷砖有限公司进行现场学习交流。

【市工商联（总商会）第六次会员代表大会】12月1日，市工商联（总商会）召开第六次会员代表大会，省委统战部、省工商联和市委、市人大常委会、市政府、市政协主要领导出席会议。大会应到代表407人，实到代表398人。会议审议通过市工商联五届执委会工作报告和五届执委会会费收取、支出情况的报告，选举产生市工商联（总商会）新一届领导班子，选举耿建明为市工商联主席（总商会会长），聘请王玉锁为市工商联名誉主席。

（周春辉）

廊坊市科学技术协会

【概况】 2016年，廊坊市科学技术协会（以下简称市科协）坚持为科技工作者服务、为创新驱动发展服务、为提高全民科学素质服务、为党和政府科学决策服务，推动开放型、枢纽型、平台型科协组织建设。构建科普组织+科普基地+科普活动+互联网“四位一体”的工作格局，加强科普基地、农技协、科普示范社区、专业科普场馆、青少年科技活动示范室和社区、医院、乡村科普活动室建设，全年新增科普组织64个。截至2016年6月，在县级民政部门登记的基层农技协22个，会员17178人，带动农户10.3万户。坚持“政府推动、全民参与、提升素质、促进和谐”的指导方针，围绕“节约能源资源、保护生态环境、保障安全健康、促进创新创造”工作主题，面向青少年、农民、城镇劳动者、领导干部和公务员、社区居民五大重点人群，推动科学素质工作。以市政府办公室名义印发《廊坊市全民科学素质行动计划纲要实施方案（2016—2020年）》，提出以五大人群为重点，深入实施科技教育与培训、科普信息化、科普基础设施、科普产业助力、科普人才建设五项基础工程，确保到2020年，廊坊市公民具备基本科学素质的比例超过全省平均水平。

年内，依托“廊坊科技”网站，市科协宣传推介科普基地、农技协16个，本着“统筹规划、分头计划、分步实施”原则，采取“前期引导、中期促进、后期补贴”形式，着力提升各类科普组织的“服务创新能力、服务社会能力、服务经济发展能力、自我发展能力”，庄络亲子农场等10个基层科普组织通过市科协评估，获资金扶持30万元。

【助力河北（廊坊）创新发展活动对接大会】为推动“十三五”时期京津冀协同发展和科技创新发展，北京市科协、河北省科协共同实施“服务协同发展，京冀科协行动”。6月14日，“首都科技工作者助力河北（廊坊）创新发展活动对接大会”在廊坊召开。市委副书记、市长冯韶慧，北京市科协党组书记、常务副主席马林，河北省科协党组书记、常务副主席李宗民出席会议并致辞。来自北京市科协、河北省科协、北京有关科研院所、全市科协系统等相关单位专家学者、负责人200多人参会。结合市科协编印的《廊坊市人才、技术、项目需求名录》，京冀两地科技社团、企业达成17个初步合作意向。对接大会后，市科协研究制定《首都科技工作者助力廊坊创新发展行动计划推进方案》，建立对接工作长效机制。截至12月底，17个合作项目实现深入对接、扩大合作范围，有2位院士、11位高级工程师、

32 位高层次技术人员参与对接交流，引进现代农业技术、生产制造技术等 7 项，开展学术报告、技术培训等学术活动 9 次，20 多家廊坊企业受益。

【帮扶创建科技型中小企业】 2016 年，市科协以支持"创新创业、提档升级"为主线，以引进人才、引进技术、服务科技成果转化、助力企业解决技术难题为着力点，成立领导小组，制定帮扶创建实施方案，进行责任分工，建立工作台账，依托各级科协组织和科技工作者，推动廊坊市科技型中小企业群体成长。推进科协基层组织向科技型企业延伸，全年建立企业科协 29 个，建立科技专家企业工作站 11 个。面向企业组织开展学术活动，指导市级学会、协会、企业科协举办论文报告会、研讨会、学术年会等活动 40 余场，3200 多人次参会，为企业技术创新和转型发展提供智力支撑。在河北省科技工作者服务中心支持下，实施中国科协"科技信息推广应用"项目，完成数据库系统升级，完善科技型中小企业网上注册专利信息检索系统。全年帮扶科技型中小企业 34 家。

【基层科普行动计划】 2016 年，市科协和市财政局联合开展"科普惠农兴村计划"和"社区科普益民计划"，推荐 25 个单位和个人参加省级和国家级项目评选，2 个单位获省级项目奖补资金 20 万元；4 个单位获国家级项目奖补资金 80 万元。

2016 年"基层科普行动计划"获奖一览表

表 8

获奖单位	奖　项	授奖单位
三河市畜牧兽医联合会	全国"基层科普行动计划"先进典型	中国科协 财政部
大城县林果业联合会		
霸州市南孟镇西粉营村蔬菜种植技术协会		
固安县宏穗种植科普示范基地		
固安县宏穗种植科普示范基地	河北省科普惠农先进典型	河北省科协 河北省财政厅
大城县长芦疃村千亩果蔬种植基地		

（翟冀平）

廊坊市文学艺术界联合会

【概况】 2016 年，廊坊市文学艺术界联合会（以下简称市文联）开展文艺活动，培养文艺人才，创作文艺作品，发展廊坊市文艺事业。创作排演反腐题材现代京剧《脚印》，社会反响强烈；助力京津冀协同发展，加强与京津艺术界的交流合作；推进"文艺精品出版工程"，社会影响与日剧增；组织创作"美丽廊坊"组歌，打造宣传廊坊的文化名片；开展"深入生活，扎根基层"活动，文艺志愿服务春风化雨润泽基层；圆满完成第九届"廊坊文艺繁荣奖"评选表彰，全面检阅创作成果；基层文艺工作亮点频现，文艺活动丰富多彩。廊坊市许晓芳的“脱胎金漆镶嵌千秋瓶”和香河县的“安头屯中幡”分别获第十二届全国民间文艺山花奖——民间工艺美术作品奖和民间艺术表演奖。张志庆书法作品获全国第十一届书法篆刻作品展优秀奖。市戏剧家协会副主席兰万玲的上党梆子《山妹子》获“第九届全国戏剧文化奖·原创剧目大奖”，兰万玲获“第九届全国戏剧文化奖·编剧金奖”。

【第九届“廊坊文艺繁荣奖”评选表彰】 12月21日，市文联举办第九届“廊坊文艺繁荣奖”颁奖庆典。本届评选表彰是对近3年来全市文艺创作成果进行的一次全面检阅。市文联协同各协会组成评选委员会，对廊坊市作者在全国、全省发表、入展、演出、获奖的优秀文艺作品进行评定。收到参评文艺作品113件，收到申报突出贡献奖的个人和集体18个。依据《廊坊市第九届文艺繁荣奖评选办法》，经组委会讨论提名和举手表决，确定廊坊市书法家协会等7个获突出贡献奖的集体和个人。采取无记名投票的方式，评选出书法作品《行书册页》等8件特等奖和国画作品《苗岭春歌》等25件优秀作品奖。

【助力京津冀协同发展】 2016年，市文联主动融入京津冀协同发展，积极谋划，主动作为。2月25日，与北京市大兴区文联联合举办两地书画名家新春笔会，促进两地的文学艺术交流，为推动京津冀协同发展营造良好文化氛围。4月19日，“中国烙画研究中心”落户廊坊并举行授牌仪式，同时举办规模较大的“全国烙画艺术作品展”，中国民协党组书记罗杨亲临现场揭牌并讲话。6月28日，为庆祝党的生日，与北京国艺书画院联合举办“华夏正气——纪念建党95周年，京冀书画名家联谊笔会”并签订长期合作协议。9月23日—25日，与北京市文联、民协对接，承办“北京市文联民俗调研团走进廊坊”。12月底，协助北京、天津、河北三省（市）文联做好首届京津冀春节大联欢节目录制。运用地利之优，借助廊坊书法院这个平台，邀请京津及各地书法名家到廊坊交流。

（韩宇婷）

廊坊市归国华侨联合会

【概况】 2016年，廊坊市有归侨118人，侨眷23026人，海外侨胞16708人（其中：华侨8706人，外籍华人8002人），港澳同胞920人，港澳同胞眷属925人，一般眷属6997人，新移民265人，新移民眷属3039人，侨务工作对象52000人。国外工作对象分布于28个国家和地区。年内，廊坊市归国华侨联合会（以下简称市侨联）将服务廊坊经济社会发展大局与服务海外侨胞和归侨侨眷相结合，为推动廊坊各项事业的发展做出应有的贡献。全市各级侨界人大代表、政协委员发挥参政议政职能，撰写提案、议案10件。市侨联接待来信来访7起。走访慰问归侨侨眷120人次，发放慰问金和慰问品5.4万元。

【服务经济建设】 2016年，市侨联借助“5·18”经洽会平台，邀请亚洲、欧洲、非洲、美洲、大洋洲的14个国家和地区的100多名客商，参加京津冀开发区创新发展高端会议、中国（河北）—印尼投资商务论坛、“海外侨商投资合作项目洽谈会”，参观了贸展、考察了廊坊新兴产业示范园区、龙河高新技术产业园区和固安县；6月，举办“廊沧衡承协同发展，四地华商廊坊行”活动，提高河北侨商组织在京津冀协同发展中的整体作用；参加“9·26”农产品交易会，与河北省、市相关部门就建立廊坊高新技术农业产业研究院、开发牡丹系列产品、种植玫瑰等进行商讨；主动关心在廊坊创业侨界人士及企业，发放《侨资企业基本经营情况调查表》，陪同河北省侨联主席包东到侨企朗世坤成房屋科技有限公司考察，调研侨企发展经营情况，为促进更多的企业走出去、转型升级建言献策。

【海内外联谊】 2016年，市侨联向海内外侨胞寄送贺卡、发送电子邮件200余封；举办全市归侨侨眷迎新春团拜会；随河北省侨联代表团出访智利、巴西、巴拿马，与10家侨社（团、商会）建立联系。年内邀请接待奥地利奥中经济贸易促进会会长、联邦政府经济顾问倪铁平，美国河北商会（纽约）会长陶健民、理事长贾径，俄罗斯圣彼得堡北京办事处主任谢尔盖等海外重点客人到廊坊参观、考察；陪同河北省侨联副主席接待日本国会议员；陪同智利华路天宇集团董事长邵坤拜访省侨联领导，双方就在智利成立中智商会及在廊坊建立世界风情小镇等事宜进行磋商。邵坤被河北省侨联聘为海外顾问。市侨联全年接待海外侨胞13批200多人次。组织市区28名留学生参加“亲情中华·美丽河北 2016 河北省侨联冀港澳台学生交流营”活动；参加由巴拿马华侨华人中国和平统一促进会举办的“新形势下两岸关系全球论坛暨巴拿马华侨华人中国和平统一促进会成立十五周年纪念大会”。

【承办海外侨商投资合作项目洽谈会】 5月19日，由中国集团公司促进会、中国侨联侨商会、世界华商和河北省侨联侨商会主办的“海外侨商投资合作项目洽谈会”在廊坊国际饭店举行。市政府副市长王俊臣出席会议，邀请到卢旺达驻华大使查尔斯·卡勇加、中国文学家协会主席万伯翱、中国房地产协会副会长孙梦全、世侨融通集团董事长汪伟、世界华商联合会执行主席乌巴特尔、北京华商会主席郭俊琴等海内外知名侨商及美国、英国、意大利、德国、俄罗斯、澳大利亚、新西兰、马来西亚等12个国家和地区的114名客商参会，宣传推介廊坊投资环境及未来发展规划，达成签约项目2个，合作意向6个。加拿大国家馆与河北国际华商会签署《跨境商品贸易平台项目合作框架协议书》，廊坊市龙河高新区科技成果孵化园与亚天顿（廊坊）复合材料科技有限公司签署《亚天顿（廊坊）复合材料生产项目合作协议书》。

（苏　亮）

廊坊市残疾人联合会

【概况】 2016年，廊坊市新增持证残疾人10366人，累计持证残疾人95049人（其中肢体残疾人58234人、智力残疾人8821人、精神残疾人5232人、听力残疾人6228人、言语残疾人1929人、视力残疾人9164人、多重残疾人5441人），占全市人口2.08%。年内，廊坊市残疾人联合会（以下简称市残联）发挥“代表、服务、管理”职能，健全残疾人社会保障和服务体系，解决残疾人根本利益问题，维护残疾人合法权益，发展和管理残疾人事业，重点实施残疾人精准扶贫工程、扶持残疾人就业创业、残疾人康复救助。市本级预算列支专项帮扶资金400万元，精准帮扶2260户贫困残疾人家庭养鹅，户均增收5000多元；新增残疾人就业1050名、扶持农村残疾人从业1520名、残疾人职业技能与实用技术培训4550

人次；为肢体畸形残疾人适配假肢矫形器127例、免费发放各种残疾人辅助器具4680件；为全市816名符合条件的残疾人按每人每年1500元标准购买托养服务；为165户贫困残疾人家庭实施无障碍改造；为566名肢残人发放机动轮椅车燃油补贴；实施“康复知识进农村、进农家”行动，为800名农村卫生医务人员培训康复知识；维护残疾人利益，妥善处理残疾人来人、来电、来信访1000余人次；全市农村、城市社区全部建立残疾人协会，配备残疾人专职委员3589名，市财政为非垂管县发放残疾人专职委员补贴61.23万元；市、县两级财政为全市317名符合应急救助条件的贫困残疾人发放应急救助款179.92万元；推荐71名残疾儿童绘画作品参加“全国残障儿童和平海报作品征集活动”省级评选，3人获特别奖，8人获优秀奖；组织4名聋人自行车爱好者参加“河北省2016年度志愿者助残聋人自行车公路赛”活动，获优秀团体奖。

【残疾儿童康复救助】 2016年，市残联实施贫困残疾儿童抢救性救助工程。财政安排251.1万元，为600名听力、脑瘫、智力、孤独症贫困儿童提供康复训练指导。为23名安装电子耳蜗的聋儿家庭发放手术补贴120万元。争取市专项资金72万元，资助4所民办儿童康复机构改善基础设施建设、提升办学条件。配合教育部门逐一入户核实未入学残疾儿童少年情况，推动实名登记的未入学残疾儿童少年入学和送教上门服务。争取省专项资金60万元，改善市特教学校教学设施。

【基本保障】 2016年，按照“学有所教、劳有所得、病有所医、老有所养、住有所居、居有所安”的“六有”标准，市残联推进残疾人托养服务机构建设。三河市智力和精神残疾人托养院逐年增加托养服务经费，托养人数扩至60余人，托养补助提高到每月900元；大城县采取政府补贴方式，撬动社会资本建立相对独立的残疾人托养院。加快开展残疾人日间照料服务，三河市成立新知行心智障碍者服务中心，托养心智障碍残疾人16人。实施“阳光家园计划”，中央下拨的“阳光家园计划”补助资金122.4万元全部及时发放到位，为全市816名符合条件的残疾人按每人每年1500元标准购买托养服务；同时，市残联争取市专项补贴资金70万元，采取政府购买服务、资源共享的方式，依托民政部门老年人日间照料中心，在安次区6个站点开展精神、智力和重度残疾人日间照料试点工作，为450名符合条件的残疾人购买日间照料服务。

【就业扶贫】 2016年，廊坊市城镇新增残疾人就业1050名、扶持农村残疾人从业1520名、残疾人职业技能与实用技术培训4550人次。市残联开展就业援助月活动，宣传残疾人就业帮扶政策，登记城镇失业残疾人161名，全部纳入年度重点及就业帮扶对象安置就业。举办12场残疾人就业招聘会，搭建残疾人与用人单位直接沟通的桥梁。争取财政专项资金300万元，对残疾人创办的集中安置残疾人就业的企业和个体创业残疾人给予资金扶持。制定《残疾人就业创业孵化基地以奖代补资金管理办法（试行）》，对5家符合奖励办法的孵化基地分别给予5万元的奖励资金，并配合财政部门加强专项资金的管理使用。实施残疾人精准帮扶，提升帮扶效果，市本级预算列支专项帮扶资金400万元开展精准帮扶，为每个符合条件的残疾人（户）免费发放雏鹅50至100只，2260户贫困残疾人家庭获赠雏鹅20.4万只，直接增加收入总额1100多万元，户均增收5000多元。各县（市、区）因地制宜，开展铁皮石斛等种植项目、鹅猪羊等养殖帮扶项目，为残疾人脱贫增收探索可行之路。

【农村残疾人精准扶贫项目】 2016年，廊坊市处于贫困状态的农村残疾人有2万多人，大多处于失业或半失业状态。廊坊市依托省级扶贫基地安次区永旭养殖有限公司，实施“精准帮扶鹅富千家”工程，帮扶农村残疾人养鹅脱贫。该工程以省、市级残疾人扶贫基地为依托，以帮扶带动农村贫困残疾人养殖为手段，把精准帮扶与技术培训、扶持就业紧密结合，提高残疾人的收入水平和生活质量。其间，市残联探索出“残联+基地（中标企业）+残疾人户+市场及加工企业”模式。从雏鹅繁育、防疫、养殖技术培训到成鹅收购，为残疾人养殖户提供贯穿养鹅环节的“一条龙”服务。养殖前，由市、县两级残联组织养殖户进行养殖技术培训；发放雏鹅时，县级残联再负责给每一个残疾人户发放一份养殖技术资料；饲养期间，县级残联安排技术人员负责免费提供日常技术咨询服务，指定扶贫基地批发价供应养殖初期饲料；销售期间，组织由扶贫基地人员组成的专业销售队伍，负责回收或联系加工企业帮助残疾人销售成品鹅，保障成品鹅便捷、稳定的销售渠道和销售价格。全市为每个符合条件的残疾人（户）免费发放雏鹅50—100只，2260户贫困残疾人家庭获赠雏鹅20.4万只，直接增加收入总额1100多万元，户均增收5000多元。廊坊市残疾人精准扶贫工作做法在《人民日报》等报刊刊登报道。

（孙裳雨）

廊坊市工业经济联合会

【概况】 2016年，廊坊市工业经济联合会（以下简称市工经联）作为政府连接企业的“桥梁纽带”和管理经济的“参谋助手”，组织、协调、指导全市69家经济类行业协会发展工作。完成畜牧业协会换届工作；组织协会参加由中国工业环保促进会、中国开发区协会在秦皇岛举办的绿色工业发展论坛；举办行业协会业务培训；通过市工经联网站向企业提供法律、政策、技术、管理、市场等信息咨询服务。

【企业评选】 2016年，市工经联组织5个类别的企业评选排序活动。其中，三河汇福粮油集团有限公司、廊坊市明珠商业企业集团有限公司、香河第一城酒业有限公司、中太建设集团股份有限公司、河北燕新建材有限公司5家企业获“河北省重点行业排头兵”称号；中太建设集团股份有限公司、三河汇福粮油集团有限公司、河北前进钢铁集团有限公司、富智康精密电子（廊坊）有限公司、文安县新钢钢铁有限公司5家企业获“河北百强企业”称号；三河汇福粮油集团有限公司、河北前进钢铁集团有限公司、富智康精密电子（廊坊）有限公司、文安县新钢钢铁有限公司4家企业进入“河北省制造业百强”；富智康精密电子（廊坊）有限公司、中太建设集团股份有限公司、三河汇福粮油集团有限公司、文安县新钢钢铁有限公司进入“河北利润50强企业”；三河汇福粮油集团有限公司、中太建设集团股份有限公司、富智康精密电子（廊坊）有限公司、河北前进钢铁集团有限公司、香河第一城酒业有限公司入选“河北纳税50强企业”。

【廊坊市工业产品展示中心】 廊坊市工业产品展示中心位于廊坊开发区国际会展中心对

面，是集发展展示、市情教育、项目调度、招商引资和城市品牌形象展现于一体的综合性项目。2011 年 10 月开馆运营，市直部门、园区、企业在市工业产品展示中心举行招商活动 65 次，全国和全省规模现场会、交流会举办 10 次。截至 2016 年年底，累计接待国内外参观团体 360 余批次、9700 余人次，全市市直机关、事业单位、大中小学校、企业等 6000 余人参观学习。在“5·18”经洽会和“9·26”农交会等多项展会中，廊坊市工业产品展示中心成为展示廊坊创新精神、改革形象、发展成果的又一重要场馆。

（张　弘）

中国国际贸易促进委员会廊坊市委员会

【概况】 中国国际贸易促进委员会廊坊市委员会（以下简称市贸促会）是廊坊市委、廊坊市人民政府领导的全市性对外经济贸易促进机构，是由政府有关部门的代表、经贸界有代表性的人士、企业、团体组成的群众团体组织。同时挂中国国际商会廊坊商会（以下简称廊坊国际商会）牌子。2016 年，市贸促会在促进廊坊市外经贸发展、扩大对外开放方面发挥积极作用。全市共举办重点展览会 77 个，展览总面积 105.34 万平方米，其中 1 万平方米以上展览会达 50 个。12 月 2 日，在中国城市会议展览业协会联盟主办的“2016 城市会展业合作发展论坛暨中国城市会展协会联盟峰会”上，由廊坊市人民政府和河北省贸促会主办的中国（廊坊）农产品交易会和中国国际管道大会获 2014—2015 年度中国品牌展览会奖，中国（廊坊）渔具展销会荣获中国区域品牌展览会奖。

【推进“一带一路”建设】 5 月 18 日，“5·18”海内外知名商会走进河北对接洽谈会在廊坊市举办。会议得到中国国际商会支持，由中国国际商会河北商会、廊坊市人民政府主办，市贸促会承办。中国国际商会培训中心副主任凌凤杰、河北省贸促会会长张力红、廊坊市人大常委会主任刘智广出席会议并致辞。丝绸之路经济带国家工商会代表团、国际知名商会领导人代表团、国内知名商会代表团及廊坊市园区、企业代表 160 人参加推介和对接交流。乌克兰、乌兹别克斯坦、白俄罗斯、塞尔维亚、斯洛伐克等 12 个国家的 30 余名工商会外宾参会。

6 月 16 日，参加在唐山举办的中东欧国家进出口商品展览会。组织松乐全站型电子测距仪、经纬仪，领冠磁助式压力表、压电喷射阀，捷温汽车座椅加热系统、方向盘，汉王 E 典笔、绘图板、人脸识别系统等 100 余件高精尖科技出口产品参展。河北省副省长王晓东，市委书记冯韶慧，市委常委、副市长贾永清参观展览。

9 月 26 日，承接河北省绿色农业周项目。协助河北省贸促会会议布置、来宾接待、参观园区等工作，组织廊坊市企业代表 80 余人参加会议。科特迪瓦、立陶宛、刚果、以色列、美国等 13 个国家和地区的企业代表、驻华大使，以及河北省农业相关部门和企业代表 130 人参加会议。

10 月 14 日—15 日，在唐山举办的第十届中国—拉美企业家高峰会期间，举办廊坊市投资环境推介洽谈会。邀请拉美国家的 90 多名外宾和 60 多名廊坊市企业家、工业园区负责人出席。廊坊市企业与墨西哥商会代表团举行专场对接洽谈，达成在廊坊设立廊坊墨西哥食品工业园区共识。组织河北鹏冠科技股份有限公司、爱利特（廊坊）纺织有限公司参加中拉产能合作展览会，展示产品 100 余件。

【会展行业交流合作】 2016 年，廊坊市引进大型会展项目 4 个：2016（第四届）“嘉克杯”国际焊接技能大赛暨 2016 亚洲制造技术与技能演示大会；2016 全国第十二届菌需物资博览会暨食用菌工厂化发展论坛；2016 中国（廊坊）新能源汽车及零部件展览会；第三届新型墙体材料设备及配套产品展览会。其中，2016（第四届）“嘉克杯”国际焊接技能大赛暨 2016 亚洲制造技术与技能演示大会被誉为焊接行业“世界杯”。中国、德国、俄罗斯、乌克兰、罗马尼亚、韩国、南非、印度等 25 个国家的 59 支国内外代表队共 300 多名选手参赛。

7 月，参加第六届中外会展项目合作洽谈会，市贸促会会长李庆水出席专家座谈会闭门会议和全体大会，介绍廊坊市会展业的总体发展情况，特别是京津冀协同发展以来，廊坊市会展业主要发展思路、措施和成果，阐述京津冀会展业协同发展下廊坊的优势与作用。众多北京会展机构、业界朋友看好廊坊会展业发展，表示愿意加强与廊坊市的合作。

10 月，市贸促会邀请中国机械汽车展览联合会秘书长张效林、中汽工业国际合作总公司副总裁茅俊民、中国农业机械流通协会副会长陈涛、天施华工国际展览公司总经理乔建等会展业知名机构和会展公司负责人到廊坊市考察会展环境，与廊坊市会展公司对接交流，共商合作办展。市委常委、副市长贾永清会见张效林一行。

12 月 8 日，廊坊市举办“河北省会展业发展研讨会暨廊坊会展业务培训班”，提升廊坊会展行业从业人员的专业理论水平和实际操作能力。中国国际商会会员部部长王春荣、河北省贸促会会长张力红、廊坊市人民政府副市长刘健、河北省贸促会副会长徐阔庭出席会议并讲话。中展集团副总裁王晓光，北京第二外国语学院经贸与会展学院院长刘大可，武汉晖之石科技信息公司董事长、湖北省会展业商会常务副会长张凡等专家发表主旨演讲；邢台市平乡自行车协会会长柴存亮、廊坊国际展览集团有限公司董事长王建东作经验介绍。河北省贸促会（会展办）有关负责人，全省各市贸促会会长、副会长，河北省各社区市会展办、会展场馆、专业会展公司业务骨干，以及廊坊市各县（市、区）主管展览工作的领导和工作人员、从事会展设计制作公司、星级酒店负责人 169 人参加会议。

【涉外法律服务】 2016 年，市贸促会办理一般原产地证 5784 份，区域优惠证 1710 份，其中中韩区域优惠证书量增长最快；代办领事认证 110 份；国际商事证明书 482 份；ATA 单证册 11 份；新增注册企业 27 家；新开通自主打印原产地证书的企业 13 家。举办出证认证暨涉外法律服务培训班 1 期。邀请北京、石家庄等涉外法律专家，针对出口韩国、澳大利亚、东盟等企业就加强区域优惠证业务知识、出认证知识进行讲解。法律咨询 QQ 群转发河北省贸促会《国际贸易风险预警专刊》12 期、商事预警短讯 100 期，发布预警信息 1000 余条。

【自办展会简介】 年内，市贸促会举办 2016 河北·廊坊国际绿色产业博览会暨 2016 中国河北国际节能减排与资源综合利用博览会，展览面积 22000 平方米，国内外参展企业 208 家、特装比例 70%，参观观众 4 万人次，意向成交金额 1.5 亿元。同期举办“绿色技术创新与协同发展论坛”和“2016 节能减排技术中外对接会暨雾霾治理产业峰会”高峰论坛。国务院参事、稽查特派员车书剑，国际绿色经济协会常务副秘书长熊申坤出席论坛并发表主题演讲；举办2016 环渤海汽车后市场服务节，展览面积 3 万平方米，参观观众 2.8 万名，其中专业观众 7000 多名，贸易成交额 1.25 亿元；举办 2016 河北·廊坊装备制造业博览会暨京津冀金属切削与智能加工技术装备展览会，展览面积 18000 平方米，专业观众 1 万余人，成交额 1700 万元，其中山东普鲁特机床有限公司销售机床 17 台，金额 700 多万元；承办中国（廊坊）国际有机食品展览会，展览面积 8000 平方米，展览内容包括有机绿色食品、国内外特色农产品和高档红酒等。北京、天津、山东、浙江、江苏、福建、贵州、内蒙古等 10 个省市自治区的 110 家企业参会参展。

【外联招商】 2016 年，廊坊市引领“走出去”企业 43 家，参加国内外展会 25 个，布置展位 25 个，有效地推动了全市贸易出口增长。与 5 家贸促机构，八达岭会展中心、哈尔滨中信伟业展览公司 2 家会展公司建立友好合作关系。

组织赴境外参加品牌展会 6 次，参展企业 13 家，布置展位 13 个。即 2016 澳大利亚国际信息及通信技术展览、2016 印尼雅加达国际建材及技术展、德国科隆国际家具展、47 届美国（休斯敦）国际石油展览会、2016 年印度（孟买）国际交通技术展，组织廊坊市经贸代表团在秘鲁和智利圣地亚哥举办 2 场“中国—拉美企业家高峰会”推介会暨合作说明会，宣传推介廊坊市投资环境及优势。

参加国内知名展洽会 19 次，组织企业 30 家，布置展位 10 个。重点包括“2016 第十七届（北京）国际有机食品和绿色食品博览会”“京津冀企业家走进天津自贸试验区”活动、“2016 中国（绥芬河）国际口岸贸易博览会”、2016 河北（邯郸）台湾名品博览会、中国西部国际装备制造业博览会、2016 海南国际旅游贸易博览会、湖南长沙渔具展、哈尔滨国际装备制造业博览会、武汉汽车后市场博览会等展会。发放《廊坊会展》宣传画册、宣传页 200 份，收集专业资料 300 份，建立各类企业资料库 500 个。

（张　叶）

廊坊市社会科学界联合会

【概况】 廊坊市社会科学界联合会（以下简称市社科联）实行团体会员制，管理团体会员 19 个。市社科联与中共廊坊市委讲师团合署办公，是市委宣传部管理的主管干部理论教育和社科工作的事业单位。内设办公室、学会部、教研室，干部职工 21 人，其中在职 11 人，离退休 10 人。内设党支部 1 个，党员 21 人。年内，市社科联学习贯彻落实习近平总书记在哲学社会科学工作座谈会上重要讲话精神，以推动落实《廊坊市社会科学普及办法》为重点，以社科普及基地、社科学会（协会、研究会）、各县（市、区）社科工作联络站及《廊坊社会科学》杂志为主要阵地，联合全市社科理论专家及广大社科工作者，开展社科知识普及工作，加强社科工作规范化建设。

【廊坊市第十届社会科学成果评奖】 根据《廊坊市社会科学奖励办法》的规定，经市委、市政府批准，按照公平、公正、公开的原则，评选社会科学成果，奖励在社科研究中作出贡献的集体和个人。经过成果申报，专家初评、复评、终评，市评奖领导小组审定通过，公示等程序，共评出获奖成果 315 项，其中廊坊市社会科学特别奖 1 项，廊坊市社会科学优秀成果奖 314 项，包括著作类 35 项，论文类 279 项。营造“尊重劳动、尊重知识、尊重人才、尊重创造”的良好社会风尚，为贯彻落实“十三五”规划，实现廊坊“绿色发展、高端发展、率先发展、和谐发展”提供精神动力和智力支持。

【社科普及基地建设和管理】 2016年，市社科联在规范化管理4个市社科普及基地（廊坊师范学院、香河县潮北新城社区、霸州华夏民间收藏馆、廊坊市图书馆）的基础上，组织新建3个社科普及基地：廊坊博物馆、胜芳博物馆、三河行宫东大街办事处。组织指导时下市社科普及基地申报省社科普及基地，廊坊市图书馆和霸州华夏民间收藏馆被命名为省社科普及基地。实地走访调研所属的7个社科科普基地，召开小型座谈会，了解和掌握各科普基地社科普及活动开展情况，为基地配送社科理论书籍、光盘，为每个基地配备设置多媒体触控一体机，宣传展示社科知识、社科活动、社科工作、社科动态、学术前沿等，并与廊坊大讲堂、河北社会科学网、廊坊干部理论教育网链接。

【学会、协会活动】 2016年，按照国务院社团管理条例相关规定要求，指导市属学会（协会、研究会）依法依规开展活动。市图书馆学会举办“书香廊坊”读书会活动，挖掘廊坊历史内涵，弘扬优秀传统文化。市金融学会广泛宣传普及金融知识、有效维护金融消费权益，发放金融宣传资料1.2万余份，发放实物资料400多件，展出宣传牌12块，受众人数达500人次。市硬笔书法协会多次举办书法竞赛和展览活动，9月23日，由中国硬笔书法协会指导，河北省硬笔书法协会、廊坊市文联、廊坊市社科联、中共固安县委员会、固安县人民政府共同主办的“传承有道——大书法艺术作品（廊坊）邀请展”暨“大美固安——河北省第六届硬笔书法大汇展”，在固安大剧院隆重开幕。中国硬笔书协、兄弟省份代表及省内各市硬笔书协代表、廊坊市各县（市、区）硬笔书协代表，以及部分获奖作者500余人出席开幕式。

（耿明明）

廊坊市红十字会

【概况】 2016年，廊坊市红十字会（以下简称市红十字会）发挥党和政府人道领域助手作用，依法履行职责，推进“三救”（救灾、救助、救护）“三献”（捐献造血干细胞、遗体捐献、器官捐献）工作开展。年内，“博爱一日捐”活动募集捐款100.5万元；“7·19”洪水灾害募集捐款2.6万元；白血病小天使救助项目救助患儿23人，救助款75万元；先心病天使阳光项目18人符合手术条件，赴定点医院实施手术；救助特困群众24人，发放救助金14.2万元；成功捐献造血干细胞4例，成功捐献率居全省第3位。遗体捐献2例。6月14日，市红十字会联合市献血领导小组、市卫计委、市文明办共同举办大型宣传活动，为300余人免费测量血压和化验血型，155人参加无偿献血，捐献血液5.83万毫升。

【“六个核桃·读书慧”书库项目】 “六个核桃·读书慧”书库项目是中国红十字会为推动“博爱助学计划”，由中国红十字基金会联合河北养元智汇饮品股份有限公司及关键点传媒集团共同发起设立的公益助学项目。项目宗旨是为贫困地区的学校赠送图书及配套设施，所捐赠书目由教育专家精心遴选，涉及自然科学、童话故事、社会人文、思想教育、紧急救助以及教师用书等多方面内容，适合少年儿童阅读，有益少年儿童的身心健康。根据项目要求，年内向三河市燕郊开发区第六小学、三河市燕郊开发区冯家府小学、广阳区董村第一中心学校、安次区码头镇济南屯小学、固安县东湾乡杨屯小学捐赠图书3万册。

【“博爱燕赵火热青春”活动】 2016年，河北省红十字会组织省内各高校开展“博爱燕赵火热青春”活动，普及大学生应急救护培训和开展各类志愿服务。廊坊卫生职业学院、廊坊师范学院为项目定点实施单位。市红十字会组织廊坊卫生职业学院志愿者开展普及红十字应急救护知识和技能培训，开展活动4次，受益人数2000人。廊坊师范学院志愿者开展关爱服务空巢老人活动，组织4次慰问活动受益200人次。“博爱燕赵火热青春”红十字志愿服务项目被河北省委宣传部、省委组织部、省文明办等部门评为“2016年度河北省学雷锋志愿服务创新项目”，廊坊卫生职业学院红十字志愿服务队志愿者张萍被评为“优秀志愿者”。

（王麒惠）

法治　军事

综　述

2016年，廊坊市政法部门以维护国家安全和社会稳定、加强和改进社会治理、推进司法体制改革和法治建设、服务经济和社会发展、加强和改进政法队伍建设5项工作为重点，打造安全稳定的社会环境，依法严厉惩治各种干扰破坏行为。全市立各类经济犯罪案件285起，破案154起，抓获犯罪嫌疑人209名，涉案金额超过百亿元。集中开展惩治环境污染违法犯罪行动，各职能部门联合执法1271次，查处环境问题232处，公安机关立案侦办环境污染刑事案件50起，抓获犯罪嫌疑人115名，有效遏制污染环境犯罪高发态势。开展“打黑除恶灭霸扫痞”“夏季亮剑”“三打三净”等专项行动。全市立刑事案件12103件，破案4022件，同比上升32.78%。织密调解组织网络，全市建立各类调解平台3643个。其中，行业性、专业性调解组织184个，有专、兼职调解员19991名。开展矛盾纠纷排查调处，排查矛盾纠纷5856起，调处5460起，调处率为93%。开展基层平安创建，全市896个居民小区，创建平安小区721个，占全市居民小区的80.5%。全市3182个村街，零发案村街2307个，占创建村街总数的81%。开展集中清理判处实刑罪犯未执行刑罚专项活动。开展解决执行难“飓风行动”，召开专题会议，研究解决“执行难”和惩治涉拒执犯罪等工作。排查出审前未羁押判处实刑未执行刑罚罪犯共计45人，清理纠正42人，上网追逃3人。打造优质高效的服务环境，围绕园区建设和大项目建设，建立警务室、流动法庭、检察服务站、司法服务站等固定和机动服务站点，实现服务“零距离”。

（许　宁）

政法委　综治办

【概况】　中共廊坊市委政法委员会（以下简称市委政法委）是中共廊坊市委领导、管理全市政法工作的职能部门。廊坊市社会治安综合治理委员会（以下简称市综治委）是协助市委、市政府领导全市社会治安综合治理工作的常设机构。市委政法委与市综治委合署办公。市委政法委机关设办公室、政治部、研究室、维稳办、排调办、执法监督科6个科室；市综治办设综治一科、综治二科、综治三科、综治四科4个科室。行政编制42人，其中工勤编制1人，实有工作人员38人。

【金融安全风险防控】　2016年，廊坊市政法机关利用工作优势和技术手段优势，提高对非法集资等违法犯罪行为的发现能力。开展非法集资专项治理，规范互联网金融广告及以投资理财名义从事金融活动的行为，妥善处置黄金佳等涉众型案件。黄金佳案开庭审理期间，制定维稳安保总体方案，先后召开调度会3次，交办重点人员109人，研判信息30余条。

【网络安全风险防控】　2016年，廊坊市加大对寄递物流企业执法检查力度，督导落实收寄验视、实名登记、X光安检“三个100%”。组织研发寄递物流业治安管理信息系统，该系统在全市寄递物流企业安装。实施网络安全掌控工程，全面维护网络空间安全和开展网络社会治理。开展舆论反制 16 次，处置异地专项有害信息 4113 条，承办上级政法机关下发的落地调查任务 174 条，侦办各类案件 573 起，抓获嫌疑人 929 名。

【重点人群服务管理】 2016 年，廊坊市加强严重精神障碍患者服务管理，全市 10 个县（市、区）及廊坊开发区全部落实监护人责任险。加强社区矫正人员、刑满释放人员服务管理。全市接收社区服刑人员 865 人，解除矫正 687 人，在矫 2648 人；接收刑满释放人员 527 人，安置 486 人。社区服刑人员和刑满释放人员无脱管、漏管或失控现象，无重新违法犯罪。

【公共安全视频监控联网应用】 2016 年，廊坊市政法机关落实《关于加强社会治安防控体系建设的实施意见》，全市接入视频监控探头 8451 个，建成市级监控平台 3 个、县级平台 25 个。市区 1932 个视频监控点、7 个出入市区口和 13 个高点监控设备完好率 98%。启动人脸识别设备试点，在廊坊火车站北站进、出站口安装人脸识别设备。农村技防建设争取财政资金 2.4 亿元，整合新建监控探头 21100 个。全市 3182 个村街有 2842 个村街安装视频监控。

【综治信息化建设】 2016 年，香河县、大厂县、固安县 3 个省市级试点县加快综治信息系统建设步伐，制定建设方案，落实经费保障。香河县人口信息及实有房屋信息采集过半，其余县信息采集完毕，各乡镇开始信息录入工作。该项工作走在全省 7 个省级试点县的前列。启动综治视联网建设，市级视频联网与中央平台实现直联直通，10 个县（市、区）综治办与安装公司签订安装合同，香河、大厂、固安、永清、文安、霸州 6 个地区综治视联网安装完毕。

【法治廊坊建设督导】 2016 年，廊坊市成立法治廊坊建设领导小组，市委书记任组长。4 月 26 日，市委常委会听取关于法治廊坊建设的相关情况汇报，研究部署法治廊坊建设工作重点。6 月 1 日，调整法治建设领导小组办公室，由市委办公室调整到市委政法委，并成立 5 个专项小组，明确职责和任务。6 月 16 日，市委政法委组织召开法治廊坊建设工作会议。会议明确中央和省、市委关于法治建设的系列要求和部署，明确法治建设的工作重心和重点任务。市委政法委组织召开各专项小组和各县（市、区）委法治办调度会议 2 次，听取汇报，督导工作。12 月 7 日，市委政法委组织召开法治建设工作调度会，总结谋划相关工作，安排部署法治建设年度考核工作。

（许　宁）

法治政府建设

【概况】 2016 年，廊坊市出台《廊坊市法治政府建设实施意见》，明确全市法治政府建设的工作目标、基本要求、主要任务、具体措施、组织保障和落实机制；制定《2016 年法治政府建设工作要点》及《工作任务分解表》，从依法全面履行政府职能、完善政府立法工作机制、加强规范性文件监督管理、完善重大行政决策制度、发挥法律顾问作用、深化行政执法体制改革、规范行政执法行为、创新行政执法方式、加强行政权力制约监督、全面推进政务公开、加强行政复议和应诉工作、健全依法化解社会矛盾机制、全面提高法治思维和依法行政能力等方面对推进依法行政建设法治政府作出具体安排。组织召开全市依法行政工作会议，提出以贯彻落实国务院《法治政府建设实施纲要（2015—2020）》为主线，把法治政府建设的各项要求落到实处，开启法治政府建设新局面。市政府六届四十七次、五十一次、五十三次、五十五次常务会议分别讨论研究廊坊市全国完善规范性文件合法性审查机制试点创建工作、政府规章制定程序和政府规章制定技术规范、《廊坊市法治政府建设实施意见》、规范性文件制定管理规定等事项，为全面推进法治政府建设提供有力保障。

【完善政府立法机制】 2016年，廊坊市开展《中华人民共和国立法法》赋予市级政府立法权的各项准备工作，制定《廊坊市政府规章制定程序规定》，对全市规章的立项、起草、审查、决定、公布、备案、修改和废止、解释等内容作出规定；印发《廊坊市规章立法技术规范（试行）》，规范规章名称表述、体例形式、结构形式、条文表述、语言文字规范、修改和废止、报送要求和发布文本格式等；拓展社会各方有序参与政府立法的途径，在全市确定12家立法基层联系点，并通过《廊坊日报》、市政府门户网站等媒体向社会公开征集政府规章立法项目建议，经评估论证后形成年度立法计划向社会公布。

【全国完善规范性文件合法性审查机制试点创建】 2016年，市政府高度重视全国完善规范性文件合法性审查机制试点创建工作，成立以市委常委、副市长贾永清任组长的工作领导小组，市政府第四十七次常务会议专题听取市政府法制办试点工作开展情况汇报，审议通过《廊坊市完善规范性文件合法性审查机制试点工作方案》，市政府第五十四次常务会议专题审议《廊坊市规范性文件合法性审查办法》《合法性审查档案管理工作规范（试行）》等制度。年内，廊坊市通过国务院法制办完善规范性文件合法性审查机制试点创建验收，并获评第四届"中国法治政府奖"提名奖。

【加强规范性文件监督管理】 2016年，廊坊市以创建全国完善规范性文件合法性审查机制试点为契机，制定《廊坊市规范性文件制定管理规定》《廊坊市规范性文件制定技术规范（试行）》，提高规范性文件监督管理水平；根据全面深化改革、经济社会发展需要，以及上位法制定、修改、废止情况，及时清理规范性文件。印发《关于做好规范性文件三统一工作的通知》，落实规范性文件统一登记、统一编号、统一印发制度，确保制度规范统一；印发《廊坊市规范性文件备案审查办法》《廊坊市规范性文件制定和备案审查工作统计报告制度》，加大规范性文件备案审查力度，做到有件必备、有错必纠；出台《廊坊市规范性文件审查建议办理办法》，规范提请规范性文件审查建议书和规范性文件审查建议办理答复书，切实保护公民、法人和其他组织的合法权益。年内，市政府重大行政决策、规范性文件、行政合同及关系经济社会发展全局的文件和会议纪要，全部纳入合法性审查范围。市政府法制办审查规范性文件106件、会议纪要41件、合同协议22件、涉法行政公文148件，审查数量较2015年增长14%。

【健全行政决策机制】 2016年，廊坊市各级各部门落实《廊坊市重大行政决策程序规定》《廊坊市重大行政决策合法性审查规定》要求，对涉及经济社会发展全局、社会涉及面广、与人民群众切身利益密切相关的决策事项，注重听取社会各界意见建议，开展专家咨询论证和风险评估，对专业性、技术性较强的决策事项，组织专家或专业机构论证评估，严格执行合法性审查和集体讨论决定程序，完善法制机构负责人列席政府常务会和部门班子会制度。

【完善政府法律顾问制度】 2016年，廊坊市出台《廊坊市政府法律顾问会议制度》，加大对法律顾问制度建立实施情况的督导检查，市、县（市、区）政府分别按照不少于7人、5人的标准建立政府法律顾问队伍，全市各级行政机关法律顾问全覆盖。年内，法律顾问在水价调整、京津冀协同发展、企业改制、金融风险处置等方面发挥专业优势，有效防范和降低政府法律风险。

【规范行政执法行为】 2016年，廊坊市加强罚没主体资格监管，开展市本级行政执法部门罚没许可证年检工作，确认市直和中省直驻廊单位罚没主体60个，年检罚没许可证副本155个，并在新闻媒体予以公告；落实行政执法人员管理制度，组织对全市1062名新增行政执法人员、市直1814名行政执法人员开展公共法律知识培训和考试，并对全市不符合行政执法资格的“三类人员”（合同工、临时工、工勤人员）甄别清理；开展行政处罚案卷评查工作，抽取全市行政处罚案卷147本集中评查，分类梳理检查发现的问题849个并制发《行政执法监督通知书》跟踪督导纠错；印发《关于进一步贯彻落实行政处罚裁量基准制度的通知》，组织各级行政执法部门对本部门行政处罚自由裁量基准及相关配套制度进行评估、修订、调整和完善；制定《关于推进基层行政执法规范化建设的实施方案》，组织各级行政执法部门开展行政执法规范化创建活动；落实《河北省重大行政处罚备案办法》，组织市直行政执法部门建立健全重大行政处罚备案制度，发挥重大行政处罚备案制度的监督纠错功能，全市行政执法行为得到有效规范。

【发挥行政复议和行政应诉功效】 2016年，市政府法制办完善行政复议案件审理机制，将行政复议调解和解作为“案结事了、定纷止争”的首选，对土地确权及对社会公共利益有重大影响的案件，采用公开听证的方式审理，推行行政复议决定书网上公开，增强行政复议的公信力、权威性和透明度；健全行政机关与司法机关协调沟通机制，市中级人民法院、广阳区人民法院组织召开行政复议和行政审判联席会议，实现司法与行政良性互动。全市组织召开行政复议案件听证会16次，公开行政复议决定书26件，受理行政复议案件120件，结转2015年度24件，审结案件136件。其中，驳回29起，维持77起，确认违法2起，撤销5起，责令履行4起，终止19起。开展行政应诉工作，印发《进一步加强和改进行政应诉工作的实施意见》，在支持法院受理案件、依法做好答辩举证、全面履行出庭应诉职责等10个方面，加强和改进行政应诉工作。组织市直行政机关主管领导、法规科长赴北京市第三中级人民法院观摩行政诉讼案件庭审，提高出庭应诉水平。全市应诉案件518件，其中，以市政府为应诉机关的119件，收到并履行法院裁判89件，胜诉率99%。

【法制教育和宣传】 2016年，廊坊市落实《廊坊市人民政府关于进一步完善政府系统领导干部学法制度的意见》和《2016年度市政府领导干部集中学法计划》，加大领导干部学法力度，组织开展市政府常务会议会前学法6次和法治专题讲座2次。市法制办与中国政法大学联合，举办领导干部法治教育专题培训班3期；利用中国政府法制信息网、河北法治网、廊坊政府法制信息网、《河北法制报》《廊坊日报》等媒体和省政府办公厅《要情快报》等媒体，广泛宣传廊坊市法治政府建设的经验和做法。年内，市政府法治办向国家级和省级相关部门报送信息200余篇（条）、理论研究文章100余篇。

（索俊章）

公　安

【概况】 2016年，廊坊市公安机关推进基础信息化建设，推广可视化社区警务工作平台，完善基础信息采集维护机制，推动信息系统优化升级。可视化社区警务工作平台采集门牌号32.42万条、建筑物数据24.62万条、人员装户数据78.45万条、单位数据1.16万条、从业人员数据3.95万条。11月可视化社区警务工作平台获中国地理信息产业“优秀工程金奖”。研发家庭联网入户报警系统，推广车辆智能防盗系统，开通派出所微信公众平台142个，开通警务室微信公众平台8个。

推行警务实战化建设，完善基本符合实战要求、基层需求的指挥体系、处置机制和装备经费保障机制，优化情报预警、勤务指挥、侦查惩治、巡控安检、教育训练、警务保障。在全省公安机关2016警务实战化训练大比武活动中，廊坊市公安局获全省公安机关警务实战化训练大比武团体总分第五名。其中，交警系统获第一名、科信系统获第三名、环安系统获第三名、反恐系统获第四名、食安系统获第四名、情报指挥系统获第四名、国保系统获第四名。在全省“春训秋考”大比武中，特警支队狙击手张绍龙以12发全中、用时最短的绝对优势获全省狙击个人第一名。

推行执法规范化建设，实行案件信息共享，协助省委政法委推动公安、检察院、法院网上协同办案。推广“两法衔接”信息共享平台应用，开展执法主体能力建设，制定出台《廊坊市公安局鼓励司法考试和高级执法资格考试暂行办法》和《廊坊市公安局执法资格考试结果应用暂行办法》。规范化改造全市公安机关执法办案场所，全部落实“四区八室一厅”和“两中心”（办案区、接待区、办公区、生活区；接警室、调解室、辨认室、候问室、讯问室、询问室、信息采集室、人身检查室；窗口服务大厅；市、县公安局执法办案中心、涉案财物管理中心）的建设标准，确定一级执法办案场所129个、二级执法办案场所23个。推行受立案改革，全市12个县级公安机关全部成立案管中心。制作《案管中心工作流程图》和《受立案工作流程图》，采用图表的形式，准确反映受立案工作的步骤和案件接处警、受案、立案的流程。落实刑事案件统一审核、统一出口的“两统一”工作机制，促进执法规范。市公安局与市人民检察院、市中级人民法院联合出台《公、检、法联席会商通报制度》，与市人民检察院联合印发《重大疑难复杂案件提前介入侦查工作办法》等文件，统一管理全市刑事案件。搭建可视监督管理平台，实现执法办案场所全景式、立体化监督。严格执行“七个一律”：对没有犯罪事实而立案侦查、取保候审的，一律依法撤销案件、终止侦查；对保而不侦、保而不诉、以保代处、被取保候审犯罪嫌疑人脱逃的，一律启动侦查、缉捕措施，及时依法移送审查起诉或作其他处理；对取保候审法定期限届满的，一律依法解除取保候审；对取保候审后执行监管不到位的，一律督促派出所、办案部门落实到具体责任人；对未按规定设立使用保证金账户的，一律限期设立、规范使用；对应当退还保证金的，一律及时退还；对利用取保候审办人情案、关系案、金钱案的，一律依法依纪追究责任。

推行公安队伍正规化建设，制定印发《廊坊市公安机关人民警察职业荣誉仪式组织实施办法》。开展"燕赵名探、党育民警、创新之星、岗位能手、青年楷模"五大典型"选树学"活动。全市公安机关受表彰的集体有 163 个（次），受表彰的个人有 538 人（次）。永清县公安局韩颖被市公安局树立为模范榜样。廊坊市公安局广阳分局、大厂县公安局邵府派出所被公安部命名为"全国公安机关执法示范单位"。霸州市公安局在公安部警务创新奖评选活动中获银奖；廊坊市公安消防支队的《社会单位消防安全巡查管理系统》在公安部警务创新奖评选活动中获优秀奖。廊坊市看守所被公安部批准为全国看守所"五化建设"成绩突出单位。廊坊市公安局治安支队惩治整治境外电视网络接收设备专案组被公安部评为全国公安机关境外电视网络接收设备专项整治行动成绩突出集体。廊坊市公安交警支队车管所连续第十年被公安部评为全国优秀车管所。三河市公安局治安大队副大队长李小民被公安部荣记个人一等功。三河市公安局治安大队副大队长李海涛被公安部评为全国公安机关境外电视网络接收设备专项整治行动成绩突出个人。廊坊市公安局刑警支队重大案件侦查大队副主任科员张钰旋被中华全国妇女联合会授予"全国三八红旗手"称号。廊坊市公安局科技信息化处处长崔振东被公安部评为全国公安机关金盾二期工程建设成绩突出个人。廊坊市拘留所所长孙书海被公安部评为"全国拘留所社会矛盾化解工作成绩突出个人"及"全国拘留所业务指导骨干"。廊坊市公安局指挥中心（办公室）情报中心科员张瑞清被公安部评为全国公安情报教官。廊坊市公安局经侦支队科员靳崇伟、杨卓润被公安部评为"猎狐行动"成绩突出先进个人。

【治安防控】 2016 年，全市接入视频监控探头 8451 个，建成市级监控平台 3 个、县级平台 25 个。智能化防控创建"平安社区"，市区 1932 个视频监控点、7 个出入市区口和 13 个高点监控设备完好率 98%。农村技防视频监控建设累计争取财政资金 2.4 亿元，累计整合新建监控探头 21100 个，全市 3182 个村街有 2842 个村街实现视频监控。建设专职群防群治队伍，重点单位保卫机构和人员备案率 100%，自行招用保安员持证上岗率 100%。全市 449 家县级以上治安保卫重点单位实现技防设施覆盖率、保卫组织建设率 100%。

【惩治刑事违法犯罪】 2016 年，全市立案各类刑事案件 12103 起，破案 4022 起，同比上升 32.78%；抓获犯罪嫌疑人 4131 人，同比上升 25.95%。发生破获现行命案 43 起，破案率 100%；命案发案数同比下降 24.6%；破获命案积案 5 起。破获多发性侵财案件 1912 起，同比上升 100%；抓获犯罪嫌疑人 891 名，同比上升 33.38%；追缴、冻结赃款 200 余万元，打掉侵财犯罪团伙 150 余个。

【惩治经济违法犯罪】 2016 年，全市立案各类经济犯罪案件 285 起，破案 154 起，抓获犯罪嫌疑人 209 名，涉案金额超过百亿元，为国家、集体、个人挽回经济损失 10 亿余元。全市新立非法集资案件7起，抓获犯罪嫌疑人8名。全市立传销案件60起，抓获犯罪嫌疑人146人，捣毁传销窝点500余个。5月28日，全省公安机关改进工作作风服务经济发展现场会在廊坊召开，现场会推广廊坊市公安机关服务经济社会发展的典型经验做法。

【惩治环境违法犯罪】 2016年，全市公安机关会同环保等部门开展“利剑斩污”“清水蓝天”及整治非法处置危险废物违法犯罪专项行动，对涉气、涉水、涉重金属等行业（企业）开展专项执法检查。市公安机关会同环保等部门联合执法2191次，检查企业、工地、作坊等5723家，查处环境问题605处；立案侦办环境污染刑事案件114起，抓获犯罪嫌疑人231名，刑事拘留130人，取保候审101人，批准逮捕53人，监视居住1人，移送起诉59人；行政案件548起，处理违法人员614名；抓获省督办的污染环境犯罪网上在逃人员3名。

【交通安全管理】 2016年，全市公安交警部门组织开展“城区疏堵保畅”交通整治行动，开展“热电联产”疏堵保畅攻坚战行动，查处各类交通违法行为60万起。全市发生交通事故289起，死亡85人，伤284人，造成直接财产损失155.9万元。交通事故四项指数（发生事故数、死亡人数、受伤人数、财产损失）同比分别下降10%、5%、7%、4%。廊坊市被省交管局列为手机客户端快速处理交通事故试点应用城市。

【出入境管理】 2016年，廊坊市组织开展“星级窗口”创建活动。市公安局出入境接待大厅改造升级，将出入境大厅划分为咨询区、照相区、等候区、受理区、缴费快递区、自助受理区，办事人进入大厅即可根据需要选择区域，分流办理不同业务。推出预约受理、温馨提醒、延时服务等便民服务措施，实现出国（境）证件照片免费自助“满意拍”、赴港澳旅游自助签注一日办结、县级公安机关全部设立出国（境）证件受理点、赴港澳再次签注可在县级公安机关办理。廊坊市公安局创新推出的出国（境）证件免填表办理模式在省公安厅警务创新奖评比中取得优异成绩，并被省公安厅选中报公安部参加全国警务创新大赛。年内，全市办理各类出入境证件162478人次，遣送出境“三非”外国人12名。

（陈　辉）

检　察

【概况】 廊坊市人民检察院下设办公室、民事行政检察处、刑事执行检察局等31个局（处、室）。2016年，全市检察机关开展惩治和预防惠农扶贫领域职务犯罪专项活动，查处47人；查办贪污贿赂犯罪案件72件91人，其中大案53件64人；查办渎职侵权犯罪案件23件36人，其中大案14件21人。涉嫌犯罪金额100万元以上的犯罪案件12件。查处厅级干部3人、处级干部1人，查处廊坊市辖区内案件103人。批捕各类刑事犯罪案件2181件2866人，提起公诉2895件3921人。开展“2016利剑斩污”专项行动，严厉惩治污染环境、非法占用农用地等破坏环境犯罪案件，批准逮捕39件47人，起诉56件81人。公诉非法吸收公众存款的黄金佳案，其被告公司及20名被告人一审全部作出有罪判决。惩治侵犯知识产权、制售假冒伪劣商品和组织等犯罪，批捕14件19人，起诉47件72人。批捕、公诉刘某宏等3名犯罪嫌疑人涉嫌非法经营疫苗案。贯彻“宽严相济”刑事政策，对符合法定条件的依法不捕370件570人，不起诉120件148人。全市检察系统63个集体、117名个人获市级以上表彰。其中，三河市人民检察院获全国先进基层检察院称号；廊坊市人民检察院王晓霞被最高人民检察院评为先进个人。

【犯罪预防】 2016年，廊坊市人大常委会首次专题审议《惩治和预防职务犯罪报告》。市人民检察院与市民政局、市财政局等10个单位签订《关于在扶贫领域开展职务犯罪预防工作中加强协作配合的意见》，建立联席会议制度。联合有关部门开展社会救灾救助、危房改造领域专项预防调查，对电力、银行、惠农扶贫等部门人员开展警示教育7期，受众1000余人。组织预防单位人员赴沧州监狱、保定太行监狱等警示教育基地接受现身说法教育15场1500余人次。创新教育形式，制作《什么是幸福》等动画宣传片，弘扬社会正能量。

【检察监督】 2016年，廊坊市检察机关刑事诉讼监督立案50件，监督撤案42件，追加逮捕35人，纠正遗漏同案犯117人，列席法院审判委员会会议77人次，提出抗诉24件，法院采纳12件。刑罚执行监督立案查办2件3人。依法挖出藏匿12年的轮奸案嫌疑犯，其经验做法被省检察院转发。民事行政监督提出、提请抗诉15件，依法支持起诉53件，提出再审检察建议40件。督促行政机关履行职责，被行政机关采纳139件。

【司法体制改革】 2016年，廊坊市人民检察院按照“谁办案谁负责、谁决定谁负责”的原则推进司法责任制改革，制定《检察官权力清单》。配合省检察院开展“十三五”时期检务保障发展规划调研和国有资产清查工作，为实现省以下检察院人财物统一管理改革提供依据。推行法官、检察官员额制改革，年内全市269名检察官首次入额。

【服务京津冀协同发展】 2016年，廊坊市人民检察院制定《关于充分发挥检察职能服务和保障京津冀协同发展的实施意见》，与北京市大兴区检察院、天津市武清区检察院在服务北京新机场建设、相关案件通报、统一执法标准等方面达成协作共识。制定出台《廊坊市检察机关关于充分发挥检察职能作用依法保障和促进非公经济发展的意见》，全市11个县（市、区）人民检察院全部建立派驻园区检察室。

【检务公开】 2016年，廊坊市人民检察院开展“检察开放日”“国家宪法日暨全国法治宣传日”“举报宣传周”“检务公开集中宣传月”等活动。发布各类信息2.4万余条，发布案件程序性信息5042条，发布重要案件信息61件，发布法律文书1905份。案件办理全部实现网上运行，网上办理各类案件7751件。“廊坊检察”客户端获“2016年度全国最具影响力检务头条号”殊荣。开展“木兰有约”大型法治宣讲活动23期，受众4000余人。

【审查起诉省内外大案要案】 2016年，廊坊市人民检察院依法查办河北融投控股集团公司原董事长李某成、全国人大常委会办公厅人民大会堂管理局原局长于某受贿案。依法公诉陕西省国土资源厅原厅长王某记，陕西省地质矿产勘查开发总公司原董事长梁某，河北港口集团原副董事长、总经理李某，唐山市人大常委会原副主任侯某宇等一批厅级干部受贿犯罪案件。成功将潜逃的内蒙古自治区矿业开发有限公司原副经理王某明、陕西省长江丰盛矿业投资有限公司原法定代表人张某华抓获归案，受到省人民检察院通报表彰。

（刘佳慧）

法　院

【概况】 廊坊市中级人民法院是主管全市法院工作的审判机关，受中共廊坊市委领导，向市人民代表大会负责并报告工作，负责全市重大刑事、民事、行政等案件的审理及执行。内设30个庭、室、处、队等部门，有干警218人，其中党员204人，设有党支部21个。2016年，全市人民法院受理各类案件97249件，审执结87942件。其中，受理刑事案件3657件，审结3479件；受理民商事案件60235件，审结53897件；受理行政案件5398件，审结5326件；受理执行案件25624件，执结22913件，执行到位总金额172.88亿元。市中级人民法院受理各类案件8410件，审执结8097件。其中，受理刑事案件498件，审结488件；受理民商事案件6358件，审结6155件；受理行政案件457件，审结457件；受理执行案件482件，执结383件，执行到位总金额66.59亿元。

【服务发展】 2016年，廊坊市中级人民法院参与打黑除恶、扫黄打非、禁毒禁赌、打拐打假、反恐反邪教等行动，从严惩处和惩治污染环境、生产销售假冒伪劣商品、危害食品安全等犯罪行为；严厉惩治金融诈骗、非法吸收公众存款等犯罪行为，审理黄金佳系列案件。提出司法服务京津产业转移要求，支持新兴产业发展，保证创新驱动战略的实施。发挥行政审判职能，维护行政相对人合法权益和支持行政机关依法行政并重，依法保障全市重大项目建设、重大工程施工、重要民生项目的实施。在北京新机场建设中，广阳区人民法院派出专业法官进驻北京新机场拆迁指挥部，把关文书起草，释明法律政策，深入一线化解矛盾纠纷，依法及时审理拆迁纠纷，无任何群体上访事件发生。

【构建阳光司法】 2016年，廊坊市中级人民法院推进审判流程公开、裁判文书公开、执行信息公开，以及庭审公开、信访公开。互联网公开案件流程信息80723件，公开开庭公告24678件，公开执行信息10156件，公开裁判文书32931件，庭审录像20342件，直播庭审6068个。政务网站发布法院信息，开通法院微博、微信，为公众提供公开透明、细致周到的司法服务。全市人民法院累计在政务网站发布各类图文信息12656篇，点击量超过970.1万人次，播发微博3914条，微信522条。建立新闻发布会制度，全市人民法院召开主题为力争2016年年底基本解决执行难、纪律作风整顿工作等新闻发布会36场。推动司法网络拍卖工作，网上公开拍卖96宗。自觉接受人大监督和民主监督，坚持重大事项报告制度，主动听取人大代表、政协委员的意见建议，坚持每季度向人大代表、政协委员寄送《法院工作要讯》等资料，累计3000余份。走访人大代表、政协委员80余人次，办理政协提案1件。

【依法保障社会民生】 2016年，廊坊市中级人民法院依法研判审理劳动就业、教育医疗、住房消费、食药安全、医患纠纷、学生安全、交通事故等热点、难点案件。建立追索农民工工资、“三养”费用、抚恤金等案件快速立案、快速审理和快速执行机制，保障群众利益。

【乡镇人民法庭全覆盖】 2016年，廊坊市推进“一乡一庭”建设。全市90个乡镇和26个管区、园区、街道，建中心法庭42个，新设乡镇法庭74个，实现全市乡镇人民法庭全覆盖。人民法庭依法开展矛盾化解、法制宣传和司法确认等工作，解决联系服务群众“最后一公里”问题。

【完善诉讼服务中心功能】 2016年，廊坊市中级人民法院整合升级立案、信访大厅，设立集约化、一站式办事窗口，方便当事人咨询办事。引入律师免费法律咨询服务，开通“12368”诉讼服务热线87部，全方位提升诉讼服务水平。

【推进司法改革】 2016年，廊坊市落实中央和省、市委部署要求，制定《全市法院全面开展司法体制改革实施方案》《首次法官入额实施方案》。首次法官入额工作严格按照报名审查、入额考试、民主测评、业绩考核、研究确定人选、提请审批程序，实现全员参与、全员监督、全程留痕、全程公开。全市人民法院首次入额法官339名，占中央政法编制的33.4%，占全市审判人员的48.2%，占全市法院干警的24.1%。严格按照中央关于审判责任制改革的要求，制定《落实审判责任制实施意见》《审判团队组建运行实施意见》等文件，推动入额法官组建新的审判团队，按照新的模式开展执法办案活动，实现审理者裁判、裁判者负责，提升入额法官办案积极性。完善审判工作机制，提高审判工作质效。市中级人民法院推进繁简分流、集中送达、集中保全、简式裁判文书、语音识别软件记录庭审等项改革，探索轻刑快审。完善未成年人犯罪轻罪记录封存、圆桌审判等一系列制度。

【破解执行难】 2016年，廊坊市中级人民法院推进执行方式改革，建立覆盖全市银行存款及其他金融产品、车辆、土地、房产、住房公基金等主要财产形式的网络化、自动化执行查控体系，有效解决执行财产难查问题。探索执行机制创新，推进执行信息化建设，全面运行案件流程信息管理系统，建立无财产可供执行案件自动化管理模式。着眼京津冀协同发展，牵头建立毗邻京津法院执行协作协商机制。召开毗邻京津19家法院执行协作会议2次，实现京津冀（廊坊）法院执行“同城效应”。依法严厉惩治拒执行为，落实44家单位联合惩戒合作协议，将失信被执行人信息自动导入廊坊市社会信用监管平台和行政审批电子监察系统，采取定期曝光“老赖”、及时录入失信名单、限制出境、限制高消费、依法惩治拒执罪等方式，形成强有力的执行震慑机制。全市法院录入全国法院失信名单系统6077人次，限制出境35人次，采取拘留强制399人次，媒体曝光“老赖”5914条。在“飓风行动”中，全市法院清理涉众执行案件497件，执行标的金额4.77亿元，执结涉及民生案件97件。

【法官队伍建设】 2016年，全市人民法院开展学习培训、岗位练兵等活动，改善法官学历层次和知识结构，提升做群众工作的能力、维护社会公平正义能力、新媒体时代舆论引导能力和科技信息化应用能力。举办“专家讲坛”4期，参加全国政法干部学习讲座4期，组织开展各级各类培训6657人次。全市人民法院受到省部级以上表彰奖励的有9个集体、17名个人。其中，廊坊经济技术开发区人民法院被最高人民法院授予“全国模范法院”称号，市中级人民法院刑一庭获全国法院优秀集体称号。“零容忍”惩治全市两级法院队伍中的腐败。年内，给予党政纪处分 7 人，诫勉谈话 6 人，问责处理 120 余人。

（王金团　王伟海）

司法行政

【概况】　2016 年，廊坊市司法行政机关组织开展矛盾纠纷排查化解专项活动，全市调处矛盾纠纷 10932 件，调处成功 10921 件，防止群体性上访 26 件、570 人次。推进规范化司法所创建工作，全市有 82 个司法所达标。推进社区矫正和安置帮教工作。全市在矫人员 2648 人，安装使用手机 APP 定位管理软件的社区服刑人员 2348 人。社区服刑人员教育培训工作开展集中教育培训 9 期，参训人员 533 人。建立社区矫正和安置帮教基地 9 个，安置人员 486 人。办理法律援助案件 2412 件，代写法律文书 805 份，咨询 10053 人次，受理免予经济状况审查案件 37 件。全市律师办理各类案件 19059 件，其中刑事案件 3615 件，民事案件 8299 件，行政案件 112 件，非诉讼案件 7103 件。律师担任各级人民政府法律及其他法律顾问 7089 家，提供法律意见书 2000 余份。58 名律师进驻市群众工作中心法律咨询接待室值班，接待上访群众咨询 200 余人次。组建 7 个专门法律服务团、217 名律师跟进式服务市重点项目、市重点园区、市重点企业。67 名律师组团全程跟进北京新机场建设项目拆迁、征地、环评等多个环节，起草审查有关合同、出具论证合法可行性报告 7400 多份，参与听证、质询、法律咨询 290 多场次，办理北京新机场征地拆迁公证 100 余项。为农民工提供法律服务 516 件，减免农民工法律服务费用 40 余万元。实施公证服务企业"走出去"战略，办理各类涉外公证 3700 余件。公证信息化，市直光明公证处、正大公证处以及三河市公证处、霸州市公证处网上办证 1650 件。年内，廊坊市公证信息化工作在全省排名第二名。廊坊市司法鉴定工作实现连续七年零信访、零投诉。廊坊市法律援助工作在全省排名第二名。廊坊市司法局被评为全国"六五"普法先进单位。廊坊市法治社会建设和厅级领导干部法律知识考试两项工作在全省排名第一名。三河市司法局泃阳司法所、大厂回族自治县司法局夏垫司法所被评为全国先进司法所。大城县司法局旺村司法所所长高国平、永清县司法局永清司法所所长赵健库被评为全国优秀司法所所长。

【调解组织建设】　2016 年，廊坊市有基层人民调解组织 3688 个，其中乡镇街道调委会 130 个、村居调委会 3445 个、企事业单位调委会 80 个，其他调解组织 33 个，调解员总人数 13658 人。出台《专职调解员等级评定工作办法（试行）》，培树"帮大哥"式调解员 66 人、个人（品牌）调解室 36 个。大城县王裴庄王春生个人调解室、三河市鼎盛东大街和平街社区调委会、大厂回族自治县陈府镇调委会、广阳区万庄镇调委会、香河县淑阳镇前套村调委会、固安县马庄镇调委会、永清县后奕镇调委会、文安县左各庄镇调委会、廊坊市安次区东沽港镇调委会 9 个人民调解组织被省司法厅和省电视台命名为非常帮助调解室。

【市社区矫正监控中心启用】　年内，市司法局、市公安局、市人民检察院、市中级人民法院联合出台《廊坊市社区矫正衔接工作细则》和《廊坊市社区矫正人员手机定位管理办法》，正式启用市社区矫正监控中心。市社区矫正监控中心应用三网融合的手机定位管理系统，为公安、检察、审判部门提供社区矫正定位监控平台专用账号，实现社区矫正数据共享、信息互通。

【法治宣传】 10月，市司法局组织召开全市“六五”普法总结及“七五”普法动员会，启动廊坊市“七五”普法工作。在市级媒体开辟廊坊司法、法律服务、法治宣传等法治版块。《廊坊日报》开辟《百姓法律话题》法治宣传专栏。市法治文化公园建设法治文化墙1座、法治文化长廊2条、法制宣传展牌32块。开展法律进机关、进单位、进企业、进学校、进乡村、进社区、进家庭、进市场的“法律八进”活动。出台《廊坊市“谁执法谁普法”责任制方案》和《关于建立以案释法制度的实施意见》，完善党委中心组学法、法治讲座、任前考法、谁执法谁普法等制度，并将法治教育列入干部培训计划。全市利用“一村（居）一顾问”平台，推行“十户法制宣传员”，实现基层法治宣传、法律服务网格化全覆盖。

【法律服务中心建设】 2016年，市公共法律服务中心开展一站式便民服务。公共法律服务中心设有律师、公证、法律援助接待功能区和“12348”热线坐席功能区，工作人员现场解答群众咨询，办理司法业务，接听“12348”法律服务热线电话，实现综合性、窗口化、一站式法律服务。至年底，公共法律服务中心解答群众咨询电话1万余人次，接待来访人员9600余人次，受理法律援助和公证事项2700件。

【强制隔离戒毒】 2016年，廊坊市强制隔离戒毒所对标先进，推广“365”强制隔离戒毒模式。“365”戒毒模式遵循戒毒基本规律，综合运用法学、医学、心理学、教育学等原理，帮助戒毒人员早日戒除毒瘾、恢复身心健康，更好地融入社会。该所按照“以人为本、科学戒毒、综合矫治、关怀救助”的原则，把戒毒人员的戒毒过程分为生理脱毒期、身心康复期、回归适应期“三期递进”，综合运用管理、医疗、教育矫治、体能行为训练、心理干预、关怀救助“六措并举”，并对戒毒人员生理康复、心理康复、认知提升、行为表现、再社会化等功效进行“五能评估”。年内，该所收治戒毒学员70人，实现无毒品流入、无脱逃、无非正常死亡、无所内案件、无生产安全事故、无重大疫情“六无”目标。

（顾志慧）

廊坊军分区

【概况】 2016年，廊坊军分区各级军事组织坚持把思想政治建设摆在首位，用党的创新理论武装头脑，指导实践，推动工作。落实党委中心组学习制度，学习贯彻习近平主席系列重要讲话精神，加强政治意识、大局意识、核心意识、看齐意识。科学制定学习计划，严格落实学习制度，整理编印习近平主席“七一”重要讲话和十八届六中全会精神等学习资料，下发部队学习。抓班子、正风气，带队伍、强素质。军分区党委班子带头开展“两学一做”学习教育活动，组织全区24个党支部288名党员开展“百日手抄党章”活动，开展“学党史、感党恩、跟党走”专题党日活动。

落实日常战备值班制度。按照“具体化、系统化、配套化”要求，廊坊军分区修订完善各类方案预案，制定配套保障计划，定期组织值班拉动演练。严密组织全区10支民兵应急分队开展专业技能考核和应急行动演练，在全国“两会”、“5·18”经洽会、国庆、军民融合展洽会等期间实行值班备勤。军分区常委带头练体能，练技能，练指挥，坚持每天最后一小时体能训练。开展“学、研、训、考、评”活动，组织全区现役干部和专武干部军事训练考核，首长机关训练水平实现较大进步。

提升武装工作规范化建设。研究制定《人武部“四个秩序”建设规范》和《量化评比细则》。依托广阳区人武部召开现场观摩会，统一规范各类场、所、库、室和各项规章制度。开展“条令法规学习月”和“百日安全活动”，加强条令法规常识学习和警示教育，增强广大官兵安全意识和法治意识。车辆管理落实派遣程序，发挥北斗系统督查作用，集中统管车钥匙。规范民兵装备仓库实弹射击组织程序，定期开展安全隐患排查治理，严格落实文电、计算机、手机、移动存储介质等使用管理规定。严格重要目标防控，规范营门执勤、警卫秩序，营区自身防控能力进一步增强。

【双拥共建】 2016年，廊坊军分区持续开展“双助力，双服务”系列活动。组织慰问帮扶村贫困老党员、老退伍军人等人员，进村入户了解贫困群众的疾苦。第一干休所、第二干休所和卫生所抽调医生组成医疗队，到帮扶村开展送医送药、巡诊治病活动。筹资4万余元购买医疗器械、文体器材等物品赠送帮扶村。安次区人武部先后组织协调驻军、民兵2400多人次参加龙河流域绿化植树大会战、城区大气污染治理和卫生集中整治等社会活动。军分区与人社部门召开协调会3次，协调解决在编在岗随军家属就业安置问题，核发未就业随军家属生活补助金近200万元，协调解决涉军维权矛盾纠纷14起，为军人军属挽回经济损失近1000万元。

【军事训练】 2016年，廊坊军分区投资15万元建设室外器械场。研究制定《年度军事训练计划》和《军事训练奖惩措施》。5月27日，采取现场抽点、当场评判、综合排名、成绩通报的形式，全区专武干部进行技能体能考核，技能体能考核成绩优良率76%。7月5日，全区现役干部进行半年军事训练考核。9月18日—29日，军分区干部、职工、民兵119人参加省军区组织的民兵应急力量拉动检验暨“军事日”活动。其间，廊坊军分区全面展示应急力量建设成果，实现训练演练好、装备展示好、各项保障好、安全管理好的目标要求。

【在廊坊市召开全省军民融合推进大会】 10月29日，全省军民融合推进大会在廊坊市举行。省委书记、省人大常委会主任赵克志作出批示，省长张庆伟、国防大学政委刘亚洲出席并讲话。火箭军副司令员张振中、工业和信息化部副部长怀进鹏、国家国防科工局副局长张克俭，分别就推进军民融合深度发展讲意见。会上，河北省人民政府与火箭军、国防大学分别签署战略合作协议。

【第三届中国·河北（廊坊）军民融合暨国防工业协同创新成果展洽会】 10月28日，第三届中国·河北（廊坊）军民融合暨国防工业协同创新成果展洽会在廊坊开发区国际会展中心隆重开幕。该届展洽会由国家国防科技工业局、省人民政府、省军区指导，省国防科技工业局、省军区司令部、省科学技术厅、省科学院、市人民政府主办，主题为“创新、融合、发展、共享”，旨在贯彻落实军民深度融合发展战略，促进军民两用技术创新成果双向转化和资源共享，加快军工优势资源与河北省战略性新兴产业、企业深度融合，搭建军民融合国防工业协同创新平台，推进军民深度融合发展。参展单位312家，其中省内单位191家，省外单位121家；参展产品850件，室外大型装备78件。展洽会共推介军民两用科技成果2500多项，签署合作项目352个，总投资1103亿元。

【第一届军民融合创新创业大赛】 10月30日，第一届军民融合创新创业大赛决赛在阿尔卡迪亚酒店举行。大赛由河北省国防科工局、廊坊市人民政府、国家国防科工局协作配套中心、北华航天工业学院联合举办。大赛吸引京津冀地区的50余家单位参与，项目涉及空天信息、智能制造、新材料、新能源、无人机、电子信息等领域。该届军民融合创新创业大赛预赛选出12个项目参加决赛，决赛决出一等奖1项，二等奖3项，三等奖6项。河北科技大学的面向智能制造的车间级工业无线监控网络技术与应用项目获一等奖。

（袁　伟）

武警廊坊市支队

【概况】 2016年，武警廊坊市支队党委紧贴改革强军时代主题，强化政治意识、大局意识、核心意识、看齐意识，培养有灵魂、有本事、有血性、有品德的“四有”军人。香河县中队被武警总部评为“纪念红军长征胜利80周年知识竞赛”先进单位。开展“寻找最美官兵”和“五爱”活动（爱首都、爱首长、爱驻地、爱岗位、爱战友）。开展“深知兵、真爱兵”活动，有21名干部取得心理咨询师证，59名退伍战士取得地方驾驶证。建立“五级荣誉平台”（支队史馆、大队荣誉册、中队荣誉室、班荣誉墙、官兵龙虎榜），官兵义务献血8万余毫升、向洪涝灾区捐款42183元。

【基层建设】 2016年，武警廊坊市支队党委制定《抓基层领导小组规范》，每周了解掌控动态、每月蹲点帮建覆盖、每季督导整改提高；修订经常性工作检查《实施办法》和“双争”活动《评比细则》，细化量化考评内容和标准。配齐配强基层党委（支部）正副书记，制定《加强基层党组织建设措施》《基层中队党支部议事规则》《民主评议党员实施细则》和“党费收缴使用十项规范”，探索开展“过支部”“流动党课”活动，提高基层自建能力。修订《服务指导基层计划》，坚持每季度蹲点调研帮建一遍、检查整改提高一遍、考评验收巩固一遍；建立《精准抓建档案》，坚持逐周登记、逐月汇总、逐季讲评；量身定制《帮建方案》，细化帮建人员、任务、目标和时限，促进全面建、整体上；开展心理、法律、卫生、文化、维修服务下基层活动，集中力量解决基层困难。开展“过支部、过中队、过经常、过制度、过设施”活动，制定《精准抓建基层建设规划》，科学勾画“目标图”“路线图”“展开图”。

【军事能力建设】 2016年，武警廊坊市支队贯彻武警总部和武警总队执勤方式优化改革会议精神，开展“学规定、知规定、用规定”活动，推进执勤设施正规化建设；改建支队、中队两级作战勤务值班室，完善环京卡点信息化功能，提升指挥管控效能。武警廊坊市支队连续12年被评为正规化执勤优秀单位、连续20年执勤安全无事故。制定《落实军事训练“八落实”标准实施细则》，严密组织勤训轮换、教练员培训、战训法集训和特战排“魔鬼周”，组织开展“冬季大练兵”，与雪豹突击队建立随队训练和对抗训练机制；开展“练体能、练技能、练战术”实战化练兵，严格军事训练“一票否决”，基层训练场地100%达标。特战分队夺得武警总队比武指挥组和狙击组第一名、年终训练考核总评优秀。5月3日，在武警河北总队举办特战骨干比武竞赛中，武警廊坊市支队代表队获指挥专业第一名、狙击专业第一名、突击专业第三名、侦查专业第四名。

【后勤保障】 2016年，武警廊坊市支队牢固树立保障打仗的根本方向，提高保障能力。优化支队“两室一库”和中队“一室一库”，落实携行物资“架子化、标签化、箱包化”，运行物资“单元化、模块化、集成化”；修订后勤保障预案，与银行、医院、超市等签订应急保障协议，规范“一组五队”建设和应急响应程序，采取集中办班、分批轮训、岗位练兵、比武竞赛等形式，培养“一专多能、一人多岗、一兵多用”后勤人才队伍。每月组织司务长集体办公，选送26名炊事员、驾驶员、卫生员参加上级集训。开展“伙食精细管理年”活动，严格营养配餐模式，食堂悬挂炊管人员信息和特色菜谱，落实“四定”标准（定人管理、定位存放、定量损耗、定期检查）；开通驻地医院应急就诊绿色通道，加强季节性疾病预防和卫生常识教育，后勤规范化水平提升。12月22日—23日，在武警河北总队举办的后勤专业技能考核比武中，武警廊坊市支队代表队获炊事技能、理论测试、更换轮胎、倒车移库“四个第一”、搭建帐篷单项第二的成绩，综合比赛成绩全省排名第一名。

【郭声琨视察固安检查站】 10月22日，国务委员、公安部部长郭声琨率公安部常务副部长傅政华、副部长陈智敏、王小洪一行到河北大广高速固安公安检查站视察调研，并慰问奋战在环京“护城河”执勤一线的武警官兵。河北省委常委、政法委书记、公安厅厅长董仚生，省公安厅副厅长万书君、张士良等陪同考察。

（王　猛）

廊坊市消防支队

【概况】 2016年，廊坊市消防支队有各类消防车148辆。其中，灭火类消防车79辆，举高类消防车29辆，专勤类消防车28辆，战勤保障类消防车8辆，其他消防车4辆。装备器材2.9万件套（个人基本防护装备1.7万件套、特种防护装备5000件套、特勤器材3000件套、灭火器材4000件套）。年内，廊坊市消防支队购置消防车24辆、装备器材1.5万件套，包括投资2320万元购置的进口豪士科城市主战消防车4部。全市建成微型消防站2953个，并将其划分为639个联防区域。消防户籍化建档率100%、应用率100%、网格化管理达标率100%。全年市消防支队接警出动6626起，出动车辆19878台次、警力79512人次，抢救、疏散被困群众1638人，抢救财产价值1.2亿元。公安部消防局先后3次刊发专题简报宣传廊坊市消防支队的经验做法；市消防支队被河北省消防总队评为“夏季消防检查先进支队”；全市消防支队11个单位、46名官兵受到省级以上表彰奖励，王竟萱入选“河北公安青春代言人”。

【消防安全检查】 2016年，廊坊市人民政府印发《“联查联演联战”工作规定》《微型消防站建设指导意见》等文件规定，督导行业部门和社会单位履行消防工作责任。全年召开夏季消防检查、暑期消防安全保卫等会议7次。开展易燃易爆危险品场所、劳动密集型企业、社会福利机构等9类专项整治行动。挂牌督办重大火灾隐患单位23家（整改销案21家）。组织安装独立式感烟火灾探测报警器15755个。检查社会单位19323家，督促整改火灾隐患25337处。“三停”（停止使用、停产停业、停止施工）单位157家，临时查封144家，罚款711.69万元，拘留15人。检查消防产品使用单位1840家，开展消防产品地方监督抽查267批次，查处各类违法案件31起。

【备战执勤】 2016年，廊坊市消防支队制定《廊坊市公安消防支队加强部队管理和执勤训练工作刚性措施》，编印《作战指挥中心业务手册》。成立市、县两级防汛应急救援队，配齐专业水域救援装备并开展针对性演练。举行执勤岗位练兵考核6次。制定加强政府专职消防队管理教育和执勤训练14项刚性措施，集训基层指挥员162名，岗前培训政府专职消防员91名。在全省消防部队执勤岗位练兵比武竞赛中，燕郊消防中队取得专职队伍第一名的成绩。提请公安部消防局制定《廊坊市三河燕郊地区灭火与应急救援联勤联动工作方案》，加强燕郊地区灭火救援力量。协调武警学院、北京武警总队和市直31个应急联动单位，完善跨区域、多部门应急响应工作机制，举行大型实战演练和集中培训27次。修订完善灭火救援预案3585份，熟悉消防安全重点单位1196家，开展实战演练652次。

【全市消防工作会议】 2月24日，廊坊市人民政府召开2016年度消防工作会议。各县（市、区）人民政府主管县（市、区）长，各县（市、区）公安（分）局主管局长、消防大队大队长及教导员，市消防安全委员会成员单位分管领导，市消防安全重点单位责任人以及市消防支队等200余人参加会议。会议总结全市2015年消防工作情况，安排部署2016年全市消防重点工作。副市长、市公安局局长王金水出席会议并讲话。会议宣读《关于全市2015年消防安全工作的通报》，王金水与各县（市、区）人民政府、廊坊开发区管委会及市消防安全委员会成员单位代表签订《2016年度消防安全责任状》。

【消防安全巡查管理系统获奖】 2016年，廊坊市消防支队开展气动强声报警器、高喷车无线图传设备、无人机全景成像系统、远程视频会商审图系统、4K媒资管理系统5项装备技术革新，自主研发消防安全巡查管理系统、消防互联网地理信息系统、消防业务办理公示平台、公文排版编辑系统。其中，市消防支队支队长王伟主导研发的气动强声报警器获国家专利，消防安全巡查管理系统在河北省公安厅“四项建设”警务创新奖评选中获一等奖，并在全国公安机关改革创新大赛中获优秀奖。

【消防宣传教育】 2016年，廊坊市消防支队在《廊坊日报》每月开办1期消防专版，在廊坊电视台、廊坊人民广播电台、《廊坊都市报》每周开办1期消防专栏，宣传消防知识。举行消防产品打假、上好一节消防课、消防进军训、消防夏令营等系列宣传教育培训活动。全市消防宣传流动站1341个，聘请社区消防宣传大使116名，培训消防工作从业人员4820名，培训消防网格员8095名。拍摄全国首部消防题材VR微电影，编写《逆火英雄——廊坊市公安消防部队队歌》，启动廊坊消防支队MV形象宣传片拍摄工作，制作消防形象宣传广告26条。全市各级各类学校在“上好一节消防课”主题活动中，1个课案被教育部和公安部评为第三批“全国消防安全示范课”优秀课件，10个课案受到省教育厅和省公安厅联合表彰。在国家和省级首届儿童消防作文、绘画竞赛中4件作品获奖。香河一城企业专职消防队获评全省第二届“消防之星”称号。

（李　丽）

人民防空

【概况】 2016年，廊坊市落实《中华人民共和国人民防空法》，依法把人民防空建设规划纳入城市总体规划，推进城市防护工程体系建设。城市地下空间开发利用兼顾人民防空要求，城市建设改造依法建设人民防空设施，城市新建工程依法同步配建地下人民防空设施。严把人民防空工程建设质监关，加强人民防空工程审批事中事后监管，纠正审批、建设中的违法违规行为。落实“结建”法规政策，规范市、县两级“结建”审批工作，实现全市防空地下室“应建尽建”。定期开展人民防空工程消防巡查、汛期防护工作，人民防空工程使用安全。探索人民防空工程管理方式，引进社会化资金建设人民防空工程，推进投资多元化、市场化。拓展服务功能，缓解用地紧张，提供地下停车位，开辟休闲娱乐空间，开放人民防空工程避暑纳凉，发挥人民防空工程“服务民生、保障民生、惠及民生”的社会综合效益。全年悬挂人民防空工程标识牌176块、纳凉送爽标识牌20块、应急避难场所标识牌156块。地下空间资源调查工作结束，形成全市地下空间开发利用调查报告，并绘图成册。开展7·7防空警报试鸣暨人民防空训练日集中训练和展示活动；组织参加全省秋季大练兵活动；组织为期10天的市、县（市、区）小型机动指挥系统集中训练和拉动演练；组织市人民防空办公室和各县（市、区）相关人员开展为期5天的《人民防空训练与考核大纲》集训，培养教练骨干队伍，指导各县（市、区）分类开展试训。开展“廊坊市人防发展历程及建设成就展”活动，制作“廊坊市人防发展历程及建设成就展”展板60块，在公园、社区等人员密集场所展示。制作“廊坊人防”宣传画册，发放到党政机关及企事业单位。市人民防空办公室与廊坊电视台合作拍摄人民防空宣传专题片。确定廊坊市第七中学、廊坊市第十中学、市区豪邸房社区、市区银河北路街道办事处等单位为人民防空示范学校和人民防空示范社区，安装人民防空知识宣传橱窗32个，配置防空防灾应急柜和人民防空宣传教育资料柜16个。统一制做示范社区人民防空宣传教育领导小组名单、工作职责以及志愿者队伍职责牌。在社区和学校建立心理防护专业队伍和志愿者队伍13支，总人数400余人。投资59.4万元，在市第十中学建设人民防空宣传教育基地（体验馆）。在2016年5月召开的第七次全国人民防空会议上，廊坊市被评为全国人民防空先进城市。年内廊坊市人民防空办公室获河北省人民防空系统先进集体称号。

【防空演习　防空警报试鸣】 7月7日，廊坊市组织开展第十五次防空警报试鸣演练。10时整，警报声在整个城区内骤然响起。首先响起的是预先警报，鸣放方式为：鸣36秒，停24秒，反复3遍为一个周期。10时10分，紧急警报鸣放，鸣放方式为：鸣6秒，停6秒，反复15次为一个周期。10时20分，解除警报鸣放，连续鸣放3分钟。该次演习的时间从10时至10时30分，试鸣警报分为“发放预先警报、发放紧急警报、发放解除警报”三步。该次防空袭指挥程序演习，模拟敌人从临近到撤离的全过程。预先警报是预先告诉人们敌人即将空袭城市，要求做好预防空袭的准备。警报信号鸣响时间为3分钟。听到预先警报后，人们应该立即拉断电闸，关煤气，熄灭炉火，携带好个人防护器材和必需的生活用品，有组织、有秩序地进入人民防空工事或指定的隐蔽地域。紧急警报表明敌人空袭正临近城市，空袭即将或已经开始，警告人们迅速隐蔽，时间为3分钟。听到空袭警报时，人们应就近进入人民防空工事隐蔽。解除警报表明阶段空袭已经结束，空袭警报解除。鸣响信号是：连续长鸣一长声，时间为3分钟。听到解除警报后，人们要保持清醒的头脑，有组织地撤离危险区域，进入安全地带。

（田　勇）

城乡建设

综　述

2016年，廊坊市完善城乡规划编制体系，规范规划管理程序，探索创新规划管理模式，加强县域规划管理，在城市功能定位、优化城镇布局形态、构建“一城一带多组团”城镇空间格局和推进区域规划融合与对接四个方面完善全市城乡规划体系。12月31日，《廊坊市城市总体规划（2016—2030年）》（以下简称《总体规划》）获河北省人民政府批复同意。《总体规划》适应京津冀区域协同发展战略需要，立足破解制约廊坊自身发展的系列问题，以京津冀科技研发及成果转化基地和战略新兴产业及现代服务业聚集区、河北省新型城镇化与城乡统筹示范区和创新驱动经济强市为城市定位，实施“中心提质、两翼并驱，服务带动、工业支撑，分区统筹、区域联动”的总体发展策略，推动廊坊市建设成经济发达、功能高端、环境优美、品质一流、特色鲜明的具有一定国际影响力的区域性中心城市。

规划对接京津冀。廊坊市继续加强与住房和城乡建设部、北京市规划委、北京市规划院、河北省住房和城乡建设厅等部门合作，开展重大规划、重大项目对接活动，建立交流合作机制，共同参与规划编制。结合廊坊空港新区规划研究成果，廊坊市与国家发改委重点落实《北京新机场临空经济区总体规划》《空港区域综合交通规划》《空港新区综合交通体系规划研究》《通州区与廊坊北三县地区整合规划》。

推进霸州市省级重点片区以及265个省级重点村的美丽乡村建设，巩固提升“北三县”、固安县两大2015年省级片区。全市投入20.5亿元，建成省级片区1个、市级片区10个、省级美丽乡村67个，达标村198个；启动建设省、市级旅游示范村24个。开展民居改造专项行动、安全饮水专项行动、污水治理专项行动、街道硬化专项行动、无害化卫生厕所改造专项行动、清洁能源利用专项行动、“三清一拆”（清杂物、清残垣断壁和路障、清庭院、拆除违章建筑）和垃圾治理专项行动、村庄绿化专项行动、特色富民产业专项行动、农村电子商务网点建设专项行动、乡村文化建设专项行动、基层组织建设专项行动等“十二个专项行动”。据统计，自2013年开展美丽乡村建设至2016年，全市省级重点村铺设供水管道408万米，村内主要道路和街巷硬化5026千米，村内街道和休闲游园绿化427万平方米，建成环村林带绿化4034万平方米，改建农村无害化卫生厕所22.5万座，铺设污水管网129万米，建设污水处理设施9934处。

规划编制

【概况】 2016年，廊坊市启动《廊坊主城区控制性详细规划动态维护》《廊坊龙河园区及科技谷控制性详细规划动态维护项目》控制性详细规划。《廊坊市轨道交通专项规划（2016—2030年）》《廊坊市公共服务设施规划》《新机场回迁安置区控制性详细规划》等专项规划通过专家评审。制定《美丽乡村建设全域规划》，重点确定片区的功能定位、总体布局、乡村旅游、公共设施、基础设施等内容。编制成霸州市南孟镇省级美丽乡村重点片区总体规划和9个市级片区总体规划，并明确规划编制任务和规划设计要求。编制成全市265个省级重点村美丽乡村建设规划。

【重点道路景观整治规划】 2016年，廊坊市规划局启动《重点道路景观整治规划》。规划范围为廊涿高速公路出入口至京沪高速公路出入口以及金源道部分路段，路段全长31.3千米，道路两侧宽度原则控制在60米—100米可视范围内。该规划针对路段景观风貌较差、建筑风貌不统一、缺少绿化遮挡、交通组织需改善等问题，提出梳理景观结构并增设节点、交通组织改善、整体路段的建筑立面整治及景观提升方案。

【廊坊市主城区停车场近期建设规划】 2016年，廊坊市规划局启动编制《廊坊市主城区停车场近期建设规划》（以下简称《规划》）。《规划》研究范围为廊坊市主城区规划面积约为125平方千米，规划期限2016年至2030年。该规划通过收集城市交通和停车设施的现状及规划资料，分析城市停车发展中存在的主要问题。年内，市规划局开展城市停车设施规划建设及管理重大问题专题研究，确定城市停车设施发展战略；确定城市停车设施分区供给策略；制定建筑物配建停车位标准；确定大型公共停车场规模和分布；制定路内停车位设置要求；提出停车收费、执法、信息化等管理政策；制定片区停车设施专项规划的编制计划；制定典型片区停车综合改善方案和项目库。

【海绵城市专项规划】 2016年，廊坊市规划局启动《海绵城市专项规划》。规划范围为廊坊市中心城区，具体范围与《廊坊市城市总体规划（2016—2030）》保持一致，2030年城市建设用地规模为210平方千米。构建廊坊市中心城区大、中、小海绵系统。“大”，海绵系统明确廊坊中心城区海绵城市建设过程中需要着力保护的生态本底；“中”，海绵系统强调水资源的蓄积和净化，提高廊坊市中心城区水资源的调蓄能力，增加雨水资源的利用量；“小”，海绵系统明确《廊坊市城市总体规划》中不同用地性质以及各个规划地块雨水径流控制要求，为建成区改造和新规划用地提出明确的规划要求。

【廊坊市中心城区地下综合管廊专项规划】 2016年，廊坊市规划局启动《廊坊市中心城区地下综合管廊专项规划》。规划范围为廊坊市中心城区，具体范围与《廊坊市城市总体规划（2016—2030）》保持一致，2030年城市建设用地规模为210平方千米。规划统筹各类市政管线规划、建设和管理，解决反复开挖路面、架空线网密集、管线事故频发等问题。该规划研究通过对城市地下综合管廊现状分析，合理确定中心城区综合管廊的建设区域、系统布局及管廊配套附属设施等初步方案，提出综合管廊近期逐年实施规划建设方案，提出综合管廊开发建设模式及运营管理相关建议。

（李晞铭）

【廊坊市美丽乡村总体规划（2016—2030）】 2016年，廊坊市制定出台《廊坊市美丽乡村总体规划（2016—2030）》（以下简称《乡村总体规划》）。《乡村总体规划》突出“北三县”、固安县、霸州市三大省级重点片区的引领作用。“北三县”依托大厂县核心区、运河生态文化项目，打造京郊乡村生态休闲旅游区；中部四县（区）以固安省级重点片区、永清韩村片区为支点，打造现代农业观光休闲旅游区；“南三县”以霸州省级重点片区、文安鲁能生态园为核心，建设绿色生态田园示范区。按照近期规划，全市完成和推进建设中的美丽乡村村庄有1116个；未来四年，全市继续推进其余1186个村庄的美丽乡村建设，“十三五”期末实现全覆盖。在村街改造过程中，廊坊市将规划到2030年前保留的935个村庄按照“修旧为主、建新为辅，保留乡村风情、改造提升品位”的要求，就地改造，聚力打造成精品村，全部建成美丽乡村；对规划撤并村，按照“保基本、保关键、保民生”原则，控制基础设施投入强度，重点解决垃圾处理、饮水安全等群众最关心、最直接、最现实的利益问题。《乡村总体规划》强调产业跟进。美丽乡村建设按照“造环境、聚人气、兴产业、富百姓”推进思路，以培育乡村旅游产业为着力点，打造产业特色鲜明、人文气息浓厚、生态环境优美、兼具旅游与社区功能的特色小镇。

（李晓阁）

规划管理

【概况】 2016年，廊坊市按照《中华人民共和国城乡规划法》《河北省城乡规划条例》《河北省控制性详细规划编制导则》等法律法规内容开展城市规划工作。市城乡规划局编印《廊坊市城市建设用地性质和容积率调整管理规定》《廊坊市建筑容积率指标计算规则》（试行）及《廊坊市建设用地规划条件出具和核实管理办法》（试行）等容积率管理制度相关文件。梳理和优化规划管理涉及的各个环节，制定《廊坊市建设用地规划条件出具和核实管理办法》（试行）。实行项目报建动态公示，在规划局网站滚动播放各项规划业务办理进展信息，让企业随时掌握并接受社会监督。年内公示各类规划方案60余个，办理信访件53件，行政复议案件3件，接待来访群众及电话咨询600余人次，实现答复规范化率100%、按时办结率100%和走访率100%。

【规划审批】 2016年，廊坊市城乡规划局审批发放“建设工程规划许可证”34项（建设工程），总建筑面积201万平方米，审批发放“建设工程规划许可证”65项（市政工程），审批工程选址3项；制作批后公告公示牌34个。联合审查房地产项目施工图49次，联合验收竣工32次，核发非房地产项目的竣工验收73件；办理《建设项目选址意见书》9项，用地面积约107万平方米，核发“建设用地规划许可证”31项，用地面积约142万平方米；规划设计条件制定25项。

【市、县一体化“城建云”平台建设】 2016年，廊坊市城乡规划局起草《“城建云”空间信息共享交换平台建设思路》。市政府组织城建系统相关单位召开“城建云空间信息共享交换平台”筹备工作协调会，解读“城建云”建设思路，布置数据提交任务。年内涉及的11家城建系统相关单位均落实数据提交工作。取样、分析城建系统相关单位提交的20项专题数据，批量数据规整、入库成本核算工作完毕。

【城市地下管线信息化管理】 2016年，廊坊市根据《河北省城市地下管线设施管理条例》将《廊坊市地下管线工程信息动态管理办法（试行）》变更为《关于进一步加强廊坊市区地下管线工程信息动态管理工作的通知》。为实现廊坊市地下管线信息数据集中管理、统一调配、资源共享，启用三维管线系统建设。

建设地下管线三维系统，实现管线数据三维可视化，并通过与已有二维管线系统结合，实现地下管线数据信息的二维、三维一体化管理和应用。

（李晞铭）

市政建设

【概况】 2016年，廊坊市市政部门建设和维护城区道路、桥梁、排水、路灯等市政设施。新建解放道（东安路—八干渠）道路排水工程，该工程位于东安路东侧、八干渠桥以西，总投资442.6万元，道路全长344.5米，道路红线40米，两侧人行便道各4米宽，两侧绿化带各2米宽，2016年7月竣工通车。实施四条方涵清淤工程，包括步行街方涵、广阳道至丰盛路方涵、永丰道至新开路方涵、官董方涵，该工程总投资1441万元，全长9535米，全部使用机器人下井清淤，清除方涵内淤泥1.6万立方米，工程于4月30日完工。实施廊坊市区桥梁维修工程，该工程总投资800万元，维修银河大桥、光明西桥、龙河西桥、于常甫桥等12座桥梁，工程于8月底竣工。建设城区污水应急处理站，在益民道溢流口和六干渠与八干渠交口处分别建设规模为日处理能力3万吨和8000吨的污水应急处理站，工程采取高效磁絮凝处理工艺快速解决八干渠水体污染难题，并6月28日实现出水。至年底，廊坊市区道路总长197千米，桥涵34座，新增古县桥枣林路立交桥，路灯、景观灯2.1万盏，楼体亮化装饰灯4.3万盏，排水管涵总长307千米，扬水泵站22座。市政设施完好率98.38%，排水泵站运行设备完好率100%，路灯亮灯率98%。

【城区防汛】 3月，市建设局摸排城区防汛隐患，完善应急预案。检修泵站22座，实施增加排水管、收水井等小型微型工程，汛前解决易积水部位排水不畅问题28个。7月20日凌晨1时至17时，城区普降大到暴雨，降雨量130毫米—240毫米，最大处282毫米。道路、铁路桥出现不同程度的积水，70%的道路存有约20厘米的积水，20%的道路存有约40厘米的积水，10%的道路存有 40 厘米以上的积水，解放道铁路桥断交，部分地势低洼小区和城中村积水严重。市政府立即启动城区防汛应急响应机制，市政处启动22座排水泵站的60台机泵，开足马力排水440万立方米。建设局“走听查改”工作片区组、市政处、市环卫局出动1300余人上街清理雨水篦子；市园林局出动抢险人员500余名，清理倒伏树木1500余棵；市建设局安监站分组包片，对各建筑、市政工地进行全面的安全检查，排查隐患，督促整改。市水务部门启闭下游泄洪涵闸，保证河道排水顺畅；市交警部门全员上岗，疏导指挥交通，对重点部位落实管控措施，确保安全；市房管局、广阳区、安次区、廊坊开发区组织排水，检查危漏房屋，确保市民安全。20日晚22时，市区95%的主次干道积水全部排除；晚23时，市区所有道路恢复正常通行；21日上午，市区积水基本排除。

（尹皓伦）

城市公用事业

【概况】 2016年，廊坊市区有集中供热企业8家，供热方式以区域锅炉房为主。市区集中供热能力4107万平方米，集中供热面积2568万平方米，集中供热普及率90.5%。市区有地表水厂1座，供水能力15万立方米/日，市区DN75以上输供水管线总长380千米。市城区实现供水量3129万立方米，水质综合合格率100%。全市管道天然气企业24家。廊坊市辖区内天然气管网最大输气能力 30 亿立方米/年，其中城区最大输气能力 7 亿立方米。廊坊市辖区内天然气消耗量 9 亿立方米。其中，城区消耗量 4.5 亿立方米。年内城市公用事业安全生产无事故。

【热电联产配套管网工程】 2016 年，廊坊市城区施工建设热电联产集中供热管网工程。工程由廊坊市广达供热有限公司承建。该公司由天津水元投资有限公司和廊坊市热力总公司合资成立，天津水元投资有限公司占股份 60%，廊坊市热力总公司占股份 40%。工程项目总投资 7.35 亿元，于 2016 年 6 月 18 日进场施工，11 月 15 日，工程实现热源平稳切换和管网平稳运行。该项工程开挖沟槽 45.67 千米，铺设管道 91.34 千米，恢复路面 25 千米、过路口 38 个。工程完工后，替代廊坊市城区内除广炎供热公司和燃气供热区域外所有燃煤供热锅炉。其中，包括供热站 11 个，集中供热锅炉 33 台，燃煤小锅炉 120 台。热电联产集中供热管网工程实施后，每年节约标煤 10.1 万吨，控制烟尘 1629.17 吨，减少灰渣 2.03 万吨。该项工程施工创下廊坊市集中供热工程任务之重、抢工时间之急、推进过程之难、关注程度之深的“四个历史之最”。

【公用行业资质审批检查】 2016 年，廊坊市建设局履行燃气企业经营许可审批、供气企业经营许可审批、园林绿化施工企业资质审批职能。年内先后审批通过 6 家城市园林企业和 7 家城市燃气企业。监督检查全市 32 家三级园林绿化施工企业和 104 家燃气经营企业，除 1 家绿化施工企业不达标外，其余全部达标。

【燃气行业安全管理】 2016 年，市燃气安全管理办公室坚持燃气行业经营许可管理，完善安全管理网络，保证安全硬件设施齐全有效。全覆盖检查市内燃气企业 143 家，其中管道燃气企业 24 家、汽车加气母站 8 家、汽车加气站 64 家、液化石油气站 47 家，发现并责令整改安全隐患 53 处。

【城区供水维修】 2016 年，市城区各类供水维护抢修 3320 处，DN75 以上大型管道抢修 57 处。数字城管供水终端接收并处理维修案件 413 件，市长专线“961890”接收并处理维修案件 13 件，处置率 100%。

【城区水质检测】 2016 年，廊坊城区供水水质自检 1.25 万项次，河北省住房和城乡建设厅水质督查 106 项，3 个水厂各检测 2 次，累计检测 606 项次。河北省疾病控制中心水质督查 106 项，3 个水厂各检测 1 次，累计检测 303 项次。廊坊市卫生监督所水质督查常规 43 个项目，3 个水厂及末梢各检测 1 次，水质监督检查 1 次，累计检测 105 项次。廊坊市水文局常规项目，3 个水厂各检测 36 次。是年廊坊城区供水水质合格率 100%。

（尹皓伦）

城市园林绿化

【概况】 2016 年，廊坊市城市园林绿化部门以实际行动践行“生态优先、绿色发展”战略，提高城区整体绿化效果。投资 3700 万元，实施步行街第二大街、第三大街、第四大街绿地提升改造工程。完善植物配置及园林小品、廊架、座椅等配套设施，并对北外街中间绿地增植灌木，增加绿化厚度，满足市民游客休闲、购物需求。步行街提升改造工程于 6 月底竣工。投资 2000 万元，实施城区内主要道路交口破硬补绿、建设高强度树池、栽植大规格乔灌木工程，在林带下增加耐阴花灌木和地被植物，消除裸露地面，降污降尘。该项工程5月15日完工。总投资800万元，实施主干道和节点美化工程。“5·18”经洽会、“9·26”农交会和国庆节期间，在重要道路、节点以地面栽植、花箱栽植、悬挂花篮、摆放造型等方式绿化美化城市形象，增加节日氛围。市区绿化覆盖率45.97%，绿地率42.65%，人均公园绿地面积13.97平方米，各项指标均位列全省前列。

【世界月季洲际大赛】 2016年，廊坊市园林局代表廊坊市参加在北京市大兴区举办的世界月季洲际大赛。廊坊市园林局的参赛作品以其“虽由人作，宛若天成”的造景艺术赢得中外同行的共鸣和游人的赞许，大赛执委会对廊坊市的协调组织能力给予高度评价。该项大赛廊坊市获得“2016年世界月季洲际大会、第14届世界古老月季大会、第七届中国月季展”室内造景展特等奖、精品月季盆栽（盆景）展银奖和最佳组织奖。

【绿化项目验收】 2016年，市园林局杜绝不按绿化设计方案施工、恶意侵占绿地的违法行为。工程建设项目附属绿化工程设计审核24件，审核绿地面积43.3万平方米；办理工程建设项目附属绿化工程竣工验收45件，验收绿地面积50.4万平方米；办理改变绿地使用性质审批4件、临时占用绿地审批2件；处理损绿案件36起；清除非法广告牌8块、儿童游乐设施10件、店铺挂灯300处、杂物垃圾等72处，拆封路口3处。

【园林县城创建】 2016年，市园林局协助指导各县（市）创建国家级园林县城工作。协助指导霸州市生态公园提升建设，并出具指导意见；对霸州市、香河县申报的市级园林式单位、小区出具指导性意见；督导三河市、大厂县创建国家级园林县城，促使两地的各项指标均达到国家级园林城市（县城）标准。

（尹皓伦）

城市环境卫生

【概况】 2016年，廊坊市环卫局拥有环卫作业车辆569辆，负责市区992万平方米道路清扫保洁以及106座公厕、55座垃圾中转站、243个垃圾大箱、75个生活垃圾定时收集点、3座大型垃圾转运站的日常管理。投资1.04亿元采购洒水车26辆、小型道路养护车60辆、勾臂车9辆、洗扫车75辆、大型和中型雾炮车8辆、吸尘车62辆、除雪车27辆、垃圾直运垃圾桶6500个、垃圾压缩车23辆，实现道路清扫机械化作业率76%。“5·18”经洽会、“9·26”农交会等重要节日期间，清理市区道路、城中村、城乡接合部等处卫生死角3500余处，清除各类乱倒垃圾杂物19.2万吨。年内收运生活垃圾18.69万吨，向焚烧发电厂运送生活垃圾30.72万吨（含积存垃圾），清淘粪便（含吸污）6万吨，处理渗滤液1.2万吨。

【推广“以克论净”作业模式】 2016年，廊坊市环卫局在2015年试行“以克论净”（是一项城市道路清扫保洁作业考核标准，指城市道路的机动车道、非机动车道、人行便道每平方米浮沉含量不超过5克、10克、15克，该考核方法称为“以克论净”）作业考核标准取得良好成果的基础上，采取“湿扫+冲洗+人工保洁”联合作业法，在原试点周边2千米范围内的道路开展“以克论净”作业。机动车道主要通过30

辆大型洗地车、47 辆真空吸尘车的 24 小时不间断作业及人工捡拾作业清扫保洁；自行车道和便道由 10 辆小型洗地车、8 辆小型湿扫车和 59 辆路面养护车进行冲刷清洗，配合人工清扫捡拾作业清扫保洁。每天出动 21 辆洒水车、10 辆雾炮车对主城区各监测点周边道路进行全天候洒水和高空降尘作业，根据气象预报和特殊天气要求，随时调整道路洒水抑尘和雾炮高空降尘作业班次、频次，有效降低道路扬尘污染。

【环境卫生治理】 2016 年，廊坊市环卫局专门抽调人员和车辆成立乱倒垃圾清理分队，利用每天晚 8 点到次日早 8 点时段，加大城区道路沿线两侧、背街里巷乱倒垃圾的巡查和清理力度，做到随产随清，高效解决乱倒垃圾污染问题。年内治理路面污染 31 万余平方米，沿路遗撒 3.7 万延长米，治理乱倒垃圾 500 多起。

【生活垃圾上门收集】 2016 年，廊坊市环卫局在上年对监测点周边开展上门收集工作的基础上，克服工作人员短缺、服务门店繁杂等难题，逐步扩大收集范围。是年，市区范围内上门收集户数已由 3344 户增至 6520 户，市区铁路以南区域达到上门收集全覆盖，有效解决沿街门店乱倒垃圾的问题，提升城市形象。

【环卫基础设施提升改造】 2016 年，廊坊市环卫局实施环卫基础设施提升改造工程，6 座公厕实施节水、增压、除臭，5 座垃圾中转站转运容量升级，另有 6 座公厕、4 座垃圾中转站增容改造土建项目落实招标；购置压缩箱（中转站配套设备）14 个、单体职工爱心驿站（160 平方米）11 个。

（尹皓伦）

建筑业管理

【概况】 2016 年，廊坊市建筑企业 487 家，监理企业 22 家，招标代理单位 17 家，勘察设计企业 48 家，各类检测机构 26 家。全市新开工建筑面积 1078.6 万平方米，竣工验收工程 717 项。全市建筑业总产值 594.2 亿元，同比减少 291.2 亿元；市区招标工程 131 项，同比增加 76 项；中标价 20.47 亿元。

【建设工程招投标】 2016 年，廊坊市区应招标 140 项，中标价约 20.85 亿元，应招标工程招标率 100%，应公开招标工程公开招标率为 100%。其中，房屋建筑工程施工招标 21 项，建筑面积约 52.24 万平方米，中标价约 10.25 亿元；市政工程招标 27 项，中标价 5.93 亿元；监理工程招标 37 项，中标价 2411.91 万元；勘察设计招标 17 项，中标价 1158.6263 万元；材料设备采购 10 项，中标价 2.86 亿元；园林绿化施工招标 5 项，中标价 4594.29 万元；专业工程施工及其他招标 23 项，中标价 9886.4725 万元。非国有资金投资建筑工程施工合同备案（直接发包）34 项，建筑面积 137.73 万平方米，承包价 24.46 亿元。

【建筑市场监察】 2016 年，全市监督检查在建工程 525 项。其中，检查市区在建工程 147 项，各县（市、区）在建工程 378 项。全年立案 249 起，结案 236 起，结案率 95%，罚款金额 7693 万元。其中，市区立案 57 起，结案 57 起，结案率 100%，51 家建设单位、27 家施工单位受到处罚；各县（市、区）立案 192 起，结案 179 起，结案率 93%，罚款金额 6763 万元。

【建筑工地扬尘治理】 2016 年，廊坊市工程安全管理部门制定印发《廊坊市建成区建筑施工扬尘污染防治强化措施实施方案》《廊坊市建设局施工扬尘污染防治综合管控实施方案》等规范性文件。成立4个检查督导组，对市区所有在建项目每天拉网式不间断巡查，督促企业严格落实河北省《新十五条》和廊坊市《十二条严管规定》的相关要求，特别是对热电联产项目专门制定监督计划和扬尘控制细化标准。年内，处理违规工程59项，累计处罚金额427.5万元。

【工程安全管理】 2016年，廊坊市工程安全管理部门落实工程建设各方主体责任，实行定人定责定岗制度，治理排查建筑施工各类安全隐患。累计监管工程147项，建筑面积829万平方米。办理建筑起重机械设备备案342台，其中塔式起重机211台、施工升降机115台、物料提升机16台。办理使用登记306台，其中塔式起重机165台、施工升降机124台、物料提升机17台。9月2日，三河市燕郊镇发生一起塔吊倾覆事故，重伤1人、轻伤4人。

【建筑领域农民工工资保障】 2016年，廊坊市建设管理部门受理拖欠农民工工资案件142起，涉及农民工1128人，涉及拖欠资金2233万元。开展对存在拖欠农民工工资问题的建设单位、施工单位约谈，并限期整改。其中，134起案件得到彻底解决，案件解决率94.4%。全市对建筑领域新开工企业实行合同制和实名制管理。建设管理部门对6家建筑企业落实实名制情况作出信用不良评价。10个县（市、区）全部建立预储金制度，42家建设单位缴纳农民工工资预储金7.9亿元。

【建筑造价信息管理】 2016年，廊坊市开展招标控制价备案61个，发布《工程造价信息》6期，核准文明施工措施费项目2个；协助河北省住房和城乡建设厅办理进冀备案项目企业23个。

【建筑科技成果】 2016年，廊坊市申报建筑科技进步奖10项，通过河北省住房和城乡建设厅评审。其中，一等奖1项、二等奖2项、三等奖7项。11项河北省新技术应用示范工程通过省住房和城乡建设厅审核并确定立项。3项施工技术科技成果通过省住房和城乡建设厅鉴定。其中，1项国内领先，1项省内领先，1项省内先进。能量式回弹仪检测混凝土抗压强度技术的研究与应用项目获廊坊市科学技术进步奖三等奖。

【居住建筑节能】 2016年，廊坊市在全省率先实行新建城镇居住建筑全面执行75%节能设计标准，新建建筑节能面积1109万平方米，建筑节能标准执行率100%。综合改造既有建筑节能面积31.25万平方米；全市采取绿色建筑设计面积854.67万平方米，并经过初评，占全年新开工工程量的77%。全市建筑工程可再生能源利用率88%，采用建筑保温与结构一体化技术的新建工程面积103万平方米，占比63%。

【城建档案管理】 2016年，廊坊市城建档案馆与工程建设单位签订《城建档案移交责任书》58份，涉及49个建设项目58个标段。检查、指导、预验收69个建设项目228个单项工程档案。移交的档案编制、入库9800余卷，现馆藏各类城建档案6万余卷，图纸2万余卷。利用馆藏档案提供查询服务962人次，涉及档案3700多卷、图纸940张，复印相关资料5520份。在企业资质延续、房屋维修、产权办理、公积金办理、解决司法纠纷、房屋拆迁、地名信息采集和热网改造等方面为机关、企业和个人提供资料。

【工程质量检测】 2016年，廊坊市阳光建设工程质量检测有限公司出具各类检测报告68987份。其中，出具不合格检测报告3188份，实现检测收入3307万元。新增水质检测、安全用品检测2大类项目，在既有资质基础之上扩项认证建筑节能、建筑钢材、防水材料、结构工程、市政工程等55个参数。廊坊市阳光建设工程质量检测有限公司主编的《能量回弹法（Q值）检测混凝土强度技术规程》DB13（J）/T201—2015于2016年3月1日实施。

【农村危房改造】 2016年，河北省下达廊坊市2016年农村危房改造任务1095户。年内全部确认到户并竣工。拨付省以上补助资金1095万元，落实市级配套资金17.75万元。

（尹皓伦）

城市综合管理

【概况】 2016年，廊坊市城市管理综合执法局（以下简称市综合执法局）依法行政，文明执法，整治市容环境，推进文明城市创建，取缔占道摊点，规范店外经营，拆除违章广告，清除乱贴乱画，营造整洁有序的城市环境。开展违反规划调整容积率专项清理，清查出问题25个，全部整改到位；开展建成区违法建设专项治理五年行动，拆除违法建设4.2万平方米；开展集中取缔露天烧烤行动，严禁焚烧垃圾杂物和祭祀用品；开展根治渣土运输遗撒扬尘行动，净化城市环境。数字城管系统搬迁升级改造并发挥数字城管系统监管作用，数字城管立案227499件，结案226130件，平均结案率99.6%。

【城市网格管理】 2016年，市综合执法局按照《中共中央、国务院关于深入推进城市执法体制改革改进城市管理工作的指导意见》精神，创新管理模式，改进执法方式，推进网格管理。科学划分网格单元，将10个执法大队调整细化为19个管理网格，选配年轻干部任网格长，网格长实行轮换岗制。明确网格管理标准和责任人，实施网格化、标准化、精细化、常态化管理，及时发现和快速处置城市管理违法违章行为。集中培训县（市、区）规划执法人员，提升执法人员依法行政、文明执法、规范管理水平和实践能力。

【市容环境优化】 2016年，市综合执法局取缔违章占道经营和店外经营，清理市区主次干道、重点区域违章经营的占道摊点2570处，清理规范店外售货、店外加工修理等店外经营2600余家。取缔市场、校园周边外溢摊点，巡查治理市内65处大、中、小学校和幼儿园周边的环境秩序，拆除市场、学校周边违规广告牌匾300余块。清理整治市区摩托大楼周边电动车门店店外经营、裕华路劳务市场民工占道及幸福城占道摊点群，拆除违规设置的地锁地桩1824个，清理“僵尸车”125辆。

【文明城市创建】 2016年，在创建文明城市工作中，市综合执法局主要承担市区主次干道、商业大街、背街小巷、城乡接合部等部位的市容环境、侵占盲道、损坏花草树木现象的监管和公益广告宣传工作。市综合执法局召开文明城市创建推进会，对照文明城市测评体系和重点任务，对存在的问题迅速整改，达到公益广告宣传到位、无占道经营、无店外售货、无乱设牌匾、无私搭乱建、无侵占盲道、无损坏花草树木、无沿街散发和乱贴乱画小广告等的测评标准。督导协调广告运营商和相关单位，利用户外广告、工地围挡等载体，增设讲文明树新风、社会主义核心价值观等内容的公益广告，营造文明城市创建氛围。

【违法建设治理】 2016 年，市综合执法局监管在建项目 122 个，查处违法建设项目 19 个，实施行政处罚 19 起，涉及违法建筑面积 46.3 万平方米，没收违法建筑 15.4 万平方米，处罚款或没收违法所得建筑面积 30.9 万平方米，罚没金额 7073.4 万元。按照省、市关于“一问责八清理”专项行动要求，会同规划部门开展违反规划调整容积率问题专项清理工作。清理整治住宅类项目 92 个，清查出问题 25 个，其中 14 个问题于“一问责八清理”专项行动开始前整改到位，剩余 11 个问题于 7 月底全部整改达标。违法建设专项治理五年行动拆除道路两侧、城乡接合部的违法建筑 4.2 万平方米。

【露天烧烤取缔】 2016 年，市综合执法局利用户外广告、横幅、宣传车、报纸、电视、电台、网络等方式宣传《环境保护法》《大气污染防治法》及《河北省大气污染防治条例》，营造大气污染治理氛围。采取“零容忍”措施，清理取缔露天烧烤摊点及店外摆桌、依店经营的露天烧烤摊点。组建 60 人的夜间值班备勤队伍，对市大气办、PM2.5 专家组反馈的问题及市民举报的露天烧烤案件快速反应，第一时间到现场治理。开展治理露天烧烤集中行动 97 次，参加广阳区、安次区有关部门组织的联合执法行动 20 次，取缔露天烧烤摊点 172 个，规范晚间店外餐饮经营 500 余处，暂扣烧烤经营设施 335 件、桌椅 3192 套。

【渣土运输治理】 2016 年，按照市委、市政府提出的“以北京城区标准完成对渣土车改造”的目标要求，市综合执法局督导企业改造市区在用渣土车 150 辆，新购置渣土车 171 辆。在华北地区范围内，廊坊市区率先实现“北京城区标准”渣土运输车改造升级换代，从源头上根治道路遗撒扬尘现象。治理渣土运输违法行为，组织渣土运输专项执法行动 29 次，会同环卫、交警等部门共同参与的联合执法行动 10 次，检查渣土运输车辆 1.7 万余辆次，监督整改苫盖不严车辆 400 余辆次。约谈 6 个建设工程项目负责人，责令停工整改渣土运输不规范的建设项目 8 个。落实重污染天气渣土停运应急管控措施，对建设工地实施 24 小时监控。

【户外广告整治】 2016 年，市综合执法局制定《廊坊市城市户外广告专项治理工作方案》，对楼顶广告、墙体广告、落地广告、电子广告、公共设施广告、门店牌匾、流动广告等 10 大类户外广告设施，采取部门分解、各负其责的办法，细化整治任务，明确整治责任单位。拆除各类不符合市容标准的广告设施 5390 处、面积 15346 平方米，拆除 LED 牌匾 3980 块、面积 1 万余平方米。专项治理乱贴乱画，清除市区乱张贴、乱涂写的“城市牛皮癣”小广告 3 万余处，查处沿街乱发广告宣传品行为 38 起，收缴沿街散发商品海报、楼盘广告宣传品 9 万余张。

【数字城管提升】 2016 年，市综合执法局实施数字城管系统搬迁升级改造工程，建设全民城管网站，使数字城管系统更加全面、丰富、直观地发挥监管作用。在《廊坊日报》上定期发布《数字城管通报》。全市 20 个终端单位的200名现场执法工作人员配备使用数字城管“处置通”。依托实景三维技术建立的“全民城管”服务子系统上线运行。

（段贵争）

房产管理

【概况】 2016 年，廊坊市房地产业投资834.91 亿元，比 2015 年增长 54.87 %。全市商品住宅投资 789.1 亿元，占房地产开发投资总额的 94.51%。全市商品房施工面积 4456.39 万平方米，比 2015 年增长 13.59 %。全市商品房销售面积 1761.79 万平方米，比 2015 年增长15.69 %。其中，住宅销售面积 1603.96 万平方米，比 2015 年增长 15.69%。全市普通商品住宅销售均价每平方米 9966 元，比 2015 年增长31.91%。市区住宅销售均价每平方米 9063 元，比 2015 年增长 24.22%。

【房地产开发管理】 2016 年，廊坊市落实国家、省有关房地产市场调控政策规定，调查研究全市房地产市场运行状况，出台《关于完善住房保障体系促进房地产市场平稳健康发展的若干意见》和《关于进一步规范廊坊市区房地产市场秩序的通告》，促进房地产行业平稳健康发展。加强标准化售楼处建设，统一内设服务区、展示区、签约区、公示区等，标准化售楼处实现证件公示、方案公示、楼盘公示、代理机构公示。全市房地产管理部门将商品房预售资金全部纳入监管账户，重点监管项目工程建设费用，保证建设工程资金安全。对开发企业资质审批实行首问负责、原件审核和信息复审制度。全市办理房地产开发企业资质审批业务 181 件，其中申请暂定资质 148 件，核定资质33 件，延期资质 199 件，变更资质 53 件，无降级资质。廊坊市城区发放预售许可证 104 件，批准预售面积 28.7 万平方米、房屋 30831 套。

【物业管理】 2016 年，廊坊市有物业管理企业 627 家，物业管理从业人员 30600 人。全市城镇有各类房屋面积 12263.13 万平方米，其中实施物业管理面积 8730.41 万平方米（包含住宅 7633.74 万平方米）。构建与现代城市管理相适应的物业管理新体制，35 个新建小区物业招投标，审批物业方案 33 个。市城区按照“房屋整修、环境整治、违章拆除、设施补建、后续管理、节能改造”的标准和“合理、节约、实用”的原则，改善同乐里、庆云里等 50 个老旧小区，改善面积 48 万平方米，涉及家庭 4705 户。

【房屋交易管理】 2016 年，廊坊市房屋交易管理部门推行立等可取、绿色通道、延时服务、上门服务等便民措施，方便群众办理各类房产登记。廊坊市城区办理各项房屋交易登记28541 件，总成交面积 29.3 万平方米，总成交金额 212.74 亿元；办理商品房预售合同备案28821 件，存量房合同备案 12944 件，整理归档房产档案 46936 份，房产测绘面积 610.27 万平方米。

2016 年廊坊市新建商品住房价格统计表

表 9　　单位：元/平方米

月份	市区	三河市	香河县	固安县	大厂县	霸州市	永清县	文安县	大城县	全市
1 月	7418	11560	7197	8032	8428	5038	3070	3200	4300	7495
2 月	8253	15460	6977	7650	8918	5079	5994	3577	4300	8620
3 月	7946	17785	7482	8296	7647	4586	7545	4116	4224	9323
4 月	7888	18258	8473	8191	7495	4809	7837	3578	4105	9963
5 月	8117	18257	9326	9239	8114	4742	7913	4022	4434	8961
6 月	8568	18230	8418	9710	10680	5546	8053	3651	4515	9293
7 月	9095	18436	9559	10293	10849	5930	9054	3706	5749	9365
8 月	9595	18307	11348	10766	10000	5761	8809	4162	5166	9558
9 月	9195	18591	10603	11648	9994	5999	8255	3841	4707	9947
10 月	10953	18650	12491	12609	11467	7522	10757	3948	4933	11128
11 月	10012	18766	11061	11844	9334	10170	8075	3784	4271	10478
12 月	11532	18203	11261	14415	12241	7664	11011	4439	4632	11816

（沈兴辉）

步行街管理

【概况】 廊坊市新世纪步行街管理委员会（以下简称步行街管委会）是廊坊市人民政府的派出机构，代表市政府行使对步行街的管理权，负责规划、监督、管理和协调步行街发展工作。内设办公室、招商合作部、经济管理部 3 个职能科室，工作人员 16 名。2016 年，步行街投资 3000 万元，重点实施雨污分流、消防管道、街心军用电信光缆迁移、街心地面硬化铺装、人行消防通道修缮、墙体粉刷和街头广场改造 7 项工程，第二、三、四大街重塑新形象。年内，步行街注册登记个体工商户 317 家，实现财政收入 1.4 亿元。

【社会稳定维护】 2016 年，步行街管委会以街区为单位，组建由步行街管委会班子成员任组长的联合包街工作组，各工作组成员协调联动，深入街区现场破解施工中给业主商户带来的不便等难点问题，开展矛盾排查，化解各类矛盾纠纷。组织开展安全生产联合专项检查 10 次，排查重点企业商户 12 家，屋顶防水维护 80 家，实现安全生产“零事故”目标。工商部门查处消费投诉 8 起，为消费者挽回经济损失 6 万余元。公安部门破获刑事案件 45 起，刑事拘留 6 人，行政案件 526 起，治安拘留 18 人。

【城市文明街创建】 2016 年，步行街管委会结合环境风貌整治工程，利用步行街广告资源，按照《全国文明城市测评体系》规定的内容、数量、时段、形式要求，刊播“讲文明树新风”“图说我们的价值观”、经济强省·美丽河北、善行河北等公益广告。宣传诚信经营、以信取胜的企业典型和代表人物，倡导守信光荣、失信可耻的社会风尚；健全志愿服务体制机制，开展共产党员志愿服务活动；依托“燕赵志愿云”系统，开展志愿者网上注册工作。建立信息反馈制度，形成上下贯通的信息反馈机制，保障各项创建工作推进。

（邢　月）

美丽乡村建设

【概况】　2016年，廊坊市省级美丽乡村重点村铺设供水管道64万米，建成覆盖全市农村的饮水安全工程水质检测中心10个；道路硬化453.5万平方米，铺设污水管网73万米；村内街道和休闲游园绿化126.2万平方米，建成环村林带绿化895万平方米。全市建成县级农村电子商务公共服务中心和县级仓储物流配送中心，建成村级服务站2988个，村级服务站覆盖率93%。综合服务中心新建12.5万平方米，农家书屋新增图书38.8万册，文化广场建设54.3万平方米，体育设施新增276处。12月18日，廊坊市被中国互联网新闻中心评为“中国美丽乡村建设示范地区”；安次区第什里被农业部授予“中国美丽休闲乡村”称号。在年终评估验收工作中，固安县、香河县、大厂县被评为“两改一清一拆”行动先进县；香河县、固安县被评为省美丽乡村建设先进县。

2016年廊坊市建成省级美丽乡村一览表

表10　　　　单位：个

县（市、区）	村庄名称	数量
三河市	泃阳镇魏各庄村、泃阳镇高各庄村	2
大厂县	夏垫镇褚各庄村、夏垫镇王果子庄村、陈府镇南太平庄村	3
香河县	钳屯镇窝头村、五百户镇九百户村、五百户镇南石辛庄村、五百户镇头百户村、五百户镇曹庄村、蒋辛屯镇三百户村、蒋辛屯镇仓头村、蒋辛屯镇领子村、蒋辛屯镇大马坊村、蒋辛屯镇小马坊村、蒋辛屯镇六百户村、蒋辛屯镇蒋辛屯村、蒋辛屯镇小祁庄村、蒋辛屯镇后场村、新兴产业示范区后骆驼港村、新兴产业示范区小朱庄村、新兴产业示范区挠了庄村、新兴产业示范区匠庄村、安平镇延福屯一村、安平镇草沙河村、安平镇甘露寺村、安平镇谭庄村、安平镇西贾庄村、安平镇王家摆村、安平镇堡上村、安平镇太平庄村、渠口镇小高坨村、渠口镇西魏各庄村	28
广阳区	南尖塔镇前王各庄	1
安次区	仇庄乡东储村、仇庄乡宋王务村、调河头乡石桥村、调河头乡南郭庄村	4
永清县	别古庄镇北刘庄村、刘街乡土楼胜利村、韩村镇沙于今村、韩村镇王于今村、韩村镇张常沈村	5
固安县	彭村乡荆垡营东村、温泉园区南陈村、温泉园区南赵各庄村、温泉园区林城铺村、彭村乡前石家务村、东红寺工委永兴庄村、新兴园区东位村、牛驼镇万家庄村	8
霸州市	南孟镇东北岸东头村、胜芳镇红光街、南孟镇西粉营村、南孟镇东坨村、南孟镇西坨村、南孟镇东北岸西头村、扬芬港镇张家堡村、信安镇杨各庄村	8
文安县	大柳河镇常久村、史各庄镇南新村、新镇镇西庄头村、大柳河镇南庄村、大柳河镇高村	5
大城县	臧屯乡刘演马村、南赵扶镇中赵扶村、旺村镇流标村	3
合计		67

【美丽乡村建设长效管护机制】 2016年，廊坊市邀请省城乡规划院专家编制覆盖全市域的垃圾一体化处理规划，优化配置垃圾处理场，科学布局垃圾中转站，提高综合利用水平。采取政府购买服务的方式，创新生活垃圾收集清运处置新模式，推进以"PPP"模式为主的多种市场运作形式，鼓励专业化服务和社会化资金参与农村生活垃圾治理，建立"村民自治、市场运作、政府监督"的运行机制，提高治理效率。年内确定在安次、永清、固安、大城4个县（区）开展整县域垃圾处理"PPP"模式试点。永清县、大城县所有村庄基本实现垃圾处理"PPP"模式全覆盖；安次区落实资金3500万元，用于购买清运设备和建设垃圾中转站；固安县计划于2017年委托北京环卫集团托管村庄垃圾处理。除上述4个试点县，霸州市135个村街实行垃圾处理"PPP"模式托管；大厂县委托廊坊市园福元通项目咨询有限公司对98个村街做前期项目咨询。全市建立垃圾处理长效保洁机制的村庄3128个，占全市总村数的99.3%。根据全省168个县（市、区）中期评估验收通报，廊坊市有9个县（市、区）进入全省前100名。

【启动"两改一清一拆"行动】 2016年，廊坊市按照省美丽乡村建设领导小组出台的《关于在全省农村开展"两改一清一拆"行动的实施意见》，在全市农村全面启动"两改一清一拆"（改造城中村和永久保留村，改造危旧住宅和旧厂房，清垃圾杂物和残垣断壁，拆违章建筑）行动。成立专项推进领导小组，印发《廊坊市"两改一清一拆"行动实施方案》。市、县两级美丽乡村办公室组织专门督查队伍，重点对"两改一清一拆"行动开展明查暗访，对督导中发现的问题及时向有关县（市、区）下达督办通知，限期整改。年内全市省级重点村危房改造794户，拆除违章建筑面积15.1万立方米。

【霸州省级片区建设】 2016年，霸州市引入华夏幸福基业投资开发股份有限公司建设省级重点片区。霸州省级片区实行规划建设一体模式，由华夏统筹负责片区设计、项目施工和景观节点打造。突出乡村特色，片区总规和详规编制围绕温泉养生主题定位，建设以生态公园和现代农业为支撑、集田园风貌和休闲观光为一体的美丽乡村示范区。突出休闲功能，该片区内种植景观苗木1.4万亩（933.33公顷），森林覆盖率38%。片区内建成各主要村街项目以及环线道路、桥梁、游客中心、主题纪念馆等节点工程，温泉养生中心、农业生态园等景观具备接待能力。

（李晓阁）

交通 邮政

综 述

2016年，廊坊市对接京津冀路网144条路、170个接口。廊坊市与北京市对接的公路有58条路、59个接口，包括京哈高速公路、京沪高速公路、京台高速公路、大广高速公路、首都地区环线高速5条高速公路，102国道、103国道、104国道、106国道4条国道，平香线、唐通线、大香线3条省道，马皇线、李大线、侯谭线、采留线、廊万线、武榆线6条县道，12条乡道，28条村道。廊坊市与天津市对接的公路有53条路、58个接口，包括京哈高速、京沪高速、京台东高速、荣乌高速4条高速公路，102国道、103国道、104国道、112国道4条国道，唐通线、保静线、廊沧高速龙街连接线3条省道，蒋渠线、侯谭线、倪李线、香北线、香务线、武榆线、东高线、葛马线、霸杨线、台王线、陈大线11条县道，12条乡道，19条村道。廊坊市与保定市对接的公路有27条路、28个接口，与沧州市对接的公路有22条路、25个接口。

全市客运企业21家，客运班线579条，客运班车1666部，客运量3832.3万人，旅客周转量11.8亿人千米。升级改造客运站场9个，农村客运站21个，候车亭309个，招呼牌1096个。新增、改造公交化农村客运班线25条。县城20千米范围内城乡客运公交化运行率由2015年的30%提升至51%。城乡客运一体化格局形成，三河市、霸州市达到100%，大厂县实现全县范围内公交运行率100%。客运班线通达全廊坊市所有行政村及全省各地市和京、津、豫、皖等13个省市。

全市货运企业629家，货运场站359家，货运车辆12.08万辆，货运量9917.60万吨，货物周转量230亿吨千米，货运量及货物周转量同比增长4.7%和6.7%。危货运输企业66家，危货运输车辆3622部。

市区新增新能源公交车53部，其中引进使用纯电动公交车25部，新开通24路、36路公交线路2条，增加运营里程30千米。市区改建公交站牌669块。至年底，市区开通公交线路36条，投放公交车辆639部，公交运营总里程830千米，公交站点总数509个，日发班次5100个，公交出行分担率21.6%。全市出租车公司32家，出租车8876辆。驾驶员培训学校56所，年内培训驾驶学员16.9万人，培训从业人员6286人。

寄递网络遍布城乡。年内，廊坊市推进快递下乡工程和邮政农村电商工作，邮政快递服务网络逐步拓展并向农村延伸。全市23个空白乡镇邮政局所全部补建完毕，乡镇覆盖率100%；村邮乐购店3209个，行政村覆盖率100%，大城、固安两地的村邮乐购县级中心投入运营。延长全市邮路里程，加大农村地区汽车、电动三轮车等设备投入，城乡双向邮政配送体系日益完善。快递服务网络覆盖廊坊市90个乡镇和80%以上的行政村，每个乡镇至少有2家快递网点提供快递服务。

（杨德运 陈鹏程）

公路建设

【概况】 2016年，廊坊市投资11亿元建设交通基础设施。其中，国、省干线投资4.47亿元，112线、大香线等16项大修、中修工程以及国道104线跨廊坊热电厂铁路桥如期完工；农村公路投资6.53亿元，新改建450千米。至年底，廊坊市公路通车总里程10723千米。其中，国道555千米（高速公路360千米），省道574千米（高速公路25千米），县道783千米，乡道1711千米，专用公路276千米，村道6824千米。路网密度166.79千米/百平方千米，居全省第一。

【高速公路】 2016年，廊坊市境内通车高速公路8条，分别是：京哈高速公路、京沪高速公路、京台高速公路、荣乌高速公路、大广高速公路、京秦高速公路、首都地区环线高速公路、京台东高速公路，总里程385千米。其中，京台东高速公路廊坊段和京台高速公路廊坊段为市管高速公路。

京哈高速公路廊坊段。编号为G1，全长1280千米，起点为北京，终点为哈尔滨。廊坊段起于香河县安头屯镇凌家吴村冀京界，西接北京通州，终于香河县渠口镇谭家务村冀津界，东接天津宝坻，长21.3千米，双向六车道。全部位于香河县境内，是“北三县”中南部地区一条横贯东西的交通通道。

京沪高速公路廊坊段。编号为G2，全长1245千米，起点为北京，终点为上海。廊坊段起于廊坊经济技术开发区上庄头村冀京界，北接北京大兴，终于南营村冀津界，南接天津武清，长6.8千米，双向四车道。全部位于廊坊经济技术开发区，是开发区进京的主要交通通道。

京台高速公路廊坊段。编号为G3，全长2030千米，起点为北京，终点为台北。廊坊段起于廊坊市广阳区火头营京冀界，经广阳、永清、霸州、文安、大城5个县（市、区），南至沧县与石黄高速公路相连。项目起点至廊沧枢纽段约29千米为双向八车道，廊沧枢纽至终点段约93千米为双向六车道。是廊坊中南部南北大通道。

荣乌高速公路廊坊段。编号为G18，全长1820千米，起点为山东荣成，终点为内蒙古乌海。廊坊段起于安次区东沽港二村冀津界，东接天津武清，终于霸州市岔河集乡西下村廊（坊）保（定）界，西接保定雄县，长49.2千米，双向四车道。位于安次和霸州境内，是廊坊中部地区横贯东西的一条交通通道。

大广高速公路廊坊段。编号为G45，全长3550千米，起点为黑龙江大庆，终点为广东省广州。廊坊段起于固安与北京交界处西玉村，于霸州摆渡口村进入保定雄县，于文安小龙华村西北再次进入廊坊境内，于小龙华村正西进入沧州任丘市。廊坊段长46千米，双向六车道。位于固安、霸州、文安境内，是廊坊西部进京的重要通道。

首都环线高速公路廊坊段。编号为G95，全长81千米，起点为京秦高速白庄子枢纽互通，终于固安县东湾乡杨屯村廊涿界，起点至九州互通为双向六车道，中间一段位于北京境内，九州互通至保定界为双向四车道。连接固安、市区，北三县，是市境交通一体化的主要交通通道。

京台东高速公路廊坊段。编号为S3E，全长25千米，西起永清县与京台高速相接，东至安次区与天津交界，双向六车道。位于永清、安次境内，是廊坊中部连接天津的重要通道。

京秦高速公路廊坊段。编号为G1N，全长

32.8 千米，全线位于三河市境内，双向四车道，是“北三县”进京出关的重要通道。

【国省干线公路】 2016 年，廊坊市境内普通国省干线公路 25 条、743.75 千米，二级以上公路 25 条。其中，普通国道 5 条、194.50 千米，包括 102 国道 36.11 千米，103 国道 3.87 千米，104 国道 26.04 千米，106 国道 76.87 千米，112 国道 55.53 千米；普通省道 8 条、409.23 千米，包括大香线 36.72 千米，廊泊线 118.61 千米，廊霸线 48.51 千米，平香线 38.12 千米，保静线 46.67 千米，唐通线 26.73 千米，廊涿线 62.28 千米，津保南线 31.59 千米；高速公路连接线 12 条、140.03 千米，包括京沪高速公路青县西连接线 20.32 千米，廊涿高速公路九州连接线 16.56 千米，廊涿高速公路永清连接线 10.47 千米，廊涿高速公路东湾连接线 13.86 千米，大广高速公路固安连接线 2.94 千米，大广高速公路牛驼连接线 5.05 千米，大广高速公路霸州连接线 7.92 千米，廊沧高速公路后奕连接线 26.06 千米，廊沧高速公路龙街连接线 23.64 千米，廊沧高速公路大柳河连接线 1.13 千米，密涿支线高速公路大厂连接线 4.75 千米，京台高速公路东安庄连接线 7.34 千米。

【农村公路】 2016 年，廊坊市农村公路 5266 条、9602.20 千米。其中，县道 25 条、783.46 千米，乡道 281 条、1710.53 千米，专用公路 107 条、276.23 千米，村道 6824 千米。

【公路桥梁】 2016 年，廊坊市有公路桥梁 2218 座、20.13 万延米。其中，国道桥梁 1259 座、16 万延米；省道桥梁 117 座、10416.47 延米；县道桥梁 119 座、4477.97 延米；乡道桥梁 215 座、8774.12 延米；专用公路桥梁 4 座、96.10 延米；村道桥梁 504 座、17540.91 延米。

（杨德运）

【密涿高速公路河北段建成通车】 12 月 6 日，密涿高速公路河北段建成通车。密涿高速公路河北段起自三河市京冀交界处，自北向南经三河市、大厂县、香河县进入北京市通州区，在北京市大兴区采育北再次进入廊坊市，经广阳区与廊涿高速公路相接，项目全长 50.46 千米，采用双向六车道标准建设。该项目自北向南连接京平、京秦、京哈、京津、京沪、京台、廊涿 7 条高速公路。

（郎之鉴）

公路养护

【概况】 2016 年，廊坊市普通干线公路养护实施大中修工程项目 8 项，总里程 112.67 千米，投资 1.68 亿元。其中大修工程项目 3 项，总里程 40.65 千米，包括国道 106 线王伍房中心至沧州交界段大修工程 25.95 千米、省道大香线潮白河桥北桥头至钳屯弯道段大中修工程 9.7 千米、国道 112 线杨各庄至煎茶铺段大修工程 5 千米；中修工程项目 5 项，总里程 72.02 千米，包括省道大香线金隅工业园北口至大厂气象局、三千渠桥至潮白河桥段中修工程 16.32 千米、廊沧高速文安连接线中修工程 9.4 千米、廊沧高速龙街连接线中修工程 23.64 千米、省道平香线平谷和三河交界至 G102 段中修工程 9.82 千米、省道唐通线香河县城东至牛牧屯桥段中修 12.84 千米。投资 1284 万元实施廊霸线、廊泊线等公路安保工程。路面裂缝灌封 49.2 万延米，路面挖补 281 万平方米。全市普通干线公路技术状况指数 91.5，全省领先。

【桥梁维修加固工程】 2016年，廊坊市投资1038.9万元，实施普通干线公路桥梁维修加固工程5项，包括106国道口上右桥维修加固工程、106国道新镇右桥维修加固工程、106国道店子右桥维修加固工程、津保南线南赵扶桥维修加固工程、廊泊线永定河右桥维修工程。投资7256万元，新建104国道上跨廊坊电厂专用线立交桥工程，修建桥面全长658米的右幅桥，桥涵荷载采用公路—I级。

【公路养护示范工程】 2016年，廊坊市交通运输局在总结推广廊霸线、廊涿线养护亮点示范路创建经验基础上，以廊泊线、廊霸线、大广高速霸州连接线等为示范路段，继续开展养护示范工程建设。通过提高整修标准、完善附属设施、提高绿化档次、改造标志标线等措施，示范公路成为“公路路况好、路容路貌优、绿化美化靓、附属设施全、安保水平高”的典范路段，引领全市干线公路提高整体形象。

（杨德运）

运输管理

【概况】 2016年，廊坊市交通运输管理部门建立实施危险货物道路运输行业监督检查机制，制定危险货物道路运输企业监督检查实施办法。结合年审工作开展为期100天的危货运输企业专项整治活动，检查企业60家，检查车辆3565辆（含挂车），发现问题隐患12处，下达限期整改通知书5份。惩治各类非法违法经营行为，出动执法检查人员600余人次，检查道路运输企业200余家次，约谈危险品运输企业66家，抽查“两客一危”车辆300余部，发现一般问题隐患19处，整改19处，查处无从业资格驾驶营运车辆、不按审批站点停靠等非法违法经营行为38起。开展货运站企业行政许可事项复核、更换道路货运站（场）经营许可证工作。全市366家货运站（场）企业参加行政许可事项复核，359家符合条件的货运站（场）企业评定等级。年内全市二级以上客运站实现联网售票。

【路政管理】 2016年，廊坊市投入专项资金90.36万元，清理违章堆物堆料1673处，清理小型非公路标志2170余块，拆除中型立柱式广告牌76块，拆除大型立柱式广告牌18块，清理摆摊设点2349处，开挖道口8处，清理集贸市场2处，清理回填边沟20余处。出动执法人员31062余人次，检测车辆701793辆，查处超限超载车辆542辆，卸载货物6708吨。公安部门惩治盗采石料，拘留涉案盗采人员22名，扣留钻山挖掘机20余台，依法取缔二次拼装点6家。货运车辆超限超载率控制在2%以内。年内，廊坊市发生路政案件127起，结案127起，路政案件结案率100%。

【廊坊市河北公交一卡通】 2016年，廊坊市交通运输局启动河北交通一卡通项目，廊坊市成为河北省第三个面向市民发卡的城市。全市累计发卡2.6万余张。年内市民免费乘坐公交车147天。

【出租车市场整治】 2016年，廊坊市开展出租车市场规范整治活动4次，查处异地营运车2辆、无证上岗车19辆、未按要求摆放监督卡车440辆、车容不达标车570辆。查处涉嫌非法出租车营运车辆87部，违法违规行为800余起，拆除“小红灯”150个。处理投诉案件759起，结案率100%。开展争创“星级出租车”“青年文明号”、爱心送考、敬老助残等精神文明创建活动，打造“金廊·流动风景线”文明服务品牌。年内，市区出租车管理部门表扬与失物招领登记在册 768 起，价值 54.21 万元。

【重要节假日运输保障】 2016 年，廊坊市交通运输局保障春运、“五一”、“5·18”经洽会等重要节日、重大活动的交通运输。“5·18”经洽会期间，廊坊市投入大巴、中巴车辆 118 部，发车 350 余车次，调配轿车 24 部，发车 148 车次，接送各工作处人员、志愿者及客商等 8000 余人次。“十一”黄金周期间，廊坊市道路旅客运输投入车辆 1924 辆，发送 31944 个班次，客运量 35.8 万人次，未发生旅客滞留和安全责任事故。

（杨德运）

运输公司简介

【廊坊交通运输集团有限公司】 廊坊交通运输集团有限公司（以下简称廊运集团）位于银河北路 80 号，为廊坊市政府国资委监管企业，是廊坊市规模最大的国有控股运输企业。2016 年，廊运集团拥有长途班线营运车辆 307 部，运营长途班线 167 条，日发班次 2080 个，日均发送旅客 23000 人次，运营范围遍及全国 17 个省、市、自治区，形成以廊坊为中心，以京津为轴线，辐射全国的经营格局。作为一家以道路旅客运输为主业的大型国有企业，廊运集团在廊坊市万庄、山东省无棣县等地建立加油加气站，企业的综合竞争实力得到提升。廊运集团以提高安全运营与服务水平为核心，落实安全生产与责任追究制，不断加大科技投入，利用 GPS、网络视频、智能视频分析、无线网络通信（3G 网络）等技术，建立客运车辆视频监控及人数统计超载预警系统，为出行乘客提供安全保障。廊运集团推行“群众满意才叫服务”的工作理念，秉承“服务社会、奉献真情、诚信经营、打造品牌”的经营宗旨，从服务质量、服务手段、服务内容、服务态度、服务环境等方面入手，提高优质文明服务的整体水平，赢得乘客的广泛赞誉与好评。

【廊坊市公共交通运输集团有限公司】 廊坊市公共交通运输集团有限公司位于廊坊市开发区科技谷园区，是具有社会公益性质的国有独资企业，为廊坊市政府国资委监管企业，其前身为始建于 1996 年的河北省廊坊运输公司公共汽车分公司。2011 年 8 月，经廊坊市人民政府批准，成立廊坊市公共交通运输有限公司，主要经营城市公共汽车客运，城市班车客运，汽车及摩托车配件销售，广告设计、发布、制作、代理，公交 IC 卡销售，二类机动车维修（大中型客车维修），机动车驾驶员培训，以及房屋、土地租赁等。2015 年 3 月，廊坊市公共交通运输集团有限公司正式组建（以下简称市公交集团公司）。2016 年，市公交集团公司设有 13 个机关职能部室、5 个运营公司、3 个子公司、6 个基层生产辅助单位；在岗职工 1562 人，其中驾驶员 1047 人；公交场站 13 座；运营车辆 639 部；公交线路 36 条，日均发车 5408 个班次，平均发车间隔 8 至 13 分钟，线路总长度 830 千米，乘车免费期间日输送乘客 31 万人次。8 月，市公交集团公司通过 ISO 9000 质量管理体系、ISO 14000 环境管理体系和 OHSAS 18000 职业健康与安全管理体系“三标”管理体系认证；9 月，市公交集团公司被授予廊坊市政府质量奖；12 月，市区新增公交线路 24 路、36 路。

（张建涛　郑伟东）

2016年廊坊市交通工具统计表

表11 单位：台

项目	合计	安次区	广阳区	三河市	大厂县	香河县	永清县	固安县	霸州市	文安县	大城县
大型载客汽车	4755	381	2299	448	201	51	260	191	552	185	187
私人拥有量	1425	238	324	75	30	21	132	116	284	84	121
大型载货汽车	13111	2079	2782	1668	433	604	776	1021	1410	1073	1265
私人拥有量	6934	557	699	1062	260	352	480	770	1003	1011	740
中型载客汽车	2110	203	556	279	23	65	158	112	275	334	105
私人拥有量	960	111	148	75	7	24	117	82	189	171	36
中型载货汽车	4154	962	786	464	145	121	216	397	451	404	208
私人拥有量	2412	235	173	395	123	81	171	323	364	385	162
小型载客汽车	889471	77093	161258	110152	30479	65935	68521	89062	125287	87189	74495
私人拥有量	856830	74709	148881	105246	29515	63750	67155	87244	121689	85458	73183
小型载货汽车	120483	20013	23050	3915	3121	6529	6543	9978	22780	15531	9023
私人拥有量	80491	5983	6115	3279	2770	5944	6197	9061	17113	15226	8803
微型载客汽车	37540	3061	4787	3585	1043	1955	2845	4518	7347	5015	3384
私人拥有量	37092	2996	4607	3545	1037	1935	2812	4491	7307	5005	3357
微型载货汽车	207	15	13	1	1	3	10	16	59	45	44
私人拥有量	200	14	8	—	1	3	10	16	59	45	44
摩托车	21316	1270	552	6081	2557	4009	3233	1181	1450	376	607
私人拥有量	20949	1252	536	6033	2551	4004	3216	941	1439	373	604
专用机械	4387	284	1547	869	178	207	185	390	404	192	131
私人拥有量	2101	174	416	598	102	129	93	163	228	129	69
汽车挂车	11096	754	2767	1275	496	86	989	230	1963	770	1766
私人拥有量	3831	246	244	825	121	57	518	220	717	330	553

（李柏霖）

北京新机场及临空经济区建设

【概况】 2016年，廊坊市机场办保障北京新机场建设需求，协调环保部门批复同意在机场红线范围内现场设置临时混凝土搅拌站，协调供电部门推进机场施工期临时用电工程建设，协调配合场内南航基地项目办理环评、稳评等可研审批前置要件，协调天堂河河道主体工程与老河道功能切换实现通水，协调蓄滞洪区项目设计调整工作，协调白家务水源地迁建项目可研报批，协调军事阵地及空管工程占地征地补偿及场地围挡移交，协调配合冀北电力公司及机场建设方报批安定至固安50万伏高压线可研报告及施工图设计和地上物现状摸排工作，协调配合供油工程项目可研报告涉及地方的环评及稳评公参、土地预审上报等工作，协调配合中石油华北分公司和机场建设方改线设计、勘测定界永潘输气管线项目，协调新机场第三期占地征迁补偿工作。

【北京新机场临空经济区规划】 8月29日，经国务院批准同意，由国家发改委牵头，会同北京市、河北省共同编制的《北京新机场临空经济区规划》正式印发至北京市、河北省。北京市将与河北省合作共建新机场临空经济区，以促进京冀两地深度融合发展。年内，新机场主体工程和外围交通市政配套工程进入全面开工建设阶段，预计2019年将建成并投入使用。在规划正式获批前，廊坊市提前着手开展北京新机场临空经济区区域开发建设模式、临空区京冀跨区域管理以及各功能分区规划等前期研究工作，并取得成果。

【北京新机场建设时间节点】 2月6日，交通部民航局、北京市人民政府、河北省人民政府联合批复北京新机场总体规划。4月26日，廊坊市交付北京新机场三期用地6297亩（419.8公顷），并按协议要求向新机场红线内供地1.7万亩（1133.33公顷）。8月29日，国家发改委正式印发《北京新机场临空经济区规划（2016—2020年）》。

（陈　曦）

【北京新机场涉水工程建设】 2016年，天堂河改道工程投资10亿元，挖掘整治河道10.36千米，新建、改建、扩建建筑物16座。六项专项迁改工程涉及高压供电线路13处，联通、电信、移动、广电通信光缆及军缆共27处76条，供水管网8处，天然气管道2条。6月底，天堂河（廊坊段）改道工程具备通水条件，10月18日新旧河道功能切换，全面实现通水目标。北京新机场防洪工程（永定河泛区临空安全区）投资2.5亿元。工程建设包括永定河泛区北小埝寺垡辛庄口门的封堵和东张务湿地调蓄泛区洪水的防洪安全工程。该工程初步设计报告获批复，具备开工条件。

（王新民）

【天堂河改道通水】 11月，北京新机场天堂河改道（廊坊段）通水。北京新机场天堂河改道工程（廊坊段）起点京冀交界处，终点天堂河入永定河河口，全长10.36千米。工程总投资10亿元，包括新挖及整治河道，新建、改建、扩建建筑物共16座，分9个标段施工。

【北京新机场建设用地征迁】 在北京新机场建设中，廊坊市承担着北京新机场红线区、回迁安置区、配套迁改项目1462公顷的土地征收任务，涉及31个村街。其中，机场红线区10个村街、噪声区5个村街、回迁区4个村街需整体搬迁，共计2980户、11745人。北京新机场红线区10个村街分三期征迁。一期征迁于2015年5月10日至2015年8月底，整体搬迁团城、团城辛庄、毕各庄3个村街，征收住宅604户，搬迁人口2194人，迁移坟墓775座，征收土地481.96公顷。二期征迁于2015年8月28日至2015年12月底，整体搬迁富各庄、田古营、大古营3个村街，征收住宅675户，搬迁人口2527人，迁移坟墓805座，征收土地236.35公顷，三期征迁于2015年10月至2016年4月底，整体搬迁卜营、义和场、刘家场、杨马房4个村街，征收住宅605户，征收土地419.79公顷，并配合完成回迁区148.87公顷及天堂河改道工程175.07公顷土地征收任务。至2016年4月，广阳区人民政府向首都机场集团公司提供北京新机场建设土地1462公顷。

（郎之鉴）

邮　政

【概况】 廊坊市邮政管理局成立于2012年11月，主要职责是贯彻执行国家邮政法律法规、方针政策和邮政服务标准，研究拟定本地区邮政发展规划，监督管理廊坊地区邮政市场以及邮政普遍服务和特殊服务的实施，负责行业安全生产监管、统计等工作。内设机构3个，分别为办公室、普遍服务（机要通信）科和市场监管科，行政编制11人。2016年，廊坊市邮政业利用廊坊优越地理位置，加强与电子商务、制造业等上下游产业的联动发展，发挥降低流通成本、服务生产生活的重要支撑作用。7月，中通、韵达两家速递公司在廊坊市新建中转处理场地并相继投入使用。9月，邮政速递华北（廊坊）陆路邮件处理中心竣工并投入使用，中国邮政速递物流有限公司与阿里巴巴集团联合打造的菜鸟仓配一体化综合项目落户其中，于9月19日开仓发货，吸纳就业人员2000余人。德邦等物流企业和京东、唯品会等电商企业在廊坊申请快递网点备案。至年底，全市有快递品牌28个，各品牌许可企业30家，分支机构188个，合法快递营业网点320处，快递从业人员超过3000人（不含菜鸟项目，旺季超过5000人）。全市形成多种所有制企业共存、多种经营模式共生、各市场主体之间相互竞争合作的市场格局。年内全市邮政业实现营业收入15.60亿元，同比增长42.73%，3年年均增长27.6%；实现业务总量21.64亿元，同比增长43.65%，3年年均增长33.6%。其中，快递业务收入12.71亿元，同比增长68.93%；快递业务量突破1亿件，实现1.28亿件，同比增长39.92%。廊坊市人均快件使用量27.38件，高出全省平均值2.3倍。廊坊市快递业务收入和业务量两项排名均进入全国前50强，快递业务收入排名居全国第45位、全省第3位，快递业务量排名居全国第42位、全省第3位。

【廊坊市国家一级快递枢纽建设】 2016年，廊坊市将建设国家一级快递枢纽节点工作列入廊坊市“十三五”规划纲要。市邮政管理局会同市发改委提出打造廊坊国家一级快递枢纽节点城市的初步设想，就规划衔接、园区选址、政策配套、安全监管等提出具体意见。启动《建设廊坊国家一级快递枢纽节点》专项规划编制工作，出台支持性政策措施。

【邮政业“十三五”规划】 2016年，廊坊市组建邮政业发展“十三五”规划编制工作领导小组，市邮政管理局委托北华航天学院共同参与编制《廊坊邮政业发展"十三五"规划编制工作实施方案》（以下简称《实施方案》）。在编制《实施方案》过程中，工作人员深入邮政快递企业调研13次，征求各县（市、区）人民政府及相关市直部门意见，在此基础上形成《廊坊邮政业发展"十三五"规划》。该规划科学阐述未来5年廊坊市邮政业发展指导思想、发展思路和目标、主要任务和重点工作，描绘邮政行业发展蓝图。

【起草《促进快递业发展的实施意见》】 2016年，廊坊市邮政管理局起草《廊坊市人民政府关于促进快递业发展的实施意见》（以下简称《实施意见》）于3月初形成初稿。4月，市邮政管理局向市直25个部门发出征求意见函。根据征求到的各部门意见，市邮政管理局认真梳理、逐条分析，几经修改形成送审稿。《实施意见》提出"五个注重"，即注重体现十八届五中全会提出的"创新、协调、绿色、开放、共享"五大发展理念，注重体现京津冀协同发展战略要求，注重与"十三五"相关发展规划相衔接，注重体现廊坊特色，注重突出问题导向。

【邮政普遍服务保障执法监督】 2016年，廊坊市邮政管理局查办未经许可撤销邮政普遍服务营业网点和未经许可停办、限办普服业务等违法行为，切实保障人民群众用邮权益。组织开展"扫黄打非"、机要通信、农村地区邮政普遍服务质量、无着邮件处理、重大题材邮票销售等专项检查。开展全市邮政普遍服务暨机要通信工作培训。建立邮政政企联席会制度。至年底，全市派出执法检查人员1853人次，检查企业分拨中心及营业网点656处次，下发责令整改通知50份，办理案件48起，罚款15.6万元，结案率100%。

【末端网点备案　标准化网点创建】 2016年，廊坊市邮政管理局开展快递末端网点调查摸底工作，对全市农村、社区、学校、乡镇等存在的快递末端网点进行普查登记，掌握快递末端网点的基础信息。制定印发《廊坊市快递营业场所规范化建设指导意见》，明确建设目标、工作步骤、奖励办法、建设内容，对各快递企业提出具体的标准和时限要求，督促企业规范化经营。全市合法备案的营业网点320处，其中通过市邮政管理局验收的标准化网点53处。

【市场监管信息化建设】 2016年，廊坊市邮政管理局借鉴公安部门110指挥中心系统建设经验，建成廊坊市邮政业远程视频监控平台并投入使用。该系统覆盖全市邮政公司、EMS、顺丰、中通、申通、圆通、汇通、韵达9家较大企业分拨中心和部分营业场所，实现360°无死角、24小时不间断实时监控。制作《视频监控记录表》，安排专人负责视频监控的查看和记录工作，有效提高行业监管效率。

（陈鹏程）

农林　水利

综　述

2016年，廊坊市瞄准京津中高端市场需求，按照高产、优质、高效、生态、安全的要求，组织实施农业结构调整三年行动计划，加快构建现代农业产业体系、生产体系、经营体系，发展高品质粮食、肉蛋奶和蔬菜等高端农产品，推动农业供给侧结构性改革。优化种植结构。按比例适度压缩北部、稳定中部、增加南部的原则，调整优化粮食种植面积，形成"北部精品区、中部核心区、南部潜力区"的区域布局。

发展设施蔬菜，增强城市"菜篮子"产品应急保障功能。发展高值、休闲和观赏三大特色渔业，培植、发展一批经营机制完善的观赏鱼生产基地和休闲渔庄。发展现代农业园区。至年底，全市建成8个省级现代农业园区、16个市级现代农业园区、30个县级现代农业园区和一批高标准设施农业园、一批龙头企业带动的规模基地、一批新型经营农场。

构建新型农业生产经营体系。推进土地流转，引导农民依法自愿有偿流转土地经营权，支持合作社和社会化服务组织托管农民土地，鼓励农民在自愿前提下以土地经营权入股合作社、龙头企业，形成土地流转、土地托管、土地入股等多种规模经营模式，鼓励更多农民参与。以示范社和示范农场创建为抓手，实施新型农业经营主体培育"双80"工程，市级农民专业合作社示范社和市级示范家庭农场数量分别达到80家。

开展国家、省、市三级农民合作社示范社和省、市、县三级示范家庭农场创建活动。全市发展农民合作社4425家，同比增长28%，成员7.2万户，带动非成员28.3万户。新增省级示范社9家，新增市级示范社32家。推荐国家级示范社3家，评选省级示范场12家。全市创建国家级示范社13家，创建省级示范社49家，创建市级示范社96家；创建省级示范家庭农场30家，创建市级示范家庭农场90家。

农业技术推广。发展节水农业，推广水保墒技术和水肥一体化高效农田节水技术。实施化肥农药减量行动，开展测土配方施肥，推广水肥一体化技术和精准施肥技术，减少化肥施用量。淘汰剧毒高毒农药，推进统防统治与绿色防控，提高农作物病虫害专业化统防统治覆盖率、绿色防控覆盖率和化学农药利用率。推广高效生态循环种植模式，探索推广轮作休耕制度，有序实现耕地休养生息。推进农业废弃物资源化利用。推进现有规模养殖场污染防治设施建设或改造，推广应用种养结合、沼气沼渣循环利用等成熟模式，推进畜禽粪污综合处理利用。推广秸秆肥料化、饲料化、基料化、燃料化和原料化等新技术示范，加快秸秆综合利用。推进地膜科学合理使用，建立完善废弃地膜回收再利用体系。全市农业系统争取中央和省以上惠农资金50471万元。农村清洁能源开发利用争取省级以上资金6620万元，推广清洁燃烧炉具2.8万台。建设3万立方米生物天然气项目1处，新建规模化大型沼气工程项目4处，试点农村沼气循环经济和秸秆综合利用项目2个。无公害农产品、绿色食品、有机农产品和农产品地理标志（简称三品一标）产品280个。

年内，廊坊市农村土地承包经营权流转土地面积83.52万亩（5.57万公顷），占家庭承包经营耕地面积的17.82%。其中实施50亩以上规模经营的，农村土地承包经营权流转土地面积47.32万亩（3.15万公顷），占农村土地承包经营权流转土地总面积的56.66%。签订土地流转合同59542份，流转合同涉及的土地面积54.05万亩（3.60万公顷）。开展农村土地承包经营权确权登记颁证工作的村街2990个。其中，土地资源外业调查的村街2915个，涉及土地面积511.54万亩（34.10万公顷），占全市耕地总面积的98.07%；农村土地承包经营权确权登记二次公示无异议的村街2859个，涉及土地面积503.47万亩（33.56万公顷），占全市耕地总面积的96.52%。

植树造林。全市造林29.97万亩（19980公顷），占全年任务的166.5%，是省下达任务的1.99倍。建设100亩（6.67公顷）以上的造林地块265块，建设500亩（33.33公顷）以上的造林地块76块，建设1000亩（66.67公顷）以上的造林地块29块；经济林建设占全年造林绿化的43.5%；湿地恢复建设25138亩（1675.87公顷）。

农田水利设施建设。全市投资1045万元实施小型农田水利设施维修养护工程。投资7800万元发展节水灌溉面积4.5万亩（3000公顷），涉及大城县、霸州市、安次区、文安县、固安县和永清县。投资3805万元实施地下水超采综合治理项目，涉及固安县、文安县和大城县，发展农业高效节水2.67万亩（1780公顷）。

（郎之鉴）

农业管理

【概况】 2016年，廊坊市印发《廊坊市2016年农资打假专项治理实施方案》《廊坊市2016年惩治侵犯品种权和制售假劣种子行为专项行动实施方案》《廊坊市2016年农药市场监督管理工作方案》《廊坊市2016年畜牧水产农资打假专项治理行动实施方案》。出动执法人员11515人次，出动执法车辆3278车次。检查农资生产经营单位8830个次；抽取农药标签800个，合格率92.7%；抽取农药检测样品95个，合格率92.6%，实现农药产品质量市场抽检合格率92%以上的既定目标；抽取兽药样品55个，抽取肥料样品13个；开展区域内联合执法检查1次，参加省域内联合执法检查1次、省际（京津冀）联合专项检查2次。查处假劣农资案件37起，查处率100%，全市未发生因生产、经营假劣农资和禁限用药品而引起的重大安全事故和重大群体性事件。

【农业生态环境保护】 2016年，廊坊市成立农业生态环境保护工作领导小组，推动绿色农业发展。中低产田改造面积36.8万亩（2.45万公顷），推广测土配方施肥面积112.2万亩（7.48万公顷），实施农业节水面积324.22万亩（21.61万公顷）。建成蔬菜清洁生产综合生产示范区3个，引进示范优良品种20个。推广生物物理防治虫害技术15项。示范区内建设蔬菜废弃物回收池10个，建设蔬菜废弃物处理厂1座，处理厂建设高效生物发酵车间3座，年处理蔬菜废弃物可达10万吨。

【农业实用技术培训】 2016年，廊坊市举办各类农业科技实用技术培训班18期，现场开展技术指导60余次，培训农民近3600人次，发放各类农业科技实用技术光盘、科技图书、技术资料万余份。市农业局依托市农广校组织开展新型职业农民培育工程，培训新型职业农民1011人，农民学历教育招生620人。以农民合作社、农业企业等新型农业经营主体为依托，全市建立农民田间学校12所。认定河北省新型职业农民培育项目培训基地8个、省级实训基地6个，认定市级实训基地8个并挂牌。

【农产品质量安全监管】 2016年，廊坊市启动食用农产品合格证制度试点工作，完善监管体系，建立产地准出、市场准入衔接机制，构建从“从农田到餐桌”全程监管机制。制定《廊坊市2016年农产品质量安全专项整治方案》及禁限用农药、农资打假、瘦肉精、生鲜乳、兽用抗菌药、畜禽屠宰扫雷、三鱼两药（三鱼即大菱鲆、乌鳢、鳜鱼，两药即硝基呋喃类、孔雀石绿）7个专项整治行动子方案。全市出动执法人员6.4万人次，检查农产品和农资生产经营单位2.9万个次，查处违法案件6起，涉案金额6.6万元。农产品及投入品抽检合格率在98%以上，其中生鲜乳和产地水产品抽检合格率100%。

【农业安全生产】 2016年，廊坊市农业局成立安全生产工作领导小组，形成主要领导负总责，主管领导各负其责，办公室统筹协调，各相关业务科室具体抓落实的工作机制。修改完善《廊坊市农业局安全生产责任制度》《廊坊市农业局安全生产事故隐患排查管理制度》和《廊坊市农业局安全生产应急救援制度》等安全生产制度。市农业局与各县（市、区）农业管理部门签订《2016年度农机安全生产目标管理责任书》，与各县（市、区）及饲料生产企业签订《廊坊市饲料生产企业安全生产告知书》，将生产者的主体责任和相关部门的监管责任落实到人。市农业局在文安县组织开展农机事故应急演练活动，与市安监局联合举办“首届廊坊市农机安全生产知识竞赛”。大城县农业局被确定为“全国平安农机示范县”，是河北省唯一获得该荣誉称号的县。

【农业信息化建设】 2016年，廊坊市农业信息网站完善现代农业视频监控信息系统，实现农业主管部门对全市生鲜乳品生产、屠宰加工、大田病虫害9大类139个监控站点的生产经营活动24小时不间断监控。更新“廊坊市设施农业生产电子分布图”数据，涉及市、县两级电子地图113张，涉及站点2000多个。使用卫星遥感监测技术加强对作物、资源、灾害等农业生产领域的监测。建成“廊坊市智慧农场信息管理平台”，纳入农业种植企业69个。农业信息网站发布各类农业信息2.5万余条。

【参加京津冀首届蔬菜产销对接大会】 9月20日至21日，市农业局组织顺斋瓜菜种植专业合作社、新苑阳光农业种植有限公司等20家蔬菜生产企业、特色蔬菜生产基地参加在高碑店举办的京津冀首届蔬菜产销对接大会。永清县、固安县分别获全省十大类单品蔬菜基地的黄瓜基地和胡萝卜基地、番茄基地称号。市农业局获得省农业厅授予的“京津冀蔬菜产销对接大会优秀组织奖”。

（刘维娜）

农作物种植业

【概况】 2016年，廊坊市粮食作物总播种面积441.6万亩（29.44万公顷）比上年减少21.4万亩（1.43万公顷）。其中，玉米播种面积315.1

万亩（21.01万公顷），比上年减少8.1万亩（0.54万公顷），调减籽粒玉米10万亩（0.67万公顷），总产176万吨，比上年增加15.3万吨，平均单产399千克，比上年增加52千克。小麦播种面积96.68万亩（6.45万公顷），比上年减少2.9万亩（0.19万公顷）。全市建成蔬菜标准园300个，瓜菜播种面积179.78万亩（11.99万公顷）。其中设施蔬菜种植面积98.41万亩（6.56万公顷），总产量752.23万吨。全市新增蔬菜种植面积6万亩（0.40万公顷），蔬菜产品质量合格率98%以上，设施蔬菜比重增加2.6%，新增供应京津蔬菜111.91万吨。棉花播种面积13.4万亩（0.89万公顷），比上年减少16.13万亩（1.08万公顷）。油料播种面积21.07万亩（1.40万公顷），同比持平。中药材种植8900亩（593.33公顷）；发展食用菌2783亩（185.53公顷）。

【现代农业园区建设】　2016年，省政府认定文安县现代农业园区、安次区康达现代农业园区、永清县新苑阳光现代农业园区、香河县现代农业园区、广阳区现代农业园区5个农业园区为省级现代农业园区；市政府认定文安县现代农业园区、盛世福地科技园、美盛现代农业科技示范园区、盛世农合生态农业园、兴芦现代农业园区、稼圃麟生物科技产业园、海泽田现代农业园区、思科现代农业产业园区、固安农博园、千年古葡萄庄园、虎昊设施菜种植园区、三禾绿源现代农业园区、廊坊市第什里现代农业产业园、双千亩果蔬葡萄种植园区14个农业园区为市级现代农业园区。至年底，全市建成国家级现代农业示范区1个，即安次区康达现代农业园区；建成省级现代农业园区9个；建成市级现代农业园区23个。

【休闲农业培育发展】　2016年，廊坊市以创建休闲农业与乡村旅游示范县、星级休闲农业园区、星级采摘园为重点，培育休闲农业与乡村旅游特色品牌，打造休闲农业与乡村旅游精品线路。全市创建省级以上休闲农业企业33家。其中，创建国家级休闲农业企业13家，创建省级休闲农业企业20家。发展省级以上休闲农业与乡村旅游示范点6家，发展省级最美休闲乡村4家，发展省级美丽田园1家，发展省级十佳现代休闲农业园1家。全市休闲农业从业人员2.2万人，年接待游客644万人次，营业收入15.8亿元。年内，廊坊第什里风筝小镇被农业部授予“中国美丽休闲乡村”称号。

【农业机械化建设】　2016年，廊坊市严格执行农机购置补贴政策，推广先进实用农业机械，实施土地深松项目，提高农业机械总动力和农业耕、种、收机械化水平。全市落实中央农机购置补贴资金6684万元，补贴农户（组织）2178个，补贴购置农机具3642台。全市农业机械总动力699万千瓦，大中型拖拉机保有量1.66万台，小麦联合收割机保持3000台，玉米联合收获机4000台。培训农业机械技术人员1万人次。年内机耕土地444.1万亩（29.31万公顷），机播面积475.9万亩（31.73万公顷），机收面积386.6万亩（25.77万公顷）。玉米机械化收获水平87%，比上年提高7个百分点。主要农作物耕、种、收综合机械化水平89%，超出省农机局77.5%目标的11.5个百分点。

【市农业局获国家两项专利证书】　2016年，廊坊市农业局组织农业机械科技人员研制深松机拨齿式防拥堵装置，消除深松铲尖耐磨性差、作业拥堵等弊端。7月，深松机拨齿式防拥堵装置和深松机铲尖（弓子板）获国家知识产权局颁发的两项专利证书。其中，深松机拨齿式防拥堵装置获国家实用新型专利（专利号：ZL201620101501.3），深松机铲尖（弓子板）获得国家外观专利（专利号：ZL201630037407.1）。两项专利获得形式均为原始取得。深松机拨齿式防拥堵装置有效清除秋季深松作业中秸秆、杂草缠绕，影响作业质量和作业进程的障碍；深松机铲尖（弓子板）的应用使深松机铲尖的使用寿命提高120小时。

（刘维娜）

畜牧水产业

【概况】 2016年，廊坊市创建部省级标准畜禽渔养殖示范场67个，市级以上标准化畜禽养殖示范场207个，部省级渔业标准化养殖示范场8个，标准化规模养殖占规模饲养场的50%。打造以畜牧为主导产业的省级现代农业园区1家。全市肉、蛋、奶、水产品产量分别为21.82万吨、10.55万吨、23.78万吨、3.5万吨。

【动物疫病防控】 2016年，廊坊市检疫畜禽10905.63万头（只），屠宰检疫畜禽3069.92万头（只）。全市监督无害化处理病死动物19.13万头（只），处理有害动物产品25.7吨。三河市病死动物无害化处理中心和大城县病死动物无害化处理厂建成。推进全市产地检疫示范县建设工作，全市有6个县（市、区）通过产地检疫示范县验收，示范县建成率60%。

【养殖场粪污处理】 2016年，廊坊市制定《廊坊市2016年农作物秸秆综合利用实施方案》，全市秸秆青贮总量120.05万吨，其中全株青贮51.9万吨，同比增长3.8%，秸秆饲料化利用率24%。全市创建种养结合示范场10个，12个规模养殖场新建粪污处理设施。全市有粪污处理设施的养殖场308个，占460个规模养殖场的67%。

【奶牛生产信息管理系统推广应用】 2016年，廊坊市围绕畜牧业信息化、互联网+技术，在河北省率先建立起奶牛信息化管理平台。推广电子发情监控、TMR饲喂精准监控、奶牛场环境监测监控等一系列信息化先进适用技术，提高牛场精准化管理水平。全市奶牛场总数38家，使用信息化管理软件的奶牛场29家，使用率占到76.32%；纳入平台管理的奶牛场12家，奶牛日平均单产由22千克提高到27千克，最高达到33千克。

【猪冷冻精液生产技术专利】 2016年，廊坊市农业局与三河市盛繁商贸有限公司合作，经过技术改良、科技攻关，在猪冷冻精液生产关键技术领域研发出广泛应用于各品种猪精液的稀释液、冷冻液、解冻液配方，创建出猪冷配小剂量子宫体输精技术配套体系、猪精液冷冻及解冻程序，攻克常温精液冷冻后活力低、在生产中难以广泛应用等技术难题。经中国农学会专家评价，该项成果达到国内领先、国际先进水平。试验数据表明，猪冷冻精液解冻后，猪精子活力74%至87%，远高于60%的世界水平，精子受胎率80%，平均产仔数9.8头至11.4头，接近或达到与常温液态精液一样的繁育水平。年内廊坊市研发的“猪冷冻精液技术”的核心——《冷冻精液稀释液的制备方法》获得国家专利。

（刘维娜）

农林科研

【概况】 2016年，廊坊市农林科学院（以下简称市农科院）打造科技服务品牌。多媒体科技服务中心开展远程视频579次；廊坊电视台录制《农博士话农事》和《食在好源头》栏目62次；印发《实用科技信息》9.6万余份；热线电话接听农民咨询5450次；广播电台录制《农业百事通》节目31次；专业技术人员技术服务2064人次。引进推广栽培试验新品种。从国家科研院所、高等院校引进番茄、韭菜、大白菜、大葱、萝卜、南瓜、生姜、甘蓝等蔬菜优良品种102个，引进优质早熟桃、油桃、树莓新品种14个，引进、筛选榛子、欧李、无花果等树种新品种15个，引进秋菊光玉和岩白扇、小菊、玫瑰、耐寒睡莲粉牡丹、黄莺、红玛瑙、荷花美洲黄莲等花卉新品种11个，引进玉米新品种农单113、中地175等作物新品种2个，引进华北柴鸡、五黑鸡、大白鹅品种常州鹅、饲用型菊芋等畜牧新品种4个。农业科研项目立项8项。其中，《甘薯优质特异资源创新与利用》《棚室宽叶韭菜种质资源创新》《榛子品种筛选与配套技术》《大豆种质资源的创新与应用》《番茄属茄子抗病砧木种质资源创新》为省科技支撑计划项目；《薄皮甜瓜新品种选育与配套栽培技术中试与示范》《饲用小黑麦新品种冀饲1号、冀饲2号中试与示范》为市农业科技成果转化基金项目；《设施番茄免耕栽培技术研究》为市科学技术研究与发展计划自筹经费项目。开展"四季棚室结构设计及蔬菜周年栽培模式的中试与示范"等19项在研课题的实施。《高产、优质、抗病鲜食大豆优良品种筛选及配套栽培技术研究》《抗寒、耐旱节水型高产优质小麦新品种选育、引进、筛选及配套栽培技术研究与示范》《高产、优质、抗病甘薯新品种"廊烟薯6"的中试与示范》《兰州韭黄栽培技术引进与示范》《"城郊—都市"型特色农业支撑技术研究与示范工程建设》课题通过廊坊市科学技术局组织的验收；《林下香菇栽培技术规程》通过省级农业地方标准审定。《高产、优质、抗病甘薯新品种"廊烟薯6"选育及配套栽培技术研究》获廊坊市科技进步一等奖。市农科院科技工作者在省级以上刊物发表《嫁接法防治棚室番茄根结线虫病技术》《早春茬马铃薯棚室高产栽培技术》《低温雾霾天气日光温室樱桃萝卜越冬栽培技术》《金银花褐斑病病原检测和ITS鉴定》等学术论文23篇。

【甘薯新品种栽培技术科研成果】 1月，市农科院《优质、抗病甘薯新品种'廊紫薯1号'选育及配套栽培技术》科研成果通过河北省科技成果转化服务中心鉴定。成果以皖薯1号做母本，烟紫薯1号、山川紫等6个亲本做父本进行混合授粉，从其后代中筛选出优良品系W1-3，经品比试验、生产试验、品质检验、抗病鉴定，育成甘薯优良品种"廊紫薯1号"。"廊紫薯1号"萌芽性好，结薯集中，薯块整齐，薯形纺锤形，薯皮紫色，薯肉深紫，较耐储；食味好，淀粉含量13.3%，还原糖含量11.1%，花青素含量72.3毫克/100克。

【鲜食大豆品种栽培技术科研成果】 1月，市农科院《高产、优质、抗病鲜食大豆优良品种筛选及配套栽培技术研究》科研成果通过廊坊市科学技术局鉴定。成果从12个鲜食大豆品种中筛选出适合廊坊市种植的高产、优质、抗病、适播期长、商品性好的优良品种2个，鲜食大豆适播期和采摘期分别延长到91天和95天，比当地主栽品种提早40天上市，分别增产26.8%和26.4%。

【中心实验室】 市农科院中心实验室坐落于廊坊市农林科学院5楼，计划总投资1200万元，前期投入200万元购入仪器设备90余套。从2016年开始计划用5年时间将中心实验室建成集细胞与分子育种研究、农产品品质及农药残留测定、土壤营养成分分析、病虫害综合防治等职能于一体的科研实验平台。年内，实验室投入240万元购置奥林巴斯倒置显微镜系统、连续流动化学分析仪等16台套仪器全部安装到位。

【科研试验基地】 市农科院科研试验基地位于廊坊市区南侧，坐落安次区仇庄乡潘场村，距市区16千米，占地200亩（13.33公顷）。科研试验基地建有70米长日光温室17栋、120米长日光温室3栋，具有自主知识产权的120米长四季温室6栋，财政总投资1200万元，于2015年7月全部建成并投入使用。基地内覆盖节水滴管、喷灌设备节水节能。基地四周全部由围墙封闭，保障试验材料、数据安全。基地内温室主要承担蔬菜、花卉、作物、畜牧、林果、植保、土肥等科研试验项目的设施研究。露地功能划分科学明确，分为农作物试验区、林果试验区、花卉试验区、蔬菜试验区、畜牧试验区。

【科技成果示范基地】 市农科院科技成果示范基地坐落于廊坊市安次区仇庄乡陈家务村，占地110亩（7.33公顷）。基地总建设规模约300亩（20公顷），五年内预计投资7000万元。其中，拟建设各类棚室60个，预计总投资3700万元，包括基础设施投资1500万元，特色种养植硬件投资1200万元，土地租赁费用1000万元。年内，基地外网围墙、院内道路、门卫及厕所等设施建设完工。

（樊惠超）

农业开发

【概况】 2016年，廊坊市农业综合开发项目总投资3.5亿元，其中财政资金1.98亿元。建设农业综合开发项目32个。其中，建设土地治理项目11个，土地治理面积12.68万亩（8453.33公顷）；建成高标准产业化经营项目21个。年内廊坊市农业开发项目资金管理工作绩效考核、廊坊市农业开发项目省级验收核查、廊坊市农业开发信息宣传工作考核均获全省第一名。廊坊市农业开发工作以连续3年实现全省系统考核第一名的优异成绩得到省农业开发办公室的通报表彰。固安示范区在全省示范区年度验收考核评比中被评为全省优秀等次。

【土地治理项目】 2016年，廊坊市土地治理项目总投资1.58亿元，全部为财政资金。其中，高标准农田项目投资1.32亿元；文安县生态综合治理项目投资2623万元。建设高标准农田项目10个，土地治理面积10.3万亩（6866.67公顷）；建设文安县生态综合治理项目1个，土地治理面积2.38万亩（1586.67公顷）。全市土地治理项目建设机电井674眼、渠系建筑物2344座、喷灌2020.3亩（134.67公顷）；造林0.1万亩（66.67公顷）、苗圃450亩（30公顷）；技术培训300人次，示范推广2.82万亩（1880公顷）；田间干道95.76千米、田间支路25.83千米。通过治理，项目区新增和改善灌溉面积9.35万亩（6253.33公顷），新增和改善除涝面积6.88万亩（4586.67公顷），新增节水灌溉面积7.25万亩（4833.33公顷），年节约水量394.21万立方米，增加农田林网防护面积8.24万亩（5493.33公顷），扩大良种种植面积4000亩（266.67公顷）。年新增粮食生产能力1411.7万千克，棉花生产能力165

万千克。项目区直接受益农户18575户，项目区年直接受益农业人口65015人，项目区直接受益农民年纯收入增加3132.48万元。

【产业化经营项目】　2016年，廊坊市产业化经营项目总投资19629万元。其中，财政投资4244万元、自筹资金4636万元、贴息贷款10330万元，贴息额419万元。建成种植基地项目9个、养殖基地项目7个、农产品加工项目1个、贷款贴息项目4个。项目新增总产值1.83亿元，带动项目区农民年增收8884万元，年直接受益农业人口10万人。

（申　晴）

农业产业化

【概况】　2016年，廊坊市实施投资千万元以上的重点项目100个，总投资355亿元，年度投资110亿元。其中，开工建设项目45个，总投资48.8亿元；引进项目13个，总投资11.21亿元；竣工项目45个，同比增加4个。龙头企业加快转型。引导支持261家市级以上龙头企业建立现代企业经营制度，规范发展，加快转变企业经营方式；引导支持上下游企业加强合作，打造现代产业联合体；引导支持企业引进现代高端农产品加工技术，提升粮油、肉类、乳品、果蔬等特色农产品加工业的加工能力和水平，加快转变企业生产方式。年内，廊坊市国家级农业产业化重点龙头企业5家，省级农业产业化重点龙头企业49家，市级农业产业化重点龙头企业267家，实现销售收入369.1亿元。全市产业化经营实现销售收入380亿元，同比提高8.5%。农业产业化龙头企业通过订单、入企打工、土地入股等方式，带动农户56万户，农户参与率67%，让农民分享到农业现代化、规模化、产业化的发展成果。固安县南王起营村获“第六批全国一村一品专业示范村镇”称号。

【工商资本投资农业产业化项目】　2016年，全市工商资本投资农业产业化项目26个，总投资73.23亿元，占全市农业产业化项目总投资的20.06%，同比增长7.6%。单体总投资5000万元以上项目18个。其中，投资亿元以上的项目12个，10亿元以上的项目2个。长征现代农业创意产业园项目由廊坊市长征驾校投资建设，项目总投资11.03亿元。该项目集现代特色种植、现代观光休闲、康体娱乐疗养于一体，年内其基础设施建设完工，建成高标准日光温室大棚22栋、连栋玻璃温室6栋。

【农业产业化重点项目督导】　2016年，廊坊市持续加大农业产业化项目建设督导推进力度。5月11日至12日，市农业产业化办公室组织开展廊坊市农业产业化重点项目拉练观摩活动，现场观摩督导正张食用油有限公司年增产70万千克小磨芝麻花生酱加工技改扩建项目、参花面粉有限公司年产30万吨专用小麦粉加工项目等20个现代农产品深加工项目，以及农业休闲和物流项目建设。

【农业产业化龙头企业推广培训】　11月，市农业产业化办公室与廊坊电视台公共频道合作，以“创新发展、转型升级的廊坊农业产业化”为主题，推广介绍汇福、康达、争荣等10家农业产业化龙头企业的经验做法。12月13日至14日，市农业产业化办公室举办农业产业化重点龙头企业培训班。培训班围绕农业产业化龙头企业如何适应新常态，如何增强企业产品核心竞争力、如何应用互联网技术等，邀请北京金农合现代农业有限公司专家培训团队为企业负责人授课。

【农业产业化政策扶持】 2016年，廊坊市农业产业化办公室制定出台《关于加快全市农产品加工业发展的意见》，从加大财政支持、强化用地保证等6方面提出扶持政策，为新常态下企业实现创新发展提供政策支持。争取落实省级专项资金，参花年产30万吨小麦粉加工、文安6000吨蔬菜气调库保鲜项目等5个项目获省760万元农业产业化贷款贴息和品牌建设奖励资金。设立1500万元市级农业产业化创新引导资金，重点扶持伊利乳品、廊雪面粉等15个技术升级、设备改造和品牌创建的龙头企业项目建设。

2016年廊坊市省级农业产业化重点龙头企业一览表

表12

企业名称	地 址
三河市鑫兴肉类有限公司	三河市新集镇桥头村
河北福成五丰食品股份有限公司	三河市燕郊开发区
三河市富祥奶牛养殖有限公司	三河市皇庄镇葛中马坊村南
廊坊伊利乳品有限公司	廊坊经济技术开发区全兴路
廊坊瑞康饲料有限公司	廊坊经济技术开发区广阳东道50号
三河汇福粮油集团有限	三河市燕郊开发区汇福路8号
廊坊市京南食品有限公司	廊坊市农业高新技术园区桐万路
廊坊市润绿园艺集团有限公司	廊坊市广阳区北凤道29号3层
三河市香丰肥业有限公司	三河市京哈路159号
廊坊福豆粮油有限公司	河北文安工业园区
廊坊宏信饲料科技有限公司	文安县新桥工业园区廊大路西侧
廊坊利珠粮油食品有限公司	文安县吉村路口
文安县瑞丰家禽育种有限公司	文安县史各庄镇二合庄村东
廊坊五棵松木业有限公司	文安县滩里镇廊大公路西侧
廊坊兴山木业有限公司	文安县滩里镇安左路北
廊坊占祥粮油食品有限公司	文安县黄甫农场
大厂回族自治县福华肉类有限公司	大厂县城关西环路
大厂回族自治县永发油脂肉类加工厂	大厂县夏厂路霍各庄段南侧
河北明慧养猪集团有限公司	三河市杨庄镇大曹庄村
河北华香清真肉类加工有限责任公司	香河经济技术开发区
霸州市双根肉类食品有限公司	霸州市信安镇高桥工业园区
梅花生物科技集团股份有限公司	廊坊经济技术开发区华祥路66号

续表 12-1

企业名称	地　址
霸州市津恺食品有限公司	霸州市煎茶铺镇东台山工业区 068 号
霸州市奥昆食品有限公司	霸州市开发区
河北争荣生物科技股份有限公司	霸州市南孟镇 106 国道东
霸州市华丰粮油工贸有限公司	霸州市阿尔卡迪亚 35HS-F
大城县美萨佳士达食品有限公司	大城县富民路
廊坊正张食用油有限公司	大城工业园区现代制造业工业园 浦东路 9 号
固安县参花面粉有限公司	固安县新兴产业示范区
廊坊绿园农业开发有限公司	固安县城区固马路东侧
河北恒都美业农业开发有限公司	永清县龙虎庄乡前刘官营村东侧
廊坊北方农贸批发市场有限公司	安次区南外环东头路南
廊坊市九天农业工程有限公司	安次区西昌路 118 号
廊坊市天鹏牧业股份有限公司	安次区东沽港镇磨汊港村
河北康达畜禽养殖有限公司	安次区东沽港镇磨汊港村
廊坊美好畜牧养殖股份有限公司	安次区落垡镇荣营村
廊坊市池林牧业股份有限公司	安次区杨税务乡麻营村南
廊坊市熊氏牧业股份有限公司	安次区仇庄乡熊营村
廊坊市欧华农牧股份有限公司	安次区仇庄乡建设村
固安县兴芦绿蔬菜种植有限公司	固安县彭村乡彭村中街南
新苑阳光农业有限公司	永清县刘其营乡张迁务村
廊坊市安杰奶牛养殖有限公司	广阳区万庄镇伊指挥营村
三河顺发奶牛养殖有限公司	三河市皇庄镇韶道庵村南三皇路东侧
廊坊市亚绿种植有限公司	安次区仇庄乡建设村
文安县北方田园农牧发展有限公司	文安县黄甫农场
河北森川园林绿化工程有限公司	文安县大围河乡安里村
好丽友食品有限公司	廊坊经济技术开发区全兴路 11 号
河北达利食品有限公司	霸州市西环路西
永清县胜利养殖有限公司	永清县刘街乡土楼胜利村

（孙　彦）

林果业

【概况】 2016 年，廊坊市继续实施“两年大提升，创建森林城”工程，打造京津冀生态支撑区和建设京津保平原生态过渡带。创建国家森林城市，编制《廊坊市国家森林城市建设总体规划（2016—2025 年）》。全市有林地面积 278.14 万亩（185426.67 公顷）。果树总面积 97.8 万亩（65200 公顷），果品产量 63.7 万吨；花木面积 9.78 万亩（6520 公顷）。精品绿化线总长 528.4 千米。廊坊市绿委办获全国绿化先进集体荣誉称号。在 2016 唐山世界园艺博览会上，廊坊园获室外展园竞赛河北园综合类银奖。

【森林病虫害防治】 2016 年，廊坊市林业局印发《廊坊市 2016 年春尺蠖防治实施方案》《廊坊市 2016 年美国白蛾防治实施方案》《廊坊市松材线虫病预防和除治应急预案》和《廊坊市 2016 年飞机防治春尺蠖、美国白蛾实施方案》。全市投入森林病虫害防治资金 1881 万元，防治面积 339.02 万亩（226013.33 公顷）。林业有害生物成灾率控制在 0.3‰以下，无公害防治率 92%，林业有害生物防治率 90%。

【惩治涉林违法犯罪】 2016 年，廊坊市林业局修订完善《廊坊市森林火灾应急预案》。开展惩治野外违法用火行为的“金钺”专项行动，开展森林防火进乡村赶大集系列宣传活动，开展重点时期、重点地区清理活动，防止森林火灾发生。开展“金盾”“金剑”“金网”“净网行动”“严厉打击非法占用林地涉林违法犯罪”等专项行动，受理涉林行政案件 130 起，刑事案件 24 起，行政处罚 119 人，刑拘 1 人，逮捕 5 人，取保候审 5 人，上网追逃 1 人，移送起诉 7 起。查扣疑似珍贵、濒危野生动物制品 75 件。

【林业科技推广】 2016 年，廊坊市建设市级科技示范点 6 个，推广先进实用技术 10 项，引进樱桃、葡萄、梨等新品种 12 个；组织技术培训 15 期，培训林果农 2000 余人次，发放技术资料 4000 余份。廊坊林业科普微信交流群建立，发布林果技术文章、技术措施、技术交流等 380 余条，解答种植户技术咨询 260 多次，发布供求信息 1500 多条。

（陈　波）

水　务

【概况】 2016 年，廊坊市防汛检查出各类隐患 1073 处，处理隐患 302 处，采取应急措施 771 处。科学组织应对“7·19”大暴雨，北运河洪水实现平稳下泄、安全度汛。抗旱投入资金 5000 万元，动用机电井 2.88 万眼，浇地 250.58 万亩（167053.33 公顷）。北京新机场天堂河改道工程通水。中央投资水利工程项目加速推进，永定河泛区治理工程基本完工。10 个县（市、区）纳入全省地下水超采综合治理试点范围，投资 3645 万元的 2016 年度省级地下水超采综合治理项目建设完工。全市 12876 处小型水利工程明晰产权，落实管护主体和管护责任。水资源税改革工作全市移交核查非农取用水户 638 家，累计核定水量 6208 万立方米，入库税款 3615.77 万元。落实最严格水资源管理制度，严格取水许可审批和水资源论证审查，取水许可证发放率、台账录入率 100%，建设项目水资源论证率 100%，重点用水监控单位计划用水下达 100%。企业水平衡测试 8 个。农田灌溉水有效利用系数提高到 0.723。

印发《廊坊市入河排污口规范化建设方案》，全面开展入河排污口调查，每月监测主要入河排污口水质并发布通报。组织开展两轮惩治河道非法采砂专项行动，处理各类违规违法案件12起，有效维护水事秩序。集中培训乡镇水利员190名。河道费征收4868万元。推进涉河项目水利防护工程建设和监督管理，组织开展惩治河道非法采砂专项行动，处理各类违规违法案件12起。

【生态水系总体规划】 2016年，中国建筑设计研究院与中国水科院联合规划设计编制《廊坊市生态水系连通总体规划》。规划将廊坊北部的潮白河及北运河、中部的永定河及环城水系、南部的大清河及子牙河互连互通，形成河渠相连、渠淀相通的生态大水网。市直及广阳区、安次区等22个成员单位组成市区环城水系规划建设领导小组，委托设计单位编制《廊坊市区环城水系景观建设总体规划》。规划以“龙凤呈祥”为主题，以“三园、六廊、九坊”（“三园”即龙湖湿地园、凤湖湿地园、鹭鸣湿地园，“六廊”即创意文化展示廊道、历史人文活力廊道、休闲农业体验廊道、民间艺术休闲廊道、自然生态观光廊道、科技创新体验廊道，“九坊”即科普坊、创意坊、田园坊、文博坊、名贤坊、胜春坊、养生坊、科技坊、青草坊）为总体框架，实现“一环清水两岸净、三季花香四季青、水绕城转景观美、文化多元景观浓”的建设目标。

【域内南水北调配套工程】 2016年，廊坊市域内南水北调供水范围内水源井（受水区自备井）关停自备井113眼。8座地表水厂在全省率先具备全域（受水区）通水条件。固安县城水厂供水运行。廊坊市区、固安工业园区2座水厂带水调试。全市引调长江水2140万立方米，其中向廊坊市区环城水系及龙河引入生态水1300万立方米，市区水生态环境改善。“北三县”引调水工程廊坊段可研报告初稿基本完成，开展征迁设计、防洪评价、水土保持等专项报告，北京段同步推进相关前期工作。

【永定河郊野公园项目续建】 2016年，廊坊市继续实施永定河郊野公园建设。推进九州园、西昌园西延段工程前期工作。4月，全部办结社会稳定风险分析、行业审查等立项前期审批；5月4日，市发改委批复项目可研报告；7月8日开展初步设计招标；9月12日，市发改委批复项目初步设计，下达项目投资计划。9月中旬编制成施工图、工程预算及工程量清单，报市财政投资评审中心审查。11月30日，市财政评审中心出具工程监理、施工最高限价初审意见。12月26日至30日组织工程监理招标公示、报名。推进更生园、廊泊园、落垡园各项前期工作，项目可研报告获批正式立项，开展勘察、设计招标工作。

（王新民）

【冯家务地表水厂建设】 11月，位于广阳区东冯家务村的在建地表水厂格栅间及取水泵房进入带水单机调试阶段。地表水厂工程总规模50万立方米/日，占地面积450亩（30公顷），总投资10.82亿元。工程分2期建设，一期工程30万立方米/日，在建实施的是一期一阶段15万立方米/日供水工程及部分一期二阶段管网工程，投资约4.9亿元。地表水厂建成后供水范围覆盖廊坊市主城区。

（郎之鉴）

工业　信息业

综　述

2016年，全市规模以上工业增加值776.5亿元，同比增长6%，增速居全省第三位。工业固定资产投资1291亿元，同比增长20.2%，增速居全省第一位。工业技改投资794.3亿元，同比增长16.2%，增速居全省第一位。新增规模以上工业企业109家，超出省下达100家的任务目标。

产业政策制定实施。制定《廊坊市大数据产业发展规划纲要》《廊坊市电子信息产业发展规划（2016—2020）》《关于加快推进中国制造2025的实施意见》《关于加快发展“大智移云”引领产业升级行动计划（2016—2018年）》；起草《廊坊市“十三五”工业发展规划》初稿，拟定并组织实施消费品工业发展战略规划；制定《促进生物医药产业发展落实意见》《促进新医疗大健康产业发展落实意见》；出台《整治货车非法改装专项行动方案》《加快新能源汽车产业发展和推广应用实施方案》。

工业指标运行监测调度。实行台账式工作管理机制，梳理细化全部工业和信息化工作目标，设定必保和力争指标两套体系，落实目标管理责任制。实行工业指标会商机制，每月初会同统计、发改、供电部门研判工业用电量、原材料价格走势等先行指标，提前预测预警。实行督导调度机制，会同统计、督查部门开展新增规模以上工业企业、规模以上工业增加值、工业投资等重点督导6次。

企业技术改造提升。引导企业实施技改项目661项，滚动发放委托贷款2.5亿元，撬动银行贷款8.4亿元，拉动企业投资42亿元。组织企业申报省级以上重点项目115项，包括工业强基项目12项、省千项技改项目103项，涉及机器换人项目39项、数字化车间改造项目19项、企业搬迁入园项目13项。帮助28个重点技改项目争取国家和省级专项资金2533万元，拉动企业投资84.6亿元，带动银行贷款20亿元。改造后企业淘汰落后设备339台（套），新增国内先进设备2297台（套），25项达到国内先进水平，3项填补国内空白，4项填补省内空白。

节能降耗减排。全市规模以上工业万元增加值能耗下降8.36%，超额完成省下达4.16%的任务目标。推进燃煤工业锅炉改造，年内改造锅炉917台、2208.68蒸吨，分别占年度任务的108.4%和108.1%。核查水泥企业4家、平板玻璃企业2家，严防企业新增过剩产能。年内全市走访核查企业过剩产能34次。

信息产业融合发展。新增河北省“互联网+”制造业试点示范项目1个、河北省“互联网+”制造业重点跟踪项目1个、河北省工业化和信息化融合重点企业13家、河北省工业化和信息化融合管理体系贯标试点企业1家。组织167家企业开展工业化和信息化融合发展水平评估，形成评估报告。推进军民深度融合发展。固安园区升级为国家级军民结合示范基地，航天科工集团首个军民融合成果转化基地落户廊坊。年内廊坊市新增军民融合型企业10家。

（褚继东）

工 业

【概况】 2016年，廊坊市全部工业增加值1057.6亿元，同比增长7%，占全市GDP比重达39.1%。其中规模以上工业增加值776.5亿元，同比增长6%，占全市GDP比重28.7%。实现工业出口交货值153.4亿元，同比增长11.1%。全市新增规模以上工业企业109家，超额省下达100家的任务目标，较上年同期减少28家。其中规模以下转规模以上企业102家，新建入统企业7家，较上年同期减少5家。7家新投产企业分别是：永清县2家，廊坊开发区2家，安次区、三河市、大厂县各1家。年内全市工业经济发展面临大气污染防治、化解过剩产能、实体经济投入不足等多方面问题。新增企业数量较少，后续力量不足，成为制约全市工业经济发展的重要原因之一。

【规模以上工业先升后降发展态势】 2016年，全市规模以上工业运行"沉稳砺行"，呈波动式先升后降发展态势。从月份走势看，2月全市规模以上工业增加值增速6.2%，3月升至6.5%，4月持平，5月略有回落至6.4%，6月至7月维持6.4%增速，8月至9月分别为6.7%、6.8%，10月维持6.8%增速达到全年最高值，11月全市规模以上工业增加值下滑至6.4%，12月下滑趋势严峻，全市1203家规模以上工业企业中，减停产企业418家，占全部规模以上工业企业的34.7%，拉低增速至6%，达到全年最低点。从全省各设区市排位看，廊坊市比第一位、第二位的沧州市、保定市分别低1.0和0.8个百分点，居全省第三位。从县域增速看，表现为"七高两低两平"，与全市规模以上工业增加值增速相比，1月至12月增速高于全市水平的有7个县（市、区），分别是：安次区7.3%、香河县6.8%、固安县6.6%、三河市6.5%、廊坊开发区6.3%、大城县6.2%、文安县6.1%。广阳区和大厂县低于全市平均水平，分别为5.0%、5.6%。霸州市和永清县与全市水平持平。从行业看，全市规模以上工业32个行业大类中，24个行业增加值同比实现增长，占75%。增加值总量排位前十名的行业中，8个行业呈现增长。其中金属制品业、食品制造业、汽车制造业三个行业拉动作用明显。金属制品业实现增加值57.8亿元，同比增长24.2%，拉动全市上涨1.6个百分点；食品制造业实现增加值31亿元，同比增长19.5%，拉动全市上涨0.7个百分点；汽车制造业实现增加值62.2亿元，同比增长8.5%，拉动全市上涨0.7个百分点。金属制品业、食品制造业、汽车制造业三个行业拉动全市规模以上工业增速提高3个百分点。

【工业投资增速加快】 2016年，廊坊市全部工业固定资产投资1291亿元，同比增长21.9%，高于全省14.3个百分点，增速居全省第一位。从县域增速看，表现为"五高六低"，与全市工业固定资产投资增速相比，1月至12月增速高于全市水平的有5个县（市、区），分别是：大厂县56.9%、三河市53.9%、香河县28.6%、广阳区23.6%、大城县23%。6个县（市、区）低于全市水平，分别为：廊坊开发区20.1%、固安县18%、安次区15.2%、霸州市13.7%、文安县6.9%、永清县6.4%。全市工业技改投资794.3亿元，同比增长16.2%，高于全省25.7个百分点，增速居全省第一位。从县域增速看，表现为"八高三低"，与全市工业技改投资增速相比，1月至12月增速高于全市水平的有8个县（市、区），分别是：三河市41.5%、广阳区34.6%、廊坊开发区32.3%、永清县30.5%、固安县29.6%、霸州市26.9%、大厂县24.1%、香河县21.5%。3个县（区）低于全市水平，分别为：安次区7.3%、大城县-0.8%、文安县-15.9%。

【四行业拉动工业利润增长】 2016年，廊坊市规模以上工业实现利润183亿元，同比增长12.1%，比上年同期提高17.6个百分点，扭转上年利润持续负增长的局面。从月份走势看，3月快速上涨至18.8%，4月达到23.5%，5月小幅下降至20.8%，6月起持续上涨，9月创年内新高上涨至26%，10月进入下行渠道下降至18.6%，11月至12月继续下降，分别为12.4%、12.1%。从行业看，全市规模以上工业32个行业大类中，19个行业利润实现正增长。其中汽车制造业、燃气生产供应业、黑色金属冶炼压延及工业和农副食品加工业等四行业影响突出，实现利润58.6亿元，合力拉动全市规模以上工业利润增长11.3个百分点，贡献率93.4%，成为全市工业利润增长的主要拉动力。

（陈玺同　李　鑫）

【装备制造业】 2016年，廊坊市装备制造业主要包括金属制品业、通用设备制造业、专用设备制造业、汽车制造业、铁路船舶航空航天及其他运输设备制造业、电气机械及器材制造业、计算机通信及其他电子设备制造业、仪器仪表制造业，有规模以上企业435家，较上年增加17家。全市装备制造业实现营业收入1652.5亿元，同比增长8%；实现增加值326.1亿元，同比增长6.7%，占全部工业的比重为30.8%。其中，金属制品加工业有规模以上企业106家，实现主营收入275.6亿元，同比增长14.1%；通用设备制造业有规模以上企业76家，实现主营收入172.3亿元，同比增长-6.9%；专用设备制造业有规模以上企业54家，实现主营业务收入105.3亿元，同比增长-3.8%；汽车制造业有规模以上企业94家，实现主营收入280.4亿元，同比增长16.6%；铁路、船舶、航空航天及其他运输设备制造业有规模以上企业18家，实现主营收入22.5亿元，同比增长-0.6%；电气机械和器材制造业有规模以上企业60家，实现主营收入72.2亿元，与上年持平；计算机通信及其他电子设备制造业有规模以上企业19家，实现主营收入167亿元，同比增长4.5%；仪器仪表制造业有规模以上企业8家，实现主营收入7.4亿元，同比增长18.2%。重点企业有华升富士达电梯有限公司、卢卡斯伟利达廊重制动器有限公司、三河世原汽车科技有限公司、廊坊精雕数控机床有限公司、固安华电天仁控制设备有限公司、河北航天振邦精密机械有限公司。

（方伟明）

【家具制造及木材加工业】 2016年，廊坊市家具制造及木材加工业包括木材加工和木、竹、藤、棕、草制品业，以及家具制造业。有规模以上企业129家，实现营业收入469.9亿元，同比增长4.2%；增加值80.3亿元，同比增长7.1%。廊坊市家具制造及木材加工行业形成霸州金属玻璃家具产业、香河家具产销基地、文安人造板生产基地、大城红木家具生产基地等各具特色产业集群，涌现出“华日”“富沃德”“三强”“八达”“华彪”“爱依瑞斯”等一批国家驰名商标和省级名牌产品，以及双叶家具、王朝木门、日上门业、喜临门床垫等国内知名家具企业。重点企业有廊坊华日家具有限公司、霸州三强家具有限公司。主要产品有金属玻璃家具、布艺家具、皮革家具、红木家具等，涵盖办公、民用、酒店工程、医疗家具等及家具板材、皮革、五金、塑料制品、无纺布等原辅材料，形成制造、研发、展售、原辅料等比较完整的产业链条。人造板产业主要产品有多层板、刨花板、装饰板、异形板、细木工板、建筑模板、中密度板、复合地板等十几大类300多个品种，产品畅销全国各地。家具产业成为廊坊市的支柱产业，在吸纳就业、增加税收、强市富民等方面发挥着重要作用，在国内家具行业占据一定地位。

【金属冶炼及压延业】 2016年，廊坊市金属冶炼及压延业包括黑色金属冶炼及压延加工业和有色金属冶炼及压延加工业。有规模以上企业125家。实现营业收入686.6亿元，同比增长8.6%；实现增加值138.3亿元，同比增长6.1%。重点企业有河北前进钢铁集团有限公司、廊坊洸远金属制品有限公司、霸州市新利钢铁有限公司、河北新钢钢铁有限公司、霸州市京华金属制品有限公司。主要产品有钢锭、铁锭、金属板材、金属管材、螺纹钢及线材等。

【食品加工业】 2016年，廊坊市食品加工业包括农副食品加工业、食品制造业、酒、饮料和精制茶制造业，有规模以上企业75家。实现营业收入519.6亿元，同比增长1%；实现增加值111.1亿元，同比增长3.6%。廊坊市食品工业产品涉及粮油加工、调味品、肉类屠宰及深加工、奶制品生产加工、休闲食品、酒类、软饮料制造、农副产品加工等。其中食用油、调味品、肉类屠宰及加工、休闲食品4个主导行业呈现规模化发展。食品加工业区域布局日趋集中。主要集中在三河市、霸州市、大厂县及廊坊开发区。上述4地区规模以上食品工业主营业务收入占全市规模以上食品工业的91.5%，较上年提高1.5个百分点。自主品牌优势明显。三河市"汇福""福成"为中国驰名品牌，市场知名度和占有率在全国同行业领先；霸州形成以路易达孚、六必居为代表的食品产业龙头；廊坊开发区聚集好丽友、承德露露、中粮屯河番茄汁、伊利乳业等食品生产知名企业；文安县占祥粮油食品有限公司为"第五批国家农业产业化重点龙头企业"，是中粮集团杂粮分装加工基地、中国北方最大芝麻系列油品的专业化生产基地和全国最大的豆沙、豆馅类产品生产加工基地。重点企业有三河汇福粮油集团有限公司、好丽友食品有限公司、廊坊伊利乳品有限公司、华润雪花啤酒有限公司、河北福成五丰食品有限公司、廊坊顶津食品有限公司。主要产品有植物油、饲料蛋白、牛肉、奶制品、糕点、调味品、面粉、肠衣、酱菜、啤酒、白酒及动物饲料等。

（王俊燕）

电力供应

【概况】 2016年，国网冀北电力有限公司廊坊供电公司（以下简称廊坊供电公司）固定资产投资9.82亿元，其中电网投资7.74亿元；实现售电量243.34亿千瓦时，同比增长6.84%；最大供电负荷481.4万千瓦，同比增长9.86%。创新应用"互联网+电力营销服务"模式，掌上电力APP注册19万户。对接华夏AMOLED等12个重点项目，超前掌控客户用电需求。开辟新能源发展"绿色通道"，实施分布式光伏并网项目643个，消纳电量50.94万千瓦时。投运充电站44座、充电桩224个，实现全市和所有高速公路服务区的充电设施全覆盖。年内首个县级电动公交车充电站在大厂县建成投运。

【安全生产】 2016年，廊坊供电公司开展安全生产大检查和专题“安全日”等活动，整改问题418项，安全管控水平持续提升。落实电力设施属地化管理责任，全年治理树障23万余棵，清理线下违建4处。持续提升设备健康水平，消除设备缺陷1976项。电网运行预警预控发布六级以上电网运行风险131次。

【电网建设】 2016年，廊坊供电公司推进特高压等各级电网协调发展。锡盟—山东特高压交流工程提前2个月竣工投产；蒙西—天津南特高压交流工程建成投运。锡盟—泰州、扎鲁特—青州特高压直流工程按里程碑计划有序推进。北京东配套500千伏工程、北京西配套500千伏工程全线贯通。推进“电代煤”配套主网项目前期工作，220千伏及以下项目全部获得核准。廊坊“煤改电”工程年度任务完成。冀北地区首座新一代智能变电站——旺村220千伏站等8项110千伏及以上重点工程竣工投入运营。

（祝云鹏）

信息产业

【概况】 廊坊市电子信息产业包括电子信息制造业、软件及信息服务业。2016年，全市电子信息产业增长总体平稳，稳中提质，好于预期。78家入统企业实现主营业务收入349.5亿元，占全省电子信息产业的26.8%，同比增长12.2%；实现利税46.8亿元，同比增长9.7%，其中利润31亿元，同比增长3.4%；出口交货值73.1亿元，同比增长50.4%。除利润位居全省第二位外，各项指标均列全省第一位。

【电子信息制造业】 2016年，廊坊市电子信息制造业入统企业58家，其中亿元以上企业23家，10亿元以上企业3家。58家企业实现主营业务收入199.8亿元，占全省电子信息制造业的19.1%，同比增长4.6%；利润13.6亿元，同比下降32.4%；税收9.9亿元，同比增长28.1%；出口交货值73.1亿元，同比增长50.5%。各项体量指标位居全省前三位。从行业运行特点看，受全国光伏市场回暖影响，廊坊市光伏产业蓬勃发展，带动电子信息制造业增长。阳光硅峰和阳光硅谷2家龙头企业实现主营业务收入13.9亿元，同比增长129.8%；实现利润1.7亿元，与上年相比大幅增长，实现扭亏为盈。中国成为全球新型显示产业增长重要引擎，新兴应用为产业持续发展提供有力支撑，上游设备原材料配套能力逐渐完善。受此影响，京东方集团在廊坊市布局的自主产品增多，代工产品减少，产业规模进一步扩大，利润大幅增长，实现主营业务收入28.5亿元，同比增长43.2%；实现利润1.8亿元，为上年同期的8.6倍。通信导航产业及智能手机等产品需求减少、毛利下降、成本上升等因素，导致企业净利润大幅下降。富智康实现主营业务收入91.3亿元，同比下降4.3%；实现利润4.3亿元，同比下降55.1%。LED产业规模萎缩。LED节能照明技术生产工艺、设备更新换代频繁，廊坊市LED产业起点较低，主要以外购光源组装灯具业务为主，核心技术研发投入不足，生产设备落后，相继停产、转产。年内实现主营业务收入945万元，同比下降74%。电子元器件、仪器仪表、磁性材料、红外光学材料等电子产业发展较为平稳，年内实现主营业务收入10.8亿，同比下降2.2%，实现利润7434万元，同比增长24.4%。

【软件及信息服务业】 2016年，廊坊市软件及信息服务业入统企业20家，其中亿元以上企业4家。20家企业实现主营业务收入149.7亿元，占全省软件及信息服务业的57.6%，同比增长24.3%；利润17.3亿元，同比增长77.5%；税收5.9亿元，同比增长19.3%。各项指标位居全省第一。廊坊市形成以华为技术服务有限公司为龙头的信息技术服务产业，以华通科技、三河环波、三河华迅、河北乐聪、华夏神农等企业为主的行业应用软件开发销售产业，以河北志晟、轩慧科技、博联科技、河北兰科等企业为主的系统集成IT解决方案产业，以光环云谷、润泽国际信息港、联通廊坊云基地为龙头的大数据产业。行业中，龙头企业华为技术服务有限公司实现主营业务收入141.6亿元，同比增长23.2%，占全部电子信息制造业的94.6%，支撑着全省软件及信息服务业的发展规模。

【大智移云产业加速壮大】 “大智移云”是指大数据、智能化、移动互联网和云计算。2016年8月，中共廊坊市委举办中心组学习暨“廊坊大讲堂”专题报告会，会议明确把“大智移云”作为廊坊发展的首位产业，确定廊坊市发展“大智移云”产业发展的目标为：努力建成具有国际影响力的新型显示和智能终端产业集聚区、全国领先的大数据应用先行区、以智慧物流为重点的京津冀“互联网+”创新示范区、以优质政务服务为特征的河北智慧城市引领区。力争到2020年，实现“大智移云”在廊坊经济社会各领域的广泛应用，形成具有国际竞争力的产业体系，成为推动全市智能化和可持续发展的重要力量。至年底，廊坊市“大智移云”产业规模达1200亿元，数据中心面积达190万平方米，上线运行服务器20万台，一批具有一定规模和较强市场竞争力的优势企业脱颖而出。大数据和云计算代表企业有华为技术服务有限公司、润泽科技发展有限公司、中国联通（华北）云基地、北京光环新网股份有限公司以及志晟集团、维尔达软件、廊坊大华夏神农、河北兰科、河北乐聪、大厂微软游戏创新中心、海宏科技、中油龙慧、廊坊浪潮等20多家。智能制造代表企业有富智康、廊坊精雕、维特根、科森电器、约基机械、京东方、航天振邦、钦纵科技、华元机电、香河机器人产业园共100多家。移动互联网企业有廊坊联通公司、廊坊电信公司、廊坊移动公司、廊坊广播电视、廊坊国创科视、e城e家和富连网等。基础设施建设方面，廊坊市建成4G基站6000余座，4G用户总数达251.1万，固定宽带接入用户98.1万户。

【大智移云产业推进记要】 4月，华为廊坊云数据中心、中国联通华北（廊坊）基地和廊坊润泽国际信息港被确定为国家级绿色数据中心试点，是河北省仅有的3家入选企业。5月18日，“京津冀大数据产业发展高端论坛”在廊坊市举办，国内外的知名专家学者和华为、浪潮、京东商城、百度、亚信等业内领军企业齐聚一堂，共商京津冀大数据产业发展大计。全国政协副主席刘晓峰，国家信息中心常务副主任杜平，省政协副主席段惠军，市委书记王晓东，市委副书记、市长冯韶慧，市政府党组成员张春生等出席会议。中国信息协会大数据分会、天津市信息协会相关负责人为京津冀大数据联盟揭牌。京津冀大数据联盟秘书处正式落户廊坊。该联盟由中国信息协会大数据分会牵头组建，是由北京市、天津市和河北省从事大数据相关工作的单位和个人自愿结成的区域性非营利行业组织，旨在广泛动员社会各方面的力量，共同推动和维护京津冀大数据产业及应用的健康、有序和可持续发展。会上，市工信局与国创科视科技股份有限公司就廊坊市免费 Wi-Fi 建设和运营战略合作协议签约；润泽科技发展有限公司与北京安广文化传媒有限公司等 10 家公司就大数据项目签约。是日，3500 平方米的常态化大数据创新馆落成，创新馆拥有 20 多个应用系统，30 多家大数据企业，近百个大数据展点，从政务、民生、产业、企业四个方面呈现大数据产业的应用成果。6 月底，廊坊市在全省率先实现主城区重点场所热点区域 Wi-Fi 覆盖，安装 9000 个热点，为 6.5 万用户提供免费 Wi-Fi 服务，覆盖 660 万人次。香河县试点完成主城区、重点园区、重点乡镇热点区域免费 Wi-Fi 覆盖。8 月，廊坊市确定将“大智移云”作为首位产业优先发展。8 月至 10 月，廊坊市开展“大智移云”企业行宣传活动。11 月，廊坊市在全省率先建成企业云服务平台，为中小企业提供九大类服务。12 月，廊坊市政务信息资源共享交换平台初步建成，实现相关部门数据交换和人口基础数据库建设。是月，北京市、天津市、河北省三地政府共同启动京津冀大数据综合试验区建设。其中，京津冀大数据综合试验区“应用感知体验中心”落户润泽科技发展有限公司。

（李　晨）

电子信息制造企业选介

【华为技术服务有限公司】 华为技术服务有限公司坐落于廊坊经济技术开发区，是华为技术有限公司的全资公司，成立于 2007 年 7 月，注册资本 15000 万元，企业法人代表胡厚崑。公司主要经营通信产品及其配套产品安装及销售、工程服务、系统集成、软件开发、通信产品及零配件的购销和信息咨询。其产品主要涉及通信网络中的交换网络、传输网络、无线及有线固定接入网络和数据通信网络及无线终端产品，为世界各地通信运营商及专业网络拥有者提供硬件设备、软件、服务和解决方案。华为的产品和解决方案应用于全球170多个国家，服务全球运营商 50 强中的 45 家及全球 1/3 的人口。2016 年，公司主营业务收入 141.6 亿元，实现利润 16 亿元。

【富智康精密电子（廊坊）有限公司】 廊坊富智康制造基地是富士康科技集团在华北地区投资建设规模最大、最集中的建设专案，是富士康全球无线通讯事业群最重要的生产基地。2006 年 9 月，富士康科技集团与廊坊市人民政府谈判有关投资事宜，是年 11 月 6 日在石家庄举行富士康科技集团投资廊坊签约仪式，确定在廊坊开发区龙河投资无线通讯事业群产品。2016 年，富智康精密电子（廊坊）有限公司实现主营业务收入 91.3 亿元，实现利润 4.3 亿元，上缴税金 8.1 亿元。

【京东方（河北）移动显示技术有限公司】 京东方（河北）移动显示技术有限公司成立于 2006 年 4 月，隶属于京东方科技集团股份有限公司，位于固安工业园区北区，为河北省高新技术企业，员工 3500 人。公司聚集该技术领域国内外顶尖的技术专家，拥有研发中心及技术团队，具备多年的产品开发经验。公司专注于移动显示产品业务，主营业务为手机用显示模组产品的研发、制造和销售，主要产品为手机用显示模组。企业客户群涵盖三星电子、华为、联想、小米、Motorola、OPPO、VIVO 等国内外知名手机厂商。公司自主开发新产品百余款，累计申请技术专利百余项，其中发明专利 9 项、实用新型专利 21 项、外观专利2项共计32项专利获发专利证书。2016年，公司主营业务收入28.5亿元，实现利润1.8亿元。

【润泽科技发展有限公司】 润泽科技发展有限公司为“网络+数据”服务商，专注于提供以“物联网、移动互联网、量子通信网等网络+云计算、大数据”为基础的新一代信息技术、产品、服务和系统解决方案，并在云计算、大数据领域拥有持续的规模投入。2009年9月，公司在廊坊经济技术开发区成立，注册资金5亿元。2010年，公司在廊坊经济技术开发区投资建设润泽国际信息港项目。润泽国际信息港项目是一个以大规模云数据中心为核心业务的综合性产业园区，项目占地 134 万平方米，建筑面积 262 万平方米， 规划专业数据中心机房面积 66 万平方米。润泽国际信息港项目建成后，将搭建开放式云存储产业集聚服务平台。该项目被列入河北省“十二五”“十三五”重点规划，承担廊坊市及京津冀信息产业转型的重要任务。园区建成A-1和A-5二栋共8.2万平方米的数据机房和1万平方米的办公楼，第三栋数据中心开工建设中。该公司以国家信息中心、国家超算天津中心、中国遥感应用协会、中国教育网、中国科技网等“国家队”为领队，与国盾量子、中科曙光等技术创新驱动型企业全面开展战略合作，协同中科九度和云创大数据、迅奥大数据等大数据感知驱动型企业及唐宋大数据、汇天科技等大数据认知驱动型企业，与安广传媒、惠普大学等大数据应用驱动型企业，不断完善大数据产业应用服务体系，构建综合型大数据应用平台。2016年，公司主营业务收入2亿元，实现利润1932万元。

（李　晨）

通信公司

【中国移动通信集团河北有限公司廊坊分公司】 2016年，中国移动通信集团河北有限公司廊坊分公司主要经营移动电话通信（包括话音、数据、多媒体等）、IP电话及互联网接入服务等业务，拥有著名的“和”服务品牌。公司设立综合部、财务部、市场经营部、网络部、政企客户部、工程建设部、党委办公室8个职能部门，下辖大城、文安、霸州、永清、固安、香河、三河、大厂、燕郊9个分公司及市内营销、郊区2个经营单位。公司有员工1560人，拥有4G用户数量186万户，手机用户334万户，互联网宽带接入用户总数 14 万户，公共热点区域无线局域网接入点数量1.6万个，光纤入户改造数量53.89万户，固定电话用户总数量2.4万户，互联网出口宽带400G，铺设光缆长度7500千米，开通4G基站2481个，达到6203个。公司坚持4G与2G协调发展，建设全市移动通信网，网络覆盖率100%；建设立体的服务营销渠道网，在全市 96 个乡镇均建立自办或合作营业厅，3222个行政村建立中国移动通信服务站。公司与市内多家金融机构实现合作收费，网上营业厅、短信营业厅等通过 24 小时自助营业厅为客户提供便捷服务；建设服务于各企事业单位和广大农民的移动信息网，推进无线城市建设，推广集团行业信息化和农信通、气象通、警务通、银信通等重点行业应用业务。公司致力于4G发展，拓展宽带市场运营信息服务，提升4G客户转化率，使广大客户通过手机即可获得丰富的信息服务；致力于“做优秀企业公民、促和谐社会构建”，先后实施“村村通”“偏远地区广度覆盖和热点地区深度覆盖”等专项工程，开发“设施农业专家系统”“农事百宝箱”等农业信息化产品，支持“三农”事业和社会主义新农村建设，缩小城乡数字差距。公司参与希望工程、环保等公益事业，在建设能源节约型社会、环保友好型社会和构建和谐社会等方面做出积极贡献；引进现代化管理模式和先进的管理理念，努力打造卓越的运营体系。公司通过 ISO 9000、ISO 14000、OHSAS 18000 三大国际标准管理体系认证，并导入卓越绩效管理模式。公司获得“全国精神文明建设工作先进单位”、全国“青年文明号”、全省综合满意度测评第一、“省级文明单位”“创建文明城市模范单位”“河北省服务质量奖”“河北省用户满意企业”等项荣誉称号。

（王春清）

【中国联合网络通信有限公司廊坊市分公司】 2016 年，公司有员工 1262 人，资产总额 22.88 亿元。下辖人力部、综合部、财务部、市场营销部、集客事业部等 31 个部门（中心），以及大城、大厂、固安、霸州、文安、永清、三河、香河、廊坊开发区、胜芳、燕郊 11 个分公司。自有营业服务厅 90 个，固定电话用户 57 万户、手机用户 136 万户、宽带网用户 60 万户，联通电视 35 万户。主营业务收入 13.6 亿元，预算完成率 96.32%；利润 2.32 亿元，预算完成率 80.19%；投诉处理满意率 88.63%。建设 FTTH 端口 31.78 万线，实现 144.22 万线；EPON 设备退网 2034 套，整合腾退接入机房 174 个。新建 4G 基站 1099 个，室分 1161 栋，4G 基站规模总数 2800 个，室分覆盖 2815 栋。4G 网络基本实现市区、县城、乡镇和高铁高速等重要场景全覆盖，行政村覆盖率 95%，人口覆盖率 98%，全区面积覆盖率 93%。

网络运行质量持续改善。公司落实专业管控，建立网优中心牵头的移动网运维管理体系，明确各维护单位分工界面。开展劳动竞赛，创建精品通信机房 145 个、精品移动网格 80 个、精品集客网络 185 户，精品装维片区 78 个。

助力智慧城市建设。廊坊市首个市级云服务平台落地，并参展“5·8”大数据展。廊坊联通与廊坊东方职业技术学院合作建立廊坊首家数字化校园。廊坊市第六小学建成智慧校园，廊坊开发区中小学班班通全覆盖。开展班班通售后支撑及培训工作，培训廊坊开发区、大城县、香河县的 921 个班级。廊坊市地方税务局办税大厅智慧云 Wi-Fi 实现覆盖，市环保局通过 3G 移动 VPDN 业务实现视频监控功能；建成“检察院移动办公”项目；启动智慧医疗项目建设。

（顾海华）

【中国电信集团公司廊坊市分公司】 2016 年，中国电信集团公司廊坊市分公司有员工 1259 人，资产总额 10.5 亿元。公司下设市场拓展部、渠道运营中心、政企客户部、宽带营销中心、存量经营中心、客户服务部、网络发展部、网络运营部、移动网络建设优化中心、物流中心、财务部、人力资源部、办公室、党群工作部、纪检监察部 15 个职能部门，以及广阳区、安次区、开发区 3 个营销中心和三河、燕郊、大厂、香河、永清、固安、霸州、胜芳、文安、大城 10 个县级分公司。是年公司拥有营业服务厅 1099 个，固定电话用户数量 1.7 万户、手机用户数量 77.0 万户、宽带网用户总数 34.1 万户，主营业务收入 6.6 亿元，比上年增长 17.0%。公司在综合满意度、手机上网满意度、宽带业务满意度三项业务指标中单项满意度连续 6 年列同城行业第一名，获中国质量协会、全国用户委员会颁发的“2016 年度全国用户满意企业”荣誉称号。公司被中国电信集团公司评为“年度天翼双领先地市分公司”，荣获中国电信股份有限公司河北分公司颁发的“综合管理优秀奖”第一名。

年内，公司落实国家“提速降费”政策，持续推进城市光纤到楼入户、农村宽带进乡入村、宽带业务降资提速的进程，建设高速畅通、覆盖城乡、服务便捷的宽带网络基础设施和服务体系。全年建设4G室外站1350个、3G基站216套、室内分布系统299套；4G网络市区县城覆盖率99%，农村平均覆盖率95%，实现廊坊全境4G网络有效连续覆盖。全年新增FTTH（即光纤到户）布线34.5万户、累计覆盖达到177万户，光纤改造2.7万户，基本实现全光覆盖。建设“天翼高清”平台、引入多样视频源，平台承载能力达到52万户。为降低创业成本、推动“互联网+”发展提供有力支撑。城乡居民可以通过中国电信廊坊分公司提供的光纤宽带、高速移动网络和家庭智能网关等构建的无缝宽带智能组网，享受通信、信息和娱乐一体化的信息解决方案，实现高清4K电视、智能家居、线上支付、视频通话、视频监控等智慧应用，让“智慧家庭”真正走进普通百姓家。

（张　敏）

无线电管理

【概况】 2016年，廊坊无线电管理局监管辖区内150MHz、400MHz频段固定台站、广播电视台站、4G蜂窝基站、高频段微波台站、卫星地球站等无线电台站206座。重点监测航空、400MHz、广播电视等频段，全年监测设备工作15900小时，预指配频率监测3次。燕郊、霸州、香河、固安、大城5个固定监测站升级改造硬件设施，增加3-8GHz频段，扩大监测范围。

【无线电监测执法】 2016年，廊坊无线电管理局建立联席会议和联络员制度、定期通报工作制度。开展惩治治理“黑广播”“伪基站”违法犯罪专项行动，查处违章案件45起，没收非法设备46台套，罚款2000元。其中“黑广播”案件31起，“伪基站”案件13起，抓获犯罪嫌疑人6名，起诉2人，其中1人被判处有期徒刑三年，缓刑三年。

【无线电频谱使用评估】 2016年，廊坊无线电管理局明确公众移动通信频段频率采集工作专人负责，科学使用固定站、移动监测车开展测试工作。采集12座固定监测站的3×24小时数据；出动移动监测车1部，历时16天，行程930千米，对廊坊辖区内的全部县级以上建成区及燕郊镇、胜芳镇、万庄镇的主干道、次干道及快速路开展测试，测试面积覆盖率90%，采集公众移动频段频率数据96.7G。

【无线电安全保障】 2016年，廊坊无线电管理局组织技术人员监测核查三河市西柳河导航台、永清大王庄导航台专用频率，测试其定向台、测距台、中波导航台、全向信标台等台站所用频率，逐一核对所用台站的主要技术参数与电台执照。8月中旬，技术人员经过前后4天现场监测分析，驱车170多千米追踪可疑信号，最终消除首都机场航空无线电频率干扰。全国“两会”、“5·18”经洽会等重大活动期间，保障全市无线电通信安全。5月19日查获“伪基站”设备2套。年内参与考试保障工作15次，阻断作弊信号发射3次。

（杨　希）

环境保护

综　述

2016年，廊坊市坚持生态优先、绿色发展理念，把生态环境转化为促进发展的新优势，找到加快承接京津产业转移、保障经济社会高质量发展的快捷路径：以建设京津冀绿色生态带为目标，把绿色环保理念融入经济社会发展和生产生活各环节，打造绿色生态环境、构建绿色环保产业体系、倡导绿色生活方式，全民携手打造绿色环保生态高地，引领经济社会健康发展。年初，面对中央出台的史上最严格的环境保护制度和河北省"十三五"环境保护的指标任务，中共廊坊市委、廊坊市人民政府发出"廊坊市2016年空气质量改善状况要在全国74个重点城市中退出'倒排前十'的决战号令"。全市上下在市委、市政府的坚强领导下，落实联防联控机制，细化目标任务攻坚，撸起袖子加油干。全市空气质量以在全国74个重点城市排名倒排第12名的成绩，实现退出全国空气质量"倒排前十"的目标。

市区空气环境质量。年内市区空气质量监测366天，达标天数208天，其中一级天数31天，二级天数177天，与上年相比达标天数增加23天；超标天数158天，其中轻度污染天数101天，中度污染天数27天，重度污染天数21天，严重污染天数9天，与上年相比重污染天数减少22天。市区空气质量PM10年均浓度值112μg/m^3，PM2.5年均浓度值66μg/m^3，SO_2年均浓度值18μg/m^3，NO_2年均浓度值52μg/m^3，CO日平均值的第95百分位数3.5mg/m^3，O_3日最大8小时滑动平均值的第90百分位数182μg/m^3；PM10、PM2.5、SO_2浓度与上年相比分别下降18.2%、22.4%、25.0%；NO_2、CO、O_3浓度与上年相比上升10.6%、2.9%、6.4%；SO_2和CO浓度达到《环境空气质量标准》(GB 3095—2012)中二级标准，PM10、PM2.5、NO_2和O_3浓度均超标，分别超标0.60倍、0.89倍、0.30倍和0.14倍。空气质量综合指数7.11，与上年相比下降9.9%。

2016年廊坊市区空气质量环比表

表13

项目 / 年份	SO_2 (μg/m^3)	NO_2 (μg/m^3)	PM10 (μg/m^3)	PM2.5 (μg/m^3)	CO第95百分位浓度（mg/m^3）	O_3第90百分位浓度（μg/m^3）	空气质量综合指数	优良天数（天）	重污染天数（天）
2015	24	47	137	85	3.4	171	7.89	185	52
2016	18	52	112	66	3.5	182	7.11	208	30
二级标准	60	40	70	35	—	—	—	—	—

境内地表水环境质量。年内廊坊市境内泃河（入境断面东店、出境断面东大桥）、潮白河（入境断面吴村、出境断面大套桥）、北运河（入境断面王家摆、老夏安公路、秦营扬水站、出境断面土门楼）、龙河（入境断面三小营、出境断面大王务）、大清河（出境断面台头）及白沟河（太平庄闸）6 条河流 12 个断面年度水质类别均为劣Ⅴ类，主要污染物为氨氮、总磷和化学需氧量，重金属类指标全部达到《地表水环境质量标准》Ⅲ类标准。市区地下水及集中式饮用水源地水质均达到《地下水质量标准》（GB/T14848—1993）Ⅲ类标准。市区获得降水样本 47 个，降水 pH 值范围 6.39~8.73，未出现酸雨。

市区声环境质量。年内廊坊市区道路交通噪声值为 65.3~74.2 分贝，平均等效声级为 69.0 分贝，强度等级为较好。区域环境噪声声级变化范围为 50.0~61.9 分贝，平均等效声级为 54.1 分贝，质量等级为较好。

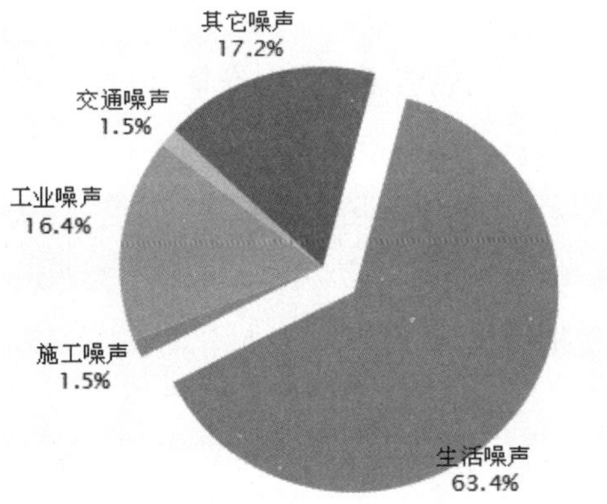

图 13　2016 年廊坊市区区域声声源构成图

2016 年，廊坊市重点污染源监控企业 109 家，在线监测设备 292 台（套）。其中，国家级监控考核企业 23 家，在线监测设备 58 台（套）。廊坊市国家级监控数据传输有效率 95.57%，高于环保部要求的 75%。

（李　想）

大气污染防治

【概况】　2016 年，廊坊市制定空气质量考核奖惩办法，对全市空气质量实行 PM2.5 浓度和空气质量综合指数“双控”目标考核。市政府与 10 个县（市、区）政府及廊坊开发区签订目标责任书，对完不成空气质量“双控”目标的单位实行挂牌督办，取消相关单位及直接责任人提拔和评优、评先资格，责令负有主要责任的领导引咎辞职。制定出台《廊坊市大气污染防治党政同责、一岗双责工作制度》《廊坊市大气污染防治工作政府部门职责分工》，将县一级地方党委、政府主要负责人纳入环境管理和大气污染防治考评、约谈对象的工作范畴。全市划分北、中、南（北三县、市三区、南五县）3 个片区组，按月度环境空气质量综合指数和月度环境空气质量综合指数同比下降率两项指标，分别对上述 3 个片区进行综合评价排名。每月每组综合排名为最后一名的给予 2000 万元的预警处罚；次月退出最后一名的，免予处罚；连续两月综合排名最后一名的落实处罚，罚金由市财政局结算扣缴，并由排名最后一名的县（市、区）主要负责人在市级媒体向社会做出公开检查和整改承诺；连续 3 个月综合排名最后一名的县（市、区），由市委、市政府对其党委、政府主要负责人和分管负责人严肃问责。市委、市政府成立大气污染防治工作督导组 12 个，督导组驻县督导全市 10 个县（市、区）及廊坊开发区的大气污染防治工作。市纪委成立 3 个督查问责组，督查 12 个督导组的督导工作和各县（市、区）的应急管控工作，并在《廊坊日报》、廊坊电视台等媒体公开曝光督导发现的问题。市委书记冯韶慧、市长陈平每周召开一次全市大气污染防治“挂图作战”视频调度会，分析形势、通报问题；每次应对重污染天气期间，每日调度、现场调度；建立“蓝天行动”微信群，市县两级党政主要领导及主管领导、市直相关部门领导和PM2.5特别防治专家组骨干成员全部加入微信群，随时调度，层层形成“抓一把手”和“一把手抓”的压力传导机制。采取政府购买社会化服务方式，廊坊市与中组部“千人计划”专家合作，组建廊坊PM2.5特别防治专家组，聘用专职大气督查员和异地专业检测机构，建立第三方督查考评机制，时时巡查、日日通报、周周点评、月月考核。

【空气质量监测】 2016年，廊坊市建立全国首个市级空气质量实时管控平台，将百套污染源在线监控、4套国控环境质量在线监测、60套分布式室外传感器监测、十几架无人机区域遥测、8套机动车路网遥测、1套立体超级站集成建立立体监测物联网，对各类污染源实时在线分析、全程网格化监管。空气质量实时管控平台对全市各县（市、区）、全省各城市、全国重点城市实时空气质量指数，以及气象条件、风场、云层、湿度、温度等方面的情况开展大数据综合分析，提前5天预报廊坊市空气质量变化情况，并预判10天以上的空气质量变化趋势，采取有针对性治理管控措施。11月下旬，廊坊市持续经历一个多月的极端不利天气，市委、市政府制定出台《廊坊市大气污染防治十条严控措施》。12月，全市停限产企业1.1万余家，是月全市工业用电量下降51%。

【燃煤污染源治理】 2016年，廊坊市制定《全市气代煤和电代煤工程的实施意见》和《廊坊市2016年洁净型煤推广奖补政策》。市主城区热电联产工程建设供热管网66.2千米，实现供热800万平方米。取缔禁煤区内336家散煤销售网点。10个县（市、区）建成11家洁净型煤生产配送中心，年生产能力超过145万吨，实现全市所有乡（镇）村的洁净型煤供应网络全覆盖。农村散煤压减替代94.8万吨，推广使用清洁燃烧炉具2.8万台。采取并网、拆除、改气、改电等方式，淘汰治理10蒸吨及以下燃煤锅炉2013台2505蒸吨。其中，拆除燃煤锅炉826台、并网改造213台、改电266台、改气610台、改生物质及其他改造方式98台。市、县建成区10蒸吨及以下燃煤锅炉全部“清零”。全市所有党政机关、事业单位实施无煤化改造，淘汰燃煤设施1741个。

【建筑施工扬尘污染治理】 2016年，廊坊市按照《河北省建筑施工扬尘治理新15条措施》和新修订的《河北省建筑施工扬尘防治强化措施18条》标准，落实施工工地沙土物料100%苫盖、工地路面100%硬化、出入车辆100%冲洗、拆除房屋工地100%洒水压尘、暂时不开工的空地100%苫盖或绿化、施工工地100%安装视频监控、运输渣土等物料车辆100%苫盖7个100%目标要求，市区129项在建工程全部达标，规模以上施工现场全部安装视频监控系统，城区一级、二级、三级机动车道和自行车道全部实现机械化清扫作业，机械化清扫率76%。

【机动车尾气污染治理】 2016年，廊坊市淘汰老旧车8854辆，推广新能源汽车387辆。其中，市公交公司纯电动公交车28辆，插电混合动力公交车25辆。根据《关于进一步规范排放检验加强机动车环境监督管理工作的通知》（国环规大气〔2016〕2号）要求，廊坊市于年内8月停止机动车环保合格标志的发放工作，机动车排放检验机构使用并出具统一编码的排放检验报告，报告单编码格式采用原环保检验合格标志编码方式。

【工业企业污染治理】 2016年，廊坊市火电、钢铁、水泥、有色金属冶炼、平板玻璃等重点行业工业企业全部安装烟粉尘排放自动监控设施，并与市环保局联网。在建的国电华北电力有限公司廊坊热电厂发电机组，同步建设先进高效除尘、脱硫和脱硝设施，投产达标排放。年内，全市压减炼铁产能156万吨、粗钢产能72万吨，即拆除新利钢铁有限公司1座450立方米高炉，压减炼铁产能52万吨；拆除河北前进钢铁集团有限公司2座450立方米高炉、1座60吨转炉，压减炼钢产能104万吨、精钢产能72万吨。

（佟　洁）

水污染防治

【概况】 2016年，廊坊市协同永定河、潮白河、大清河等流域上游的北京市通州区、大兴区和下游的天津市武清区、静海县构建水污染联防联治合作机制，共同治理流域水污染。廊坊市财政安排5000万元专项资金用于水污染防治，各县（市、区）、廊坊开发区相应安排专项财政资金用于水污染防治；争取国家、省水污染防治专项资金1.73亿元，建立完善全市水污染防治项目库，将全市总投资约66亿元的33个水污染防治项目纳入国家水污染防治项目库。全市建立健全市、县、乡三级党政主要领导抓水污染防治工作制度，实行水环境综合整治河长、段长、点长工作机制，明确每条河流、河段、相关重点企业、村街、入河断面责任人、治理任务、治理标准、治理时限；邀请环境和水利专家科学制定河流污染治理长期规划、治理技术手段，推进水质改善。全面清查沿岸涉水企业，对违法排放污水企业实施停产整顿、按日计罚、停业关闭等严厉措施。借势美丽乡村建设，廊坊市确定在人口集中、污水排放量大的村镇谋划建设小型污水处理设施，减少沿岸生活污水排放。在相关流域推广农业先进技术，控制农业面源污染。推行第三方治理，利用成熟技术治理污染的水体，改善河流水质。市、县两级组成4个工作组，分别详细踏勘大清河、龙河、北运河、永定河4条河流，摸清排污口、支流岔河、畜禽养殖及垃圾堆放等污染源分布情况，监测流量、主要污染物含量等数据，为治理提供精准依据。年内，全市恢复湿地8.96万亩（5973.33公顷），植树增绿195.7万亩（130466.67公顷）。

【污水处理厂建设】 2016年，廊坊市有工业园区32个，建成污水处理厂的工业园区9个，污水处理厂处于建成待验收、调试或试运行阶段的工业园区8个；污水处理厂处于拟建、前期手续或施工中的工业园区12个；未建设污水处理厂或园区无企业的工业园区3个。全市在建的14座污水处理厂全部在10月底前建成运行，新增污水处理能力18.7万吨/日，总污水处理能力82.6万吨/日。

【水污染防治“百日会战”】 2016年，廊坊市开展水污染防治百日会战。在水污染防治百日会战中，市、县两级环保部门对重点区域、重点企业、重点治污设施实行全天候、全覆盖驻点监督，整治不达标重污染河流，封堵非法排污口，清理沿岸垃圾，拆除沿岸畜禽养殖场。治理城市黑臭水体，封堵八干渠沿线市政排污口、溢流口，利用污水处理厂中水对八干渠水体进行生态补给，投资3300万元在八干渠沿线建设高效磁絮凝污水处理站2座。组织相关县（市、区）全面排查饮用水水源地保护区，清理取缔保护区内存在的污染隐患。水污染防治百日会战，关停取缔“土小”企业195家，关停禁养区内畜禽养殖企业17家，全市130余家涉水工业企业污水全部达标排放。

【污染减排工程】 2016年，廊坊市重点实施工业污染源达标排放治理、污水处理厂提标改造、完善管网提升污水处理率、再生水利用、规模化畜禽养殖场（小区）治理、燃煤电厂超低排放改造、“煤改气”等117项污染减排工程。其中水减排工程项目施工32项、气减排工程项目施工85项。117项污染减排工程完工并调试和运行的项目95个，占年内污染减排工程项目总数的82%。

（李　想）

环境综合执法

【概况】 2016年，廊坊市继续开展利剑斩污等环保专项行动，围绕大气和水污染治理，加大晨查、夜查、错时执法、强力执法、科技执法、远程执法和联合执法的频次效率，规范全市环境监察工作程序和工作标准，推进网格化环境监管体系建设及运行机制，推广和完善排污单位“双随机”抽查制度。在开展晨查、夜查、错时执法、科技执法、远程执法和联合执法等一系列专项执法行动中，廊坊市环保部门出动环保执法人员53700余人次，出动环保执法车辆9163台次，检查各类企业24275家次，开展夜查、晨查1516次，发现各类环境问题1873处，行政处罚企业1487家，罚款金额6626.4万元，关停取缔企业306家，停产整治200余家，实施查封、扣押138家，启动按日连续处罚2家。市、县两级环保部门与公安机关开展联合执法1359次，立案侦办环境污染刑事案件84起，抓获犯罪嫌疑人155名，刑事拘留73人，取保候审81人，批准逮捕38人，移送起诉57人，处理违法人员98名。

【“两法一条例”宣传】 2016年，廊坊市开展《中华人民共和国环境保护法》《中华人民共和国大气污染防治法》《河北省大气污染防治条例》（简称“两法一条例”）百日宣传教育活动。1月15日至2月29日，市委书记王晓东、市长冯韶慧等市四套班子领导带队，分20个组在全市范围内开展“两法一条例”集中宣传贯彻活动，集中组织全市环保、农业、城建、公安等部门学习“两法一条例”相关法律法规。3月24日至4月15日，市人大常委会领导分别带领6个组，通过听取汇报、查阅材料、现场检查等方式对全市大气污染防治、水污染防治工作开展监督检查。3月31日，召开全市电视电话培训会议。会议邀请省环保厅政策法规处副处长张志军作《河北省大气污染防治条例》和《河北省生态环境保护责任追究暂行办法》专题讲座。市直有关部门负责人、各县（市、区）及廊坊开发区负责人、各乡镇和街办处负责人，省级以上园区负责人和部分重点企业负责人参加培训会。年内，全市购置新环境保护法4个配套办法释义、大气污染防治法释义、《大气污染防治法实施操作指南》等学习读本3000余套。市环保局印发《环境保护法》《大气污染防治法》《河北省大气污染防治条例》《“两法一条例”宣传手册》《环保科普知识》等17万余册。

【环评审批】 2016年，廊坊市规范行政审批行为，简化程序，减少环节，环评审批办理时间比法定时限缩短50%以上。全市审批环评项目 464 个，总投资 943.22 亿元；验收建设工程项目 98 个，否决高污染工程项目 2 个。

【危险废物管理】 2016 年，廊坊市规范危险废物管理，公安、环保和交通等部门联合执法 229 次，出动人力 592 人（次），检查企业（作坊）404 家，查处环境问题 26 处，立案侦办污染环境刑事案件（涉嫌非法处置危险废物）8 起，破获案件 5 起，抓获犯罪嫌疑人 17 名；破获行政案件（涉嫌非法处置危险废物）7 起，查处违法人员 12 名。

（李　想）

旅游业

综 述

2016年，廊坊市挖掘、整合、包装旅游资源，推出影视文创、乡村休闲、温泉养生、骑行竞技四大品牌以及第什里风筝小镇、大城红木文化小镇、国华影视小镇、威武屯骑行小镇、别古庄核雕小镇、庄络亲子农场小镇6个新兴旅游目的地。廊坊市有A级景区24家，星级饭店31家，旅行社86家、旅行分社107家、旅行服务网点82家，省级工农业旅游示范点15家、市级工农业旅游示范点71家。新建、在建旅游项目40个，项目计划总投资784.8亿元。旅游业接待游客2695.69万人次，同比增长33.01%，旅游收入285.84亿元，同比增长41.55%。

《廊坊市旅游业"十三五"发展规划》出台。12月14日，廊坊市人民政府印发《廊坊市旅游业"十三五"发展规划》(以下简称《旅游发展规划》)。《旅游发展规划》按照《国家旅游业第十三个五年发展规划纲要》和《河北省旅游业"十三五"发展规划》《廊坊市国民经济和社会发展第十三个五年规划》的总体部署和要求，提出廊坊市"十三五"期间旅游业健康发展、实现转型升级的指导意见。《旅游发展规划》提出"十三五"期间廊坊市旅游业发展目标，即到"十三五"末实现年接待游客4000万至5000万人次，年均增长15%至20%；旅游业总收入超过500亿元，年均增长20%以上；直接就业人员达到5万人；旅游总收入占GDP比重达到9.5%；国家级全域旅游示范县（区）1个，AAAA景区达到10个，A级以上景区达到50个。《旅游发展规划》提出"十三五"期间廊坊市旅游业一个定位、两个目标、四大战略、五个重点任务和四项重点工程。一个定位，即以乡村休闲、影视文创、温泉养生、骑行竞技为主的京津冀休闲目的地，京津冀旅游协同发展示范区。两个目标，即到"十三五"末力争把旅游业培育成廊坊市转型升级的战略性支柱产业和人民群众满意的现代服务业。四大战略，即创新驱动，跨界融合；精准供给，错位发展；区域协作，转型升级；全域推进，重点突破。五个重点任务，即优化空间布局，构建全域旅游新格局；聚焦产业聚集区，推动旅游业转型升级；凝练主题产品，创新旅游供给；强化旅游形象，塑造旅游品牌；夯实旅游产业基础，推进重点项目建设。四项重点工程，即旅游公共服务提升工程、旅游营销推广工程、产业融合开发工程、智慧旅游建设工程。

2016年，廊坊市推出京津冀旅游一卡通为游客提供惠民政策和消费优惠，促进京津冀三地旅游业协同发展。三河、大厂、香河、永清、安次等县（市、区）举办旅游活动吸引京津游客到廊坊旅游。廊坊市依托区位优势开展北京地铁、公交车身及主流媒体的旅游宣传，举办"京津乐道·绿色廊坊"主题系列活动，在央视《朝闻天下》《海峡两岸》栏目播出廊坊旅游广告片，在北京中心城区的公交站亭、北京地铁一号线及廊坊市主要交通干线、廊坊市区户外载体上，展示廊坊旅游形象。

2016年，廊坊市旅游局启动依法治理旅游市场秩序行动，开展安全专项检查10余次，联合市安监局、市质监局、市交通局开展联合检查3次，检查旅游企业120余家，出动检查人员150余人次，排查安全隐患10余处。

【廊坊市旅游局更名】 经省、市机构编制委员会办公室批准，廊坊市旅游局更名为廊坊市旅游发展委员会，是河北省首批成立的省辖市旅游发展委员会。9月21日举行揭牌仪式，宣读《廊坊市人民政府办公室关于廊坊市旅游局更名为廊坊市旅游发展委员会的通知》后，市政府党组成员张春生，原廊坊市旅游局局长、新任廊坊市旅游发展委员会主任邹冠通共同揭牌。揭牌后，廊坊市旅游发展委员会随即召开《廊坊市旅游业"十三五"发展规划》编制座谈会，这是"局改委"后首次会议。会议明确提出廊坊市旅游发展思路和发展目标。市委农工部、市发改委、市规划局、市交通运输局、市文广新局、市体育局、市农业局、市林业局、廊坊日报社、廊坊国展集团等单位负责人以及新闻记者参加揭牌仪式并出席座谈会。

（阎　娜）

旅游市场开发

【概况】 2016年，廊坊市依托独特的地理位置和现代资源丰富的优势，提出"一核两带八廊八坊"的全域旅游新格局。"一核"指廊坊市中心城区广阳区和安次区北部；"两带"指廊坊市域内大运河—潮白河旅游休闲带和永定河旅游休闲带；"八廊"指廊坊市沟通北京、天津等外部城市的高速公路、国道、省道等重要连接线，以及廊坊市内部各县（市、区）的重要交通枢纽，包括5个横向走廊和3个纵向走廊；"八坊"指8个旅游产业相对集中的集聚区，包括燕郊—大厂文创、商务休闲、温泉康养旅游产业集聚区，三河东部生态旅游、创意农园旅游产业集聚区，香河购物休闲、影视文创、会议会展旅游产业集聚区，廊坊开发区—空港休闲旅游产业集聚区，永清—安次南部创意农业、特色村镇旅游产业集聚区，固安—霸州西部田园温泉旅游产业集聚区，文安—胜芳洼淀古韵生态文化旅游产业集聚区，大城特种商品旅游产业集聚区。年内廊坊市有河北省省级工农旅游示范点15处、市级工农业旅游示范点37家、三星级农家乡村酒店1家、星级生态文明农家院30家。

【河北航空旅游联盟在廊坊成立】 3月16日，河北航空旅游合作发展暨河北航空旅游联盟成立大会在廊坊市举行。河北省旅游局与河北机场集团、河北航空公司分别签署战略合作协议，河北省各设区市旅游局与其所在地机场签署合作协议，联盟成员航空公司与相关旅行社签署合作意向书。航空旅游联盟成员单位为河北省内各设区市旅游局、省内各机场、航空公司、相关旅行社、景区、旅游酒店、地面交通运输公司等。河北航空旅游联盟的成立，标志河北航空与旅游实现融合。联盟成员可以享受销售奖励政策、机场内优惠服务政策、游客招徕奖励政策、景区门票优惠政策、机票优惠政策。会上，联盟成员代表一致通过联盟《章程》并签名加入联盟。

【2016乡村旅游发展峰会】 5月19日至20日，2016乡村旅游峰会在廊坊市举办。该峰会由中国旅游协会指导，中国旅游报社和廊坊市人民政府主办，京津冀旅游协会协办。来自全国乡村旅游发展先进市县（区）代表、旅游管理部门、旅游企业集团负责人及专家学者、全国主流媒体记者、中国报业旅游联盟代表300余人参加会议。峰会主题围绕"全域旅游与乡村旅游升级"，以主题演讲、高端对话、产业

观点、经验交流等形式，通过官产学研各抒己见、对话交流，梳理和总结全国乡村旅游发展经验，探讨乡村旅游发展的热点、难点和新方法、新路径以及发展趋势，助推产业转型升级，促进旅游精准扶贫，为全国乡村旅游发展注入活力。中国旅游协会秘书长、中国旅游饭店业协会会长张润钢，北京第二外国语学院旅游管理学院院长厉新建，台湾乡村旅游协会秘书长林劭洁，北京交通大学旅游系主任、世界旅游城市联合会专委会副主任张辉，中国旅游报社社长高舜礼，河北省旅游发展委员会党组副书记、副主任翟玉虎，廊坊市人民政府党组成员张春生等分别主题演讲或致辞。该次峰会发布《2016 乡村旅游发展峰会“廊坊共识”》。

【安次区发展乡村旅游业】 2016 年，廊坊市安次区聘请省旅游规划研究院编制《安次区旅游发展规划》，将全区划为调河头特色文化、仇庄现代农业等“五大片区”，涉及 367 平方千米、16 万人口；完善现代农业、土地利用、村镇规划等 10 个专项规划，实现多规合一，形成全域乡村旅游规划大格局。以省级现代农业园区、农业科技园区、旅游度假区“三区同创”为统揽，采取“管委会+公司+合作社”模式，建立科技人才、融资担保和电子商务等“五大平台”，为旅游发展搭建平台，实现城乡、景区互联互通。实施 20 条全长 90 千米的乡村干线绿美工程，建成廊新线、北前围埝等 8 条乡村旅游精品线；投资 5.7 亿元建成美丽乡村 80 个，其中省级 7 个。第什里风筝小镇获批 AAA 景区，被农业部命名为“中国美丽休闲乡村”。改革创新现代旅游运营机制，将第什里作为试点，组建景区管委会，推行“管委会+企业+村街”发展方式，初步建立起以景区为依托、以企业为建设主体、以富民为根本的运营体制。借助“互联网+”，组织宫廷风筝、京南御绣等民俗产品在淘宝网、京东网开设电商平台，连续举办特色农产品展销、非遗项目展等活动，拓展旅游产业发展空间。依托工业项目、高新园区优势，打造以中安信碳纤维、京津冀创新创业基地为代表的工业游、园区游。年内安次区接待游客突破 100 万人次，旅游总收入 5.3 亿元，旅游项目总投资 30 亿元。

【第九届中国（廊坊）国际热气球节暨第什里金秋风筝节】 9 月 30 日至 10 月 1 日，第九届中国（廊坊）国际热气球节暨第什里金秋风筝节在安次区第什里旅游文化休闲农业景区举办。活动由中共廊坊市委、廊坊市人民政府主办，廊坊市旅游发展委员会、中共安次区委、安次区人民政府承办，廊坊市旅游工作领导小组成员单位、廊坊市旅游协会协办。活动主题为“放飞梦想在金色的田野上”，旨在以建设旅游强市为目标，以发展全域旅游为方向，推进乡村旅游产业化。活动吸引廊坊、北京以及辽宁葫芦岛等地的 10 多支风筝代表队和近百名风筝协会会员放飞特色纸鸢、现场进行热气球展演。活动期间，举办 2016 廊坊市安次区首届旅游商品推介展销会，主要有廊储香油、南八乡传统扣肉等 20 多种美食和第什里风筝、御绣制品、核雕制品等 10 多种工艺品，以及南马庄武术节、安次区第一届非遗展、乡村庙会、“放飞梦想在金色的田野上”文艺演出、美丽乡村书画展、美丽乡村采摘游、亲子乡村马拉松赛，以及风筝、御绣、蜡杆等特色产品展销订货会等一系列旅游文化活动。

【乡村旅游创客大赛】 5 月 4 日，“中信国安杯”廊坊乡村旅游创客大赛决赛暨颁奖仪式在中信国安第一城隆重举行。活动由廊坊市人民政府主办，廊坊市旅游局、廊坊市美丽乡村建设领导小组办公室、廊坊市科技局、廊坊团市委承办，国安第一城（香河）文化旅游发展有限公司、中信国安创客投资有限公司协办。大赛旨在发挥旅游业作为朝阳产业的孵化作用，通过加强政策引导和专业培训，引导和支持返乡农民工、大学毕业生、专业技术人员等通过开展乡村旅游实现自主创业，推动乡村旅游业成为“大众创业、万众创新”的主战场。大赛2月1日启动，历时3个多月时间，按照餐饮美食、旅游商品、特色民宿、民俗演艺的分类，通过培训、培育、培养的方式，经新闻发布会、报名、第一轮培训、初赛、第二轮培训、复赛、第三轮培训等环节，层层选拔，最终12名创客进入大赛决赛。大厂县孟凯的“威武屯单车驿站”以383分获得创客大赛的金种子奖，安次区刘玉玺的“众惠小麻花”、广阳刘然亮的“旅游军营圆你军旅梦”获得银种子奖，广阳区崔硕的“庄络亲子农乐园”、大城县崔海东的“崔氏葫芦”、香河县张春岳的“香河肉饼”获得铜种子奖，香河县孙建军的“老树客栈”、安次区武保强的“京南御绣”、永清县徐健的“秸秆扎刻”、三河市周亚祥的“手机上的乡村旅游合作社”获优秀种子奖。大赛评选出组织奖和特殊贡献奖。其中香河县旅游局获组织奖一等奖，永清县旅游局、安次区旅游局获组织奖二等奖，广阳区旅游局、三河市旅游局、大厂回族自治县旅游局获组织奖三等奖，文安县旅游办、大城县旅游局、固安县旅游局、霸州市旅游局获优秀组织奖，微众（廊坊）文化传媒有限公司获特殊贡献奖。

【旅游产品策划创新大赛】 2016年，廊坊市举办旅游产品策划创新大赛。大赛由廊坊市旅游局主办，廊坊市旅游协会旅行社分会、微众（廊坊）文化传媒有限公司承办。大赛4月8日启动，历时3个月时间，经过宣传、动员、报名、培训、投稿、初赛等环节，收到旅游主题产品策划书46件。活动期间，主办方特邀旅游专家就主题旅游产品的策划设计及实际运用进行培训，为参赛单位提供翔实具体的模式样本。7月4日，20名入围决赛的选手最终产生一等奖1名、二等奖2名、三等奖3名，并分别获得10000元、5000元和2000元不等的奖金。

【旅游产品推介】 2016年，廊坊市借助“河北航空旅游合作发展暨河北航空旅游联盟成立大会”和“2016乡村旅游峰会”契机，举办“廊坊旅游之夜”专场推介会。推介会采用“科技+艺术”的形式展示廊坊市旅游资源和品牌建设。7月1日至3日，廊坊市旅游局组织各县市区旅游局和旅游企业参加在唐山南湖会展中心举办的“第21届中国北方旅游交易会”和“2016中国互联网+旅游目的地营销大会”。会上，中信国安第一城获评十大“优秀旅游景区”，廊坊市展区获“最佳展区奖”“最佳设计奖”2个奖项。10月，廊坊市在北京鸟巢、天津水上公园举行“京津乐道 绿色廊坊”中国·廊坊旅游摄影展，展出图片80多幅，分为骑行竞技、温泉养生、乡村休闲和影视文创四个主题，将廊坊四季美景的摄影图片展现给游客。11月，廊坊市参加第九届中国会议产业大会暨中国会奖旅游城市联盟2016冬季推广活动。活动期间廊坊市加入中国会奖旅游城市联盟。

（阎 娜）

旅游项目建设

【概况】 2016年，廊坊市贯彻落实河北省“一二十百千”（“一”指建设环首都高端旅游圈；

“二”指建设燕山至太行山旅游带和滨海旅游带；“十”指建设10个全域旅游重点县；“百”指重点新建100个AAAA旅游景区；“千”指实施1000个旅游重点项目）旅游发展工程部署，市政府召开全市旅游工作暨重点项目调度会议。会议召集各县（市、区）人民政府和规划、国土、发改、农业、水务等市直部门，现场调度安次区第什里风筝小镇、中信国安运河花海、梦廊坊文化产业园、永清县新苑阳光产业园乡村旅游景区、霸州胜芳古镇改造升级项目、霸州胜芳·东淀庙街—古镇乡村文化旅游综合体项目建设进度。中信国安第一城生态文化旅游项目和长征现代乡村旅游创意产业园项目入选2016全国优选旅游项目名录。年内全市旅游厕所建设完工38座，被列入“十三五”时期省重点旅游项目71个，其中投资68.8亿元新建、在建、竣工旅游项目67个。

【盛世福地现代农业园】 盛世福地现代农业园位于永清县三圣口乡赵家场二村，由廊坊佰金农业开发有限公司投资建设，占地1880亩（125.33公顷），总投资9000万元。园区分为采摘、垂钓、餐饮、娱乐、住宿5个功能区。采摘区建设高效节能日光温室18个，占地900平方米；建设冷棚9个，占地1000平方米，可供采摘的水果有油桃、葡萄、草莓、樱桃等，蔬菜采摘以盆景蔬菜为主。垂钓区建设垂钓池5000平方米，池内投放鲢鱼、鳙鱼、武昌鱼、草鱼、青鱼、鲤鱼、鲫鱼等淡水鱼5万余尾。餐饮区以连栋温室为建筑形式，可容纳360人就餐。住宿区在人工湖畔建设环湖木屋别墅4座、标准间22套。年内盛世福地现代农业园被农业部、国家旅游局评为全国四星级休闲农业园，被河北省农业厅、河北省旅游局评为河北省休闲农业示范点。

【燕南春酒文化产业园】 燕南春酒文化产业园位于永清县工业园区，由河北燕南春酒业有限公司投资建设，总投资3.9亿元，占地200余亩（13.33公顷），是集白酒酿造和工业旅游为一体的二、三产业相结合的新型工业旅游产业园。园区设有酒博物馆、酒文化名人园、白酒酿造车间、白酒灌装车间、白酒DIY体验馆、3万平方米窖池群、百年酒海等特色展区。在建项目有永清宋辽文化展馆、永清史氏家族纪念馆、宋辽古战道藏酒洞、300亩（20公顷）青纱帐等。燕南春酒传统酿造技艺为省级非物质文化遗产。年内燕南春酒文化产业园被廊坊市旅游委评为“廊坊十大旅游商品”。

【林栖谷森林温泉度假村】 林栖谷森林温泉度假村位于永清县韩村镇，由永清首督大千世界娱乐有限公司投资开发，占地2610亩（174公顷），总投资2.05亿元，是一家集餐饮、住宿、采摘、温泉、休闲娱乐为一体的高标准度假村。该度假村依托北京国际机场提供养生、养心、养老旅游产品，以林栖谷为核心，打造北方最大的洋家乐度假基地、森林创意花海、不夜梦幻森林，培育新旅游“度假+农庄”，形成集群效益，创造京南国际度假小镇生态休闲之城。

【第什里风筝小镇】 第什里风筝小镇位于廊坊市安次区调河头乡中部， 范围以第什里村为中心，辖石桥村、南郭庄村、南马庄村四个村街和调河头村部分区域，规划面积11平方千米。第什里风筝小镇是集文化创意、体育运动、文化体验、休闲农业、观光旅游等产业于一体的旅游景区。该旅游景区开发运营采用PPP模式，在安次区三区同创指挥部的统一领导下，专门成立管委会，由元辰丰华文化传媒有限公司投资20亿元开发运营。2016年，第什里村被河北省省委、省政府命名“河北最美乡村”，被河北省文化厅授予“河北非遗小镇”。

【广阳区长征现代农业创意产业园】 广阳区长征现代农业创意产业园是以休闲农业为特色的景区。景区位于廊坊市广阳区廊万路以北、南甸村西南、新规划艺术大道（西延）两侧，南至长征驾校、东至大皮营排渠、北至北甸村土地、西至南甸村土地。广阳区长征现代农业创意产业园由廊坊市长征农业开发有限公司投资建设，总占地面积 1800 亩（120 公顷），总投资 11.03 亿元。

【文安富祥温泉生态农庄】 文安富祥温泉生态农庄是一家集休闲观光、文化交流、温泉养生于一体的休闲娱乐景区。景区位于文安县左各庄镇南二环，由文安县富祥林木种植专业合作社投资建设，总占地面积 400 亩（26.67 公顷），投资 7000 万元。该生态农庄被廊坊市旅游局评为“市级工农业旅游示范点”。

【大厂回族自治县紫图生态庄园】 大厂回族自治县紫图生态庄园位于大厂回族自治县陈府乡村旅游片区美丽乡村旅游环线，是集观光采摘、休闲垂钓、乡土拓展、冰雪娱乐、农耕体验、农家美食、自助烧烤、儿童娱乐为一体的综合性景区。庄园由大厂回族自治县陈府紫图生态庄园投资建设，占地 200 余亩（13.33 公顷），总投资 600 万元。年内大厂回族自治县紫图生态庄园被廊坊市旅游委评为“市级农业旅游示范点”。

【固安盛世农业生态园】 固安盛世农业生态园位于固安县门铁营村西，由固安县农合果蔬种植专业合作社投资建设，占地 3000 亩（200 公顷），总投资 6000 万元。年内固安盛世农业生态园获得廊坊市工农业旅游示范点、国家级五星级休闲采摘园、廊坊市龙头企业称号。

【大厂回族自治县沁心农业园】 大厂回族自治县沁心农业园位于大厂县陈府镇现代农业科技示范园内，是集绿色种植、健康采摘、亲子体验、农业科普于一体的现代化农业景区。景区由大厂县沁心农业发展有限公司投资建设，占地 130 亩（8.67 公顷），总投资 1000 万元。年内该园被廊坊市旅游委评为“廊坊市工（农）业旅游示范点”“廊坊市旅游系统先进单位”，被河北省科学技术协会授予“河北省优秀科普示范基地”，被中国科学技术协会授予“全国科普惠农兴村先进单位”，被国家旅游局评为“中国乡村旅游模范户”。

2016年廊坊市旅行社一览表

表14

序号	名称	总经理	联系电话
1	河北虹宇国际旅行社	韩红军	2091100 2091106
2	廊坊金旅国际旅行社	朱民璋	2040888
3	廊坊春光国际旅行社	王 颖	5263066 2017236
4	廊坊环宇国际旅行社	赵 燕	2199266 2199366
5	廊坊百事通国际旅行社	孟庆玉	2191266 2191566
6	廊坊天都旅行社	王海莹	2119998 2119777
7	廊坊方舟旅行社	杨 静	2051140 7662201
8	廊坊东华旅行社	武振东	2146519 2146619
9	廊坊金世纪旅行社	齐 艳	2239990 2235017
10	廊坊新华旅行社	丁 胜	2017883 6898817
11	廊坊群泰旅行社	张江茹	13603165711
12	廊坊新世纪旅行社	马 兰	2091177 2091219
13	廊坊五洲旅行社	韩 娜	2118781 2126770
14	廊坊中旅国际旅行社	尚宁娜	2157333 2159333
15	廊坊康辉旅行社	朱民璋	2190003 2190026
16	廊坊金马旅行社	李方姝	2080655 2236150
18	廊坊和平旅行社	李艳艳	2117171 2136399
19	廊坊金辉旅行社	尤 袁	2092308 2092358
20	廊坊祥旅假日旅行社	宋艳华	2191698 6890669
21	廊坊馨苑旅行社	张安平	0317—2550001 2550002
22	廊坊凯悦旅行社	苏伯辉	5208880
23	廊坊海洋旅行社	邓 玥	2095500 2095501
24	廊坊金龙假日旅行社	李 龙	6668922 7665959
25	廊坊朋达旅行社	徐保华	2115688 2153670
26	廊坊华远旅行社	王亚男	2098803

续表 14-1

序号	名称	总经理	联 系 电 话
27	廊坊恒信旅行社	张 贺	6010286
28	开发区汇源旅行社	王守智	2686066 7944111
29	廊坊中青旅行社	许 刚	2313777 2314777
30	廊坊华海旅行社	张 亮	6013696 6013676
31	廊坊国之旅旅行社	王金侠	5898083 5898054
32	廊坊春秋旅行社	马柏松	5215888 5909968
33	廊坊乐途旅行社	赵志民	5551551 2180675
34	廊坊鑫海慈缘旅行社	臧 建	2120444 2140444
35	廊坊全景假日旅行社	程慧娜	8337333
36	廊坊澳可旅行社	郭红英	5555119
37	廊坊新绎国际旅行社	郑少华	2598493 2598499
38	廊坊康旅旅行社	李响为	15133662777
39	廊坊春晖旅行社	曹洪刚	5125003 5135003
40	廊坊畅途旅行社	魏俊强	2395299
41	廊坊众信旅行社	殷 柳	2275558 2605666
42	廊坊行天下旅行社	徐伟生	2605133
43	廊坊中体旅行社	刘祥坤	2608966 2608967
44	廊坊路友国际旅行社	路斌斌	17734060444
45	廊坊中体旅行社	刘祥坤	2608966 2608967
46	河北环网旅行社	刘海庆	15076600888
47	三河四方旅行社	张明艳	3227777 3227778
48	三河山水旅行社	杜德淑	3155333 3155336
49	三河昆仑旅行社	吕昆山	3120307 3120357
50	三河中海旅行社	谢小影	3227555
51	三河东星旅行社	吕春超	3322456
52	三河环宇旅行社	耿志旺	3311528 3310496

续表 14-2

序号	名称	总经理	联系电话
53	三河欢乐假期旅行社	梁秋梅	3220766
54	三河怡然天方旅行社	刘毅然	3527411　3527422
55	三河逸游定制旅行社	杨　赛	13831699509
56	三河美景假期旅行社	胡秋凤	3228988
57	香河春秋旅行社	唐春海	8312313
58	香河通达假日旅行社	蒙玉凤	8317890
59	大厂康汇旅行社	周艳君	8855955
60	大厂宏辉旅行社	马兴华	8855018　8851998
61	固安永丰旅行社	杜　辉	6192111　7944112
62	固安天顺旅行社	王永进	6169853
63	固安胜捷通旅行社	胡　波	6190000
64	固安北青旅行社	王建中	5923013
65	永清风光旅行社	付增琴	6681001
66	永清畅游旅行社	胡　娜	6686276
67	永清春晓旅行社	秦志猛	6682990
68	永清老索旅行社	欧阳风花	6689186
69	永清环游旅行社	王　鑫	6625163　6623438
70	永清清丰旅行社	褚圣楠	15030607406
71	霸州神舟旅行社	尚红洁	7225978　7226677
72	霸州平安旅行社	牛丽丽	7214434
73	霸州丽华旅行社	王小秋	7638275　7610108
74	霸州环球旅行社	王凤英	7880936　7868596
75	霸州银河假日旅行社	赵秋香	7868611　7868711
76	霸州光之旅旅行社	王亚娟	7958858　7950807
77	霸州康泰旅行社	李　红	7866035　7868827
78	霸州天缘旅行社	叶昭仪	5669316　5669326

续表 14-3

序号	名称	总经理	联 系 电 话
79	文安春秋旅行社	马宝仁	5280896　13503261692
80	文安宏远旅行社	王永旺	5228408　13831622112
81	文安政通旅行社	张拥政	5232899　5283698
82	文安鸣翔旅行社	靳春鹏	5280118　5280218
83	大城青年旅行社	宋卫东	5563111
84	大城康信旅行社	梁　倩	8252666　5565655
85	廊坊青旅旅行社	宋卫东	5563111　5563222
86	大城蓝图旅行社	杜冬凤	13722654231

2016 年廊坊市星级饭店一览表

表 15

序号	饭店名称	星级	地　址
1	廊坊国际饭店	五星	廊坊市和平路 81 号甲
2	阿尔卡迪亚国际酒店	五星	廊坊开发区祥云道 83 号
3	艾力枫社酒店	五星	廊坊开发区金源道
4	福成国际大酒店	五星	三河市燕郊 102 国道北侧
5	廊坊市天都大酒店	四星	廊坊市广阳道 188 号
6	和平饭店	四星	廊坊市和平路 99 号
7	思菩兰国际会议中心	四星	三河市燕郊开发区 102 国道南侧
8	燕龙生态度假酒店	四星	三河市燕郊高新技术产业开发区 102 国道南侧
9	汇福大酒店	四星	三河市燕郊镇汇福路 8 号
10	海悦酒店管理有限公司	四星	霸州市益津中路益津书院对面
11	霸州玫瑰庄园	四星	霸州市泰山路 519 号
12	霸州梅地亚温泉酒店	四星	霸州市兴华北路广电中心
13	霸州金都大酒店	四星	霸州市兴华北路西侧 88 号
14	京东第一温泉度假村	四星	大厂工业园区
15	廊坊宾馆	三星	廊坊市解放道 118 号

表 15-1

序号	饭店名称	星级	地　址
16	京津花园	三星	廊坊开发区创业路 29 号
17	碧海宾馆	三星	廊坊市广阳道 156 号
18	航天人才培训中心	三星	廊坊市永丰道 128 号
19	中太宾馆	三星	廊坊市广阳道 20 号
20	行宫宾馆	三星	三河市燕郊开发区行宫西大街 2 号
21	奇丽国际大厦	三星	三河市燕郊开发区迎宾路 2 号
22	新月会议中心	三星	燕郊行宫西大街 6 号
23	云龙湾商务会馆	三星	固安县城南
24	丽华大酒店	三星	霸州市胜芳镇兴和路 64 路
25	中粮宾馆	二星	廊坊市新开路 2 号
26	廊坊中石油科学技术研究院会议培训中心	二星	廊坊市万庄镇石油矿区
27	华康宾馆	二星	廊坊市廊大路 189 号
28	银都饭店	二星	廊坊市广阳区银河北路
29	廊坊市春城饭店	二星	廊坊市广阳区爱民道 30 号
30	大成饭店	二星	廊坊市和平路
31	如意快捷商务酒店	二星	廊坊开发区华祥路 16 号

2016 年廊坊市旅游景区（点）一览表

表 16

序号	名　称	级别	电　话	通信地址
1	第一城	AAAA	8588888	香河县安平经济技术开发区
2	文化公园	AAAA	6085002	廊坊市文化艺术中心管理处
3	自然公园	AAAA	2263586	廊坊市广阳区广阳桥南侧
4	茗汤温泉度假村	AAAA	7231111	霸州经济技术开发区 106 国道东
5	金丰农科园	AAAA	6075444	廊坊市和平路最北端
6	金钥匙家居	AAAA	8338805	河北省香河县淑阳大街 18 号
7	华御温泉度假村	AAA	6125666	固安县牛驼温泉开发区

表 16-1

序号	名　称	级别	电　话	通信地址
8	国际会展中心	AAA	6078116	廊坊开发区友谊路
9	李少春纪念馆	AAA	7215018	河北省霸州市益津中路
10	华夏民间收藏馆	AAA	7850986	霸州市迎宾东道 193 号
11	胜芳古镇	AAA	7627997	霸州市胜芳镇中山街博物馆
12	刘凌沧郭慕熙艺术馆	AAA	6164076	固安县新中东街 141 号
13	天圆生态农业观光园	AAA	2777111	永清县曹家务乡南戈奕村南
14	九天休闲谷	AAA	5899332	廊坊市西外环西昌路 118 号
15	璞然生态园	AAA	010-69908219	三河市黄土庄镇掘山头村北
16	时代广场	AA	2191248	廊坊市新华路 92 号
17	水一方休闲垂钓园	AA	2093985	廊坊市广阳区万庄镇采油四厂样板路北行 200 米
18	京作红木家具旅游基地	AA	15930682211	大城县南赵扶镇政府
19	屈家营古音乐会堂	AA	13933947654	固安县礼让店乡屈家营村
20	北坞清真寺	AA	8868630	大厂县北坞村清真寺
21	新城广场	AA	8589811	香河县新华大街 97 号
22	天胜园农业生态观光园	AA	2912992	廊坊市科技谷园区青果路 111 号
23	金华湖度假村	AA	2778877	永清县里澜城镇小惠庄村
24	观音禅寺	AA	18033687777	永清县后奕镇

（阎　娜）

商贸流通

综　述

2016 年，廊坊市有出口实绩的企业 699 家，有进口实绩的企业 348 家。对亚洲国家和地区贸易出口 8.62 亿美元，进口 7.22 亿美元；对欧洲国家和地区贸易出口 5.77 亿美元，进口 6.71 亿美元；对拉美国家和地区贸易出口 1.04 亿美元，进口 5.58 亿美元；对非洲国家和地区贸易出口 1.15 亿美元，进口 6824 万美元；对大洋洲国家和地区贸易出口 4733 万美元，进口 6799 万美元；对北美洲国家和地区贸易出口 5.54 亿美元，进口 6.32 亿美元。

主要商品市场。廊坊市有 5000 平方米以上大型商业网点 53 家，其中市中心城区有 18 家。53 家大型商业网点包括购物中心 6 家，百货店 6 家，超市 20 家，专业或专卖店 5 家，家居建材商店 4 家，商品交易市场 12 家。全市农产品批发市场（农贸市场）45 家，其中市中心城区有 23 家。成品油批发零售企业 571 家。其中，社会加油站 296 家，中石化加油站 114 家，中石油加油站 82 家，壳牌等其他加油站 38 家，成品油零售网点 41 家。全市社会消费品零售总额 881.9 亿元，增长 10.7%。

电子商务市场。至年底，全市依托国内各类交易平台开展电子商务业务企业 4.9 万家，开设网上店铺 2.5 万余家，从业人员 3 万余人。在阿里研究院发布 2016 年中国“电商百佳城市”榜单中，廊坊市位列 51 位。全市有 7 个村被阿里巴巴网络技术有限公司评为淘宝村，骨干企业 6 家。省级电子商务示范企业齐天大圣电子商务（廊坊）有限公司发展面向社区的 O2O 电子商务服务，建立社区服务站 5 个，打造智慧社区“15 分钟生活服务圈”，年内该公司交易额 2.3 亿元。美家尽有香河电子商务有限公司依托香河县家具特色产业，打造线上线下一体化的全国性专业家具交易平台。平台用户 1000 余家，上传家具样品图片 3 万余件，营销额 5 亿元。廊坊市华通计算机网络咨询服务有限公司以慧聪网廊坊站为核心帮助企业网销产品，电子商务网络交易额 2.2 亿元。廊坊市万地葡农业科技有限公司是一家致力于食品销售的科技化电子商务公司。该公司通过线上线下相融合，实现电子商务进社区，在市中心城区设立社区店 18 家。河北安旭网络科技有限公司打造专业家具交易平台，销售产品 0.95 亿元。佳佳供应链管理（廊坊）有限公司为企业提供跨境贸易服务，公司外销产品 0.74 亿元。

二手汽车交易市场。2016 年，廊坊市符合二手车流通管理网点布局规划的二手车交易市场 6 个：廊坊市瑞丰机动车交易市场、廊坊天成旧机动车交易市场、廊坊市东方瑞丰机动车交易市场、廊坊市杰成旧机动车交易市场、霸州中鑫旧机动车交易市场和廊坊燕三太旧机动车交易市场有限公司。年内二手车交易 80525 辆。

废旧汽车报废市场。2016 年，廊坊市报废汽车拆解企业 4 家：廊坊市天成再生利用有限公司、廊坊市亚通报废汽车回收有限公司、中国物资再生利用燕郊有限公司、霸州复成报废汽车有限公司。年内上述 4 家企业回收报废汽车 4252 辆。

拍卖市场。2016 年，廊坊市拍卖企业 18 家。其中，市中心城区 16 家，三河市 1 家，霸州市 1 家。具有省级拍卖资格企业 2 家，具有市级拍卖资格企业 4 家。全市拍卖企业从业人员 98 人，拍卖师 25 人。年内全市拍卖行业成交总额 103294.59 万元。

典当市场。2016 年，廊坊市典当企业 35 家。其中，法人企业 28 家，分支机构 7 家。典当从业人员 257 人。全市典当总额 169387.90 万元，同比减少 10%。其中，动产 27244.94 万元，同比减少 1.7%；房地产 135679.96 万元，同比减少 14.3%。

廊坊市商贸流通业及会展业的发展带来“廊坊速度”。2014 年，廊坊市地区生产总值 2176 亿元，同比增长 8.2%，增速居全省首位；全部财政收入 406.7 亿元，同比增长 16.5%，总量和增速分居全省第四位和第一位。2015 年，廊坊市地区生产总值 2473.9 亿元，同比增长 8.8%；全部财政收入 481.3 亿元，同比增长 18.3%，增速居全省第一位，总量居全省第三位。2016 年，廊坊市地区生产总值 2706 亿元，同比增长 8%，增速居全省第一位；全部财政收入 595.5 亿元，同比增长 23.7%，增速居全省第一位。

（曹立杰　郎之鉴）

贸易进出口

【概况】 2016 年，河北省外贸经济总体态势下行压力逐渐加大，而廊坊市外贸经济却呈现放大态势，占全省外贸经济的比重也不断增大。廊坊市进出口总值累计达 328.87 亿元，同比增长 8.94%，约占全省贸易总值的 10.69%，仅次于石家庄市和唐山市，位于全省第三位。其中，出口总值 148.94 亿元，增长 2.45%，位居全省第六位；进口总值 179.94 亿元，增长 14.96%，位居全省第三位。一般贸易占绝对主导，加工贸易继续快速下降。全市一般贸易进出口 280.83 亿元，同比增长 11.00%。其中，出口 116.60 亿元，同比增长 3.14%；进口 164.23 亿元，同比增长 17.35%。加工贸易进出口 38.36 亿元，同比下降 6.21%。其中，出口 26.47 亿元，同比下降 3.74%；进口 11.89 亿元，同比下降 11.27%。民营企业仍然占据对外贸易的半壁江山。全市民营企业进出口总值 182.24 亿元，占全市进出口总值的 55.41%。其中，出口 75.93 亿元，同比增长 2.13%；进口 106.31 亿元，同比增长 18.13%。外商投资企业进出口总值 137.62 亿元，占全市进出口总值的 41.84%。其中，出口 64.44 亿元，同比增长 0.673%；进口 73.17 亿元，同比增长 10.48%。国有企业进出口总值 9.01 亿元，同比增长 23.29%，占全市进出口总值的 2.73%。

2016 年廊坊市外贸总值在河北省各设区市中位次统计表

表 17

设区市名称	进出口		出口		进口	
	总值（万元）	同比（%）	总值（万元）	同比（%）	总值（万元）	同比（%）
石家庄市	7656921	1.55	4628954	1.93	3027967	0.97
唐山市	7059251	-18.19	4670106	-11.54	2389144	-28.66
廊坊市	3288746	8.94	1489371	2.45	1799375	14.96

续表 17-1

设区市名称	进出口		出口		进口	
	总值（万元）	同比（%）	总值（万元）	同比（%）	总值（万元）	同比（%）
秦皇岛市	2897707	1.48	1949149	5.55	948558	-5.96
保定市	2681130	-8.91	1936925	-8.75	744205	-9.33
沧州市	1875706	9.77	1381636	4.03	494070	29.80
衡水市	1754367	6.17	1609420	11.96	144947	-32.56
邯郸市	1660621	-9.47	1033377	-4.27	627244	-16.90
邢台市	1184542	7.71	889583	8.16	294959	6.37
张家口市	372075	-10.37	265355	-0.89	106720	-27.58
承德市	315748	27.71	290633	22.65	25115	144.35
合　计	30747589	-3.75	20145285	-1.33	10602304	-8.03

【主要贸易进出口商品】 2016 年，廊坊市出口机电产品（与高新技术产品有交叉，下同）81.58 亿元，增长 10.68%；出口家具及其零件 34.76 亿元，增长 0.46%；出口高新技术产品 22.66 亿元，同比增长 30.69%；出口农产品 3.37 亿元，增长 4.85%。廊坊市进口机电产品 70.69 亿元，增长 25.28%；进口高新技术产品 25.15 亿元，增长 47.37%；进口大豆 233.17 万吨，增长 16.19%，价值 62.66 亿元，增长 18.92%；进口初级形状的塑料 5.10 亿元，增长 7.61%。

2016 年廊坊市进出口前 10 名国家或地区统计表

表 18

国家（地区）	进出口		出口		进口	
	总值（万元）	同比（%）	总值（万元）	同比（%）	总值（万元）	同比（%）
欧盟	796，480	14.41	360，069	7.21	436，410	21.13
美国	729，059	9.61	320，267	3.40	408，792	15.03
巴西	370，647	26.70	7，248	-14.59	363，400	27.94
韩国	358，573	23.38	105，327	5.38	253，245	32.82
德国	294，897	18.75	76，240	0.05	218，657	27.02
日本	161，424	16.96	82，245	1.42	79，179	39.09
荷兰	87，492	16.42	51，366	3.02	36，126	42.83

续表 18-1

国家（地区）	进出口		出口		进口	
	总值（万元）	同比（%）	总值（万元）	同比（%）	总值（万元）	同比（%）
印度	86，231	71.04	80，384	76.14	5，847	22.34
英国	84，238	18.42	63，471	8.84	20，767	62.01
澳大利亚	73，027	16.30	28，285	30.55	44，741	8.79

【高新技术产品进出口】 2016年，廊坊市高新技术产品进出口总值47.8亿元人民币，比上年同期（下同）增长38.99%，占廊坊市进出口总值14.54%，占全省高新技术产品进出口总值的24.36%。其中，出口高新技术产品22.7亿元人民币，增长30.69%；进口25.2亿元人民币，增长47.41%，各项指标均位居全省前列。在主要进出口高新技术产品中，廊坊市计算机集成制造技术产品进出口总值为15.5亿元人民币，同比增长85.13%，占廊坊市高新技术产品进出口总值的32.47%，有较大幅度增长；计算机与通信技术进出口总值为14.2亿元人民币，同比增长12.09%，占廊坊市高新技术产品进出口总值的29.73%；电子技术进出口总值为9.8亿元人民币，同比增长29.19%，占廊坊市高新技术产品进出口总值的20.48%。上述三项合计占全市高新技术产品进出口总值约八成。生物技术进出口总值同比下降幅度较大，为61.97%。材料技术进出口总值有较大幅度增长，同比增长1.5倍。

【高新技术产品进出口主要国家和地区】 2016年，廊坊市进出口贸易主要集中在韩国、欧盟与美国。廊坊市高新技术产品对韩国进出口总值为10.3亿元人民币，同比增长108.63%；对欧盟进出口7.8亿元人民币，同比增长35.42%，对美国进出口7.03亿元人民币，同比增长1.43%，以上3个地区进出口之和占廊坊市高新技术产品进出口总值近5成。对印度高新技术产品进出口额翻五番，超越德国位居第四，为4.9亿元人民币，涨幅最大。

【高新技术产品进出口贸易代表企业】 2016年，京东方和富智康为廊坊市最具代表性的高新技术进出口贸易企业。年内京东方和富智康共计进出口总值为34.48亿元，占全市高新技术产品进出口总值的72.13%。其中，京东方进出口贸易总值1.03亿美元，约合人民币7.18亿元，同比下降5.27%，出口0.089亿元，同比增长21.92%；进口7.09亿元，同比下降5.21%。富智康进出口贸易总值3.93亿美元，约合人民币27.30亿元，其中进口2.64亿元，同比增长176.04%；出口22.03亿元，同比增长150.91%。

2016 年廊坊市与河北省各设区市高新技术产品进出口总值对比表

表 19

设区市	进出口合计		出口		进口	
	人民币（亿元）	人民币同比（%）	人民币（亿元）	人民币同比（%）	人民币（亿元）	人民币同比（%）
廊坊市	47.8	38.99	22.7	30.69	25.2	47.41
石家庄市	44.0	0.25	31.3	0.01	12.7	0.85
保定市	31.6	-41.33	22.8	-46.91	8.8	-19.32
秦皇岛市	27.0	-4.54	18.4	-17.45	8.5	44.34
唐山市	11.7	-15.05	6.5	-33.70	5.3	29.57
衡水市	8.8	-11.09	8.7	-7.95	0.1	-86.95
沧州市	8.4	18.89	3.2	-32.21	5.2	118.28
邢台市	7.1	73.52	3.2	-13.19	3.9	800.78
邯郸市	4.3	13.06	3.7	13.73	0.6	9.32
承德市	4.1	412.36	3.8	421.25	0.4	335.55
张家口市	1.4	-64.24	0.8	-15.30	0.6	-80.33
合　计	196.3	-3.73	125.1	-14.62	71.2	24.05

【“一带一路”引领对外贸易】 2016 年，廊坊市对“一带一路”沿线国家累计进出口 46.36 亿元人民币，同比增长 9.63%；进出口值占全市外贸总值的 14.09%。其中，出口 36.23 亿元，同比增长 8.92%，出口值占全市外贸出口总值的 24.33%；进口 10.13 亿元，同比增长 12.23%，占全市进口总值的 5.63%。出口贸易中，廊坊市对印度出口 8.04 亿元，同比增长 76.14%；对阿联酋出口 2.99 亿元，下降 7.33%；对马来西亚出口 2.54 亿元，增长 18.67%；对泰国出口 2.51 亿元，增长 17.24%；对伊朗出口 2.08 亿元，大幅增长 163.68%。对印度出口的主要产品中高新技术产品（通断保护电路装置及零件和液晶显示板）出口总值为 0.13 亿元，占对印度出口总值的 54.28%，汽车零配件出口位居第二位为 304.14 万元，占比 13.61%。对东南亚三国（阿联酋、马来西亚和泰国）出口的主要产品也为高新技术产品，出口总值为 0.57 亿元，占对上述三国出口总值的 83.41%。对伊朗出口产品中塑料制品出口总值为 0.066 亿元，占比 39.74%。

（何扬帆）

对外及对港澳台经济合作

【概况】 2016 年，廊坊市实际利用外资及港澳台资 8.02 亿美元，同比增长 6%。新批利用外资及港澳台资项目 28 个，与上年同期比持平，新批合同外资 2.06 亿美元，同比下降 66.7%。在新设立项目中，外商及港澳台商投资资金来源地为亚洲国家和地区的项目有 22 个，投资总额 1.83 亿美元，占全市新批外商及港澳台商投资企业投资总额的 89%。全市吸收外商直接投资 7.83 亿美元，同比增长 17.3%；第一产业、第二产业、第三产业吸收外商及港澳台商直接投资比例 0.3∶87∶12.7，其中制造业直接利用外资 6.8 亿美元，占比达 86.7%。亚洲国家和地区成为廊坊市投资主要来源地，直接投资 5.94 亿美元，占 75.8%。资金到位前三名的分别为中国香港 3.31 亿美元、韩国 1.46 亿美元、马来西亚 7551 万美元。

【服务外包企业】 2016 年，廊坊市经省级认定的服务外包企业 77 家；服务外包示范园区 2 家：燕郊高新区和廊坊开发区；产业基地 5 家：三河燕郊新技术创业服务中心、润泽科技发展有限公司、河北廊坊现代服务产业园区、廊坊信和软件投资有限公司、永清县后奕产业功能区；培训基地 2 家：廊坊职业技术学院、华北科技学院（中国煤矿安全技术培训中心）。

【招商引资】 2016 年，廊坊市开展"招商引资集中行动"和"民企入冀助推河北协同发展"活动。其间，全市组织招商小分队 120 个，签订亿元以上内资项目 461 项，协议总投资 5966.63 亿元，超过预期目标 50%。"北京民企廊坊行"活动发布项目 200 项，达成合作协议 5 项。开展系列小团组招商活动。市商务局组织各县（市、区）、廊坊开发区负责人到北京、苏州、上海、杭州、珠海等地，围绕先进制造、生物医药、现代服务业等产业开展招商对接，促成京东集团、北京联东投资、加拿大爱普国际科技等 12 个项目签约。

【廊坊域内企业对外承包工程】 2016 年，廊坊市新签对外承包工程合同额 22.17 亿美元，实现营业额 9.54 亿美元，工程项下外派劳务工人 2090 名。中国地质科学院地球物理地球化学勘察研究所、河北燕青建工集团有限公司获批对外承包工程经营资格。中国石油天然气管道局、廊坊中油朗威工程项目管理有限责任公司、中国石油天然气管道通信电力工程总公司、廊坊开发区中油龙慧自动化工程有限公司、中国石油管道局工程有限公司、中国地质科学院勘探技术研究所、廊坊华元机电工程有限公司 7 家企业开展对外承包工程业务。对外承包工程主要分布伊拉克、缅甸、哈萨克斯坦，以及中国香港等亚洲、非洲国家和地区，涉及石油、天然气管道及附属配套工程的咨询、勘察、设计、施工和监理、房屋建筑、建筑装修装饰等基础设施建设项目。

【廊坊域内企业对外投资】 2016 年，廊坊市 6 家企业取得对外投资资格。廊坊市瑞龙伟业汽车销售有限公司在美国设立廊大瑞龙有限公司，华夏幸福基业股份有限公司在中国香港设立华夏幸福国际控股有限公司，好丽友食品有限公司在中国香港设立星乐伟有限公司，河北福成五丰食品股份有限公司在澳大利亚设立福成澳大利亚投资控股有限公司，知合控股有限公司在中国香港设立知合控股（香港）有限公司，廊坊奥德瑞姆石油燃气设备有限公司在哈萨克斯坦设立江布尔防腐合伙有限责任公司。廊坊市企业对外投资 7.35 亿美元，同比增长 91.9%，总量居全省第二名。知合控股有限公司在中国香港投资 5 亿美元从事投资控股业务；华夏幸福基业股份有限公司在中国香港投资 1 亿美元从事投资控股业务；河北福成五丰食品股份有限公司在澳大利亚投资 8000 万美元从事畜牧产品进出口贸易业务；廊坊市瑞龙伟业汽车销售有限公司在美国投资 2000 万美元主营进口汽车以及汽车的装饰装具零部件贸易等业务；好丽友食品有限公司在中国香港投资 2857 万美元主要从事投资控股及提供管理支持业务。

（曹立杰）

会展业

【概况】 2016 年，廊坊市举办重点展览会 77 个，同比增长 4%，展览总面积 105.34 万平方米，同比增长 15%，其中 1 万平方米以上展览会 50 个。总展览面积首次突破 100 万平方米，进入全国百万平方米会展城市行列，位居全国地级市前列。中国国际管道大会成为全国行业顶级展会、河北国际名鸽展览会居亚洲第一位、中国纹身展览会居亚洲第三位。在中国城市会议展览业协会联盟主办的“2016 城市会展业合作发展论坛暨中国城市会展协会联盟峰会”上，中国（廊坊）农产品交易会和中国国际管道大会获 2014—2015 年度中国品牌展览会，中国（廊坊）渔具展销会获中国区域品牌展览会。

2016 年廊坊市展会一览表

表 20

序号	展会名称	主办单位	举办时间	举办地点
1	CLCAF3 廊坊漫展冬日祭	廊坊国际展览集团有限公司	1 月 1 日—3 日	廊坊会展中心
2	2016 廊坊新年购物节	廊坊国际展览集团有限公司	1 月 23 日—31 日	廊坊会展中心
3	迎新春采购会	廊坊市金诺喜铺商务有限公司	2 月 8 日—22 日	廊坊第五大街
4	中国（廊坊）2016 年春季渔具展销订货会	廊坊国际展览集团有限公司	2 月 13 日—15 日	廊坊会展中心
5	2016 中国（廊坊）电动车、三轮车、新能源汽车及零部件展览会	青岛金奥文化传播有限公司	3 月 3 日—5 日	廊坊会展中心
6	2016 年第五届中国廊坊国际秀鸽展示暨幼鸽交流会	中国信鸽协会、河北省信鸽协会、廊坊市体育局、廊坊市体育总会	3 月 19 日—20 日	廊坊会展中心
7	第三届全国新型墙体材料设备及配套产品展览会	北京瑞展国际展览展示有限公司	4 月 1 日—3 日	廊坊会展中心
8	第二届中国·廊坊宠物用品展	廊坊国际展览集团有限公司	4 月 1 日—3 日	廊坊会展中心
9	2016 中国国际管道大会	廊坊市人民政府、中国石油天然气管道局	4 月 12 日—14 日	廊坊会展中心
10	2016 河北·廊坊国际绿色产业博览会与 2016 中国河北国际节能减排与资源综合利用博览会	河北省贸促会、河北省工信厅、河北省环保厅、廊坊市人民政府	4 月 20 日—22 日	廊坊会展中心
11	2016 年廊坊开发区（春季）人才招聘会	廊坊开发区劳动人事局	4 月 23 日—24 日	廊坊会展中心
12	第十届中国节能炉具博览会	中国农村能源行业协会	4 月 26 日—28 日	廊坊会展中心

续表 20-1

序号	展会名称	主办单位	举办时间	举办地点
13	首届中国·廊坊休闲玩乐汇	廊坊国际展览集团有限公司	4月30日—5月2日	廊坊会展中心
14	2016河北廊坊汽车博览会	廊坊汽车商业协会	5月1日—3日	廊坊会展中心
15	大数据产业创新展	廊坊市政府	5月18日—21日	廊坊会展中心
16	“5·18”国际电子商务展	中信国安集团、中国国际经济技术交流中心	5月18日—21日	廊坊会展中心
17	“5·18”创客和创意空间展	廊坊市政府	5月18日－21日	廊坊会展中心
18	“5·18”绿色设计展	北京光华设计发展基金会	5月18日—21日	廊坊会展中心
19	廊坊市新兴产业暨县域特色展	廊坊市政府	5月18日—21日	廊坊会展中心
20	“5·18”高端制造业展	中国机械工业联合会、中国企业园区国际合作联盟	5月18日—21日	廊坊会展中心
21	“5·18”节能环保产业展	廊坊市政府	5月18日—21日	廊坊会展中心
22	“5·18”生物医药展	廊坊市政府	5月18日—21日	廊坊会展中心
23	“5·18”健康医疗设备展	中华医学会医学科学普及分会、中国老年保健医学会、《健康指南》杂志社	5月18日—21日	廊坊会展中心
24	第十五届品味车苑文化博览会	廊坊市政府	5月17日—21日	廊坊会展中心
25	第六届中国·廊坊婚庆文化博览会	廊坊市政府	5月20日—22日	廊坊时代广场
26	2016苏沪杭新品丝绸服装服饰博览会	锦州市亚泰展览策划服务有限公司	5月27日—6月5日	廊坊会展中心
27	2016中国廊坊（国际）文身艺术节	中国文身艺术联合会	5月28日—30日	廊坊会展中心
28	第15届中国国际金属玻璃家具及小件家具博览会	霸州市人民政府	4月8日—10日	胜芳家具城
29	第2届胜芳国际家具原辅材料博览会	霸州市人民政府	4月8日—12日	胜芳家具城
30	2016年大厂国际渔具展（第一季）	大厂渔具城管委会	2月13日—15日	大厂渔具城
31	2016年大厂国际渔具展（第二季）	大厂渔具城管委会	3月30日—4月1日	大厂渔具城
32	2016年大厂国际渔具展（第三季）	大厂渔具城管委会	5月13日—15日	大厂渔具城
33	全国名优特新农产品博览会	廊坊市中乾文化传媒有限公司	4月8日—17日	廊坊体育场
34	第五届中国香河国际家居采购文化节	中国家具协会、河北省家具协会	4月28日－5月2日	香河家具城
35	“3·15”诚信在行动综合展示会	廊坊市消费者协会、廊坊广播电视台	3月12日—13日	廊坊万达广场

续表 20-2

序号	展会名称	主办单位	举办时间	举办地点
36	廊坊首届军民融合项目对接会	廊坊市人民政府	5 月 30 日—31 日	廊坊会展中心
37	2016 中国设计节绿色设计展	河北省廊坊市政府、北京市大兴区政府、北京光华设计发展基金会	5 月 25 日—26 日	廊坊会展中心
38	2016 京津冀中华大庙会	廊坊市旅游局	2 月 7 日—12 日	香河一城
39	2016 年草莓音乐节	国安第一城（香河）文化旅游发展有限公司	4 月 30 日—5 月 2 日	香河一城
40	第三届中国（廊坊）茶叶茶文化博览会	廊坊国际展览集团有限公司	6 月 9 日—12 日	廊坊会展中心
41	第四届廊坊特色文化博览会	廊坊国际展览集团有限公司	6 月 9 日—12 日	廊坊会展中心
42	第五届中国·廊坊红木古典家具暨珠宝、文玩、书画、陶瓷、工艺品博览会	廊坊国际展览集团有限公司	6 月 9 日—12 日	廊坊会展中心
43	2016 挥写廉政书画大展	河北省书协	6 月 26 日—7 月 1 日	廊坊会展中心
44	中国·廊坊 2016 年夏季渔具展销订货会	廊坊国际展览集团有限公司	7 月 1 日—4 日	廊坊会展中心
45	2016 年大厂国际渔具展（第四季）	大厂渔具城管委会	7 月 1 日—3 日	大厂渔具城
46	CLCAF4-廊坊夏日动漫游戏嘉年华	廊坊国际展览集团有限公司	8 月 6 日—8 日	廊坊会展中心
47	2016 年大厂国际渔具展（第五季）	大厂渔具城管委会	8 月 12 日—14 日	大厂渔具城
48	第十六届中国（胜芳）特色家具国际博览会暨第三届胜芳国际家具原辅材料展	霸州市人民政府、胜芳镇人民政府、胜芳家具行业协会	8 月 26 日—29 日	胜芳家具城
49	2016 廊坊 CKU 全犬种冠军展	北京中爱联合犬业俱乐部有限公司、廊坊国际展览集团有限公司	9 月 16 日—18 日	廊坊会展中心
50	2016 年大厂国际渔具展（第六季）	大厂渔具城管委会	9 月 16 日—18 日	大厂渔具城
51	首届京津冀运河书香节暨廊坊市金秋书展	廊坊国际展览集团有限公司	9 月 19 日—21 日	廊坊会展中心
52	河北省农业发展成果展	河北省人民政府	9 月 26 日—28 日	廊坊会展中心
53	韩国及中东欧地区国家展	河北省人民政府	9 月 26 日—28 日	廊坊会展中心
54	首届环渤海奶业发展大会暨奶业展览会	河北省奶业协会	9 月 26 日—28 日	廊坊会展中心
55	中国（廊坊）国际果品饮品博览会	中国绿色食品协会	9 月 26 日—28 日	廊坊会展中心
56	全国农副产品展销会	廊坊市人民政府	9 月 26 日—28 日	廊坊会展中心

续表 20-3

序号	展会名称	主办单位	举办时间	举办地点
57	“9·26”优良种畜展	廊坊市人民政府	9 月 26 日—28 日	廊坊会展中心
58	全国优质农产品推介平台展览会	廊坊市人民政府	9 月 26 日—28 日	廊坊会展中心
59	全国农业机械展	廊坊市人民政府	9 月 26 日—28 日	廊坊会展中心
60	廊坊特色小吃节	廊坊市人民政府	9 月 26 日—28 日	廊坊会展中心
61	第一届全国红色书画展览会	中国毛体书法家协会、廊坊市文学艺术界联合会	9 月 26 日—28 日	廊坊金丰科技园
62	环京津传媒集团首届 9·26 汽车展	环京津传媒集团（申请单位）、廊坊广播电视台	9 月 26 日—28 日	廊坊会展中心
63	中国（廊坊）第五届十一欢乐节	廊坊国际展览集团有限公司	10 月 3 日—7 日	廊坊会展中心
64	全国绿色农贸特产展	廊坊市中乾文化传媒有限公司	10 月 1 日—16 日	廊坊市体育场
65	2016 秋季京津冀蒙林木种苗交易会	京津冀蒙林木种苗交易会组委会	10 月 10 日—12 日	廊坊会展中心
66	第三届中国·廊坊宠物生活博览会	廊坊国际展览集团有限公司	10 月 20 日—23 日	廊坊会展中心
67	2016 年廊坊开发区（秋季）人才招聘会	廊坊开发区工委	10 月 22 日—23 日	廊坊会展中心
68	中国天然气新技术新应用展览会	廊坊国际展览集团有限公司	10 月 14 日—16 日	廊坊会展中心
69	2016 服装服饰用品展览会	廊坊中乾文化传媒有限公司	10 月 20 日—25 日	廊坊市体育场
70	2016 年廊坊户外用品展暨首届体育运动嘉年华	廊坊国际展览集团有限公司	10 月 28 日—30 日	廊坊会展中心
71	第三届河北军民融合国防工业协同创新成果展	省国防科工局、省科技厅、廊坊市政府、省科学院	10 月 29 日—30 日	廊坊会展中心
72	廊坊茶叶茶文化、紫砂、红木家具、珠宝、文玩、书画、陶瓷、工艺品博览会	廊坊国际展览集团	11 月 4 日—7 日	廊坊会展中心
73	中国（廊坊）国际有机食品展	中国国际贸易促进委员会	11 月 7 日—10 日	廊坊市体育场
74	2016 河北廊坊装备制造业博览会	河北省贸促会、河北省工信厅、廊坊市人民政府	11 月 8 日—10 日	廊坊会展中心
75	第十二届菌需物资博览会暨食用菌工厂化发展论坛	北京中菌华宝会展服务有限公司	11 月 10 日—12 日	廊坊会展中心
76	2016 美的电器全国订货会	廊坊国际展览集团	11 月 5 日—7 日	廊坊会展中心
77	第十六届中国廊坊（国际）名鸽展示会	中国信鸽协会、河北省信鸽协会、廊坊市体育局、廊坊市体育总会	11 月 19 日—20 日	廊坊会展中心

【中国·廊坊国际经济贸易洽谈会简介】 1984年，河北省人民政府举办首届河北省利用外资引进技术暨出口商品贸易洽谈会，该会每年举办一届，会议开幕时间定于每年的5月18日。2000年，第17届河北省经济贸易洽谈会举办地由省会石家庄移至廊坊。其后名称几经变更。2005年定名为“东北亚暨环渤海国际商务节”，2009年定名为“中国·廊坊高新技术与现代服务业投资贸易洽谈会”，2010年经国务院批准确定为“中国·廊坊国际经济贸易洽谈会”（简称“5·18”经洽会）。“5·18”经洽会成为商务部、河北省人民政府共同主办的国家级国际性经济贸易洽谈会。从1984年至2016年“5·18”经洽会连续举办33届，其中在廊坊举办17次。

【第33届中国·廊坊国际经济贸易洽谈会】 5月18日—5月21日在廊坊国际会议展览中心举行。该届中国·廊坊国际经济贸易洽谈会为第33届，由商务部、河北省人民政府共同主办，商务部投资促进事务局、河北省商务厅、廊坊市人民政府承办。第33届“5·18”经洽会紧扣京津冀协同发展，融入“一带一路”倡议，以“协同发展、转型发展、创新发展”为主题，围绕产业创新发展和改善生态环境合作重点，注重产业对接、项目洽谈和贸易成交，突显国际化、专业化和市场化特点。会议通过专题推介、产业对接、项目洽谈、展览展示，为与会各方搭建具有重要影响力的区域性国际投资贸易促进平台。全国政协副主席刘晓峰，全国政协原副主席李金华，省委书记、省人大常委会主任赵克志，省委副书记、省长张庆伟，商务部部长助理刘海泉出席并为大会启幕。省政协主席付志方，省委常委、秘书长、统战部部长范照兵，副省长张杰辉，省政府党组成员、廊坊市委书记王晓东，以及省直有关部门、各市主要负责人和有关企业主要负责人出席开幕式。科技部、商务部、国家国防科工局、国务院发展研究中心、中国贸促会、国家信息中心、人民日报社，中国驻马来西亚、缅甸、泰国大使馆等国家部委和单位领导，北京、上海、重庆、新疆等省（市、自治区）有关方面负责人，卢旺达、厄瓜多尔、文莱、马来西亚、缅甸、越南、新加坡、印尼、菲律宾等国家驻华使节及国外政要，美国国际数据集团、中国开发区协会、中国恒天集团、平安银行等跨国公司、商协会、大型央企、知名民企负责人和部分知名专家学者应邀出席，3400多名高端客商应邀参会参展。

该届“5·18”经洽会40项活动特色鲜明，亮点纷呈。突出京津冀协同发展，分别举办京津冀产业创新协同发展高端会议、京津冀大数据产业发展高端会议等。京津冀区域内各级政府、产业机构、科技园区、研究院所参与合作举办高端会议和系列产业、项目对接活动，吸引百度、京东、苏宁等国内互联网龙头企业参展。境内外近百名科学家、院士、“千人计划”专家及科技研发创新组织、科技投资机构人士莅临大会，参加各项专题活动，共同研讨科技创新。举办新兴产业精品展，设12个展区，展区面积7万平方米。设立印度尼西亚主宾国展区、加拿大主题展区、大数据产业创新展区、国际电子商务展区、创客和创意空间展区、绿色设计展区、空间信息技术应用成果展区、高端制造业展区、廊坊市新兴产业暨县域特色展区、节能环保产业展区、生物医药展区、健康医疗设备展区。举办产业专题对接会11场：“创新中国”走进廊坊创业大赛、“双创”与金融对接洽谈会、“互联网+天基信息应用”高峰对话、重点园区招商项目对接洽谈会、环保产业项目合作对接会、京津冀现代商贸物流项目对接洽谈会、海外侨商投资合作项目洽谈会、海内外知名商会进河北对接洽谈会、2016 乡村旅游发展峰会、京津冀医疗信息化项目对接洽谈会、中国报业旅游联盟第二届大会暨全国百家媒体廊坊行活动；举办主宾国系列活动 3 场：印度尼西亚主宾国开馆式、中国（河北）-印尼投资商务论坛、中国（河北）—东盟国际产能合作交流会；举办展销活动 2 个：第十五届品味车苑文化博览会、第六届中国·廊坊婚庆文化博览会。举办合作项目签约仪式，廊坊市 40 个市重点项目签约。其中，外资项目 13 项，总投资 82.6 亿美元，协议利用外资 74.3 亿美元，项目个数、总投资、协议利用外资分别比上年增长 44%、137%、136%；内资项目 27 项，总投资 677.6 亿元，协议利用域外资金 619.1 亿元，项目个数、总投资、协议利用域外资金分别比上年增长 17%、4%、3%。签约项目涉及高端装备制造、节能环保、电子信息和现代农业等 18 个领域。签约项目呈现投资规模大、新兴产业项目多、园区项目多、与北京合作项目多等特点。

【第 20 届中国（廊坊）农产品交易会】 1998 年 9 月 26 日，河北省人民政府联合农业部和中华全国供销合作总社，在廊坊市举办第一届农产品交易会（简称“9·26”农交会），至 2016 年“9·26”农交会连续在廊坊市召开 20 次。第 20 届中国（廊坊）农产品交易会于 2016 年 9 月 26 日至 28 日在廊坊国际会议展览中心举行。该届“9·26”农交会主题为“现代农业、绿色品牌、交易合作”，由农业部、中华全国供销合作总社、河北省人民政府主办，中国农科院、中国林科院、中国农业大学、农民日报社协办，廊坊市人民政府、省农业厅、省供销合作总社、省发改委、省财政厅、省商务厅、省林业厅、省水利厅、省贸促会、省工商联共同承办。该届“9·26”农交会突显出运作更加市场化、招商更加规模化、设计更加专业化、展览更加特色化、推介更加品牌化五方面特点，市场化招商面积达 3.22 万平方米，市场化率达到 72%。省长张庆伟宣布大会开幕。农业部党组副书记、副部长余欣荣，中华全国供销合作总社党组成员、理事会副主任邹天敬，副省长沈小平，市委书记冯韶慧到会致辞。市长陈平主持开幕式。荷兰、加拿大、美国、韩国、马来西亚 10 多个国家和地区，北京、天津、江苏、新疆共 20 多个省（市、自治区），以及北京首都农业集团有限公司、河北承德露露股份有限公司、石家庄君乐宝乳业有限公司、北京三元集团有限责任公司等 40 多家知名企业的代表和客商参会洽谈，900 多家企业参展，到会客商 1200 多名。该届农交会设 19 个展区，展览突出京津冀协同发展主题。展会期间，推出“全国优质农产品推介平台”，邀请重点参展企业举行品牌推介会，通过平台聚焦品牌效应，强化品牌农业建设。项目签约 40 个，项目合作金额 284 亿元，合同引资 198.6 亿元。其中，廊坊市签约项目 9 个，分别是固安县柳泉镇政府与廊坊五圣天华园林景观工程有限公司共同兴建的枫林庄园项目、大城工业园区现代制造业工业园管理委员会与河北康达畜禽养殖有限公司共同兴建的年屠宰 4500 万只肉鸡产业化项目、河北恒都美业农业开发有限公司与浙江华腾牧业有限公司共同兴建的欧洲标准化现代牧场项目、霸州市正宝新特农产有限公司与美立方（北京）食品饮料有限公司共同兴建的 3 万吨矿泉水厂项目、特变电工山东鲁能泰山电缆有限公司与河北争嵘生物科技有限公司共同兴建的 20 兆瓦农光互补光伏电站项目、香河县环保产业园区管委会与正大集团共同兴建的正大香河生产基地项目、香河县刘宋镇政府与香河县香荷藕荷深加工制品公司共同兴建的藕荷深加工项目、香河县刘宋镇政府与河北杨家寨旅游开发有限公司共同兴建的万亩荷塘杨家寨旅游项目、郎亿成国际投资有限公司与广东远东国兰股份有限公司共同兴建的三河国兰培育基地项目。该届农交会廊坊市签约项目呈现出项目数量多、单体投资规模大、项目建设“园区化”、生态高端成为主流等特点。

【中国（廊坊）春（秋）季渔具展销订货会】 中国（廊坊）春（秋）季渔具展销订货会于2004年引进到廊坊市，2013年正式成为廊坊市自主举办展会。展会每年两届，分为春秋两季，旨在为中国钓具行业打通上下游产业链、整合钓具产业链以及探索对接模式和机制。2016年中国（廊坊）春（秋）季渔具展销订货会分别于2月13日—15日、7月1日—4日在廊坊会展中心举办。展会均由廊坊国际展览集团有限公司主办，廊坊四海云天展览有限公司承办。共设展出面积1.5万余平方米，布置展位600余个，全国各地400多家渔具产品生产厂家参展，展品包含：钓鱼竿、鱼钩、钓具箱、鱼饵、浮漂、抄网及配件、绕线轮、防水靴、鱼类探测器、鱼绳及线索、钓鱼服装、钓鱼专业用刀、钓具的相关出版物、垂钓场所、垂钓设施、垂钓船具、垂钓相关产品的广告宣传机构等。

【第九届中国国际管道大会】 中国国际管道大会创办于2002年，每两年举办一届，是中国管道行业规模最大，影响力最为权威，国际化程度最高的品牌盛会。第九届中国国际管道大会于2016年4月12日至14日在廊坊国际会展中心举办。展会由中国石油天然气管道局、廊坊市政府、中国石油管道公司、国际管道和海洋承包商协会等单位共同主办，廊坊国际管道会展有限公司承办。展览面积3.5万平方米，参展展商分别来自德国、英国、美国、日本、韩国、新加坡、法国、加拿大、意大利等26个国家和地区。其中，参展央企有中国石油天然气管道局、中国石油管道公司、宝钢集团有限公司、鞍山钢铁集团有限公司、南京钢铁集团有限公司、中国五矿集团、中联重科股份有限公司等；世界500强企业有美国爱默生、霍尼韦尔、卡特公司、荷兰AKZO NOBEL、GEA、小松、斗山等；国际知名企业有美国CRC公司、英国合乐公司、意大利Saipem公司、澳大利亚Worleyparsons公司、美国OPR海洋工程公司、美国FBS公司、德国海瑞克公司、法国GEOSTOCK公司等。该届大会围绕“高端发展，绿色崛起，奋力打造河北环京津新增长极战略突破口”的发展定位，以“合作·创新”为主题，以打造“国际管道城”为目标，推进与管道行业中的重点央企、外企、民企的技术交流，突出项目对接、企业对接，推动管道机械制造、技术服务等相关产业发展。

【2016河北·廊坊国际绿色产业博览会】 4月20日，2016河北·廊坊国际际绿色产业博览会（以下简称绿博会）在廊坊国际会展中心开幕。绿博会由中国国际贸易促进委员会河北省委员会、河北省工业和信息化厅、河北省环境保护厅、廊坊市人民政府主办，廊坊市贸促会、廊坊市工业和信息化局、廊坊市环境保护局共同举办，旨在落实京津冀环保一体化，推进和完善河北环保产业发展机制和模式，促进环保产业发展。绿博会设展览面积22000平方米，主要有环保节能产业规划及需求展区、国内外

大型节能环保产业基地及环保展团展区、水处理技术与设备展区、大气污染治理技术设备展区、固废处理及利用技术展区、环境监测仪器展区、新能源、清洁能源展区九大专业展区。国内外参展企业208家、特装比例70%。绿博会举行“绿色技术创新与协同发展论坛”和“2016节能减排技术中外对接会暨雾霾治理产业峰会”两大高峰论坛，国内权威专家、领军企业家及产需企业负责人300余人参加绿色环保技术合作交流洽谈。

【环渤海汽车后市场服务节】 环渤海汽车后市场服务节创办于2014年，每年举办一届。8月26日—28日，2016环渤海汽车后市场服务节（以下简称服务节）在廊坊国际会议展览中心举办。服务节由廊坊市人民政府、河北省工业和信息化厅、中国国际贸易促进委员会河北省委员会、河北省汽车工业协会、河北省汽车（配件）产业联盟共同主办，廊坊市贸促会、廊坊市工信局、全国商用车配件产销联合会承办。服务节主题为“创新·发展·合作·共赢 ”，依托环渤海区域汽车后市场保有量和汽车制造产业基础，打造区域汽车后市场服务平台。服务节展览面积4万平方米，集汽车整车、改装车、汽车配件、汽车用品、新能源汽车及配件和配套设施展览展示于一体，为汽车和汽车零部件后市场产业提供合作、推广平台，是环渤海地区的一次交易盛会。

【中国（廊坊）国际有机食品展览会】 中国（廊坊）国际有机食品展览会创办于2010年，每年举办一届。11月7日至10日，第七届中国（廊坊）国际有机食品展览会在廊坊市体育场举办。展览会由中国贸促会经济信息部、河北省贸促会主办，廊坊市贸促会承办。展览面积8000平方米。展会采取市场化招商，选取有机绿色食品及特色农产品参展。巴基斯坦、津巴布韦，以及中国台湾、广东、云南、黑龙江、福建、广西、北京、山东、内蒙古等国家和地区的近200家企业参展，产品涉及有机杂粮、有机水果、有机茶叶、有机饮品、有机肉类及蛋类、绿色无公害食品、名优特色食品、清真食品、农业进出口产品、农业新能源及节能减排技术设备等，吸引8万人次参观展览。

【河北·廊坊装备制造业博览会】 11月8日至10日，河北·廊坊装备制造业博览会（以下简称制博会）在廊坊国际会展中心开幕，博览会由廊坊市人民政府、河北省贸促会、河北省工信厅共同主办，工信部科技成果转化中心、河北省机械协会、北京机械工程协会、天津机械工程协会、河北省建筑机械行业协会、滕州市机械协会协办，廊坊市贸促会、廊坊市工信局、廊坊会议展览有限公司承办。制博会主题为“协同发展、转型升级”，通过论坛、展览、体验三位一体的办展理念，打造集政策解读、信息发布、高端对话、成果展示、技术交流、产品推介、招商引资为一体的京津冀交流展示平台。展览面积1.8万平方米。发那科公司、川崎自动化公司、埃维迪数控集团等世界500强企业和全国 160 多家装备制造知名企业参展，现场成交 1700 多万元。同期举办的中国制造2025中央支持政策对接会吸引80多家国内装备企业参会对接，其中7家企业投资项目初审获得工信部科技成果评价与推广转化服务中心支持。

【廊坊国际会展中心】 廊坊国际会展中心综合体由A、B、C、D4个展览馆、1个会议中心组成，展览馆内面积4.2万平方米，可同时搭建

2000个国际标准展位，馆外面积近4万平方米。作为配套的廊坊国际会议中心，总建筑面积3.3万平方米，拥有1个多功能厅及13个会议室。廊坊国际会展中心A馆，建筑面积1.2万平方米，展览面积1万平方米，展馆净高8米，地面承重5吨/平方米，货运通道2个，标准展位460个。廊坊国际会展中心B馆，建筑面积1.35万平方米，展览面积1.2万平方米，展馆净高9.5米，地面承重5吨/平方米，货运通道4个，标准展位700个。廊坊国际会展中心C馆，建筑面积1.2万平方米，展览面积8000平方米，展馆净高8米，地面承重5吨/平方米，货运通道2个，标准展位460个。廊坊国际会展中心D馆，建筑面积2.6万平方米，展览面积1.1万平方米，展馆净高11米，地面承重5吨/平方米，安全通道7个。

（张　叶）

供销合作业

【概况】 2016年，廊坊市出台《廊坊市深化供销合作社综合改革的实施意见》《廊坊市农村产权交易中心组建方案》等文件，系统推进供销合作社综合改革。全市供销社系统升级改造乡镇基层社90个，建成乡镇级农民合作社联合社90个，县级农民专业合作社联合社9个，全市实现乡镇级农民合作社联合社和县级农民专业合作社联合社全覆盖。建成社区综合服务中心24家、村级综合服务社1100家，涵盖购物、餐饮、通信、金融、医药、休闲、幼教、培训等诸多经营和公益性服务项目。是年，廊坊市供销社系统商品购进73.5亿元，商品销售77.97亿元，实现利润2600万元，同比分别增长23%、21.6%、11.39%。销售化肥9.17万吨，优质化肥市场占有率72%。挖潜增效，偿还历年遗留贷款1839万元，补贴各企业保障性支出543.6万元。

【农资供应】 2016年，全市供销社发挥农资主渠道作用，保障春耕、三夏、秋播等农忙时节化肥等重点农资供应，稳定市场价格。配合有关部门，开展供销系统内农资打假专项治理活动，推广高效安全肥料、低毒低残留农药，参与测土配方施肥、病虫害统防统治，帮助农民提高科学种田水平和识假辨假能力。年内，全市销售化肥9.17万吨，其中尿素3.86万吨、磷酸二铵2.1万吨、复合肥3.21万吨。

【食盐专营】 2016年，全市购进盐总量20004吨。其中，食盐17472吨，含小包装食盐11199吨；工业盐1053吨；畜牧盐1479吨。全市销售盐总量24247吨。其中，食盐19912吨，含小包装食盐13394吨；工业盐2527吨；肠衣盐219吨；畜牧盐1589吨。

【盐业市场联查整治】 2016年，廊坊市在全市范围内统一开展市场联查整治行动，查处盐业违法案件616起，查抄较大私盐窝点26个，查没私盐60吨。市供销社被省供销社授予2016年度“食盐专营工作模范单位”和“全省盐政管理工作先进单位”称号，廊坊市供销社是全省唯一受表彰的市级模范单位。

【廊坊市农村产权交易中心成立】 4月，廊坊市农村产权交易中心（廊坊市农村产权交易有限公司）注册成立。该交易中心是供销社独资企业法人，是政府主导、服务“三农”的非营利性机构。服务内容是，负责发布区域内农村产权交易信息、受理交易咨询和申请、协助产权查询、组织交易、依法出具产权流转交易鉴证书，协助办理产权变更登记和资金结算手续等基本服务。开展资产评估、法律服务、产权经纪、项目推介、抵押融资配套服务。引入财会、法律、资产评估等中介服务组织以及银行、保险等金融机构和担保公司，为农村产权流转交易提供专业化服务。业务范围为，农户承包土地经营权，林权，“四荒”使用权，农村集体经济组织股权，农业生产性设施设备，小型水利设施使用权，农业类知识产权，农村宅基地使用权，农村建设项目招标、产业项目招商和转让，农村产权质（抵）押、融资服务等。

（崔　芳）

粮油业

【概况】 2016年，廊坊市粮食行政管理部门保留国有独资或国有控股粮食企业37家，其中国有独资企业6家，国有控股企业31家。落实粮食安全各项政策，构建市、县两级应急所需的加工和供应网络，健全军粮后勤饮食应急综合保障体系。实施粮食安全工程，争取中央、省维修改造支持资金1755万元，市、县筹集地方配套资金2818万元，维修改造粮食危仓老库，维修改造仓库容量16万吨。全市粮食购销量83.9万吨，其中国有粮食购销企业购销粮食54.6万吨。全市各级储备粮实现科学储粮、安全储粮。市级储备粮2.75万吨，市级成品粮（油）储备3800吨，承储省级储备粮（油）7.6857亿吨，其中原粮7.4亿万吨。落实2016年度省、市级储备粮（油）轮换计划，其中市级储备粮（油）1.6万吨。

【粮食执法检查】 2016年，廊坊市粮食行政管理部门开展储备粮行政执法检查活动，重点检查辖区内的中央储备粮、地方储备粮及国有粮食企业的商品粮储存数量，以及储存规范化管理等情况，检查国有及国有控股粮食库存企业17家，检查民营粮食库存企业1家，检查粮食总数量29万吨。抽样检查廊坊地区生产的粮食送省检测采集样本35份。出动粮食执法人员256人次，检查粮食收购惠农政策落实、粮食统计制度执行、各级储备粮监管、粮食质量监管情况，检查企业159个次。

（李　政）

石油燃气营销业

【概况】 2016年，廊坊市天然气营销公司主要有廊坊新奥燃气有限公司、百川能源股份有限公司、廊坊市铭顺石油天然气销售有限公司。石油营销公司主要有中国石油天然气股份有限公司河北廊坊销售分公司、中国石化销售有限公司河北廊坊石油分公司，上述2家公司加油站点193个，实现成品油营销总量66.92万吨。

【中石油廊坊分公司】 中国石油天然气股份有限公司河北廊坊销售分公司（简称中石油廊坊分公司）坐落于廊坊市和平路23-9号，主要经营汽油、柴油、天然气、润滑油、汽车零配件、日用百货等。2016年，公司有员工480人，加油站81座。公司实现成品油营销总量24.32万吨，占年度预算的91.29%，同比减少0.19万吨，减幅0.008%，其中纯枪销量21.37万吨，占年度预算的94.22%，同比增加0.26万吨，增幅0.012%；实现非油收入3145万元，比预算多实现545.63万元，同比增加1232万元。实现税前利润609万元，比预算少4093万元，较上年同期少2783万元。年内公司续建翻建加油站项目1座并投产，推倒重建加油站1座，汽服项目完工2个，省石油公司下达的12座站结转项目完工；实现油卡非润一体化改造项目3座站并招标签订合同，形象包装项目1座站，电锅炉改造项目26座站。公司销售京标汽油和98#高标号汽油站点47座站，占营业站总数的58%、销量占比58.5%。设置柴油价格直降站点38座，选取24座重要保供区域站点开展“加就送”活动。

（任　飞）

【中石化廊坊石油公司】 中国石化销售有限公司河北廊坊石油分公司坐落于廊坊市银河北路116号，主要经营汽油、柴油、煤油、润滑油、燃气、汽服商品和日用百货等，下辖10个县（市、区）公司。2016年，公司拥有加油站112座，员工1105人；资产总额27.34亿元，上缴税款0.23亿元；销售各类成品油42.6万吨，其中轻油零售39.55万吨，直销批发和小额配送2.56万吨；非油品营业额9299万元，同比增长13%。开展环保隐患治理，所有加油站取缔燃煤取暖系统，采用空气源热泵及燃气锅炉取暖，油库采用地源热泵系统采暖；检测142座次加油站二次油气回收设备，各项环保指标达标。建设精品站45座，市区银河北路加油站等13座便利店实现不同特色商品分区摆放。10月全省首家快餐店在廊坊试营业，12月霸州一站汽服店开业。

（赵　虹）

【新奥燃气有限公司】 廊坊新奥燃气有限公司成立于1993年3月28日。公司承担着廊坊市区天然气管道输送配套工程的开发、建设和运营，是廊坊市人民政府授予“特许经营权”的管道燃气能源服务企业。2016年，公司在廊坊市区燃气管线总长度2100余千米，管网覆盖率、天然气气化率均达到95%以上。公司有天然气加气站10座，其中加气母站2座、CNG加气站7座及LNG加气站1座，下辖4个综合维护所、1个抢修队、1个调度中心、1个计量收费所。公司拥有城市居民用户28万户、工商业用户3500余户、车辆用燃气用户2.8万余户，日最高供气量215万立方米。年内天然气销售量28446万立方米，其中民用天然气销售量7713万立方米，工商业用天然气销售量10860万立方米，车辆用燃气销售量4486万立方米。8月，廊坊市启动城中村“气代煤”工程。廊坊新奥燃气有限公司承接广阳区、安次区和廊坊开发区3个区89个村街社区近3.2万户居民的燃气管道、壁挂炉安装与通气置换工程。中压管道铺设约192千米，低压管道架空敷设约617千米，安装燃气表32070户，置换通气率100%。9月，廊坊新奥燃气有限公司承接廊坊市区内10蒸吨以下燃煤锅替代改造工程，改造34户、180.27蒸吨。广炎热力站，开发区热力四站、热力五站3个重大项目的燃煤锅炉改造341蒸吨。11月林苑、幸福佳苑、世锦名城3个小区实现集中供热，供热面积37万平方米。

（刘紫敬）

【廊坊市铭顺石油天然气销售有限公司】 廊坊市铭顺石油天然气销售有限公司成立于2008年4月。公司位于廊坊市安次区廊霸路103号，主要承接石油、天然气方面的营销业务，公司资产总计27亿元，员工600余人。公司拓展域外市场，在霸州、永清、文安、大城、张家口等地区下辖多个子公司。2016年，公司全资拥有5座加油加气合建站、7座燃气门站和1座万吨大型批发成品油库，下辖5个营业厅、1个抢修中心、1个调度中心。参股投资10座CNG、LNG、油气合建站；投资2500万元建立高标准气瓶检验检测中心和车辆改装厂。公司铺设各种规格的天然气管网1300千米。公司拥有城市居民用户约13万户、工商业用户916户、车辆用燃气用户2万余户，日输气能力300万立方米。2016年8月，廊坊市启动农村“气代煤”工程。廊坊市铭顺石油天然气销售有限公司作为实施主体承接安次区8个乡镇272个村街、永清县2个乡镇5个村街共计近11万户居民的燃气管道、壁挂炉安装与通气置换工程。

（刘　伟　解　晶）

烟草专卖业

【概况】 2016年，廊坊市销售卷烟16.19万箱，完成年度目标的101.90%，完成进度位列全省行业第一名。全市人均卷烟消费量8.95条，位列全省行业第一名。全市累计单箱销售收入2.46万元，位列全省行业第一名。全市销售卷烟实现税利99117万元，同比增幅6.9％，增幅位列全省行业第一名。

【卷烟零售终端体系建设】 至2016年年底，廊坊市建立现代卷烟零售终端1646户，占零售客户总数的12.3%。在市区和县城建设“廊桥”形象店114户，建设特色终端15户，建设品牌店602户。

【卷烟流通市场整治】 2016年，廊坊市烟草专卖局（公司）重点加大对违规大户和非法流通真烟的监管和治理力度，开展“打击无证运输月”“金叶使命”等6次大规模市场整治专项行动，净化卷烟销售市场环境。全市查获各类涉烟案件1876起。其中，5万元以上案件40起，5万元以上真烟案件22起，无证运输案件130起。查获违规卷烟3119.35万支，实物案值953.17万元。其中，查获假烟188.42万支，查获无证运输卷烟939.58万支。破获国家烟草专卖局标准网络案件3起，刑拘10人，批捕7人，判刑10人，上缴罚没款97.99万元。

（何立伟　张　欣）

民营经济

综　述

2016年，廊坊市民营经济在调结构、促发展、保增长，增税收、扩就业、保民生等方面发挥着越来越重要的作用。至年底，全市民营经济单位20.8万个，实现营业收入9183亿元，同比增长15%；完成增加值1946.8亿元，同比增长8.1%，增速位居全省第3位；上交税金472.6亿元，同比增长30.5%，增速位居全省第一位。民营经济成为廊坊市经济的主要支撑，正向着更大规模、更宽领域、更高层次方向快速发展。

民营经济发展表彰。5月，中共河北省委、河北省人民政府召开全省民营经济发展大会，廊坊市获"2015年度河北省民营经济发展先进市"称号，成为唯一连续6年进入全省前三名的设区市。廊坊市6个县（市）入选全省民营经济发展先进十强县并包揽前4名，分别是香河县第1名、大厂县第2名、固安县第3名、霸州市第4名。11家企业入选全省百强民营企业，其中有6家企业入围前10名，分别是华夏幸福基业股份有限公司位列第2名、新奥集团股份有限公司位列第3名、荣盛控股股份有限公司位列第4名、三河汇福粮油集团有限公司位列第5名、中太建设集团股份有限公司位列第6名、河北三河燕达实业集团有限公司位列第8名；华为技术服务有限公司、河北前进钢铁集团有限公司、香河第一酒业有限公司、固安金海橡塑集团有限公司、廊坊精雕数控机床制造有限公司分别位列第11名、第15名、第16名、第36名、第53名，入选数量居全省首位。廊坊市壹佰剧院管理服务有限公司董事长张颖、河北燕南春酒业有限公司董事长王勇、河北志晟信息技术股份有限公司董事长穆志刚、河北百强医用设备制造有限公司董事长李国东、廊坊强盛精细化工科技有限公司董事长王建强、河北康达畜禽养殖有限公司董事长胡万臣、廊坊市鑫大禄保温材料有限公司总经理赵东良7人入围全省百名创业功臣，其中张颖位列全省百名创业功臣第8名。7月4日，廊坊市人民政府召开全市民营经济发展大会。市委书记、市长冯韶慧出席会议并讲话。市委副书记蒋洪江主持会议。会议印发《关于促进民营经济发展的十二条措施》，宣读《省委、省政府关于奖励2015年度民营经济发展先进市、县（市）、百强民营企业、优秀民营企业家和创业功臣的决定》和《廊坊市民营经济领导小组关于2015年度优秀民营企业家和创业功臣的通报》，表彰京东方（河北）移动显示技术有限公司总经理王鹏、廊坊德基机械科技有限公司总经理蔡群力等87名优秀民营企业家，三河市桂宇星体育用品有限公司总经理李宝明、香河海潮制件有限公司总经理晋广志等100名创业功臣。

帮扶对接促进民营企业发展。2016年，廊坊市组织装备、医药、电子信息等企业参加"5·18"经洽会、绿博会、汽车后市场服务节、澳大利亚通信博览会等域内外展会13次，帮助企业达成合作意向1.2亿元。推动产能输出，组织全市有实力的新型建材企业参加全省新型建材下乡千里行活动。实施企业名牌战略，制定《廊坊市2016年度政府优先采购名优产品目录》，培育19家企业成为省级中小企业名牌产品。组织廊坊企业家焉耆行活动，与焉耆石油炼化、清真食品加工、万亩牡丹种植深加工、河北巴州产业园等单位达成意向合作协议5项。为企业转型发展寻求技术支持，组织工业环保技术引进对接会4场，达成合作协议11项。与中科院建立合作关系，梳理出200余项科技成果转化项目，向企业推送。开展企业咨询诊断专家行和订单式服务活动，聘请百名专家组建"廊坊市企业管理与发展咨询专家库"，深入326家企业把脉诊断，答疑解惑。制定融担机构不动产抵押备案、登记相关机制，年内组织银担企对接活动3次，现场达成融资意向2500万元。组织"民营企业家浙大行"系列培训活动4期，惠及域内重点企业200余家。

（陈玺同　李　鑫）

个体私营企业注册登记

【概况】 2016年，廊坊市实有私营企业69703户，注册资本（金）3945.75亿元，户均注册资本（金）566.08万元；新增私营企业21314户，同比增长56.51%，注册资本（金）934.60亿元，同比增长94.34%。全市实有个体工商户188018户，资金金额194.05亿元，户均资金数额10.32万元；新增个体工商户39619户，同比增长11.97%，资金数额增加57.43亿元，同比增长28.85%。

2016年廊坊市个体工商户和私营企业行业统计表

表21　　　　单位：户

行业分类	个体工商户	私营企业
农、林、牧、渔业	3931	1723
农、林、牧、渔服务业	121	111
采矿业	30	23
开采辅助活动	0	5
制造业	36083	18409
金属制品、机械和设备修理业	109	23
电力、热力、燃气及水生产和供应业	59	174
建筑业	936	6291
批发和零售业	108340	18771
交通运输、仓储和邮政业	4390	1354
住宿和餐饮业	15063	1117
信息传输、软件和信息技术服务业	561	2043
金融业	15	636
房地产业	10	5522
租赁和商务服务业	2120	7004
科学研究和技术服务业	439	3519
水利、环境和公共设施管理业	28	257
居民服务、修理和其他服务业	15319	1942
教育	23	70
卫生和社会工作	62	30
文化、体育和娱乐业	574	818
其他	35	0
合计	188018	69703

（李　威）

外资企业注册登记

【概况】 2016年，廊坊市实有外资企业865户，同比增长7.86%。外资企业投资总额107.4908亿美元，注册资本55.9456亿美元，外方认缴46.339亿美元，分别同比增长15.52%、9.39%、12.42%，户均投资总额2482.47万美元，注册资本1292.05万美元。年内全市新登记外商投资企业90户，同比增长45.16%；投资总额5.9502亿美元，同比增长76.84%；注册资本2.2989亿美元，同比增长1.83%。

【外商投资服务】 2016年，廊坊市工商行政管理和市场监管部门开展"帮外企解难题"活动。帮助外资企业解决登记注册中的困难以及融资方面的困难，解决影响和制约企业生存发展的关键问题。全市调查走访外资企业155户，帮助企业解决问题27个，进行各类行政指导9次；通过动产抵押、股权质押、组织银企对接等形式，帮助338户外资企业实现融资280亿元。

2016年廊坊市外资企业行业统计表

表22　　单位：户

行业分类	年末实有数
农、林、牧、渔业	8
农、林、牧、渔服务业	0

续表22-1

行业分类	年末实有数
采矿业	0
开采辅助活动	0
制造业	346
金属制品、机械和设备修理业	0
电力、热力、燃气及水生产和供应业	26
建筑业	4
批发和零售业	102
交通运输、仓储和邮政业	22
住宿和餐饮业	98
信息传输、软件和信息技术服务业	153
金融业	24
房地产业	27
租赁和商务服务业	18
科学研究和技术服务业	18
水利、环境和公共设施管理业	1
居民服务、修理和其他服务业	10
教育	3
卫生和社会工作	0
文化、体育和娱乐业	5
其他	0
合计	865

（李　威）

财政　税务

综　述

2016年，廊坊市统筹运用补助、贴息、风险补偿等方式，稳步拓展PPP、政府购买服务和股权投资基金应用范围，发挥财政资金的杠杆效应，撬动更多金融资金和社会资本投入基础设施、产业发展、生态环保等领域重点项目建设。全市100项市重点项目全部开工，完成投资147.4亿元，项目支撑作用逐渐显现。发挥财政政策作用，实施结构性减税和普遍性降费。全市纳税亿元以上、千万元以上和百万元以上的企业贡献了全市39.6%、65.1%和76.2%以上的税收。全年累计完成税收收入534.4亿元，同比增长22.0%。全市全部财政收入累计完成595.5亿元，占预算的111.5%，同比增长23.7%，增速居全省第一；一般公共预算收入累计完成338.7亿元，占预算的100.5%，同比增长11.6%，增速居全省第二。全部财政收入占GDP比重22%，一般公共预算收入占GDP比重12.5%，税收占GDP比重19.7%，均居全省第一位。

全市“营改增”正式启动。3月29日，廊坊市召开全面推开“营改增”动员部署会议，正式启动全市“营改增”。全市由营业税改征增值税涉及建筑业、房地产业、金融业和生活服务业四个行业23967户纳税人。市国税局与市地税局“营改增”户籍移交建立工作联系机制，召开专题会议和联席会议，研究部署建筑业、房地产业、金融业和生活服务业四个行业“营改增”推行工作。成立“营改增”工作领导小组，印发《全面推开“营改增”试点工作实施方案》，保障“营改增”平稳衔接过渡。市国税局交接和登记“营改增”纳税人户籍23967户。开展“营改增”试点纳税人政策、系统应用培训，培训纳税人4.8万人（次），培训税务人员4560人（次）。对月均收入3万元以上3398户纳税人推行增值税发票新系统，推行及发票领用进度等关键指标均达到100%。制作《我要申报系列微视频教程》，为纳税人正确申报提供指引，解答纳税人关心的热点问题。在各办税服务厅设立“营改增”绿色通道，全市设立临时办税服务厅11个，增加办税窗口59个，设置首次申报窗口24个，申报预审岗33个，安装自动售票机42台。5月1日，全市各县（市、区）试点纳税人正常开具增值税发票；6月实现正常申报。

推进国税、地税合作，落实《国地税合作工作规范》（2.0版）和《关于加强国地税征管基础工作合作的实施方案》。全市国税地税联合办理登记1.6万余户次，变更登记4.1万余户次，注销登记2450户，联合核定定额2110户。成立增值税发票委托代征工作小组，制定任务分解表。市地税部门与市国税部门建立沟通机制，在全市范围设置代开增值税发票窗口88个，代开增值税发票4.72万份，入库税款5.03亿元。市地税局与市国税局联合制定《国、地税合作宣传工作办法》，共同举办新闻发布会，开展共建税企朋友圈、税收知识创新大赛、纳税人代表座谈会等活动，联合开展纳税人学堂培训讲座28次，培训纳税人1.36万人次。大厂县地税局被国家税务总局命名为“全国税务系统国地税合作百强示范县”。

年内，廊坊市国税收入229.3亿元，同比增长43.9%，增收69.9亿元；政府口径税收收入213.73亿元，增长44.9%，增收66.2亿元。收入总量全省排名第四名，增幅全省排名第一名，增量全省排名第二名。廊坊市地税部门组织收入379.31亿元，同比增收35.93亿元，增长10.46%。其中，税收收入320.73亿元，同比增收30.22亿元，增长10.4%，可比增长32.94%（剔除营业税）。税收总量、增量、增幅、进度4项指标居全省首位。社保费收入44.65亿元，同比增收3.67亿元，增长8.96%。

2016年廊坊市财政收入统计表

表23

单位	全部财政收入			一般公共预算收入		
	累计完成（万元）	占任务比（%）	同比增长率（%）	累计完成（万元）	占任务比（%）	同比增长率（%）
市本级	219183	143.3	25.8	581778	110.2	15.4
三河市	1253356	109.3	20.3	726467	92.2	0.5
大厂县	463025	100.2	18.1	222025	75.6	-10.8
香河县	645762	108.0	27.6	401017	96.7	14.2
永清县	240253	163.0	82.0	122819	143.1	60.4
固安县	808586	122.6	44.6	447851	106.4	25.5
霸州市	360231	100.4	6.4	219221	107.3	13.7
文安县	136789	103.5	10.7	82644	105.1	11.4
大城县	117798	101.3	11.5	77029	109.0	15.4
安次区	414070	120.0	37.9	139266	113.8	34.3
广阳区	569272	106.7	15.6	169864	92.8	0.2
开发区	726955	105.4	12.3	197263	109.8	18.6
合　计	5955280	111.5	23.7	3387244	100.5	11.6

（孙　雷　张　晶　高海军）

财　政

【概况】 2016年，廊坊市投入资金3.4亿元，支持钢铁去产能、工业企业技术改造、技术引进对接、现代服务业发展等，加快产业升级步伐，全市三次产业比为7.3∶44.1∶48.6，产业结构实现由“二三一”到“三二一”的历史性转变。支持科技创新创业支出资金7.6亿元，支持创新平台建设，增强企业创新主体地位。全市新增科技型中小企业1442家、科技型小巨人企业106家、高新技术企业38家，科技型企业量、质齐升。运用市场思维和市场方式，设立廊坊市“创新创业投资基金”，资金规模2亿元，有效促进重大科技成果转化。做优发展环境，投入招商引资资金4137万元，保障招商平台建设资金需求。全年累计引入京、津资金596.8亿元，项目139个。以北京新机场建设为契机，争取上级资金76亿元，缓解新机场征地拆迁的资金短缺“瓶颈”。保障改善民生，集中财力解决涉及群众切身利益的问题。全市保障改善民生支出资金420.5亿元，占一般公共预算支出的82.6%，比上年提高1.4个百分点。支持教育发展支出资金78.9亿元，重点支持中小学校舍安全工程，改造义务教育阶段薄弱学校240所，创建标准化学校146所，全面落实城乡义务教育“两免一补”政策，受益学生54.8万人。支持社会保障和就业支出资金45.2亿元，推进就业创业，实现“零就业家庭”保持动态归零，提高城乡低保财政补贴标准，城乡低保补差标准居全省首位。支持医疗卫生支出资金38.6亿元，推进县级公立医院综合改革，支持全市38家县级以上医院和90个乡镇卫生院、2950个村卫生室全部通过省药采平台采购药品，药品网采购金额15.46亿元，保障开展城乡居民健康档案等12类46项基本公共卫生服务，居民电子健康档案规范建档率83.12%，改善人民群众就医条件。支持文化体育与传媒支出资金6.7亿元，支持实施“一十百千万”文化惠民工程，城市社区和农村体育设施覆盖率分别为90%和75%，助推廊坊市通过国家公共文化服务体系示范区验收。支持住房保障支出资金6亿元，重点支持开发区堤口村、香河县潮白新村、固安县小西湖村等棚户区改造项目，全年棚户区改造11147套，改造农村危房1095户，发放公共租赁住房补贴1655万元，解决5774户低收入群众的住房难题。支持平安廊坊建设投入资金3.9亿元，足额保障政法部门专项经费，推进社会治安防控体系建设、科技防范体系建设，助力打防犯罪和社会治理，促进社会和谐稳定。支持大气污染治理投入资金46.3亿元，重点支持“气代煤”和“电代煤”工程、工业污染治理、扬尘污染治理、燃煤锅炉淘汰改造等，全市PM2.5下降22.4%，PM10下降18.2%，空气质量综合指数退出全国74个重点城市“倒排前十”。支持水污染防治投入资金4.9亿元，重点支持水污染防治“百日会战”，取缔“十小”污染项目195个，关停禁养区内畜禽养殖企业17家，全市重点河流水质好转。支持建设森林城市投入资金13.3亿元，统筹推进京台高速两侧绿化、造林绿化、退耕还林等工程，支持京南森林湿地生态走廊建设，全年植树造林29.48万亩（19653.33公顷），累计恢复湿地2.51万亩（1673.33公顷），改善全市生态环境。助推“三农”发展，全市农林水事务支出资金65.6亿元，全面落实各项强农惠农富农政策，促进农村美、农业强、农民富。支持美丽乡村建设。投入资金9.1亿元，支持265个美丽乡村省级重点村建设，建成“北三县”、固安、霸州三个省级重点片区和一批市级精品片区。投入资金1.7亿元，专项用于村级一事一议财政奖补，支持799个项目建设，实现村街道路硬化363千米，安装路灯5105盏，修建村民活动广场6.4万平方米。支持现代农业发展投入资金1.6亿元，建设高标准农田和生态治理项目12.7万亩（8466.67公顷），加快建设9个省级现代农业园区、23个市级现代农业园区，科学推进农村土地确权工作，顺利完成省政府规定的二次公示无异议面积占耕地总面积90%的目标任务。全市各级财政投入资金1.8亿元，支持80余家农民合作社和企业加快发展，提高农业科技服务及科技成果转化水平。推进涉农补贴改革，全面落实农业支持保护、农机购置、退耕还林等补贴政策，全市发放补贴资金4.9亿元，受益农民260万人。

【财政管理改革】 2016年，廊坊市制定出台《廊坊市深化财政改革实施方案》，部署实施完善政府预算体系、改进预算控制方式、加强预算执行管理、推进预决算公开透明、强化地方债务管控、完善国库管理制度、健全地方财政收入体系、理顺市对下财政体制、完善转移支付制度、加强基层财政建设10个领域的改革任务。全面规范预算信息公开，印发《廊坊市市级预算公开办法》，明确规定政府预算、部门预算、政府采购信息、财税制度、绩效预算和国有资产信息等的公开内容、公开方式和公开途径，并制定预算公开模板37张，在政府门户网站设立“预算公开专栏”，拓宽预算信息公开渠道。推进政府综合财务报告制度改革，将政府综合财务报告试编工作扩展到县（市、区）。全市所有县（市、区）推进支付电子化改革全覆盖。推进公务卡制度改革，督促代理银行完善公务卡支持系统，扩大市级公务卡使用范围，规范公务支出行为。推广政府和社会资本合作模式，全市16个PPP项目入选财政部示范项目库，总投资规模384亿元。

【税制改革】 2016年，廊坊市财政局协调国税、地税部门，按照规定程序全面推开“营改增”税制改革工作。全市“营改增”累计为企业减税11亿元。稳妥推进水资源税改革，研究制定《关于市以下政府间水资源税收入划分比例的通知》，全市登记水资源纳税人605户，申报税款3616万元，实现水资源“费改税”改革目标任务。在全省税制改革综合考核中廊坊市被评为优秀。

【财政监督检查】 2016年，廊坊市健全财政监督工作机制，从预算绩效监督、内部控制机制、重点监督检查三个方面加强和改进财政监督工作。开展会计监督检查，全市共检查单位总数93户，查处整改问题资金281.23万元。推进资金绩效监督检查，从农业、医疗、教育、社保、企业等方面选取12个项目开展绩效评价，涉及金额5.3亿元，12个项目总体开展情况较好，其中优秀项目10个，良好项目2个。推进内部控制机制建设，制定印发法律风险、政策制定风险、预算编制风险、预算执行风险、公共关系风险、机关运转风险、信息系统管理风险、岗位利益冲突风险、机关财务风险等10类专项风险控制办法，全面梳理局内各项业务风险点，制定业务规范操作流程，建立起以内部控制基本制度、专项内部控制办法和业务操作规程为框架的“1+10+N”内控制度体系。落实市委“一问责八清理”工作要求，推进“乱收费、乱摊派”专项清理工作和滞留截留套取挪用财政专项资金问题清理工作，发现整改问题639项，建立完善《防范乱收费乱摊派长效管理制度》等制度办法37项。推进财政投资评审工作，年内评审投资项目256个，项目资金总额21.9亿元，审减金额2.7亿元，审减率12.6%。

【债务风险防控】 2016年，廊坊市制定印发《廊坊市政府债务风险化解规划》和《廊坊市政府债务风险处置预案》，健全风险防范和化解保障，加强债务管理职能定位，完善全口径政府债务管理，推进债券资金申报、审批、下达、拨付流程无缝对接，规范政府债券管理使用，政府债务处于安全区，债务风险总体可控。

（孙　雷）

国家税务

【概况】 2016年，廊坊市国家税务局（以下简称市国税局）推进办税便利化改革。1月1日起，廊坊市7项46种办税业务实现全市通办。市国税、地税部门联合在办税服务厅张贴二维码一次性告知海报，摆放宣传册，推行二维码税法宣传应用。推行税收执法权力清单和责任清单。制定《廊坊市国家税务局推行税务行政处罚权力清单制度实施方案》，涉及账簿凭证管理、纳税申报、税务检查等3大类8小类11项行政处罚具体事项的处罚依据、内容及实施主体，并区分简易处罚程序和一般处罚程序，公开处罚权力运行流程图。推行电子发票，优先在电商、电信、快递和公用事业等用票量大的企业推行电子发票，并逐步扩大推行范围。推进税源专业化管理，实施纳税人分类分级管理。落实行政审批制度改革后加强事中事后管理的新要求，提出推进税源专业化管理的指导意见，对省国税局确定的6类18项基础征管工作内容进行落实。开展“问需求、优服务、促改革”专项活动，走访纳税人1860户（次），将征求的意见建议和需求梳理成37条。实施“便民办税春风行动”，分阶段推出便民措施10类31项。

落实税收优惠政策。全市落实简政放权等4大类11项行动，合理减并或取消24项依申请涉税业务，取消20个入户核查项目，即办事项由原来的55个增加到65个，内部流转审批文书减少83.7%。全市对9类246个涉税业务环节进行梳理，实行服务标准、办理流程、办税时限和资料报送“四统一”，减少审批环节17个，取消、合并办税事项8项，4种表单取消局长签字，12个备案类事项前移至办税服务厅。全市落实纳税人信用等级评定18981户。落实国家关于“大众创业·万众创新”、资源综合利用、支持金融资本市场发展、支持小微企业发展等各类税收优惠政策。全市办理减、免、退税53.26亿元。其中，支持金融资本市场发展减免企业所得税20.46亿元；为106户高新技术企业减免企业所得税5.2亿元；为72户企业办理研究发费加计扣除10.1亿元；为9213户符合条件的小微企业减免所得税7079万元，政策受惠面达100%；为全市出口企业办理出口退税16.8亿元。

年内，市国税局被国家税务总局、省委省政府和省国税局领导肯定批示9次，被央视《新闻联播》《人民日报》和《新华社国内动态清样》宣传报道6次，被相关国家部委有关部门表扬5次。市国税局继续保持国家、省、市级文明单位，获河北省五一劳动奖状，获全市双星创建“五星机关”称号。市国税局下属各部门分别保持省、市级“文明单位”，获评省级“青年文明号”“巾帼文明岗”“三八红旗集体”等项称号。

2016年廊坊市政府口径税收统计表

表24　　　　单位：万元、%

单　位	政府计划	累计完成	占计划	同期	同比额	同比率
三河市	260000	393651	151.4	191136	202515	106.0
大厂县	95000	115038	121.1	80925	34113	42.2
香河县	135000	189820	140.6	113060	76760	67.9

续表 24-1

单　位	政府计划	累计完成	占计划	同期	同比额	同比率
永清县	40627	61098	150.4	36283	24815	68.4
固安县	132000	184945	140.1	111842	73103	65.4
霸州市	155000	149581	96.5	129016	20565	15.9
文安县	49800	54733	109.9	46003	8730	19.0
大城县	43600	42864	98.3	36505	6359	17.4
开发区	409000	440420	107.7	395174	45246	11.4
安次区	143000	172971	121.0	120548	52423	43.5
广阳区	166531	254440	152.8	151257	103183	68.2
市本级	58170	77751	133.7	63575	14176	22.3
合　计	1687728	2137312	126.6	1475324	661988	44.9

2016 年廊坊市国税收入统计表

表 25　　　　单位：万元、%

项目	收入额	同比额	同比率
一、税收收入（总局口径）	2292964	699515	43.9
1.增值税	1471198	599582	68.8
其中：直接收入	1429205	654404	84.5
其中：营改增收入	693065	581273	520.0
2.消费税	92741	14968	19.2
3.企业所得税	594106	77578	15.0
其中：中央固定收入	20735	30278	-317.3
政府口径企业所得税	573371	47300	9.0
其中：预缴	462413	78483	20.4
汇算清缴	115685	547	0.5
4.个人所得税	2	-1	0.0
5.车辆购置税	134917	7388	5.8
二、出口退税	-209311	-4196	2.0
其中：免抵调库	41993	-54822	-56.6
附：税收收入（政府口径）	2137312	661849	44.9
三、海关代征	154938	51105	49.2

【非居民企业税收管理与服务】　2016年，廊坊市国税部门加强非居民企业税源控管，按月分析非居民企业所得税收入情况，把握非居民企业税收收入变化规律，严格监管享受税收协定待遇。全市非居民企业税收收入实际入库19581.98万元，52户（次）非居民企业享受税收协定待遇，减免企业所得税809.44万元，对外支付税务备案信息408条。反避税工作跟踪管理取得实效，国税总局批准结案的2户企业，其中1户企业增加应纳税所得额1403.35万元，增加应纳税额350.83万元；另1户企业补缴企业所得税198.70万元，加收利息29.12万元，合计227.82万元。8月，市国税局采制的新闻《廊坊国税为走出国门企业创业量身定做“护身符”》被河北省新闻奖评选委员会评选为二等奖。

【主体税种管理】　2016年，廊坊市国税部门核查纳税人1531户，补缴税款及滞纳金、罚款1.68亿元，调减留抵0.56亿元；发票专项清查核查纳税人1273户，补缴税款及滞纳金、罚款0.67亿元，调减留抵0.36亿元。企业所得税汇算清缴收入12.1亿元，同比增长1.48亿元，增幅14%，全市企业所得税贡献率2.26%，继续保持全省前列。

【大企业税收管理】　2016年，市国税局落实国税总局《关于完善大企业涉税事项协调会议制度及有关工作机制的意见》，拟定廊坊市加强和改进大企业个性化服务具体方案，指导各县（市、区）国税局开展大企业个性化服务工作。针对企业集团总部及其部分核心成员单位开展风险识别工作，实现单户纳税人一次性自查补税1.37亿元。年内全市大企业风险应对资金2.99亿元，调减亏损资金1271万元。按照省国税局要求开展指标模型验证工作，通过案头审计和实地核查验证国税总局下发的廊坊中建机械有限公司和中国石油天然气管道通信电力工程总公司的风险识别报告。对2015年纳税额2000万以上企业开展全流程税收风险管理，涉及企业99户。其中高风险企业13户，中风险企业31户，低风险企业55户。市国税局与市地税局联合组建工作团队，拟制并提交《廊坊市国税局关于大企业税收风险指标的修改意见》。研究制定《关于进一步加强大企业税收管理和服务工作的意见》和《大企业税收管理办法》。开展国税总局确定的千户企业集团在廊坊成员企业现场审计，检查应补税款6524万元。

【第三方涉税信息交换机制】　6月22日，廊坊市组织召开全市第三方涉税信息交换会议。市国税局与市财政局、市地税局、市工商局、市房管局等32个部门共同签署《廊坊市税收征管保障办法实施意见》，明确相关部门的涉税信息共享义务，确定联合采集第三方涉税信息的方式、方法，基本建立月度、季度、年度信息交换机制，有效保障税务系统对外部涉税信息的获取需求，为税务部门加强经济与税收分析，全面掌握税源情况，查找税收征管中的薄弱环节提供准确的依据。

【京津冀税收合作】　2016年，廊坊市与北京市通州区、天津市武清区国税部门共同举办营改增论坛交流活动，三方共同制定合作方案，确定开展总分机构和跨省迁移纳税人管理服务等10类合作项目。联合市地税局与北京市大兴区国、地税部门制定《服务北京大兴国际机场建设税收合作框架协议》，确定合作项目8个。市国税局联合市地税局与北京经济技术开发区国税、地税部门签署协议，决定在税收风险防控等9个方面合作共建。廊坊市大城县国税局与天津市静海区国税局、廊坊开发区国税局与北京市门头沟区国税局、廊坊市香河县国税局与天津市宝坻区国税局结合区域税源特点确定合作项目。

【绩效管理】 2月20日，市国税局建立年度绩效管理目标责任分解机制，层层分解绩效责任。成立绩效考评委员会，负责对绩效管理日常重大事项的审议和裁定。市国税局考评下级部门的系统指标由上年的101项缩减至44项。其中，机考指标31项，占总量的70.45%；分档考评指标22项，占总量的50%，较上年占比增加26.24%。

【依法治税】 2016年，廊坊市国税部门落实领导干部学法制度，制定《机关干部和行政执法人员学法制度》，梳理自查并废止自2010年7月1日以后制定的现行税收规范性文件4件。推行税收执法全过程音像记录试点，全部记录入户执法、调账取证等现场执法过程。开展“一局一法律顾问”工作，全市国税部门聘请法律顾问21名，实现法律顾问全覆盖。法律顾问办理税务行政复议案件2件，参与重大税务案件审理20余件，授课10余次，培训税务干部近千人次。开展“法治税务示范基地”“法治税务示范窗口”创建活动，市国税局向省国税局推荐法治示范基地候选单位2个、示范窗口候选单位7个。开展对开发区局、香河县局两个单位重点督查，发现违规税收执法行为55户（次）。通过日常监控、执法督查、疑点核查、内部审计等渠道，查处全市各国税部门执法过错总数496项，追究496人（次）。开展专项审计及领导干部经济责任审计，审计项目8个。督促被审计单位落实整改措施24项，完善规章制度2项。调整全市国税部门审批项目清单，公布行政处罚事项3大类11项，审理重大税务案件11件，抽取已结税务稽查案件42件进行评议复查并落实整改措施。市国税局连续3年被廊坊市人民政府评为“依法行政先进单位”。

【税收宣传】 2016年，市国税局开通内外网营改增专栏、微信、微博和官方客户端，在办税厅设置“营改增”咨询岗、印发“营改增”办税流程明白纸、分行业建立营改增纳税人微信群、QQ群，在线解答纳税人关心的热点问题1500多次。召开四大行业典型企业座谈会12次，专题走访纳税人476户，举办38期纳税人学堂，培训营改增纳税人3.2万户（次）、国税干部3300多人（次）、地税代开人员103人。联系市、县两级12家电视台、广播电台，在黄金时段和重点栏目前后滚动播报营改增动态；市国税局租用市区繁华街区的10块户外广告屏、2辆流动广告宣传车、12人的自行车宣传队和市区内1800辆出租车随车广告进行大密度集中宣传税收政策；在市地税办税服务厅、银行网点、大型超市等人员集中场所广泛张贴“营改增”宣传海报《致全国营改增纳税人的一封信》，印制8万份宣传单页和《廊坊日报》同步投递。

（张　晶）

地方税务

【概况】 2016年，廊坊市地方税务局（简称市地税局）机关内设16个职能科室，分别为办公室、法规和社保费科、税收政策一科、税收政策二科、征收管理科、纳税服务科、收入规划核算科、财务装备科、督察内审科、人事教育科（离退休干部科）、绩效管理科、机关党委、监察室、信息中心、机关服务中心、干部培训中心。其中，信息中心、机关服务中心、干部培训中心为事业单位；下辖11个县（市、区）地方税务局和2个直属单位：市地税局稽查局、市地税局税源监控局。全市地税系统在职人员1307人。其中，公务员1236人，事业编制工作人14人，其他工作人员57人。

2016年廊坊市地税收入统计表

表26　　　　单位：万元、%

项目	入库税款	占比	同比额	同比率
1.营业税	891894	27.81	-271485	-23.34
2.企业所得税	675208	21.05	222380	49.11
3.个人所得税	348777	10.87	87306	33.39
4.资源税	3612	0.11	3601	31437.29
5.城市维护建设税	151010	4.71	23935	18.84
6.房产税	63135	1.97	4070	6.89
7.印花税	44202	1.38	10526	31.26
8.城镇土地使用税	83659	2.61	314	0.38
9.土地增值税	488073	15.22	52796	12.13
10.车船税	22134	0.69	-39	-0.18
11.耕地占用税	30168	0.94	424	1.43
12.契税	336299	10.49	99218	41.85
税收收入合计	3207339	100.00	302213	10.40

2016年廊坊市地税非税收入统计表

表27　　　　单位：万元、%

项　目	完成	同比额	同比率
一、社保费收入	446511	36734	8.96
其中：1.基本养老保险费	423841	39800	10.36
2.失业保险费	22670	-3066	-11.91
二、其他收入	139218	20386	17.16
1.教育费附加	74434	11468	18.21

续表 27-1

项　目	完成	同比额	同比率
2.地方教育附加	49576	7580	18.05
3.文化事业建设费	5	-9	-64.13
4.残疾人就业保障金	6377	1980	45.03
5.工会经费	8571	-736	-7.90
6.其他罚没收入	255	103	67.78

【数据应用智能系统研发】 2016年，廊坊市地税局引入“互联网+税务”工作理念，研发数据应用智能系统，形成以数据采集为基础、加工为重点、应用为核心的数据增值机制，为征管改革提供智能支撑平台。该系统被列为省地税局第一批“互联网+税务”试点项目，获全省地税系统创新项目评比二等奖。年内，系统自动进行未申报提醒1.24万次，发现并整改58类52.79万条疑点数据，处理各类执法风险2700条。

【纳税服务】 2016年，廊坊市地税局制定《“便民办税春风行动”实施方案》，明确涉及8个部门4方面19项具体工作内容、要求和措施，借助“便民办税春风行动专栏”网站、官方微博、微信等平台宣传便民措施。开展服务便利化改革，建立全市纳税服务质效监控平台。全市13个办税厅进行智能设备改造升级，全部安装使用挂机提醒、高拍仪录入、网报一体机、二维码扫描等新型智能化设施。全市有2个办税服务厅被省地税局评为“标杆示范办税服务厅”，3个办税服务厅被评为“五星级办税服务厅”。引入“互联网+”理念，开发微信预审预约服务平台，实现纳税服务业务预审自动化、办税预约透明化、需求预知人性化、政策预告多样化和风险预警智能化。年内关注微信预审预约服务平台人数9500余人，办理预审核工单1700余件，预约2.22余万户，解答纳税人各类问题2400余条，传达新政策法规43部。“微信预审预约服务平台”被河北省互联网协会和信息产业与信息化协会评为“2016年度河北省‘互联网+’创新成果奖”。全市“12366”纳税服务热线受理事项290件。其中，发票举报118件，涉税举报21件，纳税服务投诉24件，意见建议117件；“961890”群众服务热线办结工单43件。

【税源监控“网络爬虫软件”开发】 2016年，廊坊市地税局开发“网络爬虫软件”，建立自定义目标任务、靶向抓取数据、统一提取格式的涉税数据搜索引擎，形成互联网数据库。“网络爬虫软件”自动获取国土部门土地转让信息以及2013年—2015年度施工许可信息9890条，为风险分析识别工作提供数据支撑。市地税局与市国税局联合出台《采集第三方涉税信息管理办法》，建立共享涉税信息应用机制，开展涉税信息风险识别。市地税局与市国税、市财政、市工商、市质监等21个部门和单位签订信息交换协议，开展数据交换、数据分析、数据利用。年内采集第三方信息40万条，通过数据分析比对，发现疑点2.64万条，修改征管数据1920条，入库税款3.35亿元。

【依法治税】 2016年，廊坊市地税局组织各县（市、区）地税局统一聘请法律顾问化解涉税争议，举办法律知识讲座，开展法制宣传，处理税务行政复议案件3起。开展“三证合一、一照一码”管理、支持小型微利企业发展税收优惠政策落实、“营改增”试点税收管理等执法督察。制定《税收风险应对复审办法》，核查数据587条，风险数据交换351条，确认税收风险73项。组建督审业务核心团队，建立增值型督察内审新机制，推行跨区域督审模式，问题识别率提高65%。

【税务稽查】 2016年，廊坊市建立稽查数字化管理新模式，成立全省首个稽查办案中心，出台《精准选案操作办法》。针对房地产、建筑、金融等行业检查重点和难点，编制《分行业、分税种实用检查指引》和《行业检查风险提示清单》，落实“双随机、一公开”制度，提升稽查质效。全年检查纳税企业296户，查补税款3.52亿元，同比增收1.23亿元，增长54%。其中，四环节检查104户，查补税款1.247亿元。查处大案要案31件，查补税款9285万元。成立打击发票违法犯罪活动领导小组及办公室，制定工作方案，开展金融保险、房地产、建筑、餐饮娱乐、中介机构等行业发票使用情况专项检查，全年检查用票企业220户，查处违法企业111户，查处非法发票238份，涉票金额2467万元，查补入库21.5万元。市地税局与市国税局联合出台《稽查合作实施办法》，将霸州华鑫电动车辆有限公司偷逃税案同步移送公安机关，并提请法院强制执行。落实税收“黑名单”制度，在市信用网、市地税局门户网站、重大税收违法案件公布信息系统公布三河大宗高尔夫有限公司案、姚某芬假发票案、霸州市华鑫电动车辆有限公司案等信息，并将霸州市华鑫电动车辆有限公司纳税信用级别降为D级。

【京津冀税收协同共建】 2016年，廊坊市地税局与北京亦庄经济技术开发区、北京通州区及北京大兴区税务部门对接，共同签署《税收协同共建协议书》，举办“营改增”论坛交流活动，沟通协调新机场拆迁、规划、筹建阶段税收政策、办税流程等涉税事项，共同开展税收风险防控、征管信息交换共享以及迁移企业管理深度合作。

【税收优惠政策落实】 2016年，廊坊市地税局运用外网网站、微博、微信、纳税人学堂等，向社会发布最新税收优惠政策，辅导企业掌握税收优惠申报操作要点，提高优惠政策落实效率。年内，市地税局减免小微企业所得税2750万元，10983户小微企业享受到政策实惠；减免高新技术企业所得税1479万元，减免土地使用税3596万元，减免房产税1403万元，房产交易环节减免契税17.8亿元。

【水资源税征收】 7月1日，水资源税在河北省试点征收。市地税局与市水务局联合制定《水资源税改革试点工作方案》和《水资源税绩效考核特别加分管理办法》等制度文件，建立工作衔接、协调、通报、考核机制。开展水资源税税法普法宣传和纳税辅导，逐户核查水资源税纳税人用水信息。年内，全市610户水资源税纳税人纳入税收管控，入库水资源税3615.77万元。

（高海军）

金融业

综述

2016年，金融业对廊坊市经济社会发展支持作用增强，信贷规模与质量位居全省前列。全市本外币各项贷款余额4905亿元，较年初增加1484亿元，增长率为43.4%，增量增速全省第一。全市本外币各项存款余额6180亿元，较年初增加1169亿元，增长率为23.3%，增速全省第一，增量全省第二。储蓄存款和对公存款增量比为44∶56，存款快速增长且结构较合理。余额存贷比79.34%，居全省第一，新增存贷比127%。全市存款、贷款增量双超千亿元。不良贷款率0.76%，同比下降0.57个百分点，保持全省最低水平，信贷质量整体较好。全市金融业增加值229.4亿元，占GDP比重达到8.5%，同比增长27.8%，增速比2015年同期提高8.7个百分点。金融业增加值占服务业比重为17.4%。

全市新建、批筹金融机构18家。其中，华夏银行、中信银行、渤海银行、开发区融商村镇银行获批开业；招商银行、广发银行等4家银行获批筹建；中信、国泰君安2家证券公司及利安人寿、安邦人寿等6家保险公司开业；燕赵财险获批筹建；中行燕郊支行升格为二级分行。至年底，全市有银行业金融机构29家，银行业金融机构实现利润88.72亿元，同比增盈19.02亿元，位居全省首位。保险机构40家，保费收入106.53亿元，占全省7.13%，同比增长26.26%。其中，财险32.71亿，同比增长5.3%，占全省7.04%；寿险73.82亿元，同比增长49.17%，占全省7.18%。提供各类风险保障29285.33亿元，赔付支出18.72亿元，保险深度3.94%，保险密度2267元/人。证券营业部16家，证券机构托管市值362.376亿元，A股成交金额1439.23亿元。小额贷款公司56家，总注册资金37.16亿元，发放贷款31.34亿元，发放贷款户数2698户，贷款余额36.53亿元。有融资租赁公司1家，以及一批融资性担保公司和典当企业，基本形成种类齐全、功能互补、梯次发展的金融组织体系。

开展“新三板进园区”活动。市政府金融办在廊坊域内北片、中片和南片分三次举行“新三板进园区”活动，邀请专家为企业在多层次资本市场挂牌上市、直接融资和并购重组等方面提供政策解读和答疑解惑。全市新增挂牌上市企业25家，累计65家。其中，境内外主板上市企业10家，新三板挂牌企业19家，区域股权交易市场挂牌企业36家。河北志晟信息、欧伏电气和精工模切机械3家企业入围“新三板”创新层，居全省第二。全市利用多层次资本市场新增融资额434.50亿元，占全省新增融资总额45.36%，居全省第一位。

争取政策性金融资金支持。市政府与农发行河北省分行达成战略合作意向，3年内为廊坊市提供不低于500亿元的授信额度支持。创新金融产品服务，落实创业担保贷款政策。建设银行推出“科技创业贷、科技助保贷、科技置业贷”三项产品。河北银行廊坊分行建立全市第一家科技支行，推出“科保贷”等金融创新产品。聚焦重点领域，支持经济结构优化升级。至12月，全市银行业表内外资金投放总量达6765.06亿元。其中，装备制造业、战略性新兴产业、现代服务业、传统产业升级企业“走出去”、科技型中小企业等重点领域资金投放达到954.45亿元。

推进京津廊金融合作。市政府与建设银行河北省分行、建信信托签署《支持京津冀协同发展合作协议》，优先支持廊坊市优势产业和重点建设项目资金。年内，建行廊坊分行投放各类资金515亿元，较年初新增328亿元。市政府金融办制定银行业支持京津冀协同发展考核细则和工作进度表，督导银行业金融机构服务协同发展项目金融需求。至年底，全市银行业为京津冀协同发展项目投放资金1535.4亿元，比年初增加595.95亿元。其中，为临空经济区、产业承接、商贸物流等重点项目投放资金690.73亿元。推进金融后台基地建设，中国人保北方信息中心、润泽国际信息港、国际金融论坛新金融城园区等重大金融后台项目落户廊坊，以此为带动，吸引更多关联企业和项目入驻。

银企对接服务。年内，市政府金融办建立融资需求数据库，全市入库项目277项，涉及融资需求804.6亿元；构建多层次银企对接体系，组织“双创与金融对接会”等专场化对接活动，开展“挂牌企业专场培训”等专题化培训、推出“动产抵押、股权出质”“助保贷”等专业化金融产品，构建政企、银企、政银多层次、多形式对接体系。全市组织银企对接活动260次，融资项目数2825个，融资额568亿元。市政府金融办会同市人行开发建设廊坊市中小企业贷款网上对接平台。该平台6月16日上线运行，35家银行机构，共168家支行网点全部接入平台系统，注册企业用户7394户，接受企业申请4144笔，对接3848笔，对接成功率达到93%，全年发放贷款518亿元。

区域性金融风险防范。市政府金融办制定下发《廊坊市打击和处置非法集资工作领导小组各成员单位工作职责分工》《廊坊市处置非法集资联席会议制度》和《廊坊市处置非法集资联席会议工作机制》等一系列文件；组织监管部门开展风险排查整治专项行动，化解风险隐患2起，查处违法广告案件1起。针对非法集资“下乡”现象，在各正规金融机构建立的村街网点设立防范知识宣传台；组织开展集中宣传活动2次，运用微信、沿街LED屏、车载广告等新型媒体宣传“参与非法集资不受法律保护，风险自担”防范理念。组织维稳、信访等部门做好信访聚集事件处置工作，化解非吸案件信访稳控压力，年内全市无恶性极端事件发生。

（袁　媛）

银行业

【概况】 至2016年年底，全市本外币各项存款余额6179.9亿元，较年初增加1168.8亿元，增长23.3%，人均住户存款6.4万元。各项贷款余额4905.2亿元，较年初增加1484.4亿元，增长43.4%，期末存贷比79.37%。全市地方法人机构各项贷款新增168亿元，同比多增2.4亿元。增批再贴现限额3.8亿元，办理再贴现9.05亿元。

（邵思云）

【中国人民银行廊坊市中心支行】 中国人民银行廊坊市中心支行位于廊坊市广阳道9号，下辖县（市）支行8个，内设科室17个，有员工390人。

落实差别化住房信贷政策，指导廊坊市利率定价自律委员会下发文件，就环首都4县（市）住房信贷做出系列规定。发展票据融资，文安县小额票据贴现分中心挂牌营业，大厂县农商银行成为河北省票据协会成员，全市3家小额票据贴现分中心办理小额票据贴现业务15.4亿元。上线电票业务系统，办理电票再贴现7.3亿元。廊坊银行与廊坊市农信系统签署协议，实现票据互认互通。开办农村承包土地经营权流转预期收益质押贷款业务，发放贷款210万元。推进新型农业经营主体"主办行"制度，县域125家银行机构支持1265家新型主体发展，发放贷款258亿元。发展普惠金融，推广创业担保贷款，创业担保基金县（市）全覆盖，年内投放贷款8627万元，扶持创业就业人员2598人。推进商会担保贷款，全市专项风险补偿基金3060万元，发放贷款2.4亿元。"中小企业贷款网上对接平台"上线，167家银行网点接入系统，注册企业用户7261户。注册企业网上提交贷款申请3922笔，对接3645笔，成功率93%，发放贷款498亿元，占全市同期新增贷款的80%。新增跨境人民币业务企业86家，累计777家，办理跨境业务119亿元，居全省第二位。

加强跨境资金流动监测分析，指导银行做好大额、异常购付汇真实性和合规性审核，加强重点企业事前控制。全市外币项下收入26.7亿美元，支出26.2亿美元，顺差0.5亿美元，与2015年同期持平。归集境内、境外外汇资金1858万美元，利用国内外汇贷款企业境外放款500万美元。该工作经验在河北省跨国公司外汇资金集中运营暨跨境融资宏观审慎管理业务培训会议上得到推广。年内上报金融机构外汇业务非现场检查线索18份，立案查处案件15起，罚款104.5万元。

建立重大风险企业债权金融机构共进退协商制度。与市公安局建立联合整治支付结算风险案件办公室，成功堵截不法分子利用银行卡向境外转移资金违法行为，涉及4名嫌疑人共36个银行卡账户。开展专项摸排，指导银行业机构止付、冻结账户269个。修订《中心支行金融监督管理办法》，建立全辖金融机构和综合执法检查人员名录库。开发存款保险统计系统得到总行肯定并在全国推广。

建立季度金融综合分析制度，印发《法人金融机构统计监督管理办法》，统计工作作为全省11个地市唯一统计数据零差错的中心支行，获石家庄中心支行通报表扬，全市金融运行情况分析连续5个季度获市委书记批示肯定。印发《廊坊市非银行支付机构管理办法》，加强支付服务市场监督管理。推动廊坊银行与京东、淘实惠等电子商务公司共建助农取款服务点。"人民币冠字号码信息管理系统"上线运行，接入网点591个，其中启动运行网点555个。推进建设河北省农户信用信息管理系统试点，文安县收录农户信用信息2800条，存量贷款8.5亿元。

（邵思云）

【银行业监管】 2016年，中国银行业监督管理委员会廊坊监管分局推进供给侧结构性改革，出台《廊坊市银行业支持供给侧结构性改革的意见》，推动成立债权人委员会13家。修订《廊坊市银行业支持京津冀协同发展的意见》，指导辖内银行业成立支持京津冀协同发展协会，全年发放京津冀协同发展相关贷款1221.43亿元。组织辖内银行业金融机构签订小微企业和涉农贷款承诺书，坚持月度监测、季度通报、年度考核及宣传推动、银企对接等做法，提升金融服务均衡度。引导银行业落实《商业银行服务价格管理办法》等制度办法，规范服务收费，切实减轻企业负担。

建立重点领域风险监测台账，加强融资平

台、产能过剩领域动态监测，推进风险缓释。关注房地产信贷风险，完善房地产风险监测体系，督导环京四县市银行业执行相关政策，配合市政府稳控房价，遏制投机炒作，加强房地产金融风险防控，合理“去库存”。搭建村镇银行合作联盟平台，以自愿、平等、互利和市场化原则，制定《村镇银行流动性合作项目管理办法》，构建村镇银行流动性互助机制。防控案防和操作风险，年内组织召开全辖案防和安保年度工作会议，签订案防责任书，督促辖内机构开展打击治理电信网络新型违法犯罪活动。抵御社会金融风险，组织开展非法集资专项领域风险排查和集中宣传活动，警惕社会金融风险向银行体系传染。

（刘振业）

【中国农业发展银行廊坊分行】 中国农业发展银行廊坊分行是廊坊市唯一一家农业政策性银行，成立于1996年12月1日，下设分支机构10个，有员工199人。截至2016年年底，发放贷款44.66亿元，实现净投放17.02亿元，贷款余额64.61亿元，同比增加17.02亿元，增幅35.77%；存款余额（含同业定期）55.16亿元，比年初增加7.97亿元，增幅16.88%。日均存款余额35.57万元，同比增加15.52万元，增幅43.63%。中间业务总收入253.34万元。低成本存款日均余额35.57亿元，同比增加16.74亿元，增幅88.98%。实现账面利润9288.76万元，同比增加2371.5万元。连续15年保持贷款无不良经营管理无案件。

年内发放粮棉油收储贷款7.06亿元，政策性短期贷款余额20.34亿元。向汇福粮油集团、固安参花面粉有限公司、华日家具有限公司、京南食品厂等龙头企业投放贷款5.48亿元，帮助企业渡过难关。农村路网、美丽乡村、水利建设、城镇化、园区基础设施建设等领域获批贷款75.57亿元，支持项目16个，按照工程进度投放35.9亿元。其中，水利建设项目审批贷款7.34亿元，支持北运河香河段生态综合整治PPP项目一期工程项目建设；美丽乡村建设项目审批贷款18.78亿元，支持安次区、广阳区、固安县、霸州市美丽乡村建设项目4个，惠及行政村500余个；园区基础设施项目审批贷款8.3亿元，支持香河环保园区铺设污水管道71.5km，设置11座污水提升泵站，支持大城县工业园区修建道路14968米及机动车道、绿化带、雨污管网建设；农村路网项目审批贷款31.64亿元，支持三河、霸州、文安、大城、香河、大厂农村路网修扩建2312千米；生态治理项目审批贷款8亿元，支持霸州市污水处理厂配套管网提升改造；其他城乡基础设施项目审批贷款1.51亿元，支持霸州市第一医院扩建工程、文安县城区市政基础设施（一期）建设。

审批农业发展重点建设基金5批次，涉及项目13个，金额6.85亿元。重点支持永清县韩村镇韩村村棚户区改造项目、廊坊市地表水厂工程、霸州经济技术开发区第一污水处理厂工程、霸州市金属玻璃家具产业园区污水处理厂（一期）工程、霸州市生活垃圾焚烧发电厂项目、廊坊海泽田农业开发有限公司冷链物流中心项目、霸州市污水处理厂配套管网提升改造工程。

（葛　君）

【中国农业银行股份有限公司廊坊分行】 中国农业银行股份有限公司廊坊分行隶属于中国农业银行股份有限公司，成立于1979年，位于廊坊市新华路67号，下辖市区营业分支机构31家，县域营业分支机构61家，从业人员 1760 人。截至 2016 年年底，人民币各项存款余额 757 亿元，较年初增加 77 亿元；各项贷款余额 592 亿元，较年初增加 182 亿元，增量列全省农行系统第一位；存贷比提高到 78%，拨备后利润 16 亿元，综合绩效考核系统内名列第三。

年内跟进服务重点项目 40 个，投放项目贷款 46.76 亿元。其中，为固安产业园区建设投放贷款 5 亿元，为科技创新型企业累计投放贷款 8.3 亿元，承接北京非首都功能疏解投放贷款 3.8 亿元，支持改善民生的棚户区改造项目投放 9.5 亿元，支持热电厂项目投放近 10 亿元。办理公私募债券 13 亿元，投放并购贷款 2.8 亿元，办理全省首笔"全额人民币理财产品+融资性保函"和全市首笔加速远期结汇业务。完善农户贷款产品，发展区域内农户贷款。推进政府购买服务融资模式，年内承销全市首笔短期融资券业务 30 亿元。至年末，农行廊坊分行县域贷款余额 362.5 亿元，比年初增加 120.2 亿元，居全省农行系统第一，增速 49.6%，高于全部贷款增速 5.14 个百分点。涉农贷款余额 275.6 亿元，比年初增加 77.7 亿元。推进渠道建设，新建离行式自助银行 7 个，惠农通服务点 104 个。利用掌上银行、消息服务和快 E 付等重点产品，推广互联网金融。全市惠农通服务点 2417 个，村街覆盖率 85.7%

（王海林）

【中国工商银行股份有限公司廊坊分行】 中国工商银行股份有限公司廊坊分行隶属于中国工商银行股份有限公司，成立于 1984 年 12 月 1 日，位于廊坊市广阳区和平路 78 号。下辖 64 个营业网点，其中市区网点 26 家，县域网点 38 家。从业人员 1433 人。截至 2016 年年底，人民币各项贷款余额 1010 亿元，居全省系统和地方同业第一，较年初增加 297 亿元，增幅 42%，高于全省系统平均 28.7 个百分点，同比多增 146 亿元，增量居全省系统首位。通过盘活存量、用好增量，全年向实体经济、园区经济、小微三农、城镇建设、消费扩大与升级等领域投放贷款 511 亿元，同比多投放 106 亿元。强化"商投互动"业务发展模式，新增投行融资安排额 23 亿元。投放京津冀协同发展相关项目贷款 44 亿元。个人贷款较年初增加 277 亿元，为历年最高。小微贷款全年新增 20.88 亿元，居全省第一。各项存款日均余额 803 亿元，居全省系统第二，日均增加 168 亿元，居全省系统和同业首位。存贷比 116.49%，处于同业领先水平。实现账面利润 23.38 亿元，居全省首位。经营考评成绩连续 36 个季度居全省系统首位，在全国工行 292 家二级分行中连续 9 年跻身经营 30 强，年内为第二位，并获得工总行五一劳动奖状、巾帼文明示范岗、全国金融先锋号等荣誉。

推广个人消费信贷款、分期贷款、银行卡等业务，多渠道支持居民家庭的购车、购车位、家装等消费需求。年内分期累放 14.16 亿元，较同期增加 3.13 亿元。年内推动社保卡、银医卡、校园一卡通等金融 IC 卡项目，为客户提供代理收费、现金管理、电子商务等综合化金融服务。投产集中供暖多渠道缴费平台，该项目惠及燕郊地区 15 万热力缴费客户。

开展网点竞争力提升与服务面貌专项整治季活动，提升优化网点布局和服务流程，改善客户服务体验。设立新机场支行，延伸服务半径。推行智能银行建设，加大"自助+理财"网点、离行式和附行式自助银行建设力度，丰富客户自助服务渠道，缓解窗口服务压力，客户超时等候率控制在 15%以内。

（刘　爽）

【中国建设银行股份有限公司廊坊分行】 中国建设银行股份有限公司廊坊分行隶属于中国建设银行股份有限公司河北省分行，成立于1974年，位于廊坊市金光道36号。下辖营业网点54个，其中市区24个，县域30个。从业人员1187人。截至2016年年底，一般性存款日均新增81.76亿元，其中对公存款日均新增44.06亿元，居建行系统第一。各项贷款新增305.87亿元，其中个人贷款新增306.8亿元，居建行系统、同业双第一。中间业务净收入4.48亿元，居建行系统第五。拨备前利润20.3亿元，同比增长43%。经济增加值8.6亿元，同比增长6%。主营业务收入同比增长5.3亿元，增速25.6%。五级分类口径不良贷款额0.4亿元，不良率0.05%。全年未发生不良案件、事故。

创新产品及服务。办理全省建行系统首笔跨境融资性风险参与产品和转开融资保函及国内信用证福费廷业务，办理全省建行系统首笔建单通、建票通业务，发放全省建行系统首笔担保公司担保的"赎楼贷"产品，丰富个贷品种。在同业中率先使平板电脑全流程办理现场个贷收单，提高业务效率和客户体验。依托电子渠道缴费平台为中国电信廊坊分公司提供全程网络化话费收取服务，用户可"一键扫码付费"，该案例得到全国建行系统推广。与市房管局合作开发的预售房资金监管系统在永清、香河支行上线，提高资金体内循环率。市级机关养老金财政专项账户和收入账户在建行廊坊分行开户，覆盖度94.29%，发行社保卡29万张。拓展服务社区12个，与10所院校合作开展数字化校园建设，发行"京津冀旅游畅行卡"5.8万张。信用卡客户新增6.8万户，同业占比39%，商户新增1504家，ETC发卡、OBU绑定率均居建行系统第三。全年装修网点2个，升格1个，新建离行式自助银行4个，改造轻银行1个，新建助农服务点642个，布放智慧柜员机237台。移动金融柜面替代率系统第2，企业和个人电子银行产品同步签约率、激活率、覆盖率均居系统首位。截至年末，对公直接融资、资金承接及循环率、快贷贷款增长率和国际结算收入四行占比等6项指标排名建行系统前三位，有效客户发展、产品覆盖度位居建行系统前列。养老金、投行、托管、金融市场、贷记卡、电子银行等13项转型产品中间业务收入2.67亿元，同比增长34.8%，超过中间业务收入总量增速16个百分点。转型类中间业务收入占比51.57%，同比提升5.75个百分点。北华航天工业学院综合收费服务、企业网银售后服务、燕郊支行个人消费信贷营销等案例等在全省建行系统推广。

（杨　鹏）

【中国银行股份有限公司廊坊分行】 中国银行股份有限公司廊坊分行隶属于中国银行股份有限公司，成立于1986年，位于廊坊市广阳区解放道142号。下辖机构网点38个，有员工853人。截至2016年年底，人民币各项存款496亿元，较年初新增15.70亿元；全行人民币各项贷款（含贸易融资）合计510亿元，较年初新增146.79亿元。全口径不良余额2.28亿元。其中，对公不良（含贸易融资）1.48亿元，零售不良额0.53亿元，银行卡不良额0.27亿元。全口径不良率0.41%，其中，对公不良率0.96%，零售贷款不良率0.13%，银行卡不良率5.56%。国际结算及跨境人民币市场份额分别为43.82%和38.99%，居同业第一。贸易融资余额16.72亿元，较年初增加4.15亿元。

提升服务水平，制订《中国银行廊坊分行营业网点服务流程及标准》并装订成册，将文优工作纳入对支行的综合绩效考核体系；组织辖内支行行长到全国百佳示范网点天津交行营业部参观学习。参照千佳标准为支行安装业务提示牌，在 ATM 机或厅堂显著位置设置周边同业网点信息牌，提升客户体验。提升安防水平，建成监控中心值守外包、84 台 ATM 防护舱安装等重大项目。

（徐进峰）

【廊坊银行股份有限公司】 廊坊银行股份有限公司（以下简称廊坊银行）是 2000 年 12 月 29 日挂牌成立的股份制商业银行，位于廊坊市广阳区广阳道 31 号，下辖营业部 1 家、支行 62 家、外域分行 2 家。有员工 2196 人。截至 2016 年年底，廊坊银行资产总额 2042 亿元，同比增长 59.5%，资产规模在河北省城市商业银行中排名第二位。各项存款余额 1127 亿元，同比增长 42.7%。各项贷款余额 378 亿元，同比增长 38.5%。

扩展县域金融业务服务范围。年内，廊坊银行在廊坊、石家庄、天津三地新开业支行 21 家，筹建综合支行 13 家、社区支行 3 家，其中县域网点 9 家；在永清、大城等地设立助农取款点 169 个；在廊坊地区各县域、村镇投放金融服务站 163 个，流动银行车 2 辆。县域存款 296 亿元，全行占比提高至 22%，同比增长 605%。成立“银通走廊”京津冀中小银行同业联盟，设立流动性互助基金、专项基金，共建风险互助机制，支持京津冀协同发展。创新政银、银企合作模式，引进国际“三农”金融经验，与世界银行 IFC 合作，完善农村征信体系建设。全年对公存款余额 799 亿元，余额、增量均居廊坊市第一位。

支持科技型企业发展，利用“商行+投行+交易银行”模式，为各类企业提供针对性服务。开发“蜂鸟”供应链系统，服务核心企业上下游小微企业，依托其资金存管账户+虚拟子账户体系，为多业务场景提供解决方案。开发特色化产品和系统平台，通过产业引导基金、园区贷、代扣代缴等建立覆盖入园企业生命周期的服务体系。发行同业存单 148 亿元，同业负债增加 359 亿元，同比增长 93%。同业授信额度 83.6 亿元，同业板块实现收入 10.78 亿元。

（郭春元）

【河北银行股份有限公司廊坊分行】 河北银行股份有限公司廊坊分行隶属于河北银行股份有限公司，成立于 2010 年 10 月，位于廊坊市广阳道 55 号。下辖营业网点 18 个，有员工 396 人。截至 2016 年年底，资产总额 191.7 亿元，存款余额 152.18 亿元，较年初增加 36.86 亿元，增长 31.96%；贷款余额 189.98 亿元，较年初增加 80.54 亿元，增长 73.59%。年内发放对公贷款 119 笔，金额 55.44 亿元。其中，亿元以上项目 18 笔，获批额度 18.4 亿元，年底出账 4.4 亿元，实际贷款余额增长 10.97 亿元。全年为京津冀协同发展相关园区融资 23.3 亿元，为京津冀交通一体化项目融资 4.95 亿元，为北京新机场相关建设项目融资 3.9 亿元，为承接首都产业转移项目融资 3.08 亿元，为承接首都医疗转移项目融资 2 亿元。8 月，为荣盛发展有限公司承销 10 亿元债权融资计划，该笔业务成为河北省境内同业机构承销的首笔债权融资计划。新增小微企业贷款 2.12 亿元，余额 13.26 亿元；办理快速贷业务 452 家，总金额 3.5 亿元；办理年审贷业务 10 家，总金额 3458 万元。发放个人贷款余额 115.26 亿元，较年初新增 66.99 亿元。年内该行被廊坊银监分局评为“支持京津冀协同发展先进单位”。

推行借记卡、网银Ukey免工本费，借记卡同城异地跨行ATM取款免费、个人网银全国跨行转账免费等惠民措施。推广营销本益、智益、炫彩等理财产品，满足客户理财需求。发展绿色信贷，支持战略性新兴产业、现代农业、现代服务业，与廊坊市环保局签订《排污权抵押贷款业务合作协议》，截至年底，知识产权质押融资余额4500万元，排污权质押融资余额2000万元，增值贷1亿元。

（邓恩娟）

【沧州银行股份有限公司廊坊分行】 沧州银行股份有限公司廊坊分行隶属于沧州银行股份有限公司，成立于2011年1月，位于廊坊市广阳区银河北路133号。下辖营业网点9个，从业人员223人。截至2016年年底，各项存款余额150.75亿元，比年初新增48.90亿元。各项贷款余额49.81亿元，比年初新增15.86亿元。利润1.74亿元。年内大城、霸州、空港、永清4家支行开业，燕郊支行进入装修阶段。

年内，该行加大对房地产贷款、经营性物业支持融资贷款、中短期企业流动资金贷款等多个品种的营销力度，发放贷款11.2亿元。参加银企对接洽谈会，对接有资金需求企业，截至年末，发放银企对接各类贷款183笔，涉及贷款金额13.36亿元。

（李　晨）

【中国光大银行股份有限公司廊坊分行】 中国光大银行股份有限公司廊坊分行隶属于中国光大银行股份有限公司，成立于2011年，位于廊坊市广阳道29号。下辖营业网点7个，有员工136人。截至2016年年底，中国光大银行股份有限公司廊坊分行营业收入18364万元，同比增加2022万元。一般性存款余额67亿元，比年初增加7.71亿元。日均存款66.26亿元，比年初增加3.4亿元。各项贷款余额131亿元，比年初增加60.9亿元。在廊坊市主城区布局自助设备网点4个，投入自助设备13台，提供24小时不间断服务。经廊坊银监分局批准，3月10日，中国光大银行廊坊逸树家社区支行开业；12月10日，中国光大银行三河燕郊燕高路支行开业。

年内中国光大银行股份有限公司廊坊分行重点支持高新技术、食品医药等支柱产业，利用现有产品组合扩大表外融资30亿元。支持固安园区、永清园区、香河园区、大厂园区等企业授信6亿元。推广银保融易贷网贷易等融资产品，扶持成长型、科技型中小企业，支持民营小微企业发展，全年发放小微企业贷款近20亿元。支持汇福粮油、福成集团等国家级农业龙头企业，提供“内保外贷”（由企业境内的总公司给银行担保，银行在境外给企业解决贷款问题）等产品，全年投放信贷30亿元，帮助企业对外投资和跨国经营。推出阳光理财T计划、安存宝、定活宝多种本外币理财系列产品，根据客户要求定制个人理财规划及其它私人业务产品，全年阳光理财产品销售额162亿元。

（范桂源）

【兴业银行股份有限公司廊坊分行】 兴业银行股份有限公司廊坊分行隶属于兴业银行股份有限公司，成立于2011年07月，位于广阳区新华路76号。下辖营业网点9家，员工208人。截至2016年年底，各项存款余额116.99亿元，贷款余额145.44亿元。企金贷款余额30亿元，全年实现资金投放超过50亿元。

对接京津冀协同发展项目。重点营销北京

亦庄·永清高新技术产业开发区、北京新机场、京台高速、新兴产业示范区、万庄生态新城、润泽科技发展有限公司国际信息云聚核港、永清商贸城等项目，为企业提供流动资金贷款、项目贷款、股权质押、债券、基金等服务和产品。对接第一创业证券、中国银河证券、兴业金融租赁、兴业信托等金融机构，加强信息交流共享。调整信贷结构，资源配置向京津冀协同发展、产业转型升级、战略新兴产业倾斜，重点支持京东方（河北）移动显示技术有限公司、三河汇福粮油饲料蛋白有限公司、廊坊华日家具股份有限公司等企业，投放资金 12 亿元。投放实体经济信贷 54 亿元，投放业务笔数超过 300 笔。其中，三河汇福粮油饲料蛋白有限公司综合授信 15 亿元，提供贷款 1400 万欧元以及跨境资金池项下外币贷款 500 万美元；京东方（河北）移动显示技术有限公司授信 10 亿元、梅花生物科技集团股份有限公司发行超短融 10 亿元、河北福成五丰食品股份有限公司银承 1.6 亿元、富士康综合授信 1.5 亿元。

（王思慧）

【河北省农村信用社联合社廊坊审计中心】 河北省农村信用社联合社廊坊审计中心隶属于河北省农村信用社联合社，成立于 2005 年 12 月，2016 年 9 月改为区域审计中心，位于廊坊市新华路 211 号。下辖县级行社 9 家（联合社 7 家、农商行 2 家）、营业网点 299 家，从业人员 3731 人。截至 2016 年年底，全市农信社各项存款余额 1009.95 亿元，较年初增加 126.2 亿元，日均增加额 71.2 亿元。各项贷款余额 659.42 亿元，较年初增加 82.02 亿元。中间业务收入 18988 万元。资本充足率 11.81%，较年初提高 1.92 个百分点，8 家县级行社达到 10.5%以上。拨备覆盖率 174.19%，同比上升 75.01 个百分点，增幅 75.63%，8 家县级行社达到 150%以上。不良贷款余额 19.4 亿元，较年初下降 13.7 亿元；不良贷款率 2.94%，较年初下降 2.79 个百分点。

全年投放信贷资金 712.27 亿元，重点支持农户 9.8 万户、个体工商户 14031 户、涉农企业和中小微企业 3250 家。推进“双基”（基层党支部和基层农村信用社）共建信用工程，推出“商会融资推广”模式、“公司+信用社+农户”模式，创新安农贷、农机具贷等产品。对接京津，加大园区企业及重点产业项目信贷支持，截至年末，全市支持园区贷款余额 65.37 亿元，其中支持园区建设 5 家、园区内企业 193 户。加强“小贷中心”建设，在三河联社开展新型“小贷中心”试点。全市农信社成立小贷中心 9 个、分中心 13 个，发放贷款 4175 笔、金额 13.51 亿元。与廊坊银行签订票据互认互通合作协议，加强同业合作，资金全年存放同业收入 2.57 亿元，投资收益 5.79 亿元。开通微信银行、代理理财产品、布放银亭式自助机具、推广建设金融便民店，电子银行及中间业务快速发展。全年信通卡存量达到 294 万张，其中 IC 卡 142.1 万张，替换率 42.92%。开通运行自助设备 531 台，其中离行式自助机 118 台。改造提升“农信村村通”网点 638 个，手机银行存量 10.38 万户，电子银行交易占比 73.13%。

市级审计中心于年内 8 月底组建。各县级行社增资扩股 5.6 亿元，全市股本金余额 35.22 亿元。其中，引进企业法人 13 家，法人股股本金达到 15.14 亿元，占比 42.99%。加强与各级政府沟通协调，解决固定资产产权证不完备等问题。开展“监管指标达标提升”工程，准入指标持续优化，年末香河联社启动筹建准备，城郊、永清、固安、霸州4家联社获批开展增资扩股；三河、固安联社进行清产核资。10月，由大厂农商行发起的阜平大商村镇银行开业。

（刘树青）

【上海浦东发展银行股份有限公司廊坊分行】上海浦东发展银行股份有限公司廊坊分行隶属于上海浦东发展银行股份有限公司，成立于2014年8月28日，位于廊坊市广阳道43号。下属三河燕郊支行1家县域支行，员工总人数60人。截至2016年年底，各项存款余额17.23亿元，较年初增长0.91亿元，其中公司存款余额13.48亿元，个人存款余额3.76亿元。各项贷款余额40.67亿元，较年初增长27.91亿元，增幅218.73%，其中对公贷款余额10.47亿元，较年初增长4.83亿元，增幅85.64%；个人贷款余额30.20亿元，较年初增长23.08亿元，增幅324.16%。

2016年，浦发银行廊坊分行依托公银业务优势，结合廊坊区域经济特点，开展大项目储备和落地工作。通过城市发展基金的模式，为廊坊区域内政府的大项目提供股权融资支持。制定北京二机场空港经济区项目可行性融资方案，通过股权基金、项目贷款、信托组合方式，为项目提供多融资支持。借助一体化京津产业外移，对接永清台湾工业园区与北京亦庄工业区产业及转移项目。制定廊坊龙河工业园区承建北京航天工业园、石油城、中汽零基地项目可行性融资方案；制定廊坊潮白河工业园区承接北京现代装备制造业、现代服务业项目可行性融资方案；制定固安工业园区承接北京现代装备制造业、电子信息业项目可行性融资方案。介入廊坊市交通局京霸高速、廊坊至机场高速项目融资，以及华夏集团固保-廊涿城际铁路项目融资。

（刘　帅）

【中国邮政储蓄银行股份有限公司廊坊市分行】　中国邮政储蓄银行股份有限公司廊坊市分行隶属于中国邮政储蓄银行股份有限公司，成立于2008年5月8日，位于廊坊市广阳道1号。2012年7月24日，中国邮政储蓄银行有限责任公司廊坊市分行更名为中国邮政储蓄银行股份有限公司廊坊市分行。该行设一级部12个、二级部5个，下辖县（市）一级支行12个；设营业网点75个，其中邮储银行自营网点21个，邮政代理网点54个，从业人员628人。截至2016年年底，邮储廊坊分行实现收入6.53亿元，增幅15.1%；实现利润2.19亿元，增幅18.92%。各项贷款余额170.66亿元，较2015年年底增加66.78亿元，增幅64.28%；吸收存款余额163.32亿元，较2015年年底增长32.74亿元，增幅25.07%。邮储银行光明道支行获中国银行业协会授予的2016年度中国银行业文明规范服务千家示范单位称号。

（孙薇薇）

【张家口银行股份有限公司廊坊分行】　张家口银行股份有限公司廊坊分行隶属于张家口市商业银行股份有限公司，成立于2013年6月28日，位于廊坊市广阳区银河北路90号。下辖传统支行15家（含筹建支行1家）、社区银行5家，小微支行1家，社区自助银行8家，分布于廊坊市区和各县城。有专业化公司资产业务团队4支，个人资产业务团队12支，员工387人。截至2016年年底，该行总资产141.14亿元。各项存款余额116.83亿元，各项贷款余额28.01亿元。资本充足率、拨备覆盖率、不良贷款率等核心监管指标均优于监管要求标准。张家口银行廊坊分行获廊坊市银行业年度小微企业金融服务先进单位称号。

2016年，张家口银行廊坊分行组建授信师团队，搭建客户资源网络平台，研发推出政府采购贷款、个人房屋交易贷款、个人公寓租金贷款和城市改造贷款4项新型贷款业务。立足小区、学校、市场，策划开展庆双节返回馈、做义诊进社区、微转发送好礼等活动。主推产业转型升级、商贸物流、环保和生态涵养、科技成果转化等方面金融服务，为促进京津冀协同发展提供金融支持。支持企业向低污染、低耗能转变，在维持授信规模不变前提下，根据行业结算特点为重点龙头企业办理银行承兑汇票业务。支持小微企业和三农经济，为廊坊特色养殖产业发展提供资金保障。支持科技创新型企业发展，推动清洁能源、卫星导航产业等创新型产业集聚发展。

（赵培培　侯若杨）

【交通银行股份有限公司廊坊分行】　交通银行股份有限公司廊坊分行隶属于交通银行股份有限公司，成立于2011年，位于廊坊市广阳区和平路170号，下辖市级营业分支机构5家，从业人员75人。截至2016年年底，人民币各项存款余额53.98亿元，较年初增长9.54亿元，增幅21.47%。其中，对公存款余额47.03亿元，较年初增加7.51亿元，增幅19%；储蓄存款余额6.95亿元，较年初增加2.03亿元，增幅41.18%。人民币各项贷款余额22.88亿元。个人贷款余额12.68亿元，较年初增加3.36亿元，增幅36%。年内对公有效户净增19.4户，实现计划完成率112.79%。小微企业贷款客户净增9户，实现计划完成率180%。对公存款日均余额50.32亿元，较2015年增长8.65亿元，增幅21%。对公全口径低成本负债平均余额增量2.24亿元。公司非利息净收入985万元，实现计划完成率209.58%。同业理财新增1.7亿元。跨境人民币交易7亿元，国际结算量19.9亿元；国际收支市场占比提升0.8%，由年初1.35%提升至2.15%。零售板块开展“我为转型作贡献”等一系列专项活动，中间业务收入实现1137万元。全年新增私人银行客户5户、沃德客户115户、中端客户1122户、手机银行客户10875户、信用卡激活使用户1350户；新增代发工资客户1100余户，月代发额度600余万元；二次签约一次性代发100余户，实现存款入账3700余万元。年内，该行经营利润、经济利润增幅分别为10%和23%。

（于晨光）

保险业

【概况】　2016年，廊坊市新增保险公司三级机构5家。截至年底，廊坊有保险公司三级机构40家。其中，财产险公司三级机构18家，寿险公司三级机构22家。保险从业人员38867人。全年保费收入106.53亿元，同比增长26.26%，赔款支出18.72亿元，简单赔付率为17.57%。其中，财产险保费收入32.71亿元，同比增长9.72%，赔款支出17.89亿元，简单赔付率54.69%；寿险保费收入73.82亿元，同比增长38.47%，赔款支出0.84亿元，简单赔付率1.14%；农业保险保费收入1.07亿元，同比下降22.18%，赔款支出1.37亿元，简单赔付率127.95%。全市保险业提供就业岗位3.6万个。

（左亚辉）

【廊坊市保险行业协会】　廊坊市保险行业协会成立于2008年，位于廊坊市广阳道162号。下设综合部、财险部、寿险部，有工作人员7人。协会职能为自律、维权、服务、交流、宣传。2016年，廊坊市保险行业协会开展保险咨询和矛盾纠纷调解，接受保险咨询2533件，处理投诉案件111件。其中，财险投诉案件56件，寿险投诉案件55件，调解成功72件，涉及赔付费用370万元。开展保险常识、精准扶贫、保险服务、爱心公益等宣传活动，引导公众正确认识保险，提升社会保险意识。协调推进交通事故快速处理，宣传推广“交警在线”手机APP，简化轻微交通事故流程，节省事故当事人时间。促进京津冀协同发展，推进保险市场一体化。根据企业转移过程中存在的风险保障需求，发展企业财产保险、工程保险责任保险、信用保障保险、货物运输保险等保险产品，为京津冀产业转移过程中存在的各类潜在风险提供保障，减轻政府和企业负担。全年为7572家企业提供保险服务，涉及保险金额1094.81亿元。服务社会发展，参与社会保障体系建设，发展商业养老保险、健康保险、大病保险、新型农村合作医疗保险以及城镇职工和城镇居民医疗保险，为广大群众养老和医疗提供保险保障。推广医疗责任险、校园方责任险、工程责任险、各类责任保险，化解社会矛盾，维护社会和谐稳定。实施“保险护城河”工程，推广综合治安保险。支持环境污染治理，配合全市大气污染治理政策，发展环境污染责任保险、森林保险，助力环境治理和生态建设。

（左亚辉）

【中国人寿保险股份有限公司廊坊分公司】 中国人寿保险股份有限公司廊坊分公司隶属于中国人寿保险股份有限公司，位于廊坊市广阳道29号。下设县区支公司11个，营销服务部71个，内部管理人员355人。截至2016年年底，公司总资产92.21亿元，总保费市场份额30.57%，占据廊坊寿险市场第一位，位列全省AAA公司行列。2016年，全系统有销售人员11747人，较年初增长5410人。其中，个险人力9639人，同比增长70.66%。银保队伍1406人，较年初增长628人。团险队伍385人，新增261人，实现目标的116%。总保费收入22.83亿元；长险首年期交保费5.38亿元；10年期及以上首年期交保费3.65亿元；短期险保费1.14亿元。全年长险首年标保、新单、首年期交和10年期交均排名全省第二位，短期险排名全省第三位。个险渠道，长险首年标准保费和首年期交2项指标均排名全省第二位，短期险排名全省第四位。银保渠道，新单和10年期交2项指标完成排名全省第三位，期交排名第四位，短期险排名第二位。团险渠道，短期险排名全省第六位。年内，公司开展农村小额保险、小额贷款意外险、计生系列保险、学生平安保险等业务。拓展农村市场，满足农村群众保险需求。重点推广农村小额保险，服务“三农”，全年农村网点总保费5.7亿元，同比增长30.88%，首年期交保费1.67亿元，同比增长96.15%，十年期及以上期交保费1.31亿元，增长124.47%，短险保费1629万元，同比增长25.31%。理赔服务方面，全年为客户赔给付10.27亿元，同比增长34.78%，保险赔给付服务7万余人次。履行行业责任，树立公司品牌形象。组织开展济困、扶贫、赈灾、助残等慈善救助活动，中高考免费送水、慰问贫困户、“博爱一日捐”“员工互助一日捐”等活动，获得良好社会反响。

（远桂君）

【中国人民财产保险股份有限公司廊坊市分公司】 中国人民财产保险股份有限公司廊坊市分公司隶属于中国人民财产保险股份有限公司河北省分公司，成立于1982年，位于廊坊市新华路139号。下设市分公司本部部门13个，辖基层司部20个，职工786人，营销人员500余人，农村保险联络员2891人，农村营销服务部40个，农村保险咨询服务站97个。主要经营机动车辆险、财产险、货运险、责任信用险、意外健康险、工程险、农业保险等险种。年内获市政府"金融贡献奖"，河北省服务质量优秀单位和诚信示范单位，连续2年获"全国重信用企业"称号。公司秉承"人民保险，服务人民"使命，承担国有企业社会责任。全年保费收入13.93亿元，同比增长3.43%，承担风险保障金额19717.15亿元，上缴、代缴税金1.68亿元，处理赔案12.03万件，支付赔款8.22亿元。为廊坊市9000个企业、20多万辆机动车、18.4万多个家庭提供风险保障和事故赔付，保障重点项目建设和经济社会发展。

（邵增兵）

【中国太平洋人寿保险股份有限公司廊坊中心支公司】 中国太平洋人寿保险股份有限公司廊坊中心支公司（以下简称太保寿险廊坊中支）隶属于中国太平洋人寿保险股份有限公司河北分公司，成立于2002年4月，位于廊坊市广阳区和平路109号。公司设行政人事部、财务会计部、营运部、个险业务部、营销培训部、顾问营销部、服务营销部、团体业务部、营业本部9个部门，下辖支公司8家和营销服务部2家。经营范围有承保人民币和外币的各种人身保险业务（人寿保险、健康保险、意外伤害保险）、办理各种法定人身保险业务、与国内外保险公司及有关机构建立代理关系和业务往来关系、代理国外保险机构办理对损失的鉴定和理赔业务及其委托的其他有关事宜等。2016年，太保寿险廊坊中支保费收入3.88亿元，同比增长38.56%。其中，个人业务渠道保费收入34846.4万元，同比增长42.03%；法人渠道保费收入3953.63万元，同比增长13.99%。年内决赔案支出8677.29万元；未决赔案赔款108.89万元。纳税总额842.09万元，增加廊坊市再就业人口2117人，为3129个家庭提供保障。

（王艳娟）

【中国太平洋财产保险股份有限公司廊坊中心支公司】 中国太平洋财产保险股份有限公司廊坊中心支公司隶属于中国太平洋财产保险股份有限公司河北分公司，成立于1993年，位于廊坊市广阳区和平路109号。下设市直属部门12个，辖基层支公司8个，职工105人，营销人员400余人，农村保险联络员25人，三农服务站9个。主要经营机动车辆险、财产险、货运险、责任信用险、意外健康险、工程险、农业保险等险种。2016年，太保财险廊坊中心支公司秉承"诚信天下 稳健一生"服务宗旨，承担全辖区内客户承保保险责任。全年保费收入15134.11万元，同比增长11.79%，承担风险保障金额462.67亿元，上缴、代缴税金1432.97万元，处理赔案9358件，支付赔款6418.53万元。为廊坊市3700多辆机动车、4000多个家庭提供风险保障和事故赔付，保障重点项目建设和经济社会发展。

（刘一诺）

【中国平安人寿保险股份有限公司廊坊中心支公司】 中国平安人寿保险股份有限公司廊坊中心支公司隶属于中国平安人寿保险股份有限公司，成立于1997年3月，位于廊坊市广阳区广阳道162号。公司内设前线、共同资源、后援3个系列，包含销售企划部、培训部、各营业区等14个部门。2016年，新增韩村营销服务部、里澜城营销服务部。截至年底，公司辖营销服务部13家、支公司4个，员工215

人，外勤人力7186人。2016年，公司年度化标准保费3.9068亿元，达成率107.4%，同比增长67%。实际营业额18.1120亿元，达成率84.5%，同比增长41.1%。实际规模保费5.17亿元，达成率116.5%，同比增长79.6%。处理各类理赔案件13919件，支付各类理赔款848.34万元。年内公司推出平安倍享福综合保障计划，该产品兼顾保障和养老，可为新兴城市居民提供多元保险保障。推出“平安金管家”APP，满足用户“医、食、住、行、玩”需求。利用互联网升级综合金融模式，向客户提供一站式金融服务。参与中国平安“农村金融服务发展委员会”助力扶贫工作，郊县一区王岳魁成为第一批参加助力扶贫的工作人员。

（黄　鑫）

【中国平安财产保险股份有限公司廊坊中心支公司】 中国平安财产保险股份有限公司廊坊中心支公司隶属于中国平安财产保险股份有限公司河北分公司，成立于1995年，下设县域机构7家，职工191人。主要经营机动车辆险、企业（家庭）财产损失险、短期健康保险、意外伤害保险、建筑工程保险、货物运输保险等险种。2016年，平安财险廊坊中心支公司获“我最信赖的保险品牌”称号和“廊坊市最具社会责任十佳保险单位”称号。公司实现财务保费收入6.26亿元，同比增长11.4%。其中，车险保费5.95亿元，同比增长11.3%；财产险保费0.19亿元，同比增长13.4%；意外险保费0.12亿元，同比增长13.5%；缴纳各项地方税款9717.76万元，支付客户人身或财产损失理赔款2.49亿元。公司升级理赔服务，建立以客户为导向服务平台，运用科技和移动互联网、大数据等构建起新的车主生态体系，推出“平安好车主”APP软件，为更多车主提供“安心、简单、温暖”服务体验。该软件涵盖车保险、车服务、车生活等方面，客户通过“平安好车主”APP可完成门店预约、车险自助理赔、在线交单、理赔进度查询、电子保单及电子发票查询、车险自主批改办理等自助服务。

（杜立平）

【太平人寿保险有限公司廊坊中心支公司】 太平人寿保险有限公司廊坊中心支公司隶属于太平人寿保险有限公司，成立于2004年11月，位于廊坊市广阳区广阳道20号。下辖霸州营销服务部、文安营销服务部、三河支公司、永清支公司、大城支公司5家四级机构。业务人员1465人，其中个险业务员1375人，内勤员工54人，银保理财经理28人，续收专员8人。主要经营范围有：个人意外伤害保险、个人定期死亡保险，个人两全寿险、个人终身寿险，个人年金保险，个人短期健康保险，个人长期健康保险，团体意外伤害保险、团体定期寿险，团体终身保险、团体年金保险，团体短期健康保险，团体长期健康保险，经保监会批准的其他业务。2016年，公司保费收入2.509733亿元，同比增长22.47%；赔付支出7141.07万元，同比增长4.47%，保费系列达成年度五星目标。公司获2016年度人民银行廊坊支行反洗钱考核结果为“A”级。

（胡玉春）

【新华人寿保险股份有限公司廊坊中心支公司】 新华人寿保险股份有限公司廊坊中心支公司隶属于新华人寿保险股份有限公司，成立于2003年11月，位于廊坊市解放道168号。下辖大城支公司1家，永清、文安、霸州、固安、香河、三河、市区本部等营销服务部7家。有员工1227人，其中内勤员工77人。主要经营范围有个人意外伤害保险、个人定期死亡保险、个人两全寿险、个人终身寿险、个人健康保险、团体意外伤害保险、团体定期寿险、团体终身保险、经中国保监会批准的其他人身保险业务等。2016年，公司总保费收入3.51亿元，市场占比4.76%。新契约期交保费6635万元，短险保费1283万元。全年受理理赔案件3409件，理赔金额1911万元。处理监管投诉案件34件，其中立案3件。单证齐全、责任清晰、3000元以下小额赔案1小时内处理完毕，标准赔案2日内处理完毕。年内推出“95567”热线电话、柜面通过快速业务通道、VIP服务通道等特色服务，为客户提供一站式、覆盖保单全生命周期的60余项保全、理赔服务。

（赵　磊　姚东远）

【中华联合财产保险股份有限公司廊坊中心支公司】 中华联合财产保险股份有限公司廊坊中心支公司隶属于中华联合财产保险股份有限公司，成立于2004年12月，位于廊坊市广阳区广阳道222号。下辖分支机构13家，其中11家支公司，乡镇营销服务部2家。机构覆盖辖区所有县（市）及发达的乡镇，机构数量在当地财险市场排名第二，公司签约员工190人。公司主要经营范围：企业财产保险、家庭财产保险、机动车辆保险、农业保险、建筑工程保险、安装工程保险、货物运输保险、船舶保险、飞机保险、航天保险、核电站保险、能源保险、法定责任保险、保证保险、责任保险、意外保险。2016年，公司保费收入2.0439亿元，主动承担社会责任，为社会民生、重点项目、“三农”提供各类风险保额1000亿元。

（贾国华）

证券业

【概况】 2016年，廊坊市域内有证券营业部16家，其中新增中信证券廊坊裕华路营业部、国泰君安证券廊坊广阳道营业部2家证券营业部。全部证券机构托管市值362.376亿元，A股成交金额1439.23亿元。

（郎之鉴）

【财达证券廊坊新华路证券营业部】 财达证券廊坊新华路证券营业部隶属于财达证券股份有限公司，成立于1994年10月，位于廊坊市新华路新华广场底商。2016年，廊坊营业部代理沪深证券交易所A股、B股、沪港通、深港通、证券投资基金（包含ETF、LOF）、债券质押式报价回购业务、约定购回式证券交易业务、股票质押式回购交易业务、国债逆回购、新三板业务、融资融券等业务。为客户提供券商资产管理产品、信托产品及开放式基金等各类风险等级理财产品。客户可通过网上交易、电话委托、手机炒股等交易方式办理理财业务。年内开通非现场柜台后台业务，包含手机开户和网上开户。与工商银行、建设银行、农业银行、中国银行、光大银行、兴业银行、招商银行、华夏银行、中信银行、交通银行、浦发银行、民生银行建立三方存管，保障客户资金安全，交易转账便捷。2016年，该营业部实现营业收入2732.61万元，实现净利润1482.79万元，累计开立资金账户37299户，新增账户2855户。

（任俊梅）

【中国银河证券廊坊银河路营业部】 中国银河证券股份有限公司廊坊银河北路证券营业部隶属于中国银河证券股份有限公司河北分

公司，于2009年7月26日由原中国银河证券股份有限公司石家庄红旗大街证券营业部廊坊服务部（服务部2002年8月18日开业）升级而成。公司位于廊坊市广阳区银河北路106号，下辖运行管理部、理财服务部、市场营销部3个职能部门，有员工23名。主要经营范围：证券经纪，证券投资咨询，与证券交易、证券投资活动有关的财务顾问，融资融券，证券投资基金代销，代销金融产品。营业部一直秉承公司"忠诚、包容、创新、卓越"的企业精神，"客户至上、员工为本"的经营理念，"创造价值、增长财富"的企业使命，"一流服务、最佳投行"的企业愿景，真诚服务广大客户。2016年，该营业部实现净利润774.08万元，累计开立资金账户22785户。

（关　颖）

【西藏东方财富证券廊坊营业部】 西藏东方财富证券股份有限公司廊坊光明西道证券营业部隶属于西藏东方财富证券股份有限公司，成立于2011年5月20日，注册资本500万元。廊坊营业部位于廊坊市安次区光明西道41号，营业面积270.02平方米，员工19人。2015年11月8日，西藏同信证券股份有限公司被东方财富网全资收购，公司更名为西藏东方财富证券股份有限公司廊坊光明西道证券营业部。2016年，西藏东方财富证券香河营业部撤销，员工、客户以及部分固定资产并入廊坊营业部。年内借助东方财富网平台优势，开发线下证券客户，为华鑫信托·鑫投15号集合资金信托计划提供财务顾问服务，实现收入80余万元。截至年底，廊坊营业部开立资金账户6827户，营业部期末客户资产3.29亿元。

（任鹏颖）

【西部证券廊坊金光道证券营业部】 西部证券股份有限公司廊坊金光道证券营业部隶属于西部证券股份有限公司，成立于2011年3月，注册资本500万。营业部位于廊坊市广阳区万达广场A2幢，营业部面积136平方米。主要经营项目有：证券经纪，证券投资咨询，与证券交易、证券投资活动有关的财务顾问，证券承销与保荐，证券自营，证券资产管理，融资融券，证券投资基金代销，为期货公司提供中间介绍业务，代销金融产品业务，股票期权做市。2016年，廊坊营业部开立有效资金账户62户，销售金融产品2795万元。创新业务收入占比77%，达到分公司考核要求。截至年底，廊坊营业部期末客户资产7345万元，营业利润34万元。

（任鹏超）

【国泰君安证券廊坊广阳道证券营业部】 国泰君安证券廊坊广阳道营业部隶属于国泰君安证券股份有限公司，成立于2016年9月1日。营业部位于廊坊市广阳道232-4号。经营范围有证券经纪、证券投资咨询、融资融券、证券投资基金代销、为期货公司提供中间介绍业务、代销金融产品。员工6人，全部具有证券从业资格证书。是年，开立资金账户4000户。

（刘泽羽）

综合行政管理

综 述

2016年，廊坊市简政放权，推进“放、管、服”改革。市政府印发《2016年“放、管、服”工作要点》，提出67项目标任务，逐项明确牵头部门和完成时限；印发《简化优化公共服务流程方便基层群众办事创业工作方案》，提出工作要求、主要任务、牵头部门及完成时限等工作内容；制定《关于开展相对集中行政审批权改革工作实施方案》及相关配套制度。全市10个县（市、区）县级政府组建行政审批局，整合集中分散在各部门的行政审批权，形成一站式办理、一条龙服务的运行机制，解决行政审批权过于分散、审批程序不规范、群众办事手续繁琐等问题。市政府工作部门组建行政许可服务科，将审批服务职能集中并成建制进驻市政务服务中心。对行政审批事项办件量较少的部门单位，在市政务服务中心统一设置综合窗口，轮值受理。在确保审批事项进驻市政务服务中心到位的基础上，采取部门委托或授权、分管领导具体负责、行政许可服务科科长直接办理的方式，保证部门窗口审批权限到位，实现各部门“一个窗口受理、一个窗口对外”的审批与监管协同工作机制。建立行政审批与监管信息共享平台，实现集中审批部门与监管部门之间的即时沟通，共享监管执法处罚情况、审批办理情况以及审批办件档案等信息。建立行业主管部门专项审查制度，对涉及国家安全、生态环境保护、安全生产等重大项目实施行政审批时，集中审批部门听取主管部门意见，共同研究确定审批意见。建立联络员制度，由监管部门派出联络员参与审核工作，形成审批与监管工作合力。

开展违规设置机构整改工作。落实省委第三巡视组反馈意见中关于违规设置机构问题的整改要求，全市统一部署，针对违规设置机构的不同情况，分别制定整改措施并组织整改。对于确需设置的机构，依据相关政策，按照机构编制审批程序审批；对于受机构限额限制无法单独设立的违规机构，严格按照机构编制管理规定，撤并、消化现有的机构编制和人员；对因历史原因造成的问题，或向省机构编制部门申请设置机构，或按现行政策对有关机构职数规范和调整。谋划市级机关内设机构改革和精简人员编制工作。对市级机关内设机构规格、数量、领导职数、人员编制等数据摸底汇总分析，按照科学合理、精干高效，权责一致、任务均衡，以及综合设置、实行大科室制的原则，谋划精简市级机关内设机构和人员编制工作。制定《推进市级机关职能转变工作方案》，提出市级机关职能转变的主要目标、重点工作措施、任务分工及工作要求。

年内，廊坊市承接科技、民政、人社共20多个省级部门下放的审批事项82项。廊坊市取消审批事项45项，清理取消行政审批中介服务事项17项，保留实施63项。市直部门启动实施行政审批流程优化再造工作，37个部门和单位的行政审批事项重新编制275套工作流程图，压缩16个部门34项行政审批事项的内部审查环节；减少公安、水务、安监、国土等14个部门27项行政审批事项所需提交申请材料40份；压缩23个部门44项行政审批事项办理时限，相比优化前减少410日，整体压缩率42%。

（李　涛）

宏观经济管理

【概况】 2016年，廊坊市主动适应经济发展新常态，统筹稳增长、调结构、促协同、增活力、惠民生，实现“十三五”良好开局。地区生产总值2706.3亿元，增长8%。服务业增加值1315.3亿元，增长12%。一般公共预算收入338.7亿元，增长11.6%。固定资产投资2458.5亿元，增长15.2%。规模以上工业增加值776.5亿元，增长6%。社会消费品零售总额881.9亿元，增长10.7%。城镇居民人均可支配收入34633元，增长8.5%。农村居民人均可支配收入14286元，增长8.6%。节能降耗和主要污染物减排均超出省下达目标任务。全市经济社会发展取得比预期好的成效，但是也存在一些突出困难和问题。经济下行压力依然较大，国内外市场需求不振，企业综合成本上升，部分行业企业生产经营仍较困难；产业结构矛盾突出，传统产业占比仍然较大，房地产市场调控任务依然较重，战略性新兴产业和现代服务业仍需加快培育，转型升级任务依然艰巨；生态环境改善任务艰巨，大气、水等环境质量亟待改善，环境综合治理仍需持续加力。

【中长期发展规划编制】 2016年，廊坊市发展和改革委员会编制成《廊坊市国民经济和社会发展第十三个五年规划纲要》以及15个市级重点专项规划，形成“十三五”规划体系。谋划确定120项“十三五”时期实施的重大项目，总投资3448亿元，其规划具有可操作性。出台《廊坊市“十三五”时期重大项目责任分解表》，内容涵盖重大项目责任分解、调度督导等，促进项目规划目标和重点任务落地落实。

【新兴产业】 2016年，廊坊市发展战略性新兴产业，制定出台《廊坊市战略性新兴产业聚集区发展规划》《电子信息产业发展规划（2016—2020）》《关于加快发展“大智移云”引领产业升级行动计划（2016—2018）》。筛选战略性新兴产业领域项目，组织申报国家新兴产业重大工程包信息消费工程空间技术应用专项、环境保护领域创新能力建设专项、大数据领域创新能力建设专项和省战略性新兴产业发展重大专项工程。年内，廊坊经济技术开发区大数据产业基地和京南·固安高新技术产业开发区新型显示产业基地列入全省首批战略性新兴产业示范基地。推动国家高技术服务基地建设，累积完成投资约5亿元。政务信息资源共享平台初步实现各系统、各部门政务信息互联互通。企业云入驻工业、商贸业、服务业企业300余家。3000平方米的廊坊大数据创新展正式落成并对外开放，有20多个应用系统、30多家大数据企业、近百个大数据展点进行展示。

【现代服务业】 2016年，廊坊市制定《关于加快发展生活性服务业促进消费结构升级的实施意见》《关于积极发挥新消费引领作用加快培育形成新供给新动力的实施意见》等措施，编制成《廊坊市现代服务业聚集区发展规划》《“十三五”电子商务发展规划》。实施服务业发展三年行动计划，推动科技服务、休闲旅游等10个行业成立协会，举办“5·18”“6·16”期间的商贸物流项目推介会。提升生活性服务业，全市旅游总收入 274.1 亿元，同比增长 42.4%。培育新兴服务业态，廊坊“星火”电子商务产业基地和香河县“美家尽有”电子商务有限公司被评为省级示范基地，齐天大圣电子商务（廊坊）有限公司被评为省级示范企业。

【节能降耗管理】 2016 年，市发改委制定《2016 年削煤攻坚行动方案》，将省下达的削减煤炭任务分解落实到各县（市、区）和廊坊开发区。全市规模以上工业煤炭消费 493.1 万吨，比 2015 年同期减少 37.3 万吨；淘汰 10 蒸吨以下小锅炉及燃煤工业锅炉 2013 台 2307.7 蒸吨，削减煤炭 78.9 万吨；气代煤、电代煤替代散煤 20 万吨。制定《2016 年廊坊市节能减排降碳工作要点》，各县（市、区）落实分解下达的目标任务。全市落实国家《碳排放权交易管理暂行办法》，30 家企业纳入碳排放市场。实行项目源头管理，节能评估和审查市级审批的项目 57 个。

【去产能　降成本】 2016 年，市发改委牵头组织有关部门研究起草廊坊市“去产能、去库存、去杠杆、降成本、补短板”五项任务工作方案。结合国家、省相关政策要求，制定《钢铁行业去产能若干政策》《降低实体经济企业成本若干政策》。年内全市压减炼钢产能 72 万吨、炼铁产能 156 万吨。其中，霸州新利钢铁有限公司压减炼铁产能 52 万吨；河北前进钢铁有限公司压减炼铁产能 104 万吨、炼钢产能 72 万吨。推进电力体制改革，研究起草全市《深化电力体制改革实施方案》，促进实体经济企业降低购电成本和发电企业降本增效。推动 8 家大用户参加省直购电试点，降低企业用电成本 371 万元。

【节能环保产业】 2016 年，廊坊市编制《节能环保产业发展规划》《园区循环化改造规划》，市发改委指导 2 个国家级开发区和 10 个省级园区开展循环化改造。推进能源结构调整，核准备案新能源项目 22 个，筛选新奥泛能网项目申报“互联网+”智慧能源项目。推进能源项目建设，支持文安、大城等地光伏发电、风力发电新能源项目。国电廊坊热电联产项目一号机投产供热，中电投廊坊燃气热电、国华三河电厂三期工程获省发改委核准。

【经济体制改革】 2016 年，市发改委发挥全市经济体制改革专项小组职能，统筹推进 70 项改革。按年度目标要求牵头承担石保廊全面创新改革、中小城市综合改革、钢铁去产能、企业降成本、能源价格改革、政府配置资源改革、国家三年滚动投资计划、政府与社会资本合作、承接北京非首都功能疏解、京津冀社会保障一体化、战略性新兴产业和现代服务业发展、投资项目网上并联审批 12 项改革任务。其中，中小城市综合改革形成 7 项成果上报国家发改委和省发改委。

【招商引资】 2016 年，市发改委组织开展“全国工商联民企入冀”活动，组织参加“川渝行”等系列招商活动，签约合作项目 91 个，项目总投资 2158 亿元。组织筹备“5·18”中国廊坊经济贸易洽谈会、“6·16”第三次中国—东欧国家地方领导人会议、“6·18”河北国际经济贸易洽谈会、“9·8”厦门贸易洽谈会、“9·26”中国（廊坊）农产品交易会、唐山中国拉美企业家峰会等展会。年内，廊坊市实际利用外资 8.04 亿美元，利用省外资金 687.2 亿元、技术 196 项、人才 21864 名。

（李宏伟）

项目管理及选介

【概况】 2016年，廊坊市建立年度重点项目建设计划统一台账，逐个列出项目需求，制定项目督导清单，落实责任部门和责任领导，全程跟踪项目建设进度，通报项目应开工未开工的县（市、区）和项目单位。按照《廊坊市重点项目调度机制》和《廊坊市重点项目推进集中行动实施方案》要求，集中精力组织重点项目集中签约、集中开工、集中拉练“三集中”活动。破解项目建设用地制约，争取省重点项目建设用地指标3647亩（243.13公顷），协调落实市级重点产业项目建设用地指标2240亩（149.33公顷）；缓解项目建设资金需求，争取国家专项建设基金75亿元、中央和省级预算内资金3.7亿元。全市实施建设投资亿元以上项目866项，同比增加31项。其中，续建项目486项，同比增加16项；新开工380项，同比增加15项。866个亿元以上项目中，完工项目284项，同比增加6项；在建项目573项，同比增加10项。争列省重点项目33项，居全省第1位，投资139.3亿元，占年度计划投资的140.1%。其中，13项计划开工项目全部开工，10项前期项目5项开工建设。100项市重点项目全部开工，投资147.4亿元，年度投资完成率113.4%。项目结构得到优化、质量得到提升。1月至12月实施的495项亿元以上产业项目中，战略性新兴产业项目占35.2%。一批“大智移云”项目加速集聚，投资14亿元的华为云计算项目二期工程建成投运；投资55亿元的润泽项目二期、投资8.7亿元的联通华北基地项目二期加快建设；投资近600亿元的京东电子商务产业集群6个项目中，电子商务产业港项目一期、项目二期投产，跨境电商保税区北方中央仓项目开工建设；投资300亿元的华夏AMOLED项目列入省重点并开工建设；投资15亿元的京津冀大数据综合试验区应用感知体验中心项目落户廊坊。一批新材料产业项目加快建设，投资31亿元的康德复合材料项目、投资10亿元的碳纤维宝马车体一期项目建设进展顺利；投资50亿元的中安信碳纤维一期项目建成投产、二期项目加快建设。一批军民融合产业项目持续壮大，航天振邦、科达装备等项目实现规模化发展，固安军民融合产业园升级为国家级，航天科工集团首个军民融合成果转化基地和全省首家军民融合双创中心落户廊坊。亿元以上产业项目中，35%以上为京津产业转移项目。航天振邦1000万台冰箱压缩机、天正通环保设备等一批整体搬迁项目建成投运。中国核电研发中心、清华大学固安科技成果孵化基地等产业转移项目正在加快推进。万通商贸物流城、北京二商集团城市生活保障基地等项目签约落地。

【中粮可口可乐华北饮料基地】 该项目由中粮可口可乐华北饮料有限公司投资，选址于香河县环保产业园区，总投资12.3亿元，占地355亩（23.67公顷），总建筑面积28.7万平方米。该项目为重大外资项目。中粮可口可乐华北饮料有限公司主要是以生产和销售国际知名品牌可口可乐系列产品及其中国品牌的碳酸饮料为主的装瓶厂。公司以配制、生产、经营、销售可口可乐系列饮料为主，是中粮集团和可口可乐公司两家世界500强企业合作成立的公司，于2000年正式成立。中粮控股65%，可口可乐占股35%。项目建成后，将成为可口可乐在华北的重要饮料生产基地。公司所生产产品将覆盖京津冀全部地区，部分产品还将覆盖内蒙古地区。

【京津冀国际商贸城一期起步区】 京津冀（固安）国际商贸城一期项目占地1200亩（80公顷），总建筑面积320万平方米，总投资260亿元。其中起步区占地200亩（13.33公顷），总投资30亿元。该项目主要建设运营中心、批发市场及商业配套服务设施。项目建成后能容纳北京转移的各类批发市场，并运用互联网+实现线上线下相结合的智能物流商贸新格局，带动相关产业人才向固安转移，以商贸产业带动第三产业，从根本上提高固安县乃至廊坊市在全国商贸流通产业的核心竞争力。一期项目建成后，年销售收入62亿元，实现利润38亿元，上缴税金13亿元，吸纳就业人员10万人。其中，一期起步区建成后，年销售收入7亿元，实现利润3亿元，上缴税金1亿元，吸纳就业人员2万人。

【年产7263万片触控一体化显示模组项目】 该项目由京东方（河北）移动显示技术有限公司投资，选址于固安工业区，总投资20亿元，占地300亩（20公顷），总建筑面积243878平方米。该项目业主是国内唯一自主掌握显示产业完整技术能力的企业。项目产品支持五指触控，填补国内产业空白，占领国际高端显示产品市场的制高点。时下有三星、小米等多家手机品牌厂商达成合作意向。项目创造直接就业岗位2364个。

【廊坊精雕数控机床制造基地】 该项目由廊坊精雕数控机床制造有限公司投资，选址于廊坊开发区，总投资11亿元，占地225亩（15公顷），总建筑面积15.38万平方米。该项目产品技术水平和市场占有率均在国内领先。产品有国家科技支撑计划项目1项、国家重点新产品1项、北京市自主创新产品7项、北京市高新技术成果转化项目3项。

（李宏伟）

【中国智能骨干网项目落户廊坊】 10月25日，中国智能骨干网（廊坊·永清）项目正式签约落户永清县。市委书记冯韶慧、菜鸟网络科技有限公司副总裁史苗出席签约仪式。中国智能骨干网（廊坊·永清）项目总投资100亿元。该项目建设基于大数据、网络金融、信息服务、云计算等技术平台的新型物流仓储基地，电子商务、创意设计及相关产业集群办公设施和配套生活社区等。

（郎之鉴）

统　计

【概况】 2016年，廊坊市开展提升统计数据质量“1+7”（“1”指基本单位名录库管理维护，“7”指地区生产总值核算、战略性新兴产业统计、固定资产投资统计、城镇化统计、研发投入统计、服务业统计、居民收支调查）专项行动。廊坊市统计局成立提升统计数据质量“1+7”专项行动领导小组，统一组织，明确责任、措施和方法步骤，协调和推动全市专项行动的开展。结合2016年全市经济社会发展目标和经济工作部署，市统计局每月召开经济形势分析会议，会商重要指标变动趋势，研究解决统计调查中存在的问题。研判月度经济走势，重点提升地区生产总值核算、战略性新兴产业、固定资产投资、城镇化率、研发投入、服务业等专业统计数据质量，客观反映全市经济社会发展状况，提高经济发展新常态下统计数据质量。成立年定报协调办公室，组织实施农业、工业、服务业、批零住餐、房地产等行业以及劳资、文化、能源、科技、外经等领域年、定报工作。加强部门协调，突出信息反馈，开展全面建成小康社会统计监测、妇女儿童监测等重点统计监测。关注全市人口发展，开展人口变动调查，客观反映全市人口分布与结构变化情况，为全市经济发展提供可靠人口数据支撑。加大基层数据审核力度，确保源头数据真实准确、生产过程统一规范，及时向市政府提供重点领域、重点专业的上报进度，使统计数据较好地反映全市经济社会发展实际。抓住经济热点、难点问题，结合“三去一降一补”五项任务，组织开展规模以上工业企业降税减费降成本、营业外收入和政府补贴快速增长情况调研，撰写客观反映全市相关政策落实情况报告。开展规模以上服务业主要经济指标的行业结构、县域分布的对比分析，向市政府呈报《2015年全市规模以上服务业生产形势简析》和《2015年全市服务业统计工作开展情况报告》，得到市长冯韶慧的批示。编印《廊坊国民经济月报》和《廊坊经济统计年鉴》，及时发布《廊坊市2015年国民经济和社会发展统计公报》，满足社会各界对统计数据的需求。聚焦省、市重点工作任务，结合省委、省政府考核指标体系和《政府工作报告》中提出的全市经济社会发展目标，分析研究并提出合理化建议。向市委、市政府领导呈报领导专报55篇，其中44篇被市委、市政府主要领导批示。发布统计分析和信息571篇（条），其中319篇（条）被市领导批示或媒体刊发。年内市统计局被评为廊坊市党委信息工作优胜单位、廊坊市政务和政府信息公开工作先进单位、市级机关作风公开评议优秀等次，被河北省统计局评为业务工作规范化综合评定先进单位。

【统计改革创新】 2016年，廊坊市统计局推进GDP核算改革，研究季度GDP与分季GDP核算方法，制定《廊坊县级季度地区生产总值核算方案（试行）》，指导各县（市、区）统计部门改进年度支出法GDP计算方法，完善第三产业增加值核算方法，准确反映经济发展趋势。加强部门统计合作，全市电子商务平台统计应统尽统，开展80%服务业企业和非企业单位及个体服务业调查，做好物流和生产性服务业等重点领域统计监测，推进服务业统计与增加值核算衔接，深化服务业统计改革。组织开展5000万元以上项目核查、新开工项目专项检查和非金融资产投资情况调查，加强工业技改投资、重点项目投资、基础设施投资等统计工作；把握京津冀协同发展机遇，高度关注京津产业转移与项目转移情况，做好驻冀外省企业摸底调查与京津转移项目和新开工项目入统工作，推进固定资产投资统计改革。继续加强重点行业、重点地区能耗监测与煤炭消费量核查，完善县级控煤统计监测方法，推进能源统计改革。适应统计方法制度改革的需要，重新评估认定全市及分县（市、区）2015年各季农业产值、增加值，实现分季核算数据与年报数据、市县两级数据衔接，全面推进农业统计联网直报工作。开展战略性新兴产业和“四众”（众创、众包、众扶、众筹）统计调查，实施城市商业综合体调查与高新技术产业月度监测。梳理划分新服务行业，重点开展“新服务业综合情况、高技术服务业情况、企业电子商务应用情况、电子商务交易平台情况”等调查，为“三新”（新产业、新业态、新商业模式）专项统计奠定基础。

【廊坊市第三次全国农业普查】 2016年，廊坊市统计局按照国家和河北省第三次全国农业普查领导小组办公室（农普办）统一部署，做好全市第三次全国农业普查登记前的各项准备工作。开通廊坊市第三次全国农业普查工作网站，为农业普查开展搭建交流平台。选取经济类型较为全面的文安县文安镇作为全市农业普查试点区域。开展区域划分，普查指导员、普查员选调与培训，清查摸底，入户登记和数据处理等各阶段试点工作。依据阶段性工作推进情况，开展有重点、分期分批的督导检查，督促各县（市、区）做好机构组建，经费落实，普查指导员、普查员选聘和培训，普查宣传，清查摸底等各阶段工作。分三期举办第三次全国农业普查业务培训班，对各县（市、区）农普办、各乡镇农普办及重点村业务骨干近700人进行农业普查业务知识系统培训，提高农业普查队伍整体素质。联合市委宣传部制定《廊坊市第三次全国农业普查宣传工作方案》，召开全市农业普查宣传工作会议；印发市长陈平《致全市第三次全国农业普查调查对象的一封信》；协调“两台一报”设立农业普查宣传专栏，播放宣传片；联系公交公司、出租车管理处等部门播放农业普查宣传标语；举行农业普查宣传月启动仪式，营造社会各界理解、配合农业普查的良好社会环境。入户登记前夕，市长陈平发表电视讲话，副市长王俊臣深入廊坊市广阳区南尖塔镇左场村慰问普查工作人员和调查对象，号召全市共同做好农业普查工作，确保普查任务圆满完成。12月1日，廊坊市第三次全国农业普查宣传月活动启动仪式在安次区调河头乡举行。该次农业普查的标准时点为2016年12月31日，涉及全市107个有农业生产的乡、镇、街道办事处，3210个有农业生产的行政村，近83.8万乡村农户和323万乡村人口，对全市普通农户、规模农户、农业经营单位、乡镇和行政村5类共计84万余个普查对象进行登记，普查指标500余个，包括农作物面积遥感测量工作。普查的内容主要包括农业从业者基本情况、农业土地利用与流转情况、农业生产与结构情况、新型农业经营主体与农业规模化等情况。

【统计法治建设活动】 2016年，廊坊市统计局制定《2016年统计执法月活动的工作方案》和《廊坊市统计执法检查“双随机”抽查实施方案》，组织市、县两级业务骨干多专业联合开展统计执法检查、“双随机”抽查、经营情况调研和咨询服务活动，全市检查企业1034家。组织各县（市、区）统计局相关人员，市直相关部门及基层单位代表，霸州市、广阳区乡镇统计员召开统计立法调研专题座谈会，配合河北省统计局调研组开展《河北省统计条例》修订的立法调研工作。制定《2016年廊坊市统计法治工作要点》和《廊坊市统计局2016年度学法计划》，举办宪法知识专题讲座，开展执法专业知识培训，提高全局干部职工学法、尊法、守法、用法的意识。制作《中华人民共和国宪法》《中华人民共和国统计法》《全国农业普查条例》宣传展板，组织统计工作人员在市中心时代广场开展统计知识、农普知识和法律法规宣传活动，接待群众统计法律问题咨询200余人次，发放各类宣传材料2000余份。

【统计业务培训】 2016年，廊坊市统计局面向全市乡镇及全部规模以上工业企业，开展规模以上工业、能源和科技、高新统计业务知识培训，重点介绍年内工业运行状况、高新技术企业优惠政策，讲解战略性新兴统计、R&D研发经费统计等业务知识，提升基层统计业务水平，参训人数1300余人。市统计局编印《服务业统计知识培训讲义》，面向全市新增限上批发零售、住宿餐饮和其他服务业等行业及2016年度新从事服务业统计工作的200余名基层统计人员，开展服务业统计与法律法规知识培训。12月中旬开展全市现代服务业企业统计人员培训，培训600余人次。为客观真实反映全市房地产市场平稳健康发展水平，从理顺数据采集流程，加强统计基层基础工作入手，对各县（市、区）统计局和房地产开发企业统计人员300余人进行相关基础知识培训，全面提升全市房地产统计人员工作能力。

（车丽娜）

审　计

【概况】　2016年，廊坊市审计机关审计项目682个（含计划外项目），查出主要问题金额1002818万元，其中违规金额28287万元、损失浪费金额1万元、管理不规范金额974529万元；损益（收支）不实金额16418万元；审计处理处罚金额87713万元，其中应上缴财政3860万元、应减少财政拨款或补贴0万元、应归还原渠道资金7万元、应调账处理金额83322万元；审计发现非金额计量问题201个；审计促进整改落实有关问题资金58466万元，其中增收节支574万元、调账处理金额57652万元；移送司法机关、纪检监察机关和有关部门处理事项6件。出具审计报告和专项审计调查报告156篇，被批示、采用38篇。提出审计建议343条，提交审计信息582篇，被批示、采用366篇。《中国审计》《中国审计报》等报刊采用文章、信息4篇；省政府信息网站采用信息21篇，省审计厅信息网站采用184篇。市审计局信息宣传工作荣获《中国审计》《中国审计报》宣传先进集体，全省审计系统信息宣传第三名。

【政策落实审计】　2016年，廊坊市开展贯彻落实国家稳增长等重大政策措施和宏观调控政策部署情况跟踪审计，审计单位189个，抽审项目数量61个，审计资金总量207.6亿元。审计中紧盯重大项目落地、重点资金保障、行政审批、简政放权等改革推进情况，建立跟踪审计台账制度，并及时填报，真实、全面、完整地反映跟踪审计对象底数和动态审计成果。完成并上报四个季度的稳增长跟踪审计报告。审计发现全市640套保障房空置未分配、2个项目用地手续办理缓慢、2个中心卫生院改造及附属设施建设项目存在开工竣工时间均延误问题、7个县中央转移支付的燃煤锅炉治理补助资金使用管理中存在的问题，发现4个到达整改期限尚未整改到位的问题。针对存在问题，审计部门提出应进一步规范完善保障性住房分配机制，加强已分配、已建设房源动态监管机制，限期推进项目执行进度，强化内部控制、加大监督问责力度等审计建议，相关被审计单位根据审计建议落实整改措施。

【专项资金绩效审计】　2016年，廊坊市开展全市2015年专项资金使用及绩效情况审计。审计对象为57个部门144个重点专项资金项目，涵盖大气污染治理、教育、医疗、文体、科技等13类，涉及资金总额43.6亿元，审计总金额30.7亿元，占资金总额的71%。审计查出部分项目谋划不及时、配套不到位、预算不精细，用款单位不能按计划按进度用款、财政部门资金拨付不及时、专项资金使用列支对象不准、手续不全，部分项目未履行政府采购招投标手续、先施工后补合同、未留质保金、旧小区改造未达到效果、压减产能任务不到位、资金项目监管不到位、工作安排缺项、项目管理与资金整合不够三大类16项问题。针对查出问题，提出细化项目预算编制，提高预算资金使用率，加强预算监管，依法合规加快预算执行项目审计进度，加大财政资金整合统筹使用力度，盘活财政存量资金，完善资金使用绩效评价体系等审计建议。

【预算执行审计】 2016年，廊坊市开展预算执行审计项目87个，查出主要问题金额129806万元，其中违规金额14472万元、管理不规范金额389811万元。审计发现在市本级预算执行及其他财政收支中存在年末支出结转较多、部分专款未及时拨付，以及往来款项未清理两类问题。审计发现税务部门税费征管存在税费征缴不到位，城镇使用土地税减免管理不符合规定2类问题。审计发现其他部门预算执行存在“三公”经费、会议费和培训费超预算支出、挤占挪用专项资金4类问题。针对审计发现问题，审计部门提出科学编制预算、强化预算执行刚性约束，盘活财政存量资金、提高财政支出绩效，严格落实财经制度，规范单位财政财务收支行为三方面审计建议，推动财政体制改革，提高预算管理水平，维护财政安全，提高财政资金使用效益。

【领导干部经济责任审计】 2016年，廊坊市开展经济责任审计项目81个，其中市本级审计项目4个。审计查出部分领导干部在履行经济职责、财政财务及资金管理等方面存在违规签订建设用地出让协议、未严格执行政府集中采购、专项资金沉淀、未严格执行预算、超范围和限额使用现金等问题。针对以上情况，审计部门提出应加大领导干部贯彻落实中央、省、市委、政府重要决策部署执行情况审计力度，重点关注领导干部经济决策权、政策执行权、经济管理权和资金使用权审计评价的审计建议，促进被审计单位内部控制和财务管理制度进一步完善、会计核算水平进一步规范、领导干部依法行政意识进一步增强。

【保障性安居工程审计】 2016年，廊坊市开展全市155个村、215户的农村危房改造和36个安居工程项目建设管理情况检查审计，审计查出资金管理、工程投资建设、房屋分配使用、管理制度4类问题。被审计单位整改解决问题12个，未整改解决的17个问题涉及保障性住房4894套、资金2.56亿元。11月，河北省审计厅安排各设区市间交叉开展市本级及辖区的保障性安居工程跟踪审计。廊坊市审计局成立协调领导小组配合省审计厅派驻廊坊审计组，审计延伸调查廊坊市所辖8个县（市）保障性安居工程39个建设项目和311户农村危房改造。针对审计过程中查出的个别保障房项目未依法履行招投标手续、骗取住房保障待遇、家庭收入条件发生改变按规定应退出而未退出等问题，及时报告廊坊市人民政府，并配合廊坊市房管局与河北省审计厅、沧州市审计局对部分事项重新认定。

【固定资产投资审计】 2016年，廊坊市审计投资项目209个，审计资金总量44.42亿元，审减工程款9.8亿元。市本级开展审计项目20个，完成16个。审计发现个别建设项目存在围标串标、转包、违法分包，以及土地规划手续不完整、违规套现等问题。针对审计发现问题，审计部门提出完善招投标手续、加强部门协调、完善动态管理制度、强化问责机制等审计建议，减少政府投资损失。

【信息化建设】 2016年，廊坊市审计局发挥大数据审计优势，累计投资300万元建设软硬件设施，搭建审计数据分析平台，部署市本级及 10 个县级财政分析模块进入试运行阶段。开展财政部门信息化建设情况审计调查。根据《河北省审计厅关于转发〈审计署办公厅关于调查地方财政部门信息化建设情况暨定期报送电子数据的通知〉的通知》要求，廊坊市审计局组织市级、各县（市、区）、廊坊开发区财政部门开展信息系统建设、使用情况审计调查。是年，全面掌握财政部门 2008 年至 2015 年信息化建设资金收支情况、“金财工程”建设基本情况、财政部门信息系统应用情况，全年采集数据 16G。

（孟　楷）

人力资源管理

【概况】 2016 年，廊坊市人才总量 45.1 万人，专业技术人才 14.4 万人，高技能人才 7.7 万人。各类专家级人才 256 人。其中，省级以上专家 36 人、国务院特贴专家 24 人、省突出贡献中青年专家 8 人、国家“百人计划”6 人、国家“千人计划”14 人、国家“万人计划”1 人。是年全市引进域外人才 1050 人。其中，高级人才 445 人、中级人才 605 人。市政府出台《廊坊市关于改革完善博士后制度的实施意见》《廊坊市人力资源提升行动计划（2016—2018 年）》。全市通过各类渠道引进外国专家 1500 人次；执行国家级引智项目 2 个，省级引智项目 3 个；各类渠道参加出国（境）培训 100 人次。广阳区硕圆英语培训学校、廊坊亚太教育培训学校取得聘请外籍教师资格许可证。年内，市人社局获得“河北省综合统计先进单位”“全省清理整顿人力资源市场秩序专项行动先进单位”“全省信访维稳工作先进集体”“河北省五四红旗团委”荣誉称号。廊坊经济技术开发区人力资源市场被省外专局认定为 2016 年度河北省引智工作站。

【事业单位人事制度改革】 2016 年，全市 99%的事业单位开展岗位设置管理工作，设置岗位 1848 个。全市 98%的事业单位实行聘用制度。事业单位专业技术人员职称评审初审权力下放至县（市、区）。推行事业单位招聘分类考试，制定市直事业单位公开招聘实施方案。廊坊市人民医院、廊坊市第一中学、廊坊广播电视台等 42 家市直事业单位面向社会公开招聘工作人员 112 名。全市事业单位另册管理人员 4685 人，通过专项考试考核全部合格。研发事业单位岗位设置聘用信息系统，市直事业单位基础数据信息采集涉及事业单位 270 个，录入事业单位工作人员基本信息 9776 人。

【公务员队伍管理】 2016 年，廊坊市县以下机关建立公务员职务与职级并行制度，职级晋升 5631 人，全部兑现工资。公务员录用四级联考（“四级联考”是指国家将省、市、县、乡四个层级的公务员考录工作纳入统一管理，由省级公务员主管部门统一编制录用计划、统一确定考试时间、统一命制考试试题、统一组织笔试面试体检考察、统一进行审批等。“四级联考”由各省级公务员主管部门统一组织，资格审查、面试、体检、考察等一些具体工作，由各省级机关和各市级公务员主管部门具体实施）录用 125 人。政府系统及事业单位调整正科级干部 240 人次，副科级 323 人次。全市各级行政机关非领导成员公务员考核 8177 人，评出嘉奖 1154 名，记三等功 192 名；全市机关工勤和事业单位工作人员考核 78826 人，评出嘉奖 7136 名，记三等功 798 名。科级干部档案全部实现电子化管理。开展第七届河北省“人民满意公务员”活动组织评选推荐工作。开展全面建成小康社会、全面深化改革、全面推进依法治国、全面从严治党“四个全面”政治理论普及培训、优秀等次公务员重点培训、公务员文化体系建设培训等活动，培训市直行政机关公务员900人次。

【工资收入分配制度改革】 2016年，廊坊市开展市直机关、事业单位级别工资档次晋升和薪级晋升工作，涉及行政单位68家2873人次、事业单位173家11984人次。完成市直284个机关事业单位工资调标工作和173个单位离退休人员增加离退休费工作。调整发布廊坊市最低工资标准和企业工资指导线，全市月最低工资标准调整为1650元、1590元和1480元。妥善解决国有企业职教幼教退休教师待遇问题，2011年—2014年涉及600余名退休教师2500万元生活补贴发放到位。

【军转干部及随军家属安置】 2016年，廊坊市接收军转干部111人，其中计划分配48人、自主择业63人，90%以上自主择业军转干部实现灵活就业。举办2015年度军转干部党政专业培训班，培训军队转业干部21名。11月，全市军队转业干部安置工作会议召开，安排部署全市军转安置工作，向有接收任务的市直、中省直驻廊单位移交军转干部及随调家属档案。市军转安置工作领导小组组长、市委常委、市政府常务副市长李波，市军转安置工作领导小组副组长、廊坊军分区政委吕双平出席会议并讲话。

【“通武廊”区域人才合作座谈会】 4月，“通武廊”区域人才合作座谈会在天津市武清区召开。北京市通州区、天津市武清区、河北省廊坊市三地人力资源和社会保障部门人才工作负责人参加会议。会议就“通武廊”区域开展人才网站互联互通、继续开展“通武廊”联合人才招聘、联合举办职业技能大赛等人才合作工作达成一致意见。

【中国（河北）博士后成果转化基地建设】 中国（河北）博士后成果转化基地（以下简称“基地”）于2015年12月18日启动，坐落于固安县。基地以建设“全球技术商业化中心”为目标，构建技术、人才、资本相融合的创新体系，帮助博士后项目和产业进行更好对接，加速博士后科研成果商业化的步伐。年内，基地建成独立办公间6个，新增中试孵化厂房5万平方米，储备合作项目61个。清华大学、北京大学、中国科学院等科技创新队伍进驻基地。无人机、码垛机器人、自动化药房、立体车库等项目签约入驻博士后企业49家，签约投资额33.7亿元。9月25日至27日，中国首届博士后产学研创新峰会暨首届中国博士后创业训练营开营仪式成功举办，10月28日—29日，第二十八批中国博士后科技服务团“河北固安行”活动在中国·河北博士后科技成果转化基地举行。活动吸引50名多个领域的博士后学员参与成果转化经验分享与交流、创业模式解析、创业辅导、头脑风暴、模拟路演等一系列内容丰富的创业训练活动。

【中国（河北）博士后成果转化基地管理办法】 12月21日，全国博士后管委会办公室、河北省人力资源和社会保障厅印发《中国（河北）博士后成果转化基地管理办法》（以下简称《管理办法》）。《管理办法》指出，被成果转化基地领导小组办公室认定的博士后人才，按照

《固安县高层次人才奖励资金管理办法》可享有7项优惠政策：到基地创办企业并取得营业执照给予20万元创业资助；在基地创办企业或进入固安县域内企业工作半年以上按实际工作时间发放每月1000元至6000元的工作津贴；在基地创办企业或进入固安县域内企业工作，根据其生活需要，由固安县人民政府给予5年的租房补贴，补贴金额为每年1万元至3万元；在基地创办企业或进入固安县域内企业工作，凡工作连续满5年并继续签订工作协议且在固安购房的，给予10万元至50万元的安家补助，分3年进行兑现；优先享受成果转化基地金融合作机构风险投资，以及享受基地博士后成果转化基金100万元至500万元天使投资；优先享受政策咨询、科技项目申报、工商税务登记、人事代理、档案代管、社会保障等方面的一站式服务；优先享受配偶安置、子女入学、交通、医疗等绿色通道服务。

【廊坊市第一家河北省引智工作站】 引智即引进国外智力，通过请进国外人才（包括海外华侨、港、澳、台人才）和组织人员出国（境）培训两种形式，学习掌握国外的先进管理经验和实用技术。2016年，河北省外国专家局认定和委托50家国（境）外引智工作站和20家省内引智工作站为从事引智中介活动的机构。被认定的引智工作站协助河北省外国专家局及省内用人单位开展引进外国专家、项目和技术，发布对国（境）外人才和技术需求信息，开展国（境）外人才调研，组织国际研讨、交流活动等业务，发挥国内用人单位在国（境）外的"窗口"和"桥梁"作用。年内廊坊市遴选廊坊经济技术开发区人力资源市场作为省级引智工作站向河北省外国专家局推荐。3月，廊坊经济技术开发区人力资源市场被河北省外国专家局认定为2016年度河北省引智工作站。该站的设立填补廊坊市无省级引智工作站的空白。

（张晓伟　邢　为）

机构编制

【概况】 2016年，廊坊市严格按照机构编制管理规定设置机构编制，控制市、县、乡三级行政事业编制总量。及时发现并清理"吃空饷"人员，相应收回编制；对问题严重单位的编制重新从严核定，适度精简编制，严格控制新进人员。消化超编人员，清理规范编外用人。严格执行机构编制"一支笔"审批制度，坚持机构编制集中统一管理和审批制度，凡涉及职能调整，以及机构、编制和领导职数增减的机构编制事项的，全部报机构编制部门按程序专项办理。除专项机构编制法律法规外，各级各部门拟订规范性文件涉及机构编制事项的，全部事先征求机构编制部门的意见，机构编制部门按相关政策把关。严格控制和减少编制增量，不该增的编制坚决不增，确需增加的原则上内部调剂；内部调剂难度大的，在本级总量中调剂。实行机构编制动态调整，在总量控制的前提下，对确实需要加强的重点领域和关键部位，按照区别对待、有增有减的原则，在现有编制总量内动态调整，跨部门、跨行业统筹调剂。探索"挤压"措施，引导机构编制资源向最需要的地方流动，实现编制资源使用效益最大化。年内，廊坊市除省级新下达行政编制外，全市各级机关使用的行政编制（含政法专项编制）和各级事业单位使用的事业编制（含群团机关使用的事业编制）、机关使用的其他编制、工勤编制均以2012年年底统计数为基数实行总量控制，未增加编制。

【市级公共资源交易机构和职责整合】 2016年，廊坊市整合市级公共资源交易机构和职责，将市财政局承担的政府采购交易操作职责、市建设局承担的建设工程招标投标交易操作职责、市政府国资委承担的企业国有产权交易操作职责、市国土局承担的土地使用权和矿业权出让交易操作职责、市环保局承担的排污权交易操作职责划转至市公共资源交易中心管理。

【城乡居民医疗保险职责整合】 2016年，廊坊市出台《廊坊市人民政府关于印发廊坊市整合城乡居民基本医疗保险工作实施方案的通知》，将市卫生和计划生育委员会管理的廊坊市新型农村合作医疗管理中心的职责、编制和人员整体划转至市人力资源和社会保障局管理。

【城中村旧城棚户区改造职责整合】 2016年，廊坊市整合市国土局承担的城中村（旧城）改造职能与市房管局承担的棚户区改造职能，城中村旧城棚户区改造职责划归市房管局承担；市国土局划出城中村（旧城）改造职能后，将市土地储备交易中心加挂的“廊坊市城市改造办公室”牌子撤销。

（李　涛）

国有资产监督管理

【概况】 2016年，廊坊市人民政府国有资产监督管理委员会（以下简称市国资委）列统监管国有企业16家，实现营业收入86.21亿元，同比增长13%；实现利润8.7亿元，同比增长6.4%；上交税金4.9亿元，同比增长26%；国有资产保值增值率104%。截至12月底，国有监管企业资产总量153.93亿元，所有者权益48.58亿元。

2016年廊坊市列统监管企业国有资产统计表

表28　　单位：亿元

项　目	列统监管企业		
	2016年	2015年	比上年增长率（%）
监管企业户数（户）	16	16	0
资产总额	153.93	142.24	8.22
负债总额	105.36	97.58	0.08
所有者权益	48.58	44.66	0.09
营业收入	86.21	76.02	0.13
利润总额	8.67	9.3	-0.07
上缴税金	4.93	3.9	0.26
资产负债率	68.40%	68.60%	0.00
收入利润率	10.10%	12.20%	-0.17
国有资产保值增值率	104%	107.10%	-0.03

2016 年廊坊市列统监管 16 个企业统计表

表 29　　　　单位：万元

项目 企业名称	资产总额	负债总额	主营业务收入	税金
廊坊控股	739047	577280	46209	3073
卢卡斯廊重制动器有限公司	185651	68008	238141	21413
瑞立美联制动技术有限公司	26808	18969	20239	929
美联制动系统有限公司	53776	34063	49305	4961
科森电器有限公司	39432	9738	36117	1926
廊坊交通运输集团	54477	46671	10081	250
廊坊公共交通集团有限公司	20729	22806	8649	27
廊坊市明珠集团	141719	88621	175746	5275
廊坊市物产企业集团	16067	33458	12532	263
廊坊市联华超市	2219	2787	9395	203
廊坊市林美商厦	1399	1383	1599	0
廊坊市化工经销公司	510	425	197	11
天都大酒店	18788	16296	1465	26
廊坊市城市建筑安装工程二公司	98026	76869	247552	10825
廊坊市保安公司	829	733	3448	24
国有资产经营有限公司	139835	55449	1425	104

【国资监督管理体系】 2016 年，市国资委制定出台《监管企业负责人履职待遇、业务支出管理暂行办法》《关于进一步加强监管企业重大投资项目风险防范的通知》等 11 个规范性文件。印发《廊坊市市属国有企业功能界定与分类方案》，组织开展全市经营性国有资产专项调查，市属企业功能界定与分类 44 家；专项调查梳理履行出资人职责的 91 家企业基本信息、产权状况、治理结构等情况，编制企业国有产权架构图。办理产权登记企业 134 户，纳入登记范围的国家出资企业注册资本 69.75 亿元，实施资产评估核准、备案评估项目 25 项。

【国有企业审计监督】 2016 年，市国资委印发《廊坊市国资委派驻企业监事会试行办法》《监事会制度汇编》等文件，开展企业对外投资、应收应付往来款等系列专项检查，全面监督检查监管企业 2015 和 2016 年度财务资产状况、经营管理、风险防范、落实整改等情况，检查发现突出问题 99 个，提出整改建议 86 项，下达整改通知书 12 份。开展财务决算审计，审计廊坊投资控股集团等 11 家企业；开展离任审计或任期经济责任审计，审计林美商厦等 4 家企业负责人，审计监督实现全覆盖。

【国有企业改革发展】 2016 年，市国资委制定出台《关于深化国有企业改革的实施意见》《关于加强和改进企业国有资产监督防止国有资产流失的实施意见》《关于改革和完善国有资产管理体制的实施意见》等 9 个文件，“1+N”国资国企改革总体框架基本建立。万隆珠宝商行整体改制完毕，林美商厦和联华超市重组合并，组建美购商业管理有限公司。亚新科中国投资有限公司以转让股权为契机，分别与世界知名汽车制动盘生产商意大利布雷博公司、国内行业龙头企业浙江瑞立集团重组亚新科美联制动系统有限公司和瑞立美联制动技术有限公司。混合所有制改革试点取得成果，廊坊投资控股集团与春和（北京）投资控股有限公司立足产融结合，支持产业发展，合资成立廊坊琅河股权投资基金管理有限公司，国有资本在 PE 领域实现新突破。

【国有企业转型升级】 2016 年，国资系统企业开发新产品 20 余项，各类项目投资 17.6 亿元。美联制动系统公司投资 8800 万元，引进新 MQB、B9 制动盘全自动生产线、X 射线数字成像在线监测等新设备；瑞立美联制动技术公司的江铃、重汽、新柴等 8 批空压机产品通过 PPAP（生产批准程序），实现销售收入 1.57 亿元，同比增长 16.3%；卢卡斯公司投入 1992 万元，引进一汽大众奥迪 B9、迈腾助力器、沈阳华晨 M8X 助力器、上海通用 Omega 助力器等项目；科森公司研发新产品 12 项，宗申电喷系统、电动车用控制器等新产品投入量产，VSC 马达新品试验验收，年内公司获省工业化与信息化融合示范企业、省优秀专利品牌培育项目单位等称号。

【国资工程项目建设】 2016 年，临空经济区回迁安置项目争取土地面积 6000 余亩（400 公顷）；万庄生态新城新增建设用地指标面积 312.9 亩（20.86 公顷），供地面积 320 亩（21.33 公顷），启动征地程序地块面积 824.8 亩（55 公顷）；商业中心（二期）回迁区建设启动，光明片区北昌回迁楼项目验收推进；霸州上游城项目一期开工建设，尚都世贸大厦项目主体工程完工；建工集团施工面积 197 万平方米，房产开发面积 30 万平方米，其中凯旋城开发项目一期工程竣工，二期工程基本收尾，金茂尚城开发项目一期工程交工，销售 80%。公交集团新开通运营线 3 条，改造公交站牌 510 块。廊运集团新开班线 9 条，大厂至廊坊客运班线纳入统一经营管理。香河站建设整体竣工，胜芳站施工建设。市客运总站、霸州站、大城站列入新建规划。天都大酒店整体装修改造。

【国有企业党建和党风廉政建设】 2016 年，市国资委制发《关于在国企改革中坚持党的领导加强党的建设的意见》，党的建设在国有企业改革中得到体现和加强。明珠集团、卢卡斯公司等 4 家企业党组织结束换届选举工作，公交集团、保安公司、瑞丽美联公司等 5 家企业补充调整党组织，发展企业新党员 101 名。调整任免企业领导人员 12 批 82 人次。清理市属国有企业违规配车、用车和领导干部经商办企业，封存违规用车 71 辆。受理信访举报 17 件，诫勉谈话 2 人，组织处理 2 人，纪律处分 2 人，下达整改建议书 1 份。

（张建涛　郑伟东）

国土资源管理

【概况】 2016年，廊坊市行政辖区土地面积6419.38平方千米。其中，耕地356013.62公顷，林地41986.56公顷，园地23851.93公顷，草地10077.44公顷，交通运输用地28499.41公顷，城镇村及工矿用地131294.49公顷，水域及水利设施用地40157.05公顷，其他用地10057.07公顷。廊坊市土地面积与2015年变更调查汇总成果相比，耕地净减少1878.16公顷，林地净减少845.01公顷，建设用地净增加3996.25公顷；与2014年廊坊市变更调查汇总成果相比，耕地净减少2836.64公顷，林地净减少1538.8公顷，建设用地净增加5776.66公顷；与2013年廊坊市变更调查汇总成果相比，耕地净减少4187.6公顷，林地净减少1907.01公顷，建设用地净增加7529.87公顷；与2012年廊坊市变更调查汇总成果相比，耕地净减少4296.41公顷，林地净减少2894.97公顷，建设用地净增加9337.36公顷。

【计划用地指标争取】 2016年，廊坊市国土资源局争取省下达全市用地指标1048.26公顷。除年初下达全市统筹计划用地指标606.46公顷外，额外争取省重点项目建设用地指标234.8公顷；省节约集约奖励用地指标66.66公顷；省留用地指标88.33公顷；追加新增用地指标52公顷。

【土地节约集约利用】 2016年，廊坊市开展违规出让土地问题清理工作，涉及出让土地1226宗，全部整改，追缴土地出让金、违约金、利息7305.9662万元，追缴地上物价款3.2615亿元。在省政府开展的2015年度节约集约考核中，廊坊市名列全省第三名，获省政府奖励用地指标1000亩（66.67公顷）。

【国有建设用地储备及拍卖出让】 2016年，市级储备土地43.455公顷。其中，新增土地26.214公顷、旧城及城中村改造用地13.355公顷，机关企事业单位用地3.8856公顷。发布国有建设用地使用权拍卖出让公告9个，成交土地30宗，面积106.809公顷，成交金额23.117亿元。

【耕地保护】 2016年，廊坊市国土资源局将省政府下达廊坊市2016年度耕地保有量不少于459万亩（30.6万公顷）、基本农田保护面积不少于374.8万亩（24.99万公顷）等指标分解落实到各县（市、区）。按照国土资源部、农业部《关于全面划定永久基本农田实行特殊保护的通知》和省国土资源厅《关于印发河北省市县级永久基本农田划定方案编制要点和汇交要求的通知》等相关文件要求，督导各县（市、区）按照布局基本稳定、质量有所提高的原则，优化基本农田布局，编制永久基本农田划定方案，组织相关专家对各地的基本农田划定方案初步论证审核。至年底，全市永久基本农田划定方案编制工作完毕，通过省级审核，最终核定廊坊市基本农田保护面积为375.88万亩（250586.67公顷），高于省下达的基本农田保护面积。

【建设用地报批】 2016年，廊坊市（包括扩权县三河市、霸州市）上报河北省国土资源厅建设用地卷宗134宗，总面积2933.43公顷。其中，农用地2415.14公顷（耕地1787.65公顷）、建设用地395.69公顷、未利用土地121.26公顷。截至12月31日，经省批准并获得批复的土地153宗，总面积1587.58公顷，农用地

1279.97 公顷（耕地 774.6832 公顷）、建设用地 277.60 公顷、未利用土地 28.67 公顷。

【矿政管理】 2016 年，廊坊市组织开展地热、矿泉水采矿权许可证的延续和补办工作。全市列入省国土资源厅地热、矿泉水采矿权补办范围的 73 个地热、矿泉水井矿权组卷上报工作基本完毕，省国土资源厅颁发采矿权许可证 51 个，廊坊市办理采矿权延续登记手续 11 个。编制全市第三轮矿产资源规划。成立市、县两级监控室。全市在用地热矿泉水监测系统阶段性验收工作完毕。廊坊市馆陶组热储地热尾水回灌示范工程完工。2015 年度廊坊市地热水位调查监测工作结束。出具建设项目压覆矿产资源证明文件 60 件。市级征收矿产资源补偿费 22.45 万元。启动露天矿山污染整治专项行动，三河市关闭建筑白云岩生产矿山 22 个。综合治理露天矿山开采引起的矿山地质环境，启动河北省廊坊市三河东部矿区矿山地质环境治理示范项目一期 16 个责任主体灭失矿山的矿山地质环境治理工程。

【测绘管理】 2016 年，廊坊市严格按照《河北省测绘资质管理办法》和《河北省测绘资质分级标准》要求受理测绘资质各项业务。至年底，廊坊市有测绘资质持证单位 57 家，其中甲级 5 家，乙级 12 家，丙级 23 家，丁级 17 家。受理审核测绘资质 10 宗、测绘资质变更信息 4 宗、数据补充 4 宗、质量管理考核 4 宗，测绘作业证审 19 人，解答测绘资质申请咨询千余件。

【地理信息系统建设】 2016 年，廊坊市全面开展县级数字城市建设。更新地理信息公共服务平台地理信息数据，开展都市区约 600 平方千米地理信息数据更新基础航空摄影工作。探索全景影像、激光雷达、数字地面模型等新型地理信息数据获取与应用服务，丰富地理信息公共服务平台数据内容，为自来水建设、土地储备交易，不动产登记、土地矿产提供地理信息服务保障。

【土地整治】 2016 年，廊坊市开展高标准基本农田建设，督导有高标准基本农田建设任务的县（市、区）开展高标准基本农田建设项目立项 20 个，建设总规模 37073.55 公顷，涉及基本农田面积 34463.73 公顷；高标准基本农田项目验收 38 个，建设总规模 85901.94 公顷，涉及基本农田面积 78053.40 公顷。市国土资源局实地调查踏勘全市宜耕后备资源，立项占补平衡项目 16 个，总规模 796.42 公顷，可新增耕地 337.92 公顷。市级验收占补平衡项目 15 个，整治总规模 1837.29 公顷，新增耕地 440.82 公顷。

【土地执法监察】 2016 年，廊坊市开展打击违法用地专项行动，开展集中拆除与补办手续工作。追究刑事责任和党政纪责任，全市移送公安机关追究刑事责任 26 人，移交纪检监察机关追究党政纪责任 21 人次。土地矿产卫片执法监督检查工作消除违法图斑 3566 宗，面积 1126.67 公顷（耕地 634.09 公顷），全市违法占用耕地面积的比例由 49.37%降到 9.03%。配合国家土地督察北京局开展廊坊市例行督察违法问题整改实地核查工作。“12336”国土资源违法举报中心接听举报电话 3444 个次，受理实名举报违法线索 157 件，转办国土部违法线索 141 件。参与新增建设用地报批组卷审查，鉴定违法用地破坏农用地 98 宗。

【地籍管理】 2016年，廊坊市按照国家、省的统一部署，组织开展土地变更调查与遥感监测工作。2015年度国家下发廊坊市监测图斑8688个，涉及土地面积3719.36公顷。该项工作的开展，为全市下一年度的用地审批、耕地保护、开发整理、规划调整等提供真实、准确的数据信息。

【不动产统一登记】 9月18日，廊坊市颁发首个不动产权证书，11月28日，廊坊经济技术开发区颁发不动产权证书。廊坊市不动产登记中心年内受理登记业务15000余件，办结14000余件，办结率93%，颁发不动产权证书5000余本、不动产登记证明4000余本。

（李 强）

工商行政管理

【概况】 2016年，廊坊市工商行政管理和市场监管部门推进“多证合一”，实现“四证合一”“五证合一”。全市办理“三证合一”营业执照29580份，“四证合一”营业执照8296份，“五证合一”营业执照6189份。11月22日正式推行个体工商户“两证整合”，比国务院要求的12月1日提前9天运行，发放个体工商户“两证整合”执照4918份。推进登记注册便利化。制定《关于进一步推进工商登记便利化，促进新型市场主体发展的意见》，提出放宽企业名称登记条件、推进京津冀协同创新发展等15条工商登记便利措施。制定《关于推进企业经营范围登记管理的意见》，提出支持申请人自主选择行业类型等8项具体措施。研究制定《深化商事制度改革简化优化审批流程具体工作方案》，对推进多证合一、扩大电子营业执照试点等提出具体工作要求。研究制定《关于进一步鼓励支持个体工商户转型升级为企业的意见》，提出“允许个体工商户转型为企业后实行一照多址、一址多照”等9项具体意见。推行企业名称核准全程电子化。电子营业执照在全行业试行，为547户市场主体核发电子营业执照。推进企业简易注销登记制度改革。受理企业简易注销申请8户，办理企业简易注销3户。支持小微企业发展。加强小微企业名录（河北）系统建设，向社会公示扶持小微企业的规范性文件22份。开展“商标兴企”专项行动，引导和帮助企业注册商标，树立自有品牌；帮扶企业争创中国驰名商标和河北省著名商标，增强产品的市场竞争优势；宣传商标知识，提高全社会的商标意识，营造“重商标、创品牌、促发展”的良好氛围。年内全市新增注册商标3775件，累计注册商标25834件，较上年年底增长16%。全市拥有驰名商标24件，河北省著名商标243件。支持企业融资。帮助企业实现融资需求，搭建平台，促进银企对接，全年全市工商管理部门帮助338户企业实现融资，融资金额280亿元。至12月末，全市新登记各类市场主体63065户，同比增长24.88%。其中，内资企业22238户，同比增长率56.69%；外资企业90户，同比增长45.16%；个体工商户39619户，农民专业合作社1118户，同比分别增长11.97%、29.55%。新登记各类市场主体注册资本（金）总额1274.81亿元，比上年增长78.64%。其中，私营企业934.60亿元，非私营企业242.41亿元，外资企业15.86亿元（22989.65万美元），个体工商户57.43亿元，农民专业合作社24.51亿元，分别增长94.34%、55.88%、1.83%、22.40%、43.73%。

【首批11个商标品牌指导站挂牌成立】 2016年，廊坊市工商局在全市10个县（市、区）

和廊坊经济开发区分别建立"商标品牌指导站"，旨在推进全市商标战略的实施，加强对市场主体发展商标品牌的行政指导。指导站依托所在辖区驰名、著名商标企业建立，业务上接受工商局指导，其主要职能是宣传指导辖区企业注册商标、正确运用商标、管理商标、保护商标，帮助指导辖区企业申报中国驰名商标和河北省著名商标，提高企业的商标品牌意识。年内全市首批 11 个"商标品牌指导站"全部挂牌成立。

【"双告知"】 "双告知"是企业办理登记注册时，工商登记窗口工作人员按照省级人民政府公布的《工商登记后置审批事项目录》提醒市场主体的法定代表人或其授权人，其拟从事的事项中如有需要获得有关部门批准后方可开展经营活动的，应当尽快到相应审批部门办理审批手续。市场主体的法定代表人或其授权人了解后，现场签署《承诺书》，承诺其已经清楚相关事项及审批部门，并承诺在未取得许可审批之前不开展相关经营活动。在办理登记注册后，工商部门将在内部业务系统自动生成市场主体登记注册信息，并通过企业信用信息公示系统或企业信息共享平台自动将信息告知相关审批部门。2016 年，廊坊市工商行政管理和市场监管部门发送"双告知"清单 8912 件。

【"双随机、一公开"监管】 2016 年，廊坊市工商行政管理和市场监管部门全面施行随机抽取检查对象、随机选派执法检查人员的"双随机"，以及抽查检查结果信息向社会公示的"一公开"监管。建立随机抽查事项清单、检查对象名录库和执法检查人员名录库。在全市筛选执法人员 110 人，建立执法人员名录库；将全市 25 万户企业纳入抽查对象名录库；以监管清单为依据，梳理检查事项 7 项、子项 16 项。年内抽查企业 2044 户，抽查个体工商户 3330 户，抽查农专社 99 户。

【市场主体年报公示工作】 2016 年，廊坊市工商行政管理和市场监管部门报告公示 2015 年度市场主体 175986 户，年报公示率 82.52%。其中，内资企业年报公示率 92.02%，外资企业年报公示率 98.23%，个体工商户年报公示率 79.02%，农民专业合作社年报公示率 84.82%，分别比上年度提高 5.2、0.5、6、6 个百分点。

【市场秩序整顿】 2016 年，廊坊市工商行政管理和市场监管部门营造公平公正的市场环境，开展集中整治公用企业限制竞争、保护商标专用权、整治虚假违法广告、红盾网剑、合同格式条款整治、打击传销共 10 余次专项行动。全市查处各类违法案件 1966 件，案值 4561 万元，罚没金额 1255 万元，执法案件公示率 99%；查办不正当竞争案件 18 起，罚没 25.5 万元；查处侵犯注册商标专用权案件 45 件，罚没款 81.9 万元；查处虚假违法广告案件 60 件，罚没款 90.71 万元；立案查处网络违法案件 38 件，罚没 32.7 万元；查处无照经营案件 830 件，罚没款 472 万元；捣毁传销窝点 690 余处，教育遣返传销人员 1 万余人。散煤销售抽检 703 户，抽检覆盖率 100%；实际经营网点进货 1376 批次，抽检煤炭 1360 批次，抽检覆盖率 99%；出具检测报告 975 批次，其中 897 批次合格，78 批次不合格，合格率 92%；立案 80 起，结案 47 起，收缴罚没款 14.21 万元，吊销营业执照 17 起。全市禁燃区内 336 家散煤销售网点注销 95 家，变更 231 家，吊销10家。成品油市场抽检2409批次，出具报告1899批次，其中合格1762批次，不合格137批次，合格率93%。立案95起，其中结案45起，罚没金额88.51万元。

【消费者权益保护】 2016年，廊坊市工商行政管理和市场监管部门开展12315消费质量提升活动。12315指挥中心受理各类信息18908件，其中咨询14040件、投诉4068件、举报722件、市长专线转办71件、建议7件；收到信件投诉85件，表扬信2封，诉转案173件，发布消费提示103期，为消费者挽回经济损失1000余万元。12315指挥中心被评为“市直星级机关窗口”。开展红盾质量维权行动，以家电、儿童用品、装饰装修材料等为重点，抽检商品1268个批次，检查经营主体6592户次，查处消费侵权案件89件。

（李　威）

物价管理

【概况】 2016年，廊坊市物价局研究制定《关于推广“双随机”抽查规范事中事后监管的实施方案》，将商贸流通、商品房销售、医疗机构、家居建材等12大类行业价费列入“双随机一公开”（随机抽取检查对象、随机选派检查人员，抽查情况及查处结果及时向社会公开）抽查事项清单。完善物价监督检查涉及执法检查人员名录库和市场主体名录库。整治明码标价不规范、价格欺诈等价格违法行为。出动市场价格检查人员1100多人次，巡查市主城区各大商场、超市、餐饮、住宿等行业价格。开展旅游、房地产、供电、电信等行业价费专项治理行动，以及药品价格、涉企收费、电子政务平台收费、物业服务收费等专项检查。全市受理价格认证1109件，标的总额7200余万元；受理价格举报咨询 2275 件，其中价格咨询1543件，价格投诉举报732件，立案办结率100%。编制价格周报47期、价格月报12期，上报监测数据6756条次，采集汇总全市监测数据5.37万余条次。

【行政服务违规收费专项清理】 2016年，廊坊市物价局建立行政许可中介服务收费监管机制，印发《关于进一步加强政府部门行政许可中介服务收费管理的通知》，从完善目录清单动态管理、规范收费行为、健全市场竞争、落实明码标价和收费公示制度、加强收费监管5个方面提出监管措施。印发《关于开展行政中介服务违规收费问题专项清理专题督导检查的通知》，重点检查市政府部门行政许可中介服务收费目录清单内涉及到的18个单位69项收费，专项检查目录清单外涉及行政权力的16个单位。召开专题会议，逐一研究分析督导检查中发现的问题，向25家市直单位印发专题督导检查意见书，要求填报“清理行政许可中介服务收费问题情况汇总表”，反馈整改情况。市物价局梳理汇总反馈情况，查找突出问题，剖析行政许可中介服务收费违规问题发生原因，研究提出完善目录清单动态管理、规范收费行为、健全市场竞争、落实明码标价和收费公示制度、加强收费监管5个方面监管措施，印发《关于进一步加强政府部门行政许可中介服务收费管理的通知》，建立完善行政许可中介服务违规收费监管的长效机制。

【价格改革】 2016年，廊坊市制定出台《廊坊市城区居民用管道天然气配气价格方案》《廊坊市县级城镇居民用管道天然气配气价格方案》《廊坊市城镇居民用管道天然气价格上下游联动机制方案》。制定出台《关于规范我市供热收费有关问题的通知》，调整采暖期暂不用热收费和二次换热加压费等政策，取消采暖期暂不用热收费和二次换热加压费，要求房地产物业企业退还提前收取的首次整体供热费用。全市退还违规收取的供热费用价款381.41万元。研究制定《关于推进农业水价综合改革的实施意见》《关于贯彻落实〈廊坊市人民政府办公室关于推进农业水价综合改革的实施意见〉的通知》，明确提出各县（市、区）实施农业水价综合改革具体措施和要求。落实全省降低燃煤发电上网电价和一般工商业用电价格政策，下调用电价格，执行农业生产到户电价同网同价政策。全市实行电动汽车充电服务费按照与成品油价格涨跌趋向一致的价格联动机制。

【价格简政放权】 2016年，廊坊市物价局全面梳理和衔接省授权市、县人民政府定价项目，按照有关政策规定，将28项省授权市管理的定价项目分为“列入重大行政决策定价项目”和“价格主管部门定价项目”，分别制定廊坊市人民政府列入重大行政决策定价项目决策的一般程序和简易程序。制定《廊坊市人民政府列入重大行政决策定价项目及程序》和《廊坊市人民政府价格主管部门定价项目及程序》文件，并公布执行。

【推行收费目录清单制度】 2016年，廊坊市编制《廊坊市行政事业性收费下限制目录清单》《廊坊市执行的河北省省级政府定价涉企经营服务收费目录清单》《廊坊市市级政府定价涉企经营服务收费目录清单》《衔接保留的市政府部门行政许可中介服务事项目录清单》《衔接纳入市政府部门审批程序的技术性服务事项目录清单》，修订《廊坊市政府定价或政府指导价的涉企经营服务收费目录清单》《市政府部门行政许可中介服务收费目录清单》《廊坊市行政事业收费目录清单》《廊坊市涉企行政事业性收费目录清单》。

（何志胜　王　赢）

质量技术监督

【概况】 2016年，廊坊市人民政府出台《廊坊市贯彻实施质量发展纲要实施质量强市战略2016年行动计划》，明确质量强市建设工作目标任务和重点工作内容。出台《廊坊市名优产品和服务品牌培育“十三五”规划》，完善各项质量激励政策和措施。推荐申报省名牌产品86项、服务名牌31项、优质产品40项，超过前3年获奖企业的总数。廊坊德基机械科技股份有限公司、廊坊市公共交通运输集团有限公司、廊坊爱依瑞斯家具有限公司获第三届廊坊市人民政府质量奖组织奖；中油管道机械制造有限公司副总经理邹峰、北方嘉科印务股份有限公司董事长田锁庄、青岛啤酒（廊坊）有限公司总经理周洪柱获第三届廊坊市人民政府质量奖个人奖。市政府给予获奖单位和个人奖励资金96万元。霸州金属玻璃家具知名品牌示范区在全国质量月启动仪式上由国家质检总局领导亲自授牌。12月20日，国家质检总局批准同意廊坊市为“全国质量强市示范城市”创建城市。

标准化管理。市政府出台《廊坊市深化标准化工作改革实施方案》《贯彻实施〈廊坊市深化标准化工作改革实施方案〉2016年度行动计划》《关于加强节能标准化工作的实施意见》《廊坊市标准化体系建设发展规划（2016—2020年）》等文件。修订国家、行业、省级地方标准14项，征集上报36项，批准立项20项；承担河北省农业地方标准制修订7项、廊坊市农业地方标准11项。大厂牛羊饲养和屠宰加工国家农业标准化示范区通过验收；企业申报采用国际标准认可21项，办理采标标志21项；推动国家标准声明平台试点工作，企业自主公示标准240项。泛能微网国家标准化示范项目中期评估，编写国家标准2项，得到立项和批复省级标准10项，制订应用企业技术标准23项。计量管理为全市产业转型、创新发展提供有力的技术支撑。累计建成计量标准256项。开展计量检定校准服务14万余次。推动重点用能单位能源数据在线采集，11家企业均按时完成能源计量数据在线采集工作。开展“计量惠民生、诚信促和谐”活动，为市民提供免费计量服务15968次。

认证认可监管。检查强制性产品认证企业311家，检查质量管理体系认证企业48家、食品农产品认证企业17家、认证机构4家。市质检所通过省质检局实验室分级管理考核检查。河北省电子信息产品质量监督检验中心获政府拨付建设资金1600万元，该中心获批成为全市6家市级重点实验室中唯一一个综合性检测实验室。“煤炭微波漏能法水分现场在线检测仪”“廊坊市产品质量监督检验所综合服务管理平台”“非接触式家具外观三维扫描装置”3个科研项目被列为省质监局2017年重点科研项目。

【特种设备网格化安全监管】 2016年，廊坊市10个县（市、区）划分为大监管网格责任区59个，基层安全员扩充到451名，实现责任明确、相互联动、综合监管的工作机制，构建起一张“横向到边，纵向到底”的特种设备网格化安全监管网络。重点开展油气长输管道安全隐患排查整治、锅炉节能相关工作、电梯攻坚战、涉氨制冷企业隐患整治、电梯应急处置服务平台建设5项专项行动，出动监察人员426人次，监察生产及使用单位1678家、设备8321台，查出安全隐患95处。

【工业产品监管】 2016年，廊坊市工业产品监管形成纵横交织的全覆盖执法网络。全市质量监管部门出动执法人员1825人次，检查生产企业1193家，查处各类违法案件187起，涉案金额532.67万元，罚没款130.11万元。国家、省级监督抽查共抽查廊坊市产品145批次，136批次合格，合格率93.8%。对玻璃金属家具、人造板等5大类产品组织市级监督抽查252批次，合格率98.8%。

【煤炭检验检测】 2016年，廊坊市申报“煤炭微波漏能法水分现场在线检测仪”省级科研项目，预备申报“新型煤炭检验制样设备”科研项目。市级质监部门检验煤炭1678批次，其中委托检验355个批次、监督抽查1323个批次，检验结果全部及时反馈市大气办、市环保局。

（尹日丹）

食品药品监督管理

【概况】 2016年，全市食品生产企业408家，经营企业14392家，餐饮企业5953家；药品生产企业18家，批发企业21家，零售企业2106家；医疗器械生产企业70家，经营企业1148家；保健食品生产企业3家，经营企业1642家；化妆品生产企业3家，经营企业1084家；各级各类医疗机构5736家，小作坊、小摊点、小餐饮登记备案5220家。受理食品生产许可239件，药品零售企业经营许可2720件，药品（零售）经营质量管理规范认证376件，第三类医疗器械经营许可89件，第二类医疗器械经营备案966件，第一类医疗器械生产备案13件、第一类医疗器械备案103件，麻醉药品和第一类精神药品运输证明2件，医疗机构制剂再注册申请4件，按期办结率达100%。

【食品药品监管机制创新】 2016年，廊坊市出台《廊坊市食品药品安全工作考核评价办法》，落实食品药品安全"党政同责"和"政府主责"；出台《廊坊市食品药品安全约谈制度（试行）》《食品药品安全突发事件应急预案》《食品药品安全事件防范应对章程》《食品药品应急处置队伍管理办法》等规章制度，提升监管工作制度化水平；修订完善《廊坊市食品安全委员会成员单位职责分工》，定期组织召开食品安全风险会商联席会议，健全完善部门之间信息通报、联合执法、隐患排查、事故处置等协调联动机制。市食品药品监督管理部门与市农业行政管理部门建立食用农产品全程监管、无缝衔接工作机制，与公安部门建立案件移送、行刑衔接机制。开发建设"食品药品安全网格地图"，录入从业单位和执法人员信息，每个监管对象明确监管人员，以网定人定责，筑牢监管网底。启动"食品药品智慧应用平台"建设，研发信息采集、视频监控、语音对讲、证据追溯、应急处置等功能，实现对企业的在线监管、实时监控，对执法人员的现场监督、透明考核，对突发事件的快速反应、远程指挥，对违法证据的实时保存、追溯可查。该项目得到国务院副总理汪洋、省政府副省长许宁、市委书记冯韶慧肯定性批示，获2016年度河北省"互联网+"创新成果奖。

【食品监管】 2016年，廊坊市修订完善食用油、酒、乳制品等32大类食品品种监管作业指导书，对29家大中型食品生产企业开展质量安全体系审计工作，发现解决问题73项。实施食品生产加工聚集区域治理提升、食用农产品市场"双提升"工程。组织开展小作坊、小餐饮、小摊点"三小"业态登记备案工作，制作《小作坊小餐饮小摊点登记备案卡明白纸》，出台《廊坊市食品小作坊禁止生产加工目录》，开展"三小"百日专项整治行动，年内登记备案小作坊、小摊点、小餐饮5220家。组织开展食用农产品销售质量、农村食品、校园及其周边食品安全、网络送餐、农村集体聚餐等专项整治行动，检查食品生产经营使用单位25600余家次，提出各类整改意见520条，完成食品抽验3919批次，不合格131批次，立案查处违法违规案件1687件。

【食品药品网格化监管体系建设】 2016年，廊坊市组织开展县乡村三级食品药品网格化监管体系建设。全市建成一级网格10个、二级网格146个、三级网格3480个，配备二级网格员2336人，聘任协管员3640人，将协管员物质待遇纳入政府财政预算。在全市乡镇食安办推行《食品药品安全隐患报告单》《农村集体聚餐登记申报表》等12种监督检查表格，在全市协管员队伍全面推行"六统一"（统一工作职责、统一持证上岗、统一岗前培训、统一制度管理、统一年度考核、统一档案管理），以乡镇、街道为单位，以《食用农产品市场销售监督管理办法》《河北省食品小作坊小餐饮小摊点管理条例》以及假劣食品药品鉴别知识为重点，利用集中培训、现场教学等方式，对协管员进行业务培训，提升履职监督能力，年内完成对所有协管员食品药品安全知识的首轮培训。加强食品药品检验检测能力建设，投入专项经费 1217 万元，改造提升食品药品检验检测实验室，新增药品、化妆品、保健食品检测项目 112 项。

【药品监管】 2016 年，廊坊市按照药品监管风险清单，加强对药品生产企业人员资质、进货渠道、工艺生产、偏差管理、出厂检验等关键环节的控制，签订《药品生产质量安全公开承诺》，落实企业主体责任。全市 13 家药品生产企业通过 GMP 认证，320 家药品经营企业通过 GSP 认证。组织开展中药提取物专项检查、麻醉药品和精神药品及药品类易制毒化学品含牛黄等贵细药材中成药监督检查、疫苗类药品集中整治专项行动，检查药品生产经营使用单位 5000 余家次，提出各类整改意见 536 条，药品抽验 508 批次，不合格 4 批次，立案查处违法违规案件 417 件。

【医疗器械监管】 2016 年，廊坊市对全市医疗器械生产经营企业分类分级监管，划分 61 家四级监管生产企业和 234 家三级监管经营企业名单，按照不同级别，确定监管频次，明确监管责任人员，落实分类分级监督检查责任。对辖区内 69 家生产企业开展信用等级评定，49 家评定为 A 级，16 家为 B 级，4 家停产未评定，无失信企业，守信率 100%。对 13 家生产企业，10 家经营企业，10 家医疗机构进行审计和监督检查，全面排查分析风险，挖掘深层次问题隐患，达到提高医疗器械科学监管水平的目的。组织开展打击制售和使用注射用透明质酸钠行为的专项行动、定制式义齿专项监督检查、违法经营避孕套专项整治、医疗器械经营企业冷链管理专项监督检查行动，检查医疗器械生产经营使用单位 3500 余家次，提出各类整改意见 226 条，抽验医疗器械 83 批次，立案查处违法违规案件 75 件。

【保健食品监管】 2016 年，廊坊市对全市 3 家保健食品生产企业实施全覆盖监督检查，规范保健食品生产行为。开展保健食品标签标示集中检查、假冒伪劣保健食品集中清查等行动，检查保健食品生产经营企业 2947 家次，提出各类整改意见 126 条，完成保健食品抽验 36 批次，立案查处违法违规案件 38 件。

【化妆品监管】 2016 年，廊坊市对全市 3 家化妆品生产企业实施全覆盖监督检查，规范化妆品生产行为。组织对防晒类产品、面膜类产品进行集中清查，检查化妆品生产经营企业 1000 余家次，提出各类整改意见 23 条，化妆品抽验 14 批次，立案查处违法违规案件 27 件。

【食品药品安全示范创建】 2016 年，廊坊市组织开展省级食品药品安全县创建活动，大厂、固安、霸州、大城、永清、广阳、安次 7 个县（市、区）通过考核验收，廊坊 10 个县（市、区）全部创建成功。开展“明厨亮灶”“清洁厨房”、餐饮单位量化分级、食品销售示范单位创建等活动，创建“明厨亮灶”5592 家，创建率 94.2%；创建清洁厨房 5759 家，创建率 97%，量化分级提档升级 500 余家。评审出 3 家食品批发市场、11 家大型超市、22 家中小型超市、3 条食品街道参加省级食品销售示范单位创建。

（姜秀梅）

安全生产监督管理

【概况】 2016 年，廊坊市落实安全生产“党政同责、一岗双责”责任制。市委常委会先后 5

次研究安全生产工作，市政府先后召开常务会5次、市长办公会13次研究和部署安全生产工作，组织召开全市安全生产工作会议部署安全生产工作 14 次。市委主要领导对全市安全生产工作作出批示37次、带队深入县（市、区）、重点企业检查安全生产攻坚行动、“安全生产月”、乡镇安全监管规范化等工作；市政府主要领导对全市安全生产工作作出批示 16 次、带队开展安全检查4次。市分管负责安全生产工作领导组织召开各类安全生产工作会议 9次。制定市委市政府领导班子及班子成员安全生产职责，调整安委会领导小组，各级政府主要负责人任安全生产委员会主任。印发《廊坊市安全生产工作职责分工规定》《进一步加强安全生产综合监管的意见》《进一步加强安全生产执法工作的意见》等系列文件。市、县两级政府分别将安全生产工作纳入政府常务会议固定议题，定期召开会议，研究部署安全生产工作。全市205个县直部门、157个乡镇（园区、街道办）、2850 个重点行政村、771 家规模以上企业实行安全监管规范化建设。全市1181家规模以上企业建立责任体系。廊坊市在河北省企业安全生产诚信公告系统发布企业诚信等级529家，其中A级6家，B级154家，C级369家。重点时期全市安监系统检查各类生产经营单位 1.2 万余家次，整改隐患 1.7 万多处，罚款 760.8 万元。年内全市工矿商贸领域发生生产安全事故6起，死亡7人。

【安全生产百日攻坚】 2016年，廊坊市印发《廊坊市安全生产攻坚行动方案》，从 9 月 5日开始到 12 月底，在全市开展安全生产百日攻坚行动。行动采取“四不两直”（不发通知、不打招呼、不听汇报、不用陪同，直奔基层、直插现场）方式，盯紧、盯死重点行业领域，加大暗访暗查、突击抽查力度。重点开展市属以上危险化学品企业集中检查、旅游行业联合检查、危险化学品县域间互查、建筑施工联合检查、高处作业专项治理、重大危险源巡查等检查活动。12月，廊坊市组织检查队伍57个，参加人数 300 人，参与专家数 16 人，检查建筑施工领域工程项目155项，抽查县（市、区）在建工程32项，建筑面积1100万平方米，排查安全风险266处。

【“气代煤”工程安全生产】 2016年，廊坊市围绕各级政府、监管部门、燃气公司、施工单位四个层面，持续开展“气代煤”工程安全生产专项督导检查。组织安全专家安全排查县（市、区）、村街的“气代煤”工程。针对“气代煤”工程存在的隐患问题，印发《廊坊市“气代煤”安全生产运营二十条强化措施》、提示函和《监察建议书》，采取约谈燃气公司负责人并签订《“气代煤”工程安全生产承诺书》等措施，加强跟踪督办整改，严防事故的发生，确保“气代煤”工程安全运行。

【隐患排查治理体系建设】 2016年，廊坊市完善“廊坊智慧安监”系统各模块功能。重点在安监系统直接监管的生产经营单位中，全面推行企业隐患自查自报工作机制。聘请培训教师和软件开发公司技术人员，对各县（市、区）、市直部门和企业 1200 余人进行隐患自查自报工作业务培训。全市1582家企业纳入隐患自查自报系统，并通过“廊坊智慧安监”系统开展自查 7859 次，查改上报隐患3270项。

【重点行业领域专项整治】 2016 年，廊坊市重点围绕危险化学品、烟花爆竹、冶金和人员密集场所等重点行业领域开展专项检查。全市安监系统出动执法人员700多人次，检查各类企业1250家，查处问题隐患1326处，实施经济处罚49.3万元。开展打非治违活动。全市组成600个行政执法组，执法检查企业4179家，查处问题5595个，关闭取缔非法违法企业12家，通报“黑名单”生产经营单位1家。

【安全风险辨识管控模式】 2016年，廊坊市探索建立“一图、一表、一账”加“一平台”（“一图”，企业分三个层面制作企业、车间风险管控图和岗位危险因素告知卡；“一表”，企业建立《安全风险分级管理一览表》；“一账”，企业建立健全隐患排查整改台账；“一平台”，企业隐患自查自报平台）的企业安全风险辨识管控模式。在64家试点企业试点创建的基础上，召开全市安全风险辨识管控现场会议，总结工作经验，在全市790家重点行业企业推广安全风险辨识管控模式。

【应急救援体系建设】 2016年，廊坊市确定16家企业开展应急管理规范化创建工作，组织专家对企业应急管理组织机构、应急管理制度、应急救援队伍、应急预案、应急处置等10个方面进行规范和改进。组织开展应急技能比武大赛和廊坊市生产安全事故情景构建桌面推演活动，检验预案、锻炼队伍、提升应急能力。年内全市组织较大规模演练358场（次），动用应急救援装备6847多件（套），参加演练人员36453人（次）。普查、登记全市重大危险源从业单位71家。监督企业建立健全安全管理制度，落实24小时专人巡查监控，严防重特大事故发生。

（沈红光）

廊坊海关

【概况】 2016年，廊坊海关坚持“立足廊坊，服务企业”的发展理念，参与廊坊市招商引资工作，宣传海关服务举措，增强企业在廊坊投资的信心。配合地方招商引资部门，提前介入并全程跟踪重点招商引资项目。协助廊坊开发区管委会开展加工区整改工作以及京东跨境电商保税区北京中央仓项目入区工作。推进“区区联动”工作，从申报到放行对属地企业进行全方位指导；协调“区区联动”海关，顺畅通关渠道。推行“出口7×24小时预约通关”模式，保证出口货物按时装船。廊坊海关联动口岸包括青岛、深圳、福州、二连浩特、浦东机场，实现海、陆、空口岸全覆盖，使属地企业异地进出口享受便利。支持海关特殊监管区域开展保税加工、保税物流、保税服务等多元化经营，引入融资租赁、保税展示、保税维修、跨境电子商务等新型业态，促进“保税+”模式发展。引导廊坊市加工贸易企业不断向产业链高端延伸，推进高水平双向开放，实现“优进优出”。利用“临空经济区”的区位优势，复制推广自贸试验区海关监管创新制度，促进贸易和投资便利化。发挥“互联网+海关”新模式，为群众提供更加方便快捷的服务；多措并举降低企业成本，创新地区重大型新兴产业的监管服务。落实结构性减税政策，支持企业扩大先进技术设备、关键零部件及重要原材料进口。年内，廊坊海关办理报关单20251票，同比增长27.9%；征收税款18.95亿元，同比增长26.6%；监管进出口货值33.42亿美元，同比增长101%。海关申报出口企业109家，同比增长49.3%；出口报关单7882票，同比增长137.5%。电子支付税款17.1亿元，税款电子支付率90.2%。

【海关监管创新】 2016年，廊坊海关创新口岸通关模式，畅通关检沟通渠道，推行通关便利化改革，支持外贸稳定增长。3月10日，廊坊海关与廊坊出入境检验检疫局正式签署关检“三个一”（一次申报、一次查验检验检疫、一次放行）合作备忘录。依托廊坊出口加工区平台复制推广自贸试验区海关监管创新制度。开展保税物流业务报关单7656票，同比增长15.3%；监管货运量7万吨，同比增长32.1%；监管货值16.8亿美元，同比增长110%；征收税款4287.3万元，同比增长54.8%。

【海关缉私】 2016年，廊坊海关缉私行政立案8起，案值3954.40万元，涉税5000元；调查终结案件7起，案值1.16万元，涉税5000元；行政结案5起，案值1150.27万元，涉税94.66万元。罚没入库49.92万元，补税入库104.62万元。开展“国门利剑2016”联合专项行动，侦破“7·25”涉嫌走私珍贵动物及其制品案件，抓获犯罪嫌疑人3名，查获象牙制品72.059千克及6千克以上整根象牙4根、红珊瑚制品0.732千克，价值403.90万元。10月28日，该案移送廊坊市人民检察院审查起诉。

【海关税收征管】 2016年，廊坊海关分析研判税收形势，调研重点税源企业生产及进出口情况，动态跟踪税收进度；梳理重点企业、重点商品名单，培植新的税收增长点；加大稽查补税力度，确保税款应收尽收。全年归类补税135.14万元，审价补税17.57万元，稽查补税694.7万元，内销征税1549，05万元，加工贸易后续补税101.90万元。

【海关外贸统计分析和监测预警研究】 2016年，廊坊海关加强对廊坊市外贸运行基本状况、主要特点和发展趋势的前瞻性、预警性研究。开展对区域性外贸情况、传统优势产品及特色商品的专题调研分析。完善信息共享和数据监测机制，防止虚假贸易。定期向市委、市政府提供翔实准确的外贸统计分析报告，及时反映进出口动态变化情况和国家政策措施实施效果，提出鼓励和帮助廊坊市企业加大科研投入力度、提升高新技术产品附加值和技术标准等对策建议，为地方党政决策提供有益参考。全年发布加工贸易、海关通关、企业管理等政策信息63条。

（何扬帆）

出入境检验检疫

【概况】 2016年，廊坊出入境检验检疫局（简称廊坊检验检疫局）检验检疫货物22602批次，金额8.75亿美元。其中，出境货物17204批次，货值5.30亿美元；入境货物5398批次，货值3.46亿美元。签发各类优惠产地证8573份，金额3.07亿美元。检出不合格出入境商品237批，涉及金额716万美元。

【疫情截获】 2016年，廊坊检验检疫局开展“检疫保障服务年”活动，防范动植物传染病、寄生虫病和植物危险性病、虫、杂草及其他有害生物传入传出国内。在进口木制品、粮食及进境集装箱中检出疫情72批次，截获有害生物141种、339种次。其中，检出列入中国进境检疫性有害生物9批，6种，12种次，分别为假高粱、豚草、欧洲球蝗、硬雀麦、皱匕果芥、刺蒺藜草。经中国检验检疫科学技术研究院确认，棍腿天牛属dimidiatus种、金叩甲属pulcher种、拟步甲科轴甲族Upis ceramboides种、丸甲属arietinus种、叩甲科Dalopius属、螺蠃、真水狼蛛、单齿秀夜蛾、弯足豆象和绒毛草，为全国首次截获。

【示范区建设】 2016年，廊坊检验检疫局推行国际通行质量认证，提高家具出口企业应对技术壁垒能力。在家具出口企业开展通关模式改革和国外木质家具技术性贸易壁垒知识培训和质量信用等级认定，实施诚信级别动态管理，促进和引导廊坊辖区出口家具产业发展。7月，廊坊检验检疫局向霸州市人民政府提交出口家具质量安全示范区质量分析报告。霸州出口家具示范区向检验检疫总局申请升级为国家级出口工业产品质量安全示范区。该区出口家具11745批，8677.5千件，家具货值2.47亿美元。

【服务地方经济】 2016年，廊坊检验检疫局通过检企信息服务平台、电话、微信、QQ群、短信、邮件等方式，帮助企业开展业务咨询、流程查询，自助办理通关放行手续，提升通关效能。围绕电子商务商贸流通产业集群发展，聚焦京东电商项目，对接市政府有关部门，开展检验检疫通关服务工作。8月，廊坊检验检疫局服务地方经济发展经验在全省外贸工作电视电话会议上作交流。

【京津冀一体化通关模式改革】 2016年，廊坊检验检疫局直通放行出口货物15825批，货值达到4.04亿美元，占所有出口批次、所有出口货值的91.98%和80.32%。出口货物通过受理报检、合格评定后，廊坊检验检疫局直接对海关签发通关单或发送无纸化通关指令，口岸检验检疫机构不再查验换单，为出口企业节约出口成本158.25万元，节约出口时间18.99万小时，出口直放批次占全省13.07%。

【实验室建设】 2016年，廊坊检验检疫局技术中心检测样品6539批，同比增长39.1%。检测出不合格样品46批次，涉及食品、家具、服装、化工品等。组织参加兽药残留、农药残留、食品微生物、添加剂及营养成分等11项能力验证、2项审核。CNAS（中国合格评定国家认可委员会）“三合一”（实验室认可、资质认定和食品检验机构资质认定）复评审和扩项评审通过。复评审和扩项评审推荐扩项100项，变更标准12项，检测项目419项。

（杜曦微）

教 育

综 述

2016 年，廊坊市有全日制学校、幼儿园 1658 所，在校生 78.2 万人，教职工 6 万人。其中，独立设置幼儿园 635 所，教职工 11356 人，在园幼儿 96428 人；普通小学 804 所，教职工 25664 人，在校生 437761 人；普通中学 181 所，教职工 20071 人，在校生 246611 人；中等职业教育学校 28 所，教职工 2693 人，在校生 29121 人；技工学校 2 所，教职工 329 人，在校生 1880 人；特殊教育学校 10 所，教职工 319 人，在校生 1052 人。全市报名参加统一中考考生 39379 人，比 2015 年增加 4226 人。全市报名参加普通高校招生统一考试 24602 人，被普通高校录取 22366 人，其中本科上线 13314 人，专科上线 5758 人，总上线人数 19072 人。年内，文安县、固安县通过国家义务教育发展基本均衡县省级验收。河北省中小学"家乡文化进校园"现场观摩研讨会在霸州市第四中学举行。8 所学校被命名为全国青少年校园足球特色学校。廊坊市教育局被省委宣传部、省妇联、团省委、省教育厅、省广电局等 5 部门联合授予"河北省青少年爱国主义读书教育活动组织特等奖"，被河北省教育技术装备管理中心授予"2016 年生物探究性优质实验课、创新实验设计评选组织工作先进集体"，被河北省教育厅授予"第七届中小学幼儿园教师师德论坛征文暨师德风采演讲活动优秀组织奖"，被河北省考试院授予"海军招飞先进单位"称号。

师资队伍建设。举办全市第五届中小学教师师德论坛征文评比，征集作品 875 篇，评选获奖作品 301 篇。其中推荐 71 篇稿件参加河北省第六、七届中小学教师师德论坛征文评比并获奖。搭建教师素质提高比武平台，组织班主任素质大赛、微课大赛和教学论文、设计、优质课评选等活动 23 场（次），参赛参训教师 5600 余人。开展"一师一优课，一课一名师"活动，廊坊市在教育部网络平台注册教师数、晒课教师数和晒课总数均列全省第一名。组织名师送教下乡活动，举办讲座 36 场，展示观摩课 108 节，受益教师 5300 名。选派 25 名小学校长赴西南大学脱产培训。组织幼儿园骨干教师 40 名、高中骨干教师 40 名，分别赴北京、南京名校跟岗研修培训。组织 3 万名中小学教师参加全员素质提高远程培训，780 名教师接受微课制作、网络研修社区搭建、电子白板应用技术培训。

规范考试管理。全市组织国家级、省级和各类社会考试 16 次，涉及考生 18 万人次。加强软硬件配备，投入 200 余万元，升级完善标准化考点软硬件、保密室、防高科技设备。坚持"考生为本"，按照"从严治考，规范管理"原则，加强试卷安全保密和考风考纪管理，保证各类考试的公平、公正，维护考试严肃性和考生合法权益。

教育惠民政策。全市下拨中央、省级和市级城乡义务教育经费保障机制资金 4.82 亿元，用于免除城乡义务教育学生学杂费、取暖费和补助公用经费。为 51 万名义务教育学生免费提供教科书，价值 5038 万元。为 1 万多名义务教育家庭经济困难寄宿生补助生活费 1642 万元。免除 3.88 万名中职学生学费 3590 万元。为 5574 名中职学生发放国家助学金 557 万元。

为 93 名大学生办理生源地助学贷款。全市无一名学生因家庭经济困难失学。

维护校园安全稳定。制定《安全整治集中行动实施方案》，将整治任务细化分解到相关职能部门。联合安监、公安、卫生等部门对全市学校幼儿园进行安全整治集中行动，消除校园安全隐患。开展安全管理培训“送教下乡”活动，组织专题培训 10 场，培训校园安全管理人员 3000 名。推行行政执法公开公示制度，贯彻落实行政执法责任制和责任追究制，推进法治教育建设。制发《重大行政处罚备案规则制度》《教育行政执法人员学法制度》《全市教育系统行政执法规范化建设标准和评议办法》《廊坊市教育系统学法计划》。

市城区中小学、幼儿园建设。2016 年，廊坊市建设市城区 7 所中小学和 4 所幼儿园项目。项目规划总建筑面积 12.5 万平方米，总投资 4.5 亿元。制定《廊坊市主城区 2016 年中小学幼儿园建设时间表》，明确责任单位和完成时限。截至年底，瑞河兰乔幼儿园、瑞河兰乔小学建设完工。管道局教育小学改扩建工程开工建设。市第十小学教学楼改扩建工程完工。广阳区第四幼儿园、第五幼儿园改造工程完工。市第十六中学新建工程启动办理前期手续。安次区第三幼儿园新建工程完成最高限价评审。市银河学校新建工程、龙河第一小学新建工程完成初步设计、投资计划等手续和拆迁事项。

“全面改薄”工程。2016 年，在综合各县（市、区）“全面改薄”目标任务基础上，制定《廊坊市 2016 年“全面改薄”实施方案》，全市投入 19363 万元，改造义务教育阶段薄弱学校 240 所。65 所学校“全面改薄”校舍建设项目开工，52 所学校竣工；新建改扩建运动场开工面积 38675 平方米，竣工面积 32675 平方米；在设备购置项目中，294 所学校购置教学设备 64.62 万台（件、套）。

京津冀三区市教育联盟。1 月 28 日，廊坊市与北京市大兴区、天津市北辰区在国家教育行政学院举行京（大兴）津（北辰）冀（廊坊）三区市教育联盟合作协议签约暨“一十百千万”工程启动仪式。三区市共同建立 1 个京津冀教育合作与发展论坛品牌，共建 10 个学校协作发展共同体，共同培养培训百名骨干校长和百名名师，推出千节优质示范课，组织万名学生互访交流。三方在资源共享、学校共建、研讨培训等方面实施合作交流项目 16 项。年内，三方合作举行校长高级研修班、联盟杯科技邀请赛、第三届中国未来教育家成长论坛、教育家成长联盟全国二次会议、京津冀地区中小学骨干教研员高研班、联盟杯校园足球邀请赛、教师论坛等活动，推动廊坊市教育发展。

（相　伟）

2016 年廊坊市普通高中学校、教师、学生统计表

表 30　　　　单位：所、人

项　目	合 计	安次区	广阳区	三河市	大厂县	香河县	永清县	固安县	霸州市	文安县	大城县	市 直
学校数	31	1	2	6	2	2	1	3	3	2	2	7
毕业生数	23510	244	—	5160	1051	2214	1343	2015	3313	1424	2120	4233
招生数	24003	280	—	5504	854	2280	1108	2086	3061	1576	2473	4348
在校生数	71858	773	—	15391	3049	6700	3663	6908	9502	4685	7072	12982
专任教师数	5270	63	—	965	275	514	425	449	828	330	389	941

2016年廊坊市普通初中学校、教师、学生统计表

表31　　单位：所、人

项　目	合 计	安次区	广阳区	三河市	大厂县	香河县	永清县	固安县	霸州市	文安县	大城县	市 直
学校数	150	6	7	16	3	12	17	15	20	18	33	3
毕业生数	45660	3641	4203	7164	1080	3100	2916	4037	7114	5360	5828	1217
招生数	52314	5065	4248	7945	1251	3433	3419	5110	8199	6663	6072	909
在校生数	145632	12965	12115	22100	3549	9939	9027	14076	23055	18407	17519	2880
专任教师数	10862	1000	849	1401	315	815	899	1057	1532	1200	1550	244

2016年廊坊市小学学校、教师、学生统计表

表32　　单位：所、人

项　目	合 计	安次区	广阳区	三河市	大厂县	香河县	永清县	固安县	霸州市	文安县	大城县	市 直
学校数（所）	804	64	66	66	11	67	92	76	130	151	77	4
毕业生数	53037	3355	4949	7453	1067	3163	3812	4627	9116	8308	6317	870
招生数	84618	5784	7464	12514	2050	6017	5967	8638	13924	11029	10168	1063
在校生数	437761	29625	39889	63988	9540	29034	30761	40011	74779	63102	50881	6151
专任教师数	23811	1847	2108	2690	552	2242	1801	2320	3607	2953	3463	228

2016年廊坊市中等职业技术学校、教师、学生统计表

表33　　单位：所、人

项　目	合 计	安次区	广阳区	三河市	大厂县	香河县	永清县	固安县	霸州市	文安县	大城县	市 直
学校数	28	2	2	2	2	2	2	4	2	2	2	6
毕业生数	8950	—	397	1436	488	748	415	581	2057	632	186	2010
招生数	10778	—	671	1276	441	993	450	934	785	310	789	4129
在校生数	29121	—	1893	4720	1081	1858	1092	2373	2893	2775	1529	8907
专任教师数	1913	8	43	183	147	135	181	193	180	152	256	435

2016年廊坊市幼儿园、入园儿童统计表

表34　　单位：所、人

项　目	合 计	安次区	广阳区	三河市	大厂县	香河县	永清县	固安县	霸州市	文安县	大城县	市 直
幼儿园数	635	20	52	144	21	48	17	20	119	102	90	2
入园儿童数	75356	4349	5097	13197	1911	7768	4305	3091	11904	6693	16233	808

（李柏霖）

基础教育

【概况】 2016年，廊坊市促进基础教育发展。发展学前教育和特殊教育，各县（市、区）教育行政部门落实第二期学前教育三年行动计划，汇总全市第二期学前教育三年行动计划实施情况上报省教育厅。组织全市学前教育宣传月活动，开展《3—6岁儿童学习与发展指南》专题研讨，指导幼儿园贯彻落实教育部《幼儿园工作规程》。组织开展幼儿园家庭教育优秀案例评比活动，活动征集家长工作案例153篇，教师家园共育案例160篇，幼儿园家园工作总结34篇。市教育局联合市财政局、市物价局开展幼儿园收费调研，出台廊坊市公办幼儿园保教费分级分类收费标准。认定广阳区第三幼儿园为省级城市一类园。指导香河县第二幼儿园通过省级城市示范园验收。全市省级城市示范园总数18所。举办全市第六届特殊教育师资培训班和优秀论文评选活动，提高特教教师综合素质。

促进义务教育均衡发展。市教育局总结推广香河县试点经验，开展县域内义务教育学校教师校长交流活动，促进城乡教师资源均衡配置。年内全市投入9799.77万元用于中小学教育技术装备。其中，新建中小学实验室83个，多媒体设备1889套，购置教学仪器30294件（套）、图书27.55万册、数字资源4000GB容量。开展县级政府教育工作综合评估和义务教育均衡发展督导评估，指导固安县、文安县通过省义务教育均衡发展评估验收。

提升普通高中教育质量。加强普通高中新课程实施监督、检查和指导，及时发现、纠正倾向性问题。开展高中分年级统测成绩监测，诊断分析教学质量现状，为复习备考提供参考依据。指导高中学校教学，采取听课、视导、座谈等形式，现场为教师答疑解惑。举办高考备考辅导讲座，聘请专家培训高三年级教师1200名。

推进素质教育。在全市中小学开展培育“美德少年”“最美孝心少年”“学雷锋”等系列主题活动，推进社会主义核心价值体系教育进校园、进课堂。组织开展中小学生“关注时事，胸怀天下”时事知识竞赛、爱国主义教育读书活动讲故事（演讲）比赛和中小学班主任优秀关注案例征集评选活动。评选表彰省级、市级三好学生1543名、优秀学生干部439名、先进班集体218个。推动中小学校美育工作，印发《关于全面加强和改进学校美育工作的实施意见》。5月，全省中小学“家乡文化进校园”现场观摩研讨会在霸州四中召开，全市各地80余名教育行政干部参加会议。廊坊市推进家乡文化进校园经验得到省教育厅肯定。举办“阅读与经典同行”读书活动、“中国汉字听写大会”和“规范汉字书写大赛”等主题实践活动，选拔推荐23所学校申报“省级语言文字规范化示范校”。指导各级各类学校开展阳光体育活动，督促学校开足开齐体育课时，确保学生每天1小时体育活动时间。初中毕业生体育考试优秀率、良好率、及格率分别为43.17%、59.88%、90.75%。成立学生体质健康监测站，全市设立监测点学校7所，建立学生体质健康监测网络。印发《廊坊市关于加快发展青少年校园足球实施意见》，廊坊市第四中学等8所学校创建为全国校园足球特色学校，全市有国家级校园足球特色学校50所。

（相 伟）

【廊坊市第一中学】 廊坊市第一中学创办于1951年，1977年被河北省人民政府确定为首批重点中学，2001年被省教育厅命名为河北省示范性普通高中。学校位于廊坊市光明西道45

号，占地132亩（8.8公顷），总建筑面积8.3万平方米，固定资产3.8亿元，图书馆藏书21万册。2016年，学校有教职工320人，在校生3600人，新招统招生1150名。高考成绩：本一上线人数548人，上线率50.32%，同比增加56.13%。本二以上上线人数906人，上线率83.20%，同比增加29.06%。年内，学校被河北省教科研所命名为“河北省高中生涯规划教育实验学校”。

教师培训。学校专题立项研究高中生涯教育课题，30名教师取得高中生涯教育初级规划师资格。学校采用“请进来，走出去”培训方式，组织教师参加国家、省、市级培训100余人次。开设青年教师学习成长提高班，从教学原则、授课技能等方面开展新教师理论培训，全面提高新教师业务水平。

是年，廊坊市第一中学校园网络电视台建成并投入使用，实现无线网络全覆盖。投资240万元建设数字化校园安防系统，数字化办公平台启动运行。学习借鉴北京市第四中学教学管理系统，引入北京市第四中学网校数字化教学平台，在实验班开展网上网下双向学习，该项合作获得北京市第四中学全部教学资源。

（刘　喆）

【廊坊市第二中学】 廊坊市第二中学始建于1970年，是廊坊市教育局直属的完全中学，2004年10月经河北省教育厅审核批准挂牌河北省廊坊艺术高中。学校位于廊坊市银河北路58号，占地50.4亩（3.36公顷），建筑面积1.6万平方米。2016年，学校有教职工245人，其中特级教师1人，高级教师76人，中级教师127人，艺术专职教师29人。教学班39个，其中初中12个，高中27个，在校生1500人。学校开设美术、声乐、器乐、舞蹈、表演、播音主持6个特长专业，面向全市招生179人。根据学生个性状况，开发课程资源。实施特长教育、毕业班对口分流，开展小语种外语教学，为学生提供发展机会和空间。特长生高考专业合格率100%。学校18个教研组设立微课题55个，参加教师人数160人。编辑刊印《教学之友》和《教育教学阵地》校刊3期，为教师教育教学提供教学交流平台。开展“每周一播”教育活动，每月确定主题，内容涉及法制教育、安全教育、礼仪教育、心理教育、诚信教育、反邪教教育等方面。全年开展“每周一播”教育800节。是年，学校连续第四年获“全国学校艺术教育先进单位”称号。

（刘　杰）

【廊坊市第七中学】 廊坊市第七中学建于1990年，是廊坊市教育局直属的一所完全中学。2003年12月被省教育厅评定为“河北省示范性普通高级中学”。学校位于廊坊市建设北路171号，占地150亩（10公顷），建筑面积4.2万平方米。2016年，学校有教职工251人，其中省级名师3人，市级名师4人；有教学班48个，其中初中部教学班10个，高中部教学班38个。在校学生2600人。高考成绩，一本上线43人，同比增长4.88%；二本以上上线357人，同比增长19.8%。是年，学校连续17年无重大校园安全事故。学校15名健美操特长生分别被北京体育大学、天津科技大学、河南财经政法大学、河北师范大学、山西大学、山西师范大学、西安电子科技大学等院校录取。4月，在全国健美操联赛上，廊坊七中健美操队分别获年龄二组有氧舞蹈冠军、年龄二组有氧舞蹈亚军、年龄二组男单第五名。5月，在河北省健美操锦标赛上，廊坊七中健美操队获成人精英组五人操第一名，获全民健身操六级有氧第一名、有氧舞蹈第三名、国际年龄二组混合双人操第三名，并获“优秀组织奖”“体育道德风尚奖”。11 月，在廊坊市第十三届中学生运动会健美操比赛中，学校获高中组男子单人操、女子单人操、混合双人操、三人操、五人操、有氧舞蹈操 6 个项目冠军，男子单人操和女子单人操 2 个项目亚军，并获体育道德风尚奖。

（李文惠）

【廊坊市第八高级中学】 廊坊市第八高级中学又名河北廊坊外国语学校，成立于 1998 年，是廊坊市教育局直属全日制高中。学校位于廊坊市西昌路 103 号，占地 130 亩（8.67 公顷）、建筑面积 45000 平方米。2016 年，学校有教职工 212 人，设高中班、留学生班及韩语班 40 个教学班，在校生 2000 余人。高考成绩为，一本上线 11 人；二本以上上线 332 人，上线率 53.4%；特长生一本、二本上线人数 78 人，上线率 65%。学生李根、李晶被北京体育大学录取。韩语班第一届毕业生毕业 7 人，其中韩国梨花女子大学录取 4 人，韩国庆北大学录取 3 人。新加坡公费留学初三项目录取 4 人。

是年，学校开展特色教学活动。英语教学开展大、小教研，大教研采用教师上微课+专家点评方式，解决语法课、阅读课、写作课、听说课四种课型规范化问题，小教研解决月考成绩汇总分析、阶段学情特点以及分层管理精细化操作等问题。整合剑桥教材资源与人教教材资源。组织教师编写《剑桥与人教资源整合基础知识记与练》手册，作为英语教学辅助教材。组织 12 名教师参加第三批教师过级考试，并全部通过。韩语班开展口语比赛、作文竞赛、演讲比赛，组织学生参加赴韩国冬、夏令营活动。留学生班开展汉字默写比赛和课本剧表演比赛。开展公开课和组内交流活动以及各种考试，精读和英语课合格率为 90%，HSK（汉语水平考试）六级合格率为 50%。

（徐东东）

【中国石油天然气管道局中学】 中国石油天然气管道局中学创建于 1975 年，位于廊坊市建国道 350 号，总占地面积 120 亩（8 公顷），建筑面积 8 万平方米。2016 年，学校包括高中部、初中部、国际部和三所附属小学，有教职工 406 人，其中特级教师 3 人，正高级教师 2 人，副高级教师 130 人。学校有教学班 120 个，在校生 7000 名。是年高考成绩为，统招生一本上线 103 人，上线率 62.4%；二本上线 161 人，上线率 97.6%。中考成绩为，考生 429 人，被高中录取 429 人，上线率 100 %，各项指标综合排名位居广阳区第一名、廊坊市第二名，英语、理综学科平均成绩全市区第一名，语文、数学、文综学科全市区第二名，500 分以上上线率全市区第一名。国际教育，2016 届 21 名毕业生收到多伦多大学、英属哥伦比亚大学、滑铁卢大学等 96 所大学录取通知书，升学率 100%。

学校开展学科大教研活动，增强教学针对性。其中《利用信息技术开展语文探究式教学模式与成效研究》《关于“中小学五三四学制改革”的研究》《系列主题班会对增强学生学习驱动力的探究》等省市重点课题结题。实行“指导预习，精讲多练，合作互动，总结提升”十六字高效教学模式。注重考试与训练相结合，利用小组形式，调动学生学习积极性和主动性。完善家长委员会制度，建立家长与学校教育共同体，利用家长学校、家长会、班级群，集中讲座和网络培训相结合，培训家长 1 万多人次。

学校内开展“一师一优课，一课一名师”、精品课优质课展示，组织个人学习自修、全员网络研修，举办经验交流、案例分析会。学校外组织参加多种形式专家、名师培训活动，到京津等地名校观摩学习，与北京大兴、海淀，天津北辰，河北唐山联片教研，与冀州中学、献县中学、正定中学校际研讨交流。培训 2000 人次，其中省级培训 510 人次、国家级培训 120 人次。教师获市级以上奖励 208 人次。其中，教师孙英杰、杨海燕获京津冀三区市教育合作与发展论坛征文评比一等奖，教师卢青、彭姗分别获廊坊市班主任基本功大赛高中组、初中组冠军。学生获市级以上高层次奖励 1080 人次。其中，刘禹辰获亚洲青少年花样滑冰挑战赛第 1 名；李浩申、陈纪锟、卞艺清、孙溥、曲贞熙获第 7 届国际英语大赛中国区总决赛金奖；王梓韩获第 4 届国际标准舞全国公开赛冠军；王佳媛、张网、薛阳、窦心笛、孟丽君、田雨菲、宋鑫宇、张哲闻获第 10 届全国中学生语文能力竞赛一等奖。第一附属小学学生姜沅昊获“全国十佳孝心少年”称号。第三附属小学国际象棋代表队获全国国际象棋比赛团体一等奖，科学社代表队获河北省模型运动锦标赛团体第一名，学生刘家铭获第 4 届廊坊市青少年科技创新大赛市长奖。

（曹晓鹏）

职业与成人教育

【概况】 2016 年，廊坊市教育局制发《关于做好 2016 年高中阶段学校招生工作的通知》，督促各地各学校修改完善招生计划。全市中职学校春季、秋季共计招收学生 12133 人。调研并制定《东方大学城提升环境完善功能转型升级实施方案》和《霸州市承接首都高校外迁选址的情况说明》。三河市职教中心通过省教育厅、省人社厅、省财政厅联合组织的第三批国家示范校省级检查验收。廊坊卫生职业学院建立教学工作诊断与改进制度，迎接教育部人才培养质量合格评估。举办全市中职学校商贸类专业人员培训班，培训专业教师 30 人。开展“职业教育宣传周”活动，组织接待学生、家长和待业青年 5000 余人次，发放宣传材料 5 万余份。举办“民营企业招聘周”活动，为 38 家民营企业和 3000 余名大中专毕业生搭建平台，900 余名毕业生达成就业意向。

（相　伟）

【廊坊市高级技工学校】 廊坊市高级技工学校始建于 1978 年，隶属于廊坊市人力资源和社会保障局。学校位于廊坊市爱民西道 83 号，占地面积 3.83 万平方米，建筑面积 5.04 万平方米。2016 年，学校教职工 249 人，其中专职教师 129 名；在校学生 1547 名；招录学生 783 人，安置就业学生 398 人，就业率 99%。是年，教师赵海东被评为全国职工教育职业培训先进个人；教师曹永志、黄艳华被河北省人力资源和社会保障厅评为优秀指导教师。在团中央学校部、全国学联秘书处、中国青年报社共同举办的 2016 年度全国“最美中职生”寻访活动中，学生王天伟、何利祥被授予全国“最美中职生”称号。

学校具有学制教育、学历教育、短期技能培训 3 种资质。学生毕（结）业后按修业层次可获得初、中、高级技工、技师，中专、大专毕业证书及相应职业资格证书。学校结合区域人才需求，设有机械工程系、电气工程系、计算机科学系和服装餐饮系，常设专业 20 个，按专业配有相应实习、实训馆室及先进设备设施。学校设有数控技术、维修电工、服装 3 个省级重点专业，以及数控加工技术、机电一体化、电工电子和服装4个市级示范专业。2016年，根据专业情况，学校推行“达标递进”“分级培养”等实训办法，利用日常考核、技能竞赛、教师推荐等手段，遴选品牌学生，实行重点培养。在河北省中职院校技能大赛中，机械工程系获团体二等奖、3项个人二等奖；计算机科学系获个人三等奖3项、优胜奖3项。

年内，学校鉴定考核7个职业（工种）366人。选派20名教师参加12个职业（工种）考评员培训。承接全市职称、经济师、医师等457场次13000余人考试工作。开展校企合作，与廊坊艾力枫社物业公司、盛宴楼餐饮公司开展“企业助学”模式合作，烹饪专业与阿里巴巴廊坊分公司开展原料切配实习。

（孙秀菊）

【廊坊市食品工程学校】 廊坊市食品工程学校始建于1982年，是集普通中专教育和成人大专教育、短期技术培训为一体的省重点食品类中专学校，可对在校生、社会青年、企业职工岗前培训和职业技能鉴定，并颁发中、高级职业技术等级证书。学校位于廊坊市广阳区枣林路3号，校区占地35亩（2.33公顷），建筑面积19428平方米；建有多媒体教室34个，语音室2个，食品专业实验室和专业教室11个，有计算机265台，图书馆藏书6.08万册。2016年，学校教职工134人，其中副高级职称52人，讲师50人，助讲2人；专兼职教师106人，其中专任教师66人，学历达标率100%，专业课教师“双师型”师资比例为48%。学校有全日制在校生231人。2016年毕业生69人，毕业生就业率98%。

学校开设食品生物工艺、食品卫生与检验、计算机信息管理、计算机应用专业，其中食品生物工艺专业被定为市级示范专业。学校与河北科技大学、廊坊职业技术学院等高校联合办学，开设“3+2”、专升本等专业。推行中等职业学校毕业证书、职业技能鉴定资格证（由国家职业技能鉴定所颁发的初、中级食品检验工、烘焙烘烤工、计算机多媒体作品制作员、无线电调试工）双证书制度，重点培养学生职业能力和综合素质。完善毕业生信息库，学生入学后签订具有法律效力的《就业合同书》，确保就业。年内，学校开办短期培训班，与华润雪花啤酒、天津和治药业、广东加多宝饮料公司、廊坊飞鹤乳业等40家就业单位建立长期合作关系，拓宽学生实习、就业渠道。

学校组织106名教师参加网络平台继续教育培训。教师王振彬参加河北省省级骨干教师培训并获得证书。教师高奎颖在河北省教育厅组织的2016年河北省职业院校信息化教学大赛上获信息化教学设计比赛公共基础课一组三等奖。教师田永全参与编写的《缸染法抗酸染色显微镜方法检查抗酸杆菌研究》获河北医学科技二等奖。

（薛敏婷）

【廊坊市电子信息工程学校】 廊坊市电子信息工程学校又名廊坊市职业技术教育中心，始建于1991年，位于廊坊市新华路195号，是集普通中专、“3+2”大专和各类短训班为一体的国家级重点中等职业学校，是廊坊市首所国家中等职业教育改革发展示范学校。学校与廊坊市职业技术教育中心实行一所学校两块牌子管理。2016年，学校有教职工199人，其中正高级职称1人，副高级职称78人，中级职称75人，全国优秀教师1人，省级教学名师、教学能手、骨干教师、电子信息行业技术能手等15人，省级优秀教学团队3个。在校生2519

人，招生1067人，就业（含升学）772人，就业安置率99%，社会短期培训4032人（天）。年内学校通过教育部信息化试点校验收，被教育部评为国防教育特色学校，被河北省教育厅评为2016年度学校安全稳定工作先进单位。

学校设有电气技术应用、电子技术应用、计算机应用、电子商务、物流服务与管理、旅游服务与管理、会计电算化、汽车电子技术应用、汽车运用与维修、学前教育10个中专专业。是年，学校新增省级特色、骨干专业5个。其中，旅游服务与管理为省级特色专业，电气技术应用、计算机应用、电子商务、汽车运用与维修专业为省级骨干专业。“3+2”大专专业增至5个，其中学校与石家庄信息工程职业学院联合开设物流服务与管理、电子与信息技术、计算机动漫与游戏制作、旅游服务与管理4个专业的“3+2”大专班；与石家庄幼儿师范高等专科学校联合开设学前教育专业“3+2”大专班。

学校新开拓北京航天三院幼儿园、廊坊童程教育集团、廊坊众奥达汽车服务有限公司、博康艾馨健康科技（北京）有限责任公司等16家就业合作企业。年内邀请新奥新绎七修养生发展有限公司和北京京东方科技集团股份有限公司等企业专家到学校授课，组建2015级电子技术应用专业京东方冠名班，学生王淳在京东方首届TFT-LCD专业英语竞赛上获个人三等奖，32名“新奥冠名班”学生及5名“京东方冠名班”学生获企业专项奖学金。在第十二届全国中职学校“文明风采”竞赛上，学生刘学园获国家级个人二等奖，学前教育大专班张帅等6名学生获得省级个人一等奖；在全省中职学生技能大赛上，学校获团体二等奖3个，获团体三等奖6个，获学生个人一等奖4个，获学生个人二等奖8个，获学生个人三等奖35个；姚婧妍等10名教师获优秀指导教师称号。25名学生被评为省级、市级“三好学生”、优秀学生干部。

（辛志友）

【廊坊市体育运动学校】 廊坊市体育运动学校创建于1956年，是廊坊市唯一一所体育运动中等专业学校。学校位于廊坊市北凤道318号，占地100亩（6.67公顷），建筑面积3万平方米。2016年，学校有教职工135人，其中专任教师51人，专任教练员45人。学校设有3个学段（小学五六年级、初中、中专）、8个年级、14个教学班。在校生516人（注册中专生252人，初中小学部业余训练生264人）。业余训练招生152人，中专招生122人。

学校设中小学部、中专部。其中，中小学部开设田径、游泳、篮球、排球、乒乓球、射击、举重、柔道、摔跤、跆拳道、武术套路、武术散打、自行车、拳击、赛艇、皮划艇16项专业；中专部开设运动训练专业。中专毕业生作为体育特长生参加全国体育单招考试，年内37名学生被北京体育大学、河北师范大学、河北体育学院等高校单招考试录取。

2016年，市体校派出27支队伍、650人次运动员参加河北省第八届青运会16个大项、43个小项的预决赛，获金牌36枚、银牌39枚、铜牌50枚，总分2903分。女篮运动员赵志芳入选巴西里约奥运会参赛资格。男女自行车、男女柔道、男女子跆拳道、赛皮划、男子自由跤等项目团体总分均位居全省前列。李雪妹参加全国场地自行车冠军赛总决赛女子团体竞速赛，获金牌1枚；康伟参加全国赛艇锦标赛男子四人双桨2000米，获银牌1枚；王勇锦参加全国场地自行车冠军赛总决赛成年男子凯林赛，获银牌1枚；岳萌参加全国跆拳道冠军赛和全国跆拳道锦标赛，获铜牌1枚；

游泳队参加全国少儿游泳分区赛（京津冀青少年游泳比赛），获金牌4枚、银牌2枚、铜牌5枚。年内学校培养运动健将张艳春、夏倩等16人，培养一级运动员范承祥、张留旭等75人，向河北省专业队输送运动员38人。学校增建训练网点5个，分别为文安体育馆男子柔道训练网点、大城武德柔道馆女子柔道训练网点、霸州兴武堂武术学校武术训练网点、文安博弈跆拳道馆跆拳道训练网点和廊坊开发区未来教育跆拳道、拳击、男子柔道训练网点。

（李丹华）

高等教育

【概况】 2016年，廊坊市域内有高等学校25所。其中，市属高等学校4所，分别为廊坊职业技术学院、廊坊卫生职业学院、廊坊广播电视大学、燕京职业技术学院；驻廊高校21所（含本科院校11所、高等职业院校5所、成人高校5所），分别为中国人民武装警察部队学院、南京炮兵学院廊坊分校、华北科技学院、防灾科技学院、中央美术学院燕郊校区、河北工业大学廊坊分校、廊坊师范学院、北华航天工业学院、燕京理工学院、北京中医药大学东方学院、北京城市学院、北京社会管理职业学院、北京经济技术职业学院、河北石油职业技术学院、河北东方学院、北京北大方正软件技术学院、交通运输部管理干部学院、中国民航管理干部学院、北京东方研修学院、徐悲鸿文化艺术专修学院、廊坊京安专修学院。全日制在校生11816人，教职工1370人，专任教师761人。

（相　伟）

【北华航天工业学院】 北华航天工业学院始建于1978年，是一所由河北省人民政府与国家国防科技工业局、中国航天科技集团公司、中国航天科工集团公司共建的普通高等院校。学院位于廊坊市爱民东道133号，分东、西2个校区，占地面积近800亩（53.34公顷），总建筑面积近35万平方米。学院建有39个教学科研仪器设备先进的实验室（中心），教学科研仪器设备总值1.6亿元。馆藏纸质图书100余万册，数字资源量28TB。2016年，学院在编教职工804名，其中高级职称教师286名，博士、硕士学位教师594名。学院有双聘院士6人、国际宇航科学院院士2人，有全日制研究生、普通本专科在校生12000人，有成人高等教育本专科在校生3000人。学院设有研究生教学部、机电工程学院、电子与控制工程学院、经济管理系、建筑工程系、计算机与遥感信息技术学院、会计系、外语系、材料工程学院、文法系、基础科学部、体育部、工程技术训练中心、继续教育学院等教学单位14个，本科招生专业36个（其中21个专业为河北省本科一批招生）、专科招生专业6个和工程硕士招生领域2个。其中，“军用计算机应用技术”“航空宇航制造工程”为国家国防特色学科；“检测技术与自动化装置”为省级重点学科；“航空宇航科学与技术”“信号与信息处理”“产业经济学”为省级重点发展学科。2016年新增“电子商务”等4个本科招生专业。机械工程专业1个一级学科和工程硕士（航天工程、电子与通信工程）、工程管理硕士2个专业学位类别获批为硕士授权立项建设点。年内学院招收本科生2600人，专科生560人，研究生64人。2016届毕业生一次就业率97%，在航天行业就业占17%，在京津冀就业占64%，学生考研率15%。

至2016年，学院连续10年获得中国航天科技集团公司颁发的“航天人才贡献奖”和“航天人才突出贡献奖”。年内学院获河北省军民融合创新创业中心授牌；与航天恒星科技有限公司（航天 503 所）共建的无人机遥感系统与应用重点实验室获省发改委 100 万元立项支持；建设“河北省高校先进制造技术与生产过程自动化应用技术研发中心”“河北省航天产业发展软科学研究基地”“河北省院士工作站”“河北省航天遥感信息处理与应用协同创新中心”等 13 个省级科技创新平台；与大城县人民政府共建的河北省绝热保温材料产业技术研究院通过省科技厅中期验收；推进河北省航天遥感信息处理与应用协同创新中心各项工作，制定县域遥感应用技术方向硕士研究生培养方案，10 个项目团队获廊坊市首批高层次创新团队。学院与美国圣马丁大学合作举办机械设计制造及其自动化专业本科教育项目获教育部批准；与德国东拜仁雷根斯堡工业大学合作，派出 1 名教师（蒋放）赴德访学，并选拔 3 名学生（邓楠、嵇杨培、孙雨蒙）赴德交流学习；全年教职工出国（境）研修、培训和交流考察 11 名，其中 8 名教师赴英国桑德兰大学研修。

（张巍筠）

【河北工业大学廊坊分校】 河北工业大学廊坊分校（以下简称河工大廊坊分校）于 1992 年 5 月经河北省政府批准成立，时称河北工学院分院，隶属于河北工业大学。2001 年 7 月，河工大廊坊分校校区成立河北工业大学城市学院。学校位于廊坊市新华路 199 号，分东、西 2 个校区，校园占地面积近 300 亩（20 公顷），建筑面积近 7 万平方米，其中教育教学及附属建筑面积 2.5 万平方米，体育运动场所面积 4.3 万平方米，绿地面积 5 万平方米。学校设计算机电子系、经济管理系、基础部 3 个教学单位，本科在校生专业 23 个，其中专接本 5 个，分别为工程管理、计算机科学与技术、软件工程、电子信息工程、英语；本科二批（原本科三批）18 个，分别为电子科学技术、电子信息工程、计算机科学与技术、软件工程、通信工程、网络工程、物联网工程、工程管理、工业工程、工商管理、公共事业管理、国际经济与贸易、经济学、信息管理与信息系统、劳动与社会保障、营销学、英语、法学。2016 年学校有教职工 229 人，其中专任教师 110 人，高级职称 41 人，博士学位教师 8 人，硕士学位教师 81 人。全日制普通本科在校生 4198 人，年内招生专业 16 个，其中专接本 5 个，本科二批（原本科三批）11 个，招收本科生 912 人。2016 届毕业生一次就业率 90.97%，其中京津冀就业占 82.33%，学生考研率 10.03 %。

年内，学校科研项目立项 17 项，其中国家自然科学基金 1 项，省部级 1 项，厅局级 15 项。科研经费 7.8 万元。学校与海宏环保科技有限公司签订校企产学研合作协议，建立产学研长期合作关系；与廊坊市产品质量监督检验所签订共建校外实习实训基地协议；与达内时代科技集团签署《达内河北工业大学全面战略合作框架协议》《达内与河北工业大学校内实训基地合作协议》和《廊坊分校达内众创空间合作协议》，双方共建的“i 创工坊”众创空间建设项目获廊坊市科学技术研究与发展规划项目经费 100 万元。是年，学校获廊坊市社会科学成果奖 10 项，省级结题项目 1 项，厅局级结项 23 项。发表学术论文 26 篇，出版专著 1 部。

（盖世洲）

【廊坊师范学院】 廊坊师范学院位于廊坊市爱民西道 100 号，始建于 1946 年，时称安次县简易师范学校，1964 年更名为廊坊师范专科学校。2000年3月经教育部批准由原廊坊师范专科学校、廊坊教育学院、廊坊师范学校合并组成廊坊师范学院。2004年12月，经省政府批准与河北职业技术学院（由中国轻工业管理干部学院和农业部乡镇企业管理学院于2002年7月合并而来）合并。学院分校本部和西校区2个校区，总占地2000亩（133.33公顷），建筑面积40万平方米，固定资产5.48亿元，馆藏文献140万册。2016年，有教职员工1379名，其中专任教师901名，副高级以上职称教师424名；在校生18900名。学校设有二级学院14个、思想政治理论课教学部1个，党政部门15个和教辅单位3个，开设汉语言文学、历史学、数学与应用数学、土木工程、财务管理、音乐表演、人力资源管理、社会工作等57个本科专业，会计、工商企业管理、旅游管理、人力资源管理、古建筑工程技术等31个专科专业，涵盖普通本（专）科教育、高职教育、成人教育等多种教育模式。年内，学校报批河北省硕士学位授予立项建设单位，以教育硕士和工程硕士申报立项建设单位，包含学科教学（数学）、学科教学（语文）、学科教学（历史）、学科教学（化学工程）和学科教学（生物工程）5个领域。建设中国古代文学、遗传学、有机化学、史学理论及史学史4个省级重点发展学科和微生物学、应用数学、思想政治教育等15个校级重点学科；新增翻译、保险学、历史建筑保护工程、小学教育4个本科专业，并在财务管理、法学、心理学、新闻学4个专业实行双学士学位培养。全年新增校级精品课程11门，新增土木工程、应用化学、生物技术、财务管理4个校级应用型示范专业。

2016年，学院招收本、专科生5743人。举办大型招聘会3场，各类小型招聘会78场，提供15000多个就业岗位。组织学生开展职业生涯规划大赛，建立师范学生实习基地137个。毕业生初次就业率达到94%，较2015年提升1个百分点。学院新立科研项目各级课题126项，其中国家自然科学基金2项（含1项转入项目），省部级课题27项，全年到位科研经费203万元。校级科研项目立项24项，其中博士基金项目5项，重点项目2项，一般项目9项，青年基金项目8项，资助经费25万元。出版基金立项3项，资助经费9万元。新获批廊坊市重点实验室2个，成立5个A类、7个B类校级科研创新团队，新成立研究所11个。与中华书局共建“明史与明代文献研究中心”。编报“2016年中央财政支持地方高校发展专项资金项目预算”，重点建设“建筑信息模型（BIM）教学实验平台”与“电增容和配电改造工程”，总投资800万元。全年组织教师参加各类比赛获奖47项，其中教师郑少忠获国家国际冠军5项，并获“国家体育最高荣誉奖”和“国际级运动健将”称号。教师任建强获第二届全国高等院校工程应用技术教师大赛（物联网技术赛项）一等奖，教师王雅楠获第八届全国日语青年教师杯教学基本功大赛二等奖，教师宋艳超获中华夫人礼仪国际大赛殿军和全球10强。

（任朝科）

【廊坊卫生职业学院】 廊坊卫生职业学院于1961年10月在天津杨柳青镇创建，时称天津市杨柳青卫生学校。1969年6月学校迁至廊坊，称天津地区卫生学校，1989年4月更名为廊坊市卫生学校。2006年9月，学校整体迁入东方大学城新校区。2011年2月经河北省人民政府批准，廊坊市卫生学校更名为廊坊卫生职业学院。学院占地面积420.9亩（28.06公顷），建筑面积13.4万平方米，其中教学科研及辅助用房7.5万平方米。固定资产总值2.7亿元，其中教学、科研仪器设备3755.5万元。建有实验室132个，馆藏纸质图书34.6万册，其中中文纸质专业期刊439种，外文纸质专业期刊8种，电子专业期刊7600种。有网路多媒体教室67间，计算机1250台，无线信号覆盖全院。学院教职工总数344人，其中专任教师205人，正高级职称30人，副高级职称116人，博士研究生以上学历4人。学院设有临床医学、口腔医学、护理、康复治疗技术等12个高职专业，护理、口腔修复工艺、药剂等6个中专专业，以及初中起点“五年一贯制”高职大专护理专业。设有网上教学专业课程40门，数字资源量1900GB，其中电子图书430GB。2016年，全日制高职招生数2050人，中职招生数1075人，全日制在校学生7100人，毕业生整体就业率达94.9%。学院申报的涿州市医院、廊坊市第四人民医院、文安县医院、三河燕郊人民医院、永清县人民医院、固安县人民医院、京东中美医院7所医院通过河北省卫计委、河北教育厅、河北省中医药管理局专家组评审，确立为廊坊卫生职业学院教学医院。10月21日至24日，在河北省红十字会举办的红十字志愿服务项目总结表彰大会暨“青春善言行”培训班上，廊坊卫生职业学院红十字志愿服务队被评为河北省“优秀红十字志愿服务组织”，护理系学生王育英、刘瑞获省级“优秀红十字志愿者”称号。10月26日至29日，学院检验专业教师周淑敏在贵州铜仁职业技术学院举办的首届全国卫生职业院校“艾迪康杯”教师检验技能竞赛上获三等奖。

（赵　硕）

【廊坊市广播电视大学】 廊坊市广播电视大学位于廊坊市爱民西道101号，建于1979年1月，是经河北省人民政府批准，具有成人高等学历教育招生资格的公立成人高等学校。学校辖9所县（市、区）电大分校。市本级学校占地44.47亩（2.96公顷），建筑面积3.6万平方米，固定资产2600万元；有教学仪器设备500多台（件），图书馆面积400平方米，藏书5.5万余册；在校教职工132人，其中副教授以上职称53人，讲师47人。学校开设理、工、农、医、文、法、经济、管理、教育9个学科98个专业。学校与廊坊卢卡斯伟力达廊重制动器有限公司合作办学，在该公司建立起电大教学点和实训基地；与市总工会合作，开展全市职工学历提升远程教育项目。2016年，廊坊市广播电视大学市、县（市、区）专科以上注册开放教育在籍学生5802人。全市电大系统各类招生2977人。其中，开放教育招生2027人，网络教育招生950人。10月，学校重新规划整合社区教育学院，成立社区教育指导处、社会教育部、廊坊终身学习在线平台管理处；修订完善《社区课堂中长期课程评价标准》《社区课堂讲座与短期课程评价标准》，对社区教育教学考核提供依据；建成廊坊终身学习在线平台，廊坊终身学习在线整合4000多门课程资源，在线移动终端（手机APP）上线运行，实现课程播放、课程学习、学习跟踪记录、在线考试等多项功能；利用平台建立网上学习培训超市，推出生活技能提升、岗前就职培训系列课程，培训5000余人次；承办i-国学实验室项目，建立起i-国学体验馆。在金桥基地、文苑社区开设家庭烹饪、老年摄影等15门课程，金桥社区被评为廊坊市第一个省级社区教育实验基地；建立廊坊市第一批流动课堂“杨氏太极拳研究会艺术中心辅导站”和常开心健身舞蹈队；设立以儿童教育为主题的“四点半课堂”；编辑出版并向市民发行《文明出行者》《文明社区人》系列漫画读本；举办2016年“推动全民终身学习、争做廊坊文明市民”全民终身学习活动周。

年内，学校课题结题 11 项。其中，国家开放大学经费资助课题 1 项、省社科联课题 1 项、省教育规划课题 1 项、市社科联课题 2 项、市教育规划课题 3 项、廊坊电大经费资助课题 3 项。在廊坊市第十届社会科学优秀成果评奖活动中，学校有 4 项论文成果分别获得二等奖和佳作奖。课题立项 6 项。其中，国家开放大学经费资助课题 1 项、省教育规划课题 1 项、省电大经费资助课题 1 项、廊坊电大经费资助课题 3 项。重点课题《关于教师专业发展的电大管理策略研究》《开放教育教学组织管理模式研究》《关于教师专业发展的电大管理策略研究》《开放教育教学资源建设与整合研究》于 11 月结题。学校汇总课题研究成果印制《廊坊电大校级科研课题成果集》，并申报组建社区教育、教育技术、教师队伍建设等研究领域和方向的 4 支科研团队。

（吴继猛）

【廊坊职业技术学院】 廊坊职业技术学院是 2003 年 4 月经河北省人民政府批准，由廊坊工业学校、农业学校、财贸学校 3 所学校合并成立的公立全日制普通高等职业教育学院。学院主校区位于东方大学城，占地面积 556 亩（37 公顷）。2016 年，学院有教职员工 766 人，其中专任教师 428 人，具有博士、硕士学位教师 176 人；有全日制在校生 7380 人。毕业生 1740 人，就业数 1690 人，就业率 97%。学院设机械工程系、电气工程系、汽车工程系、动物科学与技术系、城建工程系、计算机科学与工程系、商务管理系、财会金融系、文化传媒与服务系、基础学部、继续教育部、职业培训中心和中专部 13 个教学系部，以及宣传信息中心、设备与图书管理中心、实习实训管理中心 3 个教辅机构。年内学院调整和优化专业结构，保留传统优势专业和新兴服务产业专业 42 个，淘汰不适应区域产业经济发展专业 23 个，论证新专业 5 个。确定畜牧兽医、计算机网络技术、工程造价、机械制造与自动化、汽车检测与维修技术和会计等 6 个专业为院级重点专业，验收通过院级精品课程 12 门。建立中、高职衔接合作关系，新建涞水、新河职教中心等 18 所生源学校基地。根据企业岗位人才需求，与企业合作签署订单班 31 个，订单培养学生 1242 人。

学院开展《三年创新行动计划》，确立 25 项任务和 8 个重点项目，被省教育厅确定为省级优质校创建单位。启动建设“河北省现代服务业职业教育集团”、建设“绿色畜产品生产技术与应用协同创新中心”“建设风筝大师技能工作室”“开展现代学徒试点”“制定风筝文化传承与创新示范专业点建设”等项目。其中，“现代职业教育集团”联合北京铁路局、仲量联航、海涛旅游、新奥集团等 20 家企业开展校企合作，构建京津冀地区现代服务体系；联合北京伟嘉集团等 10 家企业建立“协同创新中心”，研发绿色产品生产关键技术，推动廊坊市及京津地区养殖业转型升级。学院教授侯桂森带领的食用菌技术团队获河北省政府“农业技术推广奖”“省脱贫攻坚工作奉献奖”；教授尹立红带领的普查课题组承担省林业有害生物普查项目，首次发现双斑锦天牛、云斑天牛、梨金缘吉丁虫 3 种有害生物，填补廊坊市没有林业有害生物分布的空白。学院获“河北省志愿服务培训基地”。在教育部组织的技能大赛中，学院获“全国职业院校信息化教学大赛二等奖”“全国文秘速录大赛二等奖”和“全国工业机器人技术应用技能大赛三等奖”3 项国家级奖励。

（李　颖）

民办教育

【概况】 2016年，市教育局落实《河北省普惠性民办幼儿园认定及财政扶持管理办法（试行）》，指导各县（市、区）教育部门分类评估民办幼儿园。全市建成普惠性民办幼儿园11所。开展市级明星民办幼儿园创建活动，全市申报明星民办园13所。规范民办学校办学。依法审批大城县实验学校（九年一贯制民办学校）、永清县第五中学（民办初级中学）。全市年检民办幼儿园457所，培训学校149所、全日制民办中小学和中职学校45所。

（相　伟）

【廊坊市第十五中学】 廊坊市第十五中学成立于2009年，是廊坊市教育局批准成立的全日制、全寄宿、全封闭民办高中学校。学校由衡水中学原副校长张太庄带领原衡水中学、武邑中学一批骨干教师创办。学校设东、西校区，东校区位于廊坊市广阳区枣林路3号，西校区位于廊坊市安次区廊霸路3号。学校东、西校区占地138亩（9.2公顷），建筑面积3.6万平方米。2016年，学校教职工211人，其中专职教师128人；教学班38个；在校学生2225人。高考考生579人，文化分一本上线210人，上线率36.27%，居全市第一。文化分二本以上上线560人，上线率96.72%，居全市第一。其中，应届文科班学生董佳强以632分获廊坊市区文科第一名，应届理科班学生张子昂以672分获廊坊市区理科第一名。

学校推行“1+5”（1指课前预习；5指课堂教学的导学—讨论—展示—质疑点评—检查反馈5个环节）高效课堂教学模式。教师期考成绩实行学科组集体考核，捆绑式评价。12月，高中二年级686名学生参加河北省学业水平测试，7个学科过关率99.98%。其中，A等级占68.54%，B等级以上占96.22%，综合排名居全市第一。在参加全国中学生学科竞赛中，学校学生7人次获国家级奖励、338人次获省级奖励。

（田　雪）

文　化

综　述

2016年，廊坊市编制出台《廊坊市现代公共文化服务体系建设"十三五"发展规划》，市、县两级财政投入现代公共文化服务体系示范区创建专项资金6000万元，撬动社会和企业投入近50亿元，建设完善市、县、乡、村四级文化设施网络，构建制度建设规范化、设施阵地网络化、文化活动品牌化、服务供给均等化、文化资源整合化"五化"建设体系，形成具有廊坊特色的公共文化空间。

推进文化协同发展，全面加强与京津的文化交流对接，整合本地优势文化资源，在文化项目引进、文化产业壮大、乡村旅游发展等领域实现突破。打造有廊坊特色的文化活动品牌，引进在全国有影响的文化活动和项目落户廊坊，提升廊坊的知名度和美誉度，增强城市的影响力和竞争力。

加快市、县档案馆建设。市档案馆新馆年底投入使用。大厂县、大城县档案馆建设工程年内动工。香河县、广阳区、安次区、永清县、文安县按照《档案馆建筑设计规范》和《档案馆建设标准》要求，改建、扩建档案馆（库）。

实施"互联网+文化"模式，建设"文化同行"公共文化服务数字平台，整合全市文化服务项目，采取"文化团购""免费预约"方式提供服务，吸引5家民营文化公司加盟公益服务。至年底，公共文化服务数字平台推出预约活动100余个，注册用户5万人，点击量超过160万次。市、县、乡"两馆一站"（文化馆、图书馆、综合文化站）设置率和达标率均为100%，村级文化活动室、共享工程服务点、广播电视、农家书屋实现全覆盖。市、县、乡、村四级13个大类文化馆站、剧院广场、艺术展馆、诗书画院等文化基础设施构建起覆盖城乡的文化设施网络，形成城市15分钟文化圈，乡村半小时文化圈。年内《人民日报》《光明日报》《中国文化报》、中宣部党建网、《河北日报》等新闻媒体先后刊发新闻稿件69篇，报道廊坊市公共文化服务体系建设经验和做法。4月3日中央电视台《新闻联播》以《河北廊坊：搭起乡村文化大舞台》为题，播出廊坊市公共文化服务体系建设新闻。

（郎之鉴）

文化事业

【概况】 2016年，廊坊市有艺术表演团体（公有制）7个：廊坊市龙凤演艺有限公司、廊坊市评剧二团、大厂评剧歌舞团演艺有限责任公司、大厂回族自治县评剧团、永清弘正评剧服务有限公司、国安第一城（香河）文化旅游发展有限公司、三河市评剧歌舞有限责任公司。艺术表演场所8个：廊坊市体育馆、廊坊中国石油管道影剧院、明珠影剧院、霸州市李少春大剧院、固安大剧院管理有限公司、大城电影院、大厂县民族宫、三河市文化中心影剧院。群艺馆（文化馆）11个：廊坊市群众艺术馆、广阳区群众艺术馆、安次区文化馆、三河市文化馆、大厂县文化馆、香河县文化馆、固安县文化馆、永清县文化馆、霸州市文化馆、文安县文化馆、大城县文化馆。公共图书馆11个：

廊坊市图书馆、广阳区图书馆、安次区图书馆、大厂县图书馆、香河县图书馆、三河市图书馆、固安县图书馆、永清县图书馆、霸州市图书馆、文安县图书馆、大城县图书馆。博物馆6个：廊坊博物馆、霸州市博物馆、霸州市自行车博物馆、李少春纪念馆、固安文博馆、香河文博馆；国家级文化产业示范基地1个：大厂评剧歌舞团演艺有限责任公司。省级文化产业示范基地11个：霸州鸿兴捷图照明设备有限公司、香河国华影视基地、大厂良盛达花丝镶嵌特艺有限公司、河北今朝建工集团（霸州）、大厂京东工艺品有限公司、大厂大民工艺美术厂、廊坊京锐釉料有限公司（大厂）、三河市茗文化卡通设计有限公司、霸州海润俱乐部、霸州茗汤温泉水疗养生度假有限公司、河北光彩投资有限公司（永清中国服装文化博览园）。市级文化产业示范基地16个：广阳区金丰农科园有限公司、广阳区艺海文物商店、河北乐聪网络科技有限公司（广阳）、廊坊市藏宝阁商贸有限公司（广阳）、廊坊市珍艺工艺美术品有限公司（广阳）、安次区九天农业工程有限公司、壹佰剧院文化综合体、三河市桂宇星体育用品有限公司、文安县韵迪乐器有限公司、永清县冀派微雕有限公司、霸州市利民工艺品厂、大城县唐谷红木家具有限公司、大城县五福古典家具有限公司、文安县和民电影收藏展览馆、大厂县呈祥古典家具厂、固安县焦氏脸谱工作室。省级文化产业示范园区1个：大城红木文化产业园区。推出优秀文艺作品350件，其中获国家级奖项5件、获省级奖项6件。

【文化市场管理】 2016年廊坊市文化管理部门加强行业监管，治理广告和频率频道，下达《违规整改通知书》7个，停播违法违规广告30余条。治理出版物市场，净化出版物市场环境，开展“扫黄打非”“秋风”“净网”“清源”“护苗”打击侵权盗版5项专项行动。全市检查出版物发行门店、摊点、印刷复制企业5660余家（次），收缴各类出版物4万余件，取缔无证印刷、发行黑窝点3个，处理违法违规企业30余家，取缔非法广播电台46座，删除网上淫秽色情及低俗有害信息1700余条。查办“扫黄打非”典型案件14起，其中涉及刑事案件5起。推进“扫黄打非”进基层工作，在印刷复制企业建立“扫黄打非”监察站，将重点企业纳入到网格化管理体系。加强文化市场行政执法力度，24小时畅通“12318”文化市场举报电话，全年受理电话举报43起。至年底，市文化市场行政执法大队共出动检查人员1370余（人）次，检查网吧、游戏厅、KTV等娱乐场所268（家）次，检查各类印装企业、发行企业400余家，取缔出售非法音像制品的游商地摊30余个，收缴违规图书、报刊、音像制品700余册（盘）。

【国家公共文化服务体系示范区创建】 2016年，廊坊市推进国家公共文化服务体系示范区创建工作。1月，廊坊市示范区制度设计课题“乡镇公共文化资源整合机制研究”成果在全国32个创建城市中获最高分。4月，国家公共文化服务体系示范区实地验收工作第二验收组对廊坊市创建工作实地考核验收，创建标准28项72个指标全部达标。5月16日，国家公共文化服务体系示范区（项目）创建工作领导小组办公室在北京召开第二批示范区（项目）验收集中评审会议，在中部10个城市中，廊坊市以评审总分第一名成绩通过最后验收集中评审。8月31日，在银川召开的国家公共文化服务体系示范区创建工作会议上，文化部正式宣布廊坊市以综合评比中部第一名成绩获国家示范区称号。

【《廊坊市文化志》等5部书籍首发】　12月16日，《廊坊市文化志》《廊坊市文化志（市直卷）》《廊坊艺术名人录》《河北梆子音乐创作》《筱俊亭与廊坊》5部书籍首发式在廊坊市举行。上述5部书由廊坊市文广新局主持编纂，并于2012年启动编纂工作，2016年8月全部编印成书。其中，《廊坊市文化志》由廊坊市文化志编委会编辑，中国文联出版社出版。全书设11编，即领导机构、文化机构设施、艺术机构、文学艺术、社会文化、文化经济、非物质文化遗产、文化事业、文化艺术人物、奖励荣誉、习俗文化。主要记述廊坊市文化局机关、直属单位及下辖各县（市、区）文化与艺术事业的大事要事、机构沿革、文化艺术人物及作品、文化艺术活动及奖励荣誉、非物质文化遗产及习俗文化等。记述时间，上限始于1975年，下限断于2010年。

【廊坊市图书馆】　2016年，廊坊图书馆服务体系继续推进纵横结合的联盟模式，即以廊坊市图书馆为中心馆，纵向推进市、县（市、区）、乡镇（街道）、村（社区）四级公共图书馆的延伸服务，横向与院校、企业、部队、民间图书馆建立联盟，为市民提供公益性阅读服务。截至年底，全市建成集21个成员馆，3个24小时自助图书馆，并辅以门户网站、手机图书馆、短信、微信、流动服务车等于一体的图书馆服务网络体系，系统平台上整合图书达到183万册，数字资源增至47TB，服务读者14万人，各成员馆实现资源共建共享，通借通还。年内，“天天读”廊坊图书馆公共服务体系联通成员馆21个，整合书目资源183万册，办理读者证16万个，各成员馆通借通还。建设启用24小时街区自助图书馆2个，馆内24小时自助图书馆1个，市区凭读者证可享受24小时自助服务。配备流动图书车1台，实施流动图书车服务活动。全年举办涵盖纸媒与数媒、实体与虚拟、馆内与馆外、成人与儿童等10个系列活动，举办读者活动273场，参与读者约7.3万人，国家、省、市纸质、电视媒体给予报道150余次。全年到馆读者770093人次，较2015年增长46426人次；借还书册次522785册次，较2015年增长146465册次，有效注册读者55514个。组织共享工程网络培训5次，组织数图推广网络培训1次。馆内读者活动区域实现馆内无线及i-langfang无线网络覆盖，借助于无线网络，读者携带笔记本电脑、IPAD、智能手机等无线终端均可以在图书馆读者服务区域内随时查询本馆书目。

（杜　铮）

文化产业

【概况】　2016年，市文广新局编制《廊坊市文化产业“十三五”规划》。筹建启动廊坊市文化产业规划馆，制定《廊坊市文化产业规划馆工作方案》。开展创建国家文化消费试点城市工作，起草《廊坊市人民政府引导城乡居民扩大文化消费试点工作方案》，报文化部审批。组织企业参加“文化招商，产业惠民”系列文化交流展、海南文化产业博览会、第11届中国（义乌）文化产品交易会、“5·18”经洽会、2016中国设计节和深圳国际文化产业博览交易会、2016第十三届中国-东盟国际博览交易会等12个国际、国家级展会。廊坊市展区实现订单销售1700余万元，廊坊市参展企业及项目获国家级奖项56个。组织京廊文化产业对接，举办首届京津冀文化体验展，市文广新局、北京市通州区文化委员会、北京市海淀区文化委员会、天津市武清区文化广播电视局签署文化战略发展合作协议。命名表彰十佳文化产业示范基地及十佳文化产业体验小镇，评选“文化示范家庭”2000 个。开展文化创意产业新产品、新技术研发，推动文化创意产业由依靠资源和投入拉动增长向依靠技术革新带动发展转变。大厂花丝镶嵌、京东景泰蓝，霸州威名乐器文化产品，在设计和研发过程中加入科技元素。广阳金丰农科园、香河国华生态农业产业园、固安农博园等构建休闲农业与文化体验产业体系。“梦廊坊”文化产业园、霸州华夏民间收藏馆、固安单车运动中心等项目成为廊坊旅游精品。大厂回族自治县推出“影视大厂”新名片。大厂潮白河经济开发区影视创意产业园总投资额 79 亿元，美国 Base Fx、真鉴影业、金海岸等 37 家中外文创企业入驻。大城县投资 80 亿元，升级改建传统红木家具市场，建成集研发、制作、展销、体验于一体红木文化产业新城，入驻红木家具生产企业逾百家、摊点 1300 多家，直接带动就业 3 万人，年产各类红木家具产品 80 万件（套）、产值 60 余亿元。

【第四届廊坊特色文化博览会】 6 月 8 日至 12 日，首届京津冀非遗精品联展暨第四届廊坊特色文化博览会在廊坊国际展览中心举办。博览会由北京市文化局、天津市文化广播影视局、河北省文化厅与廊坊市人民政府主办，“京津冀公共文化服务示范走廊”发展联盟 11 个成员单位以及廊坊开发区管委会共同承办。博览会展览面积 27000 平方米，室外表演区 1500 平方米。博览会展出京津冀三地非物质文化遗产精品项目 104 项，包括京津冀非物质文化遗产精品展、茶叶茶文化博览会、红木家具展、珠宝展 4 项内容。北京金银首饰制作工艺点翠、宫绣、沧州中国图书精品线装书共 40 多项手工艺品首次在廊坊展出。在博览会上，廊坊市展出秸秆扎刻、京剧脸谱、内画烙画、泥人面塑、风筝核雕、花丝镶嵌等手工技艺作品，以及香河肉饼、薛家窝头、胜芳皮蛋、苏桥熏鱼等饮食制作技艺类的特色小吃。博览会吸引约 4 万人次参展。

【首届京津冀运河书香节】 9 月 18 日至 21 日，首届京津冀运河书香节暨廊坊金秋书展在廊坊开发区国际会展中心和香河第一城举办。首届京津冀运河书香节暨廊坊金秋书展由河北省新闻出版广电局、北京市新闻出版广电局、天津市新闻出版局、廊坊市人民政府、河北出版传媒集团主办，廊坊市文化广电新闻出版局、全民阅读媒体联盟、香河县人民政府承办。书香节活动主题为“阅运河文化，品廊坊书香”。全国 120 家出版社携 3 万余册经典畅销书参展。书香节活动分为经典诵读展演、开幕式、运河寻踪及论坛、全民阅读大讲堂、“魅力运河·生态画廊”、精品书展系列活动 6 个板块。书香节主办单位邀请京津冀专家学者讲座，并开展惠民赠书活动。其间，书香节承办单位接待观众约 4 万人。

【参展第八届西部文化产业博览会】 9 月 9 日，第八届西部文化产业博览会在西安曲江国际会展中心举办。廊坊市在其主会场展位设立廊坊展区，集中展示推介广阳手游、漆雕、御绣，以及大厂传统景泰蓝、永清伟派微雕等 26 家企业 39 大类 450 件展品。展会期间，廊坊展区实现订单销售 400 万元。在博览会上，廊坊市文广新局获优秀组织奖。廊坊市的伟派核雕有限公司核雕整身十八罗汉、珍艺工艺品有限公司玳瑁雕刻如意、天置刺绣有限公司刺绣湘妃竹团扇、天工巧匠工艺品有限公司景泰蓝骏马英姿、建辉工艺品厂雕填戗金双圆捧盒、威名乐器有限公司非洲鼓系列、河北乐聪网络科技股份有限公司三眼猫创意产品、大厂良盛达花丝镶嵌特艺有限公司花丝镶嵌佛龛、大厂京锐景泰蓝有限公司掐丝珐琅蝠纹双耳方瓶、霸州亿宏轩有限公司功夫茶道、归趣电子商务有限公司荷香茶系列等，获西部文化产业博览会优秀创意产品奖。

【省新闻出版广电局设立驻“北三县”办事处】 9月19日，河北省新闻出版广电局驻廊坊“北三县”办事处在大厂影视创意产业园挂牌成立。其职责：为大厂、香河、三河3县（市）文创企业和项目提供资料报送、行政许可初审及审核审批等一站式服务。企业服务范围覆盖廊坊市“北三县”，辐射河北省北部。办理项目涵盖广播电视节目制作经营、电视剧制作、出版物批发、印刷经营、电影片送审、电影片审查、电影剧本（梗概）备案等。省新闻出版广电局设立驻廊坊北三县办事处，是一项行政审批制度创新，对加快招商引资和项目建设步伐，增强地区经济实力和综合竞争力，促进经济社会发展产生深远影响。

（蔺 琳）

非物质文化遗产

【概况】 2016年，廊坊市审核评选出第五批市级非遗项目74项、第四批非遗项目代表性传承人76人。组织非遗项目参加北京市朝阳区举办的首届京津冀地区民间花会展演、天津市举办的第二届京津冀非遗大展、沧州市举办的京津冀传统工艺暨文化创意产品展览展销会、张家口蔚县举办的第九届河北省民俗文化节等展会活动，宣传展示廊坊市民间文化魅力和非遗风采。

2016年廊坊市第五批市级非物质文化遗产代表性项目一览表

表35

序号	类 别	名 称	保护单位
1	传统音乐	北韵禅乐	安次区
2	传统舞蹈	跑驴（马家务村）	广阳区
3		跑驴（南顺民屯村）	广阳区
4		旱船（后屯村）	安次区
5	曲艺	十不闲	三河市
6	传统体育、游艺与杂技	查拳	文安县
7		功力门（少林功力门）	文安县
8		弹腿（何氏弹腿）	文安县
9		五步十三枪	文安县
10		八极拳	文安县
11	传统美术	葫芦烙画	市群艺馆

续表 35-1

序号	类 别	名 称	保护单位
12	传统美术	百宝嵌	广阳区
13		丝绸彩绘	广阳区
14		木雕	广阳区
15		五谷粮食画	安次区
16		錾刻	三河市
17		京绣	固安县
18		面塑	固安县
19		水晶雕	固安县
20		篆刻	固安县
21		宫廷绘画	大城县
22	传统技艺	雕填漆器髹饰技艺	广阳区
23		脱胎漆器髹饰技艺	广阳区
24		玳瑁雕刻技艺	广阳区
25		古籍修复技艺	三河市
26		函套制作技艺	三河市
27		鲁班锁（枕、凳）制作技艺	三河市
28		珐琅釉料烧造技艺	大厂回族自治县
29		金漆镶嵌髹饰技艺	大厂回族自治县
30		烧蓝技艺	香河县
31		香河肉饼制作技艺	香河县
32		传统杆秤制作技艺	永清县
33		传统古建筑营造技艺	永清县
34		雕漆技艺	固安县
35		把子道具制作技艺	固安县
36		去皮芝麻酱制作技艺	固安县
37		文安熬鱼烹饪技艺	文安县

续表 35-2

序号	类 别	名 称	保护单位
38	传统技艺	宫毯织造技艺	文安县
39		家具制作技艺	大城县
40		绾结葫芦制作技艺	大城县
41		勒扎葫芦制作技艺	大城县
42	传统医药	中医正骨疗法（李氏正骨）	市群艺馆
43		中医正骨疗法（司氏正骨）	广阳区
44		中医传统制剂方法（广顺堂膏药）	安次区
45	民俗	社火（栲栳山社火）	三河市

2016年廊坊市第五批市级非物质文化遗产代表性项目扩展项目一览表

表 36

序号	类 别	名 称	保护单位
1	传统音乐	冀中笙管乐（王圈村音乐会）	市群艺馆
2		冀中笙管乐（崔庄子村音乐会）	霸州市
3		吹歌（固安县）	固安县
4		冀中笙管乐（纪庄十番古乐）	固安县
5		冀中笙管乐（大杨先务村音乐会）	固安县
6		冀中笙管乐（东杨先务村音乐会）	固安县
7		冀中笙管乐（李头村音乐会）	文安县
8		冀中笙管乐（西柴沟村音乐会）	文安县
9		冀中笙管乐（西子牙河南音乐会）	大城县
10	传统舞蹈	高跷（丈方河村）	安次区
11		高跷（信安镇英明街蹬云锦）	霸州市
12		篓子会（崔庄子村）	霸州市
13		龙舞（大鲁口村）	香河县
14		小车会（沙陀村云车会）	固安县
15	曲艺	京东大鼓	大城县

续表 36-1

序号	类 别	名 称	保护单位
16	传统体育、游艺与杂技	太极拳（杨氏中平架）	市群艺馆
17		少林会（相士屯村）	广阳区
18		少林会（南辛庄村）	安次区
19		武术会（景尔头村）	安次区
20		武术会（风云武术会）	霸州市
21		杆会（信安镇东云锦）	霸州市
22		通臂（背）拳（祁派）	固安县
23		通臂（背）拳（少祁派）	文安县
24	传统美术	玉雕	香河县
25		玉雕	永清县
26	传统技艺	珐琅制作技艺（錾胎珐琅）	安次区
27		珐琅制作技艺（锤胎珐琅）	大厂回族自治县
28		珐琅制作技艺（掐丝珐琅）	大厂回族自治县
29		陶器烧制技艺	固安县

2016 年廊坊市第四批市级非物质文化遗产代表性项目代表性传承人一览表

表 37

序号	类别	项目	保护单位	传承人
1	传统音乐	北韵禅乐	安次区	高建中
2		冀中笙管乐（董家务音乐会）	永清县	李守明
3		固安吹歌	固安县	宣 悦
4		冀中笙管乐（小冯村音乐会）	固安县	王悦会
5		冀中笙管乐（大杨先务音乐会）	固安县	伊孟路
6		冀中笙管乐（纪庄十番古乐）	固安县	来建国
7		冀中笙管乐（东杨先务音乐会）	固安县	姚凤臣
8		冀中笙管乐（张庄音乐会）	霸州市	刘双胜
9		冀中笙管乐（崔庄子音乐会）	霸州市	王金堂

续表 37-1

序号	类别	项目	保护单位	传承人
10	传统音乐	号子（打桩号子）	霸州市	靳家留
11		冀中笙管乐（西柴沟音乐会）	文安县	郭玉行
12	传统舞蹈	旱船（后屯村）	安次区	高仲仁
13		跑驴（马家务村）	广阳区	侯兴弟
14		小车会（沙陀村云车会）	固安县	郭树平
15		高跷（南小营登云会）	固安县	王林伯
16		高跷（信安镇英明街蹬云锦）	霸州市	陈　永
17		篓子会（崔庄子村）	霸州市	崔月辉
18		小车会（北梨园小车会）	霸州市	苏志凯
19		龙舞（大鲁口村）	香河县	陈秀林
20		竹马（大河各庄竹马会）	香河县	赵明浩
21	传统戏剧	老调（太保庄老调）	文安县	李文英（女）
22		西路评剧	香河县	阎学文
23	曲艺	宣卷	霸州市	田志民
24		太平歌词	文安县	郭万祥
25		十不闲	三河市	李广礼
26	传统体育、游艺与竞技	太极拳（杨式中平架）	市群艺馆	靳德华
27		少林会（相士屯村）	广阳区	宋宝山
28		中幡（东沽港中幡）	安次区	臧海明
29		八卦掌	固安县	郭　浩
30		民间古（土）棋	固安县	刘秉忠
31		杆会（信安镇东云锦）	霸州市	庞恒太
32		少林武术（公议少林会）	霸州市	吴金刚
33		弹腿（何氏弹腿）	文安县	何万成
34		八极拳	文安县	缴增义
35		查拳	文安县	李恩莲（女）

续表 37-2

序号	类别	项目	保护单位	传承人
36	传统体育、游艺与竞技	通臂（背）拳（少齐派）	文安县	李庆云
37		少林功力门	文安县	张二宝
38		高跷（文武高跷会）	香河县	段学中
39	传统美术	五谷粮食画	安次区	刘永山
40		百宝嵌	广阳区	周洪俊
41		木雕	广阳区	司金波
42		柳编	固安县	王少同
43		篆刻	固安县	寇中天
44		水晶雕	固安县	张立成
45		面塑	固安县	高继泽
46		京绣	固安县	代海光
47		玉雕	永清县	张金利
48		核雕	永清县	王千星
49		錾刻	三河市	钱洪涛
50		玉雕	香河县	董玉林
51	传统技艺	珐琅制作技艺（錾胎珐琅）	安次区	张向东
52		脱胎漆器髹饰技艺	广阳区	许晓芳（女）
53		雕填漆器髹饰技艺	广阳区	缑建辉
54		玳瑁雕刻技艺	广阳区	司亚新
55		传统古建筑营造技艺	永清县	张有利
56		传统杆秤制作技艺	永清县	刘志清
57		把子道具制作技艺	固安县	邢宏泽
58		雕漆技艺	固安县	朱　江
59		陶器烧制技艺	固安县	王　秀
60		去皮芝麻酱制作技艺	固安县	李泽鹏

续表 37-3

序号	类别	项目	保护单位	传承人
61	传统技艺	胜芳松花蛋制作技艺	霸州市	李　勇
62		宫毯织造技艺	文安县	周子华
63		苏桥熏鱼制作技艺	文安县	靳建旭
64		文安熬鱼烹饪技艺	文安县	李国卿
65		鲁班锁（枕、凳）制作技艺	三河市	吕文忠
66		古籍修复技艺	三河市	亢长山
67		函套制作技艺	三河市	亢长山
68		烧蓝技艺	香河县	齐兆友
69		金漆镶嵌髹饰技艺	大厂县	穆祥勇
70		珐琅釉料烧造技艺	大厂县	徐国伟
71		景泰蓝制作技艺（老天利）	大厂县	黄友民
72	传统医药	中医正骨疗法（李氏正骨）	广阳区	李　平
73		中医正骨疗法（司氏正骨）	广阳区	司海坤
74	民俗	火神信仰民俗	霸州市	王志计
75		河灯习俗	霸州市	崔正杰
76		栲栳山社火	三河市	孟召明

【文物保护】　2016年，廊坊市国有文物收藏单位19家，不可移动文物2552件。廊坊市文物管理处起草《廊坊市文物保护管理办法》（送审稿），并通过廊坊市立法论证会的立法审议。全市文物收藏单位文物信息通过河北省文物局验收。文安城墙三维实景数字影像模型建设成型。解氏祠堂、刘街村刘源灏旧居、刘家祠堂等5处文物保护单位申报第六批省级文物保护单位。开展廊坊市战国长城复查，修缮永清县刘源灏故居、安次区解氏祠堂。编印《廊坊碑碣苑》宣传册、《文物保护法律法规汇编》。《永定河工图册》获廊坊市2016度社科著作二等奖。

（蔺　琳）

文艺团体

【概况】　2016年，廊坊市文学艺术界联合会管理文艺家协会17个，其中直属文艺家协会11个，分别为市作家协会、市美术家协会、市书法家协会、市摄影家协会、市音乐家协会、市民间文艺家协会、市戏剧家协会、市曲艺家协会、市影视家协会、市舞蹈家协会、市评论家协会；所属社团6个，分别为市诗词协会、市楹联学会、书画家联谊会、市艺术家协会、儒学学会、检察官文联。

【文化艺术活动】 2016年，廊坊市举办第十届"幸福廊坊"文化艺术节，组织规模演出活动12场次。其中，广场展演活动6场，进社区、进企业慰问演出5场，剧场专题演出1场。举办第四届"梦想如歌"合唱艺术节，结合"彩色周末"群众广场文化活动，组织专题展演比赛12场。开展"欢乐城乡·文化惠民"送文化下乡活动，组织文艺团队到农村慰问演出370场次。举办第二届京津冀（廊坊）京东大鼓书会、"和声廊坊"第二届京津冀合唱音乐会，组织公益性"月来月有戏"精品演出12场。其中，本地院团3场，全市调演1场，邀请国家京剧院、中国煤矿文工团、北京京剧院、沈阳评剧院演出8场，演出内容涵盖戏曲、综艺、儿童剧、曲艺等形式。举办"百名画家画廊坊·百名摄影家拍廊坊"品牌活动，以"中国梦·廊坊梦·百姓梦"为主题，甄选全市优秀美术摄影作品，分别赴北京市东城区、天津市和平区、衡水市、保定市、承德市、秦皇岛市、唐山市，以及固安县、大厂县巡展，并在首届京津冀运河书香节和全省公共文化服务体系建设现场会上展出。

【书法艺术作品（廊坊）邀请展】 9月24日，河北省硬笔书法协会、廊坊市社科联、中共固安县委、固安县人民政府共同主办的传承有道——书法艺术作品（廊坊）邀请展暨大美固安——河北省第六届硬笔书法大汇展在固安大剧院开幕。中国硬笔书协、省内各市硬笔书协代表、廊坊市各县硬笔书协代表，以及部分获奖作者500余人出席开幕式。展览汇集省内外数百名书家的优秀作品，收到各地选送作品5400余件。经初评、复评和终评，评选出一等奖10名，二等奖20名，三等奖31名，入展250名，入选270名，省外特等奖20名。

2016年第九届"廊坊文艺繁荣奖"突出贡献奖获奖一览表

表38

序号	获奖人（协会）	职务
1	廊坊市书法家协会	
2	廊坊市曲艺家协会	
3	兰万玲（女）	廊坊市戏剧家协会副主席兼秘书长、 廊坊市百花戏剧艺术团团长、著名剧作家
4	刘树滋	三河市文联主席、《苍生文学》主编、浩然文学纪念馆馆长
5	姚占芳	廊坊市美术家协会副主席、 中国首家村级画院——霸州市范家坊工笔画院创建者
6	周长锁	（笔名：晓歌）大城县作家协会主席
7	王晓燕（女）	廊坊市非物质文化遗产保护中心主任、 廊坊市非物质文化遗产展示中心创建者

（韩宇婷　蔺　琳　耿明明）

文艺作品

【概况】　2016年，廊坊市推进实施“廊坊文艺精品出版工程”。市文联编辑出版《廊坊文学》4期，发表各类文艺作品百余件，其中10余件作品被全国各大期刊及网站转发；编辑出版《廊坊书法院首届院展作品集》《华夏正气——京冀书画名家作品集》《映像廊坊》《廊坊艺术之旅》等。市作家协会编写的反映廊坊抗战题材长篇小说《永远的大运河》出版发行。市文联作家李铮创作的长篇历史小说《董海川》和《张华传》出版，女作家李绵星创作的长篇小说《操盘手》出版，儿童文学作家张玉清的小说绘本《女孩与蝉》获冰心儿童图书奖。

【新编反腐题材现代京剧《脚印》】　8月31日，新编反腐题材现代京剧《脚印》在廊坊影剧院演出。京剧《脚印》由市剧协作家兰万玲主创，以“新中国反贪第一大案”刘青山的真实故事为背景题材，讲述中华人民共和国成立初期大贪污犯刘敬山被依法处决及其生前身后的故事。全剧情节围绕贪污犯刘敬山的妻子繄惠兰的命运主线展开，从人性的角度塑造剧中人物，艺术地再现历史。全剧综合运用多种舞台艺术技巧，以独特的“闪回”表现形式，揭示主人公从迷茫、苦闷、纠结到坚定信仰、真诚奉献的心路历程，以此警醒行为上、意念中走向贪腐的人。《中国纪检监察报》《中国文化报》《光明日报》、央视网、中国作家网等媒体宣传报道《脚印》。

2016年第九届“廊坊文艺繁荣奖”获特等作品奖一览表

表39

序号	作　品	作者	所获荣誉
1	书法作品　《行书册页》	张志庆	作品获全国第十一届书法篆刻展优秀奖及总分第一名
2	民间工艺　《脱胎金漆镶嵌千秋瓶》	徐晓芳	作品获全国第十二届民间文艺山花奖工艺美术金奖
3	民间艺术　《香河中幡》	香河县安头屯中幡会表演队	作品获全国第十二届民间文艺山花奖金奖
4	摄影作品　《观众席里有他》	相恩余	作品获全国第25届摄影艺术展览优秀作品奖
5	美术作品　国画《梦回乐园》	张玉华	作品入选第十二届全国美术作品展
6	美术作品　漫画《新宠》	高世迎	作品入选第十二届全国美术作品展
7	音乐作品　歌曲《俏》	赵　远	作品获河北省第十届“五个一工程奖”
8	文学作品　散文集《在看不见的世界中》	李东辉（盲人作家）	作品获河北省作家协会第一届散文大赛一等奖

2016年第九届“廊坊文艺繁荣奖”获优秀作品奖一览表

表40

序号	类别	作　品	作者（表演者）
1	美术类	国画作品《苗岭春歌》	谢建军
2		国画作品《查干湖》	苗庆华
3		国画作品《梦在晨风中流动》	刘东彦
4		油画作品《画出来的人生》	白春禹
5	曲艺类	短篇评书《爷爷心事》	姜子龙
6	摄影类	摄影作品《长城》	马　冲
7		摄影作品《攻坚》	张晓坡
8	书法类	《楷书作品》	张国强
9		《楷书作品》	杜继才
10		《楷书条幅》	张秀国
11		《行草条幅》	张德君
12	文学类	长篇历史小说《吕端全传》	李　铮
13		长篇现代小说《霾来了》	李春元
14		长篇纪实文学《布衣大师》	阎伯群
15		散文作品集《对镜贴花黄》	李　琦
16		儿童文学《直面青春系列》	张玉清
17		短篇小说《顶冠红》	张建丽
18		小小说《半场电影》	刘怀远
19		新故事《花乡寻梦》	刘怀纪
20		诗歌《另一片旷野》	王克金
21	舞蹈类	中国舞《中国妈妈》	廊坊市老年艺术团
22		中国舞《闹起秧歌诉情思》	王　琳　朱凤玲　田　鹏
23	音乐类	器乐曲《喜庆》	张美瑞
24		歌曲《陪着爸妈这就出发》	王知音
25		歌曲《老故事 新故事》	谷继峰

（韩宇婷）

报　纸

【概况】　廊坊日报社负责《廊坊日报》《廊坊都市报》、廊坊传媒网的办报、编辑、印刷、发行工作，在职干部职工455人，离退休干部职工212人，在职人员中，机关260人，在编人员113人，聘用人员147人。内设36个部室科，印刷厂1个。2016年，《廊坊日报》《廊坊都市报》、廊坊传媒网、各媒体官方微信、微博和廊坊云报手机客户端、廊坊云报屏、电子阅报栏、呼叫平台、QQ群等媒体发布终端直接用户100万人。承办社会公益活动。第五届“十一欢乐节”期间，吸引参观、游览、购物人员22.8万人，销售车辆712部，交易额8.2亿元；10月9日，举办廊坊“双星”评选，产生“生活好、有理想，我为家乡贡献长有为之星”以及“生活好、寿命长，耄耋老人爱家乡长寿之星”100名；10月22日，在时代广场举办第八届读者节，参与单位、企业、部门、社区200余家，读者2万余人，现场订报2000份。年内报纸发行量8万份，同比增长10%。其中，《廊坊日报》5万份，《廊坊都市报》3万份。在中央级和省级平面主流媒体及重点网络媒体发稿1518篇。其中，在《人民日报》、新华社、《光明日报》《河北日报》等国家级、省级主流平面媒体刊发宣传廊坊稿件354篇，人民网、新华网、中国新闻网等重点网站发稿件1164篇。围绕推进协同发展、大智移云、招商引资、环境治理、美丽乡村等全市中心重点工作，在《人民日报》刊发稿件19篇、新华社刊发稿件46篇、《光明日报》刊发稿件4篇，《经济日报》刊发稿件13篇（含头版头条1个）。廊坊日报社获“中国十大地市党报”称号、“十二五”中国创新社会管理先进单位、全国报刊广告“金推手”奖优秀单位奖、全国报纸自办发行先进集体等省级以上集体荣誉21项。

【《廊坊日报》】　2016年，《廊坊日报》出版报纸343期。开设《精彩“十二五”、幸福新廊坊》专栏，刊发《夹岸桃花蘸水开》《新城绿染金走廊》《纵横通衢连八方》等稿件，展现廊坊时代变迁、社会进步。推出“贯彻落实市委五届八次全会精神系列述评”，刊发《前瞻廊坊新愿景》《喜看崛起金走廊》等稿件；推出“廊坊走在全省前列系列述评”，刊发《引领廊坊发展的科学决策》《“全省走新路 廊坊要率先”的必然选择》《廊坊全面崛起的推进器》等稿件；推出“创建国家公共文化服务体系示范区”“生态优先、绿色发展”、透视“5·18”经洽会、把“大智移云”作为廊坊发展首位、“好日子是干出来的”等系列综述、述评、评论。继续开办《纠风进行时》《法律援助热线》《媒体110》《有事您说话》等栏目，刊发稿件500余篇。在河北省新闻奖评选中，《廊坊日报》7篇作品获奖。

【《廊坊都市报》】　2016年，《廊坊都市报》全面升级改版，出版报纸237期。开辟“社区故事汇”板块，走访社区90余个，出版40余期，刊登《市区主城区新增14个社区》《小区难寻“废品王”原是回收价格低》《“姑娘快来拿回你的钱！大爷的脚没事儿”》，以及“读书日·闻墨香”“迎新年 寻年味儿”等系列报道稿件200余篇。新闻调查中心推出“春节话安全”“又到清明时”“控烟在行动，给身边人纯净的呼吸”等系列报道，配合创建全国文明城市，开设《厚德廊坊人》栏目，刊登报道6篇，推介“厚德廊坊人”6人（团体）。纪念建党95周年及红军长征胜利80周年期间，策划“星火足迹·廊坊寻踪”系列报道，刊发稿件13篇，图片13幅。

推出“全面小康启新程聆听廊坊春之声”系列报道，刊登《生态宜居城市向我们走来》《向现代立体交通网络迈进》《打造体育城市新名片》《呵护碧水蓝天 廊坊人“众志成城”》等20个整版。“问暖热线”接听市民回复咨询3000余条，解决百余户家庭供暖问题。《廊坊都市报》采编人员武香君、张泰源、刘冰、任雨薇的稿件获河北新闻奖一等奖。11月，《廊坊都市报》执行总编赵志峰被中共河北省委宣传部选评为河北省第三批“燕赵文化英才”。

【廊坊市“三个十”评选活动】 2016年度廊坊市“三个十”（十大新闻、十大新闻人物、感动廊坊十大人物）评选活动由廊坊日报社主办。参加“十大新闻”评选活动的候选新闻事件20件，参加“十大新闻人物”评选活动的候选人20名，参加“感动廊坊十大人物”评选活动的候选人21名。活动主办方将上述参加“三个十”评选活动的候选新闻事件、候选新闻人物事迹、候选感动廊坊人物事迹分期刊登在《廊坊日报》。活动经过读者报名推荐、公开投票、评委评审三个阶段，最终评选出2016年度廊坊“十大新闻”“十大新闻人物”“感动廊坊十大人物”。

【2016年廊坊十大新闻】 2016年廊坊十大新闻是：市委五届十一次全会召开，确定建设创新驱动经济强市发展定位；廊坊市文明创建取得明显成效，文明新风荡漾和谐幸福之城；廊坊市大气污染防治取得阶段性成果，市区空气质量达标天数增加23天；“大智移云”成廊坊首位产业，转型升级驶入快车道；成功创建国家公共文化服务体系示范区，全市公共文化服务体系水平得到全面提升；廊坊市实现“全国双拥模范城”创建“六连冠”，军地双拥共建的大好局面巩固发展；“5·18”经洽会盛大召开，融入“一带一路”，点亮“双创”主题；全市财政收入再创新高，两项指标增速位居全省第一；“十一欢乐节”形成品牌，助推廊坊旅游产业和节庆经济发展；廊坊体育事业发展态势良好，“新奥杯”世界围棋公开赛花落廊坊，中国式摔跤发展委员会秘书处落户廊坊。

【2016年廊坊十大新闻人物】 2016年廊坊十大新闻人物是：责任化纠纷争做好法官的王海英；环保攻坚战抗霾一线人的王奇峰；回馈无止境责任显担当的李海燕；深情报社会传奇好院长的门德志；平时多流汗战时少流血的何川；化探领路者敢为天下先的王学求；一条无悔路34年气象情的刘伯华；退休不离岗幸福青少年的马贺年；甘为“科技牛”促农民增收的王明耀；助农民致富种出“金蘑菇”的侯桂森。

【2016年感动廊坊十大人物】 2016年感动廊坊十大人物是：扎根三尺讲台守望学生成长的董茂霞；社区当家人真情暖民心的张侠；为救重病人昏厥在岗位的赵鹏；农民有大爱勤谨为公益的荣永利；做教研路上最美追梦人的何金英；热心女税官奉献正能量的柴宇；诚信赢市场真诚待员工的滑振富；让生命延续让爱心升华的刘午华；德育工作者博爱先行人杨明章；一条爱心路往返行8年的贾兵兵、刘佳伟。

（李亚北　张　莉）

广播电视

【概况】 2016年，廊坊市广播电视台全面深化电视完全频道制改革，加强新闻舆论宣传引导，提升新闻报道质量和节目品牌影响力，推进媒体深度融合。3个电视频道和3个广播频率全年播出52597个小时，电视广播综合覆盖率100%。宣传报道党的十八届六中全会、省第九次党代会、全省经济工作会议以及市委全会、市“两会”、“5·18”经洽会、“9·26”农交会、军民融合展洽会、大数据产业周等重要会议活动。策划推出《春涌廊坊》《坚决打赢大气污染防治攻坚战》《创建国家公共文化服务体系示范区》《创文明城市、建美好家园》等20余个专题专栏。实施广播电视节目无线数字覆盖工程。8月，中央12套节目和廊坊3套节目试运行播出。12月，总投资500余万元的公共频道、导视频道高清改造工程完工，所有节目可通过终端实现远程云存储，实现在前期采集摄录、后期编辑制作到节目传输播出各环节全程高清化。全年在中省媒体发稿总量达到982条。其中，中央主流媒体发稿149条，包括中央电视台62条、中央人民广播电台71条、新华社音视频通稿16条。在河北广播电视台发稿833条。郝钢、冯子硕主持的《颂燕赵英雄儿女，梦中华复兴崛起——廊坊市纪念中国人民抗日战争暨世界反法西斯战争胜利70周年诗歌演唱会》、黄建平播音主持的《爱心的温暖》分别获河北播音主持奖一等奖。播音员主持人李洪振、编辑记者张海涛被中共河北省委宣传部、河北省新闻工作者协会评为河北省第七届优秀新闻工作者。刘梦元在全省“好记者讲好故事”演讲比赛中获二等奖。

【电视】 2016年，廊坊市广播电视台电视各频道打破原有节目编排，各频道重新定位规划，建立完整节目体系。廊坊一套定位新闻综合频道，包含时政新闻、市县新闻、民生新闻、深度调查、新闻综合等各类形式新闻节目10档。廊坊一套定位新闻综合频道播报的“欢欢喜喜过大年”“新春走基层”“春涌廊坊”“走基层我们一起劳动”“夏日里的坚守”“献礼国庆”、大型航拍“秋日瞰廊坊”等一系列主题采访活动，内容丰富，节目可视性增强；廊坊二套定位生活频道包含生活服务、美食旅游、情感故事等与百姓生活息息相关的内容，为百姓生活提供全方位服务；廊坊三套定位快乐频道，以综艺娱乐、草根才艺展示、电影动画为主要内容，8档节目为百姓提供文化娱乐服务。《廊坊零距离》《新闻开讲》《廊坊生活帮》《快乐少年》等一批品牌栏目改版开播。

【广播】 2016年，廊坊市广播电视台广播各频率延续与社会公司合作，FM95.1新闻综合频率与“车语传媒”达成战略合作，节目内容全新改版升级并于3月9日全新播出。早晚高峰节目《廊坊早班车》《伴你同行》，提供道路交通情况；监督服务类节目《百姓热线》解决群众反映问题，呈现问题沟通处理过程；市场类节目增加《我爱我家》《车行千里》《大咖帮您购》等节目，涉及购物、财经、房产、汽车、娱乐各方面内容。增强与听众互动交流，“畅行951”FM95.1频率与360智能摄像机云直播平台合作，4月26日开通“水滴直播”，成为廊坊首套能够视频同步直播的“可视广播”频率；FM105音乐频率与深圳淳德文化传媒有限公司合作，“飞扬105”成为融合经典、流行音乐、正向资讯、话题的类型化音乐广播，《晨光音乐行》《音乐正流行》等7档直播节目形成品牌；FM100.3长书频率调整节目内容及播出形式，6月起在早晚高峰各开辟出一个半小时时段，增加经典相声、小品等文艺节目，开辟绿色健康养生类节目《养生大讲堂》，丰富节目形式，拓宽收听群体范围。

【电视直播】 2016年，廊坊广播电视台利用直播手段，围绕全市中心工作、重点节日，配合各部门开展工作，策划承办中国梦赶考行廊坊365百姓故事汇活动、美丽河北成果展示活动、圆梦女孩志愿行动、“观看红色电影，回忆峥嵘岁月”红色电影进社区公益放映活动、爱心送考、“百日无违法，送您一吨油”活动、“122全国交通安全日”服务季等大型公益活动，传递社会正能量；依托广播电视节目，策划举办零距离进社区、电视一家亲、金牌社区评选、首届广播电视主持人大赛、中国好声音廊坊赛区总决赛、“健康舞起来”第三届电视广场舞大赛、“快乐成长 舞动未来”2016年廊坊电视少儿舞蹈大赛、2017年廊坊少儿春节联欢晚会、环渤海大型汽车团购会、万达购物节等线上线下活动，取得经济效益与社会效益双丰收，扩大廊坊广电品牌影响力。完善电视直播录播功能，投入80万元改造演播厅灯光设备。投入202万元完善视频系统，增加VR虚拟技术和转播车3个讯道。电视移动直播车投入使用，全年承载各种电视节目直播录播活动近50场。

【推进媒体融合】 2016年，廊坊广播电视台从硬件到运行机制全方位实现传统媒体与新媒体融合，形成一次采集多终端发布传播格局。在原有官方网站、微博、微信、手机客户端等平台基础上，开发和建设新媒体项目。开通“智慧廊坊”手机台，开展视频服务与政商服务；廊坊网络广播电视台一期项目建设完工，包括新媒体媒资管理平台、在线编辑平台、移动采稿平台，内容本地原创；建成新媒体播控平台，包括多画面信号监测、IP流编单播控等系统，实现广播、电视节目网络播出信号的实时监控和广播的视频直播；建成户外大屏联网播控平台；启动“云媒资”项目和智慧社区服务平台建设，服务全市“大智移云”产业发展；环京津新闻网新版系统提档升级，新闻模块突出评论、投票等社交功能，政务子系统包括政务网站建设、新闻发布、政务咨询与政务预约办理等。在2016中国新媒体门户大会上，环京津新闻网获中国新媒体地方门户最具发展潜力奖。9月，环京津新闻网站进入全国城市新闻网站综合传播力30强，全年排名进入前50，入列腾讯新闻和今日头条的河北省舆情观察员单位。

【第十五届品味车苑汽车文化博览会】 5月18日至21日，第十五届品味车苑汽车文化博览会在廊坊市体育场举办。活动由廊坊市人民政府主办，廊坊广播电视台承办。展期4天，展览面积2万平方米，参展汽车品牌50余个。博览会现场提供汽车保养服务，新增二手车展区、汽车后市场展区和金融保险展区，为购车者提供一条龙服务。其间，举办“车展团购”“‘爱我家乡，绘我廊坊’518名儿童万米长卷绘画”“‘快乐绽放、幸福长久’环京津网首届家庭日”等特色活动。

（孙孝坤 马兰兰）

2015—2016年廊坊市广播电视事业统计表

表41

项　　目	单　位	2016年	2015年
一、电台情况			
1. 中波台	个	1	1

续表 41-1

项　　目	单　位	2016 年	2015 年
2．调频台	个	8	8
二、电视发射情况			
1．电视台	座	3	3
2．电视转播台	座	5	5
三、行政区域有线电视网	个	9	9
市级	个	1	1
县级	个	8	8
全市有线电视用户总数	万户	78.15	75.7
市区	万户	32.12	31.1
全市有线电视入户率	%	47.30	45.61
市区	%	73.20	71.74
主干线长度	千米	4479.50	4064.20
四、覆盖情况（广播人口综合覆盖率）			
广播	%	100	100
电视	%	100	100
五、系统内专业人员情况			
工程技术人员	人	308	184
新闻出版人员	人	271	276
播音人员	人	75	74

（李柏霖）

档案管理

【概况】 2016 年，廊坊市 19 个单位档案目标管理认定。其中，国网冀北电力有限公司廊坊供电公司通过六星级认定，廊坊市人民检察院通过 AAAAA 级认定。指导市司法局等 50 多个单位开展文件归档接续工作，市直单位年度归档合格率 95%。举办会计档案业务培训班，培训全市档案员及财会人员 120 名。县级档案部门举办文书、会计、声像档案管理办法及档案法律法规、目标管理认定、土地确权登记颁证业务等专题培训班 19 期，培训人员 1288 人。大厂县、大城县档案馆新馆建设选址并规划设计方案，文安县、大城县、大厂县、霸州市档案库房和档案装具升级改造完工。市档案局编辑《廊坊大事记（1984—2010）》，修改《中共廊坊市档案局（馆）组织史资料》第五卷（2006年8月至2011年9月），配合国家档案局和省档案局开展《抗日战争档案汇编》工作；编制《廊坊市档案馆收集档案范围细则和工作方案》，明确档案接收范围，严格接收程序，将民政、教育、卫生、社保、土地等档案纳入档案资源体系建设。市、县档案馆接待利用者7482人次，调阅档案20298卷次、5300件次。其中，市档案馆接待利用者791人次，调阅档案3093卷（件）次，为大中专院校、破产企业等单位的人员办理离职退休、审核学历学位等提供档案证明。全市11个综合档案馆向社会开放满30年档案77334卷、56039件，其中廊坊市档案馆开放67个全宗的1669卷档案。年内，廊坊市档案馆接收破产企业和撤并单位档案2183件，接收政务信息公开文件400件，馆藏档案累计173个全宗、104977卷、23560件；各县（市、区）档案部门接收纸质档案2510卷、10581件。全市11个综合档案馆有全宗1371个，馆藏档案累计579151卷、404771件。其中，中华人民共和国成立前档案1126卷、1298件。

【档案行政执法】 2016年，市、县两级档案部门依据《中华人民共和国档案法》《河北省档案工作条例》规定，开展全市档案行政执法检查。在各单位自查基础上，市档案局抽查市直34个单位及大城、文安、霸州、永清、固安、安次6县（市、区）的18个乡镇和12个县直单位，检查贯彻实施档案法律法规、档案基础设施建设、档案室综合管理等情况。监督检查乡镇档案工作，对存在严重问题的6个乡镇制发限期整改通知书。

【档案信息化建设】 2016年，廊坊市档案馆扫描馆藏档案40万幅，累计372万幅，录入教委派遣证、调动介绍信、珍贵档案等文件级目录1万余条；县级档案馆扫描档案712.2万幅，录入文件级目录50.6万条。指导市直单位档案室数字化建设，制定《市直单位档案室数字化五年规划》，提出5年内市直单位全部实现档案室数字化目标要求。

（刘书芹）

科　学

综　述

2016年，廊坊市制定出台《廊坊市人民政府关于加强知识产权强市建设的实施意见》《中共廊坊市委 廊坊市人民政府关于印发廊坊市2016年科技创新提升行动方案的通知》等一系列科技创新政策文件。开展政策解读活动，帮助企业利用好各项科技创新政策。编辑整理《建设创新型城市100条政策汇编》，兑现科技创新奖励资金2300万元。加快发展电子信息产业集群，出台《廊坊市关于促进云计算创新发展培育信息产业新业态的实施意见》及《廊坊大数据产业发展规划纲要》，发布《廊坊开发区大数据产业园规划》。廊坊大数据创新展落成并对外开放，占地3000平方米，应用系统20余个，大数据企业30余家，设置大数据展点近百个。廊坊市大数据产业示范基地和新型显示产业示范基地获省发改委批复为2016年省战略性新兴产业示范基地。

实施科学技术共建。坚持以创新驱动为统领，秉承“合作上求突破，行动上求率先，创新上求协同”发展理念，对接京津科技资源。廊坊市先后与中科院、中关村、清华大学、北京大学、中国建筑机械研究院20余家单位签署科技合作协议。全市90%以上的科技型企业与京津科研院所、高等院校建立合作关系，引进京津高科技项目和成果500余项。科技园区共建。立足产业创新、协同发展，为首都非核心功能疏解提供载体平台。廊坊市与北京合作共建北京亦庄·永清高新区、中关村固安高新技术产业园、大兴固安生物医药产业园、京冀通航产业园等科技园区。北京亦庄·永清省级高新区有大基康明、惠买在线、坤鼎投资、聚信产融投资和宝健日用品、中科智能制造产业园、神州数码供应链总部等13个项目签约落地，跟踪储备项目53个。创新基地共建。遵循“对接产业链、延伸创新链、放大价值链”工作思路，清华大学重大科技项目中试孵化基地、北京大学科技成果展示交易中心、北京航空航天大学机器人研究所、中科院（廊坊）创新中试基地、中国航天科工知识产权成果转化基地、中关村软件园人才培养与创新创业平台10余家科技成果孵化转化基地落户廊坊市。技术市场共建。廊坊市与中国技术交易所、中科院北京国家技术转移中心、北方技术市场、清华大学、南开大学、河北工业大学等京津冀30余家技术交易机构实现互联互通、资源共享。转化基金共建。4月4日，科技部会同京津冀三地人民政府以及社会资本共同发起设立的10亿元的“国投京津冀科技成果转化创业投资基金”获国家发改委批复。廊坊市与省科技厅共同设立的2亿元的“廊坊市创新创业投资基金”投入运营。

开展社会科学普及。廊坊市组织开展第十届社会科学成果评奖工作，评选出获奖成果315项。开展“廊坊市社会科学普及基地”申报评审，加强市社科普及基地宣传设施建设。11月，廊坊博物馆、霸州市胜芳博物馆、三河市行宫东大街街道办事处3个新建市社科普及基地挂牌成立。

（郎之鉴）

自然科学

【概况】 2016年，廊坊市规模以上工业高新技术领域企业290家，产业增加值202.4亿元，占规模以上工业增加值30%。年内新增科技型中小企业1442家，总数达4303家，60%集中在“大智移云”新一代信息技术、高端装备制造、新能源、新材料、生物医药等战略性新兴产业领域。新增年销售收入超亿元科技小巨人企业106家，总数达276家。新增高新技术企业38家，总数达192家。技术合同交易总额21.09亿元，吸纳京津技术235项。年内争取省以上科技项目209项，获得扶持资金2.02亿元。其中，国家级科技项目97项，资金1.61亿元。在全省首次表彰的30个高层次创新团队中，廊坊市新奥科技、固安鼎材、润泽科技、太库科技4个创新团队受到表彰。京津冀绿色设计走廊、设计瑰谷园区、绿色设计研究院启动建设。2月，廊坊市科技局获省科技厅、省人社厅“河北省科技管理先进集体”表彰。5月，在河北省公布的29项重点工作指标排名中，廊坊市科技创新（培育科技型中小企业、科技小巨人、建设众创空间、实施重大科技成果转化项目等）排名居全省第一。

2016年，廊坊市采取政府主办、企业自办、政企合办、团队引进、整体复制等形式，建设集苗圃、孵化器、加速器于一体的企业孵化平台，延伸预孵—孵化—加速服务链。新增9号咖啡、京东WORK+、扬帆起航等9家国家级众创空间，新增融创空间、志晟互联网+创客中心等4家省级众创空间，增量居全省第三，全市众创空间35家；新增中兴科技园、谊安科技等11家市级孵化器，全市孵化器31家，其中省级以上11家，增量居全省第一；建设“九州星创天地”等22家“星创天地”，其中国家级6家，居全省第一。全市各类孵化平台88家，孵化场地面积130万平方米，聚集国内外创业导师300余名，与华能信托、长城基金、长青股权等10多家投资机构建立投融资合作关系，入驻企业和创客团队近2000个。年内新增市级以上研发机构118家，河北省航天遥感信息工程技术研究中心、河北省物联网数据采集与处理工程技术研究中心等5家纳入省级研发平台。全市各类研发平台353个，其中国家级32个，省级41个。出台《关于加快协同创新共同体建设促进科技成果转化行动计划（2016—2018年）》《廊坊市产业技术创新战略联盟构建与发展实施办法》，鼓励企业、大学和科研机构开展技术合作，提升产业整体竞争力。年内燕郊高端装备制造、大城保温材料、香河机器人、大厂影视创意等8家产业技术创新联盟成立并申请备案。建设域外孵化器，零距离对接引进全球最新科技成果。年内太库以色列中国创新中心成立，成为廊坊企业在国外设立的第四家孵化器。截至年底，华夏“太库”、宏泰“泰智会”在北京、上海、深圳、南京及美国硅谷、韩国首尔、以色列特拉维夫、德国柏林、芬兰等地区和国家建立创新创业平台19个，引进和孵化转化科技成果、企业660个。

全市登记科技成果77项，其中国际先进2项，国内领先44项，国内先进21项，14项科技成果获省级科学技术奖励。

2016年廊坊市科学技术省级奖励项目一览表

表42

序号	类别	项　目	完成单位	等级
1	自然科学	侧壁无开口封闭空间火灾燃烧与烟气输运动力学	中国人民武装警察部队学院	三等奖
2	技术发明	复杂气藏成藏实验技术及应用	中国石油天然气股份有限公司勘探开发研究院廊坊分院	二等奖
3	科技进步	渤海湾盆地高温深层复杂油气藏高效改造关键技术与应用	中国石油天然气股份有限公司勘探开发研究院廊坊分院、中国石油天然气股份有限公司华北油田分公司	一等奖
4	科技进步	大型地下双向水封储油洞库群建造关键技术及应用	中铁隧道集团二处有限公司、中铁隧道集团有限公司、东北大学	二等奖
5	科技进步	全新紧凑型锚杆锚索钻车	廊坊景隆重工机械有限公司	二等奖
6	科技进步	海相碳酸盐岩岩相古地理及应用	中国石油天然气股份有限公司勘探开发研究院廊坊分院、长江大学	二等奖
7	科技进步	无线传感器网络监测系统的信任管理与可靠性保障机制	华北科技学院	二等奖
8	科技进步	陆相页岩有利区优选技术	中国石油天然气股份有限公司勘探开发研究院廊坊分院	三等奖
9	科技进步	低渗致密砂岩气藏开发机理研究	中国石油天然气股份有限公司勘探开发研究院廊坊分院	三等奖
10	科技进步	DG5000型沥青混合料搅拌设备	廊坊德基机械科技有限公司	三等奖
11	科技进步	油气管道复杂地质定向钻穿越技术研究与应用	中国石油天然气管道局	三等奖
12	科技进步	热收缩带机械化补口技术与装备研制	中国石油天然气管道局	三等奖
13	科技进步	设施作物生产智慧决策与集群控制关键技术研究应用	廊坊市思科农业技术有限公司、中国农业科学院农业信息研究所	三等奖
14	科技进步	大功率LED混光照明与智能控制关键技术研究及系列化产品研制	北华航天工业学院、鑫谷光电股份有限公司	三等奖

2016年廊坊市认定众创空间一览表

表43

序号	众创空间	运营单位	管理机构
1	长城众创空间	三河长城实业有限公司	三河市科技局
2	动力组创客空间	三河市职业技术教育中心	三河市科技局
3	知天地环保众创空间	三河市晟科检测检验有限公司	燕郊高新区科技局

续表 43-1

序号	众创空间	运营单位	管理机构
4	Auto Space	大厂回族自治县车创科技企业孵化器管理有限公司	大厂县科技局
5	中冶长城创客空间	中冶长城重型机械制造有限公司	香河县科技局
6	星火软件创客空间	廊坊科技企业孵化器有限公司	广阳区科技局
7	乐聪众创空间	河北乐聪网络科技股份有限公司	广阳区科技局
8	达慧科技众创空间	廊坊市达慧科技有限公司	广阳区科技局
9	蚁巢创客空间	河北蚁巢创客空间有限公司	广阳区科技局
10	牛之顿众创空间	廊坊市牛之顿科技有限公司	安次区科技局
11	肽谷生物医药众创空间	太库科技创业发展有限公司	固安县科技局
12	文安县多麦电商云创客空间	廊坊多麦电子商务有限公司	文安县科技局
13	大城县乐 go 红木众创空间	大城县慧宇创业服务有限公司	大城县科技局
14	浪潮大数据众创空间	廊坊浪潮大数据创新应用有限公司	廊坊开发区经发局
15	海智创客之家	廊坊智慧环境生态产业研究院有限公司	廊坊开发区经发局

2016 年廊坊市认定科技企业孵化器一览表

表 44

序号	孵化器	运营公司	管理机构
1	河北谊安创业孵化器	河北谊安创业孵化器有限公司	燕郊高新区科技局
2	中兴科技园孵化器	三河中兴发展有限公司	燕郊高新区科技局
3	中信国安孵化器	国安创客投资有限公司	香河县科技局
4	中关村（廊坊）软件园	廊坊科技企业孵化器有限公司	广阳区科技局
5	青云孵化器	青云企业孵化器（廊坊）有限公司	广阳区科技局
6	志晟创业孵化器	河北志晟信息技术股份有限公司	广阳区科技局
7	廊坊金成科技企业孵化基地	廊坊市金成科技成果孵化有限公司	安次区科技局
8	永清智能控制产业园孵化器	永清鼎泰园区建设发展有限公司	永清县科技局
9	融创家具创业孵化器	集思广益创业孵化器（霸州）有限公司	霸州市科技局
10	大城县创业孵化基地	大城县慧宇创业服务有限公司	大城县科技局
11	廊坊企联环保产业发展服务中心	廊坊开发区企联环境监测中心有限公司	廊坊开发区经发局
12	廊坊市智慧环境生态产业孵化器	廊坊智慧环境生态产业研究院有限公司	廊坊开发区经发局

【科技投融资体系建设】 2016年，廊坊市推进科技创业投资融资体系建设，构筑天使投资、创业投资、产业投资为主体的投资体系。国投京津冀科技成果转化创业投资基金在廊坊市注册，由科技部牵头、京津冀三省市参与组建，资金规模10亿元。廊坊市创新创业投资基金投入运营，资金规模2亿元，该基金与河北乾源通信设备有限公司签订第一笔2000万元股权投资。年内，廊坊市以市高科创投为依托，使用2000万元科技金融专项资金设立科技型企业贷款风险资金池，引导银行、担保等金融服务机构给予科技企业信贷支持。廊坊银行成立科技金融事业部和廊坊银行霸州科技支行。建行融汇支行确立逐步向科技支行转变目标。全市利用科技型企业贷款风险资金池，撬动银行资本1.6亿元，为40多家中小企业解决融资难问题。按照1∶10放大倍数撬动银行资本投向科技型企业，降低企业贷款门槛，全市新增科技型中小企业贷款7526万元，解决蓝科华骋河北新能源、河北松乐等41家科技型企业融资问题。市高科创投联合廊坊市科技企业孵化器、众创空间共同设立廊坊高科创业天使基金，基金规模1000万元。

【科技合作】 2016年，廊坊市全面对接北京科技创新资源和科技成果，推进科技研发创新成果转化引领区、京南国家科技成果转移转化示范区和环首都现代农业科技示范带等创新战略平台建设。京南·固安高新区、亦庄·永清高新区、霸州开发区3个园区被省委、省政府批准为京南国家科技成果转移转化示范区核心区。截至年底，全市有燕郊、亦庄·永清、廊坊、龙河、京南·固安、大厂6家省级以上高新区，聚集科技型企业5800家，主营业务收入超过1700亿元。全年建设市级以上农业科技园区27家。其中，三河、大厂、固安3家为国家级农业科技园区。推进转化基地建设承接，中关村软件园人才培养与创新创业平台、清华大学（固安）中试孵化基地、中国航天科工军民融合成果转化基地等15家科技成果孵化转化基地成为孕育创新型企业和高端人才的重要载体。其中，清华大学重大科技项目中试孵化基地，吸引“水系离子电池”“视觉导航无人机”“锂离子电池项目”20余个项目入驻。燕园德普二氧化碳空气源热泵、亚天盾碳纤维、飞德太科60多个高新技术转化项目落户京津冀（廊坊）协同创新创业基地，基地成为华北地区最大科技成果孵化转化和展示交易中心。廊坊市全年吸引京津科技型企业和成果项目200多家，累计2600个。

【科技创新团队表彰】 9月28日，廊坊市召开全市科技创新大会。会上，市委、市政府表彰科技创新团队10个。其中，在7月20日召开的全省科技创新大会上表彰新奥科技、固安鼎材、润泽科技、太库科技4个创新团队。

2016年廊坊市获奖科技创新团队一览表

表45

序号	名　称
1	新奥科技发展有限公司朱振旗“煤基清洁能源转化技术创新团队”
2	固安鼎材科技有限公司任雪艳“清华大学-鼎材OLED发光材料产业化创新团队”
3	润泽科技发展有限公司王克然“遥感与传感大数据应用环境监测创新团队”

表 45-1

序号	名 称
4	太库科技发展有限公司黄海燕“太库孵化器创新团队”
5	中国地质科学院地球物理地球化学勘查研究所王学求“国际地球化学填图研究创新团队”
6	京东方（河北）移动显示技术有限公司王鹏“触控一体化显示模组创新团队”
7	新苑阳光农业有限公司方智远“蔬菜绿色高效栽培创新团队”
8	廊坊凯博建设机械科技有限公司李守林“建筑安装施工装备关键技术研发与产业化创新团队”
9	廊坊西波尔钻石技术有限公司侯立“CVD 材料研发团队”
10	北华航天工业学院李国洪“河北省航天遥感信息处理与应用协同创新中心团队”

【知识产权与专利】 2016 年，廊坊市专利申请 4936 件，授权量 3057 件，万人发明专利拥有量 2.78 件。三河蓝洁士科技环保公司、廊坊开发区华日家具股份有限公司等 5 家企业获 1.13 亿元专利质押贷款。人保财险廊坊分公司与廊坊华日家具股份有限公司签订保费 1.1 万元专利投保协议。河北鹿鸣环保科技有限公司、蓝科华聘河北新能源动力科技有限公司专利权投资入股 3000 万元。全市知识产权试点示范企业 105 家。知识产权行政案件年结案率 100%。11 月 22 日，廊坊市召开知识产权中介机构与企业服务对接会，中誉威圣知识产权代理有限公司廊坊分公司、立成智业知识产权代理公司廊坊分公司、北京志霖恒远知识产权代理事务所廊坊分公司、北京同达信恒知识产权代理公司廊坊分公司 4 家北京驻廊坊知识产权中介机构与廊坊市 15 家发明专利大户企业代表，就企业知识产权机制、专利申请授权情况、专利保护存在的问题座谈交流。

【“1+4+N”科技创新政策体系】 2016 年，廊坊市推出“1+4+N”科技创新政策体系。“1+4+N”科技创新政策体系包括《关于加快科技创新率先建成创新型城市的决定》1 项和《关于加快发展“大智移云”引领产业升级行动计划（2016—2018 年）》《关于加快培育壮大企业创新主体行动计划（2016—2018 年）》等 4 个行动计划，以及鼓励科技人员创新创业、优化科技资源配置、财政助推全市科技创新投入等 15 项实施细则。其中，4 个行动计划提出，“十三五”期间市、县两级财政支持科技创新投入增加到 50 亿元以上，每年安排 4000 万元支持“大智移云”产业发展，给予新认定的科技型中小企业、高新技术企业 2 万至 20 万元奖励，给予新认定的企业孵化器、众创空间、协同创新基地 10 万至 100 万元奖励，实行高层次人才周转编制制度等系列惠企、惠研措施。年内，市科技局编印《科技创新文件汇编》，向科技型中小企业和创新创业者提供创业辅导，举办“1+4+N”科技创新政策解读、财政税收、项目申报、企业管理等培训 20 余期。

【国家级众创空间】 2016 年，廊坊市出台《关于推进科技创新十大工程实施意见的通知》《关于发展众创空间推进大众创新创业的六条措施》等 14 项鼓励创新创业政策措施。市财政安排众创空间建设专项经费2400余万元，用于市级以上众创空间补助。至年底，廊坊市在域内外设立国家级众创空间 14 家。其中，廊坊市在域内设立国家级众创空间 9 家，在域外设立国家级众创空间 5 家。众创空间面积 30 万平方米，创客及创新团队 500 余个。华夏幸福、太库科技、宏泰发展等企业在廊坊域外设立的太库北京、太库上海、太库深圳和北京泰智会、深圳泰智会等 5 家众创空间入选国家级众创空间。10 月，廊坊市推荐的国安创客空间、廊坊壹佰众创空间、青云创业梦工厂、廊坊华航 E 创空间、肽谷生物医药众创空间、星火创客6家众创空间入选科技部第三批国家级众创空间名单。

【京津廊创客与创意空间展】 5 月 18 日，首届京津廊创客与创意空间展在廊坊开发区会展中心举办。北京中关村软件园、北京天云融创软件技术有限公司，天津京滨孵化器、天津动力云科技有限公司，廊坊太库、京东创客WORK+、华航 E 创空间、中信国安创客空间等 37 家孵化器和众创空间参展，涉及 160 家企业（团队）的 400 余件商品。展会面积 2000 平方米，包含序厅 1 个，以及北京、天津、华夏、宏泰、三河燕郊高新区等特装区 5 个。展会接待参观人员 1.2 万人次，发放宣传资料 2.8 万份，236 家创新团队（企业）洽谈并签订合作协议（意向）168 项。

【“创新中国”创业大赛】 5 月 18 日—19 日，2016“创新中国”走进廊坊创业大赛在廊坊开发区会展中心举行。廊坊市 17 支创业团队参赛。车行易、点觉、廊坊市“城市空气质量管控系统”项目分别获得一等奖、二等奖及三等奖。

【“双创”与金融对接洽谈会】 5 月 19 日，“双创”与金融对接洽谈会在廊坊开发区会展中心举行，市委常委、副市长贾永清与会致辞。北京、天津及河北省近百家金融和投资机构与 360 余家科技型企业一对一洽谈交流。廊坊高瓷电子等 7 家融资企业通过现场路演、专家问答等形式与投资机构对接。洽谈会达成合作意向 168 项，签订合同 11 项，意向融资金额 105 亿元。会上，廊坊市与科技部、河北省科技型中小企业创业投资引导基金合作共建 2 亿元的“廊坊市创新创业投资基金”揭牌。

【在廊坊市举办 2016 中国设计节】 5 月 25 日，“2016 中国设计节”在廊坊市举办。由廊坊市人民政府与北京市大兴区人民政府、北京光华设计发展基金会共同主办，主题是“新设计、新产业、新城市”。全球各界名流、中外政商界代表、上百家国内外顶级设计机构、行业协会和数百位全球设计精英等中外嘉宾参加活动。设计展包括开幕式、主题论坛、3 个分论坛，以及“绿色设计展”4 项主体内容，布置展区 4000 平方米，设立规划城市绿色设计、工业设计、文化创意、设计代表团特色展和国内地方设计奖项获奖作品 5 个主题展览。主论坛主要交流绿色建筑与绿色建材、绿色设计、绿色制造与智能化、中欧间绿色技术合作；分论坛分为京津冀绿色设计走廊论坛、城市绿色设计论坛、家居绿色设计论坛 3 项内容。

【中加新兴科技产业城入驻廊坊高新区】 中加新兴科技产业城位于廊坊高新技术产业开发区，由加拿大 Epic Fusion 国际公司、加拿大万信国际控股有限公司、中科遥感科技集团有限公司、北华航天工业学 4 家单位共同发起，是集生产、交易、研发、教育、交流、生活、服务等功能于一体的国别型、科创型、平台型、生态型示范园区。产业城建设发展主要内容为卫星遥感、无人机、节能环保、生命科学、科技企业孵化与加速、教育与人才培养、加拿大风情小镇7个部分，符合廊坊高新区的产业定位和廊坊市"大智移云"产业方向。8月1日，产业城与高新区管委会签署中加新兴科技产业城项目用地界址确认协议，工程一期国际学校、卫星遥感和孵化器3个项目签约。

【中关村软件园人才培养与创新创业平台】 2016年，廊坊市与中关村软件园合作进入实质性操作阶段。5月17日，廊坊市人民政府与中关村软件园签署战略合作协议，决定合作共建中关村软件园人才培养与创新创业平台，推进廊坊科技研发创新成果转化引领区建设，搭建承接北京优质科技资源的高端平台。截至年底，该平台进入设计阶段。清华大学中试孵化基地的水系离子电池和视觉导航无人机2个项目入驻运营，太库众创空间入驻；锂离子电池项目、清水堂水处理设备项目、捷援通应急救援设备项目、点云科技3D打印项目签约。

（新　楠）

【京津冀食用菌技术联盟学术交流活动】 11月4日，由市科协主办，廊坊师范学院、霸州市科协协办的"京津冀食用菌技术联盟学术交流活动"在霸州市稼圃麟（廊坊）生物科技发展有限公司科协基地举办。中国科学院生物工程专家梁枝荣，北京食用菌协会会长、研究员刘宇，河北农业大学园艺学院院长李明等5位专家围绕食用菌产业发展模式、新技术新品种研发、科技成果转化和推广应用、食用菌产品深加工、农业物联网与食用菌产业结合作学术报告。来自京津冀科协、高校和科研院所、食用菌专业协会和相关企业、基地的90多人参加学术交流活动。

【第31届青少年科技创新大赛】 2016年，市科协联合市教育局举办第31届廊坊市青少年科技创新大赛，征集作品986件，评出市级获奖作品737件，选送121件参加省级大赛，获省级奖项115项。其中，一等奖19项，二等奖27项，三等奖69项；经省级选送，获国家级奖项12项。其中，香河县第一中学学生王派和香河县淑阳镇矬口中心小学学生张思宇获全国大赛一等奖，并获河北省仅有的2个"全国十佳创意之星"称号，香河县第一中学被评为"全国科技教育创新优秀学校"。10月中旬，市科协邀请中国科学院老科学家科普演讲团潘习哲、王邦平教授和中国宇航协会、中国天文学会专家到廊坊做10场巡回演讲，2000名中小学校师生参加科普报告会。

2016年廊坊市在第31届全国青少年科技创新大赛中获奖一览表

表46

奖项类别	作　品	单位及作者	奖　项
科技创意	利用六等边形特性制作太空车	香河县第一中学 王派	国家级一等奖 全国十佳创意之星
科技创意	深空探测巡视车	香河县淑阳镇矬口中心小学 张思宇	国家级一等奖 全国十佳创意之星

续表 46-1

奖项类别	作 品	单位及作者	奖 项
科技创意	融冰公路	河北省香河县第一中学 方绍武	优秀创意奖
科技创意	皓月仙宫	河北省香河县第一中学 周斌	优秀创意奖
科学幻想画	高温防暑衣	香河县城内第四小学 杨紫璇	国家级一等奖
科学幻想画	智能一体化修路机	三河市第二小学 符绍哲	国家级一等奖
科学幻想画	智能弹琴手	香河县城内第四小学 徐一丹	国家级二等奖
科技实践活动	关注古镇饮水之殇 探究身边化学之行系列科技实践活动	霸州市第四中学（集体）	国家级三等奖
科技实践活动	探究白酒酿造技艺，弘扬胜芳传统文化	霸州市胜芳镇巨华小学（集体）	国家级三等奖
青少年竞赛项目	护眼灯对植物种子发育的影响的研究	廊坊市第十三中学 王洁	国家级三等奖
青少年竞赛项目	3D 打印-室内太阳灶	廊坊市第十三中学 刘宏芳 徐加一 王湛论	国家级三等奖
科技教育创新优秀学校	——	河北省香河县第一中学（集体）	全国科技教育创新优秀学校

【第四届廊坊市青少年科技创新大赛市长奖】 根据《廊坊市青少年科技创新大赛市长奖评选办法》，经市政府批准，6 月 6 日市科协联合市教育局、团市委印发通知，正式启动第四届廊坊市青少年科技创新大赛市长奖的申报工作，收到申报材料 48 份。经过严格评审程序，9 月 23 日在《廊坊日报》公示 10 名拟获奖人选。12 月 12 日，三单位联合印发《关于第四届廊坊市青少年科技创新大赛市长奖评选结果的通报》，并发放证书、奖金。

2016 年第四届廊坊市青少年科技创新大赛市长奖获奖人员一览表

表 47

姓 名	性别	年龄	主要成果	所 在 学 校
方绍武	男	17	31 届创新大赛全国一等奖、全国优秀创意奖	香河县第一中学
李卫斌	男	9	30 届创新大赛全国三等奖	廊坊市第十三小学
刘家铭	男	9	2015 年美国 VEX 机器人世锦赛金奖，并打破一项世界纪录	管道局第三附属小学
王 洁	女	14	31 届创新大赛全国三等奖、省一等奖	廊坊市第十三中学
王 派	女	17	30 届、31 届创新大赛两次全国一等奖、两次全国十佳创意之星	香河县第一中学
袁 源	女	18	第五届全国青少年科学影像节三等奖	大城县第一中学

续表 47-1

姓　名	性别	年龄	主要成果	所 在 学 校
张思宇	女	10	31 届创新大赛全国一等奖、全国十佳创意之星	香河县淑阳镇矬口小学
张宇崴	女	18	第五届全国青少年科学影像节二等奖、第六届全国青少年科学影像节三等奖	大城县第一中学
赵　菲	女	16	第四至六届全国青少年科学影像节均获三等奖、31 届创新大赛省二等奖	大城县旺村镇初级中学
周　斌	男	18	31 届创新大赛全国优秀创意奖	香河县第一中学

（翟冀平）

【气象测报】 2016 年，廊坊市印发《廊坊市气象事业发展“十三五”规划》（以下简称《气象发展规划》），《气象发展规划》提出“十三五”期间廊坊市气象事业发展思路、主要任务、重点工程、保障措施等，确定“十三五”期间廊坊市重点实施气象灾害监测预警工程、城市运营气象服务保障工程、生态环境建设气象保障工程、现代农业气象保障工程、气象台站基础设施建设工程、云水资源开发利用工程 6 项气象系统工程。修订《廊坊市气象局 2016 年决策气象服务周年方案》，印发《决策气象服务及公众气象服务产品目录及流程》，规范气象服务流程。

气象灾害防御。市气象局组织召开气象灾害防御工作会议 2 次，下发“关于做好大风降温沙尘等灾害防御工作的紧急通知”等气象灾害防御通知 13 次。印发《2016 年气象防灾减灾绩效管理工作方案》，固安县、文安县落实气象灾害防御中心机构编制，气象灾害防御和气象信息服务职责、人员纳入全市城乡网格化管理系统；开展气象灾害应急处置工作“叫应”服务，遇有灾害发生及时开展灾害调查；编制全市气象灾害防御基础数据普查工作实施方案以及技术规范，在全市范围内确定气象灾害防御重点单位 20 家。市气象局与市环保局联合开展重污染天气过程加密会商，共同向市应急办提供重污染天气预警和启动应急响应建议 15 次，应急短信平台发送预警信息和交警提示信息 29 条次，受众 5.6 万余人次；会同市环保局、PM2.5 专家组联合会商，共同制作发布《环境气象周报》43 期、《环境评估报告》11 期、《重污染天气预警信息报告》13 期、《会商纪要》8 期。

气象知识宣传。开展“3·23”世界气象日、“5·12”防灾减灾日、“科普宣传周”及气象科普知识“进乡村、进社区、进学校、进企业、进机关、进单位”活动。推进公众气象服务全媒体融合发展，“廊坊气象”微信公众平台更新改版，发布天气预报信息 900 条，微博 1800 条，微信公众平台关注人数突破 1000 人，服务信息每月平均阅读量超过 1.5 万次。

气象服务合作。市气象局与市农业局合作，共同开展直通式气象服务，在广阳区润宝和永清县新苑阳光农业园区建立设施果品实验基地 2 个，开展冷棚葡萄和温室油桃的相关观测，更新直通式气象服务对象库和短信数据库，全市直通式气象服务用户 900 余户；与廊坊市大华夏神农信息技术有限公司签订为农气象服务社会化协议，安装带有智能服务手机客户端的自动设施小气候观测设备，合作双方在大棚小气候蔬果的指标研究、成果应用和实际服务等方面共同开展工作。

天气预报业务技术研究。市气象局组织研究2001至2015年间全市所发生的暴雨、高温、雾、霾及空气重污染等灾害性天气过程，编制廊坊市气象灾害预报技术手册。编写《廊坊市气象局市县集约化布局与流程优化调整试点工作实施方案》，完善集约化预报业务流程，提高预报预测准确率和预报精细化水平。城市积涝淹没预报技术研究，绘制《廊坊市暴雨洪涝灾害风险区划图》，联合城市建设重点普查（城市排水防涝管理）部门对城市内涝风险、隐患点，制作《廊坊市区城市积涝风险等级和隐患点分布图》。

人工影响天气。举办2016年度人工影响天气技术培训班，各县（市、区）50名人工影响天气技术人员就人工影响天气业务知识、作业流程、应急预案、操作技术及故障处理等内容接受培训。组织全市作业单位开展火箭发射系统年检，全市参检的11套BL型火箭和4套WR型火箭全部合格。全市8个县（市）开展人工影响天气安全事故处置应急演练。缓解旱情，降低空气污染。年内，全市组织开展人工增雨作业3次，发射火箭弹23枚。其中，4月12日实施首次火箭人工增雨作业，发射WR型增雨火箭弹11枚，最大降雨量出现在大厂回族自治县祁各庄，为2.1毫米；4月16日实施第二次火箭人工增雨作业，发射WR型增雨火箭弹8枚；10月27日实施第三次火箭人工增雨作业，发射WR型增雨火箭弹4枚。

年内，市气象局获河北省气象部门目标管理综合考评优秀单位。廊坊市气象台2016年综合预报技巧排名全省第一、预报准确率全省第二。

（马启河）

【防震减灾】 2016年，廊坊市编制《廊坊市防震减灾"十三五"规划》（以下简称《防震减灾规划》）。《防震减灾规划》提出"十三五"期间廊坊市防震减灾指导思想、发展目标、主要任务及保障措施。启动实施《廊坊市防震减灾"十三五"规划》。规范提升避难场所标志、配套设施，Ⅲ类以上避难场所必须具备规范的启用、维护制度。完善廊坊市城市活断层探测数据管理系统，推动项目成果资源共享和拓展开发应用。启动实施三河市夏垫断裂活断层探测项目。加强对农村新民居建设抗震设防的管理，市地震局与市委农工部、市建设局联合，争取各级财政补助资金4164.05万元，农村危房抗震改造3253户。加强建设工程抗震设防要求管理，全市抗震设防要求确定施工图纸联合审查87项，工程竣工联合验收36项，前置意见提供63项，许可事项按时办结率100%，好评率100%。开展区域联防，参加津冀6城市震情联防会，实现地震信息资源共享。截至年底，全市建立起由44个骨干点、331个宏观观测网点，530个科普宣传网点，173名助理（联络员），3111名灾情速报员组成的"三网一员"防震减灾工作体系。全市创建市级防震减灾示范学校82所、省级示范学校5所，市级地震安全示范社区35个、省级示范社区9个、国家级示范社区1个，地震安全示范村13个。

开展地震应急演练。制定《2016年廊坊市地震危险区专项抗震救灾应对工作方案》，重新编制《廊坊市抗震救灾指挥部应用手册》《廊坊市地震应急预案应用手册》。修订预案78份，各级、各类地震应急预案备案4295份。6月15日，廊坊市"浴火2016"地震应急汇报演练在市武警学院举行。市地震局、市政府应急办组织市建设局、市教育局、市交通运输局等防震减灾领导小组成员单位，各救援队负责人观摩演练。演练以发生6.8级地震为背景，内容包括人员建筑倒塌事故救援、高层建筑救生、生化事故处置等8个科目。武警学院消防指挥、抢险救援指挥与技术等5个专业、395名学员及市消防支队部分官兵参加演练，明光浩淼等高科技应急救援设备企业参与演练。

创建防震减灾示范县。2016年，经中国地震局、河北省地震局批准，三河市成为河北省第一家县级示范创建点。截至年底，投入项目资金600万元，遥测地震台网在三河—平谷8.0级地震孕震构造区夏垫断裂带建设的5个测震台通过验收；三河市（北三县）地震应急指挥中心和利用防灾科技学院结构工程实验中心、灾害仿真模拟实验室建设的防震减灾科普教育基地挂牌运行；地震灾害预测项目完成农村房屋外业调查及阶段验收，建立农村房屋结构属性数据库；启动三河市夏垫断裂活断层探测项目，初期钻孔探测完工，部分年代样品采集分析测试。

监测中心建设与管理。4月，廊坊市人民政府与防灾科技学院签订监测中心建设协议，推进廊坊市级监测中心建设和管理。市级监测中心软硬件建设完毕，视频会商网络系统调试运行，实现廊坊市地震局和防灾学院远程视频会商。实施《2016年—2020年廊坊市地震前兆监测台网发展规划》，“北三县”5个测震台站全部建成并通过验收。市地震局与地壳应力研究所合作研发的CNEM08-Ⅱ型扰动仪成型，生产样机2台投入试运行。投入74万元改造提升永清龙虎庄地震台观测环境，新建框架结构平房，建筑面积293.79平方米，主体工程完工。廊坊市“北三县”地震应急指挥分中心升级改造视频会议通信网络系统，实现与省地震局、防灾科技学院及京津地震系统局、所地震应急指挥、地震分析会商专业数据资源信息实时共享。

地震流动科普馆揭牌。5月10日，廊坊市地震流动科普馆在市第二十三小学揭牌。展馆包括地震灾难沙盘、地震模拟平台、中国地震带、动手搭建抗震建筑、建筑减隔震技术体验、地震虚拟场景逃生训练、地震次生灾害多媒体、模拟人救护训练、地震分类、纵横波模拟演示器、砂土液化、拉网展架等12项展品，从地震灾害、认识地震、震害防御、自救互救4个方面向公众宣传防震减灾科普知识。地震流动科普馆由市地震局提出概念并投资建立，于2015年12月完成展品设计与制作，并于2016年1月通过专家验收。

防震减灾宣传教育。2016年，廊坊市开展基层工作及优秀示范项目展播、廊坊市防震减灾社区志愿者艺术团巡回演出、“平安中国”防灾宣导公益活动、时代广场集中宣传等防震减灾宣传教育活动。市、县电视台播放防灾宣导系列公益活动主题歌曲音乐电视片、防震减灾公益广告片600多集（次）。社区志愿者艺术团，防灾科技学院、廊坊师院大学生艺术团开展巡演12场次。各县（市、区）开展防震减灾知识“六进”（进社区、进企业、进机关、进学校、进农村、进媒体）活动30场，举办专题讲座12场，发放各类宣传材料8万余份。

2016年，廊坊市地震局获“全国地市级防震减灾业务工作考核先进单位”、中国地震局“第五届平安中国防灾宣导系列公益活动优秀组织奖”、中国灾害防御协会“第三届‘城市与减灾杯’防震减灾作品大赛组织奖”；获河北省地震局先进单位、目标考核优秀单位、防震减灾宣传工作先进单位。在全省地震观测资料评比中，廊坊市永清台水温数字化观测资料获全省第二名，水位数字化观测资料获优秀奖。

（张瑞香）

社会科学

【概况】 2016年，廊坊市组织理论社科专家开展省、市级课题研究，推出理论研究成果80余项。市社科联在全部研究成果中选取50项优秀研究成果汇编成册，印制《2016年度社会科学新型智库建设优秀成果集萃》和《2016年度廊坊市哲学社会科学研究课题优秀成果选编》。市社科联主办的《廊坊社会科学》出刊4期，刊发文章100余篇，刊发图片200余张，重点刊登反映2016年全国“两会”精神、“十三五”规划及市委五届八次会议精神、“两学一做”教育实践活动、京津冀一体化、党的十八届六中全会全会精神、省九次党代会精神等专题。年内，市社科联管理社会团体19个，分别为市金融学会、市图书馆学会、市农村金融学会、市珠心算协会、市会计学会、市财政学会、市保险协会、市统战理论研究会、市监察学会、市广播电视学会、市工商行政管理学会、市地方志学会、市钱币学会、市硬笔书法协会、演讲与口才协会、市收藏家学会、市农村经济学会、市城市科学研究会、市国际国内公共关系协会。

【社科活动】 河北省第十一届暨市第二十二次社科普及周活动。该活动由由省社科联和市社科联联合主办，市图书馆协办，于6月18日启动，历时7天。活动周以“贯彻五大发展理念，实现百年奋斗目标”为主题，开展社会主义核心价值观和“中国梦”宣传普及，提高广大干部群众人文素养，繁荣社会科学事业。市社科工作者代表、部分社科专家教授等180人参加活动。活动现场设置专属展位，制作展牌10个，编印发放《廊坊市社会科学普及集锦》及各类社科普及书籍和宣传册500册，以图文并茂的形式展示廊坊社科普及成果。霸州市华夏民间收藏馆和廊坊市图书馆在活动启动仪式上被命名为省级社科普及基地。活动周期间，重点开展专题活动3项：6月18日至24日在市图书馆举办“美丽河北，美丽廊坊，幸福家园”书画展，展出作品72幅，其中书法作品51幅、绘画作品21幅；活动主办方与市图书馆联合举办“燕京八绝，传承廊坊”非物质文化遗产讲座，邀请廊坊市文化志愿者王晟讲述景泰蓝、牙雕、雕漆等燕京八绝历史由来，以及燕京八绝如何从宫廷走向民间，传承到廊坊等历史文化知识；活动主办方与市图书馆联合举办读者荐购活动，推出2016年度新出版的图书及畅销书8000余种，发放习近平总书记《在哲学社会科学工作座谈会上的讲话》单行本，社科工作文件汇编集锦等宣传材料近千份。

（耿明明）

【社科研究成果】 廊坊市第十届社会科学成果评奖工作于3月启动，受理申报社科成果466项，其中论文类420项，著作类46项。经申报、初评、复评、终评、公示等阶段，最终评出获奖成果315项，其中社会科学特别奖1项，社会科学优秀成果奖314项。社会科学优秀成果奖中，著作类获奖成果35项，一等奖空缺、二等奖13项、三等奖18项、佳作奖4项；论文类获奖成果279项，一等奖10项、二等奖75项、三等奖110项、佳作奖84项。

2016年廊坊市第十届社会科学成果奖一览表

（共315项，按等次排列，同等次间排名不分先后）

表48

序号	类别	项　　目	申报单位（人）	奖项
1	特别奖	《美丽中国行——廊坊篇》	廊坊市旅游局	特别奖
2	著作类优秀成果奖	《中国共产党廊坊历史·第二卷（1949—1978）》	廊坊市委党史研究室	二等奖
3		《河北承接航天产业转移研究》	陶　瑞	二等奖
4		《首都经济圈发展的历史性突破——面对京津冀协同发展国家重大战略的机遇透析》	李景元等	二等奖
5		《永定河工图册》	张洪英	二等奖
6		《诗歌知识漫谈》	崔振良	二等奖
7		《〈金瓶梅〉的意义诠释及研究》	许振东	二等奖
8		《清末民初时调研究》	李秋菊	二等奖
9		《农家乐开办经营指南》	赵春涛	二等奖
10		《酒店市场营销》	冯红英	二等奖
11		《教育学》	李士萍等	二等奖
12		《建筑内部的深加工：室内设计方法与软装饰》	李　静	二等奖
13		《中外文化视角下英语教学探索》	汤仁甫	二等奖
14		《教师职业幸福的生成》	刘银花	二等奖
15		《农村信息员实用教程》	石高升等	三等奖
16		《休闲农业与乡村旅游服务员实用教程》	赵洪波等	三等奖
17		《农民专业合作社的创建与财务管理》	曹福生等	三等奖
18		《廊坊博物馆》	吕冬梅等	三等奖
19		《天天读史》	马友松	三等奖
20		《钢铁企业环境绩效管理研究》	孙海军等	三等奖
21		《我国地役权法律制度研究》	李遐桢	三等奖
22		《煤化工产业链的碳足迹计量及控制机制研究》	吴必善	三等奖
23		《民国后期（1927—1945年）教育家办大学研究》	秦俊巧	三等奖
24		《幼儿园新教师的成长之道》	王艳玲等	三等奖

续表 48-1

序号	类别	项　　目	申报单位（人）	奖项
25	著作类优秀成果奖	《东亚区域产业转移研究》	秦婷婷	三等奖
26		《新型职业农民培训工程规划教材——拖拉机联合收割机驾驶员必读》	毕文平等	三等奖
27		《廊坊市文化志》	刘茂林等	三等奖
28		《新生代农民工市民化研究》	张　斐	三等奖
29		《新型职业创新创业指导实务》	郭迎新等	三等奖
30		《大学生创业心理误区》	谷玉冰等	三等奖
31		《〈时空太乙〉〈周易〉术数学新探》	李德润	三等奖
32		《与山河同在》	阎伯群	三等奖
33		《劳动与社会保障法》	李涛等	佳作奖
34		《现代物流管理基础》	张志红等	佳作奖
35		《高职思政教育互动式实践指导书（教师用书）（学生用书）》	刘俊敏等	佳作奖
36		《三河市政协志（2006—2014）》	三河市政协	佳作奖
37	论文类优秀成果奖	《关于保护开发大运河（廊坊段）调查与建议的报告》	张卫东等	一等奖
38		《扶持中小企业发展　激发市场主体活力》	高树民等	一等奖
39		《“问”差距　谋发展　蓄势发力　抢跑周边——廊坊与省内各市及京津六区（县）对比分析》	苏文侠等	一等奖
40		《京南森林、湿地生态走廊建设项目可行性研究报告》	康天佑等	一等奖
41		《从数字城市到智慧城市建设思路研究——以廊坊市智慧城市建设为例》	王　亮	一等奖
42		《浅谈农业保险在河北省新农村建设中的支持作用》	周爱玲等	一等奖
43		《大气污染及其防治的经济学分析》	张丽琴等	一等奖
44		《基层“雁过拔毛式”腐败亟需关注》	沈　宁	一等奖
45		《新农村建设视域中河北省农业循环经济建设综合评价及对策》	李小健	一等奖
46		《新常态下设区市经济发展：可借鉴可复制的廊坊样本》	王骏岭等	一等奖
47		《当代中国社会工作发展道路的挑战及应对思路》	陈洪涛	二等奖

续表 48-2

序号	类别	项　目	申报单位（人）	奖项
48	论文类优秀成果奖	《说不尽的杨六郎 道不尽的三关——廊坊“边关文化”的史证、实证及当下开掘意义》	孟德明	二等奖
49		《发展农产品深加工 做强廊坊现代农业》	市农业产业化办公室	二等奖
50		《关于推进廊坊实体经济发展的策略研究》	于　玲	二等奖
51		《廊坊市广场文化与社科普及的共建机制研究》	刘　娜	二等奖
52		《廊坊市居民健身消费结构调查与对策分析》	刘申申	二等奖
53		《新常态下廊坊农村科技服务体系问题与对策研究》	市委农工部	二等奖
54		《关于胜芳非物质文化价值的调查报告》	王　晟	二等奖
55		《京津冀协同发展背景下廊坊市生态环境构建研究》	张连旗等	二等奖
56		《试论新媒体视域下国学经典阅读的策略》	王　骁	二等奖
57		《向焦裕禄学习“三严三实”》	郭振一	二等奖
58		《感悟长征》	张士彦	二等奖
59		《关于全市农村土地经营权流转情况的报告》	蔡　颖	二等奖
60		《基于模糊综合评价的地方政府债务风险防范研究》	孙月等	二等奖
61		《我省实施创新驱动发展战略面临的机遇和对策建议》	张永翊	二等奖
62		《廊南文安洼湿地恢复探讨》	刘红云	二等奖
63		《发展城市绿色经济 打造平原森林城市》	刘晓宇	二等奖
64		《河北省农村沼气使用现状调查》	王长娜	二等奖
65		《打造文化体验城市 大力提升廊坊市民素质研究》	余慕川	二等奖
66		《影响城乡居民幸福指数的因素与有效改进措施——以河北省廊坊市为例》	张亚莉等	二等奖
67		《廊坊市大学生创新创业教育体系与指导服务体系的构建》	盖世洲等	二等奖
68		《建设社会主义核心价值观网上传播阵地调查研究》	郝　平	二等奖
69		《京津冀协同发展视角下廊坊打造文化体验名城路径的研究》	刘宝等	二等奖
70		《廊坊市工业园区高技能人才培养对策研究》	苏兴华	二等奖
71		《文化体验视角下廊坊城市品牌的系统化构建》	刘涛等	二等奖
72		《借鉴国外成功经验探究创建“人文廊坊”的途径和对策》	任晓龙等	二等奖

续表 48-3

序号	类别	项 目	申报单位（人）	奖项
73	论文类优秀成果奖	《廊坊市生态宜居城市建设的评价与对策研究》	孙月芳等	二等奖
74		《新型城镇化下的廊坊新市民人文精神重塑》	延艳芳等	二等奖
75		《河北廊坊市连续重污染天气的气象条件与成因分析》	郭立平等	二等奖
76		《“互联网+”时代高校网络思想文化阵地建设探析》	张道明等	二等奖
77		《助推国家公共文化服务体系示范区创建——以廊坊图书馆为例》	王丽荣	二等奖
78		《全面依法治国须增强全民法治观念》	刘书怀	二等奖
79		《高校学雷锋志愿服务活动的优化点》	华云龙等	二等奖
80		《京津冀协同发展对河北县域经济的促进与影响》	李 然	二等奖
81		《提高文化软实力 建设文化强省研究》	郭建荣	二等奖
82		《高职院校图书馆践行和培育学生社会主义核心价值观新途径》	宋百利等	二等奖
83		《基于城市定位的廊坊市人才聚集策略研究》	孟建锋等	二等奖
84		《提升廊坊市县域实体经济竞争力的对策》	石易等	二等奖
85		《“智慧廊坊”建设进程中产业结构调整的研究》	苏志浩等	二等奖
86		《旅游报道存在的问题、误区及调整路径》	王立升等	二等奖
87		《大清河畔古村落的遗产价值——河北省文安县大柳河乡西码头古村落探微》	王玉亮	二等奖
88		《顺应论视角下〈道德经〉的翻译研究》	王钟锐	二等奖
89		《评剧“筱派”的艺术特色及其形成过程》	景娟荣	二等奖
90		《河北省农村转岗幼儿教师专业发展现状级对策》	胡国华	二等奖
91		《大学生自卑感在亲密恐惧与童年期创伤经历关系中的中介作用》	冀云等	二等奖
92		《廊坊产业结构升级对经济增长影响的实证研究》	李进伟等	二等奖
93		《信息化条件下我国社会审计发展的对策》	戎凡等	二等奖
94		《廊坊农产品电子商务发展的制约因素及对策研究》	王雪梅	二等奖
95		《京津冀协同创新助推廊坊绿色新型城镇化建设方略研究》	赵丽娅等	二等奖
96		《廊坊景观壁画研究》	张名等	二等奖
97		《高校学报的融合发展路径》	王满新	二等奖

续表 48-4

序号	类别	项　　目	申报单位（人）	奖项
98	论文类优秀成果奖	《金融宏观调控法律制度完善》	张永萍	二等奖
99		《基于社会网络分析的网络舆情管理研究》	王顺晔等	二等奖
100		《河北社会科学年鉴·体育学篇》	常彦君	二等奖
101		《微课在廊坊市小学英语教学中的应用》	何立艳等	二等奖
102		《廊坊市电子商务产业商务英语人才引培路径研究》	李　健	二等奖
103		《基于学生主体作用的高职高专综合英语教学模式探讨》	杨海丽等	二等奖
104		《廊坊非物质文化遗产外宣翻译策略研究》	马春兰	二等奖
105		《环境中的书法价值探赜》	张志强等	二等奖
106		《会计电算化对会计工作方法影响探析》	陈　蕾	二等奖
107		《浅议廊坊市珠心算教育发展存在的问题及对策》	韩　育	二等奖
108		《地市广播电视台与新媒体融合的路径思考》	田志友等	二等奖
109		《地方高校在新型城镇化建设中的地位与作用》	黄　莺	二等奖
110		《三河："三管齐下"培育践行社会主义核心价值观》	三河市委宣传部	二等奖
111		《完善农业生产经营体系视野下家庭农场相关法律问题研究》	梁庆宾等	二等奖
112		《退役士兵职业教育和技能培训的探索性研究》	张柳清等	二等奖
113		《社区英语文化建设策略研究》	吴元霞	二等奖
114		《互联网环境下巩固意识形态领域主动权的研究》	索海洋	二等奖
115		《基于"三通两平台"的信息化教学应用研究》	沙凤林	二等奖
116		《发挥家庭教育在构建和谐社会中的作用》	南云芙	二等奖
117		《低碳约束下河北省产业结构优化探析》	刘　颖	二等奖
118		《提高招商引资对外宣传效果研究——以廊坊为例》	代秀兰	二等奖
119		《政府扶持在公共文化绩效审计评价中的作用》	赵玉梅等	二等奖
120		《一个中心、多点布局、创新形式、资源共享——廊坊市图书馆公共服务体系创建研究》	甘　义	二等奖
121		《京津冀协同发展背景下高校外语人才培养模式研究》	刘迎红等	二等奖
122		《廊坊融入京津冀协同发展"文化圈"的路径探析》	袁焕玲等	三等奖
123		《高校党的群众路线教育实践活动长效机制探究》	王丽媛等	三等奖

续表 48-5

序号	类别	项　　目	申报单位（人）	奖项
124	论文类优秀成果奖	《河北省生产性服务业发展对策研究》	董玉霞	三等奖
125		《城市信息化文献综述：从信息港、数字城市到智慧城市》	张元好等	三等奖
126		《把“中国梦”融入大学生理想信念教育的思考》	陈海燕	三等奖
127		《河北省绿色消费者责任制度研究》	陈萍等	三等奖
128		《乡村旅游目的地的品牌价值分析》	李青等	三等奖
129		《传统建筑文化在城市文化建设中的作用》	袁洪升等	三等奖
130		《新媒体环境下大学生思想政治教育创新研究》	徐晓涵等	三等奖
131		《汲取中华传统文化精华 贯彻落实依法治国理念》	赵尊英	三等奖
132		《整体观与一体化：提升高校德育实效的一个路径	李永年等	三等奖
133		《基于聚类分析的河北省绿色物流发展对策研究》	陈素敏等	三等奖
134		《河北省新型城镇化水平及指标体系构建研究》	郭照庄等	三等奖
135		《地方政府组织危机***能力建设探析——以廊坊市为例》	徐占品	三等奖
136		《产业创新影响经济增长质量的路径、创新的方向及激励机制》	张桂芳等	三等奖
137		《谈新编河北梆子《孟姜女》的成功之处》	张　佳	三等奖
138		《关于廊坊市职业教育与支柱产业对接途径的几点思考》	韩兵等	三等奖
139		《城市社区老年人生活状况及养老服务需求研究——以廊坊市为例》	孙金明	三等奖
140		《中国城市静脉产业发展现状及对策研究》	李蔚娅等	三等奖
141		《对李季所著中国首部长篇〈马克思传〉的研究》	刘　霞	三等奖
142		《廊坊空港新区服务人才培养的思考》	施志艳	三等奖
143		《基于对河北大学生创业意向调查的创新创业教育探析》	王红梅	三等奖
144		《国家整合与经济重塑：统购统销与乡村社会发展之嬗变（1953—1958）》	吴建征等	三等奖
145		《在我省高等院校中如何构建科学有效的教师管理激励机制的研究》	赵婉丽	三等奖
146		《优化学生心理生活 构建健康生活空间》	郑　巍	三等奖
147		《关于结合永清县域实际开展共产党员服务队建设的思考》	张　爽	三等奖

续表 48-6

序号	类别	项　　目	申报单位（人）	奖项
148	论文类优秀成果奖	《论实事求是的实现机制》	赵雪芬	三等奖
149		《认真践行“三严三实”要求积极培育清正廉洁的价值观念》	王静颖	三等奖
150		《高校网络思政教育队伍建设的途径研究》	郭建华	三等奖
151		《鸡蛋品牌化发展中存在的问题与对策》	何凤琴等	三等奖
152		《当代大学生社会主义核心价值观隐性教育对策研究》	刘大海等	三等奖
153		《京津冀协同发展背景下英语人才培养问题研究初探》	孟春梅等	三等奖
154		《廊坊市民营企业财务管理机制构建研究》	孙丽丽	三等奖
155		《新常态背景下河北省城市商业银行转型研究》	赵德生	三等奖
156		《廊坊市体育休闲产业在首都经济圈建设中的发展战略研究》	李培园	三等奖
157		《河北省廊坊市大气污染扩散气象条件影响分析》	王清川等	三等奖
158		《发展养老机构要符合养老市场需求》	宫　岩	三等奖
159		《寓言故事对大学生社交恐惧的治疗作用研究》	姚　春	三等奖
160		《新时期加强高职院校隐性德育的思考》	刘　芳	三等奖
161		《廊坊养老机构服务满意度评价模型构建》	王建东	三等奖
162		《河北省现代生活服务业人才培养模式探析》	邵迪等	三等奖
163		《浅析景观设计教育中的创新性思维》	马春喜	三等奖
164		《“以霸州为中心的杨家将传说研究”调查报告》	孙春艳	三等奖
165		《领导干部法治思维中的法治信仰问题与对策探索》	张利锁	三等奖
166		《高校辅导员对培育和践行社会主义核心价值观作用的调查研究》	樊俊苹	三等奖
167		《县域教师培训的分层实施》	李静等	三等奖
168		《以技术创新集群提升廊坊市主导产业竞争力》	张金良等	三等奖
169		《关注协同发展形势下驻廊高校大学生就业》	张兰英	三等奖
170		《循环经济理念下逆向物流的价值分析》	王　进	三等奖
171		《理性爱国主义——实现“中国梦”的强大精神力量》	于金菱等	三等奖
172		《论体育新闻工作者的新闻自由与社会责任》	蔡志强等	三等奖

续表 48-7

序号	类别	项　　目	申报单位（人）	奖项
173	论文类优秀成果奖	《河北省普通高校体育教育专业体操课程建设发展策略研究》	方向丽等	三等奖
174		《体育非物质文化遗产继承人认定制度探析》	王书彦等	三等奖
175		《廊坊市老年人群体质现状分析》	武常宏等	三等奖
176		《河北廊坊地区霾天气特征分析》	武常宏等	三等奖
177		《京津冀一体化下推进廊坊运动市场发展》	张丽莉等	三等奖
178		《京津冀协同发展下河北生产性服务业发展模式及路径》	王常健等	三等奖
179		《鲜活农产品供应链价格风险生成机理与管理机制研究》	孙金文	三等奖
180		《浅析行政事业单位内部控制建设》	雷永欣	三等奖
181		《消费者购买动机调查分析的具体方法探讨》	郝素娟	三等奖
182		《对接京津冀文化产业——提升“河北文化”品牌核心竞争力研究》	陈　旺	三等奖
183		《大数据下的卫星城镇交通与土地空间规划探索》	谭　杰	三等奖
184		《社区为基础的灾害风险管理研究：特点、功能与步骤》	何振锋等	三等奖
185		《廊坊市农业土地规模经营现状调查研究》	安秀莲等	三等奖
186		《未成年人案件综合审判机构的建立与作用发挥》	王春柳	三等奖
187		《智慧型图书馆与智慧城市协作共建模式探析》	骆　嘉	三等奖
188		《浅析基于廊坊区域经济发展需求的外语人才培养模式》	杜文娟等	三等奖
189		《非物质文化遗产的保护与可持续性发展》	高宏蕊	三等奖
190		《廊坊智慧城市建设中的虚拟英语学习社区构建》	王　利	三等奖
191		《廊坊工业园区在京津冀协同发展中高端外贸人才对接策略研究》	杨理等	三等奖
192		《肩水金关汉简校读札记》	胡永鹏	三等奖
193		《历时性视角下的燕赵文化》	王　宁	三等奖
194		《京津冀一体化战略格局下的廊坊城乡规划研究》	冯晓岚等	三等奖
195		《微观在手 宏观在握——读〈关于二胡表演艺术不同演奏类型的思考〉有感》	唐慧云	三等奖
196		《哈哈腔调查》	张洁敏	三等奖
197		《环境约束机制下的市域绿色经济发展战略探索》	靳微微	三等奖

续表 48-8

序号	类别	项　　目	申报单位（人）	奖项
198	论文类优秀成果奖	《廊坊智慧城市建设进程中高校英语教学及管理模式变革之探析》	隋慧等	三等奖
199		《京津冀协同发展背景下加强交通中小企业应收账款管理对策探析》	金永玲	三等奖
200		《试论加强和改进离退休人员的思想政治工作》	董宏伟	三等奖
201		《归因理论视角下英语专业学生学习动机的激发策略》	田一万	三等奖
202		《民族复兴的文化根基与价值支撑》	安淑俊	三等奖
203		《院前医疗急救指挥调度"三字经"》	孟洪德等	三等奖
204		《浅谈廊坊二三维空间资源信息共享服务平台在智慧城市项目中的应用》	马　涛	三等奖
205		《借力项目研究　深化教学改革》	杨高旺	三等奖
206		《校本研修与网络研修中的激励制度研究》	何志民	三等奖
207		《谈语文教学中丰富和发展学生想象力的策略》	崔玉平	三等奖
208		《自主探究模式在电大语文教学中的运用》	闫增祥	三等奖
209		《有效教学中优化中学生学习方式的教学模式的探索》	戚景辉等	三等奖
210		《基于 Logistic 模型下对廊坊市物流产业的区域经济贡献能力的分析》	侯　婧	三等奖
211		《永清县全面建成小康社会现状及发展对策》	刘　军	三等奖
212		《浅议初中英语的有效备课》	王杏春	三等奖
213		《正确选择小组合作学习的时机》	辛海波	三等奖
214		《浅谈初中数学情境教学》	李　丹	三等奖
215		《浅谈高中政治有效教学的途径》	马红梅	三等奖
216		《适合农村初中生的有效学习策略》	苑　霞	三等奖
217		《论新课程背景下小学语文学习兴趣的培养》	刘泽然	三等奖
218		《如何让小学数学课堂充满快乐》	李　杨	三等奖
219		《漫谈小学数学教学与生活的联系》	李宝艳	三等奖
220		《热爱祖国从身边做起》	韩丽娟	三等奖
221		《英语教学中如何注重创新思维能力的培养》	郭桂杰	三等奖

续表 48-9

序号	类别	项　　目	申报单位（人）	奖项
222	论文类优秀成果奖	《浅析初中语文教学中多媒体的运用》	何进财	三等奖
223		《初中英语复习课模式》	连　娜	三等奖
224		《激发兴趣 快乐作文》	郑爱平	三等奖
225		《小学高年级习作批阅方法微探》	刘瑞芳	三等奖
226		《初中生英语书面表达能力培养的途径与方法》	张中新	三等奖
227		《MOODLE 技术在初中语文网络互动教学中应用的策略》	李艳华	三等奖
228		《网络多媒体环境下初中语文情境创设探究》	杨翠云	三等奖
229		《让生成性教学点亮数学课堂》	岳润华	三等奖
230		《初中生物高效课堂 7 步教学法新授课教学模式》	邵靖懿	三等奖
231		《关于初中数学教学有效性的探究》	刘　金	三等奖
232		《高校孝道教育新探》	苏畅等	佳作奖
233		《浅谈卫生监督队伍的思想政治工作》	李　杰	佳作奖
234		《莫言作品中的乡恋情结分析》	刘宇彤	佳作奖
235		《河北开放大学教学改革研究——基于成人学习需求发展变化的分析》	张明娜	佳作奖
236		《县级图书馆开展群文辅导工作的探讨》	张丽梅	佳作奖
237		《文明祭扫 生态安葬》	孙树仁	佳作奖
238		《提高图书馆利用率的决策分析》	马晓凤	佳作奖
239		《基于如何搞好党员干部教育培训的思考》	张国权	佳作奖
240		《浅谈人本理念在高校思政工作中的应用》	倪志刚	佳作奖
241		《促进廊坊高端发展的高校文化建设研究》	田秀平	佳作奖
242		《改革动物微生物实训教学 强化技能训练》	高智华等	佳作奖
243		《中学英语词汇教法浅析》	邢雯娜	佳作奖
244		《以产教融合为导向培养职业学校技术技能型人才》	卢　静	佳作奖
245		《构建知识型人文社区，服务廊坊市民生建设》	马春瑛等	佳作奖
246		《我国村级财务制度运行存在问题与优化思路》	于海颖	佳作奖
247		《职业院校情商教育初探》	满帅等	佳作奖

续表 48-10

序号	类别	项　　目	申报单位（人）	奖项
248	论文类优秀成果奖	《室内公园建设影响廊坊多种产业发展的因素分析》	宋世成	佳作奖
249		《探究音乐电视〈康美之恋〉的色彩意蕴》	吴　倩	佳作奖
250		《新版〈红楼梦〉中色彩的视觉表现》	闫晓琼	佳作奖
251		《廊坊市智能城市建设进程中的应用人才培养》	李　欣	佳作奖
252		《校本教研助力农村英语教师专业成长》	樊玉贞	佳作奖
253		《如何培养幼儿对美术活动的兴趣》	邓淑香	佳作奖
254		《浅谈高中语文教学中的美育教育》	范生成	佳作奖
255		《小学语文教师发展的内观策略》	乔　颖	佳作奖
256		《浅谈农村音乐教育》	郭国强等	佳作奖
257		《浅谈如何打开小学语文阅读教学之门》	马玉英	佳作奖
258		《浅谈小学数学课打造快乐课堂的几点经验》	朱亚军	佳作奖
259		《诵读国学经典　培养学生良好的道德情操》	杨　博	佳作奖
260		《落实“学生为本”理念　打造自主高效课堂》	张长路	佳作奖
261		《沿着经典之路前行》	李淑芹	佳作奖
262		《感悟生活　快乐作文》	王秀敏	佳作奖
263		《让学生书写个性化的作文》	黄红芬	佳作奖
264		《让语文学习快乐起来》	申雅莉	佳作奖
265		《实施三步教学策略助力小学英语教学》	闫英者	佳作奖
266		《运用信息技术帮助学生建立正确的学习态度》	蔡桂娥	佳作奖
267		《探索中学生如何构建有效的学习方式》	高艳江	佳作奖
268		《从语文教学谈教育的三重境界》	康建超	佳作奖
269		《语文教学如何加强文学鉴赏能力的培养》	程朝霞	佳作奖
270		《浅谈中学语文阅读教学现状与思考》	张红芹	佳作奖
271		《小学数学个性化作业设计初探》	宋焕平	佳作奖
272		《数学教学要加强学生意识的培养》	刘亚松	佳作奖
273		《浅析阅读引领下的小学语文课堂》	张　静	佳作奖

续表 48-11

序号	类别	项　　目	申报单位（人）	奖项
274	论文类优秀成果奖	《实施情境教学策略，提高课堂教学实效》	田秀霞	佳作奖
275		《谈如何在中学语文阅读教学中扎实开展思维训练》	杜燕山	佳作奖
276		《浅谈小学语文课堂教学策略的有效性》	赵字霞	佳作奖
277		《浅谈中学文言文的教学》	李妹妨	佳作奖
278		《思想品德课堂教学“四部曲”》	王志伟	佳作奖
279		《漫谈中学语文课程教学方法改革》	程建民	佳作奖
280		《如何提高思想品德教学效率》	郑宝刚	佳作奖
281		《谈中学语文课堂教学语言运用的体会》	杜建奎	佳作奖
282		《试论学生英语学习兴趣的培养》	仝雅婧	佳作奖
283		《如何引导孩子走向快乐阅读》	冯相荣	佳作奖
284		《新时期小学语文作文教学的策略研究》	杨　艳	佳作奖
285		《浅谈跳跃式德育教育教学》	马朝弟	佳作奖
286		《英语教学如何培养学生的演说能力》	刘美玉	佳作奖
287		《中学数学培养学生自主学习能力的教学探索》	李云福	佳作奖
288		《浅谈初中学生语感方法训练》	王智敏	佳作奖
289		《“研”“教”相长　构建高效课堂》	邢建军	佳作奖
290		《谈语文教学中实施探究性阅读的策略》	倪汝清	佳作奖
291		《对小学语文作文教学的探索》	史恩艳	佳作奖
292		《谈体育教学激发学生学习兴趣的策略》	邓彦杰	佳作奖
293		《浅析新课改下的小学语文有效教学》	王红霞	佳作奖
294		《有效教学视角下减轻小学生课业负担的研究》	吴芳芳	佳作奖
295		《浅议小学语文情境化教学》	郭文霞	佳作奖
296		《谈信息技术教学促进学生全面发展的教学策略》	高炳蔚	佳作奖
297		《语文新修订课程标准改革的亮点研究》	高振芳	佳作奖
298		《语文教学须走出“低幼化”误区》	付建成	佳作奖
299		《四中全会开启依法治国的新起点》	蔡晓莹	佳作奖

续表 48-12

序号	类别	项　目	申报单位（人）	奖项
300	论文类优秀成果奖	《论群众路线在党建工作中的应用》	韩春玲	佳作奖
301		《北京市养老机构现况调查及对策研究》	徐晓玲	佳作奖
302		《浅谈在小学科学课堂上如何激发学生的学习兴趣》	信国莲	佳作奖
303		《知识关联教学模式在信息技术课中的应用》	肖书君	佳作奖
304		《以生为本的阅读教学点滴谈》	董玉杰	佳作奖
305		《浅析利用 MOODLE 构建探究式学习平台》	陈进硕	佳作奖
306		《浅谈小学语文教师的主导性》	刘迎春	佳作奖
307		《语文教学中的德育教育》	孙云丽	佳作奖
308		《浅谈信息技术在语文教学中的应用》	郭振生	佳作奖
309		《让数学活动融入幼儿生活》	马兴莉	佳作奖
310		《浅谈小学数学生活化教学策略》	刘廷亮	佳作奖
311		《信息技术让数学课堂熠熠生辉》	杨　钰	佳作奖
312		《让练笔成为一种习惯》	陈凤利	佳作奖
313		《语文活力课堂——学生学习方式的转变》	李文超	佳作奖
314		《英语教学策略是提高教学效果的关键》	刘祖梅	佳作奖
315		《校本教学模式下的自主学习与合作交流》	齐恩艳	佳作奖

说明：著作类获奖成果一等奖空缺

（郎之鉴）

卫生　体育

综　述

2016年，廊坊市唱响健康廊坊主旋律，深化计划生育服务管理改革和医药卫生体制改革，提升公共卫生服务能力，提高医疗服务水平，促进中医药事业发展，加大计生政策落实力度，加强卫生计生网底建设。实施医疗卫生对接京津、计划生育惠民服务、分级诊疗制度建设、全民健康促进、健康大数据应用系统构建、医疗市场秩序专项整顿6项集中行动，满足人民群众医疗卫生和身体健康需求。

优化医疗资源配置。制定区域卫生规划和医疗机构设置规划，优化卫生资源配置、健全医疗卫生服务体系。印发《廊坊市独立血液透析机构设置规划（2015—2020）》，批准建设血液透析中心3家。审批设置民营医疗机构15家，其中综合医院2家、专科医院3家、血透中心2家、门诊部8家。建设分级诊疗制度。印发《廊坊市建立分级诊疗制度的实施方案》。以中国石油天然气集团公司中心医院、广阳区人民医院、安次区医院、廊坊经济技术开发区医院等公立医院为牵头单位，与社区卫生服务中心建立医联体，建立上下转诊机制，与北京三级医院建立合作机制，优化远程会诊和转诊流程。县级医院与乡镇卫生院建立合作关系，推进医学检查和化验同质化，落实上下级转诊。至年底，香河县医院、中医院、文安县中医院与乡镇卫生院构建紧密型医联体。

开展基本公共卫生服务。全市居民电子健康档案规范建档率83.12%；开展个体化健康教育40.63万人次，开展公众教育咨询人次数13.64万人次；国家免疫规划疫苗接种率97.66%，重性精神病患者规范管理率61.56%，传染病疫情报告及时率99.47%；管理高血压患者42.4万人，规范管理率86.68%；管理糖尿病人33.8万人，规范管理率80.76%，卫生监督协管服务覆盖率100%；儿童系统管理率90.4%，新生儿访视率93%，孕产妇健康管理率93.82%，产后访视率93.6%；65岁以上老年人管理率71.03%，体检完整率84.73%；65岁以上老年人和0月至36个月儿童中医药健康管理服务人数分别为36.86万人和8.46万人。新增结核病患者规范管理服务内容，发现登记的结核病患者1847人，规范管理的结核病患者1785人，结核病患者管理率96.6%。农村孕产妇住院分娩补助36085人，增补叶酸预防神经管缺陷58858人，农村妇女宫颈癌筛查26953人，乳腺癌检查2895人，筛查出宫颈癌癌前病变及宫颈癌确诊病例71人，乳腺癌患病人数7人。孕产妇艾滋病、梅毒和乙肝分别检测52655人、52622人、52622人，确诊阳性病例梅毒63例，乙肝1528例，所有病例由专人负责，按照项目要求及流程追踪随访。

发展全民健身事业。出台《全民健身实施计划（2016—2020年）》，建立全民健身公共服务体系，推进体育健康惠民工程。开展元旦万人长跑、全民健身日、游园健步走、自行车耐力骑行、广场舞展示等大型群众性体育健身活动。举办市第七届全民运动会、世界围棋大赛、中国（廊坊）第什里风筝邀请赛等重大体育活动，提高群众参与度，提升全市人民身体素质。

（郎之鉴）

医疗卫生

【概况】 2016年，廊坊市有各类医疗卫生机构5989个，其中医院137个（三级医院7家、二级医院41家、一级医院89家）；专业公共卫生机构103家，其中，疾控中心11个，卫生监督机构12个，妇幼保健机构10个，采供血机构1个；社区卫生服务机构60个，乡镇卫生院90个，诊所731个，村卫生室4727个。全市卫生人员33879，其中卫生技术人员23493人。卫生技术人员中，执业（助理）医师10208人，注册护士7906人，药师（士）971人，技师（士）1299人，其他卫生技术人员3109人。全市拥有医疗卫生机构床位20456张，其中医院床位总数15451张。全市医疗卫生机构诊疗3077万人次，住院手术10.02万台次，出院病人58.83万人次。

鼓励民营资本及医疗资源承办社区卫生服务机构。廊坊开发区管委会投入200万元，建设升级辖区内社区卫生服务中心（站）软硬环境。广阳区、安次区发挥区医院领办社区卫生服务机构作用，形成以中医、妇儿等为主的社区卫生服务特色。

全市二级以上综合医院开展病种数232个，临床路径入组率63.06%，临床路径完成率77.69%。全市无偿献血共采集39708人次，采集血液14.68吨，同比增长13%；采集血小板8947人次，16050个治疗量。实施白内障患者复明工程。全市为符合白内障复明工程救治对象要求的患者实施白内障手术800例。

平安医院创建。截至11月底，全市接待医患双方当事人咨询70余件520余人次，受理医疗损害纠纷80件，签定调解协议的49件。患方索赔额1187万元，协议赔偿额343万元。纠纷受理率100%，调解成功率98%，协议履行率100%。加强安保设施投入，年内会同市公安局联合印发《关于在医疗机构设立警银亭的通知》，在全市30家二级以上医疗卫生单位建立以辖区派出所、巡警特警为依托的警银亭。

2016年廊坊市医疗机构、床位、人员统计表

表49

机构		实有床位数	在岗职工								
类别	数量		合计	卫生技术人员					其他技术人员	管理人员	工勤技能人员
				执业（助理）医师	注册护士	药师（士）	技师（士）	其他			
总　　计	5989	20456	33879	10208	7906	971	1299	3109	1971	1192	2196
医院	137	15451	19314	5967	6397	711	887	1710	1354	857	1431
社区卫生服务中心（站）	60	471	931	373	295	46	42	26	54	56	39
卫生院	90	3934	3178	1221	340	96	133	742	295	50	301
村卫生室	4727	0	5715	617	71	0	0	5027	0	0	0
门诊部	80	0	732	366	206	27	28	15	2	27	61

续表 49-1

机构		实有床位数	在岗职工								
类别	数量		合计	卫生技术人员					其他技术人员	管理人员	工勤技能人员
				执业（助理）医师	注册护士	药师（士）	技师（士）	其他			
诊所、卫生所、医务室	785	0	1290	1003	208	30	1	44	0	0	4
疾病预防控制中心	11	0	648	144	41	12	103	122	90	27	109
健康教育所（站、中心）	1	0	8	0	0	0	0	4	1	3	0
妇幼保健院（所、站）	10	600	1197	424	315	48	76	142	76	29	87
采供血机构	1	0	94	10	17	0	19	7	21	5	15
卫生监督所（中心）	12	0	365	0	0	0	0	239	46	29	51
计划生育技术服务机构	68	0	316	71	16	1	9	41	24	66	88
其他卫生机构	7	0	91	12	0	0	1	17	8	43	10

【农村基层卫生】　2016年，廊坊市出台《关于进一步加强乡村医生队伍建设的实施方案》和《关于推进县、乡、村三级卫生计生机构改革的指导意见》，整合卫生计生专干和乡村医生、育龄妇女小组长，做好基本公卫和基本医疗各项工作。规划建成集体产权村卫生室2681个。实施“大学生村医”工程，每年招聘50名中专及以上学历毕业生，充实到技术力量薄弱村卫生室。大厂县、大城县分别投入2000万元，香河投入750万元，加强乡镇卫生院硬件建设；广阳区、安次区投入3000余万元、廊坊开发区投入200万元，加强社区卫生服务中心软硬件建设；三河市自2011年起投入1亿元，加强乡镇卫生院和村卫生室软硬环境建设。12月21日，三河市李旗庄中心卫生院、霸州市王庄子乡卫生院、大城县臧屯中心卫生院、香河县安头屯镇卫生院、香河县刘宋中心卫生院、永清县后奕中心卫生院、大厂县大厂镇卫生院、文安县左各庄中心卫生院8个农村卫生院通过国家卫计委公示，成为国家级“群众满意的乡镇卫生院”。截至年底，全市有全国群众满意乡镇卫生院9个，覆盖辖区70%县（市、区）。年内申报省级群众满意乡镇卫生院10个，等待审核。

【卫生防疫】　2016年，廊坊市制发《关于加强预防接种规范管理的通知》和《关于做好第二类疫苗使用管理工作满足群众疫苗接种需求的通知》，依法、科学、规范开展预防接种工作，做好第二类疫苗使用管理。卫生防疫部门配合公安、食药监等相关部门调查处置山东济南非法经营疫苗系列案件。全市报告麻疹病例117例，较2015年同期（252例）下降54%。利用信息系统开展儿童管理、接种情况动态分析、异地儿童联网接种、短信预约、条码扫描等工作，全市利用信息化系统管理儿童 90.87

万人。加强AFP（急性弛缓性麻痹）监测，全市报告AFP病例27例，报告发生率达4.42/10万，均为脊髓灰质炎排除病例，廊坊市保持无脊灰状态。全市报告AEFI（预防接种异常反应）病例666例。其中，一般反应662例，异常反应3例，偶合症1例，均依法依规进行调查诊断和补偿。加强疫情报告和感染者管理，1月至6月，全市新报告HIV感染者84例，累计报告984例，现存活710例，共累计治疗633例。现存活感染者356例，完成感染者随访322例，随访完成率90.45%。开展高危人群干预，全年干预暗娼、同性恋人群、外来务工人员、性病门诊就诊者等高危人员36726人次，发放安全套26354只、宣传资料49732份，开展HIV抗体检测7995人，检出阳性标本14份。加强哨点监测，完成5个国家级哨点2000人的行为学问卷调查和血标本采集工作。年内免费筛查结核病可疑症状者11130例，初诊筛查率2.5‰。接受痰涂片检查9551例，初诊查痰率85.8%。登记活动性肺结核患者2024例，登记管理涂阴患者1072例（含结核性胸膜炎），完成疗程503例。2016年未发现霍乱病例，手足口病、流感、出血热、布病等重点传染病，发病数较2015年同期均呈不同程度的下降。年内调查手足口病重症病例25例、布鲁菌病病例（波状热）106例，防止聚集性暴发疫情。开展死因监测、肿瘤登记、心血管事件报告及慢病与营养监测项目，三河和香河2个国家级监测点粗死亡率均超过5‰。心脑血管事件报告4773例，肿瘤监测项目上报561例。9月，廊坊市精神卫生防治中心成立，全市登记并录入《国家严重精神障碍信息系统》的患者15731人，全市在册患者14856人，平均检出率为3.3‰。在册患者年规范管理率为66.42%，服药率为40.91%，严重精神障碍管理覆盖率100%。碘缺乏病监测，截至年底，采集8岁至10岁学生尿样600份，采集学生家中食用盐600份，400名学生甲状腺B超检测；采集孕妇尿样300份，采集孕妇家中食用盐300份。国家级饮水型地方性氟中毒调查病区村3个，改水工程10个，覆盖人口31.5万人。在3个改水工程水氟超标的病区村开展儿童氟斑牙的病情监测，检查157名8至12岁儿童氟斑牙情况。

【卫生监督】 2016年，市卫计委协调市编办、市计生协等3部门起草下发《关于推进县、乡、村三级卫生计生机构改革的指导意见》，承担全市妇幼保健机构和计划生育技术服务机构日常监督执法、牵头组织全市打击“两非”、协调治理性别比、统一规范全市社会抚养费征收等监督执法任务。香河县划拨公卫项目310万元（中央投资165万元、县级配套145万元），建设县级卫生计生综合监督执法局，建立县级综合监督体系。全市结案54起，处罚金额587316.3元，其中万元以上大案13起。开展市城区口腔专项整治活动和医疗美容专项整治活动，全市取缔无证口腔“黑诊所”45家，美容“黑机构”16家。开展全市二级以上医院消毒供应中心、洁净手术部、血液透析诊疗、内镜诊疗、口腔诊疗等医院感染关键点的执法检查，防范重大医院感染事故的发生。开展全市范围内医疗机构消毒效果自身监测，依法督导医疗机构履行法定主体责任，避免医疗事故发生的风险。9月至11月，全市组织开展以消毒产品生产企业、餐饮具集中消毒单位、医疗卫生机构医疗废物暂存设施为主要内容的双随机执法检查，分组检查医疗机构44家、餐饮具集中消毒单位24家、消毒产品生产企业12家，检查发现问题单位6个。对检查出的问题以挂牌督办形式交由属地卫生计生监督机构承办。抽样检查市城市集中供水、二次加压供水、现场制售水、农村生活饮用水246份，市城区市管公共场所中央空调清洗消毒效果监测15家。年内，在河北省卫计委和河北省教科文卫工会联合举办的2016年公共场所卫生监督专项技能竞赛上，市卫计委分别获二等奖、优秀奖和单项第一名并被授予"技术能手"称号。在河北省卫计委举办的"京津冀饮用水污染卫生监督处置演练"中廊坊市取得参赛科目比赛第一名。在2016年度省、市案卷评查中，1份行政处罚案卷被评为国家级优秀案例，2份行政处罚案卷被列入"京津冀十大优秀行政处罚案例"。在2016年全国卫生监督员微课大赛上，廊坊市选送的5个微课件全部入围参评，并获得二等奖1项，三等奖1项，鼓励奖1项。

【卫生保健宣传】 2016年，廊坊市举办全民健康大讲堂19次，廊坊电视台全程录制并在廊坊导视频道、公共频道"日播放"。市卫计委与廊坊广播电台合作举办百姓热线15期；与廊坊电视台《零距离》栏目组合作创办《健康生活》节目，制作48期；与《廊坊都市报》合作举办廊坊都市报卫生专版，组稿14期。年内全市采取发放健康宣传材料、开展健康知识宣教、设置健康宣传栏等各种方式，针对重点人群、重点疾病开展健康教育工作和健康促进活动。全市发放健康宣传材料203.26万份，印制健康教育材料及宣传品169类，更换健康教育宣传栏1.48万块，开展公众健康咨询活动99次，举办健康知识讲座132期。全年执行医疗保障任务67次，出动保障工作人员577人，出动救护车辆207次，共计226天，其中需24小时保障任务的155天。

【鼓励发展中医药】 2016年，廊坊市印发《廊坊市贯彻〈中医药发展战略规划纲要（2016—2030年）〉实施方案》，科学规划和设计未来15年内中医药事业发展。放开传统中医机构审批。放宽传统中医门诊部、诊所准入条件，鼓励社会力量发展中医药服务，截至年底，市城区设置审批传统中医门诊部3家。在8月11日召开的"健康京畿·中医药先行8·10工程"启动大会上，北京市中医管理局和廊坊市人民政府签署《中医药协同发展框架协议》。霸州市中医院、固安县中医院、香河县中医院、大厂回族自治县中医院相继与北京开展对接合作。国家、省、市补助国医堂建设项目资金558.4万元，建成国医堂30个，建成中医药特色示范村卫生室200个和中医药特色示范社区卫生服务站7个。

【卫生计生人员继续教育】 2016年，全市汇总市级卫生计生人员教育培养培训计划30项，预算资金91万元。至年底，全市培训项目27项，培训3425人。全市招收2015级住院医师规范化培训人员57人，2016级住院医师规范化培训人员84人。启动助理全科医生培训工作。确定廊坊市第四人民医院、香河县人民医院为"3+2"助理全科医生培训基地，参加报名50余人，实际录取5人。年内申报国家级继续教育项目1项，审批合格1项；申报省级继续教育项目49项，审批合格37项；受理申报市级项目15项，评审立项13项。全市有2万余人次参加国家级、省级、市级继续教育项目学习，参加各类学术讲座近5000人次。

【医学科研奖项】 2016年，廊坊市科技局立项医学科研课题52项，其中市直22项，各县

（市、区）30项。廊坊市在省卫计委立项医学科研课题3项，其中指令性课题1项，资助经费5000元；指导性课题2项。市卫计委组织市直医疗卫生单位18项科研项目参加市科技进步奖评审，获2016年度廊坊市科学技术进步奖16项，其中二等奖6项、三等奖10项；县级医疗单位获二等奖1项、三等奖9项；获2015年度河北省医药卫生科技成果一等奖1项、二等奖5项、三等奖4项。2016年廊坊市申报省卫计委2017年度课题17项。

【医疗学术活动】 2016年，廊坊市卫计委组织各类医疗学术活动16次，参加人员2000余人次，邀请国内外专家92人次，专家讲座课题94个。举办国际学术交流会2次。配合河北省医学会，在全市基层开展河北省首届“白求恩式的好医生、巾帼式的好医生及最美乡村医生”候选人推荐和评选工作，廊坊市75名基层医务工作者受到省名医学会表彰。其中，获“白求恩式的好医生”称号21名，获“巾帼式的好医生”称号19名，获“最美乡村医生”称号35名。护士节期间开展“健康中国科普助力”系列科普下基层、义诊咨询活动5次，手术和医疗救助儿童5名，资助资金59677.97元。

【医院管理】 2016年，廊坊市按照“属地管理、分级负责”原则，在全省创新实施“集中时间、集中专家、集中核查”三集中校验方法。5月23日至30日，市卫计委联合广阳区、安次区、廊坊开发区卫生计生行政部门，集中校验市卫计委审批的二级医院、一级医院、门诊部和市城区社区卫生服务中心（站）等122家医疗卫生机构。组织各县（市）制定成立本地实施方案和组织机构，启动本辖区集中校验工作。7月4日，召开2016年医疗机构集中校验结果通报会议，通报2016年集中校验结果，其中校验通过70家，限期整改38家，停业机构2家，申请停业5家，装修、迁址7家。7月19日至25日，组织集中校验工作组现场验收整改一个月医疗机构整改情况，所有整改停业的医疗卫生机构均通过再次校验复核。年内，市卫计委制发《廊坊市大型医院巡查工作实施方案（2015—2017年度）》，成立大型医院巡查工作领导小组，组成行风廉政组、医院管理组和经济管理组3个工作组分别从反腐倡廉建设、行风建设、医院管理和经济管理4方面巡查廊坊市人民医院，发现问题21个方面，要求医院制定整改措施，逐项整改。

【京津冀区域医疗合作】 年内，河北燕达集团与北京朝阳医院合作共建河北燕达医院，并引入北京天坛医院脑科中心，成立河北燕达·天坛脑科中心；北京中医医院合作建立“北京中医医院·燕达中医诊疗中心”，并实现医保卡异地结算。香河人民医院与北京解剖学会合作建立“临床应用解剖科学技术培训中心”。中国石油天然气管道局总医院、文安县人民医院、香河县人民医院开展远程会诊。香河县人民医院与北京市耳鼻喉科研究所建立专科影像检测及远程耳鼻喉咽喉科技术服务合作协议，与北京同仁医院耳鼻喉科研究所建立远程会诊中心。廊坊市人民医院、中国石油天然气管道局总医院入围首批京津冀医疗机构临床检验结果互认试点，廊坊市人民医院、中国石油天然气管道局总医院、燕达医院成为首批京津冀医学影像资料共享试点。

【疾病应急救助申请联合审议】 2016年，廊坊市建立疾病应急救助制度，对需要急救但身份不明或者无力支付急救费用的急重危伤病患者给予医疗救助，并实行疾病应急救助申请联合审议机制。4月1日，市卫计委会同市财政局、市民政局、市公安局、市人社局疾病应急救助工作领导小组成员及市人民医院、中国石油天然气集团公司中心医院临床专家，联合审核2014年12月1日至2015年11月30日期间疾病应急救助申请19例，审议通过救助申请7例，协调市财政部门核准、核销救治费用。其余12例救助申请退回有关医疗机构补充材料。

【药品采购】 2016年，廊坊市实行药品耗材限价采购。全市37家县级以上医疗卫生机构和129个基层医疗卫生机构、2950个村卫生室全部通过河北省药品集中采购平台采购药品。其中，全市19家公立医院改革试点单位和基层医疗卫生单位全部执行零差率销售；县级以上医疗机构全部通过省药采平台实行医用耗材网上采购。截至11月底，全市采购药品14.02亿元，其中县级以上医疗机构采购14.25亿元，基层医疗机构（含村卫生室）采购1.21亿元。全市26家县级以上医疗机构全部通过省药品采购平台采购医用耗材，金额2.91亿元。完善基本药物制度。截至9月底，全市基层医疗机构基本药物占比64%，二级医疗机构基本药物占比19%。保障药物供应渠道顺畅。全市所有公立医院均执行“京津冀药品、医用耗材集中采购工作协同发展协议”，全部通过比对京津采购平台，实行网上采购，平均药价降低15%左右，药品回款率90%以上。

【霸州市、大城县、三河市人感染H7N9禽流感病例】 6月，霸州市、大城县发生人感染H7N9禽流感病例2例。廊坊市紧急制发《关于规范H7N9禽流感防控和重症呼吸系统病例域外转诊工作的紧急通知》，规范医疗机构病例接诊、救治、转诊流程。邀请专家对全市各级各类医疗机构一线医务人员培训人感染H7N9禽流感防控及诊疗方案、诊疗流程。7月28日、29日，三河市燕郊先后发现人感染H7N9禽流感病例2例，廊坊市卫计委市级专家组成员实行全天候在燕郊值班制度，救治2名患者，并邀请京津冀专家召开人感染H7N9禽流感医疗救治评估研讨会议。2名患者得到及时有效救治并全部治愈，院内感染和医护人员防护控制到位，得到省卫计委肯定。

（郭有泉）

爱国卫生

【概况】 2016年，廊坊市爱国卫生运动委员会（以下简称市爱卫会）推进城乡环境卫生综合治理、周末卫生日、除“四害”工作，改善城乡环境卫生质量，保护人民群众身体健康。全年创建省级卫生村32个，市级卫生村64个，市级卫生社区14个。全市农村新建卫生户厕5.03万座，全市农村卫生厕所普及率81.66%，无害化卫生厕所普及率达到57.41%。

【城乡环境卫生整洁行动】 年内，市爱卫会印发《廊坊市城乡环境卫生整洁行动任务分工方案》，开展以优化和提升环境为主题的城乡环境卫生整洁行动，集中治理城中村、背街里巷、集贸市场、城乡接合部、铁路、公路沿线、沟渠两侧、乡镇村街的积存垃圾，解决城乡环境脏乱差问题。全市发动群众8万余人清运垃圾杂物40万立方米、清理残垣断壁2800余处、硬化道路1285万平方米。

【病媒生物防治】 2016年，廊坊市筹资85万元，购置灭鼠药品78吨、粘鼠板3.6万块，布放毒饵盒4.8万支，灭蟑饵剂18万袋。全市灭鼠前鼠密度农村为6.6%、城区为4.2%，灭后农村为3.3%、城区为1.6%。通过检测鼠带毒率为0。4月，全市统一开展投药集中杀灭活动。市爱卫办购置灭蟑饵剂4万袋、溴敌隆毒饵1万袋，发放到广阳区、安次区、三河市和大厂回族自治县。10月，购置灭鼠毒饵盒5000个、灭蟑饵剂8万袋、溴敌隆毒饵8万袋，发放到各县（市、区），开展全市病媒生物防治活动。

【省级卫生城市（县城）复审验收】 2016年，廊坊市城区、三河市和大厂回族自治县获得省级卫生县城（城市）称号满3年，接受河北省爱卫会的省级卫生城市（县城）复审。10月，河北省爱卫会复审、暗访、检查三河市和大厂回族自治县省级卫生县城巩固工作。三河市和大厂县通过强化爱国卫生组织建设和健全机制，加大卫生基础设施投入，加强市容环境管理，实施环境卫生集中整治，推行城乡环境卫生一体化管理，城市环境、管理水平得到提升，省级卫生城市（县城）复审验收获得通过。廊坊市城区由于供热管网施工原因，报请河北省爱卫办对廊坊市城区创建工作延期复审。

【创建无烟党政机关】 3月6日，廊坊市召开创建无烟党政机关启动培训会，市直党政机关负责人参加会议。培训会传达市委、市政府办公室关于《领导干部带头在公共场所禁烟创建无烟党政机关的通知》，讲解无烟党政机关标准和评分细则，就创建无烟党政机关的准备、宣传、制定制度、氛围的营造及实施、维持、检查评估作说明。7月，市爱卫会按照创建文明城市活动要求扩大控烟范围，在车站、政务大厅、体育场、赛场、图书馆、博物馆、医院、宾馆、饭店、银行营业厅、电信营业厅、公共汽车张贴控烟标牌3000余块。8月，市爱卫会抽查暗访创建无烟党政机关单位，创建单位在楼道、厕所、会议室、电梯、办公室等处均按照要求张贴控烟标牌。11月，市爱卫会会同市卫计委组成2个检查组对市直57个无烟党政机关检查验收，其中56个党政机关达到无烟党政机关标准。在12月召开的全省创建无烟党政机关总结大会上，廊坊市获“优秀组织奖”。

（王爱军）

医疗卫生机构选介

【廊坊市人民医院】 廊坊市人民医院始建于1946年，是集医疗、科研、预防、保健、教学于一体的综合性三级甲等医院，是国家卫计委评定的“爱婴医院”“国家脑卒中筛查与防治基地”，是省卫计委评定的省级医师规范化培训基地。医院总建筑面积92261平方米，开放床位970张，设有门诊、临床、医技科室47个，医院干部职工1095人，其中医护人员916人。2016年，医院总收入84057万元，同比增加5506万元，增长7.01%；业务收入76794万元，同比增加8227万元，增长12%；医院总资产77211万元，比年初增加9758万元，增长14.47%；门诊量为960260人次，同比增加65409人次，增长7.31%；门诊平均费用294.56元/人次，同比下降5.61元/人次，下降1.87%，首次实现门诊次均费用降低；医院平均病床周转33.48次，增加4.14次，增长14.10%，平均病床使用率增加0.58%，出院患者实际占用总床日增加18755床日，增长6.58%；患者平均住院日由10.35天缩短至9.67天；术前平均住院日减少 0.25 天；手术率增长至 31.05%，三级、四级手术 5362 台。其他各项业务指标稳定增长，实现安全生产零事故。

2016 年，医院规范医用材料、医疗设备管理流程，推广二级库管理方法，减少医院资金占用，降低运营成本。推行医疗安全（不良）事件报告制度，收集医疗安全（不良）事件 455 例，保留有效不良事件 445 例。医院由行政管理职能转变为以协调临床医疗和畅通患者就诊流程为主线索的服务职能，为临床科室和患者同时提供双向服务。完善预约挂号、主动导诊、自助缴费和自助打印检验结果等便民措施，重点开展志愿者服务、治理医托、应急演练等工作，畅通患者就诊流程。投资 200 余万元建立临床技能模拟培训中心，配备网络急救系统及各类临床技能操作模型满足医护临床技能培训要求，提高医学教育培训水平。开展新技术项目 12 项。其中介入血管外科泡沫硬化剂治疗静脉曲张、骨科膝关节软骨损伤的微创治疗、消化科内镜下粘膜切除术等技术操作 30 余例。

年内，门诊楼、住院三号楼和产科装修改造完工。血液净化中心改造扩建，新中心面积 600 平方米，设置十万级净化系统，为透析患者提供安全清洁透析环境。开展回访和满意度评价，回访 30899 人次，成功回访 24874 人次，出院患者回访 100%。接待投诉 167 人次，投诉处理反馈率 100%。

（刘　巍）

【廊坊市中医医院】 廊坊市中医医院（以下简称市中医院）建于 1988 年 3 月 5 日，是一所以研治血液病和老年病为主的综合性三级甲等中医医院。1995 年医院被国家中医药管理局和河北省中医药管理局确定为“全国中医血液专病医疗中心”“三级甲等中医院”和“河北省中医老年病医疗中心”。医院建筑面积 3.2 万平方米，开放床位 519 张，有职工 726 人。下设血液科等临床科室 35 个，医疗技术科室 11 个。其中，国家级重点专科 1 个，重点专科建设单位 2 个，肾内、ICU、康复、透析、肿瘤、内分泌等 7 个专业具备独立成科条件，被确定为重点培养对象。2016 年，市中医院总收入 2.6 亿元，同比增长 20.3%，其中业务收入 2.39 亿元，同比增长 21.3%。全年门诊诊治 16.9 万人次，同比增长 26.1%，出院 8300 人次，同比增长 13.4%。病床使用率 95%，病床年周转次数 15 次。三日确诊率、甲级病历率、危重病人抢救成功率、中医药参与率均为 90% 以上。全年无重大医疗事故和安全生产事故。

2016 年，医院成立运送服务中心，避免患者检查结果发生丢失；增设独立中成药取药窗口，增加中药饮片建筑面积，减少患者排除等候时间。通过招投标方式，购置 64 排 CT、磁共振、大型血管造影机、大生化、血球检测流水线、全自动血凝仪、血透血滤机、胃肠机、移动 DR 等设备，价值近 4000 万元。年内北侧病房楼东半部分装修项目完工，儿科、内科、外科、骨科于年底迁入。通过租赁形式，租用医院北侧建安医院，新增业务面积 2012 平方米，成立第十一、十二病区和血液净化室，增设床位 80 张。医院与新奥新博卓畅软件公司合作，完成医院信息化建设前期系统参数设计、软硬件招标等准备工作，医院信息化管理进入实质性实施阶段。

2016 年，市中医院安置大中专毕业生 44 人，其中硕士毕业生 8 人、本科毕业生 6 人。制定人才培养计划，定向培养专科人才。医院选派医护人员 36 人到京津冀三地医院进修深造，69 人分别参加各类不同层次短期培训和学术交流。举办国家、省、市级继教培训班10期，科研立项14项，发表论文25篇，获市级以上科技进步奖6项。年内市中医院成为农工党北京市委、农工党河北省委京津冀协同发展联合共建基地。

（刘思洋）

【中国石油天然气集团公司中心医院】 中国石油天然气集团公司中心医院暨中国石油天然气管道局总医院（以下简称管道局医院）始建于1974年。1994年中国石油天然气总公司在管道局职工医院基础上组建中国石油天然总公司中心医院，并挂牌中国石油天然气管道局总医院，行政隶属于管道局。1999年医院更名为中国石油天然气集团公司中心医院，是综合性三级甲等医院，是中国石油职业卫生技术服务中心和中国石油突发公共卫生事件应急救援中心。2016年，医院占地面积87亩（5.2公顷），建筑面积11.62万平方米，开放床位998张。医院有员工1273人，其中副高级以上职称184人。固定资产总原值8.95亿元，净值5.38亿元。门诊量87.5万人次，同比增长15%；急诊3.9万人次，同比增长13%。住院诊疗2.8万人次，同比增长40%。手术1.2万台次，同比增长78%，其中大手术室手术8242台次，介入手术1919台次，门诊手术1750台次，三级以上手术占62%。健康体检4.2万人次。业务收入8.08亿元，同比增长26%。年内，管道局医院被中国医院协会续评为全国百姓放心示范医院，被河北省总工会授予“五一劳动奖状”，获管道局先进集体称号。

2016年，管道局医院成立肝胆外科、乳腺外科、血液科。呼吸科、神经内科建立危重症专业，将血液净化专业纳入肾内科，完善肾内科治疗手段。全年阶段性评估新技术项目29项、论证立项新技术项目47项。整形手外科研究发展带蒂穿支皮瓣修复手足创面、多指离断再植技术。骨科椎间孔镜、关节镜、小切口椎弓根内固定、3D打印技术在复杂膝髋关节置换术中得到应用。

开展“管道局机关员工多发慢病防控效果研究”。“无线监测技术在员工健康管理中的应用研究”获管道局科技进步一等奖。建立网络健康管理平台，实施以饮食、运动和体重为测量指标。承办中国石油海外项目健康风险评估与疟疾防治技术培训班，组织医务人员赴尼日尔、哈萨克斯坦等国家开展海外项目生产现场健康服务、职业卫生技术支持和心理健康促进。加强远程医疗会诊系统建设和运行管理，开通海外远程会诊服务，2016年医院远程会诊1026人次，远程查房200余人次，技术培训8次，参与专家1156人次。

开展院前挂号、抽血、打印检验报告单、上门送医送药等便民服务。全年社区门诊量5.9万人次，开展大型卫生宣传活动和健康教育讲座226次。对口支援霸州、永清、固安、文安4所县医院，诊治门诊患者6131人次，住院患者813人次，临床教学查房541次。承担省卫计委援疆任务，长期派医生驻疆援助。年内赴贵州习水县、新疆青河县、吉木乃县等6地扶贫义诊，培训乡村医生30人。

（祁　红）

体　育

【概况】 2016年，廊坊市登记注册各类体育社会组织130个，街道乡镇级体育组织90个，全民健身站点2000余个。各级社会体育指导员4800人，体育人口总数159万人、占全市总人口35.3%。全市老年人体育组织2500个以上，覆盖率80%以上。全年廊坊市组织各级各类群众体育健身活动2000余次，参加各类全民健身主题大型系列活动人数超 50 余万人次。开展青少年足球运动，推进中小学校园足球全覆盖，创建校园足球示范学校和特色学校 50 余所。组织市七届全民运动会，备战省第十五届运动会。落实《发展体育产业促进体育消费》和《廊坊市引进优秀体育人才规定》，发展体育产业，推进民生体育精品项目和市区精品游园健身等惠民工程，农村健身设施覆盖率 75%以上，社区健身设施覆盖率 90%以上。年内，廊坊体育彩票总销量 12.03 亿元，其中电彩销量 10.96 亿元，即开销量 1.07 亿元。

2016 年廊坊市体育事业统计表

表 50

项　　目	单位	2016 年
一、体委系统职工人数	人	246
专职教练员	人	35
二、等级裁判员发展人数	人	209
三、等级运动员发展人数	人	170
四、培训裁判员、教练员人数	人	14
五、现有体育场地数	个	3316
六、全市体育场馆数	个	3316
市区	个	850
七、全市体育人口	万人	162
八、传统项目学校数	所	15
省　级	所	7
市　级	所	8
县　级	所	—
九、向省以上运动队输送人数	人	—
十、获省以上竞赛金牌数	枚	45
十一、单项体育协会个数	个	135
市　级	个	29
县　级	个	106

【群众体育】　2016 年，廊坊市建设全民健身工程，推进全市公共健身服务均等化。建设实施农民体育健身工程、乡镇体育健身工程、社区体育健身工程、绿道健身示范工程、游园健身工程，公共体育设施建设均超额目标任务。全市农民体育健身工程覆盖 2350 个村（街），霸州市、固安县、广阳区、安次区、大厂县、三河市、廊坊开发区实现体育健身工程全覆盖。开展永定河国际马拉松、全国风筝精英赛、全国马术公开赛、"市长杯"足球赛等国内外赛事活动，实现全民健身品牌项目活动制度化，活动人群覆盖城乡、辐射国内外，参加人数 5 万人。市、县两级开展全民健身公益培训活动，全市培训社会体育指导员 1500 人。

【竞技体育】　2016 年，廊坊市加强竞技训练基地和工作队伍建设。重点引进优秀体育人才，选拔青少年运动员，充实完善省运会参赛队伍。市体校面向全国引进教练员 35 人，向省级以上专业队输送优秀运动员 39 人。县级业余训练建设省级体育传统项目学校 7 所、市级体育传统项目学校 8 所，扶持 5 所民营俱乐部投入基层业余训练。备战河北省第十五届运动会，参加河北省第十五届运动会青少年组资格选拔赛 20 项、群体组（含老年组）各项目预选赛 30 项，青少组取得金牌 50 枚，群体组获得 25 个优胜奖。举办全市青少年组 10 项和群体组（含老年组）19 项选拔赛活动，将有潜力的运动员充实到省运会参赛队伍。

【体育产业】 2016 年，廊坊市建设霸州台球、固安渔具、安次制球、大厂和三河健身器材等体育器材生产领域产业基地。大厂佳美和三河桂宇星体育用品公司通过国标认证，被省体育局授予河北省体育产业基地和示范单位。年内，河北省体育局在大厂佳美和三河桂宇星体育用品公司召开户外体育用品示范现场会，向全省推广廊坊市体育器材产业基地发展经验。以旅游健身项目为平台，发展体育服务业。廊坊国际名鸽博览会、廊坊第什里风筝节、廊坊国际热气球节、廊坊国际渔具展被列为全国体育旅游精品项目。廊坊开发区、三河、霸州、香河、固安、安次、广阳、文安等县（市、区）在高尔夫、温泉游泳、自行车骑行、风筝、马术、足球、羽毛球、乒乓球、武术等方面建设完善高低档兼备的体育健身休闲场所，扩大健身服务阵地，拉动群众休闲消费。年内全市体育经营单位登记 911 家，占全省登记总数 3160 家的 29%。

【廊坊市第七届全民运动会】 2016 年，廊坊市举行第七届全民运动会（以下简称市七运会）。市七运会由廊坊市人民政府主办，廊坊市体育局承办，自 4 月 12 日开赛至 9 月 28 日闭幕，历时 169 天。参加第七届全民运动会的运动员、教练员、裁判员及相关工作人员万余人，其中参赛运动员 6000 余人。市七运会设置青少年组和群众体育组两个组别，有 26 个大项 39 次比赛。其中，各县（市、区）群众体育组设置足球、门球、台球、乒乓球、象棋、羽毛球、自行车、围棋、健身气功、中国式摔跤、武术、钓鱼、体育舞蹈、健身腰鼓、健身秧歌、无极健身球、柔力球、轮滑、太极拳等 19 个比赛项目；中省市直群众体育组设置足球、门球、台球、乒乓球、象棋、羽毛球、自行车、围棋、健身气功、桥牌等 10 个比赛项目。按照“全民参与、全民运动、全民健康”原则，市七运会突出群众性、参与性，淡化竞技性，安排群体项目比赛 29 次，占赛事总数的 74%。第七届全民运动会取消金牌榜和团体总分榜，改为开展优胜奖、优秀奖、优秀组织奖、突出贡献奖、特殊贡献奖及体育道德风尚奖评选，最终评选出青少年组优秀组织奖代表团 6 个、群体组优胜奖和优秀奖代表团 11 个。评选出优秀组织奖代表队 12 个、体育道德风尚奖代表团 11 个、特殊贡献奖和突出贡献奖单位 67 个、特殊贡献奖和突出贡献奖个人 103 名。

【廊坊市成立国际健身气功·七修学院】 12 月 8 日，由国际健身气功联合会（以下简称国际气联）与新绎七修酒店管理有限公司合作共建的全球首家国际健身气功院校——国际健身气功·七修学院在廊坊市挂牌成立。国际气联与新绎七修酒店在推动健身气功推广普及，推进健身气功事业发展方面达成互信共识，并签署战略合作协议。国际健身气功·七修学院承担国际健身气功师资培养任务，建立健身气功科研、教育、产业平台，开展国际健身气功和文化交流。

【第二届永定河国际马拉松比赛】 第二届永定河国际马拉松比赛（廊坊站）由廊坊市人民政府主办，廊坊市体育局、教育局和安次区人民政府、大厂县人民政府承办。比赛设置 3 个阶段，分别于廊坊市区、大厂县、安次区第什里举行。9 月 10 日，永定河星光国际半程马拉松赛在大厂县举行，比赛以大厂民族宫为起终点，设置比赛项目 2 个：半程马拉松和 5 千米大众跑，吸引国内外近 3000 名跑步爱好者参加，选手翟祥岩以 1：13′21″获男子第一名，选手高常裕以 1：24′37″获女子第一名；12 月 24 日，永定河乡村半程马拉松赛在安次区第什里风筝小镇举行，比赛以第什里风筝小镇广场为起终点，全长 21.0975 千米。国内外 2000 名跑步爱好者参加比赛。选手李佳乐以 1：11′

11＂获男子第一名，选手罗川以1：18′28＂获女子第一名，北京元大都冠军训练营获团体第一名；12月25日，永定河迷你马拉松赛在廊坊市区举行，比赛以廊坊市体育场西广场为起始点，设置7千米大众跑、3千米大众跑和趾压板跳绳、障碍射门等趣味游戏。国内外跑步社团1000人和市直各单位、中省直驻廊各单位职工及廊坊市区大中专院校、中小学在校学生2000余人参加比赛。

【全国风筝精英赛】 5月7日至15日，主题为“放飞梦想，在希望的田野上”全国风筝精英赛（第什里站）暨第二届中国·廊坊第什里风筝节在廊坊安次区第什里风筝小镇举行。主办方为国家体育总局社会体育指导中心、中国风筝协会、廊坊市人民政府、河北省旅游发展委员会、河北省体育局、河北省文化厅、河北省广播电视台。全国30支专业风筝队伍，运动员、教练员和裁判员共300余人参加比赛，数万名观众参与开幕活动。全国风筝精英比赛分3个大项15个小项，包括传统风筝赛（含龙串类、软翅串类、硬翅串类、最大风筝、夜光风筝等）、竞技风筝赛（含运动风筝双线团体芭蕾赛、打斗风筝个人赛、盘鹰类风筝自选套路表演赛）、地方特色风筝表演赛。其间，主办方举行第什里风筝文化研讨会、大型文艺活动、美丽乡村游、迷你马拉松、全民广场舞大赛等活动。开幕式上，廊坊第什里被国家体育总局命名为“中国风筝小镇”。

【“新奥杯”世界围棋公开赛】 11月6日，“新奥杯”世界围棋公开赛在廊坊开发区新绎贵宾楼举行。中国、韩国、日本以及中国台北等国家和地区64名棋手参加比赛。赛事由国际围棋联盟、中国棋牌运动管理中心（中国棋院）、河北省体育局、廊坊市人民政府主办。新奥杯世界围棋公开赛是继江苏春兰杯、梦百合杯，贵州百灵杯之后第四个世界围棋大赛，于2016年至2020年连续举办三届，第一届比赛于2016年5月至2017年4月举行。小组预选赛于2016年5月24至28日在北京中国棋院举行，决出64强。其中，中国42席、韩国16席、日本4席、中国台北1席、美国1席。第二阶段64进16强复赛于2016年11月6至10日在廊坊开发区新绎七修酒店举行，决出8强。其中，中国7席：柯洁、时越、周睿羊、连笑、檀啸、李喆、彭立尧；韩国1席：申真谞。第三阶段8强决战将于2017年5月在廊坊市举行。

（马二娟）

社会生活

综　述

2016年，廊坊市落实创业扶持政策和补贴扶持政策，公益性岗位社会保险补贴、就业困难人员灵活就业社保补贴等6项补贴全部落实。保障改善民生支出资金420.5亿元，占一般公共预算支出的82.6%，比上年提高1.4个百分点。支持社会保障和就业支出资金45.2亿元，全市新增城镇就业5.3万人，城镇零就业家庭保持动态为零，实现经济与就业协调增长。实施社保扩面提标工程，同步调整全市企业和机关事业单位退休人员基本养老金，人均月增分别为161.48元、234.44元，涉及13.14万名退休人员；市级养老服务补贴资金370万元下拨至各县（市、区）。全市重特大疾病医疗救助基金规模1.3亿元，在乡镇（街道办事处）设立统一的社会救助受理窗口。农村低保标准从292/人/月提高到353/人/月。住房保障支出资金9.2亿元，全年棚户区改造11147套，累计改造农村危房1095户，发放公共租赁住房补贴1655万元，有效解决5774户低收入群众的住房难题。

（郎之鉴）

劳动就业

【概况】 2016年，廊坊市实施创业就业促进工程，全面落实各项就业政策，加大资金筹集、使用、监管力度，改善就业创业环境。市政府出台《关于支持农民工等人员返乡创业的实施意见》《廊坊市创业就业三年行动计划（2016—2018年）》《关于做好化解钢铁等行业过剩产能职工安置工作的实施意见》。全市新增城镇就业岗位5.3万个，农村劳动力向非农产业新增转移3.2万人，下岗失业人员再就业8316人，就业困难人员实现再就业3034人。应届高校毕业生就业率为92.5%。城镇登记失业率低于2%，连续11年保持全省最低。城镇零就业家庭保持动态清零。

【就业创业政策落实】 2016年，廊坊市人社局完善落实就业创业扶持政策，推出20项促进就业创业的具体政策措施，扶持创业带动就业。全市众创空间发展到26家，全市发放创业担保贷款5460.5万元，带动（吸纳）1984人实现就业。全市筹集就业专项资金1.45亿元，支出1.61亿元，惠及5.7万人。

【"春风行动"专场招聘】 2016年，廊坊市推进农村转移劳动力就业创业工作，开展主题为搭建供需平台、促进转移就业"春风行动"专场招聘活动。活动面向有转移就业意愿的农村劳动者、有创业愿望的农村劳动者、有招聘需求的各类用人单位和其他有就业创业意愿的劳动者，开展政策宣传、专场招聘、送岗到乡、返乡创业扶持、维护劳动权益等多项免费服务。活动期间免费发放"春风卡"等宣传资料。是年召开大型专场招聘洽谈会31场，2010家用工单位进场招聘，提供就业岗位5.5万个，求职登记人数5.4万人，达成就业意向2.3万人。

【去产能企业职工安置】 2016年，廊坊市开展化解钢铁等行业过剩产能中企业职工安置工作。市政府出台《关于做好化解钢铁等行业过剩产能职工安置工作的实施意见》，市人社局印发《关于做好钢铁等行业化解过剩产能职工安置工作政策十条》。河北前进钢铁集团有限公司、霸州市新利钢铁有限公司转岗安置职工1836人。实施失业保险支持企业稳岗政策，发放三批稳岗补贴资金8415.95万元，惠及企业170家、9.18万名员工。

【农民工工资支付管理】 2016年，廊坊市各县（市、区）全部建立预储金制度，88个新开工项目足额缴纳保障金3.38亿元。全市建筑领域新开工企业实行合同制和实名制管理，农民工工资全部由银行代发。市人社局印发《关于全面治理拖欠农民工工资的实施意见》，为3216名农民工追发工资3057万元。

【和谐劳动关系创建】 2016年，廊坊市开展全市企业薪酬调查工作，抽取样本企业450家，涉及职工7.57万人，样本回收率和合格率均为100%，超任务目标180%。是年，廊坊市举办劳动合同法专题培训班，市属300余名用人单位劳资负责人参加培训。

【人力资源市场清理整顿】 2016年，廊坊市开展清理整顿人力资源市场秩序专项行动，检查各类职业介绍机构和用人单位418户，查处各类违反就业管理相关规定的行政违法案件16件，依法取缔非法职业介绍活动7件，责令退赔劳动者各种费用1.4万元。

（张晓伟　邢　为）

社会保障

【概况】 2016年，廊坊市企业养老保险、机关事业养老保险、城镇基本医疗保险、工伤保险、失业保险分别新增扩面5.26万人、1900人、5000人、8.3万人、1.68万人。城乡居民基本医疗保险（原新农合）参保265.97万人，参保率96.68%。城乡居民养老保险参保216.44万人，参保率99%。城乡居民基础养老金每人每月增加10元。59.84万名60周岁以上老年人按月足额领取养老金，全市发放养老金8.29亿元。

【机关事业单位养老保险制度改革】 2016年，廊坊市印发《廊坊市机关事业单位养老保险制度改革工作推进方案》，启动全市机关事业单位养老保险制度改革工作。该项改革实施范围为按照公务员法管理的单位、参照公务员法管理的机关（单位）、事业单位及其编制内工作人员参加机关事业单位养老保险。其中，事业单位是指按照国家有关规定进行分类后的行政类、公益一类、公益二类事业单位，对于事业单位分类改革后被划分为生产经营类，但尚未转企改制到位的事业单位，已参加企业职工基本养老保险的仍继续参加；尚未参加的，暂参加机关事业单位基本养老保险，待其转企改制到位后，按有关规定纳入企业职工基本养老保险范围。机关事业单位离休人员不纳入这次改革范围，其离休待遇调整由中央有关部门另行制定政策，资金由原渠道解决。依法签订劳动合同的编制外人员通过继续推动参加企业职工基本养老保险，保障其养老保障权益。

改革基本养老保险金缴费基数和比例。单位缴纳基本养老保险费比例为本单位参加机关事业单位养老保险工作人员的个人缴费工资基数之和的20%。个人缴费比例为本人缴费工资的8%。个人缴费工资基数按照全省上年度在岗职工平均工资的300%和60%限高保底。机关单位（含参公管理单位）的个人缴费工资基数为本人上年度工资收入中的基本工资、国家统一的津贴补贴（艰苦边远地区津贴、警衔津贴、海关津贴等国家统一规定纳入原退休费计发基数的项目）、规范后的津贴补贴（地区附加津贴）、年终一次性奖金等。事业单位工作人员的个人缴费工资基数为本人上年度工资收入中的基本工资、国家统一的津贴补贴（艰苦边远地区津贴等国家统一规定纳入原退休费计发基数的项目）、绩效工资等。其他项目暂不纳入个人缴费工资基数。按照个人缴费工资基数8%建立基本养老保险个人账户，全部由个人缴费形成。按照国家统一公布的记账利率，每年为个人账户储存额计算利息，免征利息税。

建立多缴多得、长缴多得的激励机制。改革后，基本养老金分为两部分：一部分为基础养老金，以全省上年度在岗职工月平均工资和指数化月平均缴费工资的平均值为基数，每缴费1年计发1个百分点，即缴费年限越长，待遇水平越高；另一部分为个人账户养老金，累计历年个人缴费的本息，除以规定的计发月数，即缴费越多，待遇水平越高。该规定，比原来按"最后工资"分档确定退休费，能够更全面地体现机关事业单位工作人员整个职业生涯的劳动贡献。

实行"老人老办法、新人新制度、中人逐步过渡"的改革办法。对改革前退休的"老人"，维持原待遇不变，并参加今后的待遇调整；对改革后参加工作的"新人"，将来退休时的基本养老金为基础养老金与个人账户养老金两部分之和；对改革前参加工作、改革后退休的"中人"，由于改革前的工作年限里没有实行个人缴费，退休时的个人账户储存额中没有体现这段时间的劳动贡献，因此将这段时间确定为"视同缴费年限"，在发给基础养老金和个人账户养老金的同时，再依据视同缴费年限长短等因素发给过渡性养老金。为更好地保持"中人"待遇的衔接，该次改革设定10年的过渡期，过渡期内实行新老办法对比，新办法计发的养老金低于老办法的，按老办法补齐；新办法计发的养老金高于老办法的，对高出部分有所限制。该项改革，基本可以保证原有的待遇水平不降低。

养老保险关系转移接续办法。养老保险关系转移接续分为两种情况：一种情况是参保人在机关事业单位养老保险制度内同一统筹范围转移，只转接养老保险关系，不转移基金；另一种情况是在机关事业单位养老保险制度内跨统筹范围、跨省转移，或者在机关事业单位与企业之间转移，在转接养老保险关系时，既转移个人账户累计储存额，还要转移部分基金。

建立职业年金制度。廊坊市为机关事业单位改革范围内的工作人员（不包括已退休人员）建立职业年金。资金来源由两部分构成：单位按本单位参加机关事业单位养老保险工作人员的个人缴费工资基数之和的8%缴费，个人按本人缴费工资的4%缴费，两部分资金构成的职业年金基金实行个人账户管理。工作人员退休时，依据其职业年金积累情况和相关约定领取职业年金待遇。

机关事业单位养老保险实行省级统筹。为稳步推进改革，廊坊市实行一定时限的省级统筹过渡期。在过渡期内实行基金分级统筹，统一执行机关事业单位基本养老保险制度和政策；统一缴费基数计算口径和比例；统一基本养老金计发办法、统筹项目和标准以及基本养老金调整办法；统一编制和实施基本养老保险基金预算；统一业务经办规程和管理制度，实行综合柜员制经办模式；统一信息管理系统，实现省级集中管理数据资源。机关事业单位基本养老保险基金单独建账，与企业职工基本养老保险基金分别管理使用。基金实行严格的预算管理，纳入社会保障基金财政专户，实行收支两条线管理，专款专用。

【城乡居民医疗保险整合】 2016年，廊坊市人民政府出台《廊坊市整合城乡居民医疗保险工作实施方案》，整合城镇居民基本医疗保险和新型农村合作医疗保险资源和机构。新型农村合作医疗管理职能、机构、编制、资产、资金、文书档案、数据资料（含纸质和电子文档）等，一并整合到人力资源社会保障部门。将城镇居民基本医疗保险、新型农村合作医疗历年结余基金、风险金和当期征缴基金合并为城乡居民基本医疗保险基金，纳入社会保障基金财政专户，实行收支两条线统一管理。市、县两级人民政府建立统一的城乡居民基本医疗保险信息管理系统，整合原城镇居民医疗保险和新型农村合作医疗数据，建立统一的城乡居民基本医疗保险数据库。

【省内异地就医即时结算平台投入使用】 2016年，廊坊市在全省率先打造“互联网+智慧医保”平台，省内异地就医即时结算平台正式投入使用。燕达医院与北京医保系统实现互联互通。城镇职工基本医疗保险在全市范围内实现缴费标准、待遇水平、基金管理、经办模式、信息系统“五统一”目标。

【工伤失业保险】 2016年，廊坊市工伤保险业务在全省率先实现网上申报。落实阶段性调整工伤保险基准费率工作，相比上年为企业减负7400余万元。推动建筑领域工伤保险全覆盖，全市360个建筑项目参加工伤保险，征缴工伤保险费2250万元。阶段性将失业保险费率由2%降至1.5%。

【社保卡发放】 2016年，廊坊市提取城乡居民养老保险、医疗保险参保人员基础信息数据276.3万条，形成可制卡信息273.3万条，制卡232.5万张。城乡居民养老保险领域发放社保卡114.94万张，使用50.83万张。

（张晓伟　邢　为）

【廊坊智慧医保平台上线运行】 2016年，廊坊市人力资源和社会保障局医保中心开通“廊坊智慧医保平台”。“廊坊智慧医保平台”是为全市市民提供医保政策通知公告、医保信息查询、医保缴费等医保业务的综合性互联网+服务平台。平台包括医保网上缴费、社保卡账户信息查询、医保在线预约挂号、报销进度查询等在内的10余项服务功能。市民通过登录网站 http://lfyb.zhiscity.com 和关注微信公众号“廊坊医保”“廊坊医保缴费”或下载“廊坊智慧医保”手机APP等方式登录平台。市民足不出户即可通过该平台办理各种医保业务，及时了解廊坊市医疗保险政策、业务办理流程、医疗保险报销范围，在线下载业务办理所需的文件。输入报送单号，还可以查询医疗报销单报销进度。为方便参保人员缴费，年内市医保中心在该平台推出网上缴费功能，凡参加城镇居民医疗保险的居民，登录“廊坊智慧医保平台”，按要求输入个人姓名、身份证号及确认参保地后，即可通过银联、支付宝、微信等支付方式在线缴费。“廊坊智慧医保平台”绑定个人社保卡，可以实时查看个人医保账户信息，及时了解账户余额、参保信息、缴费状态、消费信息，手机扫码结算医药费等。通过平台，市民可以查询体检报告、定点医院及药店的地理位置及简介。平台还可以提供医生及出诊时间介绍，医保支付挂号费，在线挂号、诊间支付、线下就诊、缴费等便民服务。

【新农合政策调整】 2016年，廊坊市参加新农合农民人均筹资标准由2015年490元提高到560元，其中各级财政补助410元，农民个人缴费150元。门诊补偿不设起付线，每个参合农民的补偿封顶线为100至300元，参合家庭成员可通用。廊坊市新农合补偿基本模式与全省同步，为住院统筹+门诊统筹+大病保险。新农合基金分为6部分，包括：门诊统筹基金、住院统筹基金、风险基金、一般诊疗费、基本药物和中医药补偿基金、大病保险基金。

门诊统筹基金用于参合农民一般门诊统筹和特殊病种大额门诊统筹补偿。一般门诊统筹基金由各统筹地区根据当地实际情况，按每个参合农民不低于50元提取；一般门诊统筹补偿限于乡、村两级定点医疗机构以及养老机构内设定点医疗机构。门诊补偿不设起付线，补偿比例不低于50%；每个参合农民年门诊统筹补偿封顶线可设定为100至300元，参合家庭成员可以通用。特殊病种大额门诊统筹基金的提取数额，由各统筹地区根据当地实际确定，特殊病种不少于20种。

一般住院补偿乡级起付线为100至150元，住院补偿比85%至95%；县级起付线为300至400元，住院补偿比70%至85%；市级起付线为800至2000元，住院补偿比60%至65%；省级起付线为2000至2500元，住院补偿比50%至55%；省外三级及以上起付线为4000至5000元，住院补偿比40%至45%。参合农民看病住院补偿封顶线由2015年每人每年12万元提高至15万元。封顶线全年累计计算，包括住院补偿、正常产住院分娩补助、一般门诊统筹补偿、特殊病种大额门诊补偿和二次补偿等。重大疾病医疗救治补偿另行计算。

大病保险基金按每个参合农民不低于40元提取，补偿封顶线不低于30万元大病保险基金不另行向参合农民个人收取。全市大病保险对患者经新农合支付后需个人负担的合规医疗费用实际支付比例达50%以上。

（郎之鉴）

住房保障

【概况】 2016年，廊坊市出台《关于贯彻实施〈廊坊市公共住房管理办法〉有关问题的通知》，将外来务工人员纳入公共住房保障范围；印发《廊坊市限价商品房管理暂行办法》等规范性文件，推进保障性安居工程。按照考核要求，市房地产管理部门规范住房保障申请审核联审联查制度、住房保障档案管理、保障性住房需求、市级住房保障信息系统平台建设、住房保障信息公开等项工作。年内，廊坊市保障性安居工程新开工项目19个、房屋11147套，竣工项目18个、房屋10460套。

（沈兴辉）

2016 年廊坊市保障性安居工程项目一览表

表 51

区域	开工项目	竣工项目
市区	北昌棚户区改造	北昌棚户区改造项目、广阳人才家园一期工程
廊坊开发区	廊坊开发区堤口村改造	廊坊华为公寓廉租房和公租房
三河	诸葛店城中村改造、赵辛庄城中村改造、中赵甫城中村改造	无
大厂	芦庄片区一期	阳光新园小区、北辰阳光公共住房、聚财苑、福康新苑、芦庄片区一期
香河	贵都家园小区、碧盛家园二期、潮白新村	潮白新村
永清	港悦金督（县直九宿舍片区二期）、港悦金督三期（县直九宿舍片区三期）	盛华园、港悦金督三期（县直九宿舍片区三期）
固安	辛立村、官庄村、小西湖村	辛立村
霸州	和泓嘉苑、博雅澜庭	和泓嘉苑、博雅澜庭
文安	界围	无
大城	王都瑞景、新城园	王都瑞景、金乐万家、建业家园

2016 年廊坊市保障性安居工程申请条件一览表

表 52

项目	申请条件	受理时间
公共住房保障	申请公共住房保障，须同时具备以下条件： （一）市区常住户口家庭 1.具有市区常住户口的家庭（含单亲和单身家庭），并在市区实际居住。 市区常住户口是指市规划区范围内的城镇户口。 申请家庭是指夫妇双方及未婚子女组成的家庭、离异或丧偶带子女的单亲家庭、年满 26 周岁的单身（未婚或离婚、丧偶未带子女）家庭。 2.申请公共住房实物配租家庭，2016 年家庭人均可支配收入在 2015 年市区人均可支配收入的 1.5 倍（即 47887.5 元）以下，且家庭总资产在 45 万元以下。 家庭可支配收入包括申请人及家庭成员工资（含退休金）、奖金、其他劳动所得及财产性收入和生产、经营、投资、承包、承租所得。 家庭总资产是指申请人及家庭成员名下存款（现金）、有价证券、工商注册企业资本金或出资额、房产、车辆、各种生产经营及家用设备现市值评估额的总和。 申请人及家庭成员的收入情况，有单位的，由单位开具证明；没有单位的，由本人书面具结。最低收入家庭以《低保证》为证明（《低保证》户主姓名应为申请人或其配偶）。 3.申请人及家庭成员未购买过经济适用住房或限价商品房，未承租公有住房或享受公共住房保障。 4.无房户或家庭住房总建筑面积在 50 平方米以下且人均建筑面积在 15 平方米以下的住房困难户。 无房户是指申请人及家庭成员没有自有产权住房，或者已转让过私有住房、福利分房、集资建房满 5 年（即 2011 年 8 月 15 日及以前转让），无商业门店、宅基地、自建房，有住房但未办理房产证的不属无房户。住房	申请受理时间：2016 年 8 月 16 日—9 月 2 日（节假日除外）

续表 52-1

项目	申请条件	受理时间
公共住房保障	建筑面积按房屋权属证书记载的面积计算；有多处住房的，住房建筑面积合并计算。 （二）外来务工人员 1.年满 18 周岁（未达到法定退休年龄）； 2.持居住地《廊坊市居住证》或《居住登记证明》； 3.已与本市区用人单位签订《劳动合同》，并在本市区已缴纳社保保险费一年以上（社会保险费的缴纳时限从申请之日起往前计算）； 4.在本市区无任何形式的住宅建设用地或者无自有住房，未租住公有住房； 5.个人或家庭可支配收入在上年度市区人均可支配收入的 1.5 倍以下； 6.应当有用人单位出具的承租公共租赁住房担保书。 注：申请外来务工人员公共住房保障的企业需是廊坊市中心区、廊坊开发区、万庄区、龙河高新区、北史家务、北旺、尖塔、杨税务行政辖区内工商注册的企业。外来务工人员是指在廊坊市广阳区、安次区和开发区务工的非本市区户籍人员。	申请受理时间：2016 年 8 月 16 日—9 月 2 日（节假日除外）
限价商品住房	申请限价商品住房，须具备以下条件： （一）新增申请 2016 年度市区限价商品住房家庭，须同时具备以下条件： 1.申请人具有当地城镇户籍，已婚（离异满 1 年带子女、丧偶带子女）或者单身年满 26 周岁（未婚、离异满 1 年、丧偶未带子女），并在本地工作、居住。 2.上年度家庭人均可支配收入在市统计部门公布的上年度廊坊市城镇居民人均可支配收入 1.5 倍以下（2015 年廊坊市城镇居民人均可支配收入为 31925 元），家庭总资产低于 45 万元；上年度家庭收入指 2015 年全年连续 12 个月的收入。 3.申请人及家庭成员无自有住房（转让过住房及其他房屋超过 1 年的，视为无自有住房）或者家庭人均住宅建筑面积低于 20 ㎡且家庭总建筑面积在 60 ㎡以下（含 60 ㎡）；住房建筑面积按房屋权属证书记载的面积计算，有多处住房的，住房建筑面积合并计算。 4.申请人及家庭成员未购买过经济适用住房、限价商品住房；对已享受廉租住房、公共租赁住房保障的家庭成员（非保障家庭主申请人）需提前退出其住房保障。 （二）正在享受公共住房租赁补贴、实物配租保障家庭的主申请人可自愿申请限价商品住房。凡在市区领取公共住房租赁补贴、享受公共住房实物配租的保障家庭的主申请人，均可自愿申请限价商品住房。享受租赁补贴的保障家庭，自中号确定购买后的下个季度起停发租赁补贴；享受实物配租的保障家庭自限价商品房交付之日起半年内主动向市公共住房管理中心退出享有的实物配租。	申请受理时间：2016 年 5 月 3 日—5 月 16 日（节假日除外）

（沈兴辉）

住房公积金管理

【概况】 2016 年，廊坊市缴纳住房公积金单位 4590 家、职工 45.46 万人，缴存金额 35.62 亿元，同比增长 17.09%；新开户单位 316 家，新开户职工 6.25 万人，净增单位 315 家，净增职工 2.43 万人。截至年底，全市住房公积金缴存总额 202.82 亿元，缴存余额 95.36 亿元，同比分别增长 21.30%、11.73%。年内提取住房公积金 25.61 亿元，提取额占是年缴存额的 71.90%，同比增加 30.2 个百分点。截至年底，提取住房公积金总额 107.47 亿元，同比增长

31.29%。年内发放个人住房贷款4723笔、20.09亿元。截至年底，全市累计发放个人住房贷款40796笔117.23亿元，贷款余额83.11亿元，同比分别增长13.09%、20.67%、16.50%。个人住房贷款率87.16%，同比增长3.58个百分点。年内住房公积金业务收入29326.38万元，业务支出14677.75万元，增值收益14648.63万元。是年，经省住房公积金监管办和市政府审批同意，市住房公积金管理中心用"定期存单向银行质押融资"的方式，规范引入商业性银行资金进行周转，缓解住房公积金流动性紧张。3月31日起，市住房公积金管理中心用定期存单向银行质押融资2.4亿元，截至6月13日所有定期存单质押贷款均按程序及时偿还。

【住房公积金归集管理】 年内，市住房公积金管理中心联合市财政局、市发改委、中国人民银行廊坊中心支行印发《关于规范和阶段性降低住房公积金缴存比例的通知》，专项检查全市住房公积金缴存超比例（最高不得超过12%）情况，并全部纠正到位。依规开展符合条件的企业申请降低住房公积金缴存比例或缓缴工作。调整全市2016年度住房公积金缴存基数，出台《关于2016年度调整住房公积金基数的通知》，明确缴存基数上限、缴存基数计提方式和基数审核程序、要件等。年内，廊坊市将符合条件的农民工纳入住房公积金建制缴存范围。

【住房公积金贷款管理】 年内，市住房公积金管理中心出台《廊坊市个人住房公积金贷款管理办法》及实施细则，联合建行廊坊分行、工行廊坊分行、中行廊坊分行及农行廊坊分行印发《关于规范全市住房公积金放款程序的通知》。扩展购房职工选择楼盘范围，市住房公积金管理中心与155个楼盘签约。市住房公积金管理中心建立异地贷款受理情况反馈信息台账，规范开具异地贷款缴存证明。全市（含市本级、各管理部）为在廊坊市缴存住房公积金的职工开具异地缴存证明943份，办理外地缴存职工在廊坊市购房贷款476笔、2.12亿元。规范贷款档案管理，业务办理同步推行电子档案建档。2014年8月4日前全部贷款档案实行电子扫描建档。

【实施住房公积金贷款放款轮候制】 2016年，廊坊市规范住房公积金贷款放款流程、统筹资金效能、提高放款效率，3月20日，全市同步实施住房公积金贷款放款轮候制。具体为：购买新建住房申请贷款的，自贷款审批通过之日起轮候6个月放款；购买存量成套住房（二手房）申请贷款的及申请贷款置换（个人住房公积金贷款置换商业银行个人住房贷款）的，自贷款审批通过并且抵押手续落实之日起轮候4个月放款。11月18日，根据资金存量和贷款受理情况，调整贷款放款轮候周期，具体为：购买新建住房申请贷款的，自贷款审批通过之日起轮候由原来的6个月调整为4个月放款；购买存量成套住房（二手房）申请贷款的和申请贷款置换（个人住房公积金贷款置换商业银行个人住房贷款）的，自贷款审批通过并且抵押手续落实之日起轮候由原来4个月调整为2个月放款。截至年底，全市为3299户积压贷款有序轮候放款14.02亿元。

（姚　姚）

生活物价

【概况】 2016年12月，廊坊市CPI环比上涨0.6%。其中，食品价格环比上涨1.7%，影响 CPI 环比上涨 0.34 个百分点，是 CPI 环比上涨的主要原因。食品中，冬季鲜菜以大棚生产为主，种植成本增加，加之受全国部分地区降温雨雪天气影响，鲜菜和鲜果价格继续上涨，环比涨幅分别为 9.1%和 5.8%。虾蟹类价格环比上涨 7.0%，羊肉价格环比上涨 3.2%。上述 4 项合计影响 CPI 环比上涨 0.33 个百分点，超过 CPI 环比总涨幅的一半。汽油、柴油价格环比分别上涨 2.8%和 3.3%，旅行社收费价格环比上涨 2.2%，合计影响 CPI 上涨 0.08 个百分点。

2016 年 12 月，廊坊市 CPI 同比上涨 2.0%，涨幅比 2016 年 11 月扩大 0.2 个百分点。其中，食品价格同比上涨 2.4%，非食品价格同比上涨 1.9%。从具体分类看，汽油、柴油价格同比分别上涨 12.3%和 14.1%，涨幅分别比 2016 年 11 月扩大 5.8 和 6.9 个百分点；奶类价格同比上涨 5.7%，涨幅比 2016 年 11 月扩大 3.5 个百分点。

从全年看，1 月至 12 月廊坊市 CPI 累计上涨 1.5%。其中，食品价格上涨 2.8%；非食品价格上涨 1.2%。食品中，猪肉价格上涨 16.4%、鲜菜价格上涨 7.0%、水产品价格上涨 4.1%、奶类价格上涨 3.8%。非食品中，金饰品价格上涨 13.8%、美容美发洗浴价格上涨 9.5%、租赁房房租价格上涨 6.6%、药品及医疗器具价格上涨 3.5%、燃气价格上涨 3.4%。

（郎之鉴）

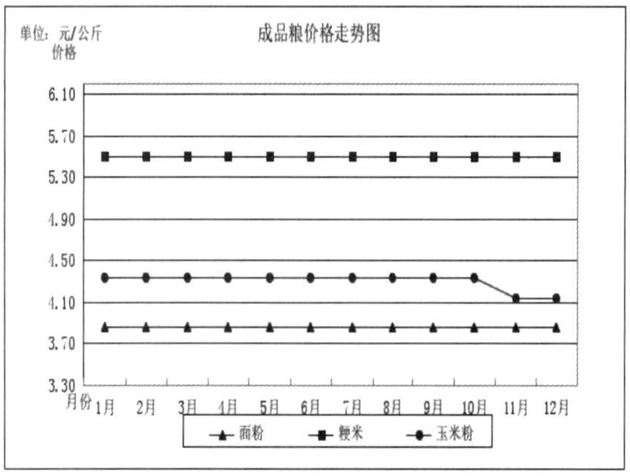

图 14　2016 年廊坊市成品粮价格走势图

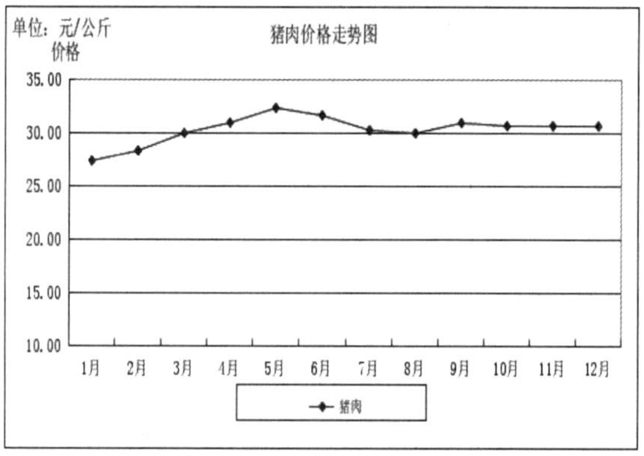

图 16　2016 年廊坊市猪肉价格走势图

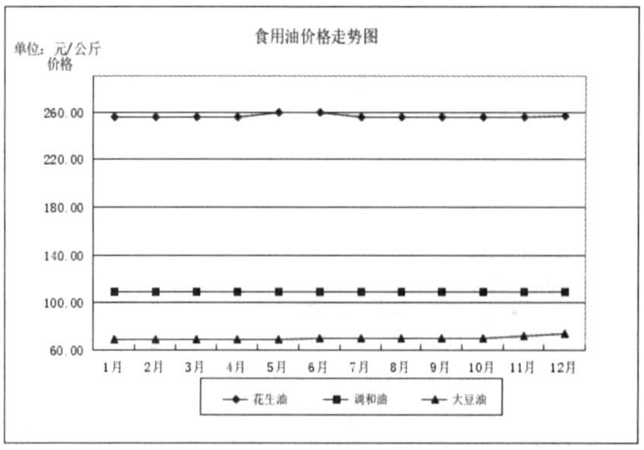

图 15　2016 年廊坊市食用油价格走势图

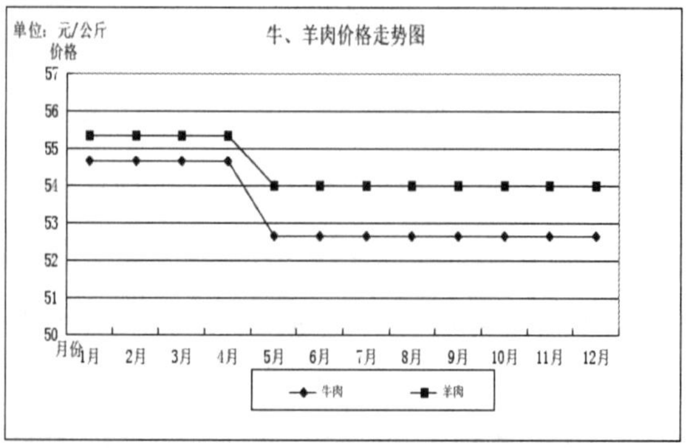

图 17　2016 年廊坊市牛、羊肉价格走势图

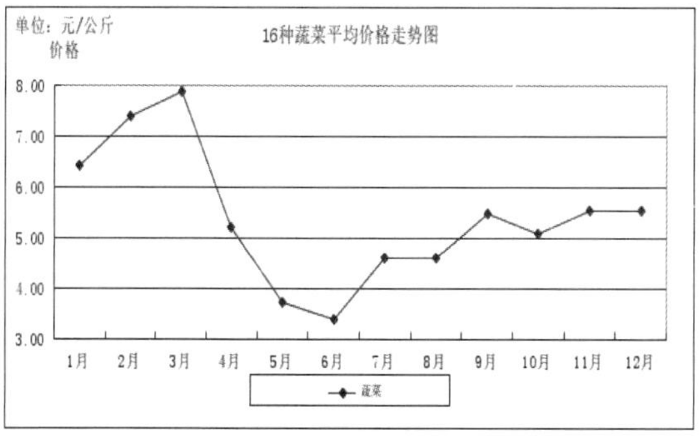

图 18　2016 年廊坊市 16 种蔬菜平均价格走势图

（何志胜　王　赢）

计划生育

【概况】　2016 年，廊坊市人口生育水平保持稳定。据 2016 考核年度（2015 年 10 月 1 日—2016 年 9 月 30 日）全员人口数据库统计，全市常住总人口 450.67 万人，出生人口 58637 人，人口出生率 13.10 ‰，自然增长率 8.47‰，出生政策符合率 95.24%；出生人口男女性别比 106.77。年内，廊坊市落实全面两孩政策，实行一孩、二孩生育登记服务制度，简化生育登记和再生育审批手续，生育政策衔接。截至年底，全市通过计划生育网上办事大厅办理一孩登记 22656 例、二孩登记 25105 例、再生育审批 696 例。

【计生奖励扶助政策】　1 月至 9 月，廊坊市为 131066 名独生子女父母发放每月 10 元奖励金，落实率 100%；为 3277 名农村独生子女参加中考、高考加分；为 2847 名独生子女父母发放 3000 元一次性奖励；对 692 名退回二胎指标的夫妻兑现每人 1000 元的奖励。提高计生特困家庭特别扶助标准，将独生子女伤残、死亡家庭夫妻特别扶助金标准分别提高到每人每月不低于 300 元、400 元，分别比省定标准高 30 元和 60 元。为独生子女死亡家庭落实低保待遇，并在新农合、新农保、新城保、新城医中给予优惠和照顾。开展走访慰问和“金秋助学”活动，解决计生特困家庭及特困生的生产生活困难。截至年底，全市筹集计划生育救助公益金 671.42 万元，对 112 户符合条件的独生子女死亡、伤残家庭全部给予 2 万元和 1 万元的一次性救助。

【“新家庭计划”项目试点】　2016 年，固安县、安次区被国家卫计委及省卫计委确定为“新家庭计划”项目试点单位，并通过省、国家中期评估。截至年底，市、县两级组织“新家庭计划”项目活动宣传培训 10 期、专家义诊活动 6 次，组织编印发放“养老照护”“家庭保健”“家庭育儿”“家庭文化”知识手册 3000 余套。

【“两非”管理】　2016 年，全市查处“两非”（非医学需要的胎儿性别鉴定、非医学需要的选择性别的人工终止妊娠）案件 17 起，并全部按照省、市有关要求对案件复核，所有案件均录入全国“两非”案件信息管理系统。各县（市、区）卫生计生综合监督执法机构建立终止妊娠手术病例日常监管工作台账，逐人逐项核查各级医疗机构所有终止妊娠手术的施术医院、手术病例编号、施术时间、胎儿性别、胎次、孕周、施术原因、相关证明材料等信息。截至年底，全市终止妊娠手术病例监督复核率 90%以上。

（郭有泉）

民政事务

【概况】　2016 年，廊坊市保障城乡低保对象 3.24 万户、5.7 万人，发放低保资金 12219 万元。4 月 1 日起，全市农村低保保障标准提高到每人每月 340 元至 360 元，低保线与扶贫线实现“两线”合一，城乡保障差距缩小。启动农村低保家庭精准帮扶工程，制定出台《关于全面加强农村低保对象精准帮扶工作的实施意见》，提出精准帮扶目标、措施，确定实施社保兜底、农业产业、教育、就业、医疗和社会帮扶6项帮扶措施。全市重特大疾病医疗救助基金规模1.3亿元，救助重特大疾病患者2139人次，支出大病救助资金4798万元。实施住院救助、门诊救助34189人，支出救助资金3631.9万元。医疗救助与医疗保险衔接，支出599万元资助39913名农村低保对象参加新农合，城镇低保户全部免费加入城镇居民基本医疗保险。全市救助流浪乞讨人员2560人次，其中救助未成年人51人次。开展农村留守儿童关爱保护工作，建立廊坊市农村留守儿童关爱保护工作联席会议制度，协调各级各相关部门制定并落实关爱保护措施。全市有农村留守儿童397人、农村留守妇女49人、农村留守老人299人。全市有孤儿627人，其中集中供养152人，分散供养475人。调整提高孤儿基本生活费标准，全年发放孤儿基本生活保障资金625.9万元，机构养育孤儿基本生活费每人每月1150元，散居孤儿基本生活费每人每月700元。落实残疾人"两项补贴"制度，全年发放困难残疾人生活补贴153977人次，发放资金1193万元；发放重度残疾人护理补贴217587人次，发放重度残疾人护理补贴资金1335万元。首次办理华侨收养1例。廊坊市福利彩票中心销售福利彩票7.9亿元，同比减少9%；筹集公益金2.77亿元，用于助学等福利事业。

【优抚安置】 2016年，廊坊市有各类优抚对象（伤残军人、在乡老复员军人、带病回乡退伍军人、烈士遗属等）37238人。资助"两参"（参战参试）人员参加城镇医保和新农合，优抚对象医疗费用和住院补助即时结算。全年各级发放门诊、住院和健康体检补助5000余万元。廊坊市军队、地方共投入6000余万元，实施共建工程37项，互办实事256件。廊坊市"全国双拥模范城"创城获"六连冠"。推进退役士兵安置改革，年内廊坊市接收退役士兵1463人，其中岗位安置98人，自主就业1277人，自谋职业106人。自谋职业补助金和退役士兵一次性经济补助标准分别上调14.8%和11.4%。开展退役士兵技能培训，投入364万元，培训863人次。

【养老福利事业】 2016年，廊坊市开展社区医养结合试点建设，采取与社区医院和社区卫生服务中心（诊所）等医疗机构合作建站模式，建设医养结合型居家养老服务中心。截至年底，全市建立社区医养结合试点2个，其中广阳区奥韵社区医养结合型社区日间照料中心项目建设完工并投入使用。三河燕达国际养老健康城被确定为廊坊市京津冀养老服务业协同发展试点单位，燕达医院与北京朝阳医院等首都医疗机构签订协议，北京籍老年人医疗康复费用可异地结算报销。1月18日，市政府印发《关于在全市范围内开展养老服务补贴发放工作的通知》，养老服务补贴由城市困难老年群体拓展至农村低保、分散五保和在乡重点优抚对象等困难老年群体。全年发放城乡养老服务补贴320余万元，涉及老年人4万余人。市民政局联合公安消防部门对全市各级养老服务机构进行为期3个月的消防安全专项治理，下发1800万元专项资金进行消防安全整改。

【婚姻登记】 2016年，廊坊市12个婚姻登记处办理结婚登记40166对，同比减少6.9%；

办理离婚登记17415对，同比增长32.7%；补领婚姻登记证20053对，同比增长16.2%。婚姻登记合格率100%。

【殡仪服务】 2016年，廊坊市火化遗体10225具，平均火化率60%。开展清明节文明祭扫活动，全市各级殡仪服务单位接待祭扫群众近12万人、车辆1.8万辆。

【社会组织管理】 2016年，廊坊市依法登记注册社会组织180家，同比增长15%。其中，社会团体69家、民办非企业单位11家。年内，全市审批登记社会团体26家，其中直接登记18家、变更登记24家、撤销登记17家。市民政局制定下发《关于推进社会组织登记改革工作的通知》，调整社会团体成立登记审批程序，取消社会团体筹备成立审批环节。开展社会团体年检，全年年检社会组织133家，年检合格率100%，未参加年检社会组织57家。推进社会组织评估，评定出三河市五福托老院1家AAAAA级社会组织，廊坊市医学会1家AAAA级社会组织，廊坊新华医院、廊坊博康精神病医院、廊坊三五三一医院3家AAA级社会组织。成立廊坊市行业协会商会与行政机关脱钩联合工作组，选择廊坊市绿色食品协会、廊坊市蔬菜协会等第一批全市性行业协会商会脱钩试点单位10家，先行推动试点单位在机构、职能和资产财务等方面脱钩工作。

【地名管理】 2016年，廊坊市新增地名12个，分别是枫丹雅苑、龙河嘉苑、望京花园、安瑞嘉园、华熙嘉苑、孔雀公馆、未来成小区、永和花园、汇贤城、枫景园、尚都新苑住宅小区商业楼、汇景轩。截至年底，廊坊市有社区308个。全年地名标志设置总投入1062万元，设置路标13708块，美丽乡村建设设置村标392块，设置大小门牌246515块。按照河北省民政厅要求，市民政局整理、更新第二次地名普查数据，包括地名名称、历史沿革以及图片资料等，该项工作将于2018年完成。

（刘　钘）

民族宗教事务

【概况】 2016年，廊坊市出台《关于加快自治县民族乡村发展的实施意见》和《关于加快发展民族教育的实施意见》，提出系列促进自治县及民族乡村基础设施建设、特色优势产业发展、民生改善、生态建设、中小学教育发展等优惠政策和措施。市、县两级民族宗教工作部门筹措资金1054万元，解决民族村民生和生产生活条件改善问题；指导“特色村寨”建设及“美丽乡村”建设与乡村旅游发展有机结合，全市8个少数民族特色村寨创建村争取社会资金2000余万元，实施项目22个，村容村貌明显改善。大厂县南王庄村、固安县大韩寨村、廊坊开发区南营3个村被国家民委命名为“中国少数民族特色村寨”；南营清真寺被中央统战部、国家宗教局评为第三届全国创建和谐寺观教堂先进集体；大厂县小厂村、永清县安育回民小学、固安县大韩寨村、文安县大围河回族满族乡人民政府、广阳区康宁街社区、市文广新局、安次区南小街清真寺、市第二幼儿园、河北华香清真肉类加工有限公司被省委宣传部、省委统战部、省民宗厅评为“全省民族团结进步创建活动示范单位”。年内，廊坊市投入资金120余万元，开展民族领域矛盾隐患排查3次，排查化解涉及民族方面的隐患纠纷21件。

【民族村街基础设施建设】 2016年，廊坊市民族宗教事务管理部门调查了解全市86个民族村街建设情况，出台《廊坊市民族村村民可支配收入调研报告》；争取中央和省级资金483万元，下拨市级资金170万元，落实少数民族发展项目25个，解决民族乡村交通、文化、卫生等基础设施建设等问题30余个。扶持争取大厂县大马庄村、文安县回回营村列入河北省环京津少数民族特色村镇创建规划。全市创建少数民族特色村街8个。

【少数民族社会事业】 2016年，廊坊市30所民族中小学改善办学条件，86个民族村（街）全部建起医疗所站，80%以上民族村建起文化娱乐场地；建设摔跤、武术、蹴球等少数民族传统体育项目训练基地6个，改善市区第二幼儿园民族班教学条件，整修市区、香河、大城回民墓地3座。市民宗局协助中国伊斯兰教协会为永清县管家务乡安育村回民小学申请海湾合作组织伊斯兰发展银行资金34.7万美元，用于该小学环境建设；永清县民宗局协调县残联为少数民族残疾群众免费发放总价值8000余元的康复辅助器具；市、县两级民宗部门在穆斯林斋月期间走访慰问回族群众3万余人。

【宗教事务管理】 2016年，廊坊市制定《关于推进全市民族宗教依法行政工作的实施意见》等规范性文件。市民宗局建立宗教领域基本情况台账及资料数据库，编辑《廊坊市重点寺观教堂图集》。市、县（市、区）民族宗教事务管理部门拨付维修资金103万元，维修宗教场所17处。8月，开展“解经”和“讲经”活动，组织宗教界人士学习宗教政策和法律法规。

【《廊坊市重点寺观教堂图集》编印】 2016年，《廊坊市重点寺观教堂图集》（以下简称《图集》）编印成书。《图集》由廊坊市民族宗教事务局主持编印，主编凌晨，印数1000册，图片231幅。全书图文并茂介绍廊坊市佛教、道教、伊斯兰教、天主教、基督教5大宗教发展历史和宗教活动场所的基本情况，收集宗教活动场所83处。其中，佛教活动场所20处：三河市灵山寺、三河市周家庄念佛堂、香河县大安寺、香河县九圣寺、广阳区白净寺、安次区隆福寺、安次区地藏寺、安次区石佛寺、安次区观音院、固安县白广寺、永清县观音禅寺、永清县白塔寺、霸州市梵华精舍、霸州市泽生寺、霸州市大悲禅寺、霸州市大佛禅寺、霸州市龙泉寺、文安县清宁寺、大城县崇福寺、大城县柏籽念佛堂；道教活动场所7处：固安县玉皇观、固安县药王观、固安县方城道院、霸州市华山古庙、大城县娘娘宫、大城县碧霞宫、大城县佑民宫；伊斯兰教活动场所42处：三河市燕郊清真寺、大厂县霍各庄清真寺、大厂县北坞清真女寺、大厂县北坞清真寺、大厂县大厂清真寺、大厂县东厂清真寺、大厂县梁庄清真寺、大厂县大马庄清真寺、大厂县芦庄清真寺、大厂县南寺头清真寺、大厂县南王庄清真寺、大厂县漫兴营清真寺、大厂县苇子庄清真寺、大厂县杨辛庄清真寺、大厂县小厂清真寺、大厂县陈辛庄清真寺、大厂县夏垫清真寺、香河县香椿营清真寺、香河县安平清真寺、廊坊开发区南营清真寺、廊坊开发区桐柏清真寺、广阳区大伍龙清真寺、广阳区火头营清真寺、广阳区穆庄清真寺、广阳区大屯清真寺、广阳区伊指挥营清真寺、安次区南小街清真寺、固安县大韩寨清真寺、永清县北曹家务清真寺、永清县琥珀营清真寺、永清县北钊清真寺、永清县安育清真寺、永清县韩村清真寺、霸州市信安清真寺、霸州市区清真寺、霸州市后两间清真寺、霸州市尹华山清真寺、霸州市胜芳镇清真寺、文安县南庄清真寺、文安县西营清真寺、文安县大围河清真寺、文安县回回营清真寺；天主教活动场所9处：安次区后南昌天主教堂、固安县康家务天主教堂、固安县韩家庄天主教堂、固安县固安户天主教堂、固安县薛铺头天主教堂、霸州市西高天主教堂、文安县辛庄天主教堂、大城县大孟桥天主教堂、大城县李零巨天主教堂；基督教活动场所5处：三河市燕郊基督教堂、香河县田各庄基督教堂、广阳区磐石堂、固安县恩惠福音堂、永清县感恩堂。

（刘　萍）

县（市、区）

安次区

【概况】 安次区辖4个镇（落垡镇、码头镇、葛渔城镇、东沽港镇）、4个乡（北史家务乡、杨税务乡、仇庄乡、调河头乡）、3个街道办事处（银河南路街道办事处、光明西道街道办事处、永华道街道办事处）、2个省级高新区（河北廊坊高新技术产业开发区、河北廊坊龙河高新技术产业开发区）。有284个行政村。2016年，全区总面积578.40平方千米，耕地面积32194公顷，人口37.2万人，人口自然增长率8.07‰，城镇人口12.2万人，境内居住民族以汉族为主，有回、满、蒙古族等33个少数民族，少数民族人口5147人，占全区人口的1.39%。地区生产总值183.9亿元，同比增长8.6%。其中：第一产业增加值11.5亿元，同比增长2.2%；第二产业增加值87.8亿元，同比增长7.5%；第三产业增加值84.6亿元，同比增长10.7%。规模以上工业增加值72.4亿元，同比增长7.3%。粮食总产量9.44万吨，同比增长7.2%。棉花总产量0.41万吨，同比减少30.3%。财政收入41.4亿元，同比增长37.9%。财政总支出34.4亿元，同比增长8.2%。全社会固定资产投资155.1亿元，同比增长15.5%。社会消费品零售总额57.8亿元，同比增长11.1%。全部在岗职工（含劳务派遣）平均工资59878元，同比增长19.2%。农村居民人均可支配收入14090元，同比增长8.9%。城镇居民人均可支配收入31596元，同比增长8.7%。

【人居环境】 生态建设。严格执行《大气污染防治条例》、“大气污染防控强化措施”，集中开展大气污染防治攻坚战，全力推进气代煤工程，对79个机关事业单位改电换气，治理10蒸吨及以下燃煤锅炉380余台，供暖企业提标改造、挥发性有机物企业治理、环保炉具及型煤推广等工作全面完成市下达任务。2016年，空气质量综合指数6.86，同比下降10.3%。整治河流污染，封堵新老龙河、御龙河、五干渠非市政排污口，沿河设置大量垃圾箱，清理河道垃圾9.5万余方、漂浮物9000余方，建成农村小型污水处理站12个，推进龙河沿岸污水管网建设。全年造林4.3万亩（2866.67公顷），超市下达任务近200%。

实施美丽乡村建设突破年活动。争取农发行农村人居环境长期低息贷款6亿元，实施农村道路、教育、卫生改造提升项目36个。整治农村脏乱差问题，委托中国城市建设研究院规划制定建设方案，计划投入5000余万元，建立覆盖城乡全域的生活垃圾收集运输处置智能集控一体化系统。累计投资2.4亿元，重点建设美丽乡村52个，打造第什里、仇庄2个美丽乡村精品片区。加强路域环境整治。投资4900万元，对码杨线等74千米道路改造养护，道路状况明显改善。投入5000万元，对廊泊路、廊霸路37.4千米精品线绿化亮化美化，路域环境大幅提升。

【项目建设】 统筹推进新建项目。有6个项目列入省重点，争取土地指标736亩（49.07公顷），均列全市第二，计划开工项目开工率

100%，建设项目投资完成率130%。争列市重点项目7个，开工率100%，投资完成率124%。组织集中签约2次，签约项目25个，总投资134.6亿元。组织集中开工活动2次，开工项目27个，总投资213.9亿元。代表国际先进水平的碳纤维产业基地、德国德科斯米尔高端汽车装备、东易日盛家居建材等45个项目建成投产；康得复材、中核研发中心、超飞电子、汉诺实隐形眼镜、中移动北方数据枢纽等启动实质建设；中加产业新城、海城石油装备、中建材碳排放交易中心、联东U谷、中青城投田园国际旅游区等一批优质项目签约落地。

企业帮扶。贯彻落实全市"政策落实年"活动部署，开展领导分包入企帮扶和政府与企业面对面活动，倾听企业家意见建议，改进工作方式方法，提高服务水平，解决反映的问题。设立工业企业技改和发展基金1000万元，奖补个转企、小升规以及技改升级项目，推动传统产业加快实现转型升级。推动科技创新发展。推进"三证合一""一照一码"，市场主体保持快速增长，万人市场主体拥有量达到527个。全面叫响科技创新品牌，龙河高新区获批全省唯一的国家级国际科技合作基地，建成京津冀（廊坊）协同创新创业基地、慧谷·梦工厂、壹佰文创孵化基地等创新平台40万平方米，认定高新技术企业8家、科技小巨人企业12家、科技型中小企业257家。出台《关于推动创新发展工作相关奖励措施》以及实施细则，召开有200余家企业参加的科技创新大会，表彰38家高新技术企业、科技小巨人企业、省市级孵化器、众创空间、企业研发中心以及新获专利企业，并予以总额570余万元现金奖励。

【拓展发展空间】 建设园区发展平台。按照AAAAA级景区标准打造园区，加快完善基础设施和综合配套，廊坊高新区成为全省重点打造的4个千亿级园区之一，龙河高新区成为全省唯一国家国际科技合作基地和AAAA级省级园区，安次经开区在对接北京新机场和临空经济区工作中抢占先机，龙港经开区确定运营主体。在全省开发区优化整合中，安次区确定"两区四园"发展格局，进一步巩固了安次未来高新产业项目发展平台基础。

建设城区发展平台。稳步推进23个棚户区改造项目，加快建设北昌三村、北史家务村等7个项目回迁楼，完成蔡豆庄、中孟等7个项目审批。主动运作市政工程，筹资4亿元实施31项配套工程，路水电气等功能不断健全，集中供热和热计量改造范围扩大，增绿补绿工作深入开展。繁荣发展城市经济，电子商务、智能物流、金融通信、文化创意等新业态不断涌现，批零住餐等传统行业上档升级，社会消费持续扩大。

建设农村发展平台。坚持以抓工业的方式抓农业，以建设工业园区的方式建设农业园区，在机构、人员、融资、经费等方面作出安排，正式启动北部绿色生态板块开发建设，扎实推进省级现代农业园区、省级农业科技园区、省级旅游休闲度假示范区等"三区同创"，银泰集团现代农业项目签约落地，并启动规划等工作，中农发、中冶集团等龙头项目深入洽谈。廊新线、宋王务景区路等路网框架已经拉开，发展格局初具雏形。284个农村电商村级站点建设完成，实现农村电商服务体系全覆盖。加强要素保障。协调市水务、发改等部门，完成永定河泛区安全区工程各项前期手续；在"7·19"防汛抢险工作中，紧急调用资金300万元，全力保障防汛物资需求，同时，坚守一线坐镇指挥，坚决保证无一人死亡，并按照既定安排和汛期防洪抢险工作中发现的问题，研究制定全域性水利工程规划，从根本上补齐短板；龙茂华、龙湖两座污水处理厂投入运营，在全市各县（市、区）中，率先实现在每个工业园区都有污水处理厂。

【民生事业】 发展社会事业。推进投资4.8亿元、建设面积8.1万平方米的壹佰剧院项目，并依托该项目设立4000平方米的区文化馆、图书馆。安次区实现村街体育设施全覆盖。中国廊坊·第什里风筝节2年累计接待游客73万人次，销售收入9800万元，拉动消费1.8亿元，打造了独具特色的乡村旅游品牌，获得“中国风筝小镇”“中国最美乡村”等一系列荣誉称号。改造34所学校校舍和38所学校操场，教育部校安工程资料馆、市十三中及3所农村标准化幼儿园投入使用；区医院迁建工程动工，年内实现主体封顶，同时投资1642万元对乡镇卫生院进行改造提升，启动建设4个公立社区卫生服务站，基层医疗卫生服务能力得到增强。加强政策兜底。建立计生失独、伤残家庭关怀档案，启动实施农村养老服务补贴、持证残疾人团体意外伤害险、困难残疾人生活补贴和重度残疾人护理补贴等惠民政策；建立城乡居民大病保险制度，实行基本医保、大病保险、医疗救助三重保障；城乡低保、农村五保以及城乡居民养老、医疗保障水平不断提高；优化转业士官安置办法，解除其后顾之忧。

（张　冲）

广阳区

【概况】 广阳区位于廊坊市区北部，全区辖3个镇、1个乡、5个城区街道办事处和1个乡级办事处，分别是南尖塔镇、万庄镇、九州镇，北旺乡，银河北路街道办事处、爱民东道街道办事处、新开路街道办事处、解放道街道办事处、新源道街道办事处、白家务办事处。设149个行政村。2016年，全区面积331.34平方千米，耕地面积11875公顷，户籍人口426337人，人口自然增长率8.58‰，非农业人口370962人。全区地区生产总值257.4亿元，同比增长8.1%。广阳区一产、二产、三产分别实现增加值12.8亿元、60.6亿元和184亿元，同比分别增长1.9%、4.9%和9.8%。规模以上工业增加值21.7亿元，同比增长5%。民营经济增加值159.6亿元，同比增长8.5%。农、林、牧、渔总产量37万吨，同比下降41.9%。全部财政收入569272万元，同比增长15.6%。公共财政预算收入169864万元，同比增长0.2%。财政支出155851万元，同比下降15.6%。全社会固定资产投资完成216.9亿元，同比增长18%。社会消费品零售总额174.7亿元，同比增长11%。农民人均纯收入13686元，同比增长9%。城镇居民可支配收入34737元，同比增长8.6%。

【产业结构】 年内，广阳区三次产业结构优化为5∶23.5∶71.5，三产增加值增至184亿元，成为全市城市经济发展核心区。楼宇经济发展迅猛，万达广场、浙商广场等高端城市综合体建成达效。先后引进兴业、华夏、浦发、渤海等各类银行20家，设立经营网点140个。电子信息、科技研发等新兴产业年均税收占全部财政收入比重超过20%。各类企业市场主体3.8万户，总量居全市首位，万人拥有企业数895家，位居全市第二。增强创新能力，聚集中石油压缩机组维检修、微纳测量、泰格密封等高精尖科技创新型企业，拥有科技型中小企业283家，专利申请量与授权量连续5年居全市第一，连续3届获“全国科技进步考核先进区”称号。现代农业提质增效，与中国农科院成功创建现代农业综合示范区，农业产业化经营率57.2%。形成具有广阳特色三产服务业为主体的产业体系。

【项目成果】 全年实施亿元以上项目56个，总投资321.7亿元，分别占项目总数和总投资82.4%、98%；单体项目平均投资4.8亿元，同比增长33.3%。沃森高性能测控仪表、泽田环保设备等项目竣工投产，引进“中鼎云”数字产业园、京东电子物流商务和中关村软件园创新中心等产业型大项目。组建国家、省、市级众创空间7个、市级企业技术研发中心6家，增加上市企业4家。建成区级电子商务中心2个、乡镇精品店4个、村级服务站123个，实现电子商务覆盖辖区农村。

【征迁改造】 2016年，广阳区启动北京新机场三期征迁，28天征迁6296.89亩（419.79公顷）。完成国电廊坊热电厂配套工程征迁，密涿高速征迁扫尾，云鹏道整治竣工，拆迁北尖塔、东尖塔、薛家营等城中村。

【民生事业】 2016年，广阳区创新采用政府向社会购买服务方式，为农村小学配齐美育教师，在全市开创先例。提升乡镇卫生院服务水平，每个卫生院配备医务专用车。区图书馆、群艺馆对外免费开放，辖区实现农家书屋和文化信息共享。31个村街11个社区配发室外健身器材336件。建设Wi-Fi热点47个，免费Wi-Fi信号覆盖主城区重点区域。举办全区首届民俗文化节、第六届中国廊坊古玩收藏品交流会和青少年文化艺术节等大型群众文化活动。创建运通家园、金星道、康乐、六景、馨境界等“特色、精品、智慧”社区，改造提升华兴矿区内3个社区硬件。

【环境治理】 年内，广阳区“气代煤”改造28114户。实行重点村街、关键路段处级领导分包责任制，推动清零散煤、禁烧垃圾、土小企业关停等难点工作。辖区PM2.5年均浓度、空气质量综合指数分别同比下降19.3%、5.92%。

【广阳区首届民俗文化旅游节】 2月20日、21日（农历正月十三、十四），广阳区首届民俗文化旅游节在朝阳特价商城举办，汇聚廊坊传统非遗项目花会表演，其中北旺相士屯少林会、九州顺民屯武驴会、白家务南王力高跷会、九州西庄子吵子会、北旺西村双龙会、九州马家务小驴车会、码头后屯竹马旱船会成为旅游节亮点。

（陈婷婷　孟凡博　魏璟祎）

三河市

【概况】 三河市辖10个镇（泃阳镇、李旗庄镇、黄土庄镇、段甲岭镇、杨庄镇、皇庄镇、新集镇、燕郊镇、高楼镇、齐心庄镇）、4个街道办事处（鼎盛东大街街道办事处、泃阳西大街街道办事处、迎宾北路街道办事处、行宫东大街街道办事处）、5个园区（燕郊高新技术产业开发区、河北三河国家农业科技园区、河北三河泃阳经济开发区、河北三河经济开发区、三河新兴产业园区）。有395个行政村。总面积634平方千米，耕地面积29550公顷。2016年，全市人口69.13万人，其中城镇人口370614人，人口自然增长率13.95‰。地区生产总值508.2亿元，同比增长6%。其中，第一产业增加值34亿元，同比增长4.5%；第二产业增加值254.2亿元，同比增长6%；第三产业增加值220亿元，同比增长6.3 %。人均GDP7.5万元，同比增长5.7%。规模以上工业增加值

196 亿元，同比增长 6.5%。民营经济增加值 336.8 亿元，同比增长 6.9%。粮食产量 17.4 万吨，同比下降 15.8%。棉花产量 151 吨，同比下降 4.4%。财政收入 125.3 亿元，同比增长 20.3%，财政支出 102 亿元，同比下降 18.7%。全社会固定资产投资 572.3 亿元，同比增长 15.2%。全年社会消费品零售额 160.8 亿元，同比增长 10.2%。农民年人均纯收入 16168 元。城镇居民人均可支配收入 38067 元。年末城乡居民储蓄存款余额 542.9 亿元，比年初增加 121 亿元，同比增长 28.7%。

【产业转型】 三河市全年科技型中小企业新增 263 家，累计达到 708 家；培育高新技术企业 23 家，累计达到 53 家，高新技术产业增加值完成 43.6 亿元，增长 16%；新增科技小巨人企业 18 家，累计达到 42 家；新建众创空间 6 家、市级孵化器 2 家，新增孵化面积 6.2 万平方米，累计达到 15 万平方米。中兴通讯产业园、兴远高科工业等 9 个中小企业创业园得到进一步发展。鼓励企业与政府合作建设产业园区，推进中国智谷·中美欧（燕郊）生态科技产业园、天洋·创新中心、燕郊·环北云创科学园区等项目。

【对接京津】 推进央企、京企、省企进三河，中冶集团将在三河注册成立中冶轨道交通有限公司。潮白河大桥、泃河大桥即将建成，轻轨平谷线开工奠基。燕达医院成为北京市新农合医疗定点医院、居民医保及职工医保异地就医试点医院；燕达健康城被列为北京养老政策外延试点单位，享受北京市养老机构运行补贴政策。

【推进改革】 三河市启动燕郊高新区体制机制改革，深化域内省级开发区机构整合工作。推进“三证合一、五证合一、一照一码”改革，新增市场主体 3250 户。落实“营改增”工作任务，减轻企业纳税负担，降幅 3.8%。深化行政审批制度改革，出台《关于在项目代办和行政审批工作中施行首办负责制的规定》，全年衔接落实国务院取消中央指定地方实施行政审批事项 63 项，取消下放行政审批项目 3 项，接收下放行政审批事项 8 项。

【治理污染】 推进“电气化工程”，建成区全部禁止燃煤。皇庄镇冯白塔村煤改电成为农村试点范例。启动燕郊高新区垃圾处理场改造，推进三河静脉产业园建设。启动泃河治理，编制全流域水环境治理规划；在潮白河左岸直排口建设 10 座拦水涵闸，建设应急污水处理站 2 座。实施潮白河带状公园、齐心庄郊野体育公园等公园建设，全年造林 3933.33 公顷，林木覆盖率达到 38.7%。开展东部矿区生态修复和环境治理，拆除 22 家采矿企业生产设备，并注销相关证照。启动福成集团矿山治理项目和明福农林观光园建设。

【城市建设】 102 国道南移工程获省发改委批复；燕郊西出口综合枢纽项目获北京方面接线许可，与中建一局签订工程建设框架协议；与北京对接的跨潮白河大桥工程完成工程总量 70%；与天津对接的跨泃河大桥工程桥梁主体工程基本完工；密涿高速公路河北段全线正式通车；京秦高速与京津对接工程进入路基和桥涵施工阶段；轻轨平谷线过境三河工程开工建设；京唐城际铁路工程立交协议签订完成；西市区打通学院大街、化大南路等 4 条断头路。启动“智慧三河”建设，全市 90%家庭实现光纤入户。隶属北京热力集团的三河新源公司供热一厂在燕郊启动运行。

【改善民生】 三河市完成小柳店小学及幼儿园等4项新建工程，迁址改造赵河沟小学等6项工程已开工建设；西市区新增5600名学生入学；完成燕顺路小学、高新区第四幼儿园等5所新建小学校选址征地前期手续。推进残疾人康复和托养中心等新建改造工程，完成市博物馆整体建设工程。推进“打黑除恶·灭霸扫痞”专项行动，净化社会风气。落实安全生产“党政同责、一岗双责”，保障食品药品安全。

（段宏祥）

大厂回族自治县

【概况】 全县辖5个镇（大厂镇、夏垫镇、祁各庄镇、邵府镇、陈府镇）、1个街道办事处（城区街道办事处）、2个园区（河北大厂潮白河经济开发区、大厂回族自治县工业园区）。有105个行政村，总面积176平方千米。2016年，全县常用耕地面积8907公顷；人口13.07万人，人口自然增长率8.7‰；地区生产总值91.52亿元，同比增长5.1%，其中第一产业增加值7.29亿元，同比下降22.1%，第二产业增加值33.16亿元，同比增长3.9%，第三产业增加值51.07亿元，同比增长12.0%；农业总产值13.19亿元，同比下降26.4 %；规模以上工业增加值16.4亿元，同比增长5.6 %；民营经济增加值65.47亿元，同比增长5.5 %；粮食产量43655吨，同比下降23.4%；棉花产量10吨，同比下降44.4%；财政收入46.30亿元，同比增长18.1%；公共财政预算支出36.69亿元，同比增长32.4%；固定资产投资146.40亿元，同比增长15.1 %；社会商品零售额20.28亿元，同比增长8.7 %；在岗职工平均工资65803元，同比增长6.8 %；农民人均可支配收入14235元，同比增长8.5%；城镇居民人均可支配收入35265元，同比增长8.3 %；年末城乡居民储蓄存款余额92.53亿元，同比增长14.7 %。

【招商引资】 在2016年中国·廊坊国际经济贸易洽谈会上，总投资27.5亿元的3个高端项目成功签约，分别是总投资20亿元的北科建科技园建设项目，总投资4.5亿元的黄小蕾工作室影视云剧本孵化、制作项目，以及总投资3亿元的北京文化创新工场项目。其中，由大型国有企业——北科建集团投资兴建的科技园建设项目涵盖现代总部商务区、软件研发区、服务外包和物联网信息服务、创意产业、产业孵化和生活配套区等7大功能。预计项目一期建成后入驻企业200家，实现利税5亿元，从业人员3000人；黄小蕾工作室影视云剧本孵化、制作项目由统和天成影视制作（北京）有限公司投资兴建，主要从事IP项目开发、剧本开发、影视综艺节目拍摄；北京文化创新工场项目由北京文化创新工场投资管理有限公司投资兴建。公司是集产业园区策划、投资、运营和文化企业孵化、投资为一体的文化投资运营公司。项目建成后重点围绕文化艺术传播、广播影视推广、新闻出版等领域开展运营。

【美丽乡村建设】 全县安排美丽乡村建设资金6000万元，截至年底执行3567万元用于实施农村民居改造、安全饮水、污水治理、街道硬化、村庄亮化等美丽乡村建设工程。其中，投资茾子庄村美丽乡村项目近280万元。

2016年，实现农村旱厕改造全覆盖；建立县农村电子商务公共服务中心，全县105个村全部建设完成；累计清理杂物3.65万立方米，清理庭院1.75万户，清理残垣断壁和路障785处，清理违章建筑280处3.25万平方米；治理空闲宅基地95处1.3万平方米;利用空闲宅基地55处8500平方米;植树造林7500亩（500公顷），街道、庭院绿化1.2万平方米，陈府旅游环线道路两侧绿化1.8万平方米;完成村内主街道、巷道硬化7.5万平方米;依托全省唯一的农村题材影视剧生产基地，利用威武屯村内闲置民宅，改造建设乡村旅游酒店，打造民俗旅游特色村。截至年底，租赁民房30家，投资300万元，婚庆体验院落和民俗风情院落等多种风格的主题宾馆建成，接待游客2万人次，营业收入130万元;2016年重点打造大厂肥牛小镇和陈府特色农产品小镇。同时，以“乡村旅游+体育健身”为理念，创新乡村旅游模式，打造陈府骑行小镇，于7月23日在威武屯村举办“京东骑行地、小镇威武屯”揭幕暨2016第五届绿道单车游大厂活动，骑行俱乐部880人参加活动。

【惠民实事】 实施全省民政综合配套改革试验区建设，养老、医疗、生育三大社会保险城乡全覆盖，城乡低保、贫困救助及失地保障标准逐年提高，60岁以上老人免费体检，65岁以上老人免费乘坐公交车;为义务教育阶段学生免费发放教辅用书涉及资金218.56万元，惠及学生近1.3万人;全县新型农村合作医疗报销封顶线由12万元提高到15万元，门诊及住院补偿标准也同步提高。全年21.10万人次得到补偿，基金支出4974.25万元，当年统筹基金使用率97.85%，参合农民受益率236.69%，住院率12.95%;全面启动大病保险工作，给大病患者进行二次补偿，减轻重特大疾病参合农民就医负担;首次为每名领取城乡养老保险金待遇人员发放取暖补贴，按照每人每年310元的标准为19130人发放补贴资金593.03万元;在全市率先将大厂县外来务工人员纳入住房保障范围，分配限价商品房1079套，公共住房632套，发放住房补贴66.30万元;发放耕地地力保护补贴资金843.94万元，补贴面积80215亩（5347.67公顷），补贴标准每亩105.21元。

【改善生态环境】 2016年，大厂县安排城乡垃圾治理资金4525万元。足额安排市政环卫工作预算资金，主要用于加大主城区主次干道、便道特别是人口密集地区的清扫保洁力度，彻底清理背街小巷卫生死角和暴露垃圾，定时定点收集沿街门店垃圾;投入资金2300万元用于新建垃圾填埋场;足额安排运转经费200万元，为夏垫、祁各庄、邵府垃圾中转站运行提供资金保障，完善垃圾清运网路;部门足额安排农村垃圾清扫、保洁、清运一体化PPP项目资金;投入城乡污水处理厂建设及运营资金2151万元，筹集社会资金1320万元，在建成的2个污水处理厂正常运转基础上，新建2个污水处理厂，即潮白河工业区北区污水处理厂，处理能力为2000吨/日;县城城南污水处理厂，日处理屠宰废水5000吨（远期3万吨/日），预计2017年6月即可投入使用;安排造林绿化资金500万元，造林绿化工作实现总量突破。

【城乡建设】 2016年，大厂县旧城改造完成福康里、聚财园、文静里、益康里、永祥里5个片区房屋征收工作，在回迁谋划上坚持惠民为先，回迁安置806户，截至12月底，5个片区基本完成回迁入住。在对城区主干路进行整修基础上，实施以永安里、汇群里等为重点的小街巷综合整治工程，全面整修破损街道，提升城区居民道路出行水平。完成大安街石材路面整修120平方米，北新街围挡粘贴精美广告布2786平方米。完成雨水管网建设工程，招标污水管网建设工程。实施城南污水处理厂配套管网建设工程一期，管网总长4826米。在全县范围内集中开展4586户燃煤清洁化替代工作。全力实施县城新小区增容工程，增容面积30万平方米。

（周丽娟　刘　俊）

香河县

【概况】 2016年，香河县辖9个镇（淑阳镇、安平镇、刘宋镇、安头屯镇、渠口镇、五百户镇、蒋辛屯镇、钱旺镇、钳屯镇）、3个街道办事处（新开街道办事处、新华街道办事处、平安街道办事处）、3个省级园区（河北香河经济开发区、香河新兴产业示范区、香河环保产业园区）、1个农业园区（香河县农业高新技术园区）、1个家具城。有300个行政村，14个居民委员会（康宁社区居委会、段庄社区居委会、新开社区居委会、永泰社区居委会、新绣社区居委会、安抚社区居委会、新华社区居委会、永兴社区居委会、城西社区居委会、迎宾社区居委会、民安社区居委会、新城社区居委会、正阳社区居委会、安泰社区居委会）。全县总面积448平方千米，总人口367732人，人口自然增长率7.48‰。地区生产总值215.4亿元，同比增长8.5%；第一、二、三产业增加值分别为16.7亿元、106.4亿元、92.2亿元，同比分别增长-1.2%、6.5%、12.9%；规模以上工业增加值77.4亿元，同比增长6.8%；民营经济增加值153.1亿元，同比增长8.9%；粮食总产量126203吨；财政收入64.6亿元，同比增长27.6%，公共财政预算收入完成40.1亿元，同比增长14.2%；经济发展质量、效益同步提升，全部财政收入占地区生产总值比重达到29.98%；财政支出54.6亿元（不含专款），同比增长7.7%；全社会固定资产投资213.9亿元，同比增长11.1%；社会消费品零售额77.1亿元，同比增长10.4%；职工年平均工资64157元，同比增长9.49%；农村居民人均可支配收入15356元，同比增长9%；城镇居民人均可支配收入36718元，同比增长8.5%；年末城乡居民储蓄余额257.9亿元，同比增长12.0%；家具城市场成交额280亿元；森林覆盖率40%；全县公路里程1050.51千米；民用汽车拥有量：大中型汽车635辆、小型汽车4028辆。

【项目建设】 2016年，香河县重点推进产业类亿元项目25个，其中列入省重点建设项目4个，市重点建设项目10个。机器人产业港二期、中粮可口可乐及牛栏山酒业生产基地等高端项目相继建成；运河文化生态项目、爱晚国家养老示范基地等一批重点项目建设全面提速，现代服务业项目初具规模，形成家具城、影视城、大爱城、建材城、汽配城“五城同创”的发展格局；潮白河大运河湿地公园列入国家级试点，现代农业项目呈现集聚发展态势。传统产业加速升级，坚持以科技创新为主导，设立科技创新基金，引导企业转型升级、创新发展，全县新增科技型中小企业216家。全面推进低质项目“腾笼换鸟”，全年共腾退企业10家、土地1100余亩（73.33公顷）。

2016中国·廊坊国际经济贸易洽谈会上签约2个项目，其中外资项目1个，协议利用外资1.7亿美元；内资项目1个，协议利用域外资金50亿元。在河北省国际经济贸易洽谈会上促成两个项目在会上签约，万通商贸物流城项目协议引进内资95亿元人民币；尼克文化旅游体验活动基地项目协议利用外资15亿美元。

在经洽会期间，通过“全国工商联民企入冀”系列招商活动，吸引知名民企落户香河、优质资源集聚香河，广东信基集团信基国际酒店用品生产基地项目、北京美狮龙科技有限公司铝车轮自动静电旋杯喷涂系统项目、中国电子学会工业机器人实训基地项目等7个项目签约合作，总投资668亿元，拟引进资金647.7亿元。

【“三农”工作】 2016年，香河县不断加大新技术、新品种、新项目和专项资金的的引进和争取力度，稳定粮食生产，发展高效农业，全面提高农业综合生产能力，促进农民增收、农业增效和农村经济又好又快发展。是年，香河县实际粮食总产量13.4万吨，无公害蔬菜种植面积6万亩（4000公顷），新型农民培训144人，秸秆利用率95.8%，落实农机补贴590万元，全县农业、蔬菜、农机等各业水平提升。

香河县下发《香河县2016年农村土地承包经营权确权登记颁证工作实施方案》，全年完成村街测绘工作272个，外业调查面积37.35万亩（2.5万公顷），二次公示村街270个，二次公示无异议耕地面积36.51万亩（2.43万公顷）。争取中央农机购置补贴资金共计590万元，全县共补贴农机具305台套，受益农户154户。其中，动力机械100台，补贴金额149.17万元，占全部资金的25.28%；收获机械98台，补贴金额412.27万元，占全部资金的69.87%，其中小麦收获机械36台，玉米收获机械46台，饲料收获机械5台；耕整地机械85台，补贴金额7.66万元，占全部资金的1.30%。农机报废更新补贴资金17.70万元，报废老旧农机具20台套，其中小麦收获机械8台，自走式玉米收获机械11台，悬挂式玉米收获机1台，占全部补贴资金3％。带动农民和农机服务组织投入1300余万元，全县新增农机固定资产1900余万元。

2016年，香河县19个无公害蔬菜品种、5个产地完成认证，并完成2个蔬菜品种无公害扩项认证和4个无公害产地复审。是年，认定县级农业园区2家，分别是乐农美联生态农场和东方千年古葡萄庄园，其中东方千年古葡萄庄园正在认定市级农业园区。香河荷花产业园区参与评定省级农业园区评定答辩。

【生态环境】 2016年，香河县生态环境显著改善，生态环境品质不断提升。高标准实施绿色通道、节点游园、沿河绿化、村庄绿化等六大重点绿化工程，累计造林3万亩（2000公顷），森林覆盖率达到40%。全面启动清淤活水工程，累计清淤66千米，全县水景质量持续改善。环境治理成效显著，落实大气、水污染防治措施，推进减排工程建设，开展煤炭市场综合整治、燃煤锅炉淘汰、机动车污染治理、工业企业VOC治理、烟气污染治理等专项行动和“气代煤”改造工程，全县空气质量综合指数降至8.07，同比下降13.04%。

【社会事业】 2016年，香河县持续加大财政对民生的投入力度，推进教育、医疗、就业等民生实事，启动城区及周边学校和农村薄弱学校改造计划，竣工项目20个；深入推进医药卫生体制改革，香河县被确定为全省创建深化县级公立医院综合改革示范县，试点实行镇卫生院院长聘任制度，建立分级诊疗和双向转诊直通机制；新增城镇就业岗位6175个，城镇登记失业率1.16%，继续保持位于廊坊市前列。持续增强社会保障能力，城乡居民养老保险参保率达到99.7%，完成新农合与城镇居民医保整合工作。统筹城乡居民医疗保险报偿比例，进一步提高城乡居民养老保险标准；发放各类低保、补助、救助资金1600余万元；350

户农村危房改造全部竣工，其中新建210户，修缮140户，总投资483万元，1050户棚户区改造有效落实。香河县文化艺术中心竣工，农村和社区健身设施按计划更新和配备，成功举办京津冀中华大庙会、国际家居文化节等系列活动。扎实推进安全生产、食药安全、卫生防疫、消防安全、信访维稳，促进社会大局和谐稳定。

【特色经济】 2016年，香河县家具制造、机械钣金、汽车配件、印刷包装等传统特色产业在全民创业热潮中不断壮大，规模以上工业企业160家。印刷包装业、汽车配件业、金属制品业、家具制造业等四大特色产业形成产业规模。汽车配件企业17家，从业人员4273人，实现营业收入25.5亿元，同比增长4.9%；实现增加值4.1亿元，同比增长2.5%；实现利润1.81亿元，同比增长3.4%。金属制品企业1119家，从业人员21396人，实现营业收入99.7亿元，同比增长6.2%；实现增加值16.8亿元，同比增长6.3%；实现利润7.10亿元，同比增长4.6%。印刷包装企业150家，从业人员6583人，实现营业收入26.1亿元，同比增长4.0%；实现增加值4.9亿元，同比增长4.3%；实现利润1.97亿元，同比增长3.7%。家具制造企业2415家，从业人员26225人，实现营业收入85.3亿元，同比增长5.2%；实现增加值15.8亿元，同比增长4.6%；实现利润6.3亿元，同比增长5.0%。食品制造企业2237家，从业人员5689人，实现营业收入16.8亿元，同比下降0.9%；实现增加值2.85亿元，同比下降1.7%；实现利润1.06亿元，同比增长2.9%。

【香河县城乡总体规划（2016—2030）】 2016年，香河县以推进协同发展和城乡统筹为主线，加强与北京通州区、“北三县”等周边地区一体化对接交流，对城乡总体规划进行修编完善，打造北京“微中心”。围绕“京津冀协同发展”要求，对香河县城乡总体规划进行修编。按照《京津冀协同发展规划纲要》提出疏解非首都功能转移。是年8月，香河县在获准廊坊市人民政府同意修改城乡总体规划的前提下，聘请中国城市规划研究院启动《香河县城乡总体规划（2016—2030）》修编工作，并于12月份完成城乡总体规划初步方案。

【市政工程】 2016年，香河县实施S271省道景观综合改造工程，全长17.38千米，占地约126万平方米，总投资约3亿元。其中，大厂县界至京哈高速出口段，全长5.38千米，已完工，投资约1亿元。完成五一路道路综合改造工程，全长6.5千米，北起京沈高速香河出口，南至规划南环路，总投资约1.36亿元。新建永盛路工程，工程全长370米，总投资约360万元，完成主路面沥青混凝土铺设5800平方米，辅路便道砖铺设1470平方米，雨水管道铺设280米，污水管道铺设270米，新装LED路灯14套。推进“煤改气”工程，投资5215万元，敷设高压管道3千米，中压管道15千米，累计为76451户开通管道燃气；全年供水累计投资450余万，敷设供水管线4500余米；全年供热累计投资2600余万元，敷设管线6700米，改造老旧管网500米，新增供暖面积10余万平方米，新增供暖用户1000余户。治理迎宾小区生活污水直排东干渠、五一路与老香安路交口排水口和新开街五一桥西侧排水口生活污水直排五一渠。稳步推进直属公用人防工程建设工作，严格执行防空地下室建设标准和易地建设费收费标准，共批建人防工程10个，面积8万平方米，为33个单位办理人防工程结建手续，收取易地建设费6818万元。

【建筑业管理】 2016年，香河县香河县辖区内共有在建工地153个。全年核发施工许可证89个，总建筑面积395.07万平方米，总造价70.63亿元，建筑工程、市政基础设施工程合同备案75项，合同总额63.34余万元，其中公开招标项目17项，非国有资金投资建筑工程合同备案58项。全年共受理建筑工程质量监督注册登记手续114项，完成建筑工程竣工验收监督254项，办理竣工验收备案手续38项。开展“安全生产百日大检查”“安全生产专项整治”等活动，严格遵循“全覆盖、零容忍、严执法、重实效”的原则，对全县在建工地加强日常抽查管理，共办理建设工程安全监督备案84份，办理起重机械使用登记106台，出动检查车辆280台次、人员560人次、下发检查记录165份、相关文件通知600余份、排查一般安全隐患380余处，并全部整改到位。加强建筑市场稽查管理，日常采取协调联动的执法工作机制，加强对工程项目的事前预防、事中控制和事后查处。全年共下达《责令改正通知书》65份，下达《行政处罚决定书》35份，处罚金额1600万元。

【城市园林绿化】 2016年，香河县实施县城植树增绿，构建以乔灌木为主体，布局合理，植物多样，景观优美，休闲游憩生态文明县城，为创建国家园林县城奠定基础。全年绿化建设完成投资5113万元。新增绿地面积72.056公顷，绿地率34.3%，人均公园绿地面积12.7平方米，绿化覆盖率38.3%。2016年，运河大道获“省级园林式街道”称号；新城公园获“省三星级公园”称号；珠光御景小区获“省级园林式小区”称号。香河县人民武装部、香河天易铝窗有限公司、香河机器人产业港、香河国瑞智测试设备有限公司4个单位获“市级园林式单位”称号；6个小区（碧水蓝天、国隆府、潮白晓月、运河家园住宅小区、阳光优势小区、紫藤堡小区）获“市园林式小区”称号。

【环境卫生管理】 2016年，香河县有各类清运、清扫车辆60多辆，清扫保洁面积330万平方米，每天清运生活垃圾440吨。继续实行24小时综合作业法。机械化清扫率80%，比上年增长10%。全年上门收集户达2500家次。集中清理暴露垃圾散点300余个，清理生活垃圾和建筑垃圾1100余吨，散堆固定垃圾点由三年前300多个减少到10余个。垃圾转运点达20处；果皮箱、垃圾桶、地埋箱等各类垃圾收集设施3000多个，其中中型以上收集设施50多个。

【城市综合管理】 2016年，香河县全力以赴治脏、治乱、治违，累计规范治理新开大街、新华大街、淑阳大街、绣水街、迎宾路、永明路等各类违规行为5800余起。共检查建筑运输车辆2600余车次，暂扣90余车次，处罚55车次。从3月份开展露天烧烤专项整治行动，每天18:00至21:00对露天烧烤进行集中清理，累计取缔露天烧烤150余处，关停门店20余家，教育当事人200余人，查扣烧烤作业工具90余件。对规划区内的建设施工项目进行逐一排查，共发现违法违规建设项目8个，整改完成8个，对城区内私搭乱建现象进行规范化治理，共拆除淑阳大街、新华大街、安抚路等主要路段两侧违建10050余平方米。共清理临时广告牌匾660余处、乱贴乱画各类小广告9830余处、摘除破旧违规条幅210条、粉刷墙体

12460余平方米。

【房地产管理】 2016年，香河县市棚户区改造任务指标为1050户，分别安排在刘庄子、北岗子、胡庄子和万新村等村街中落实完成，且全部采取货币化安置的形式安排在潮白新村项目。完成阳光馨城经适房、限价房结转项目的施工进度，交付使用限价商品房470套，经济适用住房428套。经过各街道办（镇政府、园区管委会）、民政、房管等部门的三级审核、公开摇号、选房等程序，最终分配公共住房511套，为3户家庭安排发放廉租补贴4320元；销售限价商品房474套，经济适用住房90套。全年共办理商品房预售许可99个，预售套数32631套，预售面积329.37万平方米，与上年同期相比分别上升81.54%和83.61%；销售新建商品房27375套，销售面积271.44万平方米，与上年同期相比分别上升19.81%和24.83%；销售均价10382.96元/平方米，同比上升64.34%。香河县共有房地产开发企业78家，物业服务企业56家，房地产经纪机构161家。严格落实房地产市场交易“日报告、周分析”制度，掌握市场交易数据，对拟建和在建的房地产开发楼盘的项目手册备案进行督办，加大对销售公司等中介机构巡查监管力度，规范企业销售行为，坚决杜绝无证预售、违规销售、虚假广告宣传、楼盘销控图未公示等现象发生。共组织对全县商品房项目专项检查7次、日常巡查170余次、商品房预售现场勘察113次。

（王树春）

【香河家具城】 香河家具城始建于1998年，至2016年年底，拥有经纬、红星美凯龙、居然之家、金钥匙、嘉亿龙、中意、好百年、鑫亿隆、汇美、鹏大、顺隆、贵都、北广、明泰来、中唐、春城、华汇、顺美、新时代、兴华、京达、京华随缘、美家源等33座单体家具展厅，其商品涵盖家居、办公、宾馆套房、红木、中高档沙发、软床、户外、藤艺、工艺品等各类家具，总面积突破300万平方米。城内参展企业7500多家，知名品牌1500余个，产品除畅销北方10余个省、市外还远销东北亚、欧美和非洲等部分国家和地区。全年市场交易额达280亿元，上缴财政税收0.98亿元。年内，香河家具城被联合国物资采购监管中心授予“家居产品采购基地”称号。1月，香河家具城被中国保护消费者基金会授予“重质守信—3·15满意单位”称号。11月，香河家具城管委会荣登“2016 第八届中国家具行业创新金牌榜”，被评为“2016 中国家具行业十大服务创新机构”。

家居文化节。4月28日至5月2日，香河家具城与中国家具协会、河北省家具协会共同举办了第五届“中国香河国际家居采购文化节”。活动期间，累计接待游客19.8万人次，商品交易额总量16.2亿元，为全面构建家具产业发展招商、推介、营销、交流高端平台，进一步完善拓展家具产业链条，丰富家具产业发展文化内涵，全面提速香河家具城打造中国家具之都的进程起到了促进作用。

消防安全。2016年，坚持按照日巡查、夜抽查、季联查的工作方式开展消防检查工作并积极组织开展应急疏散演练；家具城管委会与所辖所有展厅的法人代表签订《2016年安全生产目标管理责任书》《2016年消防安全责任状》，以及安全生产承诺书，明确各家具城法人对安全生产、消防工作的领导责任，完善各展厅的消防安全工作，建立健全消防安全工作制度。

（王利永）

永清县

【概况】 永清县辖永清镇（含刘其营办事处、北辛溜办事处、养马庄办事处、大辛阁办事处）、韩村镇、别古庄镇、后奕镇、里澜城镇5个镇，曹家务乡、三圣口乡、刘街乡、龙虎庄乡、管家务回族乡5个乡，以及河北永清工业园区、永清经济开发区和城区街道办事处。全县有行政村386个，总面积774平方千米，耕地面积40922公顷。2016年，全县户籍人口41.08万人，其中城镇户籍人口62565人，人口自然增长率10.67‰。地区生产总值130.18亿元，同比增长7.1%。其中：第一产业增加值37.64亿元，同比下降2.2%；第二产业增加值29.73亿元，同比增长6.4%；第三产业增加值62.81亿元，同比增长18.6%。规模以上工业增加值15.38亿元，同比增长6%。民营经济增加值77.4亿元，同比增长3.5%。粮食产量14.81万吨，同比下降1.3%。棉花产量3026吨，同比下降4.4%。财政收入24.03亿元，同比增长82%；一般公共预算支出24.29亿元，同比增长5.6%。全社会固定资产投资154.4亿元，同比增长15.1%。社会消费品零售额45.72亿元，同比增长9.1%。在岗职工平均工资57123元，同比增长5.3%。农村居民人均可支配收入13308元，同比增长8.7%。城镇居民人均可支配收入29942元，同比增长8.3%。年末住户存款余额127.99亿元，同比增长39.3%。

【京津冀协同发展】 年内，北京亦庄·永清高新区机构编制获批，该项目被列为河北省“十三五”重大建设平台。园区总体规划、控制性详规和产业规划编制完成，获得建设银行、兴业银行等金融机构授信1000亿元，完成基础设施投资3000万元，迁改燃气管线10.9千米，铺设管网21千米，整理土地104公顷。新增京东华北电子商务产业园、含嘉仓艺术创业创意园等17个项目签约入驻，入区项目达到36个，储备项目达到93个。永清国际服装城，国际商贸中心一期占地46.7公顷，投资25亿元，建筑面积50万平方米。4个市场主体完工、4个市场主体在建。浙商服装新城在建，投产服装生产企业累计达到75家。12万平方米的鑫海商贸中心一期进行装修，部分建成投产，二期正在规划设计。引进京津医疗、教育等公共服务设施，先后与北京中医院、广安门医院、保利集团达成合作意向；与北京307医院协作医院正式挂牌运营；与北大青鸟集团合作共建益田实验学校加紧建设；国瑞生态城与北京史家胡同小学合作共建学校成功签约。

【项目建设】 全年引进亿元以上项目54个，总投资268亿元，实施亿元以上项目25个，完成投资48.8亿元，6个项目建成投产。获批省重点项目1个（永清京都联合商业有限公司永清国际商贸中心一期项目），市重点项目7个，争取土地计划指标9.33公顷；永清国际服装城、永清区域合作创新示范区2个项目列为协同发展转移项目，分别安排用地指标40公顷和21.2公顷。

【园区建设】 经济开发区高科技成果孵化基地启动规划设计。华夏智能产业港一期13栋（3.25万平方米）标准厂房建成投用，入驻行业领军企业10家。宏泰产业园、北方内贸产业园签约落户。海泽田物流基地完成主体，古松农产品物流项目建成投产。

【科技创新】 全年完成技改投资58.96亿元，增长30.5%，重点推进华夏、工业园区、经济开发区等一批孵化器项目建设。新增科技型中小企业103家、科技小巨人企业3家、高新技术企业2家；申报省、市级计划项目9个，市级研发中心7个，市级自筹项目1个，争取项目资金420万元。百川集团成功在上交所上市。

【城乡建设】 年内启动《永清县城市绿色隔离空间规划》《永清县燃气专项规划》编制，对城乡总规以及各专项规划进行完善。永清新区5条道路开工建设，其中3条已完工；规划馆建成投用；启动永定河故道生态公园、污水处理厂、垃圾处理站建设。数字化城管、智能交通管控系统正式运行。通过省级园林县城复检，启动国家级园林县城和省级文明县城“两城同创”，111项重点市政工程扎实推进。老城区完成了武隆路、益昌路污水管网，廊霸路雨污分流建设工程，新建游园节点3处，新增园林式小区、单位2个，改造游园广场2个，新建水冲式公厕3座。美丽乡村建设深入推进，首批新民居村街已搬迁5437户、复垦土地252.4公顷。采取政府购买服务的方式，引入桑德公司实施农村环卫一体化，基本实现村街全覆盖。组织实施国家级电子商务进农村综合示范县工程，累计建成乡村服务站353个。年内完成裕丰街中段改造工程、武隆路主管网建设；益昌路污水管道工程正在施工；城区排水主管网清淤工程正在施工。市政改、扩建项目益昌路北广场升级改造及文苑路南段路口改造工程基本完工。完成《永清县城区防汛预案》和《2016年城区防汛应急预案》的编制，明确防汛具体目标任务，细化各类防洪除涝措施。完成城区排水主管网清淤工程。修补城区益昌路、会昌街、金雀街、文苑路、裕华街、武隆路等道路破损的便道4万平方米。对府东街、文苑路、益昌路、金雀街、会昌街、武隆路、幸福道、团结道、裕华街、益兴路、誉荣道、庆丰道等10余条城区主次干道进行路面整修、两侧路面硬化及便道砖修整；城区主要街道及便道设施维修、主路面修复7000平方米、便道18000平方米。完成老城区及渠东片区组团、永清新区组团等6个片区及北京亦庄·永清高新区起步区的控规编制。老城区城改、旧改项目涉及28个，总占地面积147.7公顷，拆成净地面积56.7公顷，涉及拆迁户4164户，拆除2260户。

【环境建设】 全面实施“控煤、抑尘、限车、治理工业污染及各类烟气”等措施，露天烧烤摊点全部清理，完成燃煤锅炉淘汰任务。“煤改气”“煤改电”工作，城区完成管网铺设83.1千米，入户改造16945户；农村完成管网铺设540千米，入户改造13947户。全县PM2.5浓度值下降到82微克/立方米，综合指数为7.52，优良天数达到142天。全年植树造林2066.67公顷。开展污染沟渠治理攻坚、集中式饮用水源地安全防护、土壤污染防治行动。完成3条沟渠水污染治理规划，永金渠完成治水2000吨，引清渠治理正式启动。中干渠治理开展绿化、土建、景观照明等工程。定期组织开展银企对接、政府与企业面对面、入企帮扶等活动，为企业解决实际问题。开展亮剑护企、效能巡视集中行动，对吃拿卡要等问题进行严肃查处。推进县乡村“三级服务平台”建设，深入实施“两个代办”（为民服务全程代办、重点项目全程代办）。建成县公共资源交易中心和不动产登记中心。

【现代农业】 研究编制《永清县“十三五”农业农村发展总体规划》《县域农业休闲与乡村旅游专项发展规划》及《重点园区概念性总体规划》。以乡村游、文化游为特色的旅游产业加快发展，举办 2016 中国·永清“嘉捷杯”核雕艺术大赛、第二届胜境桃花节。拍摄《永清小子穿越古战道》微电影，金华湖景区“天香苑”牡丹园开园，举办“中国·永清首届农庄旅游文化节”。全年接待游客 135 万人次，实现旅游综合收入 2.7 亿元。永清县核雕列入市级非物质文化遗产保护名录。

【社会事业】 全年医疗、失业、养老、工伤保险扩面 3057 人，城镇新增就业 3559 人，下岗失业人员、就业困难对象实现再就业 1077 人；开展各类创业、技能培训 5028 人次；组织现场招聘会、网上人才交流会 7 次，提供就业岗位 7000 个。研究制定被征地农民参加社会保险的相关政策，解决被征地农民参保难题，全县参保农民涉及 9 个乡镇、7188 人。组织开展各类文体活动 1158 场，放映公益电影 4632 场。全年发放高龄补贴资金 382.97 万元、城乡低保金 1178.7 万元、孤儿生活费 35.56 万元、困难残疾人生活补贴及重度残疾人护理补贴 241.8 万元。

（孙俊敏　杨克亮）

固安县

【概况】 固安县辖 9 个乡镇（固安镇、牛驼镇、宫村镇、马庄镇、柳泉镇、东湾乡、渠沟乡、彭村乡、礼让店乡），有 419 个行政村。全县总面积 696 平方千米，耕地 65 万亩（4.33 万公顷），人口 48 万人。2016 年，全县地区生产总值 206.3 亿元，同比增长 13.4%。全部财政收入 80.9 亿元，同比增长 44.7%；其中，一般公共预算收入 44.8 亿元，同比增长 25.5%。全社会固定资产投资 213.8 亿元，同比增长 16.9%。规模以上工业增加值 30 亿元，同比增长 7.1%。社会消费品零售总额 51.9 亿元，同比增长 11.4%。城乡居民人均可支配收入分别为 31137 元、13614 元，同比增长 8.4%和 8.8%。在中国社科院发布的《中国县域经济发展报告》中，固安入围“全国县域经济竞争力百强县（市）”，跻身“中国县域经济创新力”前三甲，获“中国投资潜力百强县（市）”第一名。综合实力由全市第三梯队跨入第一梯队，被省委、省政府授予“经济发展先进县”称号。

【产业发展】 固安工业区投资 37.8 亿元，实施 25 项重点工程建设。累计签约项目 30 个，总投资 82.7 亿元；新兴产业示范区累计投资 1.42 亿元实施道路及附属设施建设；大清河经济开发区推进电力配套、园区天然气、污水处理厂等重点工程，累计签约亿元以上项目 10 个，总投资 44.5 亿元；现代农业园区被认定为国家级农业科技园区，高标准农田建设不断深化，农博园、顺斋瓜菜、兴芦蔬菜等农业龙头提速发展；空港产业园区紧密对接北京新机场、廊坊空港新区规划，储备优质项目，发展基础不断夯实。

项目建设成果显著。全县累计签约亿元以上产业类项目 54 项，总投资 514.7 亿元，合同引资 179.3 亿元；实施建设亿元以上项目 88 项，总投资 584.2 亿元；争列省重点项目 9 项，总投资 490.1 亿元，市重点项目 17 项，总投资 57.67 亿元，数量均居全市第一。借助“5·18”经洽会，组织创新中国峰会、科技创新项目签约、重点项目奠基等一系列活动；总投资 300 亿元，具有自主知识产权的固安云谷第 6 代 AMOLED 生产线项目正式开工建设；首届中国博士后创业训练营在固安举行。

【城乡建设】 2016 年，固安县坚持城乡同规共建、一体发展，搞好新型城镇化建设。完善规划体系。调整《固安县城乡总体规划》，制定《地下空间利用规划》，通过评审规划方案项目 15 个。精细城市建管。加快城市路网统筹建设和改造，完善路网结构，新增 4 条城市公交线路，并在全市率先实施城区公共自行车系统建设，设置公共自行车站点 43 个，投放自行车 900 辆。推动 100 个村街的美丽乡村建设。全县累计改厕 5000 余座，抗震改造农房 400 户，安全用电改造 66 个村街。

【环境保护】 全年植树造林 2.6 万亩（0.17 万公顷），建设附属绿地 13 万平方米，全县森林覆盖率达 35%。大气污染治理。淘汰改造燃煤锅炉 25 台、249.15 蒸吨；制定全县“无煤化”改造实施方案，181 个村街、47865 户“无煤化”改造，21 家企事业单位“无煤化”改造；出动洒水车、洗扫车 20 余辆，持续加强主城区和园区路面保洁，主要街道每日洒水 8 遍、洗扫作业 2 遍；全县所有建筑工地实现“七个 100%”管理目标。新建提升泵站 1 座、污水管网 1.4 千米，城区污水处理厂一、二期工程技改升级完工。推进农村生活污水处理，启动温泉园区污水处理厂建设，完成日处理能力 300 吨的柳泉镇污水处理站设计方案，在重点村街安装庭院湿地+一体化分散型污水处理设施 800 套。

【民生改善】 全面提升公共服务。加大文化投入，顺利通过国家公共文化服务体系示范区验收。示范区档案整理工作固安县位居全市第一，屈家营文化活动服务中心及屈家营古乐作为验收点得到文化部专家验收组肯定。开展固安县图书馆楹联文化展、河北省硬笔书法大汇展、固安县第三届非物质文化遗产博览会、2016 年第一期百姓大讲堂等一系列文艺活动，在腾讯、优酷等网站播出《文化志愿者在行动——2016 年网络春晚》；开展以“歌舞城乡、悦动固安”为主题的文化惠民下乡演出活动，演出 24 场次。

加快提升保障水平。统筹提高城乡医疗救助、高龄补贴等社会保险的补贴、保障标准，全年城乡低保对象 4484 人，累计发放城乡低保金及补贴 563.8 万元。全县城镇新增就业 2000 人，农村劳动力向非农产业转移 1866 人，为企业吸纳的高校毕业生发放社会保险补贴 1.5 万元。组织“2016 固安春季招聘会”等一系列活动，达成就业意向 7300 余人。

全力维护公共安全。开展安全生产专项整治，共检查各类生产经营单位 2161 家次，发现隐患和问题 2216 处，与 471 家企事业单位签订安全生产承诺书。

（高士伟）

霸州市

【概况】 霸州市辖霸州镇、胜芳镇、信安镇、堂二里镇、南孟镇、煎茶铺镇、扬芬港镇 7 个镇，岔河集乡、康仙庄乡、东杨庄乡、东段乡、王庄子乡 5 个乡，城区办事处、辛章办事处、裕华街道办事处（已批未建）3 个办事处，河北霸州经济开发区、河北霸州津霸经济开发区、河北霸州胜芳经济开发区 3 个开发区。设 372 个行政村街和 19 个社区居委会。2016 年，全市总面积 800.27 平方千米，其中耕地面积 44205 公顷；人口 650299 人；实现地区生产总值 3937665 万元，同比增长 7%；一、二、三产业实现增加值 178018 万元、2422345 万元、1337302 万元，同比分别增长 0.5%、5.3%、11.2%；规模以上工业完成增加值 1792626 万元，同比增长 6.0%；民营经济增加值 270.3 亿元，同比增长 7.9%；农林牧渔业总产值 295594

万元，与上年持平；粮食产量211499吨，同比增长8.4%；棉花产量2477吨，同比减少50%；财政收入360231万元，同比增长6.4%；全社会消费品零售额1287778万元，同比增长10%；全社会固定资产投资完成3290138万元，同比增长15%；在岗职工平均工资60447元，同比增长6.53%；农村居民人均可支配收入14780元，同比增长8.2%；城镇居民人均可支配收入36875元，同比增长8.1%；年末各项存款余额5421795万元，比年初增加647521万元。

【项目建设】 2016年，霸州市谋划运作亿元以上项目238个，计划总投资2802.7亿元，实际投资286.1亿元，同比增长21.4%。举行3次项目集中开工仪式，参与项目34个，总投资261.9亿元，项目数量与投资额均创历年之最。争列省市重点项目16项，总投资109.9亿元，开工率100%。单体总投资60亿元的华夏AMOLED项目开工建设。

【园区建设】 年内，霸州市以霸州开发区为核心，整合三大省级园区，打造一区三园发展格局。霸州开发区纳入京南国家科技成果转移转化示范区。投融资17.8亿元，谋划实施以污水处理、路网、给排水等为重点的34项基础设施建设工程。泰山路南延、迎宾道西伸、龙江道升级、霸州开发区污水处理厂一期等工程全面完工。霸州开发区休闲食品产业园成功引进达利集团、加州原野、稻香村等11家全国知名食品生产企业，项目总投资75亿元。

【转型升级】 推进去产能工作。拆除新利钢铁450立方米高炉1座；封停前进钢铁450立方米高炉2座、60吨转炉1座，并通过省市验收。实施科技创新。新培育科技型中小企业139家、科技企业孵化器1家。技改投资完成138亿元，同比增长26.9%。扶持民营企业发展。实施“多证合一、一照一码”，新增民营经济单位5999家。推进财税金融改革。全面推开“营改增”，为企业减税1.02亿元。全市出口总额达到6.2亿美元，位居全省县级前列。

【城乡建设】 2016年，霸州市优化城乡空间布局，霸州城区西部与华夏集团合作打造产业新城；霸州城区东部与荣盛集团合作开发建设文化新区。加快美丽乡村建设。投资5.8亿元，打造南孟镇省级重点片区，整体推进21个村街建设，各项目完成率90%以上，硬化道路78万平方米，铺设供水管道16.2万延米，新建污水处理设施22处，村容村貌焕然一新。

【生态环境】 全力推进大气污染防治攻坚行动，实施减煤、控车、降尘等严控措施，做好散煤清洁能源替代工作，完成2.2万户“气代煤”改造任务。PM2.5平均浓度、综合污染指数同比分别下降6.8%和6.2%。环境空气质量优良天数达到141天，比上年增加26天。实施水环境治理，开展中亭河、大清河等重点河流及沿河村街环境综合治理工作，启动污水处理厂配套管网提升改造工程。加强生态景观建设，胜芳湿地公园一期核心区基础设施工程基本完工，全年植树造林5.5万亩（3666.67公顷）。

【民生事业】 筛选运作农村公路改造提升、美丽乡村等总投资49.5亿元的9个市政建设项目，切实改善群众生产生活条件。全面启动城乡环卫一体化工作，初步建立覆盖全市域的垃圾处置体系，年内，通过省爱卫会复审验收，被评为“河北省卫生城市”。东西市区2座净水厂全部完工。建设棚户区回迁安置房937套。在全国率先完成县级公共文化服务体系示范项目。坚守安全生产、食药安全底线，建设平安霸州。

【市区建设】 2016年，霸州市启动建设6项工程，分别是益津路提升改造工程、延昭路绿化工程、北环路拓宽工程（金各庄桥—106国道）、垃圾处理场三期工程、镇府路新建工程、霸扬线污水管网与信安污水处理厂连接涵工程。其中，益津路提升改造工程完成玲珑公园六角亭翻新维修，一中以北路段两侧便道完成维修工作并验收；延昭路完成绿化工程并验收；北环路拓宽工程（金各庄桥—106国道）完成道路拓宽、验收及亮化工程；垃圾处理场三期工程完成选址；镇府路新建工程验收合格并移交；霸扬线污水管网与信安污水处理厂连接涵工程主体完工。

2016年，霸州市提升城市管理精细化水平，市区道路环卫保洁实行三级管理模式。环卫方面，一级道路保洁时间不低于16小时，二级道路保洁时间不低于12小时，三级道路保洁时间不低于8小时。定期清理城乡接合部垃圾，清理积存垃圾2.1万立方米。园林方面，市区苗木修剪12次；清理绿化带垃圾5500余立方米；春季和秋季补植乔木（法桐、国槐等）1100余棵，补植小灌木（黄杨、女贞、小檗）17.5万余棵、花灌木340余株、草花3公顷。市政方面，改造维修工程3项：市区沥青路面修补工程，修补塌陷及损坏沥青路面7450平方米；背街小巷改造工程，改造背街小巷14条；南关泵站改造工程及112线泵站新建工程。其中，南关泵站主体、泵站外部装修及采购设备安装，计划2017年投入使用；112线泵站新建工程完成前期和进场工作。市区防汛方面，制定《建设局防汛工作预案》，并组成100多名干部职工防汛抢险队；清理排水管道8.1万米，清理淤泥5744方；清理城南排水体系河道漂浮物1.48万平方米，清运沿线垃圾8750立方米，保证市区安全度汛。

（贾国玲　刘　坤）

文安县

【概况】 文安县辖13个乡镇（文安镇、赵各庄镇、大留镇镇、左各庄镇、大柳河镇、滩里镇、德归镇、新镇镇、苏桥镇、史各庄镇、兴隆宫镇、大围河回族满族乡、孙氏镇）、5个国营农场（新桥农场、李庄农场、黄甫农场、界围农场、小务农场）、7个管区（董村管区、龙街管区、黄甫管区、辛庄管区、刘磨管区、高头管区、急流口管区）、4个园区（文安工业园区、新桥工业区、文安经济开发区，文安工业新区）、1个街道办事处（城区街道办事处），有383个行政村，辖区面积1037平方千米，耕地面积57289公顷。2016年末总人口54.54万人，人口自然增长率7.87‰。地区生产总值139.26亿元，同比增长8.0%，其中第一产业增加值11.39亿元，同比增长2.5%；第二产业增加值81亿元，同比增长4.7%；第三产业增加值46.87亿元，同比增长17.1%。民营经济增加值99.64亿元，同比增长7.5%；粮食总产量28.74万吨，同比增长7.7%；棉花总产量745吨，同比减少67.5%；农林牧渔总产值21.87亿元，同比下降2.13%；财政收入13.68亿元，同比增长10.7%；全社会消费品零售总额66.1亿元，同比增长10.1%；全社会固定资产投资219.5亿元，同比增长13.5%；规模以上工业增加值42.87亿元，同比增长6.1%；在岗职工年平均工资 53417 元，同比增长 19.39%；农民人均纯收入 14222 元，同比增长 8.6%；城镇居民人均可支配收入 32305 元，同比增长 8.1%；年末城乡居民存款余额 271.37 亿元，同比增长 22.1%。

【县城建设】 2016 年，文安县在省级园林、卫生、文明县城基础上，启动国家级园林县城、卫生县城创建及省级文明县城联创，推动县城建设，全面提升城市功能，3 年内实施城市开发、园林绿化、市政设施、环境卫生等 27 项重点工程。年内，全长 1.6 千米的曙光路南段工程完工；升级改造盛祥东街、凯旋国际东街、友谊路等 5 条街道，解决群众出行难题；实施建北、吉顺等 14 个老旧小区、3.3 万平方米硬化绿化工程，改善居民生活环境；启动月星生活广场、中航城市综合体建设，增强城市发展活力。

城乡基础设施建设。总投资 23.8 亿元，成立 6 个融资平台，对接交通路网、教育设施、市政工程及美丽乡村等 4 方面政策性贷款投向。其中，交通路网项目，20 天获批农发行贷款 13.8 亿元，计划 3 年实施 624 条、总里程 955 千米的农村道路建设工程，年内启动 196 条道路建设，完成 289 千米；教育设施项目，计划 3 年投资 5.7 亿元，改造危旧校舍 32.88 万平方米，涉及学校 164 所，年内启动 61 所、改造 12 万平方米；美丽乡村项目，获批贷款 1.5 亿元，完成 7 个省级精品村、43 个重点村和 3 个中心村建设；市政工程项目 2.8 亿元贷款由省金融机构审核，年内获批。

整顿规范城乡建设秩序。针对城区房地产开发遗留问题和违规农村住宅楼问题，制定整改措施，集中清理整治。对拒不配合整改并造成不良社会影响的开发建设企业，依法采取强制措施，社会矛盾和信访隐患逐步化解，全县建筑市场秩序得到规范。

【科技创新】 建立科技创新激励机制，培育科技型中小企业 155 家。其中，科技小巨人企业 10 家，高新技术企业 3 家。指导中德汽车座椅、洪宽木业等企业设立 9 个市级技术研发中心及重点实验室，华夏幸福智能电网院士工作站获省科技厅批复，多麦电商云平台众创空间通过市级专家组验收，全年新增上市公司 2 家。

【环境治理】 围绕“治污企、清散煤、防油烟、严控车、禁鞭炮、管工地、抓保洁”7 个方面，实施大气污染防治集中行动。淘汰 10 蒸吨以下工业燃煤锅炉 408 台，拆除党政机关燃煤设施 656 台，关停整改散乱污企业 1563 家。通过引入市场竞争机制，完成建成区居民煤改气 6263 户。建成左柳滩集中供热项目，解决区域胶合板产业燃煤污染问题。2016 年，全县 PM2.5 平均浓度为 93 微克/立方米，同比下降 12.3%，空气质量综合指数为 8.3，同比下降 10.6%。加强水体污染治理。建成投运文安经济开发区、新桥工业区两座污水处理厂；启动左各庄镇西污水处理厂、滩里镇安里屯、富管营污水处理站建设，对全县域内河流坑渠实施动态监测，确保水体质量稳定达标。

【民生改善】 年内投资 5.18 亿元实施 8 类 41 项惠民实事，全面构筑就业、社保、养老、住房保障体系。落实创业扶持政策，拓宽就业渠道，城镇新增就业 5021 人，城镇登记失业率保持在 1.69%。城乡居民养老保险、企业养老保险覆盖面不断扩大，新型农村合作医疗参保率 98.1%，城镇职工和居民医疗保险参保率分别达98%和96%以上。在保障重点支出基础上，安排资金1.13亿元，发放年度精神文明奖和取暖补贴，其中取暖补贴由每人1000元增长到2400元；安排资金1690万元解决自收自支人员多年拖欠的养老保险，每年增加预算支出5200万元，所有自收自支人员的养老、医疗保险全部由县财政负担。针对乡镇财力减少、运转困难的实际，启动乡镇财政体制改革，逐步强化县财政对乡镇人员工资及运转经费保障。取消县级领导每人每年10万元工作经费，县四套班子各机关办公经费缩减20%，全部用于支持基层工作。发展公共事业。启动县第三幼儿园搬迁、第五小学新建工程，招录中小学、幼儿园教师200名，全面落实乡村教师乡镇补贴，教育师资力量得到加强。推进公立医院试点改革，县中医院搬迁工程开工。推进国家级现代公共文化服务体系建设，投资2300万元提升镇级综合文化站17个，重点打造村级文化活动中心示范点50个。打击侵害老百姓利益和破坏整体发展环境行为，对圣庭苑小区物业威胁恐吓居民强行接受服务、企业违法占用耕地、商户违法燃放烟花爆竹等典型案件涉案人员，依法拘捕，并公开曝光。全面整治工程建设中突出问题，重点打击懒政怠政、恶意阻工、强包强揽、偷工减料四类违法违规行为，有效净化社会环境。严格落实安全生产"党政同责、一岗双责、失职追责"要求，开展安全生产专项整治集中行动和安全生产攻坚行动，安全事故发生量较上年下降37.6%。全面开展信访积案集中攻坚化解行动，全县信访形势平稳可控，越级访发生量始终保持低位运行。推进平安文安建设，加大社会治安管控力度，刑事案件发生量较上年下降9%。

（刘洪江）

大城县

【概况】　大城县辖8个镇（平舒镇、旺村镇、大尚屯镇、南赵扶镇、权村镇、里坦镇、留各庄镇、广安镇）、2个乡（臧屯乡、北魏乡）、1个办事处（城区办事处）、1个工业园区（大城工业园区），有394个行政村。总面积903.7平方千米，耕地面积54492公顷。2016年，全县人口528440人，其中城镇人口75462人，人口自然增长率20.8‰。地区生产总值118.24亿元，同比增长7.5 %。其中：第一产业增加值17.44亿元，同比增长1.7 %；第二产业增加值48.44亿元，同比增长3.9%；第三产业增加值52.36亿元，同比增长13.2%。规模以上工业增加值31.58亿元，同比增长6.2%。民营经济增加值86.07亿元，同比增长7.7 %。粮食总产量20.91万吨，棉花总产量3832吨。财政收入11.78亿元，同比增长11.5%；财政支出24.56亿元，同比减少0.4%。全社会固定资产投资179.52亿元，同比增长15.8%。社会消费品零售总额67.03亿元，同比增长10.3%。职工平均工资52427元。农民人均可支配收入13028元，同比增长8.5%。城镇居民人均可支配收入32266元，同比增长8.0%。年末城乡居民存款余额262.33亿元，同比增长46.14%。

【特色产业】　国家级红木产品检测中心、省级红木家具协会落户大城。红木文化产业园成功举办大城县第三届红木文化节和首届中国红木城"龙抬头"民俗大庙会，提升大城红木文化产业知名度和影响力。投资2200多万元，实施津保南线旅游精品线建设，拉动红木旅游消费。红木大集入驻商户650家，单日游客达3万人次。通过环保倒逼机制，推进绝热节能材料行业专项整治，关停手续不齐全、环保不达标企业8家，取缔土小企业24家。绝热节能材料产业集群成为全市唯一一家省级创新型产业集群试点单位。华美、神州等龙头企业不断壮大，一批高端岩棉、玻璃棉、橡塑制品项目竣工投产，环保设备国内领先。加速汽摩配件向新能源车产业转型，发展壮大三迪、远迪、宝岛等品牌企业，全县整装新能源车企业达30家，年产电动车44万辆，产品远销非洲、美洲和东南亚，大城成为中国北方电动车生产基地。按照“限制前端、延展链条”原则，推进有色金属行业专项整治，环保达标改造企业10家，取缔小炼灰、小推锅400多个，启动集中熔铸区建设，新上深加工项目14个，产业发展更加规范。

【园区建设】 河北大城现代制造业工业园开工建设中源路、深圳大街，琦泉生物发电项目成功并网发电，廊坊轩鹏机械配件等项目顺利建设。河北大城气雾剂产业园园区总规设计获批，启动总投资约1亿元的园区起步区纬四路、一号路建设，与深圳彩虹集团就气雾剂园区整体打包PPP开发达成共识。河北大城新能源车产业园健全完善以新能源车为主的产业链，上下游配套企业100余家，各类电动车整车年销量20余万辆。启动工业园区功能提升行动，完成津保路园区段绿化、硬化前期规划等工作。中国物流与采购联合会木材木制品监督检验测试中心大城办事处、清华大学红木光谱检测实验室签约落户大城，项目用房装修已完成，清华大学光谱实验室设备进入调试阶段。

【创新发展】 实施创新驱动战略，培育新动力、拓展新空间。推进“互联网＋”，完善“大美大城”微信平台，银行预约排号上线运行，关注人数达1.2万人，居廊坊首位。大城县作为全国首家“互联网＋县城”在腾讯京津冀政务新媒体学习会上分享经验。大城县在2016年腾讯区域影响力峰会上获“京津冀年度公共服务创新奖”。电子商务进农村实现全覆盖，邮乐·大城馆成功上线，大城县成为全省第三个拥有特色馆的县，上线特色农产品近200种，网络代购交易1.7万笔、430万元。大城县被省确定为首批电子商务进农村综合示范县，全市现场观摩会在大城县召开。启动运营农村淘宝项目，建成占地1500多平方米县级运营中心，53家村级服务站投入使用，订单12.8万笔、交易额达1200万元。携手中国网库集团，“腾计划”中国保温建材产业带上线启动，全县有10家企业上线交易。红木宝线上交易平台入住商户2300余家，销售额4.5亿元。建成红木城创业孵化基地，入驻创业项目37个。推进企业上市，建立全县重点拟上市企业后备资源库，河北华能中天化工建材、大城弘亚再生资源利用等80余家企业入库，重点培养入库企业。年内，推进联信汇业、松乐仪器挂牌上市。

【环境治理】 围绕建设“绿色家园”目标，开展大气、水污染治理集中行动，走生态优先、绿色发展之路。年内，深化“控煤、抑尘、治企、限车、除烟”治理，淘汰工业燃煤锅炉114台、办公场所燃煤设施424台，实施气代煤5395户，完成387个临街门店、住宅小区门房散烧煤清洁能源改造。城区建筑工地实现“七个100%”管控。淘汰黄标车、老旧车1754辆，外埠重卡实行绕城、超限超载超速管控。建成环保在线监测系统，75家重点企业纳入动态监管。城区实施烟花爆竹禁放全面管控。强化重污染天气“削峰减频”，344家重点企业停产。全县空气综合指数同比下降12.8%，达标天数增加8天，重污染天数减少14天。实施水污染治理，子牙河及重要干渠污染源实现常态化管控，子牙河南赵扶断面及金家渠等重点河段、干渠完成现状监测。加大造林绿化力度，全县新增造林近5万亩（3333.33公顷），其中千亩以上片林达到12个、百亩以上片林达到24个，全县森林覆盖率达20%。

【美丽乡村建设】 重点围绕“建设一片（大城红木文化产业市级重点片区）、提升一片（王文市级重点片区）、打造一批（31个省级重点村）”思路，提升大城美丽乡村建设水平。高标准建设31个省级美丽乡村重点村街，组织开展“三清一拆”专项治理行动，全县394个村街清理垃圾杂物49.7万立方米，清理庭院10.9万户，中赵扶、刘演马获批省级美丽乡村。

【民生实事】 按照保住基本民生、兜住底线要求，持续加大民生投入，全年民生领域支出21.4亿元，占一般公共预算支出的80%以上。年内，发放廉租住房租赁补贴39.4万元，改造农村危房740户，中小学全面改造工程完成土建14所、设备采购招标37所。公教人员增资2200万元，人均月增资302元，发放精神文明奖6917万元。集中开展重点领域隐患排查整治，加强食品药品安全监管，全县未发生重大安全生产和食品药品安全事故，顺利通过全省食品药品安全县创建验收。开展“打黑除恶·灭霸扫痞”等专项行动，社会治安持续好转。

【县城建设】 投资200万元，对古城道东西小街、四中南侧小街、济民医院东侧小街、程盛花园东侧南北街、新开里小街等5条街道硬化改造；对国土局宿舍楼小街、中医院西侧小街、济民医院东侧小街南端等3条街道进行亮化。推进开发建设，完成棚户区改造854户。投资1.3亿元，将琦泉生物质发电有限公司电厂联产热能引入城区，淘汰燃煤锅炉27台、108蒸吨，实现41个住宅小区、机关单位和沿街门店75万平方米集中供暖，结束大城县分散供暖历史。规范城市管理。实施总投资4197万元的城乡环卫一体化工程，以购买社会化服务方式，对县城区（含主次干道、小街小巷、各市场、街头游园等）、各乡镇（区）政府所在地、城区周边16个村日常保洁，城区环卫基础日常运行，省道两侧和沿线村街及全县剩余村街垃圾清运工作整体对外承包，由启迪桑德环境资源股份有限公司实行市场化运行。成立城市管理行政执法局，整治摊点乱摆、车辆乱停等问题，城区净化、有序化水平明显提升。

（吕文杰）

开发区建设

综　述

2016年，廊坊市按照全省统一部署，将原有的32个省级以上开发区（经济开发区、高新技术产业开发区、新兴产业示范区）整合为14个开发区。其中，经济开发区8个（廊坊经济技术开发区、河北三河经济开发区、河北香河经济开发区、河北广阳经济开发区、河北永清经济开发区、河北霸州经济开发区、河北文安经济开发区、河北大城经济开发区）；高新技术产业开发区6个（河北廊坊高新技术产业开发区、北京亦庄·永清高新技术产业开发区、河北燕郊高新技术产业开发区、河北大厂高新技术产业开发区、河北廊坊龙河高新技术产业开发区、河北京南·固安高新技术产业开发区）。廊坊经济技术开发区和河北燕郊高新技术产业开发区为国家级经济开发区。开发区实行"一区多园"管理。河北廊坊高新技术产业园、河北安次高新技术产业园纳入河北廊坊高新技术产业开发区；三河生态产业园、三河泃阳装备制造产业园、三河新兴产业园纳入河北三河经济开发区；大厂潮白河现代产业园、大厂高端制造产业园、大厂高新技术产业园纳入河北大厂高新技术产业开发区；香河智能制造产业园、香河新兴产业园、香河环保产业园纳入河北香河经济开发区；龙河高新技术产业园、龙港高新技术产业园纳入河北廊坊龙河高新技术产业开发区；永清工业园、永清现代服务产业园纳入河北永清经济开发区；固安高新技术产业园、固安温泉商务产业园、固安电子信息产业园、河北固安经济开发区纳入河北京南·固安高新技术产业开发区；霸州高新技术产业园、霸州胜芳金属玻璃家具产业园、霸州津霸现代制造产业园纳入河北霸州经济开发区；文安智能装备产业园、文安现代家居制造产业园、文安新桥环保科技产业园纳入河北文安经济开发区；大城现代制造业工业园、大城气雾剂产业园被纳入河北大城经济开发区。

年内，廊坊市8家省级以上经济技术开发区实际利用外资4.78亿美元，同比增长15.84%，占全市的59.57%；主营业务收入完成4223.07亿元，同比增长12.87%；实现工业总产值3025.86亿元，同比增长10.15%；完成财政收入162.90亿元，同比增长16.22%，占全市27.36%；完成进出口总额32亿美元，同比增长10.79%；实现地区生产总值1241.21亿元，同比增长10.79%，占全市的45.86%；基础设施投资完成额93.60亿元，同比增长44.45%，占全市27.77%；完成固定资产投资816.23亿元，同比增长17.91%，占全市33.2%。

2016年廊坊市经济技术开发区一览表

表53

名　称	级别	产业定位及重点企业	主营业务收入（亿元）
廊坊经济技术开发区	国家级	电子信息、汽车零部件、机械制造、食品等。重点企业：华为、润泽信息港、精雕数控、维特根、威意特、华创田园、飞鹤乳业等	1600.74
河北三河经济开发区	省级	机械制造、食品加工、装备制造业等。重点企业：三河新宏昌专用车有限公司、通用磨坊食品（三河）有限公司、莱尼线束系统有限公司	213.52
河北香河经济开发区	省级	会展旅游、装备制造、环保技术装备研发与制造、高端装备制造业等。重点企业：第一城国际会展公司、建安特西维欧特种设备公司、阿尔特电子科技有限公司、长城重机等	431.17
河北广阳经济开发区	省级	现代服务业、现代制造业、高新技术等。重点项目：廊坊市永唐秦天然气利用项目、广阳管道特种设备产业基地项目等	70.05
河北永清经济开发区	省级	机械加工、精细化工、金融产业及金融后台服务产业、服务外包产业等。重点企业：廊坊德基机械科技股份有限公司、河北南玻玻璃有限公司、国际金融服务后台、普洛斯现代物流基地等	318.90
河北霸州经济开发区	省级	健康休闲食品、温泉旅游、家具生产等产业。重点企业：河北达利食品有限公司、霸主茗汤日月潭温泉会馆、三强家具有限公司等	1003.33
河北文安经济开发区	省级	现代制造业、新型材料、精细化工等产业。重点企业：立马电动车、康鑫电子、洛斐尔建材河北有限公司、天澜新能源有限公司等	370.71
河北大城经济开发区	省级	摩托车制造业、电动车整车及零部件、保温建材、气雾剂生产及加工等。重点企业：远迪实业集团有限公司、翔达保温材料有限公司等	214.65

（曹立杰）

2016年廊坊市高新技术产业开发区一览表

表54

名　称	级别	产业定位	主营业务收入（亿元）
燕郊高新技术产业开发区	国家级	电子信息、新材料、高端装备制造	1435.13
河北大厂高新技术产业开发区	省级	文化创意、高端装备制造、食品及饮料制造	325.5
河北廊坊龙河高新技术产业开发区	省级	新材料、高端装备制造、新一代信息技术和节能环保	301.52
河北廊坊高新技术产业开发区	省级	新材料、节能环保、电子信息	157.86
河北京南·固安高新技术产业开发区	省级	新型显示、航空航天、生物医药	435.2
北京亦庄·永清高新技术产业开发区	省级	互联网＋智能制造和临空电子商务	12.03

（新　楠）

廊坊经济技术开发区

【概况】 廊坊经济技术开发区辖区面积69.4平方千米，规划面积38平方千米，入区企业3544家，开发土地面积26平方千米，辖20个行政村：大长亭、小长亭、南营、娄庄、梨园、化营、西柏、大官地、辛庄、韩胜营、上庄头、下庄头、桐柏、乃自房、堤口、堤上营、麻营、后王各庄、小马房、小哲垡。区内人口近16万人(其中农村人口3.9万人，在岗职工5.9万人，大学城师生4.5万人，流动人口1.7万人)。

2016年，廊坊经济技术开发区主要经济指标：财政收入72.7亿元，同比增长12.3%；公共财政预算收入19.7亿元，同比增长18.6%。实际利用外资4.18亿美元，同比增长21.4%；社会固定资产投资71.2亿元，同比增长17.2%；工业固定资产投资23亿元，同比增长20.1%；技改投资18.6亿元，同比增长32.3%。

【体制机制改革】 在2015年启动用人制度改革基础上，学习借鉴外地10余家先进开发区经验做法，制定绩效考核操作办法及系列配套办法，全面实施绩效管理，并在实际操作中加以完善，提高考核客观性和准确性。学习外省市先进地区经验，在全省率先启动实施中小学体制机制创新改革和全员绩效考核，用人制度改革在全区推开。

做实做强投融资平台。开发区建设发展有限公司实体化运作，公开在开发区选聘一名处级干部、3名科级干部脱离公务员身份，作为公司总经理、副总经理和助理，对外招聘公司高层和管理人员，分设5个子公司。设立产业创新发展投资基金，聘请北京经信委政府基金专家做顾问指导，以财政全资投入的产业创投基金为母基金，与社会资本合作设立1支产业投资子基金、2支创业投资子基金，总规模10亿元。

深化行政审批制度改革。通过开发建设网上行政审批系统、实行关联审批事项集约化审批、开辟绿色通道、推行全程代办等方式，提升审批效率。对华为公司设立特派办公室，先后解决大到电力供应、小到员工车辆年检等4类28件具体问题，与华为建立亲密合作关系。

【大智移云首位产业实现新发展】 按照市委、市政府把大智移云作为廊坊发展首位产业的定位，聘请工信部电信研究院编制完成《大数据产业发展规划》。支持华为云数据中心、中国联通华北基地、润泽国际信息港、人保北方信息中心等龙头项目加快建设，引进科大讯飞、京东大数据、一号店、浪潮、腾讯、中关村文创园、HTC等创新型项目。数据中心达到35.7万平方米，整体规模处于全国领先水平。分别被科技部、省政府授予国家火炬廊坊电子信息产业基地、省战略性新兴产业大数据产业示范基地、省开发区综合示范试点3个国家级、省级基地称号，获得大数据产业上级专项支持资金1.4亿元。

【新兴产业】 在全省开发区率先制定出台现代服务业和总部经济30条、高层次人才20条、双创10条促进政策，得到省市领导肯定，“5·18”经洽会期间对外公布，并与83万平方米楼宇整体打包集中推介，先后对接扶持北理工VR产业研究院、HTC加速器、掌网科技、文投集团文创工场等21家北京现代服务业和双创项目，整合盘活闲置楼宇9.2万平方米。

服务企业力度加大。开展百企帮扶行动，班子成员和部门主要负责人“一对一”帮扶98家重点企业，建立重点项目全程跟踪推进机制，弹好项目洽谈、合作、落地“三部曲”，推行一张跟踪卡、一个台账本痕迹化管理。与华为公司合作，加快建设开发区政务云、企业云。全面清查并形成386家占地企业情况底册，筛选确定100家低效企业，倒逼二次创业、转型升级。成功对接世界500强辉门发动机，外资项目舒畅汽车、沃尔福刀具、海中信卫星天线等37家，总投资25.7亿元。

创新活力逐步增强。新增高新技术企业8家，科技小巨人企业19家，市级众创空间2家，市级研发平台14家，市级科技孵化器2家，2家企业技术中心被省发改委评为优秀。京东跨境电商保税区北方中央仓项目全面开工。出口加工区升级综合保税区完成国家海关总署和有关部委审批。

【基础设施】 以建设美丽开发区为重点，聘请北京甲级景观设计单位北京古建设计院对开发区进行统一城市设计，实施城区路网、景观、照明、绿化一体化建设，实施艺术大道东延、玉泉路、桐北路等道路工程，79项基础设施工程全面推进。

完善城区功能。将开发区高速路以东区域6.1平方千米纳入廊坊市30版规划建设用地范围，争取5000亩（333.33公顷）土地调规，上述2项获省政府批准。全年争取新增建设用地指标1101亩（73.4公顷），争取全省平仓指标1022亩（68.13公顷），争取到600亩（40公顷）占补平衡指标，消除闲置土地271亩（18.07公顷），保证重点项目建设需要。实施艺术大道东延、耀华道、友谊路和艺术大道保养和冷再生等工程建设。协调供电部门，向国家和省电力公司申请，开发区供电营销分中心获批。9月13日开发区供电营销分中心挂牌运营。

加强城区管理。全年清理取缔1500块户外广告，高标准建设190座公交站亭和600余处路名牌。开展农村环境卫生二十天大会战、“5·18”环境整治集中行动，清运积存垃圾80余万立方米，启动建设23座环卫公共厕所。引进北京环卫集团实施环卫服务市场化改革，优化农村垃圾运输和收集方式，组织开展农村街道柴草堆放“清仓”行动，清理柴草3万立方米。

【污染防治】 水污染防治，组织实施凤河、九干渠综合改造，九干渠防洪排水功能全面恢复。南营污水处理厂建成运行，日处理污水1200吨。热力中心3个热力站10蒸吨以下的25台燃煤锅炉全部淘汰，3个煤改气工程安装11台共520蒸吨燃气锅炉。把“气代煤”和“散煤清零”作为一项重大政治任务和民生工程。大气平均综合指数6.82（上年8.23），全年同比下降17.1%，比全市低0.29。PM2.5平均浓度63微克/立方米（上年89微克/立方米），同比下降28.7%，比全市低3微克/立方米，综合排名全市第一。

工委书记	王金忠	
副书记	王　宁	杨宝骞
	高　波（挂职）	
管委会主任	王金忠	
副主任	高　波（挂职）	孙绍虎
	王保良	肖树华
	田景红	王小卫

（高振永）

河北廊坊龙河高新技术产业开发区

【概况】 河北廊坊龙河高新技术产业开发区成立于2006年，规划面积27.65平方千米。2014年3月25日，经河北省人民政府批复同意扩区，扩区后规划面积达37.5平方千米，符合土地利用规划的建设用地面积为13.77平方千米。2016年8月15日，按照《河北省人民政府关于廊坊市开发区优化整合方案的批复》的要求，将廊坊龙河高新技术产业开发区与河北廊坊龙港经济开发区合并，实行“一区两园”。园区下辖9个村街，分别为西孟各庄村、中孟各庄村、高孟各庄村、连庄子村、黄道务村、普照营村、亭子头村、董常甫村、王常甫村，常住人口1.7万人，外来人口6万人。自成立后，龙河园区先后被省政府、省科技厅批准为“国家火炬计划廊坊信息产业基地”，先后被省发改委和省政府分别列入“河北省循环经济示范园区”和“廊坊龙河高新技术产业开发区”（省级）；2011年5月，被省政府批复为全省第一批省级设区市周边工业聚集区；2013年7月被省发改委列入“河北省循环经济示范园区”；2013年12月30日，河北省人民政府批复为“廊坊龙河高新技术产业开发区”（省级），2014年3月通过河北省人民政府办公厅规范整合为“河北廊坊龙河经济开发区”（由省商务厅主管），11月河北廊坊龙河经济开发区经河北省国防科技工业局批复，成立省级“军民结合产业示范基地”。2016年6月26日，龙河经济开发区荣膺“2016中国产业园区营商环境百强”称号。2016年龙河高新区实现工业总产值219亿元，同比增长22.47%；区级纳税18.31亿元，同比增长48.35%；主营业务收入301.52亿元，同比增长36.16%；固定资产投资54.6亿元，同比增长18.57%。

【基础设施建设】 2016年，龙河高新技术产业开发区投资2.56亿元，完善道路路网、景观绿化以及变电站、燃气、热力管道等基础设施工程，提升园区承载力。道路工程：纵三路、横六路、横八路、二号路西延、环一路、纵十路等6条道路主路通车，通车里程2000余延米；完成一号路、横八路、三号路西延、龙兴一号路、横七路道路两侧硬化及亮化。景观绿化：完成常甫路、三号路西延、一号路、建设南路、纵三路5条道路共计7.06万平方米的道路绿化提升及换苗工程，完成常甫路、三号路西延等道路两侧7000余平方米围挡修建。市政设施：完成常甫路、三号路、二号路、纵三路3.6千米热力管线铺设及纵三路、常甫路2.55千米燃气管道铺设；二号路东110千伏（高孟）变电站基建工程施工完成90%。

【项目服务】 2016年，龙河高新技术产业开发区集中开工项目11个，第一小学办理前期土地审批手续，项目用地现场清理工作完毕。中核研发办公研发用房主体封顶。宇润项目办公楼主体封顶，厂房钢结构施工。富奥、中汽阳光、高迪数码、蓝德环保项目围墙圈建；建科汇峰竣工；利特佳主体工程完工。争列3个省重点、2个市重点项目，争取土地指标540亩（36公顷）；争列省重大孵化器及京津冀一体化承接北京外溢项目，争取土地指标450亩（30公顷），累计争取土地指标990亩（66公顷），有效保障项目落户。

【招商引资】 年内，龙河高新技术产业开发区招商团队以北京、深圳、上海的泰智会为创新载体，新增创新面积1万平方米，以京津冀（廊坊）协同创新创业基地、慧谷·梦工厂为平台，与高等学府和科研院所合作，促进科技成果转化。孵化二氧化碳空气源热泵项目已陆续生产，亚天顿、燕园等创新项目进入中试阶段，园区56家企业被认定为省级科技型中小企业，孵化企业圣淘电商挂牌上市。2016年，累计引进项目 34 个，包括新浪 VR、军民融合、电气制造等项目，处于行业技术尖端和链条上游，龙头带动作用明显。重点用地项目 8 个，总占地 950 亩，总投资 42 亿元；京津冀（廊坊）创新创业基地引进项目 22 个；慧谷·梦工厂引进项目 4 个。接洽企业 180 余家，考察 80 余家，其中包含央企 10 余家。

【棚户区改造】 按照区委、区政府要求，园区于 2016 年 11 月正式启动中孟村改造工作。为中孟村量身定做完备的拆迁方案，绘制中孟村拆迁改造作战图，建立 5 个拆迁工作组，协调联动，同步推进，用时 20 天，完成 424 户协议签订工作，签约率 99%。

【社会事务】 社会保障体系建设。被征地农民养老保险符合参保条件人数为 2618 人，领取 860 人；新增新农保参保人员 99 人，续交 4499 人，累计缴费 51.43 万元，各村参合率均在 95%以上。辖区 202 人缴纳城镇居民医疗保险，缴费 3.03 万元。

弱势群体帮扶。救助辖区低保户、医疗救助等共计 300 余人，发放残疾人补贴、义务兵优抚和今冬明春灾民生活救助等救助资金 15 万余元，并及时为辖区 80 周岁以上高龄老人办理基本生活津贴救助，解决好困难群众的生活问题。

计生工作。开展婚育宣传工作，抓好辖区内流动人口生育管理，组织辖区 9 个村街育龄妇女进行免费孕前生殖健康检查。办理奖励扶助 28 人，网上一孩二孩生育登记 300 余人，独生子女高考加分 31 人。

落实安全生产。定期开展重点企业安全生产事故排查，并登记造册。督促各生产经营单位建立安全生产责任制，健全完善各项管理规章制度、安全操作规程和安全管理机构，增强企业自我管理，有效防范和坚决遏制各类安全生产事故，保证人民财产安全，无安全事故发生。

信访稳定工作。园区坚持用群众工作统揽信访工作，将信访稳定工作列入年度工作目标和党政重要议事日程，完善《龙河高新技术产业开发区领导下访约访工作机制》和《龙河高新技术产业开发区信访责任制》工作机制，全年化解矛盾纠纷 350 余件。省、市、区信访挂账案件全部办结，网上办结率、答复率位于全区前列。

【环境治理】 开展“煤改气”工作，辖区涉及董常甫、王常甫、普照营等 6 个村街的煤改气任务，全年累计拆除锅炉 450 余台，完成内户线改造 3000 余户。其中，王常甫、董常甫村煤改气全部保证辖区村民供暖。开展“环境治理专项行动”“环境大排查”等活动，清运园区背街里巷杂草、落叶，新增大型垃圾箱 19 个。组织辖区村街、企业形成 100 余人的环境巡查队对辖区村街脏乱部位和企业建筑垃圾等进行随时巡查，随时清理。全年园区累计出动 2500 人次，清运村街垃圾河道及沿线垃圾 8600 立方米。

工委书记	钱玉兵（4 月免）
	郝亚明（4 月任）
副书记	王　立
管委会主任	钱玉兵（4 月免）
	郝亚明（4 月任）
常务副主任	王　立
副主任	胡金龙　王　建　文大全
	陈敬涛　张旭东

（林巧卓）

河北廊坊高新技术产业开发区

【概况】 河北廊坊高新技术产业开发区，总规划面积72.96平方千米，起步区面积10平方千米。2016年，高新区累计入园项目28个。工业产值51111.31万元，财政收入16070万元，固定资产投资411847万元，实际利用外资2000万美元，引进内资412800万元。

【基础设施建设】 2016年，开发区基础设施投资3亿元。龙章等7条道路、凤林路、丰和道、凤阳路南延和康得北侧支路大部分路段具备通车条件，园区通车里程超过60千米。龙章等7条主次干道亮化工程、乔木种植工作基本完成。给水厂、污水处理厂、雨污水泵站、热力站、马柳110千伏变电站、垃圾转运站、燃气、通信等配套设施工程建成或投入使用。

【招商引资】 年内，组织参加“廊坊·泛珠三角重点产业投资合作对接会”“2016中国天津投资贸易洽谈会”等系列招商活动，全年接触企业300余家，重点洽谈项目50余个，储备一批战略性新兴产业资源。投资15亿元的联东U谷廊坊国际企业港项目，投资9.6亿元的郎森汽车产业园开发有限公司汽车配件制造等17个项目正式签约，协议总投资超过200亿元。与北斗神州测控仪器研发生产基地等重点项目达成投资意向。

【项目建设】 泉恩管材全年实现产值3.55亿元，吸纳就业200余人。中安信碳纤维项目一期正式投产，招聘专业人员及技术工人700余人。康得复合材料项目投资12亿元，综合楼、宿舍楼及厂房等18座建筑单体完工，3套设备和9条生产线安装完成。精耕天下项目设备安装，进入试生产阶段。3D增材打印项目厂房及研发楼进入内部装修阶段，部分设备进场。马哈汽车尾气检测设备项目宿舍楼及办公楼内部装修，部分设备进场。安迪晓文节能环保材料项目1条生产线设备调试，具备投产能力。台湾隐形眼镜、中安信嘉华、远卓实验室等项目加快建设。

【园区整合】 8月，省政府批复廊坊市开发区整合方案，河北廊坊新兴产业示范区与河北安次经济开发区合并，实行“一区两园”，整合更名为河北廊坊高新技术产业开发区，面积为省政府批准原两个开发区规划面积之和，列入省级高新技术产业开发区序列管理，撤销廊坊新兴产业示范区、河北安次经济开发区牌子。

【服务保障】 加强投融资平台建设，与省国开行、建行廊坊分行、廊坊银行等金融部门沟通对接，全年完成融资2亿元。帮扶中安信碳纤维、安迪晓文节能环保材料等项目申请融资贷款约10亿元；争取上级支持，为中安信碳纤维、康得复合材料、安迪晓文节能环保材料等项目争列战略性新兴产业支持资金1.2亿元。争取土地增量，全年新增用地指标490亩（32.67公顷），占补平衡指标300亩（20公顷）。重点项目申列，康得复合材料、3D打印增材制造、台湾隐形眼镜成功获批2016年省重点项目。

工委书记　张　平
副 书 记　张海川　郭海峰
管委会主任　张海川
副 主 任　郭海峰　韩国友　王玉龙

（宋　杰）

燕郊高新技术产业开发区

【概况】 燕郊高新技术产业开发区辖燕郊镇、高楼镇、行宫东大街街道办事处、迎宾北路街道办事处，总面积 180 平方千米，人口 75 万。2016 年，全区地区生产总值 358.87 亿元，同比增长 6%；财政收入 97.8 亿元，同比增长 20%；实际利用外资 2.1 亿美元，同比增长 30%；工业产值 594 亿元，同比增长 7%；工业增加值 192.3 亿元，同比增长 3.5%；固定资产投资 344.2 亿元，同比增长 16%。

【项目建设】 歌华多媒体信息终端、燕达健康城二期、京投银泰区域轨道科技研发中心及 M-TOD 一体化成果展示中心、“中美欧·燕郊生态科技产业园区”、宝供智慧物流、北影中产影视文化产业园等项目签订了框架协议。燕达金色年华健康养护中心二期、岩峰高新产业园（云计算基地）、福谷软件研发产业基地、先进稀土材料产业公共技术服务平台、华润雪花啤酒二期、华冠勘查及地理信息资源中心等项目开工建设；安邦保险数据中心项目封顶，档案管理中心、研发中心、投资中心进入主体施工阶段。德国虎威发动机技术研发中心，雷捷时代广场（永旺梦乐城项目）投入运营。百世金谷京东创客 work+、兴远高科扬帆起航创客空间成为国家级众创空间；π 客联盟（燕郊创业中心）、天洋超级蜂巢成为廊坊市级众创空间，河北谊安孵化器、中兴科技园孵化器认定为廊坊市级孵化器。

【基础设施】 编制《三河市燕郊城区控制性详细规划（2013—2030）》并获市政府批复；东外环路南段第一标段、中心路、燕灵路（化大南路—密涿支线）、南横二路（港中旅段）、人民大会堂服务基地东路 5 条道路工程已竣工；打通学院大街西段、化大南路、燕灵路（北外环—化大南路段）3 条断头路，新增公交线路 7 条、公交车 130 辆。

【生态环境】 落实大气污染防治和水污染治理要求，制定渣土车管理办法，加强扬尘治理、油烟治理、燃煤治理和涉气工业企业治理，实施电代煤、气代煤；完成区内绿地系统规划和重点道路节点景观绿化，造林面积 2.4 万平方米；潮白河景观公园、幸福公园已建成。燕郊植物园举办各类花卉展览活动；开展城市环境综合整治，实施网格化管理，强化日常巡查和执法监察，清理超高超大牌匾、广告条幅，整治烧烤店铺，规范店外经营，共立案 27710 条，结案 25895 条，结案率达到 93.92%。

【民生保障】 北水厂出水管线工程完工，日供水能力达到 10 万吨；赵辛庄 110 千伏变电站工程已竣工；三河电厂 3 期建设启动，余热回收工程竣工投入使用，新建尖峰锅炉厂正式运行并实现双气源保障，新建城市供热主干线 55 千米、热力站 32 座，实际供热面积达到 2370 万平方米。燕郊小学和凌仁小学改造工程完工。举办春秋两季大型人才招聘会和校园招聘会，组织各类综合性招聘会 50 场，定期举办劳务推介活动，组织参会企业 9476 家，提供就业岗位 68455 个，参会人员突破 10 万人次，与用人单位达成就业意向 64780 人。举办高新区第二季阅读文化节、“彩色周末和文化下乡”、百姓大舞台、儿童节文艺汇演、迎国庆等系列文化活动；组织“天洋杯”京津冀足球超级联赛、门球赛、交谊舞比赛等活动。完善安全生产管理机制，全区安全生产形势稳定。

工委书记　刘连杰（1月任）
副书记　白志成　杨志东
管委会主任　刘连杰（1月任）
副主任　白志成　潘进中（任至8月）
　　　　雷大庆　李维宁

（张子家）

河北三河国家农业科技园区

【概况】 河北三河国家农业科技园区位于三河市城区西部8千米处，1999年4月经河北省科学技术委员会批准成立，为省级农业高新技术园区；2001年9月被科技部批准为国家农业科技园区（试点）；2010年1月，被科技部正式批准为国家级农业科技园区；2011年6月，更名为河北三河国家农业科技园区。2016年完成地区生产总值100.56亿元，同比增长19%；主营业务收入251.42亿元，同比增长19%；固定资产投资3.68亿元，同比增长20%。

【基础设施建设】 2016年，园区实施的政府投资工程主要有：农用井更新工程，新打机井10眼。园区农业休闲观光基地建设工程，主要是对园区5.3平方千米的景观及绿化改造提升。园区中心路东侧排水渠改造工程，全长1200米，对中心路东侧排水灌渠清淤，用M10水泥砂浆砌MU30块石护砌边坡，新建桥涵3座。冯庄子灌渠路渠改造工程，全长750米，对冯庄子灌渠清淤，用M10水泥砂浆砌MU30块石护砌边坡；灌渠北侧修建6米砂石路，灌渠南侧修建4米砂石路；边坡绿化。小清河上游河道维护工程，对该段300米河道进行灌渠清淤，用M10水泥砂浆砌MU30块石护砌边坡进行浆砌石护砌。植树造林工程，该工程绿化面积4.53公顷，主要是对园区中心路、冯庄子灌渠堤路、幸福庄东路、幸福庄东路东延路、幸福庄东路北延路、西杨庄北路、街心公园实施绿化美化工程。幸福庄东路东延改建工程，该工程长950米、宽10米。

【项目建设】 2016年，在建千万元以上项目3个，计划总投资102亿元，实际投资4.68亿元；计划开工项目6个，其中亿元以上大项目3个，计划总投资8.75亿元。其中，农牧业有机废弃物资源化利用项目由三河市山清种植有限公司投资建设，占地4.07公顷，计划总投资3526.1万元；天龙规模化生物天然气工程由三河天龙新型建材有限公司投资建设，项目总占地20公顷，其中一期占地12公顷，总投资11280.62万元；中华齐心台湾少数民族文化创业基地项目由台湾“原住民生存发展协会”、郎亿成国际投资有限公司投资建设，占地540.07公顷，计划总投资100亿元，已完成投资1.5亿元。

工委书记　李常辅
副书记　付士安
管委会主任　李常辅
副主任　付士安　徐继连　刘连启

（滕云鹏）

河北三河泃阳经济开发区

【概况】 河北三河泃阳经济开发区位于三河市区西部。2014年3月，三河工业新区更名为河北三河泃阳经济开发区。2016年完成地区生产总值60.63亿元，同比增长8.56%；财政收入4.61亿元，同比增长33.62%；工业产值202.08亿元，同比增长8.45%；工业增加值57亿元，同比增长57.98%；固定资产投资49.5亿元，同比增长15.63%。

【基础设施建设】 2016 年，河北三河泃阳经济开发区工园路二期工程，全长 550 米，规划道路红线宽 40 米，修建桥梁 2 座，完成立项、环评等前期手续及地勘、设计招标工作。青年公寓建设工程，占地 2.6 公顷，总建筑面积 2 万平方米，完成征地拆迁工作。项目供电配套工程竣工，新敷设高压电缆约 4 万米，新建电缆分支箱 44 座，箱变、变压器各 2 座。通用磨坊路亮化工程竣工，完成通用磨坊路（贤人街到密三路段）亮化工程，共安装变压器 1 台、路灯约 53 盏。太阳能蓄电池维修更换工程竣工，维修更换道路两侧太阳能路灯蓄电池 293 组，恢复硬化面积 550 平方米。

【项目建设】 2016 年在建项目 5 个，总投资 16.42 亿元，总占地 31.02 公顷。其中，总投资 10.16 亿元，占地 20 公顷的汽车产业园，主要建设标准厂房 38 栋和相关配套设施，总建筑面积 21 万平方米。一期 11 栋标准厂房建设完工，二期莱尼线束专业厂房主体工程完工。总投资 1.53 亿元，占地 2.67 公顷的福园机械年产 500 台硫化机项目，3 栋厂房完工，进入办公楼外部装修阶段。总投资 1 亿元，占地 1.33 公顷的桂宇星城市景观设施及水上儿童娱乐设施项目加快推进。总投资 2.23 亿元，占地 4 公顷的海志达年产 4000 台（套）探伤仪项目，2 栋厂房完工。总投资 1.5 亿元，占地 3.02 公顷的久宏机械新型节能石油抽油机、井口工具、钻具项目主体施工。

【服务管理】 2016 年开展安全生产专项检查互查 8 次，涉及企业 200 家次，下发各类宣传及警示教育资料 300 余份，排查隐患 50 次，下发整改建议书 40 余份，整改率达到 100%。加快燃煤锅炉淘汰治理，13 家企业共计 26 台锅炉的拆除验收。加强扬尘污染治理，每周定期派员督促检查企业料堆、土堆苫盖情况，发现问题及时督促整改。加大垃圾、落叶禁烧治理，组建巡逻执法队，全天 24 小时巡查，严禁私自焚烧垃圾、落叶。发挥工会的职能作用，牵头举办安全生产竞赛，消防安全演练及技能大比武活动。

工委书记　李德奎
副书记　邓长波
管委会主任　李德奎
副主任　邓长波　吴忠凯　马远东

（垢冬梅）

河北三河经济开发区

【概况】 河北三河经济开发区位于三河市东北部，地处京津冀交界处，东邻天津市蓟州区，北与北京市平谷区接壤。2011 年 7 月，河北省人民政府批准成立河北三河经济开发区，机构规格为副处级。辖区面积 120 平方千米，辖黄土庄、段甲岭镇。2016 年地区生产总值 16.61 亿元，同比增长 10.07%；财政收入 1.22 亿元，同比增长 7.02%；工业产值 43.56 亿元，同比增长 10.08%；工业增加值 14.95 亿元，同比增长 10%；固定资产投资 13.51 亿元，同比增长 14.38%。

【规划编制】 采矿企业关停后，经济开发区在与国内外知名规划单位咨询的基础上，着手编制开发区总体规划和控制性详细规划。按照三河市政府要求，在与市规划局沟通基础上，明确规划的范围、内容和具体要求，依法依规确定规划编制单位。

【大气污染防治】 成立开发区大气污染防治工作领导小组，并制订《三河经济开发区域内大气污染防治工作实施方案》。完善域内环境治理具体措施，增加域内主次干道全天候清扫、保洁、保湿次数，最大限度的减少道路积尘和扬尘，同时采取人工和机械化相结合的清扫方式，确保管控区内无死角。加强秸秆、垃圾、落叶禁烧治理，在对域内群众和商铺经营人规定时间倾倒垃圾的基础上，增加垃圾转运频率，做到域内主次干道两侧的垃圾随倒随运，确保垃圾不积存。

工委书记　王志民
副书记　刘伯涛
管委会主任　王志民
副主任　刘伯涛　张建利
　　　　高　雷（任至4月）

（刘　利）

大厂回族自治县工业园区

【概况】　大厂回族自治县工业园区总面积41.18平方千米，辖30个行政村：夏垫、北太平庄、兴隆庄、东庄、芮屯、毛场、王果子庄、赵沟子、苇子庄、韩家府、南王庄、土营、褚各庄、陈辛庄、南寺头、马坊、祁屯、二里半、潘各庄、北坞一村、北坞二村、北坞三村、北坞四村、东小屯、北贾各庄、北王庄、大棋盘、小棋盘、小定福、永太辛庄。2016年人口4万人，入园企业70家，地区生产总值50.1亿元，财政收入10.05亿元，工业产值55.9亿元，进出口额12951万美元，固定资产投资额39.5亿元，实际利用外资1092万美元。

【招商机制】　年内，大厂回族自治县工业园区深度对接京津，扩大与珠三角、长三角的合作，引进工业生产性企业、重大项目、世界500强企业、国内500强企业及装备制造、新型建材、现代物流、汽车关键零部件、战略性新兴产业。严格执行《大厂回族自治县工业园区项目管理办法》，把投资强度、科技含量、预期效益、环保节能作为刚性指标，凡达不到指标要求的项目不予接洽、不准入区。签约项目严格按照协议、评审、注册、立项、供地、建设、核查7个程序进行落户，确保项目第一时间建成、投产达效。

【规划】　园区管委会、园区建设投资开发有限公司共同聘请河北省城乡规划设计研究院对《夏垫镇总体规划（2009—2020）》进行修编，并完成专家评审、镇人大决议等法定程序，6月获得县政府批准实施；聘请河北省城乡规划设计研究院启动夏垫镇控制性详细规划编制工作。截至12月底，设计单位完成初步设计方案；聘请廊坊市城乡规划设计院结合《夏垫镇总体规划（2015—2030）》编制《大厂工业园区排水专项规划》，12月通过专家评审会；聘请河北地球物理勘察院对夏垫镇域原有地形图进行补测，12月份顺利通过河北省测绘局质检站的验收。

【基础设施建设】　实施大福路翻修工程，全长1700米，8月底完工并通车。西起新李大线，东连老李大线，全长920米的新业路东通工程，沥青混凝土路面铺设完成；热力管网新增铺设长度1790米，其中李大线双赵路至大福北路段530米，大福北路东段680米，首创大街段580米；李大线、双赵路、新旧李大线街心公园进行方案设计。

【项目建设】　金隅天坛家具项目总投资253800万元，占地502亩（33.47公顷），总建筑305331.5平方米，项目达产后，正常年总营业收入79992.00万元，年纳税9474.82万元，吸纳就业人员1100人。沃尔德刀具项目总用地39.8亩，总建筑14489.92平方米，总投资12851.28万元。项目建成投产后，正常年销售收入13300万元，利润4177.47万元，税金1213.85万元，吸纳就业137人。味全二期项目总投资8202.51万美元，占地150亩（10公顷），总建筑88158.8平方米。项目建成投产后，正常年销售收入235000万元，利润20588.98万元，税金13460.71万元，吸纳就业173人。中关村北科建（京东）科技园项目计划总投资20亿元，一期规划占地522亩（34.8公顷），项目建成后预计年产值80亿元，实现税收10亿元，能为3000人提供就业机会。

【管理与服务】 在大气污染治理中，园区50家重点企业建立"横向到边、纵向到底的网格化"环境监管体系。园区建投公司先后购买道路清扫车、洒水车等专业车辆，成立20人的清扫队伍，提升园区的整体形象。全力排查化解因征地拆迁、城建城管引发的各类信访隐患，密切关注居民小区物业管理、建筑工地农民工工资发放情况，维护镇区社会稳定。加强区内企业安全生产监管工作，安监人员定期深入企业，排查各类隐患，督导企业认真整改，为园区的快速发展营造良好的社会环境。

工委书记　吴成杰
副书记　刘浩洋
管委会主任　（缺职）
副主任　刘浩洋　李宝玉　陈朝晖

（何海娟）

河北大厂潮白河经济开发区

【概况】 河北大厂潮白河经济开发区总面积69.7平方千米，东至大厂镇，南至香河县，西至潮白河，北至夏垫镇，辖28个行政村：田各庄、大小辛、辛杜、谭台、窝坨、八百户、窑坡、谢疃、大东关、小东关、西关、洼子、毛庄、祁各庄、半边店、陈家府、宋各庄、冯兰庄、亮甲台、定福庄、大仁庄、邵府、牛万屯、太平庄、南贾各庄、尚各庄、双臼、岗子屯。2016年人口36865人，入驻企业78家，财政收入18.5亿元，工业产值37.2亿元，工业增加值8.37亿元，工业销售收入32.5亿元，出口额5273万美元，固定资产投资额84.5亿元，实际利用外资100万美元，实际引进内资144.2亿元。

【招商工作】 2016年，中航试金石检测基地、华夏幸福数字产品展示及交易中心等项目成功申列省重点项目，盟特传热制冷设备生产项目、华电美仪高低压变电设备生产等项目成功申列市重点项目；编制修订《大厂潮白河经济开发区新增禁止和限制类产业目录》，保证新引入项目质量和效益。有针对性地在京津地区开展招商引资，主要面向国企、央企和大集团、大财团，发展以电子信息、文化创意、检测、科技创新等为重点的产业基地和总部经济。

【基础设施建设】 加快推进征地拆迁工作，打通迎宾大道、滨河大道、中轴路等域内"断头路"；推进污水处理厂一期建设工程，保证企业的排污需求。在加快推进创业大厦、幸福港湾建设的基础上，启动实施幸福天地建设工程，完善区域商务配套功能。开展植树造林工程，提升区域绿地覆盖率，2016年完成植树造林任务806亩（53.73公顷）。按照创建国家级园林县城的标准，实施景观建设，打造四季有绿、三季花开的生态环境。

【惠民实事】 潮白馨居二期设计方案修改完善；谋划启动田各庄、窄坡2所公立小学建设，完善区域配套功能。截至12月底，祁各庄中心学校田各庄分校清表。围绕电工、焊工、叉车、汽修等专业开展定期培训，提升失地农民劳动技能和就业水平，全年开班12次，培训人数946人。以美丽乡村建设为契机，深入所包村（西关村）调研走访，听取群众意见建议。拨付西关村25万元用于修建群众娱乐场所和健身设施。

【对企服务】 主动帮助企业解决融资难题，及时向84家企业发放《企业融资意向调查表》，组织其中21家有融资意向的企业与县金融部门进行深入对接。全年帮助10家企业贷款总额1.5亿元。2016年，盘活企业闲置厂房8.85万平方米。对所有投产企业用工情况进行调查，涉及职工7000人，下发询问通知书12份，补签劳动合同200份，为380人补缴社会保险，督促企业规避用工风险，维护劳动者的权益。

【园区管理】 2016年，受理信访案件52件，办结50件，及时化解信访苗头27件。帮助农民工追讨拖欠工资588.3万元。加大安全生产检查和对企业安全生产管理力度，及时排查和消除安全隐患，避免重大安全事故的发生。导宏祥隆、百灵威、东唐电子、润昌汽车等53家企业完善安全生产软件资料和硬件设施，指导菲斯曼、百灵威等企业开展火灾事故应急演练，企业安全生产规范化水平逐步提升。检查投产企业和建设工地121家，发现安全隐患432处，全部整改到位。加强施工工地管理，严格查处运输车道路遗撒、带泥上道等行为，保持道路的整洁，2016年年初，查处遗撒车辆41次。及时对主干道路绿化带内死亡苗木进行补栽，保证绿化景观效果。以全县土地卫片执法整治专项集中行动为契机，拆除违建16处，对其中3户进行强拆，拆除36080平方米。

工委书记　高连立
副书记　赵春生
管委会主任　高连立
副主任　赵春生　葛福辉　王海永

（张　驰）

河北香河开发区

【概况】 2016年，香河开发区明确“激活西区、盘活东区、互补双赢”发展思路，结合实际抓创新，夯实基础谋提升，开发区功能分区进一步明确，城市平台承载力进一步提升，项目建设取得丰硕成果，开发区综合实力明显增强。2016年开发区共完成财政收入5.0079亿元，占年计划109.6%，同比增长51.7%；固定资产投资31.1亿元，占年计划101%，同比增长9%；规模以上企业工业总产值33.9亿元，占年任务100%，同比增长5%；实际利用外资1709万美元。

【招商引资】 2016年，香河开发区按照“产城一体”，高端产业集聚区定位，围绕总部、网络、创新三大新型经济领域，瞄准世界500强、央企、国企、京企及行业领军型企业，引进总部经济、网络科技、现代物流、装备制造、新型材料等大项目、好项目。加大高端洽谈力度，提高招商引资成功率。年内，香河开发区引进各类项目十几个，总投资超百亿元，其中单体超10亿元的智能机器人产业港、飞驰变压器、信基酒店等大项目陆续落户。

【投资环境】 2016年，香河开发区着力优化发展环境，拉伸发展框架，完善平台功能，优化园区布局，提高园区承载力。

加快基础设施建设，弥补园区建设的短板。完成工业区污水处理厂建设并达到试运行条件，日处理量 2000 吨；完成工业区热力站一期工程，可供暖面积 6 万平方米，确保机器人产业园如期供暖；完成运河大道绿化景观提升工程；完成工业区 2 号路机器人小镇改造提升工程；完成总长度 2100 米的中兴后街西段道路及市政管线翻修工程和中兴后街东段道路及市政管线新建工程。

全力破解用地对项目的制约。通过向上级部门争取解决用地指标，使部分项目顺利实施；大力实施腾笼换鸟，有利缓解了用地紧张的状况，使产业发展有了新的空间；加快推进以股权转让、股份合作方式为主体的项目嫁接工作，以好项目带活土地、以新产业淘汰旧的产业，实现开发区产业的逐步升级。

加快与华夏公司的协同合作。充分利用华夏公司招商团队强大、资金储备充足的优势，全面建立协同联动机制，确保工作有条不紊。

【项目建设】 2016 年，香河开发区优化项目建设，统筹规划整体区域产业布局，从不同区域的产业现状入手，推动产业建设发展新格局。在西区谋划推进运河生态改造项目、一城文化产业、影视产业集群，同时谋划建设永昌威秀旅游产业园，均取得明显进展。东区继续大力推进以机器人产业园为主的高端制造业建设发展，产业布局更加清晰，产业方向进一步明确，为香河开发区整体发展形成了新的产业架构。在项目突破上重点抓好大的产业项目的推进和落地。机器人产业园项目签约 35 家，入驻 21 家。国内知名企业汇天威、德国尼玛克焊钳、宏远皓轩、星合众工等高科技机器人企业已成功入驻；凯华二期建成并投产；天域九五电气公司竣工并试生产；合益包装公司完成部分主体工程；核心零部件产业园完成基础工作；启动投资 15 亿元的中艺美宜欧洲之窗项目，并完成基础施工。

工委书记　焦国强（任至 5 月）
　　　　　高宏伟（5 月任）
副 书 记　张金武
　　　　　刘秀平（任至 7 月）
管委会主任　焦国强（任至 5 月）
　　　　　高宏伟（5 月任）
副 主 任　王治军

（靳雪丽）

河北香河新兴产业示范区

【概况】 河北香河新兴产业示范区（以下简称香河示范区）位于香河县北部。2013 年 11 月，香河现代产业园更名为河北香河新兴产业示范区，香河示范区东与天津市宝坻区交界，南至京哈高速公路，西与北京市通州区交界，北与三河市交界，规划总面积 88.3 平方千米，涉及 3 个镇，25 个村，23987 人，起步区面积 7.5 平方千米。2016 年，香河示范区全部财政收入 4.14 亿元，占全年预期目标的 102%，比上年同期增长 30.6%；公共财政预算收入累计完成 2.98 亿元，占全年预期目标的 115%，同比增长 49.4%；国税完成 6393 万元；地税完成 35011 万元；固定资产投资完成 21.11 亿元，同比增长 1.1%；工业产值完成 56.23 亿元，同比增长 12.12%。

【基础设施建设】 2016 年，香河示范区不断提升硬件水平，加大投资力度，完善专业配套，基础设施建设稳步推进，打造“九通一平”（九通，即道路、供电、供水、雨水排放、污水排放、天然气、网络、通信、有线电视；一平，即土地平整）的高标准投资平台，覆盖面积达4.5 平方千米。全年加大基础设施投资力度，完成投资5.08亿元。其中：道路及雨污水管网及便道工程完成6.0千米，完成投资27940.24万元；蒲池河改造规划设计投入162万元，坑塘改造500万元；给水管网完成4350米，完成投资1085.76万元；污水管网完成7749米，完成投资10862.5万元。污水厂区完成投资450万元建成；西区规划二路、蒋北路、纬一路征地补偿及东区宝海路、纬三路、经六路（污水厂段）补偿完成，完成投资9840.3万元。

【项目建设】 2016年，香河示范区强力引进一批优质高效的重大项目。其中，引进10亿元以上重大优质项目3个。世界500强企业华电集团香河燃气分布式能源站项目：是年11月17日，与世界500强企业华电集团旗下华电国际天津分公司就华电集团香河燃气分布式能源站项目签署框架合作协议，合同约定总投资额30亿元。中国500强企业北京二商北京城市生活保障基地项目：成功引进了由北京二商大红门肉类食品有限公司投资的总投资为86亿元，占地面积1200亩（80公顷），总建筑面积约为82.3万平方米的北京二商城市生活保障基地项目。是年11月28日，成立由县政府主要领导和分管领导以及各职能部门领导组成的二商城市生活保障基地项目推进领导小组。通美AXT半导体晶体生产项目：是年10月，与北京通美晶体科技有限公司就通美AXT半导体晶体生产项目签署合作框架协议，合同约定总出让土地400亩（26.67公顷），投资总额达14.2亿元。

【天网广播宣传平台】 2016年，香河示范区首创语音自动播报工程，利用智能中控系统与村街终端进行实时对讲、紧急播报、定时播放，实现“园区播报，村村收到”的目的。同时，以园区《广播之声》为平台，每天早中晚3次对党的理论知识、环境治理、大气污染防治、推行政策、新理念等工作进行播报。全年共录制《广播之声》89期，对中央、省、市、县、园区工委管委工作实施意见及相关政策、标语口号进行全面宣传报道1000余次。

【互联微信掌上平台】 2016年，香河示范区微信公众平台得到广大村街群众的一致好评，成为群众生产生活中的“小灵通”。通过二维码扫描搜索，即时关注园区动态、时事新闻、天气预报、便民信息等多个窗口，平台信息发布速度快、辐射面广、消息发布后园区全体机关干部、村街两委班子、党员干部都能第一时间收到。依托微信平台，香河示范区与市级、县级等微信平台搭建信息对接桥梁，及时收集各方面时事政治、新闻信息。自微信平台建设以来，已发布各类党政方针、新闻动态、廉政教育信息170条；便民信息、服务指南130条；收到反馈意见30条；获得关注100余个；群众满意度100%。

【信访网络系统平台】 建立风险评估机制，对于村街重大事务、信访苗头，提前预警，及时防控，挂图作战，动态管理和开展信访工作。坚持变上访为下访、主动约访、及时回访、随时领访的“四访”制度。建立应急处突责任机制，分级负责，及时启动应急处置预案，各职能部门迅速行动、积极配合，确保信息收集、情况报告、指挥和处置等环节无缝衔接，有效控制事态。2016年，未发生进京非访，集体访4批25人次，同比分别下降20%和48%。利用信访图表直观分析方式界定班子分类，挂图督办，建立预警、预案机制，此做法由信访局向全县推广。

工委书记　许胜永
副书记　曹国藩　冯　勇（任至7月）
　　　　焦玉明
管委会主任　许胜永
常务副主任　曹国藩
副主任　冯　勇（任至7月）
人大主席　王诗维

（马　丹）

香河环保产业园区

【概况】 2005年，香河家具制造业基地成立。2010年，经香河县委、县政府扩区整合后，更名为中国北方家具产业基地，辖15个村街（小店子、前彭家务、后彭家务、王庄子、南刘庄子、黄院、前景亭、中景亭、后景亭、孙庄子、铁佛堂、石辛庄、庞营、东延寺、李辛庄）。2011年5月，被河北省人民政府正式批准为省级工业集聚区。2014年4月，中国北方家具产业基地更名为香河环保产业园区。

2016年，园区总人口11613人，规划面积41.9平方千米，行政区面积19.2平方千米，起步区17.87平方千米。至年底，起步区已建成面积8.8平方千米。园区采取"政府主导、市场运营"模式，引入国兴环球土地整理开发有限公司作为开发运营主体。

是年，园区完成财政收入6169万元，占全年任务的110.7%，同比增长21.3%；完成工业总产值9.05亿元，占全年任务的120%，同比增长8.8%；完成固定资产投资27.58亿元，占全年任务的118%，同比增长12%。

【基础设施建设】 2016年累计投资7.06亿元，先后进行园区内绿化改造升级370亩（24.67公顷）；安装路灯600盏；铺设地下通信管网10千米、雨水管网20.6千米、污水管网30千米；建成污水泵站2座；铺设10千伏高压供电线程3.5千米。

【招商引资】 在廊坊2016年"5·18"经洽会上，园区新签约亿元以上项目2个，分别是外资企业安博现代商务物流建设项目和北京中关村生物医药建设项目。

【重点项目】 2016年，在建项目4个（10亿元以上项目2家，5亿元以上项目2家），总计投资36.2亿元。其中，重点在建的可口可乐项目已完成投资5.68亿元，正在进行生产设备调试，计划于2017年4月11日正式开业。同时，新签约的哈工大京津冀创新产业园项目、同位素药物研发生产基地项目、东方电子项目等4个项目计划开工；正大集团新建香河食品加工基地、稻香村集团新建香河食品加工基地、中冶集团新建总部基地等6个项目在谈。另外，河北富都华创家具有限公司、喜临门北方家具有限公司嘉晟项目、晟朗电子科技有限公司3个项目进行了技术改造。

【美丽乡村建设】 2016年，园区完善工作制度和工作标准，对7个村街（后彭家务、孙庄子、石辛庄、南刘庄、铁佛堂、王庄子、前彭家务）实施美丽乡村建设，其中孙庄子、石辛庄、南刘庄为省级重点建设村街。7个村街已完成规划设计和预算，其中孙庄子、后彭家务、前彭家务、王庄子4个村已完成招投标；改厕1500户，清运积存垃圾、杂物19600立方米、拆除违章建筑658处（26000余平方米）；完成后彭家务、王庄子、刘庄子3个村主街近100户农户的大门更换及门楼改造；"煤改气"管网铺设村街管道 26000 米，户内安装 1500 户，外围中心管道铺设 12000 米。其中，后彭家务、前彭家务完成“煤改气”安装工程。

【卫生环境整治】 2016 年，针对辖区内重点区域杂草等易燃垃圾突出情况，积极协调沿线村街工作，加大集中整治力度。新建改建标准垃圾池 35 个，动用大型施工车辆 5000 余台次，人工 2000 余人次，清理易燃垃圾 10 万余吨，还田秸秆杂草等 1 万余亩。重点对三条主路及道路两侧绿化带落叶进行专项整治，共清扫落叶上万吨。

【大气污染治理】 2016 年，扎实推进污染物减排工作的高效落实，制定《重污染天气应急预案》和《大气污染防治工作实施方案》，按照《香河县大气污染防治十条严控措施》建立大气污染防治监管网络，成立 4 支巡查小分队实行昼夜不间断巡逻。同时，拆除燃煤锅炉企业 72 家，并与 15 个村街签订《秸秆焚烧承诺书》，确保辖区内“不着一把火，不冒一缕烟”。

【辖区社会稳定】 年内，园区加强矛盾纠纷排查调处，有效解决群众合理诉求。把完善群众服务中心建设作为突破口，切实加大力度化解各类矛盾纠纷，积极稳妥地处理各类遗留问题和倾向性、苗头性矛盾，确保了辖区社会和谐稳定。同时，坚持“安全第一、预防为主”的方针，严格落实安全生产责任制。2016 年共摸排登统各类生产经营单位 246 家，检查 165 家，发现安全生产隐患 77 家，其中 68 家整改到位。

【社会保障】 2016 年，香河环保产业园区全面实施危房改造、保障性住房等多项涉及民生的实事、好事；落实新农保、农合各项惠农政策；加大对弱势群体的救助力度，共计发放困难群众救助资金 21 万余元；资助 243 名农村低保、五保户和优抚对象及二乙以上伤残军人报销药费 3 万余元；为 310 位 80 岁以上高龄老人发放高龄补贴 11 万余元。为新增 13 名残疾人办理残疾证，完成 2 名精神病患者服药救助，为 7 名残疾人发放辅助器具。

管委会主任 张显民
常务副主任 李文建（任至 7 月）
冯 勇（7 月任）
副 主 任 刘洪涛 王建军
刘继承（任至 3 月）

（庄英艳）

香河县农业高新技术园区

【概况】 香河县农业高新技术园区（以下简称农业园区）位于香河县中西部，双安路北侧，涉及钳屯、五百户、安头屯 3 个镇的 20 个行政村，总体规划面积 1333.3 公顷，核心区 333.3 公顷，示范区 1000 公顷。农业园区于 1997 年 9 月被河北省科委列入省农业高新技术园区建设规划，1998 年 10 月挂牌成立，2002 年 4 月被河北省科技厅正式批准为省级农业高新技术园区。

【项目建设】 2016 年，农业园区通过河北省省级农业科技园区验收。为企业提供服务 20 余次。强化招商引资，狠抓项目建设，把项目建设作为园区工作的重中之重。加强招商队伍建设，选择政治素质高、业务能力强、有开拓精神的干部组成专业招商队伍，强化专业技能培训，提升招商队伍整体素质，确保会招商、能招商、招来商。拓宽招商渠道，与北京、天津、四川等地大专院校和大公司进行对接、沟通，并建立长期友好合作互通关系，抓住当前工商资本向农业领域转移的新机遇，拓展招商渠道。以廊坊“9·26”农交会、“5·18”经洽会等活动为契机，大力开展以商招商、协会招商、网络招商等多种招商活动。扩大宣传效应，制作农业园区宣传画册，宣传展示园区发展环境、优惠政策、投资方向、建设方面优势，努力提升园区知名度和影响力。对农业园区重点项目进行跟踪服务，认真帮助他们解决在生产过程中遇到的各类难题，积极协调项目单位和相关职能部门关系，保证项目尽快建成。

【技术培训】 2016 年，农业园区围绕“引进、示范、推广、服务”，结合当前园区实际，农业园区不断增强服务意识，加大科技培训力度，提升园区的推广、服务功能，提高企业和农民的专业技能。农业园区邀请专业技术人员，组织 4 次养殖和和 5 次种植专业技术培训，受训人员 500 余人次，发放科技宣传资料 600 余份。

工委书记　张年台
副书记　杨振亮
管委会主任　闫再东（任至 5 月）
　安国亮　（5 月任，兼）
常务副主任　杨振亮
副主任　薛福艳　田建鑫

（黄德军）

河北永清工业园区

【概况】 河北永清工业园区驻地东壮村，位于永清县城东 2.50 千米处。辖 17 个行政村：王佃庄、台子庄、大良村、小良村、东壮、小董家务、尚庄子、曹庄、大仲和、小仲和、东八里庄、刘家务、郭家务、东桑园、小堤、南胡其营、谭其营。总面积 27.8 平方千米，耕地面积 1002.47 公顷，总人口 12357 人。2016 年，地区生产总值 62.7 亿元，同比增长 6.3%；财政收入 2.81 亿元，同比增长 33.81%；工业产值 162 亿元，同比增长 8%；工业增加值 44.6 亿元，同比增长 3%；工业销售收入 172.5 亿元，同比增长 4.5%；出口总额 9962 万美元，同比增长 7%；固定资产投资 23.48 亿元，同比增长 2%；实际利用外资 5569.2 万美元，同比增长 5%；实际引进内资 83.9 亿元，同比增长 2.3%。截至年底，入园企业 106 家。

【项目建设】 2016 年，河北永清工业园区签约项目 10 个，其中超亿元项目 9 个：投资 11 亿元的联东 U 谷永清国际研创园项目、投资 2 亿元的火车头新能源新型建材项目、投资 1.8 亿元的年产 2000 辆专用车项目、投资 1.5 亿元的石墨烯新材料项目、投资 1.3 亿元的包装箱项目、投资 1 亿元的电子雾化器项目、投资 1 亿元的红木家具生产项目、投资 1 亿元的年产 80 台热能源设备项目、投资 1 亿元的年产 5000 台地源热泵项目。联东 U 谷项目营业执照和方案设计完成，清理土地；益田孵化器项目的 9.98 公顷土地待政府批准后即可摘牌，地勘工作完成；北大附中项目占地 15.3 公顷，其中 11.47 公顷土地待政府批准后即可摘牌，地勘工作完成；国电同方项目前期工作完成，待政府批复土地后即可办理施工许可证。德基研发中心项目主体工程完工，进入装修阶段；吉森二期主体工程完工，进入设备采购阶段；南玻 900 吨技改项目投产；华兴二期 10 万吨轻量化瓶罐生产线点火生产；嘉宝莉二期项目验收，办理排污许可证；永清农产品国际物流港（京永物流）全部建成并投入使用。

【基础设施】 2016年，河北永清工业园区建成占地1.33公顷的街心公园一座，新建冲水式厕所6处，补种廊霸路景观树7000余棵，新增绿化10万平方米，新增景观节点6处。永益道、参榕道和六纬路西延工程方案设计已经完成；新铺设污水管网3673米，园区域内的污水管网已全线贯通。

工委书记　王春风
副书记　徐　林
管委会主任　王春风
常务副主任　徐　林
副主任　尹绍洪　武双营

（卢　凯）

永清经济开发区

【概况】 永清经济开发区位于京台高速永清出口处，距北京新机场25千米。全区规划面积38.29平方千米，其中，起步区面积7.59平方千米，已建成4.6平方千米。辖双营、大麻子庄、小麻子庄、李黄庄、韩庄、菜园6个行政村。总人口6400人。2016年，永清经济开发区工业总产值完成56.2亿元，同比增长20.86%；地区生产总值完成19亿元，同比增长5.56%；实际引进内资13亿元，同比持平；固定资产投资28.6亿元，同比增长0.7%。

【基础设施】 2016年，续建和新开工市政道路18条，全长16.6千米，完成北纬五路等5条道路施工；投资1400万元，完成大田燃气、百川燃气、中石油古龙老线管线切改工程并投入使用。完成经三路与廊霸路景观节点提升、经三路至纬三路整体绿化及新新天地小区西侧新建绿化带工程；启动5733众筹公园建设；启动建设永清台湾城学校，占地面积21000平方米。

【北京亦庄·永清高新区】 2016年，配合高新区招商引资工作，抓好项目服务跟进，已确定储备项目100个，其中重点储备项目53个，总投资1070亿元。做好项目服务，配合高新区入区项目办理各项前期手续，为总规编制提供基础资料。推进项目区土地整理，对项目区地块进行地上物（坟、树）的清理工作，迁移工作已经基本完成。加快基础设施建设，全力推进首批项目选址区域水、电、路等基础设施建设，加快完成项目区内输油、燃气管道迁改工程。

【永清国际服装城】 2016年，园区组建永清国际服装城筹建委员，西城区及金融街、平安银行已选派15名工作人员到永清开展合署办公；加快商贸产业对接协作，分别与平安银行、金融街集团和浙商、银泰集团、北京北展指挥部、大红门疏解办签订合作发展框架协议；开展规划设计，总体规划编制工作基本完成；加大项目建设力度，签约服装企业670家，引进企业总部50家，注册服装企业132家；建成和在建服装企业60家，投产企业5家；北京鑫海鞋城、永清国际商贸中心项目招商工作基本完成。

工委书记　（空缺）
工委副书记　崔会民
管委会主任　（空缺）
管委会副主任　崔会民　马文季
　　贾永健

（梁建涛）

河北霸州经济开发区

【概况】 河北霸州经济开发区（以下简称霸州开发区）成立于1992年，规划面积6.1平方千米。2009年经省政府批准扩区，扩区面积7.33平方千米。2013年6月，霸州市委、市政府调整霸州开发区行政区划，面积增至47平方千米，所辖村街24个：叶庄村、赵家务一村、赵家务二村、赵家务三村、李庄村、南岸村、堤角村、武庄村、辛庄村、西陶家务村、东陶家务村、任水村、郭家务村、大柏林庄村、临津南村、临津北村、西高庄村、东高庄村、西郑各庄村、东郑各庄村、姚庄村、秦楼村、杜庄村、南燕家务村。辖区人口35427人。

2016年，霸州开发区地区生产总值155.2亿元，同比增长4%；全部财政收入16.8亿元，同比增长4%；地方一般公共预算收入3.5亿元，同比增长25%；固定资产投资118.1亿元，同比增长6%；工业总产值342.1亿元，同比增长4%；主营业务收入375.5亿元，同比增长3%；实际利用外资2633万美元，同比增长1257%；进出口总额1.3亿美元，同比增长7%；基础设施投资3.1亿元，同比增长3%。

【项目建设】 2016年，霸州开发区项目建设呈现规模化，品牌化。全区引进亿元以上项目12个，其中10亿元以上项目2个，50亿元以上项目1个，项目投资总额120亿元，无论单体项目规模、科技水平还是总体数量都实现了新跨越。其中总投资10亿元的北京中公高科养护科技股份有限公司霸州产业示范基地项目列入省重点项目；投资1.7亿元霸州市志盈机电有限公司年产5万套数控机床零部件项目、投资5亿元北京牛氏运昌食品有限公司休闲食品加工项目、投资5亿元的润玺河北食品有限公司休闲食品生产加工基地项目、投资15亿元颐海（上海）食品有限公司海底捞火锅调料生产项目等4个项目列入市重点项目。6月28日，由昆山国显光电有限公司投资60亿元的AMOLED显示模组项目落户霸州开发区，项目占地300亩（20公顷），建成后拥有国际先进显示模组生产线13条，年产AMOLED显示模组8000万片，预计主营业务收入40亿元以上，上缴税收超4亿元，实现利润3.5亿元，提供就业岗位8000个。2016年霸州特色园区建设初具规模，食品产业快速壮大。北京稻香村食品有限公司在中国廊坊“5·18”经贸洽谈会上签约，并于9月27日开工建设。项目总投资15亿元，投产后年纳税可达亿元。同时总投资10亿元的加州原野总部干果生产加工项目，总投资5亿元的海底捞集团食品研发生产基地项目，总投资4亿元的北京嘉和鹏润食品有限公司食品加工基地项目、总投资3亿元的北京牛氏运昌食品生产等项目开工建设，区内食品产业项目投资规模达57亿元。

【基础设施】 2016年，霸州开发区新建及续建工程16项，道路开工总里程超22千米，道路景观绿化开工面积150万平方米，各类专业管线总里程长度超55千米，工程总投资逾35亿元。累计完成道路景观绿化近100万平方米，各类专业管线总里程长度37千米。其中，泰山路南延（裕华道—迎宾道）、龙江道景观提升及雨水工程（大广高速出口至西环路段）、大广互通景观工程、迎宾道西延工程、津保站前广场等工程完工；西环路北延工程、珠江道工程、龙江道景观提升（西环路至泰山路段）及燕山路南延（112至高铁站段）快速推进。

【大气治理】 2016年，霸州开发区完善大气污染治理制度，实行领导分片管理和包村。施工工地实行100%全苫盖，燃煤、污水、废气、粉尘等污染物排放超标的企业进行限产或停产。并依据《霸州市重污染天气应急预案》随时向区内企业发布大气污染预警，对区内企业实行动态化管理。对重点工地和重点企业实行一对一监督，由工作人员驻厂实行24小时监控，加大大气污染宣传和处置力度，逐步建立严密规范的大气污染防治体系。秸秆禁烧和鞭炮禁燃。逐村逐户下发禁燃环境保护倡议书，提高人民群众环保意识。建立管委会和村委会为一体的网格化管理责任体系，对重点区域实行24小时不间断巡查检查，对非工作日和晚间等重要时段强化值守，做到发现一起，处理一起，确保“不燃一把火、不冒一处烟”。完成24个村街“气代煤”改造，开通户数7969户。

工委书记　王立华
副书记　王德海　杨保华　杜文海
管委会主任　王立华
副主任　王德海　刘国路　吴维民　李拢江　王广庆

（焦　艳）

河北霸州津霸经济开发区

【概况】 河北霸州津霸经济开发区（以下简称津霸开发区）位于霸州市东部，距天津市区25千米，距天津港60千米，距天津机场35千米，距北京市区90千米，形成依托中心城市和空港、海港发展经济的独特区位优势。津霸开发区定位为承接京津辐射，高科技、外向型的现代制造业基地和现代物流中心，承接京津产业转移的示范区、环京津高新技术成果产业化基地、产城融合发展的新型园区。截至年底，津霸开发区有国家电网公司、台湾顶新国际集团、福兴彩印、胜威包装等83家企业。

津霸开发区是2011年省政府批准成立的省级开发区，总面积10.7平方千米，远景规划面积34.2平方千米，建成区面积4.19平方千米。2016年，津霸开发区实现主营业务收入195.05亿元，地区生产总值38.94亿元，财政收入3.68亿元，固定资产投资36亿元，进出口总额10463万美元。全年运作亿元以上项目20个，总投资184.7亿元。其中，在建亿元以上项目8个（包含新开工项目4个），总投资66.63亿元；重点谋划项目12个，总投资118.08亿元。

【规划布局】 津霸开发区委托上海同济大学规划“一核、三心、三轴、七片”，强调轴廊带动、中心集聚、组团整合。一核指位于规划区中部T形综合服务带内的综合服务核；三心指位于中部T形综合服务带形成的三个功能核心，分别为依托北部物流、商贸功能形成的产业服务核心，以及结合新规划住区打造的休闲宜居核心；三轴指依托规划区内主要交通廊道津港道和霸扬公路贯穿东西的空间发展轴，以及南北向连接规划区主要核心的功能联系轴；七片指依托规划区基础及周边条件形成的七个功能片区，包括中部的T型综合服务片区、北侧和东侧的4个工业片区、西侧和南侧依托老镇规划形成的两个居住片区。

【基础设施】 津霸开发区推进5方面9项基础设施建设，总投资4.337亿元。与上海同济城市规划设计研究院合作，重新修订《霸州津霸经济开发区空间发展规划》；完成污水处理厂及污水管网建设；重新编制园区规划环评；园区通往天津的快捷通道完工并具备通车条件；市国网公司投资建设一座110千伏变电站。

工委书记　孔宝和
副书记　韩楷
管委会主任　孔宝和
副主任　韩楷　王吉庆　邱秋江

（李鑫）

河北霸州胜芳经济开发区

【概况】 河北霸州胜芳经济开发区（以下简称胜芳开发区）是2014年由省政府批准成立的省级开发区。始建于2005年10月，2010年9月，经廊坊市编委批准成立霸州市金属玻璃家具产业园区工作委员会和管理委员会；2011年5月被省政府批准为省级工业聚集区；2014年3月按照《河北省人民政府办公厅关于印发全省部分省级经济开发区和省级工业聚集区规范整合方案的通知》要求，更名为河北霸州胜芳经济开发区。胜芳开发区北至霸扬公路，南至中亭河，西至胜芳镇东环路，东至小庙干渠。远景规划面积31.21平方千米，省政府批准近期规划面积18.15平方千米。

2016年，胜芳开发区有各类企业216余家，其中规模以上企业36家。完成主营业务收入433.08亿元，比上年增长4.56%；工业总产值457.47亿元，比上年增长7.45%；财政收入7.05亿元，比上年增长9.30%；公共预算收入1.40亿元，比上年增长8.53%；进出口总额72760万美元，比上年增长10.82%；地区生产总值86.92亿元，比上年增长7.48%；基础设施投资1.19亿元，比上年增长9.12%；固定资产投资39.86亿元，上年增长24.17%。

【项目建设】 河北兆建金属制品有限公司年产60万吨彩涂板、40万吨镀锡板项目，霸州市三强家具有限公司智慧家居产业研发生产基地项目，霸州市鑫发家具有限公司年产5万套钢木家具项目，霸州市胜芳万路建材有限公司新建年产150万套（件）环保家具项目等4个项目被列为省集中开工项目，总投资33.54亿元；霸州市旭祥货架有限公司年产120万套仓储货架项目，霸州市凯文家具有限公司年产80万套家具项目，霸州市尚佳欣盛家具有限公司年产3万套中高档家具项目，霸州市东日盛家具有限公司高端实木套房家具生产项目，廊坊三利木业有限公司年产80万立方米环保实木复合木地板基材项目，河北兆建金属制品有限公司年产60万吨彩涂板、40万吨镀锡板项目，霸州市三强家具有限公司智慧家居产业研发生产基地项目（同为省集中开工项目）7个项目列入廊坊市重点建设项目，总投资58.87亿元。

【项目招商】 胜芳开发区利用京津冀一体化机遇，将招商重心转至京津企业，开展办事处招商、代理招商、商会招商、企业招商、互联网招商、院企合作等多项招商措施。全年有20余家京津企业到胜芳开发区考察。其中廊坊云途科技有限公司和中科院过程所就纳米涂料项目成功开展合作，在区内设立研发基地，进行设备调试；霸州市永兴车辆配件有限公司和北京吴瑞昌科技有限公司合作的新能源汽车充电桩项目落地；霸州市三强家具有限公司与广州美术学院、河北经贸大学等高校合作，着手规划河北省智能家居研发院，以提升家具行业自主创新能力，打造自主品牌。

【基础设施】 2016年，胜芳开发区“五横五纵”主次干道网络形成，水网、电网、热力管风网、通信、天然气、污水处理系统等基础设施健全，实现“九通一平”。年内，投资1.19亿元，加快基础设施和道路管网升级。胜芳开发区污水处理厂一期工程及配套管网竣工并投入使用；东环路排水泵站、小庙村泵站升级改造，预计2017年7月底投入使用；对协合道、协同道、辛开路等道路路面，以及箱变、路灯线路、灯杆升级维护；按照《城市园林绿化养护管理标准》，开展道路绿植养护。

【环境治理】 历时10个月，完成区内规划环评，同时完成河北省环保厅规划环评文件审查；污水处理厂一期工程及23000米配套管网建设5月完成，6月投入使用，日污水处理量12000吨；区内天然气主管网全面铺开，原入驻企业按照时间表，逐步使用清洁能源，新入驻企业一律使用天然气；成立大气污染防治领导小组，配合市环保、建设、城管等职能部门及属地乡镇办事处做好区内环保不合理企业的停产、限产工作，做好在建企业施工、道路施工、停工及料场堆放的扬尘防控工作，做好区内市政管护道路卫生清洁扬尘工作。

【品牌建设】 胜芳开发区发挥金属玻璃家具产业基地效应、品牌效应，同商务、质检、出入境检验等部门合作，打造一个基地和两个国字头示范区。

中国金属玻璃家具出口基地创建。会同中国轻工工艺品进出口商会，多次邀请商会专家，对区内金属玻璃家具行业给予指导和培训，分3次组织宏丰钢化玻璃家具有限公司等20余家企业参加国内外展会和学术交流会，帮助企业提升自主研发能力、优化产品品质、开拓国际市场。帮助企业申报商务部门的中小企业市场开拓资金和中信保出口保险补贴，引导扶持企业不断规范、壮大外贸业务。同时，在河北省（金属玻璃家具）出口基地基础上，争列中国金属玻璃家具出口基地。

全国知名品牌示范区创建验收。经过近3年的创建，9月1日，在重庆举办的2016年全国“质量月”活动启动仪式上，获国家质检总局授予的全国首家金属玻璃家具行业“知名品牌创建示范区”称号。

争创国家级出口家具质量安全示范区。在2015年4月被省出入境检验检疫局命名为省级出口家具质量安全示范区基础上，2016年，向省出入境检验检疫局申请，继续争创国家级出口家具质量安全示范区。

工委书记　王亚利
副书记　赵黎明
管委会主任　赵黎明
副主任　于金峰　马树林　李　彬

（董　伟）

文安工业园区

【概况】 2016年，文安工业园区辖区面积6.18平方千米，人口2881人，辖桃园、北官、南官3个行政村，财政收入3335万元，同比增长14%；固定资产投资235203万元，同比增长7.5%；工业增加值2.6126亿元，同比增长28%；新增规模以上企业1家。

【项目建设】 2016年，文安工业园区集中开工项目5个：河北优曲家具有限公司新建年产30万件实木、曲木家具项目，文安县博森木业有限公司年产5000吨酚醛绝缘层压板项目，廊坊市华泰银海建筑材料有限公司年产1万吨中空玻璃铝隔条项目，廊坊建华电子科技有限公司年产1200万台（套）电视、电脑显示屏模组背板项目，国农基业福利养殖设备生产项目。加上园区大道和区内路网2个项目，全年新开工 7 个项目。此外，丰尚华品公司建成投产，优曲项目 11 月底完成建设。

【招商引资】 2016 年，文安工业园区通过以商招商、网络招商、小团组招商、协会招商、展会招商、高科技项目招商等多种举措，签约亿元以上项目 8 个（其中 10 亿元以上项目 2 个）：北京世纪百强家具有限公司投资 15 亿元、占地 500 亩（33.33 公顷）的家具生产项目，河北冠能石油机械制造有限公司投资 2.6 亿元、占地 100 亩（6.67 公顷）的固控设备生产项目，廊坊绿元新型装饰材料科技有限公司投资 1.47 亿元、占地 50 亩（3.33 公顷）的年产 3000 万张三氯氰胺装饰纸生产项目，廊坊建华电子科技有限公司投资 3.1 亿元、占地 90 亩（6 公顷）的电子配件生产项目，廊坊百代红木家具有限公司投资 1.1 亿元、占地 30 亩（2 公顷）的红木家具生产项目，华日家具有限公司投资 7.5 亿元，占地 250 亩（16.67 公顷）的高档实木家具项目，北京非同家具有限公司投资 6 亿元，占地 200 亩（13.33 公顷）的高档家具生产项目，北京住总集团投资 11.7 亿元，占地 390 亩（26 公顷）的钢结构住宅产业基地生产项目。

文安工业园区针对世纪百强家具项目专门制定推进方案，完成立项、规划选址等手续，匹配 100.8 亩（6.72 公顷）用地指标，建成后可增加园区财政收入 5000 万元以上。

【基础设施】 园区大道全长 4.2 千米，投资 2 亿元，于 12 月全线通车。创汇路南延工程长 680 米，完成路面铺设。非规划路全长 500 米，完成路面铺设，解决了农大、优曲、华泰银海 3 个项目进出问题。纬二路全长 1100 米，完成路面铺设。绿化工程完成核准和设计。变电站完成选址。供水管网进一步延伸。污水处理厂完成满负荷运行进出水管路和提升泵站建设并试运行。集中供热站完成立项、选址。

工委书记 李永强
工委副书记 任猛欢（任至 5 月）
赵柏盛（5 月任）
管委会主任 李永强
管委会常务副主任 任猛欢（任至 5 月）
赵柏盛（5 月任）

（王　涛）

文安经济开发区

【概况】 文安经济开发区位于文安县城北侧，成立于 2011 年 4 月，同年 7 月由省政府批准列为省级开发区。开发区东至廊沧高速、西至规划一路、南至纬一路、北至纬六路，总规划面积 24.4 平方千米。辖 12 个村街（相公庄、麻各庄、西光洲、东光洲、北光洲、泗各庄、大叩皂、边王赵、留郡、元里、小叩皂、马庄），辖区人口 12412 人，从业人员 5733 人；总面积 46805 亩（3120.33 公顷），其中耕地面积 24130 亩（1608.67 公顷）；2016 年，文安经济开发区财政收入 1.24 亿元，同比增长 91.9%，固定资产投资 18.33 亿元，同比增长 39.8%。

【招商引资】 文安经济开发区先后赴天津渤商所、北京丰电科技股份公司、深圳国瑞集团等处精准招商 12 次，参加中国智能电网会员单位年度大会、京津冀协同发展廊坊投资推介会、“5·18”经洽会等会展招商活动，新签约引进天津春源龙润技术有限公司智能微灌系统、北京安捷利达电梯有限公司电梯整机配件等 11 个亿元以上项目，总投资 54.3 亿元。

【项目建设】 2016年，文安经济开发区加大项目手续办理与进场协调服务，促成金世行公司年产15000套新能源精密辅材、泽悦公司年产200万台焊接阀门等项目开工建设；渤商所文安板材电商交易平台项目6月份启动运营，35家企业实行线上交易，交易额1.5亿元；华夏幸福（文安）智能电网院士工作站10月份获省科技厅批复。新型环保户外休闲装备和航天装备精密组件2个项目列为省重点项目；年产5000吨色母粒、年产1400吨太阳能电池背膜、年产200套电站散热系统和年产35万套电力设备等4个项目列为市重点项目。

【基础设施】 2016年，文安经济开发区结合投资计划，重点实施4项基础设施工程，总投资12230万元，实际投资6950万元。其中，迎宾大道西延开发区段绿化带于5月下旬完工，种植各类乔灌木1086株，播种花籽、草籽11万平方米；规划八路于10月底完成主路路面铺设，实现主路通车；规划二路于11月初完成主路路面铺设，实现主路通车；中央公园完成坑塘抽水回填和部分地形处理，开挖水系2200平方米，种植苗木520棵。同时，完善新城建设与产业园区配套功能，启动月星生活广场与中航城市综合体项目建设，完成日处理能力1000吨的污水处理厂设备安装及调试并投入使用。

【环境治理】 2016年，文安经济开发区加强环境整治，统筹推进大气污染防治、“三城同创”和美丽乡村建设。加大麻各庄、相公庄2个重点村街环境整治力度，先后投入近200万元实施麻各庄集中停车场、空地围挡建设及部分街道硬化，并增配保洁员进行日常洒水保洁，进一步防尘抑尘；确定网格监管员14名，明确监管片区和监管职责，实施日常巡查防控。加快散烧煤治理步伐，完成相公庄、麻各庄、元里3个村街978户煤改气任务。投资34万元翻耕17150亩（1143.33公顷）存有玉米秸秆土地，有效控制焚烧秸秆问题。推动马庄、小叩皂2个省级重点村美丽乡村建设，投资103万元，完成200户无害化卫生厕所改造和小叩皂村理事会整修、粉刷墙面1.7万平方米、修建污水管网300米。

工委书记兼主任　陈海强

常 务 副 主 任　张卫彬（任至5月）

张　洋（5月任）

（万文亮）

新桥工业区

【概况】 新桥工业区位于文安县城东部，东与天津静海接壤，规划面积10平方千米，辖新桥农场及大长田村、小长田村、西长田村3个行政村，总人口4315人，2016年，新桥工业区实现工业总产值195.66亿元，同比增长8%；固定资产投资11.81亿元，同比减少37.74%；税收3508万元，同比增长21%。

【项目建设】 2016年，新桥工业区新开工亿元以上项目4个：廊坊事必达年产1万台套环卫车辆项目，总建筑面积23600平方米；河北帕弗尔年产1000台（套）电气设备项目，总建筑面积18270平方米；日上门业特种门生产车间项目，总建筑面积30272平方米；凯跃集团年产50万方刨花板项目，占地400亩（26.67公顷），规划建设两条全自动生产线。同时，加快续建项目投产：河北欣芮10万吨/年废催化剂综合利用项目，进入生产阶段；河北西子木年产5万吨建筑用硅酮密封胶系列产品项目，进行设备安装，年底试运行；廊坊富盛源搬迁技改项目，一号车间投产，二号车间进行内部装修；河北厚丰年产1万吨有机硅系列产品项目，进入试生产阶段；中地种畜万头良种奶牛基地项目，完成投资3.08亿元，存栏奶牛10300头，日产鲜奶150吨，该项目获批2016年省重点农业产业化项目。

【招商引资】 2016年，新桥工业区开展“招商引资集中行动”，实施精准招商，签约亿元以上项目12个，总投资66.3亿元，其中10亿元以上项目2个，外资项目1个。开展产业链招商。着重引进对传统产业带动力强、提升产业层次、延伸产业链条的大项目以及技术含量高、辐射带动力强的战略新兴产业项目，重点围绕日上门业、可耐电器及韩兴电子等品牌及新兴企业，吸附日上集团高档门锁配套产业园、环保设备、体育健身器材等一批项目。对接京津。借势京津冀协同发展，加大与北京大兴区及北京、天津工商联交流往来，建立长效合作对接机制。吸引北京化工集团、北京紫禁城漆业、北京兰天方圆、北京新威、天津津汇等企业洽谈投资，促成一批科技型项目签约。创新招商方式。发挥开发区特有产业基础，重点采取以商招商和小团组招商，有针对性开展招商活动，提高招商项目对接率和成功率。上半年开展小团组招商活动7次，分赴北京、天津、唐山、浙江、广东等地就项目洽谈对接，借“5·18”经洽会召开之际，促成台湾润泰集团环保科技产业园等项目签约，邀请13名客商参加县投资环境说明会暨项目签约活动。

【环境优化】 2016年，新桥工业区深入开展大气污染防治，在散煤污染治理、燃煤锅炉淘汰、建筑工地施工扬尘治理、道路扬尘及垃圾治理、企业污染治理、垃圾秸秆禁烧、烟气污染整治、重污染天气应急响应等方面，实行严防、严控、严管、严治、严惩，确保到位。对辖区内3处沟渠及12个坑塘不间断检测，确保水质明显改善。春季植树造林817亩（54.47公顷）。投资750万元，对二号路、支路两侧绿化提升，完成二号路东侧及支路两侧绿化面积2.8万平方米，种植各类观赏乔木2.8万株、灌木15万株。投资350万元，对王宫线与三号路交口处进行景观节点绿化，规划设计“一点两带”景观布局。

【基础设施】 2016年，新桥工业区投资650万元，完成大长田村及农场一队5820米村级道路硬化工程。结合2016年全县农村公路建设计划，投资8480万元，启动园区路网建设工程，全长15.6千米。污水处理厂建设。9个处理池、泵房及综合楼等土建工程全部完工，12月份试运行。配套道路工程，投资500万元，完成二号路通污水处理厂300米支路建设及排污管网铺设。配套管网工程。建成排污管网4300米，剩余3500米完成规划设计。道路亮化工程。投资100万元，对建成的二号路及支路实施亮化工程，安装路灯用变压器3台，架设线路800米。

工委书记兼主任　赵振华
常 务 副 主 任　卢国峰

（张　檀）

大城工业园区

【概况】 大城工业园区位于县城西15千米，辖区面积17.36平方千米，辖4个行政村：东阜村、阜草村、付庄村、黄得务村。2016年，辖区总人口10550人，入园企业12个，生产总值64.56亿元，财政收入1835.4万元，工业产值45.21亿元，工业增加值22.16亿元，规模以上工业总产值12.56亿元，固定资产投资10.14亿元，新增千万元至亿元项目15个，总投资3.56亿元。年末常用耕地面积573公顷，粮食耕地面积533公顷，农民人均纯收入5000元。

【改造农村面貌】 年内，东皋村投资1500万元，修建新民居第四期工程居住面积12000平方米；投资40万元，在生态公园内新修塑胶广场一处；投资70万元，新修水泥路3条，总长800米。黄得务村自筹资金18万元新修砖道2条，总长350米，投资12万元新修水泥路180米；打机井3眼，铺设地下管道8000米，安装变压器2台，修水泥路2920米。付庄村投资40万元，新修长705米，宽5米水泥路1条；投资35万元建设付庄小学餐厅。完成农村危房改造5户。

【淘汰落后产能】 2016年，大城工业园区开展“利剑斩污”专项行动，打击“十五小”“新六小”（1996年《国务院关于加强环境保护若干问题的决定》中明令取缔关停的重污染小企业，以及原国家经贸委、国家发改委限期淘汰和关闭的破坏资源、污染环境、产品质量低劣、技术装备落后、不符合安全生产条件企业等违法企业）。加大执法监察，削减化学需氧量、二氧化硫等气体排放量。清理园区内所有塑料清洗、小电镀企业等环境违法行为，关停或转产涉及违法生产企业。10家涉及环境违法企业被取缔。

工 委 书 记　蔡景发
常务副书记　薛维峰
管委会主任　蔡景发
常务副主任　薛维峰

（赵鹏飞）

驻廊中、省直属单位

中国石油天然气管道局

【概况】 中国石油天然气管道局（以下简称管道局）成立于1973年，位于廊坊市广阳道87号。2016年，管道局有各类技术、技能专家100人，高级技师和技师1040人，建造师、造价师、pmp执业资格人员2566人，二级以上项目经理353人。

【工程项目施工】 2016年，管道局建成投产西三线东段2标段、宝香西联络线2标段、伊拉克西古尔纳二期油田集输工程、肯尼亚成品油管线等项目15个；建设鞍大线、中俄原油二线2标段、陕京四线线路1标段、伊拉克纳西里耶储油库、乍得2.2期油田连接管道项目，其中8项工程获省部级荣誉。

【工程项目中标】 2016年，管道局中标湖北和青海国家物资储备库工程和山西LNG液化工厂项目；中标沙特拉斯坦努拉管道和阿根廷科尔瓦多省天然气管道工程；以“EPC+融资”模式中标孟加拉单点系泊工程、马来西亚沙巴天然气管道及多介质管道工程。

【改革改制】 2016年，管道局主业重组上市，整合非开挖业务、教育培训业务，减少处级单位2个、科级单位30个。专业培训施工及矿区服务单位人员，掌握岗位技能后向技术服务业务转移。基地4所幼儿园市场化办园。管道局总医院和管道学院改革方案通过讨论。管道二公司、管道三公司2所职工医院与地方医院实行联合办院。廊坊基地供电业务、徐州基地供水业务、中牟基地“三供一业”分离移交工作启动。

【科研成果应用】 2016年，管道局开展科研课题183项，申请专利52项，制修订标准37项，获集团公司科技进步特等奖1项、推广科技成果88项。参与制定中俄东线D1422大口径管道建设相关标准，改造高寒地区配套装备。全自动焊、热收缩套机械化防腐补口技术装备应用于中俄二线。环焊缝AUT检测设备检测精度达到国际水平。H1500海洋管道高压开孔机应用于崖城13-1海管修复项目。30度大坡度自动焊施工技术应用于山区施工。

【中缅天然气管道工程（缅甸段）获鲁班奖】 12月1日，管道局承建的中缅天然气管道工程（缅甸段）获建筑行业最高奖——中国建设工程鲁班奖。管道局成为1987年鲁班奖创立后管道建设行业里唯一获奖企业。中缅天然气管道起于缅甸西海岸的兰里岛，止于中国云南省瑞丽，全长792千米。工程经过高原、山区断崖、水网、海沟等复杂地质带，工程2010年6月3日开工建设，2013年5月30日竣工，2014年12月29日移交业主。

【西三线东段工程投产】 12月12日，管道局承建西三线东段2标段（福建段）管道工程全线投产。该工程起自江西省瑞金市与福建省长汀县交界处，止于福建省福州末站，线路总长587千米，管径1219毫米和1016毫米，设站场9座、阀室25座，设计压力10兆帕。2013

年5月工程打火开焊；2016年9月工程全线贯通。该工程项目为管道局第一次进入福建省境内施工管道工程。

（杨　勇）

中国石油天然气股份有限公司管道分公司（管道销售分公司）

【概况】 2016年，中国石油天然气股份有限公司管道分公司（管道销售分公司）（以下简称中国石油管道公司）下辖输油输气、管道项目建设管理、管道科技研究中心、压缩机组维检修中心、油气储运技术服务、矿区后勤服务等30多个处级生产经营单位。公司有员工9476人，其中合同化8387人、市场化1089人。公司管理运营在役油气管道13249千米。其中，原油管道5081千米，主要包括东北和华北地区的漠河—大庆、大庆—铁岭—大连、铁岭—抚顺、丹东—朝鲜、大连新港—大连石化、铁岭—锦西石化、日照—东明、天津—华北石化等管道，以及西北地区的惠安堡—中宁—银川、石空—兰州、定边—呼和浩特等管道；成品油管道3915千米，主要包括东北和华北地区的吉林—长春、大港—济南—枣庄、宝鸡—郑州—长沙等管道，以及西北地区的呼和浩特—包头—鄂尔多斯管道；天然气管道4128千米，主要包括山东地区的沧州—淄博、泰安—青岛—威海、安平—枣庄、菏泽—泰安等管道以及东北地区的大连—沈阳、秦皇岛—沈阳、长岭—长春—吉化、长春—沈阳等管道；水管道125千米。公司年输送原油能力8965万吨，年输送成品油能力1730万吨，年输送天然气能力268亿立方米。公司有输油气站场177座。其中，原油站场62座，天然气站场81座，成品油站场34座。年内公司被中国石油集团公司授予“安全生产先进单位”，被中国石油集团公司与黑龙江省委授予“龙江最美人物（石油人）”称号。

【安全管理】 2016年，中国石油管道公司落实精细化管理，实现“两个零、三个下降、八个百分百”目标（新发生管道占压和第三方施工损伤为零；管道打孔盗油、光缆中断率、管道事故率下降；高后果区识别率、风险评价与治理率、完整性评价覆盖率、管道阴极保护率、一级动火安全完成率、站外管道更改大修项目完成率、应急预案演练完成率和管道隐患整改完成率100%）。编制国家油气管道应急预案，并作为范本在全国推广。重点领域风险防控改造垂杨、长沙、惠安堡储罐区防火堤，识别确认较大及以上环境风险，制定相应管控措施。排查危险化学品罐区重大隐患，改造储油罐罐前阀电动执行机构。HSE（环境安全健康体系）考核评估入围承包商，对项目经理和现场安全负责人HSE培训取证。全年安全组织实施一级动火52次。

【科技创新】 2016年，中国石油管道公司开展重大科技专项课题攻关，保温管道安全优化运行、成品油多品种输送质量控制等技术取得突破并实际应用。承担、参与国家重点研发项目各1项，承担国际管道研究协会（PRCI）科研项目2项。推广应用0#柴油冬季安全输送、稠油掺混输送、管道中心线及弯曲应变检测等技术。《油气长输管道建设项目全过程造价管理体系关键技术与方法研究》获中国石油集团公司科技进步二等奖；《在役管道环焊缝缺陷检测与评价技术研究》获中国石油集团公司科技进步三等奖；《天然气管道缓蚀型减阻剂研制》获中国石油集团公司技术发明三等奖。提升专利质量和实效，新申请专利 38 件、软件著作权登记 21 件。全面推广应用中国石油移动应用平台，自主研发业界首款可穿戴式移动加密机，提升信息安全防护能力。

（赵乾坤）

中国地质科学院勘探技术研究所

【概况】 中国地质科学院勘探技术研究所（以下简称勘探所）创建于 1957 年，位于廊坊市金光道 77 号，隶属于国土资源部中国地质调查局，是国内第一所探矿工程应用技术研究所，从事金刚石地质岩心钻探技术、受控定向钻探技术和对接井技术、液动冲击回转钻进技术、绳索取心钻进技术、多工艺空气钻进技术及非开挖铺设地下管线等技术领域的研究。勘探所占地面积 141.71 亩（9.45 公顷），其中地质调查科科研中试基地占地 57.6 亩（3.84 公顷）；建筑面积 37354 平方米，其中地质调查科研中试基地建筑面积 11401 平方米。在职职工 201 人，其中正高级职称 36 人，副高级职称 26 人，中级职称 44 人，初级职称 25 人。2016 年，科学钻探复杂地层取心钻探技术研究获国土资源科学技术二等奖。土耳其贝巴扎里对接井工程五期建成水平井 21 口、直井 52 口，约占总工程量 66%，总体工期比计划提前 40 天。陆域水合物试采工程配套仪器埋设钻孔 4 口，环境监测孔钻进工作量 360 米，总钻进工作量 441.16 米，钻探取样钻孔 3 口，取样钻探工作量 1735 米。两对试采水平定向对接井水平进尺约 1200 米，水合物试采 2 周累积开采天然气超过 1000 立方米，完成冻土天然气水合物试采任务。

【技术创新与科研成果】 年内，勘探所结题验收“川东巴河流域地质灾害”项目，提出在不同地层条件下反循环连续取样钻具配套技术解决方案，并推广应用。“地质勘查深孔用高强度铝合金钻杆开发应用”项目，该系列铝合金钻杆在实践中可解决高原难进入地区地质勘查钻探无法施钻的难题；“地质勘探高温井底动力取心钻进系统应用研究”项目，研发大口径取心技术，长钻程提钻程提钻取心技术取得突破，直径 311 毫米取心钻进最大回次取心长度 30.5 米；“华北平原重点地区地面沉降调查（3500 米深部地质勘查全液压钻探装备配套示范）”项目，研制开发 3500 米全液压岩心钻探装备，满足金刚石绳索取心、冲击回转、定向钻进等深孔地质钻探工艺要求；“深孔扩孔钻进技术应用研究”项目，结合松科二井扩孔钻进应用示范，开展 PDC（聚晶金刚石复合片）扩孔钻进工艺研究及扩孔钻头系列化研究，采用分体式扩孔钻头结构，钻头刀翼可更换，便于钻头修复和改变扩孔直径；“修订《钻探工程名词术语》”项目，制作《钻探工程名词术语》及其说明，收集术语 873 条，增加术语 554 条，修订术语 280 条。“中国东部气候变化泥碳沉积记录调查”项目，完成导向取心钻具和泥浆脉冲式无线随钻测斜仪室内测试，获得摩擦扭矩等关键技术数据；完成地质勘探孔绕障或纠斜技术现场示范，导向取心钻孔技术可按预先设计控制钻孔轨迹，为国家和矿山提供准确矿山储量报告，并降低钻探成本。

【专利发明】 2016 年，国家知识产权局授予勘探所研发的“一种组合式中空井底动力绳索取芯钻具”“一种绳索打捞式水合物识别钻具”“一种移动式钻机底座”“一种多功能护栏”“一种液压油缸快速回油油路”“一种防止内管总成脱落的单动总成装置”“一种土层取气钻具”“一种复合式海洋天然气水合物地层勘探钻具”“一种泥浆高低位警示装置”为国家实用新型专利。

（方光沛）

中国地质科学院地球物理地球化学勘查研究所

【概况】 中国地质科学院地球物理地球化学勘查研究所（以下简称物化探所，英文简称IGGE）始建于1957年，位于廊坊市金光道84号，是国土资源部中国地质调查局直属事业单位，属国家社会公益类科研机构，主要开展勘查地球物理、勘查地球化学基础理论与应用研究及相关调查评价工作，为国家地质调查提供勘查地球物理、勘查地球化学理论支撑和技术服务。2016年，物化探所院区占地150亩（10公顷），建筑面积9.4万平方米。在职职工746人，其中，科技人员283人，中国科学院院士1人，具有博士、硕士学位185人，高级职称140人。物化探所承担（参加）各类项目86项，包含国家重大科学仪器设备开发专项、国家863计划项目“冻土带天然气水合物地球物理勘查技术”“固定翼时间域航空电磁系统实用化”等25项；国土资源部公益性行业科研专项项目“深井地-井TEM系统实用化与推广应用”等3项；“内蒙古黑鹰山地区矿产地质调查”“永定河冲积平原区域地质调查”等19项地质调查项目。年内，物化探所获国土资源部国土资源科学技术二等奖3项；国内外公开发表各类学术论文105篇，包括SCI（科学引文索引）检索论文6篇，EI（工程索引）检索论文9篇；出版专著3部；获得发明专利1项，实用新型专利5项，登记软件著作权3项。

【耕地地球化学调查服务】 2016年，物化探所支持全国土壤污染状况详查总体方案、土壤污染详查技术规定、国家土壤环境质量监控网络方案及监控技术标准编制，服务环保部、农业部、国土资源部实施“土十条”和土地利用规划调整完善等国家土地管理工作。组织召开“全国土地质量调查精准支撑扶贫攻坚现场会”，探索建立土地质量地球化学调查成果转化应用途径与机制方式，总结推广“富硒土地+土地综合整治+土地流转”的“新田模式”。湖南省新田县利用耕地地球化学调查成果，开发利用富硒土地经验成为地质调查服务扶贫攻坚重要典范。

【物化探技术】 2016年，物化探所研制出固定翼时间域航空电磁系统、大深度三维电磁探测系统、彩虹3无人机航空磁/放综合测量系统等代表性技术；开发火山岩覆盖区油气勘查物探技术组合，探索建立华北平原覆盖区区域地质调查、覆盖区矿产调查和近海岸滩涂区地质调查的勘查技术方法；形成陆域冻土区天然气水合物勘查技术方法体系，优选确定青海哈拉湖天然气水合物钻探井位，开发出天然气水合物储层测井自动识别软件。

【科技成果转化】 2016年，物化探所转化科技成果，生产DEM-V多功能电法系统、JW-6型地下电磁波CT系统、原子荧光光度计等科学仪器42台套；地球化学样品分析技术推广应用机构达172家；地球化学标准物质在国内外800余家机构应用；支持中国地质调查局“地质云”大数据平台建设，完善物化探节点设施和系统，推广化探数据一体化处理系统700余套；推进技术标准制修订和升级工作，完成标准升级审查12项，形成物化探技术标准8项。

【全球尺度地球化学国际研究中心成立】 5月12日，联合国教科文组织全球尺度地球化学国际研究中心（以下简称中心）在廊坊市成立。中心依托物化探所建立，是世界首个地球化学国际研究中心。其宗旨是致力于元素周期表上所有元素及其化合物在全球尺度上的含量与分布、基准与变化研究，为了解地球资源分布和全球环境变化提供基础知识与数据，为政府在矿产资源与生态环境等领域的全球可持续发展提供决策依据。中心的建立对于提高中国在全球资源环境领域的国际话语权，加强中国科技软实力建设具有重要意义，有利于河北承接国际科研成果转化，加快推进京津冀协同发展。国土资源部部长、党组书记、国家土地总督察姜大明，联合国教科文组织助理总干事弗莱维娅·施莱格尔为中心揭牌并致辞。国土资源部副部长曹卫星和弗莱维娅·施莱格尔分别代表中国政府和联合国教科文组织签署全球尺度地球化学国际研究中心协定。

（宋英霞）

中国建筑科学研究院建筑机械化研究分院

【概况】 中国建筑科学研究院建筑机械化研究分院（以下简称建筑机械化研究院）始建于1956年，位于廊坊市金光道61号，隶属于国务院国有资产监督管理委员会，是国内从事建设机械、电梯和机械化施工新技术应用研究和新产品开发的专业研究机构。2016年，建筑机械化研究院院区占地面积9.5万平方米，建筑面积6.7万平方米。设有研究开发机构6个、国家级实验室1个、杂志社以及产品质量监督检验机构2个、院属高新技术企业1家。职工158人，其中研究员17人，高级工程师38人，工程师45人，博士1人，研究生32人，本科生88人，拥有国家级突出贡献专家、享受政府特殊津贴专家、建设部起重安全技术委员会专家、省管优秀专家、电梯行业管理专家、工程机械行业管理专家等。年内，建筑机械化研究院完成重点科研计划18项。其中，国家科技支撑计划项目1项、国家科技支撑计划课题3项、住建部科技计划项目1项、廊坊市科技计划项目1项、院级课题12项。“隧道砌衬注浆机”“双曲线型调直切断机”“JU140全液压履带式打桩机”等新产品研发或试制28项，“六方接头钻杆自动卡接装置”等11项专利获得授权，《建筑施工机械与设备 砂浆联合机》等10项标准获批准发布。建筑机械化研究院获中国建筑科学研究院科技进步奖6项、青年科技成果奖1项、优秀专利奖3项、优秀产品奖2项。“钢筋笼自动成型成套技术”项目、“安装于先有建筑物中的新电梯制造与安装安全规范”标准获廊坊市科技进步二等奖。

【“建筑施工装备关键技术研发与产业化”（2011BAJ02B00）项目】 “建筑施工装备关键技术研发与产业化”（2011BAJ02B00）项目由建筑机械化研究院研发，通过科技部组织的专家验收。项目在基础施工、起重升降、工程钢筋工业化生产、设备安全技术等5个领域，解决行业共性技术难题，项目所属7个课题形成GSX-500钢筋螺纹自动加工生产线、起重升降作业综合平台装备等17项新产品和包括设计理论、计算方法、结构设计、智能化系统、标准规范、规模化制造工艺、示范工程配套技术在内的整套技术体系。项目推动现代建筑施工装备产业化，提升中国施工企业装备和技术水平。

【“轻质版全自动生产线”项目】 “轻质版全自动生产线”项目由建筑机械化研究院研发，为住房和城乡建设部科技项目。项目采用轻骨料体积计量技术、轻骨料混凝土预制浆搅拌技术、底部推模连续自充填浇筑与面层处理一体化成型技术、轻骨料搅拌防尘技术等，形成一套平模流水闭环生产系统，实现轻型预制板的全自动化生产，可降低能耗，提高生产效率，降低劳动强度。该项目通过住房和城乡建设部建筑节能与科技司组织的验收委员会验收，成果达到国际领先水平。

【“塔式起重机防碰撞监控系统研究”】 “塔式起重机防碰撞监控系统研究”由建筑机械化研究院承担，为廊坊市科技项目。项目研发在既有塔式起重机安全监控系统基础上，构建塔机群塔作业防碰撞监控系统，形成对塔式起重机安全监控产品的延伸与丰富，提高群塔施工作业的安全性。项目采用短距无线多跳网络和计算机集中控制，可实现群塔作业环境下数据传输和指令生成的实时性和可靠性。自主研究具有自主知识产权的群塔作业防碰撞运算方法，研发的群塔防碰撞通讯协议列入行业标准（JGJ332—2014）。该项目通过廊坊市科技局组织的验收委员会验收，成果达到国内领先水平。

【“超高层建筑施工电梯的高效安全保障技术研究与示范”课题研究】 2016 年，建筑机械化研究院承担“超高层建筑施工电梯的高效安全保障技术研究与示范”。该课题研究适用于超高层建筑主体施工的单轨双笼高速施工电梯和可实现多部吊笼在单轨上全区间或分区间循环运行的具有智能控制特征的单轨多笼施工电梯，提高超高层建筑施工人货垂直运输效率和安全性能，保障人员高空作业安全，减少施工安全风险，提升中国超高层建筑的施工电梯整体技术水平和超高层建筑施工高端市场国际竞争力。

【“预制构件节点套筒灌浆技术及设备研究”课题研究】 2016 年，建筑机械化研究院承担“预制构件节点套筒灌浆技术及设备研究”。该课题研究套筒灌浆过程中的压力与流量变化规律，提出一种套筒灌浆饱满度控制技术，并研制出相应的轻小便携、可以实现智能保压灌浆功能的专用套筒灌浆设备，保证连接接头灌浆饱满度。

【“模块化大吨位高效安全施工升降机的研究”课题研究】 2016 年，建筑机械化研究院承担“模块化大吨位高效安全施工升降机的研究”。该课题针对超高层建筑施工电梯，整合国内已有技术成果，重点研究电梯高效驱动装置、升降机吊笼模块化、安全逃生装置设计、升降机抗震装置设计、运行数据适时采集传输技术设计。

（王春琢）

河北省区域地质矿产调查研究所

【概况】 河北省区域地质矿产调查研究所（以下简称区调研究所）成立于 1957 年，隶属于河北省地质矿产勘查开发局，位于廊坊市广阳区曙光道 32 号。区调研究所地质勘查业务包括区域地质调查，矿产地质调查，物化探、测绘、岩矿测试鉴定等。区调研究所拥有区域地质调查、固体矿产勘查、地质灾害危险性评估三项甲级资质；地球物理勘查、地球化学勘查、地质实验测试、地质灾害治理工程、测绘五项乙级资质以及钻探丙级资质；地基与基础工程二级资质以及一类机动车维修资质。区调研究所辖二级生产单位 11 个，其中地质勘查处 4 个、环境勘查处 2 个、物化探勘查处、实验室、测绘中心、河北地矿建设工程集团廊坊公司和汽修厂。职工总人数 761 人，其中在册 381 人，离退休 380 人。高级职称人员 58 人，中级职称人员 110 人；博士 2 人，硕士 31 人，本科 215 人。

2016 年，区调研究所承揽廊坊市及周边、省内多个地区的土地变更调查确权、后备资源和基本农田划定等地质测绘项目，全年完成张家口市张北西 110 千伏输变电（变电站）工程地质灾害评估、廊坊市新开路东侧新源道北侧出让地块地质灾害评估等 20 余个地质环境勘察项目。承担各类地质勘查项目 13 个（续作项目 5 个，新开项目 8 个）。其中，1∶5 万区域地质矿产调查项目 5 个，矿调项目 4 个，第四纪地质填图项目 2 个，矿产勘查项目 1 个，化探项目 1 个。工作区涉及西藏、内蒙古、新疆、青海、黑龙江、河北多个省份。全年完成 1∶5 万数字化地质填图面积 3066 平方千米，1∶5 万水系沉积物测量 233 平方千米，槽探 7700 立方米及各类剖面测量、样品采集等工作，新发现矿（化）点 22 处。承揽天津地质调查中心"河北 1∶5 万平安城、沙流河、鸦鸿桥、左家坞、丰润等 5 幅区域地质调查"和地科院地质力学所"河北 1∶5 万大厂回族自治县、三河市、香河县渠口镇四幅第四系覆盖区地质填图"项目。在天津宝坻区新开口一带新发现战国时期古文化层 1 处，发现绳纹陶片、陶纺轮、青铜猎钩等古文物，该发现为宝坻区文化建设及城市规划提供重要参考。年内地质勘查项目设计评审优秀率 100%，野外验收优秀率 100%，3 个测区 11 个图幅 1∶5 万区调成果报告中 9 幅获优秀，优秀率 82%。"内蒙古 1∶5 万基东"等四幅区域调查项目、"内蒙古 1∶5 万标山"等四幅区域调查项目成果报告评审获八幅全优成绩，标山项目创下华北片区单幅 94 分成绩。

【岩矿测试分析】 2016 年，区调研究所实验室分析鉴定西藏、内蒙古、河南、青海等省（自治区）及国内科院研所（高校）1∶5 万矿调项目土壤、水系沉积物样品 4.5 万件，岩矿鉴定 1.1 万件，重砂鉴定 1300 余件，单矿物分选 3000 余件，主量、稀土、微量分析样品 3000 余件，岩矿制片 1.2 万余件，无污染碎样加工 1.3 万余件。5 月，电子探针设备安装调试并投入使用。12 月，区调研究所实验室通过中国合格评定国家认可委员会（CNAS）认证，取得认证证书。

（吴　琳）

河北省地质测绘院

【概况】 河北省地质测绘院（以下简称地质测绘院）始建于 1958 年，位于曙光道 30 号，从事工程测量、地图编制、地质勘查、印刷等专业服务。2016 年，地质测绘院在册职工 290 人，其中正高级工程师 7 人、副高级工程师 29 人、中级职称 67 人，退休职工 230 人。国家注册测绘师 7 人。地质测绘院下设院属二级单位 15 个：测绘工程一处、测绘工程二处、测绘工程三处、测绘工程四处、测绘工程五处、遥感航测处、低空摄影处、制图分院、地理信息中心、房产测量处、张家口办事处、印刷厂、地质工程处、环境工程处、岩矿实验测试中心。地质测绘院具有甲级测绘资质、甲级液体矿产勘查资质、甲级固体矿产勘查资质、甲级水文地质及工程地质和环境地质调查资质、甲级地球物理勘查资质、房产测量甲级资质；具有大地测量乙级资质、测绘航空摄影乙级资质、海洋测绘乙级资质、土地规划资质，是地质灾害评估、治理、施工乙级单位以及出版物、包装装潢和国家秘密载体省级定点印刷厂、印刷品广告制作、发布单位。2016 年，“数字廊坊地理空间框架建设数据采集及建库项目（A 标段）”获中国测绘地理信息学会铜奖；“监测数据管理信息系统”获河北省测绘学会科学技术二等奖；“大城县农村集体土地所有权调查发证”获河北省测绘学会科学技术二等奖。

【测绘勘查】 2016 年，地质测绘院开展廊坊市北京新机场工作办公室土地勘测定界、廊坊市广阳区 2015 年农村承包土地确权测量，以及廊坊市空港区域地形图测绘、建库、发布项目等工作；地质勘查项目 4 个，分别为河北省赤城县北沟掌金多金属矿预查项目、赤城县碾子沟金多金属矿预查项目、“三河市东、西市区地下水资源调查评价”项目、“文安县地热资源调查评价及矿业权设置方案”项目。

（刘　芳）

河北省地球物理勘查院

【概况】 河北省地球物理勘查院（以下简称物勘院）组建于 1958 年，位于廊万路 4 号，是河北省地质矿产勘查开发局直属的地质勘查事业单位。物勘院具有地球物理勘查甲级、地球化学勘查甲级、固体矿产勘查甲级、液体矿产勘查甲级、水文地质、工程地质、环境地质调查甲级、岩土工程勘察甲级、地质灾害设计甲级、地质灾害勘查甲级、地质灾害评估甲级、地质灾害施工甲级、地质钻探乙级、测绘甲级、地质实验测试乙级、桩基施工二级等地质矿产勘查资质，下设重磁勘查所、电法勘查所、测绘勘查所、实验室、工程物探所、化探勘查所、矿产地质调查所、地质环境所、地热研究所等 15 个二级单位。2016 年，物勘院在职职工 381 人。其中，专业技术人员共 252 人（正高级工程师 11 人，副高级工程师 65 人，工程师 84 人，助理工程师 74 人，技术员 7 人，实习期 10 人）；工人中，技师 9 人，高级工 52 人，中级工 43 人，初级工 7 人。年内，物勘院续作和新开工浅层地温能源技术研究开发项目 5 个。其中，“廊坊市城市规划区浅层地温能资源调查评价项目”工作区面积 673 平方千米，通过调查工作，对开发适宜性进行分区，提出开发利用建议，为廊坊市浅层地温能开发、推广应用、政府规划等工作提供地质资料，促进对节能减排、生态环境保护和减少污染等方面研究。物勘院研究成果《大厂回族自治县建成区补测及外围新测 1∶1000 数字地形图测绘》获河北省地理信息工程一等奖；《固安县农村集体土地所有权调查法证工作》获得河北省地理信息工程三等奖。

【找矿成果】 2016 年，物勘院实施“河北省承德县轿顶山矿区外围铅锌多金属矿普查”项目，设计钻孔 5 个，其中 4 个钻孔发现铅锌富矿体、铜矿体、钼矿体，矿体品位较高，突破围绕含矿石英斑岩体找矿和斑岩体外围寻找铅锌富矿体的思路。实施“河北省乐亭县鲁家坨铁矿普查（续作）”项目，6 个钻孔见矿，矿体最大单层厚度 134.15 米，估算可提交 333 资源量（推断内蕴经济资源量）87654 千吨，较 2013 年新增储量 66237 千吨。从资源量远景分析，333 资源量达到 1 亿吨以上，确定为大型铁矿。实施“河北省围场等 6 幅 1∶5 万地球化学测量”项目，扫描面积 1523 平方千米，异常筛选查证 15 处，在老虎沟异常发现矿化蚀变带一处，经探槽揭露取样，部分样品 Au（金）含量 7.3 克/吨、Cu（铜）含量 1.34%、Ag（银）含量 74.8 克/吨，均超过工业品位。实施“河北省武安市北白石铁矿普查”项目，施工验证钻孔 4 个，其中 2 个钻孔见到铁矿体，为该区找矿提供新的靶区。

（张雅迪）

国家统计局廊坊调查队

【概况】 国家统计局廊坊调查队位于广阳区金光道 41 号，属国家统计局派出机构，受国家统计局河北调查总队直接管理，是独立行使统计调查、统计监督职能的参照公务员法管理正处级事业单位。工作方式以抽样调查为主，为国家提供宏观调控和国民经济核算所需重要统计信息。机关内设办公室、综合科、居民收支调查科、价格调查科、产业调查科和农业调查科 6 个职能科室，在编人员 20 人。2016 年，国家统计局廊坊调查队开展居民收支、消费品价格采集、粮食产量、主要畜禽监测、生猪调查大县、采购经理联网直报、劳动力调查、小微企业和个体户跟踪、农民工监测、限下贸易行业抽样调查与小微企业问卷调查和固定资产投资价格等常规专业调查。其中，居民收支调查按照《河北省住户调查电子记账实施方案（试行）》要求，推行电子记账工作。价格调查按照定人、定点、定时、直接调查原则完成每月 6 次价格采集和审核，重点关注蔬菜、服装等商品价格变动，把握节前节后价格波动趋势。撰写分析报告 33 篇，获市级领导批示 3 篇，被市委、市政府办公室采用 6 篇，被新闻媒体采用 19 篇；撰写调查信息 118 篇，获市级领导批示 1 篇，被市委、市政府办公室采用 49 篇（其中市建议报国办 8 条、市建议报省办 1 条），被新闻媒体采用 54 篇；上报业务动态 66 篇，被国家统计局调查总队采用 33 篇；邀约信息被河北调查总队、省委省政府及国家统计局采用 28 条。在 2016 年度河北国家调查队优秀课题及优秀分析报告评选中，国家统计局廊坊调查队获优秀课题一等奖 1 名、三等奖 1 名，获优秀分析报告一等奖 1 名、二等奖 1 名、三等奖 1 名。在 2016 年度全省调查队系统评比中，国家统计局廊坊调查队咨询服务、信息报送、采购经理调查、生产投资价格调查、流通和消费价格调查 5 个专业获优秀等次，农业调查、限额以下贸易固定资产投资及小微建筑业抽样调查、规模以下服务业抽样调查、党风廉政建设和国有企业党风廉政建设民意调查、统计法治及设计管理、纪检监察 6 个专业获良好等次。国家统计局廊坊调查队获河北省第三次全国农业普查农作物面积遥感测量省级“先进集体”。

【普法宣传】 2016 年，国家统计局廊坊调查队制定《2017 年统计法制工作要点》，举办第六届“中国统计开放日”、“12·4”全国法制宣传日和“12·8”《中华人民共和国统计法》颁布纪念日宣传活动，讲解统计调查相关知识，解答群众咨询，提高公众对统计调查工作理解与支持；明确调查对象义务与责任，引导统计调查对象真实、准确提供统计调查资料。

（秦　超）

人 物

新任中共廊坊市委书记、副书记、常委

冯韶慧 汉族，1965年9月出生，曲阳县人。1984年12月加入中国共产党，1985年7月参加工作，在职研究生学历，理学硕士。1981年9月至1985年7月：河北师范大学政教系政教专业学习；1985年7月至1987年10月：河北师范大学政教系教师；1987年10月至1993年5月：中共河北省委宣传部外宣处干事、副主任科员；1993年5月至1996年3月：中共河北省委外宣局秘书处主任科员；1996年3月至1997年12月：中共河北省委宣传部副处级秘书；1997年12月至1998年5月：中共河北省委宣传部正处级秘书；1998年5月至2001年5月：中共河北省委宣传部出版处正处级干部；2001年5月至2002年7月：中共河北省委宣传部出版处处长（其间：2000年7月至2001年6月在新加坡南洋理工大学商学院管理经济学专业学习，获理学硕士学位）；2002年7月至2002年9月：中共河北省文化厅党组成员；2002年9月至2004年12月：河北省文化厅副厅长、中共河北省文化厅党组成员；2004年12月至2008年3月：河北省文化厅副厅长、中共河北省文化厅党组副书记；2008年3月至2012年5月：河北省文化厅厅长、中共河北省文化厅党组书记（其间：2010年5月至2010年7月在中共中央党校地厅级干部进修班学习）；2012年5月至2012年7月：中共廊坊市委副书记（正厅级）；2012年7月至2013年2月：中共廊坊市委副书记（正厅级）、中共廊坊市委党校校长；2013年2月至2013年4月：中共廊坊市委副书记，廊坊市副市长、廊坊市代市长、中共廊坊市委党校校长；2013年4月至2013年9月：中共廊坊市委副书记、廊坊市市长、中共廊坊市委党校校长；2013年9月至2016年6月：中共廊坊市委副书记、廊坊市市长；2016年6月至2016年7月：中共廊坊市委书记、廊坊市市长；2016年7月：中共廊坊市委书记。

陈　平 汉族，1965年4月出生，无极县人。1986年3月加入中国共产党，1988年6月参加工作，在职研究生学历，理学硕士。1984年9月至1988年6月：河北师范大学中文系中文专业学习；1988年6月至1992年8月：河北省供销社人事处工作（其间：1990年1月至1990年12月参加河北省直蹲点帮县工作队，任宽城镇供销社副主任）；1992年8月至1998年1月：中共河北省委组织部干部一处科员、副主任科员、主任科员；1998年1月至2002年7月：中共河北省委组织部干部一处副处长（其间：1999年10月至2000年10月在新加坡南洋理工大学商学院管理经济学专业学习，获理学硕士学位）；2002年7月至2003年4月：中共河北省委组织部干部二

处副处长；2003年4月至2003年5月：中共河北省委组织部干部二处调研员；2003年5月至2003年8月：中共磁县县委副书记、磁县副县长、磁县代县长；2003年8月至2006年4月：中共磁县县委副书记、磁县县长（其间：2005年9月至2006年1月在中共河北省委党校正处级优秀中青年领导干部培训班学习）；2006年4月至2007年6月：中共磁县县委书记；2007年6月至2009年6月：中共涉县县委书记；2009年6月至2009年7月：中共邯郸市委常委、组织部部长，中共涉县县委书记；2009年7月至2013年3月：中共邯郸市委常委、组织部部长；2013年3月至2013年4月：中共沧州市委常委、沧州市副市长候选人；2013年4月至2016年7月：中共沧州市委常委、沧州市副市长（分工政府常务工作）；2016年7月至2016年8月：中共廊坊市委副书记、廊坊市市长候选人、中共廊坊市人民政府党组书记；2016年8月至2016年9月：中共廊坊市委副书记、廊坊市代市长、中共廊坊市人民政府党组书记；2016年9月：中共廊坊市委副书记、廊坊市市长、中共廊坊市人民政府党组书记。

胡晓军 汉族，1966年12月出生，安徽怀宁人。1987年7月加入中国共产党，1988年7月参加工作，在职研究生学历，经济学博士学位。1984年9月至1988年7月：北京师范大学哲学系哲学专业学习；1988年7月至1989年12月：北京市海淀教育科研所未来教育研究室干部；1989年12月至1991年8月：国家核安全局办公室干部；1991年8月至1994年10月：国家核安全局办公室主任科员；1994年10月至1995年3月：国家科委办公厅秘书二处副处长（秘书）；1995年3月至1997年11月：国家科委办公厅秘书二处副处长、中共国家科委办公厅党组秘书；1997年11月至1998年9月：国家科委办公厅秘书二处处长、中共国家科委办公厅党组秘书；1998年9月至2000年12月：科学技术部办公厅秘书一处处长；2000年12月至2001年12月：中共科学技术部办公厅党组秘书；2001年12月至2010年8月：国家科学技术奖励工作办公室副主任（其间：1999年9月至2003年1月在北京师范大学世界经济专业学习，获经济学硕士学位）；2010年8月至2011年6月：科学技术部办公厅副主任（试用期）；2011年6月至2016年1月：科学技术部信息中心主任（其间：2004年8月至2011年7月在北京师范大学世界经济专业学习，获经济学博士学位）；2016年1月至2016年11月：挂职任中共廊坊市委副书记、廊坊市副市长；2016年11月：挂职任中共廊坊市委副书记、廊坊市副市长、中共廊坊市人民政府党组成员。

魏国东 汉族，1964年9月出生，唐山市人。1992年12月加入中国共产党，1985年7月参加工作，在职研究生学历，教育学博士，编审。1981年9月至1985年7月：河北师范学院中文系汉语言文学专业学习；1985年7月至1992年1月：河北省自学考试办公室干部（其间：1985年12月至1986年12月挂任灵寿县护驾町乡共青团委书记）；1992年1月至1996年7月：河北省教育考试院干部、编辑；1996

年7月至2000年6月：河北省教育考试院办公室副主任（其间：1994年7月至1997年6月在河北大学教育系比较教育专业学习）；2000年6月至2006年5月：河北省教育考试院办公室主任（其间：2004年3月至2004年7月在中共河北省委党校中青年干部培训班学习；2005年10月至2005年12月在河北•清华大学第二期中青年干部执政能力建设培训班学习）；2006年5月至2012年5月：河北省教育考试院副院长、中共党组成员（其间：2001年7月至2008年6月在河北大学教育史专业学习，获教育学博士学位）；2012年5月至2012年6月：中共河北省纪委驻河北省交通运输厅纪检组组长、中共河北省交通运输厅党组成员；2012年6月至2016年1月：中共河北省纪委驻河北省交通运输厅纪检组组长、河北省监察厅驻河北省交通运输厅监察专员、中共河北省交通运输厅党组成员；2016年1月至2016年12月：中共河北省纪委驻中共河北省委办公厅纪检组组长；2016年12月：中共廊坊市委常委、纪委书记。

王　曦　满族，1971年1月出生，内蒙古呼和浩特人。1992年4月加入中国共产党，1992年7月参加工作，在职研究生学历，经济学博士学位。1988年9月至1992年7月：中国人民大学财政专业学习；1992年7月至1997年8月：能源部（电力部）电力机械局、华电机械总公司工作；1997年8月至2000年10月：中国华电电站装备工程（集团）公司财务处副处长（其间：1998年4月至2000年7月在湖南财经学院会计系财务管理专业学习）；2000年10月至2003年5月：中国华电工程（集团）公司资金财务部主任；2003年5月至2003年11月：中国华电集团公司结算中心副主任；2003年11月至2005年7月：中国华电集团公司财务公司副总经理、结算中心副主任；2005年7月至2007年4月：中国华电集团公司金融管理部副主任；2007年4月至2007年10月：中国华电集团资本控股有限公司（中国华电集团财务有限公司）常务副总经理（集团公司部门正主任级）、中共中国华电集团资本控股有限公司（中国华电集团财务有限公司）党组成员；2007年10月至2010年6月：中共中国华电集团资本控股有限公司（中国华电集团财务有限公司）党组书记（其间：2005年9月至2008年7月在中共中央党校研究生院经济管理专业学习；2008年4月至2008年7月在中共中央党校国资委分校青年干部培训班学习）；2010年6月至2012年10月：中国华电集团财务有限公司总经理、中共中国华电集团财务有限公司党组书记；2012年10月至2013年7月：沧州市副市长（其间：2010年9月至2013年7月在中国社会科学院国民经济专业学习，获经济学博士学位）；2013年7月至2016年9月：廊坊市副市长；2016年9月：中共廊坊市委常委、宣传部部长。

刘　健　汉族，1959年9月出生，云南罗平人。1986年1月加入中国共产党，1979年10月参加工作，研究生学历，经济学硕士学位。1979年10月至1984年9月：北京市海淀区修理公司翠微路综合修配厂工人；

1984年9月至1987年3月：北京市海淀区修理公司职工学校教师、业务科干部（1981年9月至1986年7月在中国人民大学函授学院工业经济管理专业在职大学学习）；1987年3月至1988年9月：北京市海淀区审计局工业科干部；1988年9月至1991年7月：北京经济学院马列主义理论部政治经济学专业硕士研究生；1991年7月至1995年1月：北京市工商行政管理局企业监督处科员、副主任科员、主任科员；1995年1月至1995年6月：北京市工商行政管理局行财处副处长；1995年6月至1996年12月：北京市工商行政管理局财务审计处副处长；1996年12月至1998年12月：北京市工商行政管理局市场二处副处长；1998年12月至2000年6月：北京市工商行政管理局市场管理处处长；2000年6月至2002年12月：北京市工商行政管理局特殊交易监督管理处处长；2002年12月至2013年1月：北京市工商行政管理局副局长、中共北京市工商行政管理局党组成员；2013年1月至2014年1月：北京市第五期区县局级领导干部研修班学习；2014年1月至2016年8月：北京市地方税务局副局长、中共北京市地方税务局党组成员；2016年8月至2016年11月：挂职任中共廊坊市委常委；2016年11月：挂职任中共廊坊市委常委、廊坊市副市长，中共廊坊市人民政府党组成员。

新任廊坊市人民政府市长、副市长

陈　平　个人简历见“新任中共廊坊市委书记、副书记、常委”

胡晓军　个人简历见“新任中共廊坊市委书记、副书记、常委”

刘　健　个人简历见“新任中共廊坊市委书记、副书记、常委”

王帅文　汉族，1974年2月出生，江苏泗洪人。1995年11月加入中国共产党，1993年9月参加工作，中共中央党校研究生学历。1993年9月至1997年7月：石家庄陆军学院炮兵分队指挥专业学员；1997年7月至1998年4月：北京卫戍区警卫第十一团三营炮兵连副连职排长；1998年4月至1999年3月：北京卫戍区警卫第十一团政治处组织股副连职干事；1993年3月至1999年11月：北京卫戍区警卫第十一团修理所政治指导员；1999年11月至2001年12月：北京卫戍区警卫第十一团政治处组织股代理股长；2001年12月至2004年7月：北京卫戍区警卫第十一团政治处组织股股长；2004年7月至2004年12月：中共中国进出口银行机关党委干部；2004年12月至2006年7月：中共中国进出口银行机关党委主任科员；2006年7月至2007年2月：中国进出口银行党团工作部综合处主任科员；2007年2月至2008年3月：中国进出口银行党团工作部综合处副处长；2008年3月至2010年3月：中国进出口银行党团工作部综合处副处长兼机关组织处副处长；2010年3月至2014年3月：中国进出口银行党团工作部综合处处长兼机关组织处处长（其间：2011年7月在中共中央党校研究生院党的建设专业学习）；2014年3月至2014年10月：中国进出口银行党团工作部主任助理、行共青团委书记兼综合处处长、机关组织处处长；2014年10月至2016年3月：中国进出口银行党团工作部主任助理、

行共青团委书记；2016年3月至2016年11月：中国进出口银行党群工作部主任助理、行共青团委书记；2016年11月：挂职任廊坊市副市长，中共廊坊市人民政府党组成员。

新任廊坊市政协副主席

吕爱英 女，汉族，1956年8月出生，井陉县人。无党派，1977年1月参加工作，中共河北省委党校研究生学历。1977年1月至1979年9月：井陉县南障城高中教师；1979年9月至1983年7月：河北师范大学中文系中文专业学习；1983年7月至1991年4月：西藏拉萨中学、西藏大学教师（讲师）；1991年4月至1996年4月：河北省妇联儿童工作部主任科员；1996年4月至1999年7月：河北省妇联儿童工作部副部长；1999年7月至2002年5月：河北省妇联儿童工作部副部长、河北省妇女儿童工作委员会办公室负责人；2002年5月至2004年5月：河北省妇女儿童委员会办公室专职副主任（正处级）；2004年5月至2015年7月：廊坊市副市长；2015年7月至2016年1月：提名为政协廊坊市委员会副主席候选人；2016年1月：政协廊坊市委员会副主席。

陈洪波 汉族，1962年8月出生，安国市人。1985年8月加入中国共产党，1984年7月参加工作，中共中央党校研究生学历。1980年9月至1984年7月：河北师范大学中文专业学习；1984年7月至1985年5月：三河县燕郊镇共青团委书记（中共河北省委组织部选调生）；1985年5月至1986年5月：中共三河县委组织部干事；1986年5月至1991年1月：中共廊坊地委组织部干训科干事；1991年1月至1993年8月：中共廊坊市委组织部干部培训科副科长；1993年8月至1995年6月：中共廊坊市委组织部干部培训科副科长、正科级组织员；1995年6月至1995年9月：中共廊坊市委组织部干部一科副科长、正科级组织员；1995年9月至1998年1月：中共廊坊市委组织部干部一科科长；1998年1月至2000年8月：中共三河市委常委、组织部部长（其间：1997年9月至2000年7月在中共中央党校研究生院科学社会主义专业学习）；2000年8月至2004年12月：中共廊坊市委组织部副部长；2004年12月至2010年2月：中共廊坊市委组织部副部长、正处级组织员；2010年2月至2015年7月：中共廊坊市委组织部常务副部长；2015年7月至2016年1月：提名为政协廊坊市委员会副主席候选人，中共廊坊市委组织部常务副部长；2016年1月：政协廊坊市委员会副主席、中共廊坊市委组织部常务副部长。

全国五一劳动奖章获得者

王明耀 汉族，1962年10月生，河北省固安县人。1984年7月参加工作，中国共产党党员，1989年12月加入中国共产党，大学学历，研究员，廊坊市农林科学院专业技术人员。参加工作后，一直在生产第一线从

事先进蔬菜生产技术和优良蔬菜品种的推广、创新和示范工作。在优化农村农业经济结构，提高蔬菜产品质量和效益，提高蔬菜业竞争力，推动农村经济发展和蔬菜科技进步方面作出贡献。

2000年4月之前，先后在河北省廊坊市东沽港镇农业技术推广站、固安县农业局蔬菜生产办公室和固安县蔬菜管理局技术站，从事蔬菜生产技术推广，承担塑料日光温室及冬鲜菜生产技术开发、黄瓜番茄周年高产技术、淡季蔬菜高产高效技术等5项科技项目，研制固安Ⅰ型、固安Ⅱ型和冀优Ⅱ型3种高效节能型蔬菜设施和3项配套生产技术，总结示范了黄瓜、韭菜、番茄、芹菜和厚皮甜瓜5种瓜菜的高产高效生产模式，攻克了茬口安排、品种选择、水肥管理、病虫害防治等方面存在的32个生产难题，编制《厚皮甜瓜伊丽莎白冬春茬栽培技术规程》《冀优Ⅱ型日光温室建造技术规程》《塑料日光温室冬茬甜椒栽培技术规程》3个河北省地方标准，建成河北省固安县牛驼、东红寺、宫村、渠沟等9个示范区、面积3800多亩，推广19项蔬菜生产先进技术、应用面积120多万亩，帮助近10万农民致富，促进了固安县农业经济结构的优化，提高了固安蔬菜产品质量、效益和竞争力，获得全国农牧渔业丰收奖一等奖。

2000年5月后，在廊坊市农科院从事蔬菜生产技术和蔬菜品种的创新与示范。主持承担了韭菜种质资源搜集提纯及新种质选育、韭菜病虫害防控与硝酸盐累积调控技术中试与示范、茄果类蔬菜抗根结线虫砧木新品种选育、番茄抗根结线虫病兼抗枯萎病砧木种质资源创新和应用等9项科研项目；创制出廊坊高效日光温室、四季棚室2种节地高效的蔬菜栽培设施，其中：四季棚室获国家实用新型专利；育成科砧1号、科砧2号、科砧3号3个番茄砧木新品种和廊韭6号、廊韭9号、优宽1号3个韭菜新品种，其中：番茄抗病砧木新品种——科砧1号，获得中华人民共和国植物新品种权；取得韭菜病虫无公害防控关键技术、越冬茬番茄抗根结线虫砧木新品种科砧1号选育和配套栽培技术研究、“四季棚室”结构设计及蔬菜周年栽培模式研究等12项国际先进水平和1项国际领先水平科技成果；在《中国蔬菜》等杂志上发表22篇论文，编著《图说棚室韭菜栽培与病虫害防治》等科技书5本，编制《嫁接法防治设施番茄根结线虫病技术规程》等3个河北省地方标准和《“四季棚室”蔬菜周年生产规程》等4个廊坊市地方标准；巡回廊坊、石家庄、保定、张家口、秦皇岛、邯郸、衡水地区的16个县、市、区，解除了62个制约当地蔬菜生产技术难题，开展科技服务550多次，培训6万多人，提高了当地蔬菜业竞争力，推动了蔬菜科技进步，获得河北省科技进步奖和廊坊市科技进步奖等7项奖励。

2005年至2014年连续10年考核优秀，2015年获廊坊市农林科学院综合性工作先进个人。

马希军 回族，1975年10月出生，中国共产党党员。任廊坊市环境卫生管理局环卫城管监察中队小队长。1994年，马希军加入环卫队伍，在环卫岗位上工作20个春秋。

规范管理，提高作业质量。在垃圾清运中，每天清运垃圾500多吨。面对人员、车辆、设备众多的大队伍，他最关注有效管理，在掌握了清运各项业务基础上，制定了《业务考核管理实施细则》《流动红旗评比实施细则》《优秀职工评选实施细则》等管理规定，在他的倡议下100台垃圾车全部安装"GPS车辆定位管理系统"，制作出车辆电子信息管理软件，同时开展垃圾清运车承包，核定垃圾清运车辆油材料消耗，通过对垃圾清运车辆科学化管理，明显降低清运成本，提高了工作效率。

爱岗敬业，提升市区净化水平。2013年4月，马希军走上市容执法岗位，强化文明规范执法成了他的新课题。他一面学习环卫执法知识，一面在执法中总结执法难点，针对难点修改完善相关规章制度，规范市容执法。他以治理建筑工地出入口污染、道路遗撒为重点，白天查建筑工地出入口污染、门店装修及渣土手续办理，夜间检查渣土运输车辆及乱倒垃圾等情况。为降低路面污染，他每天必到各个工地执法检查，为防止建筑工地半夜偷运渣土，他与执法队员在工地上经常一盯就是一个晚上，发现偷运车辆当即拦停，处理违法行为不徇私情，车辆必须符合要求后才放行。他以身作则，杜绝了吃、拿、卡、要等现象的发生，保证了市容执法的公平、公正。他与各建筑工地签订施工《环境管理责任书》，明确企业责任，规范管理措施，做到谁污染谁整治，谁施工谁杜绝。通过他每天耐心、细致地执法检查，大部分建筑工地负责人被他的这种精神所感动，都能主动配合市容执法，按相关要求做好工地路面污染量的控制，使市区路面污染明显改善。

宋玲珍　女，汉族，河北省青县人，1980年12月出生，大专学历，河北华美化工建材集团有限公司销售部经理。自1999年7月从陕西宝鸡商贸学校毕业后，应聘到河北华美化工建材集团有限公司，先后任公司销售职员、销售助理、销售部经理。

在担任销售部经理期间，全面负责公司产品市场开发、客户管理和产品销售，以"用真诚创造满意"的服务理念，全力做好销售工作。经过十几年努力，在全国各省、自治区和直辖市建立起销售网络，并开拓出美国、俄罗斯、澳大利亚、韩国、马来西亚等20多个国家的海外市场，2015年产品销售额3.9亿元，国内市场占有率30%以上。她认真研究国内外产品市场动态和需求，与技术人员一起研发出10项专利新产品，使公司始终以新产品引领市场，不断满足市场需求。她注重市场反馈和客户回访，向生产部门提出改善建议200多条，使产品性能指标不断提升，为社会提供优质节能精品，所在企业被评为"中国绝热节能材料行业标志性企业"。她广泛宣传公司产品和服务理念，组织参加国际性展销活动30多次，提高了公司品牌知名度、美誉度，产品先后被评为"河北省名牌产品""中国驰名商标""亚洲名优品牌"。通过传帮带，她培养出优秀销售人员180多人，打造出一支职业化销售团队。连续3年顾客满意度和忠诚度均在98.5%以上。

2009年4月被授予"廊坊市劳动模范"称号，2015年4月被授予"河北省五一劳动奖章"。

逝世人物

张树辉　男，汉族，1923年5月出生，河北省任丘市人。原中共廊坊地委常委、宣传部部长。1941年10月加入中国共产党，1944年4月参加工作。1944年4月至1948年2月任任丘县田家口村党支部委员、村小学教员；1948年3月至1953年10月先后任中共任河县六区区委秘书、组织部干事、中共任丘县委组织部部长；

1953年11月至1958年7月任中共天津地委组织部副科长、科长，中共天津地直党委副书记、书记；1958年8月至1963年4月任中共天津沧州医专副书记、杨村师专书记；1963年5月至1969年5月任中共天津地直党委书记、天津专署水利局局长；1969年6月至1978年2月任中共廊坊地区干校党委副书记、书记；1978年3月任中共廊坊地委宣传部部长，1983年9月经中共河北省委组织部批准离休，享受副省长级标准报销医疗费待遇。2016年9月9日，因病医治无效，在廊坊病逝，终年93岁。

曹　洗　男，汉族，1926年7月出生，河北任丘市人。中共河北省廊坊地委副书记、廊坊地区行政公署副专员。1940年9月参加工作，1947年3月加入中国共产党。1940年9月，在任丘县大王果庄、高李庄、庞许庄、边关村等地任小学教员；1947年11月，任中共任丘县委办公室研究员、秘书；1953年4月，任中共任丘县委宣传部副部长；1953年10月，任中共任丘县石门桥区区委书记；1955年12月，任中共天津地委办公室秘书、副主任；1958年12月，任中共天津市委工业部副处长；1962年8月，任中共天津地委办公室主任；1964年10月，任中共天津地委副秘书长；1967年11月，任天津地区革委会办公室副组长、副主任；1969年10月，任宁河县革委会副主任、核心组副组长；1971年1月，任中共宁河县委副书记，县革委副主任；1972年5月，任中共天津地革委办公室党委书记、主任；

1973年5月，任中共天津地委（廊坊地委）常委、秘书长；1975年5月，任中共廊坊地委副书记，地革委副主任；1978年9月，任中共廊坊地委副书记，行政公署副专员；1986年6月离休，享受副厅级离休干部待遇。2016年4月29日，因病医治无效，在廊坊病逝，终年90岁。

任联飞　男，汉族，1935年5月出生，河北定兴县人。廊坊市人大常委会原主任。1949年8月参加工作，1954年12月加入中国共产党。1949年8月至1952年8月，定兴县高里乡税务所协助员；1952年8月至1956年10月，定兴县税务局计划员、县政府办公室科员；1956年10月至1961年5月，定兴县、易县人委办公室主任、农业局长；1961年5月至1964年8月，中共定兴县委办公室主任；1964年8月至1967年1月，共青团保定地委副书记、中共满城县委书记；1967年1月至1972年11月，进“五七”干校；1972年11月至1975年8月，中共保定地委群工处副处长，共青团保定地委副书记；1975年8月至1985年12月，中共定兴县委副书记、中共望都县委书记、中共易县县委书记、县人武部第一政委；1985年12月至1992年5月，中共廊坊地委副书记；1992年5月至2000年11月，中共廊坊市委副书记、市人大主任；2000年11月离休。2016年11月11日，因病医治无效，在廊坊病逝，终年81岁。

附　录

廊坊市国民经济和社会发展第十三个五年规划纲要

（2016年1月27日廊坊市第六届人民代表大会第四次会议批准）

第一篇　站在新起点，开启新征程

第一章　现有基础和面临形势

一、“十二五”时期主要成就

“十二五”时期是廊坊发展历程中极不平凡的五年。面对宏观经济下行压力不断加大的严峻形势和艰巨繁重的改革发展稳定任务，市委、市政府团结带领全市人民，全面贯彻落实中央和省各项决策部署，积极适应和引领经济新常态，牢牢把握京津冀协同发展机遇，统筹抓好稳增长、调结构、促改革、优生态、惠民生各项工作，全市经济社会发展取得重大成就。

——综合实力持续增强。“十二五”时期，全市综合实力不断提升，发展质量效益同步提高。全市生产总值由2010年的1351亿元增至2015年的2473.9亿元，年均增长9.5%，人均生产总值由3.2万元增至5.4万元；全部财政收入由195.4亿元增至481.3亿元，年均增长19.8%，一般公共预算收入由105.9亿元增至303.4亿元，年均增长23.4%，全部财政收入总量由全省第六位升至第三位，一般公共预算收入总量由全省第四位升至第三位；全社会固定资产投资由909亿元增至2166.8亿元，年均增长21.1%；规模以上工业增加值由451.5亿元增至721.6亿元，年均增长9.5%；社会消费品零售总额由419.1亿元增至793.2亿元，年均增长13.6%，主要经济指标保持了平稳较快增长。全部财政收入占生产总值比重由14.5%提高到19.5%，一般公共预算收入占生产总值比重由7.8%提高到12.3%，经济发展保持了有质量、有效益的良好态势。

——经济结构日益优化。坚定不移推进转型升级，积极构建绿色循环低碳现代产业体系，产业结构向中高端迈进。三次产业比例由“十一五”末的11.6∶53.6∶34.8调整为2015年的8.3∶44.6∶47.1，产业结构呈现“三、二、一”格局，实现历史性突破。一大批高端项目顺利建设，五年实施亿元以上项目2289项，其中高端制造、现代服务业项目占60%以上，争列省重点项目199项，航天振邦、精雕数控机床、固安卫星导航产业港等一批高端项目投产。新兴产业支撑力明显增强，电子信息、高端制造、现代服务、新材料等产业加快发展，其中电子信息产业增加值年均增长16.8%，成为发展最快的支柱产业；高端制造业占规模以上工业增加值比重达到28.4%。服务业增加值总量超过工业，对经济增长贡献率从38.1%提高到61.6%。传统产业转型升级步伐加快，五年累计实施工业技改项目3281项，投入工业技改资金2334亿元，压减过剩产能圆满完成省定任务。现代农业加快发展，建成省级以上农业科技园区11家、省级现代农业园区4家，大厂、固安获批国家级农业科技园区。粮食生产连年获得丰收。

——推进京津冀协同发展取得良好开局。抢抓协同发展重大机遇，重点领域率先突破。全面提升对接水平，在规划、产业、交通、金融、生态等方面进行深度对接，重大问题上达成共识，签订了一系列战略合作协议。对接顶层设计，在协同发展大格局中明确“三区一地”的发展定位，制定了全市实施意见，持续加力加以推进。立体化交通网络加速形成，北京新机场全面开工建设，新机场外围“五纵两横”综合交通规划获得国家批复，京沪高铁、津保铁路和廊沧、京台高速廊坊段建成通车，京廊通勤高铁开通运行，京唐、廊涿、京霸、固保、平谷线等轨道交通项目顺利推进，京秦、密涿等断头路加速对接，燕郊跨潮白河大桥加快建设，率先成为京津冀“交通一卡通”试点市。功能承接实现突破，京廊科、教、文、卫协同持续深化，燕达医院与北京朝阳、天坛医院共建共管，率先建立社保异地结算机制；北京五中、八中等分校落户，北京印刷学院、北大附属廊坊益田实验学校签约。产业协同持续深化，京津冀产业转移系列对接活动成效全省最佳，中兴研究院、京东商城华北订单处理中心、微软游创中心等企业区域总部落户，香河国际建材交易中心、中粮可口可乐华北基地等一批项目加快推进，京津冀量子通信、智能制造产业园等一批项目签约。园区共建共享取得成效，北京新机场临空经济区建设扎实推进，与北京经济技术开发区共建北京亦庄·永清高新区，首批项目进场施工，与西城区共建西城金融商贸产业园，大红门八大市场落户永清国际服装城，中关村国家自主创新示范区固安高新技术产业园、中关村（大兴）生物医药产业基地固安合作园、京冀通航产业园等签订合作协议。生态联防联控更加紧密，共建大气质量联动体系，在京廊交界共建生态林，实现绿色廊道互联互通，北三县与平谷、蓟县共建京津冀国家生态文明先行示范区方案通过国家评审。

——创新发展能力明显提高。深入实施创新驱动战略，大力培育创新主体、搭建创新平台、优化创新环境，科技创新实力大幅提升。深入实施科技创新“一十百千万”工程，全力建设科技研发创新成果转化引领区。创新主体规模持续壮大，实施科技型中小企业成长工程，科技型中小企业和科技小巨人企业数量均居全省前列，高新技术企业达到154家，规模以上高新技术产业增加值达到170亿元，占规模以上工业增加值比重达到23.9%，高于全省约8个百分点。创新平台建设全面提速，全力打造创新孵化、成果转化、科技金融等十大创新平台，设立10支、17亿元科技金融专项基金，带动近100亿元的金融资本与社会资本为全市科技型企业、京津高新技术成果进入廊坊孵化转化提供资金支持。全市省级以上企业研发中心达到43家、院士和博士后工作站达到14个，全国第一家博士后成果转化基地落户固安，全市研发经费投入强度由2010年的0.6%提高到0.85%。拥有燕郊国家级高新区和廊坊、龙河、固安、大厂、北京亦庄·永清五家省级高新区；建成市级以上科技企业孵化器20家。协同创新迈出重大步伐，坚持走京津研发、廊坊孵化转化路径，积极融入协同创新共同体。建设了清华大学重大科技项目（固安）中试孵化基地、北大协同创新创业基地、北航机器人研究所等12家协同创新平台。创新环境不断优化，出台了加快创新型经济发展、加快发展众创空间等一系列政策，不断深化政策支持。引进国家“千人计划”专家14人，为创新发展提供了有力支撑。全市专利申请和专利授权累计分别达12621件和9082件，比“十一五”期间分别增长195%和225%。

——生态环境质量持续改善。坚持严守生态底线，以前所未有的决心力度推进综合治理，生态环境得到持续改善。铁腕治理大气污染，实施最严格的措施、最严格的标准，出台一系列大气污染防治政策措施，连续两年把治理大气污染列入“十项集中行动”，组织开展“蓝天行动”“利剑斩污”等专项行动，精准实施控煤、抑尘、限车、治污、治烟组合拳，市县建成区10蒸吨及以下燃煤锅炉全部淘汰，完成14.1万农户清洁炉具替代，关停拆除过剩产能企业178家，压减炼铁产能203万吨、炼钢产能72万吨，淘汰水泥产能1603万吨、玻璃330万重量箱，全部关停取缔实心粘土砖瓦窑，全部淘汰现有黄标车，圆满完成APEC、“9·3”阅兵等重大活动空气质量保障任务。主要大气污染物排放总量大幅度减少，2015年达标天数185天，比2013年增加53天；重污染天数52天，比2013年减少33天。全域修复生态环境，以建设国家平原森林城市为目标，大力推进植树增绿，实施了“两年攻坚战，造林一百万”等工程，五年累计完成造林164万亩，完成廊南森林、湿地走廊项目论证工作，香河县潮白河大运河湿地公园列入国家级湿地公园试点。严格落实水污染防治“国10条”和“省50条”，流域水质明显好转。提前一年完成“十二五”节能减排任务，单位GDP能耗下降21.02%。

——改革开放取得突出成效。坚持全面深化改革开放，着力破解体制机制障碍，经济发展的动力活力持续增强。成功争列第一批全国中小城市综合改革试点，列入国家全面创新改革试验区域。大力简政放权，深入推进“效能廊坊”建设，全部取消非行政许可审批，市级行政审批事项由340项精简至239项，五年削减29.7%，“一办两中心”“三级平台”全面建成，“三个清单”编制发布，全面完成市县政府机构改革任务，政府标准化建设有序推进。商事制度改革实现突破，全面实行“三证合一”“一照一码”，179个前置审批事项改为“先照后证”，在全省率先实现投资项目在线审批，市场主体达到22万家。财税金融改革全面推进，绩效预算改革全面推开，县级国库集中支付改革实现全覆盖，“营改增”稳步推进。国有资产监管效能显著提升，国企改革稳步推进，9家国有企业完成改革重组。农村综合改革扎实开展，农村土地确权颁证全面展开，土地经营权流转85.7万亩。金融创新活力增强，建立京津廊金融家联盟，促进金融资源在廊坊聚集，“十二五”期间，引进域外银行业金融机构7家，新增挂牌上市企业39家。科教文卫等社会领域改革迈出新步伐。对外开放广度深度不断拓展，“5·18”经洽会、“9·26”农交会的知名度和影响力不断提升，成功举办大数据产业周、军民融合展洽会等系列贸展活动。世界500强企业达到29家，累计实际利用外资33.8亿美元，在20多个国家和地区累计投资14.7亿美元。园区成为对外开放的战略平台，省级以上园区数量、面积均居全省第一位，建成一批特色区中园、国别园。

——城乡统筹发展迈出新步伐。加快新型城镇化进程，城乡面貌发生较大变化，协调发展水平明显提升。全市城镇化率达到54%，五年提高5.2个百分点。城镇布局不断优化，城市总规完成修编，城乡统筹规划、各县（市）城乡总规等编制完成，中心城市确立“大四点”组团发展模式，北三县统筹发展全面推进。中心城市功能持续完善，建设了万达广场、京沪高铁站等一批重点城建项目，主城区140条小街巷实现提升改造。在全省率先实施市、县两级数字城管，被列为国家智慧城市试点。县域发展能力全面增强，集中开展县城和重点镇提升行动，县城面貌、承载能力、综合实力全面提升。全市所有县（市、区）全部财政收入均超过10亿元，三河、固安、香河等三县（市）一般公共预算收入进入全省县级排名前十。基础设施水平大幅提升，全市公路总里程突破1万千米，路网密度达到160千米/百平方千米，居全省首位，基本实现了县县通高速。建成110千伏以上变电站26座。南水北调三大干渠全面建成，廊涿干渠和天津干渠正式供水，保沧干渠建成并具备通水条件，8座地表水厂全部竣工，北三县调水工程获省政府批准，前期工作扎实推进，水资源短缺得到缓解，生产、生活和生态用水需求得到基本保障。信息基础设施建设持续加强，光纤宽带建设大力推进，移动4G实现全覆盖。美丽乡村建设扎实推进。

——社会民生持续改善。坚持发展成果人民共享，全面保障和改善民生，社会大局保持和谐稳定，人民群众获得感增强。民生支出占一般公共预算支出达到81.2%，五年提高7.6个百分点。城乡居民人均可支配收入分别达到31925元和13159元，继续保持全省领先。持续实施就业、社保、教育、卫生、安居、帮困等民生工程，五年累计新增城镇就业25.8万个，实现农村劳动力转移就业116.7万人，城镇登记失业率保持在2%左右，连续十年保持全省最低，零就业家庭动态归零；城乡居民养老保险参保率、五保集中供养率保持全省领先，城乡人均低保标准全省最高，市区社区居家养老服务设施覆盖率达到93%；城镇基本医疗保险实现市级统筹，新农合参合率保持在95%以上，县级公立医院综合改革全面开展；基本普及高中阶段教育，启动679所中小学、幼儿园建设，其中646所投入使用，全面完成中小学校舍安全工程；加强保障性住房建设，城镇低收入家庭实现应保尽保。建成138座农村集中供水水厂，在全省率先全面完成农村饮水安全任务。文化惠民工程进一步推进，文化事业全面发展。食药安全监管力度加大，安全生产形势持续好转，社会治理格局不断完善，信访积案化解工作扎实推进。各民族共同团结奋斗、共同繁荣发展日益深入人心，涌现出一批受国务院和省政府表彰的民族团结进步模范集体和个人。国防动员、民族宗教、新闻广电出版、外事侨务、人民防空、史志档案、气象地震、地理信息、对口援助、妇女儿童、双拥、老龄、残疾人等工作都取得新成绩。

回顾五年来的改革发展历程，在速度变化、结构优化、动力转换的新常态下，全市上下积极克服经济持续下行的不利影响，有效应对压产能、治污染、调结构等多重压力。遇到的困难前所未有，取得的成绩来之不易，积累的经验弥足珍贵：实现经济社会又好又快发展，必须坚决落实中央和省政策要求，不折不扣地贯彻习近平总书记系列重要讲话精神，确保党中央、国务院和省委、省政府重大决策部署落地生根。必须转变发展理念，始终秉持生态优先发展观，强化质量效益意识，认识、适应、引领经济新常态，以生态约束倒逼发展转型，以发展转型保障生态改善，坚定不移走绿色循环低碳发展之路。必须坚持科技领引，以自主创新抢占发展制高点，以协同创新提升产业层级，以产业创新培育新的增长点，使创新成为驱动高端发展的第一引擎。必须全力推进协同发展，抓住用好京津冀协同发展重大历史机遇，努力在对接京津中实现突破，真正把发展机遇转变为发展优势。必须增进民生福祉，持续加大民生投入，着力解决人民群众最关心最直接最现实的利益问题，使人民群众有更多获得感。必须转变工作作风，始终牢记“两个务必”，认真践行“三严三实”，坚定不移反腐败，驰而不息纠“四风”，为改革发展稳定提供坚强政治保证。

二、“十三五”时期面临形势

展望“十三五”，廊坊将迎来空前的发展机遇，进入历史性、突破性、跨越性的发展时期。准确认识国内外环境的深刻变化，把握有利条件和风险挑战，是谋划好“十三五”经济社会发展的基础和前提。

“十三五”时期，京津冀协同发展大背景下廊坊面临的战略机遇前所未有。世界经济正在发生深刻变化，新一轮科技革命和产业变革蓄势待发，孕育着新产业、新业态、新模式，将迎来新的发展空间和突破。我国经济发展已经进入新常态，长期向好的基本面没有改变，具有巨大的韧性、潜力和回旋余地，仍处于大有可为的战略机遇期。特别是习近平总书记亲自谋划和推动的京津冀协同发展，为廊坊提供了难得历史机遇。按照国家京津冀协同发展规划纲要的空间布局，廊坊紧邻“一核”、地处“双城”之间、“主轴”之上，全域处于中部核心功能区，为全方位深化改革、扩大对外开放、聚集国内外先进要素提供了现实机遇。北京新机场及其配套工程的加快建设，北京新机场临空经济区建设稳步推进，将为廊坊打造面向全国乃至世界的新窗口；列入京津冀全面创新改革试验区和全国中小城市综合改革试点，有利于率先突破体制机制障碍，加快形成与京津深度融合的紧密共同体。国家实施创新驱动和“一带一路”战略、“中国制造 2025”、“互联网+”行动计划等，为廊坊加快转变发展方式、加快调整产业结构、加快培育增长动力提供了更大空间和可能。国家“去产能、去库存、去杠杆、降成本、补短板”的系列政策措施，为廊坊供给侧结构性改革提供了有利条件。尤其是近年来，全市综合实力明显增强，发展质量不断提升，广大干部群众加快发展的愿望非常强烈、干事创业的激情空前高涨，为全市经济社会加快发展提供了坚实的保障。

未来五年廊坊处于转型发展的关键时期，发展进程中的不平衡、不协调、不可持续问题依然突出，保持经济社会持续稳定健康发展面临诸多困难和挑战：资源约束趋紧，建设用地供需矛盾将更加突出，生产生活用水主要靠超采地下水。环境容量不足，大气污染较重，雾霾天气时有发生，主要河流长期无生态水汇入，减排任务非常艰巨。规划管控影响，京津冀协同发展的空间管控要求，对全市主城区和环京县的城市发展带来一定影响。周边竞争激烈，所在区域发展很快，加之立体交通快速形成，廊坊传统意义上的区位优势在加速弱化。

“十三五”时期，廊坊拥有的机遇千载难逢，面临的挑战现实而严峻。面对新形势新任务新要求，必须以更加强烈的责任感和使命感，主动作为，攻坚克难、奋发有为，努力开创全市经济社会发展的新境界。

第二章　指导思想与主要目标

一、指导思想

“十三五”时期全市经济社会发展的指导思想是：全面贯彻党的十八大和十八届三中、

四中、五中全会及省委八届十二次全会精神，以邓小平理论、“三个代表”重要思想、科学发展观为指导，深入贯彻习近平总书记系列重要讲话精神，按照“五位一体”总布局和“四个全面”战略布局，牢固树立创新、协调、绿色、开放、共享的发展理念，坚持“协同发展、转型升级、又好又快”工作主基调，以提高发展质量和效益为中心，坚守发展、生态、民生三条底线，牢牢抓住新机遇，努力适应新常态，按照市委五届八次全会的部署，大力实施协同发展、科技领引、开放带动、生态支撑主战略，着力做强城市经济，着力发展高端产业，着力创新体制机制，着力重塑环境优势，着力防范社会风险，加快建设科技研发创新成果转化引领区、战略性新兴产业和现代服务业聚集区、京津冀全面创新改革试验区，争当北京非首都功能集中承载地，努力率先走出一条生态优先、绿色发展的新路，奋力开创绿色、高端、率先、和谐发展新局面，确保提前全面建成小康社会，为加快建设经济强省、美丽河北做出新的更大贡献。

二、指导原则

——必须全面贯彻五大发展理念。切实把创新、协调、绿色、开放、共享的发展理念，贯彻落实到经济社会发展各领域各环节，以发展理念创新引领发展方式转变，以发展方式转变促进质量效益提升，把全市发展水平推向一个新高度。

——必须坚持生态优先绿色发展。发展要坚持以保护生态为前提，把生态文明理念贯穿于经济社会发展全过程和各领域，强化污染综合治理和山水林田湖生态修复，深入推进资源节约集约利用，大力发展循环经济，在全省率先走出一条生态优先绿色发展的新路。

——必须聚焦聚力加快转型升级。着力推进供给侧结构性改革，打破传统发展路径依赖，强化质量效益导向，突出科技创新的领引作用，转换经济发展动力，推进经济结构战略性调整，努力走出一条质量更高、效益更好、结构更优、更可持续的发展新路。

——必须抓住用好协同发展重大机遇。立足在京津冀协同发展中的定位，努力把自身优势和潜力发挥到极致，主动服务京津、借力京津、融入京津，有序承接北京非首都功能疏解，推动重点领域精准对接、率先突破，在协同中增强实力、补齐短板。

——必须始终秉持事争一流工作标准。落实中央宏观政策要稳、产业政策要准、微观政策要活、改革政策要实、社会政策要托底的总体思路，对标先进地区、抬高发展标尺，主动担当、积极作为，推动全市经济社会发展在好的基础上保持较高的速度，力争全市各条战线多出亮点、各项工作走在全省前列。

——必须不断强化党的领导核心作用。落实全面从严治党责任，加强和改善党对经济社会发展的领导，推进治理体系和治理能力现代化，激发全市广大干部群众干事创业的热情和活力，为圆满实现“十三五”规划目标提供坚强保证。

三、发展目标

“十三五”时期，在提高发展平衡性、包容性、可持续性的基础上，努力做到“三个前列、两个翻番、一个提前”：经济增长保持中高速，主要经济指标增速位居全省前列；产业发展迈入中高端，质量和效益位居全省前列；环境治理大见效，生态建设水平位居全省前列。到2020年，地区生产总值和城乡居民人均可支配收入比2010年翻一番以上，并努力在全省率先实现翻番。确保提前全面建成小康社会。

——综合实力跃上新台阶。经济保持平稳较快增长，发展质量和效益明显提高，全市地区生产总值年均增长 8.5%，一般公共预算收入年均增长 10%以上，城市经济和县域经济实力大幅提升，基础设施支撑能力明显增强。

——产业结构实现新提升。构建起以战略性新兴产业和现代服务业为重点的产业体系，形成一批以新兴产业、新兴业态为主的增长点和增长极，消费对经济增长贡献明显加大，三次产业结构进一步优化，第三产业增加值占生产总值比重达到 53%。

——协同发展开创新局面。京津廊内连外通、便捷高效的现代立体交通网络基本建成，首都环境护城河共建共享，承接北京非首都功能疏解取得重大成效，“京津研发、廊坊孵化”的产业协作模式基本形成，与京津公共服务基本实现一体化，经济社会发展接近或达到京津平均水平。

——创新驱动取得新突破。全社会研发经费支出明显提高，科技创新能力和产业科技含量不断提升，创新平台坚实完备，体制机制创新取得重大突破，初步建立起特色鲜明的区域协同创新体系，石保廊全面创新改革试验在廊坊取得明显成果。

——生态环境形成新优势。污染治理和山水林田湖生态修复取得重大进展，单位生产总值能耗、主要污染物排放达到国家环境质量控制标准和总量控制要求，生产生活方式绿色、低碳水平明显上升，生态建设、流域治理、污染防治等方面与京津实现联防联控联治，大气质量明显好转，森林覆盖率稳定在 30%以上。

——城乡统筹构筑新格局。城镇化水平稳步提高，城镇体系更加完善，城镇承载功能和服务能力显著提升，农村基本建成美丽乡村，城乡公共服务均等化水平明显提高，全市常住人口城镇化率达到 62%。

——改革开放迈出新步伐。重点领域和关键环节改革取得决定性成果，形成系统完备、科学规范、运行有效的制度体系，改革红利充分释放，参与域外经济合作竞争的能力和水平进一步提升，城市知名度和经济外向度明显提高。

——社会和谐达到新水平。城乡居民收入持续较快增长，社会保障体系更加完善，各项社会事业全面发展，社会文明程度普遍提升，社会治理体系更加健全，依法治市进程不断加快，公平正义进一步彰显，人民幸福感明显提高。

四、发展战略

实现“十三五”奋斗目标，必须不断强化协同发展、科技领引、开放带动、生态支撑主战略。协同发展，是全市面临的最大历史性机遇，最能充分发挥全市的优势。京津冀协同发展是习近平总书记亲自谋划和推动的重大国家战略，是省委当前和今后一个时期工作主基调之首。全市必须倍加珍惜、紧紧抓住、充分用好，深刻领会京津冀协同发展重大战略思想的实质，紧紧围绕落实中央规划纲要和省委实施意见的各项部署，切实把主要精力集中在协同发展上，把关键举措运用在协同发展上，把协同发展各项任务抓紧抓实抓到位。科技领引，是提高社会生产力和综合实力的战略支撑，最能彰显的核心竞争力。要突出科技在创新驱动中的核心地位，在产品创新、产业发展、城市管理、社会治理等各方面强化科技领引意识，充分挖掘京津丰富的科技人才智力优势，加快推进科技成果创新和孵化转化，加快推进战略性新兴产业发展，加快推进信息化和工业化深度融合，以科技铸就高端。开放带动，是释放发展潜力的重要引擎，最能激发后发优势。要深刻理解中央提出的开放发展理念，充分借势国家和省扩大开放的一系列重大部署，坚持对内开放与对外开放并重、引进来与走出去并重、引资与引智并重，应用一切先进的发展理念和管理经验，吸纳一切先进的生产要素，大力发展开放型经济，以扩大开放带动创新、推动改革、促进发展。生态支撑，是推进发展的底线，最能保障实现可持续发展。要秉持绿色发展理念，正确处理经济发展与环境保护的关系，既要金山银山也要绿水青山，宁要绿水青山不要金山银山，全面修复生态环境，着力发展绿色、低碳、循环经济，形成绿色发展方式和生活方式，提高资源节约、集约和综合利用水平，努力让廊坊绿地常在、清水长流、蓝天永驻。

专栏：廊坊市“十三五”经济社会发展主要目标

表 55

指标		2015 年	2020 年	年均增速[累计]	指标属性
经济发展（6 项）					
全市生产总值（亿元） 其中：规模以上工业增加值（亿元）		2474 722	3900 990	8.5% 6.5%	预期性
人均生产总值（万元）		5.4	8.1	7.5%	预期性
一般公共预算收入（亿元）		303	488	10%以上	预期性
全员劳动生产率（万元/人）		9	13	7.6%	预期性
城镇化率（%）	常住人口（%）	54	62	[8]	预期性
	户籍人口（%）	34	45	[11]	预期性
服务业增加值比重（%）		47.1	53	[5.9]	预期性
创新驱动（3 项）					
科技进步贡献率（%）		48	60	[12]	预期性
研究和试验发展（R&D）经费投入强度（%）		0.85	3	[2.15]	预期性
每万人口发明专利拥有量（件）		2.05	3.86	[1.81]	预期性
民生福祉（6 项）					
居民人均可支配收入（万元） 其中：城镇居民 农村居民		2.28 3.19 1.32	3.5 4.8 2.0	8.8% 8.5% 9%	预期性
劳动年龄人口平均受教育年限（年）		10.3	11.5	[1.2]	约束性
城镇新增就业人数（万人）		—	—	[24.5]	预期性
城镇职工基本养老保险参保人数（万人）		90	109	4%	约束性
城乡居民基本养老保险参保人数（万人）		215.34	219	0.32%	预期性

续表 55-1

指标		2015 年	2020 年	年均增速 [累计]	指标属性
城镇棚户区住房改造（万套）		—	—	[4.8]	约束性
生态文明（11 项）					
耕地保有量（万亩）		—	482.5	—	约束性
新增建设用地规模（万亩）		—	—	[<23]	约束性
万元 GDP 用水量（立方米）		51	—	完成省任务	约束性
地下水压采能力（亿立方米）		—	—	完成省任务	约束性
单位 GDP 能耗降低（%）		—	—	达到省要求	约束性
非化石能源占一次能源消费比重（%）		3.7	8	[4.3]	约束性
单位 GDP 二氧化碳降低（%）		—	—	达到省要求	约束性
森林发展	覆盖率（%）	26.68	30 以上	—	约束性
	蓄积量（万立方米）	265	322	4%	
空气质量	PM2.5（微克/立方米）	85	64	[-25]	约束性
	优良天数比率（%）	51	72	[21]	
重点河流考核断面水质达标率（%）		—	—	达到省要求	约束性
主要污染物排放总量减少（%）	化学需氧量	—	—	达到省要求	约束性
	氨氮	—	—	达到省要求	
	二氧化硫	—	—	达到省要求	
	氮氧化物	—	—	达到省要求	

说明：[ ]内为五年累计数

第二篇 坚持绿色发展，创建生态文明建设先行区

坚持实施生态支撑战略，牢固树立“绿水青山就是金山银山”的发展理念，努力构建绿色、循环、低碳的经济社会发展格局，加大生态环境保护力度，弘扬生态文化，倡导绿色生活，建立完善生态文明制度，率先走出一条生态优先、绿色发展的新路。

第三章 构建绿色经济发展体系

实施主体功能区战略，推动绿色循环低碳发展，减少资源浪费和消耗，提高全社会资源产出率，从根本上缓解经济发展与资源环境之间的矛盾。

一、落实主体功能区环境保护政策

综合考虑全市地形地貌、水资源、土壤资源等自然状况及经济发展情况，合理安排城镇、农田、产业、生态等空间布局，科学确定城镇开发边界和开发强度，各县（市、区）按照主体功能定位，推动经济社会发展、城乡、土地利用、生态环境保护等规划“多规合一”，各县（市、区）规划编制、重大项目布局须符合主体功能定位。对不同主体功能区的产业项目实行差别化市场准入政策，明确优化开发区域、重点开发区域禁止和限制发展产业，以及禁止开发区域、限制开发区域准入事项。修编完善

县（市、区）土地利用总体规划和城乡建设规划，优化用地布局，增加生活空间、生态用地。

二、构建绿色循环低碳产业体系

推动传统产业低碳化。依靠科技创新改造提升传统产业，强化能效标准约束和节能考核，实施总量、强度和能耗、煤耗“双重控制”，加大结构调整、技术改造、管理提升攻坚力度，力争使重点行业、重点企业单位产品能耗和排放达到国内先进水平。不折不扣地落实河北省“6643”工程任务目标，进一步淘汰钢铁、水泥、玻璃等行业过剩产能，将任务按年度分解落实，完善退出机制。到2020年，基本淘汰高耗能、高污染的落后工艺设备，推动生产装备向大型化、连续化、自动化迈进，全市工业增加值能耗强度大幅度降低。

推进绿色产业高端化。积极引进先进生产要素，大力发展战略性新兴产业，推动廊坊产业向高端迈进。大力发展现代服务业，立足服务京津高端消费和区域高端制造业、现代农业发展需求，培育壮大市场主体，创新服务业态，推动空间优化和产业集聚。加快发展生态高效农业和都市型现代农业，推动农业与工业、服务业融合发展，拓展农业新功能。

三、加强资源节约集约利用

严格控制全市能耗总量和强度。建设低碳城市，推动低碳技术研发、示范和产业化，加快发展低碳建筑、低碳交通，努力建设以低碳排放为特征的产业体系和消费模式。大力推广节能减排新技术、新产品、新设备、新工艺，实施低品味余热利用、能量系统优化等工程，加强能耗计量监测，以技术创新推动节能突破。深入开展绿色建筑行动，到2020年全市绿色建筑占新建建筑的比重超过50%以上。实施新能源汽车推广计划，推进交通运输节能减排。鼓励推广使用节能家电和灯具。

实行最严格的水资源管理制度。确立用水总量控制、用水效率控制和水功能区限制纳污“三条红线”，促进水资源可持续利用，建设全面节水型社会。强力推广节水农业，压缩高耗水农作物面积，加快实施灌区节水改造。制定严格的产业准入政策，禁止发展高耗水产业，加快淘汰压减高耗水产业产能。大力倡导生活节水，推进中水回用和雨水收集，持续增加城市再生水利用量，建设海绵城市。合理确定湿地、河流生态水系用水规模，加强用水调度，用足用好引江引黄等客水资源。

建立耕地保护长效机制。严格划定城市开发边界、永久基本农田和生态保护红线，加强耕地和基本农田保护，积极开展农村土地整理，规范城乡建设用地增减挂钩，切实加大补充耕地力度，全面落实耕地占补平衡，占优补优。积极探索土地供应改革，盘活存量土地，加大闲置土地处理力度，提高土地投资强度和单位面积产出水平。

四、大力发展循环经济

推进清洁生产，对产业存量实施循环化改造、增量进行循环化构建，探索不同领域、不同类型的循环经济发展模式。以减少废物处理量为目标，完善生产者责任延伸制度，探索建立押金回收制度和再生产品强制使用制度，开展试点示范。健全生活垃圾和农业废弃物分类收集和回收体系，提高大宗固体废弃物综合利用水平，推动废弃物处理方式由无害化处理为主向资源化利用为主转变。大力实施园区循环化改造。

第四章　强力推进大气污染防治

全面落实国家、省大气污染防治行动计划，按照“京津冀大气污染防治核心区”要求，以“控煤、治企、降尘、除烟”为重点，企业、政府、社会“三方”联动，点源、面源、移动源“三源”全治，力争率先完成大气污染防治目标。

一、全力推进燃煤控制

进一步强化煤炭消费总量控制，坚持煤炭减量和散煤替代，强化煤炭清洁化利用。大力推进燃煤锅炉淘汰、改造，市建成区禁止新建各类燃煤锅炉，其他地区不得新建10蒸吨及以下燃煤锅炉。2017年，市建成区基本淘汰35蒸吨/小时及以下燃煤锅炉，其他地区基本淘汰10蒸吨及以下燃煤锅炉。实施燃煤设施清洁能源替代，鼓励开发使用天然气、电力、太阳能、生物质、地热等清洁能源。加快热电联产、集中供热和余热利用工程建设，鼓励余热余压利用，加强供热管网增容改造，最大限度实现城市、县城和重点镇建成区内集中供热。积极推广大型煤粉高效锅炉、“微煤雾化”锅炉及其他高效节能环保锅炉，提高燃煤锅炉能源利用效率，采取“以大带小”方式淘汰工业燃煤锅炉。加快实施洁净型煤、生物质成型燃料、地热、太阳能等清洁能源替代，推广新型高效燃烧炉具，大力鼓励农村开发利用清洁能源，禁止销售和使用劣质散煤，2020年散烧煤洁净煤使用率达到90%以上。

二、继续推进企业污染治理

严格执行大气污染物特别排放限值，采取“双零控制”，对现有企业环保不达标“零容忍”，坚决采取强制措施，对新上项目环保不达标“零出生”，从源头上严格控制新增污染。加快构建节能减排长效机制，强化能耗总量和强度双重控制，严格实施项目能评和环评制度，提高能耗、污染排放标准，倒逼企业不断提高节能减排水平。推广清洁生产工艺和设备，深化钢铁、水泥、电力、玻璃、石化等重点行业企业脱硫、脱硝、除尘治理设施提标改造，开展全市挥发性有机物重点排放企业深度治理。实施煤电升级改造行动计划，推行精细化管理，燃煤发电全部达到“近零排放”。

三、着力深化城乡面源污染治理

强化施工现场扬尘环境监管，积极推进绿色施工。强化城区道路扬尘治理，全面实行道路机械化清扫的低尘作业方式，杜绝道路清扫中的二次扬尘，实施洒水降尘工程。严格治理餐饮业排污，城区餐饮服务经营场所全部安装高效油烟净化设施，严禁城区露天烧烤。加强农村面源污染治理，积极推广缓释肥料，减少化肥施用过程中氨的排放。大力推广秸秆机械化还田、秸秆青储等秸秆综合利用技术，全面禁止秸秆焚烧和废弃物露天焚烧。深入实施露天矿山污染整治行动，对三河东部矿山进行生态修复。

四、强化移动源污染防治

深入实施道路车辆污染综合整治专项行动，强化渣土车管理，持续保持黄标车淘汰高压态势，加速淘汰未达到国家Ⅰ类排放标准的汽油车和未达到国家Ⅲ类排放标准的柴油车。鼓励使用新能源汽车，在公交、环卫等行业和政府机关开展新能源汽车使用试点示范，在农村地区推广电动农用车。

第五章　加强生态修复与建设

坚持保护优先，自然恢复与人工修复相结合，着力实施山水林田湖生态保护与修复工程，提升生态质量，增强生态优势。

一、努力改善水环境

加强重点河流水环境治理。继续强化北运河、潮白河、泃河、龙河、大清河、子牙河等河流重点治理，建立重点河流河长、段长、点长工作机制，全面落实地方政府流域水污染治理主体责任，确保各条河流逐年达到国家、省考核目标要求。强化对主要河流实行跨界断面水质目标考核，河流主要断面水质长期不达标以及完不成淘汰落后产能任务的县（市、区）或企业集团，实行区域限批和企业限批。对造成水体污染物超标的县（市、区），全面实行生态补偿金扣缴政策，大力推进水生态文明建设。实现引水调水常态化，扩大水资源总量。科学谋划实施全市域河渠水系连通工程，形成河渠相连、渠渠相通的大水网格局，着力打造北、中、南各具特色，集防洪、除涝、抗旱、景观、旅游等功能于一体的三大水利风景区。

深化重点行业水污染防治。加强酿造、造纸、电镀、化工等重点行业水污染物排放情况监控，全面实行企业排污许可证制度。落实清洁生产审核激励政策，促进工业企业废水深度处理。全面推动园外工业企业入园进区，新建工业项目必须入园。集中治理各类工业园区水污染，实现污水集中处理设施全覆盖。

强化城镇生活污水治理。加快城镇污水处理设施建设与改造，提高城镇污水处理率和中水回用比例。完善城镇污水处理实施配套管网，实施雨污分流改造，强化城中村和城乡结合部污水截流、收集。建立城市黑臭水体整治信息发布和公众举报平台，定期开展水体水质检测，采取控源截污、垃圾清理、清淤疏浚、生态修复等措施，整治城市黑臭水体。到2020年底全市城镇生活污水处理率达到90%以上。

推进农村污染源整治。加大农村沿河垃圾、畜禽养殖场等污染源清理力度。结合美丽乡村建设，建设农村污水小型处理设施及附属小型人工湿地，深化乡村生产生活污水处理。在农业区优先种植需肥需药量低、环境效益突出的农作物。在敏感区域和大中型灌区，建设生态沟渠、污水净化塘、地表径流集蓄池等设施，净化农田排水及地表径流。强化灌溉水质监测管理，严格控制不达标污水灌溉农田。强化规模化畜禽养殖粪便污水无害化处理和监管。

深入实施地下水超采治理。划定地下水禁采区、限采区和地面沉降控制区范围。强化安次、广阳、永清、霸州、文安和大城等县（市、区）深层严重超采区地下漏斗监控。实施最严格水资源管理制度，严格控制新增取用地下水。对发电等高耗水产业，强制推行中水回用，提高用水重复利用率。加强雨水储水设施建设和依托“引黄入廊”工程，补充河流干渠地表水和引水灌溉耕地。大力推广农业高效节水技术，发展旱作种植。大力倡导生活节水，深入开展节水型社区建设，建设海绵城市。通过“节、引、蓄、调、管”等综合措施，到2020年基本实现地下水采补平衡。

二、开展绿色廊坊攻坚行动

围绕建设平原森林城市，共同打造京津保生态过渡带和绿美廊道，依托环京津生态林带、冀中平原农田防护林网、绿美廊道绿化、城市绿化、村庄绿化等国家、省、市重点造林绿化工程，以“两年大提升、创建森林城”为目标，全力打造“十城”（廊坊主城区、8个县市城区、廊坊开发区）、“二带”（环首都、天津边界生态景观带）、“三网”（河渠水系、道路、农田林网）、“三点”（园区、城镇、村庄绿化）为一体的多功能森林生态体系。到2020年，全市森林覆盖率稳定在30%以上。

建设北部园林风景生态区。以“森林绿景、生态氧吧”为主题，加快推进潮白河大运河国家湿地公园建设，注重功能完善，档次提升，加强矿山治理和山体修复，提高绿化档次和水平。

建设中部名优林果生态区。以“田园绿海、

休闲采摘”为主题，大力推进永定河流域名优特林果基地建设，打造绿廊，全面推进原有林木、果树上档升级，加快安次东张务湿地建设，提高生态功能和碳汇水平。

建设南部森林湿地生态区。以“增林扩绿、产业发展”为主题，实施大清河、子牙河流域森林湿地建设工程，全力推进霸州、文安、大城连片打造森林湿地，大力发展速生丰产林基地、果品基地和农田林网、湿地公园、森林公园，建成东联天津、西接白洋淀，绵延一体的森林湿地生态走廊。

三、加强土壤污染治理与修复

制定和实施全市土壤污染防治方案，以城市污染场地、污灌区、集中污染治理设施周边、重污染行业聚集地、受污染农用地、废弃物堆存场地等为重点，开展土壤污染详查工作，建立区域土壤污染状况详查数据库及样品库。综合考虑土壤类型、土地利用类型、土壤污染类型和程度等因素，科学施治、有序推进土壤污染治理与修复。强化农用地土壤环境保护，划定土壤环境保护优先区域，明确保护范围和面积，严控化肥和农药使用，严格执行高标准基本农田建设、土地开发整理等标准规范。使用土壤钝化剂、调节剂、降解剂钝化或分解土壤中污染物，采取深翻、客土等措施，降低土壤中的污染物浓度，修复农业污染土壤。

第六章　加强生态文明制度建设

建立健全生态文明体制机制，完善配套政策，规范和约束自然资源开发、利用和保护行为，构建产权清晰、多元参与、激励有效、约束有力的生态文明制度体系。

一、建立和完善生态文明制度

严格资源环境生态保护，落实主体功能区制度，设定资源消耗上限、环境质量底线、生态保护红线，探索建立资源环境承载能力监测预警制度。建立自然资源资产产权制度和用途管制制度，加快对水流、森林等自然生态空间进行统一确权登记，明晰各类国土空间开发、利用、保护边界，构建统一的自然资源监管体制机制。实施能效和排污强度“领跑者”制度。落实用能权、水权、排污权、碳排放权分配和交易制度。全面推进环境污染第三方治理。对领导干部实行自然资源资产和环境离任审计，建立领导干部生态文明建设责任制、问责制和终身追究制，保障自然资本保值增值。健全防治机制，完善环保行政执法和刑事司法联动机制，推进京津冀区域大气污染源统一监管，开展环境联合执法，统一区域环保执法尺度。到2020年，基本形成源头预防、过程控制、损害赔偿、责任追究的生态文明制度体系。

二、提高环保监管能力

构建和完善全市域、全要素、全覆盖的生态环境立体监测网络，推进环保、水利、林业、国土、建设等部门环境监测网络建设，扩大监测范围，统一规划设置监测断面或点位。推进涵盖大气、水、土壤、林业资源等全域一体化的管理基础信息系统、污染源综合管理信息系统、环境立体监测系统建设。加强环境监察机构标准化建设，配备与环境综合信息数据库联网的实时监控执法装备，实现网格化、智能化、实时化、精准化监测和管理，充分发挥专家团队作用，推进“智慧环保”建设。到 2020 年，建成覆盖全市的生态资源和污染物环境监测信息及响应系统，全市环境监管智能化水平大幅提高。

三、推行绿色低碳生活方式

提高全民生态文化意识，将生态文化和生态道德教育纳入国民教育体系和干部培训体系，推行继续教育、干部培训和企业培训计划，大力开展生态文明教育进机关、进企业、进社区、进农村、进学校活动。广泛培育绿色生活方式，开展绿色生活行动，推动全民在衣、食、住、行、游等方面加快向勤俭节约、绿色低碳、文明健康的方式转变，坚决抵制和反对各种形式的奢侈浪费、不合理消费。党政机关、国有企业率先垂范、厉行勤俭节约。鼓励公众积极参与，及时准确披露各类环境信息，扩大公开范围，保障公众知情权。建立环境公益诉讼制度，建立跨部门、跨区域环境保护法庭，设立人民环保员制度，对污染环境、破坏生态的行为，鼓励有关组织和个人提起公益诉讼。积极倡导“135”绿色出行方式（1 千米以内步行，3 千米以内骑自行车，5 千米左右乘坐公共交通工具），倡导“每周少开一天车”、“低碳出行”等活动，鼓励共乘交通和低碳旅游。发展公共自行车交通，制订公共自行车租赁点建设规划，合理配置公共自行车，倡导绿色出行方式。加强城市绿道绿廊建设，推进外环路生态景观廊道工程，逐步打造廊坊“慢行城市”。

专栏：生态环境保护工程

大气污染治理：煤炭压减及清洁使用，重点行业企业专项治理，烟尘、机动车大气污染治理，重点节能工程，清洁能源替代等。

水污染治理：北运河、潮白河、洵河、龙河、大清河、子牙河等河流治理，铁路北污水处理厂、万庄新城再生水厂等污水处理厂工程。

土壤污染治理：城乡土壤专项治理。

农业面源污染综合整治：农药、化肥精准控制工程，规模化畜禽养殖集中处置设施建设工程等。

廊坊绿色攻坚行动：城镇农村绿化工程，生态功能区植树造林工程等。

“智慧环保”工程：全市一体化的生态资源环保监测监管设施网络工程。

第三篇　坚持创新发展，培育经济发展新动能

实施科技领引战略，以科技创新为重点，以产业创新为关键，以协同创新为路径，以企业创新为主体，建设双创载体，优化双创环境，汇聚双创人才，强力推进石保廊国家全面创新改革试验区建设，努力打造创新型廊坊。

第七章　全面增强创新能力

坚持“京津研发、廊坊孵化”主攻方向，全面贯彻“全区域、全产业、全要素”的创新发展理念，培育壮大创新主体，培养聚集创新人才，完善提升创新平台，打造创新高地。

一、培育壮大创新主体

完善创新激励政策和扶持政策，引导创新资源向行业优势企业、龙头企业聚集，培育发展创新型企业，强化企业创新主体地位和主导作用。

积极培育行业旗舰式创新领军企业。支持电子信息、节能环保、装备制造、生物医药等行业龙头企业加大研发投入，立足京津，面向全国乃至全球，招揽创新资源，布局创新格局，创建省级乃至国家级技术研发中心、重点实验室、院士工作站，开展原始创新、集成创新和引进消化吸收再创新，增强自主创新能力。鼓励并购重组、强强联合，引进战略投资者，发

展成为具有国际竞争力的创新型领军企业。到2020年，全市行业旗舰式创新领军企业力争达到100家。

加快培育高成长型科技中小企业。实施高新技术企业和创新型中小企业培育工程，大力发展苗圃、雏鹰、科技小巨人和新三板挂牌四大工程，搭建“个转企、小升高、高改股、股上市”成长阶梯，推动科技型中小企业裂变式增长。支持大学生和科技人员创办一批科技型中小企业。争取每年有一批项目获得省战略性新兴产业专项资金支持，每年有一批企业列入河北省科技型中小企业成长计划，每年申报一批高新技术企业。到2020年，科技型中小企业力争达到7000家以上，高新技术企业总数达到230家以上。

二、推进关键技术创新

聚焦全市产业升级重大需求，抓住经济竞争力提升的核心关键，围绕产业链部署创新链，围绕创新链配置资源链，整合创新资源，加大创新投入，多点起步、重点推进、全面铺开，探索“科技创新—产品或服务—新企业、新业态—新产业—转型升级”创新驱动模式。实施一批重大科技专项，着力在高新技术孵化和产业化、传统产业转型升级、战略性新兴产业壮大、县域特色经济提升、现代服务业发展、破解资源环境矛盾等方面实现新突破。

围绕战略性新兴产业培育，以技术的群体性突破支撑引领新兴产业集群发展，发展新一代信息网络技术，增强经济社会发展的信息化基础。围绕传统产业改造升级，发展智能绿色制造技术，推动制造业向中高端迈进。围绕能源清洁利用，发展安全清洁高效的现代能源技术，推动能源供给与消费革命。围绕农业现代化，发展生态绿色高效安全的现代农业技术，建设环首都现代农业科技示范带，促进农业提质增效。围绕县域经济提升，支持特色产业共性关键技术协同研发，推动优势产业集群创新。围绕现代服务业发展，推广互联网、大数据等先进技术，创新服务业态。围绕破解资源环境矛盾，加强工业废弃物、建筑垃圾、餐厨垃圾等资源综合利用和大气、水、土壤污染治理等关键技术研发攻关，提高污染治理水平。围绕城镇化、人口健康、公共服务及可持续发展的瓶颈制约，探索系统性技术解决方案，促进民生改善。

三、引进培养创新人才

实施创新人才工程，积极引进和培养创新型人才，实施“引智计划”，建立京津高端人才“智力库”，用人才引项目，用项目引人才，把“揽才”目标锁定在拥有重大科技项目核心技术和自主知识产权、能够带动新兴产业发展的国内外领军人才和团队。加快院士工作站、博士后工作站建设，坚持“不求所有，但求所用”的基本原则，引进两院院士等高端智力资源为全市科技创新服务。实施“高技能人才培育计划”，加强中青年专家的培养和选拔工作，注重培养具有新概念、新模式、新技术的青年人才，着力培养国家级和省级技术能手、青年拔尖人才，大力培育创业创新型团队。着眼科技型中小企业发展，引进培育万名高素质科技创新、创业人才。实施人才联合培养计划，推进京津廊科技人才、管理人才、创业人才和技能人才的联合培养，建立区域人力资源开发孵化基地，健全跨区域人才流动机制，逐步建立专业技术职务任职资格互认机制，加强档案管理、社会保障等人才制度衔接，吸引京津高校、科研院所、国有企事业单位的科技人员到廊离岗创业。支持域内高校瞄准廊坊实际需要相应设立学科专业，发展多层次、多类型专业教育，培养急需人才。到2020年，新建院士工作站

10家，新引进合作院士10名以上，引进100名科技型创新英才；引进和培养20名创新创业领军人才，打造20个创新创业团队。

四、搭建提升创新平台

加强产学研合作，在新兴产业重点领域建设一批重点实验室和中试基地，扶持优势企业建立省级以上企业技术（研发）中心。整合、集成、优化科技资源，高标准建设新兴产业公共技术服务机构。在电子信息、装备制造等优势产业领域培育壮大一批工程技术（研究）中心、工业设计中心、协同创新中心、重点实验室、工程实验室和产业技术研究院。支持优势产业领域领军企业牵头组建产业技术创新联盟，联合开展行业关键技术攻关，推动华夏幸福·全国智能机器人创新联盟发展。推进开放创新，鼓励行业旗舰式创新领军企业和优势科研机构开展科技创新国际合作，共建科技合作平台和研发机构，充分利用全球创新资源开展合作创新。到2020年，建设省级以上研发机构60家，市级以上研发机构400家，60%以上的高新技术企业和50%以上的科技型中小企业建立研发机构。

专栏：华夏幸福·全国智能机器人创新联盟

在固安新兴产业园区，建设全国智能机器人创新联盟京津冀总部，打造“京津冀机器人技术培训基地”，聚焦服务机器人、农业机器人和智能公交路线示范系统等重点方向，加速智能机器人技术商业化，打造全球机器人技术孵化和产业促进中心。

第八章　打造协同创新共同体

充分发挥廊坊地缘优势和创新环境优势，以推进石保廊国家全面创新改革试验区和京南科技成果转化试验区建设为着力点，完善创新服务体系，汇集京津创新资源，努力打造全国重要的产业创新基地、科技成果转化基地和战略性新兴产业聚集区。

一、强化协同创新载体支撑

合作共建一批创新型园区和科技成果孵化转化基地。依托燕郊高新区、廊坊高新区、北京亦庄·永清高新区、津霸经济开发区等14个重点园区，加强与北京科研院所、高等院校等优质创新资源的合作，采取一区多园、整体托管、创新链合作、研发—孵化基地等模式，共建一批科技创新园区、科技成果孵化转化基地及产业技术研发基地，强化园区“大孵化”功能。重点推进中关村软件园人才和产业创新基地、中科院廊坊战略性新兴产业孵化基地、清华大学（固安）重大科技项目中试孵化基地、中关村国家自主创新示范区固安高新技术产业园，增强协同创新承载能力。同时，鼓励各级各类园区不断完善研发、中试、检验检测等公共服务平台，建设科技孵化器、标准化厂房等，引导科技型中小企业向园区聚集，为个人、团队和中小微企业搭建创新创业平台。到2020年市级以上孵化器达到30家。以毗邻北京的6个县（市、区）为核心区，以推动绿色蔬菜、优质肉奶等产业为发展目标，建设首都农业高新技术成果转移转化首选地，建成一批国家级农业科技园区。

建设一批创客新城。支持具备条件的县

（市、区），高起点、高标准规划建设集技术转移交易、成果孵化转化、生态宜居的创客新城，吸纳和集聚京津及全国创新创业人才，以推动科技成果转移转化为重点，着力构建创业+孵化+加速发展+上市的全创业链条，带动廊坊科技创新能力和产业素质整体提升，打造京津冀重要的创新创业高地。

二、完善区域创新服务体系

联合打造区域创新联盟。围绕全市产业发展需求，鼓励全市优势企业联合京津企业、行业协会、高等院校、科研院所等共同组建产业技术创新联盟。

完善科技成果转化服务平台。按照“共建共享、互联互通”的原则，加快构建“线上线下结合、标准统一、服务规范”的技术交易市场网络，鼓励京津技术交易中心廊坊分支机构发展壮大，增强其先进创新资源要素聚集能力，完善产业技术成果创新、交易、孵化、转化平台支撑。

推进科技资源共享网络建设。积极推动京津重点实验室、大型科研仪器设备、重大科技基础设施等向我市开放，建立科技文献、科技成果和科技专家等基础性信息资源联网共享。

三、推进石保廊国家全面创新改革试验区建设

提高协同创新能力。根据石保廊国家全面创新改革试验区总体规划，按照全市打造“科技研发创新成果转化引领区”中确定的建设“国家新兴产业孵化转化基地、京津冀协同创新先行区、科技创新提升传统产业示范基地”三大功能定位，着力打造“一带一区十基地”的空间格局。聚焦全市产业转型升级重大需求，在电子信息、装备制造、生物医药、新材料和节能环保、现代服务业等具有比较优势的重点产业，依托行业优势企业，与京津冀高校、科研院所共建技术研发平台，合作开展关键共性技术联合研究，不断提升全市企业自主创新能力；积极组织实施一批重大科技专项和产业化示范工程，努力在优势产业关键共性技术领域实现突破；壮大廊坊信息产业基地规模，加快廊坊高技术服务业基地建设，推进新兴产业聚集发展；加快实施一批“互联网+”重大工程，大力推进传统优势产业数字化、网络化、智能化升级改造；推进国家环首都现代农业科技示范带建设，促进农业创新发展。支持各类开发区、大学科技园及行业领军企业等建设一批线上线下、孵化投资相结合的众创空间，与京津共同打造人才合作示范区。

建立完善全面创新体制机制。完善科技成果转移转化促进机制，探索赋予重点科研机构、高等学校等事业单位科技成果的自主处置使用权，完善科研人员成果转化收益分配机制，支持高校和科研院所科技成果转化收益用于人员激励，鼓励高校设立科技成果转化岗位并增加高级专业技术岗位职数。强化产业技术创新激励机制，试点扩大国家级高新技术产业开发区内企业研发费用加计扣除的归集范围，开展闲置划拨土地上的工业厂房、仓库等用于文化创意等行业发展试点，实施对重大创新工程和项目的容错机制，组织优势园区和创新平台积极争取京津冀重点区域创新政策交叉覆盖试点。促进京津冀创新资源流动和共享，支持优势行业与京津相关行业建立标准化联盟，率先推进资质互认、征管互助、信息互通等与京津税收联合管理和服务。着力优化协同创新创业生态环境，率先推进与京津企业信用信息数据库的对接，选择省级以上园区试行“身份封存、竞争上岗、全员聘任、绩效考核”园区管理体制改革试点，开展科技重大专项科研经费管理改革试点。创新金融支持政策，率先开展创业投资税收政策试点，积极探索股权众筹

模式，开展市场化的国有技术类无形资产可协议转让试点工作。

四、共同建设京南科技成果转化试验区

依托霸州经济开发区、京南·固安高新区、北京亦庄·永清高新区等大广高速沿线园区，与保定、石家庄共同建设京南科技成果转化试验区。充分利用好北京中关村、高校、科研院所资源，加快建设技术交易、孵化转化、公共服务、众创空间等四大平台，打造人才特区、制度特区、资本特区、智慧特区、服务特区等五大特区，聚焦新一代信息技术、节能环保技术、新能源开发技术、生物技术等核心关键技术，实施一批重大科技专项，在科技与经济深度融合、深化开放创新等方面先行先试，着力在高新技术孵化和产业化、传统产业转型升级、战略性新兴产业壮大、县域特色经济提升、现代服务业发展、破解资源环境制约等方面实现率先突破，着力打造与京津创新链、产业链、资金链、政策链深入融合的协同创新先行区。

第九章　推进大众创业、万众创新

坚持改革推动，完善服务体系，发展众创空间，改革体制机制，激活创新创业主体，激发创新创业热情，努力形成大众创业、万众创新的生动局面。

一、完善创新创业服务体系

提高创新创业公共服务水平。建立全市科技成果信息公开系统，完善廊坊市中小企业公共技术服务平台，加强科技信息资源整合，应用互联网、大数据、云计算等先进技术，为创新创业主体提供高效便捷的科技信息服务。依托各种媒体组织开展各类公益讲坛、创业论坛、创业培训等活动，丰富创业服务形式和内容。建立健全创业辅导制度，引进京津创业导师团，培育一批专业创业导师，开展创业导师廊坊行、创业大讲堂、创业嘉年华、创业训练营等活动。组织开展各类创新创业大赛，大力培育创新精神和创客文化，着力塑造大众创业、万众创新的文化氛围。

鼓励发展创新创业社会化服务。深化与阿里巴巴、腾讯、神州数码等大型互联网企业和基础电信企业的合作，鼓励其发挥产业整合和技术优势，向小微企业和创业团队开放平台入口、计算、存贮和数据资源，提供经营管理和市场营销等方面服务。加强对各类天使投资、创业投资的资金引导，鼓励国有资本参与创业投资基金、产业投资基金等市场化基金运作，为创新创业提供风险投资。完善知识产权保护体系，推动知识产权强企建设，创新知识产权金融服务与产品，建设优质高效的知识产权服务体系。

二、积极发展创新驱动型园区

实施高新区提档升级工程，发挥廊坊开发区、燕郊高新区等国家级园区的创新主力军作用，聚集高端创新要素，强化“大孵化”功能，加快科技成果转化，提高产业技术创新能力。支持京南·固安高新区、龙河高新区等符合条件的省级高新区升格为国家级高新技术产业开发区。推动省市级园区创新发展，完善研发、中试、检验检测、标准化、信息服务等公共服务平台，发挥“集群创新”效应，引导科技型中小企业向园区聚集，实现“扎堆”发展，打造一批创新型产业集群。鼓励各级各类园区建设科技孵化器、标准化厂房等，为个人和团队创新创业、中小微企业发展搭建基础平台。到2020年，省级以上高新区达到7家，争取每个省级以上园区至少建设一个2万平方米以上孵化器或10万平方米以上的标准化厂房。

三、大力发展众创平台

培育一批众创空间。继续推动创客咖啡、

京东创客孵化空间work+、壹佰文创孵化基地、星火创客等众创空间建设，提高创新创业服务能力。依托高新区、经开区、科技企业孵化器、高等院校、科研院所、行业领军企业、创业投资机构等，加快新建或改建一批低成本、便利化、全要素、开放式的创意工厂、创客基地、众创公社等众创空间，发挥政策集成和协同效应，实现创新与创业相结合、线上与线下相结合、孵化与投资相结合，为广大创新创业者提供良好的工作空间、网络空间、社交空间和资源共享空间。鼓励社会力量按市场化机制参与众创空间建设和运营管理，吸引京津众创空间来廊坊设立分支机构。到2020年，各县（市、区）、廊坊开发区、省级以上高新区和有条件的园区至少建设1家众创空间，市级以上众创空间达到30家。

做优一批孵化器。按照“企业主导、政府扶持”的原则，继续加大对科技企业孵化器的支持力度，鼓励社会资本采取独资、政企合办等形式，加快建设科技企业孵化器。鼓励企业在域外国外设立孵化器，实现与国际最新技术的零对接，逐步形成国际化、专业化、全链条的创新创业孵化体系。

四、完善创新创业体制机制

创新行政审批和市场监管机制。进一步转变政府职能，清理规范涉企收费项目，完善收费目录管理制度，制定事中事后监管办法。建立市场准入等负面清单，破除不合理的行业准入限制。建立和规范企业信用信息发布制度，把创业主体信用与市场准入、享受优惠政策挂钩，完善以信用管理为基础的创业创新监管模式。

创新投入机制。加大财政科技投入，激励引导企业加大研发投入，大幅提高研发经费占地区生产总值比重。改革科技管理体制，创新财政投入方式，对技术创新等非公共科技活动专项资金，通过风险补偿、后补助、创投引导等方式发挥财政资金杠杆作用，运用市场机制引导和支持技术创新活动。

推动科技与金融深度融合。大力发展科技成果转化基金、新兴产业创业投资引导基金和天使基金，加快培育科技金融服务中心，推动科技型中小企业上市。健全支持新兴创业服务平台普惠性政策，强化创业扶持，促进创业便利化，汇聚经济发展新动能。

完善技术创新市场导向机制。探索“市场出题、政府立题、企业担题、协同破题”的技术创新组织模式，积极推广众包、众筹、众服、众创以及用户参与设计、云设计等新型研发组织模式。建立创新债券制度，支持中小微企业和创业团队创业创新。

第四篇　坚持协同发展，推动与京津合作共赢

认真落实国家和省关于京津冀协同发展重大战略部署，立足全市“科技研发创新成果转化引领区、战略性新兴产业和现代服务业聚集区、京津冀全面创新改革试验区，争当北京非首都功能集中承载地”发展定位，积极推动交通、生态、产业三个领域率先突破，推进与京津同城化发展，力争在全省率先达到京津平均发展水平。

第十章　构筑对接京津区域新格局

按照协同发展的要求，坚持市域统筹、分区联动、区域对接，打造三大协同功能区，推进形成三大特色产业发展带，构筑功能分区科学、产业布局合理、发展协调有序的区域板块

发展格局，实现与京津功能互补、协调发展。

一、北部文创与高端服务大区

以“生态环境更好、商务成本更低、生活品质更优”为目标，统筹推进三河、大厂、香河一体化发展，加强北三县内部协同，与通州、武清相协同，依托燕郊城区、潮白新城和燕郊高新区等省级以上园区，打造以文化创意产业为龙头，休闲旅游、健康养老、金融服务、商务服务等现代服务业聚集发展新空间，承接发展高端装备制造、电子信息、生物医药等先进制造业。突出规划领引，全面落实北三县统筹发展规划，高标准编制沿潮白河高新技术产业带总体规划、核心起步区规划，启动北三县东部区域规划编制，推进控制性规划和专项规划全覆盖。构建高效互联的交通体系，打造以潮白河为中心轴，以“两横一纵”高速公路为主框架，以“三横两纵”干线公路为主动脉的路网系统，尽快打通跨县（市）的断头路，加强与京津的交通对接。改革管理体制，带动提升三县（市）现有园区平台，共享高新区优惠政策，推进北三县统筹协调发展。坚守生态红线，控制人口规模，划定城市边界，加强植树造林和生态水系建设，实施北运河、潮白河综合治理和绿化美化，促进交通、生态、产业、城镇协调发展，打造环京津最优的生态宜居城镇体系。

二、中部科创与教育大区

统筹安次区、广阳区、永清县、固安县和廊坊经济技术开发区一体化开发，与北京市共同建设新机场临空经济区，与保定市共建京南科技成果转化试验区，承接北京科技教育服务业转移和科技成果转化，打造以科教服务为领引，金融服务、商务会展、总部经济等现代服务业创新发展新高地，培育发展临空产业和高新技术产业。构建新机场综合交通体系。与北京市及机场建设方加强衔接，积极做好北京新机场至廊坊轻轨出口预留及线路谋划工作。推进新机场外围“五纵两横”综合交通主干网中涉及全市的机场北线高速公路、新机场至霸州高速公路建设，推进礼贤互通廊坊连接线、九州连接线西延、机场南部货运线等一般干线建设，形成快速便捷的综合交通网络。加快编制廊坊至机场轨道交通路由及站场设置方案，制定市域干线公路与机场衔接方案。加快临空经济区建设。按照高端化、国际化、高效化原则，全力推进临空经济发展，发挥对中部区域的领引作用。打造廊坊教育基地。大力发展廊坊市区高等教育，积极吸引京津高等院校来廊坊举办分校，加快职业教育实训基地建设，创新人才培养模式和中高等职业教育办学模式，打造职业教育园区。

三、南部先进制造大区

发挥霸州、文安、大城产业基础和空间优势，加强省级以上园区资源整合，实施统一招商、分工协作、特色发展策略，合作承接京津产业转移和产业链延伸，与天津静海和沧州、保定连片打造先进制造业特色发展新基地。推动传统产业集群转型升级。应用智能制造技术、互联网技术、节能减排技术等先进适用技术，对区域木材加工、绝热节能材料、家具生产、食品加工等传统产业进行改造提升，推动产业集群信息化、协同化、绿色化发展，降低劳动生产成本，增强产品竞争力，树立绿色发展形象，提升承接对接资本。提升园区承载能力。鼓励采取PPP模式，支持社会资本参与园区开发。加强区域内省级以上园区基础设施建设，健全公共服务功能，完善项目落地条件。创新园区联合招商模式，完善利税绩效分成机制，推动园区特色发展。

专栏：三大特色产业发展带

通过三大功能区建设，与京津及周边其他城市产业布局进行衔接，形成三大特色产业发展带：

1. 沿通州—香河—武清方向的运河文化创意产业带。
2. 沿张家口—中关村—廊坊—天津方向的大数据产业带。
3. 沿大广高速中关村—固安—霸州—保定方向的科技成果孵化转化产业带。

第十一章　打造功能疏解和产业转移承载平台

围绕承接北京非首都功能疏解，积极谋划非首都功能疏解集中承载地，综合考虑交通、资源、环境承载等因素，沿京九、京沪、京哈、京沈等铁路和高速公路，依托中小城市和特色镇，布局建设一批定位明确、特色鲜明、职住合一、规模适度、专业化发展的“微中心”和特色承接地。

一、集中打造五大产业新城

谋划争取建设北三县东部和霸州永清两大集中承载地，精准承接行政职能、科研培训、公共服务等非首都功能。依托位于首都“半小时通勤圈”内的连片地区及沿重要交通干线的重点区域，发挥交通区位、发展基础、土地空间等组合优势，全力建设分工明确、功能完备、发展有力的产业新城。

北三县金融商贸城。依托大厂县潮白河经济开发区，服务于北京行政副中心，重点承接北京高端服务功能转移，大力发展金融商贸、科技研发、文化创意、总部经济等现代服务业。

北京新机场临空新城。依托北京新机场，坚持产城融合，依托霸州、广阳、永清、固安城区打造临空经济区，积极承接北京非首都功能转移，重点发展航空物流、综合保税、航空保障、航空科教、航空科技创新等航空指向型产业，培育发展跨境电子商务、金融服务、综合会展、科技研发等知识密集型现代服务业，积极开展国际贸易、跨境电子商务试点，与北京共同创造条件申报国家级自由贸易区，着力打造京冀合作示范区和高端产业聚集区。

安次国际环保产业城。依托廊坊高新技术产业开发区，积极承接京津节能环保、新能源、新材料等战略性新兴产业转移和延伸，重点培育电子信息、生物医药、高端装备制造、新能源和新材料等产业，注重创新创业培育，打造京津节能环保技术创新成果孵化转化和产业化基地。

亦庄·永清工业新城。探索建立财税利润分成机制，创新园区基础设施建设联合投融资体制，积极引进战略投资者，全力推动北京亦庄·永清高新技术产业开发区共建共享，积极承接亦庄开发区部分产业打包组团搬迁转移，重点发展互联网＋智能制造和电子商务两大主导产业，打造京津冀协同发展示范区。

固安科技城。以航天振邦、彩虹无人机、北斗卫星导航产业港为龙头，着力打造科技创新高地，重点承接以高端装备制造、生物医药、云计算、新材料为主的战略性新兴产业和以现代商贸物流、金融、总部经济、教育医疗为主的现代服务业。

二、着力发展一批特色“微中心”和分散承接地

按照特色突出、功能互补、规模适度、产城融合的思路，强化各县城吸纳人口及承接产业的支撑作用，重点承接医疗、教育等北京非首都功能疏解，突出发展金融、总部、文化创意等现代服务业，加快形成定位清晰、分工合理、功能完善、生态宜居的城镇体系，推动非首都功能向廊坊疏解。“十三五”时期，推动三河、香河、大厂、永清、固安、霸州等邻近北京的县（市）建设宜居宜业卫星城市和特色“微中心”。

突出全市重点镇发展优势及特色，沿铁路、高速公路等交通通道，规划一批定位明确、特色鲜明、功能集中、规模适度、专业化发展特色小镇，积极对接京津相关行业协会，成批承接特色产业转移。突出抓好大厂民族文化小镇、淑阳家具小镇、安平创客小镇、刘其营服装小镇、知子营观光农业小镇、牛驼温泉小镇、里澜城物流小镇、胜芳文化古镇、鲁能生态小镇、左各庄板材小镇、留各庄建材小镇、南赵扶红木小镇、第什里风筝小镇、葛渔城乐器小镇、别古庄核雕小镇等建设，增强集聚和辐射功能。

三、共建一批产业园区

创新体制机制，争取政策共享，加强园区共建，与京津合作搭建一批产业合作平台，实现精准承接。

北京新机场临空经济区。按照国家北京新机场临空经济区规划，坚持“统一规划、统一建设、统一管理、统一招商”的原则，京冀共同推进临空经济区改革试点，实现利益共享、责任共担。结合北京非首都功能疏解和区域产业结构升级，重点发展航空物流产业和综合保税区，适当承接北京非首都功能转移，有序发展科技研发、跨境电子商务、金融服务等知识密集型、资本密集型的现代服务业，打造国际化、高端化临空经济区。

北京亦庄·永清高新技术产业开发区。创新园区建管体制和运作模式，以大力培育互联网＋智能制造和电子商务两大主导产业为重点，探索产城融合发展新模式，打造承接北京产业外溢的重要平台，努力建成京津冀协同发展综合改革示范区，在京津冀区域产业合作中发挥引领示范作用。

中关村国家自主创新示范区固安高新技术产业园。以固安大清河经济开发区为平台，延伸中关村政策，创新管理模式，合作共建中关村国家自主创新示范区固安高新技术产业园，打造京冀园区合作示范区。

三河与平谷共建通航产业基地。充分发挥两地在招商、创新、人才、土地、空间等方面的优势，集聚发展通用航空研发、制造、运营、会展销售和教育培训等通用航空产业，共同打造通航全产业链，加快培育新兴产业集群。

永清与西城区共建金融商贸产业园。坚持市场化运作，引入平安银行、金融街控股等多家投资开发主体，重点发展服装、金融服务、现代物流、商品贸易、健康休闲、商务会展等产业，打造包括北京动物园服装和其他小商品市场等多项内容的综合性物流商贸区。

第十二章　构建协同发展体制机制

围绕产业转移、环境保护、公共服务、要素流动等领域，坚持互利互惠、共建共享、联防联控原则，转变发展观念，创新发展机制，消除体制障碍，在全省率先构建起推动协同发展的全新制度体系。

一、完善产业承接机制

探索“一区多园”“托管建园”“飞地经济”等跨区域共建新模式，共同组建企业化运营管理主体，对政府主导、在一定纳税额以上的整体搬迁企业或项目在一定期限内实行税收分享政策，建立基数不变、增量分成的利益分配机制，构建财税分享、政绩共享、互利共赢的园区合作新机制。

二、建立生态环境保护联动机制

推进生态环境保护协同发展，建立区域大气污染防治协作联动机制，完善京津冀地区大气污染治理协商制度，参与建立区域统一的大气污染防治法规、产业准入标准及污染监控网络等，形成联防联控合力。加强与京津合作，推动建立跨境河流生态补偿机制，共同推进生活污水、工业废水和农业面源共同治理。健全碳排放约束机制，推进与京津实施统一财税、信贷和政府优先采购等方面的政策措施，鼓励企业淘汰落后污染产能和减少排放，最大限度地利用经济手段增强全社会节能减排的内生动力。

三、探索社会公共服务对接机制

对接京津社会保障制度安排和服务水平，探索实现三地社保互通，建立与京津职工养老保险协商机制，积极探索养老保险跨制度衔接和跨区域转移，构建适合京津地区迁入单位和劳动者的社会保险费用缴纳机制，保障三地职工养老保险工作协同发展。依托省内结算平台，与京津两地共同搭建医保信息网络平台，加强与京津医疗定点医保衔接，分级推进医疗保险异地就医费用结算，为与京津医保互通及跨省异地就医直接结算打下良好基础。

四、健全资源要素流动机制

建立金融市场一体化机制，积极参与京津冀开发银行的谋划和设立，推进与京津支付清算、异地存取、信用担保等业务同城化，实现票据、结算等服务无缝对接。建立跨区域能源结构调整机制和水资源利用机制。统一规划建设用地、技术、人才等要素市场网络，完善区域服务网络，统一市场监管规则，促进市场要素自由流动和优化配置。建立统一的商品流通和质量追溯体系，推动资质互认，形成有利于承接非首都功能疏解和京津产业转移、促进一体化发展的制度安排和政策体系。

第五篇　坚持转型发展，打造廊坊经济升级版

以实施“中国制造 2025”和“互联网+”行动计划为引领，以供给侧结构性改革为重点，以京津冀产业布局调整和产业链重构为契机，着力抓好“三去一降一补”，着力培育壮大新兴产业，着力发展现代服务业和现代农业，加快构建“5+3”现代产业发展格局，努力打造河北产业向中高端迈进的引领示范区。

第十三章　建立绿色智造工业体系

坚持走新型工业化道路，推进工业化与信息化深度融合、工业与服务业深度融合，努力提升制造业数字化、智能化、绿色化水平，推动工业向中高端迈进，打造战略性新兴产业聚集区。

一、做大做强优势产业

全力推进新一代信息技术和智能制造技术在电子信息、装备制造产业领域的广泛应用，持续提高自主创新能力，不断创新工艺、创新产品、创新业态，努力实现规模、质量、品牌、效益四提升。到 2020 年，形成一批有国际影响力的领军企业、名优产品、知名品牌，对全市经济发展的支撑作用进一步增强。

电子信息产业。充分发挥区位、资源环境、基础设施等优势，围绕建设廊坊信息产业基地，构建“两带隆起、六园并驱”的产业布局，着力发展以大数据为主导的新一代信息技术，

重点发展提升软件与信息服务、智能硬件、光伏电子、新型显示、电子材料及电子元器件、物联网等产业，积极拓展云计算、大数据等数据产业，加强与京津对接合作，加快组建产业创新联盟，着力提升产业技术链条，全力打造京津冀电子信息产业基地和科技成果转化基地。软件与信息服务领域。培育壮大廊坊软件园区等聚集载体，积极对接北京的高端创新要素和产业资源，争取在装备制造、汽车、农业、医疗、电力、家具、建材、钢铁等行业 ERP 软件、工业软件、社会管理应用软件等领域实现核心技术突破，在游戏、动漫、数字出版等数字内容产业细分领域形成具有行业顶尖竞争力的重量级技术和产品，建设成为具有影响力的数字内容基地。智能硬件领域。完善通信产品、北斗导航等已有产业链条，建设智能硬件产业园，重点承接北京地区可穿戴设备、智能电视、智能家居、智能安防、汽车电子等智能硬件企业转移，积极吸引国内外知名智能硬件企业落户。新型显示领域。吸引上下游重点配套企业，促进新型显示产业原辅材料集聚，提高材料与元器件本地化配套率，培育比较完整的新型显示产业链，拓展新型显示应用领域。光伏电子领域。利用光伏产业回暖机遇，高端切入，发挥优势，大力发展单晶硅片、高效电池片、电池组件，打造单晶硅片—高效光伏电池—组件的光伏产品生产基地。电子材料及电子元器件领域。围绕光伏电子、新型显示等制造、封装领域，大力发展高技术含量、高附加值的有机及无机材料，支持新型电子元器件产品向小型化、片式化、模块化、高频化、节能化、智能化发展。物联网产品领域。大力支持智能传感器、射频识别、嵌入式软件、系统集成等物联网核心技术研发，鼓励发展传感器、射频器件及中间件、智能仪器仪表等物联网感知产品制造，开展物联网在工业、农业、流通业等重点行业领域的应用示范。大数据产品领域。围绕大数据产业链上下游制造环节及重点信息技术产品，加快龙头企业引进和优秀企业培育，重点发展高性能低功耗服务器、海量存储设备、下一代网络设备、软件定义网络（SDN）设备、模块化数据中心成套装备等云端设备。

高端装备制造业。抓住国家振兴装备制造业的有利机遇，改造提升专用设备、管道装备、电梯、汽车及零部件等制造业，大力发展新能源汽车、航天装备、智能设备等先进装备制造业，引导全市装备制造业巩固优势地位，增强创新能力，培育新增长点，提升发展水平。以汽车零部件生产加工为支撑，扩大德系、韩系汽车零部件生产规模，拓展汽车零部件、大部件生产链，着力打造三河、广阳、文安汽车零部件产业基地。重点发展电动整装车、充电桩，着力打造全产业链新能源汽车及配套设施制造基地。以华夏幸福·全国智能机器人创新联盟等为依托，积极发展数控机床、航天精密机械、智能机器人等智能装备制造。以首钢装备廊坊基地等装备制造业企业为依托，改造提升通用、专用等装备制造。鼓励现有管道、电梯等制造企业加强与京津科研机构合作，提高创新能力，不断拓展新产品领域。

专栏：电子信息“两带隆起、六园并驱”

“两带隆起”，即“东部产业聚集带”，北起廊坊开发区，南至龙河工业园，形成围绕市区、遥相呼应、互为支撑的东部产业聚集带，重点发展通信、半导体照明、应用电子、计算机配套件、软件及信息服务等产业；“西部产业聚集带”，北起固安工业园，南至永清工业园，打造成体连片、互动发展的西部产业聚集带，重点发展平板显示、电子材料、电子元器件、手机配套件、应用电子等产业。

“六园并驱”，即错位发展6个特色产业园区。廊坊开发区，建设以通信、光电子、应用电子、数字化整机为主导的综合性园区；龙河工业园，建设以通讯制造为特色的专业性园区；固安工业园，建设以平板显示为特色的专业性园区；永清工业园，建设以电子材料为特色的专业性园区；燕郊开发区，建设以软件研发服务、光伏产业、电子设备为特色的专业性园区；胜芳经济开发区，建设以智慧家居制造为特色的专业性园区。

二、培育发展战略性新兴产业

瞄准市场消费需求和技术发展前沿，明确发展方向和突破重点，加快领军企业的引进和培养，加强与京津相关科研院所合作，引导人才、技术、资金、土地等要素向战略性新兴产业领域集聚，争取在某些领域实现突破、形成规模。到2020年，战略性新兴产业增加值实现倍增，占规模以上工业增加值比重大幅提升。

新材料。突出高端、环保为方向，重点发展化合物半导体材料、高端石英材料、电子级玻璃材料、金刚石超硬材料、节能环保型复合材料等，研发生产石墨烯、碳纤维等高端材料。

节能环保。以培育一批拥有自主知识产权、具有较大市场份额的高附加值产品为目标，大力发展太阳能热发电集热系统技术、生物质直燃技术，加快建设核电工程技术研发中心、后处理技术研发中心、退役与三废治理研发中心等国家实验室，打造集研发、试验、制造、服务等功能于一体的节能环保产业链和新能源装备制造基地。

生物医药。依托京津及国外现代医药、生命科学等研究机构，推进固安肽谷生物医药产业园等项目建设，研发生产抗肿瘤、抗类风湿等抗体药物和多肽药物，以及高端医疗影像和诊断、微创植（介）入器械、精密治疗和康复设备等。

三、改造提升传统产业

以制造协同化、生产清洁化、产品精细化、销售电商化为主攻方向，加速淘汰落后过剩产能，盘活存量要素，集聚优势资源，优化转型路径，明确发展重点，全面推动传统产业转型升级，重塑发展优势。

食品加工业。以特色化、精深化、品牌化、安全化为主攻方向，改造提升传统食品加工业。鼓励汇福等粮油加工企业进行衍生产品开发，培育壮大相关动植物天然提取物产业。鼓励三河福成五丰、大厂福华等企业，进一步增加适应国际市场及高档饭店宾馆需求的肉类品种，着力开拓国际市场，打造优质肉类出口基地。依托永清果蔬种植基地、香河藕荷基地、固安蔬菜基地等，大力发展果蔬深加工，积极发展保健型、功能性特种食品及绿色食品，开发多种原辅料配制的中西式快餐食品，打造一批在全国叫得响的果蔬制品知名企业和名牌产品。支持现有酿酒及饮料企业开发“品质优、中高档、生态化”产品，积极研究开发新风格、新口味的品种，大力发展植物蛋白饮料、果汁饮料、含乳饮料、茶饮料等产品。

木材加工及家具制造。瞄准中高端市场，实施品牌提升战略，采用“基地+渠道+知名地域品牌”模式运作，培育一批骨干龙头企业和特色产业集群。实施集约化生产、精细化管理、品牌化运作，通过以品牌加盟连锁为主和直营为辅的复合销售渠道实现下游整合，形成产供销一条龙服务，带动提升整体行业水平。大力推广先进生产技术，推动中小企业开展机械自动化生产、部件标准化制作、工艺规范化作业升级改造，实施“互联网+”木材加工及家具制造计划，降低人工成本，提高生产及产品智能化水平。加快原辅材料配套行业发展，鼓励发展绿色、环保、低碳的集成材等板材、无污染油漆、高档五金配件，完善延伸产业链条。加强产业整合，积极引导鼓励香河、霸州、文安、大城等地家具制造企业、原辅材料企业、展销卖场组建产业联盟，增强集群竞争力。

金属制品加工。适时推进廊坊钢铁集团组建工作，坚决落实省下达的钢铁产能压减任务。鼓励钢铁企业对主体装备进行技术改造和产业升级，推动生产过程连续化、自动化、智能化，推进清洁化生产。围绕钢木家具提档升级需求，鼓励开发高强度、耐腐蚀等高附加值钢铁新产品。加快推广智能制造，鼓励企业进一步优化完善管理综合信息系统，推进制造、管理、经营和流通模式的再造。支持钢铁企业发展个性化定制服务、全生命周期管理、网络精准营销和在线支持服务等，大力发展钢铁电子商务。

绝热节能材料产业。以绿色、节能、环保为主攻方向，依托大城绝热节能材料产业聚集区已形成规模，产业积累较为深厚，国内外市场占有份额逐年提高，知名度和影响力逐步扩大等优势，大力实施品牌战略，培育壮大华美等龙头企业，扶持发展一批中型企业，增上一批产品、技术尖端的优质项目，壮大产业发展实力。同时，加大政策、资金扶持力度，加快省级绝热节能材料产业园申报进程，积极承接北京、天津建材产品生产企业外迁，引进先进研发技术和设备，推动产业上档升级、做大做强，在廊坊南部建设全国最大的绝热节能材料产业基地。

专栏：重点工业项目

电子信息：人保北方信息中心、固安卫星导航园、中国联通华北（廊坊）基地、京东方二期、神州数码供应链总部等。

高端装备：香河智能机器人产业孵化基地、探海科技便携式水下探查机器人项目、北京中智恒泰电力设备项目、北京精雕数控机床项目等

生物医药：固安肽谷生物基地、原子高科同位素药物研发生产基地等。

节能环保：华夏幸福固安环保产业园、北大空气二氧化碳热能泵生产项目、河北和利得远红外线采暖装备研发生产项目、阳光鸿志军用蓄电池项目、亦庄永清区域合作创新示范园项目等。

新材料：康得碳纤维材料应用项目、河北汉诺实抛弃式软性隐性眼镜研发及生产项目等。

汽车制造：奔驰海斯坦普汽车底盘项目、三河德系汽车工业园等。

食品加工：呷哺呷哺（霸州）中国区总部及中央厨房项目、加州原野（霸州）干果生产加工项目、北京嘉和鹏润休闲食品加工基地项目等

城市轻工：兰中包装项目等。

第十四章　突出发展现代服务业

积极承接北京非首都功能疏解，全面提升城市经济发展水平，引进新业态，拓展新领域，培育新增长点，努力打造现代服务业聚集区。

一、优先发展生产性服务业

充分发挥廊坊区位、基础、空间组合优势，突出全链条、全周期、全要素服务功能定位，立足京津，面向国际，大力发展现代物流、科技服务、商务会展、金融保险、中介服务等生产性服务业，全力打造京津冀商贸、科技、金融服务高地。

现代物流。充分发挥毗邻京津、交通便利的区位优势和成本竞争优势，以信息化和标准化技术为支撑，大力发展以京津为主要目标市场、与京津国际化物流体系相对接的现代物流业。加快永清铁海物流产业聚集区、霸州市胜芳国际物流园区等发展，完善配套服务设施，引进专业物流项目，尽快形成物流聚集发展能力。依托北京新机场，谋划设立空港保税物流园区，形成保税仓储、物流中转、物流配送及其他保税延伸产业集群，培育壮大航空物流。培育壮大一批第三方物流，继续引进一批国内外物流龙头企业，积极吸引知名快递物流企业来廊坊建设区域分拨中心或总部基地，谋划建设廊坊市快递产业园区，建成廊坊国家一级快递枢纽节点城市。发挥邮政及供销社的网络和服务优势，推进县、乡、村消费品和农资配送网络体系建设。实施商贸物流标准化专项行动计划，在快速消费品、农副产品、药品流通等领域开展标准托盘推广应用和循环共用。加强物流信息化建设，支持物流企业采用先进适用的技术装备，建设智能物流信息平台。加强邮政、快递投递末端网络平台建设，鼓励推广使用智能快件箱、手持终端等先进技术设备。科学规划城市配送车辆专用临时停车位或者设置临时停车场，对生活必需品配送、鲜活农产品和冷藏保鲜品配送、共同（集中）配送、使用新能源和清洁能源的车辆予以优先通行。

科技服务。打造一批新型科技服务业态，培育一批优势科技服务机构，形成一批科技服务产业集群，到 2020 年，形成覆盖科技创新全链条的科技服务体系。发展多层次的技术（产权）交易市场，支持科技服务平台发展，推动全市技术转移机构与国内外知名技术转移机构合作。大力发展面向中小企业的科技咨询服务，支持生产力促进中心、科技情报研究所、知识产权服务机构、科技咨询机构等快速发展。依托廊坊市科技创新创业服务中心，建立具有专利检索、展示交易、法律咨询、宣传培训、人才培养等功能的知识产权公共服务平台，鼓励各类市场主体投资设立知识产权代理、评估、交易、咨询等服务机构，支持京津等地知识产权服务机构在全市设立分支机构，加快专业检验检测认证机构建设，支持燕郊高新区争创国家科技服务业创新发展区域试点。

商务会展。大力发展总部经济，重点培育建设廊坊市区、燕郊、固安空港三大总部服务基地，有步骤、有重点地引进区域总部、营销总部、研发总部、金融总部等企业总部，加快形成聚集发展态势。大力发展楼宇经济，积极吸引中小型金融担保、文化创意等企业总部聚集式发展。鼓励本地优势企业发展总部经济，过剩产能积极走出去，形成总部在廊坊、生产基地全球布局的跨国企业发展格局。积极发展高端会展，依托中国·廊坊国际经贸洽谈会，加强会展城市营销，积极承接首都会展产业转移，实施品牌化、专业化、国际化、特色化发展战略，重点培育国际化程度较高、具有一定国内外影响和行业影响、对经济拉动作用较大的展览、会议和节事活动，将高端会展业打造成全市新的经济增长点。到 2020 年，力争打造 5-10 个具有廊坊特色、具有较高专业化水平、具有较大国内、国际影响力的品牌会展活动，努力把廊坊打造成为京津冀地区知名会展城市和重要的高端会展目的地城市。

金融产业。优化金融生态环境，建立健全多层次、多元化、开放型的金融体系，发展现代金融服务业，打造金融强市。做多做强金融主体，继续引进全国性金融机构和域外省市金融机构来廊坊设立区域总部或分支机构。支持现有金融机构增设网点、延伸服务，发展普惠金融、创业金融。积极承接京津金融总部结算中心、研发中心及金融服务外包等辅助性机构转移，打造金融后台服务中心。培育壮大地方金融体系，鼓励发展创业投资、产业投资基金等各类股权投资基金，规范发展融资担保公司、典当行、小额贷款公司等金融中介，培育发展村镇银行、消费金融公司、融资租赁公司、民间资本管理公司等新型金融机构，做大做强城市商业银行，深化农村信用社改革，探索建立本土化金融控股公司。健全多层次资本市场体系，持续推进成长型、成熟型企业在境内外交易所上市，引导和培育创新型、创业型企业到“新三板”、石家庄股权交易所挂牌；鼓励优质企业资产证券化，支持符合条件的企业发行短期融资券、中期票据、企业债、公司债等债务融资工具。发展保险市场，积极发展商业养老保险、健康医疗保险、农业保险、责任保险、环境污染险等保险业务，充分发挥商业保险的社会保障作用。

中介服务。以健全中介服务业门类、提高中介服务机构社会公信力为重点，大力发展中介服务业。大力开展会计与评估服务。引导和督促会计师事务所和评估机构加强职业道德建设，推动公平竞争，全面提升行业诚信度和社会公信力，逐步建立与现代企业管理制度相适应、满足不同市场需求的会计、评估服务体系。不断强化法律服务。加快建设一批多专业协同、多层次分工、具有一定规模和适应现代商事法律服务的律师事务所。探索政府购买法律服务模式，推进依法行政。依托新技术，采用新模式，大力发展知识密集型人力资源服务机构。全面创新广告服务，提升广告企业市场竞争力，培育一批拥有自主品牌的大型广告企业。

二、积极发展生活性服务业

充分开发利用地热、湿地、园林、文化等资源，与物流、科技、商务、金融等服务业发展相协调，立足廊坊，服务京津，大力发展健康养老、文化体育、旅游、商贸、家政等生活性服务业，全力打造京津“慢生活”基地。

健康养老产业。按照现代化、市场化、社会化的总体要求，大力发展中高端医疗、康复疗养和全民健康管理。鼓励发展民营医疗机构，深化健康管理和健康服务，培育发展健康管理产业。依托休闲度假、生态湿地等资源优势，规划布局一批健康养老服务产业基地，积极发展多要素集聚、多业态融合、多环节一体医疗健康和老年养护业，培育养老产业品牌，把廊坊建成京津地区具有影响力的休闲康体疗养养老基地。大力推广社区服务呼叫系统，积极发展生活照料、康复护理、医疗保健、精神慰藉等专业化社会化社区养老服务业。切实加大对社会力量举办养老机构的扶持力度，鼓励民间资本兴办规模化、连锁化、品牌化养老服务机构。加快燕达国际健康城等养老服务产业园区建设，探索与京津养老保险接续、互认等政策衔接。大力推进“医养结合”的养老服务，通过养老院设立医院、医院举办养老院、医院与养老院联办等形式，构建养老与医疗相互融合的服务模式。

文化产业。实施文化产业“倍增”计划，规划建设文化产业规划馆、文化产业基地和示范园区、文化体验特色小镇。重点发展现代传媒、印刷出版、动漫游戏、民俗文化、文化市场、演艺娱乐等产业板块，带动全市文化产业发展。以市区为核心，培育环首都文化产业带、环天津文化产业带和中轴文化产业带，全力构建以三河为中心的新兴文化产业，以香河、大厂为中心的影视剧拍摄及创意体验文化产业，以广阳为中心的现代文化休闲产业，以三河、安次为中心的印刷包装产业，以永清、固安、霸州为中心的温泉休闲度假文化产业和以大城为中心的红木文化产品加工制造产业六大组团整体格局。鼓励文化企业与京津开展对接，以大型文化企业和文化园区为龙头，打造“创作—制作—体验”一体化完整产业链条。坚持保护传承和创新发展相结合，加快推进传统手工艺品产业化发展，实现传统手工艺品与现代科技和时尚元素的完美融合。发挥大厂评剧歌舞团改革发展经验，加强演艺团体资源整合，推动相关演艺团体的规模化、品牌化发展。大力发展数字出版、网络出版、手机出版等以数字化内容、数字化生产和数字化传输为主要特征的新兴新闻出版业态。加大动漫游戏企业扶持力度，推动动漫游戏设计产业发展。

体育产业。积极培育体育健身市场，引导大众体育消费。丰富传统节庆活动内容，支持各地根据当地自然人文资源特色举办体育活动，策划打造影响力大、参与度高的精品赛事。充分利用廊坊市体育场馆、廊坊市全民健身中心和较大规模健身娱乐场所，丰富产品内容，拓展体育健身休闲产业发展空间。鼓励发展赛事组织、场馆运营、技术培训、信息咨询、中介服务、体育保险等体育服务组织，逐步扩大体育服务规模。加强体育产品品牌建设，开发一批科技含量高、拥有自主知识产权的体育产品，将全市打造成为京津冀乃至全国重要的体育用品生产基地。举办具有一定影响力的体育用品展会，促进体育衍生品创意和设计开发，推进相关产业发展。

旅游产业。整合自然、生态、人文等旅游资源，推进吃住行游购娱各要素协调联动，把廊坊市打造成京津冀近地旅游目的地和京津“慢生活”基地。发挥各地生态、文化、旅游资源优势，着力打造六大特色旅游产业集群。依托香河中信国安运河生态文化项目等，打造京东商务休闲旅游集群；依托金丰农科园等，打造城区文化体验旅游集群；依托永定河自行车运动公园等，打造临空国际商务旅游集群；依托霸州胜芳古镇文化旅游综合体项目等，打造冀中民俗风情旅游集群；依托霸州茗汤温泉度假区等，打造京南温泉养生旅游集群；依托文安赵王新河-鲁能生态游等，打造津西生态休闲旅游集群。加强廊坊十大旅游商品系列宣传推介，树立品牌。加强京津廊旅游资源合作开发，共同打造精品旅游线路。健全游客咨询服务体系，完善旅游交通标识系统、旅游厕所等旅游基础公共服务设施。开发旅游景区智慧服务、智慧管理和智慧营销平台，打造智慧旅游示范景区。做足“旅游+”文章，培育旅游与文化、农业、工业、温泉、养生、购物等产业融合的新型旅游产品体系，壮大旅游产业规模。

商贸产业。完善传统零售业，促进大型百货、综合超市、购物中心等整合创新，有计划地引进国内知名零售百货企业，全力打造一批城市综合体，提升城市商贸服务水平。积极承接北京相关批发市场搬迁转移，整合提升批发贸易，支持专业批发市场改造升级，打造环京津区域性专业市场群。构筑功能完善、高效畅通的城乡双向流通网络，支持大型商贸流通企业发展、直营连锁、加盟连锁和特许连锁并向乡村延伸，建设乡镇商贸中心、配送中心和直营连锁店，不断提升城乡商贸流通一体化水平。

家政产业。坚持市场运作与政府引导、满足生活需求与促进经济结构调整相结合，大力推进家庭服务业市场化、产业化、社会化，不断提高服务质量和水平。完善社区便民生活服务。积极发展社区电子商务。拓展完善家政服务网络，推进家政服务进社区工作，加快社区家政服务网点建设。推进大众化餐饮体系建设。

专栏：京津“慢生活”基地建设

北三县新兴文化旅游组团。以汇福国际健康中心、燕达国际健康城为核心，建立京东最大的国际健康城，形成集健康、休闲、娱乐于一体、世界一流的国际健康园区。充分利用香河家具的品牌优势，积极开发家居购物游、家居文化节庆、家居文化博物馆、未来家居体验馆等家居文化，重点建设“世界家居博物馆”、“未来家居体验馆”，通过4D、虚拟影像等高科技手段，向家具购买者、旅游者展示人类有史以来的家居文化，让游客能够瞬间穿越古今、中西，营造新鲜的旅游感受，推动香河成为国际知名的家居文化圣地。依托大厂民族宫、京东第一温泉、陈府农业园区形成具有农村特色和民族特色的文化体验。

中部市区现代文化休闲组团。以“梦廊坊文化产业园”等大型文化产业项目为重点，推进“休闲度假-商务会展-大型演艺-后续文化产品”的对接，形成系统化、全面发展的文化休闲产业组团，建设廊坊主城区文化休闲商务生态旅游产业聚集区，将梦廊坊项目打造成为京津文化旅游第一站，形成以文化为牵引、参与体验为特色的世界级大北京文化休闲商务区。

南三县京南温泉度假文化组团。依托温泉资源优势，全面融入古镇文化、戏曲文化、体育文化等相关文化内容，重点承接部分中央单位、社会团体及其附属单位等非核心行政功能疏解，建设医疗、健康服务功能承接基地，打造全方位、立体化、体验式温泉度假文化产业链条。充分利用胜芳古镇文化资源，推动传统古镇文化、戏曲文化与现代温泉度假的对接，积极开展系列大赛，音乐会、花会、花灯等大型文化活动，形成传统文化旅游精品路线，打造“京南第一古镇”。利用李少春等戏曲文化名人资源，依托戏曲大观园、李少春大剧院等戏曲演出场地，挖掘霸州戏曲文化内涵，为温泉度假注入文化元素。

三、培育壮大新兴服务业态

电子商务。紧扣全市现有的优势产业，以“互联网+”为导向，结合电子商务的发展趋势，大力完善电子商务基础设施，培育电子商务经营主体，健全电子商务支撑体系，优化电子商务发展环境，促进电子商务发展与产业结构升级深度融合。大力培育全市电子商务龙头企业，积极申报省级和国家级电子商务示范企业，推动一批前景好、地位重、潜力大的电子商务企业做大做强。推进与阿里巴巴、京东等国内外知名电商平台进行全面战略合作，吸引一批国内外大型电子商务企业总部、区域总部、技术创新中心、服务中心和营运中心落户廊坊。鼓励有产业基础和电商潜力的县（市），建设集商品交易、研发设计、配套服务于一体的电子商务产业园区（基地），积极申报省级和国家级示范基地。着力推进大宗商品、县域产业、行业、网络购物、电商创新等平台建设，建立和完善电子商务服务产业链条，发展第三方电子商务平台，推进商贸电商与制造业电商的有效链接。拓宽电子商务企业融资渠道，跟踪指导重点企业合法经营，规范运作。围绕大型商业综合体、专业批发市场，支持建设一批模式创新、交易规模大和影响力广的网络购物平台，加快传统市场转型升级，实现有形市场与无形市场的有机融合。推动电子商务进社区，大力发展农村电子商务，完善农村电子商务公共服务体系。

大数据。依托华为云计算、润泽国际信息港等，全面提升大数据产业发展支撑能力、技术创新能力和安全保障能力，力争2020年大数据产业总值达到300-500亿元。积极承接国家部委和央企、京企提供服务的区域性数据存储、分析和交易中心，建设"同城双活云服务中心"，打造大数据产业数据增值中心和大数据应用示范区，建成基础设施体系完善、创业创新要素汇集、产业链条重点突破、交易与服务水平一流、数据应用市场引领的知名大数据产业基地。培育壮大以"互联网+天基信息应用"为核心的空间信息产业和信息服务业。鼓励企业面向国内外市场承接大数据外包业务，加强数据外包产业的公共服务、基础设施、市场资源对接，建设大数据服务外包特色产业园。搭建大数据公共服务平台。实施绿色数据中心建设，引导现有数据中心向绿色化、智能化方向发展。统筹政府数据资源，建立政府基础数据库。搭建廊坊政务资源平台，构建全市统一的政务信息资源云计算中心，着力实施云示范应用工程。

服务外包。重点发展云计算平台、软件研发、金融后台服务等领域服务外包；积极发展科技研发、物流服务、文化创意、旅游服务、电子商务平台、政府公共服务等领域服务外包。加快发展设计产业，通过设计创意催生新产业，提升传统产业。以创建河北省服务外包示范城市为契机，逐步形成以示范园区和产业基地为载体，以专业技术人才和管理人才为保障，以龙头企业和品牌企业为支撑，特色鲜明、优势互补、协调有序的发展格局。

专栏：服务业项目

科技服务：中航无损理化力学测试生产项目、交通部公路养护技术国家工程研究中心霸州产业示范基地项目等。

商贸物流：京津冀（固安）国际商贸现代物流园、新陆港物流产业基地、永清国际商贸中心一期、廊坊市快递产业园区、霸州市胜芳国际物流园区、霸州益津国际商贸广场等。

金融服务：平安金融物流园、廊坊泉安金融物流园项目等。

电子商务：京东电子商务产业园等。

大数据：华为廊坊云计算数据中心项目、中鼎云数字产业园（IDC-大数据中心）项目、京东数据中心项目、润泽国际信息港A-2数据中心、安邦保险燕郊后援项目等。

第十五章　打造都市型现代农业体系

加快转变农业发展方式，创新农业经营主体，提高农业科技水平，大力发展高效、优质、生态、品牌农业，加快推进农业现代化，形成国家环首都现代农业科技示范带重要支撑，打造全省都市型生态农业发展典范。

一、加快建成高效生态农业

调整农业种养结构。科学合理利用耕地资源，推进永久基本农田划定工作，促进种地养地结合，探索实施耕地轮作休耕试点。稳定粮食生产，全面改造中低产田，打造高标准基本农田，提高耕地基础地力和产出能力，保持粮食产量稳步提升。优化果蔬，打造京津地区重要的果菜供应基地、国家级特色果品试验推广和生产基地。提升畜牧质量，大力发展引进生物饲料技术，推进畜禽养殖生态安全发展，提高规模化养殖水平，鼓励养殖大户与龙头企业建立稳定的产销合作关系，建立食品可追溯体系。到“十三五”末，粮食总产维持在160万吨，瓜菜总产量稳定在850万吨，肉、蛋、奶稳定在20万吨、8万吨、23万吨。

推动农业绿色转型。把农业结构调整与增加农民收入、防治农业面源污染和改善生态环境结合起来，大力发展节约型农业生产。严格控制农业用水总量，推进农艺、设施、机制、科技等综合节水，推广耐旱品种及喷灌、微灌等高效节水灌溉模式。全面落实测土配方施肥项目，加强农药施用管理，推广应用高效低毒低残留农药、生物农药和害虫生物防治技术，实现化学农药施用量零增长。加强畜禽粪便无害化处理及资源化利用。加快建立覆盖全市的饲养、屠宰、经营、运输等各个环节的病死畜禽无害化处理体系。推广使用标准地膜，建立完善废弃地膜回收再利用体系和机制，着力治理农田“白色污染”。推进农业标准化生产，加强“三品一标”建设，力争绿色农产品认证品种达到100个，有机农产品认证品种达到20个。

发展智慧农业。完善农业科技服务体系，加强农业科技人才培养，培育新型职业农民，构建市、县、乡、村、户五级科技推广服务网络，做好农业技术的引进、开发、示范、推广。加强农村信息化基础设施和农业大数据建设，加快智能传感器、卫星导航、地理空间系统等技术应用，增强对温湿度、光照、土壤等农业生产环境的精确监测能力，提高测土配方施肥、疫病防控、防灾减灾等智能化水平。应用农药喷洒无人机、智能拖拉机、自动收割机等智能农业机械，发展自动灌溉、自动施肥、自动喷药等智能农业生产模式，推进农业生产精准化、可视化、智能化。大力发展“互联网+农业”，开展农业物联网试点示范。

二、大力发展都市休闲农业

发展现代园区农业。围绕都市型现代农业发展定位，像抓工业园区一样抓现代农业园区，全市建成10个以上省级现代农业园区，20个以上市级农业现代园区和一批高标准设施农业园、龙头企业带动的规模基地和新型经营农场。积极拓展高端农产品加工、生态循环有机农业生产、现代农业科技展示、商务休闲和农业旅游观光及现代农产品物流等领域，引领现代农业高端化发展，加强北京农业科技成果在全市的转移和转化，大力推进环首都现代农业科技示范带建设。到2020年，现代农业园区总产值突破200亿元。

拓展农业休闲旅游功能。立足于服务京津及周边城镇居民，大力推进农业与文化、科技、生态、旅游的融合，积极引入富有农业特色休闲项目，搞好休闲观光农业项目创意设计，加强与生态度假旅游、乡村文化旅游相衔接，着力打造周末休闲旅游基地。

三、不断提高农业产业化经营水平

积极培育新型经营主体，发展多种形式的适度规模经营。推行政府、龙头企业、金融组织、科研机构、合作组织、农户“六位一体”经营模式，重点扶持一批行业产业联盟型经营组织，提升农业产业化经营水平。大力发展农产品加工业，以农产品精深加工为重点，壮大发展一批产业关联度大、技术装备水平高、带动能力强的农业龙头企业。到2020年，农产品产地初加工率力争达到50%。以现代农业园区为平台，引进建设一批一二三产融合发展、产业链条长、经济效益好、关联度大的项目，每年持续抓100个特色突出的重点项目，优化发展环境，破解发展难题，确保项目建设顺利。实施农产品品牌战略，开展农业品牌塑造培育、推介营销和社会宣传，着力打造一批有影响力、有文化内涵的农业品牌，提升增值空间。到2020年，农业产业化经营率力争达到72.5%。

第六篇　坚持统筹发展，加快城乡一体化进程

把握京津冀协同发展机遇，以国家中小城市综合改革试点和石保廊国家全面创新改革试验区建设为抓手，主动与京津城乡建设规划相衔接，坚持以人为本，统筹推进城乡一体化发展。

第十六章　推进新型城镇化建设

坚持以人的城镇化为核心，完善城镇空间布局规划，构建人口规模适度聚集、大中小城镇相结合的城镇体系，大力发展城市经济，持续提升城镇化水平。

一、加快农业转移人口市民化

健全农业转移人口落户制度。在自愿、分类、有序的前提下实施差别化落户政策，健全人口信息管理制度，全面实行居住证制度，保障持有居住证的农业转移人口和其他常住人口享有基本公共服务和便利，探索社区公共地址等方法解决新进城人员临时落户问题。到2020年户籍人口城镇化率达到45%。

保障农业转移人口享有城镇基本公共服务。以流入地政府管理为主，将农民工随迁子女学前教育、义务教育、高中阶段教育纳入城镇教育发展规划，并将义务教育纳入财政保障范畴。探索建立全民社会保险登记制度，推行社会保障一卡通。打破城乡就业壁垒，实施城乡均等化就业战略。把符合条件的进城落户农民纳入城镇住房保障体系，将稳定就业的农民工纳入公积金保障范围。

建立健全农业转移人口市民化推进机制。加快建立健全由政府、企业、个人共同参与的农业转移人口市民化成本分担机制，明确成本承担主体和支出责任。加快建立财政转移支付、财政建设资金对城市基础设施补贴数额、城镇建设用地增加规模与农业转移人口落户数量“三挂钩”机制，保障进城落户农民工的土地承包经营权、宅基地使用权和集体收益分配权权益不变，促进农民工融入城镇，努力实现农业转移人口户籍的市民化、公共服务的市民化、就业的市民化、生活的市民化。建立健全常住人口和户籍人口城镇化水平动态监测机制。

二、优化城镇布局和形态

积极顺应京津冀协同发展趋势，以适应北京人口和功能疏解为方向，全市域内进行统筹布局，构筑起符合首都产业转移和功能疏解方向，人口规模适度聚集，大中小城镇相结合的城镇体系，不断优化城镇空间布局。

提升中心城市承载力。以中心城区为核心，整合固安、永清发展空间，加快主城区、固安县城、永清县城、廊坊新兴产业示范区同城化进程，适时启动永清、固安撤县设区工作，完善城市功能，加快公共服务设施建设，构建具有绿色隔离空间，主城区、固安、永清、新兴产业示范区四大城区组团的中心城市发展格局。围绕新区开发、旧城提升、交通路网、市容环境、园林绿化等，实施主城区城建等重点工程，高标准规划建设生态文化艺术新区和中央商务区。

加快燕郊—三河和霸州—胜芳两个次中心城市建设。以“挖掘潜力、扩大规模、增强

实力、完善功能”为目标，培育壮大主导产业，谋划城市精品工程，迅速提升城市品位和档次，带动周边地区城镇发展。

积极培育城镇魅力特色。注重城镇特色文化的保护、传承和挖掘，提升城镇内涵品位，推进城市绿色发展，提高智能化水平，增强历史文化魅力，让居民望得见山、看得见水、记得住乡愁。

三、提高城市可持续发展能力

坚持以人为核心，尊重城市发展规律，统筹空间、规模、产业三大结构，提高城市工作全局性；统筹规划、建设、管理三大环节，提高城市工作系统性；统筹改革、科技、文化三大动力，提高城市发展持续性；统筹生产、生活、生态三大布局，提高城市发展宜居性；统筹政府、社会、市民三大主体，提高各方面推动城市发展积极性，建设和谐宜居、富有活力、各具特色的现代化城市

大力发展城市经济。着力优化提升城市经济结构，发挥廊坊城区综合承载优势，积极承接京津高端要素转移，大力发展现代服务业和高新技术产业，构建以服务经济为主的城市产业结构，打造全市乃至京津走廊地区服务高地。大力发展创新创意、商务会展、信息服务、楼宇经济、总部经济等，把中心城区建成金融、文化、商务、科技、信息等高端服务聚集区。实施老城区升级改造，加快“退二进三”步伐，拓展城市经济发展空间。优化城市功能分区，合理布局建设商业、科教、商务、休闲等不同功能中心，积极建设城市综合体。统筹生产、办公、生活、商业等功能区建设，推动功能混合和产城融合，推动产业园区由单一生产功能向城市综合功能转型，打造城市经济发展的增长极，着力将中心城市建设成为京津冀世界级城市群的重要节点城市。

提升城市规划水平。把以人为本、尊重自然、传承文化、绿色低碳、精明增长理念融入城市规划全过程，规范规划程序，强化规划管控，增强规划的科学性和权威性，切实做到“一张蓝图绘到底”。

提升城市建设水平。围绕提升城市功能，突出补齐短板，统筹地上地下基础设施建设。完善城市道路系统，加密支路网络，实施公共交通优先战略，加强充电基础设施建设。改造提升城市供排水设施，加强垃圾无害化处理。加强城市地下空间资源开发利用的规划管理，实施城市地下管网改造工程，加强地下综合管廊建设。大力推进海绵城市规划建设。健全和完善城镇公共设施配置标准，统筹城市公共服务设施建设。加快建设绿色城市，实施绿色建筑行动计划，推广绿色建材，新建住宅全部执行75%的节能标准，大力推进城市生态建设，完善城市园林生态系统，提升城市园林绿化水平。

提升城市管理水平。完善城市治理体系，提高城市治理能力。全面推进廊坊国家级智慧城市建设，加快公共信息平台和基础数据库建设。加强城市精细化管理，完善城市治理体系，提高城市治理能力，推动城市管理部门联动和功能整合，形成精简高效的城市管理工作机制。全面提升市民素质，争创全国文明城市。

专栏：城市重大基础设施工程

重大市政基础设施建设工程：城市地下综合管廊改造工程、国电热电厂配套供热管网工程等。

生态景观设施建设工程：中央生态公园工程、环城水系工程、永定河郊野公园工程、环城奥林匹克公园配套设施工程、城市绿道工程等。

主城区城建重点工程：生态文化艺术新区建设工程、中央商务区建设工程、市民服务中心工程、梦廊坊文化产业园工程、光明商务岛工程、城市交通中心工程等。

廊坊智慧建设工程：智慧政务、智慧交通、智慧医疗、智慧社区、智慧防灾示范工程等。

四、推进县城建设

推进县域规划多规合一，强化县城控制性详规，做好县城建设用地管理，使各类规划涉及的目标、规模、边界、布局、强度等落实到"一张图"。按照特色突出、功能互补、规模适度、产城融合的思路，优化县城空间格局，合理确定城市增长边界。塑造城市风貌特色，加强县城道路、供水供热、垃圾处理、绿化亮化等基础设施建设，推动县城扩容提质。以建设繁荣宜居的现代城市为目标，因地制宜，统筹推进，完善教育、医疗、文化、娱乐等功能设施，推动产城教融合发展，提高县城聚集产业、吸纳人口、统筹城乡的综合承载能力。到2020年，多数县城发展成为具有特色风貌、宜居宜业、充满活力的小城市。

五、建设精品化小城镇

根据发展基础、区位条件、资源禀赋等因素，坚持分类指导，推动全市重点建制镇特色化、精品化发展。对于经济实力较强的镇，着力推进城镇基础设施和配套服务功能上档次、上水平，加快发展先进制造业和现代服务业，打造一批区域中心镇和经济强镇。对于特色产业集群发展较好的镇，加快完善城镇基础设施，推动产业集群转型升级，培育发展新兴产业，打造一批特色工业小镇。对于生态资源、文化资源、农业资源较丰富的镇，积极发展温泉旅游度假、康体娱乐、都市农业观光等，打造一批生态休闲小镇和民族风情小镇。

专栏：打造国家中小城市综合改革试点

树立全域规划理念，推进"多规合一"，统筹经济社会发展规划、土地利用规划、城乡规划和生态环境保护规划，合理安排城镇、农田、产业、生态等空间布局。推进国家中小城市综合改革试点和国家全面创新改革试验区建设，在产业和城市融合发展、科技成果转化、城市基础设施投融资、公共服务供给、要素流动等方面进行改革示范，力争用三年左右时间，实现城市集聚产业和人口能力明显增强，城市可持续发展能力显著提升，探索出适于推广的承接北京非首都功能疏解和产业转移的成功经验，加速廊坊城市与京津协同发展进程。

第十七章　发展县域经济

围绕做强县域经济支撑，推进县域经济增比进位，积极发展壮大县域特色产业，促进工业项目向园区集中、人口向县城集中，推动产城融合发展，增强县域经济发展实力。

一、明确县域经济发展定位

三河市。发挥区位优势，重点发展文化创

意、众创空间、智慧物流等现代服务业，大力发展通用航空、汽车零部件制造、装备制造、生物医药、电子信息等先进制造业，改造提升印刷装订、食品加工等传统产业，打造成全省城乡统筹示范区、京津冀电子信息产业基地、京津冀文化创意产业基地、环首都智慧物流产业基地和环首都通用航空产业基地，全力打造京津冀协同发展先行示范区。

大厂县。落实河北省推进京津冀协同发展的功能布局调整要求，以主动融入京津冀协同发展为第一要务，重点发展文化创意、总部商务、高端制造、绿色清真食品和科技休闲农业，积极建设京东新城、幸福大厂。

香河县。围绕做强高端制造业基地，重点发展先进制造、节能环保、生物医药、新材料等产业；围绕壮大现代服务业基地，重点发展商贸物流、健康养老、总部经济等产业；围绕发展文化旅游及现代农业基地，重点发展文化创意、观光农业、生态旅游等产业。全力打造中国家具之都、现代产业高地、休闲商务新城、生态宜居家园。

广阳区。充分发挥紧邻京津区位优势，服从服务和支持有序疏解北京非首都功能大局，积极承接北京非首都功能疏解，大力发展和提升城市产业，打造城市经济核心区、新兴产业聚集区、城乡统筹先行区、生态涵养支撑区。

安次区。发挥区位和空间优势，大力发展培育战略性新兴产业、现代服务业及现代农业，重点打造战略性新兴产业聚集区、京津冀协同创新创业发展先行区、绿色生态健康环保的现代农业示范区、便捷舒适优美宜居的现代城市经济核心区。

固安县。充分利用空港优势和毗邻北京的区位优势，大力发展航空航天、生物医药、电子信息、高端装备制造、新型能源材料、电子商务、现代服务业和现代农业，全力打造京津冀协同创新先行区、新型城镇化与城乡统筹发展典范区、国际新型空港都市区、全球技术商业化中心和京南宜居宜业微中心。

永清县。发挥生态资源优势，大力发展高端制造、商贸物流等主导产业，配套发展大健康、大智慧、大服务产业，着力打造京津冀产业协同发展先行示范区、北方空铁现代商贸物流基地、京津科技创新成果转化试验区和京南生态宜居卫星城。

霸州市。立足廊坊南部经济中心的地位，充分发挥区位和交通优势，重点改造提升家具制造、装备制造、食品加工、木材加工、金属制品等传统优势产业，承接发展电子信息、科技研发、汽车制造、装备制造、商贸物流、健康养老、教育医疗等产业，培育发展新一代电子信息技术、高端装备制造、节能环保、新能源、新能源汽车、新材料等战略性新兴产业，大力发展现代服务业和现代都市农业，积极打造京南重要交通枢纽、京津科技成果转化基地、转型升级引领区。

文安县。改造提升人造板、工程新材料、五金建材、电线电缆四大传统产业，培育发展新材料、节能环保、电子信息等三个新兴产业，提升汽车零部件、绿色家具、装备制造三个优势产业，壮大机床再制造产业，大力发展现代服务业和特色农业，打造高端装备制造业基地、环保新材料产业基地、养生养老服务业基地和廊南森林湿地走廊。

大城县。重点推进绝热节能材料、红木文化、有色金属三大传统产业转型升级，推进高端制造业、新能源车辆、气雾剂三大新兴产业发展壮大，推进现代服务业、现代农业两大产业加快发展，打造“互联网+传统产业”转型升级示范区、生态环境支撑区、高端制造业产业基地、科技创新成果孵化转化创业基地和协同发展核心区物流基地。

二、促进县域经济转型升级

以产业园区为载体，以龙头企业、重点项目为支撑，创新项目管理机制，强化项目服务能力，加大京津产业转移承接力度，力争每个县集中打造1-2个主业突出、特色鲜明、市场竞争力强、年营业收入超十亿、超百亿的产业集群。加强县域园区建设，高起点、高水平编制园区规划，合理确定园区产业定位和发展方向，完善园区基础设施，提高项目承载能力。实施产业集群示范和提升工程，按照传统产业绿色化、新兴产业高端化的要求，培植壮大县域支柱产业、优势企业，提升产业层次，延长产业链，培育一批产业集群龙头企业和区域品牌，形成各具特色的县域产业集群。

三、推动县域间经济均衡发展

加强对经济发展欠发达县的精准指导和重点扶持。强化欠发达县园区开发政策倾斜，加大园区基础设施投资力度，改善发展条件，增强园区承载力。加强政策引导，鼓励京津产业项目向欠发达县转移聚集。加强对欠发达县特色产业和产品的对外推介力度，积极引进战略投资者。加强欠发达县在省市重点项目、战略性新兴产业项目等申报和资金配套、土地指标配置、生态补偿等方面的政策倾斜力度，增强欠发达县经济持续发展能力，努力缩小与发达县市发展差距。

专栏：县域特色产业集群与园区

产业集群：三河食品加工、建筑建材，香河家具制造、印刷包装，大厂清真牛羊肉加工、户外渔具、珐琅景泰蓝民族工艺品，广阳印刷包装、食品加工，安次印刷包装、文体乐器，固安装备制造、汽车零部件，文安人造板、钢材压延，霸州金属玻璃家具、乐器，大城绝热节能材料、古典家具，永清无公害蔬菜、服装服饰等。

工业园区：燕郊经济技术开发区、大厂潮白河经济开发区、香河开发区、广阳经济开发区、河北廊坊新兴产业示范区、北京亦庄·永清高新技术产业开发区、固安工业区、霸州经济技术开发区、津霸经济开发区、文安工业园区、大城现代制造业工业园等。

第十八章　建设美丽乡村

按照环境美、产业美、精神美、生态美的要求，坚持新建与改旧并举，因地制宜，分类推进，到2020年实现美丽乡村全覆盖。

一、统筹协调推进四类村建设

针对重点培育型村庄、城镇转化型村庄、生态迁并型村庄和过渡控制型村庄等四种类型，实施不同的发展政策指引。

重点培育型村庄，以强化投入、完善设施、提升涉农服务为重点，建设社会主义农村新型社区，实现共同富裕，促进村庄全面、协调、可持续发展。

城镇转化型村庄，按照建成区统一规划布局要求，以推动改造、促进向城镇社区转变为重点，统一进行规划和建设，村民居民点纳入城市建设用地管理。

生态迁并型村庄，纳入近期实施的迁建型村庄，根据相关规划，以保育生态、严控建设、推动迁并为重点，维持现状公共服务，直至迁建为止；对于纳入远期实施的迁建型村庄，适当提供村庄基本的公共设施，保障村庄居民农业生产正常开展。

过渡控制型村庄，以引导居民向城区、中心镇迁并，加强用地整理为主，分步骤向中心镇、中心村、农村新社区聚集，在迁并之前，基本保障正常生活服务设施、生产设施的投入，严格控制建设用地审批。

二、加强农村环境综合整治

继续实施美丽乡村建设，按照实现一年一台阶，三年大变样，五年全覆盖的要求，建立财政投入机制和群众主体创建激励机制，按照“四美”总体要求，全面推进环境治理、民居改造、村庄绿化等“12 个专项行动”，高标准实施道路硬化、垃圾处理、饮水安全等实事，建立完善农村环境卫生管护机制。

三、培育农村文明新风尚

开展生态文明建设。加强农村文明创建和文化熏陶，注重典范引领、宣传普及，逐步提升农民文化修养和农村文明程度。推进村庄绿化提升改造工程，全面融入生态文明理念，着力建设绿色乡村、生态乡村。加强保留村规划和古村落保护，传承农村自然村落的历史、文化和自然风貌。

积极传承乡土文化。完善农村公共文化服务体系，建设社会主义核心价值观涵育基地、村民文化中心，因地制宜地设立一批富有乡土气息、弘扬传统美德、倡导现代文明的公共文化设施。大力弘扬优秀民间民族文化，开展群众文化活动。

树立良好民俗民风。选择一批村庄和社区，规划建设民俗民风主题公园、民俗民风墙、民俗民风文化长廊等，形成一批具有鲜明特色的民俗民风景观。开展帮扶活动，营造互帮互爱、守望相助的良好社会风尚。培育农民自我管理、自我教育的新形式，形成讲道德、尊道德、守道德的社会风气和文明科学的生活方式。

四、大力发展农村产业

发挥各自区位、交通、资源等优势，突出绿色低碳、劳动密集等产业发展导向，发展各具特色的农村产业，以产业支撑美丽乡村可持续发展。城郊村重点发展休闲旅游及与城镇工业相配套的加工制造业，交通干线沿线村重点发展商贸物流和农副产品加工业，平原腹地村重点发展设施农业和休闲观光农业，文化资源特色村重点发展文化旅游和休闲度假产业，县域经济发达村重点推进传统特色产业转型升级，形成一村一业、千村百业的美丽乡村产业发展格局。

专栏：美丽乡村建设工程

农村面貌改造提升行动：农村环境治理、村庄绿化、道路硬化、垃圾处理、饮水安全等工程。

村级公共服务中心建设工程：每个村建设一个公共服务中心，推动政府服务重心下移，为百姓提供一站式服务。

县乡村三级统一的“三资”管理和交易平台：整合各村街集体资产资源状况等各项数据，建设网络电子平台和监控平台，推进农村集体资产监管和交易。

第十九章 推动城乡一体化发展

健全城乡发展一体化体制机制，完善农村基础设施投入长效机制，推动公共服务向农村延伸，逐步实现城乡基础设施一体化、公共服务均等化和产业发展融合化。

一、加快城乡统一要素市场建设

建设城乡统一开放、竞争有序的市场体系，发挥市场在城乡资源配置中的决定性作用。加快建立城乡统一的人力资源市场，实现城乡统筹就业。加快建立公开、公正、规范运行的县级农村产权交易市场，推动农村产权有序流转。鼓励社会资本投向农村建设，引导产业链条向农村延伸，推动城乡要素互动融合。

二、推进城乡规划、基础设施和公共服务一体化

科学编制实施县域城乡总体规划、村镇体系规划，合理安排县域城镇建设、农田保护、产业聚集、村落分布、生态涵养等空间布局。加大公共财政向农村倾斜支持力度，确保财政资金对农村基础设施和基本公共服务支出稳步增加。加快基础设施向农村延伸，积极推进城乡客运网络一体化和城乡水务一体化，推动水电路气讯等基础设施城乡联网、共建共享。加快推进村镇生活污水处理设施建设，进一步扩大“户分类、村收集、镇转运、县处理”的城乡垃圾一体化处理推广范围。提高农村义务教育质量和均衡发展水平，加快县、乡公共文化体育设施和服务标准化建设，完善农村三级医疗卫生服务网络，全面建成覆盖城乡居民的社会保障体系。推进人力资源社会保障基层公共服务体系建设，实现公共服务标准化建设全覆盖，并向行政村（社区）延伸，加快形成政府主导、覆盖城乡、可持续的基本公共服务体系。

三、探索城乡统筹长效保障机制

积极探索“以企带村、以工补农、村企联动、统筹发展”的就地城镇化新模式，推动农村劳动力向城镇和二、三产业有序转移。加大农村金融改革步伐，逐步构建适应农村多元化需求的农村金融体系。深化支付结算等助农金融服务。

第二十章 推进基础设施现代化

以满足同城化建设、园区产业发展和城乡人居更高需求为目标，高标准建设和完善交通、能源、水利、信息等重大基础设施，基本建成设施一流、功能完备、高效便利的现代化基础设施体系。

一、构建快捷高效综合交通体系

建设集铁路、高速、国省干道为主体的大交通网络，加快机场和区域枢纽中心建设，对接京津交通网，到 2020 年基本建成以“三枢纽”、“四纵五横高速”、“十轨道”为框架的综合交通运输体系。

加快北京新机场建设，积极配合国家建设主体，强力推进，确保按进度建成。加快通用机场及通航基础设施建设，推进三河、香河通用机场建设。

建设三个枢纽中心。建设北三县潮白新城枢纽中心，以打造北三县环京津新增长极为目标，发展现代交通运输业，承担北三县对内对外快速客运服务功能。建设新机场廊坊枢纽中心，依托北京新机场及外围交通项目建设，打造集航空、铁路、公路客运为一体的综合交通枢纽，实现新机场与廊坊“零距离换乘”和“无缝隙衔接”。建设廊南霸州枢纽中心，联通津保、京霸等铁路和荣乌、新机场南出口高速等高速公路，提升霸州廊南区域交通中心地位。

建设市域轨道网。推动廊坊与京津轨道交通一体化，加快推进京唐城际、京霸城际、廊涿城际、固保城际、平谷线等轨道项目建设，积极争取京霸城际延伸经过文安、大城；推动北京城际铁路联络线（S6）接入廊涿城际廊坊新站，密切廊坊与北京同城化程度；积极争取京津城市轨道交通向廊坊市县延伸，争取将通州至燕郊、亦庄至廊坊、大兴至固安轻轨纳入规划并早日实施。谋划市郊铁路网，与外部轨道交通网络相衔接。

完善公路交通网。打通对接京津的“断头路”，升级“瓶颈路”，实现廊坊路网与京津路网全方位、无缝隙、同等级对接，打造内畅外通的路网体系。加快推进唐廊、津石、北京新机场北线、北京新机场南出口等高速公路建设，加快拓宽与京津交界的普通干线公路。谋划建设市区出城和绕城快速通道。增加路网容量，有效分流车辆，缓解城区道路交通压力，提高交通效率，与通往主城区的各条高等级公路形成互通立交，构建立体公路网络。

二、强化清洁高效能源生产供给

推进煤炭清洁高效利用。加快洁净型煤生产配送中心和配送网络建设，提高型煤使用比重。积极发展热电联产，深入实施煤电节能减排升级改造，优化燃煤电源布局。有序实施煤制气等转化工程，提升煤炭清洁利用水平。加大对环保节能锅炉等新技术的推广使用力度。

增强电力保障能力。围绕全市电网扩容提质，加强主干网和配电网建设，实现电网智能化，增强接受域外送电和新能源就地消纳能力。“十三五”时期，争取跨国互联互通的俄罗斯—霸州直流特高压工程落地廊坊，建成香河、大城两座500千伏变电站以及12座220千伏变电站、52座110千伏变电站，廊坊电网可靠供电能力大幅提升。推进全市村网升级改造，确保农村供电需求。推动充电桩站等配套设施建设，满足新能源车辆和清洁能源车辆发展需要。加快泛能网推广，利用信息技术高效整合能源网、物联网和互联网，实现不同能源的优势互补与综合利用，提升能源利用效率。

大力发展新能源和清洁能源。鼓励发展分布式光伏发电，合理开发利用地热能、生物质能，实施太阳能入户等可再生能源利用工程，加快提高非化石能源消费比重。实施“气化城市”工程。扩大全市天然气供应能力，保障清洁用能需求。推进天然气长输管线建设，争取中石油、中石化、中海油增加对全市天然气供应，推动大型油气管线、储气库群等油气管网及储配设施建设，扩大天然气输入规模。

三、加强水利基础设施建设

推进域外调水引水，提高全市水资源总量。争取将北三县纳入河北省南水北调受水区，推进廊涿干渠末端至北三县输水工程建设。争取引水调水常态化，保障年均引调黄河水1亿立方米以上。

加强农田水利和生态水网建设。继续搞好田间排涝清淤、农业节水灌溉、防洪闸维修及重建、河流水系连通等综合治理工程，保持防洪抗旱水利设施功能正常，修复生态水网，促进农业生产方便、安全。重点推进北京新机场廊坊境内涉水项目、永定河蓄滞洪区调整项目以及文安马武营水库建设等。

提高城乡集中饮用水供水能力。全面排查饮用水水源保护区、准保护区及上游地区的安全风险隐患，谋划建设应急水源地。加强城镇、乡村集中式饮用水水源地取水、原水输送、净水和配水全系统供水设施及管网建设，提高水源地规范化建设水平，保证供水设施质量安全可靠，扩大集中供水范围，推进农村连片集中供水，保障全市居民饮水安全。到 2020 年，农村集中供水村达到 80%以上，城镇集中供水全覆盖。

四、完善信息网络基础设施

围绕打造“智慧廊坊”，落实“宽带中国”战略和“互联网+”行动计划，推进泛在、高速、融合、安全的网络基础设施建设。完善电信网，建设城乡光纤网络，提升骨干网传输和交换能力，实现城市光纤到楼入户，农村光纤到村。优化频谱资源配置，加强无线电频谱管理，维护安全有序的电波秩序。加快推进新一代移动网络建设，扩大覆盖范围，提高覆盖质量。推进无线廊坊建设，在全市城区热点区域实现免费 Wi-Fi。完善广播电视网，建成全市地面无线数字电视骨干传输网。完善互联网，加快现有基础网络向下一代互联网演进，支持建设一批互联网数据中心、大型云计算中心。加快互联网与农业、制造业、服务业和政务的融合。提升城乡基础设施信息化水平，加快产业园区、交通设施、建筑节能设施、水电气管网等城乡基础设施智能化改造。实施智能交通、数字城管拓展、数字环保、应急指挥、食品安全溯源、公民信息管理系统建设等工程，建立智能化的城市运行管理体系。

专栏：重大基础设施工程

交通工程：北三县潮白新城、新机场、霸州等区域性交通枢纽工程；北京新机场北线高速公路、新机场南出口、唐廊、津石等高速公路项目；105 国道京冀界至永清段、102 国道燕郊绕城段、廊涿高速九州连接线西延、S320 廊坊-北京新机场、密涿高速万庄连接线、夏垫连接线、S316 侯谭线升级等国省干线公路项目。京唐城际、京霸城际、廊涿城际、固保城际、平谷线、城际铁路联络线（S6），亦庄至廊坊、大兴至固安、通州至燕郊等城市轨道项目。

能源工程：三河电厂三期等高效燃煤热电联产机组项目；中电投廊坊燃气热电项目、霸州热电联产项目；廊坊开发区云存储数据中心产业园分布式能源站一期项目；香河 500 千伏输变电站、大城 500 千伏输变电站、于常甫 220 千伏变电站等 12 座 220 千伏变电站；“气化城市”工程；地热能、生物质能、太阳能入户等可再生能源利用工程；村网升级改造工程等；泛能网推广工程等。

水利工程：永定河泛区安次安全区、临空安全区等建设工程，天堂河改道工程、北运河-永定河水系连通工程；北三县输水工程；应急水源地建设；田间排涝清淤、农业节水灌溉、桥闸涵维修加固、防洪工程建设、河流水系联通、综合治理等水利工程；城乡集中饮用水供水工程等。

第七篇　坚持开放发展，释放经济发展新活力

实施开放带动战略，以中小城市综合改革试点为突破口，坚持以改革解决问题，以开放推动发展，以体制机制创新优化环境，以全面扩大开放倒逼改革创新，努力破除各种体制机制障碍，努力开创改革开放新局面。

第二十一章　全面深化各领域改革

实施开放带动战略，以中小城市综合改革试点为突破口，坚持以改革解决问题，以开放推动发展，以体制机制创新优化环境，以全面扩大开放倒逼改革创新，努力破除各种体制机制障碍，努力开创改革开放新局面。

围绕发挥市场在资源配置中的决定性作

用和更好发挥政府的调控作用，全面深化改革，破除制约发展的深层次矛盾，建立系统完备、科学规范、运行有效的体制机制，为经济社会增添新的发展动力。

一、深化行政体制改革

积极转变政府职能，统筹推进简政放权、放管结合、优化服务。大力实施减权放权，除涉及国家安全、生态安全和公众健康等重大公共利益事项外，其他审批事项能取消的坚决取消；加强行政审批规范化、标准化建设，规范行政审批行为，提高审批效率；强化市场监管，创新监管机制和监管方式，提高监管效能。积极稳妥实施大部门制，理顺部门职责关系，建设人民满意的服务型政府。加快事业单位分类改革，完善绩效工资制度。坚持权力清单、监管清单、责任清单制度，划定政府与市场、企业、社会的权责边界，打造阳光政府。优化政府职能和业务流程，规划建设电子政务网上综合服务平台，办好网上政务服务中心，提高服务效率，提升服务水平。深化商事制度改革，全面落实统一社会信用代码制度，推行电子营业执照，全面推行“三证合一、一照一码”，积极推进“多证合一”，进一步改进市场主体注册条件，完善网上申请注册登记功能，为市场主体提供优质高效服务。

二、创新园区管理体制机制

大力推动政府主导、政府投资建设的开发区结合实际、因区制宜实施体制机制改革，增创发展活力。推进园区机构管理体制改革，理顺开发区管委会与所在地政府及其部门的关系，依法授权或委托其行使同级政府部分经济社会管理权限，赋予开发区内设机构自主权。推进财政管理体制改革，国家级开发区、市政府派出机构的省级开发区可以设立一级财政，实行分税制财政管理体制，县（市、区）具备条件的省级开发区可以参照设立，其他开发区采取单独统计、核定基数、比例分成的财政收入管理模式。推进运行机制改革，鼓励开发区推行或引进公司制管理模式，支持具备条件的开发公司运用发行企业债券、上市等现代金融工具筹集开发资金，鼓励开发区采取异地共建、飞地经济、委托管理等形式开发运营“区中园”。推进行政审批制度改革，进一步向开发区下放行政审批权和社会管理权，大力推进工商登记制度改革，全面实施“一照一码”登记模式。推进用人和薪酬制度改革，探索实行全员或部分聘任（用）制，聘任上岗人员探索实行绩效工资制度，国家级开发区管委会副职、省级开发区管委会正副职可面向社会公开招聘。推进人才引进制度改革，鼓励开发区及区内企业或研发机构，在知识产权入股、建立高层次创业平台、研发成果奖励、引进高级人才住房补贴等方面积极探索。政府主导、企业投资建设、运营比较成熟的开发区，重点推进管理体制、运行机制、财政体制、审批制度和人才引进等改革。

三、深化投融资和财税体制改革

推进投融资体制改革，创新投资管理方式，落实企业投资决策自主权。探索建立多方式投融资机制，大力发展城投债和专项债券，实现企业债券与实体经济的对接。拓宽社会资本投资渠道，鼓励和引导社会资本进入公共服务、资源环境、生态建设、基础设施等重点领域。积极推广政府和社会资本合作（PPP）模式，通过特许经营、购买服务、股权合作等方式，与社会资本建立利益共享、风险分担及长期合作关系。探索建立破解中小企业和涉农融资难题机制，进一步完善中小企业和涉农融资服务体系。建立跨年度预算平衡机制，实行预算绩效管理，规范预决算公开内容和程序，增加一般性转移支付规模和比例，严格控制“三公”经费等一般性支出。认真落实中办、国办印发的《深化国税、地税征管体制改革方案》工作要求，切实做好国地税征管体制改革，高质量完成“营改增”工作。建立规范的政府举债融资机制和全口径动态监测机制，形成更为完善的政府负债管理体系。

四、大力推进金融创新

探索科技资源与金融资源的融合方式，建立支持科技型中小企业创新创业、科技创新成果产业化的金融支撑体系，发展产业链融资。深化与互联网巨头战略合作，培育发展一批P2P网络借贷平台、众筹、第三方支付、电商金融、大数据金融等标杆性企业。创新金融业态，鼓励发展天使基金、创业投资、产业投资等各类型股权投资基金，加快发展融资租赁。规范发展互联网金融，全面提升互联网金融服务能力和普惠水平，鼓励互联网与银行、证券、保险、基金的融合创新，为大众提供丰富、安全、便捷的金融产品和服务。鼓励更多企业上市融资，提高直接融资比重。完善中小企业融资担保体系，鼓励社会资本发展中小企业融资担保机构。加强地方金融监管体制改革，强化部门监管职责。

五、完善现代产权制度

深化国有企业改革。推进分类改革和分类监管，推动国有企业同市场经济深入融合，促进国有企业经济效益和社会效益有机统一。大力推进国企改制重组，鼓励国有资本与其它性质资本交叉持股、融合发展，壮大混合所有制经济，加快劣势企业和低效无效资产退出。完善现代企业制度，健全公司法人治理结构，建立国有企业领导人员分类分层管理制度，完善企业薪酬分配制度，深化企业内部用人制度改革。完善国有资产管理体制，以管资本为主推进国有资产监管机构职能转变，推进经营性国有资产集中统一监管，改革国有资本授权经营体制。建立健全高效协同的内外部监督机制，坚决防止国有资产流失。

创新农村集体产权制度。根据实际情况和农民意愿，加快推进农村土地承包经营权、建设用地使用权、宅基地使用权确权登记颁证工作，在试点的基础上，推广农村集体土地确权登记颁证的经验做法，明晰各类集体土地权属，促进土地承包经营权流转和规模集约经营。依法保障农民对承包地占有、使用、收益、流转及承包经营权抵押、担保权利，建立健全土地承包经营权流转市场。建设城乡统一的产权交易市场，制定和完善农村产权流转交易管理办法，推动农村产权流转交易公开、公正、规范进行。稳步推进农业水价综合改革。深化集体林权制度改革，吸引社会资本投资林业建设。

推进其他领域产权制度改革。因地制宜推进供销社综合改革，完善合作经济组织体系和服务功能，打造为农民生产生活服务的生力军和综合平台。深化社会事业单位分类改革，积极探索企业化管理事业单位改革。推行现代企业管理制度，健全公司法人治理结构，推进企业管理科学化、标准化和智能化。建立职业经理人制度，加强管理人才培养，造就一支高素质的企业家队伍。

六、推进国家中小城市综合改革试点工作

创新产业和城市融合发展机制，健全规划引领、战略性新兴产业和服务业引导、传统优势产业改造提升、产业调控等机制，科学引导产业空间布局，增强城市创新驱动能力，提升城市经济发展水平。创新城市基础设施投融资机制，探索重大基础设施与京津共建共享机制，建立与廊坊城市建设相适应的多元化投融

资机制，增强城市基础设施投资资金保障。创新公共服务供给机制，增强公共服务供给能力，创新公共服务提供方式，提升公共服务水平，促进城乡间、区域间基本公共服务均等化。探索土地节约集约利用机制，健全土地开发激励约束机制，探索推进耕地占补平衡制度改革，探索协同发展项目用地支持政策，促进经济社会发展与资源利用相协调，为可持续发展提供更加充足的用地空间。建立人才引进机制，吸引京津人才赴廊坊创新创业，加快人才特区建设，畅通人才成长渠道，完善人才创业制度，加快人才资源的战略性集聚和整体性开发。

七、开展重点地区综合配套改革

推进县级综合配套改革。支持首都周边县（市、区）开展县级综合配套改革，坚持问题导向和创新思维，探索京津冀协同发展、新型城镇化和城乡统筹、产业转型升级、生态文明建设、民族自治、提升政府服务能力等方面改革创新，破除重点领域和关键环节的体制机制弊端，打造协同发展先行示范区、统筹城乡模范区。

统筹城乡教育综合改革。按照“统一城乡教育布局规划、统一城乡教育建设标准、统一城乡教育资源配置、统一城乡教育基本政策”的要求，以消除城乡教育差距、实现城乡教育高位均衡发展为目标，统筹推进城乡教育体制机制改革，优化教育资源配置，健全城乡一体的公共教育服务体系，实现各级各类教育协调、持续、健康发展。

推进民政综合配套改革试验。大力推动民生领域改革，强化制度建设和体系构建，全力保障和改善民生，创新社会管理与服务，提高基本公共服务能力，建立适度普惠的民生福利体系、均等化的公共服务体系、多元化的社会管理体系，加快形成城乡一体的民政事业新格局。

八、大力发展民营经济

全面落实支持民营经济、激活民营投资的政策措施，依法平等保护民营经济主体产权和合法权益，保证民营经济主体依法平等使用土地、信贷资金等生产要素，实施统一的市场准入和监管，保证民营经济主体公平参与市场竞争。鼓励民间资本参与基础设施、市政公用事业、金融服务等领域建设。积极支持和引导民营企业调整产业结构，开展民营企业建立现代企业制度试点示范，加快改革、改组和改造，加强企业管理，提升企业档次，推进企业联合重组，打造一批市场前景广阔、规模效益明显、行业领先的优势企业和企业集团。

九、推动社会治理创新

创新社会治理体制和治理方式。充分发挥党委统揽全局、协调各方的领导核心作用和政府在社会治理中的主导作用，坚持系统治理、依法治理、综合治理、源头治理，推动形成多元化的社会管理和服务资源配置体系，实现政府、市场、社会等多元主体在社会治理中协同协作、相辅相成的新局面。

正确处理政府和社会关系。加快实施政社分开，加快社会组织培育建设，明确社会组织权责，推进社会组织依法自治，加大政府向社会组织转移职能和购买服务力度。加强城乡基层组织建设，积极培育志愿服务组织，鼓励群众性组织进入社区，实现公民的自主参与、自我管理。加快城乡社区建设，增强社区服务功能，创新社会治理体制机制。

创新有效预防和化解社会矛盾机制。建立畅通有序的诉求表达、心理干预、矛盾调处、权益保障机制，健全调处化解矛盾纠纷综合机制，加强和改进行政复议工作，改革信访工作制度，及时处理群众反映的问题，切实维护群众合法权益，促进社会和谐稳定。健全各类调解组织，建立面向群众、扎根基层、覆盖各行各业的调解员队伍。

加快建设社会信用体系。紧紧围绕政务诚信、商务诚信、社会诚信和司法公信等重点领域信用建设，建立覆盖全市市场主体、横向联通、纵向贯通的“数据库+网络”为核心的信用信息共享服务平台，健全和完善守信激励和失信惩戒联合奖惩机制，推动实施信用分类监管，培育发展信用服务市场，推进“信用企业（农户）、信用村街、信用乡镇”评定，促进信用产品广泛应用。

创新流动人口和特殊人群服务管理。整合现有人口信息资源，健全三级流动人口服务管理工作网络和公共服务体系，落实居住地登记原则，推行居住证制度。完善未成年人犯罪预防综合治理工作机制，解决适龄闲散青少年失学失业问题，做好有不良行为的青少年犯罪预防工作，改善特殊人群服务管理，建立完善社区矫正工作机制，建立覆盖全市的社区矫正信息管理系统。

促进军民融合发展。认真贯彻落实国家和省关于国防动员的相关意见，积极开展全民国防教育，加强民兵和基层人民武装部建设。深入开展“双拥”活动，做好优抚安置工作，促进军民融合，攻固和发展军政军民团结。

第二十二章　努力提高开放水平

牢固树立全方位开放、包容性开放、区域协同开放的新理念，坚持以开放促改革、促发展、促转型，坚持“走出去”与“引进来”并重，积极推动开放型经济向纵深发展，拓展对内对外开放空间，努力打造开放发展新高地。

一、提升完善开放平台

构筑高开放度新平台。扎实推进北京新机场临空经济区建设，打造开放合作平台，申请设立综合保税区，复制推广天津自贸区经验。依托永清新陆港物流项目，规划建设全功能铁路口岸。加强与天津港、唐山港、黄骅港等港口合作，加快推动廊坊内陆无水港建设。

完善园区开放功能。积极与京津开展园区共建，重点对接北京中关村、天津滨海新区，集中建设一批特色产业转移园中园、科技成果异地孵化转化园等，探索区域合作新模式。抓住“一带一路”建设机遇，加强与日本、韩国、新加坡、香港、澳门、台湾等东亚及东南亚国家和地区，以及德国、法国等欧洲国家战略合作，围绕电子信息、高端装备制造等重点产业领域，依托省级以上重点园区，共建一批国别（地区）产业园。

完善外贸公共服务。坚持政府主导，市场主体积极参与，建立健全国际电子商务平台、中小企业外贸融资平台、外贸培训平台、公共检验监测服务平台等，为对外贸易提供良好的服务环境。依托廊坊国际经济贸易洽谈会等平台，以“一带一路”沿线国家为目标主体，谋划承办丝绸之路国际经济贸易洽谈会，不断开拓国际市场，扩大对外贸易。

二、培育外贸竞争新优势

优化外贸结构。大力推动外贸结构调整，优化出口贸易结构，加大对机电等高新技术、高附加值产品出口扶持力度，培育以技术、品牌、质量、服务为核心的出口竞争新优势，支持农业、林业、轻工、纺织等劳动密集型出口行业创新发展，加快形成特色鲜明和竞争力强的出口产业集群。围绕优势出口产业，进一步延伸和优化现有产业链，加快实现加工贸易从分散式制造为主向系统集成为主转变。积极扩大进口，扩大大豆、铁矿石等重要资源和原材料进口，增加先进技术、重要设备和关键零部件进口，推动外贸企业转型升级。强化贸易摩擦和产业损害预警监测，完善贸易摩擦应对联动机制，增强涉案企业应对意识和能力。

加强外贸基地建设。集中力量发展壮大廊坊电子信息、霸州金属玻璃家具等外贸出口基地，培育固安肠衣、大厂牛羊肉等农产品外贸出口基地。支持外贸基地建设研发设计、农产品可追溯体系等公共服务平台，对外贸基地和基地企业在进出口配额、政策扶持资金、展会展位等方面给予重点支持。

大力培育出口品牌。鼓励出口企业加快品牌建设，使用自主商标参与国际贸易竞争，在电子信息、钢木家具、农副产品等领域培育一批重点出口品牌。在展会支持、融资担保、信用保险、结售汇、检验检疫通关等方面给予倾斜，促进外贸企业走精品化、差异化发展的品牌之路。支持企业开展境外商标和专利注册、质量标准和环保体系认证，逐步提高自主品牌在外贸出口中的比重。

支持发展对外贸易新业态。大力推进商务会展、仓储物流、金融保险、科技研发等服务贸易发展，推进基于“互联网+”的新型服务贸易模式，支持跨境电子商务平台建设，打造跨境电子商务完整产业链，培育一批具有示范效应的内外贸结合专业市场，引进和培育一批外贸综合服务企业，为外贸企业提供物流、通关、信保、融资、收汇等综合服务。积极促进具有廊坊特色的对外工程承包劳务合作业务，形成货物贸易与服务贸易并举、保税物流贸易与加工贸易相融、进口与出口协调发展的对外贸易新局面。

多元化深度开发国际市场。继续巩固美国、日本、韩国、欧盟等传统市场，努力开发中东、拉美、非洲新兴市场，支持中小型外贸企业抱团参加境内外专业展览，利用展会平台抓客户、抢订单、拓市场。

加快实现口岸海关通关便利化。大力推进京津冀一体化及“区区联动”改革，深入开展关检合作，全面落实进出口货物在境内各口岸的“一次申报，一次查验，一次放行”。

三、加快利用外资步伐

提高利用外资质量。利用现代化招商平台，采用产业链招商、以商招商、小团组招商等多种招商方式，瞄准知名跨国公司，选择和引进一批战略投资者，力争更多的世界500强企业和项目落户廊坊。强化技术引进和消化，促进引资与引智相结合，在引进外资的同时，注重引进先进技术、现代化管理经验和优秀人才，提高企业自主创新能力。

优化利用外资结构。“十三五”时期，实现全市外资主体结构持续优化，跨国公司研发中心和高端制造业投资比重不断提升；服务业领域利用外资稳步增长；战略性新兴产业吸收外资较快增长，逐渐成为外商投资领域的主力军；高新技术产业、先进制造业引进外资保持稳定增长；开发区、高新区、工业园区和产业聚集区逐渐成为吸收外资的主阵地，外商投资的集约化发展趋势更明显；外资来源地结构持续改善，来自欧美、日韩等发达国家和地区的外商投资比例进一步提高。

拓宽利用外资领域。创新利用外资管理体制，实行准入前国民待遇加负面清单管理模式。扩大制造业开放，进一步放开对一般制造业的股比限制，更加注重引进先进技术、先进管理经验和理念。进一步开放金融领域，大力引进外资金融机构，吸引有实力的境外金融企业设立分支机构。大力开放现代物流业，鼓励外商投资物流设施、物流网络、信息配套服务等，吸引更多的国际知名物流企业落户。促进教育、文化、旅游、健康养老等领域对外开放。鼓励外资以参股并购等方式参与企业兼并重组，鼓励优势企业境外上市融资，探索发行境外债券等融资途径。拓宽间接利用外资渠道，进一步优化外债结构，采用政策导向型、结果导向型等新型贷款工具，获取世界银行、亚洲开发银行低成本长期贷款。

完善利用外资管理机制。创新外商投资管理方式，简化审批程序，推进外商投资便利化，规范招商引资行为，依法保护外商正当权益，营造公平、开放的投资环境。建立外资项目信息储备库，健全重大项目协调机制和项目洽谈应急反应机制，促进外资项目因地制宜、顺利实施。

四、鼓励优势企业“走出去”

抓住国家将河北作为国际产能和装备制造合作示范省契机，以优势产能国际合作为重点，鼓励优势企业在全球范围内配置资源，在境外建立长期稳定战略资源供应基地和生产制造基地。积极参与“一带一路”沿线国家石油化工、建筑材料、交通路桥、勘察设计等工程建设，带动设备、原材料出口和对外劳务输出。加强分类指导，推动与中东欧、拉美国家合作取得更大突破。支持有实力的企业在西欧及美国等发达国家开展以获取技术、人才等高端要素为目的的并购投资，引导企业加大对澳洲、非洲、拉美、中亚等地区能源资源开发力度。创新合作模式，鼓励优势企业积极参与境外产业集聚区、经贸合作区等合作园区建设，培育跨国公司，推进重大境外生产基地项目、资源开发项目和境外工业园项目，力促早落地、早投产。加强监管服务，规范企业境外经营行为，指导企业按照市场化要求和国际市场规则开展本地化经营，引导企业开展文化建设，增强资源、生态、环保意识，推进境外中资企业与当地融合。帮助企业防范化解风险，加大信息服务、政策宣讲和人才培训，加强境外安全风险的防范和应对。

第八篇　坚持共享发展，着力增进人民新福祉

按照人人参与、人人尽力、人人享有的要求，坚守底线，突出重点，完善制度，引导预期，注重机会公平，保障基本民生，着力解决人民群众最关心、最直接、最现实的利益问题，加大民生投入，加强社会治理，全面推进社会事业发展，让人民群众共享发展成果。

第二十三章　着力保障改善民生

继续提高就业质量，增加居民收入，完善社会保障，提升教育、医疗卫生水平，加快公共安全体系建设，使发展成果更多更公平地惠及全体人民，持续提高人民群众幸福指数。

一、实施创业就业促进工程

积极拓宽就业渠道。实施更加积极的就业政策，将增加就业岗位作为筛选重点投资项目的重要因素，积极发展劳动密集型产业、服务业和小微企业，着力培育新的就业增长点，加快形成推进产业转型升级与促进就业的良性互动机制。围绕京津冀协同发展战略，充分利用京津两地人力资源服务业发展优势，推进京津廊区域人力资源市场协同发展，促进区域内人力资源的自由流动和优化配置。优化就业结构，鼓励实施校企合作、订单教育等办学模式，推进学校就业指导全程化，提高高校毕业生就业率。大力开发基层服务岗位和见习岗位，重点解决就业困难人员就业问题。

提高就业创业人员素质。健全面向全体劳动者的职业培训制度，围绕产业发展和结构调整需求，加快整合培训资源，扩大培训规模，增强职业培训的针对性和有效性，提高劳动者就业能力和劳动技能。加快开发职业培训及职业技能鉴定系统，着力提高职业培训的针对性和精准度。加强自主创业培训力度，帮助学员树立创业理念，不断完善创业培训的各项政策，提高培训后的创业成功率。培育一批创业培训示范基地，优化培训师资结构，开发各类有针对性的创业培训项目，着力提高培训质量。推行终身职业技能培训制度，实施新生代农民工职业技能提升计划，开展贫困家庭子女、未升学初高中毕业生、农村转移劳动力、失业人员和转岗职工、退役军人、残疾人免费职业培训活动。推行工学结合、校企结合的技术工人培养模式，推行企业新型学徒制，培养一批行业高级蓝领。提高技术工人待遇，完善职称评定制度，建设职业技能公共实训基地，提升公共职业培训能力。

创造良好的就业创业环境。落实高校毕业生就业促进和创业引领计划，带动青年就业创业。加强公共就业创业服务能力建设，为劳动者提供就业指导、信息咨询等公共服务。完善职业培训、就业服务、劳动维权“三位一体”工作机制，依法保障职工基本权益，健全劳动关系协调机制和矛盾调处机制。加大就业困难人员援助力度，增加公益性岗位，落实岗位补贴、社会保险补贴等援企稳岗政策，开展定向帮扶和援助，重点帮扶家庭困难和就业困难人员实现就业，形成帮扶困难群体就业的长效机制，确保零就业家庭、低保家庭等困难家庭至少有1人就业。积极鼓励自主创业，推动大众创业、万众创新，以创业促就业，培育创业主体，降低创业门槛，完善税收优惠政策，加大金融支持力度，努力营造支持创业、服务创业、鼓励创业的良好创业环境，鼓励高校毕业生和外出务工人员返乡创业。建立创业指导服务平台，构建创业服务体系，为创业者提供项目开发、创业培训、小额贷款、税费减免、政策咨询等“一条龙”服务。加强基层人力资源和社会保障平台建设，畅通信息渠道，为城乡求职者提供及时、有效的就业信息，实现就业信息服务对称与共享。规范发展人事代理、人才推荐、劳务派遣等人力资源服务业。

二、实施城乡居民收入提升工程

加快收入分配制度改革。以增加城乡居民收入、缩小收入分配差距、规范收入分配秩序为重点，努力实现居民收入增长和经济发展同步，劳动报酬增长和劳动生产率提高同步，逐步形成合理有序的收入分配格局。完善以税收、社会保障、转移支付为主要手段的再分配调节机制，扩大中等收入者比重，着力提高低收入群体收入水平。深化企业和机关事业单位工资制度改革，综合考虑物价、经济增长、社会平均工资、最低生活保障等因素，逐步提高最低工资标准，保护低收入群体的利益；健全和完善公务员工资水平正常调整机制，规范公务员津贴补贴，实现同城同酬；鼓励事业单位进行收入分配方式探索与创新，逐步形成符合事业单位特点、体现岗位绩效和分级分类管理的工资收入分配制度；建立工资决定及正常增长机制，完善最低工资及工资支付保障制度，积极推行企业工资集体协商制度，加强企业工资指导线管理，提高技术工人工资待遇。进一步促进要素市场化改革，完善劳动、资本、技术、管理等生产要素按贡献参与分配机制，获取应得报酬。

努力提高农村居民收入。完善农业补贴政策，健全农村征地补偿制度，提高补偿标准，增加农民土地增值收益，逐步缩小城乡居民收入差距。加大农业和农村产业结构调整优化力度，进一步加大对优势农产品的开发支持力度，优化品种结构，促进农民增收。大力发展农产品加工业和农村服务业，增加农民从事非农产业收入。抓好农民培训，全面提高农村干部群众整体素质。建立良种良法推广机制，加大良种培育基地建设，加快实用技术推广步伐，使良种良法相配套，全面提高农产品质量和效益。加快推进农村劳动力转移，扩大农民到农外就业，拓宽农民增收渠道。积极发展民营经济，吸纳农村富余劳动力，以工资形式增加农民收入。

多渠道增加居民财产性收入。推进投融资体制改革，放宽居民投资领域，降低投资门槛，引导民间资本进入实体经济。将资金、技术和管理等要素转化为经营性产权，开展股权、债权、知识产权质押和抵押融资，依法增加红利、租金和利息等财产性收入。规范发展实业投资和租赁服务，规范房屋租赁、收藏品投资、房地产等市场，依法保障居民不动产权及其抵押、转让、出售、出租等权利，保障形成可交易的流动资产。

三、实施社保扩面提标工程

实施全民参保计划，健全以社会保险、社会救助、社会福利为基础覆盖城乡居民的社会保障体系，完善社会保障参保扩面激励机制，基本实现法定人员全覆盖，提高统筹层次，稳步提高社会保障待遇水平和保障能力。

健全养老保险制度。坚持社会统筹和个人账户相结合，完善养老保险个人账户制度，健全多缴多得激励机制。完善城乡居民养老保险制度，完善社会保险关系转移接续政策，全面落实城镇职工基本养老保险全国统筹和渐进式延迟退休年龄政策。逐步提高国有资本收益上缴公共财政比例，划转部分国有资本充实社保基金。完善机关事业单位养老保险制度，加快发展企业年金、职业年金和商业养老保险，探索推进个人税递延型商业养老保险。提高农民工养老保险参保率。

完善基本医疗制度。整合城乡居民医保政策和管理体制，全面实施城乡居民大病保险制度。改革医保支付方式，改进个人帐户，开展基本医疗保险门诊统筹。鼓励发展补充医疗保险和商业健康保险，与基本医疗保险相互补充和衔接发展。将生育保险和基本医疗保险合并实施，率先推进京津廊异地就医医保直接结算。构建工伤预防、补偿和康复“三位一体”制度体系，建立工伤保险待遇正常调整机制。

健全住房保障和供应体系。创新保障性住房提供方式，逐步从实物保障为主转向实物保障和货币补贴并重，探索建立保障对象和政府共有产权制度。通过购买、长期租赁社会房源和在商品房项目中配建等方式，多渠道筹集保障性住房，扩大保障性住房来源。推进保障性住房政策向乡镇延伸，将符合条件的乡镇教师、医护人员、乡镇政府及事业单位工作人员纳入住房保障范围。完善住房公积金制度，改进提取、使用、监管机制。加大城镇棚户区改造力度，将城中村、城郊村改造纳入城镇棚户区改造范围。

加强困难群体救扶。大力发展社会救助、社会福利和慈善事业，认真落实低保、优抚、救助、病残等政策。完善城乡居民最低生活保障制度，实现农村低保线和扶贫线“两线合一”，城乡低保标准年均增长率不低于全省平均水平。落实农村五保供养制度，到2020年五保供养服务机构集中供养能力达到70%。完善城乡医疗救助，构建重特大疾病医疗救助应急体系，建立医疗救助与慈善援助衔接机制和平台，医疗救助重点对象年人均筹资增长率达到18.5%。建立临时救助制度，发展经常性社会捐助站点和慈善超市。建立困境儿童分类保障制度。加强流浪乞讨人员救助和未成年人社会保护。建立困难残疾人生活补贴制度和重度残疾人护理补贴制度，落实医疗、康复、就学、住房等专项救助措施，健全康复服务网络，扶持发展福利企业，培育服务残疾人的社会组织，全面推进城市“无障碍”化建设。深化殡葬改革，完善殡葬设施，落实惠民殡葬政策，建立生态殡葬奖补制度。

提升社会保障服务能力。以“智慧社保”为着力点，加强公共服务设施和信息化建设。扩充社会保障卡功能，推行医保结算“一卡通”。完善社会保障预算管理制度，健全社保基金监督管理，加强保险稽核和风险管理，维护基金收支平衡和安全平稳运行。

四、实施教育提质惠民工程

全面贯彻党的教育方针，坚持立德树人，加强社会主义核心价值观教育，培养德智体美全面发展的社会主义建设者和接班人，优先发展教育事业，深化教育综合改革，把增强学生社会责任感、创新精神、实践能力作为重点任务贯彻国民教育全过程，推动各级各类教育协调发展，提高教育教学质量和办学水平，基本实现教育现代化。

全面普及提升学前教育。坚持政府主导、社会参与、公办民办并举，坚持公益性和普惠性，提高学前教育公共服务水平。优化学前教育资源配置，积极发展公办幼儿园，积极扶持普惠性民办幼儿园，鼓励社会力量捐资助园。加大学前教育投入，依法落实幼儿园教师地位和待遇。加快发展农村学前教育，鼓励利用富余校舍、教师兴办幼儿园（班），支持乡镇举办标准化中心幼儿园。增加学前教育资源供给，新建住宅小区按标准配建幼儿园。到2020年学前三年毛入园率达到90%。

促进义务教育均衡发展。加快城乡义务教育学校标准化建设，统筹城乡义务教育资源均衡配置，增加市区、县城中小学数量，初中向重点镇集中，加快新建居民小区及旧城改造配套学校建设。落实城乡义务教育经费保障机制，改善农村义务教育薄弱学校办学条件。实施义务教育均衡发展示范县建设，实现县域义务教育基本均衡发展。探索建立城乡教育一体化管理模式，推动城乡学校共建共进，实行城市、县镇教师到农村学校定期任教制度。完善特殊教育体系，全面提高残疾儿童义务教育普及水平。九年义务教育巩固率达到97%。

加快高中和中等职业教育发展。加强示范性普通高中建设，促进普通高中特色化、多样化发展，推进普通高中课程改革，提升普通高中教育整体水平。普及高中阶段教育，高中阶段毛入学率达到 95%。加快发展现代职业教育，推进产教融合、校企合作，推动职业教育向县城、产业园区集中，推广“产业园区+标准厂房＋职业教育”发展模式，建设现代化职业教育中心，推动职业教育集团式发展。支持民办高中和职业学校建设发展。逐步分类推进中等职业教育免除学杂费，率先对建档立卡的家庭经济困难学生实施普通高中免除学杂费，实现家庭经济困难学生资助全覆盖。

提升高等教育水平。大力发展市区高等教育，优化市域高校布局。优化学科专业结构，扩大招生规模，引进高层次人才，提高办学水平和教育质量。高等教育毛入学率达到42%。深化创新创业教育改革，促进学生创新精神、创业意识和创新创业能力明显提升。

落实并深化考试招生制度改革和教育教学制度改革。支持和规范民办教育发展，推进教育信息化，发展远程教育，推进教育对外交流与合作，积极发展继续教育，完善终身教育体系。完善教师培养培训体系，加强师德师风建设。

五、实施健康廊坊工程

大力开展全民健康促进行动，深化医药卫生体制改革，实行医疗、医保、医药“三医”联动，推进医药分开，实行分级诊疗，建立覆盖城乡的基本医疗卫生制度和现代医院管理制度，积极发展“大健康新医疗”产业，完善新农合制度和监管体系，健全基本医疗保障管理经办机构，提高管理运行效率和服务水平，逐步推进新农合与城镇居民医保并轨，切实提高人民群众健康水平和生命安全。

全面推进公立医院综合改革，坚持公益性质，破除逐利机制，完善公立医院的长效补偿机制，推进公立医院人事、分配、价格、支付制度、药品采购等综合改革。优化医疗卫生服务机构布局，逐步形成基层首诊、分级医疗、双向转诊的格局。推进全科医师培养、基层医疗卫生服务能力提高、居民电子健康档案等工作。推动医疗卫生和养老服务相结合，鼓励社会力量兴办健康服务业，推进非营利性民营医院和公立医院同等待遇。加强医疗质量监管，完善纠纷调节机制，构建和谐医患关系，严厉打击故意扰乱医疗单位秩序的行为，加强平安医院建设。到 2020 年，每千人口医疗机构床位数达到 5.5 张、执业（助理）医师数达到 2.4 人、注册护士数达到 3.0 人。

完善基本药物制度，健全药品供应保障机制，理顺药品价格，增加艾滋病防治等特殊药物免费供给。提高药品质量，确保用药安全。加强传染病、慢性病、地方病和职业病等重大疾病综合防治，通过多种方式降低大病、慢性病医疗费用。改善重点人群健康状况，以妇幼、慢性病、老龄人群和流动人口为重点，开展健康素养促进。

推进京津冀医疗卫生协同发展，吸引京津知名三级综合医院和特色专科（中医）医院在廊坊建设附属医院、开设教学基地和实习基地，构建诊疗绿色通道，逐步形成“预约诊疗、双向转诊”机制。推进区域间卫生应急、院前急救体系建设，建立健全突发公共卫生事件和传染病疫情联防联控机制，完善信息通报、定期会商、协调联动、技术交流等合作制度，提高区域综合防控处置能力。

健全城乡公共卫生服务体系，逐年提高基本公共卫生服务经费标准，提升基本公共卫生服务均等化水平，完善县乡村三级医疗预防保健网，普及社区卫生服务机构；加强疾病预防控制、传染病救治、精神卫生防治服务、卫生计生综合监督体系建设和突发事件卫生应急能力建设，加大打击非法行医行为的力度，建立健全长效工作机制；完善对口帮扶机制，健全医务人员医德考核考评制度；加强大健康数据库建设和应用，发展远程医疗、移动医疗和药品电子追溯服务。大力强化公立中医医院基础设施建设，加快发展现代中药产业和中医药健康服务，建立健全有利于中医药特色优势发挥的体制机制，努力建成中医药强市。

坚持计划生育基本国策，完善人口发展战略。全面落实一对夫妇可生育两个孩子政策，提高生殖健康、妇幼保健、托幼等公共服务水平，实施优生促进工程，努力提升出生人口素质，婴儿死亡率下降到 6‰左右，孕产妇死亡率下降到 0.15‰左右。深化计划生育服务管理改革，开展一孩、二孩生育登记服务，综合治理出生人口性别比偏高问题。帮扶存在特殊困难的计划生育家庭，提升流动人口计划生育基本公共服务水平。坚持男女平等基本国策，保障妇女和未成年人权益。加大留守流动流浪儿童群体救助和保护。加强各级妇女儿童活动中心（场所）建设和利用。重视家庭教育，90%以上城乡社区建立一所为儿童及其家庭提供游戏、娱乐、教育、卫生、社会心理支持和转介等一体化服务的儿童之家。

六、实施公共安全保障工程

完善食品药品监督管理体系。全面加强食品药品安全监管，强化农产品源头治理，加强食品药品生产、流通、消费等环节日常监管和风险管理，深化集中整治。加快建设“智慧食药监”信息化系统平台，推进建设“四品一械”监管基础信息数据库，加快食品药品电子监管追溯体系、质量标识制度和食品药品诚信制度建设。加强基层监管机构、队伍、能力建设，完善食品药品安全网格化监管体系，全面构建社会共治格局。

强化安全生产管理和监督。深化安全生产管理体制改革（职业卫生），建立隐患排查治理和安全预防控制体系，加大安全生产隐患集中整治力度，坚决遏制重特大事故发生。完善社会应急管理体制，加强防灾减灾救灾体制建设，增强社会动员能力，提高整体危机管理和抗风险能力，积极应对自然灾害、事故灾难、公共卫生、社会安全、环境安全等突发公共事件。

加强质量标准品牌建设。加快质量兴市建设，实施质量提升工程，推动产品质量、工程质量、服务质量、名牌战略实现全市质量发展规划确定的发展目标。完善环境、科技、金融、财税、人才培养等政策措施，强化质量考核，完善质量激励机制，加强质量安全监管。

不断提升消防综合实力。推动落实社会单位消防安全主体责任和行业部门的监管责任。扎实开展火灾风险评估，及时调整消防专项规划，并纳入控制性详细规划建立健全灭火与应急救援社会联动机制。积极开展大宣传、大培训活动，建立社会化的消防宣传教育工作机制。

深入推进平安廊坊建设。推进基层公共安全体系建设，增强基层综合服务管理平台的服务能力和水平，健全综合执法联动机制，依法严密防范和惩治各类违法犯罪活动，保障人民安居乐业。推进群众信访工作体系建设，畅通和规范群众诉求表达、利益协调、权益保障渠道，用法治思维和法治方式化解社会矛盾。加强网络安全保障和管理能力建设，全面推行信息等级保护和网络安全审查制度，打造具有广泛认受性的公共安全信息发布平台，健全网络舆情监测与反应机制。

此外，积极有效推进气象、地震、档案、人民防空、文物和民族宗教、外事侨务、老龄等各项社会事业全面发展。

第二十四章　推动文化大发展大繁荣

坚持社会主义先进文化前进方向，丰富文化理念，发掘文化内容，完善文化设施，盘活文化资源，活跃文化市场，创新文化模式，汇聚文化人才，提供一流的公共文化服务，激发文化创新活力，增强精神凝聚力和文化创造力。

一、培育践行社会主义核心价值观

强化正确舆论导向，把培育和践行社会主义核心价值观作为凝魂聚气、强基固本的基础工程，以“三个倡导”为主要内容，使社会主义核心价值观内化为人们的精神追求、外化为人们的自觉行动。培育和践行社会主义核心价值观，深入开展中国特色社会主义、中国梦、社会主义道德教育，坚持联系实际，区分层次和对象，加强分类指导，找准与人们思想的共鸣点、与群众利益的交汇点，大力开展民族团结进步创建活动，弘扬各民族优秀传统文化，汲取各宗教文化中的积极成分，为社会主义核心价值观服务。发挥好党的基层组织在社会主义核心价值观建设中的政治核心和战斗堡垒作用，坚持不懈强化党风党纪教育，以优良的党风促政风、带民风、树新风。完善学校、家庭、社会"三位一体"未成年人思想道德教育体系，积极推动社会主义核心价值观进教材、进课堂、进头脑，强化广大青少年对社会主义核心价值观的体验认同。深化拓展最美廊坊人、感动廊坊十大人物、构建和谐家庭等主题实践活动，广泛开展文明城市、文明行业、文明单位、文明村镇、文明社区、道德模范评选活动，在全市树立起一批平凡而伟大、可敬又可学的道德标杆，营造见贤思齐、人心向善的道德风尚。

二、传承光大廊坊地域文化

加强历史文化资源学术研究，深入开展历史脉系的学术梳理，举办京畿文化、边关文化、洼淀文化、爱国文化等学术思想研讨会，评选推介廊坊十大历史文化名人和十大近现代文化人物，推出一批具有理论创新价值、决策参考价值、思想教育价值和文化积累价值的精品成果，不断丰富廊坊历史文化资源内容。深入挖掘传统文化元素，突出地域特色，强化品牌意识，在保护多样性和独特性的基础上，打造一批具有代表性的京津冀工艺美术地域品牌。挖掘特色文化资源，统筹规划修缮文物古迹、特色街区、建筑民居，传承文化遗产，彰显历史风貌。打造体现廊坊特色的标志性建筑，创作有影响力的影视作品、文学作品，开发非物质文化遗产，做好戏曲传承保护工作。创办好丝绸之路国际文化论坛，推动不同文化交流与合作，筹办廊坊市城市文化论坛，真正将廊坊打造成为文化体验城市。

三、完善公共文化服务体系

以第二批国家公共文化服务体系示范区建设工作为统揽，促进基本公共文化服务标准化、均等化，基本建成覆盖城乡、便捷高效、保基本、促公平的现代公共文化服务体系。把公共文化设施建设纳入城乡建设总体规划，完善市县乡村四级公共文化设施网络，设施数量、种类、规模达到国家标准，规划建设市科技馆、市青少年宫、市美术馆、市非遗展馆等科教文化场所，加快推进乡镇（街道）综合文化站、村（社区）综合文化服务中心建设。实施"一十百千万"文化惠民工程，打造一张京津冀文化体验城市文化名片、建设十大基层文化队伍、组织百场精品文化活动、建设千个文化惠民中心、创建万户文化示范家庭。实施"互联网＋文化"行动计划，深入开展文化信息资源数字化服务，完善和提升"文化同行"公共文化服务数字平台。积极鼓励、引导和扶持创办具有地域特色、人文传统和产业优势的各类专题博物馆和展览馆，展示廊坊丰厚历史文化底蕴。以"京津冀公共文化服务示范走廊"发展联盟为平台，以图书馆、群艺馆、文化馆、博物馆等馆际交流为核心，通过互动交流促进京津冀文化协同发展，加速首都文化功能向廊坊传导，实现文化项目的合作交流和文化资源的共建共享。

四、丰富群众文化生活

继续实施和推进农村广播电视户户通、地面数字电视广播覆盖、文化信息资源共享、农村数字电影放映、数字图书馆（文化馆、博物馆）及农家书屋建设等文化惠民工程。推动各级公共文化体育服务设施向社会免费开放，建立服务公示制度、开展流动服务、联网服务。组织开展"深入生活、扎根人民""结对子、送文化""文化志愿者服务"、文化科技卫生"三下乡”等活动，举办“幸福廊坊”文化艺术节、“梦想如歌”合唱艺术节、“欢乐城乡·文化惠民”群文活动、廊坊特色文化博览会、“书香廊坊”读书会、“文化沙龙”“月来月有戏”“送戏下乡”“彩色周末”等多层次、多种类、多方位综合文化活动，不断满足人民群众文化生活需求。实施文艺精品工程，重点扶持改编历史剧《宋相吕端》、创排音乐剧及影视剧《匠心》等优秀演出剧目，推出一批群众喜闻乐见的文艺精品力作。

第二十五章　建设法治廊坊

全面落实依法治国基本方略，坚持依法行政，促进司法公正，营造良好法治环境，全面推进法治廊坊建设，确保各类社会主体合法权益得到切实保障。

一、加快推进法治政府建设

完善依法行政制度体系，为法治廊坊建设提供有力制度保障。严格执行《立法法》规定，坚持立改废释并举，完善政府立法体制机制。加强重点领域立法，坚持政府立法与改革决策相统一、相衔接，加快推进城乡建设与管理、环境保护、历史文化保护等重点领域的政府立法。提高政府立法公众参与度，拓展社会各方有序参与政府立法的途径和方式。加强规范性文件监督管理，完善规范性文件制定程序，落实合法性审查、集体讨论决定、“三统一”（统一登记、统一编号、统一发布）、备案审查等制度。建立政府规章和规范性文件清理长效机制，实行政府规章、规范性文件目录和文本动态化、信息化管理。

推进行政决策科学化、民主化、法治化，不断提高决策质量和决策效率。认真落实学法制度，科学制定学法计划，着力提高政府工作人员特别是领导干部的法治思维和依法行政能力，不断提升依法决策水平。完善重大行政决策程序制度，规范决策流程，强化决策程序的刚性约束。增强公众参与实效，广泛听取人大代表、政协委员、人民团体、基层组织、社会组织的意见。完善行政机关内部重大决策合法性审查和集体讨论决定机制，提高重大决策专家论证和风险评估质量，充分发挥政府法律顾问在制定重大行政决策、推进依法行政中的积极作用。

严格规范行政执法，切实保障公民、法人和其他组织的合法权益。深化行政执法体制改革，大力推进综合执法，加强基层执法力量，理顺行政强制执行体制，健全行政执法和刑事司法衔接机制。完善行政执法程序，深化行政裁量权基准制度，建立行政执法全过程记录制度，严格执行重大行政执法决定法制审核制度。创新行政执法方式，推行行政执法公示制度，加强行政执法信息平台建设。全面落实行政执法责任制，加强执法监督，建立健全常态化的责任追究机制。健全行政执法人员管理制度，严格落实行政执法人员持证上岗和资格管理制度，规范执法辅助人员管理，加大行政执法人员岗位培训力度，科学合理制定执法人员考核指标体系。加强行政执法保障，推动形成全社会支持行政执法机关依法履职的氛围。

强化行政权力制约和监督，基本形成科学有效的权力运行制约和监督体系。自觉接受党内监督、人大监督、民主监督、司法监督、社会监督和舆论监督，完善政府内部层级监督和专门监督，建立健全常态化、长效化监督机制。加大政务公开力度，充分保障人民群众的知情权、参与权、表达权和监督权。加强行政问责规范化、制度化建设，增强行政问责的针对性和时效性，确保违法行政行为得到及时纠正。

有效化解矛盾纠纷，充分发挥行政机关在预防、解决行政争议和民事纠纷中的作用。健全依法化解纠纷机制，规范行政调解、行政裁决、仲裁制度，完善人民调解、行政调解、司法调解联动工作体系。加强行政复议工作，健全行政复议案件审理机制，提高行政复议办案质量，强化行政复议机构建设，加大行政复议经费保障，充分发挥行政复议在解决行政争议中的重要作用。依法做好信访工作，规范信访工作机制，积极引导和支持公民、法人和其他组织依法表达诉求和维护权益。

二、促进司法机关公正司法

深化司法体制改革，优化司法职权配置，严格规范司法行为，大力推进司法公正和司法公开，加强政法队伍建设，完善法律援助制度，切实维护司法公信力和权威。

深化司法体制改革。确保审判机关、检察机关依法独立公正行使审判权、检察权。严格执行审级制度，明晰审级功能定位，维护司法裁判的既判力。改革案件受理制度，落实立案登记制，有案必立，有诉必理。探索建立行政诉讼案件集中管辖制度，解决立案难、审理难、执行难等突出问题。加大涉民生案件的巡回审判力度，方便当事人诉讼，发挥司法裁判的教育引领作用。探索建立检察机关提起公益诉讼制度。

优化司法职权配置。健全各级政法机关各司其职，侦查权、检察权、审判权、执行权相互配合、相互制约的工作机制。公安机关依法规范案件层级管辖，突出市级公安机关指导作用，配强基层警力，实施科技强警。审判机关采取建立专业合议庭的方式，调整相关庭室职能，充实一线办案人员。

深化司法公开工作。各级政法机关加强公开目录、公开内容、公开平台建设等基础性工作，深化司法公开举措，提高司法公开质量，扩大社会知晓面，巩固司法公开成果。制定阳光司法指数考核办法，保证司法公开机制有效运行。

加强政法队伍建设。完善各项管理制度，提升法官、检察官的司法理念、业务能力和工作水平，切实维护司法公信力和权威。加强在职人员业务培训和职业道德教育，实行严格的年度考核制度，切实提高司法队伍素质。

三、营造崇尚法治良好环境

深入开展全社会法治宣传教育活动，提高舆论引导能力，大力推进公民道德工程建设，形成依法维护权利、自觉履行义务的现代公民意识。结合组织开展“12.4”国家宪法日暨全国法治宣传日和 12 月份全省“法治月”活动，每年至少组织 2-3 次大规模、有影响的法治宣传活动。

全面实施普法规划，推进全社会诚信体系建设。建立“谁执法、谁普法”的普法责任制。重点加强对领导干部、公务员、青少年、企事业经营管理人员、农民（居民）和新社会组织人员等重点对象的法治教育。建立公务员录用、任职前法律知识培训考试制度。把党政机关普法工作情况纳入政绩考核内容，把企事业单位依法经营、依法管理、诚信守法情况作为资质评估、审检、评先评优的依据。大力开展“法治八建”创建活动，每两年选树一批先进典型。

推进法治文化建设。把社会主义法治理念教育纳入普法规划。加强普法阵地建设，在主流媒体开办普法节目和普法专栏，推进法治公园、广场、长廊、板报建设，鼓励创办法律网站、博客、微博、手机报等新媒体宣传平台，在全社会弘扬法治文化氛围。强化法制宣教工作，深化法律主题活动，培养群众法治意识、提升法治素质。鼓励和支持法治文艺创作，引导各类文化艺术表演团体创作法治文化作品；

组织动员农村、社区群众广泛参与的文艺团体开展群众性法治教育活动，不断提升公民法治文化修养。

第九篇　健全规划保障机制，推进规划有效实施

实现未来五年的发展目标，必须进一步改革创新，完善规划实施机制，充分发挥市场配置资源的决定性作用和更好发挥政府调控作用，动员和引导全社会力量共同形成规划实施的强大合力和制度保障。

第二十六章　加强规划实施和管理

一、加强规划分类指导和协调衔接

加强规划编制、实施和管理制度建设，提高规划科学性、指导性和操作性。完善规划体系，以国民经济和社会发展总体规划为统领，以各类专项规划、区域规划为支撑，形成各规划定位清晰、功能互补、统筹衔接的规划体系。完善衔接协调机制，专项规划和区域规划要符合本级和上级总体规划，下级规划要服从上级规划，确保在总体要求上方向一致，在空间配置上相互协调，在时序安排上科学有序。明确规划实施责任，各级政府要正确履行职责，营造良好的规划实施环境，调控引导社会资源，合理配置公共资源，把规划与有关建设计划、各类行动计划以及年度计划紧密结合起来，保障规划明确的目标、任务顺利实施。

二、加强政策统筹协调

围绕规划提出的目标和任务，加强经济社会发展政策的统筹协调，注重政策目标与政策工具、短期政策与长期政策的衔接配合。优化财政支出结构和政府投资结构，重点投向民生和社会事业、美丽乡村建设、现代农业、科技创新、生态环保、资源节约等领域，更多投向少数民族聚居区。严格落实国家产业指导目录，严格执行行业技术标准、投资强度、综合能耗、耗水、用地、污染物排放等产业准入门槛政策。引导城乡用地结构调整和布局优化，建设用地指标优先保障重大项目用地需求。科学测算环境容量基数，严格建设项目总量核定，最大限度争取和优先保障重大项目环境总量指标。严格实行取水许可和水资源论证制度，通过治水、管水、取水、引水、蓄水、节水等手段，科学配置水资源。

三、健全规划实施与评估调整机制

完善动态实施机制，通过年度计划分解落实规划主要目标和重要任务，深入分析经济运行、社会发展中存在的问题和风险，及时提出防范对策和举措。建立健全政府职责事项和约束性指标落实目标责任制，逐一进行任务分解，确保目标任务、重大项目和重大工程的有效实施。适时组织规划中期评估，提交市人大常委会审议。确需对本规划进行调整时，由市政府提出调整方案，按程序报请市人大常委会批准执行。

四、推动规划有效实施

完成“十三五”规划提出的目标任务，各级政府责任重大，任务艰巨，必须坚持“解放思想、抢抓机遇、奋发作为、协同发展”，切实做到“八破八立”，牢固树立创新、协调、绿色、开放、共享理念，把新的发展理念转化为各级各部门的发展思路和工作举措。始终牢记“两个务必”，认真践行“三严三实”要求，不断改进工作作风，敢于担当、攻坚克难，以抓铁有痕、踏石留印的精神推动工作落实。深入推进党风廉政建设和反腐败斗争，严守政治纪律和

政治规矩，坚持标本兼治，构建不敢腐、不能腐、不想腐的有效机制，努力实现干部清正、政府清廉、政治清明，为“十三五”发展营造良好环境。

“十三五”规划是全面建成小康社会的重要规划，实施和完成这个规划将使全市经济社会发展水平和质量登上一个新台阶。全市广大党员干部和人民群众，要在中共廊坊市委的坚强领导下，紧密团结在以习近平同志为总书记的党中央周围，高举中国特色社会主义伟大旗帜，解放思想、抢抓机遇、奋发作为、协同发展，加快推进绿色发展、高端发展、率先发展、和谐发展，为实现“十三五”规划目标任务、全面建成小康社会而努力奋斗！

2016年廊坊市人民政府规范性文件选辑

廊坊市居住证实施办法（试行）

第一条　为加强和创新人口服务管理，保障公民合法权益，推进城镇基本公共服务和便利常住人口全覆盖，根据国务院《居住证暂行条例》、《河北省居住证实施办法（试行）》，结合本市实际，制定本办法。

第二条　本办法适用于本市行政区域内居住证的申领、发放、使用等相关服务管理活动。

第三条　居住证是持证人在居住地居住、作为常住人口享受基本公共服务和便利、申请登记常住户口的证明。

第四条　县级以上人民政府应建立健全为居住证持有人提供基本公共服务和便利的机制，将为居住证持有人提供基本公共服务和便利工作纳入国民经济和社会发展规划，建立农业转移人口市民化成本分担机制，推进财政转移支付同农业转移人口市民化挂钩机制建设，将提供基本公共服务和便利所需费用纳入财政预算。

第五条　廊坊市流动人口房屋租赁综合管理办公室（以下称市流管办）负责全市居住证服务管理的政策制定、指导及协调工作。

县级以上人民政府根据实际成立流动人口服务管理协调机构，组织、协调、指导、督导各有关部门的居住证服务管理工作。

发展改革、教育、公安、民政、司法行政、财政、人力资源和社会保障、住房城乡建设、卫生计生等有关部门应根据各自职责，共同做好居住证持有人的权益保障、服务和管理工作。

工会、共青团、妇联等人民团体和机关、企事业单位、社会团体、村（居）民委员会、学校等单位以及房屋出租人应当协助开展居住证的相关服务管理工作。

第六条　建立居住证工作联席会议制度。联席会议由市流管办负责牵头组织召开，各职能部门之间应当加强协作，发挥各自资源优势，形成工作合力，推动居住证制度工作全面开展。

第七条　县级以上人民政府可以根据本地综合承载能力和经济社会发展需要，综合合法稳定职业、合法稳定住所、参加社会保险年限等因素，建立居住证积分落户制度。

第八条　按照有效整合管理力量、合理配置管理资源，保障推行居住证制度顺利开展的原则，县级以上人民政府应根据人口规模及分布情况，合理配置专管员，完善经费保障机制，明确经费标准，将人员聘用、居住证制作、基础技术装备、信息化建设、业务培训等经费纳入同级财政预算，逐步加大资金投入力度。

第九条　非本市户籍人员到本市居住，或本市户籍人员在本市行政区域内跨县（市、区）居住的（市区规划区内相互跨区居住的户籍人员除外），应当自到达居住地之日起3个工作日内，本人持居民身份证或者户口簿等有效身份证明到居住地公安派出所申报居住登记。

公安机关要推进入户访查机制，巡查、发现、督促非本地户籍人员进行居住登记，确保居住登记信息数据的准确、完整、鲜活。

第十条　房屋租赁、职业介绍等中介服务机构应当自介绍成交之日起3个工作日内，将房屋出租人、承租房屋的流动人口或者用人单位、被招用流动人口的信息报告当地公安派出所。

第十一条 公民离开常住户口所在地，在居住地实际居住并办理居住登记已满半年，符合有合法稳定就业、合法稳定住所、连续就读条件之一的，可申领居住证。

合法稳定就业，是指被国家机关、社会团体、事业单位录用（聘用），或者被国家机关、社会团体、企事业单位招收并依法签订劳动合同，或者在城镇从事第二、三产业并持有工商营业执照等，以及县级政府规定的其他情况。

合法稳定住所，是指在居住地实际居住具有合法所有权的房屋、保障性住房、租赁房屋、用人单位或就读学校提供的宿舍等。

连续就读，是指在全日制小学、中学、中高等职业学校或普通高等学校取得学籍并就读。

第十二条 居住证登载的内容包括：姓名、性别、民族、出生日期、公民身份号码、本人照片、常住户口所在地住址、居住地住址、证件的签发机关、签发日期和签注日期。

第十三条 公民申领居住证，应向居住地公安派出所提交本人居民身份证或其他合法有效身份证明、近期免冠照片及居住地住址、就业、就读等证明材料。

居住地住址证明包括房屋租赁合同、房屋产权证明文件、购房合同或房屋出租人、用人单位、就读学校或村（居）民委员会出具的实际居住证明等；就业证明包括工商营业执照、劳动合同、用人单位出具的劳动关系证明或其他能够证明有合法稳定就业的材料等；就读证明包括学生证、就读学校出具的其他能够证明连续就读的材料等。

申请人及相关证明材料出具人应对提交证明材料的真实性、合法性负责。

第十四条 未满 16 周岁的未成年人和行动不便的老年人、残疾人等，可由其监护人、近亲属代为申领居住证。监护人、近亲属代为办理的，应提供委托人、代办人的合法有效身份证件。

第十五条 对符合申领条件、材料齐全的，居住地公安派出所应自受理之日起 10 个工作日内发放居住证；办理具有金融卡功能居住证的，不超过 15 个工作日。

对申请材料不全的，公安派出所应一次性告知申领人需要补充的材料。

第十六条 居住证由县级公安机关签发，每年签注 1 次。

居住证持有人在居住地连续居住的，应当在居住每满 1 年之日前 30 日内，到居住地公安派出所办理签注手续。

逾期未办理签注手续的，居住证使用功能中止；补办签注手续后，居住证使用功能恢复，居住证持有人在居住地的连续居住年限自补办签注手续之日起连续计算。逾期超过 1 年补办签注手续的，居住证使用功能恢复，但居住证持有人在居住地的连续居住年限自补办签注手续之日起重新计算。

第十七条 居住证持有人离开居住地的，应当到原居住地公安派出所办理注销登记，并交回原证。

第十八条 居住证持有人有下列情形之一的，公安机关应当注销其居住证：

（一）死亡的；

（二）在居住地登记常住户口的；

（三）使用虚假证明材料骗领居住证的；

（四）法律、法规、规章规定的其他应当注销居住证的情形。

第十九条 居住证损坏难以辨认或丢失的，居住证持有人应到居住地公安派出所办理换领、补领手续。

居住证持有人的姓名、性别、民族、出生日期和公民身份号码发生变更或更正的，应到居住地公安派出所办理换领手续。

居住证持有人居住地住址发生变更的，应先到原居住地公安派出所注销居住登记，同时到现居住地公安派出所申报居住登记，换领居住证。

居住证持有人换领新证时，应交回原证。

第二十条 首次申领居住证，免收证件工本费。换领、补领居住证，应当缴纳证件工本费。办理签注、变更手续不得收取费用。

第二十一条 公安机关应当开通居住证绿色通道，公开绿色通道办公地址、监督电话、服务群体、办理业务所需材料等。

居住证绿色通道的服务群体主要包括：机关事业单位、大中型企业引进的专业技术人才，残疾人和60周岁及以上人群。

在居住地已经实际居住、就业或者就学半年以上的人员可凭以下材料之一到居住地所属的公安机关绿色通道窗口直接申领居住证。

（一）居住地住址证明。包括已办理半年以上的本人或夫妻双方自有住房的房产证或房管部门开具的房屋产权证明；

（二）居住地就业证明。包括已缴纳半年以上的城镇职工基本养老保险凭证或者机关事业单位出具的半年以上的工作证明；

（三）居住地连续就读证明。包括学生证或县级教育部门出具的在校半年以上的证明。

第二十二条 任何单位和个人对居住证信息采集、管理、使用过程中所获悉的信息应当予以保密，不得擅自披露、买卖或者违法使用。

第二十三条 县级以上人民政府有关部门应建立统一的居住证服务管理综合信息系统，分类完善劳动就业、教育、社会保障、房产、信用、卫生计生、婚姻等信息及居住证持有人信息的采集、登记工作，实现部门之间、地区之间居住证持有人的信息互联互通、共建共享。为推进社会保险、住房公积金等转移接续制度，实现基本公共服务常住人口全覆盖提供信息支持，为居住证持有人在居住地居住提供便利条件。

第二十四条 居住证持有人在居住地依法享受下列权利：

（一）劳动就业；

（二）参加社会保险；

（三）缴存、提取和使用住房公积金；

（四）参与民主选举和有关公共决策、社会事务管理；

（五）国家规定的其他权利。

第二十五条 县级以上政府及其有关部门应为居住证持有人提供下列基本公共服务：

（一）义务教育；

（二）就业失业登记、政策咨询、就业信息、职业介绍和职业指导等基本公共就业服务；

（三）国家规定的传染病防治、儿童预防接种等基本公共卫生服务；

（四）国家规定的计划生育基本技术服务；

（五）公共文化体育服务；

（六）法律援助和其他法律服务；

（七）按照规定提供住房保障服务；

（八）国家规定的其他基本公共服务。

第二十六条 居住证持有人在居住地享受下列便利：

（一）按照国家有关规定办理出入境证件；

（二）按照国家有关规定换领、补领居民身份证；

（三）机动车登记；

（四）申领机动车驾驶证；

（五）参加居住地专业技术职务的任职资格评定或考试，以及职业（执业）资格考试和职业（执业）资格登记；

（六）办理生育服务登记和其他计划生育证明材料；

（七）子女可以按照规定在居住地接受义务教育后参加中考，在居住地接受高中段教育并在毕业时具有两年以上连续就学记录的，可以参加高考；

（八）国家规定的其他便利。

第二十七条 居住证持有人符合居住地政府规定的落户条件的，可以根据本人意愿，在居住地办理常住户口登记。

第二十八条 县级以上政府及其有关部门应积极创造条件，逐步扩大为居住证持有人提供公共服务和便利的范围，提高服务标准，并定期向社会公布居住证持有人享受的公共服务和便利的范围。

第二十九条 发展和改革委员会负责，根据本地当前经济发展情况，配合相关部门制定居住证持有人享受社会公共服务待遇的相关政策。

第三十条 组织部负责，对全市流动党员的教育管理，做好在居住证持有人中发展党员的指导工作。

第三十一条 公安机关负责，居住证的申领受理、审核、发放、签注等证件管理工作。

按照国家有关规定为居住证持有人办理出入境证件；依照有关规定进行户口登记，换领、补领居民身份证；办理机动车登记；申领机动车驾驶证业务。

第三十二条 住房保障和房产管理局负责，根据相关规定对符合条件的居住证持有人（家庭）提供公共住房保障，配合有关部门做好房屋地址登记录入工作，并协助做好核查工作。会同公安、工商等部门做好房屋中介机构的管理。

根据公共住房房源筹集情况、居住证持有人规模，合理确定批次公共住房分配数量。做好居住证持有人房屋信息登记和基础信息部门共享工作。

第三十三条 人力资源和社会保障局负责，对有就业愿望的居住证持有人免费提供就业政策和法律咨询、职业信息、职业指导和就业登记等服务；监督用人单位维护劳动用工的合法权益；开展职业技能培训、劳动就业培训等公共就业服务。

做好职责内涉及居住证持有人的信息采集登记和基础信息部门共享工作。

第三十四条 工商行政管理局负责，为有经商需求的居住证持有人依法办理工商注册登记及核发营业执照。

第三十五条 财政局负责，将政府及各职能部门用于居住证服务管理工作经费纳入财政预算，予以足额保障，并监督相关工作经费、开支使用情况。

第三十六条 教育局负责，指导和督促中小学校做好居住证持有人子女义务教育工作，依法保障其子女享有义务教育的权利。

做好居住证持有人子女就学等信息采集登记和基础信息部门共享工作。

第三十七条 税务机关负责，对居住证持有人中的纳税人、纳税情况进行信息登记并提供基础信息共享。

第三十八条 民政局负责，对居住证持有人中符合条件的困难群众的救助。做好信息登记和信息部门共享工作。

第三十九条 司法局负责，组织开展法制宣传教育和纠纷调解工作，引导居住证持有人依法维护合法权益，及时为符合条件的居住证持有人提供法律援助。做好信息登记和共享工作。

第四十条　卫生和计划生育委员会负责，为居住证持有人提供传染病防治、儿童预防接种等基本公共卫生服务和国家规定的计划生育基本技术服务。

做好居住证持有人卫生防疫、计划生育、就医等信息采集登记和信息部门共享工作。

第四十一条　工会、共青团、妇联等人民团体发挥积极作用，依法保障居住证持有人参加相关活动的权利，维护他们的合法权益。

第四十二条　有下列行为之一的，由公安机关根据《居住证暂行条例》（国务院663号）第十八条规定给予警告、责令改正，处200元以下罚款，有违法所得的，没收违法所得：

（一）使用虚假证明材料骗领居住证；

（二）出租、出借、转让居住证；

（三）非法扣押他人居住证。

第四十三条　有下列行为之一的，由公安机关根据《居住证暂行条例》（国务院663号）第十九条规定处200元以上1000元以下罚款，有违法所得的，没收违法所得：

（一）冒用他人居住证或者使用骗领的居住证；

（二）购买、出售、使用伪造、变造的居住证。伪造、变造的居住证和骗领的居住证，由公安机关予以收缴。

第四十四条　国家机关及其工作人员有下列行为之一的，根据《居住证暂行条例》（国务院663号）第二十条规定，依法给予处分；构成犯罪的，依法追究刑事责任：

（一）符合居住证申领条件但拒绝受理、发放；

（二）违反有关规定收取费用；

（三）利用制作、发放居住证的便利，收受他人财物或者谋取其他利益；

（四）将在工作中知悉的居住证持有人个人信息出售或者非法提供给他人；

（五）篡改居住证信息。

第四十五条　在我市居住的港澳台人员、外国人、无国籍人和现役军人的居住登记按照国家有关规定执行。

第四十六条　本办法实施前已发放的居住证，在有效期内继续有效；本办法实施前已进行居住登记的，居住时间连续计算。

第四十七条　本办法自印发之日起施行，有效期两年。2012年2月1日实施的《廊坊市居住证管理办法》同时废止。

廊坊市社会救助实施办法

第一章　总　　则

第一条　为加强社会救助，保障公民的基本生活，促进社会公平，维护社会和谐稳定，根据国务院《社会救助暂行办法》（国务院令第649号）、《河北省社会救助实施办法》（河北省人民政府令〔2015〕第7号）和有关法律、法规，结合本市实际，制定本办法。

第二条　本市行政区域内的最低生活保障、特困人员供养、受灾人员救助、医疗救助、教育救助、住房救助、就业救助和临时救助以及社会力量参与的其他救助，适用本办法。

第三条　社会救助制度坚持托底线、救急难、可持续，与其他社会保障制度相衔接。

社会救助工作应当遵循公开、公平、公正、及时的原则。

第四条　社会救助工作实行各级人民政府负责制。

市、县人民政府应当将社会救助工作纳入

重要议事日程，纳入国民经济和社会发展总体规划，建立健全政府领导、民政部门牵头、有关部门配合、社会力量参与的社会救助工作协调机制，统筹社会救助政策和标准，整合优化社会资源。

第五条 县级以上人民政府民政部门统筹本行政区域的社会救助体系建设。

县级以上人民政府民政、卫生计生、教育、住房保障和房产管理、建设、人力资源社会保障等部门，按照各自职责负责相应的社会救助管理工作。

前款所列行政部门统称社会救助管理部门。

第六条 市、县两级应建立社会救助联系会议制度，定期组织召开会议，由政府主管领导担任召集人，研究制定社会救助政策，解决工作中遇到的问题。

乡（镇）人民政府、街道办事处应当在便民服务场所建立统一受理社会救助申请的窗口，并配备专职工作人员，根据申请事由及时分办、转办相应的社会救助管理部门，由相应部门具体负责社会救助的申请受理、调查核实等工作。

村（居）民委员会协助做好有关社会救助工作。

第七条 县级以上人民政府应当建立与当地经济社会发展水平相适应的资金保障机制，将社会救助资金和社会救助工作经费纳入本级财政预算，并逐步推进社会救助制度城乡一体化。

社会救助资金实行专项管理，分账核算，专款专用，任何单位或者个人不得挤占挪用。社会救助资金的支付，按照财政国库管理的有关规定执行。

根据财政体制改革支出责任，省财政直管县所需社会救助资金由当地财政解决。市人民政府财政部门对保障任务重、财政困难以及工作绩效突出的非省财政直管县（区）加大社会救助资金转移支付力度。

第八条 县级以上人民政府应当建立社会救助管理信息系统，实现社会救助信息互联互通、资源共享。

第九条 鼓励、支持、引导社会力量参与社会救助。

第十条 县级以上人民政府及各社会救助管理部门应当建立健全社会救助综合考核工作机制，科学评价社会救助工作绩效。

对在社会救助工作中作出显著成绩的单位、个人，按照国家、省有关规定给予奖励。

第二章 最低生活保障

第十一条 对持有当地常住户口的居民，凡共同生活的家庭成员人均收入低于当地低保标准，且家庭财产状况符合当地人民政府规定条件的家庭，给予最低生活保障。

对靠父母或者其他亲属供养的成年重度残疾人，经本人或者其供养人申请可以单独纳入最低生活保障范围。

第十二条 城乡最低生活保障标准，由市级人民政府按照当地维持居民基本生活所必需的衣、食、住费用，适当考虑用电、用水、燃料等其他所需费用确定，按照保障标准始终位于同等经济发展水平地区前列的要求适时调整。县级人民政府可根据当地经济社会发展水平适当上浮保障标准。

最低生活保障家庭收入状况、财产状况的具体认定办法，由市人民政府按照国家和省有关规定制定。

第十三条 申请最低生活保障，按照下列程序办理：

（一）由共同生活的家庭成员向户籍所在地的乡（镇）人民政府、街道办事处提出书面申请；家庭成员申请有困难的，可以委托村（居）民委员会代为提出申请。在提出申请的同时出具家庭经济状况查询授权书。

（二）乡（镇）人民政府、街道办事处对申请人的家庭收入状况、财产状况进行调查核实，并在村（居）民委员会协助下组织民主评议，根据调查和评议结果提出初审意见，在申请人所在村、社区公示七日后报县级人民政府民政部门审批。

县级核查机构可同步开展申请家庭经济状况核查工作。

（三）县级人民政府民政部门审查后，对符合条件的申请予以批准，并在申请人所在村、社区公布；对不符合条件的申请不予批准，并书面向申请人说明理由。

第十四条　对批准获得最低生活保障的家庭，县级人民政府民政部门按照共同生活的家庭成员人均收入低于当地最低生活保障标准的差额，通过银行业金融机构按月将最低生活保障金直接发放到户。

对最低生活保障家庭中的老年人、未成年人、重度残疾人和重病患者等困难人员，县级人民政府民政部门应当给予分类施保，适当增加最低生活保障金数额。生活仍有困难的，可以通过临时救助等方式给予生活保障。

第十五条　最低生活保障家庭的人口状况、收入状况、财产状况发生变化的，应当及时告知乡（镇）人民政府、街道办事处，乡（镇）人民政府、街道办事处按照规定向县级人民政府民政部门报告。

县级人民政府民政部门以及乡（镇）人民政府、街道办事处应当对最低生活保障家庭的人口状况、收入状况、财产状况定期核查。

第十六条　最低生活保障工作经办人员和村（居）民委员会成员近亲属享受最低生活保障的，应当向县级人民政府民政部门提交说明材料。

第十七条　未纳入最低生活保障范围，共同生活的家庭成员人均收入在最低生活保障标准 1.5 倍以下，且家庭财产符合县级以上人民政府规定的低收入家庭（以下简称低收入家庭），可以按照本办法的规定申请其他社会救助。

县级以上人民政府可以根据当地实际，扩大低收入家庭的认定范围。

第三章　特困人员供养

第十八条　对无劳动能力、无生活来源且无法定赡养、抚养、扶养义务人，或者其法定赡养、抚养、扶养义务人无赡养、抚养、扶养能力的老年人、残疾人以及未满 16 周岁的未成年人，给予特困人员供养。

第十九条　特困人员供养的内容包括：

（一）提供基本生活条件；

（二）对生活不能自理的给予照料；

（三）提供疾病治疗；

（四）办理丧葬事宜。

特困人员供养标准，由市级人民政府确定，并根据当地经济社会发展水平和物价变动情况适时调整。县级人民政府可根据当地经济社会发展水平适当上浮供养标准。

特困人员供养应当与城乡居民基本养老保险、基本医疗保障、最低生活保障、孤儿基本生活保障等制度相衔接。

第二十条　特困人员供养按照下列程序办理：

（一）申请。申请特困人员救助供养，由

本人向户籍所在地乡镇政府（街道办事处）提出书面申请，按规定提交相关材料，书面说明劳动能力、生活来源以及赡养、抚养、扶养情况。本人申请有困难的，可以委托村（居）民委员会或他人代为提出申请。在提出申请的同时出具家庭经济状况查询授权书。

乡镇政府（街道办事处）以及村（居）民委员会应及时了解掌握行政区域内居民的生活情况，发现符合特困人员救助供养条件的人员，应告知其救助供养政策，对无民事行为能力等无法自主申请的，应主动帮助其申请。

（二）审核。乡镇政府（街道办事处）应通过入户调查、邻里访问、信函索证、群众评议、信息核查等方式，对申请人的收入、财产状况及其他证明材料等进行调查核实。申请人及有关单位、组织或个人应配合调查，如实提供有关情况。

（三）评议。入户调查结束后，乡镇政府（街道办事处）组织村（居）民代表、包村干部或社区相关人员对申请人声明的家庭收入、财产状况及入户调查结果的真实性进行评议。

（四）审批。县级民政部门要全面审查乡镇政府（街道办事处）上报的调查材料和审核意见，对符合条件的申请予以批准；对不符合条件的申请不予批准，并书面向申请人说明理由。

（五）公示。严格执行特困人员救助供养审核审批公示制度。在乡镇政府（街道办事处）审核评议通过后和县级民政部门作出审批决定后分别进行。公示在申请对象现居住地和户籍所在村（居）民委员会进行。要注意保护个人隐私，严禁公示与享受特困供养待遇无关的内容。

（六）发放。各地要全面实行社会化发放。县级民政部门要及时向同级财政部门提交特困人员救助供养对象名册和拟发供养资金数额清单，财政部门要及时审核并按月拨付资金，直接支付到个人帐户。

（七）终止。特困供养人员死亡或不再符合供养条件的，村（居）民委员会或供养服务机构应在30日内告知乡镇政府（街道办事处），由乡镇政府（街道办事处）审核后报经县级民政部门核准，终止救助供养并予以公示。

县级民政部门、乡镇政府（街道办事处）在工作中发现特困人员不再符合救助供养条件的，应及时办理终止救助供养手续。特困人员中的未成年人，满 16 周岁后仍在接受义务教育或在普通高中、中等职业学校就读的，可继续享有救助供养待遇。

第二十一条 特困供养人员可以在当地的供养服务机构集中供养，也可以在家分散供养。特困供养人员可以自行选择供养形式。

第二十二条 县级人民政府和乡（镇）人民政府、街道办事处应当加大资金投入，完善管理制度，保障供养服务机构正常运转。

供养服务机构应当具备必需的食宿、护理、安全等条件，优先接收失能、半失能的特困供养人员。县级以上人民政府民政部门可以指定符合条件的供养服务机构，接收智力残疾或者患有精神障碍的特困供养人员。

供养服务机构在满足特困人员供养需求后，可以利用闲置资源向社会提供有偿服务。

第二十三条 政府举办的残疾人康复治疗机构应当为符合条件的特困供养残疾人免费提供康复治疗。

鼓励社会举办的养老服务机构和社会福利机构接收特困供养人员。

第二十四条 特困供养人员的私有财产和土地承包经营等权利受法律保护，任何单位和个人不得要求其以放弃以上权利作为享受特困人员供养的条件。

第四章　受灾人员救助

第二十五条　各级人民政府对基本生活受到自然灾害严重影响的人员，提供生活救助。自然灾害救助实行属地管理，分级负责。

自然灾害救助的内容包括：灾害应急救助、过渡性生活救助、因灾损毁居民住房恢复重建、水旱灾临时生活困难救助、冬春临时生活困难救助和发放遇难人员亲属抚慰金等。

第二十六条　市人民政府和自然灾害多发、易发地区的县级人民政府应当根据自然灾害特点、居民人口数量和分布等情况，设立自然灾害救助物资储备库，保障自然灾害发生后救助物资的紧急供应。自然灾害多发、易发地区的乡（镇）人民政府、街道办事处，应当设立自然灾害救助物资储备点。

县级以上人民政府民政部门应当按照国家和本省有关规定，合理确定救灾物资品种、标准、规模，并建立健全救灾物资采购、储备和供应机制，确保发生自然灾害时能够紧急调拨救灾物资。

第二十七条　自然灾害发生后，县级以上人民政府应当根据情况紧急疏散、转移、安置受灾人员，及时为受灾人员提供必要的食品、饮用水、衣被、取暖、临时住所、医疗防疫等应急救助。

第二十八条　受灾地区人民政府应当在确保安全的前提下，采取就地安置与异地安置、政府安置与自行安置相结合的方式，对住房损毁严重的受灾人员进行过渡性安置。

对因灾住房损毁严重无房可住、无生活来源、无自救能力的受灾人员，受灾地区人民政府应当发放过渡期生活补助或者生活必需品，保障受灾人员基本生活。

第二十九条　自然灾害危险消除后，受灾地区人民政府应当统筹研究制定居民住房恢复重建规划和优惠政策，组织重建或者修缮因灾损毁的居民住房。

受灾地区人民政府民政等部门应当及时核实住房恢复重建补助对象，并给予资金、物资等救助。

第三十条　受灾地区人民政府应当为因当年冬寒或者次年春荒遇到生活困难的受灾人员提供基本生活救助。

受灾地区县级人民政府民政部门在每年10月底前评估、统计本行政区域受灾人员当年冬寒、次年春荒的基本生活困难需求，核实救助对象，制定救助方案，经本级人民政府批准后组织实施。

第五章　医疗救助

第三十一条　县级以上人民政府应当建立健全医疗救助制度，保障医疗救助对象获得基本医疗卫生服务。

第三十二条　下列人员可以申请相关医疗救助：

（一）最低生活保障家庭成员；

（二）特困供养人员；

（三）低收入家庭的老年人、未成年人、重度残疾人和重病患者；

（四）医疗费用较大、超过家庭承受能力、基本生活出现严重困难家庭中的重病患者。

（五）县级以上人民政府规定的其他特殊困难人员。

最低生活保障家庭成员和特困供养人员为重点救助对象。

第三十三条　医疗救助采取下列方式：

（一）对重点救助对象参加城镇居民基本医疗保险或新型农村合作医疗的个人缴费部分，给予全额资助，确保其获得基本医疗保险服务。对其他困难群众参加城镇居民基本医疗保险或新型农村合作医疗的救助政策由县级以上人民政府具体制定。

（二）对救助对象在医疗机构发生的政策范围内住院费用中，对经基本医疗保险、城乡居民大病保险及各类补充医疗保险、商业保险报销后的个人负担费用，给予救助。鼓励定点医疗机构对重点救助对象在挂号费、检查费、床位费等方面给予相应减免，进一步降低重点救助对象医疗压力。

（三）对因患慢性疾病需要长期服药或者患重特大疾病需要长期门诊治疗，导致自负费用较高的医疗救助对象，给予门诊救助。同时，结合本地工作实际，积极开展慢性肾病免费透析等特殊疾病门诊免费救治工作，有条件的可扩大救助范围。

（四）对患重特大疾病的重点救助对象和低收入救助对象经各类医疗保险和商业保险报销后个人负担的合规医疗费用，直接给予重特大疾病医疗救助；对因病致贫家庭重病患者等其他救助对象负担的合规医疗费用，先由其个人支付，对超过家庭负担能力的部分给予重特大疾病医疗救助。

（五）县级民政、卫生计生和人社等部门要结合本地实际，依据医保报销和医疗救助金额所占医疗费用比例，研究制定重点救助对象和低收入救助对象住院押金减免政策，最大限度地缓解困难群众无钱看病问题。

医疗救助标准由市人民政府按照经济社会发展水平和医疗救助资金情况确定、公布。县级人民政府可根据当地经济社会发展水平适当上浮救助标准。

第三十四条 申请医疗救助的，重点救助对象在辖区内定点医疗机构实行“一站式”即时结算服务。

在非定点医疗机构就医的，救助对象应当向乡（镇）人民政府、街道办事处提出，经审核、公示后，由县级人民政府民政部门审批。最低生活保障家庭成员和特困供养人员凭相关证件、发生的医疗费用票据和相关保险报销票据，由县级人民政府民政部门直接办理医疗救助。

第三十五条 县级以上人民政府应当建立健全医疗救助与基本医疗保险、大病保险相衔接的医疗费用结算机制，为医疗救助对象提供便捷服务。

第三十六条 县级以上人民政府应当建立健全疾病应急救助制度，对需要急救但身份不明或者无力支付急救费用的急重危伤病患者给予救助。发生的急救费用由疾病应急救助基金按照规定支付。

疾病应急救助制度应当与其他医疗保障制度相衔接。

第六章 教育救助

第三十七条 县级以上人民政府应当建立健全教育救助制度，对在学前教育、义务教育、高中教育（含中等职业教育）、普通高等教育阶段就学的最低生活保障家庭成员和特困供养人员，给予教育救助；对不能入学接受义务教育的残疾儿童，根据实际给予适当教育救助。

第三十八条 教育救助根据不同教育阶段需求，采取下列措施：

（一）对最低生活保障家庭子女、孤儿、烈士子女、残疾幼儿以及其他经济困难子女接受普惠性学前教育给予资助；

（二）对义务教育阶段的教育救助对象，应当免除学杂费并免费提供教科书，对农村寄宿教育救助对象提供生活补助；

（三）对高中教育阶段（含中等职业教育）的教育救助对象，减免相关费用，发放国家助学金；

（四）对普通高等教育阶段的教育救助对象，发放国家助学金，根据实际提供国家助学贷款、减免学费、勤工助学等救助。

县级以上人民政府可以根据经济社会发展情况和当地实际，增加教育救助的具体措施。

第三十九条　申请教育救助，应当按照国家有关规定向就读幼儿园、学校提出，按照规定程序审核、确定后，由幼儿园、学校按照国家有关规定实施。

第七章　住房救助

第四十条　市、县人民政府对下列符合规定标准的住房困难家庭和其他急需保障的特殊困难家庭给予住房救助：

（一）城镇最低生活保障家庭中的无房户和住房困难户；

（二）分散供养的特困人员中的住房困难户；

（三）因自然灾害造成房屋倒塌，或者严重损坏且无自救能力的受灾家庭；

（四）县级以上人民政府规定的其他困难家庭。

第四十一条　住房救助实行货币补贴和实物配租等相结合，通过配租公共住房、发放住房租赁补贴、农村危房改造等方式实施。

第四十二条　住房困难标准和救助标准，由县级以上人民政府根据本行政区域经济社会发展水平、当地财政支付能力、商品住房价格水平等因素确定、公布。

住房保障部门应当公开城镇保障性住房准入条件、分配房源、分配对象和分配结果等信息。

第四十三条　城镇家庭申请住房救助的，应当向乡（镇）人民政府、街道办事处或居委会提出申请，经县级人民政府民政部门审核家庭收入、财产状况和县级人民政府住房保障部门审核家庭住房状况并公示后，对符合住房救助条件的申请人，由县级人民政府住房保障部门优先给予保障。

农村家庭申请住房救助的，按照县级以上人民政府有关规定执行。

第八章　就业救助

第四十四条　县级以上人民政府应当建立健全就业救助制度，对最低生活保障家庭中有劳动能力、处于失业状态并登记失业的成员，通过贷款贴息、社会保险补贴、岗位补贴、培训补贴、费用减免、公益性岗位安置等办法，给予就业救助。

第四十五条　最低生活保障家庭中有劳动能力但未就业的成员，应当接受人力资源社会保障等有关部门介绍的工作；无正当理由，连续三次拒绝接受介绍的与其健康状况、劳动能力等相适应的工作的，县级人民政府民政部门应当决定减发或者停发其本人的最低生活保障金。

第四十六条　对实现就业的最低生活保障家庭成员，在核算其家庭收入时，可以扣除必要的就业成本。

最低生活保障家庭成员就业后主动申报退保的，县级人民政府民政部门可以继续给予其家庭三个月的最低生活保障金。

第四十七条 对吸纳符合条件的就业援助对象的用人单位，按照有关规定享受社会保险补贴、税收优惠、创业担保贷款等就业扶持政策。

第四十八条 政府开发的公益性岗位，应当优先安置符合条件的就业救助对象，并对就业救助对象按照规定给予社会保险补贴和岗位补贴。

第九章 临时救助

第四十九条 各级人民政府应当对因遭遇突发事件、意外伤害、重大疾病或者其他特殊原因导致基本生活陷入困境，其他社会救助制度暂时无法覆盖或者救助之后基本生活仍有严重困难的家庭或者个人，给予临时救助。

临时救助的具体事项、标准，按照市有关规定执行。对因特殊情况导致基本生活陷入困境的家庭，可以适当提高临时救助标准。

第五十条 申请临时救助，应当向乡（镇）人民政府、街道办事处提出，经审核、公示后，由县级人民政府民政部门审批；救助金额较小的，县级人民政府民政部门可以委托乡（镇）人民政府、街道办事处审批。

乡（镇）人民政府、街道办事处或者县级民政部门、救助管理机构在发现或者接到有关部门、社会组织、公民个人报告救助线索后，应当主动核查情况，对于其中符合临时救助条件的，应当协助其申请救助并受理。

对于情况紧急、需立即采取措施以防止造成无法挽回的损失或无法改变的严重后果的，乡（镇）人民政府、街道办事处应当先行救助。紧急情况解除之后，应当按规定补齐审核审批材料。

第五十一条 临时救助可以采取发放临时救助金、实物和提供转介服务等方式。

临时救助金应当通过银行业金融机构发放。开展紧急救助，或者因智力障碍、年老等原因不能提供银行业金融机构账户信息的，可以直接发放现金。

第五十二条 公安机关和其他有关行政机关的工作人员在执行公务时发现流浪、乞讨人员的，应当告知其向救助管理机构求助。对其中的残疾人、未成年人、老年人和行动不便的其他人员，应当引导、护送到救助管理机构；对突发急病人员，应当立即通知急救机构进行救治。

第五十三条 县级人民政府民政部门及其救助管理机构应当遵循自愿受助、无偿救助原则，为流浪、乞讨人员提供临时食宿、急病救治、协助返回等救助。对无法查明户籍和近亲属的，应当予以暂时安置；对流浪未成年人，应当承担临时监护责任，加强心理疏导和行为矫治，帮助其回归家庭。

第十章 社会力量参与

第五十四条 鼓励单位和个人等社会力量通过捐赠、设立帮扶项目、创办服务机构、提供志愿服务等方式，参与社会救助。

第五十五条 工会、共青团、妇女联合会、残疾人联合会、红十字会等组织根据职责或者章程为社会救助对象提供物质帮助、精神慰藉和心理疏导等服务。

社会救助管理部门以及社会救助经办机构应当加强与工会、共青团、妇女联合会、残疾人联合会、红十字会等组织的沟通、联系，互通信息，协调开展社会救助等工作。

第五十六条　县级以上人民政府可以将社会救助中的具体服务事项通过委托、承包、采购等方式，向社会力量购买服务。

县级以上人民政府应当制定并公布政府购买社会救助服务事项目录，建立社会救助项目社会化运作的评估、考核、竞争、退出机制。

第五十七条　县级以上人民政府应当发挥社会工作服务机构和社会工作者作用，为社会救助对象提供社会融入、能力提升、心理疏导等专业服务。

第十一章　监督管理

第五十八条　县级以上人民政府及其社会救助管理部门应当加强对社会救助工作的监督检查，规范社会救助申请受理、审核审批程序，建立健全责任追究等相关监督管理制度。

第五十九条　县级人民政府应明确社会救助工作中的急难事项，建立健全主动发现、快速处置工作机制，进一步规范急难救助程序，缩短救助时限，提高救助时效。

第六十条　各级社会救助管理部门和乡（镇）人民政府、街道办事处、村（居）民委员会应当建立健全全面公开、接受监督工作机制，对各项社会救助事项进行全面的公示公开，广泛接受群众监督。各级社会救助管理部门应当设置监督举报电话，专门受理投诉和举报，保证各项社会救助工作在阳光下运行。

第六十一条　申请或者已获得社会救助的家庭，应当按照规定如实申报家庭收入状况、财产状况。

县级以上人民政府民政部门根据申请或者已获得社会救助家庭的请求、委托，可以通过户籍管理、税务、社会保险、不动产登记、工商登记、住房公积金管理、车船管理等单位和银行、保险、证券等金融机构，代为查询、核对其家庭收入状况、财产状况；有关单位和金融机构应当予以配合，并按规定时限将查询、核对结果反馈市、县民政部门。

第六十二条　县级以上人民政府民政部门应当建立申请和已获得社会救助家庭经济状况信息核对平台，其他有关部门应当及时提供相关信息数据，为审核认定社会救助对象提供依据。

第六十三条　县级以上人民政府社会救助管理部门和乡（镇）人民政府、街道办事处在履行社会救助职责过程中，可以查阅、记录、复制与社会救助事项有关的资料，询问与社会救助事项有关的单位、个人，要求其对相关情况作出说明，提供相关证明材料。有关单位、个人应当如实提供。

履行社会救助职责的工作人员对在社会救助工作中知悉的公民个人信息，除按照规定应当公示的信息外，应当保密。

第六十四条　乡（镇）人民政府、街道办事处的社会救助经办机构，应当在政务大厅或者办事大厅设立申请受理窗口，及时受理社会救助申请。

第六十五条　已获得社会救助家庭的人口状况、收入状况、财产状况发生变化的，县级人民政府社会救助管理部门应当及时决定增加或者减少相应的救助金额、项目，不符合救助条件的，应当停止社会救助，并书面说明理由。

第六十六条　各级社会救助管理部门应当按照部门职能，建立健全各项社会救助标准自然增长机制，救助标准随着经济社会发展水平以及居民人均消费支出、居民消费价格指数等因素及时调整，并将调整救助标准的依据、周期、执行等纳入日常工作管理。

第十二章　法律责任

第六十七条　违反本办法规定，社会救助管理部门及其工作人员有下列行为之一的，由其上级行政主管部门或者有关机关责令改正；情节严重的，对直接负责的主管人员和其他直接责任人员依法给予处分；构成犯罪的，依法追究刑事责任：

（一）未按照本办法规定的程序对救助申请进行公示、核查、审批的；

（二）对已获得社会救助的救助对象，因情况发生变化不再符合救助条件未停止社会救助的；

（三）其他滥用职权、玩忽职守、徇私舞弊的行为。

第六十八条　采取虚报、隐瞒、伪造等手段，骗取社会救助资金、物资或者服务的，由有关部门决定停止社会救助，责令退回非法获取的救助资金、物资，可以处非法获得的救助款额或者物资价值一倍以上三倍以下的罚款；构成违反治安管理行为的，依法给予治安管理处罚。

对无理取闹、采用威胁和暴力手段强行索要社会救助待遇，构成违反治安管理行为的，依法给予治安管理处罚；构成犯罪的，依法追究刑事责任。

第六十九条　违反本办法的行为，法律、法规对行政处罚另有规定的，从其规定。

第十三章　附　　则

第七十条　本办法自2016年10月1日起施行。

推进大众创业万众创新的实施意见

为进一步优化创业创新环境，激发全社会创业创新活力，根据《国务院关于大力推进大众创业万众创新若干政策措施的意见》（国发〔2015〕32号)、《国务院关于加快构建大众创业万众创新支撑平台的指导意见》（国发〔2015〕53号）和《河北省人民政府关于大力推进大众创业万众创新若干政策措施的实施意见》（冀政发〔2015〕41号）文件精神，结合我市实际，提出如下实施意见：

一、创新体制机制，营造良好创业创新环境

（一）营造宽松市场环境。进一步转变政府职能，深化“放管服”政策衔接，落实好国家、省取消下放审批事项。加强电子政务网络平台建设，进一步简化审批手续、规范审批流程；按照省统一部署，及时清理调整与创业创新相关的审批、认证、收费、评奖事项，将保留事项向社会公布；创新政府监管方式，制定科学有效的市场监管规则、流程和标准，实行“双随机”抽查、“互联网+监管”等模式，加强事中事后监管；完善涉企收费目录管理制度，实行目录清单管理，落实国家、省减免和取消涉企收费有关政策，清理取消不合理收费，进一步降低企业创新成本。（责任单位：市编委办、市政府法制办、市政务办、市发改委、市财政局、市物价局、市工商局、市质监局）

（二）维护公平竞争市场秩序。加强市场价格监管，严厉打击价格欺诈等价格违法行为，维护公平竞争的市场价格秩序。建立全市统一的信用信息共享平台，完善定期分行业公布失信企业黑名单制度，加大政策惩戒力度，

使失信者"一处失信，处处受限"。（责任单位：市物价局、市工商局、市商务局、市政府信用办、市发改委、人行廊坊市中心支行）

（三）*深化商事制度改革*。完善内资企业、外资企业登记监督管理体制，全面推进"三证合一、一照一码"，推动"一址多照"、"一照多址"、集群注册等住所登记改革，进一步释放场地资源。开展电子营业执照试点，推行网上申请、网上受理、网上审核、网上发照和网上公示，提高市场主体注册登记的便利化水平。（责任单位：市工商局、市质监局、市国税局、市地税局）

（四）*加强创业知识产权保护*。健全知识产权保护和运用制度，加强商业模式等新形态创新成果的知识产权保护，开展创业企业商标注册指导服务。积极推动京津冀知识产权执法保护一体化建设。加强专业市场和各类展会的知识产权保护，完善知识产权快速维权与维权援助机制。强化行政执法与司法衔接，建立知识产权诉调对接机制，提高知识产权保护效率。（责任单位：市科技局、市文广新局、市工商局）

二、完善财税政策，加大创新创业扶持力度

（一）*加大财政资金支持力度*。市、县两级财政要统筹安排各类支持中小微企业和创业创新的资金，强化资金预算执行和监管，加强资金使用绩效评价。各县（市、区）、廊坊开发区和市直有关部门要结合本地本部门实际，完善促进创新创业的各项措施，制定详细的实施细则，切实使政策落到实处。市级财政整合设立 1000 万元众创空间专项资金，用于对众创空间各种补助和奖励、服务机构补贴、重大创新创业活动、优秀项目补助及宣传培训等；对经认定的市级以上众创空间，依据其免费开放的面积分别给予 10—50 万元一次性补助；根据年度服务绩效，对经认定的众创空间的房租、宽带接入费、公共软件、开发工具、实验仪器以及创业培训、中介服务等，由市、县（市、区）财政给予适当补贴，其中市级财政每家每年不超过 20 万元。以上经费中涉及非省财政直管县（市）的补助由市财政兑现，涉及省财政直管县（市）的根据实际自行予以补贴。（责任单位：市科技局、市财政局、市人社局、市发改委、市工信局，各县（市、区）人民政府，廊坊开发区管委会）

（二）*充分发挥政府采购的引导作用*。落实国家关于政府采购促进中小企业发展的有关政策，部门预留年度政府采购预算总额的30%以上，专门面向中小企业采购；鼓励各级机关、事业单位和社团组织，在同等条件下优先采购科技型、"专精特新"和获得"名牌产品（服务）"称号的中小企业的产品和服务。加强对采购单位的政策指导和监督检查，督促采购单位改进采购计划编制和项目预留管理，增加对小微企业产品和服务的采购额度。（责任单位：市财政局、市发改委、市工信局、市科技局、市政务办、市质监局，各县（市、区）人民政府，廊坊开发区管委会）

（三）*落实税收支持政策*。严格落实国家扶持小微企业、高新技术企业、技术先进型服务企业、科技企业孵化器、大学科技园以及技术转让、研发费用加计扣除等税收优惠政策。对符合条件的众创空间和投向创业创新活动的天使投资等给予税收优惠支持，落实创业投资企业享受 70%应纳税所得额税收抵免政策。落实国家、省促进高校毕业生、残疾人、退役军人、登记失业人员等创业就业税收政策。（责任单位：市财政局、市国税局、市地税局、市科技局）

三、促进便捷融资，构建多元化投融资体系

（一）创新银行支持方式。推动相关部门和银行机构落实财政贴息创业担保贷款政策，加大对各类符合条件创业主体的金融支持，鼓励各类银行开发符合大众创业万众创新特点的结构性、复合性金融产品和服务，支持金融机构扩大知识产权、股权、仓单、订单、应收账款和票据等质押贷款规模。鼓励银行业、保险业金融机构和投资机构在有条件的地区设立科技支行、科技保险、科技担保等新型专营机构，支持银行探索为企业创业创新活动提供股权和债权相结合的融资服务方式。鼓励商业银行发展互联网金融业务，推进知识产权质押融资、科技小额贷款试点，引导廊坊域内银行业金融机构向县域及以下增设网点、延伸服务。设立科技型中小企业贷款风险补偿基金，建立科技贷款风险补偿机制。（责任单位：市政府金融办、廊坊银监分局、人行廊坊市中心支行、市科技局）

（二）强化创业投资引导。加快组建市战略性新兴产业创业投资引导基金、市科技成果转化引导基金等，发挥对接国家和省基金、引导社会基金、汇聚金融资本的合理范围内的杠杆作用和乘数效应。采取参股投资、跟进投资等模式，引导、集聚社会资本为新兴产业、中小企业创新发展提供融资支持。大力培育本土创业投资管理团队，积极吸引和聚集海内外优秀创业投资企业及其管理团队到廊坊发展。（责任单位：市发改委、市科技局、市商务局、市财政局、各县（市、区）人民政府、廊坊开发区管委会）

（三）拓宽创业投资融资渠道。鼓励保险业投资机构与商业银行、保险公司等开展市场化合作，推动发展投贷联动、投保联动、投债联动等新模式。发挥国有资本在创新创业中的作用，引导鼓励国有企业参与创新创业投资基金、新兴产业创投基金、国有资本创业投资基金，通过市级财政为市国兴担保公司增加资本金1亿元，引导其为中小微企业创新发展搭建融资平台。放宽外商投资准入限制，支持外商投资企业到廊坊设立创业投资机构或开展创业投资业务。（责任单位：市财政局、市发改委、市科技局、市商务局、市工信局、市国资委、市政府金融办、廊坊银监分局、人行廊坊市中心支行）

（四）增强资本市场融资能力。鼓励为科技型中小企业融资服务的科技支行、科技小额贷款公司、政策性科技融资担保公司发展，为科技型企业发展提供支撑。鼓励金融机构开发科技金融专项产品服务，为企业量身设计融资方案。大力发展风险投资，探索建立科技型中小企业信用贷款风险补偿金机制。加强企业上市服务工作，推动科技型中小企业在境内外主板、中小板、创业板、“新三板”上市，或在区域性股权交易市场挂牌，其中，在境内外主板、中小板、创业板成功上市的给予300万元奖励，在“新三板”成功上市的给予100万元奖励，在区域性股权交易市场挂牌的给予50万元奖励。鼓励创业企业利用公司债、企业债、中期票据、短期融资券等方式融资。支持互联网金融发展，加强风险控制和规范管理。（责任单位：市政府金融办、市科技局、市发改委、市工商局、市财政局、廊坊银监分局、人行廊坊市中心支行）

四、培育创业主体，激发大众创业创新活力

（一）鼓励科研人员创业。支持市内高等学校、科研院所等事业单位专业技术人员离岗创办科技型企业或到企业从事科研、成果转化工作，对经原单位同意离岗的3年内保留人事关系，与其他在岗人员同等享有参加专家评选、职称评聘、岗位晋升和社会保险等权利。高等学校、科研院所科技人员成果转化所得收益，按不低于70%的比例归参与研发的科技人员。（责任单位：市教育局、市人社局、市财政局、市科技局）

（二）鼓励省内外高端人才来廊坊创业。建立高端人才“智力库”，把“揽才”的重点目标锁定在掌握重大科技项目核心技术、具有自主研发能力和产业经历，能够引领和带动某一专业技术领域科技发展的带头人及其团队。到廊坊创办科技型企业的优秀创业人才、创业导师和海外高层次人才，优先纳入市管优秀专家序列。对新批准设立的院士工作站给予一次性资助50万元，对新入选“国家千人计划”的高层次人才给予100万元一次性奖励，对新入选“省百人计划”的高层次人才给予50万元一次性奖励。市政府设立市级科学技术奖，市财政每年安排120万元，用于科学技术进步奖，每两年安排70万元，用于科学技术突出贡献奖，奖励在科学技术进步活动中作出突出贡献的人才和组织。（责任单位：市委组织部、市人社局、市财政局、市科技局）

（三）支持大学生自主创业。鼓励高等学校成立创业创新服务中心，创建大学生孵化园，促进科技成果转化与大学生创业有机结合。落实上级制定的弹性学制管理办法、创业创新学分和学分积累与转换制度，支持在校学生保留学籍休学创办科技型企业，在校大学生休学创业时间可视为参加实践教育时间。毕业5年内的高校毕业生，初次从事个体经营和创办小微企业的给予3年社会保险补贴。（责任单位：市教育局、市人社局、市科技局、市财政局）

（四）支持农村劳动力创业。大力发展农村电子商务，积极推进廊坊市农企电商平台试点建设，吸收现有的农村网店、万村千乡农家店、邮政服务点、村便民服务站等机构和创业农民、大学生村官、退伍军人等个人，改造和新建一批农村电商服务站点，开展产品挖掘、网购网销、缴费支付等服务，带动农村劳动力创业。鼓励创业意识领先、能力较强的农村青年，充分开发乡村潜在价值，发展农产品深加工和林下经济，促进农村一二三产融合发展。（责任单位：市农业局、市林业局、市商务局、市人社局）

（五）畅通人才流动渠道。深化社会保障制度改革，破除人才自由流动制度障碍，推进机关、企事业单位等方面人才自由流动。加强社保、住房、教育、医疗等公共服务体系建设，完善跨区域创业转移接续制度，推进社保、子女入学、证照资质、职业资格等互通互认，为外地人才到廊坊市创新创业提供制度保障。（责任单位：市人社局、市卫计委、市教育局、市房管局，有关县（市、区）人民政府，廊坊开发区管委会）

（六）放宽人才落户限制。对具有合法稳定住所的国家职业资格三级及以上职业资格的外来务工人员、研究生以上学历在本市工作的人员落户廊坊，取消缴纳养老保险年限限制。（责任单位：市公安局）

五、发展创新平台，强化创新创业服务支撑

（一）加快发展大众创业平台。以高新技术产业开发区、经济技术开发区、科技企业孵化器、大学科技园等为载体，支持建设一批创新创业、线上线下、孵化投资相结合的新型众创空间。支持生产力促进中心、科技情报研究所、知识产权服务机构、科技咨询机构等快速发展，提升专利代理、科技评估、战略研究、科技查新、文献检索、竞争情报分析、工程技术咨询等服务能力。鼓励盘活老旧厂房、闲置办公楼等设施，建设一批低成本、便利化、开放式的创业服务平台。支持行业领军企业、区域特色优势企业，围绕创新需求和产业链上下游配套，建设一批特色鲜明、需求明确的众创空间。吸引国内外创业机构来我市创建一批众创空间或分支机构，并优先申报省级建设计划予以支持。（责任单位：市科技局、市工信局、市商务局、市教育局、市发改委）

（二）建强创业创新技术平台。依托省级以上各类园区、重点高校和骨干企业，新建一批工程技术（研究）中心、企业技术中心、工业设计中心、协同创新中心、重点实验室、工程实验室和产业技术研究院、产业技术创新联盟。积极推动廊坊市大中型仪器共享网络服务平台与“首都科技条件平台”、“天津市仪器共享服务平台（科服网）”互联互通和相关资源共享共用，为大众创业、万众创新提供有力支撑。（责任单位：市科技局、市发改委、市财政局）

（三）促进“互联网+”创业创新。依托智慧城市建设，加快大数据、云计算、物联网和移动互联网融合发展，构建“互联网+”创业创新网络体系，向小微企业和创业团队开放平台入口、计算、存储和数据资源，促进众创、众包、众扶、众筹等模式创新。建立完善廊坊市中小企业公共服务平台网络、市场主体信用信息公示系统等平台，运用互联网、大数据等技术为创业创新提供数据共享和高效服务，积极推广众包、用户参与设计、云设计等创业创新模式。支持孵化器创新运行模式，以互联网为载体向企业提供高效便捷的软件检测、成果转化、知识产权等服务。（责任单位：市发改委、市工信局、市科技局、市工商局）

（四）打造创业创新区域平台。按照上级要求，加快编制廊坊市全面创新改革试验方案，在创新创业体制机制方面探索可复制、可推广的改革经验，率先实现创新发展。按照打造全国科技成果转化孵化示范区的要求，打造环首都科技创新带和环天津高端产业带。支持燕郊国家高新区争创国家科技服务业创新发展区域试点，利用国家政策推动科技服务业加快发展。面向各类科技园区、开发区和创新基地，培育认定一批省级科技服务业创新发展区域试点；统筹科技资金，加大支持力度，推动试点区域创新工作机制，完善服务链条，提高科技创新服务能力；依托省级以上高新区，建设一批战略性新兴产业集聚发展基地，形成区域发展的新动源；推广京南·固安高新区 PPP 建设模式，推进高新区提档升级。（责任单位：市科技局、市发改委、市工信局、市商务局，各县（市、区）人民政府，廊坊开发区管委会）

（五）提升基层创业能力。支持服务机构对创业者及创新企业提供创业辅导、技能培训、知识产权、检验检测认证、技术转移、财务、法律、电子商务、数据分析等公益性或低成本服务。鼓励开展众创讲坛、创客训练营、创业路演和创新创业大赛等创新创业活动，对参加省以上科技创新创业大赛获奖项目给予不超过 10 万元专项资金奖励。建立由成功创业者、知名企业家、天使投资人和专家学者组成的创业导师团队，为创业者提供策划、咨询、辅导等服务。推动在职业学校、技工院校开设具有行业特点、与创业创新密切相关的专业课程，建设一批创业创新教育实践平台和实训基地。实行新型职业农民培育工程，培育一批生产经营型、专业技能和社会服务型农民。（责任单位：市科技局、市工信局、市教育局、市人社局、市农业局、市商务局、市质监局）

六、加强统筹协调，建立协同推进工作机制

（一）加强统筹协调。建立由市发改委牵头的推进大众创业、万众创新市级部门联席会议制度，加强对全市创业创新工作的统筹、指导和协调，落实工作责任，强化督导检查，及时研究解决工作推进中的问题，联席会议办公室设在市发改委（高技术科）。建立“双创”工作督导机制，每年对县（市、区）、廊坊开发区“双创”工作进行总结评估，对政策措施不力、目标任务落实不好、工作成效差的，在全市予以通报。（责任单位：市发改委、市科技局、市工信局等部门）

（二）推动工作落实。各地各部门要高度重视推进大众创业创新工作，结合本地本部门实际，制定推进方案，明确时间节点，细化工作措施，研究出台具体扶持政策，确保大众创业、万众创新各项政策措施落到实处。各地各部门推进方案要在 6 月底前制定完成并报市联席会议办公室。（责任单位：市发改委、市科技局、市工信局、市财政局等市直相关部门，各县（市、区）人民政府，廊坊开发区管委会）

（三）加大宣传力度。各地各部门要加强对大众创业创新的新闻宣传和舆论引导，积极倡导敢为人先的文化氛围和创业环境。充分利用广播、电视、报刊、网络及微博、微信、手机客户端等新媒体，宣传创业创新政策和先进经验，报道先进事迹，树立典型人物，进一步加大对大众创业、万众创新的宣传力度，营造创业创新的浓厚氛围。（责任单位：市委宣传部、市文广新局、市科技局，各县（市、区）政府，廊坊开发区管委会）

2016 年统计资料

2016 年廊坊市分县（市、区）地区生产总值统计表

表 56

指　　标	全　市	安次区	广阳区	三河市	大厂县	香河县	永清县	固安县	霸州市	文安县	大城县
一、地区生产总值（现价）（万元）	27063015	1838416	2573780	5082200	891011	2154074	1301780	2059954	3937665	1422587	1182483
农业	1373420	80837	102029	183487	23847	135768	280630	287613	128846	63599	86764
林业	40680	8057	2460	3145	586	1565	5237	3829	8330	3099	4372
畜牧业	547248	25517	23369	148272	47490	28506	90285	25178	35633	40159	82839
渔业	21385	580	195	5257	989	1329	255	120	5209	7005	446
农林牧渔服务业	33934	6091	5136	4327	371	2659	1503	244	2869	5223	5511
工业	10101590	774371	248814	2091775	222424	932010	231712	366750	2200966	706417	367765
建筑业	1826899	103116	356876	451020	84983	132427	65606	127331	221488	103543	116694
批发和零售业	1602014	94753	294864	231364	74409	120865	60880	114107	203557	103935	131048
交通运输、仓储和邮政业	725686	29613	189625	61382	7841	6551	31682	15768	120590	5547	60454
住宿和餐饮业	510519	37304	67041	68152	5688	34547	39067	11423	107227	45451	36361
信息传输、软件和信息技服务业	1429606	52995	299091	111266	11266	23050	74447	26820	68382	27699	23946
金融业	2334111	196551	213370	412480	70594	189871	78544	138369	309601	89627	71786
房地产业	2488065	125350	173696	632793	122401	292293	89761	508280	242356	15034	50707
租赁和商务服务业	633705	47743	58659	83877	8331	93209	4694	36555	16305	7095	10376
科学研究和技术服务业	1168775	18166	246143	66928	22509	28209	3496	250065	7670	3210	3045
水利、环境和公共设施管理业	42206	6319	6921	9086	4899	1611	207	5005	2727	692	299

续表 56-1

指　　标	全　市	安次区	广阳区	三河市	大厂县	香河县	永清县	固安县	霸州市	文安县	大城县
居民服务、修理和其他服务业	599379	21277	20389	132968	110356	8333	118241	34644	90284	10345	21074
教育	537514	78169	75410	150767	9477	20837	37322	31785	40902	49635	42623
卫生和社会工作	353907	8885	73993	119974	4304	17228	25943	10052	46696	37773	17382
文化、体育和娱乐业	80145	21830	69920	16544	13193	19475	15305	18959	5597	12186	2371
公共管理、社会保障和社会组织	612227	100892	45779	97336	45053	63731	46963	47057	72430	85313	46620
第一产业	1982733	114991	128053	340161	72912	167168	376407	316740	178018	113862	174421
第二产业	11927455	877340	605690	2542296	307407	1064437	297318	494066	2422345	809960	484411
第三产业	13152827	846085	1840037	2199743	510692	922469	628055	1249148	1337302	498765	523651
人均地区生产总值（元）	58972	46366	55625	74826	72736	58678	35003	46458	61049	27368	23626
二、地区生产总值发展速度	108.0	108.6	108.1	106.0	105.1	108.5	107.1	110.1	107.0	108.0	107.5
农业	102.9	101.7	98.0	107.7	83.0	99.0	100.1	110.1	101.2	103.4	105.3
林业	68.2	125.2	76.5	44.8	36.5	66.7	93.4	53.3	78.4	31.0	66.0
畜牧业	95.6	98.3	123.1	102.8	76.0	100.6	91.5	61.1	106.3	101.2	100.6
渔业	98.4	100.9	82.2	104.5	98.4	98.7	108.0	82.3	90.1	101.4	99.5
农林牧渔服务业	100.1	105.4	110.3	103.9	96.8	103.1	104.2	108.1	75.5	105.3	105
工业	105.4	106.9	104.7	106.1	105.2	105.9	105.3	106.0	105.7	105.4	105.1
建筑业	105.2	112.3	105.1	105.5	100.3	110.8	110.7	107.3	101.4	100.6	100.5
批发和零售业	107.0	107.0	105.1	117.2	97.3	109.3	108.8	112.2	109.6	109	109
交通运输、仓储和邮政业	105.0	103.5	103.1	105.9	104.9	87.3	106.9	117.7	108.6	114.6	101
住宿和餐饮业	107.7	108.7	107.3	115.5	107.5	108.7	108.5	118.1	107.8	108.3	107.7

续表 56-2

指　　标	全　市	安次区	广阳区	三河市	大厂县	香河县	永清县	固安县	霸州市	文安县	大城县
信息传输、软件和信息技服务业	123.3	114.6	118.3	121.7	144.7	92.7	115.5	148.4	112.9	134.1	130.3
金融业	130.6	109.8	111.3	117.3	124.8	146.7	161.6	130.2	106.7	117.2	127.8
房地产业	107.3	116.1	124.3	98.3	116.0	114.7	127.5	107.9	133.1	106	99.9
租赁和商务服务业	113.3	121.2	108.0	101.3	130.4	92.7	115.5	148.7	111.6	115.3	120
科学研究和技术服务业	105.7	107.0	102.0	86.3	72.6	105.2	101.8	108.4	101.9	112.6	100.2
水利、环境和公共设施管理业	109.7	107.0	104.5	97.5	118.4	105.2	101.6	110.8	98.3	112.5	103.2
居民服务、修理和其他服务业	107.0	122.8	100.8	115.6	109.1	92.7	115.5	148.3	111.5	114.2	109.8
教育	103.3	109.2	100.3	114.0	122.7	105.2	101.7	111.3	101.8	129.6	115.7
卫生和社会工作	101.9	116.7	100.1	123.3	156.9	105.2	101.7	111.1	101.5	130.9	123.2
文化、体育和娱乐业	117.4	118.7	176.3	81.2	138.7	92.7	115.5	140.8	113.3	125.5	101.5
公共管理、社会保障和社会组织	103.9	104.4	68.4	80.4	114.7	105.2	101.7	110.8	101.2	118.8	128.9
第一产业	99.9	102.2	101.9	104.5	77.9	98.8	97.8	102.8	100.2	97.5	101.7
第二产业	105.3	107.5	104.9	106.0	103.9	106.5	106.4	106.4	105.3	104.7	103.9
第三产业	112.0	110.7	109.8	106.3	112.0	112.9	118.6	113.8	111.3	117.1	113.2
人均地区生产总值	106.9	104.9	107.7	105.7	103.0	107.4	106.6	108.5	106.6	107.6	107.2

2016 年廊坊市分县（市、区）对外经济统计表

表 57　　　　单位：万元

项　　目	合　计	安次区	广阳区	三河市	大厂县	香河县	永清县	固安县	霸州市	文安县	大城县	开发区
一、期末实有注册三资企业情况												
企业个数（个）	517	31	26	154	25	29	19	14	39	7	5	168
投资总额 500 万美元以上	216	20	12	54	12	12	4	3	9	2	—	88
注册资本（万美元）	409480	—	—	—	—	—	—	—	—	—	—	—
外资	339402	—	—	—	—	—	—	—	—	—	—	—
投产开业企业个数	251	9	7	56	8	14	10	7	19	3	2	116
本年新注册三资企业个数（个）	24	2	1	9	1	—	—	5	2	1	—	3
比上年增减（个）	-1	-1	—	-3	-1	-2	-1	5	2	—	—	—
注册资本（万美元）	30567	9500	6878	873	100	—	—	2214	6157	50	—	4795
比上年增减（%）	-30.7	5.5 倍	2291.7 倍	-71.6	75.4	—	—	—	—	1.5 倍	—	4.2 倍
外资	28774	9500	6878	298	100	—	—	1385	4977	50	—	5586
比上年增减（%）	-34.6	5.5 倍	2291.7 倍	-90.3	75.4	—	—	—	—	1.5 倍	—	5.0 倍
二、实际利用外资（万美元）	80207	4547	2328	20863	1266	2033	1678	1128	2655	20	—	41773
比上年增减（%）	6.1	-41.1	-19.9	22.5	16.5	26.8	-75.4	-69.9	12.7 倍	—	—	21.4
1.外商直接投资	78291	4547	2328	20863	1266	2033	1678	1128	2655	20	—	41773
比上年增减（%）	17.3	-41.1	-19.9	22.5	16.5	26.8	-43.8	2.2 倍	12.7 倍	—	—	27.1
2.对外借款	1916	—	—	—	—	—	—	—	—	—	—	—
3.外商其他投资	—	—	—	—	—	—	—	—	—	—	—	—

续表 57-1

项　　目	合　计	安次区	广阳区	三河市	大厂县	香河县	永清县	固安县	霸州市	文安县	大城县	开发区
三、三资企业生产经营情况												
期末投产企业个数（个）	251	9	7	56	8	14	10	7	19	3	2	116
亏损企业	87	5	2	22	3	8	4	—	7	1	1	34
总产值（当年价格）	3763538	83312	36898	433366	166635	105176	76637	29227	124245	5457	886	2701699
全部从业人员平均人数	46534	1757	1228	6604	1946	2212	970	398	1194	107	60	30058
外方及港澳台人员	321	26	19	97	3	3	7	10	10	—	—	146
期末从业人员劳动报酬	342589	10973	9969	35045	12613	10842	7361	2185	5665	284	—	247652
外方及港澳台人员	19144	492	162	3197	148	121	44	610	202	—	—	14167
所有者权益	3140925	63318	181933	777664	79558	17328	96719	17421	2576	4667	1018	1898722
实收资本（万美元）	269211	8607	26262	59960	14298	7555	8855	2164	4909	593	36	135973
中方	36117	2552	15	3947	6855	582	3738	44	313	439	27	17606
外方	233095	6055	26246	56013	7443	6973	5118	2120	4596	154	9	118368
资产总额	6707134	127451	383152	1172159	199947	100001	173843	39650	140265	7595	1630	4361442
流动资产	4187697	63606	351766	758431	66628	62459	79034	12267	78941	4308	1216	2709041
应收帐款	1136206	36194	3811	157209	20666	31642	43486	4296	24159	1247	160	813337
固定资产原值	2509116	75215	17272	576606	177581	46947	80274	27059	71111	4088	1014	1431948
无形资产	133862	5011	3088	21659	8086	6707	3879	1717	2911	518	20	80267
场地使用权	71751	3623	2930	12831	4289	2842	3714	935	2296	518	—	37772
产权及专有技术	1571	91	—	73	19	—	126	—	106	—	—	1157
负债总额	3566209	64133	201219	394495	120389	82673	77124	22229	137688	2928	611	2462720

续表 57-2

项　　目	合　计	安次区	广阳区	三河市	大厂县	香河县	永清县	固安县	霸州市	文安县	大城县	开发区
流动负债	3315637	53316	157676	367939	120211	79741	66457	10229	114403	2904	611	2342151
长期负债	188119	5274	—	22246	29	2932	5405	12000	23162	—	—	117071
其他负债	13606	5544	—	4310	131	—	—	—	124	—	—	3497
主营业务收入	5684728	84339	55723	740769	167234	111907	60486	29244	133164	5534	886	4295444
#出口销售收入	59091	3718	2047	7235	6421	3034	1205	609	1415	—	84	33323
主营业务成本	4347037	62911	43368	522046	140043	99239	46206	23503	123137	5121	844	3280618
主营业务税金及附加	69443	543	35	40175	664	201	134	74	496	14	2	27107
三项费用合计	868953	11554	15072	70011	19259	10102	10610	4176	9825	282	35	718027
#营业费用	510246	4183	9761	21260	6879	2993	4829	1406	3300	1	3	455632
管理费用	307959	7083	5347	44898	7868	6429	5049	2027	2812	192	48	226208
财务费用	50747	288	-36	3853	4512	680	733	743	3713	90	-16	36187
#利息支出	22790	87	-157	1336	4525	46	681	22	1295	—	—	14954
利润总额	451214	13368	5201	87502	9137	2446	4418	2143	3006	132	4	323857
亏损企业亏损额	64027	2411	2832	10145	2307	4299	306	—	1161	100	9	40458
应交税金	108807	551	733	40034	1493	838	3077	1204	761	140	-12	59990
#进出口关税	6812	—	—	1142	465	51	118	—	—	—	—	5036
净利润	352943	10716	-504	70629	6456	1598	3679	1601	2039	72	1	256657
利润转作投资	1446	—	—	1446	—	—	—	—	—	—	—	—
可供分配利润	656955	66	-456	171565	4053	6849	107	1014	2382	-100	—	471476
#外方应分利润	105468	16	—	2294	—	868	9	—	-128	—	—	102408
外方汇出利润	3919	49	—	—	—	2000	—	—	—	—	—	1869

2016年廊坊市主要农产品生产情况统计表

表58

农作物名称	播种面积（公顷）	比上年±%	单产（千克/公顷）	比上年±%	总产量（吨）	比上年±%
一、谷物	279992	-3.3	5456	1.9	1527586	-1.5
1. 夏收谷物	66878	-7.8	5818	-0.4	389070	-8.2
#冬小麦	66365	-7.8	5824	-0.4	386501	-8.2
2. 秋收谷物	213114	-1.8	5342	2.8	1138516	1.0
#玉米	211668	-1.8	5356	2.8	1133605	1.0
谷子	384	6.4	1977	8.5	759	15.4
高粱	1062	2.2	3910	21.3	4152	23.9
二、豆类	13413	1.9	2325	12.9	31187	15.1
大豆	11846	3.3	2352	14.8	27861	18.5
三、薯类	6884	13.9	25962	9.0	178723	24.1
二、油料	15415	-0.1	2606	3.9	40164	3.9
1. 花生	11478	-1.6	2659	1.8	30516	0.2
2. 芝麻	554	-4.7	861	-0.6	477	-5.2
3. 葵花籽	3313	4.3	2730	12.5	9045	17.3
三、棉花	13473	-31.6	1104	2.5	14868	-29.9
四、生麻	—	—	—	—	—	—
五、烟叶	—	-100.0	—	-100.0	—	-100.0
六、中草药材	267	167倍	2247	55倍	600	149倍
七、蔬菜及食用菌	102211	-4.8	62504	-1.3	6388610	-6.0
其中：食用菌	—	—	—	—	6528	-7.2
八、瓜果类	13482	3.3	55534	持平	748716	3.3
九、其他农作物播种面积	6040	30.0	—	—	—	—
附：粮食作物	300289	-2.7	5310	2.0	1594517	-0.8

2016年廊坊市分县（市、区）城镇、农村居民可支配收入统计表

表59

县（市、区）别	城镇居民人均可支配收入		农村居民人均可支配收入	
	总量（元）	增速（%）	总量（元）	增速（%）
合　计	34633	8.5	14286	8.6
安次区	31596	8.7	14090	8.9
广阳区	34737	8.6	13686	9.0
三河市	38067	8.2	16168	8.5
大厂县	35265	8.3	14235	8.5
香河县	36718	8.5	15256	9.0
永清县	29942	8.3	13308	8.7
固安县	31137	8.4	13614	8.8
霸州市	36875	8.1	14780	8.2
文安县	32305	8.1	14222	8.6
大城县	32266	8.0	13028	8.5

2016年廊坊市国税系统纳税千万元以上企业一览表

表60　　　　单位：万元

序号	企　业	法定代表人	纳税金额
1	富智康精密电子（廊坊）有限公司	张培德	83733
2	华为技术服务有限公司	胡厚崑	71628
3	河北省烟草公司廊坊市公司	王再轩	65820
4	好丽友食品有限公司	张世杰	57880
5	北京顺鑫农业股份有限公司牛栏山酒厂香河生产基地	孙兴忠	36873
6	中国石油天然气股份有限公司管道分公司	丁建林	32754
7	廊坊京御房地产开发有限公司	孟惊	31787
8	廊坊立邦涂料有限公司	钟中林	31459
9	廊坊银行股份有限公司	李德华	30064
10	国网冀北电力有限公司廊坊供电公司	刘晓辉	28735
11	固安九通新盛园区建设发展有限公司	胡学文	24688
12	三浦威特园区建设发展有限公司	胡学文	23452
13	大厂九通基业产业服务有限公司	刘丹	22886
14	诚越房地产开发有限公司	陈淑英	22798
15	福成投资集团有限公司	李福成	20790
16	卢卡斯伟利达廊重制动器有限公司	刘文永	19633
17	三河发电有限责任公司	许山成	17928
18	固安京御幸福房地产开发有限公司	孟惊	16963
19	三河汇福房地产开发有限公司	王晓刚	16757
20	华润雪花啤酒（河北）有限公司	侯孝海	16628
21	河北前进钢铁集团有限公司	马西波	16416
22	香河县胜强房地产开发有限公司	刘丹	15766
23	三河市华荣房地产开发有限公司	吕凤侠	15219
24	廊坊莱尼线束系统有限公司	许小江	15071
25	华升富士达电梯有限公司	刘贤福	14991

续表 60-1

序号	企　业	法定代表人	纳税金额
26	港中旅房地产开发有限公司	傅卓洋	12115
27	河北福成房地产开发有限公司	李福成	11227
28	三河市兴达房地产开发有限公司	姜宝立	10182
29	荣盛房地产发展股份有限公司廊坊分公司	耿建富	9249
30	维特根（中国）机械有限公司	ULRICH JOSEF REICHERT	9161
31	索菲亚家居（廊坊）有限公司	陈国维	9123
32	河北达利食品有限公司	许世辉	8936
33	香河第一城酒业有限公司	孙兴忠	8930
34	三河市泰德房地产开发有限公司	李高生	8381
35	廊坊精雕数控机床制造有限公司	蔚飞	8367
36	中国移动通信集团河北有限公司廊坊分公司	吴秋来	8042
37	三河成功房地产开发有限公司	陈添财	7898
38	廊坊开发区嘉轩房地产开发有限公司	李卫锋	7691
39	三河世原汽车科技有限公司	金文基	7564
40	三河市燕郊空港物流有限公司	张永铁	7445
41	中石房地产开发有限公司	林伟	7019
42	廊坊市京御幸福房地产开发有限公司	孟惊	6825
43	中国石油天然气管道局	赵玉建	6211
44	河北文安农村商业银行股份有限公司	王子实	5900
45	新奥财务有限责任公司	于建潮	5892
46	三河市佰嘉房地产开发有限公司	郑慧红	5772
47	诺维汽车内饰件（中国）有限公司	DR.JOHANNES BURTSCHER	5574
48	香河京御房地产开发有限公司	孟惊	5507
49	国网冀北霸州市供电有限公司	许霄曈	5470
50	亚新科美联（廊坊）制动系统有限公司	Fabio Casablanca	5446

续表 60-2

序号	企　业	法定代表人	纳税金额
51	大厂回族自治县中基首业房地产开发有限公司	刁露	5446
52	廊坊新奥燃气设备有限公司	杨宇	5256
53	香河恒康房地产开发有限公司	马燕华	5207
54	三河市农村信用合作联社	张金龙	5196
55	大厂华夏幸福基业房地产开发有限公司	孟惊	5081
56	大厂回族自治县鼎鸿投资开发有限公司	胡学文	4899
57	廊坊益田房地产开发有限公司	李玉田	4796
58	廊坊华安汽车装备有限公司	张秀敏	4786
59	中国工商银行股份有限公司廊坊分行	郭会科	4691
60	华创天元实业发展有限责任公司	李爱民	4631
61	霸州孔雀城房地产开发有限公司	孟惊	4599
62	阿克苏诺贝尔粉末涂料（廊坊）有限公司	汪演滨	4521
63	三河建荣房地产开发有限公司	杨文杰	4492
64	霸州市农村信用合作联社	马建群	4443
65	基伊埃电力冷却技术（中国）有限公司	Gabor Havas	4374
66	沃尔瓦格涂料（廊坊）有限公司	Klaus Fellmeth	4331
67	廊坊市圣斌房地产开发有限公司	胡学文	4277
68	国网冀北电力有限公司文安县供电分公司	程武	4112
69	中国石油管道局工程有限公司	赵玉建	4042
70	阿克苏诺贝尔装饰涂料（廊坊）有限公司	韩桦	3975
71	永定河房地产开发有限公司	孟惊	3973
72	廊坊市优卡特电子商务有限公司	靳明	3933
73	三河市顺泽房地产开发有限公司	邵春明	3906
74	廊坊旷世基业房地产开发有限公司	何剑波	3852
75	佳施加德士（廊坊）塑料有限公司	金炯局	3843
76	廊坊延锋江森汽车零部件有限公司	茅海峰	3817
77	三河市胜川房地产开发有限公司	刘强	3757
78	新奥能源贸易有限公司	韩继深	3737

续表 60-3

序号	企　业	法定代表人	纳税金额
79	阳光硅峰电子科技有限公司	王建锁	3722
80	三河上京房地产开发有限公司	张永铁	3648
81	河北前钢房地产开发有限公司	郭春安	3595
82	开新城市开发建设有限公司	王轶	3480
83	廊坊市中投置地房地产开发有限公司	李广田	3455
84	香河县农村合作信用联社	王宝生	3417
85	廊坊新世界房地产开发有限公司	孙雷	3219
86	廊坊国瑞房地产开发有限公司	郝振河	3195
87	共和兴塑胶（廊坊）有限公司	濑崎省二	3178
88	廊坊国兴房地产开发有限公司	庄少宏	3169
89	河北大厂农村商业银行股份有限公司	张斌	3112
90	中国建设银行股份有限公司廊坊分行	王泉	3105
91	新奥燃气工程有限公司廊坊分公司	朱旭东	3033
92	现代（三河）工程塑料有限公司	姜苍均	3019
93	大厂京御房地产开发有限公司	孟惊	3012
94	河北神威药业有限公司	李占海	2926
95	中国银行股份有限公司廊坊分行	沈光	2923
96	荣盛房地产发展股份有限公司廊坊分公司	耿建富	2895
97	丝吉利娅奥彼窗门五金（三河）有限公司	维兰特.弗兰克	2880
98	国网冀北三河市供电有限公司	刘立新	2817
99	廊坊市首开志泰房地产开发有限公司	周兵	2764
100	香河县百川燃气销售有限公司	王国风	2756
101	霸州青旅房地产开发有限公司	孟惊	2748
102	廊坊市华油天成天然气销售有限公司	刘文新	2747
103	固安县百川燃气销售有限公司	马福有	2743
104	阿果安娜水果（大厂）有限公司	Johannes Kleppers	2666
105	利比玻璃制品（中国）有限公司	Shoujen Daniel Du	2642
106	三河因派克汽车部件有限公司	崔五吉	2623

续表 60-4

序号	企 业	法定代表人	纳税金额
107	廊坊新中房地产开发有限公司	孙雷	2617
108	三河中投房地产开发有限公司	陈若赣	2605
109	固安县金海房地产开发有限公司	裴志国	2600
110	中铁隧道集团二处有限公司	张学军	2593
111	三河市亿丰伟业纸业有限公司	李洪印	2569
112	平高东芝（廊坊）避雷器有限公司	张建国	2483
113	廊坊市明珠商业企业集团有限公司	纪俊泉	2460
114	三河雷捷房地产开发有限公司	杨培博	2424
115	全兴工业（中国）有限公司	王正惠	2365
116	廊坊顶津食品有限公司	张百清	2361
117	廊坊市翡翠华庭房地产开发有限公司	张亮	2354
118	大厂回族自治县百川燃气销售有限公司	肖旺	2339
119	香河理想嘉业房地产开发有限公司	朱灿	2338
120	廊坊市德仁建设工程有限公司	李志强	2320
121	新地能源工程技术有限公司	金永生	2304
122	廊坊开发区宏宇广通房地产开发有限公司	赵威	2254
123	永清县农村信用联社股份有限公司	马国成	2248
124	威克迈动力系统部件（廊坊）有限公司	肖松	2239
125	廊坊新奥燃气有限公司	杨宇	2204
126	廊坊京东友盛贸易有限公司	张雳	2200
127	河北东方富达机械有限公司	刘军明	2195
128	廊坊市星龙房地产开发有限公司	楼超钢	2182
129	霸州中石油昆仑燃气有限公司	薛小平	2160
130	三河新源供热有限公司	马国兵	2074
131	阿克苏诺贝尔太古漆油（上海）有限公司廊坊分公司	范胜利	2062
132	百川燃气有限公司	王东海	2037
133	固安县泰然房地产开发有限公司	高中普	2037
134	三河瑞延塔金属汽车部件有限公司	崔元在	2027

续表 60-5

序号	企　业	法定代表人	纳税金额
135	香河县逸景房地产开发有限公司	黄起幸	2018
136	河北福成五丰食品股份有限公司燕郊肉类制品分公司	王晓阳	2004
137	天洋房地产（三河）有限公司	曹如仓	1976
138	霸州市瑞和恒达房地产开发有限公司	朱彤	1974
139	中油管道机械制造有限责任公司	穆铎	1937
140	京汉（廊坊）房地产开发有限公司	曹进	1917
141	欧伏电气股份有限公司	陈红卫	1903
142	永清熙晨房地产开发有限公司	王东水	1894
143	河北航天振邦精密机械有限公司	孙广谱	1894
144	廊坊德基机械科技有限公司	蔡群力	1850
145	新奥能源物流有限公司	韩继深	1849
146	河北联福房地产开发有限公司	李福成	1826
147	香河万通房地产开发有限公司	李虹	1815
148	三河宏祥混凝土有限公司	张长义	1809
149	固安县农村信用合作联社	张增华	1794
150	亿峰中科实业有限公司	寇文建	1783
151	华润河北医药有限公司	李向明	1762
152	阳光硅谷电子科技有限公司	陶然	1760
153	永清荣恒房地产开发有限公司	赵建涛	1757
154	森隆药业有限公司	刘墨林	1752
155	香河县龙盛房地产开发有限公司	薛军	1742
156	富力（香河）房地产开发有限公司	杨培军	1724
157	香河县城镇房地产综合开发有限公司	岳景国	1709
158	英纳法汽车天窗系统（廊坊）有限公司	高玉清	1704
159	国网冀北香河县供电有限公司	刘会生	1686
160	香河秀兰房地产开发有限公司	赵连忠	1659
161	廊坊双兴交通器材有限公司	李育柔	1646
162	国网冀北大厂县供电有限公司	杨宗义	1634

续表 60-6

序号	企　业	法定代表人	纳税金额
163	香河县天悦房地产开发有限公司	范德永	1627
164	三河市燕郊百世佳联房地产开发有限公司	张秋影	1624
165	波森尾气系统（廊坊）有限公司	ROLF DIETER GEISEL	1624
166	三河市恒美房地产有限公司	陈建士	1620
167	廊坊金鑫房地产开发有限公司	马长海	1619
168	文安县鑫龙房地产开发有限公司	李法乐	1617
169	青岛啤酒（廊坊）有限公司	周洪柱	1612
170	廊坊开发区荣盛房地产开发有限公司	耿建富	1608
171	中国农业银行股份有限公司廊坊分行	吴春风	1598
172	三河和平铝材厂有限公司大厂分公司	郭大龙	1597
173	廊坊明源电力工程有限公司	刘满贵	1588
174	国网冀北固安县供电有限公司	刘海涛	1574
175	三河明和汽车部件有限公司	文成准	1562
176	沧州银行股份有限公司廊坊分行	焦成敏	1514
177	廊坊伊利乳品有限公司	孙东宏	1502
178	三河和平铝材厂有限公司	郭大龙	1497
179	三河市同飞制冷设备有限公司	张国山	1483
180	中国建筑第八工程局有限公司	黄克斯	1478
181	霸州市武平房地产开发有限公司	俞权晟	1469
182	香河珠光房地产开发有限公司	刘长胜	1447
183	廊坊天海高压容器有限公司	李俊杰	1443
184	三河顺通房地产开发有限公司	王松田	1432
185	三河市恒基房地产开发有限公司	杨昭	1429
186	安瑞科（廊坊）能源装备集成有限公司	霍拉庭	1428
187	三河新世界百货有限公司	何瑜玲	1425
188	三河市天佑房地产开发有限公司	李福迎	1414
189	廊坊市圣龙房地产开发有限公司	冯书忠	1413

续表 60-7

序号	企　业	法定代表人	纳税金额
190	廊坊舒畅汽车零部件有限公司	李喜增	1406
191	国网冀北电力有限公司永清县供电分公司	吕丙得	1384
192	永清中石油昆仑燃气有限公司	薛小平	1357
193	捷温汽车系统（中国）有限公司	Silvano Azzopardi	1347
194	河北首钢燕郊机械股份有限公司	孙长生	1339
195	廊坊市世嘉房地产开发有限公司	刘德江	1332
196	廊坊华远房地产开发有限公司	刘郁文	1319
197	廊坊华康农业发展有限公司	洪国师	1305
198	河北银行股份有限公司廊坊分行	范福阳	1303
199	廊坊市鸿坤房地产开发有限公司	李卫锋	1300
200	喜临门北方家具有限公司	蒋永舟	1296
201	廊坊市鑫佳机电有限公司	梁奉敏	1292
202	三河金潮房地产开发有限公司	张希富	1290
203	文安县新钢钢铁有限公司	蔡文宝	1286
204	河北视窗玻璃有限公司	柯汉奇	1276
205	依工汽车零部件（廊坊）有限公司	Sundaram Nagarajan	1275
206	星牌优时吉建筑材料有限公司	郭燕明	1270
207	荣盛房地产发展股份有限公司廊坊分公司	耿建富	1256
208	廊坊睿道医药有限公司	冯宗尚	1255
209	廊坊华夏新城建设发展有限公司大厂分公司	程昌炎	1253
210	永清英华房地产开发有限公司	李佰龙	1251
211	大厂回族自治县中基太业房地产开发有限公司	许世坛	1238
212	霸州市温泉孔雀城房地产开发有限公司	胡学文	1229
213	大厂京御幸福房地产开发有限公司	胡学文	1221
214	史丹利（廊坊）紧固系统有限公司	史蒂芬约瑟夫斯塔夫斯特伦	1199

续表 60-8

序号	企　业	法定代表人	纳税金额
215	三河市新宏昌专用车有限公司	蒋晓冬	1198
216	河北嘉宝莉涂料有限公司	高中祥	1184
217	廊坊爱普包装有限公司	罗明洙	1184
218	河北欧克精细化工股份有限公司	刘彦利	1177
219	伊内（廊坊）液压技术有限公司	Mikel Arrizabalaga Aranburu	1163
220	香河县华宇房地产开发有限公司天琴湾二期东区项目部	岳景国	1140
221	大厂回族自治县誉昌房地产开发有限公司	赵鸿靖	1133
222	东易日盛家具有限公司	陈辉	1117
223	通用磨坊食品（三河）有限公司	Gary Chu（朱玺）	1116
224	廊坊市城区房地产开发有限公司	王建军	1116
225	北京滨松光子技术股份有限公司廊坊分公司	段鸿滨	1101
226	香河三田雍泓房地产开发有限公司	李家翔	1090
227	富士胶片印版有限公司	真茅久则	1084
228	三河亮克威泽工业涂料有限公司	迈克.福克思	1081
229	香河金汉房地产开发有限公司	高德谦	1073
230	三河天洋城房地产开发有限公司	丁宇	1070
231	廊坊华夏新城建设发展有限公司	程昌炎	1052
232	廊坊金铮房地产开发有限公司	肖玉红	1044
233	三河园方房地产开发有限公司	陈权威	1037
234	埃意（廊坊）电子工程有限公司	Hans-Joachim Sommer	1035
235	河北精锐房地产开发有限公司	张浩	1023
236	同方川崎节能设备有限公司	秦绪忠	1021
237	廊坊市华源盛世热力有限公司	李海滨	1021
238	大厂菲斯曼供热技术有限公司	Arndt Fingerhut	1011
239	天龙制锯（中国）有限公司	西藤晋吉	1005

（张　晶）

2016年廊坊市省级著名商标企业一览表

表61

	商标	企业
1	廊包 LB 及图	廊坊市大浩包装机械有限公司
2	文丰及图	廊坊市文峰档案印务有限公司
3	臻蛋阁 ZHENDANGE 及图	廊坊美好畜牧养殖股份有限公司
4	安韩 AH 及图形	廊坊市安韩五金门窗厂
5	第3295819号图形	廊坊市蓝菱印刷有限公司
6	康达基及图	廊坊市康达畜禽养殖有限公司
7	YONGXIN 及图	廊坊市永信实业有限公司
8	XINJIA 及图	廊坊市鑫佳机电有限公司
9	禹函 YH 及图	廊坊市鑫源毛衫有限公司
10	华路天宇及图	廊坊市华路天宇金属制品有限公司
11	第4662454号图形	廊坊万森工艺品有限公司
12	第4390581号图形	廊坊市正泰家具有限公司
13	顺帆 SHUNFAN	霸州市友邦家具有限公司
14	奥兴 Aoxing 及图	廊坊奥兴工业有限公司
15	金达莱	霸州市宏达家具有限公司
16	JieTu	霸州市鸿兴捷图照明设备有限公司
17	奥隆思特	霸州市源丰家具有限公司
18	蘇菲瑪索及图	霸州市宏丰钢化玻璃家具有限公司
19	志生及图	河北胜宝制管有限公司
20	三达 SANDA 及图形	霸州市恒利垫业有限公司
21	鑫利及图	廊坊三利木业有限公司
22	FANGXIN 及图形	霸州市芳鑫家具有限公司
23	瑞明 RUIMING 及图	霸州市津恺食品有限公司
24	海琦王	霸州市津恺食品有限公司
25	海堂牧荣 HAITANGMURONG 及图形	霸州市牧荣羊绒制品有限公司
26	点石家具	霸州市宏达家具有限公司
27	鑫松 XINSONG 及图形	霸州市鑫松家具有限公司
28	第4820358号图形	霸州市凯达金属制品有限公司
29	华彪 HuaBiao 及图	霸州市华彪家具有限公司
30	洁仕宝及图形	河北洁仕宝日用塑料制品有限公司
31	山强 SQ 及图形	霸州市三强家具有限公司

续表 61-1

	商标	企业
32	纬度经点 FUANITURE 及图	霸州市爱民家具有限公司
33	提客	廊坊市奥昆食品有限公司
34	星光家特	霸州市星光家具有限公司
35	中油利华 LIHUAGAS 及图	霸州市利华燃气储运有限公司
36	三强	霸州市三强金属制品有限公司
37	万润 wanrun 及图	霸州市万润达高新技术有限公司
38	旭丰光电及图	霸州市旭丰光电科技有限公司
39	中冀紫苑及图	霸州市紫苑太平种养殖专业合作社
40	斯驰尔德	霸州市宏达家具有限公司
41	兰运 Lanyun 及图	河北省霸州市长城医用设备有限责任公司
42	争荣 ZR 及图	河北霸州争荣食品有限公司
43	志兴 ZHIXING	霸州市宏升实业有限公司
44	飞雕及图	霸州市津港文教用品有限公司
45	京华及图	霸州市京华金属制品有限公司
46	奥德隆 AODELONG	霸州市奥德隆金属制品有限公司
47	兴钢	河北长安塑胶有限公司
48	会兴 HuiXing	河北会兴金属制品有限公司
49	奥贵 AOGUI	霸州市爱民家具有限公司
50	德山 DESHAN 及图	霸州市德山钢木家具有限公司
51	万路 Winroad 及图	霸州市胜芳万路建材有限公司
52	三强 sanqiang 及图	霸州市三强家具有限公司
53	第 1122049 号图形	霸州市三江家具有限公司
54	宏江 HONGJIANG 及图	霸州市宏江家具有限公司
55	富沃德及图	廊坊富沃德实业有限公司
56	八强 BAQIANG 及图	廊坊八达家具有限公司
57	易富	路易达孚（霸州）饲料蛋白有限公司
58	鑫源	河北鑫源龙骨建材有限公司
59	威名 WEIMING 及图	霸州市威名乐器有限公司
60	桥洋及拼音及图	霸州市侨洋商业设备有限公司
61	霸起及拼音及图	霸州市天力起重设备有限公司
62	新岳及图	霸州市新岳建材有限公司
63	第 10282368 号图形	霸州市恒利家居股份有限公司（霸州市恒利垫业有限公司）

续表 61-2

	商标	企业
64	利稳	霸州市利稳钢化玻璃有限公司
65	锦鹿 KAMDEER 及图	河北锦鹿家具有限公司
66	圣狼门业及图	廊坊圣狼门业有限公司
67	三强 SQ 及图形	霸州市三强金属制品有限公司
68	京福华及图	大厂回族自治县福华肉类有限公司
69	yb 及图	廊坊燕北畜牧机械集团有限公司
70	养光及图	河北百强医用设备制造有限公司
71	众焱 ZHONGYAN 及图形	大厂回族自治县华远肉类有限公司
72	寶德風及图	廊坊宝德风古典家具有限公司
73	正张及图形	廊坊正张食用油有限公司
74	乐万家 LEWANJIA 及图	廊坊强盛精细化工科技有限公司
75	全振及图	廊坊全振化工开发有限公司
76	中广 zhongguang 及图	廊坊中英石棉化工有限公司
77	亚龙	河北华能中天化工建材集团有限公司
78	绿都及图	河北神州保温建材集团有限公司
79	铜 Tong 及图	河北国美新型建材有限公司
80	华赛 HS	廊坊华赛化工建材有限公司
81	首铝 SHOULV	廊坊首铝铝业有限公司
82	诗迪芬 Shidifen 及图	廊坊强盛精化科技有限公司
83	红日至尊	大城县红日古典家具有限公司
84	雙飞 SHUANGFEI 及图	廊坊双飞碟簧有限公司
85	鹿鼎及图	河北鼎泰蓝星化工建材有限公司
86	华亮及图	廊坊市华亮钢铝容器有限公司
87	华美 HM 及图	河北华美化工建材集团有限公司
88	蓝联	廊坊蓝星清洗剂制造有限公司
89	誉星 YUXING 及图	廊坊三星化工有限公司
90	金猴 JINHOU 及图	河北神州保温建材集团有限公司
91	邦诺	廊坊强盛精细化工科技有限公司
92	SANLU 及图	廊坊菊龙五金磨具有限公司
93	金犀及拼音及图	廊坊菊龙五金磨具有限公司
94	绿洲及图	廊坊盛森磨具有限公司
95	文迪及字母及图	河北文迪隐形纱窗有限公司

续表 61-3

	商标	企业
96	金虹及字母及图	廊坊金虹蓄电池有限公司
97	金威建材 KINGWAY 及图	河北金威新型建筑材料有限公司
98	麦格美	河北富达新型建材有限责任公司
99	PROMISING	河北宝路七星塑业有限公司
100	北熔电气 B 及图	廊坊北熔电气有限公司
101	露华浓及图	河北露凝香生物科技股份有限公司（原固安绿华浓生物保鲜有限公司）
102	宏程及图	廊坊大道塑胶制品有限公司
103	普春及图	固安县顺斋瓜菜种植专业合作社
104	第 7708286 图形	固安县腾飞冷冻食品有限公司
105	参花	固安县参花面粉有限公司
106	又一家	河北又一家饮食服务有限责任公司
107	康滤牌	廊坊康兴过滤器有限公司（原河北省固安福利康兴滤芯厂）
108	兴芦 xinglu	固安县兴芦绿色蔬菜种植有限公司
109	腾飛	河北腾飞种业有限公司
110	小雅及图	固安县固安镇小雅美食村
111	通久及图	固安县通久饭庄
112	百滤得	固安百滤得机械制造有限公司
113	宏盛达 SHD 及图形	河北华宇宏盛达塑业有限公司
114	爱尔 AL Aier 及图	廊坊市爱尔血液净化器材厂
115	CPPM 及图	中油管道机械制造有限责任公司
116	消费广场	河北消费广场广告有限公司
117	通浩 TH 及图	廊坊市通浩饮食文化有限公司
118	一笑堂	廊坊市一笑堂医药零售连锁有限公司
119	迎寶及图	廊坊开发区迎宝医疗用品有限公司
120	华日家具及图	廊坊华日家具股份有限公司
121	东升及图	廊坊开发区大正锌业有限公司
122	第 1451055 号图形	廊坊科森电器有限公司
123	澳华	廊坊市澳华食品有限公司
124	龍王及图	廊坊市金龙家具实业有限公司
125	HTIDC 及图形	华创天元实业发展有限责任公司
126	荣盛	荣盛房地产发展股份有限公司

续表 61-4

	商标	企业
127	蘑古力及图	好丽友食品有限公司
128	欧克 OXEN 及图	河北欧克精细化工股份有限公司
129	东纶 EASTEX	东纶科技实业有限公司
130	荣盛	荣盛控股股份有限公司
131	凯博	廊坊凯博建设机械科技有限公司
132	好多鱼及图	好丽友食品有限公司
133	華日	廊坊华日家具股份有限公司
134	Risesun 及图	荣盛房地产发展股份有限公司
135	华美	廊坊开发区新赛浦石油设备有限公司
136	第 4390582 号图形	廊坊中科远迪化工防腐技术有限公司
137	百冠	廊坊百冠包装机械有限公司
138	薯愿	好丽友食品有限公司
139	大力神及图	三河市强力风动机械有限公司
140	鑫生及图形	三河市鑫生木业有限公司
141	晶日及图形	晶日金刚石工业有限公司
142	鑫安 XINAN 及图形	三河市鑫兴肉类有限公司
143	警神 JINGSHEN 及图	三河市三皇工贸有限公司
144	CHUANG 及图	三河市风动机械厂
145	洁神及图形	三河洁神洗涤设备有限公司
146	钻钻钻及图形	河北燕新建材有限公司
147	郁丰 YF 及图	三河市香丰肥业有限公司
148	中美及图	京东中美医院
149	大贺 DAHE 及图	三河市鑫宇农业发展有限公司
150	鼎盛	河北鼎盛投资集团有限公司
151	長城及图	长城重型机械制造有限公司
152	香丰 XF	三河市香丰肥业有限公司
153	福成 fucheng 及图	河北福成五丰食品股份有限公司
154	第 3632421 图形	三河和平铝材厂有限公司
155	一片绿及图	三河市燕郊一片绿草业有限公司
156	瑞利及图	三河市瑞利橡胶制品有限公司
157	桂宇星 GUIYUXING	三河市桂宇星体育用品有限公司
158	冀星 JIXING 及图	三河市三星水泥厂

续表 61-5

	商标	企业
159	HUIJE 及图	三河市汇洁洗涤设备有限公司
160	科达 KEDA 及图	三河市科达科技有限公司
161	奥泰 Aotai 及图	三河市长城橡胶有限公司
162	鹏雲 PENGYUN 及图	三河方元绿洲节能科技有限公司
163	锠鋐及图	三河科达实业有限公司
164	科达及 KEDA 及图形	三河市科达科技有限公司
165	百世金谷及字母及图	三河市燕郊空港物流有限公司
166	华耦及图	三河燕郊华欣机电有限公司
167	鑫富源	三河市鑫富源食品有限公司
168	璞然及图	三河市璞然生态园有限公司
169	恒金昌及图	三河市金昌铁业有限公司
170	GY 及图形	三河市桂宇星体育用品有限公司
171	福进 FUJIN 及图	三河市嘉兴木业有限公司
172	宏昌天马	三河市新宏昌专用车有限公司
173	路阳 LUYANG 及图	河北大旺龙岗线缆有限公司
174	佳瑞 JIARUI 及图	廊坊市鲲鹏家具有限公司
175	兴岛 XINGDAO 及图	廊坊兴华线缆有限公司
176	泓信	河北宏信塑胶工业有限公司
177	同新 TONGXIN	廊坊同新木业有限公司
178	津峰 JINFENG 及图	廊坊津峰线缆有限公司
179	京華 JH 及图	廊坊京华塑料工业有限公司
180	安泰 ANTAI 及图	河北安泰塑料包装制品有限公司
181	皓源安龙	河北皓源管业有限公司
182	可耐 KENAI 及图	廊坊可耐电器有限公司
183	山鹰及图	河北兴胜山鹰线缆有限公司
184	鹏创及图	河北鹏凌制管有限公司
185	大清河及图	河北凯跃化工集团有限公司
186	福祥	廊坊华明木业有限公司
187	胜华及图	廊坊胜华木业有限公司
188	洪宽及图	廊坊洪宽木业有限公司
189	星驰 XINGCHI 及图	廊坊星驰木业有限公司
190	金秋 jinqiu 及图	河北金秋木业有限公司

续表 61-6

	商标	企业
191	国志及图	廊坊国志木业有限公司
192	京源 JYJ 及图	廊坊市京源电线电缆有限公司
193	三角牌及图	廊坊强华木业有限限公司
194	龙岗及图	河北龙岗天海线缆有限公司
195	福云及图	廊坊祥云木业有限公司
196	华升 HUASHENG 及图	文安县恒泰木业有限公司
197	长明及图	廊坊市光耀油漆厂
198	碧波 BIBO	廊坊红星木业有限公司
199	冀杰及图	廊坊市新明线缆机械工业有限公司
200	盛坤 SHENGKUN 及图形	河北昌盛益达线缆有限公司
201	HX 及图形	廊坊宏信饲料科技有限公司
202	力争 lizheng 及图形	廊坊力争木业有限公司
203	大和	廊坊大和线缆有限公司
204	鑫京九 xinjingjiu 及图形	廊坊新鑫桥架工业有限公司
205	浩坤及图形	廊坊康鑫电子配件有限公司
206	养龙町及图	廊坊民多福食品有限公司
207	欣能 Xinneng 及图形	廊坊文辉蓄电池有限公司
208	邦泰 Bangtai 及图形	廊坊云川电缆有限公司
209	癞蛤蟆 LAIHAMA	廊坊市奥姿化妆品有限公司
210	金山及图	廊坊兴山木业有限公司
211	和民 HM 及图形	文安县和民木业有限公司
212	五棵松及图形	廊坊五棵松木业有限公司
213	盛安 SHENGAN 及图形	河北盛安线缆有限公司
214	柏康 BAIKANG 及图	廊坊柏康电线电缆有限公司
215	紫晶及图	廊坊占祥粮油食品有限公司
216	双龙 SHUANGLONG	廊坊宏海木业有限公司
217	DD 及图形	廊坊大地木业有限公司
218	淘乐雅及图	廊坊福豆粮油有限公司
219	JG	文安县洁兰特暖通设备有限公司
220	振宇 ZHENYU	文安县振宇木业有限公司
221	嘉苑 JIAYUAN 及图	文安县嘉林木业有限公司
222	CCLT 及图	香河中冶长城重型机械制造有限公司

续表 61-7

	商标	企业
223	爱迪 AIDI 及图	香河天音乐器有限公司
224	京华香及图	河北华香清真肉类加工有限责任公司
225	第一城 DIYICHENG 及图	香河第一城酒业有限公司
226	民盛园 MINSHENGYUAN 及图	永清县民盛瓜果专业合作社
227	生光 SHENGGUANG 及图	廊坊生光滤清器有限公司
228	驰野及图	河北驰野玻璃珠有限责任公司
229	新大田 DT 及图	河北大田化工有限公司
230	燕南春及图	河北燕南春酒业有限公司
231	DG 及图	廊坊德基机械科技有限公司
232	飞宙 FEIZHOU 及图	廊坊卓远汽车部件制造有限责任公司
233	傲驰 AOCHI	廊坊博众过滤器材有限公司
234	翠仙及图	廊坊惠民蔬菜有限公司
235	绿幽 LVYOU	永清县富民果品蔬菜专业合作社
236	Gelaier 及汉字	廊坊格莱尔家具有限公司
237	鑫耕田及图	永清县鑫耕田果蔬专业合作社
238	永清源 YONGQINGYUAN	河北恒都美业农业开发有限公司
239	金霸 JB 及图	廊坊金丰生物科技肥料有限公司
240	亞奇隆及图	廊坊亚奇龙家具有限公司
241	三议合 SANYIHE	廊坊三议合滤清器有限公司
242	龙马源 LONGMAYUAN 及图	廊坊长兴办公教育装备有限公司
243	睿志 RuiZhi	廊坊远村农业开发有限公司

2016 年廊坊市省级优质产品一览表（54 项）

表 62

序号	编　号	产　品	商　标	企　业
1	HBYZ2016-009	电线电缆	兆安	廊坊江海洋线缆有限公司
2	HBYZ2016-010	电线电缆	迈星	廊坊鑫安线缆有限公司
3	HBYZ2016-030	伺服变矩电动机	格洛斯	河北格洛斯节能设备科技股份有限公司
4	HBYZ2016-051	刹车盘	ZI CHEN	香河旭明源汽车配件有限公司
5	HBYZ2016-053	汽车专用车	宏昌天马	三河市新宏昌专用车有限公司
6	HBYZ2016-064	电力变压器	云天华	廊坊天华变压器制造有限公司
7	HBYZ2016-076	滤清器	生光	廊坊生光滤清器有限公司
8	HBYZ2016-083	沥青混合料搅拌设备	DG	廊坊德基机械科技有限公司

续表 62-1

序号	编　号	产　品	商　标	企　业
9	HBYZ2016-084	工业污水“零排放”净化	冀青	永清县三圣口永盛环保设备制造厂
10	HBYZ2016-085	链条	长城	长城重型机械制造有限公司
11	HBYZ2016-086	高、低压无功功率补偿	三河爱信	三河爱信电气有限公司
12	HBYZ2016-097	金属焊接钢制球阀	洁兰特	文安县洁兰特暖通设备有限公司
13	HBYZ2016-099	高低压开关设备	三河爱信	三河爱信电气有限公司
14	HBYZ2016-100	电动三轮车	远迪	河北远迪实业集团有限公司
15	HBYZ2016-105	半导体制冷组件	DF	香河东方电子有限公司
16	HBYZ2016-132	涂料、粉末涂料	Interpon	阿克苏诺贝尔粉末涂料（廊坊）有限公司
17	HBYZ2016-156	航天纳米隔热漆	鹏云	三河方元绿洲节能科技有限公司
18	HBYZ2016-162	工业氯化锌	博通	廊坊隆裕化工工业有限公司
19	HBYZ2016-165	复混肥料	香丰	三河市香丰肥业有限公司
20	HBYZ2016-189	钢质隔热防火门	恒金昌	三河市金昌铁业有限公司
21	HBYZ2016-192	床垫	法式曼	喜临门北方家具有限公司
22	HBYZ2016-194	钢木家具（茶几）	亚奇隆	廊坊亚奇龙家具有限公司
23	HBYZ2016-218	静态塑胶玩具/EVA 软	斯尔福	廊坊市斯尔福泡棉制品有限公司
24	HBYZ2016-219	印刷品	飞腾	廊坊飞腾印刷包装有限公司
25	HBYZ2016-223	防火门	恒金昌	三河市金昌铁业有限公司
26	HBYZ2016-224	钢木家具	金戈安	廊坊金戈安金属制品有限责任公司
27	HBYZ2016-225	钢木家具	御娇龙	香河县御娇龙家具有限公司
28	HBYZ2016-226	钢木家具	宏光.卓派	霸州市东段宏光家具厂
29	HBYZ2016-227	钢木家具	柏林三优	廊坊柏林三优家具有限责任公司
30	HBYZ2016-228	钢木家具	学仕宝	霸州市桑源家具有限公司
31	HBYZ2016-237	白酒	燕南春	河北燕南春酒业有限公司
32	HBYZ2016-241	啤酒	雪花啤酒	华润雪花啤酒（河北）有限公司
33	HBYZ2016-249	石磨小麦粉	邢家石磨坊	大城县邢家粮油石磨坊
34	HBYZ2016-259	99 味精	梅花	廊坊梅花调味食品有限公司
35	HBYZ2016-286	大豆油	汇福	三河汇福粮油集团精炼植物油有限公司
36	HBYZ2016-290	皮蛋（松花蛋）	鑫宝	霸州市胜芳鑫宝皮蛋有限公司
37	HBYZ2016-336	橡塑板（管）	金威建材	河北金威新型建筑材料有限公司
38	HBYZ2016-337	热固型改性聚苯板	华康化建	廊坊华康化工建材有限公司
39	HBYZ2016-346	橡塑板（管）	普莱斯德	河北普莱斯德绝热材料有限公司
40	HBYZ2016-351	蔬菜	兴垡	廊坊市广阳区大有种养殖专业合作社
41	HBYZ2016-364	蔬菜	新侬	新苑阳光农业有限公司
42	HBYZ2016-373	鲜冻分割肉	穆珍	大厂回族自治县跃华肉类有限公司
43	HBYZ2016-374	冷鲜肉	鑫安	三河市鑫兴肉类有限公司
44	HBYZ2016-375	鲜冻分割牛肉	京鑫诚	大厂回族自治县鑫诚肉类有限公司

续表 62-2

序号	编　号	产　品	商　标	企　业
45	HBYZ2016-376	鲜冻分割牛肉	盛福欣	大厂回族自治县盛欣肉类有限公司
46	HBYZ2016-377	鲜冻分割牛肉	万福犇	大厂回族自治县万福肉类有限公司
47	HBYZ2016-378	鲜冻分割牛肉	众焱	大厂回族自治县华远肉类有限公司
48	HBYZ2016-379	猪用浓缩饲料	九鼎	廊坊九鼎牧业有限公司
49	HBYZ2016-381	精料补充料	中冀绿康	廊坊市绿康生物科技股份有限公司
50	HBYZ2016-383	豆粕	汇福	三河汇福粮油集团饲料蛋白有限公司
51	HBYZ2016-400	细木工板	鑫生	三河市鑫生木业有限公司
52	HBYZ2016-401	细木工板	焕城	文安县左各庄焕城胶合板厂
53	HBYZ2016-403	胶合板	信达	文安县信达木业有限公司
54	HBYZ2016-404	刨花板	骏野	永清县里澜城顺达锦汇人造板厂

2016 年廊坊市获河北省名牌产品企业一览表（59 项）

表 63

序号	产　品	企　业	商　标
1	精雕数控机床	廊坊精雕数控机床制造有限公司	JD
2	除尘设备	永清县三圣口永盛环保设备制造厂	冀青
3	伺服变矩电动机	河北格洛斯节能设备科技股份有限公司	格洛斯
4	螺旋钻具	廊坊奥瑞拓石油机械有限公司	奥瑞拓
5	沥青混合料搅拌机	廊坊德基机械科技有限公司	DG
6	油压缓冲器	河北东方富达机械有限公司	图形
7	汽车专用车	三河市新宏昌专用车有限公司	宏昌 天马
8	滤清器	河北深思新材料技术有限公司	图形
9	滤清器	廊坊生光滤清器有限公司	生光 SHENGGUANG
10	滤清器	廊坊三议合滤清器有限公司	三议合 SANYIHE
11	整体顶梁组合旋移液压支架	河北诚田恒业煤矿设备有限公司	诚田 CHENGTIAN
12	户外高压真空断路器	河北宝利输变电设备制造有限公司	鑫宝利
13	工业链条	长城重型机械制造有限公司	长城
14	电梯	华升富士达电梯有限公司	FUJITEC
15	电动三轮车	香河县强胜电动车厂	平川强胜
16	铁路信号器材	固安信通信号技术股份有限公司	固信
17	镀层板	霸州市京华金属制品有限公司	图形
18	复合肥料	廊坊迪斯科化肥有限公司	迪斯科
19	玻璃器皿	利比玻璃制品（中国）有限公司	利比

表 63-1

序号	产　品	企　业	商　标
20	电饼铛及电火锅	廊坊开发区利仁电器有限公司	利仁
21	钢木家具	霸州市三强家具有限公司	图形
22	钢木家具	霸州市星光家具有限公司	星光 家特
23	钢木家具	霸州市友邦家具有限公司	顺帆 SHUNFAN
24	钢木家具	廊坊精兰办公家具有限责任公司	精兰
25	钢木家具	霸州市创意家具有限公司	高之豪
26	钢木家具	河北凯丰家具制造有限公司	富源 凯丰
27	室外健身器材	大厂回族自治县夏垫佳美体育用品有限公司	夏垫 佳美
28	印刷品	廊坊飞腾印刷包装有限公司	飞腾
29	中式家具	廊坊陶然居家具有限公司	陶然居
30	白酒	香河第一城酒业有限公司	第一城
31	白酒	河北燕南春酒业有限公司	燕南春
32	啤酒	华润雪花啤酒（河北）有限公司	雪花 啤酒
33	腌渍菜	霸州市津恺食品有限公司	图形
34	皮蛋	霸州市胜芳养殖场	胜芳
35	给水用塑料管材	河北宝路七星塑业有限公司	宝路七星
36	铝合金建筑型材	三河和平铝材厂有限公司	图形
37	通用硅酸盐水泥	河北燕新建材有限公司	钻牌
38	橡塑板（管）	河北华能中天化工建材集团有限公司	斯特福 STRIVE
39	岩棉制品	河北华能中天化工建材集团有限公司	亚龙
40	岩棉制品	廊坊豪亚墙体保温材料有限公司	豪亚
41	蔬菜	廊坊市东禾农业发展有限公司	安地开心农场
42	精料补充料	廊坊市绿康饲料有限公司	中冀绿康
43	生鲜冷却分割肉（鸡肉）	河北康达畜禽养殖有限公司	康达基
44	生鲜冷却分割肉（牛肉）	大厂回族自治县福华肉类有限公司	福华
45	生鲜冷却分割肉（牛肉）	大厂回族自治县福顺肉类有限公司	鑫滨海
46	生鲜冷却分割肉（猪肉）	三河市鑫兴肉类有限公司	鑫安
47	桃	廊坊市东禾农业发展有限公司	安地开心农场

表 63-2

序号	产　品	企　业	商　标
48	人造板（胶合板）	廊坊大地木业有限公司	大地 清水
49	人造板（胶合板）	廊坊力争木业有限公司	力争
50	人造板（胶合板）	河北宜美康环保材料科技有限公司	宜美康
51	人造板（刨花板）	廊坊民丰木业有限公司	民丰
52	人造板（刨花板）	永清县里澜城顺达锦汇人造板厂	骏野
53	人造板（刨花板）	廊坊胜信木业有限公司	福霸
54	人造板（中密度纤维板）	文安县振宇木业有限公司	振宇
55	人造板（中密度纤维板）	河北新裕板业有限责任公司	瑞丰
56	人造板（中密度纤维板） 人造板（细木工板）	香河众旺木业有限公司	众旺 天亚
57	人造板（中密度纤维板） 人造板（细木工板）	香河兴源建丰木业有限公司	兴源 金丰
58	人造板（中密度纤维板） 人造板（细木工板）	廊坊森佳中密度板有限公司	颐森
59	人造板（细木工板）	霸州市胜芳镇久盛板厂	苏木匠